TESAT
국가공인
테셋 한권으로 끝내기

시대에듀

Always with you

사람의 인연은 길에서 우연하게 만나거나 함께 살아가는 것만을 의미하지는 않습니다.
책을 펴내는 출판사와 그 책을 읽는 독자의 만남도 소중한 인연입니다.
시대에듀는 항상 독자의 마음을 헤아리기 위해 노력하고 있습니다. 늘 독자와 함께하겠습니다.

보다 깊이 있는 학습을 원하는 수험생들을 위한
시대에듀의 동영상 강의가 준비되어 있습니다.
www.sdedu.co.kr → 회원가입(로그인) → 한경TESAT

2026 최신개정판

특별부록

TESAT 경제학

빈출 필수개념 70선

시대에듀

Contents

01	경제기초	03
02	미시경제학	07
03	거시경제학	22
04	국제경제학	29

01 경제기초

학습결과를 체크해 주세요
○ △ ☒

관련 내용을 본서 해당 페이지에서 확인할 수 있습니다.

01 시장경제 🔎 본서 p. 7

- 시장경제란 시장에서의 수요와 공급에 의하여 국민경제의 3대 문제(어떤 재화를 얼마만큼 생산할 것인가, 어떻게 생산할 것인가, 누구를 위하여 생산할 것인가)가 결정되는 경제체제를 말한다.
- 시장경제는 효율성을 추구하지만 공평성을 보장하지는 못한다는 특징이 있다.
- 시장경제가 성립하려면 사유재산권, 경제활동의 자유, 사적이익 추구의 자유가 전제되어야 하며, 시장경제에서는 1원 1표의 원칙이 적용된다.

○ △ ☒

02 희소성의 원칙 🔎 본서 p. 3

- 인간의 무한한 욕망을 충족시킬 재화나 용역이 상대적으로 부족한 것을 의미한다. 즉, 절대적인 양의 부족을 의미하는 것이 아니고, 욕망에 비하여 상대적으로 부족하다는 것을 의미하며, 실질적으로 유용(예 물, 공기)하다고 해서 희소성이 있다고 할 수도 없다.
- 희소성의 원칙으로 인해 사람들은 기회비용을 고려하여 한정된 자원을 합리적으로 사용하려고 노력한다. 자원의 희소성은 모든 경제문제의 근본적 원인이라고 할 수 있다.

03 명시적 비용과 암묵적 비용

- 명시적 비용이란 경제활동에서 실제로 지출되는 비용을 말한다.
- 암묵적 비용이란 명시적 비용에 대비되는 개념으로, 비가시적인 비용을 말한다.
- 회계학에서는 암묵적 비용은 비용으로 고려되지 않고 명시적 비용만 고려되지만 경제학에서는 암묵적 비용과 명시적 비용 모두 비용으로 고려된다.

04 기회비용

어떤 대안을 선택함에 따라 포기해야 하는 다른 대안 중 가장 가치가 큰 것을 말하며, 경제학에서의 비용은 기회비용을 말한다. 기회비용은 명시적 비용(객관적으로 나타난 비용)과 암묵적 비용의 합으로 구한다.

05 매몰비용

이미 투입된 비용으로, 사업을 중단하더라도 회수할 수 없는 비용을 말한다. 대부분의 공장설비 등 고정비용은 매몰비용에 해당한다.

06 합리적 선택

- 주어진 제약 속에서 자신의 비용을 최소화하고 편익을 최대화하는 선택을 말한다.
- 선택으로 발생하는 비용은 기회비용이고 선택으로 인하여 얻게 되는 편익은 경제적 이익이나 만족감이다. 합리적 선택은 기회비용을 고려한 선택이며, 매몰비용은 고려하지 않는다.

07 주요 3대 경제 문제

주요 3대 경제 문제란 ① 생산물의 종류와 수량, ② 생산방법, ③ 소득분배이다.

08 밴드웨건효과

- 편승효과라고도 한다. 어떤 재화에 대한 다른 사람들의 소비가 증가하면 이에 편승하여 그 재화에 대한 개인의 수요가 증가하는 현상을 말한다.
- 스놉효과, 베블렌효과와 함께 네트워크 외부효과에 해당하며, 양의 네트워크 외부효과이다.

09 스놉효과

- 속물효과라고도 한다. 어떤 재화에 대한 다른 사람들의 소비가 증가하면 그 재화에 대한 개인의 수요가 감소하는 현상을 말한다.
- 음의 네트워크 외부효과이다.

10 베블렌효과

- 어떤 재화의 가격이 상승하면 그 재화의 소비량이 오히려 증가하는 효과를 말한다. 과시욕구에 의한 소비에 따라 나타나는 효과라고 할 수 있다.
- 베블렌효과가 존재하면 수요곡선은 우상향 형태로 나타난다.

11 생산가능곡선 🔍 본서 p. 5

- 노동, 자본 등의 생산요소가 일정량으로 주어져 있을 때 생산 가능한 X재와 Y재의 조합을 연결한 곡선을 말한다.
- 생산가능곡선 내부의 점 D는 비효율적으로 생산이 이루어지고 있는 점이며, 생산 곡선상의 점 A, B, C는 효율적 생산이 달성되는 점이고, 생산가능곡선 밖의 점 E는 생산이 불가능한 점이다.
- 다른 모든 조건이 일정할 때 기술이 진보하거나 요소부존량(노동력, 자본 등)이 증가하면 생산가능곡선은 원점으로부터 바깥쪽으로 확장이동한다.

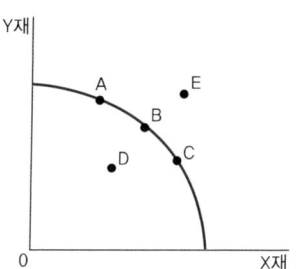 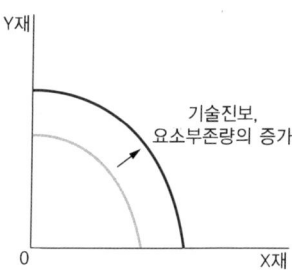

02 미시경제학

◎△✕
12 수요의 법칙 🔎 본서 p. 28

- 일반적으로 어떤 재화의 가격이 하락하면 그 재화에 대한 수요량이 증가하는데, 이러한 가격과 수요량의 역(−)의 관계를 수요의 법칙이라고 한다.
- 수요곡선이 우하향하는 것은 수요의 법칙으로 인한 것이다.

◎△✕
13 한계효용체감의 법칙 🔎 본서 p. 71

- 한계효용이란 어떤 재화 한 단위를 추가적으로 소비함에 따라 변화하는 효용의 증감분을 말한다. 일반적으로는 재화 한 단위 추가 소비에 따라 효용이 증가하므로 일반적으로 한계효용은 양수(+)이다.
- 한계효용체감의 법칙이란, 어떤 재화에 대한 소비량이 늘어날수록 효용 증가분이 점점 감소하는 현상을 말한다. 효용 자체가 감소한다는 의미가 아니다.

◎△✕
14 한계효용균등의 법칙 🔎 본서 p. 72

각 재화에 소비된 마지막 1원의 한계효용이 동일한 경우에 경제주체들의 효용이 극대화된다는 것이다. 이 개념을 활용하여 효용극대화 소비량을 구할 수 있다.

15 대체재 🔍 본서 p. 40

한 재화의 가격이 상승할 때 경쟁관계에 있는 다른 재화의 수요가 증가하는 관계를 말한다.

16 보완재 🔍 본서 p. 40

한 재화의 가격이 상승할 때 보완관계에 있는 다른 재화의 수요가 감소하는 관계를 말한다.

17 무차별곡선 🔍 본서 pp. 72~76

- 가로축과 세로축을 각각 X재와 Y재의 소비량으로 두고, 소비자에게 동일한 만족을 주는 X재와 Y재 소비량의 조합을 연결한 곡선을 무차별곡선이라고 한다.
- 무차별곡선은 일반적으로는 원점에 대하여 볼록한 형태를 가지는데, 이는 한계효용 체감의 법칙에 따라 두 상품을 서로 비슷한 양으로 소비할 때 효용이 커지기 때문이다.
- X재와 Y재의 성격에 따라 무차별곡선의 모양은 다르게 나타난다.

※ **예외적인 무차별곡선**

① 두 재화가 완전대체재인 경우

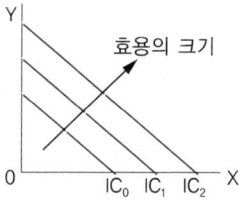

② 두 재화가 완전보완재인 경우

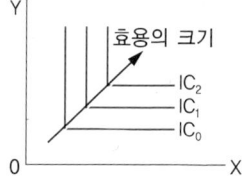

③ X재가 비재화인 경우

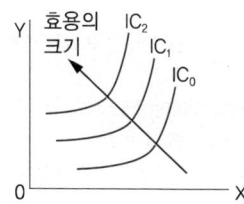

④ Y재가 비재화인 경우

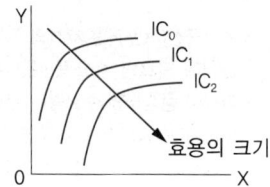

⑤ X재가 중립재인 경우

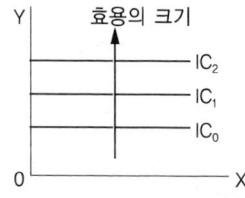

⑥ Y재가 중립재인 경우

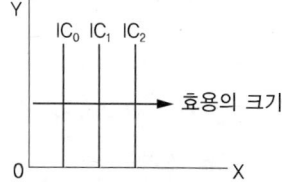

⑦ 두 재화가 모두 비재화인 경우

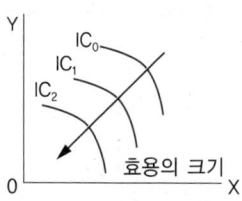

18 수요곡선

- 수요곡선이란 어떤 재화의 가격과 수요량의 관계를 나타낸 곡선을 말한다. 수요의 법칙에 따르면 수요곡선은 우하향한다.
- 가격이 상승하면 수요량은 수요곡선상에서 움직이며(수요량의 변화), 가격 이외의 요소가 변화하면 수요곡선 자체가 이동한다(수요의 변화).
- 시장수요곡선은 개별수요곡선을 수평으로 합하여 도출하므로 개별수요곡선보다 완만하게(탄력적으로) 나타난다.
- 완전경쟁시장에서 기업은 가격을 주어진 것으로 받아들이므로 시장수요곡선이 수평으로 나타난다. 그러나 불완전경쟁시장에서는 기업이 가격을 설정할 수 있으므로 시장수요곡선이 우하향하는 형태를 띤다.

19 공급곡선

- 공급곡선이란 가격에 따라 생산자가 공급하고자 하는 공급량을 연결한 곡선을 말한다. 공급곡선은 일반적으로 우상향한다.
- 가격이 상승하면 공급량은 공급곡선상에서 움직이며(공급량의 변화), 가격 이외의 요소가 변화하면 공급곡선 자체가 이동한다(공급의 변화).
- 시장공급곡선은 개별공급곡선을 수평으로 합하여 도출하므로 개별공급곡선보다 완만하게(탄력적으로) 나타난다.

20 수요의 가격탄력성

- 어떤 재화의 가격이 변화할 때 수요량이 얼마나 변하는가를 나타내는 것으로, 어떤 재화의 수요량변화율을 그 재화의 가격변화율로 나누고 음(-)의 부호를 붙여 구한다.
- 수요의 가격탄력성은 ① 대체재가 많을수록, ② 그 재화에 대한 비용이 총소득에서 차지하는 비중이 클수록, ③ 재화의 분류 범위를 좁게 설정할수록, ④ 탄력성 측정기간이 길수록 커진다.
- 필수재 수요는 가격탄력성과 관련이 있으며, 0보다 크고, 1보다 같거나 작다.
- 가격탄력적(가격탄력성 > 1)이면 가격이 상승할 때 판매자의 수입이 감소하고(소비자의 지출이 감소), 가격이 하락할 때 판매자의 수입이 증가한다(소비자의 지출이 증가).

21 소득탄력성 📖 본서 p. 39

- 소득변화에 따른 수요량의 변화 정도를 나타내는 것으로, 어떤 재화 수요량의 변화율을 소득의 변화율로 나누어 구한다.
- 어떤 사람의 소득이 10% 증가하자 그 사람의 아메리카노 수요량이 5% 증가하였다면 소득탄력성은 0.5이다.
- 소득탄력성은 정상재, 열등재, 기펜재와 관련이 있는 개념이다. 소득탄력성은 필수재와는 직접적 관련이 없다.

22 정상재 📖 본서 p. 39, pp. 78~79

소득이 증가하면 수요가 증가하는 재화를 말한다. 즉, 소득탄력성이 양(+)의 값을 가지는 재화이다.

23 열등재와 기펜재 📖 본서 p. 39, pp. 78~79

- 열등재란 소득이 증가하면 수요가 감소하는 재화를 말한다. 즉, 소득탄력성이 음(-)의 값을 가지는 재화이다.
- 기펜재란 열등재 중에서도 소득효과가 대체효과보다 더 커서, 가격이 상승하면 오히려 수요가 증가하는 재화를 말한다.

24 교차탄력성 📖 본서 p. 40

- 재화 A의 가격변화율에 따른 재화 B의 수요량변화율을 나타내는 비율이다.
- 만약 재화 A의 가격이 상승함에 따라 재화 B의 수요가 증가하였다면(교차탄력성이 +의 값), A와 B는 대체재의 관계라고 할 수 있다. 반대로 재화 B의 수요가 감소하였다면(교차탄력성이 -의 값) 이들은 보완재의 관계라고 할 수 있다.

25 조세귀착

- 조세귀착이란 정부가 부과한 조세를 누가 얼마만큼 부담하는가의 문제이다. 정부가 조세를 소비자에게 부과하든 생산자에게 부과하든 관계없이, 가격탄력성이 더 작은 경제주체일수록 조세를 더 많이 부과하게 된다.
- 조세 부과로 인하여 소비자가 체감하는 가격은 상승하고, 생산자가 실제로 받는 가격은 낮아지므로 균형거래량은 감소하고, 사회후생은 감소한다. 즉, 경제적 순손실이 발생한다. 이때 수요와 공급의 가격탄력성이 클수록 거래량은 더 크게 감소하므로 경제적 순손실이 더욱 커진다.

26 가격상한제(최고가격제)

- 정부가 물가안정 또는 소비자보호를 위하여 어떤 재화에 대하여 시장가격보다 낮은 가격 수준에서 최고가격을 책정하여 강제하는 규제를 말한다.
- 예로는 아파트 분양가격상한제, 금리상한제, 임대료상한제 등이 있다.
- 가격상한제 실시로 인하여 ① 초과수요가 발생하여 ② 품질이 저하되거나, ③ 암시장이 발생할 수 있고, ④ 수요를 희망하는 사람 중 누가 수요를 하게 되는가 즉, 수요자 간 기회의 불평등 문제가 발생할 수 있으며, ⑤ 사회후생이 감소한다. 공급이 가격에 대해 탄력적일수록 경제적 순손실, 즉, 사회후생 손실이 더욱 커진다.
- 만일 시장가격보다 높은 수준에서 최고가격을 매기면 실효성이 없다.

27 가격하한제(최저가격제)

- 정부가 공급자 보호를 위하여 어떤 재화에 대하여 시장가격보다 높은 가격 수준에서 최저가격을 책정하여 강제하는 규제를 말한다.
- 예로는 최저임금제, 농산물최저가격제 등이 있다.
- 가격하한제 실시로 인하여 ① 초과공급이 발생하므로 ② 재고가 누적될 수 있으며, ③ 최저임금제의 경우 실업이 발생할 수 있다. 수요가 가격에 대하여 탄력적일수록 경제적 순손실, 즉, 사회후생 손실이 더욱 커진다.
- 만일 시장가격보다 낮은 수준에서 최저가격을 매기면 실효성이 없다.

28 완전경쟁시장 🔍 본서 p. 117

- 완전경쟁시장이란 ① 동일한 재화를 생산하는 ② 다수의 기업과 다수의 소비자로 이루어진 시장으로, ③ 기업이 자유롭게 진입하거나 퇴출할 수 있고 ④ 완전한 정보가 보유되는 시장을 말한다. 위 네 가지 중 하나라도 만족하지 못하는 시장은 불완전시장이라고 한다.
- 완전경쟁시장에서는 가격이 시장에서 결정되며, 수요자나 공급자는 가격을 설정하지 못하고 시장가격을 수용하여 행동한다. 완전경쟁시장에서는 장기에 정상이윤만을 얻는다. 즉 초과이윤이 0이다.

29 독점적 경쟁시장 🔍 본서 pp. 128~130

- 다수의 기업이 대체성은 높지만 차별화된 상품을 생산하는 시장으로, 진입과 퇴거가 자유로운 시장을 말한다.
- 예로는 치킨가게, 미용실, 커피전문점 등이 있다.
- 독점적 경쟁시장에서는 장기적으로 정상이윤만 획득하고, 제품차별화 정도가 클수록 수요곡선이 비탄력적으로 나타나며, 광고, 디자인 등 비가격경쟁이 이루어진다는 특징이 있다.
- 산출량이 사회적 최적수준의 산출량에 미달하여 사회적 손실이 발생하고, 초과설비가 발생하며, 기술혁신이 잘 이루어지지 않는다는 부정적 측면이 있다.
- 제품차별화로 인해 소비자가 다양한 상품을 소비할 수 있다는 측면에서 소비자 후생이 증가한다는 긍정적 측면이 있다.

30 독점시장 🔍 본서 pp. 120~123

- 독점시장이란 어떤 재화의 공급이 단 하나의 기업에 의해 이루어지는 시장을 말한다.
- 독점시장이 발생하는 경우로는 ① 생산요소의 독점적 소유, ② 규모의 경제로 인한 자연독점, ③ 정부의 인허가 또는 특허권 등으로 인한 진입장벽이 있는 경우 등이 있다.

- 독점기업은 가격수용자가 아닌 가격설정자로서 행동한다. 독점기업이 직면하는 수요곡선은 우하향하는 시장곡선 그 자체이므로, 가격을 낮추면 판매량은 증가한다.
- 독점기업은 사회 전체적 관점에서의 최적 생산량 수준보다 적게 생산하므로 독점시장일 때는 사회적 손실이 발생하며 소비자들은 완전경쟁시장에서보다 높은 가격을 지불하게 된다는 부정적 측면이 있다. 경쟁압력이 없어 기술혁신이 이루어질 수 없다는 견해와 초과이윤으로 기술혁신이 가능하다는 견해가 대립한다.
- 독점기업이 언제나 초과이윤을 누리는 것은 아니고, 손실이 발생하는 경우도 있다.

31 가격차별   본서 pp. 123~126

- 독점기업은 가격수용자가 아닌 가격설정자가 될 수 있는데, 독점기업이 이러한 독점적 지위를 이용하여 소비자별로 또는 시장별로 동일 상품의 가격을 달리 하여 판매하는 행위를 말한다.
- 가격을 설정할 때는 가격탄력성이 높은 소비자 또는 시장일수록 낮은 가격을 매긴다.
- 가격차별이 가능하기 위해서는 ① 독점기업이 ② 소비자들의 특성을 쉽게 알 수 있고, ③ 가격탄력성에 따라 시장을 구분할 수 있어야 하며, ④ 시장 간 재판매가 불가능해야 한다.
- 독점기업이 가격차별을 실시하면, 가격차별 실시 전의 순수독점기업일 때보다 산출량이 같거나 증가하며, 소비계층이 확대될 수 있다는 긍정적 측면이 있다.
- 가격차별로 인하여 소비자잉여가 기업잉여로 귀속되게 된다.

32 과점시장   본서 pp. 130~132

- 진입장벽이 있어 새로운 기업의 진입이 어려워서 소수 기업이 시장 수요의 대부분을 공급하는 시장을 말한다.
- 과점시장에서는 어느 기업의 의사결정이 다른 기업에 영향을 미쳐 기업들 간 상호의존성이 높다는 특징이 있다. 또한 비가격경쟁이 심하다는 특징이 있다.

33 게임이론 🔍 본서 pp. 133~138

- 과점시장에서의 기업 간 상호의존성 하에서 각 기업이 의사결정을 하는 과정에 대한 이론이다. 게임이론에서는 각자가 상대방의 의사결정을 충분히 고려하여 자신의 손익을 고려하여 합리적 의사결정을 한다.
- 게임이론 하에서의 균형에는 내쉬균형과 우월전략균형이 있다.

34 내쉬균형 🔍 본서 pp. 134~135

상대방의 전략을 주어진 것으로 보고 그 상황에서 자신의 최선의 전략을 선택했을 때 도달하는 균형을 말한다.

35 우월전략균형 🔍 본서 p. 134

상대방의 전략이 무엇이든지에 관계없이 항상 자신의 이익이 커지는 전략을 말한다.

36 죄수의 딜레마 🔍 본서 pp. 135~136

- 게임이론의 모형 중 하나이다. 두 공범자가 서로 협력해 범죄사실을 침묵 또는 부인하면 증거 불충분으로 형량이 낮아지는 최선의 결과를 누릴 수 있음에도 불구하고, 서로 간의 협력이 불가하여 자백하면 형량을 낮춰준다는 유인에 의하여 자백을 하게 되어 둘 다 무거운 형량을 선고받는 현상을 말한다.
- 죄수의 딜레마 상황에서는 상대방이 선택하는 전략과 상관없이 자기에게 유리한 전략인 우월전략이 있다. 이 상황에서는 자백이 우월전략이다. 상대방이 자백과 침묵 중 무엇을 선택하든 자신이 자백하면 가벼운 형량을 받기 때문이다.

37 치킨게임 🔍 본서 p. 138

게임이론 모형 중 하나이다. 어느 한 쪽이 양보하지 않아 양쪽이 모두 파국으로 치닫게 되는 극단적인 게임이론이다.

38 보상적 임금격차 🔍 본서 p. 163

- 비금전적 직업 속성의 불리함을 보상해주기 위한 임금의 차이를 의미한다.
- 예를 들어 물가가 비싼 지역에서의 근무, 오염 정도가 높은 지역에서의 근무, 육체적으로 고된 근무, 야간근로가 필요한 근무에 대하여 임금이 보다 높게 지급되는 것이 보상적 임금격차라고 할 수 있다.

39 10분위분배율 🔍 본서 p. 164

- 소득불균형을 나타내는 지표이다. 상위 20%의 소득합계에 대한 하위 40%의 소득합계의 비율을 말하며, 0~2의 값을 나타내고 값이 클수록 소득분배가 균등하게 나타난다.
- 사회구성원 전체의 소득분배상태를 보여주지 못한다는 한계가 있다.

40 로렌츠곡선 🔍 본서 pp. 164~165

- 소득불균형을 나타내는 지표이다. 세로축은 소득의 누적점유율을, 가로축은 인구의 누적점유율을 나타내는 사각형으로 된 평면에서 인구의 누적점유율과 소득의 누적점유율 간 관계를 나타내는 곡선이다.
- 이 사각형 평면에서의 우상향대각선은 완전평등한 상태를 나타내며, 로렌츠곡선이 대각선(완전균등분포선)에 가까워질수록 소득분배가 균등하다는 의미이다. 로렌츠곡선과 대각선 사이의 면적(α) 크기가 작을수록 소득분배가 균등하다.
- 로렌츠곡선이 교차하는 경우 소득분배상태를 비교할 수 없다는 단점이 있다.

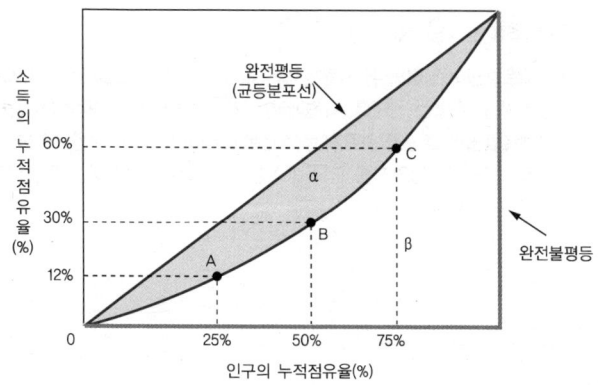

41 지니계수 🔎 본서 pp. 165~166

- 소득불균형을 나타내는 지표이다. 로렌츠곡선과 완전균등분포선 사이의 면적(α)을 완전균등분포선 아래의 삼각형면적으로 나눈 값을 말한다.
- 작을수록 소득분배가 균등하고 0이면 완전균등한 상태이다. 클수록 불균등하고 완전히 불균등하면 1이다.
- 특정 소득계층의 소득분배상태를 나타내지 못한다는 단점이 있다.

42 앳킨슨지수 🔎 본서 p. 166

- 소득불균형을 나타내는 지표이다. 앳킨슨지수는 사회 구성원의 주관적 가치를 반영해 소득분배의 불균등도를 측정하는 지표로, 현재의 평균소득과 주관적으로 결정된 균등분배대등소득을 이용하여 소득분배상태를 측정한다.
- 0~1 사이의 값을 가지며 값이 작을수록 소득분배가 균등하다는 의미이다.

43 파레토효율 🔍 본서 pp. 180~184

- 파레토효율이란 어느 한 사람의 후생을 감소시키지 않고서는 다른 사람의 후생을 증가시킬 수 없는 상태로, 자원배분이 가장 효율적으로 이루어진 상태를 말한다.
- 파레토효율성 조건을 충족하는 조건은 무수히 많으며, 이 중 무엇이 사회적으로 가장 바람직한 점인지를 판단해야 한다. 파레토효율성이 소득분배의 공평성에 대한 기준을 제시하지는 못한다.

44 시장실패 🔍 본서 p. 199

- 시장의 가격기구가 효율적 자원배분 및 공평한 소득분배를 실현하지 못하는 상태를 말한다.
- 시장실패의 요인으로는 ① 불완전경쟁(독점, 독과점 등), ② 외부효과, ③ 공공재의 존재, ④ 정보의 비대칭성 등이 있다.
- 시장실패는 정부개입의 이유가 된다.

45 정부실패 🔍 본서 pp. 202~203

- 정부개입으로 인하여 부작용이 초래되는 상황을 말한다.
- 정부실패의 원인에는 ① 제한된 정보, ② 민간부문 반응의 통제 불가능성, ③ 정치적 과정에서의 제약, ④ 정치적 인지시차 및 시차의 가변성 등이 있다.

46 외부효과 🔍 본서 p. 201

- 어떤 경제주체의 생산활동 혹은 소비활동이 의도하지 않게 다른 경제주체에게 경제적 이익이나 손해를 야기하면서도 이에 대한 보상이 이루어지지 않는 상태를 말한다.
- 이익을 야기하는 경우를 긍정적 외부효과(예 독감예방주사, 교육, 신기술 개발), 손해를 야기하는 경우를 부정적 외부효과(예 공장의 오염물질 배출, 흡연)라고 한다.

- 긍정적 외부효과가 발생하면 과소생산, 과소소비가 발생하며, 부정적 외부효과가 발생하면 과다생산, 과다소비가 발생하는 부작용이 있다.
- 긍정적 외부효과에 대한 해결책으로는 보조금 지급, 부정적 외부효과에 대한 해결책으로는 조세부과 등이 있다.

47 정보의 비대칭성

- 정보의 비대칭성이란 경제적 이해관계를 가진 거래 당사자 간 정보수준의 차이가 존재하여 합리적 의사결정이 어려워진 상황을 말한다.
- 정보의 비대칭성으로 인하여 역선택과 도덕적 해이가 발생할 수 있다.

48 역선택

- 정보의 비대칭성으로 인하여 정보를 갖지 못한 측에서 정보를 더 많이 가진 측에 대한 정보의 왜곡 또는 오류가 발생하여 바람직하지 못한 거래를 하게 되는 행위를 의미한다. 도덕적 해이와 구별되는 점은 보통 계약 전에 일어나며, 숨겨진 특성으로 인하여 발생한다는 것이다.
- 중고차시장에서의 거래, 신용이 낮은 사람에 대한 대출계약 등이 이에 해당한다.
- 해결 방법으로는 선별(예 보험 가입 시의 건강검진 의무화), 신호발송(예 취업시장에서 취업준비생의 자격증 취득) 등이 있다.

49 도덕적 해이

- 정보의 비대칭성으로 인하여 정보를 가진 측이 바람직하지 못한 행동을 하는 현상을 의미한다. 역선택과 구별되는 점은 보통 계약 후에 일어나며, 숨겨진 행동으로 인하여 발생한다는 것이다.
- 취업한 후의 근무태만, 자동차보험 가입자가 운전 시 안전벨트를 착용하지 않는 행위 등이 이에 해당한다.
- 해결방법으로는 감시, 공동보험제도 등이 있다.

50 주인-대리인 문제

- 정보의 비대칭성으로 인한 도덕적 해이의 사례 중 하나로, 대리인이 주인보다 더 많은 정보를 가짐으로써 대리인이 자기자신의 이익을 위해 행동하는 것을 의미한다. 감시가 제대로 이루어질 수 없을 때 발생할 수 있다.
- 주주와 전문경영인 간의 관계에서 발생할 수 있으며, 이 경우에는 스톡옵션제도가 해결책이 될 수 있다. 정치인이 국회의원 당선 후 국민의 이익을 위해 노력하지 않는 현상도 주인-대리인의 문제의 예이다.

51 공공재

- 사유재와는 달리 그 재화에 대한 소비자의 선호가 드러나지 않아 시장메커니즘이 아닌 정치적 과정에 의하여 공급되는 재화로서, 모든 사람들이 공동으로 이용할 수 있는 서비스를 말한다.
- 국방, 경찰, 소방, 공원 등이 그 예이다.
- 비배제성과 비경합성을 지닌다. 비배제성이란 생산비용을 지불하지 않았다는 이유로 소비로부터 배제할 수 없는 성질을 말하며, 비경합성이란 한 사람의 추가적 소비에 따른 혼잡문제가 발생하지 않는 성질을 말한다.

52 공유지의 비극

- 주인이 없는 방목장으로는 농부들이 경쟁적으로 더 많은 소를 끌고 나와서 방목장이 곧 황폐화되는 상황을 의미한다.
- 비배제성을 가지나 경합성은 있는 재화의 경우 공유지의 비극이 일어날 수 있다.

53 투표의 역설

다수결투표제 하에서 투표 순서 등에 의해 결과가 바뀌면서 일관성을 잃는 현상을 말한다. 예를 들어 이행성이 있는 상황이라면, A를 B보다 선호하고 B를 C보다 선호하는 경우 A를 C보다 선호해야 하지만, 투표결과로는 C가 A를 이기는 현상이다. 이는 개인들의 선호가 이행성을 충족하더라도, 사회선호가 이행성을 충족하지 않아 발생하는 현상이다.

03 거시경제학

54 통화정책

- 중앙은행이 통화량을 조절하고 이를 통해 경제활동 수준을 조절하기 위한 정책으로, 재정정책과 함께 총수요관리정책에 해당한다. 시중의 통화량을 증가시키는 정책을 확장적 통화정책, 감소시키는 정책을 긴축적 통화정책이라고 한다.
- 통화정책 수단으로는 ① 공개시장조작(중앙은행이 채권 등을 사고 팔아 시중의 통화량을 조절하는 것으로, 매입 시 시중의 통화량이 증가한다), ② 재할인율 조정(시중은행이 매입한 상업어음을 중앙은행이 다시 할인할 때 적용하는 재할인율을 조정하는 방식으로, 재할인율을 인상하면 시중의 통화량이 감소한다), ③ 법정지급준비율 조정(은행이 예금액 중 일부를 대출하지 않고 보유하고 있어야 하는 금액인 법정지급준비금의 비율을 조정하는 것으로, 법정지급준비율을 인상하면 시중의 통화량이 감소한다) 등이 있다.
- 재정정책에 비하여 통화정책의 내부시차는 매우 짧은 반면 외부시차는 길게 나타난다.

55 재정정책

- 정부가 정부지출과 조세를 조절함으로써 경기를 조절하는 정책으로, 통화정책과 함께 총수요관리정책에 해당한다. 총수요를 증가시켜 경기를 활성화하기 위한 정책을 확장적 재정정책, 총수요를 감소시켜 경기를 안정화시키기 위한 정책을 긴축적 재정정책이라고 한다.
- 재정정책 수단으로는 ① 재정지출의 조절(재정지출을 증대하면 총수요가 증가한다) ② 조세의 증가 또는 감소(조세를 감소시키면 총수요가 증가한다) 등이 있다.
- 통화정책에 비하여 재정정책의 내부시차는 긴 반면, 외부시차는 짧게 나타난다.

56 GDP

- ① 일정 기간 동안 ② 한 나라 안에서 생산된 ③ 최종 재화와 서비스의 ④ 시장가치를 화폐단위로 환산하여 모두 합한 가치를 말한다.
- 과거에 지어진 아파트가 미분양되었으나 올해에 분양된 경우, 과거에 생산되어 재고로 처리되었다가 올해에 판매된 제품은 올해 생산된 제품이 아니므로 올해의 GDP에 포함되지 않으며, 중간재는 최종 상품이나 서비스가 아니므로 GDP에 포함되지 않고, 지하경제, 가정주부의 노동 등은 시장가치로 환산되지 않으므로 GDP에 포함되지 않는다.
- 총수요와 총공급이 균형을 이룬다고 가정하므로, 'GDP = 소비 + 투자 + 정부지출 + 순수출'로 계산한다.

57 잠재GDP

한 나라의 사용 가능한 모든 자원을 활용하여 경제가 생산할 수 있는 최대한의 지속 가능한 산출수준 또는 자연실업률 상태에서의 GDP를 의미한다.

58 물가지수

- 물가지수란 물가수준을 파악하기 위하여 다양한 개별상품의 가격을 종합하여 평균적인 가격수준을 산출한 것이다.
- 물가지수에는 소비자물가지수, GDP 디플레이터, 생산자물가지수, 수출입물가지수 등이 있다.
- 물가지수는 화폐가치와 반비례한다.

59 소비자물가지수 🔍 본서 pp. 383~384

- 도시가계가 일상 소비생활을 영위하기 위하여 구입하는 상품가격과 서비스 요금의 가격변동을 종합적으로 측정하기 위하여 작성하는 물가지수이다.
- 소비자물가지수는 물가를 과대평가하는 경향이 있는데, 그 요인으로는 ① 대상상품의 양이 고정되어 있다는 점, ② 대상상품의 종류가 고정되어 있다는 점, ③ 상품의 질적 개선이 고려되지 않는다는 점, ④ 상품의 구입장소가 고정되어 있다는 점 등이 있다.

60 GDP 디플레이터 🔍 본서 pp. 384~385

- 기준연도 물가수준 대비 현재 물가수준을 측정하는 지표로, 명목GDP(비교연도 GDP)를 실질GDP(기준연도GDP)로 나누고 100을 곱하여 사후적으로 구한다.
- 가장 포괄적인 물가지수라고 할 수 있다. 수입품은 국내에서 생산한 것이 아니므로 수입품의 가격은 포함되지 않으며, 기존주택에 대한 투기에 의한 부동산가격도 포함되지 않는다. 그러나 신축주택, 주택임대료 상승은 GDP 디플레이터에 포함된다.

61 인플레이션 🔍 본서 pp. 385~394

- 상품과 서비스의 일반적 물가수준이 지속적으로 상승하는 현상을 말하는 것으로, 화폐가치의 하락을 야기한다.
- 인플레이션의 부작용은 인플레이션으로 인해 화폐가치가 하락함에 따라 발생한다. 이러한 부작용으로는 ① 경제주체 간 소득 재분배(채권자로부터 채무자로의 부의 이동, 명목임금을 받는 근로자로부터 사업주로의 부의 이동 등), ② 명목가치가 고정된 금융자산 보유자의 자산가치 하락, ③ 메뉴비용(메뉴판을 바꾸는 데 드는 비용) 발생, ④ 구매력 하락, ⑤ 가격왜곡으로 인한 자원의 비효율적 배분, ⑥ 구두창비용(현금을 적게 보유함에 따른 비용) 등이 있다.

- 인플레이션의 원인별 유형에는 수요견인 인플레이션(수요 증가에 따른 물가상승), 비용인상 인플레이션(원자재, 인건비, 환경비용, 자연재해 등 생산비용 증가로 인하여 공급측면에서 발생하는 인플레이션) 등이 있다.

62 디플레이션 🔎 본서 pp. 394~395

- 상품과 서비스의 일반적 물가수준이 지속적으로 하락하는 현상으로, 화폐가치의 상승을 야기한다.
- 부작용으로는 ① 가격 하락으로 인한 생산 감소, ② 생산 감소로 인한 투자와 고용 위축으로 실업 증가, 임금 하락, 소득 감소, ③ 채무부담 증가로 인한 금융기관 부실화 등이 있다.
- 디플레이션의 원인으로는 실물경제규모 대비 통화공급이 적은 경우, 노동생산성 상승으로 인한 총공급곡선의 우측 이동 등이 있다.

63 스태그플레이션 🔎 본서 p. 388

경기침체와 물가상승이 동시에 나타나는 현상을 의미하는 것으로, 원유 등 원자재 가격 상승, 자연재해 등 공급측면에서의 충격으로 인하여 발생한다.

64 실업률 🔎 본서 pp. 409~411

- 실업률 관련 개념
  - 인구의 분류

총인구	생산가능인구	경제활동인구	취업자
			실업자
		비경제활동인구	–
	생산불가능인구	–	

- 비경제활동인구 : 생산가능인구 중 일할 의사가 없거나 일할 능력이 없는 사람 등 취업자도 아니고 구직활동을 하고 있지도 않은 자
- 실업 : 일할 의사와 능력을 가졌으나 일자리를 갖지 못한 상태
- 실업자 : 경제활동인구 중 취업자가 아닌 자로, 조사대상 주간을 포함한 지난 4주간 적극적으로 구직활동을 하였지만, 매월 15일이 속한 1주일 동안 수입을 목적으로 한 시간 이상 일하지 못한 자로서 일자리가 주어지면 즉시 취업이 가능한 자
- 비경제활동인구에 해당하여 실업자에 속하지 않는 자의 예 : 대학생, 전업주부, 구직단념자, 공무원시험 수험생, 취업준비생, 심신장애자
- 생산불가능인구에 해당하여 실업자에 속하지 않는 자의 예 : 15세 미만, 군인, 형이 확정된 교도소 수감자 등

• 실업률 관련 계산식
- 생산가능인구(15세 이상) = 경제활동인구 + 비경제활동인구
- 경제활동인구(일할 의사와 능력을 가진 인구) = 실업자 + 취업자
- 경제활동참가율(%) = $\dfrac{경제활동인구}{생산가능인구} \times 100(\%)$

  $= \dfrac{경제활동인구}{경제활동인구 + 비경제활동인구} \times 100(\%)$

- 실업률(%) = $\dfrac{실업자}{경제활동인구} \times 100(\%)$

  $= \dfrac{실업자}{취업자 + 실업자} \times 100(\%)$

- 고용률(%) = $\dfrac{취업자}{생산가능인구} \times 100(\%)$

  $= \dfrac{취업자}{경제활동인구 + 비경제활동인구} \times 100(\%)$

65 자연실업률 🔍 본서 p. 414

- 경제의 산출량과 고용이 사실상 완전고용수준을 유지하고 있는 상태에서도 지속되고 있는 실업률로, 경기변동과는 관계 없는 마찰적 실업과 구조적 실업만 존재하는 경우의 실업률을 말한다.
- 자연실업률을 낮추기 위한 방안으로는, ① 실업보험료의 인하, ② 탐색비용을 낮출 수 있는 방안 마련, ③ 직업훈련 등이 있다.

66 필립스곡선 🔍 본서 pp. 430~431

- 단기적으로 인플레이션과 실업률이 역의 관계에 있음을 나타내는 곡선으로, 인플레이션율(세로축)과 실업률(가로축) 평면에서 우하향한다. 즉, 실업률이 낮아지면 물가가 상승하므로, 실업률과 물가를 동시에 잡을 수 없음을 나타낸다. 인플레이션율 이외의 요소인 예상물가상승률이 낮아지면 단기필립스곡선은 아래로 이동하고 예상물가상승률이 높아지면 단기필립스곡선은 위로 이동한다.
- 자연실업률 가설에 의하면 장기적으로는 인플레이션율에 관계없이 실업률이 자연실업률 수준에서 일정하며 인플레이션율과 실업률 평면에서 수직의 형태를 가진다. 즉, 물가상승률과 실업률은 아무런 관계가 없다. 한편 자연실업률이 상승하면 장기필립스곡선은 우측으로 이동한다.

67 구축효과 🔍 본서 p. 372

- 확장적 재정정책으로 인하여 이자율이 상승하여 민간투자가 감소하는 현상을 의미하며, 통화주의학파가 주장하는 내용이다.
- 유동성함정 구간에서는 구축효과가 일어나지 않는다.

68 소득의 종류

- 근로소득, 재산소득, 사업소득, 이전소득으로 나눌 수 있다.
- 근로소득이란 노동을 제공한 대가로 벌어들인 소득을 말하는 것으로 월급 등이 이에 해당한다.
- 재산소득이란 금융자산(예금, 주식, 채권 등)과 실물자산(토지, 건물)을 시장에 제공한 대가로 벌어들인 소득을 말한다.
- 사업소득이란 사업을 영위함으로써 일정기간 동안 벌어들인 소득에서 사업 영위에 투입된 총비용을 차감한 소득을 말한다.
- 이전소득이란 무상으로 받는 소득을 말하는 것으로, 용돈, 생계비보조금, 기초연금, 실업수당 등이 이에 해당한다.

04 국제경제학

69 비교우위론 🔍 본서 pp. 504~505

- 교역상대국보다 낮은 기회비용으로 생산할 수 있는 능력을 가진 경우 비교우위를 가진다고 말한다.
- 비교우위론이란 한 나라가 두 재화 생산에 있어서 모두 절대우위에 있더라도 양국이 상대적으로 생산비가 낮은 재화생산에 특화하여 생산하고 무역을 함으로써 양국 모두 무역으로부터 이익을 얻을 수 있다는 이론을 말한다.

70 교역조건 🔍 본서 p. 263

- 교역조건이란 수출 상품 1단위로 교환할 수 있는 수입 상품 단위 수를 말한다. 교역조건이 개선되었다는 것은 우리나라 국민이 종전과 같은 소득으로 외국제품을 더 많이 소비할 수 있다는 의미이며, 수출품의 가격이 수입품의 가격에 비해 높아졌다는 의미로서 수출가격경쟁력이 악화되는 요인이 된다.
- 국내총생산(GDP)은 한 나라에서 특정 기간 생산된 부가가치의 총합으로, 교역조건이 반영되지 않는 반면, GNI에는 교역조건이 반영된다.

머리말

TESAT(Test of Economic Sense And Thinking)은 시장경제에 대한 지식과 이해도를 측정하는 경제 지력과 사고력 테스트입니다. TESAT은 암기가 아닌 이해력을 바탕으로 치러지는 시험입니다. 이러한 시험을 준비하는 과정에서 현실의 경제 사안과 관련된 상황들을 판단하는 문제를 다룸으로써 수험생들은 현대 사회가 원하는 경제적 소양을 갖춘 인재에 가까워질 수 있습니다. 또한 TESAT은 한국경제신문이 주관하고 국내 저명 경제·경영학과 교수와 민간 경제연구소 연구위원 및 한국경제신문 논설위원들이 출제하는 양질의 문제들로 구성되기 때문에 많은 기업·공공기관·학교에 신뢰와 믿음을 주고 있는 시험입니다. 지속적으로 국민경제 교육 활성화에 기여한다는 점에서 TESAT은 2010년 11월 정부로부터 국가공인 자격시험으로 인정받았습니다.

최근 TESAT의 활용도는 점점 더 넓어져 가고 있는 추세입니다. 가장 먼저 TESAT 시험의 성적을 채용 시 반영하는 기업·공공기관이 증가하고 있으며, 채용 시뿐만 아니라 승진 시에 반영하는 기업·공공기관도 늘어나고 있는 추세입니다. 또한 TESAT 시험을 졸업시험으로 채택하고 있는 대학들도 있으며, 학점은행제에 등록하여 학점 취득용으로 활용할 수 있습니다. 대입을 준비하는 고등학생들은 대입에 보다 유리해지기 위해 학생부에 TESAT 3급 이상의 성적을 기재하도록 되어 있습니다.

이처럼 중요도와 관심이 커져가는 TESAT 수험자들을 위해 시대에듀에서는 심혈을 기울여 TESAT 교재를 출간하였습니다. TESAT에서 가장 큰 비중을 차지하는 경제학은 생소한 용어와 그래프로 인하여 경제학 비전공자들에게는 다소 거리감이 느껴질 수 있으며, 방대한 내용의 경제학을 단기간에 배운다는 것 또한 쉬운 일은 아닙니다. 그러나 다행히도 TESAT 시험은 경제의 원리를 이해하는지, 이를 바탕으로 현실경제문제를 이해하고 합리적으로 의사결정을 할 수 있는지를 평가하는 시험이므로, 경제 용어의 개념과 기본 원리를 충실히 이해한다면 충분히 고득점할 수 있는 시험이라고 하겠습니다.

이를 반영하여 우리 교재에서는 TESAT에서 출제되는 문제의 난이도와 내용만을 엄선하여 이해하기 쉽게 이론으로 정리하였으며, 이론과 관련된 대표유형문제를 양 옆에 수록하여 학습 중인 이론을 바로 적용해 볼 수 있도록 하였습니다. 본서에 수록된 문제들은 기출문제 분석을 바탕으로 구성되었으며, 최신기출문제 분석에 기반한 문제는 최신 출제유형임을 표시하였으므로 시험장에서 많은 도움이 될 것입니다. 경영일반 및 시사경제 부분에서는 최신경향을 반영하고 이를 타교재보다 자세히 다루어 수험생 여러분이 보다 편리하게 준비할 수 있도록 하였습니다.

본서는 TESAT을 준비하는 수험자들뿐만 아니라, 경제경영을 기반으로 하는 기업이나 공공기관 입사시험, 경제학이 포함된 공무원 시험이나 국가고시 시험을 준비하는 수험자들이 단기간에 경제학 이론을 정리하는 데에도 도움이 될 것입니다. 특히 NCS를 도입한 기업이나 공공기관의 입사를 준비하는 수험자들에게도 경제경영 상황을 분석하여 답을 도출하는 TESAT 문제들을 접해보는 것은 효과적인 준비 방법이 될 수 있을 것입니다.

마지막으로 본서로 학습하는 모든 분들이 목표를 이루고, 본서를 바탕으로 더 높은 곳으로 도약하시기를 기원합니다.

시대경제경영연구소 드림

2026 시대에듀 TESAT(테셋) 한권으로 끝내기

자격시험 안내

○ TESAT이란?

시장경제에 대한 지식과 이해도를 측정하는 경제 지력과 사고력을 테스트하는 국가공인 경제이해력검증시험입니다. 한국경제신문이 주관하는 시험으로 2010년 11월 정부로부터 '국가공인' 민간자격시험으로 인정받았습니다. 국내 경제·경영학과 교수, 민간 경제연구소 연구위원, 한국경제신문 논설위원들이 출제에 참여해 문제의 완성도가 높은 시험입니다.

○ 시험일정

회 차	정기시험 일정	회 차	정기시험 일정
95회	2025년 2월 15일(토)	99회	2025년 8월 09일(토)
96회	2025년 3월 22일(토)	100회	2025년 9월 20일(토)
97회	2025년 5월 17일(토)	101회	2025년 11월 15일(토)
98회	2025년 6월 28일(토)	102회	2025년 12월 27일(토)

※ 상기 시험일정은 국가공인 한경 TESAT(www.tesat.or.kr)에 따른 것으로 주최측의 사정에 따라 변동될 수 있으므로 반드시 확인하시기 바랍니다.

○ 시험접수

한국경제신문 경제교육연구소 홈페이지(www.tesat.or.kr)에서 가능

○ 시험정보

구 분	내 용
응시자격	제한 없음
준비물	수험표, 신분증, 컴퓨터용 사인펜
입실시간	시험시작 30분 전까지
시험시간	오전 10:00~11:40(100분)
성적 유효기간	2년(유효기간 내에만 성적표 재발급 및 성적확인 가능)
성적표 발급	• 기간 : 시험 시행일로부터 약 2주 후 • 방법 : 온라인 발급 • 발급비용 : 최초 1매 무료(두 번째부터는 1매당 500원)

출제기준 및 평가방법

❶ TESAT의 출제영역과 영역별 문항 수 및 배점(시험시간 : 100분)

영역	기능	지식이해	적용	분석·추론·종합·판단	문항 수 및 배점
경제이론	기초일반, 미시, 거시, 금융, 국제	20	10	–	(20×3) + (10×4) = 100
시사경제	정책(통계), 상식(용어), 경영(회사법, 회계, 재무)	20	10	–	(20×3) + (10×4) = 100
응용복합 (추론판단)	자료해석, 이슈분석, 의사결정(비용편익분석)	–	–	20	20×5 = 100
합계		3점×40문항 = 120점	4점×20문항 = 80점	5점×20문항 = 100점	총 80문항 / 300점

※ 경제이론 : 경제정보를 이해하는 데 필요한 주요 경제이론 지식을 테스트
※ 시사경제 : 경제·경영과 관련된 뉴스를 이해하는 데 필요한 배경지식을 테스트
※ 응용복합 : 경제·경영과 시사상식을 결합한 심화영역으로 경제상황을 분석·추론·판단할 수 있는 종합사고력을 테스트

❷ TESAT 점수에 따른 등급 및 경제이해력 수준

등급	설명
S급 270~300점	• 경제이해력이 탁월 • 복잡한 경제정보를 정확하게 이해할 수 있음 • 이를 근거로 주어진 경제상황에서 독자적으로 의사결정을 내릴 수 있고, 찬반 논쟁이 있는 경제이슈에 대해 자신의 의견을 설득력 있게 제시할 수 있음
1급 240~269점	• 경제이해력이 매우 우수 • 복잡한 경제정보 대부분을 이해할 수 있음 • 이를 근거로 주어진 경제상황에서 독자적으로 의사결정을 내릴 수 있고, 찬반 논쟁이 있는 경제이슈에 대해 자신의 의견을 소신 있게 제시할 수 있음
2급 210~239점	• 경제이해력이 우수 • 일반적인 경제정보를 정확하게 이해할 수 있음 • 이를 근거로 주어진 경제상황에서 독자적으로 의사결정을 내릴 수 있고, 찬반 논쟁이 있는 경제이슈에 대해 자신의 의견을 제시할 수 있음
3급 180~209점	• 경제이해력이 보통 • 일반적인 경제정보를 대부분 이해할 수 있음 • 이를 근거로 약간의 도움을 받는다면 주어진 경제상황에서 의사결정을 내릴 수 있고, 찬반 논쟁이 있는 경제이슈에 대해 자신의 의견을 제시할 수 있음
4급 150~179점	• 경제이해력이 약간 미흡 • 주위의 도움을 받아 일반적인 경제정보를 이해할 수 있음 • 이를 근거로 주어진 경제상황에서 상사의 지도 감독 아래 간단한 의사결정을 내릴 수 있음
5급 120~149점	• 경제이해력이 미흡 • 주위의 조언을 상당히 받아 일반적인 경제정보를 이해할 수 있음 • 이를 근거로 주어진 경제상황에서 상사의 지속적인 지도 감독 아래 간단한 의사결정을 내릴 수 있음

자격시험 안내

○ TESAT 성적활용

구분	내용
TESAT 시험을 반영하는 기업들	**대졸사원 채용 시 활용하는 기업·단체** 삼성그룹, 현대차, 현대제철, 현대카드, 현대다이모스, SK, GS리테일, 대림, S-OIL, 코오롱, BGF리테일, CJ그룹, 모두투어, 아모레퍼시픽, 대우건설, 한라, 넥센타이어, 한국타이어, LF, OCI, 신세계, 오뚜기, KT&G, 세아상역, 굿네이버스, 한국거래소, KB국민카드, 애경, 신영증권, IBK기업은행, 대신증권, 현대오일뱅크, 대우증권, 동양그룹, 동양종금증권, 하이닉스, 현대엔지니어링, 키움증권, 보광훼미리마트, 한국관광공사, 한국남동발전, 한국산업단지공단, 한화, SPC그룹, KT, 동원그룹, 글로비스, 한국경영자총회, 동국제강, 한국경제인협회 **신입사원, 인턴사원 채용 시 TESAT 시험을 시행하는 기업·단체** 한국경제인협회, 글로비스, 중소기업중앙회 **TESAT 성적 우수자를 추천받아 채용한 단체** 한국상장회사협의회 **임직원 승진 인사에 활용하는 기업·단체** 퍼시스, 한국투자증권, 한국경제인협회, SK네트웍스, 동부그룹 **임직원들이 단체로 TESAT에 응시한 기업·기관단체** 교보증권, 국회, 굿모닝신한증권, 기업은행, IBK투자증권, 대우증권, 대한전선, 동부증권, 동양종금증권, 현대오일뱅크, 메리츠증권, 삼성선물, 삼성투신운용, 삼양사, STX, 우리투자증권, 키움증권, 포스코, 하나대투증권, 외환은행, 하나은행, 한국증권금융, 한국투자증권, 현대해상, SK네트웍스, 퍼시스
TESAT 시험을 반영하는 학교들	**졸업시험으로 채택한 대학** 강원대 경제학과, 한국방송통신대학 경제학과, 한국외국어대학교 경제학과, 창원대학교 경제학과·경영학과, 경기대학교 경제학과, 동국대학교 경제학과
학점은행제에 등록하여 학점 취득용으로 활용	• 「학점인정 등에 관한 법률」에 따라 학점은행제를 활용해 학사 및 전문학사를 취득하려는 학생들은 TESAT 성적으로 17~20학점의 경제경영 학점을 취득할 수 있습니다. • 성적에 따라 3급은 17학점, 2급은 18학점, 1급은 19학점, S급은 20학점이 부여됩니다.
TESAT 3급 이상 고교학생부에 기재 가능	기업인, 경제·경영학자, 경제관련 국제기구 전문가를 꿈꾸는 학생이라면 학창시절 경제 동아리 활동과 TESAT 성적을 학생부에 기록해 두면 상경계 대학 진학 시 도움을 받을 수 있습니다.

과목별 빈출도

1편 경제기초

경제기초	희소성과 선택	★★★
	경제체제와 자원배분	★★★
	인과의 오류와 구성의 오류	★☆☆
	실증경제학과 규범경제학	★☆☆

2편 미시경제

수요공급이론	수요와 공급의 원리	★★★
	수요와 공급의 탄력성	★★★
	소비자 잉여와 생산자 잉여	★★★
소비자이론	무차별곡선과 한계대체율	★★☆
	대체효과 · 소득효과 · 가격효과	★☆☆
	네트워크효과 등	★☆☆
	기대효용이론	★★☆
생산자이론	등량곡선과 한계기술대체율	★☆☆
	등비용곡선과 비용극소화 조건	★☆☆
	기회비용 · 매몰비용 · 회계비용	★★★
	총비용 · 한계비용 · 평균비용	★★★
	규모의 경제와 범위의 경제	★★☆
	이윤극대화 생산량 도출	★★★
시장이론	기업의 이윤극대화 조건	★★☆
	완전경쟁시장과 균형분석	★★★
	독점시장과 가격차별	★★★
	독점경쟁시장과 과점시장	★★☆
	게임이론	★★☆
생산요소시장과 소득분배이론	노동시장	★★☆
	자본시장	★★☆
	소득분배와 빈부격차	★★★

과목별 빈출도

공공경제	시장실패	★★★
	정부실패	★★☆
	공공재와 공유지의 비극	★★★
	외부효과	★★★
	조세와 조세전가	★★★
	정치경제학(중위투표자이론)	★★☆
정보경제	도덕적 해이와 역선택	★★★
	주인-대리인 문제	★★★

3편 거시경제

경제기초	GDP의 계산과 구성항목	★★★
	GDP 디플레이터와 GDP갭	★★★
	GDP, GNP, GNI의 비교	★★★
	GDP와 경제적 후생	★★☆
	GDP와 생산성 성장	★★★
국민소득결정이론	저축의 역설	★★☆
	디플레이션갭과 인플레이션갭	★★☆
	소득지출분석과 승수효과	★★☆
	총수요와 총공급(노동시장, 대부자금시장 등)	★★★
소비함수와 투자함수	절대소득가설, 상대소득가설, 항상소득가설 등	★★☆
	현재가치법, 내부수익률법	★☆☆
	투빈의 q이론	★★★
화폐와 국민경제	통화량의 측정, 통화지표	★★★
	화폐의 수요와 공급	★★★
	본원통화, 통화승수, 통화량	★★☆
	고전학파와 케인즈학파의 화폐수요이론	★★☆
	유동성함정	★★☆
	중앙은행의 역할	★★☆

재정정책과 통화정책	재정정책과 통화정책	★★★
물가 · 인플레이션 · 실업	물가지수(CPI, PPI, GDP 디플레이터)	★★★
	인플레이션과 디플레이션	★★★
	스태그플레이션	★★☆
	실업과 실업률	★★★
	필립스 곡선	★★★
경기변동과 경제성장	경기지수 · 경기변동 · 경제성장	★★☆

4편 국제경제

무역이론과 무역정책론	절대우위론과 비교우위론	★★★
	자유무역론, FTA, 보호무역론, 관세 등	★★★
국제수지와 국제금융	국제수지	★★★
	환율(구매력평가설과 이자율평가설)	★★★
	개방경제의 경제안정화 정책	★★☆

5편 경영일반

회사법	회사의 종류	★☆☆
	주식과 채권	★★☆
	인수와 합병	★★☆
회계 및 재무	회계의 기본원리	★★☆
	금융시장과 금융상품	★★☆
	경영비율(안정성, 수익성, 성장성, 활동성 비율 등)	★★☆
	현재가치 · 수익률 · 할인율	★★★
	위험과 수익	★★★
	파생금융상품(선물 · 옵션 등)	★★★
	분산투자, 포트폴리오, 효율적 시장 가설	★★☆

이 책의 구성과 특징

학습의 효율성을 높여주는 과목별 빈출도!

실제 TESAT 시험에 출제되는 경제 개념과 빈출도(★)를 수록하여 선택적·집중적으로 학습할 수 있습니다.

핵심기초를 다지는 전과목 이론 + 대표유형문제

시험에 출제되는 이론을 최대한 쉽고 정확하게 이해하도록 정리하였으며, 대표유형문제를 통해 학습한 이론을 바로 점검할 수 있습니다.

2023년과 2024년, 2025년도 시험 출제경향을 파악할 수 있는 최신출제유형 문제를 통해 효율적으로 학습이 가능합니다.

합격의 공식 Formula of pass | 시대에듀 www.sdedu.co.kr

기출 분석이 반영된 출제예상문제!

출제예상문제는 실제 시험 난이도와 최근 출제경향을 반영한 문제들로 구성하였으며, 빈출내용을 담아 핵심을 놓치지 않도록 하였습니다.

최종 마무리가 가능한 실전모의고사!

실전모의고사를 통해 실전감각을 익히고 최종적으로 마무리할 수 있도록 하였습니다.

이 책의 목차

제1편 경제기초

제1장 경제학의 기초
1절 경제활동과 경제체제 · 3
2절 경제이론 · 8

제2편 미시경제

제2장 수요공급이론
1절 수요이론 · 27
2절 공급이론 · 31
3절 균형의 결정 및 안정성 · 34
4절 수요와 공급의 탄력성 · 36
5절 소비자 잉여와 생산자 잉여 · 42
6절 가격통제정책 · 44
7절 조세부담의 귀착 · 46

제3장 소비자이론
1절 확실성하에서의 소비자이론 · 71
2절 불확실성하에서의 소비자이론 · 80

제4장 생산자이론
1절 생산이론 · 91
2절 비용이론 · 97

제5장 시장이론
1절 시장이론의 개요 · 115
2절 완전경쟁시장 · 117
3절 독점시장 · 120
4절 독점적 경쟁시장 · 128
5절 과점시장 · 130
6절 게임이론 · 133

제6장 생산요소시장과 소득분배이론
1절 생산요소시장 · 159
2절 소득분배이론 · 163

제7장 파레토효율성 및 후생경제학
1절 파레토효율성 · 180
2절 후생경제학 · 184

제8장 시장실패와 정부실패
1절 시장실패 · 199
2절 정부실패 · 202

제9장 공공경제
1절 공공재와 공유지의 비극 · 209
2절 외부효과와 자원배분 · 211
3절 조세와 조세전가 · 214
4절 정치경제학 · 219

제10장 정보경제
1절 정보 비대칭성 · 235
2절 역선택과 도덕적 해이 · 236

제3편 거시경제

제11장 경제활동의 측정
1절 거시경제학의 개요 · 251
2절 국내총생산(GDP) · 255
3절 저축과 투자 · 259
4절 국민총생산(GNP)과 국민총소득(GNI) · 261

이 책의 목차

제12장 국민소득결정이론
1절 고전학파의 장기 국민소득결정이론 · 275
2절 케인즈의 단기 국민소득결정이론 · 282
3절 균형국민소득의 변화(승수이론) · 291

제13장 소비함수와 투자함수
1절 소비함수론 · 308
2절 투자함수론 · 315

제14장 화폐와 국민경제
1절 화폐의 개요 · 327
2절 화폐의 공급 · 328
3절 화폐의 수요 · 332
4절 금 융 · 337

제15장 총수요와 총공급이론
1절 IS곡선과 LM곡선 · 353
2절 총수요곡선과 총공급곡선 · 357

제16장 재정정책과 통화정책
1절 재정정책 · 371
2절 통화정책 · 374

제17장 물가와 인플레이션
1절 물가와 물가지수 · 382
2절 인플레이션 · 385
3절 디플레이션 · 394

제18장 실 업
1절 실업의 개요 · 407
2절 실업관련지표 · 409
3절 실업에 따른 비용 · 412
4절 학파별 실업이론과 대책 · 413

제19장 필립스곡선과 스태그플레이션

1절 전통적인 필립스곡선과 스태그플레이션 · 430
2절 통화주의학파의 기대부가 필립스곡선과 자연실업률가설 · · · · · · · · 432
3절 새고전학파의 필립스곡선과 인플레이션 억제정책 · · · · · · · · · · · · · 434
4절 새케인즈학파의 실업률의 이력현상 · 436
5절 기대가설과 필립스곡선 · 437

제20장 학파별 주요내용 및 경기안정화정책

1절 고전학파와 케인즈학파 · 447
2절 통화주의학파 · 452
3절 공급경제학 · 454
4절 새고전학파와 새케인즈학파 · 457
5절 경기안정화정책 · 462

제21장 경기지수 · 경기변동 · 경제성장

1절 경기지수 · 478
2절 경기변동 · 481
3절 경제성장 · 486

제4편 국제경제

제22장 무역이론과 무역정책론

1절 고전학파 무역이론 · 503
2절 근대적 무역이론 · 506
3절 현대적 무역이론 · 509
4절 무역정책론 · 511

제23장 국제수지와 국제금융

1절 국제수지 · 526
2절 국제금융 · 531

이 책의 목차

제5편 경영일반

제24장 회사법
- 1절 회사의 형태 · · · · · · · · · · 547
- 2절 일반경영 · · · · · · · · · · 554

제25장 회계
- 1절 회계의 기초 · · · · · · · · · · 577
- 2절 회계처리와 CVP분석 · · · · · · · · · · 584

제26장 재무
- 1절 재무관리의 기초 · · · · · · · · · · 605
- 2절 자본시장과 가치평가 · · · · · · · · · · 608
- 3절 파생상품 · · · · · · · · · · 611
- 4절 재무분석 · · · · · · · · · · 613

제6편 시사경제

- 제27장 금융시사 · · · · · · · · · · 633
- 제28장 일반시사 · · · · · · · · · · 643

부록

- 실전모의고사 · · · · · · · · · · 687
- 정답 및 해설 · · · · · · · · · · 720

경제기초

제1장 경제학의 기초

교육은 우리 자신의 무지를
점차 발견해 가는 과정이다.

– 윌 듀란트 –

합격의 공식 온라인 강의

보다 깊이 있는 학습을 원하는 수험생들을 위한
시대에듀의 동영상 강의가 준비되어 있습니다.
www.sdedu.co.kr → 회원가입(로그인) → 한경TESAT

제1편 경제기초

제01장 경제학의 기초

제1절 경제활동과 경제체제

1 경제학의 개요

(1) 경제학의 정의
① 경제학은 사회과학의 독립된 한 분야로 경제문제를 다루는 학문이다.
② 경제학은 재화의 생산 및 교환, 분배, 소비에 관하여 연구하는 학문이다.
③ 즉, 경제학이란 개인이나 사회가 제한적이고 한정된 자원을 효율적·선택적으로 사용하여 여러 가지 재화와 용역을 생산·교환·분배·소비하는 데서 발생하는 여러 가지 경제현상을 연구 대상으로 하는 학문이다.

(2) 희소성의 원칙
① 희소성의 원칙이란 인간의 무한한 욕망을 충족시킬 재화나 용역이 상대적으로 부족한 것을 의미한다.
② 이러한 희소성으로 인해 선택의 문제에 직면하게 되고, 사람들은 기회비용을 파악하여 제한된 자원을 합리적으로 사용하기 위해 노력한다.
③ 즉, 희소성의 원칙은 모든 경제 이론의 출발점이며, 다른 모든 경제 원리나 이론들은 희소성의 개념과 관련되어 있다.

(3) 경제재와 자유재

① 경제재와 자유재의 개념

경제재 (Economic goods)	• 경제재란 희소성을 가지고 있는 자원으로 합리적인 의사결정으로 선택을 해야 하는 재화를 말한다. • 우리가 일상생활에서 돈을 지불하고 구입하는 일련의 재화 또는 서비스를 모두 포함한다.
자유재 (Free goods)	• 자유재란 희소성을 가지고 있지 않아 값을 지불하지 않고도 누구나 마음대로 쓸 수 있는 물건을 말한다. • 공기나 햇빛같이 우리의 욕구에 비해 자원량이 많아 경제적 판단을 요구하지 않는 재화를 모두 포함한다.

대표유형문제 **최신출제유형** 24

다음 중 희소성(Scarcity)과 관련된 설명으로 가장 거리가 먼 것은?
① 같은 재화라도 사람에 따라 희소성이 달라질 수 있다.
② 최저임금이 시장임금보다 낮게 설정되면 희소성에 영향을 주지 못한다.
③ 소비자가 지불하려는 가격은 한계효용에 의해 결정되므로 생산비와 무관할 때도 있다.
④ 부존량이나 공급량이 많지 않다면 반드시 희소성이 뒤따른다.
⑤ 선택이 필요한 이유는 재화의 희소성 때문이다.

해설
부존량이나 공급량이 많지 않더라도 수요량이 상대적으로 적다면 희소하지 않다.
③ 한계효용은 체감하므로 희소성이 한계효용에 영향을 미칠 수 있다.

정답 ④

대표유형문제

A는 한정된 예산으로 X재화와 Y재화 둘 중 하나만을 선택해야 한다. X재와 Y재의 편익과 가격이 다음과 같을 때 가장 옳은 것은?

구분	편익	가격
X재	10만원	5만원
Y재	7만원	3만원

① A가 X재를 선택할 경우 명시적 비용은 5만원이다.
② A가 Y재를 선택할 경우 암묵적 비용은 10만원이다.
③ A가 X재를 선택할 경우 기회비용은 12만원이다.
④ A가 Y재를 선택할 경우 기회비용은 10만원이다.
⑤ A는 X재와 Y재 모두 선택하지 않는 것이 가장 합리적인 선택이다.

해설

기회비용이란 여러 선택 대안들 중 한 가지를 선택함으로써 포기해야 하는 다른 선택 대안 중에서 가장 가치가 큰 것을 의미한다. 기회비용은 명시적 비용뿐 아니라 암묵적 비용도 포함된다.
② Y재 선택 시 암묵적 비용은 10 − 5 = 5만 원이다.
③ X재 선택 시 기회비용은 5 + 4 = 9만 원이다.
④ Y재 선택 시 기회비용은 3 + 5 = 8만 원이다.
⑤ X재의 순편익은 10 − 9 = 1만원, Y재의 순편익은 7 − 8 = −1만 원으로 X재를 선택하는 것이 가장 합리적인 선택이다.

정답 ①

② 자유재는 시대나 환경에 따라 경제재로 바뀔 수 있다.
  [예] 과거에는 맑은 물이 자유재였지만 환경오염으로 맑은 물을 마시기 위해 정수기를 사용하거나 돈을 주고 생수를 구입하므로 자유재가 경제재로 바뀌었다.
③ 경제재는 시대나 환경에 따라 자유재로 바뀔 수 있다.
  [예] 대표적으로 지식재산권으로 보호받던 특허나 저작물의 경우에는 돈을 주고 거래되는 경제재였지만 특허나 저작권 보호 기간이 만료될 경우 누구나 가져다 활용할 수 있는 자유재가 된다.

2 기회비용과 매몰비용

(1) 기회비용(Opportunity cost)

① 기회비용이란 여러 선택 대안들 중 한 가지를 선택함으로써 포기해야 하는 다른 선택 대안 중에서 가장 가치가 큰 것을 의미한다.
② 경제학에서 사용하는 비용은 전부 기회비용 개념이며, 합리적인 선택을 위해서는 항상 기회비용의 관점에서 의사결정을 내려야 한다.
③ 기회비용은 객관적으로 나타난 비용(명시적 비용) 외에 포기한 대안 중 가장 큰 순이익(암묵적 비용)까지 포함한다.
④ 편익(매출액)에서 기회비용을 차감한 이윤을 경제적 이윤이라고 하는데, 이는 기업 회계에서 일반적으로 말하는 회계적 이윤과 다르다. 즉, 회계적 이윤은 매출액에서 명시적 비용(회계적 비용)만 차감하고 암묵적 비용(잠재적 비용)은 차감하지 않는다.

경제적 비용 (기회비용)	명시적 비용 (회계적 비용)	기업이 생산을 위해 타인에게 실제적으로 지불한 비용 [예] 임금, 이자, 지대
	암묵적 비용 (잠재적 비용)	자가 자원(시간, 자산 등)을 사용함으로써 포기한 수익 [예] 귀속 임금, 귀속 이자, 귀속 지대

⑤ 경제적 이윤과 회계적 이윤
  ㉠ 경제적 이윤은 총수입에서 경제적 비용을 차감하여 구한다.

> 경제적 이윤 = 총수입 − 경제적 비용
> = 총수입 − (명시적 비용 + 암묵적 비용)
> = (총수입 − 명시적 비용) − 암묵적 비용
> = 회계적 이윤 − 암묵적 비용

ⓛ 경제적 이윤과 회계적 이윤의 비교

경제적 이윤	회계적 이윤
• 매출액에서 기회비용을 차감한 이윤을 말한다. • 사업주가 자원 배분이 합리적인지 판단하기 위한 지표이다. • 경제적 이윤은 경제적 부가가치(EVA)로 나타내기도 한다.	• 매출액에서 명시적 비용만 차감한 이윤을 말한다. • 사업주가 외부 이해관계자(채권자, 주주, 금융기관 등)에게 사업성과를 보여주기 위한 지표이다. • 즉, 회계적 이윤에는 객관적으로 측정 가능한 명시적 비용만을 반영한다.

(2) 매몰비용(Sunk cost)

① 매몰비용이란 이미 투입된 비용으로서 사업을 중단하더라도 회수할 수 없는 비용을 말한다.
② 즉, 매몰비용은 사업을 중단하더라도 회수할 수 없기 때문에 사업 중단에 따른 기회비용은 0이다.
③ 그러므로 합리적인 선택을 위해서는 이미 지출되었으나 회수가 불가능한 매몰비용은 고려해서는 안 된다.
④ 대부분의 공장 설비 등 고정비는 매몰비용이다.

③ 생산가능곡선(Production Possibility Curve ; PPC)

(1) 생산가능곡선의 개념

① 생산가능곡선이란 경제 내의 모든 생산요소를 가장 효율적으로 사용하여 최대로 생산할 수 있는 X재와 Y재의 조합을 나타내는 곡선을 말한다.
② 생산요소의 양이 주어져 있는 상태에서 X재와 Y재만을 생산한다고 가정하는 경우 X재의 생산량을 증가시키기 위해서는 Y재의 생산량을 감소시켜야 하므로 생산가능곡선은 우하향한다.
③ 또한 기회비용체증 법칙으로 인해 생산가능곡선은 원점에 대하여 오목한 형태이다.

대표유형문제

올해 A는 빵집을 오픈하였다. 다음 중 매몰비용(Sunk cost)의 성격을 가장 강하게 갖는 것은?
① 광고비
② 오븐 구입비
③ 밀가루 구입비
④ 점포임대 보증금
⑤ 직원들 인건비

해설

매몰비용이란 이미 지출한 뒤에는 다시 회수가 불가능한 비용을 의미한다. 광고비와 연구개발비 등이 매몰비용에 해당한다.
② · ③은 판매를 통하여 일부금액이라도 회수가 가능하다.
④ 전액회수가능한 금액이다.
⑤ 가변비용에 해당한다.

정답 ①

대표유형문제

다음 중 생산가능곡선을 바깥으로 확장 이동시키는 요인을 모두 고른 것은?

가. 자본량 증가
나. 기술진보
다. 주문량 증대에 따른 유휴설비의 가동
라. 경기회복에 따른 실업의 감소

① 가, 나   ② 나, 라
③ 다, 라   ④ 가, 나, 다
⑤ 가, 다, 라

해설

기술수준이 높아지거나 생산요소 부존량이 증가하면 생산가능곡선이 바깥쪽으로 이동한다. 주문량 증대에 따른 유휴설비의 가동과 경기회복에 따른 실업의 감소는 생산가능곡선 내부에서 생산가능곡선상으로 이동하는 요인이다.

정답 ①

최신출제유형 24

다음 중 시장경제체제에 따른 결과로 볼 수 없는 것은?
① 재화와 서비스 가격 하락
② 상품의 다양화
③ 품질 향상
④ 소득분배의 공평성 개선
⑤ 혁신 촉진

해설

소득분배가 개선되지는 않는다.

정답 ④

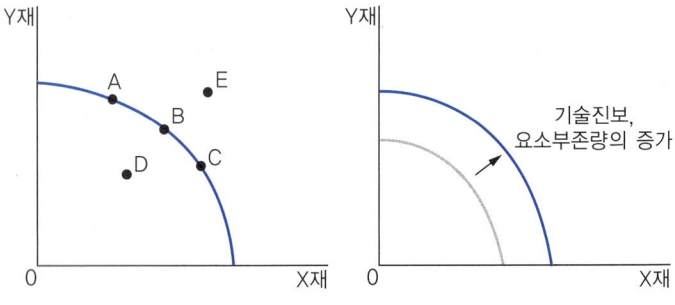

(2) 생산가능곡선의 이해 및 해석

① 생산가능곡선상에 위치한 점 A, B, C는 가장 효율적인 생산을 달성한 점이다.
② 생산가능곡선 내부에 위치한 점 D는 현재 보유하고 있는 생산요소를 효과적으로 사용하지 못하여 생산이 비효율적으로 이루어지는 점이다. 즉, 이 상황에서는 실업률이 올라가거나 공장의 가동률이 떨어진다.
③ 생산가능곡선 외부에 위치한 점 E는 현재의 기술수준과 주어진 생산요소로는 달성할 수 없는 생산조합을 나타낸다.

(3) 생산가능곡선의 이동

① 생산요소 부존량이 일정하더라도 기술진보가 이루어지면 생산 가능한 재화의 수량이 증가하므로 생산가능곡선은 바깥쪽으로 이동한다.
② 새로운 천연자원의 발견, 새로운 인구 유입 등으로 자원의 양이 증가하는 경우에도 생산능력이 확대되기 때문에 생산가능곡선은 바깥쪽으로 이동한다.

4 경제체제와 자원배분

(1) 경제체제의 개념

① 경제체제란 인간의 경제생활을 영위하기 위해 각 구성원의 경제활동을 조정하여 경제문제를 해결하는 일련의 제도를 말한다.
② 오늘날 세계 각국의 경제체제는 운용방식에 따라 시장경제체제와 계획경제체제로 분류할 수 있으며, 소유 형태에 따라 자본주의체제와 사회주의체제로 구분할 수 있다.

(2) 경제체제의 분류

① 시장경제체제
  ⊙ 시장경제체제란 사유재산제도와 경제적 자유를 근간으로 하여 개별 경제주체들의 자유로운 경제활동을 보장하는 경제체제를 의미한다.
  ⓒ 시장경제체제에서는 시장의 가격기구를 통해서 모든 경제문제가 해결된다.
  ⓒ 애덤 스미스는 가격기구의 역할을 '보이지 않는 손'에 비유하면서, 시장경제체제하에서는 개별 경제 주체의 자유로운 의사결정으로 인해서 경제문제가 해결된다고 주장하였다.
  ⓔ 이러한 시장경제체제하에서는 정부가 각 경제 주체의 선택에 간섭하지 않고 개개인이 자유롭게 경제활동을 할 수 있도록 법과 질서를 마련하여야 한다.

② 계획경제체제
  ⊙ 계획경제체제란 사유재산제도가 인정되지 않으며, 모든 경제 문제를 국가와 공공기관의 계획에 의해 결정하는 경제체제를 의미한다.
  ⓒ 계획경제체제에서는 모든 경제활동이 정부의 계획과 통제에 의하여 이루어진다.
  ⓒ 실제로는 자원배분의 비효율성, 생산성 저하 등으로 인해 많은 계획경제체제를 고수한 나라들은 시장경제체제를 유지한 나라보다 더 많은 경제적 문제에 봉착하게 되었다.
  ⓔ 이에 따라 최근에는 중국 등은 사회주의를 유지하면서 경제적으로는 시장경제를 도입하여, 시장사회주의 체제로 전환하고 있는 추세이다.

구 분	시장경제체제	계획경제체제
생산 수단의 소유	개 인	국가나 공공단체
경제문제 해결방식	시장의 기능	국가의 계획과 통제

③ 혼합경제체제
  ⊙ 혼합경제체제란 시장경제체제의 요소와 계획경제체제의 요소가 혼합되어 있는 경제체제를 의미한다.
  ⓒ 시장경제체제를 모태로 하고 경기변동, 소득분배, 시장 실패의 문제를 해결하기 위해 정부가 시장에 개입하는 경제체제를 의미한다.

대표유형문제

다음 중 자본주의체제의 사유재산제도가 사회발전 및 안정에 미치는 긍정적 영향으로 가장 거리가 먼 것은?

① 사회의 생산적 자원을 관리, 감독해서 보존 및 유지하는 기능을 한다.
② 사회의 생산적 자원을 증식시키는 기능을 한다.
③ 사회 구성원들이 사회의 부를 나눠 가지어 다양한 가치를 창조하고 의사결정 권력의 분산을 가져온다.
④ 소비자 주권을 확대하여 도덕적이며 건전한 소비를 정착시킨다.
⑤ 자기 재산을 축적한 개인과 그 가족은 경제적 안정을 누리고 이로 인해 사회 안정도도 커진다.

해설

소비자 주권이란 소비자들이 어떤 물건을 얼마나 사는가에 따라 기업들이 생산하는 물건의 종류와 수량이 정해지고, 이것이 사회적 자원배분을 결정한다는 의미이다. 즉, 자본주의체제에서 무엇을 생산할 것인가는 소비자들의 선택에 달려있다. 하지만 소비자 주권은 사유재산제도와 직접적인 연관은 없다.

정답 ④

대표유형문제

다음 사례 중에서 저량(Stock) 변수와 관련된 것은?
① 양사장은 우리나라에서 부동산을 가장 많이 가진 사람이다.
② 우리 집 한 달 신문구독료는 12,000원이다.
③ 우리 아파트 관리비는 보통 한 달에 20만 원이 넘는다.
④ 피자 가게 아르바이트생의 임금은 시간당 6,000원이다.
⑤ 한국식당의 하루 매상고는 1,000만 원이 넘는다.

해설
부동산 가치는 일정시점에서 측정되므로 저량(Stock) 개념이다.
정답 ①

(3) 주요 3대 경제 문제(P. A. Samuelson)

① 어떤 재화를 얼마만큼 생산할 것인가?(생산물의 종류와 수량)
  - 제한된 자원으로 어떤 재화를 얼마나 생산할 것인지를 결정해야 한다.
② 어떻게 생산할 것인가?(생산방법)
  - 얼마나 효율적인 방법을 채택하는가에 따라 소비 가능한 재화와 서비스의 수량이 달라지고 경제전체의 후생수준도 차이를 보인다.
③ 누구를 위하여 생산할 것인가?(소득분배)
  - 생산된 재화와 서비스를 사회구성원에게 배분하는 메커니즘에 대한 결정이 이루어져야 한다.

제2절 경제이론

1 경제변수의 구분

(1) 외생변수와 내생변수

① 외생변수(Exogenous variables)
  ㉠ 외생변수란 연립방정식으로 표시되는 경제모델에서 사용되는 변수 중 그 값이 모형 외부에서 결정되는 변수를 의미한다.
  ㉡ 외생변수 값은 사전적으로 주어지며, 분석대상이 되는 변수의 영향을 받지 않는다.
  ㉢ 정책변수(통화량, 정부지출 등), 자연적으로 주어진 변수(기후조건, 강수량 등) 등이 포함된다.
② 내생변수(Endogenous variables)
  ㉠ 내생변수란 연립방정식으로 표시되는 경제모델에서 사용되는 변수 중 그 값이 모형 내부에서 결정되는 변수를 의미한다.
  ㉡ 내생변수는 모델의 외부에서 그 움직임 또는 수치가 결정되는 외생변수가 주어지면 그에 의존하여 그 값이 결정된다.
  ㉢ 일반적으로 내생변수는 가격 · 임금 · 이자율 · 국민소득 · 소비 · 투자 등의 경제변수인 경우가 많다.

(2) 유량변수와 저량변수

① 유량(Flow)변수
   ㉠ 유량변수란 '일정기간'을 명시해야 측정할 수 있는 변수를 의미한다.
   ㉡ 국내총생산(GDP), 국제수지, 수출, 수입, 소비, 투자, 수요, 공급 등이 유량변수에 포함된다.
② 저량(Stock)변수
   ㉠ 저량변수란 '일정시점'에서 측정할 수 있는 변수를 의미한다.
   ㉡ 통화량, 노동량, 자본량, 국부, 외채, 외환보유고 등이 저량변수에 포함된다.

2 인과의 오류와 구성의 오류

(1) 인과의 오류

① 인과의 오류란 어떤 현상의 선후관계와 인과관계를 혼동하여 서로 무관한 사실을 관련짓는 오류를 의미한다.
② 즉, A라는 현상이 B라는 현상보다 먼저 발생했다고 하여 A를 B의 원인이라고 단정하는 오류를 말한다.
③ 예를 들어 '에어컨 판매량이 증가하면 기온이 상승한다.'라는 식의 판단이 여기에 해당한다.

(2) 구성의 오류

① 구성의 오류란 어떤 원리가 부분적으로 성립하는 경우 이를 확대추론함으로써 발생하는 오류를 말한다.
② '절약의 역설'은 구성의 오류를 범하는 대표적인 사례이다.
③ 예를 들어, 한 사람이 저축을 많이 하면 그 사람은 부자가 될 수 있지만, 모든 경제주체가 저축을 많이 하면 이는 국가 전체의 소비활동을 위축시켜 다시 개인의 소득을 줄이는 요인이 될 수 있다.

대표유형문제

다음은 경제학에서 범하기 쉬운 오류를 나열한 것이다. 각각의 경우 어떠한 오류를 범했는가?

> Ⓐ 우산판매량이 증가하면 세탁소의 수입이 증가한다.
> Ⓑ 개인이 부자가 되기 위해서는 저축을 많이 해야 하듯이, 이번 금융위기를 극복하기 위해서는 세계 각국의 경제주체들은 재정을 절약하여야 한다.

① Ⓐ 인과의 오류 Ⓑ 구성의 오류
② Ⓐ 인과의 오류 Ⓑ 강조의 오류
③ Ⓐ 구성의 오류 Ⓑ 인과의 오류
④ Ⓐ 구성의 오류 Ⓑ 강조의 오류
⑤ Ⓐ 강조의 오류 Ⓑ 구성의 오류

해설

인과의 오류란 어떤 현상의 선후관계와 인과관계를 혼동하여 서로 무관한 사실을 관련짓는 오류를 의미한다. 이와 달리 구성의 오류란 어떤 원리가 부분에서는 성립하지만 이를 전체로 확장하면 성립하지 않는 경우에 발생하는 오류를 말한다. 강조의 오류란 문장의 어느 한 부분을 강조하여 발생하는 오류를 의미한다.

정답 ①

대표유형문제

다음 대화에서 갑이 잘못 이해하고 있는 경제학 개념은?

> 갑 : 2018년 평창에서 동계올림픽을 개최하게 되었어!
> 을 : 그래, 참 기분 좋은 소식이야.
> 갑 : 동계올림픽을 개최한 나라들은 대부분 1인당 국민소득이 3만 달러 이상이므로 우리나라도 곧 3만 달러가 될 거라고 예상해.

① 공공재와 외부효과
② 상관관계와 인과관계
③ 고정비용과 가변비용
④ 역선택과 도덕적 해이
⑤ 규모의 경제와 범위의 경제

해설

상관관계란 단순히 두 변수 사이에 어떤 관계가 있을 경우를 의미하나, 인과관계란 한 변수의 변화가 다른 변수의 변화 원인이 되는 것을 의미한다. 동계올림픽을 개최한 나라들이 대부분 1인당 국민소득이 3만 달러 이상이 되는 것은 동계올림픽 개최와 국민소득 간의 상관관계가 있음을 나타낸다. 하지만 동계올림픽을 개최하면 국민소득이 3만 달러가 되는 인과관계가 있는 것은 아니다.

정답 ②

③ 실증경제학과 규범경제학

(1) 실증경제학

① 실증경제학이란 경제현상을 객관적으로 분석하고 경제변수들 간의 인과관계를 발견하여 경제현상의 변화를 예측하는 일련의 지식체계를 말한다.
② 가치판단이 개입되지 않으며 객관적인 인과관계만을 분석한다.

(2) 규범경제학

① 규범경제학이란 가치판단에 의하여 어떤 경제 상태가 바람직하고 어떤 경제 상태가 바람직하지 못한가를 평가하고 그 개선방안을 연구하는 분야이다.
② 규범경제학에서는 현실의 경제 상태를 개선하기 위해서 어떤 경제정책을 실시하는 것이 바람직한 것인지에 대한 내용도 포함된다.

④ 상관관계와 인과관계

(1) 상관관계

상관관계란 두 변수 중 한 변수가 증감함에 따라 다른 한 쪽 변수가 증가 또는 감소하는 관계를 말한다.

(2) 인과관계

인과관계란 두 변수 사이의 관계를 살펴볼 때 한 변수의 변화가 다른 변수의 변화 원인이 되는 경향을 말한다.

제1편 경제기초

출제예상문제

01 매일 마시는 물보다 다이아몬드의 가격이 비싸다는 사실을 통해 내릴 수 있는 결론으로 가장 적절한 것은?

① 유용한 재화일수록 희소하다.
② 희소하지 않은 자원도 존재한다.
③ 희소하지 않지만 유용한 재화도 있다.
④ 재화의 사용가치가 높을수록 가격도 높아진다.
⑤ 재화가격은 희소성의 영향을 많이 받는다.

> **해설** 물은 우리 삶에 필수적으로 필요한 유용하고 사용가치가 높은 재화이지만 다이아몬드의 가격이 더 비싸다. 이는 다이아몬드가 물보다 희소성이 크기 때문이다. 여기서 희소성이란 인간의 욕망에 비해 그것을 충족시키는 수단이 질적으로나 양적으로 한정되어 있거나 부족한 상태를 의미한다.

02 다음 중 자유재에 대한 설명으로 옳지 않은 것은?

① 희소성을 가지고 있지 않은 재화를 말한다.
② 공기와 햇빛을 대표적인 사례로 들 수 있다.
③ 시장가격이 형성되어 있지 않다.
④ 자유재에서 자유는 '아무런 대가 없이'의 의미를 나타낸다.
⑤ 시대나 환경이 변해도 자유재는 경제재로 바꿀 수 없다.

> **해설** 자유재는 시대나 환경에 따라 경제재로 바뀔 수 있다. 예를 들어 과거에는 맑은 공기와 물이 자유재였지만 환경이 오염되면서 깨끗한 공기와 물의 부족으로 두 재화는 점차 시장에서 가격이 형성되고 거래되는 경제재가 되고 있다.

정답 1 ⑤ 2 ⑤

03 어느 마을에서는 사과가 오렌지보다 덜 귀하지만 사과의 가격이 오렌지의 가격보다 비싸다. 이로부터 추론할 수 있는 사실은?

① 이 마을에서는 사과가 오렌지보다 희소성이 더 높다.
② 이 마을 주민들이 비합리적인 선택을 한 결과이다.
③ 이 마을 주민들은 오렌지를 사과보다 선호한다.
④ 이 마을 주민들의 선호보다 공급의 크기에 의존하여 희소성이 나타난다.
⑤ 사과가 오렌지보다 영양분이 풍부하므로 더 중요하다.

> **해설** 이 마을 사람들은 오렌지보다 사과를 더 선호한다. 재화의 희소성은 절대적인 양이 부족함을 의미하는 것이 아니라 욕망에 비해 상대적으로 부족하다는 의미이다.

04 다음 사례를 통해 ⓐ 허니버터칩이 고가를 유지하면서도 큰 판매량을 유지했던 이유를 나타내는 용어와 ⓑ 인기에 편승하여 유사한 제품들이 출시될 경우 예상되는 허니버터칩의 가격 변동 예측을 올바르게 짝지은 것은?

> 2014년 후반기부터 2015년 초 사이 허니버터칩은 SNS 등지의 입소문을 중심으로 꾸준한 인기를 끌었다. 물량이 부족하여 암시장에서 거래되기도 하고, 2014년 11월 12일에는 일시적으로 발주가 중단된 적도 있었으며, 동년 8월 출시 이후 3개월만에 50억원의 매출을 올렸다. 허니버터칩은 2014년 11월 18일 기준 매출액 103억원, 850만 개 판매를 달성하였으며 이에 대한 영향으로 해태제과의 모회사인 크라운제과의 주가가 11월에만 52% 상승하였다. 이렇듯 인기에 편승하여 후속작으로 허니통통과 자가비 허니마일드맛이 출시되었고 과자류 외에도 허니버터팩, 쥐치포, 허니버터 폰케이스 등 허니버터칩의 디자인과 이름을 도용한 각종 제품들이 출시되었다.

① ⓐ 희소성, ⓑ 하락
② ⓐ 희귀성, ⓑ 하락
③ ⓐ 희소성, ⓑ 상승
④ ⓐ 희귀성, ⓑ 상승
⑤ ⓐ 희소성, ⓑ 변화없음

> **해설** 희소성(Scarcity)이란 어떤 것을 원하는 사람들의 욕구를 모두 만족시킬 만큼 자원이 충분히 있지 않다는 것을 뜻한다. 허니버터칩의 사례에서도 희소성의 원리를 사용하여 공급량을 통제함으로써 수요자들이 줄을 서서 사거나 암시장에서 몇 배의 가격으로 거래하게끔 만들었다. 다만 꼬꼬면의 사례에서처럼 인기에 편승하여 공장을 증설하고 유사한 제품들을 많이 생산한다면 소비자들은 상대적으로 구하기 쉬운 '쉬운물건'으로 취급해버리기 시작하고 이에 따라 본능적인 수요자체가 없어지면서 가격은 하락할 것이다.

05 어떤 한 가지를 선택했기 때문에 포기해야 하는 다른 선택의 가치를 기회비용이라고 한다. 기회비용의 예에 해당하지 않는 것은?

① 영화관람을 위해 포기해야 하는 공부시간
② 돈이 부족하여 구입을 포기한 자동차
③ 점심식사 메뉴로 자장면을 주문하면서 포기한 짬뽕
④ 주차장으로 사용하는 공터의 다른 이용 가능성
⑤ 전세보증금을 지불하기 위해 포기한 은행이자

> **해설** 기회비용이란 하나의 재화를 선택했을 때, 그로 인해 포기한 다른 재화의 가치를 말한다. 자동차를 구입할 돈이 부족한 경우에는 자동차를 선택할 수가 없는 상황이므로 구입을 포기한 자동차는 기회비용이라고 할 수 없다.

06 다음 그림은 주어진 생산요소(자원과 기술)를 이용하여 최대한 생산할 수 있는 X재와 Y재의 생산량 조합을 나타낸 곡선이다. 이 곡선이 점선과 같이 이동하였을 때 이에 대한 설명으로 옳지 않은 것은?

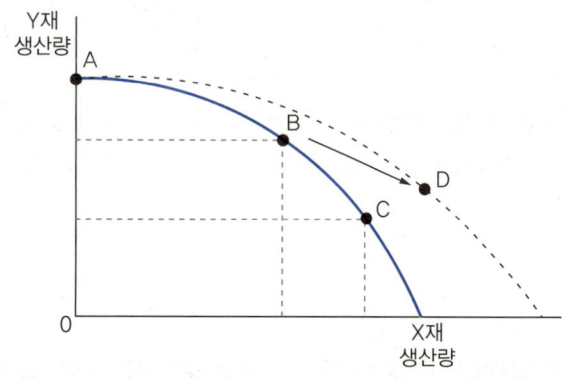

① 생산가능곡선이라고 한다.
② 곡선이 이동한 후 B점은 비효율적이어서 생산하지 않는다.
③ 곡선이 이동한 후 X재 생산량뿐만 아니라 Y재의 생산량도 증가할 수 있다.
④ X재 1단위를 추가로 생산할 때마다 단위당 기회비용은 체감한다.
⑤ 생산 요소의 증대 또는 생산 기술의 발전으로 곡선이 위와 같이 이동한다.

> **해설** 생산가능곡선(Production Possibility Curve)이란 두 재화 생산의 등량곡선이 접하는 무수히 많은 점들을 연결한 계약곡선을 재화공간으로 옮겨놓은 것으로 생산가능곡선상의 모든 점들에서 생산이 파레토 효율적으로 이루어진다. 즉, 경제 내의 모든 생산요소를 가장 효율적으로 투입했을 때 최대로 생산가능한 재화의 조합을 나타내는 곡선을 생산가능곡선(PPC)이라고 한다. 일반적으로 생산가능곡선은 우하향하고 원점에 대해 오목한 형태인데, 그 이유는 X재 생산의 기회비용이 체증하기 때문이다.

정답 5 ② 6 ④

07 밀턴 프리드먼은 '공짜 점심은 없다(There is no such thing as a free lunch)'라는 말을 즐겨했다고 한다. 이 말을 설명할 수 있는 경제 원리는?

① 규모의 경제
② 긍정적 외부성
③ 기회비용
④ 수요공급의 원리
⑤ 한계효용 체감의 법칙

> **해설** '공짜 점심은 없다'라는 의미는 무엇을 얻고자 하면 보통 그 대가로 무엇인가를 포기해야 한다는 뜻으로 해석할 수 있다. 즉, 어떠한 선택에는 반드시 포기하게 되는 다른 가치가 존재한다는 의미이다. 시간이나 자금의 사용은 다른 활동에의 시간 사용, 다른 서비스나 재화의 구매를 불가능하게 만들어 기회비용을 유발한다. 정부의 예산배정, 여러 투자상품 중 특정 상품의 선택, 경기활성화와 물가안정 사이의 상충관계 등이 기회비용의 사례가 될 수 있다.

08 도담이는 만기가 도래한 적금 3,000만 원을 기대수익률이 10%인 주식에 투자해야 할지 이자율이 5%인 예금에 저축해야 할지 고민 중이다. 결국 도담이가 주식에 투자하기로 결정한 경우, 이 선택에 대한 연간 기회비용은 얼마인가?

① 0원
② 150만 원
③ 300만 원
④ 3,000만 원
⑤ 3,300만 원

> **해설** 기회비용이란 어떤 행위를 선택함으로써 포기해야 하는 여러 행위 중 가장 가치가 높게 평가되는 행위의 가치를 의미한다. 따라서 도담이가 주식에 투자함으로써 포기해야 하는 연간 기회비용은 예금에 대한 이자수익 150만 원이다.

09 휴대폰을 생산하는 한 회사에서 구식 휴대폰을 재고로 보유하고 있다. 총 제조원가가 50만 원이나, 처분하는 경우에는 25만 원밖에 받을 수 없다. 이러한 상황에서 수리 후 얼마 이상 받을 수 있다고 생각해야 35만 원을 투자하여 신식으로 수리하겠는가?

① 35만 원
② 50만 원
③ 60만 원
④ 85만 원
⑤ 110만 원

> **해설** 기업은 1대당 비용이 1대당 이익과 같거나 크게 되는 수준으로만 수리비용을 투입하려고 할 것이다. 이 문제에서 구식 휴대폰 수리에 비용 35만 원을 투입하는 경우, 구식 휴대폰 1대당 총 비용은 110만 원(제조원가 50만 원 + 명시적 비용인 수리비 35만 원 + 암묵적 비용인 '현재 수리함으로써 포기하는 한 대당 판매수익' 25만 원)이다. 그러나 매몰비용은 고려하지 않고 기회비용(명시적 비용 + 암묵적 비용)만을 고려하므로, 60만 원(35만 원 + 25만 원) 이상 받을 수 있는 경우에만 35만 원을 투자할 것이다.

10 김중문씨는 현재 연봉 1억 원을 받고 (주)오스틴파커에서 플로리스트로 일하고 있다. 각종 세계적인 대회에서 최고 성적으로 입상하는 등 실력이 출중한 김중문씨는 퇴사하고 자신의 꽃가게를 오픈하여 전세계적인 체인점으로 성장시키려고 한다. 김중문씨의 상황이 다음과 같을 때 합리적인 김중문씨가 첫해 매출액이 총 얼마 이상이 되어야 현재 직장을 그만 두고 자신의 꽃가게를 오픈하겠는가?

> - 김중문씨는 현재까지 1천만 원을 지불하고 각종 창업자 교육을 받았다.
> - 김중문씨는 매달 250만 원의 임대료를 받고 타인에게 임차했던 자신의 건물에 꽃가게를 오픈할 계획이다.
> - 꽃가게 첫 해의 운영비는 꽃과 냉장고, 조명, 인테리어, 화분, 수도 및 전기요금 등 총 2억 원이 지출될 것으로 계산되었으며, 이 비용은 연이율 4%의 예금에 가입되어 있는 20억 원 중 2억 원을 인출하여 사용할 계획이다.

① 2억 8백만 원
② 3억 8백만 원
③ 3억 3천 8백만 원
④ 3억 4천 8백만 원
⑤ 4억 1천만 원

해설 합리적인 선택을 위해서는 매몰비용은 고려하지 않아야 하며 기회비용은 고려해야 한다. 기회비용은 명시적 비용(첫 해 운영비)과 암묵적 비용(포기하는 연봉 + 포기하는 1년간의 임대료 + 포기하는 이자수익)의 합으로 「2억 원 + 1억 원 + 250만 원 × 12개월 + 2억 원 × 4/100 = 3억 3천 8백만 원」이다. 한편 이미 교육을 받기 위해 지출된 1천만 원은 회수할 수 없는 매몰비용으로 선택 시 고려하지 않는 것이 합리적이다. 따라서 첫해의 운영수익이 3억 3천 8백만 원 이상인 경우 꽃가게를 오픈할 것이다.

11 다음은 A전자의 신제품 개발 프로젝트에 대한 상황이다. 당신이 이 프로젝트의 매니저라고 할 때 연구의 지속 여부 결정을 위해 필요한 조치로 적절한 것은?

> A전자는 신제품 개발을 통해 300억 원의 수입을 기대하면서 현재까지 130억 원을 지출한 상황이다. 그러나 경쟁업체 B전자가 동일한 제품을 먼저 개발하여 시장에 출시함에 따라 예상수입이 150억 원으로 줄어들었다. 제품개발을 완료하기 위해 앞으로 100억 원의 추가비용이 필요하다고 한다.

① 제품개발을 위해 추가로 연구개발비를 지출하는 것은 무의미하다.
② 현재 시점에서 연구개발과 관련된 매몰비용은 230억 원이다.
③ 총연구개발비와 예상수입을 비교하여 연구개발 지속 여부를 결정해야 한다.
④ 총연구개발비가 예상수입을 초과하므로 연구개발을 중단해야 한다.
⑤ 앞으로의 추가비용과 그 비용을 지출하였을 때의 추가적인 수입을 비교하여 연구개발 지속 여부를 결정해야 한다.

해설 현재시점의 매몰비용은 지금까지 연구개발에 투입된 130억 원이다. 이미 투입되어 회수불가능한 매몰비용은 무시하고 앞으로 소요될 비용과 그 비용을 지출하였을 때의 추가적인 수입을 비교하여 연구개발비를 추가로 지출할 것인지를 결정해야 한다. 앞으로 100억 원의 추가비용을 지불하면 150억 원의 수입을 얻을 수 있으므로 연구개발비를 추가로 지출하여 연구개발을 완료하는 것이 바람직하다.

12 [최신출제유형 23]
다음 〈보기〉 대한 분석으로 옳은 것을 모두 고른 것은?

> 우리나라에 거주 중인 광성이는 ㉠ 여름휴가를 앞두고 휴가 동안 발리로 서핑을 갈지, 빈 필하모닉 오케스트라의 3년 만의 내한 협주를 들으러 갈지 고민하다가 ㉡ 발리로 서핑을 갔다. 그러나 화산폭발의 위험이 있어 안전의 위협을 느끼고 ㉢ 환불이 불가능한 숙박비를 포기한 채 우리나라로 돌아왔다.

> 가. ㉠의 고민은 광성이의 주관적 희소성 때문이다.
> 나. ㉠의 고민을 할 때는 기회비용을 고려한다.
> 다. ㉡의 기회비용은 빈필하모닉 오케스트라 내한협주이다.
> 라. ㉡은 경제재이다.
> 마. ㉢은 비합리적 선택 행위의 일면이다.

① 가, 나, 라
② 나, 다, 마
③ 나, 다, 라
④ 가, 나, 다, 라
⑤ 가, 나, 다, 라, 마

해설 환불 불가한 숙박비는 회수 불가능한 매몰비용이므로 선택 시 고려하지 않은 ㉢의 행위는 합리적 선택 행위의 일면이라고 할 수 있다.

12 ④

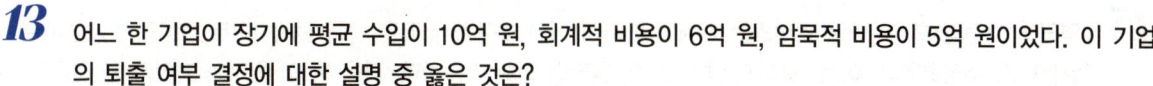

13 어느 한 기업이 장기에 평균 수입이 10억 원, 회계적 비용이 6억 원, 암묵적 비용이 5억 원이었다. 이 기업의 퇴출 여부 결정에 대한 설명 중 옳은 것은?

① 회계적 이윤이 음이므로 퇴출한다.
② 회계적 이윤이 양이므로 퇴출하지 않는다.
③ 경제적 이윤이 음이므로 퇴출한다.
④ 경제적 이윤이 양이므로 퇴출하지 않는다.
⑤ 정상이윤이 양이므로 퇴출하지 않는다.

해설 　이 기업의 회계적 이윤은 수입(10억 원)에서 회계적 비용(6억 원)을 차감하여 계산한 4억 원이다. 회계적으로 따진다면 이 기업은 퇴출하지 않아야 한다. 하지만 경제학에서는 회계적 비용(6억 원)에 암묵적 비용(5억 원)을 더한 기회비용(11억 원)을 기준으로 퇴출 여부를 따진다. 따라서 수입(10억 원)에서 기회비용(11억 원)을 차감한 경제적 이윤(-1억 원)이 음이므로 퇴출한다.

14 다음은 한 국가의 생산가능곡선을 나타낸 그림이다. 다음 설명 중 옳지 않은 것은?

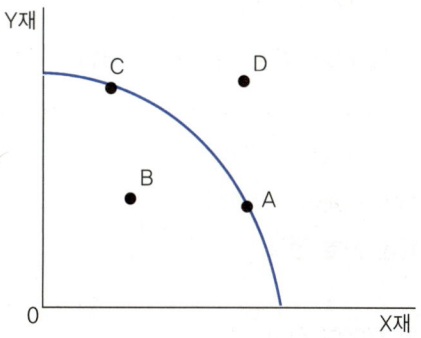

① 점 A에서 생산에서의 효율성이 달성된다.
② 독점기업의 경우 점 B에서 생산된다.
③ 기술개발을 통하여 점 D를 달성할 수 있다.
④ X재를 생산하는 기업이 해외로 이전하게 되면 점 A에서 점 C로 이동하게 된다.
⑤ 점 C에서 생산하는 경우보다 점 A에서 생산하는 경우 X재 생산의 한계비용이 상대적으로 크다.

해설 　X재를 생산하는 기업이 생산설비를 해외로 이전하게 되면 경제전체의 생산능력이 감소하므로 생산가능곡선 자체가 안쪽으로 이동하게 된다.

15 영국의 고전경제학파 애덤 스미스는 개개인의 사적 이익 추구가 결국은 사회 전체적으로 효율적인 자원배분을 낳는다고 주장하였다. 이는 '보이지 않는 손'의 원리에 의해 가능하다. 다음 중 이 원리와 거리가 먼 것은?

① '보이지 않는 손'의 역할을 하는 것은 바로 시장가격이다.
② 개인들의 이기적 행동과 이들의 상호작용의 결과로 경제성장이 이루어진다.
③ 정부의 경제활동 참여 또한 '보이지 않는 손'에 의해 이루어진다.
④ 가격의 할당기능은 희소한 자원에 대해 가장 높은 가치를 부여하는 사람에게 돌아가도록 함으로써 생산성이 낮은 공급자나 만족이 낮은 소비자가 거래에 참여할 가능성을 낮춘다.
⑤ 우리는 휴대폰 제조업자들의 이기심 때문에 편리한 스마트폰을 이용할 수 있다.

해설 정부의 경제활동 참여는 정치적 의사결정이라는 '보이는 손'에 의해 이루어진다.
① 시장가격은 '보이지 않는 손'으로 기능하며 자원을 할당·배분한다.
② 사적 이익을 추구하는 소비자와 생산자의 행동으로 가장 효율적인 자원배분이 일어나며 경제성장이 이루어진다.
④ 할당기능은 희소한 자원을 사용하려는 사람 중 가장 높은 가치를 부여하는 사람에게 그 자원이 돌아가도록 하는 기능이며, 배분기능은 자원을 효율성이 낮은 시장에서 높은 시장으로 이전시키는 기능이다.

[최신출제유형] 23

16 다음 중 시장경제의 특징에 해당하지 않는 것을 모두 고르면?

> 가. 자유로운 경쟁
> 나. 정부의 직접적인 서비스 공급
> 다. 가격기구 작동을 통한 신호 전달
> 라. 1인 1표
> 마. 계약의 자유와 자기 책임의 원칙

① 가, 나　　　　　　　　② 가, 다
③ 나, 라　　　　　　　　④ 다, 마
⑤ 라, 마

해설 정부의 직접적인 서비스 공급은 혼합경제체제에서 시장경제체제하의 시장실패를 보완하기 위한 것이다. 1인 1표가 아닌 1원 1표이다. 참고로 사회보험제도는 '보이지 않는 손'에 맡기는 것이 아닌 온정적 정책, 규모의 경제를 꾀하는 정부의 개입에 해당하는 것으로 시장경제 구성 원리가 아니다.

17 다음 설명 중 시장경제체제에서 나타나는 사회 현상으로 옳지 않은 것은?

① 자유경쟁에 의해 자원이 효율적으로 배분된다.
② 사유재산제도에 의해 생산이 증가하고 경제가 성장한다.
③ 가격이 생산자의 비용과 소비자의 편익에 관한 신호를 전달한다.
④ 경제력의 향상은 문화생활 수준 또한 향상시킬 수 있다.
⑤ 학연·지연·혈연에 의한 교환활동이 증가한다.

해설 시장경제는 사적재산권 보호와 자유경쟁에 의해 자원이 효율적으로 배분되게 한다. 각 경제주체는 이기심으로 행동하지만 애덤 스미스가 말한 '보이지 않는 손'에 의해 경제 전체적으로 도움이 되는 결과를 가져온다. 시장경제체제하의 경제 발전은 문화수준의 향상과 정치의 민주화에 기여하는 측면이 있다. 학연·지연·혈연에 의한 교환활동은 시장경제체제와 무관하다.

18 사유재산권이란 개인이 재산을 소유하고 그것을 자유의사에 따라 관리·사용·처분할 수 있는 권리를 의미하는 것으로 자본주의체제의 근간이 된다. 다음 중 이에 대한 설명으로 적절하지 않은 것은?

① 사유재산제도는 개인의 소유욕을 제도적으로 보장해 사회의 생산적 자원이 보존·유지·증식되게 만든다.
② 공정하고 투명한 생산체계와 건전한 소비를 정착시켜 소비자 주권을 확대한다.
③ 사회 구성원들이 사유재산제도를 통해 부를 나눠 갖게 되면 이에 기반을 두어 다양한 가치가 만들어지고 의사결정의 권력도 분산된다.
④ 사유재산권이 인정되지 않는 공유재의 경우 아껴 쓸 유인이 없어 결국 자원이 고갈되는 '공유지의 비극'이 발생한다.
⑤ 20세기에 들어오면서 차츰 생산수단, 특히 천연자원이나 독점적인 기업시설에 대한 사유재산권을 적당하게 제한하는 경향이 생기게 되었다.

해설 누구나 사용할 수 있는 공유재산은 누구의 재화도 아니라는 인식으로 인해 제대로 보존·유지되지 못하는 반면, 사유재산제도는 개인의 소유욕을 제도적으로 보장하여 사회의 생산적 자원이 보존·유지·증식되도록 한다. 또한 부의 분산에 기반하여 다양한 가치가 만들어지고 의사결정의 권력도 분산된다. 소비자 주권은 소비자들이 어떤 물건을 얼마나 사느냐에 따라 기업들이 생산하는 물건의 종류와 수량이 정해지고, 이에 따라 사회적 자원배분이 결정된다는 의미이다. 즉, 자본주의체제에서는 무엇을 생산할 것인가가 소비자들의 선택에 달려 있다는 의미이므로 사유재산제도와는 직접적 연관이 없다.

19 다음은 애덤 스미스의 「국부론」에 나오는 구절이다. Ⓐ가 나타내는 경제체제의 특징으로 적절하지 않은 것은?

> 개인은 오직 자신의 이득을 추구함으로써 Ⓐ <u>보이지 않는 손</u>에 이끌려 그가 전혀 의도하지 않았던 사회적 이득을 증진시키게 된다.

① 국민들의 정치·경제적 자유가 보장된다.
② 공급자와 수요자 모두 공급과 수요를 스스로 창출한다.
③ 사람들이 원하는 것을 되도록 싸고 충분하게 생산한다.
④ 의료와 복지 서비스는 국가에서 무상으로 제공한다.
⑤ '공유지의 비극'은 이 경제체제가 실패하는 사례이다.

해설   애덤 스미스가 말한 '보이지 않는 손'에 의하면 시장을 통해서 효율적인 자원배분이 이루어지기 때문에 인위적인 개입이나 조정은 필요하지 않다. 따라서 시장에서 거래되어야 하는 서비스를 국가가 개입해서 무료로 제공하는 것은 시장경제체제의 특징으로 적절하지 않다.

20 경제생활이 활발해지면 그만큼 자원 소비량도 많아지므로 자원고갈이 촉진될 것이다. 시장경제체제에서 자원 문제에 대한 설명으로 적절한 것을 모두 고르면?

> 가. 시장경제는 현재의 자원 의존적 경제생활을 점차 자원 절약적 경제생활로 개선해 나갈 것이다.
> 나. 시장경제는 자원고갈 문제를 해결할 수 있는 유인을 강화한다.
> 다. 시장경제가 주도하는 경제성장은 조만간 한계에 다다를 것이다.
> 라. 시장경제의 번영은 후손들이 누려야 할 자원까지 당겨쓰는 번영이므로 시장경제가 번영할수록 자원의 종말 시점이 앞당겨진다.
> 마. 시장경제에서는 공급과 수요의 원리가 효율적인 자원배분이 가능하도록 한다.

① 가, 나
② 나, 마
③ 가, 다, 마
④ 나, 다, 라
⑤ 다, 라, 마

해설   시장경제는 고갈되는 자원의 가격을 올리게 되고 이는 대체자원을 개발하도록 유도한다.

21. 시장경제체제와 계획경제체제에서 공통으로 나타나는 현상은?

① 생산수단의 개인 소유는 인정된다.
② 국가의 계획과 통제에 따라 경제문제가 해결된다.
③ 소득분배, 시장실패의 문제 해결을 위해 정부가 시장에 개입한다.
④ 이윤을 추구하는 것이 경제의 기본 목표이다.
⑤ 자원의 희소성으로 경제문제가 발생한다.

해설 시장경제체제와 계획경제체제는 희소성 문제에 대한 대응방식 면에서 차이점이 있으나, 두 경제체제 모두 희소성으로 경제문제가 발생한다. 한편 사회경제체제에서는 생산수단을 국가가 소유하며, 시장경제체제에서는 시장에서 경제문제가 해결된다. 또한 사회경제체제에서는 분배의 형평성이 중시된다. 소득분배, 시장실패의 문제 해결을 위해 정부가 시장에 개입하는 것은 시장경제체제의 문제 보완을 위한 혼합경제체제에서의 방식이다.

22. 다음 경제학 논의에서 규범적 서술에 해당하는 것을 모두 고르면?

> 가. 국민연금제도는 우리 국민에게 좋은 제도이다.
> 나. 최근 경제 성장은 고용 없는 성장이다.
> 다. 실업률이 전 정부에서보다 현 정부에 들어 크게 높아졌다.
> 라. 한국의 정부예산 중 복지지출 비중은 경제협력개발기구(OECD) 회원국 평균에 못 미친다.

① 가
② 가, 나
③ 가, 다
④ 나, 다, 라
⑤ 가, 나, 다, 라

해설 규범경제학(Normative Economics)이란 어떤 경제 상태가 바람직한가를 탐구 대상으로 하고 주관적 가치판단이 개입되는 경제학이다. 국민연금제도가 국민에게 좋은 제도라는 것은 주관적인 가치판단이 개입되어 있는 것이므로 규범적 서술에 해당한다.

정답 21 ⑤ 22 ①

23 다음에서 옳은 분석을 모두 고른 것은?

> 회사원 A는 현재 다니는 회사에서 연봉 4,000만 원을 받고 있다. 최근 A는 회사를 그만두고 평소 관심이 많았던 식당을 개업하고 싶어 시장조사를 실시하였다. 식당 개업을 위해 시장조사를 한 결과 다음과 같은 자료를 얻었다.
>
> 〈연간지출내역〉
> - 인건비 5,000만 원
> - 재료비 3,000만 원
> - 임대료 2,000만 원
> - 대출이자 500만 원
> - 기타경비 500만 원

> 가. A의 식당 개업에 따른 회계적 비용은 1억 1,000만 원이다.
> 나. 식당운영을 위한 기회비용은 1억 5,000만 원이다.
> 다. 식당의 연간 예상 수입이 2억 원이라면, A의 경제적 이윤은 5,000만 원이다.

① 가
② 나
③ 가, 나
④ 나, 다
⑤ 가, 나, 다

해설 경제적 이윤은 매출액에서 기회비용을 차감하여 계산하고, 회계적 이윤은 매출액에서 명시적 비용(=회계적 비용)을 차감하여 계산한다. 회사원 A가 식당을 운영할 경우 총 연 1억 1,000만 원의 비용을 지출한다. 이를 명시적 비용 혹은 회계적 비용이라고 한다. 한편, 식당을 운영하기 위해서는 회사를 그만두어야 하므로 기회비용은 연 1억 1,000만 원에 연봉 4,000만 원을 더한 연 1억 5,000만 원이 된다. 연간 예상 수입에서 기회비용을 차감하면 경제적 이윤이 도출된다. 만약 연간 예상 수입이 기회비용보다 크다면 회사를 그만두고 식당을 개업하는 것이 합리적인 선택이 된다.

정답 23 ⑤

24 [최신출제유형 23] 다음은 경제학의 3대 문제를 언급한 것이다. 세 가지 경제 문제와 바르게 연결한 것을 고르면?

> 가. 어떤 재화를 얼마만큼 생산할 것인가?
> 나. 어떻게 생산할 것인가?
> 다. 누구를 위하여 생산할 것인가?

> Ⓐ 계획경제체제에서는 정부가 이 경제 문제를 결정한다.
> Ⓑ 분업과 특화의 확대는 이 경제 문제와 관련되어 있다.
> Ⓒ 소득세의 누진세율 적용, 사회복지제도는 이 경제 문제와 관련되어 있다.

① 가 – Ⓐ, 나 – Ⓑ, 다 – Ⓒ
② 가 – Ⓐ, 나 – Ⓒ, 다 – Ⓑ
③ 가 – Ⓑ, 나 – Ⓐ, 다 – Ⓒ
④ 가 – Ⓑ, 나 – Ⓒ, 다 – Ⓐ
⑤ 가 – Ⓒ, 나 – Ⓑ, 다 – Ⓐ

해설
가. 계획경제체제는 정부의 계획과 통제에 의해서 경제 문제를 해결한다.
나. 생산방식과 관련된 문제이므로 생산방식 중 하나인 Ⓑ의 분업 및 특화와 관련이 있다.
다. 소득분배에 관한 문제로, 소득세의 누진세율 적용 및 사회복지제도 등을 통하여 생산된 재화와 서비스 배분에 수정을 가할 수 있다는 점에서 Ⓒ와 관련이 있다.

25 다음 중 규범 경제학과 가장 거리가 먼 것은?

① 정부의 확대정책은 이자율을 상승시켜 민간부문 투자를 감소시킨다.
② 사회적 후생손실의 감소를 막기 위해 기업의 독점화를 막아야 한다.
③ 정부는 정보통신산업의 발전을 위해 정보통신관련 인적자본을 구축해야 한다.
④ 정부는 고용증대를 위해 총수요확대정책을 실시해야 한다.
⑤ 아파트 가격폭등을 막기 위해서 콜금리를 인상해야 한다.

해설 정부의 확대정책이 이자율을 상승시켜 민간부문 투자를 감소시키는 것은 가치판단이 개입되지 않고 있는 실증 경제학 내용이다. 한편 ② ~ ⑤는 각각 후생손실 감소, 정보통신산업 발전, 고용증대, 가격폭등 방지 등이 이뤄져야 한다는 가치판단을 전제로 하고 있으므로 규범 경제학과 관련이 깊다.

정답 24 ① 25 ①

26 다음은 경제학에서 범하기 쉬운 오류를 나열한 것이다. Ⓐ와 Ⓑ는 각각 어떠한 오류를 범했는가?

> Ⓐ 소득이 높은 사람들은 외제차를 많이 구입하므로 외제차를 구입하면 소득이 높을 것이라는 생각
> Ⓑ 경기장에서 혼자 일어나면 더 잘 보이지만, 모두 일어나면 더 잘 보이지 않는 현상

① Ⓐ 인과의 오류 Ⓑ 구성의 오류
② Ⓐ 인과의 오류 Ⓑ 강조의 오류
③ Ⓐ 구성의 오류 Ⓑ 인과의 오류
④ Ⓐ 구성의 오류 Ⓑ 강조의 오류
⑤ Ⓐ 강조의 오류 Ⓑ 구성의 오류

해설 인과의 오류란 어떤 현상의 선후관계와 인과관계를 혼동하여 서로 무관한 사실을 관련짓는 오류를 의미한다. 구성의 오류란 어떤 원리가 부분에서는 성립하지만 이를 전체로 확장하면 성립하지 않는 경우 발생하는 오류를 의미한다. 강조의 오류란 문장의 어느 한 부분을 강조하여 발생하는 오류를 의미한다.

27 다음 중 유량(Flow)변수에 속하는 것을 모두 고르면?

> 가. 국민총소득   나. 통화량
> 다. 외환보유고   라. 국제수지
> 마. 투자   바. 노동량
> 사. 자본량   아. 수요와 공급

① 가, 다, 라, 마   ② 가, 라, 마, 아
③ 가, 바, 사, 아   ④ 나, 다, 바, 사
⑤ 나, 라, 사, 아

해설 '가, 라, 마, 아'는 일정기간 동안 측정되는 유량(Flow)변수이고, 나머지는 일정시점에서 측정되는 저량(Stock)변수에 해당한다.

미시경제

제2장 수요공급이론

제3장 소비자이론

제4장 생산자이론

제5장 시장이론

제6장 생산요소시장과 소득분배이론

제7장 파레토효율성 및 후생경제학

제8장 시장실패와 정부실패

제9장 공공경제

제10장 정보경제

교육은 우리 자신의 무지를
점차 발견해 가는 과정이다.

— 윌 듀란트 —

보다 깊이 있는 학습을 원하는 수험생들을 위한
시대에듀의 동영상 강의가 준비되어 있습니다.
www.sdedu.co.kr → 회원가입(로그인) → 한경TESAT

제2편 미시경제

제02장 수요공급이론

제1절 수요이론

1 가격의 결정과 역할

(1) 가격의 결정
① 수요와 공급이 일치하는 점에서 가격이 결정된다. 즉, 재화를 사고자 하는 의사와 팔고자 하는 의사가 일치할 때의 균형점에서 가격이 결정되는 것이다.
② 수요가 공급을 초과할 때 가격은 상승하고, 공급이 수요를 초과할 때 가격은 하락한다. 즉, 사고자 하는 의사가 팔고자 하는 의사보다 강할 경우 가격은 상승한다.

(2) 가격의 역할
① 정보의 전달 및 신호의 전달 기능을 수행한다.
② 자원, 소득, 생산요소를 배분하는 기능을 수행한다.
③ 유인(Incentive)을 제공하는 기능을 수행한다.

2 수요와 수요함수

(1) 수요의 개념
① 수요란 일정기간 동안 주어진 가격으로 소비자들이 구입하고자 의도하는 재화와 서비스의 총량을 의미한다.
② 이러한 욕구는 어느 재화나 서비스를 단순히 가지고 싶다는 막연한 요구가 아니라, 특정 상품을 사려는 의지와 실제로 살 수 있는 구매능력을 갖춘 욕구를 의미한다.
③ 수요는 일정기간에 걸쳐 측정되므로 유량개념이고, 실제구입량이 아니라 의도된 양을 나타낸다.

대표유형문제

다음 중 가격이 수행하는 주요 역할이 아닌 것은?
① 신호의 전달
② 경제의 안정
③ 자원의 배분
④ 생산요소의 배분
⑤ 유인(Incentive)을 제공

해설
시장에서 수요와 공급이 일치할 때 형성된 시장가격은 수요자와 공급자에게 구매 또는 매도할 수 있다는 신호 역할을 한다. 또한 가격은 자원과 생산요소의 배분 기능도 수행한다. 예를 들어 노동시장에서 인재들은 노동시장의 가격인 임금이 높은 업종이나 기업으로 몰려가게 된다. 하지만 가격이 급격하게 변동할 경우 경제의 안정은 흔들릴 수 밖에 없으므로 경제의 안정은 가격의 기능이라고 할 수 없다.

정답 ②

대표유형문제

다음 중 수요곡선의 이동에 영향을 주는 요인이 아닌 것은?

① 재화의 가격변화
② 인구구조의 변화
③ 수요자의 소득변화
④ 대체재의 가격변화
⑤ 소비자의 선호변화

해설

수요곡선을 이동시키는 요인에는 수요자의 소득, 대체재와 보완재의 가격, 취향, 미래에 대한 기대, 구입자 수 등이 있다. 하지만 재화의 가격변화는 수요곡선 자체의 이동에는 영향을 주지 않고 수요곡선상의 이동을 초래한다.

정답 ①

최신출제유형 23

다음 중 경제주체가 경제적 유인에 반응하는 사례에 해당하는 것은?

① 취업스터디에서 결석자에게 벌금을 내도록 하였지만, 출석률이 변하지 않았다.
② (주)한경전자가 1억 원을 기부하자 매출이 증가하였다.
③ 쓰레기종량제 실시 이후 쓰레기 배출량이 10% 감소하였다.
④ 명품찻잔 A의 가격이 인상되자 A의 수요량이 증가하였다.
⑤ 쉼표머리가 유행하자 도담이도 미용실에서 삼만 원을 내고 쉼표머리를 하였다.

해설

경제적 유인이란 경제적 보상을 의미한다. 경제적 보상에 의하여 사람의 행위에 변화가 생긴 것은 ③번이다.

정답 ③

---

(2) 수요함수의 개념

① 수요함수란 어떤 재화에 대한 수요량을 그 재화의 수요량에 영향을 미치는 여러 변수들의 함수로 표시한 것을 말한다.
② 수요에 영향을 미치는 요인으로는 소비자의 소득, 소비자의 기호, 관련 상품의 가격, 소비자의 가격예상, 소비자의 재산 등이 있다.
③ 그런데 수요함수 재화의 수요량은 주로 그 재화의 가격에 따라 변화한다.

③ 수요곡선과 수요의 법칙

(1) 수요곡선

① 수요곡선이란 소비자가 지불할 의사가 있는 최대의 가격을 의미한다.
② 개별수요곡선이란 개별경제주체들이 각각의 가격에서 구입하고자 의도하는 재화와 서비스의 수량을 나타내는 곡선을 말한다.
③ 시장수요곡선이란 개별수요곡선을 수평으로 합하여 도출하며, 시장수요곡선은 개별수요곡선보다 완만하다(탄력적이다).
④ 일반적으로 가격이 하락하면 경제주체들이 구입하고자 의도하는 재화와 서비스의 수량이 증가하므로 수요곡선은 우하향하는 형태로 도출된다.

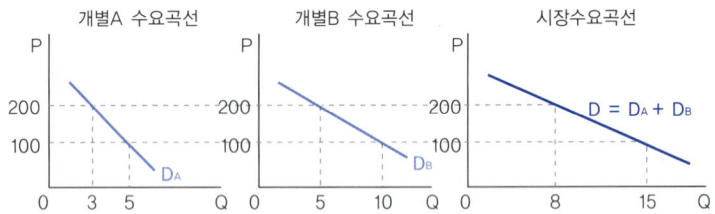

(2) 수요의 법칙

① 수요의 법칙이란 다른 조건이 일정할 때 가격이 오르면 수요량이 감소하는 관계를 말하며, 가격과 수요량 사이에는 역(−)의 관계가 성립한다.
② 가격 이외의 다른 변수들(수요자의 소득, 대체재와 보완재의 가격, 소비자의 선호, 미래에 대한 기대, 인구 구조 등)이 변하면 수요곡선 자체가 이동한다.
③ 수요곡선 자체의 이동은 수요의 변화라고 하는 반면, 수요곡선상의 이동은 수요량의 변화라고 말한다.

4 수요와 수요량의 결정요인

(1) 수요량의 변화

① 수요량의 변화란 가격변화에 따라 경제주체가 구입하고자 의도하는 그 재화의 수량이 변하는 것을 의미한다.
② 즉, 재화 가격의 변화로 인한 변동을 '수요량의 변화'라고 하며, 수요량의 변화는 수요곡선상의 이동으로 나타난다.
③ 재화의 가격이 상승하면 재화의 수요량은 감소하며 재화의 가격이 하락하면 재화의 수요량은 증가한다.

(2) 수요의 변화

① 해당 재화의 가격 이외의 변수들(소득수준, 다른 재화의 가격, 인구수, 소비자의 선호, 광고 등)의 변화로 수요곡선 자체가 이동하는 것을 의미한다.
② 수요변화의 원인(수요곡선 자체의 이동)

가격 외 변화요인	수요 증가 (수요곡선 오른쪽 이동)	수요 감소 (수요곡선 왼쪽 이동)
관련재화의 가격변화	대체재의 가격 상승	대체재의 가격 하락
	보완재의 가격 하락	보완재의 가격 상승
소득변화	정상재 : 소득 증가	정상재 : 소득 감소
	열등재 : 소득 감소	열등재 : 소득 증가
인구의 변화	인구의 증가	인구의 감소
광고의 변화	광고의 증가	광고의 감소
소비자 선호의 변화	소비자 선호의 증가	소비자 선호의 감소
미래가격에 대한 예상변화	미래가격 상승 예상	미래가격 하락 예상

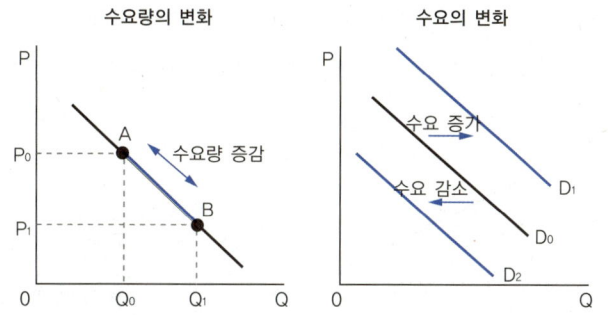

대표유형문제

어떤 시장에서 재화의 가격이 상승하면서 동시에 거래량이 증가했다. 이러한 변화가 나타난 요인으로 적절한 것은?(단, 이 재화는 정상재이다)
① 그 재화와 대체관계에 있는 재화의 가격 상승
② 그 재화와 보완관계에 있는 재화의 가격 상승
③ 그 재화의 소비자수 감소
④ 그 재화의 미래가격 하락 예상
⑤ 그 재화의 광고 빈도 감소

해설
정상재인 어떤 재화의 가격이 상승하면서 동시에 거래량이 증가했다는 것은 이 재화의 수요가 증가한 것을 의미한다. 그 재화와 대체재인 상품의 가격이 상승하면 수요가 증가한다.

정답 ①

최신출제유형 23

다음 중 수요곡선에 미치는 영향이 다른 하나는?
① 인구의 증가
② 대체재의 공급 증가
③ 미래가격 상승 예상
④ 보완재 생산기술의 발전
⑤ 재화에 대한 소비자 선호의 증가

해설
수요곡선에 영향을 미치는 요인에는 관련재화(대체재 혹은 보완재)의 가격변화, 소득변화, 인구의 변화, 광고의 변화, 소비자 선호의 변화, 미래가격에 대한 예상변화 등이 있다. 대체재의 공급 증가는 대체재의 가격 하락을 이끌어 대체재 수요가 증가하면서 해당 재화의 수요 감소로 이어진다. 인구의 증가, 미래가격 상승 예상, 보완재 생산기술의 발전, 재화에 대한 소비자 선호의 증가 모두 수요가 증가하는 요인이다.

정답 ②

5 네트워크 외부효과(소비자 상호 간에 영향을 주는 효과)

(1) 밴드웨건효과(편승효과)

① 밴드웨건효과(Bandwagon effect)란 다른 사람들의 재화 소비가 증가하면 이에 편승하여 특정 재화에 대한 어떤 개인의 수요가 증가하는 현상을 의미한다.

② 밴드웨건효과는 다른 사람들과 비슷하게 지내기 위해 유행을 추종하는 소비심리에 기인한다.

③ 밴드웨건효과와 같은 양의 네트워크 외부효과가 발생하는 경우에는 개별수요곡선과 시장수요곡선이 더 탄력적인 형태로 도출된다.

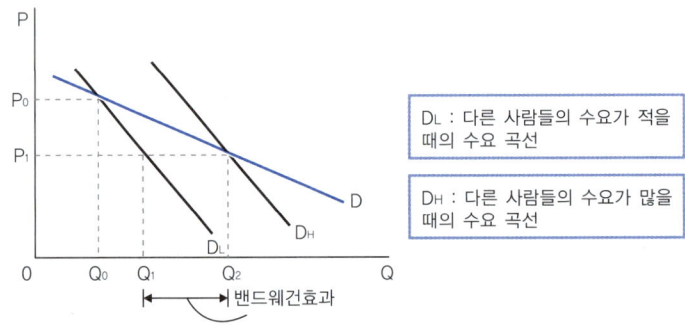

(2) 스놉효과(속물효과)

① 스놉효과(Snob effect)란 다른 사람들의 특정 재화에 대한 소비가 증가할수록 오히려 그 재화의 소비를 감소시키는 효과를 의미한다.

② 스놉효과는 타인과의 차별성, 즉 아무나 구입하지 않는(못하는) 상품에 매력을 느껴 구매하는 것으로 구매능력 과시를 위한 베블렌효과와는 다르다.

③ 스놉효과와 같은 음의 네트워크 외부효과가 발생하면 개별수요곡선과 시장수요곡선이 더 비탄력적인 형태로 도출된다.

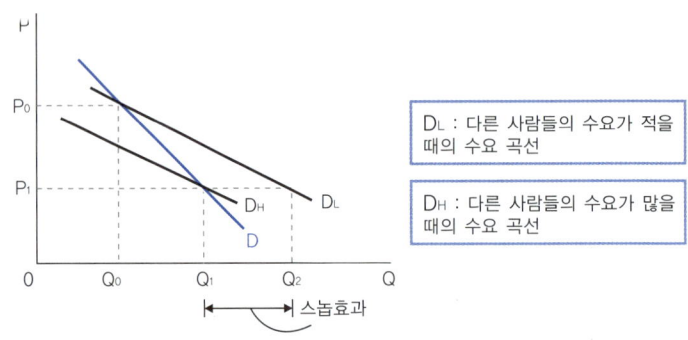

대표유형문제 · 최신출제유형 23

다음 스놉효과에 대한 설명 중 옳은 것을 모두 고르면?

> 가. 양의 네트워크 외부효과가 발생하는 경우이다.
> 나. 유행하는 상품의 수요에서 나타난다.
> 다. 일반적인 수요곡선보다 기울기가 급경사이다.
> 라. 다른 사람이 많이 구입하면 오히려 구입량을 감소시킨다.

① 가, 다 ② 가, 라
③ 나, 다 ④ 나, 라
⑤ 다, 라

해설
가, 나. 밴드웨건효과(편승효과)에 대한 설명이다.

정답 ⑤

대표유형문제 · 최신출제유형 24

다음과 같은 소비행태를 무엇이라고 하는가?

> • 특정 상품에 대한 어떤 사람의 수요가 다른 사람들의 수요에 의해 영향을 받는 현상이다.
> • '친구 따라 강남간다.'의 표현으로 설명가능하다.
> • 편승효과라고도 한다.

① 스놉효과 ② 밴드웨건효과
③ 베블렌효과 ④ 낙수효과
⑤ 피터팬 증후군

해설
밴드웨건효과란 대중들의 어떤 상품에 대한 소비가 증가하면 이에 편승하여 다른 사람들도 그 상품에 대한 수요를 증가시키는 현상을 말한다. 밴드웨건효과는 유행을 추종하는 소비심리에 기인한다.

정답 ②

(3) 베블렌효과(Veblen effect)

① 베블렌효과란 재화가격이 상승할 때 오히려 그 재화의 소비량이 증가하는 효과를 의미한다.
② 즉, 베블렌효과는 자신이 값비싼 재화를 소비할 능력이 있음을 남에게 과시하기 위한 소비를 말하는 것으로, 가격이 상승할수록 재화의 수요가 증가하는 현상을 말한다.
③ 베블렌효과가 존재하면 수요곡선은 우상향의 형태로 도출된다.

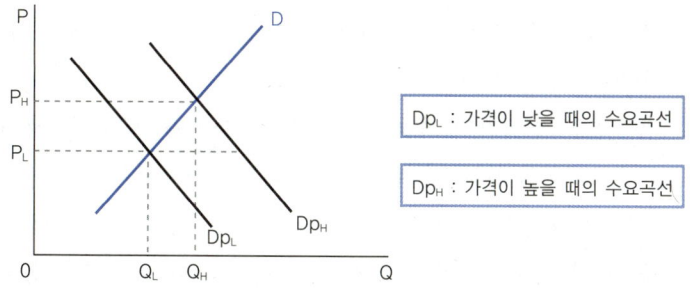

제2절 공급이론

1 공급과 공급함수

(1) 공급의 개념

① 공급이란 일정기간 동안 주어진 가격으로 생산자들이 판매하고자 의도하는 재화와 서비스의 총량을 의미한다.
② 이러한 공급은 실제 판매된 양을 의미하는 것이 아니라 해당 가격수준에서 공급할 의사가 어느 정도 있는지를 표현한 내용이다.
③ 공급은 일정기간에 걸쳐 측정되므로 유량개념이며, 실제판매량이 아니라 의도된 양을 나타낸다.

(2) 공급함수의 개념

① 공급함수란 어떤 재화에 대한 공급량을 그 재화의 공급량에 영향을 미치는 여러 변수들의 함수로 표시한 것을 말한다.

대표유형문제 최신출제유형 **25**

명품 세일기간에는 오히려 판매량이 감소하고, 반대로 가격을 인상하여 사회적으로 화제가 되면 그 상품을 구매할 능력이 있음을 과시하는 현상이 나타나기도 한다. 이와 같은 현상을 설명할 수 있는 이론은 무엇인가?

① 속물효과
② 구축효과
③ J-curve 효과
④ 베블렌효과
⑤ 실질잔고효과

해설

베블렌효과는 자신이 값비싼 재화를 소비할 능력이 있음을 남에게 과시하기 위하여 가격이 상승할수록 재화의 수요가 증가하는 현상을 말한다.
① 속물효과란 다른 사람들의 특정 재화에 대한 소비가 증가할수록 오히려 그 재화의 소비를 줄이는 효과를 의미한다.
② 구축효과란 정부의 재정적자 또는 확대재정정책으로 이자율이 상승하여 민간소비와 투자활동이 위축되는 효과이다.
③ J-curve 효과란 환율상승 이후 예상과 달리 국제수지 흑자가 오히려 줄어들다가 상당한 시간이 지나서야 늘기 시작하는 현상을 말한다.
⑤ 실질잔고효과란 경제주체 화폐보유량의 실질가치 변화가 재화 수급량에 영향을 주는 것을 말한다. 실질가치의 변화에 기인하는 것이다. 그리고 이것은 이 효과의 크기 자체보다는 이 효과의 존재가 더욱 중요하다. 실질잔고효과는 상품시장뿐만 아니라 노동시장, 증권시장, 화폐시장을 거쳐서 화폐경제의 전면에 작용한다.

정답 ④

대표유형문제 최신출제유형 23

수요의 법칙과 공급의 법칙이 성립하는 선풍기 시장에서 선풍기 균형가격의 상승을 유발하는 요인을 모두 고른 것은?(단, 선풍기는 열등재이다)

> 가. 대체재인 에어컨 생산기술의 발전으로 좀 더 저렴한 비용으로 에어컨을 생산할 수 있게 되었다.
> 나. 대체재인 에어컨 가격이 상승했다.
> 다. 다가오는 여름 날씨가 무척 더워질 것으로 예상된다.
> 라. 선풍기의 물품세가 인하되었다.
> 마. 최근 불황으로 인해 소득이 하락하였다.

① 가, 나
② 가, 나, 다
③ 나, 다, 라
④ 나, 다, 마
⑤ 가, 다, 라, 마

해설
가. 대체재(에어컨)의 생산비가 하락하여 대체재의 공급이 증가하면 대체재 가격이 하락한다. 대체재 가격 하락으로 인해 대체재의 소비가 증가하게 되면 해당 재화(선풍기)의 수요는 감소한다.
라. 선풍기의 물품세가 인하되면 선풍기의 공급곡선이 하방으로 이동하므로 선풍기의 가격이 하락한다.

정답 ④

② 공급에 영향을 미치는 요인으로는 기술수준, 생산요소가격, 다른 재화의 가격, 경기전망 등이 있다.
③ 그런데 공급함수 재화의 공급량은 주로 그 재화의 가격에 따라 변화한다.

2 공급곡선과 공급의 법칙

(1) 공급곡선

① 공급곡선이란 가격에 따라 생산자가 공급하고자 하는 공급량의 변화를 나타낸 곡선을 말한다.
② 개별공급곡선이란 개별경제주체들이 각각의 가격에서 공급하고자 의도하는 재화와 서비스의 수량을 나타내는 곡선을 말한다.
③ 시장공급곡선이란 개별공급곡선을 수평으로 합하여 도출하므로, 시장공급곡선은 개별공급곡선보다 완만하게 나타난다(탄력적이다).
④ 일반적으로 가격이 상승하면 경제주체들이 생산하고자 의도하는 재화와 서비스의 수량이 증가하므로 공급곡선은 우상향하는 형태로 도출된다.

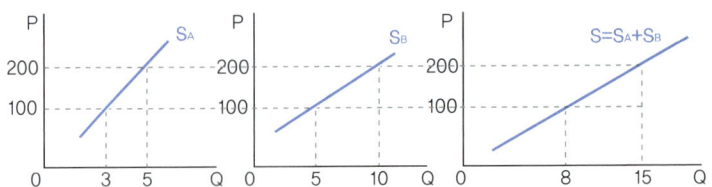

(2) 공급의 법칙

① 공급의 법칙이란 다른 조건이 일정할 때 가격이 오르면 공급량이 증가하는 관계를 말하며, 가격과 공급량 사이에는 양(+)의 관계가 성립한다.
② 가격 이외 다른 변수들(생산 요소가격, 생산기술, 미래에 대한 기대, 판매자수 등)이 변하면 공급곡선 자체가 이동한다.
③ 공급곡선 자체의 이동은 공급의 변화라고 하는 반면, 공급곡선상의 이동은 공급량의 변화라고 말한다.

3 공급과 공급량의 결정요인

(1) 공급량의 변화

① 공급량의 변화란 가격변화에 따라 생산자가 공급하고자 의도하는 그 재화의 수량이 변화하는 것을 의미한다.
② 즉, 재화 가격의 변화로 인한 변동을 '공급량의 변화'라고 하며, 공급량의 변화는 공급곡선상의 이동으로 나타난다.
③ 재화의 가격이 상승하면 공급량은 증가하고, 재화의 가격이 하락하면 공급량이 감소한다.

(2) 공급의 변화

① 공급의 변화란 해당 재화의 가격 이외의 변수들(기술수준, 생산요소가격, 다른 재화의 가격, 경쟁상태, 경기전망 등)의 변화로 공급곡선 자체가 이동하는 것을 의미한다.
② 공급변화의 원인

가격 외 변화요인	공급 증가 (공급곡선 오른쪽 이동)	공급 감소 (공급곡선 왼쪽 이동)
기술수준의 변화	기술 진보	기술 후퇴
생산요소의 가격변화	생산요소의 가격 하락	생산요소의 가격 상승
조세의 변화	조세 감소	조세 증가
보조금의 변화	보조금 증가	보조금 감소
기업의 목표 변화	판매수입(매출액) 극대화로 변경	이윤 극대화로 변경
관련재화의 가격변화	대체재의 가격 상승	대체재의 가격 하락
	보완재의 가격 하락	보완재의 가격 상승
생산자수의 변화	생산자 수의 증가	생산자 수의 감소
미래가격에 대한 예상변화	미래가격 하락 예상	미래가격 상승 예상

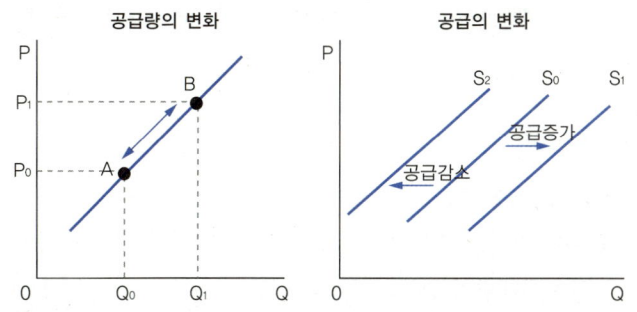

> **대표유형문제**
>
> 다음 중 공급의 변화를 가져오는 요인이 아닌 것은?
> ① 가격의 변화
> ② 기업의 목표 변화
> ③ 생산요소의 가격변화
> ④ 관련재 가격의 변화
> ⑤ 보조금 및 조세의 변화
>
> **해설**
>
> 가격의 변화는 공급량의 변화를 가져오는 요인이지만 기업의 목표 변화, 생산요소의 가격변화, 관련재의 가격 변화, 보조금 및 조세의 변화 등 가격 이외의 변수들의 변화는 공급의 변화를 가져온다.
>
> **정답** ①

2장 | 수요공급이론

대표유형문제

다음 중 주택 매매 가격 등락에 미치는 영향이 다른 것은?
① 주택 취득세 인하
② 임대주택 공급 증가
③ 1인당 국민소득 증가
④ 주택담보대출 조건 완화
⑤ 주택 소유시 재산세 인하

해설

임대주택 공급 증가는 공급측면의 변화이나, 주택 취득세 인하, 1인당 국민소득 증가, 주택담보대출 조건 완화, 주택 소유시 내는 재산세 인하는 주택 수요의 증가요인이다.

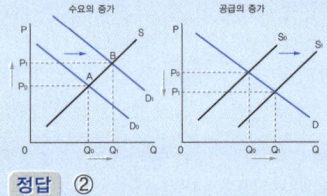

정답 ②

제3절 균형의 결정 및 안정성

1 균형가격과 균형거래량

(1) 균형의 개념

① 균형(E)이란 수요곡선(D)과 공급곡선(S)이 교차하는 상황을 말하며 균형점이란 이 교차점에서 형성되는 가격(P_0)과 거래량(Q_0)을 의미한다.
② 이러한 균형 상태에서의 균형가격과 균형거래량은 외부적인 충격이 없는 한 현재 상태를 계속 유지하게 된다.
③ 균형가격(P_0)이란 수요자의 지불 의사 가격과 공급자의 생산 의사 가격이 일치하는 가격을 의미하며, 균형거래량(Q_0)이란 수요량과 공급량이 일치하는 거래량을 의미한다.

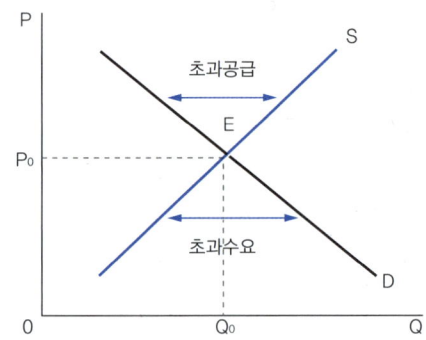

④ 균형이 존재하지 않거나 다수의 균형이 존재하는 사례

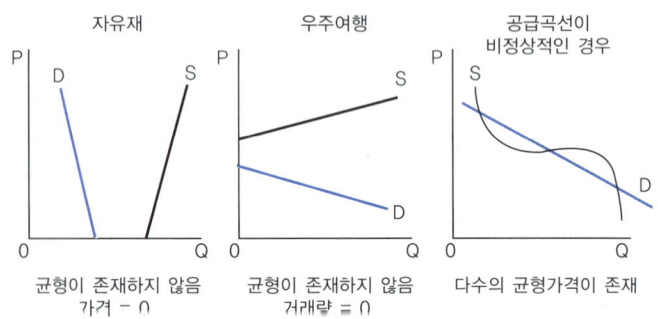

(2) 균형의 변화

① 수요의 변동
  ㉠ 수요 증가로 수요곡선이 오른쪽으로 이동하면 균형가격이 상승하고 균형거래량이 증가한다.

ⓒ 수요 감소로 수요곡선이 왼쪽으로 이동하면 균형가격은 하락하고 균형거래량도 감소한다.
② 공급의 변동
　㉠ 공급 증가로 공급곡선이 오른쪽으로 이동하면 균형가격은 하락하나 균형거래량은 증가한다.
　ⓒ 공급 감소로 공급곡선이 왼쪽으로 이동하면 균형가격은 상승하나 균형거래량은 감소한다.
③ 수요와 공급의 동시 변동
　㉠ 수요와 공급이 모두 증가하면 균형거래량은 증가하나 균형가격의 변화는 수요곡선과 공급곡선의 이동폭에 따라 달라진다.
　ⓒ 수요와 공급이 모두 감소하면 균형거래량은 감소하나 균형가격의 변화는 수요곡선과 공급곡선의 이동폭에 따라 달라진다.

2 균형의 안정성

(1) 안정성의 개념

① 균형의 안정성이란 외부의 충격으로 최초 균형에서 벗어났을 때 원래의 균형점으로 복귀하려는 상태를 말한다.
② 안정성은 정적 안정성과 동적 안정성으로 구분되고, 정적 안정성은 불균형이 발생하면 가격이 조정되는 왈라스의 안정성과 수량이 조정되는 마샬의 안정성으로 나누어진다. 또한 동적 안정성에는 거미집이론이 있다.

안정성 개념	정적 안정성	왈라스의 안정성	불균형 발생 시 가격 조정
		마샬의 안정성	불균형 발생 시 수량 조정
	동적 안정성	거미집이론	재화의 가격 변동에 대해 수요와 공급이 시차를 두고 반응

(2) 안정성의 분류

① 왈라스의 안정성
　㉠ 왈라스의 안정성이란 시장의 불균형 발생 시 가격조정을 통해 균형으로 복귀하는 경우를 말한다.
　ⓒ 왈라스적으로 안정적이기 위해서는 가격이 상승함에 따라 초과수요가 감소하여야 한다.

대표유형문제

다음 중 거미집이론에 대한 설명으로 옳은 것은?

① 가격이 변동하더라도 공급량 조정은 일정기간 이후에 이루어진다.
② 공급곡선 기울기의 절대값이 수요곡선 기울기의 절대값보다 큰 경우 시간이 지날수록 가격의 진폭이 커진다.
③ 가격이 변화하면 수요량은 일정기간 이후에 변화한다.
④ 공산품의 가격변동을 설명하기에 적절한 이론이다.
⑤ 거미집이론은 적응적 기대를 가정한다.

해설

거미집이론이란 가격변동에 대한 수요의 반응보다 공급의 반응이 지체되어 일어나는 현상으로, 이러한 현상을 수요·공급곡선상에 나타내면 가격이 마치 거미집과 같은 모양으로 균형가격에 수렴하게 된다. ② 거미집이론의 안정성은 공급곡선 기울기의 절대값이 수요곡선 기울기의 절대값보다 크면 점차 균형으로 수렴한다. ③ 공급량이 일정기간 이후 변한다. ④ 거미집이론은 재화의 생산에 상대적으로 긴 시간이 소요되는 농산물과 부동산시장 등에서 관찰할 수 있다. ⑤ 거미집이론은 정태적 기대를 사용하여 가격을 예상한다. 정태적 기대란 t기의 가격이 t-1기의 가격과 동일하게 유지될 것으로 예상하는 것을 말한다.

정답 ①

대표유형문제

어떤 재화의 가격이 2,000원일 때의 수요량은 20단위였다. 그 재화의 가격이 3,000원으로 오르자 수요량이 15단위로 감소하였을 경우 다음 중 옳은 내용은?
① 이 재화는 사치재이다.
② 이 재화의 수요는 가격탄력적이다.
③ 이 재화의 수요의 가격탄력성은 1.5이다.
④ 이 재화의 대체재는 많다.
⑤ 이 재화의 경우 가격을 하락시키면 기업의 판매수입이 감소할 것이다.

해설

수요의 가격탄력성은 어떤 재화의 가격이 변화할 때 그 재화의 수요량의 변화정도를 나타내는 지표로 다음과 같이 계산한다.

$$\varepsilon_P = -\frac{\text{수요량의 변화율}}{\text{가격의 변화율}} = -\frac{\frac{\Delta Q}{Q}}{\frac{\Delta P}{P}}$$

$$= -\frac{\Delta Q}{\Delta P} \times \frac{P}{Q}$$

$$= -\frac{-5}{1,000} \times \frac{2,000}{20} = 0.5$$

수요의 가격탄력성은 0.5로 1보다 작으므로 비탄력적이다. 따라서 수요가 가격변화에 둔감하게 반응하기 때문에 가격을 하락시켰을 때 수요량이 적은 폭으로 증가하여 가계의 지출액은 감소하고 기업의 판매수입도 감소한다.

정답 ⑤

② 마샬의 안정성
  ㉠ 마샬의 안정성이란 시장의 불균형 발생 시 수량조정을 통해 균형으로 복귀하는 경우를 말한다.
  ㉡ 마샬적으로 안정적이기 위해서는 균형보다 거래량이 많은 수준에서는 공급가격이 수요가격보다 높고, 균형보다 거래량이 적은 수준에서는 수요가격이 공급가격보다 높아야 한다.

③ 동적 안정성(거미집이론)
  ㉠ 거미집이론이란 재화의 가격 변동에 대해 수요와 공급이 시차를 두고 반응함으로써 해당 재화의 가격이 급등과 급락을 주기적으로 반복하여 나타나는 현상을 말한다.
  ㉡ 즉, 가격변동에 대한 수요의 반응보다 공급의 반응이 지체되어 일어나는 현상으로, 이러한 현상을 수요공급곡선상에 나타내면 가격이 마치 거미집과 같은 모양으로 균형가격에 수렴하게 된다.
  ㉢ 거미집이론은 재화의 생산에 상대적으로 긴 시간이 소요되는 농산물과 부동산시장 등에서 관찰할 수 있다.
  ㉣ 거미집이론은 정태적 기대를 사용하여 가격을 예상한다. 정태적 기대란 t기의 가격이 t-1기의 가격과 동일하게 유지될 것으로 예상하는 것을 말한다.
  ㉤ 거미집이론의 안정성은 공급곡선 기울기의 절대값이 수요곡선 기울기의 절대값보다 크면 점차 균형으로 수렴한다.

제4절 수요와 공급의 탄력성

1 탄력성

(1) 탄력성의 개념

① 탄력성이란 특정 변수가 변화할 때 수요량이나 공급량이 여기에 어떻게 반응하는가를 알고자 할 때 사용하는 지표다.
② 독립변수 A가 1% 변할 때 종속변수 B가 몇 % 변하는지를 나타내는 지표를 'B의 A 탄력성' 또는 'B의 A에 대한 탄력성'이라 한다.

$$\text{B의 A 탄력성} = \frac{\text{B의 변화율}}{\text{A의 변화율}} = \frac{\text{종속변수의 변화율}}{\text{독립변수의 변화율}}$$

(2) 탄력성의 측정

구분	내용
완전탄력적($\varepsilon = \infty$)	독립변수의 변화율이 없어도 종속변수의 변화율이 있는 상태
탄력적($1 < \varepsilon < \infty$)	독립변수의 변화율이 종속변수의 변화율보다 작은 상태
단위탄력적($\varepsilon = 1$)	독립변수의 변화율과 종속변수의 변화율이 같은 상태
비탄력적($0 < \varepsilon < 1$)	독립변수의 변화율이 종속변수의 변화율보다 큰 상태
완전비탄력적($\varepsilon = 0$)	독립변수의 변화율이 있어도 종속변수의 변화율이 없는 상태

② 수요의 가격탄력성

(1) 개념

① 수요의 가격탄력성이란 어떤 재화의 가격이 변화할 때 그 재화의 수요량의 변화 정도를 나타내는 지표이다.

$$\text{수요의 가격탄력성}(\varepsilon_P) = -\frac{\text{수요량의 변화율(\%)}}{\text{가격의 변화율(\%)}} = -\frac{\frac{\Delta Q}{Q}}{\frac{\Delta P}{P}} = -\frac{\Delta Q}{\Delta P} \times \frac{P}{Q}$$

② 가격과 수요량은 서로 반대방향으로 움직이므로 공식에 마이너스(−) 부호를 붙여 양(+)의 부호를 만든다.

(2) 수요곡선의 형태와 수요의 가격탄력성

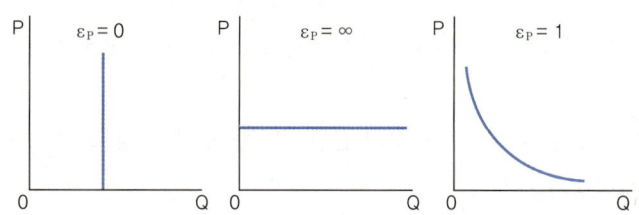

① 수요의 가격탄력성이 1보다 큰 경우($\varepsilon_P > 1$), 수요의 가격탄력성은 '탄력적'이며, 일반적으로 사치재가 탄력적인 수요를 가진다.

② 수요의 가격탄력성이 1보다 작은 경우($\varepsilon_P < 1$), 수요의 가격탄력성은 '비탄력적'이며, 일반적으로 필수재가 비탄력적인 수요를 가진다.

대표유형문제 · 최신출제유형 23

다음 중 수요의 가격탄력성 크기에 영향을 주는 요인만을 모두 고른 것은?

> 가. 대체재의 수량
> 나. 가격탄력성을 측정하는 기간
> 다. 보완재의 유무
> 라. 수요의 유행에 대한 민감도
> 마. 소득에서 차지하는 비중

① 가, 나
② 나, 다
③ 가, 나, 마
④ 가, 다, 라
⑤ 나, 라, 마

해설

수요의 가격탄력성은 대체재가 많을수록, 소득에서 차지하는 비중이 높을수록, 탄력성을 조사하는 재화의 분류 범위를 좁게 설정할수록, 사치재일 경우, 측정하는 기간이 길어질수록 커진다.

정답 ③

대표유형문제

어느 연구에 따르면 담배 수요의 가격탄력성은 0.5이고, 소득탄력성은 -0.25였다. 향후 소득이 15% 인상될 것으로 예상될 때, 담배 소비를 8.75% 줄이기 위해서 담배 가격을 어떻게 조정하여야 하는가?

① 10% 인상　② 15% 인하
③ 20% 인상　④ 25% 인하
⑤ 30% 인상

해설

수요의 소득탄력성을 구하는 공식을 통해 향후 소득이 15% 인상될 경우 담배 수요량은 3.75% 감소한다는 것을 알 수 있다. 따라서 담배소비를 8.75% 줄이기 위해서는 추가적으로 5% 만큼 더 줄이면 된다. 수요의 가격탄력성이 0.5이므로 이를 수요의 가격탄력성 공식에 대입하면 가격을 10% 인상해야 하는 것으로 계산된다.

• 수요의 소득탄력성(ε_M)

$$= \frac{\frac{\Delta Q}{Q}}{\frac{\Delta M}{M}} = \frac{\frac{\Delta Q}{Q}}{0.15} = -0.25$$

• 수요의 가격탄력성(ε_P)

$$= -\frac{\frac{\Delta Q}{Q}}{\frac{\Delta P}{P}} = -\frac{-0.05}{\frac{\Delta P}{P}} = 0.5$$

정답 ①

③ 수요의 가격탄력성이 0인 경우($\varepsilon_P = 0$), 수요의 가격탄력성은 '완전비탄력적'이며, 수직선으로 도출된다.
④ 수요의 가격탄력성이 ∞인 경우($\varepsilon_P = \infty$), 수요의 가격탄력성은 '완전탄력적'이며, 수평선으로 도출된다.
⑤ 수요의 가격탄력성이 1인 경우($\varepsilon_P = 1$), 수요의 가격탄력성은 '단위탄력적'이며, 직각쌍곡선으로 도출된다.

(3) 수요곡선상의 수요의 가격탄력성 크기

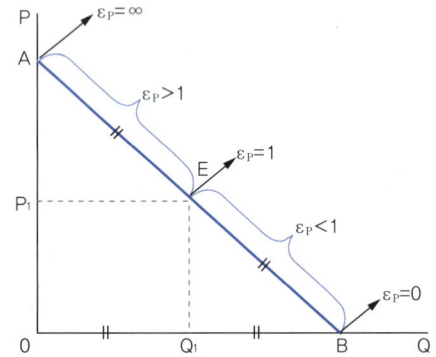

① 수요곡선이 우하향의 직선인 경우 중점(E)에서의 수요의 가격탄력성은 1이다.
② 수요의 가격탄력성은 중점(E)보다 위쪽에서는 1보다 크고, 아래쪽에서는 1보다 작다.

(4) 수요의 가격탄력성을 결정하는 요인

① 대체재가 많을수록 수요의 가격탄력성은 커진다.
② 해당 상품이 소득에서 차지하는 비중이 높을수록 수요의 가격탄력성은 커진다.
③ 탄력성을 조사하는 재화의 분류 범위를 좁게 설정할수록 수요의 가격탄력성은 커진다.
④ 생활필수품의 경우에는 가격이 변하더라도 구매하지 않을 수 없기 때문에 상대적으로 사치품에 비해 수요의 가격탄력성이 작다.
⑤ 수요의 가격탄력성을 측정하는 기간이 길어질수록 수요의 가격탄력성은 커진다.

(5) 수요의 가격탄력성과 판매자의 총수입

① 수요가 탄력적인 경우
  ㉠ 가격이 상승하는 경우 가계의 지출액은 감소하고 기업의 판매수입도 감소한다.
  ㉡ 가격이 하락하는 경우 가계의 지출액은 증가하고 기업의 판매수입도 증가한다.

② 수요가 비탄력적인 경우
  ㉠ 가격이 상승하는 경우 가계의 지출액은 증가하고 기업의 판매수입도 증가한다.
  ㉡ 가격이 하락하는 경우 가계의 지출액은 감소하고 기업의 판매수입도 감소한다.

③ 수요가 단위탄력적인 경우
  가격의 변화에 상관없이 가계의 지출액과 기업의 판매수입은 항상 일정하다.

3 수요의 소득탄력성과 교차탄력성

(1) 수요의 소득탄력성

① 수요의 소득탄력성이란 소득변화에 따른 수요량의 변화정도를 측정하는 지표이다.

$$수요의\ 소득탄력성(\varepsilon_M) = \frac{수요량의\ 변화율(\%)}{소득의\ 변화율(\%)} = \frac{\frac{\Delta Q}{Q}}{\frac{\Delta M}{M}} = \frac{\Delta Q}{\Delta M} \times \frac{M}{Q}$$

② 수요의 소득탄력성의 부호에 따라 정상재($\varepsilon_M > 0$)와 열등재($\varepsilon_M < 0$)로 구분된다.
  ㉠ 정상재($\varepsilon_M > 0$)란 소득이 증가함에 따라 그 수요가 증가하는 재화이다.

정상재 ($\varepsilon_M > 0$)	필수재($0 < \varepsilon_M < 1$)
	사치재($\varepsilon_M > 1$)

  ㉡ 열등재($\varepsilon_M < 0$)란 소득이 증가함에 따라 오히려 그 수요가 감소하는 재화이다.

대표유형문제

성민이의 연봉이 3,200만 원에서 3,680만 원으로 오른다면, 한 달 6kg 먹던 소고기를 한 달 8.7kg 먹게 된다고 한다. 소고기 소비에 대한 성민이의 소득탄력성은 얼마인가?(단, 소고기 가격은 일정하다)
① 1/5 ② 1/3 ③ 3 ④ 5 ⑤ 9/16

해설

'소득탄력성 = $\frac{수요량의\ 변화율}{소득의\ 변화율}$' 공식을 사용하여 구한다. 성민이의 연봉이 3,200만 원에서 3,680만 원으로 15% 높아질 경우, 소고기 소비량은 6kg에서 8.7kg으로 45% 증가한다. 따라서 소득변화율은 15%이고, 소비변화율은 45%이므로 소득탄력성은 $\frac{45\%}{15\%}$ = 3이다.

정답 ③

대표유형문제 **최신출제유형** 23

보기는 재화 종류별 소득탄력성을 나타낸 것이다. (가)에 들어갈 말은?

정상재 : $\varepsilon_M > 0$, ( ) : $1 > \varepsilon_M > 0$, (가) : $\varepsilon_M > 1$

① 필수재   ② 열등재
③ 사치재   ④ 공공재
⑤ 자유재

해설

① 필수재 : $1 > \varepsilon_M > 0$
② 열등재 : $\varepsilon_M < 0$
④ 공공재 : 비경합성과 비배제성을 가진 재화
⑤ 자유재 : 부존량이 무한하여 희소성이 없어 대가 없이 사용할 수 있는 재화

정답 ③

대표유형문제

두 재화 간의 교차탄력성이 0보다 크다면, 두 재화의 관계는?
① 대체재 관계
② 보완재 관계
③ 독립재 관계
④ 정상재와 열등재 관계
⑤ 사치재와 필수재 관계

해설

교차탄력성이란 한 재화의 가격이 변할 때, 다른 재화 수요량의 변화를 측정하는 지표이며, 수요의 교차탄력성의 부호에 따라 대체재($\epsilon_{AB}>0$), 보완재($\epsilon_{AB}<0$), 독립재($\epsilon_{AB}=0$)로 구분된다.

수요의 교차탄력성

$$= \frac{A재\ 수요량의\ 변화율}{B재\ 가격의\ 변화율} = \frac{\frac{\Delta Q_A}{Q_A}}{\frac{\Delta P_B}{P_B}}$$

$$= \frac{\Delta Q_A}{\Delta P_B} \times \frac{P_B}{Q_A}$$

정답 ①

(2) 수요의 교차탄력성

① 수요의 교차탄력성이란 한 재화(B재)의 가격의 변화율에 따른 다른 재화(A재) 수요량의 변화율을 측정하는 지표이다.
② 수요의 교차탄력성의 부호에 따라 대체재($\epsilon_{AB}>0$), 보완재($\epsilon_{AB}<0$), 독립재($\epsilon_{AB}=0$)로 구분된다.
  ㉠ 대체재란 한 재화(B재)의 가격이 상승할 때 경쟁관계에 있는 다른 재화(A재)의 수요가 증가하는 관계를 의미한다.
  ㉡ 보완재란 한 재화(B재)의 가격이 상승할 때 보완관계에 있는 다른 재화(A재)의 수요가 감소하는 관계를 의미한다.

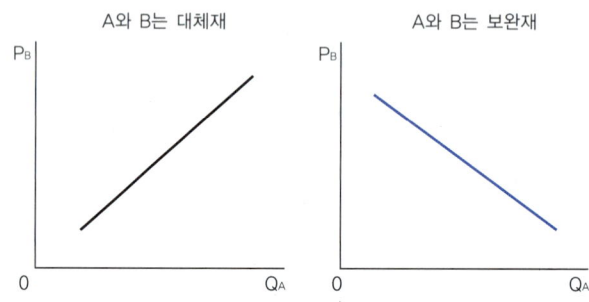

4 공급의 가격탄력성

(1) 개념

① 공급의 가격탄력성이란 어떤 재화의 가격이 변화할 때 그 재화의 공급량의 변화정도를 나타내는 지표를 말한다.

$$공급의\ 가격탄력성(\eta) = \frac{공급량의\ 변화율}{가격의\ 변화율} = \frac{\frac{\Delta Q}{Q}}{\frac{\Delta P}{P}} = \frac{\Delta Q}{\Delta P} \times \frac{P}{Q}$$

② 공급의 가격탄력성은 가격의 변화 방향과 공급량의 변화 방향이 동일하기 때문에 항상 양(+)의 부호를 갖는다.

(2) 공급곡선의 형태와 공급의 가격탄력성

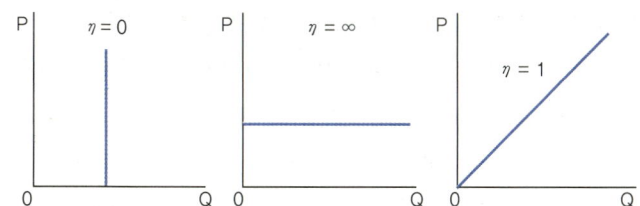

① 공급의 가격탄력성이 1보다 큰 경우($\eta > 1$), 공급의 가격탄력성은 '탄력적'이며, 일반적으로 공산품이 탄력적인 공급을 가진다.
② 공급의 가격탄력성이 1보다 작은 경우($\eta < 1$), 공급의 가격탄력성은 '비탄력적'이며, 일반적으로 농산물이 비탄력적인 공급을 가진다.
③ 공급의 가격탄력성이 0인 경우($\eta = 0$), 공급의 가격탄력성은 '완전비탄력적'이며, 수직선으로 도출된다. 일반적으로 골동품이 완전비탄력적인 공급을 가진다.
④ 공급의 가격탄력성이 ∞인 경우($\eta = \infty$), 공급의 가격탄력성은 '완전탄력적'이며, 수평선으로 도출된다.
⑤ 공급의 가격탄력성이 1인 경우($\eta = 1$), 공급의 가격탄력성은 '단위탄력적'이며, 원점을 지나는 우상향하는 직선으로 도출된다.

(3) 공급곡선상의 공급의 가격탄력성 크기

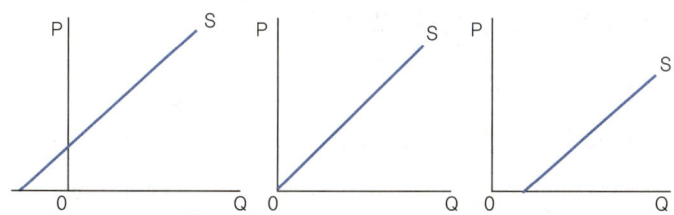

① 공급곡선이 가격축을 통과하는 우상향의 직선일 경우 공급곡선상의 모든 점에서 공급의 가격탄력성은 1보다 크다.($\eta > 1$)
② 공급곡선이 원점을 통과하는 우상향의 직선일 경우 공급곡선상의 모든 점에서 공급의 가격탄력성은 1이다.($\eta = 1$)
③ 공급곡선이 수량축을 통과하는 우상향의 직선일 경우 공급곡선상의 모든 점에서 공급의 가격탄력성은 1보다 작다.($\eta < 1$)

대표유형문제

다음 공급곡선들의 각 점에서 측정한 가격탄력성의 크기 비교로 옳은 것은?

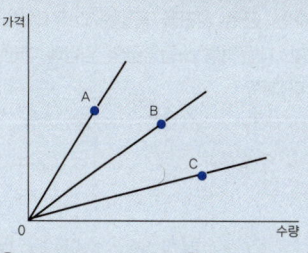

① A > B > C ② A > B = C
③ A = B = C ④ B = C > A
⑤ C > B > A

해설
공급곡선이 원점을 통과하는 우상향의 직선일 경우 공급곡선의 기울기에 관계없이 공급곡선상의 모든 점에서 공급의 가격탄력성은 1이다.

정답 ③

(4) 공급의 가격탄력성을 결정하는 요인

① 생산량이 증가할 때 생산비가 급격히 상승하는 상품은 공급의 가격탄력성이 보다 '비탄력적'인 반면, 생산비가 완만하게 상승하는 상품은 공급의 가격탄력성이 상대적으로 '탄력적'이 된다.
② 생산비는 기술수준에 의하여 많은 영향을 받는다. 기술수준의 향상이 빠른 상품은 공급의 가격탄력성이 보다 '탄력적'인 반면, 농산물과 같이 상대적으로 기술수준의 변화가 느린 상품은 공급의 가격탄력성이 상대적으로 '비탄력적'이다.
③ 저장비용이 많이 소요되거나 저장가능성이 낮은 상품은 가격변화에 신축적으로 대응하기 어려우므로 공급의 가격탄력성이 '비탄력적'이다.
④ 유휴설비가 많으면 가격상승 시 공급량이 쉽게 증가할 수 있으므로 공급의 가격탄력성은 보다 '탄력적'이 된다.
⑤ 측정기간이 길면 길수록 생산설비규모의 조정이 용이하므로 공급의 가격탄력성은 보다 '탄력적'이 된다.

제5절 소비자 잉여와 생산자 잉여

1 소비자 잉여와 생산자 잉여

(1) 소비자 잉여의 개념

① 소비자 잉여(Consumer surplus)란 소비자가 어떤 상품을 구입하기 위해 지불할 의사가 있는 최대 금액(수요가격)에서 실제 지불한 금액(시장가격)을 차감한 것을 의미한다.
② 시장가격이 하락할수록 소비자 잉여는 증가한다.

(2) 생산자 잉여의 개념

① 생산자 잉여(Producer surplus)란 생산자가 어떤 상품을 판매할 때 실제로 소비자로부터 수취한 금액에서 생산자가 최소로 받고자하는 금액을 차감한 것을 의미한다.
② 시장가격이 상승할수록 생산자 잉여는 증가한다.

[대표유형문제]

대윤이는 관광 관련 업종에서 근무한다. 작년에 비해 시간당 임금은 올랐지만, 대윤이는 근무 시간을 동일하게 유지하고 있다. 대윤이의 노동공급의 임금에 대한 탄력성은?
① $\eta = 0$
② $0 < \eta < 1$
③ $\eta = 1$
④ $\eta > 1$
⑤ $\eta = \infty$

[해설]
시간당 임금은 증가했지만 대윤이의 노동공급량은 변하지 않았으므로 노동공급곡선은 수직선으로 도출된다. 즉, 노동공급의 임금탄력성은 0이다.

[정답] ①

[대표유형문제]

시장균형 상태에서 경제적 잉여의 변화와 관련한 다음의 설명 중 옳지 않은 것은?
① 공급곡선만 오른쪽으로 이동하면 생산자 잉여는 항상 증가한다.
② 수요곡선만 왼쪽으로 이동하면 생산자 잉여는 항상 작아진다.
③ 다른 조건이 일정하다면 수요의 가격탄력성이 클수록 소비자 잉여는 작아진다.
④ 원유가격이 하락하는 공급충격이 발생하더라도 소비자 잉여는 변하지 않는다.
⑤ 태풍으로 인해 과일 생산성이 떨어지면 과수원의 잉여는 물론 소비자의 잉여 또한 감소한다.

[해설]
원유가격이 상승하는 등 공급 충격이 발생하면 공급곡선은 왼쪽으로 이동하게 된다. 공급곡선이 왼쪽으로 이동하면 소비자 잉여와 생산자 잉여가 모두 감소한다.

[정답] ④

② 사회적 잉여

(1) 사회적 잉여의 개념

① 사회적 잉여(Social surplus)란 소비자 잉여와 생산자 잉여를 합하여 구한다.
② 일반적으로 완전경쟁시장인 상태에서 수요와 공급이 만나는 점에서 균형을 이룬다면 사회적 잉여는 극대가 된다.
③ 이러한 상태를 '파레토 효율'이라고도 한다.

(2) 사회적 잉여에 대한 이해

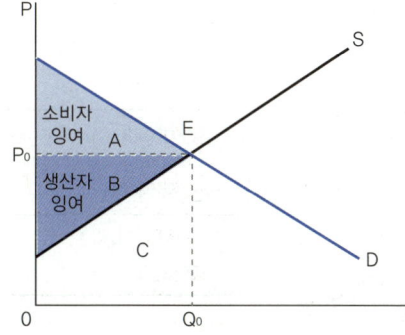

소비자 잉여	A
생산자 잉여	B
사회적 잉여	A + B

① 위 그래프상에서 소비자 잉여는 소비자가 어떤 상품을 구입하기 위해 지불할 의사가 있는 최대 금액(A + B + C)에서 실제 지불한 금액(B + C)을 차감한 결과인 (A)부분을 나타낸다.
② 생산자 잉여는 생산자가 어떤 상품을 판매할 때 실제로 소비자로부터 수취한 금액(B + C)에서 생산자가 최소로 받고자하는 금액(C)을 차감한 결과인 (B)부분을 나타낸다.
③ 사회적 잉여는 소비자 잉여(A)와 생산자 잉여(B)를 합한 (A + B)부분을 나타낸다.

대표유형문제 **최신출제유형** 24

재화에 대한 수요의 가격탄력성이 완전탄력적이라고 할 때 옳은 것을 모두 고르면?

> 가. 수요곡선은 수평선이다.
> 나. 공급이 증가하면 가격과 거래량 모두 증가한다.
> 다. 수요자에게 세금을 부과하면 수요자는 세금의 일부를 부담한다.
> 라. 공급자에게 세금을 부과하면 공급자는 모든 세금을 부담한다.

① 가, 나
② 가, 라
③ 나, 라
④ 가, 나, 다
⑤ 나, 다, 라

해설

나. 재화의 공급이 증가하면 가격은 변하지 않고 거래량이 증가한다.
다. 수요의 가격탄력성이 완전탄력적이면 수요자는 조세부과로 인한 가격 상승에 신축적으로 대응할 수 있으므로 세금을 누구에게 부과하든 공급자가 모든 세금을 부담하게 된다.

정답 ②

대표유형문제

다음 중 최고가격제에 대한 설명으로 가장 적절한 것은?

① 최고가격이 시장가격보다 낮게 책정되면 실효성이 없다.
② 최고가격이 시장가격보다 높게 책정되면 이 가격에서 거래가 이루어진다.
③ 최고가격제는 재화의 품질을 높게 보장하는 효과를 지닌다.
④ 근로자에게 최소한의 월급 지급을 보장하는 제도는 최고가격제의 한 사례이다.
⑤ 초과수요 문제로 암시장이 발생하여 자원배분의 비효율성이 초래될 수 있다.

해설

최고가격제란 물가를 안정시키고 소비자를 보호하기 위하여 시장가격보다 낮은 수준에서 최고가격을 설정하는 규제를 말한다. 따라서 최고가격이 시장의 균형가격보다 높은 수준에서 설정되면 시장거래는 시장의 균형가격에서 이루어질 것이므로 최고가격 설정이 아무런 의미가 없다. 최고가격제가 실시되면 초과수요가 발생하고, 그에 따라 암시장이 생겨날 수도 있다. 또한 최고가격제가 실시되면 재화의 품질이 저하되는 문제도 발생한다. 최저임금제는 최저가격제의 한 사례이다.

정답 ⑤

제6절 가격통제정책

1 최고가격제(가격상한제)

(1) 최고가격제의 개념

① 최고가격제란 물가를 안정시키고 소비자를 보호하기 위하여 시장가격보다 낮은 수준에서 최고가격을 설정하는 규제를 말한다.
② 아파트 분양가격, 임대료, 금리, 공공요금 등을 통제하기 위해 사용되는 규제방법이다.

(2) 최고가격제의 특징

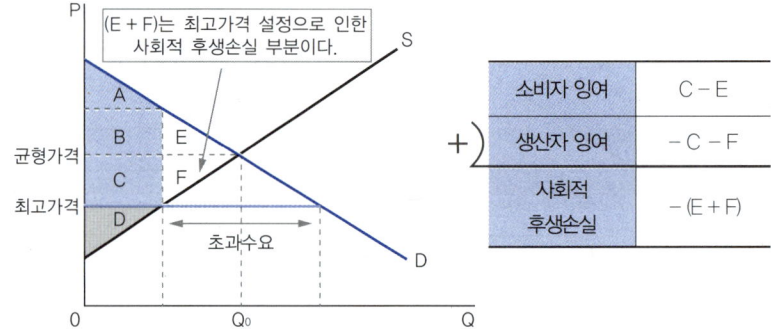

① 최고가격제를 실시하면 소비자들은 균형가격보다 낮은 가격으로 재화를 구입할 수 있다.
② 그러나 최고가격제 실행 시 초과수요가 발생하기 때문에 암시장이 형성되어 가격상한제 실시 전보다 더 높은 가격으로 거래되는 부작용이 발생할 수 있다.
③ 또한 최고가격제가 실시되면 재화의 품질이 저하되는 문제도 발생한다.
④ 위 그래프상에서 소비자 잉여 부분은 (A + B + C), 생산자 잉여 부분은 (D), 사회적 후생손실은 (E + F)만큼 발생한다.
⑤ 한편 가격상한제의 경우 공급의 가격탄력성이 '탄력적'일수록 사회후생손실이 커진다.

② 최저가격제(최저임금제)

(1) 최저가격제의 개념

① 최저가격제란 공급자를 보호하기 위하여 시장가격보다 높은 수준에서 최저가격을 설정하는 규제를 말한다.
② 최저임금제도 등이 최저가격제의 예에 해당한다.

(2) 최저가격제의 특징

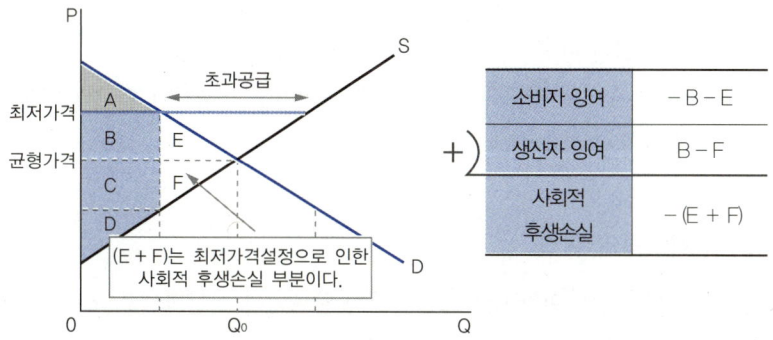

① 최저가격제를 실시하면 생산자들은 균형가격보다 높은 가격을 받을 수 있다.
② 그러나 최저가격제를 실행하면 소비자의 지불가격이 높아져 소비자는 소비량을 감소시키기 때문에 초과공급이 발생하고 실업, 재고 누적 등의 부작용이 발생한다.
③ 위 그래프상에서 소비자 잉여 부분은 (A), 생산자 잉여 부분은 (B + C + D), 사회적 후생손실은 (E + F)만큼 발생한다.
④ 한편 가격하한제의 경우 수요의 가격탄력성이 '탄력적'일수록 사회후생손실이 커진다.

대표유형문제

다음 중 최저임금제에 대한 설명으로 옳은 것은?
① 최저임금제는 가격상한제의 한 예이다.
② 최저임금제와 노동시장에서의 실업률과는 관련성이 없다.
③ 최저임금이 높을수록 취업준비생은 보호를 받을 수 있다.
④ 최저임금이 노동시장의 균형임금보다 높을 경우 노동이 초과수요가 된다.
⑤ 근로계약 중 최저임금에 미치지 못하는 금액을 임금으로 정하는 경우 무효가 된다.

해설

최저임금제는 정부가 노동시장에 개입하여 임금의 최저수준을 정하는 가격하한제의 한 예이다. 가격하한제란 시장가격보다 높은 수준에서 최저가격을 설정하는 가격규제 방법이다. 최저임금이 시장균형임금보다 높은 수준에서 책정되면 노동시장에서 초과공급이 발생하고 그만큼의 비자발적 실업이 발생하게 된다. 이 경우 이미 고용된 노동자들은 혜택을 받을 수 있지만 취업준비생들은 계속 실업자로 남을 가능성이 크다.

정답 ⑤

대표유형문제 **최신출제유형** 25

제품 단위당 일정한 세금을 부과했을 경우 세금으로 인한 경제적 순손실이 가장 큰 경우는?

① 수요가 탄력적이고 공급이 비탄력적인 재화
② 수요가 비탄력적이고 공급이 탄력적인 재화
③ 수요와 공급이 모두 탄력적인 재화
④ 수요와 공급이 모두 비탄력적인 재화
⑤ 알 수 없다.

해설

조세가 부과될 때 후생손실이 발생하는 것은 조세부과로 인해 민간부문의 의사결정 왜곡이 발생하기 때문이다. 즉, 조세부과로 인해 거래량이 감소하기 때문에 사회후생손실이 발생한다. 수요와 공급이 탄력적일수록 조세부과 시 거래량이 크게 감소하므로 후생손실도 커진다.

정답 ③

제7절 조세부담의 귀착

1 조세부담의 전가와 귀착

(1) 조세부담의 전가

① 조세부담의 전가란 조세가 부과되었을 때 세금이 납세의무자에게 부담되지 않고, 각 경제주체들의 가격조정 과정을 통해 조세부담이 다른 경제주체에게 이전되는 현상을 말한다.
② 조세부담의 전가는 해당 재화의 시장에서 수요와 공급의 가격탄력성에 따라 결정된다.
③ 즉, 수요의 가격탄력성이 클수록 소비세는 소비자가 덜 부담하고 공급자가 부담하게 된다.

(2) 조세부담의 귀착

① 조세부담의 귀착이란 조세전가가 완료되어 실질적으로 조세부담이 특정 경제주체들에게 귀속되는 현상을 말한다.
② 조세전가가 이루어지면 납세의무자와 실제로 조세를 부담하는 담세자가 일치하지 않는다.

2 조세부과의 경제적 손실 및 가격탄력성에 따른 조세부담

(1) 조세부과의 경제적 손실

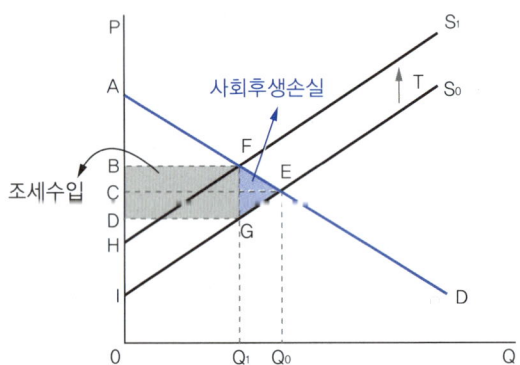

① 세금부과 전 공급곡선(S_0)과 수요곡선이 만나서 생기는 균형점은 점(E)이었지만 물품세가 (T)만큼 부과되면서 세금 부과 후 공급곡선(S_1)과 수요곡선이 만나서 생기는 균형점은 점(F)로 이동하였다.
② 조세부과 전 소비자 잉여는 (△ACE)이고, 조세부과 후 소비자 잉여는 (△ABF)이므로 조세부과 후 소비자 잉여는 (□BCEF)만큼 감소한다.
③ 조세부과 전 생산자 잉여는 (△CEI)이고, 조세부과 후 생산자 잉여는 (△DGI)이므로 조세부과 후 생산자 잉여는 (□CDGE)만큼 감소한다.
④ 정부의 조세수입은 (□BDGF)만큼의 면적에 불과하므로 물품세 부과로 인해 (△EFG)만큼의 경제적 잉여가 감소하며, 이는 곧 사회후생손실을 의미한다.

(2) 가격탄력성에 따른 조세부담

① 물품세가 부과될 때 수요와 공급의 가격탄력성의 상대적인 크기에 의해 소비자와 생산자의 상대적인 조세부담의 크기가 결정된다.
② 상대적으로 수요와 공급의 가격탄력성이 낮을수록 조세부과로 인한 가격상승에 신축적으로 대응하기 어렵기 때문에 상대적으로 탄력성이 낮은 경제주체의 조세부담이 상대적으로 커진다.
③ 즉, 상대적으로 수요가 탄력적일수록 소비자의 조세부담은 상대적으로 작고, 공급이 탄력적일수록 생산자의 조세부담은 상대적으로 작다.
④ 수요와 공급이 탄력적일수록 조세부과 시 거래량이 크게 감소하므로 사회적인 후생손실이 증가한다.
⑤ 수요(공급)가 완전탄력적이면 생산자(소비자)가 조세 전부를 부담하고, 수요(공급)가 완전비탄력적이면 소비자(생산자)가 조세 전부를 부담하게 된다.

대표유형문제 | 최신출제유형 24

A상품에 대해 10,000원의 세금이 부과되었다. 이때 A상품에 대한 수요의 가격탄력성이 0이고 공급의 가격탄력성이 0.7이라면 소비자에게 전가된 세금은 얼마인가?
① 0원
② 3,000원
③ 5,000원
④ 7,000원
⑤ 10,000원

해설

상품에 대한 조세부담의 크기는 수요와 공급에 대한 가격탄력성의 상대적 크기에 따라 결정되며, 가격탄력성이 클수록 가격 변화에 민감하게 반응하여 경제주체의 조세부담이 상대적으로 작아진다. 수요의 가격탄력성은 0으로 완전비탄력적이며, 공급의 가격탄력성은 0.7로 비탄력적이다. 즉, 가격이 상승하거나 하락해도 수요량에는 변화가 없으므로 세금을 부과하더라도 공급이 감소하나 수요는 변하지 않아 소비자가 세금을 모두 부담하게 된다.

정답 ⑤

제2장 출제예상문제

제2편 미시경제

01 전력 과소비의 원인 중 하나로 낮은 전기료가 지적되고 있다. 다음 중 전력에 대한 수요곡선을 이동시키는 요인이 아닌 것은?

① 소득의 변화
② 전기요금의 변화
③ 도시가스의 가격 변화
④ 전기 기기에 대한 수요 변화
⑤ 기온의 변화

해설 전기요금의 변화는 전력에 대한 수요곡선의 이동요인이 아니라 수요곡선상의 이동을 가져오는 요인이다. 해당 재화 가격의 변화로 인한 수요곡선상에서의 변동을 '수요량의 변화'라고 한다. 또한 해당 재화 가격 이외의 변수들(소득수준, 다른 재화의 가격, 인구수, 소비자의 선호, 광고 등)의 변화로 수요곡선 자체가 이동하는 것을 '수요의 변화'라고 하며, ①, ③, ④, ⑤는 수요의 변화에 해당한다.

02 과거 몇 년 동안 자동차의 가격과 판매량은 모두 지속적으로 상승하였다. 이러한 현상이 가능한 원인은?(단, 수요곡선은 우하향, 공급곡선은 우상향한다)

① 자동차의 수요는 변하지 않고 공급이 감소하였다.
② 자동차의 수요는 변하지 않고 공급이 증가하였다.
③ 자동차의 공급은 변하지 않고 수요가 감소하였다.
④ 자동차의 공급은 변하지 않고 수요가 증가하였다.
⑤ 자동차의 수요와 공급이 모두 감소하였다.

해설 해당 재화 가격 이외의 변수들(소득수준, 다른 재화의 가격, 인구수, 소비자의 선호, 광고 등)의 변화로 수요곡선 자체가 이동하는 '수요의 변화'로 수요곡선이 오른쪽으로 이동하면 가격과 거래량 모두 상승한다. 혹은 수요와 공급이 모두 증가하더라도 수요곡선의 이동폭이 공급곡선의 이동폭보다 크면 가격도 상승하고 거래량도 증가한다.

정답 1 ② 2 ④

03 시장에서 어떤 상품의 가격이 상승하면서 동시에 거래량이 증가하였다. 이러한 변화를 가져올 수 있는 요인은?(단, 이 재화는 정상재이다)

① 이 상품의 생산과 관련된 기술의 진보
② 이 상품과 보완관계에 있는 상품의 가격 하락
③ 이 상품과 대체관계에 있는 상품의 가격 하락
④ 이 상품을 주로 구매하는 소비자들의 소득 감소
⑤ 이 상품의 생산에 투입되는 노동자들의 임금 하락

> **해설** 어떤 상품이 정상재인 경우 이 재화의 수요가 증가하면 수요곡선 자체를 오른쪽으로 이동시켜 재화의 가격이 상승하면서 동시에 거래량이 증가한다. 소비자의 소득 증가, 대체재의 가격 상승, 보완재의 가격 하락, 미래 재화가격 상승 예상, 소비자의 선호 증가 등이 수요를 증가시키는 요인이 될 수 있다. 한편, 생산기술의 진보, 생산요소의 가격 하락, 생산자의 수 증가, 조세 감소, 등은 공급의 증가요인으로 공급곡선을 오른쪽으로 이동시킨다.

04 외부효과로 인한 비효율적 자원배분을 개선하는 방법으로 가장 적절하지 않은 것은?

① 과수원 주인과 양봉업자의 경우처럼 외부효과를 주고받는 두 기업이 합병한다.
② 정부가 오염배출권을 경매를 통해 팔고, 오염배출 기업들 사이에 이를 거래할 수 있게 한다.
③ 정부가 기초 연구개발(R&D) 기관에 보조금을 지급하거나 민간인이 R&D 기관에 기부금을 낸다.
④ 외부효과에 관련된 당사자가 많고 거래비용이 클 경우에는 정부가 개입하지 않고 자발적인 협상을 하도록 한다.
⑤ 외부경제를 초래하는 새로운 기술에 대해 특허권을 보장함으로써 기술 개발자에게 법적으로 유효한 재산권을 인정해준다.

> **해설** 외부성 또는 외부효과란 어떤 경제주체의 생산 혹은 소비활동이 다른 경제주체의 경제적 후생에 의도하지 않은 영향을 미치면서도 이에 대한 보상은 이뤄지지 않는 현상을 말한다. 외부효과는 경제주체에게 유리한 영향을 미치는 긍정적 외부효과(외부경제)와 불리한 영향을 미치는 부정적 외부효과(외부불경제)로 나뉜다.
> 외부불경제의 예로는 대기오염, 소음공해 등을 들 수 있고, 외부경제의 예로는 과수원 주인과 양봉업자의 관계, 신기술 개발 등을 들 수 있다. 외부효과에 따른 시장실패를 막을 수 있는 수단에는 정부의 직접적 규제, 세금 부과, 보조금 지급, 당사자 간 협상 등이 있다.

정답 3 ② 4 ④

05 '돼지고기 값 급등'이라는 제목의 신문 기사 속에 포함되어 있을 것으로 추정되는 타당한 요인을 모두 고른 것은?

> 가. 돼지 사육두수 점차 감소 추세 나. 수입 돼지고기 관세 크게 인하
> 다. 소고기나 닭고기 소비의 급증   라. 정부 예상보다 강한 경기 회복세

① 가, 나   ② 가, 라
③ 나, 다   ④ 나, 라
⑤ 다, 라

해설 돼지고기 값이 상승하는 경우는 돼지고기에 대한 수요가 늘거나, 공급이 줄거나, 대체재 소비가 줄어들 때이다. 돼지 사육두수가 점차 감소하면 공급이 줄어들어 돼지고기 값이 상승하고, 정부 예상보다 경기 회복세가 강한 경우에도 돼지고기에 대한 수요가 증가하여 돼지고기 값이 상승한다.

06 수요와 공급의 변화가 보기와 같을 때 수요, 공급, 가격의 변화는 어떻게 일어나는가?

> 딸기의 수확량이 크게 증가하였으며, 딸기가 건강에 좋다는 뉴스로 인하여 딸기 수요가 증가하였다.

	수요	공급	가격
①	증가	불변	하락
②	불변	증가	상승
③	증가	불변	알 수 없다
④	증가	증가	알 수 없다
⑤	증가	증가	상승

해설 공급의 증가로 공급곡선이 우측으로 이동하며, 수요의 증가로 수요곡선이 우측으로 이동한다. 공급과 수요 모두 증가하나 가격의 변화는 알 수 없다.

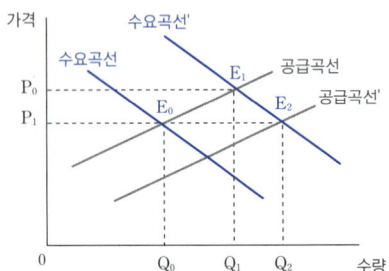

정답 5 ② 6 ④

07 다음과 같은 소비행태를 무엇이라고 하는가?

- 특정 상품에 대한 대중의 소비가 증가할수록 그 상품에 대한 소비를 감소시킨다.
- 밴드웨건 효과와 반대인 현상이다.
- 속물효과라고도 한다.

① 스놉효과
② 밴드웨건 효과
③ 스톡홀름 증후군
④ 스필오버 효과
⑤ 트리클 다운

해설 밴드웨건 효과란 대중들의 어떤 상품에 대한 소비가 증가하면 이에 편승하여 다른 사람들도 그 상품에 대한 수요를 증가시키는 현상을 말한다. 밴드웨건 효과는 유행을 추종하는 소비심리에 기인한다. 스톡홀름 증후군(Stockholm Syndrome)이란 인질이 범인에게 동조하고 감화되는 비이성적인 심리 현상을 말한다. 스필오버 효과란 어떤 요소의 생산활동이 그 요소의 생산성 외에 다른 요소의 생산성을 증가시켜 경제 전체의 생산성을 올리는 효과를 말한다. 트리클 다운이란 대기업의 성장을 촉진하면 중장기적으로 중소기업과 소비자에게도 혜택이 돌아가 총체적으로 경기가 활성화된다는 경제 이론을 말한다.

08 황도 복숭아 시장에서 그림과 같은 변화를 가져올 수 있는 요인이 아닌 것은?

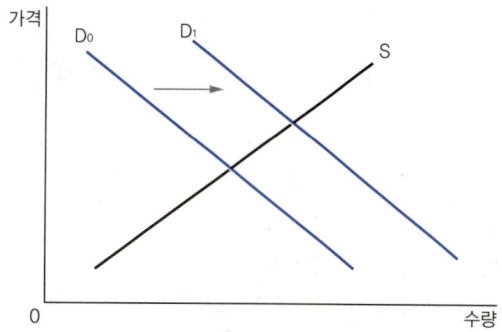

① 황도 복숭아 가격의 하락
② 복숭아가 정상재인 경우 소비자의 소득 증가
③ 복숭아가 위장기능을 개선시킨다는 연구결과 발표
④ 복숭아 가격이 점점 상승할 것이라는 소비자들의 예상
⑤ 황도 복숭아와 대체관계에 있는 천도 복숭아 가격의 상승

해설 수요란 일정기간 주어진 가격으로 소비자들이 구입하고자 의도하는 재화와 서비스의 총량을 의미한다. 수요는 관련재화(대체재, 보완재)의 가격, 소비자의 소득수준, 소비자의 선호 등의 요인으로 변화하며, 수요의 변화는 수요곡선 자체를 좌우로 이동시킨다. 본 그림에서는 수요곡선이 오른쪽으로 이동하고 있으므로 복숭아 수요를 증가시키는 요인이 아닌 것을 고르는 문제이다. 복숭아 가격이 하락하면 복숭아의 수요가 증가하게 되는데, 이는 '수요량의 변화'로서 수요곡선상에서 움직이게 된다.

09 다음 그림은 A재의 월별 시장 가격과 거래량을 나타낸 것이다. 이와 같은 변화를 가져올 수 있는 요인이 아닌 것은?(단, A재는 수요와 공급의 법칙을 따른다)

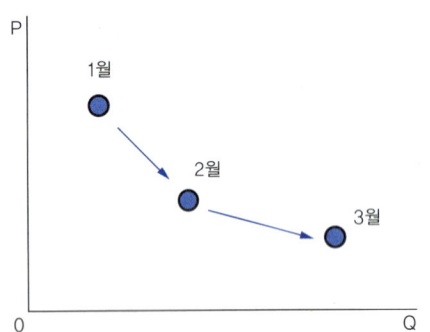

① A재의 생산기술이 발전하였다.
② 정부가 A재의 생산에 보조금을 지급하였다.
③ A재의 생산에 필요한 원가재 가격이 상승하였다.
④ A재 가격이 하락할 것으로 예상되었다.
⑤ A재를 생산하는 업체 수가 증가하였다.

해설 A재의 가격이 하락하면서 거래량은 증가했으므로 공급곡선이 우측으로 이동되는 요인을 고르는 문제가 된다. 생산기술의 발전, 생산요소 가격의 하락, 조세 감소, 보조금 증가, 기업의 목표를 판매수입 극대화로 변경, 대체재의 가격 상승, 보완재의 가격 하락, 생산자 수의 증가, 미래 재화가격 하락 예상 등이 공급을 증가시키는 요인이다.

9 ③ **정답**

10 다음 신문 기사를 참고로 채소 값이 폭등하는 이유로 적절한 것을 모두 고르면?

> ○○ 경제신문
> 채소 값 폭등
> 가뭄의 영향에서 벗어났는데도 채소 값이 좀처럼 떨어지지 않고 있다. 특히 고기와 보완관계에 있는 상추(50.6%), 파(73.5%), 양파(57.3%), 마늘(33.9%) 등의 채소 값이 많이 뛰었다.

> 가. 고기 가격 하락
> 나. 채소의 유익성에 대한 논문의 내용이 9시 뉴스에 나왔다.
> 다. 다른 유기농 채소 출하가 본격화 됨
> 라. 샐러리, 파프리카 등의 채소가 새롭게 출하

① 가, 나   ② 가, 다   ③ 나, 다   ④ 나, 라   ⑤ 다, 라

해설 가. 고기 가격이 하락하면 고기의 수요가 증가하고 보완관계에 있는 채소 수요도 함께 증가하여 채소가격이 상승하게 된다. 이는 채소의 수요곡선이 우측이동함을 의미한다.
나. 채소의 유익성이 알려지면 채소에 대한 사람들의 선호도가 커져 수요곡선이 우측이동하고 채소가격은 상승하게 된다.
다·라. 다른 유기농 채소, 샐러리, 파프리카 등은 문제에서 주어진 채소의 대체재에 해당한다고 볼 수 있는데, 이들의 출하는 파, 마늘 등의 수요 감소, 가격 하락을 가져온다. 이 때 파, 마늘 등의 수요곡선은 좌측이동한다.

11 A재와 B재는 서로 수요 측면에서 대체관계에 있다고 한다. B재의 공급이 감소하여 B재의 가격이 상승했다면 A재의 가격과 거래량에 대한 설명으로 옳은 것은?

① A재의 가격이 상승하고 거래량이 증가한다.
② A재의 가격이 하락하고 거래량은 감소한다.
③ A재의 가격이 상승하나 거래량은 감소한다.
④ A재의 가격이 하락하나 거래량은 증가한다.
⑤ A재의 가격은 불변하지만 거래량은 증가한다.

해설 대체재란 한 재화의 가격이 하락함에 따라 다른 한 재화의 수요가 감소하는 두 재화의 관계를 의미한다. 따라서 B재의 공급이 감소하여 B재의 가격이 상승했다면 대체재인 A재의 수요가 증가하며, 수요가 증가하면 수요곡선이 오른쪽으로 이동하여 가격이 상승하고 거래량도 증가하게 된다.

정답 10 ① 11 ①

12 다음 그림은 우하향하는 수요곡선과 우상향하는 공급곡선이 교차하는 균형점들을 나타내고 있다. 각각의 균형점 A~D의 이동원인을 바르게 설명한 것을 모두 고르면?

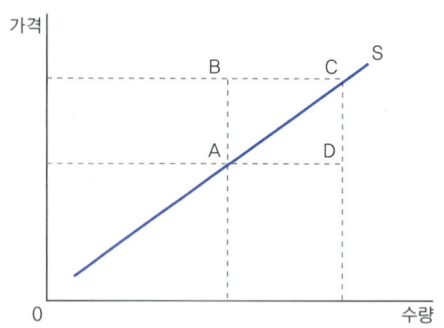

> 가. 점A에서 점B로 균형점이 이동한 원인은 기업의 생산비가 증가했기 때문이다.
> 나. 점A에서 점D로 균형점이 이동한 원인은 국제 원유가격이 하락했기 때문이다.
> 다. 점B에서 점C로 균형점이 이동한 원인은 가계소득세의 부담이 늘어났기 때문이다.
> 라. 점B에서 점D로 균형점이 이동한 원인은 정부의 기업에 대한 보조금이 감소했기 때문이다.
> 마. 점C에서 점A로 균형점이 이동한 원인은 소비자들의 재화에 대한 선호가 감소했기 때문이다.

① 가, 나 ② 다, 라 ③ 가, 나, 마
④ 나, 다, 마 ⑤ 다, 라, 마

해설 다. 수요곡선과 공급곡선 모두 오른쪽으로 이동해야 하므로 가계소득세 부담이 감소하여야 한다.
라. 수요곡선은 그대로, 공급곡선은 오른쪽으로 이동해야 하므로 정부의 기업에 대한 보조금이 증가해야 한다.

13 다음 괄호 (가)~(라)에 들어갈 내용이 바르게 짝지어진 것은?

> 최근 한국금융시장의 불안으로 원화가 당분간 지속적으로 약세 현상을 보일 것이라는 평가를 받고 있다. 그 결과 외환시장에서 외화에 대한 (가)곡선이 (나)로 이동하여, 외화에 대한 거래량을 (다)시키고, 외화가격을 (라)시킬 것이다.

① 가 : 수요, 나 : 오른쪽, 다 : 증가, 라 : 상승
② 가 : 수요, 나 : 오른쪽, 다 : 증가, 라 : 하락
③ 가 : 수요, 나 : 왼쪽, 다 : 감소, 라 : 상승
④ 가 : 공급, 나 : 오른쪽, 다 : 증가, 라 : 하락
⑤ 가 : 공급, 나 : 왼쪽, 다 : 감소, 라 : 상승

> **해설** 금융시장이 불안하면 기존에 국내에 유입돼 있던 외화가 유출될 것으로 예상할 수 있다. 외화가 유출될 때는 투자가가 기존에 원화로 환전하여 투자했던 돈을 다시 외화로 바꾸어 유출하는 것이므로, 외화 수요는 증가하게 된다. 외화 가격 이외의 요인으로 인한 외화 수요 증가이므로 외화의 수요곡선 자체가 우측으로 이동하게 되며 외화가격은 상승, 거래량은 증가하게 될 것으로 예상할 수 있다.

14 다음 중 수요와 관련된 탄력성에 대한 설명으로 옳은 것은?

① 대체재가 많은 재화일수록 수요의 가격탄력성이 커진다.
② 수요의 소득탄력성이 0보다 큰 재화를 열등재라고 한다.
③ 두 재화가 대체 관계에 있다면 수요의 교차탄력성은 0보다 작다.
④ 수요의 가격탄력성은 가격 변화율을 수요량 변화율로 나눈 것이다.
⑤ 수요의 가격탄력성이 가격수준과 관계없이 일정하다면 수요곡선은 우하향하는 직선이 된다.

> **해설** 대체재가 존재하면 그만큼 소비의 선택 폭이 커지는 결과를 가져오므로 수요의 가격탄력성도 커진다.
> ② 수요의 소득탄력성은 소득 변화에 따른 수요량 변화율을 나타낸다. 소득이 증가할 때 수요량도 증가하면 소득탄력성은 0보다 크고 이는 정상재다. 정상재에서 소득탄력성이 0에서 1 사이의 값을 가지면 필수재, 1을 초과하면 사치재다.
> ③ 교차탄력성은 재화1의 가격 변화에 따른 재화2의 수요량 변화율로 두 재화의 관계 정도를 측정한다. 두 재화가 대체 관계라면 재화1의 가격이 상승(하락)할 때 재화2의 수요량이 증가(감소)하므로 교차탄력성은 0보다 크다. 0보다 작으면 두 재화의 관계는 보완 관계다.
> ④ 수요의 가격탄력성은 수요량 변화율을 가격 변화율로 나눠 구한다. 값이 1보다 크면 탄력적, 1보다 작으면 비탄력적이다.
> ⑤ 수요의 가격탄력성이 가격수준과 관계없이 일정하다면 수요곡선은 수직이 된다.

정답 14 ①

15 각 지역의 공급곡선(S)과 각 지역별 사과의 수요곡선(가 ~ 마)이 만나서 생기는 균형점(E)은 아래 그림과 같이 나타난다. 각 지역에서 사과를 생산하기 위한 인건비가 하락하고, 새로운 농사 기술이 적용되어 생산량이 증대되었다면 사과의 판매수입이 가장 많이 감소할 것으로 예상하는 지역은?(단, 변화 요인이 각 지역의 수요 혹은 공급에 미치는 영향은 동일하다고 가정한다)

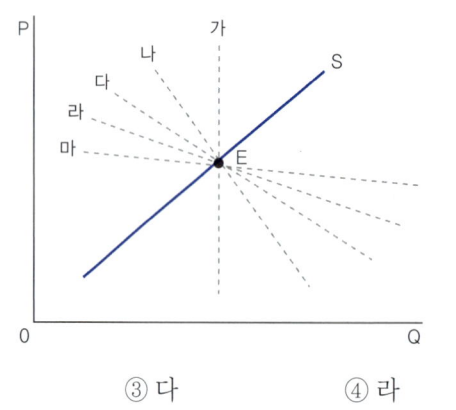

① 가　　　　② 나　　　　③ 다　　　　④ 라　　　　⑤ 마

해설 기술진보와 생산 비용의 감소는 공급 증가의 요인이 되어 공급곡선을 오른쪽으로 이동시킨다. 공급곡선이 오른쪽으로 이동하면 일반적으로 가격은 하락하고 수요량은 증가한다. 특히 (가) 지역에서 수요곡선은 수직선이기 때문에 공급이 증가하여 가격이 하락하더라도 수요량은 전혀 변하지 않는다. 그러므로 (가) 지역에서 판매수입이 가장 크게 감소할 것이다.

16 상품 A의 가격을 10% 인상하였더니 상품 A의 판매량이 5% 감소하였다면 다음 중 옳은 설명은?

① 공급의 가격탄력성은 1이다.
② 공급의 가격탄력성은 1보다 크다.
③ 공급의 가격탄력성이 1보다 작다.
④ 수요의 가격탄력성이 1보다 크다.
⑤ 수요의 가격탄력성이 1보다 작다.

해설 수요의 가격탄력성이란 어떤 재화의 가격이 변할 때 그 재화의 수요량이 얼마나 변하는지를 나타내는 지표이다. 수요의 가격탄력성은 수요량의 변화율을 가격의 변화율로 나누고 음의 부호(−)를 부가하여 구할 수 있으며, 이 값이 1보다 큰 경우를 '탄력적'이라고 하고 가격 변화에 수요량이 민감하게 변한다는 것을 의미한다.

이 문제에서 가격 변화율은 10%, 제품 판매량은 5% 감소하였으므로 수요의 가격 탄력성은 $\frac{5\%}{10\%}$ = 0.5이다.

17 수요의 가격탄력성이 공급의 가격탄력성에 비해 상대적으로 작은 와인에 대해서 종량세를 올린다고 할 경우 세금 부담은 어떻게 전가되는가?

① 판매자가 모두 부담
② 소비자가 모두 부담
③ 판매자가 소비자에 비해 많이 부담
④ 소비자가 판매자에 비해 많이 부담
⑤ 판매자와 소비자가 균등하게 부담

> **해설** 조세부담의 전가란 조세가 부과되었을 때 세금이 납세의무자에게 부담되지 않고 각 경제주체들의 가격조정 과정을 통해 조세부담이 다른 경제주체에게 이전되는 현상을 말한다. 한편, 조세부담의 전가는 해당 재화의 시장에서 수요와 공급의 가격탄력성에 따라 결정된다. 즉, 수요의 가격탄력성이 작으면 소비자가 조세를 더 많이 부담하고, 공급의 가격탄력성이 작으면 판매자가 조세를 더 많이 부담한다.

18 다음 중 다른 재화를 말하고 있는 사람은 누구인가?

- 정식 : 이 재화의 가격과 수요량은 정확히 반비례한다.
- 보라 : 이 재화는 모든 구간에서 수요의 가격탄력성이 1이다.
- 성민 : 이 재화의 수요곡선상에서 기업의 수입은 항상 일정하다.
- 혜련 : 이 재화의 가격탄력성은 '단위탄력적'이다.
- 정재 : 이 재화의 수요곡선 기울기는 −1이다.

① 정 식
② 보 라
③ 성 민
④ 혜 련
⑤ 정 재

> **해설** 문제에서 언급된 재화는 가격탄력성이 '단위탄력적'인 재화를 의미한다. 단위탄력적인 수요곡선은 기울기 −1의 직선이 아니라 직각쌍곡선 형태로 도출되어야 한다.

최신출제유형 23

19 A아파트 상가 내부에 위치한 음식점이 식사가격을 인상하자 매출도 증가하였다고 한다. 다음 중 매출액 증가의 요인을 모두 고른 것은?

> 가. 아파트 주변 음식점의 식사가격이 더 큰 폭으로 상승하였다.
> 나. 아파트 단지를 추가적으로 건설하여 새로운 입주자들이 늘어났다.
> 다. 아파트 상가 내 음식점 이용자의 가격탄력성이 크다.
> 라. 아파트 주민들의 소득이 증가하였다.

① 가, 나
② 가, 라
③ 나, 다
④ 가, 나, 라
⑤ 나, 다, 라

해설 다. 수요의 가격탄력성이 크면 가격 인상률보다 수요 감소율이 더 커서 매출은 감소하게 된다.

최신출제유형 23

20 최근 소고기의 수입 증가로 소고기 가격이 5% 하락하였다. 소고기 수요의 가격탄력성이 4이면 소고기 매출액은 대략 몇 % 증가할까?

① 6%
② 10%
③ 14%
④ 20%
⑤ 25%

해설 수요의 가격탄력성이란 어떤 재화의 가격이 변화할 때 그 재화의 수요량의 변화정도를 나타내는 지표를 말한다. 즉, 수요의 가격탄력성은 수요변화율을 가격변화율로 나누어 계산한다. 소고기 수요의 가격탄력성은 4이고 소고기 가격이 5% 하락하였으므로 소고기의 수요증가율은 5% × 4 = 20%이다. 따라서 소고기 수입업자의 소고기 판매액은 가격이 5% 하락했으나 판매수량은 20% 증가한 것이다. 매출액 = (판매액) × (판매수량) = (1 − 0.05)(1 + 0.2) = 1.14, 14% 정도 증가하였다.

21 최근 식료품 가격 상승으로 인한 서민들의 불만이 고조되고 있는 상황이다. 이러한 상황은 서민들의 소득은 그대로인 상태에서 식료품 가격만 상승하여 엥겔지수가 높아졌기 때문에 더 심각한 것이다. 이에 대한 설명으로 옳은 것을 모두 고르면?

> 가. 식료품은 소득탄력성이 0이다.
> 나. 식료품 관련 지출이 증가하였다.
> 다. 식료품은 수요의 가격탄력성이 1보다 작다.
> 라. 식료품은 가격이 오르면 수요량이 증가한다.

① 가, 나
② 가, 다
③ 나, 다
④ 나, 라
⑤ 다, 라

해설 엥겔지수란 1857년 독일 통계학자 에른스트 엥겔(Ernst Engel)이 만들어낸 지수로서 총 가계지출액 중에서 식료품비가 차지하는 비율을 의미한다. 엥겔의 법칙(Engel's law)에 따르면 저소득 가계일수록 식료품비가 차지하는 비율이 높고, 고소득 가계일수록 식료품비가 차지하는 비율이 낮아진다. 이는 식료품은 필수재인데 필수재의 소득탄력성은 $0 < \varepsilon_M < 1$이기 때문이라고 할 수 있다(가). 소득이 일정한 상태에서 엥겔지수가 높아졌다는 것은 그만큼 식료품비에 대한 지출이 증가했다는 것을 의미한다(나). 또한 식료품의 가격이 올랐음에도 불구하고 지출이 늘었으므로 식료품에 대한 수요는 가격에 대하여 비탄력적임을 알 수 있고 식료품은 수요의 가격탄력성이 1보다 작다(다).

22 탄력성에 대한 다음 설명 중 옳은 것은?

① 가격이 1% 상승할 때 수요량이 2% 감소했다면 수요의 가격탄력성은 0.5이다.
② 소득이 5% 상승할 때 수요량이 1%밖에 증가하지 않았다면 이 상품은 기펜재(Giffen goods)이다.
③ 잉크젯프린터와 잉크카트리지 간의 수요의 교차탄력성은 0보다 크다.
④ 수요의 소득탄력성은 항상 0보다 크다.
⑤ 수요의 가격탄력성이 0보다 크고 1보다 작으면 가격이 상승함에 따라 소비자의 총지출은 증가한다.

해설 수요의 가격탄력성이 1보다 작은 경우에는 가격이 대폭 상승하더라도 판매량이 별로 감소하지 않으므로 소비자의 총지출은 증가하고 판매자의 총수입도 증가한다.
① 수요의 가격탄력성은 수요량의 변화율을 가격의 변화율로 나누어 구하므로 가격이 1% 상승할 때 수요량이 2% 감소하였다면 수요의 가격탄력성은 2이다.
② 기펜재는 대체효과보다 소득효과가 더 큰 열등재인데, 소득이 증가할 때 구입량이 증가하는 재화는 정상재이므로 기펜재가 될 수 없다.
③ 교차탄력성이란 한 재화의 가격이 변화할 때 다른 재화의 수요량이 변화하는 정도를 나타내는 지표이다. 잉

크젯프린터의 가격이 오르면(+) 잉크젯프린터의 수요가 줄고, 프린터에 사용할 잉크카트리지의 수요도 줄어들 것(−)이므로 교차탄력성은 음(−)의 값을 가진다는 것을 알 수 있다. 잉크젯프린터와 잉크카트리지 같은 관계에 있는 재화들을 보완재라고 하는데, 보완재의 교차탄력성은 음(−)의 값을, 대체재의 교차탄력성은 양(+)의 값을 가지게 된다.
④ 수요의 소득탄력성은 0보다 작을 수 있는데 이러한 재화를 열등재라고 한다.

23 A지역의 자동차 공급은 가격에 대해 매우 탄력적인 반면, B지역의 자동차 공급은 가격에 대해 상대적으로 비탄력적이라고 한다. 두 지역의 자동차 수요가 동일하게 증가하였을 경우 다음 중 옳은 설명은?

① A지역의 자동차 가격이 B지역 자동차 가격보다 더 크게 상승한다.
② B지역의 자동차 가격이 A지역 자동차 가격보다 더 크게 상승한다.
③ A지역의 자동차 가격은 상승하지만 B지역 자동차 가격은 상승하지 않는다.
④ B지역의 자동차 가격은 상승하지만 A지역 자동차 가격은 상승하지 않는다.
⑤ 두 지역 모두 자동차 가격이 상승하지 않는다.

해설 가격에 대한 공급의 반응 속도가 빠를수록 공급이 가격에 대해 탄력적이라고 표현한다. 즉, 공급이 빨리 증가하면 가격은 상대적으로 적게 상승한다. 일반적으로 수요가 동일하게 증가할 경우 공급이 가격에 대해 비탄력적일수록 가격이 큰 폭으로 증가한다.

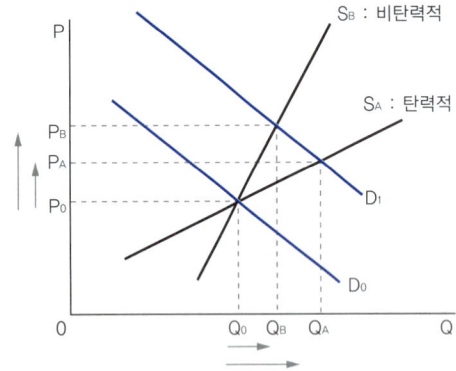

24 담배수요의 가격탄력성이 0.5이며, 담배의 가격은 4,000원이다. 정부가 담배소비량을 15% 감소시키고자 할 때, 담배가격의 적정 인상분은?

① 3,400원 ② 4,000원
③ 5,200원 ④ 5,800원
⑤ 6,000원

23 ② 24 ③

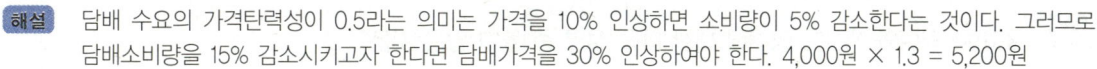

해설 담배 수요의 가격탄력성이 0.5라는 의미는 가격을 10% 인상하면 소비량이 5% 감소한다는 것이다. 그러므로 담배소비량을 15% 감소시키고자 한다면 담배가격을 30% 인상하여야 한다. 4,000원 × 1.3 = 5,200원

25
수요의 교차탄력성이란 어떤 상품의 가격 변화에 대한 다른 상품의 수요량 변화를 의미한다. 어떤 가게에서 판매하는 샌드위치 가격에 대한 같은 매장 과일주스 수요의 교차탄력성이 −2라고 한다면, 향후 샌드위치를 20% 할인된 가격에 제공하려고 할 경우 어떠한 결과가 예상되는가?

① 과일주스 판매량이 20% 감소할 것이다. ② 과일주스 판매량이 20% 증가할 것이다.
③ 과일주스 판매량이 40% 감소할 것이다. ④ 과일주스 판매량이 40% 증가할 것이다.
⑤ 샌드위치 판매량이 20% 증가할 것이다.

해설 과일주스 수요의 교차탄력성이 −2이므로 교차탄력성 공식을 통해 예상되는 과일주스의 수요는 40% 증가할 것이다.

$$A재\ 수요의\ 교차탄력성(\varepsilon_{AB}) = \frac{\frac{\Delta Q_A}{Q_A}}{\frac{\Delta P_B}{P_B}} = \frac{\frac{\Delta Q_A}{Q_A}}{-0.2} = -2 \quad \therefore \frac{\Delta Q_A}{Q_A} = 0.4,\ 40\%\ 증가$$

26
다음 설명 중 옳지 않은 것은?

① 소득이 증가함에 따라 수요가 증가하는 재화를 정상재라고 한다.
② 소득이 증가함에 따라 수요가 감소하는 재화를 열등재라고 한다.
③ 정상재의 가격탄력성은 양수이지만 열등재의 가격탄력성은 음수로 나타난다.
④ 핫도그와 햄버거의 교차탄력성은 양수이고, 스키 장비와 스키 리프트 이용권의 교차탄력성은 음수이다.
⑤ 사치재의 소득탄력성은 1보다 크다.

해설 수요의 가격탄력성이란 어떤 재화의 가격이 변화할 때 그 재화의 수요량의 변화정도를 나타내는 지표를 말하는 것으로, 항상 양의 값을 가진다.
①·② 소득이 증가함에 따라 수요가 증가하는 재화를 정상재라고 하며, 소득이 증가함에 따라 수요가 감소하는 재화를 열등재라고 한다.
④ 수요의 교차탄력성이란 한 재화(B재)의 가격이 변화할 때 다른 재화(A재) 수요량의 변화정도를 측정하는 지표이다. 수요의 교차탄력성의 부호에 따라 대체재($\varepsilon_{AB}>0$), 보완재($\varepsilon_{AB}<0$), 독립재($\varepsilon_{AB}=0$)로 구분된다. 핫도그와 햄버거는 대체재이므로 교차탄력성이 양수이고, 스키 장비와 리프트 이용권은 보완재이므로 교차탄력성이 음수이다.
⑤ 수요의 소득탄력성이란 소득변화에 따른 수요량의 변화정도를 측정하는 지표로, 이 경우 수요의 소득탄력성의 부호에 따라 정상재($\varepsilon_M>0$)와 열등재($\varepsilon_M<0$)로 구분된다. 특히, 정상재의 경우는 다시 필수재($0<\varepsilon_M<1$)와 사치재($\varepsilon_M>1$)로 구분된다.

정답 25 ④ 26 ③

27 소비자 잉여와 생산자 잉여에 대한 다음 설명 중 옳지 않은 것은?

① 소비자 잉여는 소비자의 선호 체계에 의존한다.
② 완전경쟁일 때보다 기업이 가격차별을 실시할 경우 소비자 잉여가 줄어든다.
③ 완전경쟁시장에서는 소비자 잉여와 생산자 잉여의 합인 사회적 잉여가 극대화된다.
④ 독점시장의 시장가격은 완전경쟁시장의 가격보다 높게 형성되지만 소비자 잉여는 줄어들지 않는다.
⑤ 소비자 잉여는 어떤 상품에 소비자가 최대한으로 지급할 용의가 있는 가격에서 실제 지급한 가격을 차감한 차액이다.

해설 독점시장의 시장가격은 완전경쟁시장의 가격보다 높게 형성되므로 소비자 잉여는 줄어든다.

28 다음 그림은 농산물 시장 개방에 따른 이득과 손실을 나타내고 있다. 옳은 것을 모두 고르면?

농산물 시장 개방의 이득과 손실

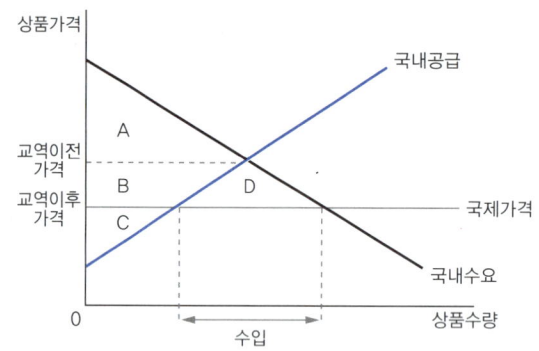

가. 교역 이전 가격에서의 소비자 잉여는 A이다.
나. 교역 이전 가격에서의 사회적 잉여는 A + B + C이다.
다. 교역 이후 가격 하락으로 농민들이 입는 손해가 소비자들이 얻는 이익보다 크다.
라. 교역 이후 가격 하락으로 사회적 잉여는 감소한다.

① 가, 나   ② 가, 다   ③ 가, 라
④ 나, 다   ⑤ 다, 라

해설 교역 이후 가격하락으로 소비자 잉여는 (B + D)만큼 증가하여 (A + B + D)가 되고, 생산자 잉여는 (B)만큼 감소하여 (C)가 된다. 즉, 교역으로 소비자들이 얻는 이익(B + D)이 농민들이 입는 손해(B)보다 크기 때문에 소비자 잉여와 생산자 잉여를 합하여 구하는 사회적 잉여는 농산물 수입 이전보다 (D)만큼 증가한 (A + B + C + D)가 된다.

29 감귤 시장에서 수요와 공급에 의해 감귤의 가격이 결정된다. 정부가 감귤 생산자에게 보조금을 지급하였을 때 나타나는 현상과 거리가 먼 것은?

① 소비자 잉여가 증가한다.
② 생산자 잉여가 증가한다.
③ 감귤의 소비량이 증가한다.
④ 공급곡선이 아래로 이동한다.
⑤ 전체적인 사회후생수준이 증가한다.

해설 정부가 보조금을 지급하면 공급곡선이 보조금 금액만큼 아래로 이동하게 되면서 균형거래량이 늘어난다. 즉, 보조금 지급으로 인해 균형거래량이 늘어나므로 소비자 잉여와 생산자 잉여가 모두 증가한다. 하지만 정부가 보조금을 지급하면 정부 재정 지출이 늘어나기 때문에 전체적인 사회후생수준이 증가하지는 않는다.

30 어느 대학생이 노트북을 100만 원에 구매하려고 하는데, 현재 노트북 가격은 80만 원이다. 만약 노트북에 대한 물품세가 1대당 30만 원이 부과되어 노트북의 가격이 110만 원으로 상승하였을 경우 옳은 것을 모두 고르면?

> 가. 세금이 부과되기 전 소비자 잉여는 20만 원이다.
> 나. 세금이 부과되고 나면 소비자 잉여는 발생하지 않는다.
> 다. 세금이 부과되고 나면 사회적 순손실은 20만 원 만큼 발생한다.
> 라. 세금이 부과되고 나면 사회적 순손실은 30만 원 만큼 발생한다.
> 마. 세금이 부과되고 나면 사회적 순손실은 80만 원 만큼 발생한다.

① 가, 나
② 나, 마
③ 가, 나, 다
④ 가, 나, 라
⑤ 나, 다, 마

해설 소비자가 노트북에 대해 100만 원을 지불할 용의가 있다는 것은 노트북 구입시 최소한 그만큼의 편익을 얻는다는 의미이다. 이 소비자가 노트북을 80만 원에 구입한다면 지불할 용의가 있는 금액보다 20만 원 적게 지불하였으므로 20만 원의 소비자 잉여를 얻는다. 그런데 물품세가 부과되어 노트북 가격이 110만 원으로 상승하면 소비자는 구입을 포기할 것이므로 소비자 잉여를 얻을 수 없게 된다. 그러므로 조세부과에 따른 사회적인 후생손실은 20만 원이 된다.

정답 29 ⑤ 30 ③

31 최저가격제에 대한 옳은 설명을 모두 묶은 것은?

[최신출제유형] 23 24

> 가. 수요자를 보호하기 위한 제도이다.
> 나. 최저임금은 최저가격제의 한 사례이다.
> 다. 정부가 최저가격을 설정할 때 시장가격보다 높게 설정해야 실효성이 있다.
> 라. 정부가 경쟁시장에 실효성이 있는 최저가격제를 도입하면 그 재화에 대한 초과수요가 발생한다.
> 마. 아파트 분양가격, 임대료 등을 통제하기 위해 사용되는 규제방법이다.

① 가, 나
② 나, 다
③ 라, 마
④ 가, 다, 라
⑤ 나, 다, 마

해설 가. 최저가격제란 공급자를 보호하기 위하여 시장가격보다 높은 수준에서 최저가격을 설정하는 규제를 말한다.
라. 최저가격제를 실시하면 소비자의 지불가격이 높아져 소비자는 소비량을 감소시키기 때문에 초과공급이 발생하고 실업, 재고누적 등의 부작용이 발생한다.
마. 아파트 분양가격, 임대료, 금리, 공공요금 등을 통제하기 위해 사용되는 규제방법은 최고가격제이다.

32 정부가 어떤 목적에서 한 재화의 가격을 시장 균형가격보다 낮은 수준에서 규제하려고 한다. 이에 대한 설명으로 옳지 않은 것은?

① 초과수요가 발생한다.
② 암시장이 형성될 수 있다.
③ 주로 과잉 생산이 우려될 때 정부가 사용하는 정책이다.
④ 부동산 임대시장에서 이와 유사한 가격정책이 많이 사용된다.
⑤ 공급의 가격탄력성이 커질수록 사회후생 손실이 크다.

해설 한 재화의 가격을 시장 균형가격보다 낮은 수준에서 규제하려는 방법은 최고가격제(가격상한제)에 대한 설명이다. 가격상한제는 물가를 안정시키고 소비자를 보호하기 위한 목적으로 아파트 분양가격, 임대료, 금리 등을 통제하기 위해 사용된다. 그러나 가격상한제를 실시하면 초과수요가 발생하기 때문에 암시장이 형성될 부작용이 존재한다. 또한 재화의 품질이 저하되는 문제도 발생한다.

정답 31 ② 32 ③

최신출제유형 23 24

33 임대료 상한제에 대한 설명 중 옳지 않은 것을 모두 고르면?

> 가. 임대료 상한제가 도입되면 임대료에 상한선이 설정된다.
> 나. 저소득층의 임대료 부담을 덜어주기 위한 목적에서 실행된다.
> 다. 장기적으로 임대주택의 공급이 늘어날 것이다.
> 라. 결과적으로 주택의 질이 좋아질 것이다.
> 마. 임대료 상한제는 시장경제 원리에는 맞지 않다.

① 가, 다
② 나, 라
③ 다, 라
④ 가, 다, 마
⑤ 나, 라, 마

해설 다 · 라. 임대료 상한제가 실행되면 건물주들이 주택을 임대하려는 유인이 없어지므로 임대주택의 공급이 줄어들고 주택의 질 또한 하락할 것이다.

34 최저임금이 오를 때 실업이 가장 많이 증가하는 노동자 유형은?

① 노동에 대한 수요가 탄력적인 비숙련노동자
② 노동에 대한 수요가 탄력적인 숙련노동자
③ 노동에 대한 수요가 비탄력적인 비숙련노동자
④ 노동에 대한 수요가 비탄력적인 숙련노동자
⑤ 노동에 대한 수요가 탄력적인 비숙련노동자와 숙련노동자

해설 숙련노동자의 균형임금은 최저임금보다 높기 때문에 최저임금이 인상되더라도 숙련노동자들은 영향을 받지 않는다. 이에 비해 최저임금이 인상되면 균형임금이 최저임금보다 낮은 비숙련노동자의 고용은 감소하게 된다. 노동수요가 탄력적일수록 최저임금 인상 시 비숙련노동자의 고용량이 크게 감소한다.

정답 33 ③ 34 ①

35 다음 중 최고가격제와 최저가격제에 대한 설명으로 맞는 내용은?

① 최고가격을 균형가격 이하로 책정하면 상품의 배분이 비효율적으로 이루어진다.
② 최고가격을 균형가격보다 낮게 책정하면 시장수급에는 아무런 영향을 미치지 못한다.
③ 최저임금제는 미숙련노동자의 취업을 용이하게 만든다.
④ 최저임금제는 시장 균형 임금보다 낮은 수준에서 책정되므로 비자발적 실업이 발생한다.
⑤ 최저임금제를 실시하여 총노동소득이 감소하였다면 이는 노동의 수요곡선이 비탄력적이기 때문이다.

해설 ①·② 최고가격제란 소비자 보호를 위해 최고가격을 시장 균형가격보다 낮은 수준에서 책정하여야 한다. 이 경우 초과수요가 발생하기 때문에 암시장이 나타날 수 있다.
③·④ 최저임금제는 정부가 노동시장에 개입하여 임금의 최저수준을 정하는 가격하한제의 한 예이다. 가격하한제란 시장가격보다 높은 수준에서 최저가격을 설정하는 가격규제 방법이다. 최저임금이 시장균형 임금보다 높은 수준에서 책정되면 노동시장에서 초과공급이 발생하고 그만큼의 비자발적 실업이 발생하게 된다. 이 경우 이미 고용된 노동자들은 혜택을 받을 수 있지만 취업 준비생들은 계속 실업자로 남을 가능성이 크다.
⑤ 최저가격제란 공급자를 보호하기 위한 규제로 수요의 가격탄력성이 '탄력적'일수록 효과가 미흡해진다.

36 다음 그림은 가격상한제가 실행되고 있는 밀가루시장이다. 밀의 가격이 하락하기 전의 공급곡선(S_0), 밀의 가격이 하락한 후의 공급곡선(S_1), 밀가루 수요곡선(D)이 아래 그림에서와 같이 주어졌을 경우 이에 대한 분석으로 옳은 것은?

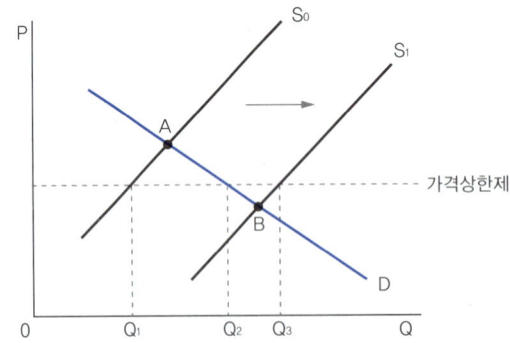

① 가격상한의 예로 최저임금제가 있다.
② 밀 가격이 하락한 후에 밀가루의 암시장 거래량은 증가한다.
③ 밀 가격이 하락한 후에 밀가루 시장의 균형거래량은 (Q_3)이다.
④ 밀 가격의 변화와 상관없이 밀가루는 가격상한제 가격에서 거래된다.
⑤ 밀 가격이 하락하기 전에 밀가루의 초과수요가 ($Q_1 \sim Q_2$)만큼 존재한다.

해설 밀 가격이 하락하기 전에 정부가 가격통제정책(가격상한제)을 통해 밀가루 가격을 통제한다면 공급자는 자신이 원하는 가격을 받을 수 없어 공급량이 줄어든다. 반면, 소비자는 원래의 균형가격보다 싸기 때문에 수요량을 늘리게 된다. 따라서 ($Q_1 \sim Q_2$)만큼의 밀가루에 대한 초과수요가 존재한다.

① 가격상한제의 예로는 분양가상한제, 임대료상한제 등이 있다. 최저임금제는 가격하한제의 예이다.
② 밀 가격 하락 후에는 통제가격이 균형가격보다 높기 때문에 암시장이 나타나기 어렵다.
③ 밀 가격 하락 후, 밀가루 시장의 균형거래량은 Q_2와 Q_3 사이에서 결정된다.
④ 밀 가격이 하락한 후에는 밀가루의 가격은 B점에서 결정된다.

37 어떤 산업의 노동수요곡선과 노동공급곡선이 아래와 같다고 한다. 하루 법정 최저실질임금이 50,000원이라고 할 때, 이 노동시장의 실업인구는?(단, 여기에서 ND는 노동수요, NS는 노동공급 그리고 w는 하루의 실질임금이다)

$$ND = 700,000 - 3w$$
$$NS = 450,000 + 3w$$

① 10,000명 ② 20,000명 ③ 30,000명 ④ 40,000명 ⑤ 50,000명

해설 법정 최저실질임금 50,000원을 노동수요곡선과 노동공급곡선 식에 대입하면 노동수요량 ND = 550,000이고 노동공급량 NS = 600,000이므로 노동시장에서 50,000명의 초과공급이 발생한다.

38 아래 표는 어느 나라 노동시장의 정보를 나타낸다. 이 나라의 정부가 최저임금을 100만 원으로 설정하여 최저임금제를 실행할 경우 옳은 분석만을 모두 고르면?

임금(만 원)	60	70	80	90	100	110
노동수요량(명)	600	500	400	300	200	100
노동공급량(명)	200	300	400	500	600	700

가. 최저임금제가 실시되기 전에 시장의 균형임금은 80만 원이다.
나. 단기적으로 취업자의 평균임금이 상승할 것이다.
다. 400명의 실업자가 발생한다.
라. 임금결정에서는 수요법칙과 공급법칙이 적용되지 않는다.
마. 미숙련 노동자나 취업준비생에게 유리한 제도이다.

① 가, 나 ② 다, 마 ③ 가, 나, 다
④ 가, 라, 마 ⑤ 나, 다, 라

해설 최저임금제가 실시되기 전에는 노동수요와 노동공급이 400명으로 일치하는 임금 80만 원에서 균형임금이 형성되었다. 정부가 최저임금제를 100만 원으로 설정할 경우 100만 원 이하로는 임금을 책정할 수 없으므로 실질적으로 임금이 100만 원으로 인상된 효과와 동일하다. 임금이 100만 원인 경우 노동공급량은 600명이고 노동수요량은 200명이므로 초과공급된 400명이 실업자가 된다. 최저임금제는 숙련된 노동자나 취업된 노동자에게는 유리한 제도이지만 미숙련 노동자나 취업준비생에게는 불리한 제도이다.

39 토지 공급의 가격탄력성이 완전히 비탄력적일 때, 토지 공급에 세금을 부과할 경우 미치는 영향에 대한 설명으로 옳은 것은?(단, 토지 수요의 가격탄력성은 단위탄력적이다)

① 토지의 수요자가 실질적으로 세금을 모두 부담한다.
② 토지의 공급자가 실질적으로 세금을 모두 부담한다.
③ 토지의 수요자와 공급자가 모두 세금을 부담하지 않는다.
④ 토지의 수요자와 공급자가 모두 세금을 부담하지만 수요자가 더 많이 부담한다.
⑤ 토지의 수요자와 공급자가 모두 세금을 부담하지만 공급자가 더 많이 부담한다.

해설 토지공급이 완전비탄력적이라면 토지에 세금이 부과될 경우 세금은 전부 조세발표 시점의 토지소유자(토지공급자)가 부담하게 된다.

40 정부가 상품 공급자에게 일정한 금액의 물품세를 부과하는 경우 조세부담의 귀착에 대한 다음 설명 중 옳지 않은 것은?(단, 조세부과 이전의 균형 가격과 수급량은 모두 같고 다른 조건은 일정하다)

① 공급곡선의 기울기가 가파를수록 정부의 조세수입은 더 증가한다.
② 공급곡선의 기울기가 완만할수록 공급자의 조세부담이 더 작아진다.
③ 수요곡선의 기울기가 가파를수록 정부의 조세수입은 더 작아진다.
④ 수요곡선의 기울기가 가파를수록 소비자의 조세부담이 더 커진다.
⑤ 조세가 부과되면 균형 수급량은 감소한다.

해설 수요곡선의 기울기가 가파를수록 정부의 조세수입은 더 커진다. 예를 들어 노동수요가 탄력적일수록 최저임금 인상시 비숙련노동자의 고용량이 크게 감소한다.

41 어떤 재화의 수요곡선은 우하향하고 공급곡선은 우상향한다고 가정한다. 이 재화의 공급자에 대해 재화 단위당 일정액의 세금을 부과했을 때의 효과에 대한 분석으로 옳은 것은?

① 단위당 부과하는 세금액이 커지면 자중적 손실(Deadweight loss)은 세금액 증가와 동일하다.
② 다른 조건이 일정할 때 수요가 가격에 탄력적일수록 소비자가 부담하는 세금의 비중은 더 커진다.
③ 다른 조건이 일정할 때 수요가 가격에 탄력적일수록 세금부과에 따른 자중적 손실(Deadweight loss)은 적다.
④ 세금부과 후에 시장가격은 세금부과액과 동일한 금액만큼 상승한다.
⑤ 과세부과에 따른 자중적 손실(Deadweight loss)의 최소화를 기하는 것은 효율성 측면과 관련이 있다.

해설 수요곡선이 우하향하고 공급곡선이 우상향하는 경우 물품세가 부과되면 조세부과에 따른 자중적 손실의 크기는 세율의 제곱에 비례한다. 다른 조건이 일정할 때 수요가 가격에 탄력적이면 소비자 부담은 작아지고 자중적 손실은 커진다. 또한 단위당 조세액 중 일부만 소비자에게 전가되므로 세금부과 후에 시장가격은 단위당 조세액보다 작게 상승한다.

42 자동차 타이어에 대한 수요와 공급이 각각 $Q_D = 800 - 2P$, $Q_S = 200 + 3P$로 주어져 있을 때, 정부가 소비자에게 타이어 1개당 50원의 세금을 부과한다고 하자. 공급자가 받는 가격과 소비자가 지불하는 가격은? (단, P는 가격을 나타낸다)

① 100원, 120원
② 100원, 150원
③ 120원, 100원
④ 120원, 150원
⑤ 150원, 100원

해설 타이어 수요곡선과 공급곡선을 연립하면 $800 - 2P = 200 + 3P$이므로 $P = 120$, $Q = 560$이다. 그러므로 조세부과 이전에는 공급자가 받는 가격과 소비자가 지불하는 가격이 모두 120으로 동일하다. 이제 소비자에게 단위당 50원의 세금이 부과되면 수요곡선이 하방으로 50만큼 이동하므로 수요곡선이 $P = 350 - \frac{1}{2}Q$로 변경된다.

조세부과 이후의 수요곡선과 공급곡선을 연립하면 $350 - \frac{1}{2}Q = -\frac{200}{3} + \frac{1}{3}Q$이므로 $Q = 500$, $P = 100$으로 계산된다.

따라서 조세부과 이후 공급자가 받는 가격은 100원으로 하락하게 된다. 즉, 소비자는 생산자에게 단위당 100원의 가격을 지불하지만 단위당 50원의 조세를 납부해야 하므로 실제로 소비자가 지불하는 가격은 150원이다.

정답 41 ⑤ 42 ②

43

흡연자 갑은 담배 한 갑을 피울 때 최대 3천 원을 지불할 용의가 있고, 을은 최대 5천 원을 지불할 용의가 있다. 지금 한 갑당 2천 원의 가격에서 갑과 을은 하루에 한 갑씩 담배를 피운다. 이제 담배 한 갑당 2천 원의 건강세가 부과되었다. 이 건강세로부터 발생하는 하루 조세수입원은 얼마인가?(단, 두 사람은 한 갑 단위로 담배를 소비하는 합리적 경제주체이고, 하루에 최대한 소비할 수 있는 담배의 양은 각각 한 갑이라고 가정한다)

① 0
② 2천 원
③ 3천 원
④ 4천 원
⑤ 5천 원

해설 담배 한 갑당 2천 원의 건강세가 부과되어 담배가격이 4천 원으로 상승하면 갑은 담배구입을 포기하지만 을은 여전히 담배를 구입할 것이다. 건강세 부과 이후 담배 판매량은 한 갑이므로 정부가 얻는 조세수입은 2천 원이다.

44

다음 글의 의미를 설명한 것으로 옳은 것은?

> 조세 부과로 인해 발생하는 조세의 비효율성인 자중손실의 크기는 수요 및 공급의 가격탄력성에 의존한다.

① 수요자 및 공급자가 가격의 변화에 민감하게 반응할수록 시장 왜곡이 더 커진다.
② 수요자 및 공급자가 가격의 변화에 적절히 반응하지 않을수록 시장 왜곡이 더 커진다.
③ 수요곡선 및 공급곡선의 이동이 클수록 시장 균형이 더 크게 영향을 받는다.
④ 수요곡선 및 공급곡선의 이동이 적절히 발생하지 않을수록 시장 균형이 더 크게 영향을 받는다.
⑤ 수요곡선 및 공급곡선의 이동이 작을수록 시장 균형이 더 크게 영향을 받는다.

해설 ①·② 수요나 공급이 가격에 민감할수록 조세 부과로 인한 수요량과 공급량이 더욱 크게 감소하여 시장 왜곡이 더 커진다.
③·④·⑤ 수요곡선이나 공급곡선의 이동 폭은 조세부과의 크기로 인해 달라지는 것이므로, 탄력성과는 무관한 설명이다.

제2편 미시경제

제03장 소비자이론

제1절 확실성하에서의 소비자이론

1 한계효용이론(기수적 효용이론)

(1) 효용과 효용함수의 개념

① 효용(Utility)이란 소비자가 재화와 서비스의 사용으로부터 얻을 수 있는 주관적인 만족을 측정하는 단위를 말한다.
② 효용은 기수적 효용(Cardinal Utility)과 서수적 효용(Ordinal Utility)으로 분류된다.
  ㉠ 기수적 효용(Cardinal Utility)이란 측정치의 절대적인 수치가 의미를 갖기 때문에 효용의 크기를 측정할 수 있다고 본다.
  ㉡ 반면 서수적 효용(Ordinal Utility)이란 측정치를 단지 선호의 강도 차이라고 생각하여 순서를 구분하기 위한 장치로만 사용된다.
③ 효용함수(Utility Function)란 재화소비량과 효용간의 관계를 함수형태로 나타낸 것을 의미한다.

(2) 한계효용의 개념 및 특징

① 한계효용(Marginal utility)이란 재화 한 단위를 추가적으로 소비함에 따라 변화하는 효용의 증감분을 의미한다.
② 한계효용은 효용곡선의 접선의 기울기로 측정되며, 총효용은 효용곡선의 하방 면적으로 측정된다.
③ 한계효용체감의 법칙(Law of Diminishing Marginal Utility)이란 소비량이 늘어날수록 1단위 추가소비로 인한 추가효용이 점점 감소하는 현상을 말한다.
④ 한계효용(MU)이 0보다 크면 총효용(TU)이 증가하고, 한계효용(MU)이 0일 때 총효용(TU)은 극대가 되며, 한계효용(MU)이 0보다 작으면 총효용(TU)은 감소한다.

대표유형문제

다음 사례에서 나타나는 경제적 개념은 무엇인가?

> 일반적으로 사람들은 점심시간 전에 배고픔을 느끼며, '무엇을 먹을까?' 고민하게 된다. 점심시간이 되어 먹고 싶은 음식을 먹는 순간의 맛과 행복감은 그 무엇과도 바꿀 수 없을 정도로 소중하게 느껴진다. 그런데 약간 양이 부족한 것 같아서 연이어 같은 음식을 추가로 더 주문하여 먹는다면 그 때의 만족감은 처음보다는 줄어들게 된다. 그리고 계속적으로 같은 음식을 더 먹는다면 만족감을 느끼기는커녕 포만감에 불편함을 느끼게 된다.

① 한계효용체감의 법칙
② 한계효용균등의 법칙
③ 파레토 법칙
④ 희소성의 법칙
⑤ 규모 수익불변의 법칙

해설

한계효용체감의 법칙(Law of Diminishing Marginal Utility)이란 재화나 서비스의 소비량이 늘수록 1단위 더 소비할 때 느끼는 만족감이 감소하는 현상을 말한다.

정답 ①

> **대표유형문제**
>
> 다음 중 무차별곡선이 원점에 대해서 볼록한 이유로 가장 적절한 것은?
> ① 재화 및 서비스는 양이 많을수록 선호한다.
> ② 재화와 서비스의 선호는 갑자기 변할 수 없다.
> ③ 재화와 서비스가 골고루 섞여 있는 소비묶음을 선호한다.
> ④ 모든 재화 및 서비스의 소비묶음은 선호를 비교할 수 있다.
> ⑤ 소비묶음 A보다 B를 선호하고 B보다 C를 선호하면 A보다 C를 선호한다.
>
> **해설**
> ① 재화 및 서비스의 양이 많을수록 선호하는 것은 무차별곡선이 원점에서 멀어질수록 더 높은 효용수준을 나타낸다는 것을 의미한다(강단조성).
> ④ 모든 재화 및 서비스의 소비묶음은 선호를 비교할 수 있다(완비성).
> ⑤ 소비묶음 A보다 B를 선호하고 B보다 C를 선호하면 A보다 C를 선호한다(이행성).
>
> **정답** ③

(3) 한계효용균등의 법칙(= Gossen의 제2법칙)

① 한계효용균등의 법칙(Law of Equimarginal Utilities)이란 각 재화나 서비스 구입에 지출된 마지막 1원의 한계효용이 동일한 경우에 경제주체들이 한정된 자본이나 소득으로 최대의 효용을 얻을 수 있다는 것을 의미한다.

② 소비자 균형이란 주어진 예산제약하에서 한계효용균등의 법칙이 성립하여 소비자의 효용이 극대화된 상태를 의미하며, 소비자 균형에서 각 재화 1원어치의 효용은 화폐의 한계효용과 일치한다.

$$\text{한계효용균등의 법칙} : \frac{MU_A}{P_A} = \frac{MU_B}{P_B}$$

$$\text{예산식} : P_A \cdot A + P_B \cdot B = M$$

2 무차별곡선이론(서수적 효용이론)

(1) 합리적인 소비자의 선호체계의 기본 공리

기본 공리	설명
완비성 (Completeness)	소비자는 임의의 두 재화묶음 간에 선호 순서를 비교함으로써 판단할 수 있다. 즉, 소비자는 항상 임의의 두 재화묶음 A와 B 중에서 A가 B보다 선호되는지, B가 A보다 선호되는지, 무차별한지를 판단할 수 있다.
이행성 (Transivity)	소비자의 선호관계는 일관된 순서가 있으며, 이는 역적되지 않는다. 즉, 재화묶음 A가 B보다 선호되고, B가 C보다 선호되면 A가 C보다 더 선호된다.
연속성 (Continuity)	소비자의 선호체계는 연속적이어야 한다. 즉, 어떤 재화의 소비량이 조금씩 변화하는 경우 그것으로부터 얻는 효용도 조금씩 변화해야 한다.
단조성 (Monotonicity)	소비자의 재화 소비량이 증가할수록 효용도 지속적으로 증가한다.
볼록성 (Convexity)	소비자는 극단적인 재화묶음보다 여러 가지 재화를 고루 소비할 수 있는 재화묶음을 더 선호한다.

(2) 무차별곡선의 개념 및 성질

① 무차별곡선(Indifference curve)이란 한 소비자가 동일한 효용을 얻을 수 있는 A재와 B재의 조합들을 연결한 곡선을 말한다.

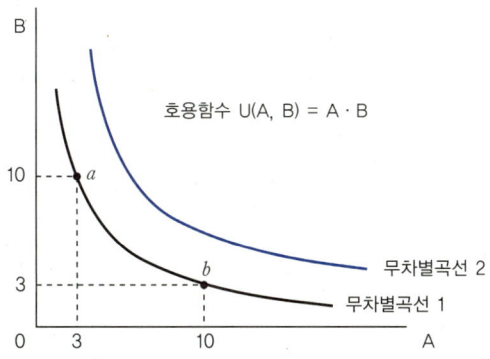

② 무차별곡선의 성질
  ㉠ A재와 B재 모두 재화라면 무차별곡선은 우하향하는 모양을 갖는다 (대체가능성).
  ㉡ 원점에서 멀어질수록 높은 효용수준을 나타낸다(강단조성).
  ㉢ 두 무차별곡선은 서로 교차하지 않는다(이행성).
  ㉣ 모든 점은 그 점을 지나는 하나의 무차별곡선을 갖는다(완비성).
  ㉤ 원점에 대하여 볼록하다(볼록성).

(3) 한계대체율의 개념과 한계대체율체감의 법칙

① 한계대체율의 개념
  ㉠ 한계대체율(Marginal Rate of Substitution ; MRS)이란 소비자가 일정한 효용 수준을 유지하면서 A재 소비량 1단위를 증가시키기 위하여 감소시켜야 하는 B재의 수량을 의미한다.
  ㉡ 한계대체율은 A재와 B재에 대한 소비자의 주관적인 교환비율을 의미하며, 무차별곡선 접선의 기울기로 측정된다.
  ㉢ 한계대체율은 A재와 B재의 한계효용 비율로 표현된다.

$$MRS_{AB} = -\frac{\Delta B}{\Delta A} = \frac{MU_A}{MU_B}$$

② 한계대체율체감의 법칙
  ㉠ 한계대체율체감의 법칙이란 소비자가 일정한 효용 수준을 유지하면서 B재를 A재로 대체함에 따라($a \rightarrow b$) 한계대체율이 체감하는 것을 의미한다.

대표유형문제

무차별곡선이론에 대한 설명으로 옳지 않은 것은?
① 효용의 주관적 측정가능성을 전제한다.
② 무차별곡선과 예산제약선을 이용하여 소비자균형을 설명한다.
③ 무차별곡선의 기울기는 한계기술대체율이다.
④ 무차별곡선은 우하향하며 원점에 대해 볼록(Convex)하다.
⑤ 모든 점은 그 점을 지나는 하나의 무차별곡선을 가진다.

해설
무차별곡선의 기울기는 한계기술대체율이 아니라 한계대체율이다.

정답 ③

대표유형문제

태욱이와 보영이의 X재와 Y재에 대한 선호체계를 X-Y평면에서 무차별곡선으로 나타내었다. 태욱이의 무차별곡선의 기울기가 보영이의 무차별곡선의 기울기보다 더 가파를 경우 태욱이와 보영이의 선호체계를 가장 옳게 비교한 것은?(단, X재의 소비량은 가로축이며, Y재의 소비량은 세로축이다)

① 태욱이는 보영이보다 X재를 상대적으로 더 선호한다.
② 태욱이는 보영이보다 Y재를 상대적으로 더 선호한다.
③ 태욱이는 보영이보다 소득효과가 더 크다.
④ 태욱이는 보영이보다 소득효과가 더 작다.
⑤ 태욱이는 보영이보다 대체효과가 더 크다.

해설

무차별곡선의 기울기(한계대체율)는 X재 1단위를 더 소비하기 위해 포기할 용의가 있는 Y재의 수량을 나타낸다. 태욱이의 무차별곡선의 기울기가 보영이보다 가파르다는 것은 X재 한 단위를 얻기 위해 포기할 수 있는 Y재의 수량이 보다 많다는 것이므로, 태욱이가 보영이보다 상대적으로 X재를 더 선호한다고 할 수 있다.

정답 ①

ⓒ 즉, A재 소비량이 증가함에 따라 A재 1단위에 대하여 포기할 용의가 있는 B재의 수량이 점점 감소하는 현상을 말한다.

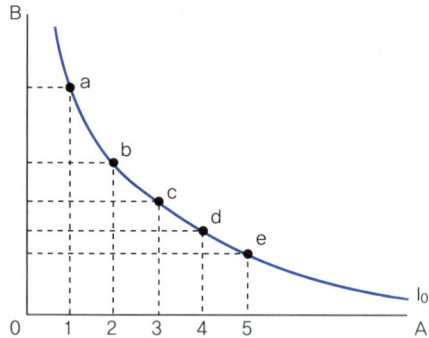

(4) 예산선의 개념

① 예산선이란 주어진 소득을 전부 사용하여 구입할 수 있는 A재와 B재의 상품묶음의 집합을 나타낸다.

② 예산선의 기울기$\left(-\dfrac{P_A}{P_B}\right)$는 A재와 B재 사이의 객관적인 교환비율(상대가격)을 의미한다(단, A : A재의 수량, P_A : A재의 가격, B : B재의 수량, P_B : B재의 가격, M : 소득).

$$예산식 : M = P_A \cdot A + P_B \cdot B$$
$$B = -\dfrac{P_A}{P_B} \cdot A + \dfrac{M}{P_B}$$

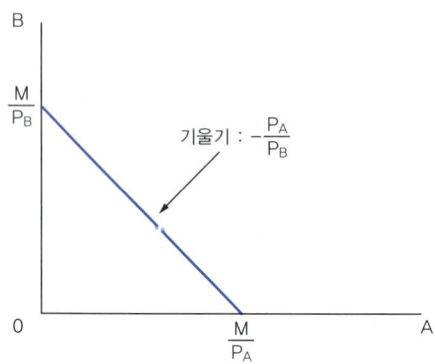

(5) 예외적인 무차별곡선

① 두 재화가 완전대체재인 경우

그래프	설 명	
(Y축, X축, IC_0, IC_1, IC_2, 효용의 크기)	효용함수	$U(X, Y) = aX + bY$
	특 징	한계대체율(MRS)이 일정하다.
	사 례	(X, Y)=(10원짜리 동전, 50원짜리 동전)

② 두 재화가 완전보완재인 경우

그래프	설 명	
(Y축, X축, IC_0, IC_1, IC_2, 효용의 크기)	효용함수	$U(X, Y) = \min\left(\dfrac{X}{a}, \dfrac{Y}{b}\right)$
	특 징	두 재화의 소비비율이 $\dfrac{b}{a}$로 일정하다.
	사 례	(X, Y)=(왼쪽 양말, 오른쪽 양말)

③ X재가 비재화인 경우

그래프	설 명	
(Y축, X축, IC_0, IC_1, IC_2, 효용의 크기)	효용함수	$U(X, Y) = Y - X^2$
	특 징	X재의 한계효용이 0보다 작다. ($MU_X < 0$)
	사 례	(X, Y)=(홍수, 오렌지)

④ Y재가 비재화인 경우

그래프	설 명	
(Y축, X축, IC_0, IC_1, IC_2, 효용의 크기)	효용함수	$U(X, Y) = X - Y^2$
	특 징	Y재의 한계효용이 0보다 작다. ($MU_Y < 0$)
	사 례	(X, Y)=(오렌지, 홍수)

대표유형문제 최신출제유형 23

100원짜리 동전과 500원짜리 동전에 대한 소비자의 선호를 무차별곡선으로 나타내면 어떤 형태를 갖는가?
① 원점에 대하여 오목한 곡선
② 원점에 대하여 볼록한 곡선
③ L자형
④ 우하향하는 직선
⑤ 직각쌍곡선

해설
100원짜리 동전과 500원짜리 동전은 언제나 5:1의 비율로 대체될 수 있는 완전대체재 관계에 있으므로 무차별곡선은 우하향하는 직선의 형태로 도출된다.

정답 ④

대표유형문제 최신출제유형 23

X와 Y의 무차별곡선이 아래와 같을 때 X재와 Y재에 대한 설명으로 옳지 않은 것은?

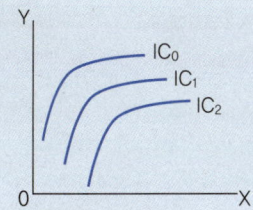

① Y재는 비재화이다.
② X재는 재화이다.
③ IC_0보다 IC_2의 효용이 작다
④ Y재의 예로는 홍수, X재의 예로는 오렌지를 들 수 있다.
⑤ Y재 소비가 감소할수록, X재 소비가 증가할수록 효용이 커진다.

해설
Y재는 비재화, X재는 재화인 경우의 효용함수이다. Y재 소비가 감소할수록, X재 소비가 증가할수록 효용이 커지므로 IC_0보다 IC_2일 때의 효용이 크다.

정답 ③

대표유형문제

무차별곡선에 대한 다음 설명 중 옳지 않은 것은?
① 무차별곡선은 서로 교차하지 않는다.
② 일반적으로는 원점에 대해 볼록한 형태를 갖는다.
③ 두 재화 간의 대체가 어려울수록 경사가 완만하게 볼록하다.
④ 두 재화 간의 한계대체율이 일정한 경우 무차별곡선은 직선이다.
⑤ 무차별곡선상의 모든 상품 묶음은 소비자에게 동일한 만족을 준다.

해설
두 재화 간의 대체가 어려울수록 무차별곡선은 L자 모양에 가까워지고, 두 재화가 완전 대체재인 경우 무차별곡선은 우하향의 직선형태이다.

정답 ③

⑤ X재가 중립재인 경우

그래프	설명	
(그래프)	효용함수	$U(X, Y) = Y$
	특징	X재의 한계효용이 0이다. ($MU_X = 0$)
	사례	술은 마시지만 담배를 피우지 않는 경우 (X, Y)=(담배, 술)

⑥ Y재가 중립재인 경우

그래프	설명	
(그래프)	효용함수	$U(X, Y) = X$
	특징	Y재의 한계효용이 0이다. ($MU_Y = 0$)
	사례	술은 마시지만 담배를 피우지 않는 경우 (X, Y)=(술, 담배)

⑦ 두 재화가 모두 비재화인 경우

그래프	설명	
(그래프)	효용함수	$U(X, Y) = \dfrac{1}{X^2 + Y^2}$
	특징	X재와 Y재 모두 한계효용이 0보다 작다. ($MU_X < 0$, $MU_Y < 0$)
	사례	(X, Y)=(매연, 소음)

(6) 소비자균형

① 소비자균형은 무차별곡선과 예산선이 접하는 점에서 결정된다.

무차별곡선의 기울기 = 예산선의 기울기

② 무차별곡선 기울기의 절댓값인 MRS_{AB}, 즉 소비자의 A재와 B재의 주관적인 교환비율과 시장에서 결정된 A재와 B재의 객관적인 교환비율인 상대가격 $\dfrac{P_A}{P_B}$가 일치하는 점에서 소비자균형이 달성된다.

③ A재와 B재의 한계대체율과 상대가격이 다를 경우에는 다음과 같이 총효용극대화를 위한 구매량 조정이 일어난다.

그래프	교차점	관계식	총효용극대화를 위한 전략
(그래프)	a	$MRS_{AB} > \dfrac{P_A}{P_B}$	• A재 소비 증가 • B재 소비 감소
	E	$MRS_{AB} = \dfrac{P_A}{P_B}$	• 소비자 균형 상태
	b	$MRS_{AB} < \dfrac{P_A}{P_B}$	• A재 소비 감소 • B재 소비 증가

대표유형문제

갑은 주어진 돈을 모두 X재와 Y재 소비에 지출하여 효용을 최대화하고 있으며, X재의 가격은 400원이고 Y재의 가격은 100원이다. 이 때 X재의 마지막 1단위의 한계효용이 500원이라면 Y재의 마지막 1단위의 한계효용은 얼마인가?

① 100
② 125
③ 150
④ 300
⑤ 400

해설

소비자균형에서는 한계효용균등의 법칙에 따라 $\dfrac{MU_X}{P_X} = \dfrac{MU_Y}{P_Y}$가 성립한다. 그러므로 $MU_X = 500$, $P_X = 400$, $P_Y = 100$일 때 한계효용균등의 원리가 성립한다면 $MU_Y = 125$이다.

정답 ②

(7) 소비자균형의 이동

① 소득소비곡선과 엥겔곡선

㉠ 소득소비곡선(Income Consumption Curve ; ICC)이란 상대가격이 일정할 때 소득의 변화에 따른 소비자균형점(무차별곡선과 예산선의 접점)들을 연결한 곡선을 의미한다.

㉡ 소득탄력성에 따라 소득소비곡선의 형태가 결정된다.

탄력성	두 재화가 모두 정상재일 경우	한 재화(X재)가 열등재인 경우
그래프	(그래프)	(그래프)
특성	• 원점을 통과하는 곡선으로 도출된다. • 필수재($0 < \varepsilon_M < 1$)인 경우 기울기가 가파르다. • 사치재($\varepsilon_M > 1$)인 경우 기울기가 완만하다.	• X재가 열등재($\varepsilon_M < 0$)인 경우 좌상향한다. **참고** Y재가 열등재인 경우 우하향한다.

㉢ 엥겔곡선(Engel Curve ; EC)이란 소득소비곡선을 소득과 재화수요량의 관계를 나타내는 평면으로 옮겨 도출한 곡선을 의미한다.

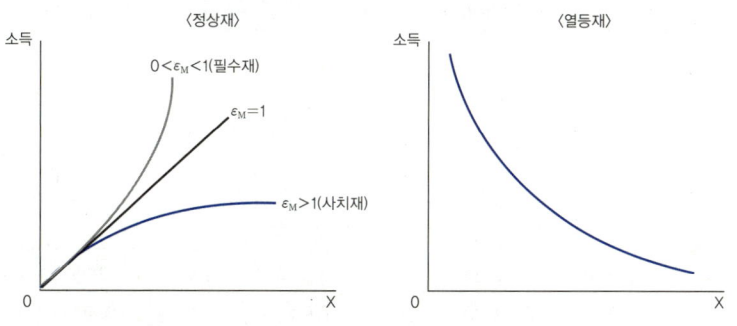

대표유형문제

다음 설명 중 옳은 것은?
① X재의 가격소비곡선(PCC)이 수직일 경우 X재 수요의 가격탄력성은 1이다.
② 필수재에 대한 엥겔곡선(Engel curve)은 우하향한다.
③ X재가 열등재인 경우 소득소비곡선은 우하향하게 될 것이다.
④ 어떤 재화의 가격소비곡선(PCC)이 우상향할 경우 그 재화에 대한 수요곡선이 우상향할 수도 있다.
⑤ 두 재화가 완전대체재인 경우 소비자의 효용을 극대화시키는 소비점은 항상 한 점만 존재한다.

해설
기펜재의 경우 가격소비곡선은 우상향하지만 수요곡선은 우상향한다.
① X재 가격소비곡선이 수직선이면 X재 가격이 하락하더라도 구입량은 불변이므로 X재 수요의 가격탄력성은 0이다.
② 필수재는 소득탄력성이 0보다 크므로 소득이 증가하면 필수재 구입량이 증가한다. 그러므로 필수재의 엥겔곡선은 우상향한다.
③ 또한 X재가 열등재이면 소득이 증가할 때 구입량이 감소해야 하므로 엥겔곡선과 소득소비곡선은 좌상향하는 형태로 도출된다.
⑤ 두 재화가 완전대체재일 경우 우하향하는 무차별곡선과 예산선의 기울기가 동일한 경우에는 무차별곡선과 예산선이 겹치므로 소비자의 효용이 극대화되는 점은 무수히 많이 존재한다.

정답 ④

② 가격소비곡선과 수요곡선
　㉠ 가격소비곡선(Price Consumption Curve ; PCC)이란 소득이 일정할 때 재화의 가격변화에 따른 소비자균형점들을 연결한 곡선을 말한다.
　㉡ 가격탄력성에 따라 가격소비곡선의 형태가 결정된다.
　　• 가격탄력성이 1보다 작으면 가격소비곡선은 우상향 형태로 도출된다.
　　• 가격탄력성이 1이면 가격소비곡선은 수평 형태로 도출된다.
　　• 가격탄력성이 1보다 크면 가격소비곡선은 우하향 형태로 도출된다.
　㉢ 수요곡선이란 가격소비곡선을 재화가격과 재화수요량의 관계를 나타내는 평면으로 옮겨 도출한 곡선이다.

(8) 가격효과와 수요곡선

① 가격효과란 명목소득이 일정할 경우 특정 재화의 가격이 하락하면 해당 재화의 수요량을 늘리는 현상을 말한다.
② 이러한 가격효과는 수요곡선이 우하향하는 형태로 도출되는 주요한 원리를 설명해준다.
③ 가격효과는 A재의 상대적인 가격이 하락하면 A재의 수요량이 증가하는 대체효과와 실질소득이 증가하여 A재의 수요량이 증가하는 소득효과로 분류된다.
④ 소득효과의 방향, 대체효과와 소득효과의 상대적인 크기에 따라 재화의 종류는 정상재, 열등재, 기펜재로 구분된다.

(9) 재화의 종류에 따른 대체효과와 소득효과

P_X가 하락하는 경우 대체효과와 소득효과에 의한 가격효과는 다음과 같다.

종류	정상재	열등재	기펜재
그래프			
가격효과	구입량 증가($X_0 \rightarrow X_1$)	구입량 증가($X_0 \rightarrow X_1$)	구입량 감소($X_0 \rightarrow X_1$)
대체효과	구입량 증가($X_0 \rightarrow X_2$)	구입량 증가($X_0 \rightarrow X_2$)	구입량 증가($X_0 \rightarrow X_2$)
소득효과	구입량 증가($X_2 \rightarrow X_1$)	구입량 감소($X_2 \rightarrow X_1$)	구입량 감소($X_2 \rightarrow X_1$)

* 가격효과 = 대체효과 + 소득효과

재 화	대체효과	소득효과	가격효과	비 고
정상재	−	−	−	
열등재	−	+	0, −, +	대체효과≷소득효과
기펜재	−	+	+	대체효과<소득효과

* (+) : 가격변화 방향과 구입량변화 방향이 동일한 경우
   (−) : 가격변화 방향과 구입량변화 방향이 반대인 경우

① X재의 가격이 하락하면 재화의 종류에 관계없이 대체효과는 상대가격이 하락한 X재의 구입량을 증가시키는 방향으로 움직인다.

② X재의 가격이 하락하면 실질소득이 증가하게 되는데, 실질소득이 증가하면 정상재의 구입량은 증가하나 열등재(기펜재 포함)의 구입량은 감소한다.

③ 그러므로 X재가 정상재이면 가격하락시 대체효과와 소득효과 모두 구입량을 증가시킨다.

④ 반면, X재가 열등재인 경우, 대체효과가 소득효과를 능가하는 경우에는 X재 가격 하락에 의해 X재 수요량이 증가하나, 소득효과가 대체효과를 능가하는 경우에는 X재 수요량이 감소한다. 후자의 경우를 기펜재라고 한다.

대표유형문제

수요곡선에 대한 설명 중 옳은 것은?
① 기펜재의 경우, 수요곡선은 우하향의 형태를 갖는다.
② 정상재의 경우, 수요곡선은 일반적으로 우상향의 형태를 갖는다.
③ 열등재의 경우, 수요곡선은 반드시 우상향의 형태를 갖는다.
④ 어떤 재화가 열등재이며 소득효과가 대체효과보다 크면 수요곡선은 우상향한다.
⑤ 어떤 재화가 정상재이며 소득효과가 대체효과보다 작으면 수요곡선은 우상향한다.

해설

정상재와 일반적인 열등재의 경우에는 수요곡선이 우하향의 형태이다. 그러나 열등재 중에서 소득효과가 대체효과보다 더 큰 재화인 기펜재의 경우에는 수요곡선이 우상향의 형태로 도출된다.

정답 ④

3장 | 소비자이론   79

대표유형문제

당첨확률이 80%이고 당첨금이 5천만 원인 복권이 있다. 복권가격이 3천만 원인 경우 반드시 이 복권을 구입하는 경제주체를 모두 고르면?

① 위험선호자
② 위험중립자
③ 위험중립자와 위험선호자
④ 위험기피자와 위험선호자
⑤ 위험기피자, 위험중립자, 위험선호자

해설

복권을 구입할 경우 상금의 기대치는 4천만 원(= 0.8 × 5천만 원)이다. 복권가격은 3천만 원이므로 위험선호자와 위험중립자는 이 복권을 구입할 것이다. 하지만 위험기피자의 복권구입 여부는 효용함수의 형태에 따라 달라지므로 불확실하다.

정답 ③

제2절 불확실성하에서의 소비자이론

1 기대효용이론

(1) 기대효용이론의 개요

① 불확실성이란 발생할 사건에 대한 확실한 예측이 불가능한 상황을 의미하며, 이를 반영한 대표적인 경제이론으로 기대효용이론, 게임이론, 정보경제학 등이 있다.

② 기대소득(Expected value)이란 불확실성하에서 예상되는 소득의 기대치를 의미한다.

$$E(X) = \Sigma P_i X_i$$

③ 기대효용(Expected utility)이란 불확실성하에서 예상되는 효용의 기대치를 의미한다.

$$E[U(X)] = \Sigma P_i U_i$$

(2) 위험에 대한 성향

① 위험기피자(Risk-averter)
  ㉠ 위험기피자란 두 재화의 기대소득이 동일할 때 위험이 적은 것을 선호하는 경제주체를 말한다.
  ㉡ 위험기피자는 기대소득의 효용이 기대효용보다 크다는 특징이 있다.
  ㉢ 위험기피자의 효용함수는 원점에 대하여 오목하며, 소득이 증가할 때 체감적으로 증가한다(P.81 ㉢ 그래프 참고).

② 위험선호자(Risk-lover)
  ㉠ 위험선호자란 두 재화의 기대소득이 동일할 때 위험이 많은 것을 선호하는 경제주체를 말한다.
  ㉡ 위험선호자는 기대소득의 효용이 기대효용보다 작다는 특징이 있다.
  ㉢ 위험선호자의 효용함수는 원점에 대하여 볼록하며, 소득이 증가할 때 체증적으로 증가한다(P.81 ㉢ 그래프 참고).

③ 위험중립자(Risk-neutral)
  ㉠ 위험중립자란 두 재화의 기대소득이 동일할 때 위험의 크기와 관계없이 두 재화에 대한 선호가 무차별한 경제주체를 말한다.

ⓒ 위험중립자는 기대소득의 효용과 기대효용이 일치한다는 특징이 있다.
ⓒ 위험중립자의 효용함수는 직선의 형태이므로 소득이 증가할 때 효용도 비례적으로 증가한다.

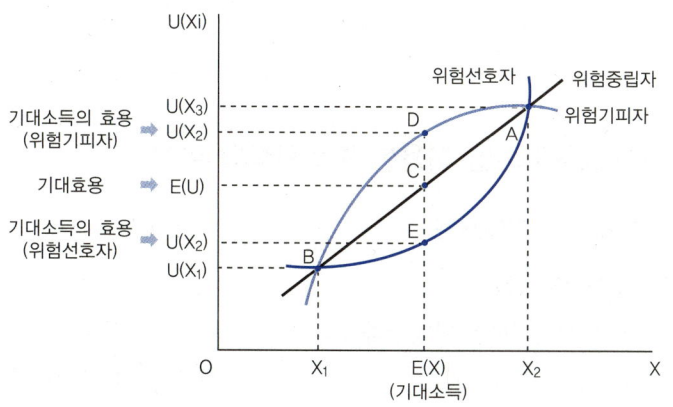

대표유형문제

불확실성이 존재하는 경우에 대한 설명으로 옳지 않은 것은?
① 위험기피자의 무차별곡선은 원점에 대해 오목하다.
② 위험중립자의 무차별곡선은 우상향하는 직선이다.
③ 공정한 보험이면 위험기피자는 반드시 전액보장보험에 가입하기를 원한다.
④ 공정한 보험이면 위험중립자는 반드시 부분보장보험에 가입하기를 원한다.
⑤ 공정한 보험이면 위험선호자는 보험에 가입하기를 원하지 않는다.

해설
위험중립자의 효용수준은 기대치에 의해서만 결정되므로 위험중립자의 공정한 보험 가입 여부는 알 수가 없다.

정답 ④

2 확실성등가와 위험프리미엄

(1) 확실성등가와 위험프리미엄의 개념

① 확실성등가(Certainty Equivalence ; CE)란 불확실한 기대소득과 동일한 효용을 제공하는 확실한 소득을 의미한다.
② 위험프리미엄(Risk-premium)이란 불확실한 소득을 확실한 소득으로 교환하기 위하여 지불할 용의가 있는 금액으로 기대소득에서 확실성등가를 차감하여 계산한다.

$$위험프리미엄(\pi) = 기대소득(E(X)) - 확실성등가(CE)$$

(2) 위험에 대한 성향에 따른 위험프리미엄

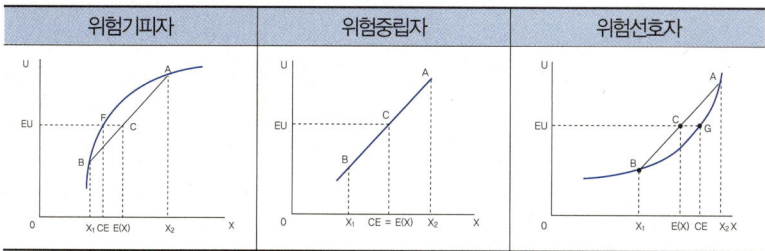

① 위험기피자는 기대소득이 확실성등가보다 더 크기 때문에 위험프리미엄은 0보다 크다.

대표유형문제

효용함수가 $U = m^{0.5}$(단, m = 소득, U = 효용)로 주어진 위험기피자가 있다. 이 사람 소득이 100일 확률이 0.5이고 400일 확률이 0.5일 때, 확실성등가(Certainty Equivalence ; CE)는 얼마인가?

① 15원
② 30원
③ 225원
④ 250원
⑤ 500원

해설

기대소득과 기대효용은 각각 다음과 같이 계산된다.
$E(X) = (0.5 \times 100) + (0.5 \times 400)$
$\quad = 50 + 200 = 250$
$E(U(X)) = (0.5 \times \sqrt{100}) + (0.5 \times \sqrt{400})$
$\quad = 5 + 10 = 15$

확실성등가(Certainty Equivalence ; CE)는 불확실한 기대소득과 동일한 효용을 제공하는 확실한 소득을 의미한다. 그러므로 확실한 소득 225만 원일 때 기대효용과 동일한 15만큼의 효용을 얻을 수 있으므로 확실성등가는 225원이다.

정답 ③

② 위험중립자는 기대소득이 확실성등가와 일치하기 때문에 위험프리미엄은 0이다.
③ 위험선호자는 기대소득이 확실성등가보다 더 작기 때문에 위험프리미엄은 0보다 작다.

③ 기대효용이론을 이용한 보험시장의 분석

(1) 기대소득과 기대효용

① 분석상황설정
㉠ 위험기피자를 가정한다.
㉡ P의 확률로 화재발생 시 발생하는 소득을 A, (1 − P)의 확률로 화재 미발생 시 발생하는 소득을 B라고 가정한다.
㉢ 즉, 화재발생 시 손실액은 (B − A)이다.

구 분	화재발생	화재미발생
확률	P	1−P
소득	A	B

② 기대소득과 기대효용
㉠ 기대소득

$$E(X) = P \cdot A + (1 - P) \cdot B = B - P(B - A)$$

㉡ 기대효용

$$E(U(X)) = P \cdot U(A) + (1 - P) \cdot U(B)$$

(2) 공정보험료와 최대보험료

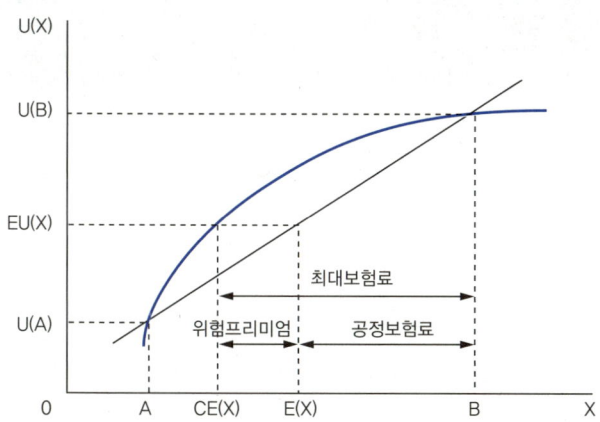

① 공정보험료

 ㉠ 공정보험료란 초기소득(B)에서 기대소득(PA+(1−P)B)을 차감하여 계산된 기대손실액(P(B−A))과 동일하다.

 ㉡ 어떤 위험기피자가 보험 가입 이후에도 기대소득이 E(X) = P · A + (1−P) · B라면 공정보험이라고 할 수 있다.

  보험 가입 후 기대소득 = (1 − P)(B − I) + P[B − I − (B − A) + C]
  = B − I − P(B − A) + PC(단, I는 보험료, C는 보험금을 나타낸다)

 ㉢ 즉, 공정보험에서는 P · A + (1 − P) · B = B − I − P(B − A) + PC관계식을 만족한다.

$$P \cdot A + (1 - P) \cdot B = B - I - P(B - A) + PC$$
$$I - PC = 0$$
$$P = \frac{I}{C}$$

 ㉣ 보험회사 입장에서 공정한 보험을 판매할 경우 보험금 지급액과 보험료 수입액이 동일하므로 보험회사 이윤이 0이 되어야 한다.

② 최대보험료

 ㉠ 최대보험료는 공정보험료에 위험프리미엄을 합하여 구한다.

 ㉡ 일반적으로 실제보험료는 공정보험료와 최대보험료 사이의 어느 수준에서 결정된다.

대표유형문제

효용함수가 $U = m^{0.5}$(단, m = 소득, U = 효용)로 주어진 위험기피자가 있다. 이 사람 소득이 400일 확률이 0.5이고 900일 확률이 0.5일 때, 이 불확실한 소득의 위험프리미엄은 얼마인가?

① 25원
② 50원
③ 75원
④ 100원
⑤ 125원

해설

기대소득과 기대효용은 각각 다음과 같이 계산된다.
$E(X) = (0.5 \times 400) + (0.5 \times 900)$
  $= 200 + 450 = 650$
$E(U(X)) = (0.5 \times \sqrt{400}) + (0.5 \times \sqrt{900}) = 10 + 15 = 25$

확실성등가(Certainty Equivalence ; CE)는 불확실한 기대소득과 동일한 효용을 제공하는 확실한 소득을 의미한다. 그러므로 확실한 소득이 625원일 때도 기대효용과 동일한 25만큼의 효용을 얻을 수 있으므로 확실성등가는 625원이다. 한편, 위험프리미엄(risk-premium)은 불확실한 소득을 확실한 소득으로 교환하기 위하여 지불할 용의가 있는 금액이므로 기대소득에서 확실성등가를 차감하여 계산한 25원이 된다.

정답 ①

제2편 미시경제

출제예상문제

01 합리적인 소비자의 효용극대화 조건은?
① 구입하는 각 재화로부터 얻어지는 총효용이 같다.
② 각 재화의 한계효용이 1이다.
③ 각 재화의 상품단위당 한계효용이 같다.
④ 각 재화의 가격단위당 한계효용이 같다.
⑤ 각 재화의 구입액이 같아지도록 각 재화를 구입한다.

해설 　합리적인 소비자의 효용극대화가 이루어지기 위해서는 한계효용균등의 법칙 $\left(\dfrac{MU_X}{P_X}=\dfrac{MU_Y}{P_Y}\right)$이 성립하도록 각 재화를 구입해야 한다. 한계효용균등의 법칙에서 $\dfrac{MU_X}{P_X}$는 X재 1원어치를 더 구입하였을 때 추가로 얻는 효용을, $\dfrac{MU_Y}{P_Y}$는 Y재 1원어치를 더 구입하였을 때 추가로 얻는 효용을 의미한다. 그러므로 효용극대화를 위해서는 각 재화의 가격단위당 한계효용이 같아지도록 재화를 구입해야 한다.

02 도담이는 X재 1단위와 Y재 4단위에서 동일한 효용을 느낀다고 한다. X재의 가격이 5,000원이고 Y재의 가격이 2,000원인 경우 도담이의 소비는 어떻게 변하는 것이 바람직한가?
① X재의 소비를 줄이고, Y재의 소비를 늘린다.　　② X재의 소비를 늘리고, Y재의 소비를 줄이다
③ 두 재화 모두 소비를 줄인다.　　④ 두 재화 모두 소비를 늘린다.
⑤ 소득이 주어져야 알 수 있다.

해설 　도담이가 X재 1단위를 소비할 때 얻는 효용의 크기와 Y재 4단위를 소비할 때 얻는 효용이 동일하므로 $MU_X=4MU_Y$를 만족해야 한다. 한편 $P_X=2.5P_Y$이므로 $\dfrac{MU_X}{P_X}=\dfrac{4MU_Y}{2.5P_Y}>\dfrac{MU_Y}{P_Y}$가 성립한다. 따라서 X재 소비를 증가시키고 Y재 소비를 줄인다.

03 재화의 성질 및 무차별곡선에 대한 다음 설명 중 옳지 않은 것은?

① 모든 기펜재(Giffen goods)는 열등재이다.
② 두 재화가 대체재인 경우 두 재화 간 교차탄력성은 양(+)의 값을 가진다.
③ X축에는 홍수를, Y축에는 쌀을 나타내는 경우 무차별곡선은 우하향한다.
④ 두 재화가 완전보완재인 경우 무차별곡선은 L자 모형이다.
⑤ 두 재화가 완전대체재인 경우 두 재화의 한계대체율은 일정하다.

해설 X재가 한계효용이 0보다 작은 비재화이고 Y재가 정상재인 경우 X재의 소비가 증가할 때 효용이 동일한 수준으로 유지되기 위해서는 Y재의 소비가 증가하여야 한다. 그러므로 무차별곡선은 우상향의 형태로 도출된다.

04 엥겔곡선(Engel Curve ; EC)이 아래 그림과 같다면 X재는 무엇인가?

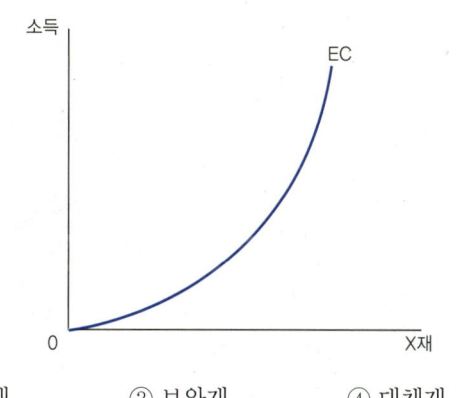

① 열등재   ② 필수재   ③ 보완재   ④ 대체재   ⑤ 사치재

해설 소득증가비율보다 X재 구입량의 증가율이 더 작으므로 X재는 필수재이다.

05 정상재들에 대한 무차별곡선의 설명으로 틀린 것은?

① 소비자에게 같은 수준의 효용을 주는 상품묶음의 집합을 그림으로 나타낸 것이다.
② 원점에서 멀어질수록 더 높은 효용수준을 나타낸다.
③ 기수적 효용 개념에 입각하여 소비자의 선택행위를 분석하는 것이다.
④ 무차별곡선들을 모아 놓은 것을 무차별지도라고 부른다.
⑤ 무차별곡선과 예산제약선을 이용하여 소비자균형을 설명한다.

해설 무차별곡선이론에서는 기수적 효용이 아니라 서수적 효용을 가정한다.

정답 3 ③ 4 ② 5 ③

06 소비자이론에 대한 다음 설명 중 옳지 않은 것은?

① 두 개의 재화만 생산하는 경제의 생산가능곡선이 원점에 대하여 오목한 경우, 한 재화의 생산을 줄이고 다른 재화의 생산을 늘릴 때, 한계변화율(Marginal Rate of Transformation ; MRT)은 체증한다.
② 기펜재(Giffen goods)의 경우 대체효과와 소득효과가 함께 작용하며, 소득효과의 절대값이 대체효과의 절대값보다 작기 때문에 수요량의 변화와 가격의 변화가 같은 방향으로 움직이게 한다.
③ 재화의 가격이 하락하는 경우 대체효과는 가격변화 전보다는 그 재화를 더 많이 소비하게 한다.
④ 정상재의 가격이 하락하는 경우 소득효과로 인하여 소비자들은 그 재화를 더 많이 소비하게 될 것이다.
⑤ 열등재의 가격이 상승하는 경우 소득효과로 인하여 소비자들은 그 재화의 소비를 늘릴 것이다.

해설 기펜재는 대체효과와 소득효과가 반대 방향으로 나타나며 대체효과보다 소득효과가 더 큰 열등재이다. 어떤 재화의 가격이 상승하면 실질소득이 감소한다. 실질소득이 감소하면 소득효과에 의해서는 열등재의 구입량이 오히려 증가한다.

07 준일이는 노트북과 가방에 자신의 용돈 50만 원을 소비함으로써 효용을 극대화하고 있다. 노트북과 가방의 가격은 각각 20만 원과 5만 원이다. 만약 준일이의 용돈이 20% 인상되고 노트북과 가방의 가격도 20% 인상된다고 할 경우 준일이의 두 상품 소비량 변화는?

① 노트북의 소비량만 증가한다.
② 가방의 소비량만 증가한다.
③ 노트북과 가방의 소비량이 모두 증가한다.
④ 노트북과 가방의 소비량에 변화가 없다.
⑤ 알 수 없다.

해설 모든 재화가격과 소득이 동일한 비율로 변하면 예산선이 변하지 않으므로 소비자균형도 변하지 않는다. 그러므로 준일이의 노트북과 가방의 소비량은 변하지 않는다.

08 종현이는 소득이나 통신요금에 관계없이 소득의 5분의 1을 통신비로 지출한다. 종현이의 통신 수요에 대한 설명으로 옳은 것을 모두 고르면?

> 가. 종현이의 소득이 증가하더라도 통신비의 지출은 변하지 않는다.
> 나. 종현이의 통신에 대한 수요곡선은 우하향하는 직선 형태를 가진다.
> 다. 통신요금이 10% 상승하면 종현이의 통신 수요량은 10% 하락한다.
> 라. 종현이의 통신은 가격변화에 따른 소득효과가 대체효과보다 큰 기펜재이다.

① 가　　② 다　　③ 가, 나　　④ 나, 라　　⑤ 다, 라

해설 통신비(X재)가 항상 소득의 $\frac{1}{5}$이면, $P_X \cdot X = \frac{1}{5}M$이 성립한다. 즉, X재의 수요함수는 $X = \frac{0.2M}{P_X}$(M : 상승)이므로 X재 수요곡선이 직각쌍곡선이다. 수요곡선이 직각쌍곡선이면 수요의 가격탄력성은 항상 1이고, X재 수요의 소득탄력성도 1이다. 따라서 X재는 기펜재가 아니라 정상재이다.

09 두 재화를 소비하는 도담이의 X재에 대한 수요함수가 $\frac{m}{P_X + P_Y}$일 때 다음 중 옳은 설명은?

> 가. 도담이에게 X재는 사치재이다.
> 나. 도담이에게 X재는 기펜재이다.
> 다. 도담이에게 X재는 Y재의 보완재이다.

① 가　　② 나　　③ 다　　④ 나, 다　　⑤ 가, 나, 다

해설 Y재의 가격이 상승하면 X재의 소비가 감소하므로 X재와 Y재는 보완관계에 있다.
　　가. X재의 구입량과 소득(m)이 정비례하므로 X재 수요의 소득탄력성은 1이다. 그러므로 X재는 사치재가 아니다.
　　나. X재의 가격이 상승하면 X재의 소비가 감소하므로 X재 수요곡선은 우하향하는 형태이다. 그런데 기펜재는 가격이 상승하면 소비도 증가하는 형태이므로 X재는 기펜재가 아니다.

10 다음은 임금 상승에 따른 노동과 여가의 변화를 나타내는 내용이다. 괄호 안에 알맞은 개념을 순서대로 나열한 것은?

> 임금률이 상승하여 소득이 증가함에 따라 여가가 감소하고 노동공급이 증가한다고 한다. 이 경우 여가는 (㉮)이거나 (㉯)이면서 (㉰)가 (㉱)를 능가할 경우 발생한다. 또한 노동시간이 늘어나면 그 자체로는 효용이 감소하므로 노동은 비재화로 볼 수 있다.

① ㉮ 정상재 ㉯ 열등재 ㉰ 대체효과 ㉱ 소득효과
② ㉮ 열등재 ㉯ 정상재 ㉰ 소득효과 ㉱ 대체효과
③ ㉮ 정상재 ㉯ 열등재 ㉰ 소득효과 ㉱ 대체효과
④ ㉮ 열등재 ㉯ 정상재 ㉰ 대체효과 ㉱ 소득효과
⑤ ㉮ 정상재 ㉯ 기펜재 ㉰ 대체효과 ㉱ 소득효과

해설 임금상승 시 여가소비가 감소하는 것은 여가가 열등재이거나, 여가가 정상재이면서 대체효과가 소득효과보다 큰 경우이다.

11 어떤 복권의 당첨확률이 50%이고, 이 복권의 가격은 1만 원이다. 당첨이 될 경우 50만 원의 상금이 주어지며, 당첨이 되지 않을 경우 복권가격의 200%에 해당하는 벌금이 부과된다. 이 사람의 기대소득과 기대효용이 같다고 할 때, 이 복권을 살 경우의 기대효용은 얼마인가?

① 1만 원
② 10만 원
③ 23만 원
④ 24만 원
⑤ 50만 원

해설 상금의 기대치는 24만 원이다. 즉, 상금의 기대치 = (0.5 × 50) + (0.5 × (−2)) = 24이다. 그런데 복권을 구입 시 1만 원의 가격을 지불해야 하므로 기대소득의 크기는 23만 원이다. 문제에서 기대소득과 기대효용이 같다고 가정했으므로 기대효용도 23만 원이 된다.

12 재산이 900만 원인 지혜는 500만 원의 손실을 볼 확률이 $\frac{3}{10}$이고, 손실을 보지 않을 확률이 $\frac{7}{10}$이다. 보험회사는 지혜가 일정 금액을 보험료로 지불하면 손실 발생 시 손실 전액을 보전해주는 상품을 판매하고 있다. 지혜의 효용함수가 $U(X)=\sqrt{X}$이고 기대효용을 극대화한다고 할 때, 지혜가 보험료로 지불할 용의가 있는 최대금액은 얼마인가?

① 21만 원
② 27만 원
③ 171만 원
④ 729만 원
⑤ 750만 원

해설 불확실한 상황에서 지혜의 재산의 기대 수익과 기대효용을 계산해보면 각각 다음과 같다.

$$E(x) = \left(\frac{3}{10} \times 400\right) + \left(\frac{7}{10} \times 900\right) = 120 + 630 = 750$$

$$E(U) = \left(\frac{3}{10} \times \sqrt{400}\right) + \left(\frac{7}{10} \times \sqrt{900}\right) = 6 + 21 = 27$$

기대손실액(Pl)	초기소득－기대소득＝초기재산－기대소득＝900－750＝150만 원
확실성 등가(CE)	$\sqrt{CE}=27$이므로, CE＝729만 원
위험프리미엄(π)	기대소득－확실성등가＝750－729＝21만 원
최대 보험료	기대손실액＋위험프리미엄＝150＋21＝171만 원

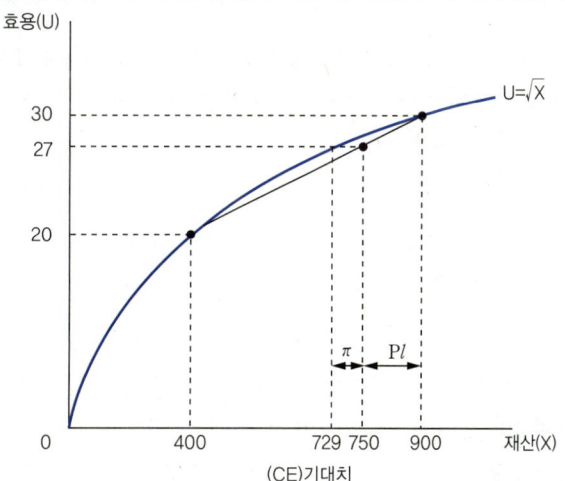

정답 12 ③

13 다음과 같이 당첨금을 주는 세 개의 복권이 있다. 어떤 소비자가 돈 x에 대해 $U(x)=x^{\frac{1}{2}}$의 효용함수를 가지고 있다면, 이 소비자의 선호에 관한 설명으로 옳은 것은?

> L_1 : 확실히 36만 원
> L_2 : $\frac{1}{2}$의 확률로 0원, $\frac{1}{2}$의 확률로 144원
> L_3 : $\frac{1}{2}$의 확률로 0원, $\frac{1}{4}$의 확률로 64원, $\frac{1}{4}$의 확률로 256원

① $\frac{1}{2}$의 확률로 복권 L_1을, $\frac{1}{2}$의 확률로 복권 L_2를 주는 새로운 복권을 복권 L_3보다 더 좋아한다.
② $\frac{1}{2}$의 확률로 복권 L_2를, $\frac{1}{2}$의 확률로 복권 L_3를 주는 새로운 복권을 복권 L_1보다 더 좋아한다.
③ $\frac{1}{4}$의 확률로 복권 L_1을, $\frac{3}{4}$의 확률로 복권 L_3를 주는 새로운 복권을 복권 L_2보다 더 좋아한다.
④ $\frac{1}{4}$의 확률로 복권 L_2를, $\frac{3}{4}$의 확률로 복권 L_3를 주는 새로운 복권을 복권 L_1보다 더 좋아한다.
⑤ 세 개의 복권을 어떤 확률로 조합하더라도 모두 같은 기대효용을 준다.

해설 우선 각 복권을 갖고 있을 경우 당첨금의 기대수익과 기대효용을 계산해 보면 당첨금의 기대수익은 다르지만 세 복권의 기대효용은 동일하다. 즉, 세 복권의 기대효용이 동일하므로 소비자는 모든 복권이 무차별하다.

14 다음과 같은 조건에서 어떤 투자자가 두 주식 A 또는 B에 투자하거나, A와 B에 각각 50%씩 분산투자하는 포트폴리오 C에 투자할 계획을 갖고 있다. A, B, C 간의 기대수익률을 비교한 결과로 옳은 것은?

> • 올해가 좋은 해일 확률은 80%이고 나쁜 해일 확률은 20%이다.
> • 주식 A의 수익률은 좋은 해와 나쁜 해에 각각 30% 및 -10%이다.
> • 주식 B의 수익률은 좋은 해와 나쁜 해에 각각 20% 및 -5%이다.

① A > B > C ② A > C > B ③ B > A > C ④ C > B > A ⑤ A = B = C

해설 올해가 좋은 해일 확률은 80%이고 나쁜 해일 확률은 20%이므로 각각의 기대수익률을 계산한 후 비교해 보면 A > C > B이다.
• 주식 A에 투자할 경우 ☞ (0.8 × 30%) + (0.2 × (-10%)) = 22%
• 주식 B에 투자할 경우 ☞ (0.8 × 20%) + (0.2 × (-5%)) = 15%
• 포트폴리오 C에 투자할 경우 ☞ (0.5 × 22%) + (0.5 × 15%) = 18.5%

제2편 미시경제

제04장 생산자이론

제1절 생산이론

1 생산이론의 기초

(1) 생산이론의 개념
① 생산이란 생산요소를 투입하여 생활에 필요한 재화와 서비스를 창출함으로써 사회후생을 증대시키는 활동을 의미한다.
② 생산요소란 재화를 생산하는 데 투입되는 모든 인적 및 물적 자원(노동, 자본 등)을 의미한다.
③ 생산함수란 일정기간 생산요소의 투입량과 재화와 서비스의 최대 산출량 간의 기술적 관계를 나타내는 함수를 의미한다.

$$Q = F(L, K) \quad 단, L = 노동, K = 자본$$

(2) 장단기 구분
① 단기란 개별기업 입장에서는 고정요소가 존재하는 기간을 말하며, 산업 전체로 보았을 때에는 기존기업의 퇴거나 새로운 기업의 진입이 불가능할 정도의 짧은 기간을 의미한다.
② 장기란 개별기업 입장에서는 모든 생산요소가 가변요소인 경우를 말하며, 산업 전체로 보았을 때에는 기업의 진입과 퇴거가 자유롭게 이루어질 수 있는 충분히 긴 기간을 의미한다.
③ 또한 생산이론에서는 일반적 회계에서와는 다르게 단기와 장기를 1년을 기준으로 구분하지 않는다. 즉, 1년보다 짧은 시기라도 투입된 생산요소를 모두 변경 가능한 경우에는 장기에 해당한다.

대표유형문제

다음 중 생산이론에서 말하는 장기와 단기의 기본적인 차이는?
① 장기에서는 한계생산물체감의 법칙이 성립되지만, 단기에서는 성립하지 않는다.
② 단기에서는 적어도 한 가지 투입물은 고정되어 있지만 장기에서는 모든 투입물이 가변적이다.
③ 단기에서보다 장기에서 고정비용이 기업의 의사결정에 더욱 중요하다.
④ 단기에서보다 장기에서 가변비용이 기업의 의사결정에 더욱 중요하다.
⑤ 장기에서는 모든 투입물이 가변적이지만 단기에서는 모든 투입물이 고정되어 있다.

해설
생산이론에서는 한 개 이상의 고정투입요소가 존재하는 기간을 단기(Short-run)라고 하며, 모든 투입요소가 가변적인 기간을 장기(Long-run)라고 한다.

정답 ②

대표유형문제

수확체감의 법칙하에서 가변생산요소의 투입이 한 단위 증가할 때 발생하는 현상으로 옳은 것은?
① 한계생산물의 값은 마이너스(−)이다.
② 총생산물은 반드시 감소한다.
③ 평균생산물은 반드시 감소한다.
④ 한계생산물은 반드시 감소하지만, 총생산물과 평균생산물은 반드시 증가한다.
⑤ 한계생산물은 반드시 감소하지만, 총생산물과 평균생산물은 증가할 수도 있고 감소할 수도 있다.

해설

수확체감의 법칙이란 단기에 가변요소(노동) 투입량이 일정 단위를 넘어서면 한계생산물이 지속적으로 감소하는 현상을 말한다. 이 경우 한계생산물은 반드시 감소하지만 총생산물과 평균생산물은 증가할 수도 있고 감소할 수도 있다.

정답 ⑤

② 단기생산함수

(1) 단기생산함수의 개념

① 단기생산함수란 고정요소가 존재할 때의 생산함수로 가변요소의 투입량과 산출량 간의 기술적 관계를 나타내는 함수를 의미한다.
② 단기생산함수에서는 자본이 고정되어 있다고 가정하므로 단기생산함수는 가변요소인 노동과 총생산과의 관계에 대한 함수가 된다.

$$Q = F(L, K)$$

(2) 총생산물(TP), 한계생산물(MP), 평균생산물(AP)

① 총생산물(TP)
  ㉠ 총생산물(TP)이란 가변요소(노동)를 투입하였을 때 생산된 재화의 총량을 의미한다.
  ㉡ 노동투입량이 증가할 때 처음에는 총생산물이 체증적으로 증가하나, 노동투입량이 L_0를 넘어서면 체감적으로 증가하고, 노동투입량 L_2를 넘어서면 오히려 총생산물이 감소한다.
  ㉢ 그러므로 총생산물곡선은 S자를 약간 눕혀놓은 형태가 된다.
  ㉣ 총생산물은 한계생산물곡선의 하방 면적에 해당하므로 한계생산물을 적분하여 구할 수 있다.

② 한계생산물(MP)
  ㉠ 한계생산물(MP)이란 가변요소(노동)를 추가적으로 1단위 투입하였을 때 총생산물의 증가분을 의미한다.

$$MP_L = \frac{\Delta Q}{\Delta L} = F(L + 1, K) - F(L, K)$$

  ㉡ 한계생산물은 총생산물곡선의 접선의 기울기에 해당하므로 총생산물을 미분하여 구할 수 있다.
  ㉢ 단기에 가변요소(노동) 투입량이 일정 단위를 넘어서면 한계생산물이 지속적으로 감소하는 현상이 나타나는데, 이를 한계생산물체감의 법칙(수확체감의 법칙)이라고 한다.

ㄹ 한계생산물이 양(+)의 값을 갖는 경우에는 총생산물이 증가하지만, 한계생산물이 음(-)의 값을 갖는 경우에는 총생산물이 감소한다. 그리고 한계생산물이 0의 값을 갖는 경우에는 총생산물의 산출량이 극대가 된다.

③ 평균생산물(AP)

㉠ 평균생산물(AP)이란 투입된 생산요소(노동) 1단위당 생산량을 의미한다.

$$AP_L = \frac{Q}{L}$$

㉡ 평균생산물은 원점과 총생산물곡선상의 한 점을 연결한 직선의 기울기이다.

㉢ 한계생산물의 값이 평균생산물의 값보다 큰 경우에는 평균생산물이 증가하지만 한계생산물의 값이 평균생산물의 값보다 작은 경우에는 평균생산물이 감소한다. 그리고 한계생산물과 평균생산물이 같은 경우에는 평균생산물이 극대가 된다.

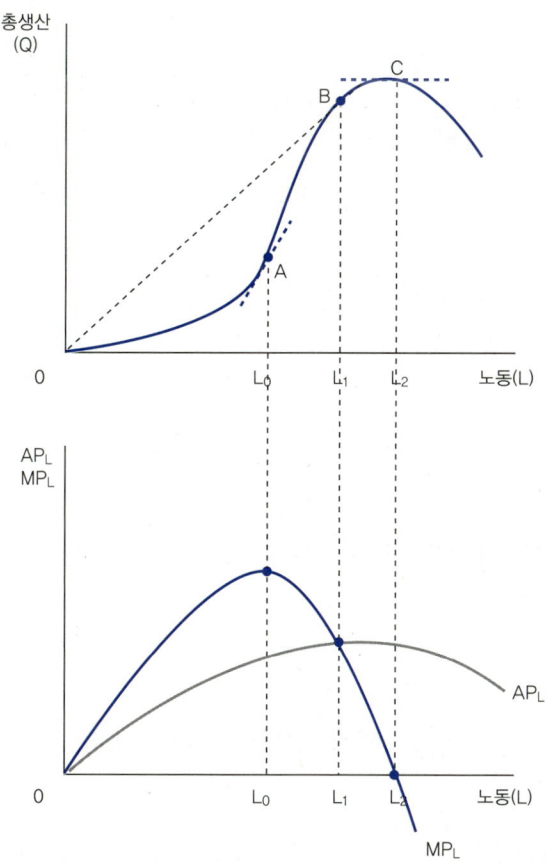

대표유형문제

다음은 어느 기업의 노동과 자본의 투입량과 산출량 수준을 나타낸 표이다. 이 표를 통해 알아낼 수 있는 현상이 아닌 것은?(단, 생산에 투입되는 요소는 노동과 자본이다)

노동투입	자본투입	총생산
1	30	55
2	15	55
3	3	30
4	3	40
5	3	48
6	5	55
6	6	60
6	7	70

① 규모에 대한 수익불변
② 노동의 한계생산물은 체감
③ 자본의 한계생산물은 체감
④ 등량곡선은 원점에 대해 볼록
⑤ 한계기술대체율이 체감

해설

주어진 표에서 $(L, K)=(3, 3)$인 경우 총생산량 $Q=30$이고, $(L, K)=(6, 6)$인 경우 총생산량 $Q=60$이므로 규모에 대한 수익불변이다. $K=3$일 때, $L=3$이면 $Q=30$, $L=4$이면 $Q=40$, $L=5$이면 $Q=48$이므로 노동의 한계생산물은 체감한다. 마찬가지로 $L=6$일 때, $K=5$이면 $Q=55$, $K=6$이면 $Q=60$, $K=7$이면 $Q=70$이므로 자본의 한계생산물은 체증한다. (L, K) 조합이 $(1, 30)$, $(2, 15)$, $(6, 5)$인 경우에 생산량이 모두 55로 동일하므로 등량곡선은 원점에 대해 볼록한 형태이다. 즉, 한계기술대체율이 체감한다.

정답 ③

대표유형문제

등량곡선과 한계기술대체율(MRTS)에 대한 설명으로 틀린 것은?
① 등량곡선상의 모든 점에서는 생산의 기술적 효율성이 달성된다.
② 등량곡선은 우하향하면서 원점에 대해 볼록하다.
③ 등량곡선은 원점에서 멀어질수록 더 높은 생산수준을 나타낸다.
④ 한계기술대체율(MRTS)은 등량곡선 접선의 기울기를 의미한다.
⑤ 고용량이 증가함에 따라 한계기술대체율은 점점 증가한다.

해설
고용량이 증가함에 따라 한계기술대체율은 점점 감소하는 한계기술대체율 체감의 법칙이 성립한다.

정답 ⑤

③ 장기생산함수

(1) 등량곡선

① 등량곡선의 개념
  ㉠ 등량곡선이란 모든 생산요소가 가변요소(노동, 자본)일 때 동일한 생산량을 산출할 수 있는 노동과 자본의 조합을 연결한 곡선을 의미한다.
  ㉡ 등량곡선상의 모든 점은 생산의 기술적 효율성이 달성되는 점이다.

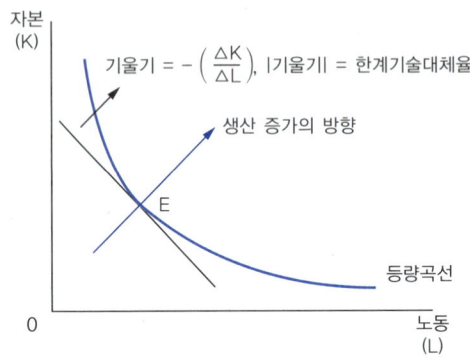

② 등량곡선의 성질
  ㉠ 등량곡선은 원점에 대하여 볼록하다(볼록성).
  ㉡ 등량곡선은 우하향하는 곡선이다(노동과 자본의 대체가능성).
  ㉢ 등량곡선은 원점에서 멀어질수록 더 높은 생산수준을 나타낸다(단조성).
  ㉣ 등량곡선은 서로 교차할 수 없다(이행성).
  ㉤ 등량곡선은 좌표평면상 어디서든 그려진다(완비성).

(2) 한계기술대체율(MRTS)

① 한계기술대체율이란 동일한 생산수준을 유지하면서 노동을 추가로 한 단위 더 고용할 때 감소시켜야 하는 자본량을 말한다.

$$MRTS_{LK} = -\frac{\Delta K}{\Delta L} = \frac{MP_L}{MP_K}$$

② 고용량이 증가함에 따라 자본에 대한 노동의 한계기술대체율이 점점 감소하는 현상을 한계기술대체율 체감의 법칙이라고 한다.

(3) 대체탄력성

① 대체탄력성이란 생산과정에서 두 재화(노동, 자본)의 비율이 그 한계기술대체율의 변화에 어떻게 반응하는지를 보임으로써 두 재화가 대체되는 정도를 나타내는 측정지표이다.

$$\sigma = \frac{\text{요소 집약도의 변화율}}{\text{한계기술대체율의 변화율}} = \frac{\Delta\left(\frac{K}{L}\right) / \left(\frac{K}{L}\right)}{\Delta\left(\frac{w}{r}\right) / \left(\frac{w}{r}\right)}$$

단, w=임금, r=이자

(참고 : 생산자균형에서 $MRTS_{LK} = \frac{w}{r}$ 을 나타낸다.)

② 등량곡선의 곡률이 클수록 대체탄력성은 작아지고, 등량곡선이 우하향의 직선에 가까울수록 대체탄력성은 커진다.

4 생산자균형

(1) 등비용선

① 등비용선이란 장기에 있어서 기업이 총비용으로 구입할 수 있는 자본과 노동의 모든 가능한 조합들을 연결한 곡선을 말한다.
② 등비용선은 비용제약선을 자본(K)에 대하여 정리하여 도출하며, 우하향하는 형태로 나타난다.

$TC(\text{총비용}) = wL(\text{총노동비용}) + rK(\text{총자본비용})$

$K = -\frac{w}{r}L + \frac{TC}{r}$

(2) 생산자균형

① 생산자균형이란 주어진 비용제약하에서 산출량이 극대화된 상태 혹은 주어진 생산량을 최소의 비용으로 생산하는 상태를 의미한다.
② 즉, 생산자균형은 등량곡선과 등비용곡선이 접하는 점에서 달성된다.

$MRTS_{LK} = \frac{w}{r} \Rightarrow \frac{MP_L}{MP_K} = \frac{w}{r}$

$\frac{MP_L}{w} = \frac{MP_K}{r}$ (한계생산물균등의 법칙)

대표유형문제

노동의 한계생산물이 자본의 한계생산물의 4배이고 임금이 자본임대료의 5배라면 생산자의 가장 합리적인 선택은 다음 중 어느 것인가?

① 노동고용량을 감소시키고, 자본고용량을 증가시킨다.
② 노동고용량을 감소시키고, 자본고용량도 감소시킨다.
③ 노동고용량을 증가시키고, 자본고용량을 감소시킨다.
④ 노동고용량을 증가시키고, 자본고용량을 감소시킨다.
⑤ 현재 투입수준은 효율적이므로 현재 수준을 그대로 유지한다.

해설

$MP_L = 4MP_K$, $w = 5r$이므로

$\frac{MP_L}{w} = \frac{4MP_K}{5r} < \frac{MP_K}{r}$ 이다.

그러므로 노동고용량을 감소시키고, 자본고용량을 증가시키는 것이 바람직하다.

정답 ①

대표유형문제

다음 중 규모에 대한 수익체증을 의미하는 생산함수는?

① $f(K, L) = 3K + 2L$
② $f(K, L) = \min[2K, 5L]$
③ $f(K, L) = 3K^{0.2} + 2L^{0.3}$
④ $f(K, L) = 3KL$
⑤ $f(K, L) = K^{0.5} + L^{0.5}$

해설

규모에 대한 수익이란 장기에 모든 생산요소 투입량을 동일한 비율로 변화시킬 때 생산량의 변화를 나타내는 것이다. 특히, 규모에 대한 수익체증(Increasing Returns to Scale ; IRS)이란 모든 생산요소 투입량을 λ배 증가시켰을 때, 생산량이 λ배보다 더 크게 증가하는 경우를 말한다. $f(K, L) = 3KL$에서 모든 생산요소 투입량을 동일한 비율(λ)만큼 증가시키면 $f(\lambda K, \lambda L) = 3(\lambda K)(\lambda L) = 3\lambda^2 KL$로 2차 동차의 Cobb-douglas 생산함수이므로 규모에 대한 수익체증을 나타낸다. 나머지 보기 ①, ②는 1차 동차함수이므로 규모에 대한 수익불변이고 ③, ⑤는 규모에 대한 수익체감을 나타낸다.

정답 ④

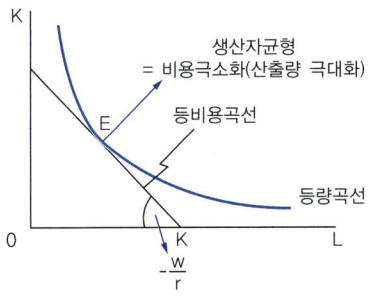

(3) 생산자균형조건이 성립하지 않는 경우

① $\dfrac{MP_L}{w} > \dfrac{MP_K}{r}$ 인 경우에는 노동투입량을 증가시키고 자본투입량을 감소시키면 생산량 증가가 가능하다.

② $\dfrac{MP_L}{w} < \dfrac{MP_K}{r}$ 인 경우에는 노동투입량을 감소시키고 자본투입량을 증가시키면 생산량 증가가 가능하다.

5 규모에 대한 수익

(1) 규모에 대한 수익 개념

① 규모에 대한 수익이란 장기에 모든 생산요소 투입량을 동일한 비율로 변화시킬 때 생산량의 변화를 나타내는 것이다.
② 반면, 수확체감의 법칙이란 단기에 가변요소 투입량을 계속하여 증가시킬 때 일어나는 현상이므로 서로 다른 개념이다.

(2) 규모에 대한 수익 구분

① 규모에 대한 수익체증(Increasing Returns to Scale ; IRS)이란 모든 생산요소 투입량을 λ배 증가시켰을 때, 생산량이 λ배보다 더 크게 증가하는 경우를 말한다.
② 규모에 대한 수익불변(Constant Returns to Scale ; CRS)이란 모든 생산요소 투입량을 λ배 증가시켰을 때, 생산량이 정확히 λ배 증가하는 경우를 말한다.
③ 규모에 대한 수익체감(Decreasing Returns to Scale ; DRS)이란 모든 생산요소 투입량을 λ배 증가시켰을 때, 생산량이 λ배보다 더 작게 증가하는 경우를 말한다.

제2절 비용이론

1 비용의 구분

(1) 명시적 비용과 암묵적 비용

① 명시적 비용이란 기업이 생산 활동을 위해 타인에게 실제적으로 지불한 비용을 말하며, 회계적 비용이라고도 한다. 손익계산서에 표시되는 임금·원재료비·임대료·세금 등이 명시적 비용에 포함된다.

② 암묵적 비용이란 일반적으로 자신의 생산 요소에 대한 기회비용으로 명시적 비용 계산에 포함되지 않는 것을 의미한다. 암묵적 비용은 잠재적 비용 또는 귀속비용이라고도 한다.

(2) 회계적 비용과 경제적 비용

① 회계적 비용이란 기업의 생산과정에서 실제로 지출된 금액으로 명시적 비용만 포함한다.

② 경제적 비용이란 생산에 소요된 모든 비용을 기회비용의 관점에서 측정하는 것으로 명시적 비용뿐만 아니라 암묵적 비용과 정상이윤도 포함된다.

(3) 회계적 이윤과 경제적 이윤

① 경제적 이윤은 회계적 이윤에서 암묵적 비용을 차감하여 계산한다.

경제적 이윤 = 총수입 - 경제적 비용
     = 총수입 - (명시적 비용 + 암묵적 비용)
     = (총수입 - 명시적 비용) - 암묵적 비용
     = 회계적 이윤 - 암묵적 비용

② 즉, 회계적 이윤은 총수입에서 명시적으로 지출된 비용만 차감한 것인 데 반해, 경제적 이윤은 총수입에서 명시적 비용뿐만 아니라 암묵적 비용까지 차감한 값이다.

대표유형문제

회계적 이윤과 경제적 이윤에 대한 관계식으로 옳은 것은?
① 경제적 이윤 = 총수입 - 명시적 비용
② 경제적 이윤 = 총수입 - 암묵적 비용
③ 회계적 이윤 = 총수입 - 암묵적 비용
④ 회계적 이윤 = 총수입 - 명시적 비용 - 암묵적 비용
⑤ 경제적 이윤 = 총수입 - 명시적 비용 - 암묵적 비용

해설
회계적 이윤은 총수입에서 명시적으로 지출된 비용만 차감한 것인 데 반해, 경제적 이윤은 총수입에서 명시적 비용뿐만 아니라 암묵적 비용까지 차감한 값이다.

정답 ⑤

대표유형문제

다음은 어떤 기업의 상품 생산과 관련한 몇 가지 정보이다. 이 기업이 100개의 상품을 생산한다면 평균비용은 얼마인가?

- 총고정비용(TFC)은 500만 원이다.
- 근로자 1인당 임금은 200만 원이다.
- 근로자 1인당 평균생산량은 20개이다.

① 7만 원
② 15만 원
③ 30만 원
④ 200만 원
⑤ 700만 원

해설

100개의 상품을 생산하기 위해서는 5명의 근로자가 필요하다. 평균비용(AC)은 산출량 1단위당 소요되는 비용으로 총비용(TC)을 생산량으로 나눈 값이다. 한편, 총비용(TC)은 총고정비용(TFC)과 총가변비용(TVC)을 합하여 구한다.

- TVC = 200만 원 × 5명 = 1,000만 원
- $TC = TFC + TVC$ = 500만 원 + 1,000만 원 = 1,500만 원
- $AC = \dfrac{TC}{Q} = \dfrac{1,500만 원}{100개}$ = 15만 원

정답 ②

2 단기비용함수

(1) 총비용(TC)

① 총비용(TC)은 총고정비용(TFC)과 총가변비용(TVC)을 합하여 구한다.

$$TC = TFC + TVC = r\overline{K} + wL$$

② 총고정비용은 생산량의 크기와 무관하게 지출해야 하는 비용이기 때문에 수평선 형태로 도출된다.

③ 총가변비용은 한계생산물이 체증하는 구간에서는 체감적으로 증가하고 한계생산물이 체감하는 구간에서는 체증적으로 증가한다.

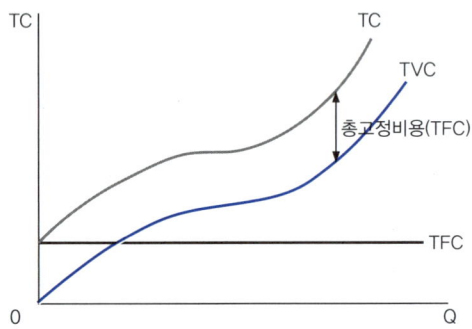

(2) 평균비용(AC)

① 평균비용(AC)은 산출량 1단위당 소요되는 비용이므로 총비용을 생산량으로 나눈 값으로 평균고정비용(AFC)과 평균가변비용(AVC)의 합으로 정의된다.

$$AC = \dfrac{TC}{Q} = \dfrac{TFC+TVC}{Q}$$
$$= \dfrac{TFC}{Q} + \dfrac{TVC}{Q} = AFC + AVC$$

② 평균고정비용(AFC)곡선은 총고정비용곡선에서 원점으로 연결한 직선의 기울기로 측정되므로 생산량이 증가할수록 평균고정비용은 지속적으로 감소한다.

③ 평균가변비용(AVC)곡선은 총가변비용곡선에서 원점으로 연결한 직선의 기울기로 측정되며, 처음에는 체감하다가 나중에는 체증하는 U자 형태로 도출된다.

(3) 한계비용(MC)

① 한계비용(MC)이란 생산량을 1단위 증가시킬 때 증가하는 총비용 증가분(=총가변비용 증가분)으로 정의된다.

$$MC = \frac{\Delta TC}{\Delta Q} = \frac{\Delta TFC + \Delta TVC}{\Delta Q} = \frac{\Delta TVC}{\Delta Q}$$

② 한계비용은 총비용곡선 접선의 기울기로 측정되는데, 처음 생산량이 증가할 때는 총비용이 체감적으로 증가하므로 점점 낮아지나 생산량이 어느 수준을 넘어서면 총비용이 체증적으로 증가하므로 점점 높아진다.

③ 따라서 한계비용곡선은 U자 형태로 도출된다.

(4) 단기비용곡선들 사이의 관계

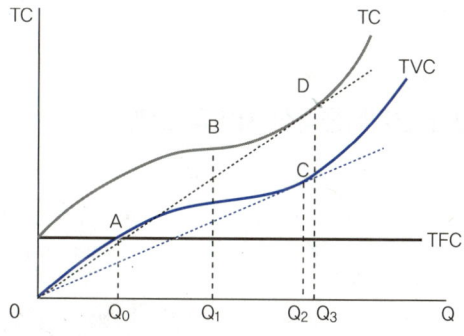

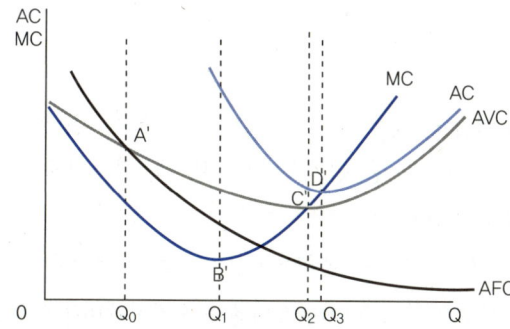

① 단기비용(TC)곡선은 단기가변비용(TVC)곡선과 형태가 동일하며, 단기가변비용(TVC)을 단기고정비용(TFC)만큼 상방으로 이동시킨 것이다.

② 단기고정비용(TFC)은 수평선이므로 평균고정비용(AFC)은 직각쌍곡선형태로 도출된다.

③ 평균비용(AC)은 평균가변비용(AVC)보다 평균고정비용(AFC)만큼 상방에 있는 U자형이다.

대표유형문제 **최신출제유형** 23

다음 비용이론에 관한 설명 중 옳지 않은 것은?

① 한계비용이 평균비용보다 크다면 평균비용이 증가한다.
② 장기한계비용곡선은 단기한계비용의 포락선이다.
③ 한계비용과 평균비용이 교차한다면 평균비용의 최저점에서만 교차한다.
④ 평균비용은 하락하나 평균가변비용이 증가하는 구간에서 한계비용은 반드시 증가한다.
⑤ 단기평균비용과 장기평균비용이 접하는 생산량 수준에서 단기한계비용과 장기한계비용이 교차한다.

해설
장기평균비용곡선은 단기평균비용의 포락선이지만 장기한계비용곡선이 단기한계비용의 포락선은 아니다.

정답 ②

대표유형문제

다음 생산비용과 관련된 내용 중 옳지 않은 것은?

① 장기평균비용곡선은 단기평균비용곡선들의 포락선이다.
② 평균고정비용곡선은 직각쌍곡선의 형태로 도출된다.
③ 장기평균비용(LAC)곡선이 U자 형태를 취하는 경우, 장기평균비용곡선은 단기평균비용(SAC)곡선의 최저점들의 궤적이다.
④ 평균가변비용(AVC)이 최소로 될 때 한계비용(MC)과 평균가변비용은 동일하다.
⑤ 평균비용(AC)이 증가하면 한계비용(MC)은 반드시 증가하고, 한계비용은 평균비용보다 크다.

해설

장기평균비용(LAC)곡선이 단기평균비용(SAC)곡선의 포락선이기는 하지만 규모의 경제가 발생하는 구간(LAC가 우하향하는 구간)에서는 SAC의 최저점보다 왼쪽에서 LAC와 접하고, 규모의 불경제가 발생하는 구간(LAC가 우상향하는 구간)에서는 SAC의 최저점보다 오른쪽에서 LAC와 접한다.

정답 ③

④ 최소평균비용의 생산량(Q_3)은 최소평균가변비용의 생산량(Q_2)보다 크다.
⑤ 한계비용(MC)은 평균비용(AC)의 최저점과 평균가변비용(AVC)의 최저점을 통과한다.

③ 장기비용함수

(1) 단기비용함수(STC)와 장기비용함수(LTC)

① 기업은 단기에는 설비규모가 고정되어 있으므로 산출량만 조정할 수 있지만, 장기에는 시설규모를 최적수준으로 조정하는 것이 가능하므로 규모와 산출량을 동시에 결정한다.
② 그러므로 비용극소화를 가정할 때 장기총비용(LTC)은 단기총비용(STC)보다 낮거나 같아야 한다.

(2) 단기비용곡선과 장기비용곡선 사이의 관계

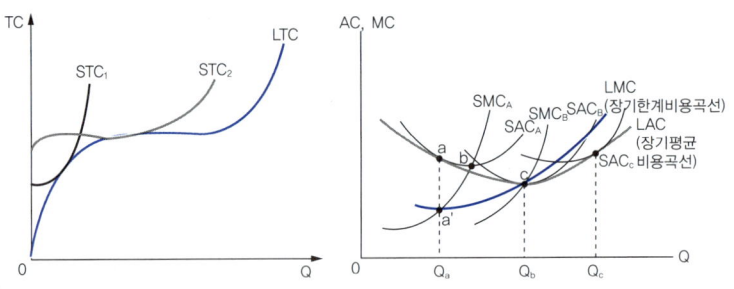

① 규모에 대한 수익과 관계없이 단기비용은 장기비용보다 크거나 같기 때문에 단기총비용은 장기총비용 상방에, 단기평균비용은 장기평균비용의 상방에 위치한다.
② 장기총비용곡선과 단기총비용곡선이 접하는 점에서 장·단기 평균비용곡선도 서로 접하고, 단기한계비용과 장기한계비용은 서로 교차한다.
③ 장기평균비용곡선은 단기평균비용곡선을 감싸안고 있는 형태이므로 장기평균비용곡선을 단기평균비용의 포락선이라고 한다.

④ 규모의 경제와 범위의 경제

(1) 규모의 경제와 규모의 불경제

① 규모의 경제(Economies of Scale)란 생산량이 두 배로 증가할 때 생산비용은 두 배보다 덜 증가하여 장기평균비용이 감소하는 경우를 말한다. 반면, 규모의 불경제(Diseconomies of Scale)란 생산량이 두 배로 증가할 때 생산비용이 두 배 이상으로 증가하여 장기평균비용이 상승하는 경우를 말한다.

② 기업의 설비규모가 일정수준에 도달할 때까지는 장기평균비용이 하락하는 규모의 경제가 발생하나 기업의 설비규모가 일정 수준을 넘어서면 장기평균비용이 상승하는 규모의 불경제가 발생한다.

(2) 범위의 경제

① 범위의 경제(Economies of Scope)란 한 기업이 두 가지 이상의 상품을 동시에 생산함으로써 하나의 상품만을 생산하는 기업보다 낮은 비용으로 생산할 수 있는 경우를 말한다.

② 범위의 경제와 규모의 경제의 관계
  ㉠ 규모의 경제가 하나의 재화에 대한 내용이라면 범위의 경제는 둘 이상의 재화에 대한 내용이다.
  ㉡ 범위의 경제는 규모의 경제와 무관한 개념으로 규모의 경제가 발생하는 상황에서 범위의 경제가 발생할 수 있고, 범위의 경제가 발생하는 상황에서도 규모의 경제가 발생가능하다.

대표유형문제

다음 내용을 바탕으로 괄호 안에 들어갈 내용을 바르게 연결한 것은?

> 은행과 보험회사, 은행과 증권회사 등 업종이 다른 금융기관들끼리의 업무제휴가 활발히 이루어지는 현상은 (Ⓐ) 때문이다. 반면, 은행 간의 합병은 규모가 커짐에 따라 평균비용이 낮아지는 효과인 (Ⓑ) 때문이다.

① Ⓐ 범위의 경제
  Ⓑ 규모의 경제
② Ⓐ 규모의 경제
  Ⓑ 범위의 경제
③ Ⓐ 규모의 경제
  Ⓑ 규모의 불경제
④ Ⓐ 범위의 경제
  Ⓑ 네트워크 외부성
⑤ Ⓐ 네트워크 외부성
  Ⓑ 규모의 경제

해설
범위의 경제(Economies of Scope)란 한 기업이 두 가지 이상의 상품을 동시에 생산함으로써 하나의 상품만을 생산하는 기업보다 낮은 비용으로 생산할 수 있는 경우를 말한다. 반면 규모의 경제란 하나의 재화를 생산할 때 많은 양을 생산할 경우 이로 인해 평균 생산비용이 하락하는 현상을 말한다.

정답 ①

제2편 미시경제

제04장 출제예상문제

01 초기 노동자 10명이 생산에 참여할 때 1인당 평균생산량은 30단위였다. 노동자를 한 사람 더 고용하여 생산하니 1인당 평균생산량은 28단위로 줄었다. 이 경우 노동자의 한계생산량은 얼마인가?

① 2　　　　② 8　　　　③ 10　　　　④ 28　　　　⑤ 30

해설　노동자수가 10명일 때 1인당 평균생산량이 30단위이므로 총생산량은 300단위(= 10 × 30)이다. 노동자가 11명일 때 1인당 평균생산량이 28단위이므로 총생산량은 308(= 11 × 28)이다. 그러므로 11번째 노동자의 한계생산량은 8단위이다.

02 생산자의 단기 생산 활동에 관련된 설명으로 옳지 않은 것은?

① 가변요소의 투입량이 증가할 때 평균생산성은 증가하다가 감소한다.
② 가변요소의 투입량이 증가할 때 한계생산성은 증가하다가 감소한다.
③ 수확체감의 법칙은 한계생산성이 지속적으로 감소하는 구간에서 발생한다.
④ 평균생산성이 증가하는 구간에서 한계생산성은 평균생산성보다 크다.
⑤ 한계생산물곡선은 평균생산물곡선의 극대점을 통과하므로 한계생산물과 평균생산물이 같은 점에서는 총생산물이 극대가 된다.

해설　생산에 투입된 가변요소인 노동의 양이 증가할수록 총생산이 체증적으로 증가하다가 일정 단위를 넘어서면 체감적으로 증가하기 때문에 평균생산과 한계생산은 증가하다가 감소한다. 한계생산물곡선은 평균생산물곡선의 극대점을 통과하므로 한계생산물과 평균생산물이 같은 점에서는 평균생산물이 극대가 된다. 한편, 한계생산물이 0일 때 총생산물이 극대가 된다.

정답　1 ②　2 ⑤

03 기업의 생산요소로서 유일하게 노동(L)만 있다고 가정할 때, 어느 기업의 총생산(TP), 한계생산(MP), 평균생산(AP)에 관한 내용 중 옳지 않은 것은?

요소투입량	총생산	한계생산	평균생산
1	가	90	90
2	나	70	다
3	210	라	마

① 가 : 90
② 나 : 160
③ 다 : 80
④ 라 : 60
⑤ 마 : 70

해설 1단위의 노동을 투입할 때 총생산물은 그때까지의 한계생산물을 합하여 계산한다. 따라서 가 = 90, 나 = 90 + 70 = 160, 라 = 210 − 160 = 50으로 계산된다. 평균생산은 투입된 생산요소 한 단위당 생산량을 의미하므로 다 = $\frac{160}{2}$ = 80, 마 = $\frac{210}{3}$ = 70으로 계산된다.

04 다음 등량곡선과 등비용선에 대한 설명 중 옳지 않은 것은?

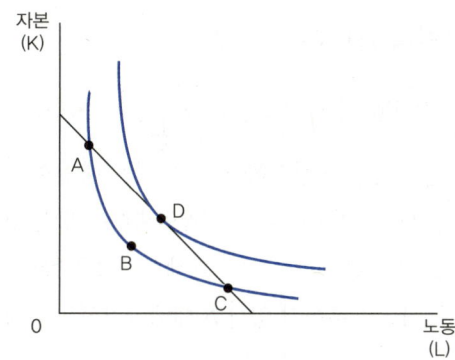

① A, B, C는 모두 동일한 생산량을 생산할 수 있는 요소조합점이다.
② A, C, D는 모두 동일한 총비용이 드는 요소조합점이다.
③ A보다 D의 요소조합에서 생산량이 더 많다.
④ C보다 D의 요소조합에서 비용이 더 많이 든다.
⑤ 점A에서는 자본을 너무 많이 투입하고 있으며, 점C에서는 노동을 너무 많이 투입하고 있다.

정답 3 ④ 4 ④

해설 : 등량곡선이란 모든 생산요소가 가변요소(노동, 자본)일 때 동일한 생산량을 산출할 수 있는 노동(L)과 자본(K)의 조합을 연결한 곡선을 의미하므로 점 A, B, C에서 생산량은 모두 동일하다. 또한 등비용선이란 장기에 있어서 기업이 총비용으로 구입할 수 있는 자본과 노동의 모든 가능한 조합들을 연결한 곡선을 의미하므로 점 A, D, C에서 총비용은 모두 동일하다.

05
어느 기업의 자본과 노동의 한계생산성은 각각 50단위와 80단위이며, 자본과 노동의 가격은 200만 원과 400만 원이다. 기업의 이윤극대화를 달성하고자 할 때 이 기업의 행동으로 타당한 것은?

① 노동의 투입을 감소시키고 자본의 투입을 증가시킨다.
② 노동의 투입을 증가시키고 자본의 투입을 감소시킨다.
③ 노동과 자본의 투입량을 모두 변화시키지 않는다.
④ 노동과 자본의 투입량을 모두 감소시킨다.
⑤ 노동과 자본의 투입량을 모두 증가시킨다.

해설 : 기업의 이윤극대화는 등량곡선과 등비용곡선이 접하는 생산자균형 점에서 달성된다. 즉, 한계생산물균등의 법칙인 $\frac{MP_L}{w} = \frac{MP_K}{r}$을 따라야 한다. 이 문제에서는 $\frac{80}{400} = \frac{1}{5} = \frac{MP_L}{w} < \frac{MP_K}{r} = \frac{1}{4} = \frac{50}{200}$이므로 노동의 고용을 감소시키고 자본의 투입을 증가시켜야 한다.

06
다음 대체탄력성에 관한 설명 중 옳지 않은 것은?

① 한계기술대체율 $\left(\frac{MP_L}{MP_K}\right)$의 변화율이 요소집약도 $\left(\frac{K}{L}\right)$의 변화율보다 크면 대체탄력성은 1보다 작다.
② 대체탄력성이 1보다 큰 경우 임금이 상승하면 노동소득분배율이 커진다.
③ 생산함수가 $Q=(LK)^{0.5}$으로 주어져 있다면 대체탄력성은 항상 1이다.
④ 생산함수가 $Q=(3L+2K)$로 주어져 있다면 대체탄력성은 항상 무한대이다.
⑤ 생산함수가 $Q=\min[2L, K]$로 주어져 있다면 대체탄력성은 항상 0이다.

해설 : 대체탄력성이란 생산과정에서 두 재화(노동, 자본)의 비율이 그 한계기술대체율의 변화에 어떻게 반응하는지를 보임으로써 두 재화가 대체되는 정도를 나타내는 측정지표로써 다음과 같이 나타낸다.

$$\sigma = \frac{\text{요소 집약도의 변화율}}{\text{한계기술대체율의 변화율}} = \frac{\Delta\left(\frac{K}{L}\right)/\left(\frac{K}{L}\right)}{\Delta\left(\frac{w}{r}\right)/\left(\frac{w}{r}\right)}$$

대체탄력성이 1보다 큰 경우에는 임금이 약간만 상승하더라도 노동고용량이 대폭 감소하므로 총소득 중에서 노동소득이 차지하는 비율은 낮아진다.

07 Cobb-Douglas 생산함수에 대한 설명 중 옳은 것을 모두 고르면?

> 가. 동차함수(Homogeneous function)이다.
> 나. 규모에 대한 수익이 불변이다.
> 다. CES(Constant Elasticity of Substitution)함수의 일종이다.
> 라. 생산요소 간의 대체탄력성이 항상 1이다.

① 가, 나
② 가, 라
③ 나, 다
④ 가, 다, 라
⑤ 나, 다, 라

해설 Cobb-Douglas 생산함수는 $Q = AL^\alpha K^\beta$(단, $A>0$, $0<\alpha<1$)인 형태로, $\alpha + \beta = 1$인 경우에만 규모에 대한 수익이 불변이다. 또한 Cobb-Douglas 생산함수는 CES(Constant Elasticity of Substitution)함수에서 대체탄력성이 1인 특수한 경우이다.

08 기업의 총비용함수(TC)가 $TC = Q^2 - 5Q + 45$로 주어져 있을 경우 옳은 내용은?

① 이 비용함수는 장기 총비용함수이다.
② 생산량(Q)이 3일 때 총비용은 21이다.
③ 평균비용(AC)함수는 $Q - 5 + \dfrac{45}{Q}$이다.
④ 생산량(Q)이 3일 때 한계비용은 13이다.
⑤ 이 기업의 생산은 규모의 경제를 보인다.

해설 ① 이 기업의 총비용함수에는 $Q = 0$일 때 고정비용(FC = 45)이 존재하므로 단기의 비용함수이다.
② 생산량(Q)이 3일 때 총비용은 39이다.
④ 한계비용은 총비용함수를 생산량에 대해 미분한 값인 MC = 2Q − 5이므로 생산량(Q)이 3일 때 한계비용은 1이다.

정답 7 ④ 8 ③

09 한 기업은 두 가지 생산요소 A와 B를 투입하여 생산물을 Q만큼 생산하고 있다. 생산요소 A와 B의 시장가격은 각각 100원과 200원이며, 각각 20단위와 10단위를 투입하여 생산량 100단위를 생산하고 있다. 생산요소 A와 B의 한계생산성이 각각 200과 300인 상황에 대한 설명으로 타당한 것은?

① 두 요소 A와 B의 투입량에서 등량곡선과 등비용선은 접하고 있다.
② 요소 A의 한계생산성보다 요소 B의 한계생산성이 크므로 비용최소화가 달성되지 못한 상황이다.
③ 두 요소 A와 B의 투입량 수준에서 한계기술대체율은 1이다.
④ 요소 A의 투입량을 줄이고, 요소 B의 투입량을 늘리면 생산량을 최대로 달성할 수 있다.
⑤ 100단위 생산을 위해서 요소 A의 투입량을 늘리고, 요소 B의 투입량을 줄여야 비용최소화를 달성할 수 있다.

해설 생산요소 A와 B의 1원당 한계생산을 구하면 다음과 같다.

$MP_A = \dfrac{\text{요소A의 한계생산}}{\text{요소A의 가격}} = \dfrac{200}{100} = 2$, $MP_B = \dfrac{\text{요소B의 한계생산}}{\text{요소B의 가격}} = \dfrac{300}{200} = \dfrac{3}{2}$

$MP_A > MP_B$인 상황이므로 비용극소화(생산극대화)를 하려면 요소 A의 투입량을 늘리고 요소 B의 투입량을 줄여야 한다. 현재 생산량 100단위에서 한계기술대체율은 $MRTS_{AB} = \dfrac{MP_A}{MP_B} = \dfrac{2}{\frac{3}{2}} = \dfrac{4}{3}$이고, 등비용선의 기울기 = $\dfrac{\text{요소A의 가격}}{\text{요소B의 가격}} = \dfrac{100}{200} = \dfrac{1}{2}$이다. 그러므로 등량곡선과 등비용선은 접하지 않는다.

10 두 생산요소를 사용하는 생산기술에 대한 설명 중 옳은 것은?

① 한 생산요소에 대한 한계생산이 체감하면 규모에 대한 수익은 증가한다.
② 규모에 대한 수익이 증가하는 생산기술이어도 각 생산요소에 대한 한계생산은 체감할 수 있다.
③ 동차생산함수는 규모에 대한 수익이 불변하는 생산기술이다.
④ 생산기술이 규모에 대한 수익불변의 성격을 갖는다면 장기평균비용곡선은 항상 수평선의 모양을 갖는다.
⑤ 어떤 산업에서의 생산기술이 규모에 대한 수익체감의 성격을 가지는 경우에는 자연독점이 발생할 수 있다.

해설 단기의 개념인 수확체감의 법칙(한계생산성 체감의 법칙)과 장기의 개념인 규모에 대한 수익은 무관한 개념이다. 그러므로 규모에 대한 수익이 증가하는 경우에도 한계생산은 체감할 수 있다. 한편 동차생산함수는 규모에 대한 수익증가뿐만 아니라 규모에 대한 수익불변과 수익감소에도 모두 가능하다. 비용은 생산요소의 가격과 생산요소의 투입량에 의해 결정된다. 생산기술이 규모에 대한 수익불변이어서 생산요소 투입규모의 증가속도가 같아도 생산요소의 가격이 상승하면 장기평균비용은 상승한다. 어떤 산업에서의 생산기술이 규모에 대한 수익체증의 성격을 가지는 경우에는 자연독점이 발생할 수 있다.

정답 9 ⑤ 10 ②

11 어느 기업의 확장경로는 원점을 지나는 직선의 형태로 나타나는데, 생산량 Q를 100단위씩 증가시켜 700단위까지 늘려감에 따라 원점에서부터 거리를 표시하면 아래 표와 같다. 생산량 증가에 따른 규모에 대한 수익은?

생산량(Q)	100	200	300	400	500	600	700
거리	7	13	18	21	25	32	40

① 불변이다가 체감한다.
② 체감하다가 불변이 된다.
③ 체증하다가 불변이 된다.
④ 체감하다가 체증한다.
⑤ 체증하다가 체감한다.

해설 거리는 생산요소의 투입규모를 의미한다. 거리의 증가분에 따른 생산량의 증가분을 표로 나타내면 다음과 같다.

생산량(Q) 증가분	100	100	100	100	100	100	100
거리 증가분	7	6	5	3	4	7	8

따라서 일정하게 증가하는 생산량에 대해 생산요소의 투입규모가 감소하다가 증가하므로 생산량의 증가속도를 생산요소 투입규모의 증가속도로 나누어 측정하는 규모에 대한 수익이 체증하다가 체감한다.

12 두 개의 생산요소(노동과 자본)의 투입량과 생산량 간의 관계가 다음과 같을 때 도출할 수 있는 결론은?

구분		노동(L)		
		1	2	3
자본(K)	1	40	60	70
	2	50	80	100
	3	55	90	120

① 규모에 대한 수확체감, 한계생산성 체감
② 규모에 대한 수확체감, 한계생산성 불변
③ 규모에 대한 수확불변, 한계생산성 체감
④ 규모에 대한 수확불변, 한계생산성 불변
⑤ 규모에 대한 수확체증, 한계생산성 체감

해설 노동과 자본의 투입량이 모두 2배, 3배 증가할 때 생산량도 2배, 3배 동일한 비율로 증가하므로 주어진 생산함수는 규모에 대한 수익 불변이다. 그리고 노동투입량이 일정하게 주어져 있을 때 자본의 한계생산성은 점점 감소하므로 한계생산물은 체감하고 있다.

정답 11 ⑤ 12 ③

13 생산자비용 및 생산자선택이론에 대한 설명으로 옳은 것은?

① 생산량 증가 시 한계비용이 평균비용보다 크면 평균비용은 하락한다.
② 장기에 생산량이 증가함에 따라 평균비용이 감소하는 것을 범위의 경제라 한다.
③ 총비용곡선이 직선인 경우에는 기업의 이윤극대화 산출량은 0이나 무한대가 될 수 없다.
④ 매몰비용은 경제적 의사결정을 하는 데 있어서 고려되어서는 안 된다.
⑤ 평균비용이 증가할 때 한계비용은 평균비용보다 작다.

> **해설** 생산량 증가 시 한계비용이 평균비용보다 크면 평균비용은 상승한다. 장기에 생산량이 증가함에 따라 평균비용이 감소하는 것은 규모의 경제라 한다. 범위의 경제란 한 기업이 두 가지 이상의 상품을 동시에 생산함으로써 하나의 상품만을 생산하는 기업보다 낮은 비용으로 생산할 수 있는 경우를 말한다. 총비용곡선이 직선이더라도 총수입이 총가변비용에 미달한다면 이윤극대화 생산량은 0이 된다. 총비용곡선이 우상향의 직선인 경우에도 모든 생산량 수준에서 총수입이 총비용보다 작다면 이윤극대화 생산량은 0이 된다. 평균비용이 증가하는 구간에서는 한계비용이 평균비용보다 크다.

14 등량곡선이 아래 그림과 같이 우하향하는 직선형태일 경우 한계기술대체율과 대체탄력성에 대한 설명으로 옳은 것을 모두 고르면?

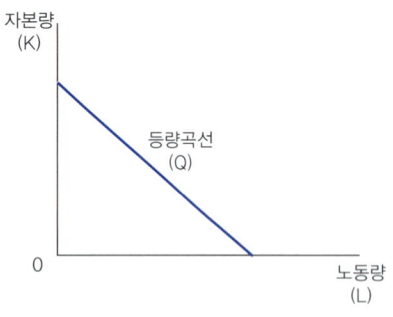

가. 한계기술대체율은 0이다.
나. 한계기술대체율은 0보다 크며, 일정하다.
다. 한계기술대체율이 체감한다.
라. 생산요소 간 대체탄력성은 0이다.
마. 생산요소 간 대체탄력성은 ∞이다.

① 가, 라   ② 나, 라   ③ 나, 마   ④ 다, 라   ⑤ 다, 마

> **해설** 한계기술대체율이란 동일한 생산수준을 유지하면서 노동을 추가로 한 단위 더 고용할 때 줄여야 하는 자본량을 의미하며, 등량곡선 기울기의 절대값이 한계기술대체율을 나타낸다.

15 장기에는 모든 생산요소가 가변요소이므로 생산요소 투입량을 증가시킬 수 있다. 생산요소 증가에 따른 생산량 변화를 규모에 대한 수익으로 설명할 경우 다음 중 옳은 것은?

> 가. 모든 생산요소가 2배 증가하면 생산량이 3배 증가하는 경우를 규모에 대한 수익(수확)체증(Increasing Returns to Scale ; IRS)이라 한다.
> 나. 모든 생산요소가 5배 증가하면 생산량이 5배 증가하는 경우를 규모에 대한 수익불변(Constant Returns to Scale ; CRS)이라 한다.
> 다. 어느 기업의 A공장 생산함수가 규모에 대한 수익체증을 나타내면, 이 기업이 생산량을 증가시키기 위해서는 동일한 공장 B를 세워 생산하는 것이 바람직하다.(단, 공장 A, B의 생산함수는 동일하다고 가정한다)
> 라. 어느 기업이 생산량을 2배 증가시키려고 한다. 이 기업의 생산함수가 규모에 대한 수익체증을 나타내면, 이 기업은 생산요소를 2배 이상 투입해야 한다.
> 마. 생산함수가 $Q = (L, K)^{0.5}$이면 생산함수는 규모에 대한 수익체감(Decreasing Returns to Scale ; DRS)을 보인다.

① 가, 나 ② 다, 라 ③ 가, 나, 다 ④ 가, 나, 마 ⑤ 다, 라, 마

해설 다. 어느 기업의 A공장의 생산함수가 규모에 대한 수익체증을 나타내는 경우에는 A공장의 생산량이 증가할수록 단위당 생산비가 낮아진다. 그러므로 이 경우에는 생산량을 증가시키고자 한다면 동일한 공장 B를 세우는 것보다 공장 A에서의 생산량을 늘리는 것이 보다 효율적이다.
라. 어느 기업의 생산함수가 규모에 대한 수익체증을 나타낸다면 생산요소를 2배보다 적게 투입해도 생산량을 2배로 늘릴 수 있다.
마. 생산함수가 $Q = (L, K)^{0.5}$이면 생산함수는 규모에 대한 수익불변(Constant Returns to Scale ; CRS)을 보인다.

16 어떤 재화를 생산하는 데 두드러진 기술진보가 발생하였다. 다음 중 어떤 변화를 기대할 수 있는가?

① 등량곡선과 생산가능곡선이 모두 원점에 가깝게 이동한다.
② 등량곡선과 생산가능곡선이 모두 원점에서 멀게 이동한다.
③ 등량곡선은 원점에 가깝게 이동하고 생산가능곡선은 원점에서 멀게 이동한다.
④ 등량곡선은 원점에서 멀게 이동하고 생산가능곡선은 원점에 가깝게 이동한다.
⑤ 등량곡선과 생산가능곡선의 기울기만 변한다.

해설 기술진보가 이루어지면 주어진 생산요소를 투입하여 더 많은 양의 재화를 생산할 수 있으므로 생산가능곡선이 바깥쪽으로 이동한다. 그리고 기술진보가 이루어지면 더 적은 양의 생산요소를 투입하더라도 동일한 양의 재화를 생산할 수 있으므로 등량곡선이 원점 쪽으로 이동한다.

정답 15 ① 16 ③

17 다음 장단기 비용함수에 관한 내용 중 옳은 것을 모두 고르면?

> 가. 기업은 단기에 주어진 시설규모하에서 산출량만 조정할 수 있다.
> 나. 장기에는 시설규모의 조정이 가능하므로 동일한 생산량을 최소한의 비용으로 생산할 수 있는 규모와 생산량을 동시에 결정할 수 있다.
> 다. 장기비용은 단기비용보다 높을 수 없으므로 장기총비용곡선은 단기총비용곡선의 포락선이 된다.
> 라. 장기한계비용곡선도 단기한계비용곡선의 포락선이 된다.

① 가, 나
② 가, 다
③ 가, 나, 다
④ 가, 나, 라
⑤ 가, 나, 다, 라

해설 장기한계비용곡선은 단기한계비용곡선의 포락선이 아니다. 다만, 장기한계비용곡선은 장기평균비용곡선의 최저점을 지난다.

18 비용이론과 관련된 다음 설명 중 옳지 않은 것은?

① 장기총비용곡선은 반드시 원점을 통과한다.
② 장기총비용곡선이 원점을 통과하는 직선이면 장기평균비용과 장기한계비용은 항상 일치한다.
③ 단기평균비용곡선이 장기평균비용곡선에 접하는 산출량에서는 장기와 단기의 한계비용은 같다.
④ 규모의 경제가 존재할 때 모든 생산요소투입량이 10% 감소하면 생산량은 10%보다 적게 감소한다.
⑤ 장기평균비용곡선이 수평선의 형태를 취하는 경우, 장기평균비용곡선은 장기한계비용곡선과 완전히 일치한다.

해설 규모에 대한 수익이 체증하므로 요소투입량이 10% 증가하면 생산량은 10%보다 크게 증가한다. 그러므로 요소투입량이 10% 감소하면 생산량도 10%보다 크게 감소한다.

19. 고정비용과 가변비용이 존재할 때 생산비용에 대한 다음 설명 중 옳지 않은 것은?

① 평균고정비용(AFC)은 생산량이 증가함에 따라 감소한다.
② 평균가변비용(AVC)이 최저가 되는 생산량에서 평균가변비용은 한계비용과 일치한다.
③ 한계비용이 생산량과 상관없이 일정하면 평균총비용도 마찬가지로 일정하다.
④ 평균총비용이 증가하는 영역에서는 평균총비용이 한계비용보다 작다.
⑤ 한계비용이 증가하더라도 평균총비용은 감소할 수 있다.

해설

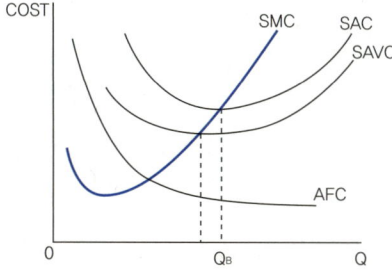

고정비용과 가변비용이 존재한다는 것은 단기의 기간을 가정했다는 의미이다.
① AFC = FC/Q 에서 생산량에 관계없이 분자인 총고정비용(FC)은 일정하게 고정되어있으므로 생산량이 증가할수록 평균고정비용(AFC)는 감소한다.
② SMC곡선이 평균가변비용곡선 SAVC의 최하점을 통과하므로 이 때 평균가변비용과 한계비용이 일치한다고 할 수 있다.
③·④·⑤ 한계비용이 감소하든, 일정하든, 증가하든, 한계비용이 평균비용보다 높다면 평균비용은 점차 증가한다.

20. 다음 표는 어떤 기업이 생산하는 상품의 수요와 총비용 구조를 나타내고 있다. 이윤을 최대화하는 생산량은?

수 량	1	2	3	4	5	6
가 격	100	92	84	76	68	60
총비용	100	110	130	150	170	200

① 2　　② 3　　③ 4　　④ 5　　⑤ 6

해설 이윤은 판매수입에서 총비용을 차감한 것으로 각 생산량 수준에서의 이윤은 다음과 같다.

수 량	이 윤
1	100 × 1 − 100 = 0
2	92 × 2 − 110 = 74
3	84 × 3 − 130 = 122
4	76 × 4 − 150 = 154
5	68 × 5 − 170 = 170
6	60 × 6 − 200 = 160

정답 19 ③　20 ④

21 완전경쟁시장에서 기업 A의 단기비용곡선은 다음과 같고 재화의 시장가격은 130원이다. 다음 중 기업 A의 생산 결정에 대한 설명으로 옳은 것은?

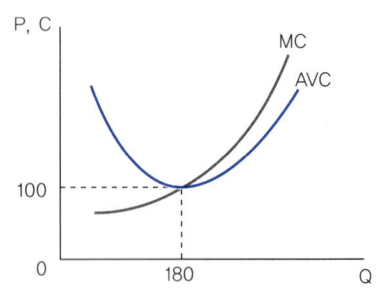

① 시장에서 퇴출해야 한다.
② 초과이윤은 5400원이다.
③ 이윤극대화를 위해서는 180단위보다 더 적게 생산해야 한다.
④ 이 기업의 한계수입은 130원이다.
⑤ 현재 이윤극대화 생산량을 생산하고 있다.

해설 완전경쟁시장이므로 가격은 생산량에 관계없이 130원이다. 따라서 P = MR = 130이다. 즉, 기업 A의 한계수입(MR)은 언제나 130이다.
① 단기에는 진입과 퇴출은 일어나지 않는다. 한편, 만약에 가격이 100보다 낮은 경우에는 AVC 〉 P이므로 조업을 중단해야 한다는 논의는 가능하다.
② 초과이윤은 (P − AC)Q이다. AC를 알 수 없으므로 초과이윤도 알 수 없다.
③·⑤ P = MR = MC에서 이윤극대화 생산량을 결정한다. Q = 180일 때 P = MR > MC이므로, A는 한 단위 추가생산을 하면 더 큰 이윤을 낼 수 있다. 따라서 이윤극대화를 위해서 기업 A는 180보다 많이 생산한다.

22 해진이는 현재 다니는 회사의 임금 월 200만 원이 만족스럽지 못하여 월 임대료가 100만 원인 자신의 건물에서 호떡집을 개업하기로 하였다. 호떡집의 한 달 수입은 2,000만 원이고 밀가루와 설탕 등 한 달 원료비가 500만 원이라 한다. 그리고 고용된 종업원 2명에게 각 월 180만 원의 인건비가 지출된다고 한다. 이 경우 해진이가 호떡집을 개업하여 얻는 경제적 이윤은 한 달에 얼마인가?

① 300만 원　　　　　　　　② 840만 원
③ 860만 원　　　　　　　　④ 940만 원
⑤ 1,140만 원

해설 '경제적 이윤 = 총수입 − 명시적 비용 − 암묵적 비용'이다. 이 문제에서 '호떡집의 수입 = 2,000만 원'이고, '호떡집의 명시적 비용 = 500만 원 + 2 × 180만 원 = 860만 원'이며, '호떡집으로 포기한 암묵적 비용 = 100만 원 + 200만 원 = 300만 원'이다. 따라서 호떡집 개업으로 인한 경제적 이윤은 한 달에 840만 원(= 2,000만 원 − 860만 원 − 300만 원)이다.

23 다음 사례를 보고 백영일씨가 1년 동안 자동차를 사용한 것에 대한 기회비용을 바르게 구한 것은?

> 백영일씨는 연초에 폭스바겐 티구안 자동차를 5,000만 원에 일시불로 주고 구입하였다. 만약 백영일씨가 자동차를 구입하지 않았다면 이 금액을 은행에 연 4%로 예금했을 것이다. 일 년 후 폭스바겐 배출가스 조작 이슈가 터지면서 연초 구입한 자동차를 3,500만 원 받고 다시 팔았다. 단, 자동차 운행에 따르는 연료비나 각종 세금, 교통비 등은 무시하도록 한다.

① 200만 원
② 1,500만 원
③ 1,700만 원
④ 3,500만 원
⑤ 5,200만 원

해설 백영일씨가 1년 동안 자동차를 구입하는 데 1,500만 원(= 5,000만 원 − 3,500만 원)의 비용이 들어갔다. 만약 자동차를 구입하지 않았다면 5,000만 원을 은행에 넣어 200만 원의 이자 수입을 얻을 수 있을 것이다. 따라서 기회비용은 1,700만 원(= 1,500만 원 + 200만 원)이 된다.

24 다음 괄호 안 Ⓐ~ⓒ에 들어갈 내용으로 옳은 것은?

> 단기에 기업의 평균총비용곡선은 생산량 증가에 따라 평균총비용이 처음에는 하락하다가 나중에 상승하는 U자의 형태를 갖는다. 평균총비용이 처음에 하락하는 이유는 생산량이 증가함에 따라 (Ⓐ) 하기 때문이다. 하지만 나중에 평균총비용이 상승하는 이유는 (Ⓑ)의 법칙에 따라 (ⓒ)하기 때문이다.

① Ⓐ 평균고정비용이 하락 Ⓑ 한계생산 체감 ⓒ 평균가변비용이 증가
② Ⓐ 평균고정비용이 하락 Ⓑ 규모수익 체감 ⓒ 평균가변비용이 증가
③ Ⓐ 평균가변비용이 하락 Ⓑ 한계생산 체감 ⓒ 평균고정비용이 증가
④ Ⓐ 평균가변비용이 증가 Ⓑ 규모수익 체감 ⓒ 평균고정비용이 감소
⑤ Ⓐ 평균고정비용이 증가 Ⓑ 한계생산 체감 ⓒ 평균가변비용이 감소

해설 생산량이 증가할 때 초기에 단기평균비용이 낮아지는 것은 처음에는 생산량이 증가하면 평균고정비용이 급속히 낮아지는 효과가 크게 나타나기 때문이다. 그리고 생산량이 일정수준을 넘어서면 평균비용이 증가하는 것은 생산량이 한계생산물 체감으로 인해 평균가변비용이 증가하는 정도가 크게 나타나기 때문이다.

정답 23 ③ 24 ①

25 범위의 경제(Economies of Scope)와 규모의 경제(Economies of Scale)에 대한 다음 설명 중 옳지 않은 것은?

① 범위의 경제는 투입요소를 공동으로 사용함에 따라 비용을 더 낮출 수 있기 때문에 발생하는 현상이다.
② 기업의 설비규모가 너무 커지면 경영의 비효율성이 분업에 따른 이득을 초과하므로 규모의 불경제가 나타난다.
③ 범위의 경제는 기업의 다각화에 대한 이론적인 근거로 이용될 수 있다.
④ 규모의 경제가 성립하여야만 범위의 경제가 성립한다.
⑤ 범위의 경제가 나타나면 생산가능곡선은 원점에 대하여 오목한 형태로 도출된다.

해설 규모의 경제와 범위의 경제는 서로 아무런 관계도 없다.

26 다음 그림과 관련된 Ⓐ ~ Ⓒ에 들어갈 경제 개념을 순서대로 나열한 것은?

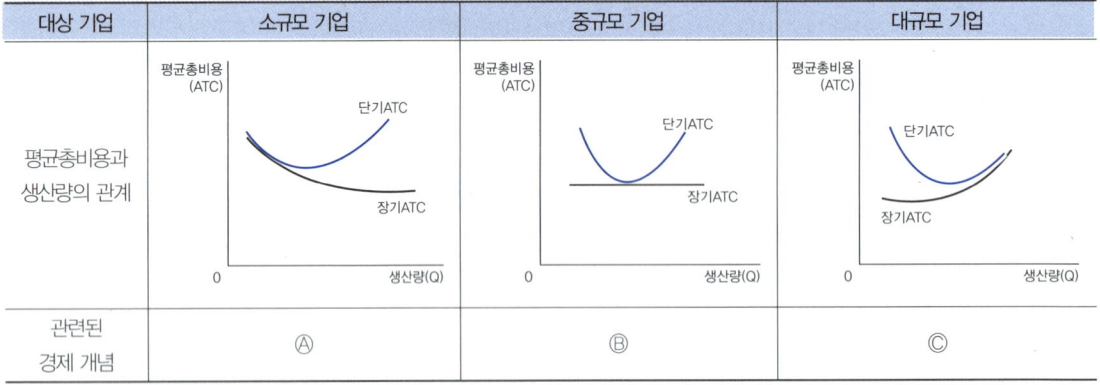

① Ⓐ 규모의 경제   Ⓑ 규모의 수확불변   Ⓒ 규모의 비경제
② Ⓐ 한계비용체감   Ⓑ 한계비용불변   Ⓒ 한계비용체증
③ Ⓐ 한계효용체감   Ⓑ 한계효용불변   Ⓒ 한계효용체증
④ Ⓐ 한계생산성 체감 Ⓑ 한계생산성 불변   Ⓒ 한계생산성 증대
⑤ Ⓐ 규모의 수확체감 Ⓑ 규모의 수확불변   Ⓒ 규모의 수확체증

해설 규모의 경제란 산출량 증가에 따라 장기 평균총비용이 하락하는 경우를 말하며, 규모의 비경제란 산출량 증가에 따라 장기 평균총비용이 상승하는 경우를 말한다. 한편, 장기 평균총비용이 산출량과 관계없이 일정한 경우는 규모의 수확불변이라고 한다.

제2편 미시경제

제05장 시장이론

제1절 시장이론의 개요

1 시장의 개념 및 구분

(1) 시장의 개념
① 일반적으로 시장(Market)이란 재화와 서비스(용역)가 거래되어 가격이 결정되는 구체적인 장소를 의미한다.
② 그러나 경제학에서는 의미를 확장시켜 시장을 재화 및 서비스(용역)의 거래가 이루어지는 추상적인 메커니즘이라고 정의한다.

(2) 시장의 구분
① 시장은 거래되는 상품의 종류에 따라 생산물시장과 생산요소시장으로 구분된다.
  ㉠ 생산물시장이란 재화와 서비스가 거래되는 시장을 의미한다. 생산물 시장에서는 가계 및 정부가 수요자, 기업이 공급자가 되며, 그 대가로 수입을 받는다.
  ㉡ 생산요소시장이란 노동, 자본, 토지 등의 생산요소가 거래되는 시장을 의미한다. 생산요소시장에서는 기업 및 정부가 수요자, 가계가 공급자가 되며, 그 대가로 임금, 이자, 지대, 이윤을 받는다.
② 시장은 기업 수, 진입장벽의 존재 여부, 가격지배력, 재화의 동질성 여부 등에 따라 완전경쟁, 독점, 독점적 경쟁, 과점의 4가지로 구분된다.

시장구조	기업 수	진입장벽	가격지배력	자원배분
완전경쟁	많음	없음	없음	효율적
독점적 경쟁	∨	∧	∧	∨
과점	∨	∧	∧	∨
독점	1개	매우 큼	매우 큼	비효율적

대표유형문제 **최신출제유형** 25

아래 내용의 괄호 Ⓐ~Ⓓ 안에 들어갈 개념으로 적절한 것은?

(Ⓐ) 시장이란 노동, 자본, 토지 등의 생산요소가 거래되는 시장으로 (Ⓑ)이(가) 공급자가 된다. 반면, (Ⓒ) 시장은 재화와 서비스가 거래되는 시장으로 (Ⓓ)이(가) 공급자가 된다.

① Ⓐ 생산요소 Ⓑ 가계
　Ⓒ 생산물　　Ⓓ 정부
② Ⓐ 생산물　　Ⓑ 정부
　Ⓒ 생산요소　Ⓓ 기업
③ Ⓐ 생산요소　Ⓑ 가계
　Ⓒ 생산물　　Ⓓ 기업
④ Ⓐ 생산요소　Ⓑ 정부
　Ⓒ 생산요소　Ⓓ 가계
⑤ Ⓐ 생산요소　Ⓑ 기업
　Ⓒ 생산물　　Ⓓ 가계

해설
생산요소시장이란 노동, 자본, 토지 등의 생산요소가 거래되는 시장으로 가계가 공급자가 된다. 반면, 생산물 시장은 재화와 서비스가 거래되는 시장으로 기업이 공급자가 된다.

정답 ③

대표유형문제

아래 내용의 괄호 Ⓐ ~ Ⓓ 안에 들어갈 개념으로 적절한 것은?

> 기업이 이윤을 극대화하기 위해서 (Ⓐ)와(과) (Ⓑ)의 차이를 최대로 하고자 한다. 이를 위해 기업은 (Ⓒ)와(과) (Ⓓ)이 일치하도록 생산량을 조절하여야 한다.

① Ⓐ 총수입 Ⓑ 총비용
  Ⓒ 한계수입 Ⓓ 한계비용
② Ⓐ 총수입 Ⓑ 평균비용
  Ⓒ 한계수입 Ⓓ 한계비용
③ Ⓐ 한계수입 Ⓑ 한계비용
  Ⓒ 한계수입 Ⓓ 한계비용
④ Ⓐ 평균수입 Ⓑ 평균비용
  Ⓒ 가격 Ⓓ 한계비용
⑤ Ⓐ 평균수입 Ⓑ 평균비용
  Ⓒ 가격 Ⓓ 한계수입

해설
이윤(π)은 총수입(TR)에서 총비용(TC)을 차감하여 구하므로 총수입과 총비용의 차이를 최대로 하여야 이윤이 극대화된다. 또한 이윤극대화 1계 조건에 의해 한계수입과 한계비용이 일치하는 점에서 이윤극대화 생산량이 결정된다.

정답 ①

2 기업의 목표(이윤극대화 가설)

(1) 이윤극대화 가설의 개념

① 기업의 유일한 목표는 이윤극대화이며 기업의 모든 의사결정이 이윤극대화의 관점에서 이루어진다고 보는 가설이다.

② 아직까지 완전히 이윤극대화가설을 대체하여 기업의 행동을 설명할 수 있는 대체가설이 없다는 것이 경제학자들의 일반적인 평가이다.

(2) 이윤극대화 가설의 조건

① 이윤(π)은 총수입(TR)에서 총비용(TC)을 차감하여 구하는데, 총수입과 총비용은 모두 판매량(Q)과 생산량(Q)에 의해 결정된다.

$$\pi = TR(Q) - TC(Q)$$

② 이윤극대화 1계 조건은 이윤함수를 Q에 대하여 미분한 값이 0이라고 두고 구한다. 1계 조건을 통해 한계수입과 한계비용이 일치하는 점에서 이윤극대화 생산량이 결정된다는 결론이 도출된다.

$$\frac{d\pi}{dQ} = \frac{dTR}{dQ} - \frac{dTC}{dQ} = MR - MC = 0$$
$$\Rightarrow MR = MC$$

③ 이윤극대화 2계 조건은 이윤함수의 2계 도함수가 음수(-)가 되는 것이다. 2계 조건을 통해 한계수입 곡선의 기울기가 한계비용 곡선의 기울기보다 작은 부분에서 이윤극대화 생산량이 결정된다는 결론이 도출한다.

$$\frac{d^2\pi}{dQ^2} = \frac{d^2TR}{dQ^2} - \frac{d^2TC}{dQ^2} = \frac{dMR}{dQ} - \frac{dMC}{dQ} < 0$$
$$\Rightarrow MR곡선의 기울기 < MC곡선의 기울기$$

제2절 완전경쟁시장

1 개념 및 특징

(1) 완전경쟁시장의 개념

① 완전경쟁시장이란 다수의 시장참가자들이 상품에 대한 완전한 정보를 가지고 시장진입과 퇴출을 자유롭게 하면서 동질의 상품을 거래하는 시장을 말한다.

② 완전경쟁시장에서는 최저평균비용과 가격이 일치하는 점에서 유휴설비가 없으므로 경제 후생적으로 가장 효율적인 자원의 이용 상태이다.

③ 완전경쟁시장에서 기업은 이윤을 극대화하기 위해 시장가격이 한계비용과 일치하는 수준에서 공급량을 결정한다.

(2) 완전경쟁시장의 특징

① 다수의 수요자와 공급자가 존재하여 시장가격에 영향을 미칠 수 없는 개별 수요자나 공급자는 시장에서 결정된 가격을 주어진 것으로 받아들이는 가격 수용자(Price taker)로 행동한다.

② 모든 기업은 시장의 재화 사이에 밀접한 대체성이 있는 동질적인 재화를 생산한다.

③ 생산요소의 완전이동성이 보장되므로 기존의 생산요소를 이용해서 다른 재화를 생산하는 것이 가능하다. 이에 따라 특정산업으로의 진입과 퇴거가 자유롭다.

④ 경제주체들은 가격에 관한 완전한 정보를 가지고 있으며, 미래에 대한 불확실성은 없는 것으로 가정한다.

2 균형분석

(1) 총수입(TR), 평균수입(AR), 한계수입(MR)의 개념

① 총수입(TR)이란 가격과 판매량의 곱으로 정의되는데, 완전경쟁시장에서 개별기업들은 가격수용자이므로 판매량이 증가할수록 총수입도 비례적으로 증가한다.

$$TR = P \times Q$$

대표유형문제

완전경쟁시장에 대한 다음 설명 중 괄호 안에 들어갈 말을 순서대로 나열한 것은?

> 완전경쟁시장의 대표적인 특징은 첫째, 판매자와 구매자 모두 (가)이고, 둘째, 판매자와 구매자 모두 제품에 대해 (나) 정보를 가지고 있으며, 셋째, 이 시장에서는 기업의 (다)이 자유롭다는 데 있다.

① 가격 수용자 - 불완전한 - 가격 설정
② 가격 수용자 - 완전한 - 진입과 퇴출
③ 가격 수용자 - 비대칭적 - 제품 차별
④ 가격 설정자 - 불완전한 - 가격 설정
⑤ 가격 설정자 - 완전한 - 진입과 퇴출

해설
완전경쟁시장에서는 모든 판매자와 구매자가 가격 수용자이고, 모든 재화는 완전히 동질적이다. 또한 기업의 진입과 퇴거가 자유로우며, 재화에 대한 정보가 완전하기 때문에 일물일가의 법칙이 성립한다.

정답 ②

대표유형문제

수요함수가 $P=50-2Q$이고 총비용함수가 $TC=3Q^2+10Q+2$인 경우 이윤극대화산출량과 총수입극대화를 위한 산출량은 각각 얼마인가?

① 2, 4 ② 4, 8
③ 8, 12.5 ④ 4, 12.5
⑤ 8, 4

해설

$TR=P\times Q=(50-2Q)\times Q=50Q-2Q^2$이고 $TC=3Q^2+10Q+2$이므로 이를 미분하면 $MR=50-4Q$, $MC=6Q+10$이다. 이윤극대화 생산량을 구하기 위해 $MR=MC$로 두면 $50-4Q=6Q+10$, $Q=4$를 구할 수 있다. 한편, 총수입극대화는 $MR=0$일 때 이루어지므로 $MR=50-4Q=0$, $Q=12.5$가 된다.

정답 ④

② 평균수입(AR)이란 총수입을 판매량으로 나눈 값으로 원점으로부터 총수입곡선에 그은 직선의 기울기로 측정되며 가격과 일치한다.

$$AR = \frac{TR}{Q} = \frac{P \times Q}{Q} = P$$

③ 한계수입(MR)이란 판매량이 1단위 증가할 때 총수입의 증가분으로 총수입곡선의 기울기로 측정되며 가격과 일치한다.

$$MR = \frac{\Delta TR}{\Delta Q} = \frac{P \times \Delta Q}{\Delta Q} = P$$

④ 개별기업의 입장에서는 가격이 외생적으로 주어져 있으므로 가격(P), 평균수입(AR), 한계수입(MR)은 동일한 선으로 나타난다.

$$P = AR = MR$$

(2) 완전경쟁기업의 단기공급곡선

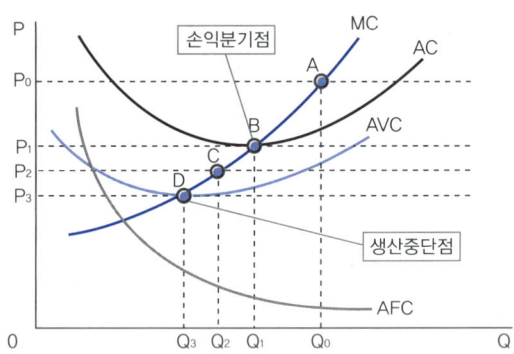

가격	P = MC인 점	생산 여부	P, AC, AVC 간의 관계
$P = P_0$	A	Q_0만큼 생산	P > AC이므로 초과이윤 발생
$P = P_1$	B (손익분기점)	Q_1만큼 생산	P = AC이므로 정상이윤만 획득
$P = P_2$	C	Q_2만큼 생산	AC > P > AVC이므로 손실이 발생하나 생산하는 것이 유리함
$P = P_3$	D (생산중단점)	생산 여부가 불분명함	P = AVC이므로 생산할 때와 생산하지 않을 때의 손실이 모두 TFC로 동일함
$P < P_3$		생산중단	P < AVC이므로 가변비용도 회수할 수 없으므로 생산중단

① 평균비용(AC)곡선의 최저점에서는 정상이윤만 획득하므로 평균비용(AC)곡선의 최저점을 손익분기점(Break-even point)이라고 한다.

② 가격이 평균가변비용(AVC)보다 낮으면 기업은 생산을 중단하므로 평균가변비용(AVC)곡선의 최저점을 생산중단점(Shut-down point)이라고 한다.
③ 완전경쟁기업은 가격과 한계비용이 같은 점(P=MC)에서 생산량을 결정하므로 한계비용 그 자체가 공급곡선이 된다. 이 때 생산중단점(평균가변비용곡선의 최저점) 이하의 가격에서는 생산하지 않으므로 결과적으로는 평균가변비용곡선(AVC)의 최저점(P_3)을 상회하는 구간의 한계비용곡선이 완전경쟁시장 기업의 단기공급곡선이 된다.

(3) 완전경쟁시장의 단기균형

① 시장전체의 수요곡선과 공급곡선이 교차하는 점에서 재화의 가격과 거래량이 결정된다.
② 시장전체의 수요-공급곡선에 의해 재화가격이 결정되면 개별기업은 재화가격에서의 수평선을 자신이 직면하는 한계수입곡선으로 인식한 후, 자신의 MR곡선과 MC곡선이 교차하는 점에서 생산량을 결정한다.
③ 단기에 완전경쟁기업은 자신의 평균비용곡선에 따라 초과이윤을 얻을 수도 있고 손실을 볼 수도 있다.

(4) 완전경쟁시장의 장기균형

① 장기에 초과이윤이 발생하면 새로운 기업이 진입하고 손실이 발생하면 일부기업이 퇴거하므로 개별기업은 정상이윤만 얻게 된다.
② 완전경쟁시장의 장기균형이란 기존기업의 퇴거나 새로운 기업의 진입이 더 이상 이루어지지 않는 상태를 의미하며, 다음의 조건을 충족한다.

$$P = AR = MR = SMC = SAC = LMC = LAC$$

③ 장기에는 단기에 비해 기업 수가 가변적이므로 단순히 개별기업의 공급곡선을 수평으로 합하여 도출할 수 없고, 시장의 장기균형점을 연결하여 도출한다.
④ 산업의 장기공급곡선은 요소가격의 변화에 따라 다양하게 도출된다.
  ㉠ 비용불변산업의 경우 산업 전체의 생산량과 상관없이 생산비용이 일정하므로 산업의 장기공급곡선은 수평선이 된다.
  ㉡ 비용증가산업의 경우 산업 전체의 생산량이 증가할 때 생산비가 상승하므로 산업의 장기공급곡선이 우상향의 형태가 된다.

대표유형문제

완전경쟁시장에서 개별기업의 단기균형과 단기공급곡선에 대한 설명으로 옳지 않은 것은?
① 완전경쟁기업의 이윤극대화 공급량은 가격과 한계생산비가 일치하는 수준에서 결정된다.
② 완전경쟁기업의 초과이윤은 0이 된다.
③ 가격이 평균가변비용보다 낮은 경우, 완전경쟁기업의 공급량은 0이다.
④ 가격이 평균가변비용 이상인 경우 완전경쟁기업의 단기공급곡선은 한계비용곡선과 일치한다.
⑤ 시장공급곡선은 개별기업의 단기공급곡선을 수평으로 합하여 도출한다.

해설
완전경쟁기업은 단기에는 초과이윤을 얻을 수도 있고 손실을 볼 수도 있다. 그러나 장기에는 초과이윤이 발생하면 새로운 기업이 진입하고, 손실이 발생하면 일부 기업이 그 산업에서 퇴거하므로 장기에는 정상이윤만 얻게 된다.

정답 ②

대표유형문제

완전경쟁시장에 대한 다음 설명 중 옳지 않은 것은?
① 개별기업은 가격수용자로서 시장가격에 영향을 주지 못한다.
② 효율적인 자원배분이 이루어지므로 사회적 후생이 가장 큰 이상적인 시장이다.
③ 장단기에 모두 항상 $P=MC$가 성립한다.
④ 다수의 수요자와 공급자가 참여하며, 시장 참여자들에게 완전한 정보가 주어진다.
⑤ 공급자들은 동질적인 제품뿐만 아니라 이질적인 제품도 시장에 공급할 수 있다.

해설
완전경쟁시장은 동질적인 재화를 거래하는 시장이며, 이질적인 재화가 거래되는 시장은 과점시장의 특징이다.

정답 ⑤

최신출제유형 23 24

완전경쟁시장에 대한 설명으로 옳지 않은 것은?
① 소비자는 가격에 영향을 미치지 못한다.
② 시장 내에 다수의 생산자와 소비자가 존재한다.
③ 개인의 수요곡선이 탄력적이다.
④ 모든 기업은 동질적인 재화를 생산한다.
⑤ 생산비용이 최고로 든다.

해설
생산비용이 최소로 든다.

정답 ⑤

ⓒ 비용감소산업의 경우 산업전체의 생산량이 증가할 때 생산비용이 하락하므로 산업의 장기공급곡선이 우하향의 형태가 된다.

(5) 완전경쟁시장의 평가

① 완전경쟁시장은 장단기에 항상 $P=MC$가 성립하여 효율적인 자원배분이 이루어지므로 사회적 후생이 가장 큰 시장이다.
② 완전경쟁시장에서 개별기업은 LAC의 최소점인 최적시설규모에서 최적산출량만큼의 재화를 생산한다.
③ 완전경쟁시장에서 $P=LMC=LAC$가 성립하므로 개별기업은 정상이윤만 획득한다.
④ 하지만 완전경쟁시장의 조건을 모두 충족하는 시장은 현실적으로 불가능하며, 소득분배의 공평성도 보장되지 않는다.

제3절 독점시장

1 개념 및 특징

(1) 독점시장의 개념

① 독점시장(Monopoly market)이란 어떤 재화의 공급이 단 하나의 기업에 의해 이루어지는 시장을 말한다.
② 위에 해당하는 기업을 독점기업이라고 하며, 독점기업은 시장에 공급하는 상품의 수량을 조정하여 가격을 결정할 수 있는 가격결정자(Price maker)로 행동한다.
③ 장기적으로 독점시장은 진입장벽(Entry barrier)을 활용하여 초과이윤 확보가 가능한 시장이다. 진입장벽의 사례로는 경제적·기술적 요인(생산요소의 독점적 소유, 규모의 경제로 인한 자연독점 등)과 제도적·행정적 요인(특허권, 정부의 인·허가 등)을 들 수 있다.

(2) 독점시장의 특징

① 독점기업은 시장지배력을 가지며 가격결정자(Price maker)로 행동하기 때문에 완전경쟁기업과는 달리 가격차별(Price discrimination)이 가능하다.

② 독점기업의 수요곡선은 우하향하는 시장수요곡선 그 자체가 된다.
③ 독점기업은 직접적인 대체재가 존재하지 않고 경쟁상대가 존재하지 않으므로 직접적인 경쟁압력을 받지 않는다.
④ 독점시장에서 소비자들은 완전경쟁시장보다 높은 가격을 지불해야 하고, 독점기업은 사회전체 관점에서 최적 생산 수준보다 적게 생산하므로 자원의 효율적 배분을 달성하지 못하는 사회적 손실이 발생한다.

2 독점시장의 균형분석

(1) 총수입(TR), 평균수입(AR), 한계수입(MR)의 개념

① 총수입(TR)이란 가격과 판매량의 곱으로 정의되는데, 독점시장의 수요곡선은 우하향하므로 수요의 가격탄력성에 의해 총수입의 증감 여부가 결정된다.

$$TR = P \times Q$$

㉠ 즉, 가격하락 시 수요의 가격탄력성이 1보다 크다면 총수입은 증가, 1보다 작다면 총수입은 감소, 1이라면 총수입은 변하지 않는다.
㉡ 수요곡선을 따라 우하향으로 이동할수록 수요의 가격탄력성이 점점 작아지므로 가격하락으로 판매량이 증가할 때 처음에는 총수입이 증가하나 가격이 일정수준(수요의 가격탄력성이 1일 때의 가격)보다 더 낮아지면 총수입이 오히려 감소한다.
㉢ 그러므로 총수입곡선은 종모양으로 도출된다.

② 평균수입(AR)이란 총수입을 판매량으로 나눈 값으로 원점으로부터 총수입곡선에 그은 직선의 기울기로 측정되며 가격과 일치한다.

$$AR = \frac{TR}{Q} = \frac{P \times Q}{Q} = P$$

③ 한계수입(MR)이란 판매량이 1단위 증가할 때 총수입의 증가분을 의미하므로 총수입(TR)을 생산량(Q)으로 미분하여 구한다.

$$MR = \frac{dTR}{dQ} = \frac{d(P \times Q)}{dQ} = P + Q \cdot \frac{dP}{dQ} = P[1 + \frac{Q}{P} \cdot \frac{dP}{dQ}]$$
$$= P[1 - \frac{1}{-\frac{dQ}{dP} \cdot \frac{P}{Q}}] = P[1 - \frac{1}{\varepsilon}]$$

대표유형문제 **최신출제유형** **25**

독점기업에 대한 다음 설명 중 옳지 않은 것은?
① 한계수입과 한계비용이 일치할 때 독점적 공급이 발생한다.
② 규모의 경제가 있는 산업에서 진입장벽이 없는 한 독점은 필연적으로 발생한다.
③ 독점기업은 제품가격과 제품공급량을 자기가 원하는 수준으로 동시에 결정할 수 있다.
④ 독점기업의 경우 한계수입이 가격보다 낮다.
⑤ 한계수입곡선 기울기는 수요곡선 기울기의 2배가 된다.

해설
독점기업은 가격설정능력은 있지만 가격과 생산량을 동시에 자신이 원하는 수준으로 결정할 수는 없다.

정답 ③

대표유형문제

한계비용이 500원인 제품을 생산하여 1,000원의 가격으로 판매하는 독점기업이 단기에 균형을 이룬다고 한다. 이 경우 제품에 대한 수요의 가격탄력성은?

① $\frac{1}{2}$
② 1
③ 2
④ 4
⑤ 5

해설

독점기업은 단기에 한계수입(MR)과 한계비용(MC)이 일치한다. 한계수입, 가격, 수요의 가격탄력성 사이에는 $MR = P(1 - \frac{1}{\varepsilon})$ 관계식이 성립하므로 $500 = 1,000(1 - \frac{1}{\varepsilon})$이 된다. 따라서 수요의 가격탄력성은 $\varepsilon = 2$가 된다.

정답 ③

㉠ 완전경쟁의 경우 기업은 주어진 가격으로 원하는 만큼 판매 가능하므로 가격과 한계수입은 일치(P = MR)하지만 독점의 경우 기업은 가격을 낮추어야 판매량이 증가하므로 한계수입은 가격보다 낮다 (P > MR).

㉡ 즉, 완전경쟁의 경우 수요의 가격탄력성이 무한대($\varepsilon = \infty$)이므로 P = AR = MR이 성립한다.

㉢ 독점의 경우 수요의 가격탄력성(ε), 총수입(TR), 한계수입(MR)의 관계는 다음과 같으므로 수요곡선상 비탄력적인 구간($\varepsilon < 1$)에서는 생산하지 않는다.

$\varepsilon > 1$	MR > 0	TR 증가
$\varepsilon = 1$	MR = 0	TR 극대
$\varepsilon < 1$	MR < 0	TR 감소

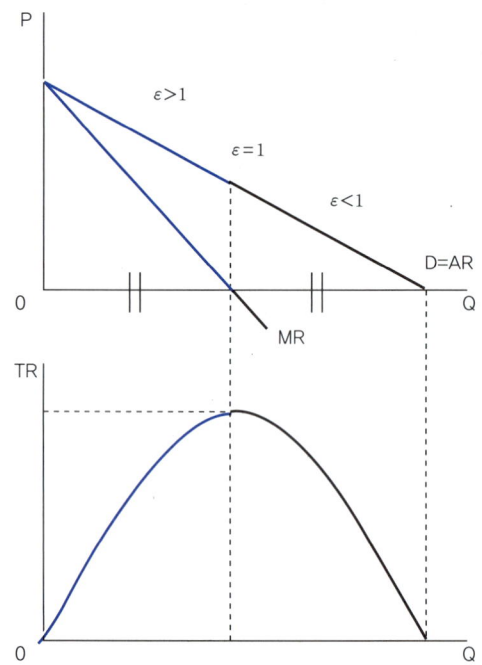

㉣ 수요곡선과 평균수입곡선은 일치한다.

㉤ 수요곡선과 한계수입곡선의 Y절편은 동일하고, 한계수입곡선 기울기는 수요곡선 기울기의 2배가 된다.

(2) 독점기업의 단기공급곡선

독점의 경우 각각의 가격에서 독점기업이 공급하기를 원하는 재화의 수량이 유일하게 결정되지 않으므로, 가격과 공급량 간의 관계를 나타내는 공급곡선이 존재하지 않는다.

(3) 독점시장의 단기균형

① 독점기업은 한계수입(MR)과 한계비용(MC)이 일치하는 점에서 재화의 생산량을 결정한다. 그리고 가격은 결정한 생산량에 대응하는 수요곡선상의 가격으로 정한다.
② 독점기업은 단기적으로 가격(P)이 평균비용(AC)보다 클 때는 초과이윤(P>AC), 같을 때는 정상이윤(P = AC)을 얻을 수 있으며, 작을 때는 손실(P<AC)을 볼 수도 있다.

(4) 독점시장의 장기균형

① 완전경쟁기업은 장기에 정상이윤만을 획득하지만 독점기업은 장기에도 초과이윤을 획득할 수 있다.
② 독점기업은 장기에 최적산출량 수준인 단기 평균비용 최소점보다 왼쪽에서 생산이 이루어지므로 초과설비를 보유한다. 즉, 자원이 비효율적으로 사용된다.
③ 독점기업은 장기에도 과소생산을 하므로 사회적인 후생손실이 발생한다.

③ 가격차별

(1) 가격차별의 개념 및 조건

① 가격차별(Price discrimination)이란 공급자가 소비자 잉여를 확보하기 위해 소비자를 구분해서 동일한 상품에 대하여 서로 다른 가격을 설정하는 것을 의미한다.
② 완전가격차별을 할 경우 공급자는 소비자 잉여를 전부 차지하게 된다.
③ 가격차별이 가능하기 위한 조건
  ㉠ 기업이 시장지배력을 가지고 있어야 한다.
  ㉡ 소비자를 특성에 따라 구분할 수 있어야 한다.

대표유형문제

독점시장에 대한 설명으로 옳은 것은?
① 독점기업은 항상 초과이윤이 발생한다.
② 한계수입이 0일 때, 총수입은 극대화되며 독점이윤 또한 최대가 된다.
③ 우하향의 수요곡선을 갖는 독점기업의 경우, 가격과 한계수입이 일치한다.
④ 사회적으로 바람직한 생산량보다 적게 생산한다.
⑤ 밀접한 대체재의 존재는 높은 진입장벽을 형성하여 독점력을 강화시킨다.

해설

독점기업은 단기적으로 초과이윤을 획득($P>AC$)할 수도, 정상이윤만 획득($P=AC$)할 수도, 손실이 발생($P<AC$)할 수도 있다. 한계수입이 0일 때 총수입은 극대화가 되지만 한계수입과 한계비용이 일치($MR=MC$)할 경우에 이윤극대화가 이루어진다. 독점기업의 경우 소비자의 지불용의액인 시장가격이 이윤극대화 생산량에서의 한계수입이나 한계비용보다도 크다. 독점시장에서는 완전경쟁시장보다 과소생산한다. 밀접한 대체재가 존재하면 소비자는 독점기업이 생산하는 재화와 유사한 효용을 주면서도 저렴한 재화를 구매할 것이므로 독점력이 약해진다.

정답 ④

대표유형문제

다음 중 가격차별이 성립하기 위한 조건이 아닌 것은?
① 시장공급자인 기업은 시장지배력을 가지고 있어야 한다.
② 시장의 분리가 가능해야 한다.
③ 각 시장에서 수요의 가격탄력성이 서로 같아야 한다.
④ 시장 간 상품의 재판매가 불가능하여야 한다.
⑤ 시장분리에 소요되는 비용보다 시장분리를 함으로써 얻게 되는 수입증가분이 더 커야 한다.

해설

가장 일반적인 가격차별인 3급 가격차별에서는 수요의 가격탄력성에 따라 시장을 몇 개로 구분하여 각 시장마다 서로 다른 가격을 설정한다. 수요의 가격탄력성이 큰 시장에서는 낮은 가격을 설정하고 수요의 가격탄력성이 낮은 시장에서는 높은 가격을 설정하게 된다. 따라서 가격차별을 실시하면 수요가 탄력적인 소비자그룹에게는 유리해지고 수요가 비탄력적인 소비자그룹에게는 불리해진다.

정답 ③

ⓒ 낮은 가격에 재화를 구입한 소비자가 높은 가격에 파는 재판매가 불가능해야 한다.
ⓓ 시장분리에 드는 비용보다 시장의 분리를 통해 얻을 수 있는 수입이 많아야 한다.

(2) 제1급 가격차별

① 제1급 가격차별이란 생산자인 기업이 수요자의 가격탄력성을 완벽히 파악하고 있어, 상품을 1단위씩 나누어 각각의 소비자에게 최대 지불용의만큼의 다른 가격을 부과하는 형태를 말하는데, 이를 완전가격차별(Perfect price discrimination)이라고도 한다.
② 이때 수요곡선이 한계수입과 일치하므로 생산량은 완전경쟁과 동일한 수준에서 결정되어 효율적인 자원배분이 이루어진다.
③ 또한 완전경쟁일 때의 소비자 잉여 부분이 전부 독점기업에게 귀속되어 소비자 잉여는 0이나 사회전체의 총잉여는 완전경쟁일 때와 동일하다.
④ 모든 소비자의 수요곡선을 알고 있다는 가정을 전제로 한다는 점에서 비현실적이다.

(3) 제2급 가격차별

① 제2급 가격차별이란 상품의 구입량에 따라 서로 다른 가격을 설정하는 것을 말한다.
② 가격차별을 실시하지 않는 경우보다 생산량이 증가하며, 소비자 잉여의 상당부분은 독점기업의 이윤으로 귀속된다.
③ 제1급 가격차별보다는 훨씬 현실적이며, 대량구매 할인, 전화요금 할인제 등에서 사례를 관찰할 수 있다.

(4) 제3급 가격차별

① 일반적인 가격차별로, 소비자들의 특징에 따라 시장을 몇 개로 분할하여 각 시장에서 서로 다른 가격을 설정하는 것을 의미한다.
② 학생 할인, 노약자 할인 등이 제3급 가격차별의 사례에 해당한다.
③ 시장 간 수요의 가격탄력성에 따라 가격차별하여 수요가 탄력적인 시장에서는 낮은 가격을, 수요가 비탄력적인 시장에서는 높은 가격을 설정한다.

④ 그러므로 가격차별을 실시하면 수요가 탄력적인 소비자 집단은 유리해지고, 수요가 비탄력적인 소비자 집단은 불리해진다.

(5) 가격차별의 종류 및 특징 요약

유형	1급 가격차별 (완전가격차별)	2급 가격차별 (다단계가격차별)	3급 가격차별 (시장가격차별)
내용	모든 상품에 대해 수요자가 지불할 용의가 있는 최대액을 부과하는 형태의 가격차별	소비자의 상품구입량에 따라 서로 다른 가격을 설정하는 형태의 가격차별	각 시장의 수요의 가격탄력성에 따라 서로 다른 가격을 설정하는 형태의 가격차별
균형가격의 결정	(그래프)	(그래프)	(그래프)
특징	• 소비자 잉여가 전부 독점기업에게 귀속됨 • 생산량은 완전경쟁의 경우와 동일함 • 현실에서 발견하기 어려움	• 소비자 잉여의 일부가 생산자 잉여로 전가됨 • 생산량은 가격차별 이전보다 증가함	• 상대적으로 가격탄력성이 큰 시장에서는 낮은 가격을 설정 • $MR_1 = MR_2 = MC$인 점에서 이윤극대화를 추구 • 생산량은 가격차별 이전보다 증가함
사례	시골에서 마을 주민들의 사정을 잘 아는 의사가 주민마다 의료비를 다르게 책정하는 경우	수도, 전화, 전기요금	청소년할인, 군인할인 등

(6) 이부가격설정(Two-part tariff)

① 이부가격제도란 소비자가 재화를 구입할 권리에 대하여 1차로 가격(기본요금)을 부과하고, 재화구입 시에 구입량에 따라 다시 2차로 가격(사용요금)을 부과하는 가격체계를 의미한다.

② 회원권을 판매하고 시설이용 시에 이용료를 부과하는 콘도, 입장료를 징수하고 놀이기구 이용 시에 이용료를 부과하는 놀이공원, 기본요금을 징수하고 사용량에 비례하여 요금을 부과하는 전화, 전기 등이 이부가격제도의 사례이다.

③ 이부가격제도하에서 사용요금은 한계비용에 일치시킨다.

대표유형문제

다음은 독점시장에서의 가격차별에 대한 내용이다. 옳지 않은 것은?

① 독점기업의 가격차별로 인해 소비자 잉여는 증가한다.
② 제1급 가격차별이 이루어지는 경우 사회전체의 총잉여는 완전경쟁일 때와 같다.
③ 자원배분의 효율성 측면에서만 본다면 가격차별이 이루어지는 것이 바람직하다.
④ 시장 간 재화의 재판매가 가능하다면 가격차별이 이루어지기 어렵다.
⑤ 가격차별이 실시될 때 일부 소비자는 그렇지 않은 상태의 독점가격보다 낮은 가격에서 상품을 구입할 수도 있다.

해설
독점기업의 가격차별로 인해 소비자 잉여는 감소하고 생산자 잉여는 증가한다.

정답 ①

최신출제유형 23

가격차별의 예에 해당하지 않는 것은?

① A사는 휴대폰 출시 후 일정 기간이 지나면 가격을 낮춘다.
② 대학생에게는 통신사 요금을 할인해 준다.
③ 숙련자와 비숙련자 간 임금격차가 있다.
④ C사는 우리나라에서보다 미국에서 자동차를 싸게 판다.
⑤ 2개를 사면 1개를 더 준다.

해설
역선택 방지를 위한 고용인의 행동이다.

정답 ③

대표유형문제

이부가격제도(Two-part tariff)에 대한 다음 설명 중 가장 옳지 않은 것은?

① 이부가격제하에서는 일정한 금액을 지불한 소비자에게만 특정 상품을 구입할 수 있는 권리가 부여된다.
② 사용료를 한계비용에 일치시키기만 하면 가입비의 크기는 효율적인 자원배분에 영향을 미치지 않는다.
③ 규모의 경제가 적용되는 공공재 생산의 경우 한계비용에 의한 가격설정 시 발생할 수 있는 결손을 보전하는 방법으로 이용되기도 한다.
④ 기본요금을 징수하고 사용량에 비례하여 요금을 부과하는 전화, 전기 등이 이부가격제도의 사례이다.
⑤ 독점적 생산자가 소비자 잉여의 크기를 미리 예상해 이를 가입비 형태로 징수하고 사용료를 한계비용에 일치시키면 소비자 잉여만 생산자로 이전될 뿐 소비선택의 왜곡에 따른 비효율적 자원배분을 초래하지 않는다.

해설
이부가격제도하에서 가입비가 너무 높게 설정되면 일부 소비자들이 그 재화의 구입을 포기할 것이므로 효율적인 수준까지 공급되지 못할 가능성이 있다. 이부가격제도는 일반적으로 규모의 경제가 있는 경우 실시되는 요금설정방식으로 한계비용가격설정 시 발생하는 적자를 기본요금을 징수하여 메울 수 있도록 기본요금을 설정하면 된다. 이부가격제도하에서 가입비로 부과할 수 있는 최대금액의 크기는 소비자 잉여와 동일하다.

정답 ②

④ 이부가격제도하에서 가입비로 부과할 수 있는 최대금액의 크기는 소비자 잉여와 동일하다.
⑤ 이부가격제도는 일반적으로 규모의 경제가 있는 경우 실시되는 요금설정방식으로 한계비용가격설정 시 발생하는 적자를 기본요금 징수를 통하여 메울 수 있게 된다.

4 자연독점(Natural monopoly)

(1) 자연독점의 개요

① 자연독점이란 규모가 가장 큰 공급자를 통한 재화의 생산 및 공급이 최대 효율을 나타내는 경우 발생하는 경제 현상을 의미한다.
② 자연독점 현상은 최소효율규모의 수준 자체가 매우 크거나, 생산량이 증가할수록 평균총비용이 감소하는 '규모의 경제'가 나타날 경우에 발생한다. 최소효율규모란 평균비용곡선상에서 평균비용이 가장 낮은 생산 수준을 나타낸다.
③ 경쟁을 도입하기 위해 자연독점기업을 인위적으로 분할할 경우 생산량이 감소하여 평균비용이 급격히 상승하는 문제점이 발생하므로 정부는 직접적인 가격규제정책을 사용한다.

(2) 자연독점의 특징

① 자연독점의 경우 생산량이 증가할수록 평균비용은 지속적으로 하락한다.
② 자연독점인 시장에 새로운 기업이 진입하도록 하면 개별기업의 생산량이 감소하게 되고, 각 기업의 평균비용은 증가한다.
③ 자연독점기업이 지배하는 시장에는 다른 기업들의 진입 유인이 크지 않다.

(3) 자연독점의 가격규제정책

① 한계비용가격설정에서 가격을 한계비용과 일치하도록(P = MC) 규제하면 생산은 사회적인 최적수준까지 효율적으로 이루어지나 손실이 발생한다.
② 평균비용가격설정에서 가격을 평균비용과 일치하도록(P = AC) 규제하면 적자는 발생하지 않으나 생산량이 효율적인 수준에 미달한다.

5 독점기업의 평가 및 규제

(1) 독점시장의 평가

① 독점의 경우 완전경쟁의 경우보다 생산량은 감소하고 가격은 상승하므로 사회적인 후생손실이 발생한다. 또한 장기에 독점기업은 초과설비를 보유하므로 자원의 낭비가 초래된다.

② 독점의 경우 완전경쟁의 소비자 잉여 감소분의 일부가 생산자에게 이전되므로 소비자로부터 생산자에게 부와 소득의 재분배가 이루어진다. 한편 가치관에 따라 사회전체 후생은 달라질 수 있다.

③ 경쟁압력이 없으므로 기술혁신이 이루어질 수 없다는 견해와 초과이윤을 기반으로 대규모의 투자를 통한 기술혁신이 가능하다는 견해가 대립한다.

④ 경쟁압력이 없어서 발생하는 비효율성인 X-비효율성이 발생하면 단위당 생산비가 높아지므로 평균비용곡선과 한계비용곡선이 모두 상방으로 이동하게 되어 사회적 후생손실이 발생한다.

(2) 독점시장의 규제

① 개 요

㉠ 독점을 규제하는 방법으로는 독점기업이 생산하는 재화에 대한 가격규제, 독점기업에 대한 조세부과, 새로운 기업의 진입을 유도하여 시장구조를 경쟁체제로 바꾸는 방법 등이 있다.

㉡ 각 국에서 정부의 독과점에 대한 규제가 일반화되어 있으나 많은 경우 규제에 따른 사회적인 비용도 상당히 큰 것으로 평가되고 있다.

㉢ 정부의 독과점 규제가 정당화되기 위해서는 규제로 인해 발생하는 비용보다 규제로부터 얻는 사회적 이득이 더 커야 한다.

② 가격규제와 조세부과

구 분	가격규제	조세부과	
		종량세	정액세
그 림			

대표유형문제

자연독점에 대한 설명으로 가장 적절한 것은?

① 생산량이 증가할수록 자연독점기업의 평균비용은 증가한다.
② 자연독점기업이 부과할 가격을 한계비용과 일치하도록 규제한다면, 이 독점기업은 양(+)의 이윤을 얻고 경제적 효율성을 달성한다.
③ 자연독점기업이 부과할 가격을 평균비용과 일치하도록 규제한다면, 이 독점기업의 이윤은 0이 되고, 자원배분의 비효율성이 초래된다.
④ 자연독점기업이란 생산에 필요한 자연자원을 독점하는 기업을 말한다.
⑤ 규제완화정책으로 자연독점시장에 여러 기업이 진입하여 서로 경쟁하도록 하면 개별 기업의 평균비용은 하락하게 된다.

해설

자연독점이란 규모가 가장 큰 단일 공급자를 통한 재화의 생산 및 공급이 최대 효율을 나타내는 경우 발생하는 경제 현상을 의미한다. 자연독점의 경우에는 생산량이 증가할수록 평균비용은 지속적으로 하락한다. 한계비용가격설정에서 가격을 한계비용과 일치하도록(P = MC) 규제하면 생산은 사회적인 최적수준까지 효율적으로 이루어지나 손실이 발생한다. 자연독점인 시장에 새로운 기업이 진입하도록 하면 개별기업의 생산량이 감소하게 되고, 각 기업의 평균비용은 증가한다.

정답 ③

대표유형문제

어느 독점기업의 수요함수는 $Q=210-P$이고, 총비용함수는 $C=6Q+Q^2$이다. 정부가 이 독점기업의 가격을 한계비용가격설정으로 규제하려고 할 경우 한계비용규제가격과 독점가격은?(단, P는 가격, Q는 수요량이다)

	한계비용 규제가격	독점가격
①	142	159
②	142	169
③	132	159
④	132	149
⑤	120	149

해설

수요함수가 $P=210-Q$이므로 한계수입은 $MR=210-2Q$이고, 비용함수 $C=6Q+Q^2$를 미분하여 한계비용 $MC=6+2Q$을 구한다. $MR=MC$로 두고 이윤극대화 생산량을 구하면 $210-2Q=6+2Q$, $Q=51$이다. $Q=51$을 수요함수식에 대입하면 독점가격은 $P=159$로 계산된다. 한편, 한계비용가격설정 방식은 수요곡선과 한계비용곡선이 교차하는 점에서 생산량을 결정한다. $P=MC$로 두면 $210-Q=6+2Q$, $Q=68$이다. $Q=68$을 수요곡선에 대입하면 한계비용규제가격은 $P=142$로 계산된다.

정답 ①

구분	가격규제	조세부과	
		종량세	정액세
규제방법	수요곡선과 MC곡선이 교차하는 점에서 가격규제를 하는 일종의 최고가격제로 일정 가격 이상의 가격 설정을 금지함	단위당 T원의 조세를 부과하는 방법으로 가변비용의 증가와 동일한 효과를 나타냄	생산량과 관계없이 일정액의 조세를 부과하는 방법으로 고정비용 증가와 동일한 효과를 나타냄
비용곡선 이동	이동 없음	단위당 생산비 증가로 AC와 MC가 모두 T원만큼 상방으로 이동	MC곡선은 이동하지 않고 AC곡선만 상방으로 이동
효과	가격 하락, 생산량 증가	가격 상승, 생산량 감소	가격 불변, 생산량 불변
문제점	• 독점기업의 MC를 정확히 파악하고 규제하는 것이 현실적으로 불가능함 • 자연독점의 경우 적자가 발생 • 독점기업이 제품의 질을 떨어뜨릴 우려가 있음	• 단위당 조세액의 일부가 소비자에게 전가되고 일부는 독점기업이 부담하게 됨 • 일반적으로 독점기업의 이윤은 감소함 • 생산량 감소로 자원배분의 효율성이 악화	• 독점기업의 이윤이 조세액(B)만큼 감소함 • 생산량이 불변이므로 자원배분의 효율성이 증대되지 않음

제4절 독점적 경쟁시장

1 개념 및 특징

(1) 독점적 경쟁시장의 개념

① 독점적 경쟁시장이란 다수의 기업이 대체성은 높지만 차별화된 상품을 생산하는 진입과 퇴거가 자유로운 시장을 의미한다.
② 독점적 경쟁시장은 독점적 요소와 경쟁적 요소를 동시에 지닌다.
③ 주유소, 미용실, 커피전문점, 음식점, 출판사 등이 독점적 경쟁시장 사례에 해당된다.

(2) 독점적 경쟁시장의 특징

① 독점적 경쟁시장에서는 진입과 퇴거가 자유로우므로 장기적으로 정상이윤만 획득한다. 즉, 장기적으로 기업들의 경제적 이윤은 0이 된다.
② 독점적 경쟁기업은 대체성은 높지만 차별화된 상품을 생산하는데, 제품차별화 정도가 클수록 수요곡선은 비탄력적이다.

③ 독점적 경쟁시장에는 다수의 기업이 존재하므로 각 기업은 의사결정 시 독립적으로 행동한다.
④ 독점적 경쟁기업은 대체성이 높은 상품을 생산하므로 광고, 디자인 등 여러 측면에서 비가격경쟁을 한다.

2 균형분석 및 평가

(1) 독점적 경쟁시장의 단기 균형

① 독점적 경쟁에서는 다수의 대체상품이 존재하므로 기업이 가격을 인상하면 판매량이 감소하게 된다. 이로 인해 우하향하는 형태의 수요곡선이 도출된다.
② 독점적 경쟁시장에서는 한계수입과 한계비용이 일치하는 점(MR = MC)에서 생산량과 가격이 결정되지만 가격이 (P > MR = MC)이므로 비효율적인 생산이 이루어진다.
③ 독점적 경쟁기업은 독점의 경우와 마찬가지로 평균비용곡선과 수요곡선의 위치에 따라 단기적으로 초과이윤을 획득할 수도 있고, 정상이윤만 얻는 경우도 있으며, 손실이 발생할 수도 있다.

(2) 독점적 경쟁시장의 장기 균형

① 독점적 경쟁시장에서는 진입장벽이 없으므로 초과이윤 혹은 손실이 발생하면 자유롭게 진입과 퇴거가 발생하여 장기적으로 정상이윤만을 획득하게 된다.
② 독점적 경쟁의 경우 장기에는 한계수입과 장기한계비용이 일치하는 (MR = LMC) 점에서 균형산출량(Q^*)이 결정되며, 균형가격(P^*)은 (P = LAC = SAC)의 조건을 만족한다.
③ 장기균형산출량(Q^*)이 단기평균곡선(SAC)의 최저점인 최적산출량(Q_1)에 미달하므로 초과설비를 보유하게 된다.

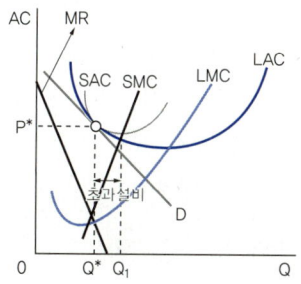

대표유형문제

독점적 경쟁에 관한 설명으로 옳지 않은 것은?

① 시장의 진입과 퇴거가 자유롭다.
② 수요곡선이 한계비용곡선에 접할 때 장기균형점에 도달한다.
③ 각 기업이 생산하는 재화의 이질성이 높을수록 초과설비규모가 커진다.
④ 독점적 경쟁기업이 생산하는 재화는 서로 대체성이 높으므로 각 기업이 생산하는 재화 간의 '교차탄력성 > 0'이다.
⑤ 독점적 경쟁기업이 직면하는 수요곡선은 완전경쟁기업이 직면하는 수요곡선보다는 덜 탄력적이나 독점기업이 직면하는 수요곡선보다는 더 탄력적이다.

해설
독점적 경쟁기업의 장기균형에서는 수요곡선이 한계비용곡선과 접하는 것이 아니라 평균비용곡선과 접한다.

정답 ②

> **대표유형문제**
>
> 독점적 경쟁시장에 대한 설명으로 옳지 않은 것은?
> ① 독점적 경쟁시장에서 기업들은 어느 정도의 대체성이 있을 수는 있지만 차별화된 재화를 생산한다.
> ② 독점적 경쟁시장에서 기업들이 직면하는 수요곡선은 일반적으로 우하향한다.
> ③ 독점적 경쟁기업의 경우 장기에는 정상이윤만 남는다.
> ④ 기업들은 시장 가격을 외부에서 주어진 변수로 보는 가격수용자(Price taker)이며, 한계비용이 가격과 같은 지점에서 생산량을 결정한다.
> ⑤ 독점적 경쟁시장에서는 생산비 이외에 과다한 홍보경쟁으로 과다한 광고비 지출이 이루어진다.
>
> **해설**
> 독점적 경쟁기업은 이윤을 극대화시키기 위해 한계수입과 한계비용이 일치하는 양을 생산한다.
>
> **정답** ④

(3) 독점적 경쟁시장의 평가

① 긍정적 측면

독점적 경쟁의 경우 제품차별화를 통해 다양한 재화의 생산이 이루어지므로 소비자의 후생이 증가한다.

② 부정적 측면

㉠ 균형에서의 가격은 항상 한계비용을 초과하므로 자원배분의 비효율성으로 인해 사회적 후생손실이 발생한다.

㉡ 광고 등의 비가격경쟁에 따라 자원의 낭비가 발생한다.

㉢ 장기에 생산량 수준이 최적생산량에 미달하므로 초과설비가 존재한다.

㉣ 포장, 디자인 등에서 제품의 차별화가 발생하므로 기술혁신은 잘 이루어지지 않는다.

제5절 과점시장

1 개념 및 특징

(1) 과점시장의 개념

① 과점시장이란 소수의 기업만이 시장을 장악하고 유사한 상품을 생산하며 경쟁하는 시장을 의미한다.

② 우리나라의 경우 이동통신, 텔레비전, 승용차, 휘발유 등이 대표적인 과점시장의 사례이다.

(2) 과점시장의 특징

① 과점시장은 소수의 기업이 지배하는 시장이므로 과점기업 간의 상호의존성이 매우 높다. 그러므로 과점기업은 항상 경쟁기업의 반응을 감안하여 의사결정을 내려야 하는 전략적인 상황에 놓이게 된다.

② 과점의 경우 시장점유율을 높이기 위해 독점적 경쟁보다 광고, 제품차별화 등을 통한 치열한 비가격 경쟁을 한다.

③ 또한 과점기업들은 경우에 따라 담합이나 카르텔 등을 통하여 기업 간 경쟁을 제한함으로써 비경쟁행위를 하는 경향도 있다.

④ 과점의 경우에도 독점보다는 덜하지만 상당한 정도의 진입장벽이 존재한다.

2 과점시장의 구분

(1) 독자적 행동모형

① 독자적 행동모형이란 그 산업에 속한 다른 기업이 어떤 반응을 보일지 먼저 고려하여 독자적인 의사결정을 내리는 모형을 의미한다.
② 독자적 행동모형은 기업이 2개만 있는 복점(Duopoly)을 가정하고 분석한다.
③ 독자적 행동모형은 상대방 기업의 생산량을 예상하고 자신의 생산량을 예상하는 생산량 결정모형과 상대방 기업이 설정하는 가격을 예상하고 자신의 가격을 결정하는 가격 결정모형으로 구분된다.

생산량 결정 모형	꾸르노 모형	• 두 기업이 모두 추종자(Follower)로 행동하는 것으로 가정한다. • 각 기업은 완전경쟁시장의 생산량의 $\frac{1}{3}$을 생산하므로 두 기업은 완전경쟁시장의 생산량의 $\frac{2}{3}$를 생산한다. • 내쉬균형 개념과 일치한다.
	슈타켈버그 모형	• 두 기업 중 한 기업 혹은 두 기업 모두 선도자(Leader)로 행동하는 것으로 가정한다. • 두 기업이 모두 추종자로 행동하는 경우에는 꾸르노 모형과 동일한 결과에 도달한다. • 한 기업은 선도자, 한 기업은 추종자로 행동하는 경우에는 선도자의 생산량과 이윤이 추종자의 생산량과 이윤보다 더 크고, 꾸르노 모형보다 전체 생산량이 더 많다. • 두 기업이 모두 선도자로 행동하는 경우 균형이 유일하게 결정되지 않는 슈타켈버그 불균형 혹은 슈타켈버그 전쟁상태가 발생한다.
가격 결정 모형	베르뜨랑 모형	• 각 기업이 모두 상대방보다 낮은 가격을 설정하려고 하면 결국 P = MC가 성립하고 두 기업의 이윤이 모두 0이 된다. • 즉, 균형에서 P = MC가 되어 완전경쟁시장의 생산량과 같아지므로 효율적인 자원배분이 이루어진다.
	굴절수요곡선 모형	• 한 기업이 가격을 인하하면 경쟁기업도 가격을 인하하나, 가격을 인상하는 경우에는 경쟁기업이 가격을 인상하지 않아 가격이 경직적이라고 가정한다. • 한계비용곡선이 상하방으로 이동하더라도 생산량과 가격은 변하지 않으므로 재화가격은 경직성을 보인다.

대표유형문제

과점시장에 대한 설명으로 옳지 않은 것은?
① 과점(Oligopoly)은 유사하거나 동일한 상품을 공급하는 소수의 공급자가 존재하는 시장구조이다.
② 과점시장의 개별 기업에서는 전략적 행동이 나타나지 않는다.
③ 담합과 카르텔이 발생한다.
④ 가격이 신축적으로 변화하지 않는다.
⑤ 희소한 자원이 비효율적으로 사용되고 있다.

해설

과점시장은 유사하거나 동일한 상품을 공급하는 소수의 공급자가 존재하는 시장이므로 과점기업 간의 상호의존성이 높다. 그러므로 과점시장에서 경쟁하는 기업들은 상대 기업의 전략에 따라 자신의 최적전략을 취하게 된다. 이러한 과정에서 담합이나 카르텔이 발생하기도 한다. 과점시장에서 기업은 이윤 극대화를 위해 가격 경쟁 이외에 광고 등 비가격 경쟁을 통해 시장점유율을 높이려고 하므로 가격이 신축적으로 변하지 못하고 자원이 비효율적으로 사용된다.

정답 ②

대표유형문제

카르텔에 대한 다음 설명 중 옳지 않은 것은?
① 일회적인 용의자(죄수)의 딜레마 게임 상황과 같이 기본적으로 카르텔은 붕괴할 위험이 존재한다.
② 유한반복게임의 상황을 도입하더라도 여전히 카르텔의 불안정성은 제거되지 않는다.
③ 카르텔의 시장균형조건은 한계수입과 각 기업의 한계비용의 합이 같다는 것이며, 이 조건하에서 총산출량과 시장가격이 결정된다.
④ 카르텔의 시장균형조건하에서 각 기업의 산출량은 시장점유율에 비례하여 할당되어야 한다.
⑤ 카르텔의 이윤극대화조건은 독점시장에서의 다공장 독점의 이윤극대화 조건과 동일하다.

해설
카르텔의 시장균형에서는 한계수입과 각 기업의 한계비용이 같아져야 한다. ($MR=MC_1=MC_2$)

정답 ③

(2) 협조적 과점시장

① 카르텔모형(완전담합모형)
　㉠ 카르텔(Cartel)이란 기업 간의 경쟁을 제한하기 위하여 유사 사업 분야 기업 간에 결성하는 기업 결합이다.
　㉡ 카르텔은 과점기업들의 완전담합을 통하여 독점기업처럼 행동하며, 다공장 독점기업의 이윤극대화 조건과 동일하다.
　㉢ 그런데 과점기업들은 카르텔의 이윤극대화보다는 자신의 이윤극대화를 추구하므로 담합의 위반을 통한 이득이 손실보다 크다고 판단할 경우에는 위반의 유인이 커진다. 즉, 카르텔은 항상 붕괴되려는 속성을 가진다.
　㉣ 카르텔은 자원배분의 효율성을 저해하므로 각국은 과점기업들이 카르텔을 결성하는 것을 불법으로 규정하고 엄격히 규제하고 있다.

② 가격선도이론(불완전담합모형)
　㉠ 과점시장을 선점한 대기업이 선도기업이 되어 독점기업처럼 이윤극대화에 따른 가격과 생산량을 결정하면 다른 추종기업도 선도기업의 가격을 수용하는 현상을 말한다.
　㉡ 하지만 이는 가격협정이 아니며, 카르텔모형과 같이 기업 간에 일정한 판매가격에 대한 완전한 담합이 이루어진 것이 아니므로 불완전담합모형이라고 한다.

3 과점시장의 평가

(1) 긍정적인 측면

① 완전경쟁시장이나 독점시장에서보다 기술혁신을 통한 생산성 증가가 장기적인 경제성장의 주요 요인으로 작용한다.
② 다양한 재화공급이 이루어지므로 소비자의 선택폭이 넓어진다.

(2) 부정적인 측면

① 가격이 한계비용을 초과하므로 과소생산이 이루어지고, 그에 따라 효율성이 상실된다.
② 광고비 지출 등 필요 이상의 비가격경쟁으로 인해 사회적인 자원낭비가 발생한다.

제6절 게임이론

1 게임이론의 개요

(1) 게임이론의 개념

① 게임이론(Theory of Games)이란 한 사람이 어떤 행동을 취하기 위해서 상대방이 그 행동에 어떻게 대응할지 미리 생각해야 하는 전략적인 상황(Strategic situation)하에서 자기의 이익을 효과적으로 달성하는 의사결정과정을 분석하는 이론을 말한다.

② 전략적 사고는 많은 기업 경영 의사결정에서 중요하며, 특히 기업의 수가 적은 과점시장에서 많이 활용된다.

③ 게임이론은 상충적이고 경쟁적인 조건에서의 경쟁자 간의 경쟁 상태를 모형화하여 참여자의 행동을 분석함으로써 최적전략을 선택하는 것을 이론화한 것이다.

④ 게임이론은 J.폰 노이만과 O.모르겐슈테른에 의해 이론적 기초가 마련되었으며, 내쉬에 의해 발전의 계기가 마련되었다.

⑤ 게임이론은 경제학뿐만 아니라 경영학, 정치학, 군사학, 심리학 분야 등에서도 널리 적용되고 있다.

(2) 게임의 구성요소

경기자	경기자란 게임에 참여하는 기업, 개인 등의 경제주체를 의미한다.
전 략	전략이란 경기자들이 자신의 이윤을 극대화하기 위해 선택할 수 있는 대안을 의미한다.
보 수	보수란 게임의 결과로 각 경기자가 얻게 되는 것을 의미한다.

2 게임의 균형

(1) 게임의 균형 개념

① 게임의 균형이란 외부적인 충격이 가해지지 않는 한 모든 경기자들의 전략이 계속 유지되는 상태를 의미한다.

② 즉, 모든 경기자들이 현재의 결과에 만족하여 더 이상 자신의 전략을 바꿀 유인이 없는 상태를 의미한다.

대표유형문제

게임이론에 관한 다음 설명 중 옳지 않은 것은?

① 다른 사람이 어떤 전략을 선택하든 간에 상관없이 한 사람의 전략이 다른 사람의 어느 전략보다 더 나은 경우를 가리켜 우월전략(Dominant Strategy)이라고 한다.
② 게임 참여자들이 상대방의 전략을 주어진 것으로 전제하고 이에 대해 최선의 전략을 선택하여 형성된 균형상태를 내쉬균형(Nash Equilibrium)이다.
③ 우월전략균형은 하나이지만 내쉬균형은 2개가 될 수도 있다.
④ 게임의 보수를 모두 2배로 늘려도 우월전략균형과 내쉬균형은 변하지 않는다.
⑤ 우월전략균형은 파레토 최적을 보장하지만 내쉬균형은 파레토 최적을 보장하지 않는다.

해설

게임이론이란 사람들의 전략적 행동을 연구하는 학문이다. '전략적'이란 한 사람이 어떤 선택을 하기 위해 다른 사람의 반응까지 고려해야 하는 상황을 말한다. 게임의 구성요소에는 경기자, 전략, 보수 등이 있다. 우월전략이란 상대방이 어떤 전략을 사용하는지에 관계없이 항상 자신의 보수가 커지는 전략이며, 상대방의 전략이 주어진 것으로 보고 자신에게 가장 유리한 전략을 선택하는 것을 내쉬전략이라고 한다. 한편, 우월전략균형은 내쉬균형에 포함되므로 내쉬균형에서 자원배분의 파레토 효율성이 달성되는 보장이 없다면 우월전략균형에서도 마찬가지로 자원배분의 파레토 효율성이 보장되지 않는다.

정답 ⑤

대표유형문제

다음 표는 두 기업이 선택하는 전략에 따라 발생하는 이윤의 조합을 표시하고 있다. 이와 같은 상황에서 두 기업이 선택할 가능성이 높은 이윤의 조합은?(단, 괄호 안의 첫 번째 숫자는 기업 A의 이윤, 두 번째 숫자는 기업 B의 이윤을 나타낸다)

구분		기업 B	
		b_1	b_2
기업 A	a_1	(10, 7)	(15, 11)
	a_2	(9, 14)	(12, 13)

① (10, 7)
② (15, 11)
③ (9, 14)
④ (12, 13)
⑤ 알 수 없다.

해설

기업 B의 전략에 관계없이 기업 A는 전략 a_1을 선택할 때의 이윤이 더 크다. 즉, 기업 A의 우월전략은 a_1이다. 반면, 기업 A가 전략 a_1을 선택할 경우 기업 B는 전략 b_2를 선택하고, 기업 A가 전략 a_2를 선택할 경우 기업 B는 전략 b_1을 선택할 것이므로 기업 B에서는 우월전략이 존재하지 않는다. 그러므로 기업 A는 항상 우월전략 a_1을 선택할 것이고 이 때 기업 B는 전략 b_2를 선택할 것이므로 (a_1, b_2)가 내쉬균형이다. 따라서 내쉬균형에서의 이윤의 조합은 (15, 11)이 된다.

정답 ②

(2) 우월전략균형

① 우월전략의 개념
  ㉠ 우월전략(Dominant Strategy)이란 상대방이 어떤 전략을 선택하든지 항상 자신에게 유리한 전략을 의미한다.
  ㉡ 예를 들어, 죄수의 딜레마에서는 자백하는 것이 우월전략이 된다.
  ㉢ 한편, 모든 경기자들이 우월전략을 사용할 때 도달하는 균형을 우월전략균형이라고 한다.

② 우월전략의 사례

다음 표는 두 기업이 선택하는 전략에 따라 발생하는 이윤의 조합을 표시하고 있다. 단, 괄호 안의 첫 번째 숫자는 기업 A의 이윤을, 두 번째 숫자는 기업의 B의 이윤을 나타낸다.

구분		기업 B	
		b_1	b_2
기업 A	a_1	(15, 15)	(30, 10)
	a_2	(10, 30)	(20, 20)

  ㉠ 기업A의 경우에는 기업B의 전략에 관계없이 a_1이 우월전략이 되며, 기업B의 경우에는 기업A의 전략에 관계없이 b_1이 우월전략이 된다.
  ㉡ 그러므로 우월전략균형은 (a_1, b_1)이 된다.

③ 우월전략의 특징
  ㉠ 우월전략이 존재하는 경우 상대방 기업의 전략은 고려하지 않으므로 전략적인 상황을 제대로 반영하지 못한다.
  ㉡ 현실적으로 우월전략이 나타나는 경우가 흔하지 않으므로 전략적인 상황을 설명하는 개념으로 제약이 있다.

(3) 내쉬균형

① 내쉬균형의 개념
  ㉠ 내쉬균형(Nash Equilibrium)이란 상대방의 전략을 주어진 것으로 생각하고 각 경기자가 선택할 수 있는 전략 중 최대의 이득을 가져다주는 전략인 최적대응(Best Response)을 집합해 놓은 것으로 다른 전략으로 이탈할 유인이 없는 전략들의 집합을 의미한다.
  ㉡ 내쉬균형은 게임이론에서 가장 일반적인 균형개념이다.

② 내쉬균형의 사례

구분		기업 B	
		b_1	b_2
기업 A	a_1	(10, 6)	(15, 10)
	a_2	(20, 10)	(8, 7)

㉠ 기업A의 경우 기업B가 b_1을 선택하면 a_2, b_2를 선택하면 a_1를 선택하는 것이 최선(이익이 더 큰 전략)이고, 기업B의 경우 기업A가 a_1을 선택하면 b_2, a_2를 선택하면 b_1을 선택하는 것이 최선(이익이 더 큰 전략)이다.

㉡ 그러므로 내쉬균형은 (a_1, b_2)와 (a_2, b_1)으로 2개 존재한다.

③ 내쉬균형의 특징

㉠ 우월전략균형은 내쉬균형에 포함된다. 즉, 우월전략균형이면 내쉬균형이 되지만, 내쉬균형이라고 해서 우월전략이 되는 것은 아니다.

㉡ 현재 내쉬균형상태라면 각 경기자는 더 이상 자신의 전략을 변화시킬 유인이 없으므로 내쉬균형은 안정적이다.

㉢ 내쉬균형이 항상 파레토효율적인 자원배분을 보장하는 것은 아니다.

㉣ 순수전략의 내쉬균형은 존재하지 않는 경우도 있지만 혼합전략의 경우 모든 게임에 있어서 내쉬균형은 항상 존재한다.

③ 게임이론의 응용

(1) 죄수의 딜레마(Prisoner's Dilemma)

① 용의자의 딜레마 개념

㉠ 용의자의 딜레마란 서로 믿고 협력이 이루어지면 모두에게 이득이지만, 자신의 이익을 최대화하려고 동료를 배신하면 모두에게 불행한 결과를 가져올 수 있다는 게임이론의 대표적인 사례이다.

㉡ 즉, 경쟁관계에 있는 당사자 각자가 자신에게 최대의 이익을 주는 선택을 위해 최선의 노력을 다하면 결국 집단 전체로는 최악의 결과를 야기할 수도 있음을 설명한 이론으로, 용의자의 딜레마라고도 불린다.

② 용의자의 딜레마 사례 및 상황

구분		용의자 B	
		b_1(부인)	b_2(자백)
용의자 A	부인	(−1, −1)	(−9, 0)
	자백	(0, −9)	(−5, −5)

대표유형문제

다음 표는 두 기업이 어떤 전략을 사용하느냐에 따라 발생하는 이윤을 표시하고 있다. 이때 순수전략에 의한 내쉬균형의 개수는?(단, 괄호 안에 첫 번째 숫자는 기업 A의 이윤, 두 번째 숫자는 기업 B의 이윤을 나타낸다)

구분		기업 B	
		b_1	b_2
기업 A	a_1	(2, 3)	(2, 1)
	a_2	(4, 3)	(1, 4)

① 0
② 1
③ 2
④ 3
⑤ 4

해설

기업 A가 전략 a_1을 선택하면 기업 B는 전략 b_1을 선택하고, 기업 A가 전략 a_2를 선택하면 기업 B는 전략 b_2를 선택할 것이다. 그리고 기업 B가 전략 b_1을 선택하면 기업 A는 전략 a_2를 선택하고, 기업 B가 전략 b_2를 선택하면 기업 A는 전략 a_1을 선택할 것이다. 따라서 이 게임의 경우는 순수전략 내쉬균형이 존재하지 않는다.

정답 ①

대표유형문제

다음 중 죄수의 딜레마(Prisoner's Dilemma) 모형에 대한 설명으로 옳은 것은?

① 내쉬균형이 존재하지 않는다.
② 완전경쟁시장에서 기업 간 관계를 잘 설명할 수 있다.
③ 게임 참가자 간의 자유로운 의사소통이 가능하다.
④ 죄수의 딜레마 상황이 무한 반복되는 경우 참가자 간 협조가 더 어려워진다.
⑤ 과점기업들이 공동행위를 통한 독점이윤을 누리기 어려운 이유를 잘 설명할 수 있다.

해설

게임이론(Theory of Games)이란 한 기업의 어떤 행동에 대하여 상대방이 어떻게 대응할지를 미리 생각해야 하는 전략적인 상황(Strategic situation) 하에서 자기의 이익을 효과적으로 달성하는 의사결정과정을 분석하는 이론을 말한다. 그러므로 게임이론은 소수의 기업만 존재하는 과점시장에서 유용하다. 죄수의 딜레마에서는 게임 참가자가 협력할 경우 서로에게 가장 이익이 되는 상황을 선택할 수 있음에도 불구하고 서로 간의 의사전달이 불가능하기 때문에 개인적인 욕심으로 서로에게 불리한 상황을 선택하는 딜레마를 보여준다. 그러나 게임이 무한반복되면 노출빈도가 증가하여 서로를 배반하기보다는 협력하게 된다.

정답 ⑤

㉠ 게임의 경기자는 용의자 A와 B이며, 취할 수 있는 경기자들의 전략은 혐의를 부인하거나 자백하는 것이고, 보수 행렬은 위의 표와 같이 (용의자 A의 보수, 용의자 B의 보수)로 나타낸다.

㉡ 용의자 A의 입장에서 용의자 B가 부인한다고 예상할 경우 자신이 부인하면 징역이 1년이고 자백하면 석방되므로 용의자 A는 자신에게 유리한 전략인 자백을 선택할 것이다. 한편, 용의자 B가 자백한다고 예상할 경우 자신이 부인하면 징역 9년이고 자백하면 징역 5년이므로 이 경우에도 용의자 A는 자백하게 될 것이다.

㉢ 마찬가지로 용의자 B의 입장에서 용의자 A가 부인한다고 예상할 경우 자신이 부인하면 징역 1년이고 자백하면 석방되므로 용의자 B는 자신에게 유리한 전략인 자백을 선택할 것이다. 한편, 용의자 A가 자백한다고 예상할 경우 자신이 부인하면 징역 9년이고 자백하면 징역 5년이므로 이 경우에도 용의자 B는 자백하게 될 것이다.

㉣ 그러므로 용의자 A와 B의 우월전략은 모두 자백하는 것이므로 (자백, 자백)이 우월전략균형이 된다.

③ 용의자의 딜레마 특징 및 시사점

㉠ 용의자의 딜레마에서 용의자 A와 B가 자신에게 가장 유리한 방향으로 선택한 자백의 결과는 각자 징역 5년형으로 내쉬균형에 도달한다.

㉡ 하지만 내쉬균형에서의 용의자 A와 B의 형량의 합은 총 10년으로 가장 최악의 상태로 귀결된 것이므로 내쉬균형이 파레토 효율성을 보장하지는 않는다.

㉢ 이러한 결과는 개인의 이기심이 사회적으로 바람직한 결과를 가져온다는 애덤 스미스의 '보이지 않는 손'에 의한 시장경제체제의 한계를 보여준다.

㉣ 구속력 있는 협정 체결, 정부의 개입, 안정된 환경하에서의 게임의 반복 등이 용의자 딜레마의 해결책이 될 수 있다.

(2) 성의 대결(Battle of sexes)

① 성의 대결의 사례 및 상황

구 분		여자친구 B	
		야 구	발 레
남자친구 A	야 구	(3, 2)	(1, 1)
	발 레	(0, 0)	(2, 3)

㉠ 남녀가 데이트를 하려고 하는데 남자는 야구장에 가기를 주장하고, 여자는 발레를 감상하러 가는 것을 주장한다.

㉡ 위와 같은 보수행렬에서 내쉬균형은 (야구, 야구), (발레, 발레)로 2개 존재한다.

② 성의 대결의 특징 및 시사점

㉠ 각 경기자 사이에 협상능력의 차이가 있다면 협상능력이 우월한 경기자에게 유리한 균형에 도달할 가능성이 높다.

㉡ 자신이 어떤 전략을 선택할 것인지를 상대방에게 일방적으로 통보하는 신뢰할 수 있는 공약을 전략으로 활용한다면 상대방은 이를 따를 수밖에 없다.

(3) 시장선점전략

① 시장선점전략의 상황 및 사례

구분		회사 B	
		진입	포기
회사 A	진입	(-10, -10)	(20, 0)
	포기	(0, 20)	(0, 0)

㉠ 회사A와 B는 신규점포 개설여부를 검토하고 있으며, 상대회사의 진입과 포기 여부에 따라 위와 같은 보수행렬을 가진다.

㉡ 두 회사 모두 상대 회사가 진입하면 포기하고, 상대회사가 포기하면 진입하는 것이 최선의 전략이므로 (진입, 포기), (포기, 진입)의 2개의 내쉬균형이 존재한다.

② 시장선점전략의 특징 및 시사점

㉠ 어떤 회사가 먼저 진입하는지에 따라 2개의 내쉬균형 중 실제로 실행되는 균형이 정해진다.

㉡ 이와 같이 상대방보다 먼저 전략을 선택함에 따라 얻게 되는 이익을 앞선자의 이득(First-mover advantages)이라고 한다.

대표유형문제

다음은 기업A와 기업B의 고가 또는 저가 전략에 따른 보수행렬을 나타낸다. 두 기업이 서로 협력하지 않을 경우에 대한 설명으로 옳은 것은?

구분		기업 B의 가격 전략	
		고가	저가
기업 A의 가격 전략	고가	(100, 100)	(-50, 250)
	저가	(250, -50)	(50, 50)

① 두 기업은 모두 저가 정책을 선택할 것이다.
② 두 기업은 모두 고가 정책을 선택할 것이다.
③ A기업은 저가 정책을 B기업은 고가 정책을 선택할 것이다.
④ A기업은 고가 정책을 A기업은 저가 정책을 선택할 것이다.
⑤ 두 기업은 균형을 이룰 가격정책을 선택할 수 없다.

해설

두 기업이 서로 협력하지 않는 비협력적 게임의 경우 보수적인 선택을 하므로 두 기업 모두 저가 정책을 선택할 것이다.

정답 ①

대표유형문제

다음 괄호 안에 들어갈 경제용어로 적절한 것은?

( ) also known as the hawk-dove game or snowdrift game, is an influential model of conflict for two players in game theory. The principle of the game is that while each player prefers not to yield to the other, the worst possible outcome occurs when both players do not yield.
The name ( ) has its origins in a game in which two drivers drive towards each other on a collision course: one must swerve, or both may die in the crash, but if one driver swerves and the other does not, the one who swerved will be called a ( ) meaning a coward; this terminology is most prevalent in political science and economics.

① 협조적 게임(Cooperative game)
② 전략형 게임(Strategic-form game)
③ 확장형 게임(Extensive-form game)
④ 치킨게임(Chicken game)
⑤ 코디네이션게임(Coordination game)

해설
치킨게임(Chicken game)이란 어느 한 쪽이 양보하지 않을 경우 양쪽이 모두 파국으로 치닫게 되는 극단적인 게임이론을 의미한다.

정답 ④

(4) 치킨게임(Chicken Game)

① 치킨게임의 개념
  ㉠ 치킨게임이란 어느 한 쪽이 양보하지 않을 경우 양쪽이 모두 파국으로 치닫게 되는 극단적인 게임이론을 의미한다.
  ㉡ 시장가격이 폭락하는 상황에서도 오히려 제품의 생산 경쟁을 벌여 상대가 무너질 때까지 출혈 경쟁을 하는 상황에 해당된다.

② 치킨게임의 상황 및 사례

구분		선수 B	
		고집	양보
선수 A	고집	(-100, -100)	(20, -20)
	양보	(-20, 20)	(0, 0)

  ㉠ 선수A와 B가 자동차를 타고 서로 정면을 향해 돌진해 간다고 할 때, 양선수가 모두 계속 돌진(고집)하면 두 사람 모두 죽게 되고, 선수A와 B 중 한 사람은 계속 돌진하고 다른 사람이 멈추면 멈춘 사람은 겁쟁이(Chicken)가 된다.
  ㉡ 선수A와 B 모두 상대방이 계속 돌진(고집)할 경우에 자신은 양보를 선택하는 것이 최선이므로 (고집, 양보), (양보, 고집)의 2개의 내쉬균형이 존재한다.

③ 치킨게임의 특징 및 시사점
  ㉠ 경기 참가자 중 한명이 자동차 핸들을 용접하여 무조건 직진하겠다는 공약을 하면 상대방은 양보를 선택하게 된다. 이는 자신 행동의 폭은 축소시키지만 자신의 보수는 증대시킨다.
  ㉡ 치킨게임은 국제정치학에서 사용되던 용어였으나, 최근에는 극단적인 경쟁으로 치닫는 여러 상황을 나타낼 때도 인용된다.

제 05 장 출제예상문제

제2편 미시경제

01 다음 그림은 민간 경제의 흐름을 나타낸 것이다. 이에 대한 설명으로 옳은 것은?

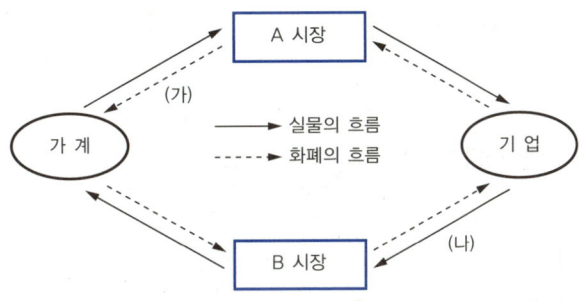

가. 가계는 A시장에서 상품을 구매하는 소비행위를 담당한다.
나. 기업은 A시장에서 공급자, B시장에서 수요자 역할을 수행한다.
다. 임금, 이자, 지대는 B시장에서 결정된다.
라. (가)는 생산에 참여한 대가를 받는 것을 의미한다.
마. 김연아의 스케이트 경기, 의사의 진료행위는 (나)에 포함된다.

① 가, 나
② 라, 마
③ 가, 나, 라
④ 나, 라, 마
⑤ 다, 라, 마

해설 생산요소시장이란 노동, 자본, 토지 등의 생산요소가 거래되는 시장으로 기업 및 정부가 수요자이고 가계가 공급자가 된다. A시장에서 가계는 실물을 제공하고 그 대가로 기업으로부터 화폐를 받기 때문에 A시장은 생산요소시장이다. 반면, 생산물시장은 재화와 서비스가 거래되는 시장으로 가계 및 정부가 수요자이고 기업이 공급자가 된다. B시장에서 기업이 실물을 제공하고 그 대가로 가계로부터 화폐를 받으므로 B시장은 생산물시장(상품 시장)이다. 임금, 이자, 지대, 이윤은 A시장(생산요소시장)에서 결정된다. 가계는 A시장에서 소득을 획득해 B시장에서 상품을 구입하는 소비행위를 담당하게 된다.

정답 1 ②

02 기업의 이윤극대화 조건을 가장 적절하게 표현한 것은?(단, MR은 한계수입, MC는 한계비용, TR은 총수입, TC는 총비용이다)

① MR = MC, TR > TC
② MR = MC, TR < TC
③ MR > MC, TR > TC
④ MR > MC, TR < TC
⑤ MR < MC, TR > TC

> 해설 이윤극대화가 성립되기 위해서는 MR = MC가 충족되면서 TR > TC도 성립하여야 한다. MR = MC가 성립되는 생산량은 손실 극대화점과 이익 극대화점으로 2개 존재하기 때문이다.

03 다음 중 기업 목적에 가장 타당한 것은?

① 이윤극대화 가설
② 장기이윤극대화 가설
③ 제약된 이윤극대화 가설
④ 수입극대화 가설
⑤ 만족이윤극대화 가설

> 해설 이윤극대화 가설에 대한 비판이 이루어지면서 장기이윤극대화 가설, 제약된 이윤극대화 가설, 판매수입(매출액) 극대화 가설, 경영자재량 가설, 기업가의 효용극대화 가설, 만족이윤 가설 등의 다양한 대체가설이 등장하였지만 아직까지 완전히 이윤극대화 가설을 대체할 수 있는 가설이 존재하지 않는다.

04 다음은 생산물시장 중 완전경쟁시장의 특징에 대한 내용이다. 옳지 않은 것은?

① 다수의 수요자와 공급자가 참여하는 시장이다.
② 개별기업은 가격수용자(Price taker)로, 가격에 영향을 미치지 못한다.
③ 시장 참여자들에게 완전한 정보가 주어지므로 일물일가의 법칙이 성립한다.
④ 모든 기업은 상품 간 대체성이 높은 동질적인 재화를 생산한다.
⑤ 장단기에서 모두 생산요소의 완전이동성이 보장되므로 특정산업으로의 진입과 퇴거가 자유롭다.

> 해설 단기에는 완전경쟁시장에 고정요소가 존재하므로 진입과 퇴거가 불가능하다.

05 어느 상품이 거래되는 시장이 완전경쟁시장이라고 한다. 이 상품의 시장수요량과 공급량은 가격에 대해 다음과 같은 관계를 가진다고 할 때, 개별기업의 한계수입은 얼마인가?

가격	수요량	공급량
0	30	5
1	25	9
2	21	13
3	17	17
4	15	22
5	12	25

① 1 ② 2 ③ 3 ④ 4 ⑤ 5

> **해설** 완전경쟁시장에서는 시장수요곡선과 시장공급곡선이 교차하는 점에서 재화의 균형가격과 균형거래량이 결정된다. 시장가격이 3일 때 시장수요량과 공급량이 17로 일치하므로 완전경쟁시장의 시장가격은 3이다. 그리고 완전경쟁시장의 시장가격은 한계수입과 일치하므로 한계수입도 3이다.

06 완전경쟁시장에 100개의 개별기업이 존재하며, 모든 기업은 동일한 비용함수 $C = 5q^2 + 10$(단, C는 생산비용, q는 산출량)를 가진다. 시장의 수요함수가 $Q = 350 - 60P$(단, P는 시장가격, Q는 시장산출량)일 경우 완전경쟁시장의 단기균형가격은 얼마인가?

① 5 ② 10 ③ 15 ④ 20 ⑤ 25

> **해설** 완전경쟁기업은 가격과 한계비용이 같아지는 (P = MC)점에서 생산하므로, 주어진 비용함수를 미분하여 한계비용을 구하면 MC = 10q이다. 시장전체의 단기공급곡선은 개별 기업의 공급곡선을 수평으로 합한 것이므로 시장전체의 단기공급곡선은 $P = \frac{1}{10}Q$로 도출된다. 이제 시장수요함수와 공급함수를 연립해서 계산하면 350 − 60P = 10P, P = 5이다.

07 완전경쟁시장에서 기업의 생산비용함수는 아래와 같이 주어져 있다. 이 기업이 생산하는 재화의 가격이 56일 때, 이 기업의 이윤은 얼마인가?

$$TC = 120 + 4Q + Q^2$$
(단, TC는 총비용, Q는 생산량)

① 250원 ② 326원 ③ 556원 ④ 760원 ⑤ 900원

정답 5 ③ 6 ① 7 ③

해설 주어진 비용함수를 미분하면 MC = 4 + 2Q이다. 완전경쟁시장의 경우 P = MC가 성립하므로 56 = 4 + 2Q, Q = 26이 된다. 즉 이윤극대화 생산량이 26단위이므로 총수입은 1,456원(= 56 × 26)이고, 총비용은 900원(= 120 + 4 × 26 + 26^2)이다. 그러므로 이 기업의 이윤은 총수입에서 총비용을 차감한 556원이다.

08 완전경쟁산업 내의 한 개별 기업에 대한 설명 중 옳지 않은 것은?

① 한계수입은 시장가격과 일치한다.
② 이 개별 기업이 직면하는 수요곡선은 우하향한다.
③ 시장가격보다 높은 가격을 책정하면 시장점유율은 없다.
④ 이윤극대화 생산량에서는 시장가격과 한계비용이 일치한다.
⑤ 장기에 개별 기업은 장기평균비용의 최저점인 최적시설규모에서 재화를 생산하며, 정상이윤만 획득한다.

해설 개별기업의 수요곡선을 수평으로 합한 시장 전체의 수요곡선은 우하향하는 형태이다. 그러나 완전경쟁기업은 시장에서 결정된 시장가격으로 원하는 만큼 판매하는 것이 가능하므로 수요곡선은 수평선으로 도출된다.

09 완전경쟁시장의 한 기업이 단기적으로 초과이윤을 획득하고 있다. 이 기업의 이윤극대화 행동으로부터 유추할 수 있는 사실을 모두 고르면?

가. 이 기업은 장기적으로도 초과이윤을 획득한다.
나. 이 기업이 산출량을 늘리면 총평균비용이 증가할 것이다.
다. 이 기업이 산출량을 늘리면 한계비용이 증가할 것이다.
라. 이 기업은 현재 한계비용과 총평균비용이 일치한다.
마. 시장가격은 이 기업의 현재 한계비용보다 높다.

① 가, 라
② 나, 다
③ 가, 다, 라
④ 나, 다, 마
⑤ 다, 라, 마

해설 가. 완전경쟁기업이 단기에 초과이윤을 획득하고 있으면, 장기에는 다른 경쟁기업들이 진입하게 되므로 장기에는 모든 완전경쟁기업이 정상이윤만 획득한다.
라. 초과이윤 상태에서는 한계비용이 평균비용보다 크다. 한계비용과 총평균비용이 일치하는 평균비용의 최소점을 손익분기점이라고 한다.
마. 완전경쟁시장의 이윤극대화 조건에 따라 시장가격과 한계비용은 일치한다.

10 상품시장을 가정할 때, 완전경쟁시장의 균형점이 파레토 효율적인 이유로 적합하지 않은 것은?

① 완전경쟁시장 균형점에서 가장 사회적 잉여가 크기 때문이다.
② 완전경쟁시장 균형점에서 사회적 형평성이 극대화되기 때문이다.
③ 완전경쟁시장 균형점에서 소비자는 효용 극대화, 생산자는 이윤 극대화를 달성하기 때문이다.
④ 완전경쟁시장 균형점에서 재화 한 단위 생산에 따른 사회적 한계편익과 사회적 한계비용이 같기 때문이다.
⑤ 시장수요곡선의 높이는 사회적 한계편익을 반영하고, 시장 공급곡선의 높이는 사회적 한계비용을 완전하게 반영하기 때문이다.

> **해설** 파레토 효율성이란 하나의 자원배분 상태에서 다른 사람에게 손해가 가지 않고서는 어떤 한 사람에게 이득이 되는 변화를 만들어내는 것이 불가능한 배분 상태를 의미한다. 즉, 파레토 효율성은 현재보다 더 효율적인 배분이 불가능한 상태를 의미한다. 완전경쟁시장의 균형점에서는 사회적 효율이 극대화되지만, 파레토 효율적이라고 하여 사회 구성원 간에 경제적 후생을 균등하게 분배하는 것은 아니기 때문에 사회적 형평성이 극대화되지는 않는다.

11 완전경쟁시장에서의 단기 생산에서 다양한 비용함수를 그래프로 그렸을 때 이들 사이의 관계를 설명한 내용 중 틀린 것은?

> 가. 평균총비용이 감소하면 한계비용 < 평균총비용
> 나. 평균총비용이 감소하면 한계비용 < 평균가변비용
> 다. 평균가변비용이 감소하면 한계비용 < 평균총비용
> 라. 평균가변비용이 감소하면 한계비용 > 평균가변비용
> 마. 평균가변비용이 상승하고 평균총비용이 하락하는 구간이면 한계비용 상승

① 가, 다
② 가, 라
③ 나, 라
④ 나, 마
⑤ 다, 마

> **해설** 나. 평균총비용이 감소하더라도 한계비용곡선이 평균가변비용곡선의 최저점을 통과하기 전에는 평균가변비용이 한계비용보다 많지만, 한계비용이 평균가변비용곡선을 통과한 후에는 한계비용이 평균가변비용보다 많아지게 된다.
> 라. 평균가변비용이 감소하면 한계비용이 평균가변비용보다 적다.

12 다음 중 경쟁시장의 특징이 아닌 것은?

> 가. 다수의 수요자와 공급자가 참가한다.
> 나. 가격이 경직적이다.
> 다. 개인의 수요곡선이 매우 탄력적이다.
> 라. 시장 참가자는 가격에 영향력을 미칠 수 있다.
> 마. 기업의 진입과 퇴거가 자유롭다.

① 가, 라　　② 가, 마　　③ 나, 다　　④ 나, 라　　⑤ 다, 마

해설　나. 수요자도 공급자도 많은 경쟁시장에서는 가격이 경직적이지 않다.
　　　　라. 경쟁시장에 참가하는 사람들은 가격을 주어진 것으로 생각한다.

13 다음 중 완전경쟁시장의 장점이 아닌 것은?

① 소득분배의 공평성이 보장된다.
② 많은 재화와 서비스가 생산된다.
③ 장단기에 효율적인 자원배분이 이루어지며, 사회후생이 극대화된다.
④ 개인들은 자신이 원하는 직장을 선택할 자유와 기회가 보장된다.
⑤ 상품의 생산비용이 최소가 되는 최적시설규모에서 최적산출량이 생산된다.

해설　완전경쟁시장에서는 자원배분의 효율성은 달성되나 소득분배의 공평성은 보장되지 않는다.

14 자전거를 생산하는 A기업의 수요곡선은 $P = 500$, 한계비용은 $MC = 200 + \frac{1}{3}Q$이다. 그런데 이 기업의 공장에서 자전거를 생산할 때 오염물질이 배출되는데, 이 피해가 자전거 한 대당 20이다. 이 기업의 Ⓐ 사적 이윤극대화 생산량과 Ⓑ 사회적으로 바람직한 생산량은 각각 얼마인가?(단, P는 가격, Q는 생산량이다)

① Ⓐ 700　Ⓑ 840
② Ⓐ 700　Ⓑ 860
③ Ⓐ 900　Ⓑ 840
④ Ⓐ 900　Ⓑ 860
⑤ Ⓐ 1,100　Ⓑ 700

정답　12 ④　13 ①　14 ③

해설 A기업의 수요곡선이 가격(P = 500)으로 일정하게 주어진 것은 완전경쟁시장구조 임을 의미한다. 먼저 사적인 이윤극대화 생산량을 구하기 위해 P = MC로 두면 500 = 200 + $\frac{1}{3}$Q, $\frac{1}{3}$Q = 300, Q = 900으로 계산된다. 외부한계비용이 20이므로 사적인 한계비용과 외부한계비용을 합한 사회적인 한계비용 SMC = 220 + $\frac{1}{3}$Q이다. 사회적인 최적생산량을 구하기 위해서는 P = SMC 이므로 500 = 220 + $\frac{1}{3}$Q, $\frac{1}{3}$Q = 280, Q = 840으로 계산된다.

15
완전경쟁시장에서 장기에 기존기업의 탈퇴와 신규기업의 진입이 동시에 이루어지고 있을 경우 시장가격의 수준은?

① 기존기업의 한계비용보다 낮다.
② 기존기업의 평균비용보다 낮다.
③ 신규기업의 한계비용보다 낮다.
④ 신규기업의 평균비용보다 낮다.
⑤ 알 수 없다.

해설 장기에 기존기업의 탈퇴와 신규기업의 진입이 이루어지고 있다는 것은 기존기업은 손실을 보는 상태이고, 신규기업은 진입하면 이윤을 얻을 수 있다는 의미이다. 이는 재화의 시장가격이 기존기업의 최소평균비용보다 더 낮고 신규기업의 최소평균비용보다 더 높다는 것을 의미한다.

16
형돈이는 완전경쟁적인 햄버거시장에서 매월 햄버거를 1,000개 팔고 있다. 형돈이의 월간 총비용은 100만 원이고, 이 중 고정비용은 40만 원이다. 형돈이가 단기적으로는 햄버거 가게를 운영하지만 장기적으로는 폐업할 계획이라고 할 때 햄버거 1개당 가격의 범위는?

① 400원 이상 600원 미만
② 600원 이상 1,000원 미만
③ 800원 이상 1,200원 미만
④ 1,000원 이상 1,400원 미만
⑤ 1,200원 이상 1,600원 미만

해설 총가변비용(TVC)은 총비용(TC)에서 총고정비용(TFC)을 차감하여 구한다. 즉, TVC = 100 − 40 = 60이다. 한편, 총가변비용과 총비용을 생산량(Q = 1,000)으로 나누면 평균가변비용(AVC)은 600원, 평균비용(AC)은 1,000원이다. 그러므로 형돈이가 단기에는 햄버거 가게를 운영하나 장기적으로 폐업할 예정이라면 햄버거 가격은 600원 이상 1,000원 미만일 것이다.

정답 15 ② 16 ②

17 다음은 완전경쟁 상태에 있는 한 기업의 비용곡선과 수요곡선이다. 현재 주어진 가격이 P_1이라고 할 때 옳은 것을 모두 고르면?

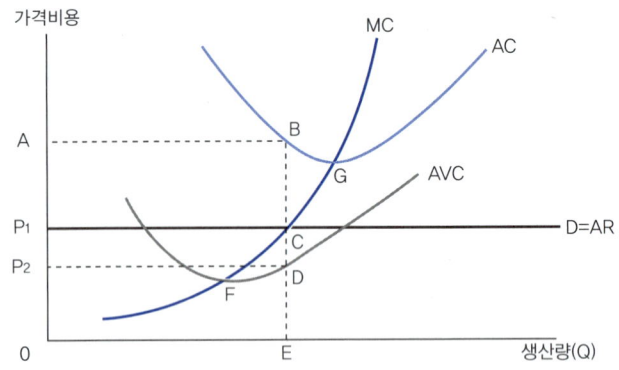

가. 현재 총수입이 총비용보다 크기 때문에 이익을 얻고 있다.
나. 단기적으로 이 기업의 매몰비용은 □P_2ABD면적이다.
다. 만일 가격수준이 P_2를 미달하면 생산을 중단하는 것이 유리하다.
라. 생산을 계속할 경우 가장 최소화한 손실의 크기는 □P_1ABC이다.
마. 총수입이 총가변비용보다 크기 때문에 단기적으로 조업을 계속하는 것이 바람직하다.

① 가, 마
② 나, 다
③ 가, 다, 라
④ 나, 라, 마
⑤ 가, 나, 라, 마

해설 가. 총수입은 □OP_1CE부분이고 총비용은 □OABE부분이므로 총수입이 총비용보다 적기 때문에 손실을 보고 있다.
다. 시장에서 설정된 가격수준이 평균가변비용곡선과 한계비용곡선이 교차하는 점 F(생산중단점) 이하로 떨어질 경우 생산을 중단하는 것이 바람직하다.

18 다음 중 독점에 대한 내용으로 적절하지 않은 것은?

① 독점기업의 총수입을 극대화하기 위해서는 수요의 가격탄력성이 1인 점에서 생산해야 한다.
② 원자재 가격의 상승은 평균비용과 한계비용을 상승시키므로 독점기업의 생산량이 감소하고 가격은 상승한다.
③ 독점의 경우 자중손실(Deadweight loss)과 같은 사회적 순후생손실이 발생하기 때문에 경쟁의 경우에 비해 효율성이 떨어진다고 볼 수 있다.
④ 독점기업은 시장지배력을 갖고 있기 때문에 제품 가격과 공급량을 각각 원하는 수준으로 결정할 수 있다.
⑤ 특허권 보장기간이 길어질수록 기술개발에 대한 유인이 증가하므로 더 많은 기술개발이 이루어질 것이다.

해설 독점기업은 시장지배력을 갖고 있으므로 원하는 수준으로 가격을 설정할 수 있으나 독점기업이 가격을 결정하면 몇 단위의 재화를 구입할 것인지는 소비자가 결정하는 것이므로 독점기업이 가격과 판매량을 모두 원하는 수준으로 결정할 수 있는 것은 아니다.

19 독점기업에 관한 다음 설명 중 옳은 것은?

① 독점기업은 장기와 단기에 항상 초과이윤을 얻는다.
② 독점기업은 가격차별을 통해 항상 사회적 후생의 증가를 가져올 수 있으므로 무조건적으로 제재를 가하고 경쟁을 활성화시키려는 것은 좋지 않다.
③ 독점기업이 직면하는 시장수요함수가 Q = 1 − 2P라면, 한계수입은 MR = $\frac{1}{2}$ − Q이다.(여기서, Q와 P는 각각 수요량과 가격이다)
④ 독점기업의 경우는 자유롭게 놔두는 것이 효율적인 결과를 스스로 도출할 수 있으므로 독점기업에 정부가 개입하는 것은 시장의 비효율성을 초래할 뿐이다.
⑤ 독점의 폐해를 시정하기 위하여 물품세를 부과하면 생산자 잉여는 감소하지만 소비자 잉여와 경제적 총잉여는 증가한다.

해설 독점기업은 단기에 초과이윤을 얻을 수도 있지만 손실을 볼 수도 있다. 독점기업의 가격차별은 사회적 후생을 증가시키지 않는다. 독점기업의 경우 시장은 때때로 효율적인 결과를 스스로 도출하지 못하므로 정부 개입은 필요하다.
독점기업이 생산하는 재화에 단위당 T원의 물품세를 부과하면 한계비용이 T원 높아지므로 한계비용곡선이 T원만큼 상방으로 이동한다. 한계비용곡선이 상방으로 이동하면 독점기업의 생산량은 감소하고, 가격은 상승한다. 조세부과로 재화가격이 상승하면 소비자 잉여가 감소하고 생산자 잉여도 함께 감소한다. 물품세가 부과되어 생산량이 감소하면 자원배분이 비효율적으로 되므로 사회 전체의 총잉여도 감소한다.

정답 18 ④ 19 ③

20 다음 중 가격차별 행위로 보기 어려운 것은?

> 가. 전월세 상한제
> 나. 학생과 노인에게 극장표 할인
> 다. 수출품 가격과 내수품 가격을 다르게 책정
> 라. 전력 사용량에 따라 단계적으로 다른 가격 적용
> 마. 대출 최고 이자율 제한
> 바. 영화관의 조조할인

① 가, 마
② 다, 라, 바
③ 나, 다, 라
④ 나, 다, 마
⑤ 다, 라, 마, 바

해설 가격차별(Price discrimination)은 동일한 상품에 대해 구입자 혹은 구입량에 따라 다른 가격을 받는 행위를 의미한다. 노인이나 청소년 할인, 수출품과 내수품의 다른 가격 책정 등은 구입자에 따라 가격을 차별하는 대표적인 사례이다. 한편, 물건 대량 구매 시 할인해 주거나 전력 사용량에 따른 다른 가격을 적용하는 것은 구입량에 따른 가격차별이다. 전월세 상한제나 대출 최고 이자율을 제한하는 제도는 가격의 법정 최고치를 제한하는 가격상한제(Price ceiling)에 해당하는 사례이다.

21 가격차별과 관련된 다음 설명 중 옳지 않은 것은?

① 제1급 가격차별하에서는 소비자 잉여가 전혀 존재하지 않는다.
② 제2급 가격차별은 정보의 비대칭성과 무관하다.
③ 소비자를 수요의 가격탄력성 등 특성에 따라 집단별로 구분하지 못하면 가격차별을 할 수 없다.
④ 두 시장에서 가격차별로 이윤극대화를 하기 위해서는 각 시장에서의 한계수입과 한계비용이 같아야 한다.
⑤ 가격차별로 인해 사회후생이 증대될 수도 있다.

해설 제2급 가격차별은 소비자들의 상품 구입량에 따라 서로 다른 가격을 설정하는 것을 말한다. 선별(Screening)의 일종으로 볼 수 있으므로 정보의 비대칭성하에서 기업이 이윤극대화를 추구하는 방안 중 하나이다.

22 기업은 가격차별을 통해 보다 많은 이윤을 획득하고자 한다. 다음 중 기업이 가격차별을 할 수 있는 환경이 아닌 것은?

① 제품의 재판매가 용이하다.
② 소비자들의 특성이 다양하다.
③ 기업의 독점적 시장지배력이 높다.
④ 분리된 시장에서 수요의 가격탄력성이 서로 다르다.
⑤ 시장 분리 비용이 가격차별에 따른 이윤 증가보다 적다.

해설 가격차별(Price discrimination)이란 동일한 상품에 대하여 서로 다른 가격을 설정하는 것을 의미한다. 가격차별이 가능하기 위해서는 소비자를 특성에 따라 구분할 수 있어야 하며, 다른 시장 간에는 재판매가 불가능해야 하고, 시장분리에 드는 비용보다 시장의 분리를 통해 얻을 수 있는 수입이 많아야 한다. 한편, 경쟁시장에서는 기업이 시장가격보다 높은 가격을 받으면 소비자는 다른 기업의 상품을 구매할 것이므로 기업들은 가격차별을 할 수 없다. 따라서 가격차별이 가능하다는 것은 기업이 시장지배력이 있다는 의미이다.

23 다음 사례들은 시장에서 기업들이 하는 행위이다. 이에 대한 설명으로 옳지 않은 것은?

> • A 백화점은 휴대폰으로 백화점 어플을 설치하면 구매 금액의 5%를 할인해주는 정책을 시행하고 있다.
> • B 교육업체는 일찍 강의를 수강신청하고 결제하면 강의료의 10% 할인해주는 얼리버드 마케팅을 진행하고 있다.
> • C 전자회사는 해외에서 자사 제품을 국내보다 더 낮은 가격으로 판매하고 있다.

① 소비자후생이 감소하여 사회후생이 줄어든다.
② 기업은 이윤을 증대시키는 것이 목적이다.
③ 기업이 소비자를 지급용의에 따라 분리할 수 있어야 한다.
④ 소비자들 간에 차익거래가 이뤄지지 않도록 하는 것이 중요하다.
⑤ 일정 수준의 시장지배력이 있어야 이런 행위가 가능하다.

해설 가격차별이란 동일한 상품에 대해 구입자 또는 구입량에 따라 다른 가격을 받는 행위를 의미한다. 기업은 이윤을 증대시키는 목적으로 가격차별을 실행한다. 가격차별은 나이, 주중고객과 주말고객, 판매지역(국내와 국외), 대량구매 여부 등의 기준에 따라 이루어진다. 일반적으로 가격차별을 하면 기존에는 소비를 하지 못했던 수요자층까지 소비를 할 수 있으므로 산출량이 증가하고 사회후생이 증가한다.

24 어떤 산업이 자연독점화되는 이유로 옳은 것은?

① 고정비용의 크기가 작은 경우
② 최소효율규모의 수준이 매우 큰 경우
③ 다른 산업에 비해 규모의 경제가 작게 나타나는 경우
④ 생산량이 증가함에 따라 평균비용이 계속 늘어나는 경우
⑤ 기업 수가 증가할수록 산업의 평균 생산비용이 감소하는 경우

> **해설** 자연독점이란 규모가 가장 큰 단일 공급자를 통한 재화의 생산 및 공급이 최대 효율을 나타내는 경우 발생하는 경제 현상을 의미한다. 자연독점 현상은 최소효율규모의 수준 자체가 매우 크거나 생산량이 증가할수록 평균총비용이 감소하는 '규모의 경제'가 나타날 경우에 발생한다. 최소효율규모란 평균비용곡선상에서 평균비용이 가장 낮은 생산 수준을 나타낸다.

25 동일한 상품에 대해 판매자가 다른 가격을 설정하는 것을 가격차별이라고 한다. 다음 중 가격차별에 대한 설명으로 옳지 않은 것은?

① 기업이 가격차별을 한다는 것은 그 기업이 시장 지배력이 있다는 의미이다.
② 가격차별을 실행하면 경제적 후생을 증가시킬 수 있다.
③ 영화관의 조조할인, 라면 5개를 사면 1개를 덤으로 주는 수량할인 등이 가격차별의 사례이다.
④ 독점기업의 완전가격차별이 발생하면 가격 선택권의 증가로 소비자 잉여는 증가한다.
⑤ 현실에서 완전가격차별은 존재하기 어렵다.

> **해설** 완전가격차별이란 독점기업이 모든 수요자가 얼마나 지불할 용의가 있는지를 정확히 파악하여 모든 수요자에게 지불용의와 같은 금액의 가격을 부과하는 경우를 말한다. 완전한 가격차별이 이루어진다면 경제적으로 유익한 모든 거래가 이뤄지고 경제적 순손실은 발생하지 않는다. 다만 창출되는 경제적 총잉여는 모두 이윤의 형태로 공급자에게 귀속되고, 소비자 잉여는 0이 된다. 물론 현실에서는 완전가격차별이 존재하지 않는다.

26 다음 가격 결정 원리 중 성격이 다른 하나는?

① 숙박 이용료는 주중보다 주말에 비싸다.
② 기후이상으로 농산물의 가격이 상승했다.
③ 산 정상으로 올라갈수록 생수의 가격이 비싸다.
④ 국내에서 시판되는 TV 가격이 수출품보다 싸다.
⑤ 콘서트장 안에서 판매하는 야광봉의 가격은 바깥보다 2배나 비싸다.

정답 24 ② 25 ④ 26 ②

해설 : 기후이상으로 농산물의 가격이 상승한 것은 공급 부족에 따라 가격이 상승한 것이므로 가격차별에 해당하는 사례가 아니다. 하지만 나머지 사례들은 독점기업들이 동일한 재화에 대해 소비자에 따라 수요의 탄력성이 서로 다르다는 점을 이용하여 이윤극대화를 추구하는 가격차별을 보여준다.

27 어떤 산업에서 노동과 자본 투입량을 2배로 늘리면 산출량은 4배로 늘어난다고 한다. 이러한 산업에 대한 내용으로 옳은 것을 모두 고르면?

> 가. 규모의 경제가 존재한다.　　　　나. 범위의 경제가 존재한다.
> 다. 자연독점이 존재한다.　　　　　라. 외부효과가 존재한다.

① 가, 다　　② 가, 라　　③ 나, 다　　④ 나, 라　　⑤ 다, 라

해설 : 규모의 경제(Economies of scale)란 생산량이 두 배로 증가할 때 생산비용은 두 배보다 덜 증가하여 장기평균비용이 감소하는 경우를 말한다. 즉, 규모의 경제가 발생하면 생산 규모를 늘릴수록 생산물 1단위당 투입되는 생산요소의 양이 줄어들기 때문에 그만큼 단위당 생산비용이 감소한다. 자연독점 현상은 최소효율규모의 수준 자체가 매우 크거나 생산량이 증가할수록 평균총비용이 감소하는 '규모의 경제'가 나타날 경우에 발생한다. 전력, 상수도, 전화, 철도산업이 대표적인 자연독점의 사례이다.

28 독점기업은 동일한 제품을 여러 가지 가격으로 판매하는 가격차별을 하는 경우가 있다. 이 현상에 관한 설명 중 가장 옳지 않은 것은?

① 3급 가격차별은 제1급 가격차별에 비해서 자중손실(Deadweight loss)이 더 발생한다.
② 전기료나 수도료를 사용량에 따라서 지불하는 것은 2급 가격차별에 해당한다.
③ 가격차별은 소비자들을 몇 개의 그룹으로 구분할 수 있고 재판매가 불가능해야 한다는 것이 전제조건에 해당한다.
④ 3급 가격차별의 경우 한 구매자가 지불하는 단위당 가격은 그가 얼마를 사느냐에 따라 언제나 달라진다.
⑤ A소비자 집단의 수요가 B소비자 집단의 수요보다 더 가격탄력적이라면 독점기업은 A소비자 집단보다 B소비자 집단에 더 높은 가격을 부과한다.

해설 : 1급 가격차별은 각 소비자의 수요가격으로 가격을 차별한 완전가격차별로 소비자 잉여가 전부 독점기업에 귀속된다. 1급 가격차별의 경우 가격과 한계비용이 일치하여 자중손실이 발생하지 않으므로 자원배분이 효율적으로 이루어진다. 2급 가격차별은 구매량이 클수록 가격을 낮추는 가격차별로 서로 다른 구매량에 적용되는 단위당 가격이 달라 소비자가 지불하는 가격은 구매량에 따라 다르다. 2급 가격차별의 일종인 이부가격제는 최대 소비자 잉여만큼의 기본료가 부과되어 소비자 잉여가 독점기업에 귀속된다. 3급 가격차별은 수요의 가격탄력도가 높은 시장에 낮은 가격, 낮은 시장에 높은 가격을 매기는 가격차별이다.

29 다음은 독점적 경쟁기업에 대한 설명이다. 옳은 것을 모두 고르면?

> 가. 제품차별화의 정도가 클수록 수요의 가격탄력도는 작아진다.
> 나. 제품차별화의 정도가 클수록 초과설비규모가 작아진다.
> 다. 경쟁이 심하기 때문에 기술혁신이 가장 잘 이루어지는 시장이다.
> 라. 독점적 경쟁의 경우 장기에는 생산자잉여와 이윤이 모두 0이다.
> 마. 제품차별화를 위해 기업들은 광고 등을 이용해 자사 제품의 브랜드화를 추구할 수 있다.

① 가, 나
② 가, 라
③ 나, 마
④ 가, 라, 마
⑤ 나, 다, 라

해설) 나. 독점적 경쟁기업이 생산하는 재화의 이질성이 높아지면 수요가 보다 비탄력적이 되므로 독점적 경쟁기업이 보유하는 초과설비규모는 점점 커진다.
다. 독점적 경쟁기업은 기술혁신에 대해 가장 부정적인 시장이다.

30 독점적 경쟁시장에 대한 특징으로 적절하지 않은 것은?

① 독점적 경쟁시장은 진입과 퇴거가 대체로 자유로우므로 각 기업은 장기에 정상이윤만을 얻는다.
② 독점적 경쟁의 장기균형은 장기평균비용곡선의 최소점보다 왼쪽에서 이루어지므로 최적생산규모에 비해 생산을 더 적게 한다.
③ 독점적 경쟁기업이 직면하는 수요곡선이 탄력적일수록 과잉설비규모는 크다.
④ 독점적 경쟁시장의 장기균형은 독점시장에서와 같이 가격이 한계비용을 초과한다.
⑤ 광고 이후 생산량 증가로 인해 제품의 가격이 광고 이전보다 더 낮아질 수도 있다.

해설) 일반적으로 수요가 탄력적일수록 독점적 경쟁기업이 보유하는 초과설비규모는 작아진다. 독점적 경쟁시장은 진입과 퇴거가 자유로우므로 초과이윤이 발생하면 새로운 기업이 진입하고, 손실이 발생하면 일부 기업이 퇴거하므로 장기에 독점적 경쟁기업은 정상이윤만을 얻는다. 독점적 경쟁의 장기균형은 우하향하는 수요곡선과 장기평균비용곡선이 접하는 점에서 이루어지므로 독점적 경쟁의 장기균형은 장기평균비용곡선의 최소점보다 왼쪽에서 이루어진다. 광고비 지출이 이루어지면 평균비용곡선이 상방으로 이동하지만, 판매량 증가에 따른 생산량 증가로 인해 규모의 경제가 크게 나타나면 장기에는 가격이 광고 이전보다 더 낮아질 수도 있다.

31 시장구조에 대한 다음 설명 중 옳은 것을 모두 고르면?

> 가. 자연독점은 규모의 경제가 존재할 때 발생한다.
> 나. 독점적 경쟁시장은 기업들의 제품차별화와 관련이 깊다.
> 다. 독점기업의 이윤을 극대화하는 생산량은 한계비용과 한계수입이 일치하는 수준에서 결정된다.
> 라. 완전경쟁시장의 장기균형상태에 기술능력이 동일한 기업들의 초과이윤은 0이다.
> 마. 완전경쟁시장에서는 시장의 진입과 퇴출이 자유롭기 때문에 기업들이 가격을 자유롭게 결정할 수 있다.

① 가, 나, 다
② 나, 다, 라
③ 다, 라, 마
④ 가, 나, 다, 라
⑤ 가, 나, 다, 라, 마

해설 마. 완전경쟁시장은 같은 상품을 취급하는 수많은 공급자와 수요자로 구성돼 있어 기업들은 시장가격을 수용할 뿐 결정하지는 못한다.

32 [최신출제유형 24] 시장구조에 대한 다음 설명 중 옳지 않은 것은?

① 완전경쟁시장에서 기업들의 초과이윤은 단기적으로 0이다.
② 독점적 경쟁시장에서 기업들은 대체성이 높은 상품을 생산하므로 광고 같은 비가격경쟁을 한다.
③ 독점시장에서는 생산요소의 독점적 소유, 정부의 허가권 등의 진입장벽이 존재한다.
④ 과점시장에서 기업들은 경쟁기업의 반응을 예상하여 가격과 생산량을 결정해야 하는 전략적인 상황에 놓이게 된다.
⑤ 독점시장과 과점시장에서의 기업들은 가격 설정자로 행동한다.

해설 완전경쟁시장에서 기업들은 단기적으로 초과이윤을 얻을 수도 있고 손실을 볼 수도 있다. 초과이윤이 발생하면 새로운 기업이 진입하고, 손실이 발생하면 일부 기업이 퇴거하므로 장기에는 정상이윤만 얻게 된다.

33 완전경쟁시장과 독점적 경쟁시장에 공통으로 해당하는 설명을 모두 고르면?

> 가. 가격이 한계비용과 같다.
> 나. 단기균형에서 기업의 초과이윤은 0이다.
> 다. 산업에의 진입 및 탈퇴가 자유롭다.
> 라. 장기균형에서 기업의 초과이윤은 0이다.

① 가, 나 ② 가, 다
③ 나, 다 ④ 나, 라
⑤ 다, 라

해설 완전경쟁의 경우에는 항상 가격이 한계비용과 같지만(P = MC) 독점적 경쟁의 경우에는 항상 가격이 한계비용보다 높다(P > MC). 또한 단기에는 완전경쟁기업과 독점기업은 모두 초과이윤을 얻을 수도 있고 손실을 볼 수도 있다.

34 과점시장에 대한 다음 설명 중 옳지 않은 것은?

① 꾸르노(Cournot) 과점시장에서는 기업 수가 많아질수록 시장전체의 산출량은 증가한다.
② 죄수의 딜레마(Prisoner's dilemma)모형을 통해 과점기업들이 공동행위를 통한 독점이윤을 누리기 어려운 이유를 잘 설명할 수 있다.
③ 꾸르노(Cournot) 모형에서는 산출량의 추측된 변화가 0이라고 가정한다.
④ 베르뜨랑(Bertrand) 모형에서는 가격의 추측된 변화가 1이라고 가정한다.
⑤ 스위지(Sweezy)의 굴절수요곡선 모형에서는 가격인하를 시도할 경우 가격의 추측된 변화는 양의 값을 갖는다.

해설 과점기업은 자신의 행동에 대한 상대방의 반응을 고려하여 행동을 결정하게 되는데, 상대방이 어떻게 반응할 것인지에 대한 예상을 추측된 변화 혹은 추측변이라고 한다. 베르뜨랑 모형에서는 각 기업이 상대방의 가격이 주어진 것으로 보기 때문에 가격의 추측된 변화가 1이 아닌 0이다. 한편, 굴절수요곡선 모형에서는 자신이 가격을 인상하더라도 상대방은 가격을 조정하지 않을 것으로 가정하므로 가격 인상 시에는 가격의 추측된 변화가 0이다. 그러나 가격을 인하하면 상대방도 가격을 낮추는 것을 가정하므로 가격인하시의 추측변화는 0보다 큰 값을 갖는다.

35 불완전경쟁 시장구조에 관한 다음 설명 중 옳지 않은 것은?

① 독점적 경쟁시장은 장기적으로 기업의 진입과 퇴출이 자유롭다.
② 시장수요곡선이 우하향하는 독점시장에서 독점가격은 한계수입보다 크다.
③ 꾸르노(Cournot)모형에서 각 기업은 경쟁기업이 현 산출량을 그대로 유지할 것이라는 전제하에 행동한다.
④ 베르뜨랑(Bertrand)모형에서 각 기업은 경쟁기업이 현 가격을 그대로 유지할 것이라는 전제하에 행동한다.
⑤ 슈타켈버그(Stackelberg)모형에서 두 기업 중 하나 또는 둘 모두가 가격에 관해 추종자가 아닌 선도자의 역할을 한다.

> **해설** 슈타켈버그(Stackelberg)모형에서는 두 기업 중 하나 또는 둘 모두가 '생산량'에 관해 추종자가 아닌 선도자의 역할을 한다.

최신출제유형 23

36 막걸리 시장이 기업 A와 기업 B만 존재하는 과점상태에 있다. 기업 A와 기업 B의 한계수입(MR)과 한계비용(MC)이 다음과 같을 때, 꾸르노(Cournot) 균형에서 기업 A와 기업 B의 생산량은?(단, Q_A : 기업 A의 생산량, Q_B : 기업 B의 생산량)

> 기업 A : $MR_A = 84 - 2Q_A - Q_B$, $MC_A = 28$
> 기업 B : $MR_B = 84 - Q_A - 2Q_B$, $MC_B = 20$

① (6, 44) ② (10, 36)
③ (12, 26) ④ (16, 24)
⑤ (24, 20)

> **해설** $MR_A = MC_A$, $MR_B = MC_B$를 이용하여 기업 A와 기업 B의 반응곡선을 구한다.
> $84 - 2Q_A - Q_B = 28$, $Q_B = -2Q_A + 56$
> $84 - Q_A - 2Q_B = 20$, $Q_B = -\frac{1}{2}Q_A + 32$
> 꾸르노 모형의 균형은 두 기업의 반응곡선이 교차하는 점에서 이루어지므로
> $-2Q_A + 56 = -\frac{1}{2}Q_A + 32$, $\frac{3}{2}Q_A = 24$, $Q_A = 16$, $Q_B = 24$이다.

정답 35 ⑤ 36 ④

37 X재의 시장수요곡선은 Q = 120 − 2P이다. 이 시장이 꾸르노(Cournot) 복점시장인 경우의 시장균형생산량과 독점시장인 경우의 시장균형생산량의 차이는 얼마인가?(단, Q : 생산량 P : 가격을 나타내고, 각 시장에 참여하는 기업들의 한계비용은 0이다)

① 20
② 30
③ 40
④ 50
⑤ 60

> **해설** 완전경쟁시장에서는 P = MC를 만족할 때 시장균형 생산량이 산출된다. 즉, P = 60 − $\frac{1}{2}$Q = 0, Q = 120이다. 반면 꾸르노모형에서의 생산량은 완전경쟁의 $\frac{2}{3}$이므로 Q = 80이 된다. 또한 독점시장에서는 수요함수가 P = 60 − $\frac{1}{2}$Q이고, 독점시장의 경우 MR은 수요함수 기울기의 2배 기울기를 가지므로 MR = 60 − Q이며, 문제에서 MC = 0으로 주어졌다. 독점시장의 시장균형생산량은 MR = MC로 구할 수 있으므로, 60 − Q = 0, Q = 60이다. 그러므로 꾸르노모형에서의 생산량이 독점일 때보다 20단위 더 많다.

38 게임이론에 대한 다음 설명 중 옳지 않은 것은?

① 순수전략들로만 구성된 내쉬 균형이 존재하지 않는 게임도 있다.
② 우월전략이란 상대 경기자들이 어떤 전략들을 사용하든지 상관없이 자신의 전략들 중에서 항상 가장 낮은 보수를 가져다주는 전략을 말한다.
③ 죄수의 딜레마 게임에서 두 용의자 모두가 자백하는 것은 우월전략균형이면서 동시에 내쉬균형이다.
④ 참여자 모두에게 상대방이 어떤 전략을 선택하는가에 관계없이 자신에게 더 유리한 결과를 주는 전략이 존재할 때 그 전략을 참여자 모두가 선택하면 내쉬균형이 달성된다.
⑤ 커플이 각자 선호하는 취미활동을 따로 하는 것보다 동일한 취미를 함께 할 때 더 큰 만족을 줄 수 있는 상황에서는 복수의 내쉬균형이 존재할 수 있다.

> **해설** 우월전략은 상대방의 전략에 관계없이 항상 자신의 보수가 가장 크게 되는 전략을 말한다.

정답 37 ① 38 ②

최신출제유형 23

39 양씨네 가족은 주말에 여가 생활을 하기로 했다. 양씨 부부는 영화 관람을 원하고, 양씨 자녀들은 놀이동산에 가고 싶어 한다. 하지만 부부와 자녀들은 모두 따로 여가 생활을 하는 것보다는 함께 여가 생활을 하는 것을 더 선호한다. 다음 중 내쉬균형은?(내쉬전략이란 상대방의 전략이 정해져 있을 때 자신의 이익을 극대화시키는 전략을 말하며, 내쉬균형이란 어느 누구도 이러한 전략을 변경할 유인이 없는 상태를 말한다)

> 가. 가족 모두 영화를 관람한다.
> 나. 가족 모두 놀이동산에 놀러간다.
> 다. 부부는 영화를 관람하고, 자녀들은 놀이동산에 놀러간다.
> 라. 부부는 놀이동산에 놀러가고, 자녀들은 영화를 관람한다.

① 가 ② 나
③ 다 ④ 가, 나
⑤ 다, 라

 부모가 영화를 관람한다고 가정할 때 자녀들이 놀이동산에 놀러가기로 결정할 경우 따로 여가 생활을 해야 하므로 자녀들의 이익은 극대화되지 않는다. 마찬가지로 자녀들이 놀이동산에 놀러가기로 결정할 때 부부가 영화를 관람하기로 결정한다면 부부의 이익도 역시 극대화되지 않는다. 따라서 가족 모두가 영화를 관람하거나 놀이동산에 놀러갈 때 내쉬균형이 달성된다.

40 다음과 같은 제도를 무엇이라 하는가?

> 공정거래위원회가 불공정행위에 대한 조사의 효율성을 높이기 위해 담합행위를 한 기업들이 자진 신고를 하면 과징금을 면제해 주는 제도를 도입하였다. 담합 사실을 처음 신고한 업체에게는 과징금 100%를 면제해주고, 2순위 신고자에게는 50%를 면제해 주는 제도이다. 이 제도는 상호 간의 불신을 자극하여 담합을 방지하는 효과가 있지만 담합으로 가장 많은 이익을 얻은 회사가 과징금을 면제받을 수 있다는 한계도 있다.

① 카르텔 ② 리니언시
③ 죄수의 딜레마 ④ 사전심사청구제도
⑤ 공시공개제도

 우리나라는 1997년 담합 행위 방지 대책으로 가장 먼저 자진 신고하는 기업에 과징금을 면제하거나 감면해주는 리니언시(Leniency) 제도를 도입하였다. 게임이론에 나오는 '죄수의 딜레마'를 현실 경제에 적용한 대표적인 사례이다.

정답 39 ④ 40 ②

41 담합행위에 대한 다음 설명 중 옳지 않은 것은?

① 담합행위에 참여한 기업들은 담합으로 얻은 이윤을 동일하게 분할하여 나눠 갖는다.
② 담합행위가 발생하면 가격은 높아지고 균형거래량은 줄어든다.
③ 정부에서는 담합행위의 구체적 사실을 밝혀내기 어렵기 때문에 리니언시 제도를 도입했다.
④ 리니언시 제도는 카르텔의 불안정성을 이용한 것이다.
⑤ 담합행위는 과점기업들이 독점 이득을 취하기 위한 행위로 사회적 순후생 손실을 초래한다.

해설 담합행위란 소수의 기업들이 이윤을 증대시키기 위해 명시적 또는 묵시적인 합의에 의하여 경쟁을 제한하고 가격이나 생산량을 조절하는 행위를 말한다. 담합행위에 참여한 기업들은 이익을 얻지만 담합으로 얻은 이익이 동일하게 분배되는 것은 아니다. 한편, 담합이 이루어지면 소비자들이 일방적으로 손해를 보는 구조이므로 정부는 리니언시 제도 등을 도입하여 담합행위를 규제하여야 한다. 리니언시 제도란 담합 자진신고자 감면제라고도 하며, 제재를 감면하는 당근을 줘서 기업들의 자수를 유도하는 제도이다. 기업들의 불공정행위에 대한 조사의 효율성을 높이기 위해 많은 나라들이 도입하고 있다.

42 다음은 기업A와 기업B의 광고 여부에 따른 보수행렬을 나타낸다. 내쉬균형에서 기업A와 기업B의 이윤은 얼마인가?

구 분		기업B의 광고 전략	
		광고를 함	광고를 하지 않음
기업A의 광고전략	광고를 함	(55, 75)	(235, 45)
	광고를 하지 않음	(25, 115)	(165, 85)

① (25, 75)
② (55, 75)
③ (55, 115)
④ (235, 45)
⑤ (235, 115)

해설 기업B의 광고 여부에 관계없이 기업A는 광고를 하는 것이 우월전략이다. 또한 기업A의 광고 여부에 관계없이 기업B도 광고를 하는 것이 우월전략이다. 두 기업이 모두 광고를 하는 것이 우월전략이므로 우월전략균형에서 두 기업의 이윤은 (55, 75)이다. 우월전략균형은 내쉬균형에 포함되므로 내쉬균형에서의 기업A의 이윤은 55이고, 기업B의 이윤은 75이다.

제2편 미시경제

제06장 생산요소시장과 소득분배이론

제1절 생산요소시장

1 생산요소시장의 개요

(1) 생산요소시장의 개념

① 생산요소시장이란 생산과정에 투입되는 노동, 토지, 자본 등 생산요소가 거래되는 시장을 의미한다.
② 생산요소시장에서는 가계가 생산요소의 공급자가 되고, 기업이 생산요소의 수요자가 된다.
③ 생산요소 공급은 가계의 효용극대화를 통하여 결정되고, 생산요소 수요는 기업의 이윤극대화 원리에 의하여 결정된다.

(2) 생산요소시장의 특징

① 노동, 토지, 자본 등 생산요소는 각각의 수요와 공급에 의해 결정된다.
② 생산요소의 수요는 그 요소의 한계생산성에 달려 있으므로 각 생산요소는 그 요소가 기여한 한계생산물의 가치만큼 수입을 올린다.

2 노동시장에서의 노동수요·공급·가격 결정

(1) 노동시장의 개요

① 노동시장이란 생산요소 중 하나인 노동이 거래되는 시장으로, 노동의 균형거래량과 균형가격(=임금)이 결정된다.
② 기업은 노동시장에서 노동수요자이고, 노동자는 노동공급자이다.
③ 노동시장이 완전경쟁시장이며, 그 노동을 투입하여 생산한 재화의 시장이 완전경쟁시장인 경우 노동수요곡선과 노동공급곡선이 만나는 점에서 노동의 균형거래량과 균형가격이 결정된다(한계가치생산물 = 명목임금).

대표유형문제

노동의 공급과 수요에 대한 다음 설명 중 옳지 않은 것을 모두 묶으면?

> 가. 노동의 생산성이 오르면 노동수요가 증가한다.
> 나. 노동의 생산성이 오르면 실질임금이 증가한다.
> 다. 여가보다 소비를 선호하면 노동공급이 증가한다.
> 라. 임금이 상승하면 일반적으로 노동 공급량이 감소한다.
> 마. 임금이 하락하면 일반적으로 노동 수요량이 감소한다.

① 가, 나
② 나, 다
③ 라, 마
④ 가, 라, 마
⑤ 나, 다, 마

해설
라. 임금이 상승하면 일반적으로 노동 공급량이 증가한다.
마. 임금이 하락하면 일반적으로 노동 수요량이 증가한다.

정답 ③

대표유형문제

다음 중 노동수요곡선과 노동공급곡선에 대한 설명으로 옳지 않은 것은?
① 노동공급곡선은 가계의 효용극대화로부터 도출된다.
② 노동수요곡선은 기업의 이윤극대화로부터 도출된다.
③ 노동수요곡선은 후방굴절의 형태를 띤다.
④ 노동시장이 수요독점인 경우에는 노동시장이 완전경쟁인 경우보다 임금이 낮다.
⑤ 노동시장과 재화시장이 완전경쟁일 때 노동수요는 임금과 한계생산물가치가 일치하는 점에서 결정된다.

해설
노동공급곡선은 후방굴절의 형태를 띤다.

정답 ③

④ 재화시장이 완전경쟁시장이라고 할 때, 노동시장이 수요독점이라면 완전경쟁일 때보다 고용량은 적고, 임금은 낮다.
⑤ 재화시장이 완전경쟁시장이라고 할 때, 노동시장이 공급독점이라면 완전경쟁일 때보다 고용량은 적고, 임금은 높다.

(2) 노동수요곡선의 도출

① 노동수요는 기업의 이윤극대화 과정에서 도출된다.
② 노동시장과 재화시장이 완전경쟁적인 경우 기업은 한계생산물가치($VMP_L = P \cdot MP_L$: 노동을 한 단위를 추가 투입하여 추가로 생산하는 생산물의 시장가치)와 명목임금(W)이 일치하는 점에서 노동수요량을 결정한다.

$$한계생산물가치(VMP_L) = 명목임금(W)$$

③ 수확체감의 법칙(노동투입량이 증가할수록 노동의 한계생산량이 체감)으로 인하여 노동수요량이 증가할수록 $P \cdot MP_L$은 작아지므로 노동수요곡선은 아래와 같이 우하향 한다.

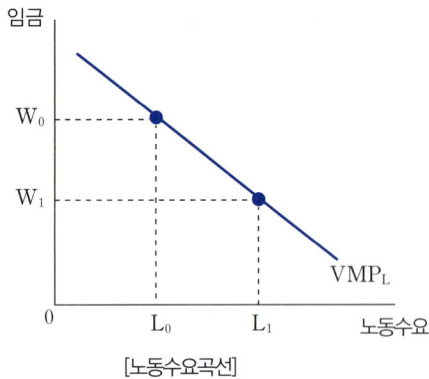

[노동수요곡선]

(3) 노동공급곡선의 도출

① 노동공급곡선은 가계의 효용극대화 과정에서 도출된다.
② 가계는 여가(24시간 - 노동시간)와 소득이 증가할수록 효용이 증가하며, 여가시간과 소득을 가지고 효용을 극대화한다.
③ 노동시간은 여가시간을 제외한 나머지 시간이다[$L = 24 - A$, L : 노동시간, A : 여가시간].
④ 소득은 노동시간과 임금에 의해 결정된다[$M = W \cdot 노동시간 = W \cdot (24-여가시간)$].

⑤ 임금이 상승한다는 것은 여가 가격(여가의 기회비용)의 상승을 의미한다.
⑥ 여가가 정상재인 경우, 임금이 상승하면 대체효과로 여가소비가 감소하고, 소득효과로는 여가소비가 증가한다. 따라서 대체효과가 더 크면 여가가 감소(노동공급이 증가)하고, 소득효과가 더 크면 여가가 증가(노동공급이 감소)한다.
⑦ 여가가 열등재인 경우, 임금이 상승하면 대체효과와 소득효과 모두 여가 감소(노동 증가)로 나타난다.
⑧ 일반적으로 소득수준이 낮은 경우에는 대체효과가 소득효과보다 더 커서 임금과 노동공급량의 관계를 나타내는 노동공급곡선이 우상향한다. 한편 소득수준이 높은 경우에는 대체효과보다 소득효과가 더 커서 노동공급곡선은 우하향한다. 이를 그래프로 나타내면 후방굴절의 형태가 되므로 이를 후방굴절공급곡선이라고 한다.

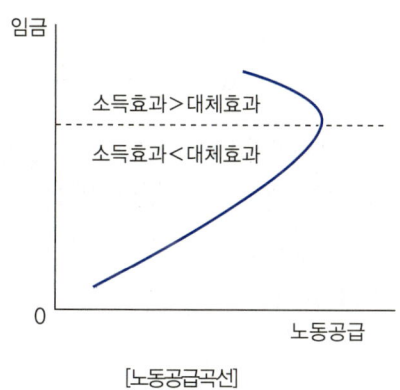

[노동공급곡선]

(4) 노동수요곡선과 노동공급곡선의 이동

① 임금 이외의 요소가 변화하면 노동수요곡선 및 노동공급곡선 자체가 이동한다.
② 노동수요곡선이 우측으로 이동하는 요인에는 한계생산량 증가, 산출물의 가격 상승, 다른 생산요소 가격의 상승 등이 있다.
③ 노동공급곡선이 우측으로 이동하는 요인에는 경제활동인구의 증가, 비근로소득의 감소 등이 있다.
④ 숙련편향적 기술 진보가 일어나면 숙련노동자의 수요곡선이 우측이동하여 숙련노동자의 임금이 상승한다. 한편 비숙련노동자의 수요곡선은 좌측이동하여 비숙련노동자의 임금이 하락한다. 이에 따라 숙련근로자와 비숙련근로자의 임금격차가 확대된다.

대표유형문제

다음 중 노동시장에 대한 설명으로 옳지 않은 것은?
① 한계생산량이 증가하면 노동공급곡선이 우측으로 이동한다.
② 재화시장에서 산출물의 가격이 상승하면 노동수요곡선이 우측으로 이동한다.
③ 숙련편향적 기술진보는 숙련노동자와 비숙련노동자의 임금 격차의 원인이다.
④ 여성의 경제활동참가율이 높아지면 노동공급곡선이 우측으로 이동한다.
⑤ 로봇 도입 등 노동절약적 기술진보는 노동수요곡선이 좌측으로 이동하는 요인이다.

해설

한계생산량의 증가는 노동수요곡선의 우측이동 요인이다. 노동수요자인 기업은 이윤극대화 과정에서 '한계생산물가치($VMP_L = P \cdot MP_L$) = 명목임금(W)'을 만족시키는 점에서 노동수요량을 결정한다. 노동수요곡선은 '한계생산물가치($VMP_L = P \cdot MP_L$) = 명목임금(W)'인 점을 연결한 선이므로, MP_L이 증가하면 VMP_L이 증가하여 노동수요곡선이 우측으로 이동하게 된다.

정답 ①

대표유형문제

근로자의 생산성을 높이기 위해 시장균형임금보다 높은 수준에서 지급되는 임금을 무엇이라고 하는가?
① 연봉제
② 성과급제
③ 최저임금
④ 효율성임금
⑤ 시간외 할증금액

해설
효율성임금이란 근로자의 임금의 크기가 생산성을 결정하는 요인이 된다는 이론으로 전통적인 임금이론과 반대되는 이론이다.

정답 ④

최신출제유형 24

완전경쟁적인 노동시장에 대한 설명으로 옳지 않은 것은?
① 비근로소득의 감소는 노동공급곡선을 우측으로 이동시킨다.
② 경제활동인구의 증가는 노동공급곡선을 우측으로 이동시킨다.
③ 생산물의 가격 상승은 노동수요곡선을 우측으로 이동시킨다.
④ 노동의 한계생산량이 상승하면 노동수요곡선을 우측으로 이동시킨다.
⑤ 숙련편향적 기술 진보는 숙련노동자의 수요곡선을 좌측으로 이동시키고, 비숙련노동자의 수요곡선을 우측으로 이동시켜 숙련노동자와 비숙련노동자의 임금격차는 확대된다.

해설
숙련편향적 기술 진보가 일어나면 숙련노동자의 수요곡선은 우측으로 이동하고, 비숙련노동자의 수요곡선은 좌측으로 이동하여 숙련노동자와 비숙련노동자의 임금격차는 확대된다.

정답 ⑤

3 노동시장에서 임금의 개요

(1) 임금의 개념

① 임금이란 노동자가 제공하는 노동의 대가를 의미한다.
② 임금은 명목임금(Nominal wage)과 실질임금(Real wage)으로 구분된다.

명목임금 (Nominal wage)	물가의 상승을 고려하지 않고 근로자가 노동의 대가로 받는 화폐액을 말한다.
실질임금 (Real wage)	물가상승을 고려한 돈의 실질적인 가치로 명목임금을 물가지수로 나눈 화폐액이다. 따라서 노동자의 생활수준은 실질임금에 의하여 좌우된다.

(2) 임금의 결정(한계생산성이론)

① 임금은 노동시장에서 노동의 수요와 공급에 의해 결정된다.
② 완전경쟁시장의 경우 명목임금은 한계생산물의 가치와 일치한다.

$$W = MP_L \times P$$

③ 생산물시장에서 재화가격(P)이 결정되면 노동의 한계생산성(MP_L)에 의해 임금이 결정되는데, 이를 한계생산성이론이라고 한다.
④ 불완전경쟁시장의 경우 임금수준은 달라질 수 있으나 기본적으로 임금은 생산성에 의해 결정된다.

4 임금결정에 관한 학설

(1) 임금결정에 관해 임금생존비설, 임금기금설, 노동가치설 등 다양한 학설이 제시되고 있다.

임금생존비설	• 장기적으로 근로자와 그의 부양가족을 부양하는 데 필요한 최저수준의 생존비의 크기에 따라 임금이 결정된다는 학설이다. • 임금상승은 노동인구의 증가를 가져오고, 이에 따른 노동공급 증가가 임금을 다시 생존비 수준으로 복귀시킨다고 주장한다.
임금기금설	• 어느 한 시점에서 근로자 측의 임금으로 지불될 수 있는 부의 총액 또는 기금을 노동자 수로 나누어 임금이 결정된다는 학설이다. • 임금기금은 장기적으로는 가변적이나 단기적으로는 일정 수준을 유지하기 때문에 평균임금이 근로자의 수와 밀접한 관계를 가진다고 주장한다.

노동가치설	• 노동력의 가치는 노동자계급의 유지와 재생산에 필요한 생존수단을 생산하는데 필요한 노동시간에 의해 결정된다는 학설이다. • 노동만이 모든 가치를 창조하고 이 때 생산된 총가치는 근로자에게 지불되는 임금보다 크며 나머지는 잉여가치로서 자본가가 수취한다는 이론이다.

(2) 이 밖에도 효율성 임금, 보상적 임금격차 등 특이한 임금결정이론이 제시되고 있다.

효율성임금	• 근로자의 임금의 크기가 생산성을 결정하는 요인이 된다는 이론으로 전통적인 임금이론과 반대되는 이론이다. • 근로자의 임금이 높으면 근로자들의 이직률이 줄어들고, 직장을 잃지 않으려고 열심히 일하게 되며, 인재들이 입사하게 되므로 자연적으로 생산성이 올라간다는 것이다. • 하지만 다수의 기업이 이와 같은 임금을 지급하고 있다면 임금이 비탄력적이어서 경기불황 시에 실업확대가 더욱 커진다는 문제가 발생한다.
보상적 임금격차	• 비금전적인 직업 속성의 차이를 보상해주기 위한 임금의 차이를 의미한다. 즉, 나쁜 조건을 가진 직업이 좋은 조건을 가진 직업에 비해 균형임금 수준이 높은 경향이 있다. • 예를 들어 광부, 야간 근무 노동자 등과 같이 나쁜 조건을 가진 곳에서 근무할 경우 보상적 임금은 양(+)의 값을 가질 것이다.

> **대표유형문제 최신출제유형 25**
> 보상적 임금격차에 대한 설명으로 옳지 않은 것은?
> ① 야간에 근무하는 노동자일 경우 보상적 임금은 양의 값을 가질 것이다.
> ② 보상적인 임금격차가 적절하게 기능한다면 3D 업종의 구인난이 해소될 수 있다.
> ③ 물가가 비싼 지역에서 근무하는 노동자의 경우 보상적 임금은 음의 값을 가질 것이다.
> ④ 상대적으로 열악한 작업환경과 위험업무를 수행하는 광부의 임금은 일반 공장 노동자의 임금보다 높을 것이다.
> ⑤ 건물 외벽을 청소하는 노동자의 경우 보상적 임금은 양의 값을 가질 것이다.
>
> **해설**
> 물가가 비싼 지역에서 근무하는 노동자의 경우 보상적 임금은 양의 값을 가질 것이다.
>
> **정답** ③

제2절 소득분배이론

1 계층별 소득분배이론

(1) 개 념

① 계층별 소득분배란 소득의 원천에 관계없이 고소득층과 저소득층 간의 소득분배를 연구하는 분야이다.
② 사회적으로 볼 때 분배정의 실현, 빈곤층 문제 등과 연결되어 있어 매우 중요한 분야이다.

대표유형문제 | **최신출제유형 24**

소득 불평등에 대한 다음 설명 중 옳지 않은 것은?

① 10분위분배율은 중간계층의 소득분포를 잘 반영하지 못한다는 단점이 있다.
② 10분위분배율이 2에 가까워질수록 소득분배가 균등함을 나타낸다.
③ 로렌츠곡선은 대각선에 가까울수록 소득분배가 평등하다는 것을 의미한다.
④ 로렌츠곡선은 인구의 누적점유율과 소득의 누적점유율 간의 관계를 나타낸다.
⑤ 지니계수가 0이면 소득이 완전불평등하게, 1이면 완전평등하게 분배된 것이다.

해설
지니계수가 0이면 소득이 완전평등하게, 1이면 완전불평등하게 분배된 것이다.

정답 ⑤

대표유형문제

다음은 10분위분배율을 측정하는 방법이다. 괄호 안에 알맞은 내용은?

$$10분위분배율 = \frac{(Ⓐ)소득계층의 소득}{(Ⓑ)소득계층의 소득}$$

① Ⓐ 최하위 40%, Ⓑ 최상위 20%
② Ⓐ 최하위 40%, Ⓑ 최상위 40%
③ Ⓐ 최하위 20%, Ⓑ 최상위 20%
④ Ⓐ 최하위 20%, Ⓑ 최상위 40%
⑤ Ⓐ 최하위 10%, Ⓑ 최상위 20%

해설
10분위분배율
$$= \frac{(최하위\ 40\%)소득계층의 소득}{(최상위\ 20\%)소득계층의 소득}$$

정답 ①

---

(2) 발생원인

① 능력, 노력, 교육기회, 상속재산 등의 차이와 같은 개인적인 요인이 있다.
② 신분제도, 경제정책, 조세제도, 사회복지제도 등과 같은 사회적인 요인이 있다.
③ 경제구조 변화, 자산가격 변동 등과 같은 기타 요인이 있다.

2 계층별 소득분배의 측정방법

(1) 10분위분배율

① 개념 및 측정방법
  ㉠ 10분위분배율이란 상위 20%의 소득합계에 대한 하위 40%의 소득합계의 비율을 의미한다.

  $$10분위분배율 = \frac{최하위\ 40\%\ 소득계층의 소득}{최상위\ 20\%\ 소득계층의 소득}$$

  ㉡ 10분위분배율은 0~2 사이의 값을 나타내며, 그 값이 클수록 소득분배가 균등함을 의미한다.
  ㉢ 즉, 소득분배가 완전히 균등하면 10분위분배율 값은 2이고, 소득분배가 완전히 불균등하면 10분위분배율 값은 0이다.

② 평 가
  ㉠ 이론적인 바탕이 빈약하지만 측정이 간단하여 실제 소득분배 측정 시 많이 이용된다.
  ㉡ 사회구성원 전체의 소득분배상태를 보여주지 못하는 한계가 존재한다.

(2) 로렌츠곡선

① 개념 및 측정방법
  ㉠ 로렌츠곡선이란 인구의 누적점유율과 소득의 누적점유율 간의 관계를 나타내는 곡선이다.
  ㉡ 로렌츠곡선은 소득분배가 균등할수록 대각선에 가까워진다. 즉, 로렌츠곡선이 대각선에 접극할수록 평등한 분배상태이며, 직각에 접근할수록 불평등 분배상태이다.

ⓒ 로렌츠곡선과 대각선 사이의 면적의 크기가 불평등도를 나타내는 지표가 된다.

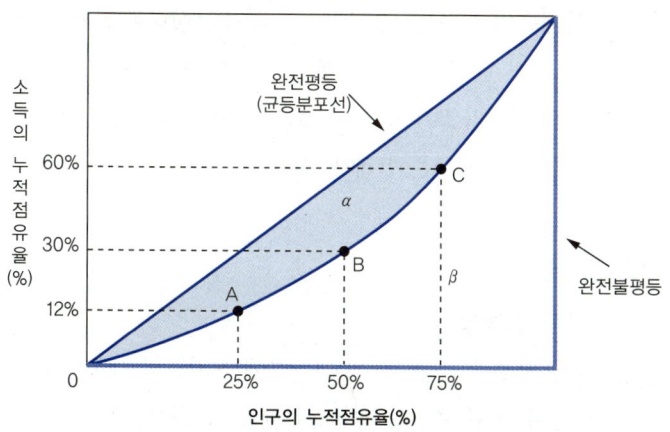

ⓔ 로렌츠곡선상의 점A는 소득액 하위 25% 인구가 전체 소득의 12%를, 점B는 소득액 하위 50% 인구가 전체 소득의 30%를, 점C는 소득액 하위 75% 인구가 전체 소득의 60%를 점유하고 있음을 의미한다.

② 평 가

ⓐ 로렌츠곡선이 서로 교차하는 경우에는 소득분배상태를 비교할 수 없다.

ⓑ 소득별 분배상태를 한 눈에 볼 수 있으나, 비교하고자 하는 수만큼 그려야 하는 단점이 있다.

(3) 지니계수

① 개념 및 측정방법

ⓐ 지니계수란 로렌츠곡선이 나타내는 소득분배상태를 하나의 숫자로 나타낸 것을 말한다.

ⓑ 지니계수는 완전균등분포선과 로렌츠곡선 사이에 해당하는 면적(α)을 완전균등분포선 아래의 삼각형 면적($\alpha+\beta$)으로 나눈 값이다.

$$지니계수 = \frac{\alpha}{\alpha+\beta}$$

ⓒ 지니계수는 0~1 사이의 값을 나타내며, 그 값이 작을수록 소득분배가 균등함을 의미한다.

ⓓ 즉, 소득분배가 완전히 균등하면 $\alpha=0$이므로 지니계수는 0이 되고, 소득분배가 완전히 불균등하면 $\beta=0$이므로 지니계수는 1이 된다.

대표유형문제 최신출제유형 23|25

다음은 어떤 나라의 지니계수를 보여주고 있다. 옳은 설명을 모두 고른 것은?

A시기 : 0.50, B시기 : 0.35,
C시기 : 0.76, D시기 : 0.27,
E시기 : 0.98

가. A시기와 B시기의 로렌츠곡선은 서로 교차한다.
나. E시기의 소득이 가장 균등하게 분배되어 있다.
다. D시기의 로렌츠곡선이 C시기의 로렌츠곡선보다 완전균등분배선에 근접해 있다.

① 가
② 나
③ 다
④ 가, 나
⑤ 가, 나, 다

해설
가. 지니계수만으로는 로렌츠곡선의 교차 여부를 알 수 없다.
나. 지니계수는 소득이 균등하게 분포되어 있을수록 0에 가깝다.

정답 ③

대표유형문제

개인 A의 소득은 10이고, 개인 B의 소득은 2라고 가정하고, 사회적 후생함수가 $W=Y_1+Y_2$라고 하자. 이 경우 앳킨슨지수의 값은 얼마인가?

① 0
② 0.2
③ 0.4
④ 0.6
⑤ 0.8

해설

A의 소득이 10이고, B의 소득이 2일 때, 사회후생은 12이고 평균소득은 6이 된다. 개인 A와 B에게 모두 균등하게 6씩 나누어 주면 마찬가지로 사회후생이 12가 되므로 균등분배대등소득은 6이 된다. 따라서 앳킨슨지수는 0이다.

$$A = 1 - \frac{Y_e}{\overline{Y}} = 1 - \frac{6}{6} = 0$$

정답 ①

② 평 가
- ㉠ 지니계수는 전 계층의 소득분배를 하나의 숫자로 나타내므로 특정 소득계층의 소득분배상태를 나타내지 못한다는 한계가 있다.
- ㉡ 또한 특정 두 국가의 지니계수가 동일하더라도 각 소득구간별 소득격차의 차이가 모두 동일한 것은 아니며, 전반적인 소득분배의 상황만을 짐작하게 하는 한계가 있다.

(4) 앳킨슨지수

① 개념 및 측정방법
- ㉠ 앳킨슨지수란 균등분배의 전제하에서 지금의 사회후생 수준을 가져다 줄 수 있는 평균소득(균등분배대등소득)이 얼마인가를 주관적으로 판단하고 그것과 한 나라의 1인당 평균소득을 비교하여 그 비율을 따져보는 것이다.
- ㉡ 즉, 현재의 평균소득과 균등분배대등소득을 이용하여 소득분배상태를 측정한다.

$$A = 1 - \frac{Y_e}{\overline{Y}}$$

(Y_e : 균등분배대등소득, $\overline{Y}$: 현재의 평균소득)

- ㉢ 앳킨슨지수의 값은 0~1 사이의 값을 나타내며, 그 값이 작을수록 소득분배가 균등함을 의미한다.

② 평 가
- ㉠ 앳킨슨지수는 평가자의 주관적 가치판단을 고려하는 지수로 소득분배가 불평등하다고 여길수록 지수가 커진다.
- ㉡ 사회구성원들이 공정성을 중시하여 소득분배에 큰 가중치를 부여할수록 균등분배대등소득이 작아지므로 앳킨슨지수는 높아진다.

3 소득재분배를 위한 정책수단

(1) 누진세제

① 소득이 증가할수록 점점 높은 세율로 과세하는 누진세제는 계층 간의 소득격차를 줄이는 역할을 한다.

② 누진세와 대립되는 개념으로 역진세(Regressive tax)가 있다.

구분	누진세(Progressive Tax)	역진세(Regressive Tax)
개념	과세 물건의 수량이나 금액이 증가함에 따라 세율이 높아지는 조세를 의미한다.	과세 물건의 수량 또는 금액이 증가함에 따라 세율이 낮아지는 조세를 의미한다.
종류	직접세	간접세
특징	고소득자에게는 높은 세금을, 저소득자에게는 낮은 세금을 부과하여 소득분배의 불평등 문제를 완화시킨다.	고소득자나 저소득자에게 똑같은 세액을 부과하기 때문에 조세부담률은 저소득자일수록 높아지게 되어 소득분배의 불평등 문제를 강화시킨다.

(2) 부의 소득세제

① 부의 소득세제란 일정소득 이상의 소득자에게는 정상적으로 과세하지만, 일정소득에 미달한 소득자에게는 부(-)의 세율을 적용하여 계산한 금액을 지원하는 제도이다.

② 부의 소득세제는 소득세제와 보조금제도를 결합한 제도이다.

③ 부의 소득세제를 적용하면 노동자의 근로의욕을 저해할 수 있다는 단점이 있다.

(3) 사회보장제도

① 사회보장제도는 국민연금, 의료보험, 고용보험과 같이 보험원리에 따라 운영되는 사회보험과, 빈곤층에 대해 직접적인 보조금을 지급하는 공공부조로 구성된다.

② 사회보험은 보험원리에 따라 운용되기 때문에 소득재분배효과가 그리 크지 않으나 공공부조는 직접 저소득층에게 생계비 등을 지원하므로 재분배효과가 상당히 크다.

(4) 최저임금제

① 최저임금제가 도입되면 소득이 낮은 근로자들이 최소한 일정한 소득을 얻을 수 있게 되나 최저임금제로 임금이 상승하면 고용량이 감소하는 문제가 발생할 수 있다.

② 최저임금제로 더 높은 소득을 얻게 된 노동자의 생활수준은 개선될 수 있으나 해고된 노동자들은 오히려 불리해지므로 최저임금제가 반드시 저소득층에게 도움이 되는지는 명확하지 않다.

대표유형문제

다음 괄호 안에 들어갈 경제 용어를 바르게 나타낸 것은?

쿠즈네츠의 (㉮)자 가설이란 (㉯)와 (㉰)의 상관관계를 나타낸다. 이를 그림으로 그릴 때 가로축에 (㉯), 세로축에 (㉰)를 나타내면 (㉮)자 모양이 되기 때문에 (㉮)자 가설이라고 한다.

	㉮	㉯	㉰
①	U	경제발전단계	소득분배의 균등도
②	U	소득분배의 균등도	경제발전단계
③	V	소득분배의 균등도	소득분배의 균등도
④	V	소득분배의 균등도	소득분배의 균등도
⑤	역U	경제발전단계	소득분배의 균등도

해설

쿠즈네츠의 U자 가설이란 경제발전단계와 소득분배균등도의 상관관계를 나타내는 것으로 가로축에 경제발전단계, 세로축에 소득분배의 균등도를 나타내면 U자 모양으로 그래프가 그려진다는 것이다. 이 가설에 따르면 경제발전의 초기단계에는 소득분배의 불균등이 심화되지만 경제발전 후기단계로 감에 따라 소득분배불균등도가 완화된다.

정답 ①

대표유형문제

경제적 지대와 준지대에 대한 설명으로 옳지 않은 것은?

① 경제적 지대란 생산요소가 실제로 얻고 있는 수입과 이전수입과의 차액이다.
② 준지대는 내구자본설비의 용역에 대해 지불되는 일종의 지대이다.
③ 정부규제가 많을수록 지대추구행위는 활발해진다.
④ 생산요소의 공급이 완전탄력적일수록 경제적 지대는 커진다.
⑤ 준지대는 총수입에서 가변요소에 대한 보수를 치른 후 남게 되는 고정요소에 대한 보수이다.

해설

생산요소의 공급이 비탄력적일수록 경제지대는 커지고 이전수입은 작아진다. 요소공급이 완전비탄력적이면 요소소득 전부가 경제지대이고 요소공급이 완전탄력적이면 요소소득 전부가 이전수입이다.

정답 ④

④ 기능별 소득분배(지대)

(1) 지대의 개념

① 지대란 토지소유주가 그 토지의 사용자로부터 토지의 사용에 대하여 징수하는 임대료를 말한다.
② 지대는 토지뿐만 아니라 공급이 고정된 생산요소에 대한 보수를 통칭하는 개념으로, 지대는 순수하게 수요측 요인에 의해 결정된다.

(2) 이전수입(전용수입)

① 이전수입(전용수입)이란 기업의 입장에서는 어떤 생산요소가 현재 용도에서 다른 용도로 이전하지 않도록 하기 위해 지급해야 하는 최소한의 금액을 말한다.
② 반면, 요소공급자의 입장에서는 생산요소를 현재의 공용상태에 제공하는 것과 관련한 기회비용을 의미한다.

(3) 경제적 지대

① 경제적 지대(Economic rent)란 생산요소가 얻는 소득 중에서 기회비용을 초과하는 부분으로 생산요소공급자의 잉여에 해당한다.
② 경제적 지대는 생산요소의 공급이 비탄력적이기 때문에 발생하는 추가적인 소득으로서 개념상 생산요소공급자의 공급자잉여와 동일하다.
③ 생산요소공급의 탄력성과 경제적 지대

요소공급의 탄력성	완전탄력적 ($\varepsilon = \infty$)	일반적인 경우 ($0 < \varepsilon < \infty$)	완전비탄력적 ($\varepsilon = 0$)
그림	이전수입	경제적 지대 / 이전수입	경제적지대
경제적 지대	요소소득 = 이전수입	요소소득 = 경제적 지대 + 이전수입	요소소득 = 경제적 지대

④ 재능의 희소성으로 노동공급이 비탄력적인 유명 연예인, 뛰어난 운동선수 등이나, 제도적으로 노동공급이 제한되므로 노동공급이 비탄력적인 의사, 변호사 등이 높은 소득을 얻는 것이 경제적 지대의 대표적 사례이다.

(4) 지대추구행위

① 지대추구행위란 고정된 생산요소로부터 발생하는 경제적 지대를 얻거나 지키려고 노력하는 것을 의미한다.
② 이런 지대추구행위는 자신의 이익을 위해 로비, 약탈, 방어 등 비생산적인 활동에 경쟁적으로 자원을 낭비하는 현상이므로 사회적 후생손실을 초래한다.
③ 예를 들어 변호사 협회에서 로스쿨 선발인원 제한을 요구하는 것 등으로 일반적으로 정부의 각종 규제가 많아질수록 지대추구행위는 활발해지는 경향이 있다.

(5) 준지대

① 준지대란 공장설비 등과 같이 단기적으로 고정된 생산요소에 대한 보수로 정의된다.

준지대 = 총수입 − 총가변비용 = 총고정비용 + 초과이윤(or초과손실)

② 토지 사용에 대한 차액지대가 영구적 성격을 가지는 데 비하여 준지대는 일시적 성격을 갖는다.
③ 경제적 지대와 준지대 비교

	경제적 지대	준지대
개념	생산요소 공급자가 얻는 잉여	단기에 고정생산요소가 얻는 보수
측정방법	생산요소의 총보수 − 이전수입	총수입 − 총가변비용
발생기간	단기와 장기 모두 발생가능	단기에만 발생
결정요인	생산요소공급이 비탄력적일수록 커짐	재화가격이 높을수록, 총가변비용이 작을수록 커짐

대표유형문제

생산물 시장에서 단기에 완전경쟁기업은 준지대를 얻을 수 있다. 다음의 조건 하에서 준지대의 크기는 얼마인가?

> 이윤극대화 산출량은 100단위 이며, 이 산출량 수준에서 한계비용 30, 평균비용 15, 평균가변비용 12이다.

① 300
② 1,200
③ 1,500
④ 1,800
⑤ 2,100

해설
완전경쟁기업의 이윤극대화 산출량에서 가격은 한계비용과 같이 30이다. 준지대 = 총고정비용 + 초과이윤 = 100(15 − 12) + 100(30 − 15) = 300 + 1,500 = 1,800

정답 ④

제2편 미시경제

제06장 출제예상문제

01 최신출제유형 23
다음 사례에서 설명하는 임금결정이론은?

> A기업이 직원채용 시 월 300만 원을 지급하여 10명을 채용할 경우 B등급의 인재가 100명 지원하고 A등급의 인재는 5명 지원한다고 가정하자. 합리적인 면접을 통하더라도 A등급 인재를 최대 5명밖에 수용하지 못할 것이다. 그러나 만약 급여를 월 400만 원으로 인상하여 지원자 수가 B등급 200명, A등급 50명으로 증가한다고 가정하면, A등급 50명 중에서 채용인원 10명을 모두 수용할 수 있다.

① 한계생산성이론
② 효율성임금이론
③ 보상적 임금격차이론
④ 임금생존비이론
⑤ 노동가치이론

해설 효율성임금이론이란 평균임금보다 높은 임금을 지급해주는 것을 유인으로 생산성 높은 노동자를 채용하여 생산성을 결정짓는 이론이다.

02 최신출제유형 25
보상적 임금격차에 대한 다음 설명 중 틀린 것은?

① 오염된 지역이나 물가가 비싼 지역에서 근무할 경우 보상적 임금은 양(+)의 값을 나타낼 것이다.
② 보상적 임금격차 개념에 기초할 때 높은 승진 가능성이 있는 직업에서는 낮은 임금이 형성될 가능성이 크다.
③ 비슷한 교육수준에도 불구하고 대학 교수들이 의사나 변호사에 비해 낮은 임금을 받는 것은 보상적 임금격차로 설명할 수 있다.
④ 비금전적 측면에서 매우 매력적인 직업일수록 보상적 임금은 음(-)의 값을 갖게 된다.
⑤ 대기업의 근로자들은 중소기업의 근로자들보다 좋은 환경에서 근무하므로 보상적 임금은 음(-)의 값을 가질 것이다.

정답 1 ② 2 ⑤

| 해설 | 대기업의 임금은 중소기업보다 높은데, 이러한 임금격차를 설명하는 이론 중 대기업은 엄격한 규율로 종업원을 제재하므로 이에 보상하려는 것이라는 주장이 있다.

03 다음 사례와 관련하여 가장 옳지 않은 것은?

[최신출제유형] 25

> 도시지역에 발령받은 공무원 보다 섬지역에 발령 받은 공무원의 임금이 더 높다.

① 광산 노동자처럼 사고 위험이 높은 직종은 더 높은 임금을 받는다.
② 외딴 지역의 근무자는 생활의 불편함을 보상받기 위해 더 높은 임금을 받는다.
③ 비금전적 측면에서 매력적인 일자리는 임금이 상대적으로 낮다.
④ 외국인 노동자에게 낮은 임금을 지급하는 현상은 보상적 임금격차에 해당한다.
⑤ 더 비싼 훈련이 요구되는 직종의 임금이 상대적으로 더 높다.

| 해설 | 보상적 임금격차는 노동강도의 차이, 작업환경의 차이, 교육·훈련비용의 차이 등에 따라 발생하는 임금격차를 말한다. 외국인 노동자에 대한 임금격차는 보상적 임금격차가 아니라 일종의 차별이다.

04 아담 스미스(A. Smith)의 보상적 임금격차의 요인으로 옳은 것을 모두 고르면?

> 가. 노동의 난이도
> 나. 작업의 쾌적도
> 다. 임금의 불안정성
> 라. 요구되는 교육·훈련의 차이
> 마. 사회적 평판의 차이

① 가, 나
② 나, 다
③ 가, 나, 다, 마
④ 나, 다, 라, 마
⑤ 가, 나, 다, 라, 마

| 해설 | 보상적 임금격차란 작업환경의 차이, 노동의 난이도 차이, 임금의 불안정성의 존재여부, 교육·훈련의 차이, 직업에 대한 사회적 평판의 차이 등에 따른 임금격차를 의미한다.

정답 3 ④ 4 ⑤

05
아래 그래프는 A재 시장과 A재 생산에 특화된 노동시장의 상황을 나타낸 것이다. 이에 대한 분석으로 옳은 것을 모두 고르면?

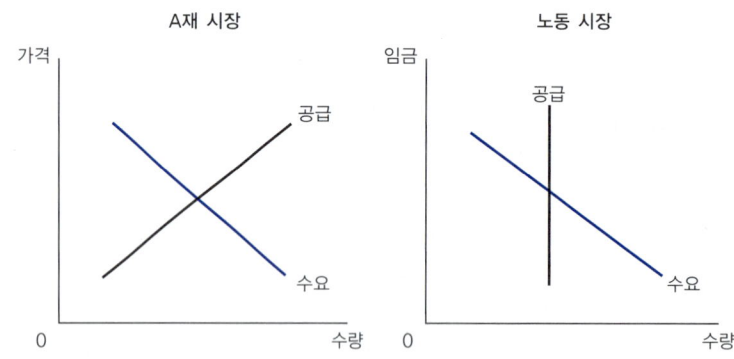

가. A재에 대한 수요가 증가하면 고용량이 늘어난다.
나. A재에 대한 수요가 증가하면 임금이 상승한다.
다. 노동공급이 증가하면 A재 가격이 상승한다.
라. 노동공급이 증가하면 A재 거래량이 증가한다.
마. 노동공급이 감소하면 A재 수요곡선이 이동한다.

① 가, 다
② 나, 라
③ 가, 나, 라
④ 가, 라, 마
⑤ 나, 다, 마

해설 가. A재에 대한 수요가 증가하면 A재의 생산량이 증가하므로 A재에 특화된 노동에 대한 수요가 증가한다. 그러나 노동공급곡선이 수직선이므로 노동수요가 증가하더라도 고용량은 변하지 않고 임금만 상승하게 된다.
다. 노동공급이 증가하면 임금이 하락하므로 A재의 생산비용이 낮아진다. 이로 인해 A재 시장에서 공급곡선이 오른쪽으로 이동하므로 A재의 가격은 하락하고 거래량은 증가한다.
마. 노동공급이 감소하면 임금이 상승하므로 A재 생산비용이 상승하여 A재의 공급곡선이 왼쪽으로 이동한다.

06
임금수준과 노동공급량에 대한 설명으로 가장 적절한 것은?

① 임금이 상승하면 시장의 노동공급량은 항상 감소한다.
② 임금수준은 상승하고 근로시간은 줄었다면, 노동공급곡선은 항상 음(-)의 기울기를 갖는다.
③ 임금의 상승은 재화와 여가 모두의 소비를 늘리는 대체효과를 갖는다.
④ 임금의 상승은 재화의 소비를 줄이고 여가의 소비를 늘리는 소득효과를 갖는다.
⑤ 임금이 상승할 때 개인의 노동공급량은 대체효과와 소득효과의 크기에 따라 증감한다.

해설 임금이 상승할 때 개인의 노동공급량의 증가여부는 대체효과와 소득효과의 상대적인 크기에 의해 결정된다.

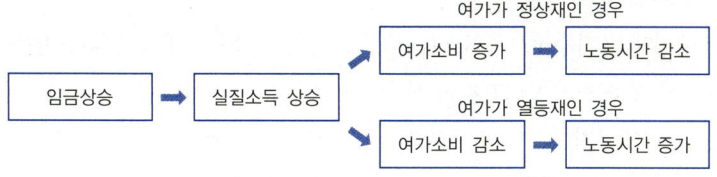

07 생산요소시장에 관한 설명으로 옳지 않은 것은?(단, 생산물시장과 생산요소시장을 완전경쟁시장으로 가정한다)

① 노동과 생산요소에 대한 수요는 재화와 서비스의 생산을 위해 요소들을 사용하는 기업에서 나오는 파생수요이다.
② 이윤극대화를 추구하는 기업은 한계생산물가치가 요소가격과 같아지는 점에서 요소고용량을 결정한다.
③ 노동공급곡선이 우상향한다는 것은 임금이 상승하면 여가시간을 늘린다는 의미이다.
④ 생산요소들은 함께 투입되므로 한 요소의 공급량의 변화는 다른 요소들의 소득에 영향을 미친다.
⑤ 생산요소에 대한 수요는 그 요소의 한계생산물가치를 반영하므로, 균형상태에서 각 요소는 한계생산물가치만큼의 보수를 받는다.

해설 우상향의 노동공급곡선은 임금상승 시 노동자들이 노동시간을 늘린다는 의미이다. 이는 임금상승 시 노동자의 여가시간이 감소함을 의미한다.

08 다음 중 소득격차를 나타내는 지표가 아닌 것은?

① 10분위 분배율
② 로렌츠 곡선
③ 지니계수
④ 엥겔지수
⑤ 앳킨슨지수

해설 엥겔지수는 전체 소비지출 중에서 식료품비가 차지하는 비중을 표시하는 지표로써 특정 계층의 생활 수준만을 알 수 있다.

정답 7 ③ 8 ④

09 소득분배에 관한 설명으로 옳지 않은 것은?

① 로렌츠곡선은 소득분배상태를 기수적으로 표현해주므로 한눈에 소득분배상태의 변화를 알 수 있다.
② 지니계수는 0과 1 사이의 값을 가지며, 그 값이 작을수록 소득분배가 평등함을 나타낸다.
③ 쿠즈네츠의 U자 가설은 경제발전단계와 소득분배의 균등도의 관계를 설명하고 있다.
④ 10분위분배율은 최하위 40% 소득계층의 소득점유율을 최상위 20% 소득계층의 소득점유율로 나눈 비율이다.
⑤ 앳킨슨지수는 균등분배대등소득 개념을 도입하여 불평등에 대한 가치판단을 하기 위한 것이다.

해설 로렌츠곡선은 소득분배상태를 서수적으로 표현하고 있기 때문에 로렌츠곡선이 대각선에 가까워지면 소득분배가 평등해진 것은 분명하지만 어느 정도 평등해졌는지를 판단하는 것은 불가능하다.

10 다음은 소득분배에 대한 설명이다. 옳은 것을 모두 고른 것은?

> 가. 생산물시장 및 생산요소시장이 완전경쟁일 때, 기업이 고용하는 노동의 한계생산력 가치는 임금과 일치한다.
> 나. 생산요소가 노동과 자본뿐이라고 할 때, 요소의 대체탄력도가 1보다 작다면 노동의 상대가격 상승은 자본의 분배비율을 크게 만든다.
> 다. 10분위분배율의 크기가 크면 클수록, 또는 지니계수의 크기가 작을수록 소득은 더욱 균등하게 분배되었다고 본다.
> 라. 간접세 비중이 높아지면 지니계수가 낮아진다.

① 가, 나   ② 가, 다   ③ 가, 라   ④ 나, 다   ⑤ 나, 라

해설
가. 생산물시장과 생산요소시장이 완전경쟁일 때는 $W = MP_L \times P = VMP_L$이 성립한다.
나. 요소의 대체탄력성이 1보다 작은 경우에는 임금이 1% 상승하더라도 노동고용량은 1% 미만으로 감소하므로 노동소득분배비율이 증가한다.
다. 10분위 분배율은 0과 2 사이의 값을 나타내며, 그 값이 클수록 소득분배가 균등하다. 한편, 지니계수는 0과 1 사이의 값을 나타내며, 그 값이 작을수록 소득분배가 균등하다.
라. 간접세의 역진적 성격에 따라 간접세 비중이 높아지면 소득분배가 불균등해지기 때문에 지니계수가 높아진다.

11 소득분배에 관한 다음 설명 중 옳은 것은?

① 로렌츠곡선이 대각선과 일치할 때 지니계수는 1의 값을 갖는다.
② 소득세에 종합소득세제를 도입하면 로렌츠곡선이 대각선에서 멀어지고, 누진세제를 강화하면 10분위 분배율이 낮아진다.
③ 생산성의 변화는 소득의 기능적 분배에 영향을 준다.
④ 임금이 상승하면 노동의 분배 몫은 항상 증가한다.
⑤ 만약 어떤 사회가 공평한 소득분배를 매우 지향하고 있다면 앳킨슨지수는 그렇지 않은 경우보다 낮아질 것이다.

해설 소득의 기능적 분배는 시장에서 각 생산요소의 한계생산에 따른 소득분배이다.
① 로렌츠 곡선이 대각선과 일치하면 소득분배가 완전히 평등하므로 지니계수는 0의 값을 갖는다.
② 누진세와 종합소득세가 강화되면 소득분배가 균등해져 로렌츠곡선은 대각선에 가까워지고 10분위분배율은 높아진다.
④ 생산요소 간 완전대체관계에서는 임금이 상승하면 노동고용량이 0이 되어 노동소득이 없을 수도 있다.
⑤ 만약 어떤 사회가 공평한 소득분배를 지향하고 있다면 균등분배대등소득이 아주 낮을 것이므로 앳킨슨지수는 커질 것이다.

12 어느 경제의 로렌츠곡선이 아래의 그림과 같이 주어져 있다. 다음 중 옳은 것은?

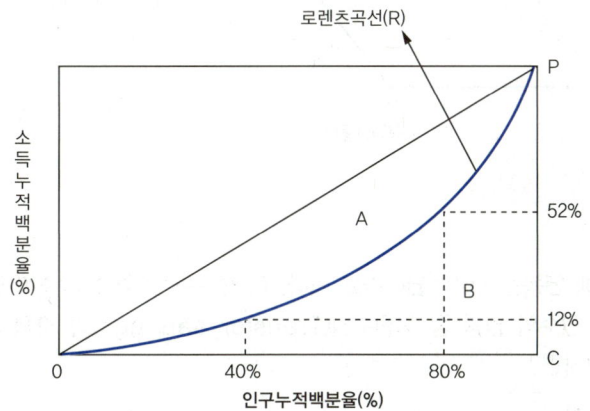

① 10분위분배율의 값은 4이다.
② 지니계수는 삼각형 OCP 면적을 면적 A로 나눈 값으로 산출한다.
③ 중산층 붕괴현상이 발생하면 A의 면적은 감소하고, B의 면적은 증가한다.
④ 불경기로 인해 저소득층의 소득이 상대적으로 크게 감소하면 A의 면적이 커진다.
⑤ 미국의 서브프라임모기지 사태는 로렌츠곡선을 대각선에 가깝도록 이동시킨다.

정답 11 ③ 12 ④

해설 ① 10분위분배율 = $\frac{\text{최하위 40\% 소득계층의 소득}}{\text{최상위 20\% 소득계층의 소득}}$ = $\frac{12\%}{(100-52)\%}$ = $\frac{1}{4}$

② 지니계수는 면적A를 삼각형 OCP 면적(A + B)으로 나눈 값이다. 즉, $\frac{\text{A면적}}{\triangle\text{OCP면적}}$ = $\frac{A}{A+B}$ 의 값이 지니계수이다.

③ 중산층 붕괴 시 A의 면적은 증가하고, B의 면적은 감소한다.

⑤ 미국의 서브프라임모기지 사태는 로렌츠곡선을 대각선에서 멀리 이동시킨다.

13
어느 나라 국민의 50%는 소득이 전혀 없고, 나머지 50%는 모두 소득 100을 균등하게 가지고 있다면 지니계수의 값은 얼마인가?

① 0   ② 1   ③ $\frac{1}{2}$ ④ $\frac{1}{4}$ ⑤ $\frac{1}{5}$

해설 국민의 50%가 소득이 전혀 없고, 나머지 50%에 해당하는 사람들의 소득은 완전히 균등하게 100씩 가지고 있으므로 로렌츠곡선은 아래 그림과 같다. 그러므로 지니계수는 다음과 같이 계산한다.

지니계수 = $\frac{A}{A+B}$ = $\frac{1}{2}$

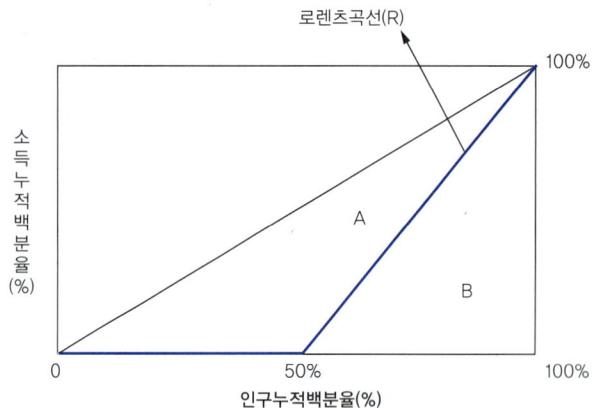

14
운동선수 A의 올해 연봉은 50억 원이라고 한다. 이 선수는 15억 원만 받아도 운동을 계속할 생각을 가지고 있다. 이 경우 이 선수의 연봉 중 이전수입(Transfer earnings)과 경제적 지대(Economic earnings)의 크기를 각각 구하면?

① 15억 원, 35억 원   ② 15억 원, 50억 원   ③ 35억 원, 15억 원
④ 35억 원, 50억 원   ⑤ 50억 원, 15억 원

해설 이전수입이란 어떤 생산요소가 현재 용도에서 다른 용도로 이전하지 않도록 하기 위해서 기업이 지급해야 하는 최소한의 금액을 말하며, 경제적 지대란 생산요소가 얻는 소득 중에서 기회비용을 초과하는 부분으로 생산요소공급자의 잉여에 해당한다. 이 문제의 선수는 15억 원만 받아도 운동을 계속할 것이므로 생산요소공급에 따른 기회비용인 이전수입은 15억 원이 되고, 생산요소공급자가 수취하는 금액에서 이전수입을 제한 경제적 지대의 크기는 35억 원이다. 한편, 요소소득은 이전수입과 경제적 지대의 합으로 도출된다.

13 ③ 14 ①

15 다음 중 지니계수에 대한 설명으로 옳지 않은 것을 모두 고르면?

> 가. 지니계수의 크기는 0과 2 사이에 있다.
> 나. 지니계수의 크기는 로렌츠곡선으로부터 도출할 수 있다.
> 다. 지니계수가 0에 가까울수록 소득분배가 균등하다.
> 라. 지니계수는 경제성장률과 항상 반비례의 관계를 갖는다.

① 가, 다   ② 가, 라   ③ 나, 다
④ 나, 라   ⑤ 다, 라

[해설] 가. 지니계수의 크기는 0과 1 사이에 있다.
라. 지니계수와 경제성장률의 관계는 명확하지 않다.

16 다음은 어느 나라의 조세수입 비중 변화와 소득분배 지표 변화를 나타낸 그림이다. 이에 대한 설명으로 옳은 것을 모두 고르면?

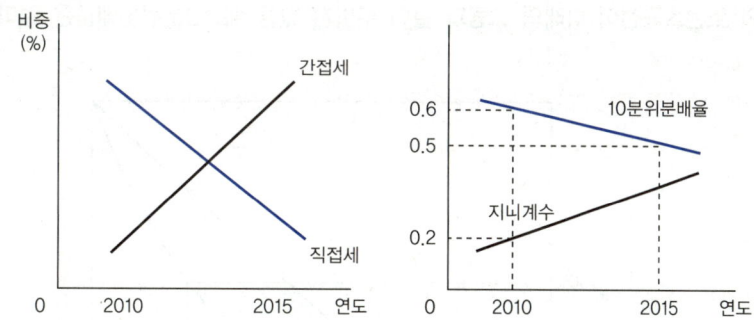

> 가. 조세부담의 역진성은 점점 강화되고 있다.
> 나. 소득불평등상태가 점점 심해지고 있다.
> 다. 2010년에는 상위 20% 계층의 소득이 하위 40% 계층 소득의 5배이다.
> 라. 2015년에는 상위 20% 계층의 소득이 하위 40% 계층 소득의 2배이다.
> 마. 조세수입 비중 변화는 소득분배 지표를 변화시키는 하나의 요인으로 작용한다.

① 가, 나, 라   ② 나, 다, 마   ③ 나, 라, 마
④ 가, 나, 라, 마   ⑤ 나, 다, 라, 마

정답 15 ② 16 ④

해설
가, 마. 2010년에서 2015년으로 갈수록 직접세 비중은 낮아지는 반면 간접세 비중이 높아지고 있다. 이를 통해 조세 부담의 역진성이 강화되고 있다는 사실을 추론할 수 있으며, 소득분배 지표를 변화시키는 하나의 요인으로 작용하였을 것이라 추측할 수 있다.

나. 2010년에서 2015년으로 갈수록 지니계수는 증가하고 10분위분배율은 감소하고 있다. 지니계수의 값이 작을수록, 10분위분배율의 값이 클수록 균등에 가까워지는 것인데 반대의 증감을 보이고 있으므로, 소득불평등이 심해진다고 할 수 있다.

다. 2010년에는 상위 20% 계층의 소득에 대한 하위 40% 계층 소득의 비율은 지니계수가 아닌 10분위분배율을 통해 알 수 있다. 즉, 2010년에는 상위 20% 계층의 소득은 하위 40% 계층 소득의 $\frac{5}{3}$배이다.

라. 2015년에는 상위 20% 계층 소득에 대한 하위 40% 계층 소득의 비율은 지니계수가 아닌 10분위분배율을 통해 알 수 있다. 즉, 2015년에는 상위 20% 계층 소득은 하위 40% 계층 소득의 2배이다.

17 어느 경제의 로렌츠곡선이 아래의 그림과 같이 주어져 있을 때 10분위분배율은 얼마인가?(단, 근사치를 구할 것)

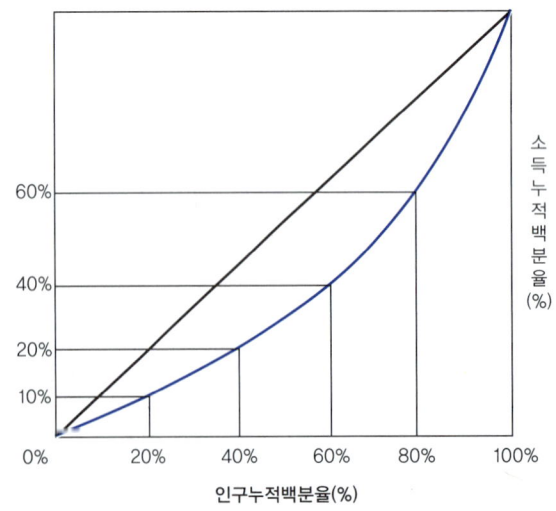

① 0.2　　② 0.25　　③ 0.3　　④ 0.5　　⑤ 0.8

해설 10분위분배율은 최상위 20% 소득점유율에 대한 최하위 40% 소득점유율의 비율로 나타낼 수 있다.

10분위분배율 = $\frac{\text{최하위 40\% 소득계층의 소득}}{\text{최상위 20\% 소득계층의 소득}} = \frac{20\%}{40\%} = \frac{1}{2}$ 로 나타난다.

17 ④

18 소득불평등도를 나타내는 로렌츠곡선에 대한 설명으로 옳지 않은 것은?

① 소득금액의 누적백분율과 소득자의 누적백분율을 대비시키는 곡선이다.
② 대각선에 가까울수록 평등한 소득분배를 나타낸다.
③ 로렌츠곡선은 소득분배상태를 서수적으로 나타낸다.
④ 로렌츠곡선은 교차하지 않는다.
⑤ 로렌츠곡선에서 불평등면적이 0이면 지니계수는 0이 된다.

> 해설 소득분배상태의 변화에 따라 로렌츠곡선은 서로 교차할 수도 있다. 로렌츠곡선이 서로 교차하는 경우에는 소득분배의 개선 혹은 악화 여부를 판단하기 어렵다.

19 다음은 불평등지수에 대한 설명이다. 괄호 ㉮ ~ ㉰에 들어갈 내용으로 적절한 것은?

- 지니계수가 (㉮)수록, 소득불평등 정도가 크다.
- 십분위분배율이 (㉯)수록, 소득불평등 정도가 크다.
- 앳킨슨지수가 (㉰)수록, 소득불평등 정도가 크다.

① ㉮ 클   ㉯ 클   ㉰ 클
② ㉮ 클   ㉯ 클   ㉰ 작을
③ ㉮ 클   ㉯ 작을   ㉰ 클
④ ㉮ 작을   ㉯ 클   ㉰ 클
⑤ ㉮ 작을   ㉯ 클   ㉰ 작을

> 해설 십분위분배율은 0과 2 사이의 값을 갖고, 그 값이 작을수록 소득분배가 불평등함을 나타낸다. 이에 비해 지니계수와 앳킨슨지수는 모두 0과 1 사이의 값을 갖고, 그 값이 클수록 소득분배가 불평등함을 나타낸다.

정답 18 ④ 19 ③

제2편 미시경제

제07장 파레토효율성 및 후생경제학

대표유형문제 최신출제유형 23

다음의 파레토최적에 관한 설명 중 가장 옳지 않은 것은?
① 사회 내의 어떤 사람의 후생을 감소시키지 않고서는 다른 사람의 후생을 증대시킬 수 없는 실현가능한 배분상태를 파레토최적이라고 한다.
② 교환에 대한 계약곡선이란 교환의 파레토최적을 만족시키는 점을 연결한 선이다.
③ 사회에 두 사람과 두 재화만 존재할 경우 이 두 사람의 두 상품에 대한 한계대체율이 같으면 교환의 파레토최적을 달성한다.
④ 파레토최적의 개념은 자원배분의 효율성과 형평성을 모두 의미한다.
⑤ 모든 시장이 완전경쟁시장이라면 그 결과로 나타나는 균형은 파레토최적이다.

해설
파레토효율성은 자원배분의 효율성과 관련된 개념으로 소득분배 공평성과는 무관하다.
정답 ④

제1절 파레토효율성

1 파레토효율성과 자산배분

(1) 경제상태의 평가기준
① 경제상태는 자원배분의 효율성과 소득분배의 공평성을 이용하여 평가한다.
② 효율성은 파레토효율성을 통하여 평가하고, 공평성은 사회후생함수(사회무차별곡선)를 통해 평가한다.

(2) 파레토효율성의 개념
① 파레토효율이란 자원배분이 가장 효율적으로 이루어져 더 이상 파레토개선이 불가능한 상태를 의미한다.
② 자원배분이 효율적으로 이루어지기 위해서는 소비, 생산, 그리고 소비와 생산이 종합적으로 파레토효율이 달성되어야 한다.

(3) 소비에서의 파레토효율(생산물의 최적배분)
① 두 사람(A와 B)의 두 재화(X재와 Y재) 소비에 대한 무차별곡선이 접하는 점에서 교환의 파레토효율이 달성된다.

$$MRS_{XY}^A = MRS_{XY}^B$$

② 계약곡선(Contract curve)이란 두 사람의 무차별곡선이 접하는 무수히 많은 점들을 연결한 선을 말한다. 그러므로 계약곡선상의 모든 점에서는 파레토효율이 성립한다.
③ 효용가능곡선이란 소비에서의 계약곡선을 효용공간으로 옮긴 것으로 효용곡선상의 모든 점은 소비가 파레토효율적으로 이루어지는 점이다.

④ 계약곡선과 효용가능곡선

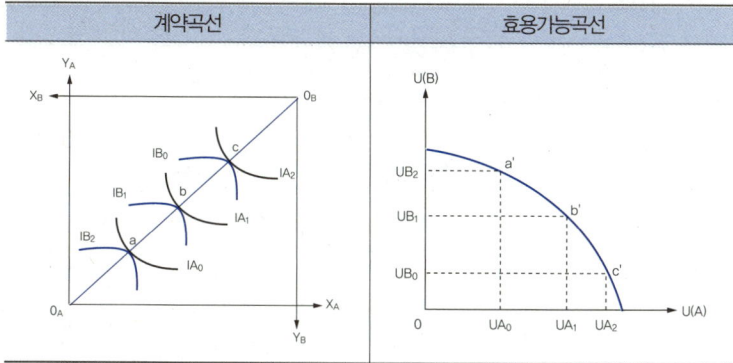

| 계약곡선 | 효용가능곡선 |

(4) 생산에서의 파레토효율성(생산요소의 최적배분)

① 두 재화(X재와 Y재) 생산을 위해 사용되는 두 생산요소(노동과 자본)의 양을 나타내는 등량곡선이 접하는 점에서 생산에서의 파레토효율이 달성된다.

$$MRTS_{LK}^{X} = MRTS_{LK}^{Y}$$

② 계약곡선(Contract curve)이란 두 재화 생산의 등량곡선이 접하는 무수히 많은 점들을 연결한 선을 말한다. 그러므로 계약곡선상의 모든 점에서는 파레토효율성이 성립한다.

③ 생산가능곡선(Production Possibility Curve)이란 계약곡선을 재화공간으로 옮겨놓은 것으로 생산가능곡선상의 모든 점들에서 생산이 파레토효율적으로 이루어진다. 즉, 생산가능곡선(PPC)이란 경제 내의 모든 생산요소를 가장 효율적으로 투입했을 때 최대로 생산가능한 재화의 조합을 나타내는 곡선을 말한다.

④ 한계변환율(Marginal rate of transformation ; MRT)이란 X재의 생산량을 1단위 증가시키기 위하여 감소시켜야 하는 Y재의 수량으로 생산가능곡선 접선의 기울기로 측정된다.

$$MRT_{XY} = -\frac{\Delta Y}{\Delta X} = \frac{MC_X}{MC_Y}$$

대표유형문제

다음 괄호 안에 들어갈 경제용어는?

The slope of the Production Possibility Frontier (PPF) at any given point is called ( ). The slope defines the rate at which production of one good can be redirected into production of the other. It is also called the "opportunity cost" of a commodity, that is, it is the opportunity cost of X in terms of Y at the margin. It measures how much of good Y is given up for one more unit of good X or vice versa.

① Contract curve
② Marginal Rate of Substitution (MRS)
③ Marginal Rate of Transformation (MRT)
④ Marginal Cost
⑤ Marginal Rate of Technical Substitution of labor for capital in production (MRTS)

해설

한계변환율(MRT)이란 X재의 생산량을 1단위 증가시키기 위해 감소시켜야 하는 Y재의 수량으로 생산가능곡선 접선의 기울기로 측정된다.

$$MRT_{XY} = -\frac{\Delta Y}{\Delta X} = \frac{MC_X}{MC_Y}$$

정답 ③

대표유형문제

경제 전체적인 자원배분의 파레토 최적을 달성하기 위해 충족되어야 할 조건 중 생산물 구성의 최적성을 이루기 위한 조건은 무엇인가?

① 두 사람의 두 상품에 대한 한계대체율이 같아야 한다.
② 두 상품을 생산하는 데 투입되는 노동과 자본 사이의 한계기술대체율이 같아야 한다.
③ 두 생산물 사이의 한계전(변)환율이 두 생산물 사이의 소비면에서의 한계대체율과 같아야 한다.
④ 두 재화 소비의 예산선과 두 재화에 대한 무차별곡선이 접점을 이루어야 한다.
⑤ 두 재화의 등량곡선이 접점을 이루어야 한다.

해설
산출물구성의 파레토효율성을 위해서는 종합적인 파레토효율 상태여야 한다. 즉, 소비와 생산이 모두 파레토효율적으로 이루어지면서 생산점을 바꾸더라도 더 이상 소비자의 효용을 증가시키는 것이 불가능한 상태를 의미한다. 따라서 산출물 구성의 파레토효율성 조건은 $MRS_{XY}=MRT_{XY}$이다. 한편, 소비(교환)에 있어서 파레토효율성 조건은 $MRS^A_{XY}=MRS^B_{XY}$, 생산에 있어서의 파레토효율성 조건은 $MRTS^X_{LK}=MRTS^Y_{LK}$이다.

정답 ③

⑤ 계약곡선과 생산가능곡선

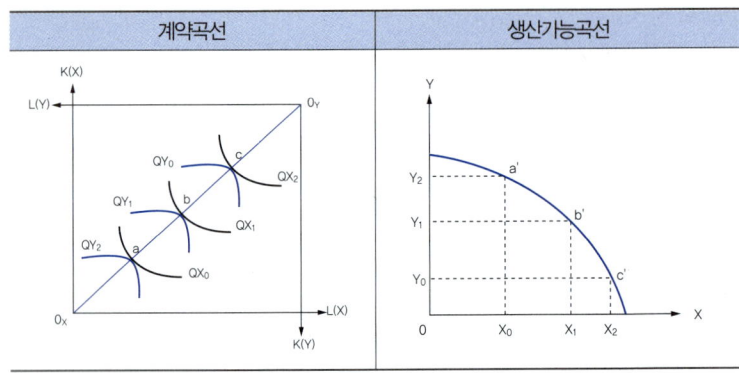

(5) 소비와 생산의 종합적인 파레토효율성(산출물구성의 최적배분)

① 종합적인 파레토효율이란 소비와 생산이 모두 파레토효율적으로 이루어지면서 생산점을 바꾸더라도 더 이상 소비자의 효용을 증가시키는 것이 불가능한 상태를 의미한다.

$$MRS_{XY} = MRT_{XY}$$

② 종합적인 파레토효율성이 달성되지 않는 경우($MRS_{XY} \neq MRT_{XY}$)

만약, $MRS_{XY} > MRT_{XY}$가 성립한다면,

$MRS_{XY} = \dfrac{MU_X}{MU_Y}$, $MRT_{XY} = \dfrac{MC_X}{MC_Y}$ 이므로

→ $MRS_{XY} > MRT_{XY} \rightarrow \dfrac{MU_X}{MU_Y} > \dfrac{MC_X}{MC_Y} \rightarrow \dfrac{MU_X}{MC_X} > \dfrac{MU_Y}{MC_Y}$

→ 즉, X재 한계비용 한 단위당 한계효용이 Y재 한계비용 한 단위당 한계효용보다 크다.

→ 따라서 X재 생산량을 증가시키고, Y재 생산량을 감소시킴으로써 효용증대가 가능하다.

(6) 파레토효율성의 한계

① 파레토효율성 조건을 충족하는 점은 무수히 존재하기 때문에 그 중 어떤 점이 사회적으로 가장 바람직한지 판단하기 어렵다.
② 파레토효율성은 소득분배의 공평성에 대한 기준을 제시하지 못한다.

② 완전경쟁과 파레토효율성

(1) 소비에서의 파레토효율성

① 생산물시장이 완전경쟁시장이면 개별소비자들은 가격수용자이므로 두 소비자가 직면하는 예산선의 기울기($-\frac{P_X}{P_Y}$)는 동일하다.

② 예산선의 기울기가 동일하므로 두 개인의 무차별곡선 기울기도 동일하다.

$$MRS_{XY}^A = MRS_{XY}^B$$

③ 그러므로 생산물시장이 완전경쟁이면 소비에서의 파레토효율성조건이 충족된다.

(2) 생산에서의 파레토효율성

① 생산요소시장이 완전경쟁이면 개별생산자는 가격수용자이므로 두 재화가 직면하는 등비용선의 기울기($-\frac{w}{r}$)가 동일하다.

② 등비용선의 기울기가 동일하므로 두 재화의 등량곡선의 기울기도 동일하다.

$$MRTS_{LK}^X = MRTS_{LK}^Y$$

③ 그러므로 생산요소시장이 완전경쟁이면 생산에서의 파레토효율성조건이 충족된다.

(3) 종합적인 파레토효율성

시장구조가 완전경쟁이면 소비자의 효용극대화와 생산자의 이윤극대화 원리에 의해 종합적인 파레토효율성 조건이 성립한다.

$$MRSxy = \frac{MU_X}{MU_Y} = \frac{P_X}{P_Y} = \frac{MC_X}{MC_Y} = MRTxy$$

(4) 후생경제학 정리

① 후생경제학의 제1정리

㉠ 시장구조가 완전경쟁적이고 외부성·공공재 등의 시장실패요인이 존재하지 않는다면 일반경쟁균형(왈라스균형)의 자원배분은 파레토효율적이다.

대표유형문제

생산경제에서 파레토최적이 달성되기 위한 조건을 모두 고르면?

가. 소비자들의 한계대체율이 모두 동일하다.
나. 생산자들의 한계기술대체율이 모두 동일하다.
다. 한계변환율과 소비자들의 한계대체율이 일치한다.
라. 한계변환율과 생산자들의 한계기술대체율이 일치한다.
마. 각 재화 생산요소들의 한계기술대체율과 각 재화의 가격비율이 일치한다.

① 가, 나
② 다, 라
③ 가, 나, 다
④ 다, 라, 마
⑤ 가, 나, 다, 라, 마

해설

라. 한계변환율은 재화공간에서의 개념이고, 한계기술대체율은 요소공간에서의 개념이므로 한계변환율과 한계기술대체율은 서로 비교할 수 없다.

마. 생산요소 간의 한계기술대체율은 생산요소공간에서 정의되는 개념이고, 재화의 가격비는 재화공간에서 정의되는 개념이므로 서로 비교할 수 없다.

정답 ③

대표유형문제

파레토효율성에 대한 설명으로 틀린 것은?

① 후생경제학의 제1정리는 일정한 조건하에서 완전경쟁시장경제는 스스로 파레토효율을 달성하게 됨을 보여준다.
② 후생경제학의 제2정리는 선호의 볼록성과 초기부존자원의 적절한 분배를 전제로 한다.
③ 생산가능곡선상에서는 생산의 파레토효율이 항상 달성된다.
④ 독점에서는 파레토효율적 배분이 달성될 수 없다.
⑤ 선호체계가 강단조성을 갖고 시장실패가 없을 경우 일반경쟁균형은 파레토효율적이다.

해설

시장구조가 독점일지라도 완전가격차별이 이루어진다면 파레토효율적인 자원배분이 달성된다. 혹은 독점기업에 대한 가격규제가 적절하게 이루어지면 파레토효율적인 수준까지 생산이 이루어질 수 있고, 제1급 가격차별이 이루어지는 경우에도 생산이 파레토효율적인 수준까지 이루어진다.

정답 ④

ⓒ 완전경쟁하에서는 개별경제주체들이 오로지 자신의 이익을 추구하는 과정에서 자원배분의 효율성이 달성된다.
ⓒ 이는 아담 스미스의 '보이지 않는 손'을 현대적으로 증명한 것이다.

② 후생경제학의 제2정리
  ㉠ 모든 개인들의 선호가 볼록성을 충족하면 초기 부존자원의 적절한 재분배를 통하여 임의의 파레토효율적인 자원배분을 일반경쟁균형을 통해 달성할 수 있다.
  ㉡ 이 정리가 성립한다면 초기 부존자원을 재분배함으로써 사회적으로 가장 바람직한 점에 도달하는 것이 가능하므로 제1정리의 한계를 보완할 수 있다.
  ㉢ 따라서 제2정리는 소득불평등 해소를 위한 정부개입의 가능성을 제시한다.

제2절 후생경제학

1 후생경제학의 개요

(1) 후생경제학의 개념

① 후생경제학이란 어떤 경제상태에서의 사회후생과 다른 경제상태에서의 사회후생을 비교하여 우열을 가려내는 이론체계를 말한다.
② 경제상태는 자원배분의 효율성과 소득분배의 공평성을 이용하여 평가한다.
③ 효율성은 파레토효율성을 통해 평가하고, 공평성은 사회후생함수(사회무차별곡선)를 통해 평가한다.

(2) 효용가능경계

① 효용가능경계란 경제내의 모든 자원을 가장 효율적으로 배분하였을 때의 두 개인의 효용조합을 의미한다.
② 생산가능곡선상의 생산점에서 각각 계약곡선을 도출하고, 이를 효용공간으로 옮겨 무수히 많은 효용가능곡선을 도출한다.

③ 이러한 효용가능곡선 제일 바깥쪽의 점들을 연결하여 우하향의 효용가능경계를 도출한다.

2 사회후생함수

(1) 사회후생함수와 사회무차별곡선의 개념
① 사회후생함수란 사회구성원의 선호를 집약하여 사회적 선호로 나타내 주는 함수를 의미한다.
② 사회무차별곡선이란 동일한 사회후생수준을 나타내는 A와 B의 효용의 조합을 연결한 선을 의미한다.

(2) 여러 가지 사회후생함수
① 공리주의 사회후생함수
 ㉠ 벤담(J. Bentham)의 공리주의는 최대 다수의 최대 행복을 목적으로 한다.
 ㉡ 공리주의 사회후생함수는 각 개인의 효용의 합으로 나타난다.

$$SW = U_A + U_B$$

(SW : 사회 전체의 후생수준, U_A : A의 효용, U_B : B의 효용)

 ㉢ 사회무차별곡선은 기울기가 −1인 우하향의 직선으로 도출된다.

② 롤스(J. Rawls)의 사회후생함수
 ㉠ 롤스는 최소 수혜자의 최대 행복을 목적으로 한다.
 ㉡ 즉, 롤스의 사회후생함수는 사회구성원 중 가난한 계층의 후생수준에 의하여 결정되므로, 최소극대화원칙이 적용된다. 즉, 사회후생함수 중 최빈자의 후생을 가장 중요시한다.

$$SW = \min[U_A, U_B]$$

(SW : 사회 전체의 후생수준, U_A : A의 효용, U_B : B의 효용)

 ㉢ 고소득층으로부터 저소득층으로 소득을 재분배하면 사회후생이 증가한다.
 ㉣ 극단적인 평등주의적 가치관을 내포하고 있으며, 사회무차별곡선은 L자 형태로 도출된다.

대표유형문제

사회후생함수에 대한 설명 중 옳지 않은 것은?
① 롤스의 사회후생함수는 개인 간 후생수준의 비교가능성과 기수적 측정가능성을 가정한다.
② 공리주의 사회후생함수의 경우 사회무차별곡선은 기울기가 −1인 우하향의 직선으로 그려진다.
③ 평등주의적 성향이 강할수록 사회무차별곡선은 우하향의 직선에 가까워진다.
④ 애로우의 불가능성정리는 바람직한 성격을 모두 충족하는 이상적인 사회후생함수는 존재하지 않음을 증명한 것이다.
⑤ 공리주의 사회후생함수에서는 어떤 한 사람이 낮은 효용수준을 갖는다고 해서 그의 효용수준에 더 큰 가중치를 부여하지는 않는다.

해설
평등주의적 성향이 강할수록 사회무차별곡선은 L자 모형에 가까운 형태가 된다. 극단적 평등주의를 주장하고 있는 롤스의 사회무차별곡선은 L자 모형이다.

정답 ③

대표유형문제

애로우(Arrow)가 제시한 바람직한 집단적 의사결정제도가 갖추어야 할 조건으로 옳지 않은 것은?

① 어느 대안도 다른 대안과 비교하여 어떤 대안이 더 선호되는지 구별될 수 있어야 한다.
② 임의의 두 대안 X와 Y에 대하여 모든 사회구성원이 대안 X를 Y보다 더 선호한다면 사회 전체적으로도 대안 X가 Y보다 더 선호되어야 한다.
③ 집단이 X와 Z를 비교하여 선호를 바꾸었다면 집단이 X와 Y를 비교하여 결정한 선호 또한 변경될 수 있어야 한다.
④ 어느 한 개인의 선호가 집단 전체의 선호가 되어서는 안 된다.
⑤ 구성원 중 누구도 자기가 속한 집단의 집단적 의사결정 과정에서 선호가 제약을 받아서는 안 된다.

해설
무관한 선택대상으로부터의 독립성을 위배하는 경우이다.

정답 ③

③ 평등주의 사회후생함수

㉠ 평등주의 사회후생함수는 저소득층에 대해서는 보다 높은 가중치를, 고소득층에 대해서는 보다 낮은 가중치를 부여하여 나타낸다.
㉡ 베르누이-내쉬(Bernoulli-Nash)의 사회후생함수가 대표적인 평등주의 사회후생함수의 사례이다.

$$SW = U_A \cdot U_B$$

(SW : 사회 전체의 후생수준, U_A : A의 효용, U_B : B의 효용)

㉢ 사회무차별곡선은 원점에 대하여 볼록하며 우하향하는 형태로 도출된다.

④ 사회무차별곡선은 소득분배에 대한 가중치가 클수록 L자 형태에 가까워진다.

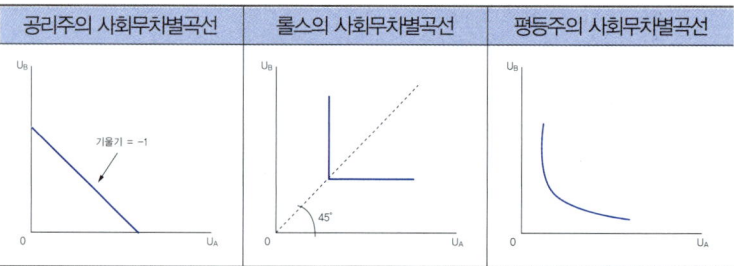

⑤ 사회후생 극대화는 효용가능경계와 사회무차별곡선이 접하는 점에서 달성된다.

(3) 애로우의 불가능성정리

① 애로우의 불가능성정리란 사회후생함수가 갖추어야 할 조건을 모두 충족하는 이상적인 사회후생함수는 존재하지 않음을 증명한 것이다.
② 즉, 애로우는 사회구성원들의 선호를 집약하여 사회우선순위를 도출하는 합리적인 법칙이 존재하지 않음을 증명하였다.
③ 사회후생함수가 갖추어야 할 조건
  ㉠ 완전성(Completeness)과 이행성(Transitivity)
    • 완전성 : 두 대안 X와 Y 중 어떤 대안이 더 선호되는지를 판단할 수 있어야 한다.
    • 이행성 : 대안 X가 Y보다 더 선호되고 대안 Y가 Z보다 더 선호되면 대안 X가 Z보다 더 선호되어야 한다.

ⓒ 선호의 비제한성(보편성)
  • 개인들의 선호를 어떤 특정한 선호로만 국한시켜서는 안 된다.
ⓒ 파레토 원칙
  • 임의의 두 대안 X와 Y에 대하여 모든 사회구성원이 대안 X를 Y보다 더 선호한다면 사회 전체적으로도 대안 X가 Y보다 더 선호되어야 한다.
ⓔ 무관한 선택대상으로부터의 독립성
  • 임의의 두 대안 X와 Y에 대한 사회적 선호는 제3의 대안 Z에 대한 개인들의 선호와는 관계없이 오로지 대안 X와 Y에 대한 개인들의 선호에 의하여 결정되어야 한다.
ⓜ 비독재성
  • 어느 한 사회구성원의 선호가 아닌 사회구성원 전체의 선호에 의해 사회선호가 결정되어야 한다.

③ 차선의 이론

(1) 개념

① 차선의 이론이란 모든 파레토효율성 조건이 동시에 충족되지 못하는 상황에서는 더 많은 효율성조건이 충족된다고 해서 더 효율적인 자원배분이라는 보장이 없다는 이론이다.
② 즉, 효율적 자원배분을 위하여 n개의 효율성 조건이 충족되어야 하는 경우, 1개의 효율성 조건이 파괴되었다면 일반적으로 나머지 (n−1)개의 조건을 만족시키는 것이 차선이라고 생각하기 쉬우나 실제로는 꼭 그렇지는 않음을 보여주는 것이 차선의 이론이다.

(2) 시사점

① 점진적인 제도개혁을 통해서 일부의 효율성 조건을 추가로 충족시킨다고 해서 사회후생이 증가한다는 보장이 없다.
② 오히려 사회후생이 감소하는 경우도 있으므로 점진적인 제도개혁은 추진과정에서 부정적인 효과를 나타낼 수도 있다.
③ 예를 들어 차선의 이론에 따르면 나머지 산업은 독과점인 상태로 두고 일부산업에서 독과점만 해소된다고 해서 사회후생이 증가한다는 보장은 없다.

대표유형문제

다음 중 경제구조가 독점일 때보다 독점과 외부성이 동시에 존재하는 경우가 오히려 더 효율적이 될 수 있음을 시사하는 이론은?
① 코즈정리
② 후생경제학 1정리
③ 후생경제학 2정리
④ 불가능성 정리
⑤ 차선의 이론

해설
차선의 이론에 따르면 한 가지 이상의 효율성 조건이 충족되지 못하는 상태에서 새로운 왜곡의 도입이 오히려 효율성 측면에서 바람직할 수도 있다.

정답 ⑤

제2편 미시경제

제07장 출제예상문제

01 파레토효율성에 관한 설명으로 옳지 않은 것은?

① 어느 한 사람의 효용을 감소시키지 않고서는 다른 사람의 효용을 증가시킬 수 없는 상태를 파레토효율적이라고 한다.
② 일정한 조건이 충족될 때 완전경쟁시장에서의 일반균형은 파레토효율적이다.
③ 파레토효율적인 자원배분이 평등한 소득분배를 보장해주는 것은 아니다.
④ 파레토효율적인 자원배분하에서는 항상 사회후생이 극대화된다.
⑤ 파레토효율적인 자원배분은 일반적으로 무수히 많이 존재한다.

해설 사회후생의 극대화는 자원배분의 파레토효율성이 달성되는 효용가능경계와 사회무차별곡선이 접하는 점에서 이루어진다. 그러므로 파레토효율적인 자원배분하에서 항상 사회후생이 극대화되는 것은 아니며, 사회후생 극대화는 무수히 많은 파레토효율적인 점들 중의 한 점에서 달성된다.

02 다음 파레토 최적에 관한 설명 중 옳지 않은 것은?

① 파레토효율성이란 일반적으로 한정된 자원의 효율적인 사용과 관련된 의미이다.
② 외부성이 존재해도 완전경쟁만 이루어진다면 파레토 최적의 자원배분은 가능하다.
③ 재화 간 소비자의 주관적 교환비율인 한계대체율이 생산자의 한계변환율과 서로 같아야 한다.
④ 후생경제학 제1정리에 의하여 시장실패요인이 없다면 일반경쟁균형에서의 자원배분은 파레토 최적이다.
⑤ 파레토효율성과 관련된 후생경제학의 제1정리와 제2정리에 있어서 소비자의 선호체계에 대한 기본 가정은 동일하지 않다.

해설 시장구조가 완전경쟁이라고 하더라도 불완전경쟁, 외부성, 공공재 등 시장실패 요인이 존재한다면 파레토효율적인 자원배분이 이루어지지 않는다.

정답 1 ④ 2 ②

03 다음 그림은 보유하고 있는 생산요소를 모두 투입하여 밀감과 바나나만을 생산하는 어느 과수원 주인의 생산가능곡선이다. 이 생산가능곡선에 대한 설명으로 옳은 것을 모두 고르면?

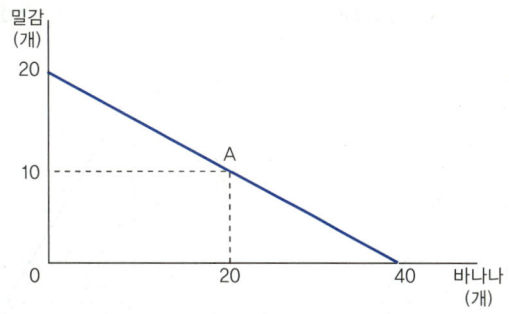

> 가. 밀감 1개에 대한 기회비용은 바나나 2개이다.
> 나. 밀감 20개와 바나나 40개를 동시에 생산할 수 있다.
> 다. 바나나 생산을 늘릴 때마다 추가로 포기해야 하는 밀감의 양은 점점 감소한다.
> 라. 점A에서 밀감 1개를 추가로 더 생산하기 위해서는 바나나 2개를 반드시 포기해야만 한다.
> 마. 생산가능곡선상의 모든 점들에서 생산은 파레토 효율적으로 이루어진다.

① 가, 다　　　　　　　② 나, 라　　　　　　　③ 가, 라, 마
④ 나, 다, 마　　　　　　⑤ 다, 라, 마

해설　나. 밀감 20개를 생산할 때는 바나나를 생산할 수 없고, 바나나를 40개 생산할 때는 밀감을 생산할 수 없다.
　　　다. 바나나 생산을 1개씩 추가할 때마다 포기해야 하는 밀감은 $\frac{1}{2}$개로 어디서나 동일하다.

04 두 명의 소비자로 구성된 순수교환경제에서, 두 소비자가 계약곡선상의 한 점에서 교환을 통해 계약곡선상의 다른 점으로 옮겨갈 경우 두 사람의 후생에 발생하는 변화는?

① 두 사람 모두 이득이다.　　　　　② 두 사람 모두 손해다.
③ 한 사람은 이득이고 다른 사람은 손해다.　　　④ 어느 누구의 후생도 변화가 없다.
⑤ 알 수 없다.

해설　계약곡선(Contract curve)이란 두 재화 생산의 등량곡선이 접하는 무수히 많은 점들을 연결한 선을 말한다. 그러므로 계약곡선상의 모든 점에서는 파레토효율성이 충족되므로 최초의 배분점이 계약곡선상에 위치하고 있다면 파레토 개선이 불가능하다. 즉, 파레토 개선이 불가능하다는 것은 어느 누구에게도 손해가 가지 않게 하면서 최소한 한 사람 이상에게 이득을 가져다줄 수 있는 변화가 불가능하다는 것이므로, 계약곡선상의 다른 점으로 이동하면 반드시 한 사람의 효용은 증가하나 다른 사람의 효용은 감소한다.

05 아래 그림은 A국과 B국의 2010년과 2018년에 자동차와 TV 생산에 대한 생산가능곡선을 나타낸다. 다음 중 옳은 것은?

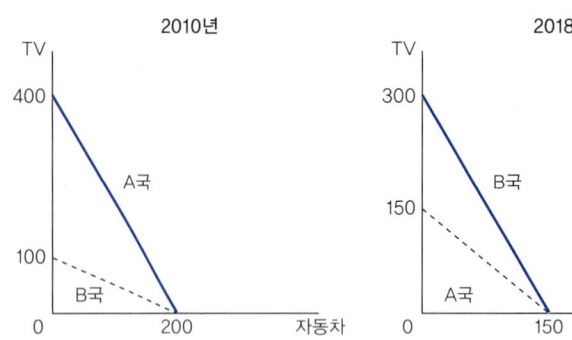

① 2010년도 자동차 수출국은 A국이다.
② B국의 자동차 1대 생산 기회비용은 감소하였다.
③ 두 시점의 생산가능곡선 변화 원인은 생산성 향상 때문이다.
④ 2018년도에 자동차 1대가 TV 2대와 교환된다면 무역의 이익은 B국만 갖게 된다.
⑤ 2010년도 A국이 생산 가능한 총 생산량은 TV 400대와 자동차 200대이다.

> **해설** 2010년도에 A국이 자동차 1대를 생산하기 위한 기회비용은 TV 2대이며, B국이 자동차 1대를 생산하기 위한 기회비용은 TV $\frac{1}{2}$대이므로 상대적으로 자동차 생산에 대한 기회비용이 적은 B국에서 자동차를 수출해야 한다.
>
> 한편, 2010년 B국의 자동차 1대 생산에 대한 기회비용은 TV $\frac{1}{2}$대인 반면, 2018년 B국의 자동차 1대 생산에 대한 기회비용은 TV 2대이므로 기회비용은 증가하였다. 2018년도에 A국은 비교우위가 있는 자동차 생산에 특화하고, B국은 비교우위가 있는 TV 생산에 특화하여 교환한다. 이 경우 교환 비율이 자동차 1대 당 TV 2대이면, B국은 아무런 무역이익을 가지지 못하고, A국만 무역의 이익을 갖는다. 2010년도에 A국의 생산 가능한 총생산량은 TV 400대 또는 자동차 200대이다.

06 등량곡선에 대한 다음 설명 중 옳지 않은 것은?(단, 투입량의 증가에 따라 산출량의 증가를 가져오는 표준적인 두 종류의 생산요소를 가정한다)

① 등량곡선이 원점에 대해 볼록한 이유는 한계기술대체율이 체감하기 때문이다.
② 등량곡선이 원점으로 접근할수록 더 적은 산출량을 의미한다.
③ 기술진보가 이루어진다면 같은 생산량을 갖는 등량곡선은 원점으로부터 멀어진다.
④ 동일한 등량곡선상에서의 이동은 생산요소 결합비율의 변화를 의미한다.
⑤ 등량곡선은 서로 교차하지 않는다.

> **해설** 등량곡선이란 동일한 산출량을 생산하는 데 필요한 노동과 자본의 투입량 조합을 나타낸다. 기술이 진보하면 같은 생산량을 갖는 등량곡선은 원점을 기준으로 바깥쪽에서 안쪽으로 이동한다. 이것은 적은 생산요소를 투입해도 같은 수량을 생산할 수 있다는 것을 의미한다.

07 에지워스 상자 내의 소비계약곡선의 설명 중 옳지 않은 것은?

① 두 소비자의 무차별곡선이 접하는 무수히 많은 점들의 궤적이다.
② 소비계약곡선상에서 두 소비자의 한계대체율은 같다.
③ 소비계약곡선상에서 모든 점들은 파레토효율적이다.
④ 소비계약곡선상에서 두 소비자의 예산선의 기울기는 다르다.
⑤ 소비곡선상에서는 모든 재화에 대해 초과수요가 존재하지 않는다.

> **해설** 소비계약곡선이란 두 사람의 무차별곡선이 접하는 점들을 연결한 선이므로 계약곡선상의 모든 점에서는 $MRS^A_{XY}=MRS^B_{XY}$가 성립한다. 계약곡선상의 점에서는 두 사람이 교환을 통해 더 이상 후생을 증대시키는 것이 불가능하므로 파레토효율적이다. 그리고 계약곡선상에서 두 소비자가 직면하는 가격비가 동일하므로 두 사람의 예산선의 기울기가 동일하다.

08 경제적 효율성 및 후생경제학에 관한 다음 설명 중 옳은 것은?

① 후생경제학의 제1정리에 의하면 경쟁시장의 균형에서 모든 구성원들은 항상 동일한 양의 교환의 이득을 얻는다.
② 왈라스의 법칙은 총초과수요액이 0보다 크다는 것을 말하고 있다.
③ 후생경제학의 제1정리는 불완전정보 등 불확실한 상황에 대한 고려를 하고 있다.
④ 일정한 조건하에 후생경제학 제1정리의 역도 성립한다는 후생경제학 제2정리는 정부의 시장개입과 무관하다.
⑤ 에지워스 상자의 가로 및 세로는 두 소비자가 가지고 있는 각 재화의 초기부존량의 합에 의해 각각 결정된다.

> **해설** 후생경제학 제1정리에서는 초기에 자원배분이 파레토효율적이 아닌 상태에 있더라도 시장구조가 완전경쟁인 경우 교환을 통해 파레토효율적인 자원배분 상태로 이동하게 된다. 교환이 이루어지면 각 당사자는 교환에 따른 이득을 얻게 되나 이득의 크기가 동일해진다는 보장은 없다. 또한 후생경제학의 제1정리에서는 시장실패 요인이 존재하지 않는다는 조건이 충족되면 일반경쟁균형의 자원배분은 파레토효율적이 된다고 주장한다. 한편, 후생경제학의 제2정리는 정부가 초기자원배분을 적절하게 조정하므로 자원배분도 효율적이고 소득분배도 공평한 상태에 도달할 수 있음을 보여주는 정리이다. 후생경제학 제2정리는 정부개입의 타당성을 설명하는 이론이다. 왈라스의 법칙에 따르면 경제 전체의 총초과수요의 가치는 항상 0이 된다.

09 후생경제학에 대한 설명으로 옳지 않은 것은?

① 효용가능곡선상에 있는 점에서 항상 사회후생이 극대화된다.
② 모든 사람들의 한계대체율이 동일할 때 소비의 파레토 효율성이 달성된다.
③ 주어진 상품 조합을 두 사람 사이에서 배분할 때, 두 사람이 얻을 수 있는 최대 효용수준의 조합을 효용가능곡선이라고 한다.
④ 주어진 경제적 자원이 모두 고용되더라도 효용가능곡선상에 있지 않을 수도 있다.
⑤ 생산가능곡선상에 있는 어느 한 점에서도 모든 재화와 서비스의 한계기술대체율이 동일하다.

해설 사회후생의 극대화는 효용가능경계와 사회무차별곡선이 접하는 점에서 달성된다.

10 정부는 부동산 정책 3가지 대안(A안, B안, C안) 중 하나를 선택해야 한다고 가정해 보자. 각 구성원의 만족도(효용)가 소득에 비례한다고 할 경우 사회후생차원에서 공리주의와 롤스의 견해를 바르게 설명한 것은?

구 분	A안	B안	C안
구성원1	10억 원	2억 원	3억 원
구성원2	0억 원	5억 원	4억 원
구성원3	3억 원	1억 원	5억 원

① 공리주의를 따르면 B안이 가장 바람직하다.
② 공리주의를 따르면 C안이 가장 바람직하다.
③ 롤스에 따르면 A안이 가장 바람직하다.
④ 롤스에 따르면 C안이 가장 바람직하다.
⑤ 롤스에 따르면, 가장 바람직한 방안을 알 수 없다.

해설 벤담, 제임스 밀, 존 스튜어트 밀 등이 대표적인 학자인 공리주의는 최대 다수의 최대 행복을 목적으로 한다. 따라서 공리주의에 따르면 구성원들의 소득 합이 가장 많아서 효용이 가장 큰 대안을 선택해야 한다. A안(13억 원), B안(8억 원), C안(12억 원)이므로 A안을 선택한다. 반면 롤스는 최소 수혜자의 최대 행복을 목적으로 하기 때문에 전체 효용이 아니라 최소 수혜자가 얼마만큼 효용을 얻는지 살펴야 한다. A안은 구성원2가 0억 원을, B안은 구성원3이 1억 원을, C안은 구성원1이 3억 원의 효용을 얻으므로 최소 수혜자가 가장 많은 행복을 얻을 수 있는 C안이 가장 바람직한 선택이다. 결론적으로 공리주의를 따르면 A안, 롤스를 따르면 C안을 선택하는 것이 바람직하다.

11 다음은 후생경제학에 관한 내용이다. 괄호 안에 알맞은 용어를 바르게 나열한 것은?

> - (㉮)이론에 따르면 일부의 파레토효율성 조건이 추가로 충족된다고 해서 사회후생이 증가한다는 보장은 없다.
> - 파레토효율성을 통해 (㉯)을 평가하고, 사회후생함수(사회무차별곡선)를 통해 (㉰)을 평가한다.
> - 후생경제학 제1정리에 따르면 모든 경제주체가 합리적이고 시장실패 요인이 없으면 (㉱)에서 자원배분은 파레토효율적이다.

① ㉮ 차선 ㉯ 효율성 ㉰ 공평성 ㉱ 완전경쟁시장
② ㉮ 코즈 ㉯ 효율성 ㉰ 공평성 ㉱ 완전경쟁시장
③ ㉮ 차선 ㉯ 효율성 ㉰ 공평성 ㉱ 독점적경쟁시장
④ ㉮ 코즈 ㉯ 공평성 ㉰ 효율성 ㉱ 독점적경쟁시장
⑤ ㉮ 차선 ㉯ 공평성 ㉰ 효율성 ㉱ 완전경쟁시장

해설 차선이론이란 모든 파레토효율성 조건이 동시에 충족되지 못하는 상황에서 더 많은 효율성 조건이 충족된다고 해서 더 효율적인 자원배분이라는 보장이 없다는 이론이다. 차선이론에 따르면 점진적인 제도개혁을 통해서 일부의 효율성 조건을 추가로 충족시킨다고 해서 사회후생이 증가한다는 보장이 없다. 한편, 후생경제학에서 효율성은 파레토효율성을 통하여 평가하고, 공평성은 사회후생함수(사회무차별곡선)를 통해 평가한다. 후생경제학의 제1정리를 따르면 모든 경제주체가 합리적이고 시장실패 요인이 없으면 완전경쟁시장에서 자원배분은 파레토효율적이다.

12 어느 한 경제에서 생산 활동에 참가하는 당사자는 A와 B이고, 각각의 효용을 U와 V로 나타낸다고 가정하자. 이 경우 롤스(J. Rawls)의 사회후생함수를 옳게 표현한 것은?(단, W는 사회 전체의 후생을 나타낸다)

① $W = \min(U, V)$
② $W = \max(U, V)$
③ $W = U \times V$
④ $W = \dfrac{(U+V)}{2}$
⑤ $W = U + V$

해설 롤스에 따르면 사회후생함수는 사회구성원 중 가난한 계층의 후생수준에 의해 결정된다. 즉, 사회후생함수 중 최빈자의 후생을 가장 중요하게 생각한다.

정답 11 ① 12 ①

13 효율적 자원배분 및 후생에 대한 설명으로 옳은 것은?

① 후생경제학 제1정리는 효율적 자원배분이 독점시장인 경우에도 달성될 수 있음을 보여준다.
② 후생경제학 제2정리는 소비와 생산에 있어 규모의 경제가 있으면 완전경쟁을 통해 효율적 자원배분을 달성할 수 있음을 보여준다.
③ 차선의 이론에 따르면 효율적인 자원배분을 위해 필요한 조건을 모두 충족하지 못한 경우, 더 많은 조건을 충족하면 할수록 더 효율적인 자원배분이다.
④ 롤스의 주장에 따르면 사회가 2인(A와 B)으로 구성되고 각각의 효용을 U_A, U_B라 할 경우 사회후생함수(SW)는 $SW=\min[U_A, U_B]$로 표현된다.
⑤ 공리주의 주장에 따르면 사회가 2인(A와 B)으로 구성되고 각각의 효용을 U_A, U_B라 할 경우 사회후생함수(SW)는 $SW=U_A \cdot U_B$로 표현된다.

해설 후생경제학 제1정리에 따르면 시장구조가 완전경쟁적이면 자원배분이 효율적이 된다. 그리고 후생경제학 제2정리는 정부가 초기부존자원을 적절히 재분배하면 임의의 효율적인 자원배분이 시장기구에 의해 달성될 수 있음을 보여준다. 차선의 이론에 의하면 모든 효율성 조건이 충족되지 못하는 상태에서는 더 많은 효율성 조건이 충족된다고 해서 더 효율적인 자원배분이라는 보장이 없다는 이론이다. 한편, 공리주의 사회후생함수(SW)는 각 개인의 효용의 합으로 나타난다. 즉, 사회가 2인(A와 B)으로 구성되고 각각의 효용을 U_A, U_B라 할 경우 사회후생함수(SW)는 $SW=U_A+U_B$로 표현된다.

14 사회후생함수에 대한 설명 중 가장 적절한 것은?(단, U_A와 U_B는 각각 사회구성원 A와 B의 후생수준을 나타낸다)

① 평등주의 사회후생함수는 저소득층보다 고소득층에 보다 높은 가중치를 부여한다.
② 공리주의 사회후생함수의 경우 높은 수준의 효용을 누리고 있는 사람의 효용에는 작은 가중치를 부여한다.
③ 베르누이 내쉬(Bernoulli Nash)의 사회후생함수는 최빈자의 후생을 가장 중요시하는 사회후생함수로 $SW=\min[U_A, U_B]$으로 표현된다.
④ 롤스(J. Rawls)의 사회후생함수는 사회구성원 중 고소득층의 후생수준에 의하여 결정되며, $SW=\max[U_A, U_B]$으로 표현된다.
⑤ 효용가능경계상의 두 점에서 A와 B의 후생수준이 각각 ($U_A=60$, $U_B=60$)과 ($U_A=70$, $U_B=30$)일 때 가중치가 동일한 공리주의 사회후생함수에서는 전자의 사회후생수준을 높게 평가한다.

해설 공리주의는 최대 다수의 최대 행복을 목적으로 하며, 공리주의 사회후생함수는 각 개인의 효용의 합으로 나타난다. 즉, $SW=U_A+U_B$(SW : 사회전체의 후생수준, U_A : A의 효용, U_B : B의 효용)로 표현된다. 사회무차별곡선은 기울기가 –1인 우하향의 직선으로 도출된다. 공리주의 사회후생함수에 따르면 사회후생은 사회구성원의 효용을 단순히 합한 것으로 가중치를 두지 않고 저소득층의 효용 1만큼과 고소득층의 효용 1만큼이 동일하게 평가된다. 베르누이-내쉬(Bernoulli-Nash)의 사회후생함수는 대표적인 평등주의 사회후생함수로써 고소득층보다 저소득층에 보다 높은 가중치를 부여하며, $SW=U_A \cdot U_B$로 표현된다. 롤스(J. Rawls)의 사회후생함수는 사회구성원 중 저소득층의 후생수준에 의해 결정되며, $SW=\min[U_A, U_B]$으로 표현된다.

15 애로우(K. Arrow)가 주장한 사회선택의 규칙이 합리적이기 위한 요건을 모두 고르면?

> 가. 무관한 선택대상으로부터 독립성
> 나. 파레토 원칙
> 다. 선호의 제한성
> 라. 선호의 독재성
> 마. 선호의 완전성

① 가, 나, 라
② 가, 나, 마
③ 나, 다, 마
④ 가, 나, 다, 마
⑤ 가, 나, 라, 마

해설 애로우에 따르면 바람직한 사회후생함수를 도출하기 위해서는 개인의 선호를 특정한 형태로 국한시켜서는 안 된다. 이를 '선호의 비제한성' 또는 '선호의 보편성'이라고 한다. 또한 어느 한 사회구성원의 선호가 아닌 사회구성원 전체의 선호에 의해 사회선호가 결정되어야 한다. 이를 '선호의 비독재성'이라고 한다.

정답 15 ②

16. 다음 내용의 괄호 안에 들어갈 개념으로 적절한 것은?

> - 사회구성원 개인의 선호를 종합하여 하나의 사회전체의 선호로 종합시켜 주는 법칙이 갖추어야 할 최소한의 조건 5가지(완전성과 이행성, 비제한성, 파레토 원칙, 무관한 선택대상으로부터의 독립성, 비독재성)를 제시하고, 이를 모두 충족하는 법칙은 존재하지 않음을 증명하였는데, 이를 (㉮)(이)라고 한다.
> - 하나 이상의 효율성 조건이 이미 파괴되어 있다면 만족하는 효율성 조건의 수가 많아진다고 해서 사회적 후생이 더 증가한다는 보장이 없음을 보였는데, 이를 (㉯)(이)라고 한다.

① ㉮ 불가능성 정리　㉯ 차선의 이론
② ㉮ 차선의 이론　　㉯ 불가능성 정리
③ ㉮ 차선의 이론　　㉯ 코즈의 정리
④ ㉮ 불가능성 정리　㉯ 후생경제학 1정리
⑤ ㉮ 불가능성 정리　㉯ 후생경제학 2정리

해설 애로우의 불가능성 정리란 사회후생함수가 갖추어야 할 조건을 모두 충족하는 이상적인 사회후생함수는 존재하지 않음을 증명한 것이다. 즉, 애로우는 사회구성원들의 선호를 집약하여 사회우선순위를 도출하는 합리적인 법칙이 존재하지 않음을 증명하였다. 한편, 차선의 이론이란 모든 파레토효율성 조건이 동시에 충족되지 못하는 상황에서 더 많은 효율성 조건이 충족된다고 해서 더 효율적인 자원배분이라는 보장이 없다는 이론이다. 즉, 효율적 자원배분을 위하여 n개의 효율성 조건이 충족되어야 하는 경우, 1개의 효율성 조건이 파괴되었다면 일반적으로 나머지 (n-1)개의 조건을 만족시키는 것이 차선이라고 생각하기 쉬우나 실제로는 그렇지 않음을 보여주는 것이 차선의 이론이다.

17. 소득이 높을수록 소득의 한계효용이 증가한다고 가정할 때, 공리주의자의 관점에서 옳은 것은?

① 부자로부터 빈자로의 소득재분배는 사회후생을 증진시킨다.
② 빈자로부터 부자로의 소득재분배는 사회후생을 증진시킨다.
③ 방향에 상관없이 소득재분배는 사회후생을 증진시킨다.
④ 방향에 상관없이 소득재분배는 사회후생을 감소시킨다.
⑤ 모두 틀린 설명이다.

해설 공리주의 사회후생함수는 각 개인의 효용을 합하여 구한다. 즉, $SW=U_A+U_B$인 경우 소득이 높을수록 소득의 한계효용이 증가한다고 가정하면, 소득이 높은 한 개인이 모든 소득을 다 가질 때의 효용이 두 사람이 소득을 나누어 가질 때 두 사람의 효용을 합한 것보다 크다. 따라서 가난한 사람으로부터 부자에게 소득이 이전되면 사회후생이 증가한다.

18 소득재분배의 정치철학에 관한 다음 내용 중 옳지 않은 것을 모두 고르면?

> 가. 공리주의자들의 논리는 한계효용체감의 원칙 가정에 기초한다.
> 나. 롤스에 의하면 정부는 '무지의 베일 뒤에 있는 공정한 제삼자가 만든 것과 같은' 공정한 정책을 선택해야 한다.
> 다. 노직(Nozick)이 주장한 자유주의에 의하면, 특정한 목표의 소득재분배를 위하여 정부가 사회구성원들의 소득을 이전시키거나 변화시켜야 한다.
> 라. 공리주의자들은 사회적 총효용을 극대화하기 위해 사회를 완전히 평등하게 만들어야 한다고 주장한다.

① 가, 나
② 가, 다
③ 나, 다
④ 나, 라
⑤ 다, 라

해설
다. 자유주의 소득분배이론에 의하면, 특정한 목표의 소득재분배를 위하여 정부가 사회 구성원들의 소득을 이전시키거나 변화시켜서는 안 된다. 급진적 자유주의자들은 현실의 소득차이는 개인의 선택에 따른 결과이며, 이를 줄이기 위한 정부정책이 오히려 불공평을 유발한다고 주장한다.
라. 공리주의에 의하면 소득의 한계효용이 체감한다면 소득재분배는 사회후생의 증가를 가져온다. 즉, 소득의 한계효용이 체감하고, 모든 사람의 효용함수가 동일하다면 완전히 평등한 사회후생이 극대화된다. 그러나 사회구성원의 효용함수가 서로 다르다면 모든 사회구성원의 소득의 한계효용이 동일하게끔 소득분배가 이루어졌을 때 사회후생이 극대화된다.

19 여러 관점에서의 소득재분배에 대한 내용으로 옳지 않은 것은?

① 공리주의는 최대다수의 최대행복이라는 사상으로 대표된다.
② 공리주의 관점에서 가장 바람직한 소득분배상태는 사회구성원 전체의 효용의 곱이 최대가 되는 것이다.
③ 평등주의는 소득재분배 과정에서 저소득계층에게 보다 높은 가중치를 부여한다.
④ 자유주의는 소득재분배문제에서 정당한 권리의 원칙을 주장한다.
⑤ 롤스(J. Rawls)의 관점에서는 저소득계층의 경제적 상태를 진전시키지 않고는 사회후생의 증가를 기대할 수 없다고 평가한다.

해설 공리주의 관점에서 가장 바람직한 소득분배상태는 사회구성원 전체의 효용의 곱이 아닌 합이 최대가 되는 것이다.

20. 어떤 사회가 두 사람 A와 B로 구성되어 있고, 두 사람의 효용함수가 다음과 같을 때 다음 설명 중 옳은 것을 모두 고르면?

$$U_A = 2M_A$$
$$U_B = M_A + 2M_B$$
(단, M_A : A의 소득, M_B : B의 소득, M : 사회전체소득, $M = M_A + M_B$)

가. 공리주의적 사회후생함수에서는 A가 모든 소득을 가져야 ($M_A = M$) 후생이 극대화된다.

나. 롤스의 사회후생함수에서는 A와 B의 소득이 같을 경우 ($M_A = M_B = \frac{1}{2}M$) 사회후생이 극대화된다.

다. 롤스에 따르면 사회후생이 극대화되는 수준에서 B의 효용수준이 A의 효용수준보다 높게 나타난다.

라. A의 효용수준이 1단위 증가하면 B의 효용은 $\frac{1}{2}$단위 감소한다.

① 가, 나
② 가, 라
③ 나, 다
④ 나, 라
⑤ 다, 라

해설

가. 공리주의 관점에 따르면 사회후생함수는 각 개인 효용의 합으로 표현된다. 즉, $W = U_A + U_B = 3M_A + 2M_B$이므로 A가 모든 소득을 가져야 ($M_A = M$) 후생이 극대화됨을 알 수 있다.

라. 개인 A의 효용함수는 $U_A = 2M_A$이므로 개인 A의 소득이 $\frac{1}{2}$단위 증가하면 효용이 1단위 증가한다. M_A가 $\frac{1}{2}$단위 증가하면 M_B는 $\frac{1}{2}$단위 감소하므로 개인 A의 효용이 1단위 증가할 때 개인 B의 효용변화분은 $\Delta U_B = \frac{1}{2} + 2 \times \left(-\frac{1}{2}\right) = -\frac{1}{2}$이다.

나. 한편 최빈자의 후생을 중요시하는 롤스의 사회후생함수는 $W = \min[U_A, U_B] = \min[2M_A, M_A + 2M_B]$이므로 $2M_A = M_A + 2M_B$, $M_A = 2M_B$일 때 사회후생이 극대화된다. 즉, 개인 A소득이 개인 B소득의 2배일 때 사회후생이 극대화된다.

다. 또한 롤스의 사회후생함수에 따르면 사회후생이 극대화되는 수준에서 A의 효용과 B의 효용이 같아진다.

제2편 미시경제

제08장 시장실패와 정부실패

제1절 시장실패

1 시장실패의 개념 및 유형

(1) 시장실패의 개념
① 시장실패란 독과점, 공공재, 외부성이 존재하여 시장의 가격기구가 효율적인 자원배분 및 공평한 소득분배를 실현하지 못하는 경우를 말한다.
② 따라서 시장실패가 발생하면 자원배분이 효율적으로 이루어지지 못하므로 정부의 시장개입이 필요하다.

(2) 시장실패의 유형
① 미시적 시장실패
  ㉠ 불완전한 경쟁, 외부효과, 공공재, 정보의 비대칭성 문제 등과 같이 효율적 자원배분을 저해하는 요인으로 발생하는 시장실패를 의미한다.
  ㉡ 불공평한 소득분배 문제와 같이 공평한 소득분배를 저해하는 요인으로 발생하는 시장실패를 의미한다.
② 거시적 시장실패
  물가상승, 실업, 국제수지 불균형 등 거시경제의 불안정성 문제 등을 포함하는 개념이다.

2 독과점에 의한 시장실패

(1) 개념
① 완전경쟁시장이 아닌 독점시장, 독점적 경쟁시장, 과점시장 등과 같이 자원을 효율적으로 배분하기 어려운 불완전한 구조를 갖고 있는 시장에서는 시장실패가 발생할 수 있다.

대표유형문제 **최신출제유형** 23

정부가 시장에 개입할 근거로 가장 거리가 먼 것은?
① 외부효과
② 수확체감의 법칙
③ 정보의 비대칭성
④ 공공재의 무임승차
⑤ 불완전한 경쟁산업

해설
시장실패가 일어나는 경우가 정부가 시장에 개입할 근거가 된다. 수확체감의 법칙은 자본이나 노동 등 생산요소의 투입량이 증가함에 따라 추가 투입에 따른 산출량 증가분이 감소하는 현상으로, 시장실패와는 무관하다.

정답 ②

대표유형문제

다음 (가) ~ (라) 설명에 해당하는 경제 개념을 순서대로 나열한 것은?

(가) 남모르는 질병이 있는 사람이 건강한 사람보다 상대적으로 건강보험에 가입할 확률이 높다.
(나) 자동차 회사가 5년간 무상수리 서비스를 제공한다.
(다) 은행이 정부가 지급보증을 해줄 것으로 믿고 부실 가능성이 있는 기업에 대한 대출을 늘린다.
(라) 화재손실액 또는 병원비 중 일정액 이하는 본인이 부담하고 일정액을 초과하는 금액만 보험회사가 보상해준다.

① 도덕적 해이 – 신호 보내기 – 역선택 – 선별하기
② 역선택 – 신호 보내기 – 도덕적 해이 – 공동보험제도
③ 도덕적 해이 – 선별하기 – 역선택 – 신호 보내기
④ 역선택 – 신호 보내기 – 도덕적 해이 – 기초공제제도
⑤ 도덕적 해이 – 신호 보내기 – 역선택 – 선별하기

해설
정보의 비대칭성이란 경제적 이해관계를 가진 거래 당사자 간의 정보 수준의 차이가 존재하는 상황을 말한다.
정답 ④

---

② 이는 완전경쟁시장에서는 이윤극대화 생산량과 가격이 $P=MR=MC$ 에서 결정되지만, 독점·과점·독점적 경쟁시장에서는 $P>MR=MC$ 의 관계가 성립하여 자원이 모두 활용되지 못하고 과소생산 및 과소소비 되기 때문이다.

(2) 해결방안

① 독과점 기업에 조세를 부과한다.
② 독과점 기업의 생산물 가격을 정부가 규제한다.
③ 새로운 기업의 참여를 유도한다.
④ 자연독점이 유발되는 독점 기업을 국유화한다.
⑤ 수입을 자유화한다.

③ 정보의 비대칭성에 의한 시장실패

(1) 개 념

① 정보의 비대칭성이란 경제적 이해관계를 가진 거래 당사자 간의 정보 수준의 차이가 존재하여 합리적인 의사결정이 어려워진 상황을 말한다.
② 정보의 비대칭성으로 발생하는 문제는 역선택과 도덕적 해이가 있다.
③ 역선택이란 정보를 상대적으로 많이 가진 집단이 정보를 갖지 못한 집단에 대해 정보의 왜곡이나 오류를 통해 바람직하지 못한 거래를 하는 행위를 의미한다.
④ 도덕적 해이란 감추어진 행동의 상황에서 어떤 계약이 행해진 이후에 정보를 가진 측이 바람직하지 못한 행동을 하는 현상을 의미한다.

(2) 해결방안

① 역선택의 해결방안
　㉠ 선별(Screening) : 정보가 상대적으로 부족한 측에서 주어진 자료를 이용하여 상대방의 특성을 파악하려고 하는 것을 의미한다.
　　예 생명보험 가입 시 사전에 받아야 하는 건강검진
　㉡ 신호발송(Signaling) : 정보가 상대적으로 충분한 측에서 적극적으로 정보를 알리려고 노력하는 것을 의미한다.
　　예 자격증 취득, 상당기간 동안의 무상수리

② 도덕적 해이의 해결방안
  ㉠ 공동보험제도 : 화재손실액의 일부만 보상해 주거나 병원비의 일정 비율만을 보험회사가 부담하는 방식이다.
  ㉡ 기초공제제도 : 화재손실액 또는 병원비 중 일정액 이하는 본인이 부담하고 일정액을 초과하는 금액만 보험회사에서 보상해 주는 방식이다.
  ㉢ 감시 : 대출자들이 기업들의 행동을 주기적으로 감시하여야 한다.
  ㉣ 담보 : 은행이 대출 시 담보를 설정하면 파산 시 차입자도 손해를 보게 되므로 위험이 높은 투자안에 투자를 하지 않게 된다.

4 외부효과에 의한 시장실패

(1) 개 념

① 외부효과란 어떤 경제주체의 생산 혹은 소비활동이 다른 경제주체에게 의도하지 않게 이익이나 손해를 미치면서도 이에 대한 보상이 이루어지지 않는 상태를 말한다.
② 외부효과가 제3자에게 이익을 가져다주는 경우를 '외부경제'라 하고, 손실을 가져다주는 경우를 '외부불경제'라고 한다.

구 분	소비 측면	생산 측면
긍정적 외부효과	사회적 편익이 사적 편익보다 크다. 예 예방접종, 교육	사적 비용이 사회적 비용보다 크다. 예 신기술 개발
부정적 외부효과	사회적 편익이 사적 편익보다 작다. 예 흡연, 소음	사적 비용이 사회적 비용보다 작다. 예 오염 배출

(2) 해결방안

① **조세부과(피구세)와 보조금 지급** : 외부불경제에서는 조세를 부과하고 외부경제에서는 보조금을 지급해야 한다.
② **직접규제** : 정부가 직접적으로 경제주체의 특정 경제 행위를 규제하는 방법이다.
  예 환경오염물질 배출량을 일정수준으로 정해놓고 오염물질 배출을 규제하는 방법이다.

대표유형문제 최신출제유형 24

도덕적 해이의 예가 아닌 것은?
① 화재보험에 가입 후 화재 예방 노력을 덜 한다.
② 전문경영인이 주주의 이익에 반하는 의사결정을 한다.
③ 근로자가 근무태만을 한다.
④ 중고자동차 시장에서 품질이 낮은 중고차만 거래된다.
⑤ 의사가 보험료를 위해 과잉진료한다.

해설
중고차 판매자는 차량의 결점을 알지만 구매자는 정확히 알 수 없다. 이 때 양질 차량의 판매자는 높은 가격을 제시하지만 구매자는 저렴한 가격의 차를 구입하므로 결국 낮은 품질의 자동차만이 거래되는 역선택이 일어난다.

정답 ④

대표유형문제

다음 중 외부효과의 해결방안에 대한 설명으로 옳지 않은 것은?
① 피구세란 외부효과를 일으키는 재화 공급자에게 부여하는 세금을 말한다.
② 코즈의 정리는 소유권의 확립과 제로의 거래비용이 보장될 때 성립한다.
③ 긍정적 외부효과가 일어나는 경우 생산량을 감소시키기 위한 방법을 채택해야 한다.
④ 예방접종은 과소소비되므로 정부의 개입을 통해 수요량 증대를 꾀한다.
⑤ 외부효과의 내부화란 시장 외부에서의 거래가 시장 안에서 이루어지도록 하는 것이다.

해설
긍정적 외부효과가 일어나는 경우 사회적 편익이 사적 편익을 초과하게 되므로 사회최적생산량 수준보다 적게 생산이 일어난다. 따라서 생산량 증가를 위한 방법을 채택해야 한다.

정답 ③

> **대표유형문제**
>
> 시장실패와 관련된 다음 설명 중 옳지 않은 것은?
> ① 시장실패는 정부개입의 필요조건일 뿐 충분조건은 아니다.
> ② 시장이 효율적으로 작동하는 경우에는 시장에 정부의 개입은 필요하지 않다.
> ③ 독점·독점적 경쟁·과점 시장 등과 같이 시장이 불완전한 구조를 갖고 있으면 시장실패가 발생할 수 있다.
> ④ 기업 A와 기업 B 사이에 발생하는 양(+)의 외부효과로 인한 시장실패는 두 기업 간 합병으로 외부효과를 내부화함으로써 교정할 수 있다.
> ⑤ 때로는 정부의 시장개입이 시장실패를 보완하기보다는 오히려 시장의 효율성을 떨어뜨리기도 한다.
>
> **해설**
> 시장실패가 정부의 시장개입에 대한 이론적인 근거가 되지만, 정부실패의 가능성이 있기 때문에 시장실패가 정부의 시장개입에 대한 충분조건은 되지 못한다. 한편, 시장이 효율적으로 작동한다고 하더라도 소득분배까지 공평해진다는 보장은 없으므로 소득분배의 불공평이 발생한다면 여전히 정부의 시장개입은 필요할 수 있다.
>
> **정답** ②

5 공공재

(1) 공공재의 개념

① 사유재와는 달리 그 재화에 대한 소비자 선호가 드러나지 않아 시장 메커니즘이 아닌 정치적 과정에 의해 공급되는 재화로서, 모든 사람들이 공동으로 이용할 수 있는 재화 또는 서비스를 말한다.

② 공공재에는 국방, 경찰, 소방, 공원 등이 있다.

(2) 공공재의 특징

① 비배제성(= 배제불가능성) : 어떤 소비자가 재화 생산 비용을 지불하지 않았다고 하여 그 재화의 이용에서 배제시킬 수 없는 특성을 말한다.

② 비경합성 : 한 사람의 추가적 소비에 따른 혼잡문제가 발생하지 않아 소비하는 사람이 늘어나도 각 수요자가 종전과 동일한 양을 소비할 수 있는 특성을 말한다.

③ 비배제성을 가지나, 경합성은 있는 재화의 경우 '공유지의 비극'이 일어날 수 있다.

④ 공유지의 비극이란 주인이 따로 없는 방목장에서는 농부들이 경쟁적으로 더 많은 소를 끌고 나와서 방목장이 곧 황폐화된다는 개념이다.

⑤ '공유지의 비극'이 발생하는 경우 재산권을 부여하는 것이 해결방안이 될 수 있다.

제2절 정부실패

1 정부실패의 개념 및 유형

(1) 정부실패의 개념

① 정부실패(Government failure)란 시장에 대한 정부의 개입이 자원의 최적 배분 등 본래 의도한 결과를 가져오지 못하거나 오히려 시장의 효율성을 떨어뜨리는 경우를 의미한다.

② 정부실패는 정보와 정책수단의 불안전성 및 관료의 사익추구 등으로 인해 발생한다.

(2) 정부실패의 유형

① 세금·헌금 등으로 인한 비용과 수입의 분리
  수입이 조세를 통하여 충당되므로 배분적 비효율성과 X-비효율성을 초래
② 조직성과를 유도하고 조절하기 위한 목표로서의 내부성(Externality)
  원가의식이 부족하고 인력과 예산의 극대화를 추구, 조직의 사적인 목적을 보다 많이 추구하여 비능률 초래
③ 파생적 외부성(Derived Externality)
  정책적 개입이 의도하지 않은 결과를 초래(의도하지 않은 비용과 편익 발생)
④ 배분적 불공평
  권력과 특혜로 인한 분배적 불공평

2 정부실패의 원인 및 해결책

(1) 정부실패의 원인

① 불완전한 지식과 정책당국의 제한된 정보하에서 정부실패가 발생할 수 있다.
② 민간부문의 반응에 대한 통제가 불가능할 때 정부실패가 발생할 수 있다.
③ 정책시행 과정에서 정책 입안자가 공익보다 자신의 이해관계를 추구하는 경우에 정부실패가 발생할 수 있다.
④ 시차가 가변적인 경우에는 정부실패가 발생할 수 있다.
⑤ 정책당국의 인지시차가 존재할 경우 정부실패가 발생할 수 있다.

(2) 정부실패의 해결방안

① 불합리한 규제를 철폐하거나 완화하고 정책의 투명성을 제고하는 등 제도의 개혁이 필요하다.
② 서비스의 개선, 가격의 인하, 경영의 효율화 등을 위해 공기업을 민영화하여야 한다.
③ 경제 활동에 대한 감시, 캠페인 등의 시민단체의 시민운동을 통해 정부실패를 보완한다.
④ 공무원의 의식 개혁, 관료 조직의 상호 견제, 공무원 사회의 경쟁 원리를 도입하는 등 관료 사회를 개혁하여야 한다.

대표유형문제

다음 중 정부실패의 해결방안으로 적절하지 않은 것은?
① 외부경제에서 보조금을 지급한다.
② 불합리한 규제를 철폐하거나 완화시킨다.
③ 경영의 효율화를 위해 공기업을 민영화한다.
④ 경제활동을 감시하고 시민운동을 장려한다.
⑤ 공무원의 의식 개혁 등 관료사회를 개혁한다.

해설
시장실패를 해결하기 위한 방안으로써 외부불경제에서는 조세를 부과하고, 외부경제에서는 보조금을 지급한다.

정답 ①

제08장 출제예상문제

제2편 미시경제

01 시장실패(Market failure)의 원인이라고 볼 수 없는 것은?

① 독과점의 존재
② 소비의 경합성
③ 외부경제의 존재
④ 비대칭 정보의 존재
⑤ 공유자원의 존재

해설 소비의 경합성은 사적 재화의 특징으로 시장에서 효율적 자원배분이 가능한 조건이다.

02 시장실패에 대한 다음 설명 중 옳지 않은 것은?

① 시장실패를 교정하려는 정부의 개입으로 인하여 오히려 사회적 비효율이 초래되는 정부실패가 나타날 수 있다.
② 타 산업에 양(+)의 외부효과를 초래하는 재화의 경우에 수입관세를 부과하는 것보다 생산보조금을 지불하는 것이 시장실패를 교정하기 위해 더 바람직한 정책이다.
③ 공공재의 경우에 무임승차의 유인이 존재하므로 사회적으로 바람직한 수준보다 적게 생산되는 경향이 있다.
④ 거래비용의 크기에 관계없이 재산권이 확립되어 있으면 당사자 간 자발적인 협상을 통하여 외부효과에 따른 시장실패를 해결할 수 있다.
⑤ 사회적 비용이 사적 비용을 초과하는 외부성이 발생하면 시장의 균형생산량은 사회적으로 바람직한 수준보다 크다.

해설 재산권이 확립되어 있다고 하더라도 거래비용이 너무 크면 협상이 이루어지지 않기 때문에 거래비용이 너무 크면 협상을 통해 외부성 문제가 해결될 수 없다.

정답 1 ② 2 ④

03 시장실패에 관한 설명으로 옳은 것을 모두 고르면?

> 가. 사회적 편익이 사적 편익을 초과하는 외부성이 발생하면 시장의 균형생산량은 사회적으로 바람직한 수준보다 작다.
> 나. 코즈의 정리에 따르면 시장실패는 시장에서 해결될 수 없다.
> 다. 공공재의 공급을 사기업이 수행하게 되면 과잉공급이 이루어진다.
> 라. 공공재는 비배제성과 비경합성으로 인하여 시장실패의 원인이 될 수 있다.
> 마. 시장실패는 외부효과가 존재하는 경우나 소유권이 명확하게 규정되지 않은 경우에 발생할 수 있다.

① 가, 다, 라
② 가, 라, 마
③ 나, 다, 마
④ 가, 나, 라, 마
⑤ 나, 다, 라, 마

해설 나. 코즈의 정리에 의하면 외부성이 존재하는 경우 재산권이 명확하게 설정되면 이해관계 당사자 간의 협상을 통해 파레토효율을 달성할 수 있다.
다. 공공재는 배제가 불가능하여 생산비를 내지 않은 개인도 소비할 수 있으므로 공공재 공급을 사기업에 맡기면 생산이 전혀 이루어지지 않을 수 있다.

04 [최신출제유형 23] 다음 중 정부가 시장에 간섭할 근거로 적절하지 않은 것은?

① 일시적인 수요 초과
② 외부효과
③ 정보의 부족
④ 공공재의 부족
⑤ 독과점 기업의 증가

해설 시장실패란 시장이 자유롭게 기능하도록 맡겨 둘 경우 효율적인 자원배분을 달성하지 못하는 상황을 말한다. 시장실패의 요인에는 외부효과, 독점기업과 같은 시장지배력, 공공재의 공급부족, 경제주체들이 획득할 수 있는 정보의 부족 등이 있다. 시장실패는 정부 개입의 근거가 되지만 정부가 개입한다고 해서 문제 해결이 보장되는 것은 아니다. 초과수요는 시장실패의 요인이 아니며, 시장에서 공급확대로 초과수요 현상을 해결할 수 있다.

정답 3 ② 4 ①

05 다음과 같은 경제 현상의 특징으로 올바른 것은?

> ㉮ 경제 주체의 어떤 경제활동은 다른 경제 주체에 부정적인 영향을 미치지만 그것이 시장가격에 반영되지 않을 수도 있다.
> ㉯ 이윤을 극대화하기 위해 다른 기업의 시장 진입을 제한하고 상품의 공급량을 조절하여 시장가격을 인상하려는 기업이 존재한다.
> ㉰ 다수의 소비자가 재화를 소비하더라도 개별 소비량이 감소하지 않고 가격을 지불하지 않은 소비자를 재화의 소비로부터 배제시키는 것이 어려운 재화가 존재한다.

① ㉮·㉯·㉰ 모두 정부실패에 해당하는 사례이다.
② ㉮·㉯·㉰ 모두 정부의 시장개입을 반대하는 근거로 사용한다.
③ ㉮·㉯·㉰ 모두 시장 기능만으로는 자원 배분이 최적으로 달성되지 않는다.
④ ㉯는 공해 등 환경문제에 해당하는 내용이며, 사용량에 따라 탄소세를 부과하는 해결책이 존재한다.
⑤ ㉰는 공공재 문제에 해당하는 내용이며, 무임승차 문제를 해결하기 위해 시장이 공공재를 공급하는 정책을 실행해야 한다.

해설 순서대로 공해 등 환경문제, 독과점 문제, 공공재 문제로 모두 시장실패의 요인이 되는 현상이다. 환경문제를 해결하기 위해서는 화석에너지 사용량에 따라 세금을 부과하는 탄소세가 있으며, 독과점 문제를 해결하기 위해서는 공정거래를 유도하기 위한 규제를 한다. 한편, 공공재의 문제인 무임승차 문제를 해결하기 위해서는 정부가 공공재를 공급하도록 한다.

최신출제유형 24

06 경제학자 피구는 환경오염 등 부정적 외부효과를 발생시키는 행위를 억제하기 위해 기업에게 세금을 부과할 것을 주장하였다. 이를 적용하여 A정부는 최근 심각한 환경오염을 초래하는 재화에 대해 생산량에 비례하여 세금을 부과하기로 하였다. 다음 중 옳지 않은 것은?

① 정부가 부정적인 외부효과로 인한 시장실패를 시정하기 위해 시장에 개입했다.
② 이 세금을 통해 재화의 가격은 오르고 재화의 생산량은 감소할 것이다.
③ 현실적으로 이 세금은 최적세율을 찾기 쉬워 실제로 많이 적용된다.
④ 정부는 환경오염문제에 따른 사회적 최적생산량에서의 사회적 한계비용과 사적 한계비용과의 차이만큼을 기업에게 부과한다.
⑤ 사회적으로 최적의 세금은 재화의 생산이 미치는 부정적인 영향의 크기와 일치해야 한다.

해설 부정적인 외부효과를 해결하기 위해서는 조세를 부과하여 경제활동을 억제하고 긍정적인 외부효과를 해결하기 위해서는 보조금을 부과하여 경제활동을 활성화시킨다. 이러한 과정에서 외부효과로 인한 이득과 손실 금액을 정확히 산출하기가 어려우므로 적정 보조금 내지 조세 규모도 확정하기 어렵다.

07 다음 중 역선택과 관련된 설명으로 옳은 것은?

① 자동차 보험에 가입한 운전자일수록 안전운전을 하려고 한다.
② 화재보험에 가입한 건물주가 화재예방을 위한 비용 지출을 줄인다.
③ 사고의 위험이 높은 사람일수록 상해보험에 가입할 가능성이 높아진다.
④ 공기업 채용 시 도덕적 해이 문제를 해결하기 위해 구직자의 자격증 보유 사항 기입을 금지한다.
⑤ 고용시장에서 역선택 문제를 해결하기 위해 감시 감독을 강화하거나 보수지급을 연기하기도 한다.

해설 역선택이란 정보를 상대적으로 많이 가진 집단이 정보를 갖지 못한 집단에 대해 정보의 왜곡이나 오류를 통해 바람직하지 못한 거래를 하는 행위를 의미한다. 이와 마찬가지로 보험시장에서도 보험 가입자가 보험회사보다 상대적으로 더 많은 정보를 가지고 있기 때문에 보험회사가 건강하지 않은 사람과 거래하는 역선택이 발생한다. 이러한 역선택 문제를 해결하기 위한 방안에는 선별과 신호발송이 있다. 이중 선별이란 정보가 상대적으로 부족한 측에서 주어진 자료를 이용하여 상대방의 특성을 파악하는 것이다. 공기업 채용 때 자격증이나 어학성적을 원칙적으로 기입하지 못하게 하는 것은 역선택의 해결방법 중 선별을 포기하는 행위이다. 반면, 고용 시 감시 감독을 강화하거나 보수지급을 연기하는 것은 도덕적 해이를 줄이기 위한 방안이다.

08 노동시장에서 스펜스의 교육의 신호이론(Signaling Theory)에 관한 다음 설명 중 옳은 것은?

① 교육은 한계생산성이 낮은 노동자의 생산성을 향상시킨다.
② 교육은 사회적 위치(지위)에 대한 신호(Signal)의 역할을 한다.
③ 교육수준에 따라 한계생산성이 결정된다.
④ 높은 학력은 높은 한계생산성을 가진 사람이 보내는 신호이다.
⑤ 노동자들의 타고난 재능과 관계없이 교육수준에 의해서만 생산성이 결정된다.

해설 일반적으로 교육을 받으면 생산성이 높아지지만 스펜스(M. Spence)는 교육수준과 관계없이 노동자들의 타고난 재능에 의해서만 생산성이 결정된다고 가정한다. 정보의 비대칭성으로 인해 교육수준이 높은 노동자는 생산성이 높고, 교육을 받는 데도 적은 비용이 들 것이라고 생각되므로 높은 임금을 지급한다. 그러므로 생산성이 높은 노동자만 교육을 받음으로써 자신의 생산성이 높다는 것을 알리려고 한다. 따라서 교육은 사회적 위치(지위)에 대한 신호가 아니라 노동자의 생산성에 대한 신호(Signal)의 역할을 한다.

09 도덕적 해이(Moral hazard)를 해결하는 방안에 해당하는 것을 모두 고르면?

> 가. 스톡옵션(Stock option)
> 나. 은행담보대출
> 다. 자격증 취득
> 라. 전자제품 다년간 무상수리
> 마. 사고 건수에 따른 보험료 할증

① 가, 나　　② 가, 라　　③ 다, 마　　④ 가, 나, 마　　⑤ 나, 라, 마

해설　다와 라는 역선택의 해결방안에 해당한다.

10 다음 중 외부성 및 시장실패에 관한 설명으로 옳은 것은?

① 환경오염과 같은 부정적 외부성의 방출량은 0이 되어야 한다.
② 부정적인 외부성은 작을수록 좋으나 긍정적인 외부성은 클수록 좋다.
③ 외부성은 두 사람 사이에서 발생하고, 공공재는 다수의 사람들 사이에서 발생하는 현상이다.
④ 일반적으로 정부의 개입이 없다면 공공재는 과대 공급된다.
⑤ 공공재는 구매하지 않는 사람의 소비를 막기 어렵다는 비배제성과 모든 사람이 소비하기 위해 경쟁할 필요가 없는 비경합성을 갖는다.

해설　최적오염배출량은 0이 아니라 오염배출에 따른 한계편익과 한계비용이 일치하는 수준에서 결정된다. 또한 외부성은 자원배분의 비효율성을 초래하므로 부정적 외부성과 긍정적 외부성이 모두 작을수록 좋다. 한편, 다수 경제주체의 경제활동은 다수의 다른 경제주체들에게 영향을 미칠 수 있으므로 외부성 문제도 다수의 경제주체 간에 발생할 수 있다. 또한 일반적으로 정부의 개입이 없다면 공공재는 과소공급된다.

11 정부실패(Government failure)의 원인이 되는 것을 모두 묶으면?

> 가. 이익집단의 개입
> 나. 정책당국의 제한된 정보
> 다. 정책당국의 인지시차 존재
> 라. 민간부문의 통제 불가능성
> 마. 정책 실행시차의 부재

① 가, 나, 라　　② 나, 다, 마　　③ 가, 나, 다, 라　　④ 가, 나, 라, 마　　⑤ 가, 나, 다, 라, 마

해설　어떤 정책을 실시할 때 정책 실행 시차가 부재한다면 정부정책이 보다 효과적이 될 가능성이 높다.

제2편 미시경제

제09장 공공경제

제1절 공공재와 공유지의 비극

1 공공재

(1) 공공재의 개념
① 공공재란 재화와 서비스에 대한 비용을 지불하지 않더라도 모든 사람이 공동으로 이용할 수 있는 재화 또는 서비스를 말한다.
② 대표적인 공공재에는 국방, 법률, 치안, 공원, 도로 등이 여기에 해당한다.
③ 공공재는 비경합성과 비배제성을 동시에 가지고 있다.
④ 공공재의 비배제성 성질에 따르면 재화와 서비스에 대한 비용을 지불하지 않더라도 공공재의 이익을 얻을 수 있는 '무임승차의 문제'가 발생한다.

(2) 공공재의 특성
① 비경합성
  ㉠ 비경합성이란 다른 개인의 공공재 소비가 자신의 공공재 소비에 영향을 미치지 않는 특성을 말한다.
  ㉡ 즉, 공공재는 재화와 서비스에 대한 비용을 부담한 사람 이외에 모든 사람이 공동으로 소비 가능하므로 서로 경쟁할 필요가 없다.
② 비배제성
  ㉠ 비배제성이란 어떤 재화의 생산과 공급이 일단 이루어지고 나면 생산비를 부담하지 않은 개인이라도 소비에서 배제할 수 없는 특성을 말한다.
  ㉡ 비배제성으로 인해 개인들은 생산비를 부담하지 않으면서 공급된 공공재를 최대한 이용하려는 '무임승차의 문제'가 발생한다.
  ㉢ 또한 공공재를 계속 과소비할 경우에는 이른바 '공유지의 비극'을 초래하게 된다.

대표유형문제

다음은 재화의 특성에 따른 분류 표이다. 옳지 않은 것은?

구분	경합성	비경합성
배제성	Ⓐ	Ⓑ
비배제성	Ⓒ	Ⓓ

① 비경합성이란 새로운 소비자가 추가적인 소비를 하더라도 기존의 소비자에게 영향을 미치지 않는 것을 의미한다.
② Ⓐ에 해당하는 재화는 일반적으로 기업이 생산한다.
③ Ⓑ에 해당하는 재화는 공유지의 비극 현상이 나타나기 쉽다.
④ Ⓒ의 사례로는 혼잡한 무료 고속도로 등이 있다.
⑤ Ⓓ에 해당하는 재화는 무임승차 현상이 발생한다.

해설

공유지의 비극은 소유권이 설정되어 있지 않은 공유자원을 구성원의 자율에 맡길 경우 과다하게 사용되어 고갈될 위험에 처할 수 있다는 것이다.
공유지의 비극현상이 나타나기 쉬운 재화는 Ⓒ에 해당된다. Ⓒ와 같이 경합성은 있지만 배제성이 없는 재화로는 목초지나 바다어장과 같은 공유지가 있다.
Ⓐ재화는 배제성과 경합성이 모두 존재하는 사적재화로 일반적으로 기업이 생산한다.

정답 ③

대표유형문제 **최신출제유형** 25

다음 중 공공재에 관한 설명으로 옳지 않은 것은?
① 공공재의 시장수요곡선은 개인들의 공공재 수요곡선을 수직으로 합하여 도출한다.
② 한계대체율의 합과 한계전환율이 일치하도록 공공재를 공급하는 것이 최적이다.
③ 공공재의 공급을 기업에게 맡기면 과대 공급이 이루어진다.
④ 공공재가 갖는 비배제성의 특징 때문에 무임승차의 문제가 발생한다.
⑤ '공유지의 비극' 현상의 발생을 방지하기 위해서는 사유재산권을 확립하는 조치가 필요하다.

해설
공공재의 공급을 기업에게 맡기면 공공재가 공급되지 않거나 과소 공급되는 경우가 많다. 공공재의 경우에는 모든 개인들이 동일한 양을 소비하므로 특정 수준의 공공재를 소비할 때의 사회적인 편익을 구하기 위해서는 각 개인의 공공재 수요곡선을 수직으로 합하여 도출한다.

정답 ③

구분		경합성	
		있음	없음
배제성	있음	사적 재화 예 자동차, 아이스크림, 혼잡한 유료 도로	자연독점 예 케이블TV, 영화, 혼잡하지 않은 유료 도로
	없음	공유자원 예 공유지, 바다어장, 혼잡한 무료 도로	공공재 예 국방, 법률, 공원, 혼잡하지 않은 무료 도로

2 공공재의 적정공급

(1) 사용재의 적정공급

① 사용재의 시장수요곡선은 개별수요곡선을 수평으로 합하여 도출한다.
② 이러한 시장수요곡선과 공급곡선이 교차하는 점에서 재화 가격이 결정되면 모든 소비자들은 동일한 가격으로 서로 다른 양을 소비한다.

(2) 공공재의 적정공급

① 공공재의 시장수요곡선(사회적인 한계편익곡선)은 개별수요곡선(개인들의 한계편익곡선)을 수직으로 합하여 도출한다. 이는 소비의 비경합성 때문이다.
② 이러한 사회적인 한계편익곡선과 한계비용곡선이 교차하는 점에서 재화의 최적생산량이 결정되면 모든 소비자는 동일한 최적생산량만큼의 양을 소비하면서 자신의 한계편익에 해당하는 서로 다른 가격을 지불한다.

3 공공재의 무임승차

(1) 무임승차의 개념

① 공공재의 무임승차자 문제란 개인들은 자발적으로 대가를 지불하지 않으면서 공급된 공공재를 최대한 소비하려고 하는 데 따르는 문제점을 말한다.
② 이는 재화의 사용에 대한 정당한 대가를 지불하지 않아도 소비에서 배제되지 않는 공공재의 비배제성에서 비롯되는 현상이다.

(2) 무임승차의 효과

① 공공재의 무임승차문제로 인해 사회적 한계편익이 감소하면 시장 기구에 의해 공공재가 공급되지 않거나 과소 공급되는 경우가 많다.
② 따라서 공공재의 경우 정부가 시장의 공급을 담당하는 경우가 많다.

제2절 외부효과와 자원배분

1 외부성의 개념 및 구분

(1) 외부성(Externality)의 개념

① 외부성이란 어떤 경제주체의 생산 혹은 소비활동이 다른 경제주체의 경제적 후생에 의도하지 않은 영향을 미치면서도 이에 대한 보상은 이뤄지지 않는 현상을 말한다.
② 외부성에는 다른 경제주체에게 유리한 영향을 미치는 긍정적 외부효과(외부경제)와 불리한 영향을 미치는 부정적 외부효과(외부불경제)가 있다.
③ 환경을 오염시키는 행위는 부정적 외부효과, 신기술 개발은 긍정적 외부효과의 한 사례로 볼 수 있다.
④ 외부효과에 따른 시장실패를 막을 수 있는 수단에는 정부의 직접적 규제, 세금 부과, 보조금 지급, 당사자 간 협상 등이 있다.

(2) 외부경제와 외부불경제의 비교

구 분	외부경제	외부불경제
개 념	다른 경제주체에게 유리한 영향을 미치는 긍정적 외부효과	다른 경제주체에게 불리한 영향을 미치는 부정적 외부효과
예 시	• 양봉업자 주변의 과수원은 별도의 비용을 지불하지 않고도 꽃을 수분시킬 수 있다. • 정원을 가꾸는 행위는 주변 사람들에게 경제적 이득을 포함한 혜택을 줄 수 있다.	• 화석연료의 이용으로 인해 발생한 공장 매연이나 자동차 배기가스 등의 대기오염은 농작물에 피해를 준다. • 흡연으로 인한 질병, 불쾌감, 길거리 청결 유지를 위해 비용이 발생한다.

대표유형문제

아래 현상을 설명하는 데 가장 적합한 경제개념은?

- 교육을 통해 누군가가 훌륭하게 인재로 성장하면 그 편익은 국민 전체가 누릴 수 있고, 범죄율도 낮아짐으로 사회질서를 유지할 수 있다.
- 공장 가동으로 발생하는 공장폐수를 무단으로 방류하면 수질이 오염되고 이로 인해 식물과 사람들이 피해를 받지만, 회사는 그 대가를 부담하지 않는다.

① 정부실패 ② 기회비용
③ 외부효과 ④ 도덕적 해이
⑤ 코즈의 정리

해설
외부효과란 어떤 경제주체의 생산 혹은 소비활동이 다른 경제주체의 경제적 후생에 의도하지 않은 영향을 미치면서도 이에 대한 보상은 이뤄지지 않는 현상을 말한다. 교육은 긍정적인 외부효과를 가지고 오며, 공장폐수는 부정적인 외부효과를 가지고 온다.

정답 ③

대표유형문제

외부성에 대한 다음 설명 중 틀린 것은?
① 외부경제가 발생한 경우에는 재화의 과소생산이 이루어진다.
② 소비에서 외부경제가 발생하면 사적 한계편익보다 사회적 한계편익이 더 크게 나타난다.
③ 생산에서 외부경제가 발생하는 경우에는 조세부과를 통해 효율성을 회복한다.
④ 생산에서 외부불경제가 발생하면 사적 한계비용보다 사회적 한계비용이 더 크게 나타난다.
⑤ 외부성에 대한 재산권이 설정되면 당사자 간의 협상을 통해 외부성 문제가 해결될 수 있다는 이론을 코즈 정리라고 한다.

해설
외부경제가 발생하는 경우에는 보조금 지급을 통해, 외부불경제가 발생하는 경우에는 조세부과를 통해 효율성을 회복한다.

구분	적정생산 여부	소비	생산
외부 경제	과소생산 (과소소비)	PMB < SMB	PMC > SMC
외부 불경제	과잉생산 (과잉소비)	PMB > SMB	PMC < SMC

정답 ③

2 외부성과 자원배분

(1) 외부성이 발생하지 않을 경우의 자원배분

① 어떤 재화생산에 따른 사회적인 한계편익(SMB)과 사회적인 한계비용(SMC)이 일치할 때 어떤 재화의 최적생산량이 결정된다.
② 완전경쟁시장의 균형에서는 수요곡선을 나타내는 사적인 한계편익(PMB)과 공급곡선을 나타내는 사적인 한계비용(PMC)이 일치한다.
③ 외부성이 발생하지 않는 경우에는 PMB=SMB, PMC=SMC이므로 시장기구에 의한 생산량이 사회적인 최적수준과 일치한다.

(2) 외부성이 발생하는 경우의 자원배분

① 외부불경제의 경우
 ㉠ 부정적 외부효과가 발생하면 타인이 유발한 외부한계비용으로 인해 사회적인 한계비용(SMC)이 사적인 한계비용(PMC)보다 커진다.
 ㉡ 그러므로 시장의 가격기구에 의한 생산량은 사회적인 최적생산량을 초과하는 과잉생산 발생으로 인해 사회적인 후생손실이 발생한다.

② 외부경제의 경우
 ㉠ 긍정적 외부효과가 발생하면 타인이 유발한 외부한계편익(EMB)으로 인해 사회적인 한계편익(SMB)이 사적인 한계편익(PMB)보다 커진다.
 ㉡ 그러므로 시장의 가격기구에 의한 생산량은 사회적인 최적생산량을 미달하는 과소소비 발생으로 인해 사회적인 후생손실이 발생한다.

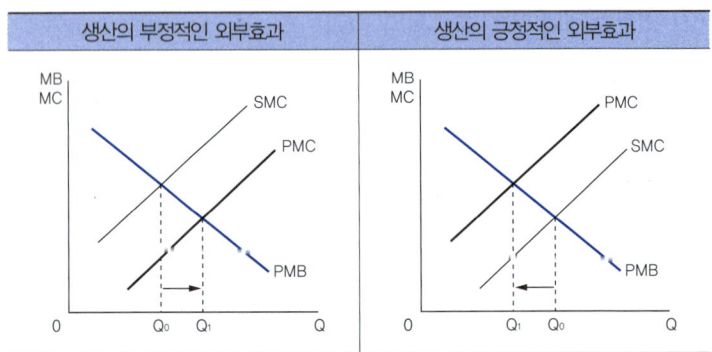

③ 외부성의 해결방안

(1) 합 병

① 외부효과를 유발하는 경제주체와 외부효과에 영향을 받는 경제주체가 합병함으로써 외부효과를 내부화하는 방안을 말한다.

② 즉, 합병을 통해 외부성 문제를 기업 내부의 문제로 내부화하여 해결하기 위한 방안이다.

(2) 코즈의 정리(Coase's Theorem)

① 코즈의 정리란 재산권(소유권)이 명확하게 확립되어 있고, 거래비용 없이도 자유롭게 매매할 수 있다면 외부성에 관한 권리가 어느 경제 주체에 귀속되는가와 상관없이 당사자 간의 자발적 협상에 의한 효율적인 자원배분이 가능해진다는 이론이다.

② 그러나 현실적으로는 거래비용의 존재, 외부성 측정 어려움, 이해당사자의 모호성, 정보의 비대칭성, 협상능력의 차이 등으로 코즈의 정리로 문제를 해결하는 데는 한계가 있다.

③ 하지만 코즈의 정리는 외부성 문제를 법적·제도적인 측면에서 접근하였다는 점에서 의의가 있다.

(3) 조세부과(피구세)와 보조금 지급

① 외부불경제가 발생하면 최적생산량 수준에서의 재화 1단위당 외부한계비용(EMC)만큼의 조세를 부과하고, 외부경제가 발생하면 최적생산량 수준에서의 재화 1단위당 외부한계편익(EMB)만큼의 보조금을 지급하는 방법을 의미한다.

② 조세부과(피구세) 후 생산량은 최적생산량 수준으로 감소하고 가격은 상승하며, 보조금 지급 후 생산량은 최적생산량 수준으로 증가하고 가격은 하락한다.

③ 하지만 실제적으로는 어떤 활동이 외부효과를 유발하는지 알기 어렵고, 외부한계비용과 외부한계편익의 크기를 측정하기 어렵기 때문에 한계가 있다.

대표유형문제

코즈의 정리(Coase's theorem)에 대한 다음 설명 중 옳지 않은 것은?

① 재산권이 명확하게 확립되어 있어야 한다.
② 정부의 직접적인 규제는 바람직하지 않다.
③ 재산권 부여는 외부성을 내부화하는 것과 동일한 효과가 있다.
④ 현실적으로는 정보의 비대칭성 및 협상능력의 차이가 존재하는 한계점이 있다.
⑤ 거래비용이 없다면 재산권이 어느 거래 당사자에게 귀속되는지에 따라 자원배분의 효율이 결정된다.

해설

코즈의 정리란 민간 경제주체들이 자원 배분 과정에서 거래비용 없이 협상할 수 있다면 외부효과로 인해 발생하는 비효율성을 시장 스스로 해결할 수 있다는 이론이다. 한편, 코즈의 정리에 따르면 재산권이 누구에게 부여되는지는 경제적 효율성 측면에서 아무런 차이가 없지만 소득분배 측면에서는 차이가 발생한다.

정답 ⑤

대표유형문제

다음 중 외부효과로 인한 비효율적 자원배분을 개선하는 방법으로 가장 적절하지 않은 것은?

① 재산권을 확립하여 당사자 간의 문제해결을 위한 협상분위기를 조성한다.
② 최적오염수준에서 사회적 비용과 사적 비용의 차이만큼 세금을 부과한다.
③ 정부가 오염배출권을 경매를 통해 팔고, 오염배출 기업들 사이에 이를 거래하는 것을 규제한다.
④ 과수원과 양봉업자의 경우처럼 외부효과를 주고받는 두 기업이 합병한다.
⑤ 오염과 같은 외부효과의 문제에 대해 당사자들이 적절한 협상을 할 수 없는 경우 정부가 개입하도록 한다.

해설
오염배출권제도하에서는 오염배출권의 자유로운 거래가 허용되므로 배출량을 초과하는 업체는 정부나 다른 기업으로부터 배출권을 구입할 수 있다.

정답 ③

대표유형문제 [최신출제유형] 23

세금은 크게 국가가 재정지출을 충당하기 위해 걷는 국세와 지방자치단체가 재정지출을 충당하기 위해 부과하는 지방세로 분류된다. 다음 중 나머지 세금과 분류가 다른 것은?

① 소득세
② 법인세
③ 부가가치세
④ 상속·증여세
⑤ 취득·등록세

해설
소득세, 법인세, 부가가치세, 상속세, 증여세는 국세에 해당하는 반면 취득·등록세는 지방세에 해당한다.

정답 ⑤

(4) 직접규제

① 직접규제란 경제주체의 선택 범위를 조정함으로써 직접적으로 경제주체의 의사결정에 영향을 미치는 방법을 말한다.
② 환경오염물질 배출량을 일정수준으로 정해 놓고 오염물질 배출을 규제하는 방법이 대표적인 사례에 해당한다.
③ 오염물질 배출자는 행정당국의 직접규제하에 제시된 규정이나 지침에 따를 수 밖에 없으므로 사회전체적으로 볼 때 비용이 크게 소요된다.

(5) 오염배출권제도

① 오염배출권제도란 정부가 발행한 오염배출권을 기업에 배분하고 그 한도 내에서만 배출을 허용함으로써 한 지역의 오염물질 배출총량을 일정수준으로 제한하는 제도를 의미한다.
② 오염배출권제도하에서는 오염배출권의 자유로운 거래가 허용되므로 배출량을 초과하는 업체는 정부나 다른 기업으로부터 배출권을 구입할 수 있다.
③ 또한 오염배출에 따른 한계편익이 가장 큰 기업들이 오염배출권을 구입하여 오염을 줄이게 되므로 사회적으로 자원배분의 효율성이 달성된다.

제3절 조세와 조세전가

1 조세의 이해

(1) 조세의 개념

① 조세란 국가 및 지방자치단체의 재정지출을 충당하기 위한 목적으로 세법에 따라 개별적인 반대급부 없이 국민으로부터 부과·징수하는 수입을 말한다.
② 조세는 부과주체에 따라 국세와 지방세로, 부과 성격과 납세 방법에 따라 직접세와 간접세로 분류한다.

(2) 조세의 분류

① 조세를 부과하는 주체에 따른 분류(국세와 지방세)

국 세	국가의 재정지출을 충당하기 위해 국가가 부과·징수하는 조세를 말함 예 소득세, 법인세, 부가가치세, 종합부동산세, 상속세, 증여세, 관세 등
지방세	각 지방자치단체의 재정지출에 충당하기 위하여 각 지방자치단체가 부과·징수하는 조세를 말함 예 주민세, 자동차세, 등록세, 재산세, 취득세, 도시계획세 등

② 납세자와 담세자의 일치 여부에 따른 분류(직접세와 간접세)

직접세	납세의무자와 담세자가 일치하는 조세를 말함 예 소득세, 법인세, 상속세, 증여세, 종합부동산세 등
간접세	납세의무자와 담세자가 일치하지 않는 조세를 말함 예 부가가치세, 특별소비세, 증권거래세, 주세 등

③ 세율에 따른 분류(누진세, 비례세, 역진세)

누진세	과세금액이 증가할 때 세율이 증가하는 세금을 말한다.
비례세	과세금액에 관계없이 일정한 세율을 적용하는 세금을 말한다.
역진세	과세금액이 증가할 때 세율이 감소하는 세금을 말한다.

④ 조세 부과의 방식에 따른 분류(종량세와 종가세)

구 분	종량세	종가세
부과방식	단위당 T원의 조세를 부과한다.	단위당 t%만큼의 조세를 부과한다.
가격과 단위당 조세액	가격과 상관없이 단위당 조세액은 일정하다.	가격이 높을수록 단위당 조세액이 증가한다.
공급곡선이동	단위당 조세액만큼 상방으로 평행 이동한다.	t%만큼 회전하면서 상방으로 이동한다.

(3) 우리나라의 조세체계

국 세	내국세	보통세	직접세	소득세, 증여세, 법인세, 상속세 등
			간접세	부가가치세, 증권거래세, 특별소비세, 주세, 인지세 등
		목적세		교육세, 교통·에너지·환경세, 농어촌특별세 등
	관 세	한 나라의 세관을 통과하는 상품에 대하여 부과하는 세금이다.		
지방세		보통세	도 세	취득세, 등록세, 면허세 등
			시·군·구세	주민세, 재산세, 자동차세 등
		목적세		공동시설세, 지역개발세, 도시계획세 등

대표유형문제 **최신출제유형** 24

조세에 대한 설명으로 옳지 않은 것은?
① 조세는 부과 징수의 주체에 따라 국세와 지방세로 구분된다.
② 조세는 정부의 경제 활동과 공공서비스의 재원을 마련해 주는 기능을 한다.
③ 조세를 납부하는 데는 강제성이 따른다.
④ 상속세와 특별소비세는 납세의무자와 담세자가 일치하는 조세이다.
⑤ 조세는 소득을 재분배하는 기능을 하지만 납세에 대한 개별적인 대가는 지급하지 않는다.

해설
조세는 부과 성격과 납세 방법에 따라 직접세와 간접세로 구분된다. 상속세는 납세의무자와 담세자가 일치하는 직접세이며 특별소비세는 납세의무자와 담세자가 일치하지 않는 간접세이다.

정답 ④

대표유형문제

다음 중 조세와 관련된 설명으로 옳은 것은?
① 우리나라는 국세보다 지방세의 비중이 더 크다.
② 부가가치세와 특별소비세는 직접세이다.
③ 세율이 계속 높아질수록 정부의 조세수입도 지속적으로 증가한다.
④ 소득세 제도는 자동안정화장치와 무관하다.
⑤ 세율이 일정하다면, 수요와 공급이 탄력적일수록 경제적 순손실이 커진다.

해설
세율이 일정하다면, 수요와 공급이 탄력적일수록 조세부과 시 거래량이 크게 감소하므로 경제적 순손실이 커진다.
① 우리나라는 지방세보다 국세의 비중이 더 크다.
② 부가가치세와 특별소비세는 납세의무자와 세금을 실제로 부담하는 주체가 일치하지 않는 간접세이다.
③ 세율이 지나치게 높아지면 오히려 소득을 낮춰 조세수입을 줄이는 효과를 가져온다.
④ 조세는 경기를 자동적으로 안정화하는 기능을 한다.

정답 ⑤

(4) 조세의 특징
① 조세를 납부하는 데는 강제성이 따른다.
② 조세는 정부로부터 서비스 혜택을 받은 수준과 상관없이 다른 기준에 의해서 부과된다.
③ 조세는 반드시 정부가 제공하는 어떤 서비스를 생산하는 데만 사용되는 것은 아니다.

(5) 조세의 기능
① 조세는 정부의 경제 활동을 위한 재원을 마련해 주는 기능을 한다.
② 조세는 생산요소의 효율적인 배분을 장려하고 유도하는 기능을 한다.
③ 조세가 이전지출로 사용되어 소득을 재분배하는 기능을 하기도 한다.

2 조세의 기본원칙

(1) 조세법률주의와 조세평등주의

조세법률주의	조세를 부과·징수함에 있어서는 법률의 근거에 의하여야 하며, 국민에게 법률의 근거 없이 조세의 납부를 요구할 수 없다.
조세평등주의	• 조세부담은 국민에게 공평하게 배분되어야 한다는 원칙이다(=조세부담공평의 원칙). • 수평적 공평이란 동일한 경제력을 가진 납세자에게 동일한 조세부담을 지도록 하는 것을 말한다. • 수직적 공평이란 경제력이 큰 납세자에게 상대적으로 무겁게 과세하고, 경제력이 작은 납세자에게 상대적으로 가볍게 과세하는 것을 말한다. • 수직적 공평은 누진과세의 주장근거가 된다.

(2) 국세 부과의 원칙

실질과세의 원칙	법적 형식에 불구하고 경제적 실질을 기초로 하여 과세하는 원칙을 말한다.
신의성실의 원칙	납세자가 그 의무를 이행하거나 세무공무원이 그 직무를 수행함에 있어서 신의에 따라 성실히 하여야 한다.
근거과세의 원칙	객관적인 근거에 의하여 과세하여야 하는 원칙을 말한다.
조세감면의 사후관리	정부는 국세를 감면한 경우, 그 감면의 취지를 성취하거나 국가정책을 수행하기 위하여 필요하다고 인정하면 세법에서 정하는 바에 따라 감면한 세액에 상당하는 자금 또는 자산의 운용범위를 정할 수 있다.

(3) 세법 적용의 원칙

세법해석의 기준	• 세법의 해석을 확대 해석하거나 유추 해석할 수 없다는 원칙이다. • 과세형평과 합목적성에 따라 납세자 재산권이 부당침해되지 않도록 해야 한다.
소급과세의 금지	새로운 해석 또는 관행에 의해 소급하여 과세하지 않는다.
세무공무원 재량의 한계	과세의 형평과 당해 세법의 목적에 따라 인정되는 한계를 준수하여야 한다.
기업회계의 존중	기업회계기준에 따라 세무처리를 해야 한다.

③ 조세부담의 전가

(1) 조세부담의 전가의 개념

① 조세부담의 전가란 조세가 납세의무자에게 부담되지 않고 가격조정 과정을 통해 다른 사람에게 이전되는 현상을 말한다.
② 조세전가는 해당 재화의 시장에서 수요와 공급의 가격 탄력성에 달려 있다.
③ 즉, 물품에 소비세를 부과할 경우 소비자가 물품가격에 민감할수록(소비의 가격탄력성이 클수록) 소비세는 소비자가 덜 부담하고 공급자가 더 부담하게 된다.

(2) 조세전가의 유형

전 전	조세전가가 재화의 생산과정과 동일한 방향으로 이루어지는 것을 의미한다. 예를 들어 조세가 부과됨에 따라 생산자가 재화가격을 인상하는 것이 해당된다.
후 전	조세전가가 재화의 생산과정과 반대방향으로 이루어지는 것을 의미한다. 예를 들어 조세가 부과됨에 따라 노동자의 임금을 낮추는 것이 해당된다.
소 전	경영합리화를 통하여 생산과정에서 조세부담을 흡수하는 것을 의미한다. 예를 들어 생산성을 높여 조세부담을 흡수하는 것이 해당된다.
자본화 (조세환원)	부동산 등과 같이 공급이 고정되어 있는 재화에 조세가 부과될 때 그 재화의 가격이 조세부담의 현재 가치만큼 하락하는 현상을 의미한다.

(3) 조세부담의 귀착

① 조세부담의 귀착이란 조세전가가 완료되어 실질적으로 조세부담이 특정 경제주체들에게 귀속되는 것을 말한다.

대표유형문제

다음은 조세전가 유형에 대한 설명이다. 괄호 안에 들어갈 경제 용어를 순서대로 나열한 것은?

- (㉮) : 조세전가가 생산물의 거래방향과 일치하는 경우를 의미한다.
- (㉯) : 조세전가가 생산물의 거래방향과 반대로 이루어지는 경우를 의미한다.
- (㉰) : 생산자가 경영합리화 등을 통해 생산의 효율성을 재고함으로써 조세부담을 흡수하는 것을 의미한다.
- (㉱) : 공급이 고정되어 있는 재화에 조세가 부과될 때 그 재화의 가격이 조세부담의 현재 가치만큼 하락하는 현상을 의미한다.

① ㉮전전 ㉯후전 ㉰소전 ㉱자본화
② ㉮전전 ㉯소전 ㉰후전 ㉱자본화
③ ㉮후전 ㉯전전 ㉰자본화 ㉱소전
④ ㉮후전 ㉯소전 ㉰자본화 ㉱전전
⑤ ㉮소전 ㉯전전 ㉰후전 ㉱자본화

해설
조세의 대표적인 전가 유형에는 전전 · 후전 · 소전 · 자본화(조세환원) 등이 있다.

정답 ①

대표유형문제

다음은 조세부담의 귀착과 전가에 대한 설명이다. 옳지 않은 것은?

① 법적 귀착이란 납세의무를 진 사람에게 부담이 귀착된다고 보는 개념이다.
② 경제적 귀착이란 실제적으로 조세를 어떤 경제 주체가 부담하는지 살펴보는 것을 의미한다.
③ 법적 귀착과 경제적 귀착은 일치한다.
④ 조세의 부담이 소비자에게 전가된 것을 가리켜 부담의 전전이 생겼다고 한다.
⑤ 법인세의 부담이 근로자에게 전가된 것을 가리켜 부담의 후전이 생겼다고 한다.

해설
실제 현실에서는 조세 전가 등의 현상이 발생할 수 있으므로 법적 귀착과 경제적 귀착이 일치하지 않는다.

정답 ③

② 조세전가가 이루어지면 납세의무자와 실제로 조세를 부담하는 담세자가 달라진다.

4 조세부과와 초과부담 및 상대적 귀착

(1) 조세부과와 초과부담

① 조세부과에 따라 재화가격이 상승($P_0 \rightarrow P_1$)하므로 소비자 잉여의 감소분은 ($P_1 - P_0$)이다.
② 조세부과 후 가격은 상승하나 생산자는 단위당 T원의 조세를 납부해야 하므로 실제로 수취하는 금액은 ($P_1 - T$) = P_2이다. 따라서 생산자 잉여의 감소분은 ($P_0 - P_2$)이다.
③ 조세를 부과하면 소비자 잉여는 (A+C)만큼 감소하고, 생산자 잉여도 (B+D)만큼 감소하며, 조세수입은 (A+B)이다. 따라서 (C+D)만큼의 사회적 후생이 감소된다.

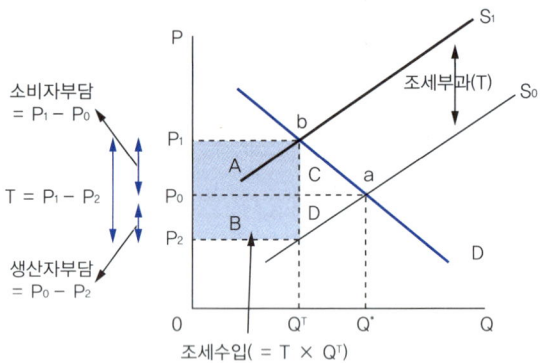

(2) 조세부과의 상대적 귀착

① 수요가 탄력적일수록 소비자부담이 작고, 공급이 탄력적일수록 생산자부담이 작아진다.
② 수요와 공급이 탄력적일수록 조세부과 시 거래량이 크게 감소하므로 사회적인 후생손실이 증가한다.
③ 수요가 완전탄력적이면 생산자가 조세 전부를 부담하고, 수요가 완전비탄력적이면 소비자가 조세 전부를 부담한다.
④ 공급이 완전탄력적이면 소비자가 조세 전부를 부담하고, 공급이 완전비탄력적이면 생산자가 조세 전부를 부담한다.

제4절 정치경제학(불가능성의 정리, 중위투표자 정리 등)

1 여러 가지 투표제도

(1) 만장일치제

① 만장일치제란 모든 구성원들이 찬성하여야만 어떤 안건이 통과하는 제도를 말한다.
② 만장일치제는 소수의 의사를 보호한다는 장점이 있지만 모든 구성원을 만족시키는 대안을 찾아내기가 어렵고, 많은 의사결정비용이 소요된다는 단점이 있다.
③ 애로우의 불가능성 정리
  ㉠ 일정한 조건 아래에서 개인들의 선호를 통합하여 하나의 유효한 사회적 선호로 만드는 것이 불가능하다는 것을 보인 수학적 결론이다.
  ㉡ 바람직한 집단의사결정은 민주적이면서 동시에 효율적이어야 한다고 할 때 이 두 가지 요건 모두 충족되는 방법은 없다는 정리이다.

(2) 다수결투표제도

① 다수결투표제도란 민주주의제도하에서의 의사결정방법으로, 과반수 이상의 투표자가 지지하는 대안이 선택되는 투표제도를 의미한다.
② 다수결투표제도하에서는 다수에 의해 소수의 이익이 침해되는 다수의 횡포가 나타날 수 있다.
③ 또한 다수결투표제도하에서 개인들의 선호는 모두 이행성을 충족하더라도 사회전체로는 이행성이 충족되지 않는 이른바 투표의 역설(Voting paradox)이 발생할 수 있다(콩도르세 역설).
④ 투표의 역설이 발생하면 투표 참여자의 선호체계는 분명하더라도 투표 순서에 따라 최종적으로 서로 다른 결과가 나타날 수 있으므로 의사진행조작이 발생할 수 있다(콩도르세 역설).
⑤ 콩도르세 역설(Condorcet's paradox)
  ㉠ 콩도르세 역설이란 단순 다수결을 통한 투표가 구성원의 선호도를 정확하게 반영하지 못하는 현상을 말한다.
  ㉡ 예를 들어, 한 유권자가 A를 B보다 선호하고(A>B), B를 C보다 선호할 경우(B>C), A를 C보다 선호(A>C)해야 하지만, 최다득표제

대표유형문제

다수결투표제도하에서 개인들의 선호는 모두 이행성을 충족하더라도 사회전체적으로는 이행성이 충족되지 않는 경우가 발생할 수 있다. 이를 나타내는 경제 개념은?
① 만장일치
② 다수의 횡포
③ 코즈의 정리
④ 콩도르세 역설
⑤ 중위투표자 정리

해설
콩도르세 역설이란 단순 다수결을 통한 투표가 구성원의 선호도를 정확하게 반영하지 못하는 현상을 말한다. 두 가지 이상의 대안에 대해 투표하는 경우 유권자들의 선호 분포에 따라 이행성이 성립하지 않는 경우도 있음을 시사한다. 즉, 투표 순서에 따라 결과가 달라질 수 있다. 코즈의 정리란 경제주체들이 비용을 지불하지 않고 자원배분에 관한 협상을 할 수 있으면 외부효과로 인해 초래되는 비효율성을 시장 스스로 해결할 수 있다는 이론이다.

정답 ④

대표유형문제

투표제도에 대한 설명으로 옳지 않은 것은?
① 점수투표제하에서는 투표의 역설이 발생할 가능성이 있다.
② 투표거래가 이루어지면 공공재가 과다 공급될 가능성이 존재한다.
③ 점수투표제는 투표과정에서 발생할 수 있는 전략적인 행동에 매우 취약하다.
④ 만장일치제는 의사결정비용이 너무 크다는 단점이 있지만, 어떤 의사결정이 이루어진다면 반드시 파레토개선이 이루어진다.
⑤ 다수결투표제하에서는 중위투표자의 선호가 사회적인 선호로 결정될 가능성이 매우 높다.

해설

투표의 역설이란 다수결투표제도하에서 개인들의 선호가 이행성을 충족하더라도 사회선호가 이행성을 충족하지 않는 현상을 의미한다. 한편, 점수투표제하에서는 가장 많은 점수를 얻은 대안이 선택되므로 투표의 역설이 발생하지 않는다.

정답 ①

하에서는 선호 이행성에 위배되는 결과(C>A)가 나올 수도 있다는 것을 의미한다.

ⓒ 콩도르세의 역설의 두 가지 시사점은 다음과 같다.
- 두 가지 이상의 대안이 있는 경우 어떤 순서에 따라 투표하는가에 따라 결과에 영향을 미칠 수 있다.
- 다수결의 결정이 반드시 그 사회가 진정으로 원하는 것을 반영하지는 못한다.

(3) 점수투표제

① 점수투표제란 모든 투표자에게 일정한 점수를 부여하고 각 투표자가 자신의 선호에 따라 각 대안에 주어진 점수를 배분하여 투표한 결과 가장 많은 점수를 얻은 대안이 선택되는 제도이다.
② 점수투표제하에서는 사회구성원의 선호강도가 잘 반영되고 투표의 역설도 발생하지 않는다는 장점이 있는 반면, 투표자들의 전략적 행동이 나타날 가능성이 높다는 단점이 있다.

(4) 보르다투표제

① 보르다투표제란 n개의 안건이 있을 경우 가장 선호하는 안건부터 순서대로 점수를 부여하고 가장 높은 점수를 얻은 안건을 채택하는 제도이다.
② 점수투표제보다는 심하지 않지만 여전히 투표자들의 전략적 행동을 유발한다는 단점을 가지고 있다.

② 중위투표자 정리와 투표거래

(1) 중위투표자 정리

① 중위투표자 정리란 다수결투표제도하에서 중위투표자가 가장 선호하는 방안이 선택되도록 하는 것이다. 즉, 투표자들이 일직선상에서 자신의 선호와 가장 가까운 점에 투표한다면, 다수결 투표 방식은 가운데 점을 가장 선호하는 투표자의 선호를 선택하게 된다.
② 중위투표자 정리에 따르면 선거에서 경쟁하는 두 정당은 그들의 정책을 가능한 중위투표자의 선호에 가깝도록 만들어야 승리할 수 있다.

(2) 투표거래

① 투표거래란 다수의 대안이 존재할 경우 각 투표자들이 자신이 가장 선호하는 대안이 선택되도록 다른 투표자와 협의하여 각각 상대방이 선호하는 대안에 찬성투표를 하는 행위를 의미한다.
② 투표거래는 다수결투표에서 자신의 선호강도를 반영하려는 투표자들의 전략적인 행동이다.
③ 투표거래가 존재하는 경우에는 어느 정도 개인들의 선호강도가 반영되어 사회적인 의사결정이 보다 효율적으로 이루어지기는 하나 사회구성원과 선택대안이 다양한 경우에는 많은 비용이 소요된다.
④ 또한 경우에 따라서는 투표거래에 의해 공공재의 과다공급 등 비효율적인 의사결정에 도달할 가능성도 존재한다.

대표유형문제

다음 중 중위투표자이론에 대한 설명으로 옳지 않은 것은?
① 선택에 소요되는 비용은 전혀 고려하지 않는다.
② 다수결투표제도하에서 중위투표자가 가장 선호하는 방안이 선택되도록 한다.
③ 선택에 대해 투표자들을 모두 만족시키며 경제적으로 효율적 수준을 보장한다.
④ 중간지점에 있는 집단의 한계비용과 한계편익이 일치하는 점에서 대안이 선택된다.
⑤ 선거에서 승리하기 위해서는 가능한 중위투표자의 선호에 가까운 정책을 제안해야 한다.

해설

중위투표자이론은 선택에 소요되는 모든 투표자의 총체적 비용을 정확하게 고려하지 않고 단지 중간지점에 있는 집단만 만족시킨 결과를 말한다. 따라서 경제적으로 효율적 수준을 보장해주지는 않는다.

정답 ③

제2편 미시경제

출제예상문제

01 다음 중 공공재의 특성에 대한 설명으로 적절한 것은?

① 한 사람의 소비가 다른 사람의 소비를 감소시킨다.
② 소비에 있어서 경합성 및 배제성의 원리가 작용한다.
③ 무임승차 문제로 과소 생산의 가능성이 있다.
④ 공공재는 민간이 생산, 공급할 수 없다.
⑤ 시장에 맡기면 사회적으로 적절한 수준보다 과대공급될 우려가 있다.

> **해설** 공공재란 재화와 서비스에 대한 비용을 지불하지 않더라도 모든 사람이 공동으로 이용할 수 있는 재화 또는 서비스를 말한다. 공공재는 비경합성과 비배제성을 동시에 가지고 있다. 공공재의 비배제성 성질에 따르면 재화와 서비스에 대한 비용을 지불하지 않더라도 공공재의 이익을 얻을 수 있는 '무임승차의 문제'가 발생한다. 한편, 공공재라도 민간이 생산, 공급할 수 있다.

02 공공재에 대한 설명으로 옳지 않은 것은?

① 공공재 한 단위를 추가로 공급하는 사회적 한계편익은 그 한 단위를 소비하는 모든 소비자의 한계편익의 합과 일치한다.
② 공공재에 대한 시장수요함수는 개별수요함수를 수직으로 합하여 얻어진다.
③ 공공재는 비배제성은 충족되지 않으나 비경합성은 충족된다.
④ 특정 소비자를 공공재의 소비로부터 배제할 수 없다.
⑤ 두 사람만 존재하는 경우 두 사람의 한계편익의 합이 한계비용과 일치하는 수준에서 최적 산출량이 결정된다.

> **해설** 공공재는 비경합성과 비배제성이 모두 충족되는 재화이다.

정답 1 ③ 2 ③

03 다음 괄호 ㉮~㉰에 들어갈 경제 개념으로 적절한 것은?

> 재화의 유형은 소비의 배제성(사람들이 재화를 소비하는 것을 막는 것)과 경합성(한 사람이 재화를 소비하면 다른 사람이 이 재화를 소비하는 데 제한되는 것)에 따라 구분할 수 있다. 공유자원은 재화를 소비함에 있어 (㉮)은 있지만 (㉯)은 없는 재화를 의미한다. 예를 들어 차량이 이용하는 도로의 경우 막히는 (㉰)는 공유자원으로 구분할 수 있으며, (㉱) 현상이 나타나기 쉽다.

① ㉮ 경합성 ㉯ 배제성 ㉰ 무료도로 ㉱ 공유지의 비극
② ㉮ 배제성 ㉯ 경합성 ㉰ 무료도로 ㉱ 공유지의 비극
③ ㉮ 경합성 ㉯ 배제성 ㉰ 유료도로 ㉱ 공유지의 비극
④ ㉮ 배제성 ㉯ 경합성 ㉰ 유료도로 ㉱ 무임승차
⑤ ㉮ 경합성 ㉯ 배제성 ㉰ 무료도로 ㉱ 무임승차

해설 공동소유 목초지와 같은 공동자원은 한 사람이 소비하면 다른 사람이 소비할 수 없으므로 경합성은 있으나 다른 사람이 소비하는 것을 막을 수는 없으므로 배제성은 없다. 유료도로는 통행료를 내지 않은 차량은 배제가 가능하므로 공유자원이 아닌데 비해, 막히는 무료도로는 누구나 이용할 수 있으나 소비가 경합적이므로 공유자원으로 볼 수 있다.

04 많은 사람들이 공동으로 사용하는 자원의 경우 적정한 수준 이상으로 그 자원이 이용되어 결과적으로 모두 피해를 보는 비효율성이 발생하기 쉬운데 공해상에서의 어류 남획 문제가 그러한 예이다. 흔히 '공유자원의 비극(Tragedy of the commons)'으로 불리는 이러한 문제가 발생하는 근본적인 원인은?

① 공유자원은 배제성과 경합성을 갖지 않기 때문이다.
② 불확실성과 정보의 부족에 따라 발생하는 시장실패 때문이다.
③ 개별 경제주체의 의사결정이 현실에서 합리성 가정을 위배하기 때문이다.
④ 개인이 의사결정 시 그 결과로 발생하는 외부효과를 고려하지 않기 때문이다.
⑤ 여러 사람이 공동으로 사용하려고 구입된 재산이 결국은 한 사람의 수중으로 귀착되기 때문이다.

해설 공유자원의 비극(Tragedy of the commons)이란 공유지와 같은 공유자원은 소유권이 설정되어 있지 않기 때문에 구성원의 자율에 맡길 경우 과다하게 사용되어 고갈될 위험에 처할 수 있다는 내용이다. 공유자원의 소비는 경합적이나 배제가 불가능하다. 어떤 사람이 공유자원을 소비하면 다른 사람이 사용할 수 있는 양이 줄어드는 부정적인 외부효과가 발생하나 각 개인의 입장에서 보면 자신의 이익이 최대가 되는 만큼 공유자원을 사용하는 것이 합리적이다. 만약 모든 사회구성원들이 합리적으로 행동하여 자신에게 최대의 이익이 되는 만큼 공유자원을 사용하고자 하면 자원이 과다하게 이용되는 '공유자원의 비극'이 발생한다. 즉, 공유자원의 비극이 발생하는 근본적인 요인은 소비에 있어 배제가 불가능하기 때문이다.

정답 3 ① 4 ④

05

소비과정에서의 재화와 서비스는 경합성과 배제성을 기준으로 다음과 같이 크게 A, B, C, D 네 부분으로 구분된다. 옳지 않은 것은?

구 분	배제성	비배제성
경합성	A	B
비경합성	C	D

① 케이블 TV는 C에 포함된다.
② 공공재는 D에 포함된다.
③ D는 시장실패 요인이 될 수 있다.
④ B와 D에서는 무임승차 문제가 일어난다.
⑤ A와 B에서는 한 사람의 소비가 다른 사람의 소비 감소를 가져오지 않을 것이다.

해설 A와 B는 경합성이 있는 재화이다. 경합성이란 한 사람이 소비하면 다른 사람이 소비에 제한을 받는 속성을 말한다. 경합성과 배제성을 기준으로 크게 네 부분으로 구분하면 C는 자연독점, D는 공공재, A는 사적 재화, B는 공유자원을 의미한다. 무임승차란 어떤 사람이 어떤 재화를 소비하여 이득을 보았음에도 불구하고 이에 대한 대가 지불이 일어나지 않는 행위를 뜻한다. 공공재와 공유자원은 모두 배제성이 없기 때문에 무임승차의 문제가 나타난다.

06

재화나 서비스는 소비의 경합성과 배제성 여부에 따라 다음 표와 같이 네 개의 부분으로 구분된다. 괄호에 들어갈 예로 가장 적절한 것은?

구 분	배제성	비배제성
경합성	자동차, 아이스크림	(가)
비경합성	(나)	국방, 법률, 공원

	(가)	(나)
①	혼잡한 유료 도로	혼잡한 무료 도로
②	혼잡한 무료 도로	혼잡한 유료 도로
③	혼잡한 무료 도로	혼잡하지 않은 유료 도로
④	혼잡한 유료 도로	혼잡하지 않은 무료 도로
⑤	혼잡하지 않은 유료 도로	혼잡한 무료 도로

해설 혼잡한 무료 도로는 소비가 경합적이나 배제가 불가능한 재화에 해당하고, 혼잡하지 않은 유료 도로는 소비가 비경합적이나 배제가 가능한 재화에 해당한다.

07 환경오염대책인 교정적 조세(피구조세)와 오염배출권거래제도에 대한 설명으로 옳은 것을 모두 고르면?

> 가. 오염배출권거래제도를 이용하면 최초에 오염배출권이 기업들에게 어떻게 배분되는가와 관계 없이 오염배출량은 효율적인 수준이 된다.
> 나. 교정적 조세는 시장에서 거래될 수 있는 오염배출권이라는 희소자원을 창조한다.
> 다. 교정적 조세를 이용하든 오염배출권제도를 이용하든 오염배출량은 항상 동일한 수준에서 결정된다.
> 라. 교정적 조세를 부과할 때에 오염배출권의 공급은 가격에 대해 완전비탄력적이다.
> 마. 시장에서 자유롭게 거래될 수 있는 오염배출권거래제도는 오염배출권만 있으면 오염물질을 방출할 수 있으므로 환경문제를 심화시킨다.

① 가, 라   ② 가, 마   ③ 나, 다   ④ 나, 라   ⑤ 다, 마

해설 교정적 조세(Corrective taxation)란 피구세와 같이 외부성에 따른 자원배분의 효율성을 시정하기 위해 부과하는 조세를 의미한다.
나. 오염배출권은 오염배출권제도가 시행될 때 만들어지는 것이지 피구세가 부과될 때 생겨나는 것은 아니다.
다. 피구세의 세율이 어떻게 정해지느냐에 따라 오염배출량이 달라지므로 피구세와 오염배출권제도하에서 오염배출량이 반드시 동일하다는 보장은 없다.
마. 오염배출권이 자유로이 거래될 수 있다면 오염을 줄이는 데 비용이 적게 드는 당사자는 오염배출권을 매각하고 직접 오염을 줄일 것이고, 오염을 줄이는 데 비용이 많이 드는 당사자는 오염면허를 매입하고 오염을 배출할 것이다. 그러므로 오염배출권이 자유로이 거래될 수 있다면 적은 비용으로 오염을 줄일 수 있는 당사자가 오염을 줄이게 된다. 오염배출권 제도는 환경문제와 같은 외부성을 해결하는 데 있어 시장유인을 사용하는 방법이다.

08 다음 괄호에 들어갈 경제 용어로 적절한 것은?

> (   )란 물건에 소유권이 분명하게 설정되고 그 소유권 거래에서 비용이 들지 않는다면, 그 권리를 누가 가지든 효율적 배분에는 영향을 받지 않는다는 것을 보여주는 이론이다.

① 코즈의 정리   ② 헥셔–올린 정리
③ 리카도의 대등 정리   ④ 토빈의 이론
⑤ 불가능성 정리

해설 코즈의 정리란 민간 경제주체들이 자원 배분 과정에서 거래비용 없이 협상할 수 있다면 외부효과로 인해 발생하는 비효율성을 시장 스스로 해결할 수 있다는 이론이다. 한편, 코즈의 정리에 따르면 재산권이 누구에게 부여되는지는 경제적 효율성 측면에서 아무런 차이가 없지만 소득분배 측면에서는 차이가 발생한다.

정답 7 ① 8 ①

09 외부효과로 인한 시장의 문제점을 해결하기 위한 방법으로 제시된 코즈의 정리에 대한 설명으로 옳은 것을 모두 고르면?

> 가. 외부효과를 발생시키는 재화에 대해 시장을 따로 개설해 주면 시장의 문제가 해결된다.
> 나. 외부효과를 발생시키는 재화에 대해 조세를 부과하면 시장의 문제가 해결된다.
> 다. 외부효과를 발생시키는 재화의 생산을 정부가 직접 통제하면 시장의 문제가 해결된다.
> 라. 외부효과를 발생시키는 재화에 대해 소유권을 인정해주면 이해당사자들의 협상을 통하여 시장의 문제가 해결된다.
> 마. 코즈의 정리와 달리 현실에서는 민간주체들이 외부효과 문제를 항상 해결할 수 있는 것은 아니다.

① 가, 다
② 라, 마
③ 나, 다, 마
④ 가, 나, 라
⑤ 다, 라, 마

해설 코즈의 정리란 재산권(소유권)이 명확하게 확립되어 있고, 거래비용 없이도 자유롭게 매매할 수 있다면 권리가 어느 경제 주체에 귀속되는가와 상관없이 당사자 간의 자발적 협상에 의한 효율적인 자원배분이 가능해진다는 이론이다. 그러나 현실적으로는 거래비용의 존재, 외부성 측정 어려움, 이해당사자의 모호성, 정보의 비대칭성, 협상능력의 차이 등으로 코즈의 정리로 문제를 해결하는 데는 한계가 있다.

10 외부효과를 내부화하는 사례로 가장 거리가 먼 것은?

① 독감예방주사를 맞는 사람에게 보조금을 지급한다.
② 배출허가권의 거래를 허용한다.
③ 환경기준을 어기는 생산자에게 벌금을 부과하는 방법을 제안한다.
④ 초·중등 교육에서 국어 및 국사 교육에 국정교과서 사용은 의무화한다.
⑤ 담배소비에 건강세를 부과한다.

해설 보기 ④는 어떤 행위에 대한 직접적인 규제이므로 외부성을 내부화하는 사례로 보기 어렵다. 외부효과를 내부화한다는 것은 시장기구에 의해 적정 수준만큼 생산 및 소비가 이루어지도록 하는 것을 말한다. 특정한 재화생산에 조세를 부과하거나 특정 오염 물질 배출에 대한 벌금은 한계비용을 높여 외부불경제가 발생하는 재화가 시장기구에 의해 적정수준까지 공급되도록 하는 방법이고, 특정 재화 소비에 대한 보조금은 외부경제가 존재하는 재화를 소비할 때의 편익을 증가시켜 시장기구에 의해 적정 수준까지 공급되도록 하는 방법이다.

정답 9 ② 10 ④

최신출제유형 23 24

11 외부효과와 코즈의 정리에 대한 설명으로 옳지 않은 것은?

① 코즈의 정리에 따르면 시장이 효율적인 결과에 도달하는지의 여부는 이해당사자들의 법적 권리가 누구에게 있는가에 따라 달라진다.
② 외부불경제(Negative externality)를 정부 개입을 통해 해결하려는 방식에는 피구세(교정적 조세)가 있다.
③ 외부불경제(Negative externality)는 완전경쟁시장이나 불완전경쟁시장 모두에서 발생할 수 있다.
④ 외부경제(Positive externality)로 인한 과소 생산 문제는 보조금을 통해 내부화시킴으로써 해결할 수 있다.
⑤ 코즈의 정리는 현실적으로 거래 당사자를 파악하기 어렵다는 한계가 있다.

> **해설** 코즈의 정리에 의하면 재산권이 누구에게 주어지는지는 자원 배분의 효율성에 아무런 영향을 미치지 않는다. 코즈의 정리(Coase's Theorem)란 민간 경제주체들이 자원 배분 과정에서 비용을 치르지 않고 협상할 수 있다면, 외부효과로 인해 초래되는 비효율성을 시장 스스로 해결할 수 있다는 것이다. 이 정리는 정부가 외부성 문제에 직접 개입하기보다는 당사자 간 협상이 원활히 진행될 수 있도록 제도적·행정적 뒷받침을 해 주는 역할에 한정되어야 한다고 본다. 하지만 협상 비용의 과다, 외부성 측정문제, 거래당사자의 모호성, 정보 비대칭성, 협상능력 차이 등의 현실적 한계가 존재한다.

12 다음 사례 중 사적 경제활동이 사회적 최적 수준보다 과다하게 이루어질 가능성이 높은 경우를 모두 묶으면?

> 가. 과수원에 인접한 양봉업자의 벌꿀 생산량
> 나. 흡연으로 인한 질병과 길거리 청결 유지를 위해 드는 비용
> 다. 도심 교통체증과 공장 매연으로 인한 대기오염의 양
> 라. 폐수를 방류하는 강 상류 지역 제철공장의 철강 생산량
> 마. 인근 주민들도 이용 가능한 사업단지 내의 편의시설 규모

① 가, 마
② 나, 다
③ 나, 라
④ 가, 다, 마
⑤ 나, 다, 라

> **해설** 외부불경제에 해당하는 사례를 고르는 문제이다.
> 외부효과란 한 사람의 행위가 제3자의 경제적 후생에 영향을 미치지만 그에 대한 금전적 보상이 이뤄지지 않는 현상을 의미한다. 공해와 같은 외부불경제는 재화 생산의 사적 비용이 사회적 비용보다 작기 때문에 사적 생산이 사회적 최적 생산량보다 과다하게 이루어진다. 외부불경제로 인한 자원배분의 비효율성을 해결하기 위해 정부는 세금·벌금 등을 부과하거나 규제를 가하게 된다. 반면, 외부경제는 사적 비용이 사회적 비용보다 크기 때문에 사적 생산이 사회적 최적 생산량보다 작게 이뤄진다.

정답 11 ① 12 ⑤

13 다음 사례에서 코즈의 정리(Coase's Theorem)와 부합하는 결과는?

> A와 B는 사무실을 공유하고 있다. 흡연을 원하는 A는 흡연을 통해 30,000원 가치의 효용을 얻고, 상쾌한 공기를 원하는 B는 금연을 통해 15,000원 가치의 효용을 얻는다.

① B는 A에게 20,000원을 주고 사무실에서 금연을 제안하고, A는 제안을 받아들인다.
② B는 A에게 15,000원을 주고 사무실에서 금연을 제안하고, A는 제안을 받아들인다.
③ A는 B에게 10,000원을 주고 사무실에서 흡연을 허용할 것을 제안하고, B는 받아들인다.
④ A는 B에게 25,000원을 주고 사무실에서 흡연을 허용할 것을 제안하고, B는 받아들인다.
⑤ A는 B에게 35,000원을 주고 사무실에서 흡연을 허용할 것을 제안하고, B는 받아들인다.

> **해설** 흡연 허용 시 A가 얻는 효용이 30,000원이고, 금연 허용 시 B가 얻는 효용이 15,000원이므로 사무실에서 흡연을 허용할 때의 사회적 가치가 더 크다. 이는 흡연을 허용 시 개인 A가 지불할 용의가 있는 최대금액이 30,000원이고, 흡연을 허용하는 대신 개인 B가 최소한 받고자 하는 금액이 15,000원이므로 코즈의 정리에 따라 두 사람 사이에 협상이 이루어지면 사무실에서 흡연을 허용하는 대신에 개인 A가 개인 B에게 15,000~30,000원 사이의 금액을 지불하게 될 것이다.

14 공공재와 외부성에 대한 설명 중 옳지 않은 것은?

① 인류가 환경 파괴적 행동을 계속하게 된다면 궁극적으로 지구의 파멸을 초래할 수 있다는 것은 공유지 비극의 한 예이다.
② 코즈의 정리에 따르면 외부성으로 인해 영향을 받는 모든 이해 당사자들이 자유로운 협상에 의해 상호 간의 이해를 조정할 수 있다면 정부가 적극적으로 개입하지 않아도 시장에서 스스로 외부성 문제를 해결할 수 있다.
③ 한 소비자가 특정 재화를 소비함으로써 얻는 혜택이 그 재화를 소비하는 다른 소비자들의 수요에 의해 영향을 받는 경우 네트워크 외부성이 존재한다고 한다.
④ 환경오염과 같은 부의 외부성이 존재하는 경우 사적 비용이 사회적 비용보다 작기 때문에 사회적으로 바람직한 수준보다 더 많은 환경오염이 초래된다.
⑤ 양의 외부성으로 인한 과대생산 문제는 세금을 통해 내부화시킴으로써 해결할 수 있다.

> **해설** 양의 외부성으로 인한 과소생산 문제는 보조금을 통해 내부화시킴으로써 해결할 수 있다.

15 다음과 같은 현상의 발생을 방지하기 위해서는 어떠한 조치가 필요한가?

> 어부들에게 일일이 요금을 부과하는 것이 어렵기 때문에 바닷속 물고기는 배제성이 없다. 그러나 어떤 어부가 물고기를 잡으면 그만큼 다른 어부들이 잡을 수 있는 물고기가 줄어들기 때문에 바닷속 물고기는 경합성이 있다. 이로 인해 서해 바다의 어류들은 고갈되어가고 돌고래와 같은 야생동물은 점점 사라져가는 현상에 직면하고 있다.

① 물가의 안정
② 재정적자의 축소
③ 사유재산의 확립
④ 자유경쟁체제의 확립
⑤ 고용과 해고의 자유 보장

해설 바닷속 물고기는 소유권이 어떤 특정한 개인에게 있지 않고 사회전체에 속하는 공유자원이라고 보아 과다하게 소비되어 결국 고갈되는 사례가 많다. 이를 공유자원의 비극이라고 한다. 공유자원은 공공재처럼 소비에서 배제성은 없지만 경합성은 갖고 있다. 즉, 원하는 사람은 모두 무료로 사용할 수 있지만 한 사람이 공유자원을 사용하면 다른 사람이 사용에 제한을 받는다. 공유자원의 비극을 방지하기 위해서는 공유지의 소유권을 확립하여 자원을 낭비하는 일을 줄여야 한다.

16 A회사는 공장에서 생산물을 생산하면서 폐수 배출과 먼지 발생으로 부득이하게 환경을 오염시키고 있다. 이 회사의 환경오염을 막기 위한 정부의 정책은?

① 한계 사적 비용에 해당하는 만큼의 세금을 부과한다.
② 한계 사적 비용에 해당하는 만큼의 보조금을 지급한다.
③ 시장의 자율기능에 맡기고 정부는 개입하지 않는다.
④ 한계 사회적 비용과 사적 비용의 차이에 해당하는 만큼의 보조금을 지급한다.
⑤ 한계 사회적 비용과 사적 비용의 차이에 해당하는 만큼의 세금을 부과한다.

해설 피구에 따르면 외부효과를 시장 내부화하는 방법은 외부효과만큼 조세나 보조금을 도입하는 것이다. 외부불경제가 발생하는 경우에는 재화단위당 외부한계비용만큼의 조세를 부과하고, 외부경제가 발생하는 경우에는 재화단위당 외부한계편익만큼의 보조금을 지급하는 방안을 고려할 수 있다. 이상적인 교정적 조세는 부정적 외부효과를 일으키는 행위에서 비롯되는 외부 비용과 같은 금액이 되어야 한다. 경제학자들은 환경오염과 같은 외부불경제의 해결수단으로 직접적 규제보다는 교정적 조세를 선호한다. 최근에는 탄소배출권거래제도를 도입하여 시장기능에 맡겨 해결하거나 코즈의 정리에 따라 이해 당사자간 협상에 의해 해결하려는 경향을 보이고 있다. 이는 더 낮은 비용으로 외부불경제를 줄일 수 있기 때문이다.

정답 15 ③ 16 ⑤

17 아래 표는 양의 외부효과(Positive externality effect)가 발생하는 시장의 사적 한계효용, 사적 한계비용, 그리고 사회적 한계효용을 제시해주고 있다. 이 경우 ㉠ <u>사회적 최적거래량</u>과 시장의 균형거래수준이 사회적 최적수준과 같아지도록 하기 위한 ㉡ <u>세금 혹은 보조금</u>은 얼마인가?

거래량	사적 한계효용	사적 한계비용	사회적 한계효용
1	3,000	1,600	4,000
2	2,600	1,900	3,500
3	2,200	2,200	3,000
4	1,800	2,500	2,500
5	1,500	2,800	2,000
6	1,100	3,100	1,500

① ㉠ 4개 ㉡ 700원의 보조금이 필요
② ㉠ 4개 ㉡ 700원의 세금이 필요
③ ㉠ 4개 ㉡ 500원의 세금이 필요
④ ㉠ 5개 ㉡ 500원의 보조금이 필요
⑤ ㉠ 5개 ㉡ 400원의 세금이 필요

해설 사회적 한계효용(사회적 한계편익)이 사적 한계효용(사적 한계편익)보다 큰 것은 소비 측면에서 긍정적인 외부경제가 발생함을 의미한다. 생산에 있어서는 외부성이 발생하지 않으므로 사적 한계비용과 사회적 한계비용은 동일하다고 볼 수 있다. 4번째 단위의 재화가 생산될 때 사회적 한계효용과 사적 한계비용이 2,500으로 동일하다. 4번째 단위의 재화가 생산될 때 사회적 한계효용이 2,500이고 사적 한계효용이 1,800이므로 시장기구에 의해서 최적생산이 이루어지도록 하려면 최적생산량 수준에서 사회적 한계효용과 사적 한계효용의 차이에 해당하는 단위당 700원의 보조금이 지급되어야 한다.

18 세금은 거둬들이는 주체에 따라 국세와 지방세로 나뉜다. 우리나라 세금 항목 중 지방세로만 짝지어진 것은?

① 취득세, 교육세, 등록세
② 취득세, 재산세, 도시계획세
③ 법인세, 주민세, 부가가치세
④ 등록세, 주세, 농어촌특별세
⑤ 교육세, 자동차세, 상속세

해설 취득세, 등록세, 면허세, 주민세, 재산세, 자동차세, 공동시설세, 지역개발세, 도시계획세 등이 지방세에 해당하는 항목이다.

19 다음 중 부가가치세에 대한 설명으로 틀린 것은?

① 국세에 해당한다.
② 조세 전가가 가능한 간접세에 해당한다.
③ 과세 대상 금액이 많을수록 높은 세율이 적용된다.
④ 등록세와 취득세보다 조세저항이 덜하기 때문에 과세가 용이하다.
⑤ 재화 또는 용역의 생산 및 거래의 모든 단계에서 새로이 창출된 부가가치를 과세대상으로 한다.

> 해설 부가가치세는 담세자와 납세자가 다른 간접세에 해당하므로 과세 주체의 상황에 따라 다른 세율을 부과하기 어렵다는 한계점이 있다.

20 조세부과에 대한 설명으로 옳지 않은 것은?(단, 수요곡선은 우하향하며, 공급곡선은 우상향한다)

① 공급자에게 조세 납부의 책임이 있는 경우 소비자에게는 조세 부담이 전혀 없다.
② 조세 부과로 인해 시장 가격은 상승한다.
③ 조세 부과로 인해 사회적 후생이 감소한다.
④ 가격탄력성에 따라 조세 부담의 정도가 달라진다.
⑤ 우리나라 국세 중 비중이 가장 높은 세금은 부가가치세이다.

> 해설 공급자에게 조세가 부과되더라도 일부는 소비자에게 전가되므로 소비자도 조세의 일부를 부담하게 된다.

21 세금에 관한 다음 설명 중 틀린 것은?

① 교육세와 주세는 국세로 분류된다.
② 상속세와 증여세는 부가가치세보다 소득재분배 효과가 작다.
③ 소득세와 법인세는 납세의무자와 담세자가 일치한다.
④ 재화의 거래 등에 대해 부과되는 간접세는 대체로 그 부담이 역진적이다.
⑤ 직접세는 납세의무자와 담세자가 일치하므로 개인의 부담능력을 고려하여 과세하는 것이 가능하다.

> 해설 직접세는 간접세보다 소득재분배 효과가 크다.

정답 19 ③ 20 ① 21 ②

22 다음 그래프는 생산자 보조금 지급과 사회후생의 변화에 관한 것이다. 다음 설명 중 옳지 않은 것은? (단, S_1 : 원래의 공급곡선, S_2 : 보조금 지급 이후의 공급곡선, D : 수요곡선, E_1 : 원래의 균형점, E_2 : 보조금 지급 이후의 균형점, P : 가격, Q : 수량을 나타낸다)

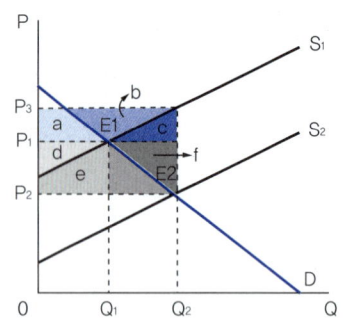

① 보조금 지급 후 생산자가 최종적으로 수취하는 가격은 P_3이다.
② 보조금 지급으로 인한 생산자 잉여의 증가분은 a+b이다.
③ 낭비된 보조금의 크기는 c+f이다.
④ 보조금의 크기는 a+b+d+e이다.
⑤ 보조금 지급으로 인한 소비자 잉여의 증가분은 d+e이다.

해설 보조금이 지급되어 공급곡선이 $S_1 \rightarrow S_2$로 이동하면, 재화의 시장가격이 $P_1 \rightarrow P_2$로 낮아지므로 소비자 잉여는 (d+e)만큼 증가한다. 보조금 지급 이후의 시장가격은 P_2이나 생산자는 공급곡선 S_1과 S_2의 수직거리에 해당하는 단위당 보조금을 지급받으므로 생산자가 실제로 받는 가격은 P_3이다. 보조금 지급으로 인해 생산자가 받는 가격이 $P_1 \rightarrow P_3$로 상승하면 생산자잉여는 (a+b)만큼 증가한다. 한편, 단위당 보조금의 크기가 공급곡선 S_1과 S_2의 수직거리이고, 보조금 지급이후의 거래량은 Q_2이므로 정부가 지급한 보조금의 크기는 (a + b + c + d + e + f)이다. 정부가 지급한 보조금 중에서 소비자와 생산자에게 귀속되지 않은 부분인 (c + f)가 보조금 지급에 따른 사회적 후생손실에 해당한다.

소비자 잉여	(d + e)
생산자 잉여	(a + b)
보조금 지급액	−(a + b + c + d + e + f)
사회후생변화	−(c + f)

정답 22 ④

23 다음 내용이 설명하는 경제 개념으로 적절한 것은?

> 세수와 세율 사이의 역설적 관계를 나타내는 곡선이다. 이 곡선에 따르면 세율이 일정 수준을 넘으면 근로의욕이 감소하므로 세수가 줄어드는 현상이 나타난다. 즉, 세율이 t(X)보다 낮은 상태에서는 세율을 올리면 세수가 늘어나고, 반대로 세율이 t(X)보다 높은 상태에서는 세율을 낮춤으로써 세수를 증대시킬 수 있다. 이 곡선은 1980년대 미국 레이건 행정부의 조세인하정책의 이론적 근거가 되었으며, 이로 인해 미국 정부의 거대한 재정적자 증가를 초래하는 결과를 가져왔다.

① 래퍼 커브(Laffer Curve)
② 로렌츠 커브(Lorenz Curve)
③ 디맨드 커브(Demand Curve)
④ 필립스 커브(Philips Curve)
⑤ 쿠즈네츠 커브(Kuznets Curve)

해설 래퍼 커브(Laffer Curve)에 대한 설명이다.

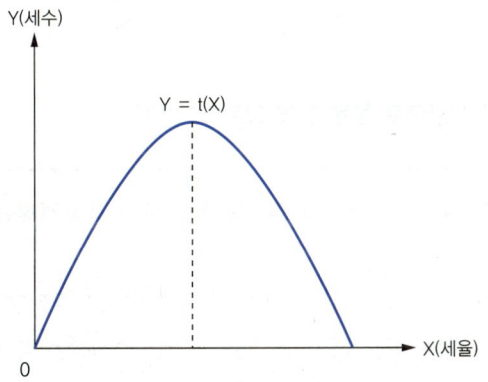

24 세금에 관한 다음 설명 중 옳은 것을 모두 고르면?

> 가. 대체로 소득세는 누진세, 부가가치세는 역진세 성격이 강하다.
> 나. 수요가 완전탄력적이면 조세의 전부를 소비자가 부담하고 생산자 부담은 0이 된다.
> 다. 교육세와 주세는 국세로 분류된다.
> 라. 직접세는 경기 상황과 관계없이 세수가 안정적이다.
> 마. 일반적으로 직접세보다 간접세의 조세저항이 작다.

① 가, 다
② 나, 마
③ 가, 다, 마
④ 가, 라, 마
⑤ 나, 다, 라

정답 23 ① 24 ③

해설 나. 수요가 완전탄력적이면 조세의 전부를 생산자가 부담하고 소비자 부담은 0이 된다.
라. 직접세는 누진적인 체계로 되어 있기 때문에 경기가 호황이면 조세수입이 급격히 증가하고, 경기가 불황이면 조세수입이 아주 크게 감소하므로 경기의 자동안정화 기능을 가지고 있다.

25 국가 살림살이의 재원은 주로 세금에서 나온다. 세금에 관한 다음 설명 중 옳지 않은 것은?

① 부가가치세는 국세이면서 간접세에 해당한다.
② 법인세, 상속세, 증여세는 모두 국세이다.
③ 우리나라는 세수 중 국세 비율이 지방세보다 높다.
④ 부가가치세는 역진세, 소득세는 누진세 성격이 강하다.
⑤ 수요가 완전 탄력적이면 조세의 전부를 소비자가 부담한다.

해설 수요가 완전 탄력적이면 조세의 전부를 생산자가 부담한다.

26 대중 민주주의와 다수결 투표제의 한계에 대한 설명으로 옳은 것을 모두 고르면?

> 가. 최근에는 인간의 심리와 경제학을 결합해 인간 행동과 결정을 분석하는 행동경제학이 부상하고 있다.
> 나. 콩도르세는 다수결을 통해 이행성이 있는 사회적 의사결정을 하지 못한다고 주장했다.
> 다. 다수결 투표제에서는 중간수준의 선호 사업보다는 극단적인 선호 사업을 선택하는 경향이 있다.
> 라. 국민과 대표 사이에는 정보의 비대칭성이 큰 문제가 아니므로 선거에서 주인과 대리인 문제는 존재하지 않는다.
> 마. 투표의 역설이란 다수결 투표를 통한 의사결정 과정에서 투표순서에 의해 결과가 바뀌면서 일관성을 상실하는 현상을 말한다.

① 가, 나
② 가, 라
③ 나, 다
④ 가, 나, 마
⑤ 다, 라, 마

해설 다. 다수결 투표제에서는 극단적 성향보다는 중간 성향의 정책이 선택될 가능성이 높다. 이를 중위투표자 이론이라고 한다.
라. 선거에서도 주인과 대리인 문제는 존재한다.

제2편 미시경제

제10장 정보경제

제1절 정보 비대칭성

1 개념 및 특성

(1) 정보 비대칭성의 개념

① 정보의 비대칭성(Asymmetric information)이란 경제적 이해관계를 가진 당사자 간에 정보수준의 차이가 존재하는 상황을 의미한다.
② 정보가 비대칭적이라는 것은 각 경제주체가 가지고 있는 정보의 양이 다르다는 의미뿐만 아니라 같은 양의 정보라고 하더라도 질적으로 차이가 난다는 의미도 포함한다.
③ 비대칭 정보의 상황은 감추어진 특성(Hidden characteristic)의 상황과 감추어진 행동(Hidden action)의 상황으로 구분된다.

(2) 정보 비대칭성의 특성

① 감추어진 특성(Hidden characteristic)의 상황
  ㉠ 감추어진 특성(또는 숨겨진 특성)의 상황이란 거래 당사자의 특성이나 거래되는 상품의 품질에 대해 한쪽만 알고 있고 상대방은 잘 모르고 있는 특성을 의미한다.
  ㉡ 예를 들어, 중고차 시장에서 판매자가 구매자보다 중고차 품질에 대하여 더 많이 알고 있는 상황이나, 보험시장에서 보험가입자가 보험회사보다 가입자의 건강상태를 더 잘 알고 있는 상황에 해당된다.
  ㉢ 감추어진 특성의 상황에서 발생하는 문제로는 역선택(Adverse selection)이 있다.
② 감추어진 행동(Hidden action)의 상황
  ㉠ 감추어진 행동(또는 숨겨진 행동)의 상황이란 거래 당사자 중에서 한쪽이 상대방의 특성이나 거래되는 재화의 품질에 대하여 잘 모르고 있는 상황을 의미한다.

대표유형문제

다음 괄호 안에 들어갈 내용을 순서대로 잘 나타낸 것은?

보험시장에서 보험가입자가 보험회사보다 가입자의 건강상태를 잘 알고 있는 상황을 감추어진 (Ⓐ)의 상황이라고 하며, 이로 인해 (Ⓑ) 문제가 발생한다. 한편, 보험가입자가 화재보험을 가입한 이후 화재예방노력을 게을리 하는 상황을 감추어진 (Ⓒ)의 상황이라고 하며, 이로 인해 (Ⓓ) 문제가 발생한다.

① Ⓐ행동 Ⓑ역선택 Ⓒ특성 Ⓓ도덕적 해이
② Ⓐ특성 Ⓑ역선택 Ⓒ행동 Ⓓ도덕적 해이
③ Ⓐ행동 Ⓑ도덕적 해이 Ⓒ특성 Ⓓ주인-대리인
④ Ⓐ특성 Ⓑ주인-대리인 Ⓒ행동 Ⓓ역선택
⑤ Ⓐ행동 Ⓑ도덕적 해이 Ⓒ특성 Ⓓ역선택

해설
거래 당사자의 특성이나 거래되는 상품의 품질에 대해 한쪽만 알고 있고 상대방은 잘 모르고 있는 상황을 감추어진 특성의 상황이라고 하며, 이로 인해 역선택 문제가 발생한다. 한편, 거래 당사자 중에서 한쪽이 상대방의 특성이나 거래되는 재화의 품질에 대해 잘 모르고 있는 상황을 감추어진 행동의 상황이라고 하며, 이로 인해 도덕적 해이, 주인-대리인 문제가 발생한다.

정답 ②

대표유형문제

다음 괄호 안에 알맞은 경제 개념은?

> 보험회사에서 평균적인 사고발생확률을 근거로 보험료를 산정하고 사고 발생 확률이 높은 사람이 보험에 가입할 가능성이 크다는 사실은 ( )의 대표적인 예이다.

① 역선택
② 도덕적 해이
③ 선 별
④ 신호 보내기
⑤ 비합리적 행동

해설

역선택이란 거래 전에 감추어진 특성의 상황에서 정보가 부족한 구매자가 바람직하지 못한 상대방과 품질이 낮은 상품을 거래하게 되는 가격왜곡현상을 의미한다. 보험회사에서 평균적인 사고발생확률을 근거로 보험료를 산정하고 사고발생확률이 높은 사람이 보험에 가입할 가능성이 크다는 사실은 역선택의 대표적인 예이다.

정답 ①

ⓒ 예를 들어, 보험가입자가 화재보험 가입 이후에는 화재예방노력을 게을리 하는 상황이나, 노동자가 얼마나 열심히 일하는지에 대해 고용주가 완전히 모니터할 수 없는 상황을 의미한다.
ⓒ 감추어진 행동의 상황에서 발생하는 문제로는 도덕적 해이와 주인-대리인 문제가 있다.

비대칭적 정보	감추어진 특성 (Hidden characteristic)	역선택
	감추어진 행동 (Hidden action)	도덕적 해이
		주인-대리인 문제

제2절 역선택과 도덕적 해이

1 역선택

(1) 역선택의 개념

① 역선택이란 거래 전에 감추어진 특성의 상황에서 정보가 부족한 구매자가 바람직하지 못한 상대방과 품질이 낮은 상품을 거래하게 되는 가격왜곡현상을 의미한다.
② 역선택은 보험시장, 노동시장, 금융시장, 중고차시장 등 다양한 경우에 발생하고 있다.

(2) 역선택의 사례

① 중고차시장에서의 역선택
  ㉠ 중고차를 판매하는 사람은 그 차량의 결점에 대해 알지만 구매자는 잘 모르기 때문에 성능이 나쁜 중고차(Lemon)만 거래되는 현상을 의미한다.
  ㉡ 즉, 중고차시장에서는 정보의 비대칭성으로 인해 비효율적인 자원 배분 현상이 나타나며, 이로 인해 사회적인 후생손실이 발생한다.
② 보험시장에서의 역선택
  ㉠ 보험회사에서 평균적인 사고확률을 근거로 보험료를 산정하면 사고 발생 확률이 높은 사람이 보험에 가입할 가능성이 큰 현상을 의미한다.

ⓒ 이와 같이 평균적인 위험을 기초로 보험금과 보험료를 산정하는 보험회사는 손실을 보게 된다.

(3) 역선택의 해결방안

① 선별(Screening)
  ㉠ 선별이란 정보를 갖지 못한 측에서 겉으로 드러난 나이, 결혼 여부 등 객관적인 자료를 이용하여 상대방을 평가하려는 것을 의미한다.
  ㉡ 자기선택장치란 정보수준이 낮은 측이 거래시에 정보수준이 높은 상대방이 거래와 관련된 선택을 하도록 함으로써 스스로 자신의 특성을 드러내도록 만드는 장치를 말한다.

② 신호 보내기(Signaling)
  ㉠ 신호 보내기란 정보를 가지고 있는 측에서 정보가 없는 상대방에게 자신을 알림으로써 정보의 비대칭을 해결하려는 것이다.
  ㉡ 신호가 효과적으로 발송되면 좋은 품질과 나쁜 품질을 구분할 수 있고 서로 다른 가격에 재화와 서비스가 거래될 수 있다.
  ㉢ 신호 보내기의 예시로는 중고 자동차 판매상이 중고차에 대해서 일정기간 수리를 보증해주고, 건강 보험 가입자가 본인이 현재 건강상태가 양호함을 나타내는 건강진단서를 제출하는 것이다.
  ㉣ 또한 취업 노동시장에서 구직자와 구인자 사이의 비대칭정보를 해소하기 위해 구직자가 자신의 과거 해외연수, 논문 수상, 인턴 경력, 자격증 보유 등을 구인자에게 알려주는 것도 신호 보내기에 해당된다.

③ 정부의 역할
  ㉠ 강제집행(가입의무화)
    • 정부의 강제집행이란 모든 당사자가 의료보험, 국민연금, 자동차책임보험 등에 의무적으로 가입하게 하는 제도를 말한다.
    • 가입을 의무화하게 되면 사고 발생확률이 높은 사람만 보험에 가입하는 역선택 문제는 해소되지만 저위험형이 고위험형에게 보조금을 지급하게 되는 문제점이 발생한다.
  ㉡ 정보흐름을 촉진할 수 있는 정보정책(허위·과장광고의 규제, 성능 표시 의무화, 정보공시 의무화 등)을 통하여 정보의 비대칭성을 완화할 수 있다.

대표유형문제

다음 중 정보의 비대칭에서 비롯되는 경제적 현상과 관계가 없는 것은?
① 기업들은 신입사원을 채용하기 위해 서류전형, 필기전형, 면접전형 등을 한층 강화하였다.
② 생명보험회사는 보험가입자로 하여금 건강검진 진단서, 소득수준 등 다양한 증빙 자료를 제출하도록 요구하고 있다.
③ 화재보험에서 손실의 일부만을 보전해주는 것은 역선택을 피하기 위함이다.
④ 금융거래가 이루어지기 이전에 대부자가 차입자의 위험수준을 파악할 수 없을 때 역선택이 발생한다.
⑤ 금융산업 진출의 인허가제는 역선택을 방지하기 위한 정책이다.

해설
화재보험에서 손실의 일부만을 보상해주는 제도는 화재보험 가입자의 도덕적 해이를 방지하기 위한 방안이다.
정답 ③

최신출제유형 23 24 25

다음 중 정보의 비대칭성과 거리가 먼 것은?
① 시장실패
② 도덕적 해이
③ 역선택
④ 선별과 신호 보내기
⑤ 소득효과와 대체효과

해설
소득효과와 대체효과는 가격의 변화가 수요량에 미치는 영향을 설명하는 개념으로 정보의 비대칭성과는 거리가 멀다.
정답 ⑤

대표유형문제

다음은 도덕적 해이에 대한 설명이다. 옳지 않은 것은?
① 금융거래계약 후 차입자가 자금을 원래의 목적대로 이용하지 않을 경우 발생한다.
② 불완전하게 감시를 받고 있는 사람이 부정직하거나 바람직하지 못한 행위를 하는 경향을 말한다.
③ 보험시장에서 도덕적 해이를 방지하기 위한 방안으로는 공동보험을 들 수 있다.
④ 도덕적 해이 문제를 해결하기 위해서는 성과에 근거한 유인계약제도 등을 활용할 수 있다.
⑤ 보험시장에서 대체로 건강상태가 나쁜 사람들이 보험에 가입하는 것은 도덕적 해이의 한 사례이다.

해설
사전적으로 보험금을 지급받을 가능성이 높은 사람만 보험에 가입하려고 하는 것은 역선택의 한 사례이다.

정답 ⑤

④ 고품질의 상품만 판매한다는 평판(Reputation)과 체인화된 각종 음식점처럼 표준화(Standardization)를 통해서 역선택을 해소한다.
⑤ 신용할당
  ㉠ 신용할당(Credit rationing)이란 대부자금시장에서 대부자금에 대한 초과수요가 존재함에도 불구하고 금융기관이 대출이자율을 인상하지 않고 주어진 자금을 신용도가 높은 기업에게만 배분하는 현상을 말한다.
  ㉡ 금융기관이 이자율을 인상하면 채무불이행 위험이 높은 기업만 차입하려고 할 것이므로 역선택 현상이 발생하고 은행의 손실이 증가한다.
  ㉢ 그러므로 금융기관은 대부자금시장에서 자금의 초과수요가 존재하더라도 대출이자율을 인상하지 않고 신용할당을 선택한다.
⑥ 노동자들의 생산성을 높은 수준으로 유지하기 위하여 시장의 균형임금보다 높은 효율성임금을 지급한다.

2 도덕적 해이

(1) 도덕적 해이의 개념

① 도덕적 해이(Moral hazard)란 어떤 계약 거래 이후에 대리인(Agent)의 감추어진 행동으로 인해 정보격차가 존재하여 상대방의 향후 행동을 예측할 수 없거나 본인이 최선을 다한다 해도 자신에게 돌아오는 혜택이 별로 없을 경우에 발생한다.
② 도덕적 해이는 보험시장, 중고차 시장, 금융시장 등에서 나온 개념이다.

(2) 도덕적 해이의 사례

① 화재보험에 가입하고 나면 화재예방노력에 따른 편익이 감소하므로 화재예방노력을 소홀히 하는 현상이 발생한다.
② 의료보험에 가입한 이후에는 병원 이용에 따른 한계비용이 낮아지므로 그 이전보다 병원을 자주 찾는 현상이 발생한다.
③ 금융기관에서 자금을 차입한 이후에 보다 위험이 높은 투자안에 투자하는 현상이 발생한다.

④ 직원들은 직장에 취업을 하고나서 근무를 태만하게 하는 현상이 발생한다.

(3) 도덕적 해이의 해결방안

① 보험회사가 사고 시 보험가입자에게 손실의 일부만을 보상해주는 공동보험제도를 채택한다.
② 보험회사가 손실액 중 일정금액까지는 보험가입자에게 부담시키는 기초공제제도를 도입한다.
③ 금융기관(대출자)들이 기업들의 행동을 주기적으로 감시(Monitor)한다 (사외이사제도, 감사제도 등).
④ 금융기관은 대출 시 담보를 설정하여 위험이 높은 투자안에 투자를 자제하도록 한다.
⑤ 직원들에게 고정된 임금을 지급하면 근무를 태만하게 하므로 임금지급방식을 고정급에서 성과급으로 전환한다.
⑥ 고용주는 근로자에게 시장균형임금보다 높은 임금을 지급한다.
⑦ 재화시장에서 기업의 평판(Reputation)과 상표에 대한 신뢰도를 형성한다.

구 분	역선택	도덕적 해이
비대칭 정보의 발생시점	계약 이전	계약 이후
비대칭 정보의 유형	숨겨진 특성	숨겨진 행동
해결 방안	선별, 신호발송, 신용할당, 효율성임금, 평판, 표준화, 정보정책, 강제집행 등	유인설계(공동보험, 기초공제제도, 성과급 지급 등), 효율성임금, 평판, 담보설정 등

3 주인-대리인 문제

(1) 주인-대리인 문제의 개념

① 도덕적 해이의 한 예로 감추어진 행동이 문제가 되는 상황에서 주인(Principal)의 입장에서 볼 때 대리인(Agent)이 바람직하지 못한 행동을 하는 현상을 말한다.
② 주인-대리인 문제가 발생하는 원인은 대리인이 주인의 목적을 달성하기 위해 노력할 유인이 없기 때문이다.

대표유형문제

다음 괄호 안에 들어갈 경제 용어로 적절한 것은?

( ) occurs under a type of information asymmetry where the risk-taking party to a transaction knows more about its intentions than the party paying the consequences of the risk. ( ) also arises in a principal-agent problem, where one party, called an agent, acts on behalf of another party, called the principal. The agent usually has more information about his or her actions or intentions than the principal does, because the principal usually cannot completely monitor the agent. The agent may have an incentive to act inappropriately if the interests of the agent and the principal are not aligned.

① 도덕적 해이(Moral hazard)
② 역선택(Adverse selection)
③ 선별(Screening)
④ 신호 보내기(Signaling)
⑤ 감추어진 특성(Hidden action)

해설
도덕적 해이(Moral hazard)란 계약 거래 이후에 대리인의 감추어진 행동으로 인해 정보격차가 존재하여 상대방의 향후 행동을 예측할 수 없을 경우에 발생한다.

정답 ①

대표유형문제

다음은 주인-대리인 문제에 대한 설명이다. 옳지 않은 것은?

① 주인-대리인 문제는 도덕적 해이의 한 예이다.
② 주인-대리인 문제는 현실적으로 경영자와 주주, 변호사와 의뢰인 등의 관계에서 찾아볼 수 있다.
③ 주인-대리인 문제는 대리인이 갖고 있는 정보수준이 주인이 갖고 있는 정보수준보다 작기 때문에 발생한다.
④ 주인-대리인 문제를 해결하기 위해서는 대리인이 주인의 뜻에 따라 행동을 하도록 하는 보수체계를 마련해야 한다.
⑤ 주인-대리인 문제는 주인이 대리인의 행동을 직접적으로 관찰하거나 통제할 수 없기 때문에 발생한다.

해설
주인-대리인 문제는 대리인이 갖고 있는 정보수준이 주인이 갖고 있는 정보수준보다 많기 때문에 발생한다.

정답 ③

(2) 주인-대리인 문제의 사례

① 최고경영자로 선임되고 나서 주주의 목표인 이윤극대화를 위하여 노력하지 않는 현상
② 정치인이 당선된 이후에 국민의 이익을 위하여 노력하지 않는 현상
③ 종업원이 취직한 이후에 태만하게 되는 현상

(3) 주인-대리인 문제의 해결방안

① 유인설계(Incentive design)란 대리인이 주인의 이익을 극대화하도록 행동하는 것이 대리인 자신에게 유리하도록 보수체계를 설계하는 것을 말한다.
② 경영자의 보수가 성과와 연계되도록 하는 방법, 변호사에 대한 보수를 성공여부와 연계시키는 방법 등이 유인설계의 사례이다.

제2편 미시경제

제10장 출제예상문제

01 정보의 비대칭성(Information asymmetry)의 원인, 문제, 사례 및 해결책이 바르게 연결된 것은?

구분	원인	문제	사례	해결책
①	감추어진 특징 (Hidden characteristics)	역선택	중고차 시장	공동보험제도
②	감추어진 행동 (Hidden action)	역선택	중고차 시장	강제 보험
③	감추어진 특징 (Hidden characteristics)	역선택	노동시장	최저 임금
④	감추어진 행동 (Hidden action)	도덕적 해이	주인과 대리인	감시 강화
⑤	감추어진 특징 (Hidden characteristics)	도덕적 해이	주인과 대리인	성과급

해설 역선택은 감추어진 특성(Hidden characteristics)의 상황에서 발생하고, 도덕적 해이는 감추어진 행동(Hidden action)의 상황에서 발생한다. 중고차시장에서는 역선택이 발생하나 신규차시장에서는 역선택이 발생하지 않는다. 최저임금은 정보의 비대칭성과 관계가 없다.

구분	역선택	도덕적 해이
비대칭 정보의 발생시점	계약 이전	계약 이후
비대칭 정보의 유형	감추어진 특성	감추어진 행동
해결 방안	정보의 구입, 신호, 선별, 강제보험 등	유인설계 (공동보험, 기초공제제도, 성과급 지급 등)

정답 1 ④

02 도덕적 해이(Moral hazard)에 대한 설명으로 옳지 않은 것은?

① 불완전하게 감시를 받는 대리인이 자기의 이익을 좇아 행동하는 경향을 말한다.
② 고용의 경우에 도덕적 해이를 줄이기 위하여 감시 감독을 강화하거나 보수지급을 연기하기도 한다.
③ 건물주가 화재보험에 가입한 후에는 화재예방설비를 적정 수준보다 부족하게 설치하는 경향을 보이는 것도 도덕적 해이에 속한다.
④ 화재보험에서의 도덕적 해이를 방지하는 하나의 방법은 공제제도를 도입하여 일정부분을 초과하는 손실만 보상해 주는 것이다.
⑤ 이자율 대신 신용할당을 이용하는 경우 도덕적 해이를 완화할 수 있다.

> **해설** 주인-대리인 문제는 도덕적 해이의 일종이다. 감시 혹은 감독을 강화하는 것은 취직한 후에 노동자들이 일을 게을리 하는 현상인 도덕적 해이를 줄이는 방안이 될 수 있다. 화재보험에 가입한 후에 화재예방 노력을 게을리하는 것은 도덕적 해이의 전형적인 사례이다. 이자율 대신 신용할당을 이용하는 경우에는 역선택을 완화할 수 있다.

03 다음 중 역선택 문제를 완화하기 위해 고안된 장치와 거리가 먼 것은?

① 중고차 판매 시 책임수리 제공
② 민간의료보험 가입 시 신체검사
③ 보험가입 의무화
④ 사고에 따른 자동차 보험료 할증
⑤ 은행의 대출 심사

> **해설** 자동차 사고가 발생하면 보험료를 할증하는 것은 보험가입 후에 태만을 방지하기 위한 것이므로 도덕적 해이를 줄이기 위한 방안에 해당된다.

04 다음은 정보가 갖는 경제적 의미를 설명한 것이다. 옳지 않은 것은?

① 역선택과 도덕적 해이는 모두 정보의 비대칭성으로 인해 발생한다.
② 주인-대리인 문제에서 도덕적 해이 현상이 자주 발생한다.
③ 일반적으로 역선택은 거래발생 이전, 도덕적 해이는 거래발생 이후에 생기는 현상이다.
④ 품질보증이나 광고는 신호발송(Signaling)수단으로 이용된다.
⑤ 중고차시장에서 종종 품질이 나쁜 차가 거래되는 이유는 도덕적 해이 때문이다.

> **해설** 중고차시장에서 종종 품질이 나쁜 차가 거래되는 이유는 도덕적 해이가 아닌 역선택 때문이다.

05 기업들이 소비자들에게 제공하는 보증(Warranty)에 대한 설명으로 옳은 것을 모두 묶으면?

> 가. 보증은 재화시장에서 기업이 소비자보다 더 많은 정보를 갖고 있는 상황에서 자신이 생산하는 재화의 품질이 높다는 것을 알리는 신호로 사용될 수 있다.
> 나. 보증은 소비자들이 기업들보다 소비자들의 선호에 대해 많은 정보를 갖고 있을 때 신호 수단으로서 가장 효과적이다.
> 다. 보증은 기업들이 소비자들보다 소비자들의 선호에 대해 많은 정보를 갖고 있을 때 신호 수단으로서 가장 효과적이다.
> 라. 비대칭 정보의 문제가 존재하는 시장에서는 기업들이 보증을 제공하지 않으려 한다.
> 마. 생산자들은 품질이 더 좋은 상품일수록 예상 수리비용이 적기 때문에 보증을 해 줄 가능성이 더 높다.

① 가, 다
② 가, 마
③ 가, 나, 라
④ 가, 라, 마
⑤ 나, 다, 마

해설 소비자들이 기업보다 재화의 품질에 대해 더 많은 정보를 갖고 있다면 기업이 굳이 신호를 보내기 위해 보증을 해 줄 필요가 없다.

06 비대칭 정보하에서 발생하는 현상에 대한 설명 중 옳지 않은 것은?

① 기업이 우수한 인재를 채용하기 위해서 입사 시험을 치른다.
② 성과급 제도가 없는 회사의 경우 일부 직원들이 태만하게 근무한다.
③ 은행이 대출이자율을 높이면 위험한 사업에 투자하는 기업들이 자금을 차입하려고 한다.
④ 정보를 많이 갖고 있는 사람은 정보를 덜 갖고 있는 사람에 비해 항상 피해의 규모가 작다.
⑤ 기업의 주주들이 CEO에게 스톡옵션을 보상으로 제공해 일할 의욕을 고취시킨다.

해설 중고차 시장에서 차량의 성능을 알지 못하는 구매자들이 평균적인 품질을 기준으로 가격을 지불하려고 할 경우 좋은 차를 가진 판매자는 차를 팔 수 없거나, 굳이 팔려고 하면 자기 차의 품질에 해당하는 가격보다 더 낮은 가격을 받을 수밖에 없다. 그러므로 정보를 많이 갖고 있는 사람이 정보를 덜 가진 사람에 비해 항상 피해 규모가 작은 것은 아니다.

정답 5 ② 6 ④

07 다음 사례를 역선택(Adverse selection)과 도덕적 해이(Moral hazard)의 개념에 따라 올바르게 구분한 것은?

> 가. 자동차 보험 가입 후 더 난폭하게 운전한다.
> 나. 건강이 좋지 않은 사람이 민간 의료보험에 더 많이 가입한다.
> 다. 실업급여를 받게 되자 구직 활동을 성실히 하지 않는다.
> 라. 사망 확률이 낮은 건강한 사람이 주로 종신연금에 가입한다.
> 마. 의료보험제도가 실시된 이후 사람들의 의료수요가 현저하게 증가하였다.

구분	역선택	도덕적 해이
①	가, 나	다, 라, 마
②	나, 라	가, 다, 마
③	다, 마	가, 나, 라
④	나, 다, 라	가, 마
⑤	다, 라, 마	가, 나

해설 역선택이란 감추어진 특성의 상황에서 정보 수준이 낮은 측이 사전적으로 바람직하지 않은 상대방을 만날 가능성이 높아지는 현상을 의미한다. 반면, 도덕적 해이는 감추어진 행동의 상황에서 어떤 거래 이후에 정보를 가진 측이 바람직하지 않은 행동을 하는 현상을 의미한다.

08 역선택에 대한 설명으로 옳지 않은 것은?

① 역선택은 정보를 가지고 있는 자의 자기선택 과정에서 생기는 현상이다.
② 정부에 의한 품질인증은 역선택의 문제를 완화시킨다.
③ 자격증의 취득은 역선택에 대비한 행동이다.
④ 교육수준이 능력에 관한 신호를 보내는 역할을 하는 경우 역선택의 문제가 완화된다.
⑤ 역선택 현상이 존재하는 상황에서 강제적인 보험프로그램의 도입은 후생을 악화시킨다.

해설 역선택이 존재하는 상황에서 정부가 공적인 보험제도를 도입하여 강제로 가입하도록 하면 역선택 문제가 해소될 수 있다. 모든 대상자의 가입을 의무화하는 공적인 보험제도가 도입되면 사회후생이 증가할 가능성이 높다.

7 ② 8 ⑤

09 다음 중 도덕적 해이를 해결하거나 완화시키는 방안을 모두 고르면?

> 가. 생명보험회사가 건강검진을 통과한 사람에게만 보험상품을 판매한다.
> 나. 기업은 직원들의 업무성과를 평가하여 임금을 지급하는 성과급으로 임금지급방식을 채택한다.
> 다. 상당기간 무상수리를 보증하는 품질보증서를 발급한다.
> 라. 기업의 주주들이 최고경영자에게 스톡옵션을 보상으로 제공해 일할 의욕을 고취시킨다.
> 마. 보험회사가 사고 시 보험가입자에게 손실의 일부만을 보상해 주는 공동보험제도를 채택한다.
> 바. 모든 차량에 대하여 자동차책임보험에 가입하도록 한다.

① 가, 다, 바
② 가, 라, 마
③ 나, 다, 라
④ 나, 라, 마
⑤ 다, 마, 바

해설 가. 다. 바는 역선택을 해소하기 위한 방안이다.

10 다음은 정보경제학에 관련된 내용이다. 옳은 것은?

① 주인-대리인 문제가 발생하는 기본적인 원인은 대리인(Agent)이 갖고 있는 정보 수준이 주인(Principal)이 갖고 있는 정보 수준보다 작기 때문이다.
② 신호발송(Signaling)이란 정보를 가진 측에서 정보를 제공하고자 하는 것을 말하며, 선별(Screening)이란 불완전한 정보를 가진 측에서 그에게 주어진 자료와 정보를 이용하여 상대방의 특성을 파악하려는 것이다.
③ 화재보험사에서 화재 발생 시 손실의 일부만을 보장해 주는 제도를 도입한 것은 역선택 문제를 완화시키기 위해서이다.
④ 유인설계를 잘 할 경우 역선택 문제를 어느 정도 완화시킬 수 있다.
⑤ 자동차책임보험의 의무가입은 역선택의 문제를 방지할 수 있지만, 이는 사고위험성이 높은 사람에게 불리한 제도이다.

해설 주인-대리인 문제가 발생하는 기본적인 원인은 대리인(Agent)이 갖고 있는 정보 수준이 주인(Principal)이 갖고 있는 정보 수준보다 크기 때문이다. 화재보험사에서 화재 발생 시 손실의 일부만을 보장해 주는 제도를 도입한 것은 도덕적 해이 문제를 완화시키기 위해서이다. 유인설계를 잘 할 경우 도덕적 해이 문제를 어느 정도 완화시킬 수 있다. 자동차책임보험의 의무가입은 사고위험성이 낮은 사람에게 비싼 보험에 가입하도록 강제하는 것으로 사고 위험성이 낮은 사람에게 불리한 제도이다.

11 주인-대리인 문제에 대한 설명 중 옳지 않은 것은?

① 주인-대리인 문제는 주주와 경영자의 관계에서 찾아볼 수 있는 도덕적 해이의 한 예이다.
② 대리인이 직장 이동의 자유가 커질수록 주인-대리인 문제는 줄어든다.
③ 대리인이 주인에 비해 위험 회피의 정도가 클 경우에도 주인-대리인 문제가 발생한다.
④ 대리인의 노력 또는 행동과 그에 따른 결과 사이에 명확히 1 대 1 대응관계가 성립하면 주인-대리인 문제가 사라진다.
⑤ 주인-대리인 문제를 해결하기 위해서는 대리인이 주인의 뜻에 따라 행동하도록 하는 보수체계를 마련해야 한다.

해설 대리인의 직장 이동이 자유로울수록 대리인은 고용주가 원하는 수준만큼 일하지 않으므로 주인-대리인 문제가 커질 수 있다.

12 다음 중 주인-대리인 이론(Principal-agent model)을 적용하기에 적절하지 않은 것은?

① 교사와 학생
② 주주와 경영인
③ 보험회사와 가입자
④ 스포츠 구단주와 선수
⑤ 의뢰인과 변호사

해설 주인-대리인 문제란 대리인이 주인보다 더 많은 정보를 갖고 있으므로 대리인이 주인의 이익을 위해 노력할 유인이 없기 때문에 발생한다. 예를 들어 최고 경영자로 선임된 후 주주의 이윤극대화를 위해 노력하지 않는 현상, 정치인이 당선된 후 국민의 이익을 위해 노력하지 않는 현상, 종업원이 취업한 후 태만하게 되는 현상 등이 주인-대리인 문제에 해당한다. 교사와 학생의 관계는 정보의 비대칭성으로 인한 이익추구 관계가 아니므로 주인-대리인 문제를 적용하기에 적절치 않은 사례이다.

11 ② 12 ①

13 다음 중 사회보험제도의 이점과 관계가 깊은 것을 모두 고르면?

> ㄱ. 도덕적 해이 완화
> ㄴ. 역선택 완화
> ㄷ. 주인-대리인 문제 완화
> ㄹ. 규모의 경제 실현

① ㄱ
② ㄴ
③ ㄱ, ㄴ
④ ㄴ, ㄹ
⑤ ㄴ, ㄷ, ㄹ

해설 사회보험은 국가가 가입을 강제하는 것으로 역선택 문제의 해결을 꾀할 수 있으며, 가입자 수가 많아 규모의 경제가 실현될 수 있다.

14 정보의 비대칭으로 인한 문제를 해결하기 위한 방안으로 옳지 않은 것은?

① 품질보증제도를 통해 역선택 문제를 해결할 수 있다.
② 노동시장에서 노동자는 취득한 자격증을 제시하여 역선택 문제를 해결할 수 있다.
③ 기업이 균형임금보다 더 높은 임금을 지급하면 노동자들은 자발적으로 열심히 일하게 되므로 노동시장에서의 도덕적 해이 문제가 감소할 수 있다.
④ 보험회사는 사고 발생 시 일정 금액은 무조건 가입자의 부담으로 하는 기초공제제도를 활용하여 도덕적 해이 문제를 방지한다.
⑤ 공개된 자동차 사고이력 정보와 중고차 품질보증제도를 통해 도덕적 해이 문제를 해결할 수 있다.

해설 중고차 시장에서는 판매자와 구매자의 정보의 비대칭으로 인해 구매자는 차량의 성능을 알지 못하여 품질이 낮은 중고차를 구매하게 된다. 따라서 중고차를 판매하는 사람들은 공개된 자동차 사고이력 정보와 중고차 품질보증제도를 통해 정보가 없는 구매자에게 정보를 제공하여 역선택 문제를 해결할 수 있다.

정답 13 ④ 14 ⑤

제3편

거시경제

제11장 경제활동의 측정

제12장 국민소득결정이론

제13장 소비함수와 투자함수

제14장 화폐와 국민경제

제15장 총수요와 총공급이론

제16장 재정정책과 통화정책

제17장 물가와 인플레이션

제18장 실 업

제19장 필립스곡선과 스태그플레이션

제20장 학파별 주요내용 및 경기안정화정책

제21장 경기지수 · 경기변동 · 경제성장

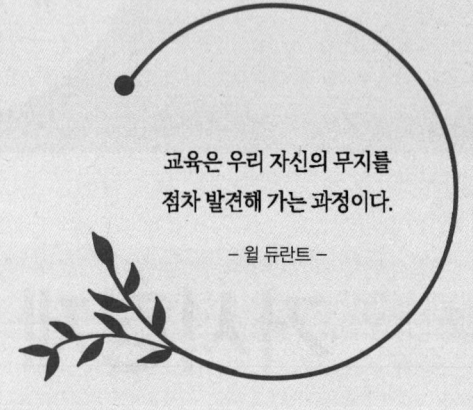

교육은 우리 자신의 무지를
점차 발견해 가는 과정이다.
- 윌 듀란트 -

보다 깊이 있는 학습을 원하는 수험생들을 위한
시대에듀의 동영상 강의가 준비되어 있습니다.
www.sdedu.co.kr → 회원가입(로그인) → 한경TESAT

제3편 거시경제

제11장 경제활동의 측정

제1절 거시경제학의 개요

1 거시경제학의 개념

(1) 거시경제학의 정의

① 거시경제학이란 경제 전체적인 변수(국민소득, 물가, 실업, 경제성장, 경기변동, 환율, 국제수지 등)의 결정요인과 상호연관관계를 분석하는 경제학의 한 분야이다.

② 참고로 미시경제학이란 개별경제주체의 행위와 이들의 상호작용에 의해 재화 및 서비스의 가격과 거래량을 연구하는 경제학의 한 분야이다.

(2) 거시경제 정책의 목적과 수단

① 거시경제 정책의 목적
  ㉠ 산출 수준과 산출량 성장률을 높게 유지하는 것을 목표로 한다.
  ㉡ 높은 고용 수준을 유지하고 비자발적 실업을 낮추는 데 목표가 있다.
  ㉢ 물가를 안정적으로 유지하려는 목적이다.

② 거시경제 정책의 수단

통화정책	• 중앙은행이 기준금리를 지표로 삼아 통화량을 조절하고 이를 통해 경제활동 수준을 조절하는 정책이다. • 공개시장조작, 지급준비율, 재할인율 등으로 통화량을 조절한다.
재정정책	• 정부지출과 조세를 조절하여 경기를 관리하는 정책이다. • 정부는 경기과열 시에는 조세를 증가하고 정부지출을 감소하는 긴축 재정정책을 실행하며, 경기침체 시에는 조세를 감소하고 정부지출을 확대하는 확장 재정정책을 실행한다. • 재정정책은 경제안정화 기능, 경제발전 기능, 소득재분배 기능, 자원배분 기능을 한다.

대표유형문제

거시경제학에 대한 설명 중 옳지 않은 것은?

① 국민소득, 물가, 실업 등 경제 전체적인 변수의 결정요인과 상호연관관계를 분석하는 분야이다.
② 높은 고용 수준을 유지하고 비자발적 실업을 낮추기 위한 정책을 실행한다.
③ 공개시장조작, 지급준비율과 재할인율 조정을 통해 통화량을 조절한다.
④ 재정정책은 경제안정화 기능, 경제발전 기능, 소득재분배 기능, 자원배분 기능을 한다.
⑤ 정부는 경기침체 시 조세를 증가하고 정부지출을 감소하는 긴축 재정정책을 실행한다.

해설
정부는 경기침체 시에 조세를 감소하고 정부지출을 확장하는 확대 재정정책을 실행한다.

정답 ⑤

2 주요 거시경제변수

(1) 국내총생산(GDP)

① 국내총생산(GDP)이란 일정 기간 동안 한 나라 안에서 생산되어 최종적인 용도로 사용되는 재화와 서비스의 시장가치를 화폐단위로 모두 합한 것으로 가장 대표적인 거시경제변수이다.

② 명목GDP와 실질GDP

명목GDP (= PY)	• 실제 시장가격으로 측정된다. • 해당 연도의 생산물 수량에 해당 연도 시장가격을 곱하여 산출한다. • 물가수준이 반영되어 있지 않다.
실질GDP (= Y)	• 불변가격으로 측정된다. • 해당 연도의 생산물 수량에 기준 연도 시장가격을 곱하여 산출한다. • 한 나라의 경제성장률을 측정하는 수단이다.

③ 잠재GDP, 실제GDP, GDP갭

잠재GDP	• 한 나라의 사용 가능한 모든 자원을 이용하여 경제가 생산할 수 있는 최대한의 지속 가능한 산출 수준이다. • 자연실업률 상태의 GDP를 의미한다.
실제GDP	어떤 나라에서 현재 실제로 생산하고 있는 GDP를 의미한다.
GDP갭	• 실제GDP에서 잠재GDP를 차감하여 구한다. • GDP갭 > 0이면 경기호황으로 물가상승률이 높아진다. • GDP갭 < 0이면 경기불황으로 실업이 늘어난다.

(2) 물가지수

① 물가지수란 다양하게 변화하는 개별상품의 가격을 종합해 평균적인 가격수준을 산출한 것이다.

② 물가지수의 종류

소비자물가지수 (CPI)	• 소비자들이 구매하는 재화 서비스의 가격변동을 조사함으로써 가계의 평균적인 생계비나 화폐의 구매력 변동을 측정하여 구한다. • 기준 연도의 상품거래량을 기준으로 가중치를 적용하므로 소비자들이 느끼는 물가상승률과 다르게 나타난다는 문제점이 생긴다.
GDP 디플레이터	• 명목GDP를 실질GDP로 나누어 계산한다.($= \frac{명목GDP}{실질GDP}$) • 재화와 서비스의 국내 거래가격뿐 아니라 수출입가격의 변동까지도 포함하는 가장 포괄적인 물가지수이다.
기 타	생산자물가지수, 생활물가지수, 수출입물가지수 등이 있다.

대표유형문제

2014년도 A국의 명목GDP는 250억 달러였고 1년 동안 명목GDP는 5% 증가하였다고 한다. 같은 기간 동안의 인플레이션율이 5%였다면 2014년도를 기준연도로 할 때 A국의 2015년 실질GDP는 얼마인가?

① 237.5억 달러
② 250억 달러
③ 262.5억 달러
④ 275억 달러
⑤ 300억 달러

해설

실질GDP(= Y)가 불변인 상태에서 물가가 상승하면 명목GDP(= PY)는 비례적으로 증가한다. 그러므로 2015년이 2014년보다 명목GDP가 5% 증가하고 물가도 5% 상승하였다면 2015년 실질GDP는 2014년 실질GDP와 동일하다.

정답 ②

③ 인플레이션의 종류

인플레이션	물가가 지속적으로 상승하는 현상으로 인플레이션이 계속되면 화폐의 구매력은 감소하게 되는 상황이다.
디플레이션	물가가 지속적으로 하락함과 동시에 경기후퇴나 불황을 동반하는 상황이다.
디스인플레이션	경기순환과정 중에서 인플레이션에서는 벗어났지만 디플레이션에는 빠져있지 않은 상황이다.
스태그플레이션	경기가 후퇴하는데 물가는 상승하는 상황이다.

(3) 실업률

① 실업률이란 경제활동인구에서 실업자가 차지하는 비중이다.

경제활동인구	15세 이상 생산가능인구에서 학생이나 가정주부 등과 같이 일할 의사가 없는 비경제활동인구를 차감해서 구한다.
실업자	일할 의사가 있음에도 불구하고 현재 직장을 얻지 못한 사람을 말한다.

② 실업의 유형

자연적 실업	• 정상적인 경제 상황에서도 존재하는 실업으로 완전고용상황을 의미한다. • 자연적 실업은 일자리에 대한 탐색과정에서 발생하는 마찰적 실업과 노동의 공급이 노동의 수요를 초과하여 생기는 구조적 실업으로 구분된다.
경기적 실업	• 경기변동 시 임금의 신축적인 조정이 이루어지지 않아 발생하는 실업을 말한다. • 불황기에는 실업이 증가하고 호황기에는 실업이 감소한다.

(4) 이자율

① 이자란 자금을 사용하는 것에 대해 지불되는 대가를 말하며, 이자율이란 자금 1단위당 이자를 말한다.

② 명목이자율과 실질이자율

명목이자율	• 은행에서 실제 지급하는 이자율을 의미한다. • 인플레이션을 감안하여 조정하지 않은 이자율을 의미한다.
실질이자율	• 실질적으로 받게 되는 이자율을 의미한다. • 인플레이션을 반영시켜 조정된 이자율을 의미한다.
피셔방정식	실질이자율 = 명목이자율 - 인플레이션율

(5) 환율과 국제수지

① 환율이란 일정 시점에서의 어떤 한 나라의 통화와 다른 나라의 통화와의 교환비율을 의미한다.

대표유형문제

다음 중 잠재GDP가 달성된 상태와 가장 관련이 깊은 것은?
① 지니계수
② 디플레이션
③ 자연실업률
④ 소비자물가지수
⑤ 계절적 실업

해설
잠재GDP란 '주어진 기술수준과 인구규모 하에서 물가상승률을 더 높이지 않고도 지속적으로 달성할 수 있는 최대의 GDP' 또는 '자연실업률 상태의 GDP'로 정의된다.

정답 ③

최신출제유형 23 24

다음 중 자연실업률에 대한 설명으로 옳지 않은 것은?
① 산업구조의 변화는 자연실업률에 영향을 미칠 수 있다.
② 일자리에 대한 정보망 확충은 자연실업률을 낮추는 역할을 한다.
③ 일자리를 찾는 데 걸리는 시간 때문에 발생하는 실업은 자연실업률의 일부다.
④ 최저임금제와 효율성임금, 노조 등은 마찰적 실업을 증가시켜 자연실업률을 높이는 요인으로 작용한다.
⑤ 실업보험제도가 시행되고, 평균수명이 길어져서 경제활동인구 중 노년층 비중이 높아지면 자연실업률이 높아질 가능성이 크다.

해설
최저임금이나 효율성임금 등 제도적 요인에 의한 실업은 구조적 실업이다. 마찰적 실업은 자신에게 맞는 일자리를 찾을 때 발생하는 실업이다. 마찰적 실업은 탐색적 실업이라고도 한다. 산업 간 또는 지역 간 노동수요 구성의 변화 또한 자연실업률에 영향을 미친다.

정답 ④

대표유형문제 **최신출제유형** 23

다음 중 국제수지에 대한 설명으로 옳지 않은 것은?
① 상품수지는 자본수지에 기록한다.
② 국제수지표는 경상수지, 자본수지 및 금융계정, 오차 및 누락으로 구성된다.
③ 본원소득수지는 경상수지에 속한다.
④ 무상원조는 경상수지의 이전소득수지에 속한다.
⑤ 국제수지는 유량변수이다.

해설
상품수지는 경상수지에 속한다.

정답 ①

② 국제수지란 일정한 기간 중에 발생한 자기나라 거주자와 외국 거주자 사이에 발생한 상품·서비스, 자본 등의 모든 경제적 거래에 따른 수입과 지급의 차이를 말한다.

국제수지	경상수지	상품수지	수출액과 수입액의 차액
		서비스수지	외국과의 서비스 거래로 수취한 돈과 지급한 돈의 차액
		본원소득수지	급료 및 임금수지(단기간)와 투자소득수지로 구성
		이전소득수지	대가 없이 주고받은 거래의 수지 차
	자본·금융계정	자본계정	외화의 유출입 차이를 나타내며, 크게 자본계정과 금융계정 두 가지로 구분
		금융계정	
	오차 및 누락		실제로 국제수지표를 작성해 보면 경상수지, 자본수지 및 준비자산 증감의 합계는 0이 되지 않는데 이를 조정하기 위한 항목

③ 환율과 국제수지의 관계

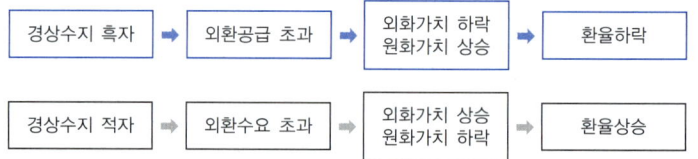

③ 거시경제의 순환과 측정방법

(1) 경제순환과정

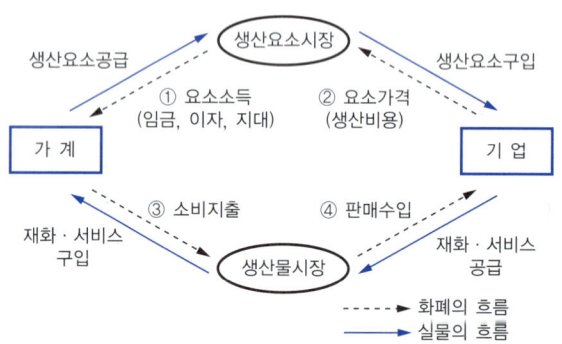

(2) 관점에 따른 국민경제의 측정방법

생산요소 흐름의 관점	분배GDP(국내총소득)	가계의 수입(①) 또는 기업의 비용(②)
생산물 흐름의 관점	지출GDP(국내총지출)	지출측면(③)
	생산GDP(국내총생산)	기업의 수입 측면(④)

제2절 국내총생산(GDP)

1 국내총생산(GDP)의 개념

(1) 국내총생산(GDP)의 정의

국내총생산(GDP)이란 ① 일정기간 ② 한 나라 국경안에서 ③ 생산된 ④ 모든 최종 재화와 서비스의 ⑤ 시장가치를 시장가격으로 평가하여 합산한 것이다.

(2) 용어설명

① 일정기간	• 일정기간에 걸쳐 측정되는 유량(Flow)변수이다. • 보통 1년 동안 생산된 생산물의 시장가치를 의미한다.
② 한 나라 국경안에서	• 한 국가 안에서 일어난 생산활동의 시장가치를 측정한다. • 내국인이 외국에서 생산한 것은 제외하는 반면 외국인이 국내에서 생산한 것은 포함한다.
③ 생산된	• 당해 기간 동안의 생산과 관계없는 것은 포함하지 않는다. • 예를 들어, 주식매각대금, 기존주택의 매매, 중고상품의 거래, 주부의 가사노동 등은 GDP에 포함되지 않는다.
④ 모든 최종 재화와 서비스의	• 중간재의 가치까지 GDP 계산에 포함되면 중복계산이 되는 문제점이 발생하므로 중간재의 가치는 GDP 계산에서 제외된다. • 예외적으로, 중간재 중에서 판매되지 않은 부분은 일단 최종재로 간주되고 그 가치는 재고투자라는 항목으로 GDP에 포함된다.
⑤ 시장가치	• 시장에서 거래되는 금액을 기준으로 계산하므로 시장에서 거래되지 않는 생산물은 GDP 계산에서 제외된다. • 예를 들어, 파출부의 가사노동은 GDP에 포함되나 주부의 가사노동은 GDP에서 제외된다. • 예외적으로 자가소비 농산물, 귀속임대료, 정부생산물 등은 GDP에 포함된다.

대표유형문제

다음 중 국내총생산(GDP)에 반영되는 경제활동은?
① 여가시간 증가에 따른 개인 후생 증대
② 시장에서 거래된 재화와 서비스의 가치
③ 중고상품의 거래에 대한 가치
④ 가족 간에 주고받은 재화와 서비스의 가치
⑤ 주부의 가사노동에 대한 가치

해설

국내총생산(GDP)이란 일정기간 한 나라 국경 안에서 생산된 모든 최종 재화의 서비스의 시장가치를 시장가격으로 평가하여 합산한 것이다.

정답 ②

대표유형문제

명목GDP가 2014년에 570억원에서 2015년에 600억원으로 증가하였으며, 같은 기간 중에 GDP 디플레이터는 150에서 200으로 상승하였다. 이 때 실질GDP의 변화는 얼마인가?

① 8억원 감소
② 8억원 증가
③ 변화없음
④ 80억원 감소
⑤ 80억원 증가

해설
GDP 디플레이터 = (명목GDP/실질GDP) × 100의 식을 변형하면
실질GDP = (명목GDP/GDP 디플레이터) × 100 이므로
2014년 실질GDP = (570/150) × 100 = 380
2015년 실질GDP = (600/200) × 100 = 300으로 80억원 감소한다.

정답 ④

2 국내총생산(GDP)의 구분

(1) 명목GDP와 실질GDP

① 개 념

명목GDP (= PY)	• 당해의 생산량에 당해연도 가격을 곱하여 계산한 GDP이다. • 명목GDP는 물가가 상승하면 상승한다. • 당해 연도의 경제활동 규모와 산업구조를 파악하는 데 유용하다.
실질GDP (= Y)	• 당해의 생산량에 기준연도 가격을 곱하여 계산한 GDP이다. • 실질GDP는 물가의 영향을 받지 않는다. • 경제성장과 경기변동 등을 파악하는 데 유용하다.

② GDP 디플레이터

$$\text{GDP 디플레이터} = \frac{\text{명목GDP}}{\text{실질GDP}} \times 100$$

(2) 실제GDP와 잠재GDP

① 개 념

실제GDP (Actual GDP)	한 나라의 국경안에서 실제로 생산된 모든 최종 생산물의 시장가치를 의미한다.
잠재GDP (Potential GDP)	• 한 나라에 존재하는 노동과 자본 등 모든 생산요소를 정상적으로 사용할 경우 달성할 수 있는 최대 GDP를 의미한다. • 잠재 $GDP(Y_P)$ = 자연산출량(Y_N) = 완전고용산출량(Y_f)

② GDP갭

$$\text{GDP갭} = \text{실질GDP} - \text{잠재GDP}$$

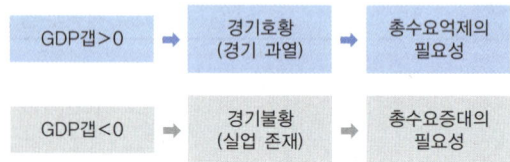

③ 국내총생산(GDP)에 포함여부 및 한계점

(1) 국내총생산(GDP)에 포함여부

구분	시장에서 거래(×)	기타
포함 항목	• 자가소비 농산물 • 귀속임대료 • 국가의 생산물(국방 및 치안서비스)	–
미포함 항목	• 여 가 • 가정주부의 가사노동	• 지하경제(사채, 투기, 밀수, 마약 등) • 이전거래(상속, 증여, 기존주택 거래, 실업수당 등) • 자본이득(주식 및 부동산 가격변동 등)

(2) 국내총생산(GDP)의 한계점

① 측정에 있어서 일관성이 결여되어 있다.
   예 가사도우미의 가사노동은 GDP에 포함하지만 가정주부의 가사노동은 GDP에 불포함
② 여가로 인한 만족을 반영하지 못한다.
③ 자연파괴, 공해 등과 같이 삶의 질과 관련된 측면을 반영하지 못한다.
④ 지하경제(마약, 밀수 등)를 반영하지 못한다.

④ 국민소득의 삼면등가의 법칙

(1) 국민소득의 삼면등가의 법칙이란 한 나라의 국민소득은 생산, 지출, 분배의 어떤 측면에서 측정하든 언제나 서로 같은 값을 같게 된다는 것이다.

생산GDP(국내총생산) = 분배GDP(국내총소득) = 지출GDP(국내총지출)

대표유형문제

국내총생산(GDP)에 대한 다음 설명 중 옳지 않은 것은?
① GDP에는 의복, 자동차 등 가시적인 재화 생산은 물론 보이지 않는 이발과 같은 서비스도 포함된다.
② GDP에는 합법이든 불법이든 한 경제에서 생산되어 시장에서 팔린 모든 품목을 포함하는 포괄적인 지표이다.
③ GDP에는 그 해에 생산된 재화와 서비스만 포함하며, 과거에 생산된 물건의 거래는 포함되지 않는다.
④ 생산된 중간재가 그 해에 사용되지 않고 장래의 판매나 생산을 위해 보관되는 경우에는 최종재로 간주되어 GDP에 포함된다.
⑤ GDP는 한 국가의 영토 내에서 일어난 생산활동의 가치를 측정하기 때문에 현대차가 해외공장에서 생산한 재화의 가치는 우리나라의 GDP에 포함되지 않는다.

해설
국내총생산(GDP)은 일정기간 한 나라 국경 안에서 생산된 모든 최종 재화와 서비스의 시장가치의 합으로 계산되기 때문에 지하경제에서 불법적으로 거래되는 마약 밀매, 성매매, 도박 등은 GDP의 계산에서 제외된다.

정답 ②

대표유형문제

다음은 국내총생산(GDP)의 지출 구성 항목을 나타낸 식이다. 이에 대한 옳은 설명을 〈보기〉에서 모두 고르면?

국내총생산(GDP) = 가계소비 + 기업투자 + 정부지출 + A

가. A는 수입이다.
나. A의 크기가 0이라는 것은 폐쇄경제를 의미한다.
다. 수입 소비재를 구입한 내용도 소비에 포함된다.
라. 재고는 투자에 포함되어 국내총생산의 일부가 된다.

① 가, 나
② 가, 다
③ 나, 다
④ 나, 라
⑤ 다, 라

해설

가. A는 순수출을 의미한다. 순수출(NX) = 수출(X) − 수입(M)
나. 순수출 값이 0이라는 것은 수출과 수입이 같다는 의미이다. 즉, 폐쇄경제이면 A값이 0이지만, A값이 0이라고 폐쇄경제를 의미하는 것은 아니다.

정답 ⑤

(2) 국민소득의 3가지 측면

생산GDP (국내총생산)	• 최종생산물의 시장가치의 합으로 계산한다.
	• 각 생산단계에서의 부가가치와 고정자본소모의 합으로 계산한다.
	  − 부가가치란 각 생산단계에서 새로이 창출된 가치를 의미한다.
	  − 고정자본소모란 생산활동에 사용되는 자본재가 마모되어 가치가 감소한 부분으로 감가상각과 유사한 개념이다.
	• 생산GDP = 최종생산물의 시장가치의 합
	        = 부가가치 + 고정자본소모

분배GDP (국내총소득)	• 생산이 이루어지면 생산과정에 참여한 요소에 대한 소득으로 분배되므로 생산요소소득의 합으로 계산한다. • 생산액 중 요소소득으로 분배될 수 없는 고정자본소모분과 순간접세를 요소소득에 합하여 계산한다. • 분배GDP = 생산요소소득(임금+지대+이자+이윤) + 순간접세 + 고정자본소모
지출GDP (국내총지출)	• 정부와 해외부문이 존재하는 경제의 총지출은 민간소비지출(C), 국내총투자(I), 정부소비지출(G), 순수출(NX = X − M)을 합하여 계산한다. 단 수출 = X, 수입 = M • 지출GDP = 소비(C) + 기업의 투자(I) + 정부지출(G) + 순수출(NX)

(3) 국민소득의 결정식

$$생산량(Y) = 소비(C) + 투자(I) + 정부지출(G) + 순수출(NX)$$

5 국내총생산(GDP)의 계산

(1) 국내총생산(GDP)의 계산방법

$$국내총생산(GDP) = 가계소비(C) + 기업투자(I) + 정부지출(G) + 순수출(NX)$$

(2) 국내총생산(GDP)의 구성요소에 대한 설명

국내총생산 (GDP)	C (가계소비)	• 소비는 GDP에서 가장 큰 비중을 차지하는 지출 요소이다. • 소비의 범주는 내구재, 비내구재, 서비스 세 가지로 구분된다. • 식품과 같은 기본 필수품이 확보되면서 의료서비스, 교육 등의 서비스 상품의 중요성이 점점 증가한다. • 소득이 높아질수록 총지출에서 식품비가 차지하는 비중은 낮아진다. • 사치재의 소비는 소득보다 더 빠른 속도로 증가한다. • 소득이 높아질수록 저축이 가파르게 증가한다.

국내총생산 (GDP)	I (기업투자)	• 투자란 미래에 산출량을 증가시킬 목적으로 오늘의 소비를 포기하는 경제활동을 말한다. • 투자란 신규 자본재(부를 생산하기 위한 토지 이외의 재화)에 대한 지출로 고정투자와 재고투자로 구분된다. - 신규 주택 구입은 고정투자에 포함
	G (정부지출)	• 정부지출은 그 해에 생산된 재화와 서비스를 구입하는 데 소비한 정부의 지출액을 의미한다. • 소비형 지출(공무원 급여 등)과 투자형 지출(도로, 항만 건설을 위한 공공지출 등)로 구분된다. • 이전지출(사회보장기금, 실업보험지급, 보험연금지급 등)은 GDP 집계에서 제외된다.
	NX (순수출)	순수출(NX)이란 재화와 서비스의 수출(X)에서 수입(M)을 차감한 금액을 의미한다.

제3절 저축과 투자

1 저축과 투자의 개념

(1) 저축의 개념

① 저축(S)이란 소득 중 현재 소비되지 않는 부분을 말하며, 총저축은 민간저축과 정부저축의 합으로 구한다.

$$경제\ 전체의\ 총저축(S_N) = 민간저축(S_P) + 정부저축(S_G)$$

② 민간저축은 민간의 가처분소득($Y_d = Y - T$) 중 현재 소비되지 않는 부분을 말하며, 정부저축은 정부의 소득인 조세수입(T) 중 현재 지출되지 않은 부분을 말한다.

$$경제\ 전체의\ 총저축(S_N) = (Y - T - C) + (T - G)$$

③ 저축이 많아지면 기업의 투자자금이 증가하게 되어 경제성장의 원동력이 될 수 있다.

④ 저축의 역설(=절약의 역설)이란 저축의 증가가 투자의 증가로 이어지지 못하고 오히려 총수요만 감소시켜 생산활동을 위축시키게 되어 국민소득을 감소시키는 경우를 말한다.

대표유형문제

2023년 공장도가격이 2,000만 원인 자동차가 생산되어 2024년에 대리점을 통해 소비자에게 2,500만 원에 판매되었다면 2023년과 2024년에 GDP로 집계되는 금액은 각각 얼마인가?

	2023년	2024년
①	0원	500만 원
②	500만 원	0원
③	500만 원	2,500만 원
④	2,000만 원	500만 원
⑤	2,000만 원	2,500만 원

해설

국내총생산(GDP) = 가계소비(C) + 기업투자(I) + 정부지출(G) + 순수출(NX)의 식을 이용하여 GDP를 계산한다. 우선 2023년도에 2,000만 원 자동차를 생산하여 판매되지 않았다면 기업의 재고투자가 2,000만 원 증가하여 국내총생산(GDP)이 2,000만 원으로 집계된다. 또한 이 자동차가 2024년에 판매된다면 기업의 재고투자가 2,000만 원 감소하고 가계의 소비지출이 2,500만 원 증가하여 총 500만 원이 GDP에 집계된다. 이는 부가가치 500만 원이 생산GDP에 집계된 것과 같은 금액이다.

정답 ④

대표유형문제

국민계정상 금년 중 재고에 대한 설명으로 옳지 않은 것은?
① 재고 상품을 팔면 GDP가 증가한다.
② 재고가 늘어나면 투자가 늘어난다.
③ 재고 상품을 팔면 투자가 감소한다.
④ 재고 상품을 팔면 소비가 증가한다.
⑤ 보통 경기가 좋지 않으면 재고가 늘어난다.

해설

국민계정상 재고는 투자(재고투자)에 해당하며, 그 해 생산되어 재고로 남은 재화는 그 해의 GDP로 계산된다. 재고상품이 팔릴 경우 이를 GDP에 포함하여 계산하면 중복계산되므로 재고상품을 팔아도 GDP는 변함이 없다.

정답 ①

(2) 투자의 개념

① 투자(I)란 기업이 한 해 동안 새로이 생산된 최종재 중에서 자본재를 구입하는 데 사용된 금액을 말하며, 주로 기업에 의해 이루어진다.
② 주식이나 채권 등을 구매하는 금융거래나 금융투자는 이미 존재하고 있던 자산의 소유권만 이전되는 행위이므로 총수요의 구성요소인 투자로 볼 수 없다.
③ 투자의 분류

고정투자	기업의 고정투자	기업이 생산에 사용하기 위해 생산설비와 건물을 구입하는 것
	주택투자	정부 또는 가계가 거주 또는 임대를 목적으로 신축된 주택을 구입하는 것. 단, 기존 주택의 매입은 주택투자에 포함되지 않는다.
재고투자		기업이 생산한 것 중에서 판매되지 않은 재고를 말한다.

② 저축과 투자의 항등관계

(1) 국민소득의 지출측면에서 보면 정부와 해외부문이 존재하는 경제의 총지출은 민간소비지출(C), 국내총투자(I), 정부소비지출(G), 순수출(NX)을 합하여 구한다.

지출GDP = 민간소비지출(C) + 기업의 투자(I) + 정부지출(G) + 순수출(NX)

(2) 총저축은 국내에서 생산한 것 중 민간에 의해 소비된 부분과 정부에 의해 소비된 부분을 차감한 식으로 변형될 수 있다.

$$경제\ 전체의\ 총저축(S_N) = 민간저축(S_P) + 정부저축(S_G)$$
$$= (Y-T-C) + (T-G)$$
$$= Y-C-G$$

(3) 경제 전체의 총저축은 투자되거나 순수출에 사용되는데, 폐쇄경제의 경우에는 순수출(NX) 값이 존재하지 않으므로 항상 국내총저축과 국내총투자가 일치하게 된다.

$$Y = C + I + G + (X - M)$$
$$Y - C - G = I + (X - M)$$
$$S_N = I + (X - M)$$

(4) 저축은 투자를 통해 국내의 물리적인 자본의 증대를 가져오거나, 경상수지 흑자분만큼 외국에 대여하거나 해외자산 구입에 사용되어 국부의 증대를 가져온다.

제4절 국민총생산(GNP)과 국민총소득(GNI)

1 국민총생산(GNP)

(1) 국민총생산(GNP)의 개념

① 국민총생산이란 일정기간 동안 한 나라의 국민이 소유하는 노동과 자본으로 생산된 모든 최종생산물의 시장가치를 의미한다.

② 즉, 국내총생산(GDP)은 그 나라의 경제적 영토 안에 있는 생산요소로 생산된 총산출액인 반면 국민총생산(GNP)은 그 나라의 거주자가 소유하는 국내외의 모든 생산요소로 생산된 총산출액을 의미한다.

(2) 국민총생산(GNP)의 측정 방법

① 국민총생산(GNP)은 국내총생산(GDP)에 대외순수취요소소득을 합하여 구할 수 있다.

② 또한 대외순수취요소소득이란 대외수취요소소득에서 대외지급요소소득을 차감하여 구한다.

GNP = GDP + 대외순수취요소소득
　　 = GDP + (대외수취요소소득 − 대외지급요소소득)

대외수취요소소득	우리나라 기업이나 근로자가 외국에서 일한 대가를 말한다.
대외지급요소소득	외국의 기업이나 근로자가 우리나라에서 일한 대가를 말한다.

대표유형문제

어떤 나라의 국민소득 관련 상황은 아래와 같다. 국민소득 관련 방정식 Y = C + I + G + NX, Y = C + S + T(C : 소비, I : 투자, G : 정부지출, NX : 순수출, S : 민간저축, T : 세금)를 이용해서 민간부문저축과 정부저축의 합인 국민저축을 구하면?(단, 정부저축은 세입과 세출의 차이다)

- 소비지출 6,000억 원, 투자지출 3,000억 원
- 정부지출 1,000억 원, 조세수입 800억 원
- 수출 5,000억 원, 수입 4,000억 원

① 3,000억 원
② 3,200억 원
③ 3,800억 원
④ 4,000억 원
⑤ 4,800억 원

해설
저축과 투자의 항등관계를 이용하여 다음과 같이 계산한다.
$Y = C + I + G + (X - M)$
$Y - C - G = I + (X - M)$
$S_N = I + (X - M) = 3,000 + (5,000 - 4,000) = 4,000$억 원

정답 ④

대표유형문제

한국의 반도체 회사가 베트남에 공장을 세우고 두 나라의 노동자를 모두 고용하였다. 다음 설명 중 옳은 것은?

① 한국의 GDP 증가,
　베트남의 GDP 증가
② 한국의 GNP 증가,
　베트남의 GNP 증가
③ 한국의 GDP 감소,
　베트남의 GDP 증가
④ 한국의 GNP 감소,
　베트남의 GDP 증가
⑤ 한국의 GNP 감소,
　베트남의 GNP 증가

해설

GDP는 일정기간 동안 한 국가 내에서 생산된 최종 재화와 서비스의 시장가치를 의미하므로 GDP를 기준으로 하면 베트남의 GDP는 증가한다. 반면, GNP는 일정기간 동안 한 국가의 국민이 생산한 최종 재화와 서비스의 시장가치를 의미하므로 GNP를 기준으로 하면 두 나라의 노동자가 모두 참여하였으므로 두 나라의 GNP가 모두 증가한다.

정답 ②

(3) 국민총생산(GNP)과 국내총생산(GDP)의 비교

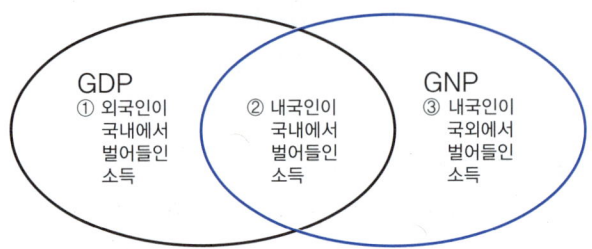

2 국민총소득(GNI)

(1) 국민총소득(GNI)의 개념

① 국민총소득이란 한 나라 국민이 소유하고 있는 생산요소를 국내외에 제공한 대가로 벌어들인 소득을 의미한다.
② 즉, 국민들이 생산활동을 통해 획득한 소득의 실질적인 구매력을 나타내는 지표이다.
③ 일반적으로 명목 국민총소득을 인구수로 나눈 1인당 국민총소득은 국민들의 생활수준을 측정하기 위한 소득지표이다.
④ 국제기구는 국내총생산(GDP)과 국민총소득(GNI)을 국민소득 통계로 사용한다.

(2) 국민총소득(GNI)의 측정 방법

① 국민총소득(GNI)은 국내총생산(GDP)에 교역조건변화에 따른 실질무역손익과 대외순수취요소소득을 합하여 구할 수 있다.
② 또한 대외순수취요소소득이란 대외수취요소소득에서 대외지급요소소득을 차감하여 구한다.

GNI = GDP + 교역조건변화에 따른 실질무역손익 + 대외순수취요소소득
　　 = GDP + 교역조건변화에 따른 실질무역손익 + (대외수취요소소득 − 대외지급요소소득)

대외수취요소소득	우리나라 기업이나 근로자가 외국에서 일한 대가
대외지급요소소득	외국의 기업이나 근로자가 우리나라에서 일한 대가

③ 교역조건이란 1단위 상품 수출로 획득한 외화로 수입할 수 있는 상품의 수량을 의미한다.
④ 교역조건이 개선된다면 1단위 상품을 수출할 경우 수입할 수 있는 재화와 서비스의 양이 증가하여 국민들의 입장에서는 실질소득이 증가하게 된다. 반대로 교역조건이 악화된다면 1단위 상품을 수출할 경우 수입할 수 있는 재화와 서비스의 양이 감소하여 실질소득이 감소하게 되는데, 이와 같은 소득증감을 교역조건 변화에 따른 실질무역손익이라고 한다.
⑤ 교역조건지수(Term of trade index)란 수출물가지수를 수입물가지수로 나눈 후 100을 곱하여 지수화한 것을 말한다. 교역조건지수가 100보다 크면 그 나라의 교역조건이 유리하여 무역 이익이 증가하고, 반대로 100보다 작으면 교역조건은 불리하여 무역이익이 줄어든다.

$$교역조건 = \frac{수출상품가격}{수입상품가격} \times 100$$

⑥ 폐쇄경제에서는 상품과 노동의 국제거래가 발생하지 않으므로 GDP와 GNI는 같아진다.

대표유형문제

지난해 4분기 한국은행이 발표한 우리나라의 국내총생산(GDP) 증가율은 전기 대비 0.2%였던 반면 국민총소득(GNI) 증가율은 전기 대비 0.7%였다. 그 이유에 대한 추측으로 적절한 것은?

> 가. 해외순수취요소소득이 증가하였다.
> 나. 교역조건의 개선으로 실질무역손실이 감소하였다.
> 다. 수출 제품의 가격이 수입 제품의 가격보다 더 많이 하락하였다.
> 라. 경상수지 적자가 더 커졌을 가능성이 높다.
> 마. 환율이 급격하게 상승하여 국민들의 대외구매력이 감소하였다.

① 가, 나
② 가, 다
③ 나, 다, 마
④ 다, 라, 마
⑤ 가, 나, 다, 라

해설

국민총소득은 「국민총소득(GNI) = 국내총생산(GDP) + 국외순수취요소소득 + 교역조건의 변화로 인한 무역손익」으로 계산된다. 따라서 국민총소득(GNI)이 국내총생산(GDP)보다 상대적으로 전기 대비 증가율이 크다면 해외순수취요소소득이 증가하였고, 교역조건의 개선으로 실질무역손실이 감소하였다고 추측할 수 있다.

정답 ①

제3편 거시경제

제11장 출제예상문제

01 GDP는 특정 기간 동안 국가 내에서 생산된 최종재의 총합을 의미한다. 다음 중 GDP 측정 시 포함되지 않는 것은 모두 고르면?

> 가. 예금 지급에 따른 이자
> 나. 법률자문 서비스를 받으면서 지불한 금액
> 다. 분식점에 판매된 고추장
> 라. 콘서트 티켓을 구입하기 위해 지불한 금액
> 마. 도로 신설에 따라 주변 토지의 가격이 상승하여 나타나는 자본이득

① 가, 다
② 나, 라
③ 나, 마
④ 다, 라
⑤ 다, 마

해설 국내총생산(GDP)에 포함되는 것은 최종재의 가치이다. 최종재란 생산된 후 소비자에게 최종 소비되는 재화를 의미하므로 최종재 생산에 투입되는 중간재의 가치는 포함되지 않는다. 분식점에 판매된 고추장은 최종재인 떡볶이를 만드는 재료로 쓰이는 중간재이므로 GDP 측정 시 포함되지 않는다. 또한 토지가격 상승에 따른 자본이득은 아무런 생산과정이 없기 때문에 토지가 매매되기 전까지는 GDP에 포함되지 않는다.

1 ⑤ **정답**

02 다음 명목금리와 실질금리에 대한 견해 중 옳은 것을 모두 고른 것은?

> 가. 실물투자에 영향을 미치는 것은 실질금리보다 명목금리이다.
> 나. 실질금리와 명목금리는 상호의존적인 관계를 가진다.
> 다. 명목금리는 실질금리에서 예상물가상승률과 실질경제성장률을 차감한 값이다.
> 라. 총수요 증가로 인한 물가상승이 발생한다면 명목금리가 고정적이라고 가정할 때 실질금리가 일시적으로 하락할 수 있다.
> 마. 소비, 투자 등 경제 내 총수요가 감소하면 물가와 명목금리는 하락하나 실질금리는 상승한다.

① 가, 나
② 가, 다
③ 나, 라
④ 다, 마
⑤ 라, 마

해설 피셔방정식에 따르면 명목금리(명목이자율)는 실질금리(실질이자율)와 물가상승률의 합으로 표현된다. 따라서 물가상승률을 매개로 명목금리와 실질금리는 상호 의존적인 관계를 가지며, 명목금리가 고정적이라고 가정할 때 물가가 상승하면 실질금리는 일시적으로 하락할 수 있다.
가. 실물투자에 영향을 미치는 것은 명목금리보다 실질금리이다.
다. 실질금리 = 명목금리 − 예상물가상승률
마. 총수요가 감소하여 물가와 명목금리가 하락하면 실질금리도 하락한다.

03 다음 국내총생산(GDP) 통계에 대한 설명 중 옳은 것을 모두 고른 것은?

> 가. 여가가 주는 만족은 삶의 질에 매우 중요한 영향을 미치므로 GDP에 반영된다.
> 나. 환경오염으로 파괴된 자연을 치유하기 위해 소요된 지출은 GDP에 포함된다.
> 다. 우리나라의 지하경제 규모는 엄청나므로 한국은행은 이것을 포함하여 GDP를 측정한다.
> 라. 가정주부의 가사노동은 GDP에 불포함되지만 가사도우미의 가사노동은 GDP에 포함된다.

① 가, 다
② 가, 라
③ 나, 다
④ 나, 라
⑤ 다, 라

해설 가. 여가, 자원봉사 등의 활동은 생산활동이 아니므로 GDP에 포함되지 않는다.
다. GDP는 마약밀수 등의 지하경제를 반영하지 못하는 한계점이 있다.

최신출제유형 23

04 다음 중 우리나라의 2020년 GDP로 측정될 수 있는 경제행위가 아닌 것은?

① 우리나라 국민인 A는 우리나라에서 2020년도에 생산된 승용차를 구입하였다.
② 우리나라 국민인 B는 2005년에 지어진 아파트를 2020년에 구입하는 데 부동산 중개료로 200만 원을 지출하였다.
③ 외국 국적을 가진 C는 2020년 한국에서 영어강사로 일하고 급여로 3,000만 원을 벌었다.
④ 우리나라 정부는 2020년 실업급여로 1,000억 원을 지출하였다.
⑤ 우리나라 자동차 제조기업에서 2020년 자동차 재고가 증가하였을 경우 이는 GDP 계산에 포함된다.

해설 정부가 지급하는 실업수당, 상속 및 증여, 기존주택 거래 등의 이전거래는 GDP에 포함되지 않는다.

최신출제유형 23

05 다음 사례에서 GDP로 계산되는 금액은 얼마인가?

> 현대자동차는 넥센타이어에서 타이어 40개를 600만 원에 구입하였고, 만도에서 에어컨 10대를 400만 원에 구입하여 자동차 10대를 생산하였다. 이렇게 생산한 자동차 10대 중 6대는 1억 8천만 원에 판매하고 나머지 4대 1억 2천만 원어치는 재고로 갖고 있다. 또한 현대자동차는 판매대금 1억 8천만 원 중 6,000만 원은 임금으로 지급하였다.

① 1억 2천만 원
② 1억 8천만 원
③ 2억 4천만 원
④ 2억 8천만 원
⑤ 3억 원

해설 사례에서 타이어와 에어컨은 자동차를 생산하기 위한 중간재로, GDP 계산에 포함되지 않으므로 GDP는 자동차 10대의 판매가격인 3억 원이 계산된다. 여기에서 당해 생산된 자동차는 당해 판매되어야 당해의 GDP로 계산되며, 당해 재고는 당해 생산된 제품에 한해 당해 GDP에 계산된다.

정답 4 ④ 5 ⑤

06 다음 보기 중 국내총생산(GDP)에 대한 설명으로 옳은 것을 모두 고르면?

> 가. 당해 재고로 남은 재고상품을 팔면 그 해의 GDP는 증가한다.
> 나. 외국인이 소유한 국내에 위치한 빌딩에서 발생하는 임대소득은 국내의 GDP계산에 포함된다.
> 다. GDP를 구하기 위해 최종생산물의 가치를 모두 합한 값은 생산단계별로 발생한 부가가치를 모두 합한 값과 일치한다.
> 라. 잠재GDP에서 실질GDP를 공제하면 명목GDP가 도출된다.

① 가, 다
② 가, 라
③ 나, 다
④ 나, 라
⑤ 다, 라

해설 가. 당해 재고로 남은 재화는 그 해의 GDP로 계산되기 때문에 재고상품이 팔린 경우 이를 GDP에 포함시키면 중복계산이므로 GDP에 포함시키지 않는다.
라. 실질GDP에서 잠재GDP를 공제한 것을 GDP갭이라고 한다.

07 다음 괄호에 들어갈 단어로 알맞은 것은?

> The ( ) is a measure of a country's overall economic output. It is the market value of all final goods and services made within the borders of a country in a year. It is often positively correlated with the standard of living, though its use as a stand-in for measuring the standard of living has come under increasing criticism and many countries are actively exploring alternative measures to ( ) for that purpose.

① GDP
② public good
③ externality
④ rent seeking
⑤ random walk

해설 국내총생산(GDP)이란 주어진 기간 내에 한 나라 안에서 생산된 모든 최종 재화와 서비스의 시장가치를 나타내며, 한 국가의 경제적 후생수준을 가장 잘 보여주는 지표이다.

08 다음 표는 사과와 오렌지만을 생산하는 경제의 연도별 생산 현황이다. 2013년을 기준 연도로 할 때, 2015년의 GDP 디플레이터(A)와 물가상승률(B)은 얼마인가?(단, 물가상승률은 GDP 디플레이터를 이용하여 구한다)

연 도	사 과		오렌지	
	가격(원)	생산량(개)	가격(원)	생산량(개)
2013	50	100	90	40
2014	60	120	100	60
2015	70	140	110	80

① A : 76, B : 40.90%
② A : 116, B : 24.56%
③ A : 116, B : 12.93%
④ A : 131, B : 24.56%
⑤ A : 131, B : 12.93%

해설 2014년과 2015년의 명목GDP와 실질GDP를 계산해 보면 각각 다음과 같다.
명목GDP_{2014} = 60 × 120 + 100 × 60 = 7,200 + 6,000 = 13,200
실질GDP_{2014} = 50 × 120 + 90 × 60 = 6,000 + 5,400 = 11,400
명목GDP_{2015} = 70 × 140 + 110 × 80 = 9,800 + 8,800 = 18,600
실질GDP_{2015} = 50 × 140 + 90 × 80 = 7,000 + 7,200 = 14,200
이제 2014년과 2015년의 GDP 디플레이터를 계산해 보면 각각 다음과 같다.

GDP_{2014}디플레이터 = $\frac{명목GDP_{2014}}{실질GDP_{2014}}$ × 100 = $\frac{13,200}{11,400}$ × 100 = 115.79 ≈ 116

GDP_{2015}디플레이터 = $\frac{명목GDP_{2015}}{실질GDP_{2015}}$ × 100 = $\frac{18,600}{14,200}$ × 100 = 130.99 ≈ 131

그러므로 2015년 물가상승률은 12.93%(= $\frac{131-116}{116}$ × 100)이다.

09 국내총생산(GDP)에 대한 설명으로 옳지 않은 것은?

① GDP는 한 국가 내에서 모든 경제주체가 일정기간 동안에 창출한 부가가치의 합이다.
② GDP는 한 국가 내에서 일정기간 동안에 생산된 모든 생산물의 시장가치이다.
③ 기준연도 이후 물가가 상승하는 기간에는 명목GDP가 실질GDP보다 크다.
④ 기준연도의 실질GDP와 명목GDP는 항상 같다.
⑤ 아파트의 매매차익, 복권당첨금은 재화와 서비스의 생산과 관계없으므로 GDP에 포함되지 않는다.

해설 GDP는 한 국가 내에서 일정기간 동안에 생산된 '모든 생산물'이 아닌 '모든 최종생산물'의 시장가치이다.

10 실제GDP가 잠재GDP 수준보다 낮은 상태의 경제에 대한 설명 중 옳은 것을 모두 고르면?

> 가. 디플레이션갭(불황갭)이 존재한다.
> 나. 실업률이 자연실업률보다 높다.
> 다. 노동시장에서 임금의 하락 압력이 발생한다.
> 라. 인플레이션 압력이 발생한다.
> 마. 단기총공급곡선이 점차 오른쪽으로 이동하게 된다.

① 가, 나, 다　　　　　　　② 가, 다, 마
③ 나, 라, 마　　　　　　　④ 가, 나, 다, 마
⑤ 나, 다, 라, 마

해설　실제GDP는 한 나라의 국경안에서 실제로 생산된 모든 최종 생산물의 시장가치를 의미하며, 잠재GDP는 한 나라에 존재하는 노동과 자본 등 모든 생산요소를 정상적으로 사용할 경우 달성할 수 있는 최대 GDP를 의미한다. 즉, 잠재GDP는 자연산출량 완전고용산출량 상태에서의 GDP를 의미한다. 따라서 실제GDP가 잠재GDP 수준에 미달한다면 디플레이션 갭이 존재하는 상태이므로 실제실업률이 자연실업률보다 높다. 실제실업률이 자연실업률보다 높으면 노동시장에서 임금하락 압력이 존재하고, 임금이 하락하면 점차 단기총공급곡선이 오른쪽으로 이동하므로 물가가 하락하고 국민소득은 증가한다.

11 다음 중 경제학에서 의미하는 투자로 볼 수 있는 것을 모두 고르면?

> 가. 새로 건설된 아파트를 구입하는 것
> 나. 주식시장에서 A주식을 매입하는 것
> 다. 회사에서 단체로 새 컴퓨터를 구입하는 것
> 라. 재고의 증가
> 마. 새 공장을 건설하는 것

① 가, 다　　　　　　　　　② 가, 다, 마
③ 다, 라, 마　　　　　　　④ 가, 다, 라, 마
⑤ 가, 나, 다, 라, 마

해설　나. 경제학에서 의미하는 투자란 직접적인 생산활동에 참여한 실물투자를 의미한다. 그러므로 주식이나 채권 등을 구매하는 금융거래나 금융투자는 이미 존재하고 있던 자산의 소유권만 이전되는 행위이므로 투자라고 볼 수 없다.

정답　10 ④　11 ④

12 저축과 투자에 관한 다음 설명 중 옳지 않은 것은?

① 정부가 세금을 많이 걷으면 민간저축이 감소한다.
② 정부지출의 증가는 대부자금시장에서의 이자율 상승을 가져온다.
③ 경제의 총저축이 증가하면 국부가 감소한다.
④ 민간의 투자증가는 대부자금시장에서 대부자금의 수요로 나타난다.
⑤ 저축의 증가가 투자의 증가로 이어지지 못해서 국민소득을 감소시키는 경우를 '절약의 역설'이라고 한다.

> **해설** 민간저축(S_P)은 $(Y-T-C)$이므로 정부가 세금을 많이 걷을수록 민간저축은 감소한다. 정부지출이 증가할 경우 총저축(S_N) = $(Y-C-G)$이 감소한다. 총저축이 감소하면 대부자금의 공급이 감소하므로 이자율은 상승한다. 경제 전체의 총저축은 투자를 통해 물리적인 자본의 증대를 가져오거나 순해외자산의 구입에 사용되므로 경제 전체의 총저축이 증가하면 국부가 증가한다.

13 대부자금의 공급이 실질이자율의 증가함수이고 대부자금의 수요는 실질이자율의 감소함수인 대부자금시장 모형에서 정부가 조세삭감을 시행했을 때 소비자들이 조세삭감만큼 저축을 늘리는 경우 다음 중 옳은 것은?(단, 정부지출은 일정 수준으로 주어져 있다고 가정한다)

① 자금수요가 증가하고 균형이자율은 상승한다.
② 자금수요가 감소하고 균형이자율은 하락한다.
③ 자금공급이 증가하고 균형이자율은 하락한다.
④ 자금공급이 감소하고 균형이자율은 상승한다.
⑤ 균형이자율은 변하지 않는다.

> **해설** 총저축은 민간저축과 정부저축의 합으로 구성된다. 정부가 조세를 감면하면 정부저축은 감소하게 되는데, 민간저축이 동액만큼 증가하면 대부자금의 공급은 변하지 않는다. 즉, 대부자금 공급곡선이 이동하지 않으므로 균형이자율과 대부자금의 거래량도 변하지 않는다.

14 다음 표를 보고 국내총생산(GDP)과 국민총생산(GNP) 간의 관계를 옳게 표현한 것은?

구 분	자국민이	외국인이
자국에서 생산한 것	A	B
외국에서 생산한 것	C	D

① GNP = GDP + B
② GNP = GDP + C
③ GNP = GDP + D
④ GNP = GDP − B + C
⑤ GNP = GDP + B − C

해설 국내총생산(GDP)은 일정기간 동안 '자국 영토 내에서' 생산된 모든 최종 재화와 서비스의 시장가치의 합으로 정의되므로 'GDP = A + B'로 표현된다. 반면 국민총생산(GNP)은 일정기간 동안 '자국민'이 생산한 모든 최종재화와 서비스의 시장가치의 합으로 정의되므로 'GNP = A + C'로 표현된다. 따라서 'GNP = GDP − B + C'로 표현된다.

15 다음 그림은 우리나라의 국내총생산(GDP)과 국민총생산(GNP) 간 관계를 나타낸 것이다. (A)~(C)에 해당하는 사례를 옳게 짝지은 것을 보기에서 모두 고른 것은?

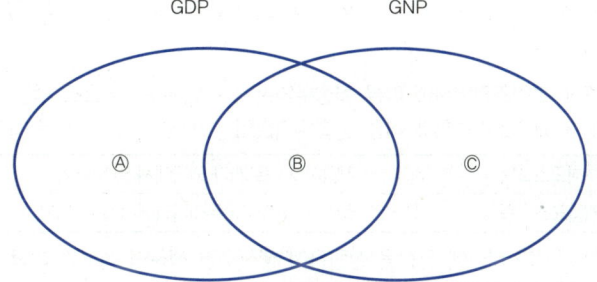

가. Ⓐ 우리나라 지점으로 발령받고 근무하는 프랑스 직원의 연봉
나. Ⓐ 우리나라 기업이 독일에서 생산된 자동차를 수입하고 지불한 대금
다. Ⓑ 우리나라 기업이 우리나라에서 생산한 자동차를 중국에 수출하고 받은 대금
라. Ⓒ 미국 국적의 유학생이 우리나라에서 아르바이트를 하고 받은 급여
마. Ⓒ 우리나라 국적의 유학생이 일본에서 아르바이트를 하고 받은 급여

① 가, 마 ② 나, 라
③ 가, 다, 라 ④ 가, 다, 마
⑤ 가, 나, 다, 마

해설 국내총생산(GDP)은 일정기간 동안 '자국 영토 내에서' 생산된 모든 최종 재화와 서비스의 시장가치의 합으로 정의된다. 반면 국민총생산(GNP)은 일정기간 동안 '자국민'이 생산한 모든 최종재화와 서비스의 시장가치의 합이다. Ⓐ 부분은 자국 영토 내에서 생산된 모든 시장가치의 합에서 자국민이 자국 영토 내에서 생산한 모든 시장가치의 합을 차감한 것을 의미한다. 즉, 외국인이 우리나라에서 노동하고 벌어들인 임금 등이 포함된다. Ⓑ 부분은 자국 영토 내에서 자국민이 생산한 모든 시장가치의 합을 의미한다. Ⓒ 부분은 자국민이 생산한 모든 시장가치의 합에서 자국 영토 내에서 생산한 모든 시장가치의 합을 차감한 것을 의미한다.

정답 15 ④

16 한국 법인이 100% 지분을 보유하고 있는 자동차 회사 A가 미국에 생산 공장을 설립하여 직원을 대부분 현지인으로 고용하였다. 이 경우 한국과 미국 경제에 미치는 영향에 대한 설명으로 옳은 것을 모두 고르면?

> 가. 미국의 GDP 증가분은 GNI 증가분보다 크다.
> 나. 미국의 GDP와 GNI 모두 증가한다.
> 다. 한국의 해외직접투자가 증가하면서 GNI가 더 중요해진다.
> 라. 한국의 GDP 감소분은 GNI 감소분보다 크다.

① 가, 나
② 나, 다
③ 다, 라
④ 가, 나, 라
⑤ 가, 나, 다, 라

해설 국민총소득(GNI)는 국내총생산(GDP)에 교역조건변화에 따른 실질무역손익과 대외 순수취 요소소득을 합하여 구한다.

GNI = GDP + 교역조건변화에 따른 실질무역손익 + 대외순수취요소소득
    = GDP + 교역조건변화에 따른 실질무역손익 + (대외수취요소소득−대외지급요소소득)

대외수취요소소득	우리나라 기업이나 근로자가 외국에서 일한 대가
대외지급요소소득	외국의 기업이나 근로자가 우리나라에서 일한 대가

한국 법인의 회사가 미국에 공장을 설립하여 생산하면 생산액 전부가 미국의 GDP로 집계되며, 미국 공장생산액 중 한국인에게 지급된 임금은 미국의 GNI에 포함되지 않는다. 그러므로 미국의 GNI는 증가하나 GDP보다는 적게 증가한다. 즉, 미국에서 한국으로 지급한 요소소득만큼 미국의 GNI가 GDP보다 적게 증가하는 것이다. 한국의 입장에서는 GDP는 증가하지 않지만 한국 기업이나 노동자가 미국에서 수취한 요소소득이 한국의 GNI에 포함되므로 한국의 GNI는 증가한다. 그러므로 한국은 국내에 공장을 설립하여 생산할 때보다 GDP가 GNI보다 큰 폭으로 감소한다. 또한 국내경기와 고용은 국내에서 얼마나 생산이 이루어지는지와 밀접하므로 GNI보다 GDP의 중요성이 더 높다.

17 해외에 지불하는 요소소득이 해외에서 수취하는 요소소득보다 큰 경우 GDP와 GNP의 관계는?

① GDP가 GNP보다 크다.
② GDP는 GNP보다 같거나 크다.
③ GDP는 GNP보다 작다.
④ GDP는 GNP보다 같거나 작다.
⑤ GDP와 GNP는 같다.

16 ④ 17 ①

해설 GDP와 GNP의 관계식은 다음과 같다.

GNP = GDP + 대외순수취요소소득
    = GDP + (대외수취요소소득−대외지급요소소득)

대외수취요소소득	우리나라 기업이나 근로자가 외국에서 일한 대가를 말한다.
대외지급요소소득	외국의 기업이나 근로자가 우리나라에서 일한 대가를 말한다.

그러므로 해외에 지불하는 요소소득이 해외에서 수취하는 요소소득보다 크다면 대외순수취요소소득은 음(−)의 값을 나타내므로 GDP > GNP의 관계가 성립한다.

18
A국가의 1/4분기 경제지표는 GNP는 3.0% 감소했는데, GNI는 1.5% 증가하였다. 이러한 경제지표를 통해 유추하기 어려운 것은?

① 국내 총생산이 서비스 부문을 중심으로 증가하였다.
② 환율이 하락하여 국민들의 대외구매력이 증가하였다.
③ 수출 제품의 가격보다 수입 제품의 가격이 더 하락하였다.
④ 국민들의 실질적인 소득 수준은 감소하였다.
⑤ 경상수지의 흑자가 더 커졌을 가능성이 높다.

해설 GNI는 한 나라의 국민이 일정 기간 생산활동에 참여한 대가로 벌어들인 소득의 합계이며, GNP는 한 해 동안 한 국가의 국민이 생산한 재화와 서비스의 화폐가치를 말한다. 따라서 두 지표 간의 관계는 '실질GNI = 실질GNP + 교역조건 변화에 따른 실질 무역손익' 이다. GNP가 감소하였음에도 불구하고 GNI가 GNP의 감소폭보다 적게 감소하였거나, 오히려 증가했다면 교역조건의 개선에 의한 실질무역이익이 발생한 것이다. 따라서 국민들의 실질 소득 감소는 적절하지 않다.

19
다음 중 국내총생산(GDP)과 국민총소득(GNI)에 대한 내용 중 옳지 않은 것은?

① GDP가 증가하더라도 GNI는 감소할 수 있다.
② 2014년에 생산된 자동차가 2016년에 중고차로 거래되면서 지급된 중개료는 2016년 GDP에 포함된다.
③ 자국에서 외국인이 생산한 금액은 GDP에 포함되지 않는다.
④ 전업주부의 경제활동참가는 GDP증가를 가져올 수 있다.
⑤ GNI에는 감가상각이 된 자본재를 대체하는 데 사용되는 자본재의 가치도 포함된다.

해설 자국에서 외국인이 생산된 금액은 GDP에 포함되고 GNP에는 포함되지 않는다.

20 아래 그림은 한국은행이 발표한 기준연도가 2010년이고, 2010년 1분기부터 2015년 2분기까지의 우리나라 분기별 국내총생산(GDP)과 국민총소득(GNI)의 전년 동기 대비 성장률 동향을 나타낸다. 그림에서 나타난 경제현상에 대한 다양한 해석 중 가장 옳은 것은?

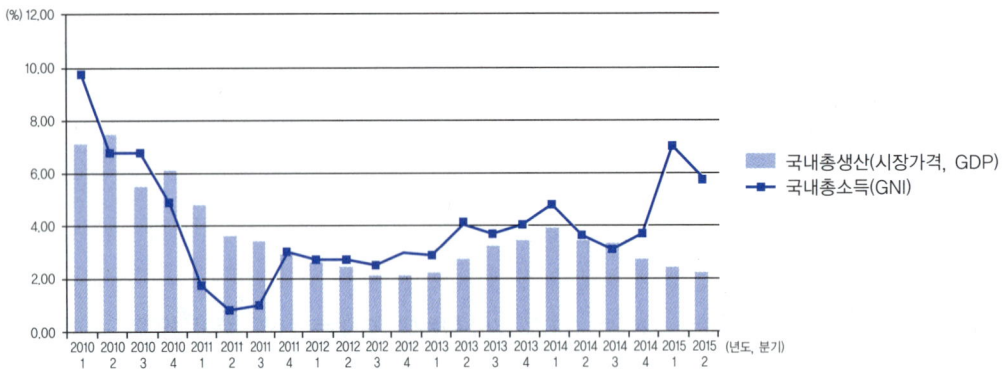

① 2010년 1분기부터 2011년 2분기까지의 소비는 증가할 것이다.
② 교역조건이 개선되는 경우에 위와 같이 GDP성장률에 비해 GNI성장률이 낮을 수 있다.
③ 교역조건이 개선되더라도 한국의 대외지급 요소소득이 대외수취 요소소득에 비해 작다면 GNI성장률이 GDP성장률에 비해 낮을 수 있다.
④ 위 문제를 통해서는 GDP성장률과 GNI성장률이 명목변수인지 실질변수인지 판단할 수 없다.
⑤ 전체기간 동안 우리나라에서의 경제활동은 전년동기 대비 규모가 커졌다.

> **해설** 국민총소득인 GNI(Gross National Income)는 한 나라의 국민이 생산활동에 참여한 대가로 받은 소득의 합계이다. 그러므로 GNI에는 우리 국민이 해외에서 벌어들인 대외수취요소소득이 포함되고 GDP 중에서 외국인에게 지급한 대외지급 요소소득은 제외된다. 또한 실질GNI는 물가 등을 감안한 국민소득의 실질구매력을 나타내는 지표이다. GNI는 실질구매력을 나타내는 소득지표이므로 2010년 1분기부터 2011년 2분기까지의 GNI의 전년 동기 대비 성장률이 감소추세에 있으므로 소비는 감소할 것이다. 또한 교역조건이 개선되면 수출 한 단위로 수입할 수 있는 수입 재화의 양이 늘어나기 때문에 이를 반영한 실질GNI 증가율은 실질GDP의 성장률보다 높게 된다. 한편 대외지급 요소소득이 낮다면 해외로 빠져나가는 돈이 줄어들기 때문에 GNI성장률이 GDP성장률보다 높아진다. 이 문제에서 2010년 가격기준이라고 명시돼 있기 때문에 두 성장률 지표는 불변가격 기준인 실질변수이다.

20 ⑤ 정답

제3편 거시경제

제12장 국민소득결정이론

제1절 고전학파의 장기 국민소득결정이론

1 고전학파 모형의 기본가정

(1) '공급은 스스로 수요를 창출한다.'는 세이의 법칙이 성립하므로 수요부족에 따른 초과공급이 발생하지 않는다.

(2) 가격변수(물가, 이자율, 명목임금 등)가 완전히 신축적이므로 불균형이 발생하면 즉각적인 가격조정이 이루어져 균형으로 복귀한다.

(3) 각 경제주체들은 물가에 대한 완전한 정보를 가지고 있으므로 물가가 상승하면 즉각적으로 명목임금의 인상을 요구한다.

(4) 노동의 수요와 공급은 모두 실질임금에 의하여 결정되며 물가가 상승하면 즉각 명목임금의 인상을 요구한다.

(5) 모든 시장이 완전경쟁시장이므로 개별경제주체들은 모두 가격수용자로 행동한다.

(6) 고전학파는 통화량과 물가가 정비례관계를 가진다는 화폐수량설($MV=PY$)을 주장한다.

대표유형문제

생산량이 5% 증가하고 통화량이 10% 증가하였다고 한다. 물가상승률을 화폐수량설에 근거하여 바르게 계산한 값은?(단, 다른 조건은 일정하다)

① 1%
② 2%
③ 3%
④ 4%
⑤ 5%

해설

화폐수량설 $MV=PY$를 증가율 형태 $\left(\frac{\Delta M}{M} + \frac{\Delta V}{V} = \frac{\Delta P}{P} + \frac{\Delta Y}{Y}\right)$로 변형하고 각 수치를 대입하여 계산한다. 유통속도는 일정하므로 10% + 0% = $\frac{\Delta P}{P}$ + 5%, $\frac{\Delta P}{P}$ = 5%가 된다.

정답 ⑤

> **대표유형문제**
>
> 고전학파는 완전고용을 정상적인 것으로 간주하였다. 그 이유로 옳은 것을 모두 고르면?
>
> > 가. 세이의 법칙에 따라 공급은 그 자체의 수요를 창출한다.
> > 나. 임금과 가격은 비신축적이다.
> > 다. 시장에서 이자율은 저축과 투자를 일치시키는 경향이 있다.
> > 라. 투자의 이자율 탄력성이 매우 작다.
>
> ① 가, 나 ② 가, 다
> ③ 가, 라 ④ 나, 다
> ⑤ 다, 라
>
> **해설**
> 고전학파는 세이의 법칙이 성립하여 공급은 스스로 수요를 창출하고, 임금과 가격 등의 가격변수가 완전신축적이므로 시장은 항상 균형상태를 유지한다고 하였다. 이자율이 신축적으로 변화하므로 저축과 투자는 일치되는 경향이 있으며, 투자의 이자율탄력성은 상대적으로 크다.
>
> **정답** ②

2 총생산함수와 노동시장

(1) 총생산함수

노동 투입량이 증가할수록 총생산함수의 기울기는 완만해지므로 노동의 한계생산성(MP_L)은 점점 감소하는 수확체감의 법칙이 성립한다.

$$Y = F(L, \overline{K})$$

Y : 경제 전체의 총생산량, L : 노동의 총고용량, K : 총자본량(단기고정)

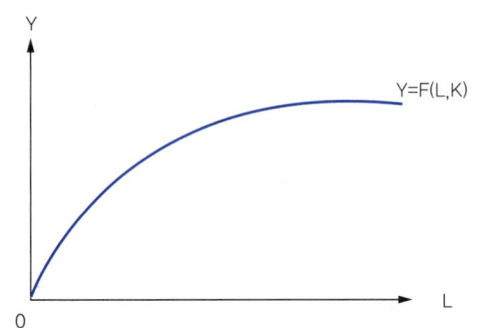

(2) 노동시장

① 노동수요곡선과 노동공급곡선
  ㉠ 노동수요곡선은 한계생산물체감의 법칙으로 우하향하며, 실질임금의 감소함수이다.
  ㉡ 노동공급곡선은 한계비효용체증의 법칙으로 우상향하며, 실질임금의 증가함수이다.

② 노동시장의 균형
  ㉠ 노동수요곡선과 노동공급곡선이 만나는 점에서 균형고용량과 균형실질임금이 결정된다.
  ㉡ 노동시장에서 물가가 상승($P_0 \rightarrow P_1$)하면 초과수요가 발생하고, 즉각적인 균형을 회복하기 위해 명목임금이 상승($W_0 \rightarrow W_1$)하게 된다.
  ㉢ 고전학파모형에서는 균형고용량(L_0)이 균형실질임금 수준에서 일하고자 하는 모든 사람이 정상적으로 고용된 완전고용수준(L_N) 상태가 된다.
  ㉣ 즉, 고전학파모형에서 비자발적 실업은 존재하지 않으며, 실업은 일시적인 현상이다.

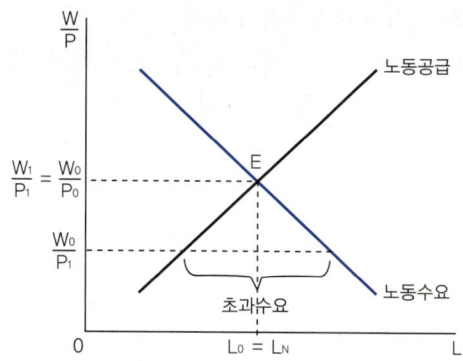

③ 고전학파의 균형국민소득의 결정

(1) 단 기

① 물가가 상승($P_0 \rightarrow P_1$)하면 일시적으로 노동이 초과수요가 발생하나 즉각적으로 명목임금이 상승하므로 고용량과 산출량은 불변한다.

② 따라서 단기적으로는 공급측 요인만으로 균형국민소득이 결정되므로 총공급곡선은 수직선으로 도출된다.

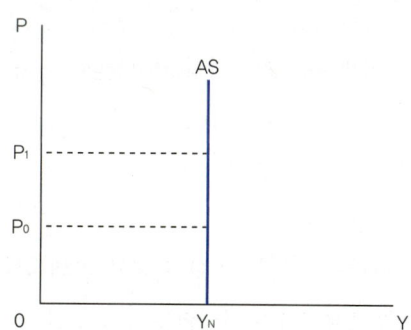

(2) 장 기

① 기술진보가 이루어지거나 자본량이 증가하면 생산함수가 상방으로 이동하므로 산출량이 증가($Y_0 \rightarrow Y_1$)하여 총공급곡선이 우측으로 이동한다.

② 인구가 증가하거나 여가선호가 감소하면 노동공급이 증가하므로 실질임금은 하락하고 고용량은 증가한다. 고용량이 증가하면 산출량도 증가하므로 총공급곡선은 우측으로 이동한다.

대표유형문제

고전학파모형에서 총공급곡선은 잠재 GDP 수준에서 수직선으로 나타난다. 이에 대한 다음 설명 중 옳지 않은 것은?

① 고전학파모형에서 가격변수들은 신축적이다.
② 고전학파모형에서 기업주와 근로자 사이에 정보의 비대칭성은 없다.
③ 물가상승률의 변화는 실업률에 아무런 영향도 미치지 못한다.
④ 총공급곡선상의 모든 점들이 노동시장의 균형을 나타내지는 않는다.
⑤ 장단기에서 모두 공급측 요인(기술진보, 자본량, 고용량 등)만으로 균형국민소득이 결정된다.

해설

고전학파는 노동시장이 항상 완전고용 상태에 놓이며, 실질GDP는 완전고용 산출량 수준에서 결정된다고 한다. 그러므로 수직의 총공급곡선상의 모든 점들은 노동시장의 균형을 나타낸다.

정답 ④

대표유형문제

현재의 균형국민소득이 완전고용국민소득과 같을 때 수출 증가의 효과를 총수요-총공급 모형을 이용하여 분석한 내용으로 옳지 않은 것은?
① 총수요곡선이 우측으로 이동한다.
② 장기 총공급곡선이 우측으로 이동한다.
③ 단기에는 균형국민소득이 완전고용국민소득을 상회한다.
④ 단기에 물가가 오르며 장기에는 물가가 더욱 상승한다.
⑤ 장기적으로 단기 총공급곡선이 좌측으로 서서히 이동한다.

해설

균형국민소득이 완전고용국민소득과 같은 상황에서 수출 증가는 총수요곡선과 단기 총공급곡선에만 영향을 미칠 뿐 장기 총공급곡선에는 영향을 미치지 않는다. 즉, 장기 총공급곡선은 자본량, 기술수준, 인구 등 공급측 요인으로 인해 결정되며 소비, 투자, 정부지출 등의 수요측 요인은 영향을 미치지 못한다.

정답 ②

③ 장기에도 단기와 마찬가지로 자본량, 기술수준, 인구 등 공급측 요인만으로 균형국민소득이 결정된다. 즉, 소비, 투자, 정부지출 등의 수요측 요인은 균형국민소득결정에 영향을 미치지 못한다.

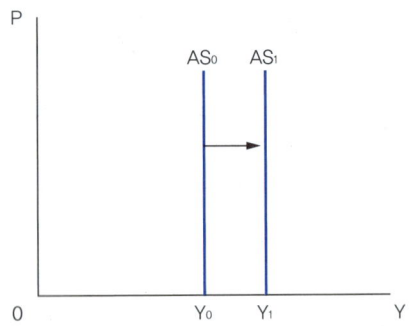

4 세이의 법칙과 대부자금시장

(1) 세이의 법칙(Say's Law)

① 고전학파 모형에서는 세이의 법칙이 성립하므로 의도하지 않은 재고변화가 발생하지 않는다.
② 대부자금을 통해 주입(투자, 정부지출)과 누출(조세, 저축)이 항상 일치하므로 총생산과 총지출도 항상 일치한다.

(2) 대부자금시장

① 대부자금시장의 개념
  ㉠ 대부자금시장이란 대부자와 차입자 간에 이자를 매개로 하여 대출이 가능한 대부자금이 거래되는 시장을 말한다.
  ㉡ 대부자와 차입자간에 대부자금시장에서 자금이 거래되는 것으로 가정한다.
  ㉢ 대부자금시장에서는 대부자금의 수요(투자)와 공급(저축)이 이자율의 신축적인 조정을 통해서 균형을 이루게 된다.
② 대부자금의 공급
  ㉠ 가계의 입장에서는 가처분소득에서 소비하고 남은 나머지 부분인 가계저축을 대부자금시장에 대출할 것이므로 가계저축($S_P = Y - T - C$)은 대부자금의 공급에 해당한다.

ⓒ 또한 정부의 입장에서도 정부의 조세수입 중 정부지출을 하지 않은 부분을 대부자금시장에 대출할 것이므로 정부저축(T-G)도 대부자금의 공급에 해당한다.

ⓒ 일반적으로 가계의 입장에서는 실질이자율이 상승하면 저축을 증가시키려고 할 것이므로 민간저축에 정부저축을 가산한 총저축은 증가하게 될 것이다.

ⓔ 결과적으로 대부자금의 공급곡선은 우상향의 그래프가 된다.

③ 대부자금의 수요

ⓖ 일반적으로 기업의 입장에서는 자본설비를 위한 자금을 조달하려고 하므로 투자는 대부자금의 수요로 나타난다.

ⓒ 일반적으로 기업의 입장에서는 실질이자율이 상승하면 차입비용이 하락하므로 더 많은 자금을 차입하려고 하므로 대부자금의 수요곡선은 우하향의 그래프가 된다.

④ 대부자금시장의 균형

ⓖ 대부자금의 거래량과 이자율은 대부자금시장에서 대부자금의 수요(투자)와 공급(저축)이 일치하는 부분에서 결정된다.

ⓒ 대부자금시장에서 균형을 이루고 있으면 경제 전체의 총저축과 총투자가 일치하게 되므로 생산물시장에서도 동시에 균형을 이루게 된다.

ⓒ 금융시장 측면에서 세이의 법칙을 표현한 대부자금설은 고전학파 모형에서는 이자율이 대부자금의 수요와 공급에 의해 결정되는 것을 의미한다.

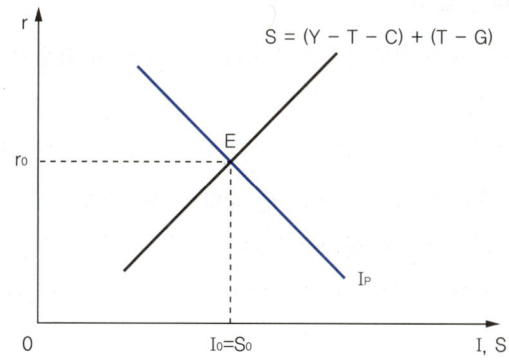

대표유형문제

고전학파의 대부자금설이 성립할 경우 정부가 저축을 촉진하기 위해 이자소득세를 인하하고 동시에 투자를 촉진하는 투자세액공제제도를 도입할 때 예상되는 대부자금 시장의 변화로 옳은 것은?(단, 수요곡선은 우하향, 공급곡선은 우상향)

① 균형이자율 상승, 균형거래량 증가
② 균형이자율 상승, 균형거래량 감소
③ 균형이자율 하락, 균형거래량 증가
④ 균형이자율 하락, 균형거래량 증감 불분명
⑤ 균형이자율 등락 불분명, 균형거래량 증가

해설

이자소득세를 인하하면 세후실질이자율의 상승으로 저축이 증가하고, 투자세액공제가 시행되면 투자 수익률이 상승하므로 투자가 증가한다. 저축이 증가하면 대부자금의 공급이 증가하고, 투자가 증가하면 대부자금의 수요가 증가한다. 대부자금의 수요곡선과 공급곡선이 모두 오른쪽으로 이동하면 대부자금의 거래량은 증가하나 이자율은 대부자금 수요곡선과 공급곡선의 상대적인 이동폭에 따라 상승할 수도 있고 하락할 수도 있다.

정답 ⑤

대표유형문제

만일 미국에서 한국으로의 대규모 이민과 같이 어떤 경제의 전체 노동자 수가 갑자기 증가하는 일이 발생한다면 단기적으로 이 경제의 GDP에 발생할 변화로서 가장 타당한 것은?
① 경제 전체의 실질GDP와 1인당 실질GDP 모두 증가할 것이다.
② 경제 전체의 실질GDP는 증가하고 1인당 실질GDP는 감소할 것이다.
③ 경제 전체의 실질GDP는 감소하고 1인당 실질GDP는 증가할 것이다.
④ 경제 전체의 실질GDP는 증가하고 명목GDP는 감소할 것이다.
⑤ 경제 전체의 명목GDP는 증가하고 실질GDP는 감소할 것이다.

해설
이민자의 유입으로 노동공급이 증가하게 되면 경제 전체의 생산은 증가하므로 경제 전체의 실질GDP는 증가할 것이다. 하지만 생산함수의 수확체감의 법칙으로 인해 노동자수 증가에 따른 경제 전체의 총생산량인 한계생산물은 점점 감소하게 될 것이므로 1인당 실질GDP는 감소할 것이다.

정답 ②

5 재정정책과 금융정책의 효과

(1) 재정정책의 효과

① 정부지출을 증가시키는 확대재정정책은 경제 전체의 총저축($S = Y - C - G$)을 감소시키므로 대부자금의 공급곡선은 왼쪽으로 이동($S_0 \rightarrow S_1$)한다.

② 대부자금의 공급곡선이 왼쪽방향으로 이동하게 되면 실질이자율이 상승($r_0 \rightarrow r_1$)한다.

③ 실질이자율 상승으로 인해 민간소비가 $\overline{CD}$만큼 민간투자가 $\overline{DA}$만큼 감소하여 정부지출의 증가크기(ΔG)와 동일하게 되므로 100% 구축효과가 발생한다. 즉, 총수요곡선이 전혀 이동하지 않는다.

④ 또한 확대재정정책을 실시하면 실질변수인 민간투자와 민간소비가 변하므로 중립성이 성립하지 않는다.

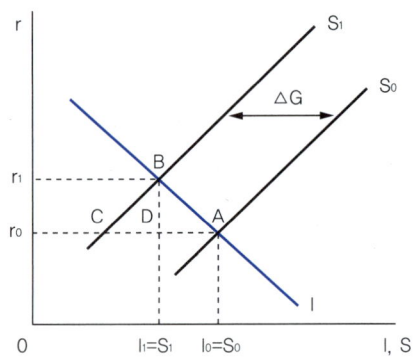

(2) 금융정책의 효과

① 실질이자율은 실물변수인 저축과 투자에 의해 결정되며 통화량과는 관계가 없다.

② 통화량이 증가하더라도 실질이자율은 변하지 않으므로 실물변수(민간소비, 저축, 투자 등)에 아무런 영향을 미치지 않는다.

③ 고전학파모형에서 확대금융정책을 실시하면 물가만 비례적으로 상승하고 실질변수에는 아무런 영향을 미치지 못하는 화폐의 중립성이 나타난다.

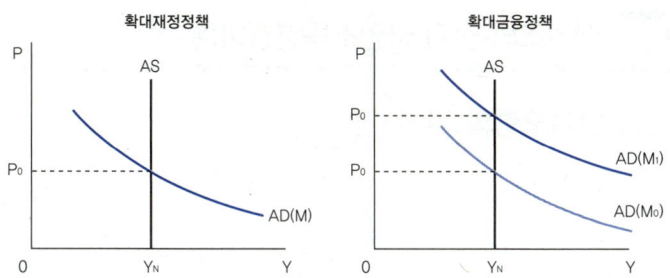

6 고전학파 모형의 특징 및 평가

(1) 세이의 법칙(Say's Law)의 성립으로 인해 국민소득은 공급측 요인에 의해서만 영향을 받게 되므로 국민소득을 증가시키기 위해서는 자본량, 인구수, 기술수준 등의 공급능력의 확충이 이루어져야 한다.

(2) 세이의 법칙 성립으로 인해 공급은 그 자체의 수요를 창출하므로 총수요에 비해 총공급이 부족한 경기호황기를 설명하기에 적절하다.

(3) 자본설비 증대를 통한 공급능력을 확충하기 위해서는 투자재원 조달을 위한 저축이 필요하므로 고전학파 모형에서 저축은 미덕이다.

(4) 고전학파 모형에서 물가는 완전 신축적이라고 가정하고 있으며, 항상 완전고용이 이루어지고 있다고 가정한다.

대표유형문제

다음 괄호 안에 들어갈 경제 용어로 적절한 것은?

( ) is the idea that a change in the stock of money affects only nominal variables in the economy such as prices, wages, and exchange rates, with no effect on real variables, like employment, real GDP, and real consumption. ( ) implies that the central bank does not affect the real economy by printing money. Instead, any increase in the supply of money would be offset by a proportional rise in prices and wages.

① 구축효과(Full Crowding-out Effect)
② 화폐환상(Money Illusion)
③ 화폐의 중립성(Neutrality of Money)
④ 유동성함정(Liquidity Trap)
⑤ 화폐수량설(Quantity Theory of Money)

해설
화폐의 중립성(Neutrality of Money)이란 화폐가 오직 명목변수에만 영향을 미치고 실질변수에는 아무런 영향을 끼치지 못하는 현상을 의미한다.

정답 ③

| 대표유형문제 | 최신출제유형 25 |

다음 중 케인즈 경제학의 주요 내용에 속하는 것은?
① 가격은 상하로 신축적이다.
② '세이의 법칙'이 성립한다.
③ 유휴시설 상태를 탈피하려면 총수요를 늘려야 한다.
④ 생산된 것은 모두 팔리기 때문에 수요가 부족한 상태가 장기적으로 지속될 가능성은 없다.
⑤ 인플레이션의 원인은 통화량의 급격한 증가에 있으며, 통화량을 적절히 조절하면 인플레이션을 막을 수 있다.

| 해설 |
케인즈는 경기가 불황일 때 정부가 지출을 확대하여 총수요를 늘림으로써 경기를 부양시킬 수 있다고 주장하였다.

| 정답 | ③

제 2 절 케인즈의 단기 국민소득결정이론

1 케인즈 단기모형의 기본가정

(1) 케인즈는 단기적으로 가격과 임금이 하방 경직적이라고 생각한다.

> 참고 반면, 고전학파는 모든 가격변수가 완전신축적이라고 본다.

(2) 충분한 정도의 유휴설비가 존재하고 가격이 경직적이라면 경제 전체 생산물에 대한 수요에 의해 경제 전체 생산량인 GDP가 결정된다.

> 참고 유효수요의 원리란 수요에 의해 공급이 창출되는 것을 말한다.

(3) 케인즈는 생산량의 조정에 의해 생산물시장의 불균형이 조정된다고 본다.

> 참고 반면, 고전학파는 실질이자율(가격)의 신축적인 조정에 의해 생산물시장의 균형이 이루어지는 것으로 본다.

(4) 케인즈 이론에 따르면 경제 전체 생산물에 대한 지출이 완전고용국민소득 수준에 미달할 경우에는 생산이 감소하여 국민소득이 경제 전체의 지출수준과 같아지게 된다.

(5) 또한 총지출이 완전고용국민소득에 미달하는 경우에는 국민소득도 완전고용수준에 미달한 상태로 그대로 있기 때문에 경기침체와 실업이 지속될 수 있다고 본다.

(6) 케인즈에 의하면 국민소득은 경제 전체 생산물에 대한 지출에 의존하므로 케인즈의 국민소득결정이론을 소득-지출 분석이라고 한다.

(7) 즉, 케인즈 국민소득결정이론에서 물가는 고정되어 있으며, 경제에 잉여 생산능력이 존재하므로 수요만 있으면 언제든지 생산이 가능하다는 가정에 입각한다.

2 유효수요의 개요

(1) 유효수요의 개념
① 유효수요란 계획된 총지출을 의미한다.
② 총지출(Aggregate Expenditure : AE)이란 경제 전체의 재화와 서비스에 대한 지출액을 말한다.

(2) 유효수요의 구성
총지출은 가계의 소비지출(C), 기업의 계획된 투자지출(I^P), 정부지출(G), 그리고 순수출(X−M)의 합으로 구성된다.

$$AE = C + I^P + G + (X - M)$$

3 소비지출(C)

(1) 소비함수(C)
① 소비지출이란 일정기간 동안 국내에서 생산된 최종생산물에 대한 가계의 지출을 의미한다.
② 소비지출이 가처분소득에 의해 결정된다고 가정하면 소비함수는 다음과 같이 나타낸다.

$$C = C_0 + c(Y - T) = C_0 + cY_d$$
$$(단, C_0 > 0, 0 < c < 1)$$

③ 위 소비함수 식에서 C_0는 기초소비로서 소득 이외의 다른 요인에 의해 결정되는 소비를 의미한다.
④ 위 소비함수 식에서 c는 한계소비성향(Marginal Propensity to Consume ; MPC)으로 가처분소득이 1단위 증가할 때 소비가 증가하는 비율로 나타내며 0과 1 사이의 값을 갖는다.

$$MPC = \frac{\Delta C}{\Delta Y_d}$$

대표유형문제

다음 중 총수요(Aggregate Demand)의 구성요소에 포함되지 않는 것은?
① 정부 지출
② 건설 투자
③ 내구재 소비
④ 서비스 수출
⑤ 기존 부동산 매입

해설
총수요는 가계의 소비지출, 기업의 계획된 투자지출, 정부지출, 그리고 순수출의 합으로 구성된다. 한편, 기존 부동산 매입은 소유권의 이전에 해당하므로 총수요에 포함되지 않는다.

정답 ⑤

대표유형문제

한계소비성향에 대한 설명으로 옳은 것은?
① 한계소비성향이 높을수록 세율이 높아진다.
② 소득이 높은 계층일수록 한계소비성향이 낮다.
③ 한계소비성향이 낮을수록 통화정책의 효과가 커진다.
④ 한계소비성향이 낮을수록 재정정책의 효과가 커진다.
⑤ 한계소비성향이 높다는 것은 처분가능한 소득이 많다는 의미이다.

해설

한계소비성향(Marginal Propensity to Consume ; MPC)이란 추가적으로 가처분소득이 1단위 증가할 때 소비가 증가하는 비율을 의미하며 0과 1 사이의 값을 가진다. 따라서 고소득층은 추가되는 소득에 대한 소비의 변화가 낮기 때문에 소득이 높은 계층일수록 한계소비성향은 낮은 편이다.

정답 ②

⑤ 수지분기점(Break-even point)이란 소득과 소비가 일치하는 점을 말한다.
  ㉠ 수지분기점의 왼쪽은 소비가 가처분소득을 초과하므로 저축이 음(−)의 값을 나타낸다.
  ㉡ 수지분기점의 오른쪽은 가처분소득이 소비를 초과하므로 저축이 양(+)의 값을 나타낸다.

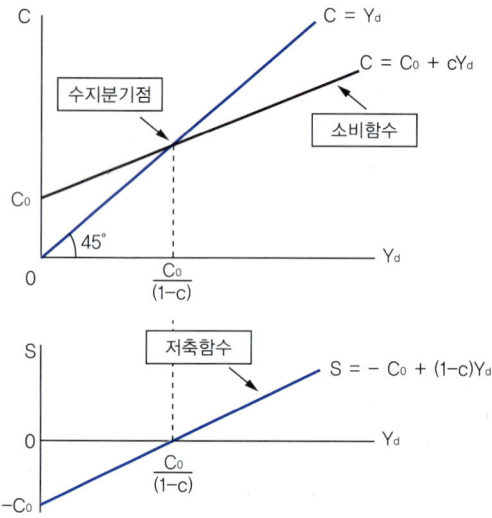

(2) 저축함수(S)

① 저축이란 가처분소득 중 소비되지 않은 부분을 의미하며, 다음과 같은 식으로 나타낸다.

$$S = Y - T - C = Y_d - (C_0 + cY_d) = -C_0 + (1-c)Y_d$$
$$(단, C_0 > 0, 0 < c < 1)$$

② 위 저축함수 식에서 $(1-c)$는 한계저축성향(Marginal Propensity to Save ; MPS)으로 가처분소득이 1단위 증가할 때 저축이 증가하는 비율로 나타내며 0과 1 사이의 값을 갖는다.

$$MPS = \frac{\Delta S}{\Delta Y_d}$$

4 계획된 투자(I^P)

(1) 계획된 투자의 개념

① 경제학에서 투자는 금융투자(주식, 채권, 부동산 등의 구매)가 아니라 기업이 한 해 동안 생산된 최종재 중에서 자본재를 구입하는 것을 의미한다.

② 투자는 고정투자와 재고투자로 나누어지며, 고정투자는 다시 기계와 공구 등을 구입하는 설비투자와 공장과 주택 등을 건설하는 건설투자로 분류된다.

③ 총지출에는 계획된 투자만 포함되므로 의도하지 않은 재고변화는 총지출에 포함되지 않는다.

④ 계획된 투자의 크기는 소득과 관계없이 고정된 값으로 주어져 있는 것으로 가정하여 투자함수는 독립투자에서 수평선으로 그려진다.

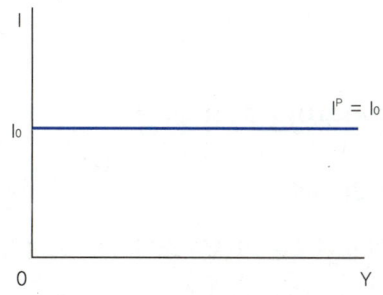

(2) 실현된 투자와의 관계

실현된 투자(사후적 투자)
= 계획된 투자(사전적 투자) + 의도하지 않은 재고변화

① 계획된 투자가 실현된 투자를 초과할 경우 의도하지 않은 재고가 감소하게 된다.

② 실현된 투자가 계획된 투자를 초과할 경우 의도하지 않은 재고가 증가하게 된다.

③ 계획된 투자와 실현된 투자가 일치하면 의도하지 않은 재고변화가 발생하지 않는다.

대표유형문제

국민소득 계산에 포함되는 투자에 대한 설명으로 옳지 않은 것은?
① 주식 매수도 중요한 투자활동이다.
② GDP 크기를 결정하는 데 영향을 준다.
③ 기업의 투자결정은 수익성(이자율)이 기준이 된다.
④ 투자는 금년도(해당 연도) 이후의 생산능력에도 영향을 준다.
⑤ 외국인이 국내에 공장을 짓는 것은 투자를 늘리는 결과를 가져온다.

해설
주식, 채권, 부동산 등의 매입을 금융투자라고 하며, 금융투자의 경우는 이미 존재하고 있던 자산의 소유권만 이전되는 행위이므로 국민소득 계산 시 필요한 구성요소인 투자로 볼 수 없다. 즉, 경제학에서 투자는 주식, 채권, 부동산 등의 금융자산을 매매하는 것이 아니라 기업이 한 해 동안 생산된 최종재 중에서 자본재를 구입하는 것을 의미한다.

정답 ①

5 정부지출(G)과 순수출(X−M)

(1) 정부지출(G)

① 정부지출이란 정부기관에 의해 국내에서 생산된 재화와 서비스를 구입하는 금액을 의미한다.

② 정부지출은 정부의 예산에 의해 결정되므로 정부지출의 크기도 국민소득과 관계없이 주어진 것으로 가정한다.

(2) 순수출(X−M)

① 순수출은 수출액에서 수입액을 차감하여 산출하며, 국민소득, 물가, 환율 등 매우 다양한 요인의 영향을 받는다.

② 순수출은 외생적으로 주어진 것으로 가정하고 그 값이 음수가 될 수도 있다.

6 케인즈의 균형국민소득의 결정

(1) 총지출(AE)선의 도출

① 경제 전체의 총지출은 가계의 소비지출, 기업의 계획된 투자지출, 정부지출, 순수출의 합으로 나타낸다.

$$AE = C + I^P + G + (X - M)$$

② 가계의 소비지출은 가처분소득의 함수이고 나머지 변수들은 모두 외생적으로 주어진 것으로 가정한다.

$$AE = C_0 + c(Y - T) + I^P + G + (X - M)$$

③ 가계와 기업만 존재한다고 가정하면 총지출은 소비지출과 계획된 투자지출의 합으로만 나타낼 수 있으며, 총지출선의 기울기(c)는 한계소비성향(MPC)과 일치한다.

(2) 총공급(AS)선의 도출

① 실질GDP의 크기가 Y_0이면 생산이 Y_0만큼 이루어졌음을 의미하는데, 이 높이는 45°선 위에 놓이게 된다.

대표유형문제

다음 케인즈의 국민소득결정이론에 대한 설명으로 옳지 않은 것은?

① 계획된 투자가 실현된 투자를 초과하면 다음 기에는 국민소득이 감소한다.
② 계획된 저축이 계획된 투자보다 크면 다음 기에는 국민소득이 감소한다.
③ 현재의 국민소득이 균형국민소득보다 크다면 다음 기에는 국민소득이 감소한다.
④ 현재 균형국민소득수준에 있다고 하더라도 대규모의 실업이 존재할 수도 있다.
⑤ 저축은 사전에 계획된 것과 사후에 실현된 것이 항상 동일하다.

해설
계획된 투자(사전적 투자)가 실현된 투자(사후적 투자)를 초과하면 재고가 감소하므로 다음 기에는 국민소득과 저축이 증가한다.

정답 ①

최신출제유형 23

다음 중 '민간저축 = 0'인 경우는?

① 한계소비성향이 1이다.
② 가처분소득만큼 소비를 한다.
③ 소득이 가처분소득과 같다.
④ 총공급이 소비와 투자의 합과 같다.
⑤ 총수요가 소비와 투자의 합과 같다.

해설
'가처분소득 = 소비 + 저축'이므로 가처분소득만큼 소비하면 저축은 0이다.
① '한계소비성향 = 1'이라는 것이 '소득 = 소비'를 의미하지는 않는다. 소득 '증가분'만큼 소비가 '증가'한다는 의미이다.

정답 ②

② 국민소득 3면등가의 원칙에 따르면 Y_0만큼의 생산이 이루어지면 Y_0만큼의 소득이 발생한다.

③ 소득 중의 일부는 소비되고 일부는 저축되므로 소득의 처분 측면에서 보면 $Y_0 = C + S$로 나타낼 수 있다.

(3) 총지출(AE)과 총공급(AS)에 의한 균형국민소득의 결정

① 계획된 지출(유효수요)과 총공급이 일치할 경우 생산물시장의 균형이 이루어진다.

총공급	$Y = C + S$
총지출	$AE = C + I^P$

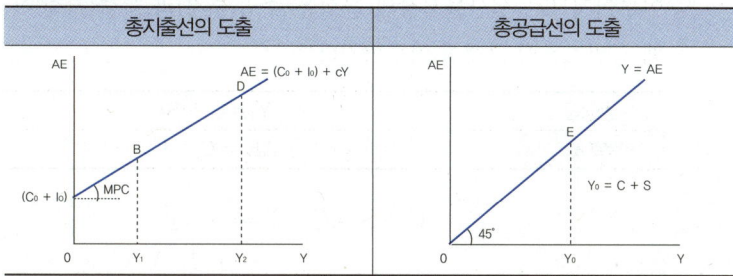

② 총지출이 총공급보다 큰 경우에는 초과수요 상태이며, 초과수요에 해당하는 만큼 보유하고 있던 재고를 판매할 것이므로 재고는 감소할 것이다. 또한 재고가 감소하면 다음 기에 기업들은 생산을 증가시킬 것이므로 다음 기의 국민소득은 증가할 것이다.

③ 마찬가지로 총지출이 총공급보다 작은 경우에는 초과공급 상태이며, 초과공급에 해당하는 만큼 재고가 증가할 것이다. 또한 재고가 증가하면 다음 기에 기업들은 생산을 줄이게 될 것이므로 다음 기의 국민소득은 감소할 것이다.

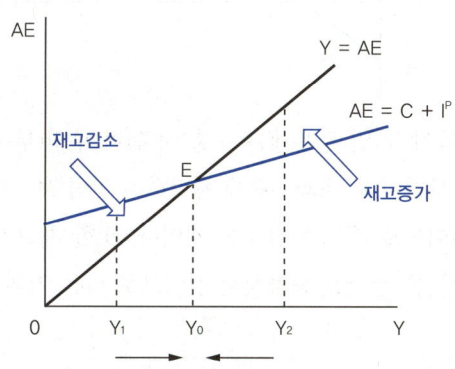

대표유형문제

아래 그래프는 단순케인즈모형에서 투자와 저축의 곡선을 나타내고 있다. 현재 국민총생산이 Y_0에서 달성되고 있을 경우 단순케인지언모형에서 저축함수의 성격과 현재 생산물시장의 상황을 옳게 서술하고 있는 것은?

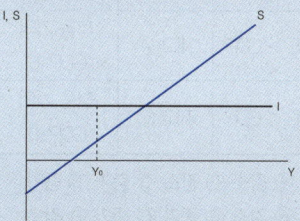

① 저축은 국민소득의 증가함수이고, 의도했던 것보다 재고가 증가한다.
② 저축은 국민소득의 증가함수이고, 의도했던 것보다 재고가 감소한다.
③ 저축은 국민소득의 증가함수이고, 의도했던 재고와 변화가 없다.
④ 저축은 이자율의 증가함수이고, 의도했던 것보다 재고가 증가한다.
⑤ 저축은 이자율의 증가함수이고, 의도했던 것보다 재고가 감소한다.

해설

그래프상에서 국민소득이 증가할 때 저축이 증가하므로 저축은 국민소득의 증가함수이다. 현재 국민총생산이 Y_0에서 달성되고 있을 때 누출(저축)이 주입(투자)에 미달하므로 초과수요 상태를 나타내며, 초과수요에 해당하는 만큼 보유하고 있던 재고를 판매할 것이므로 재고는 감소할 것이다.

정답 ②

대표유형문제

다음은 총지출과 국민소득(GDP)의 비교에 따른 재고와 다음 기의 국민소득 변화를 나타낸 표이다. ⓐ ~ ⓓ에 들어갈 내용을 옳게 짝지은 것은?

AE, GDP	재고변화	다음 기의 GDP 변화
AE > GDP	재고 ⓐ	다음 기의 GDP ⓑ
AE < GDP	재고 ⓒ	다음 기의 GDP ⓓ

① ⓐ 감소 ⓑ 감소 ⓒ 증가 ⓓ 증가
② ⓐ 감소 ⓑ 증가 ⓒ 증가 ⓓ 감소
③ ⓐ 증가 ⓑ 감소 ⓒ 감소 ⓓ 증가
④ ⓐ 증가 ⓑ 증가 ⓒ 감소 ⓓ 감소
⑤ ⓐ 감소 ⓑ 불변 ⓒ 증가 ⓓ 불변

해설

총지출이 총공급보다 큰 경우에는 초과수요 상태이며, 초과수요분만큼 재고를 판매할 것이므로 재고는 감소한다. 재고가 감소하면 다음 기에 기업들은 생산을 증가시킬 것이므로 다음 기의 국민소득은 증가할 것이다.

정답 ②

AE > GDP	재고감소	다음 기의 GDP 증가
AE = GDP	재고변화 없음	다음 기의 GDP 불변
AE < GDP	재고증가	다음 기의 GDP 감소

④ 국민소득은 경제 전체 생산물에 대한 수요를 나타내는 총지출(유효수요)에 의해 결정된다.

⑤ 케인즈 단순모형에서 균형은 계획된 총지출과 생산량에 의존하므로 균형이 반드시 완전고용산출량 수준에서 이루어질 필요는 없다.

(4) 저축과 투자에 의한 균형국민소득의 결정

① 계획된 지출(유효수요)과 총공급이 일치할 경우 생산물시장의 균형이 이루어지므로 생산물시장의 균형은 주입(투자)과 누출(저축)이 같아질 때 국민소득의 균형이 이루어진다.

총공급	$Y = C + S$
총지출	$AE = C + I^P$

$$C + S = C + I^P \Rightarrow S = I^P$$

② 이는 생산액 중 소비되지 않은 부분(저축)을 모두 기업이 구매(투자)하는 경우 생산된 재화가 모두 판매되므로 생산물시장의 균형이 달성된다는 의미이다.

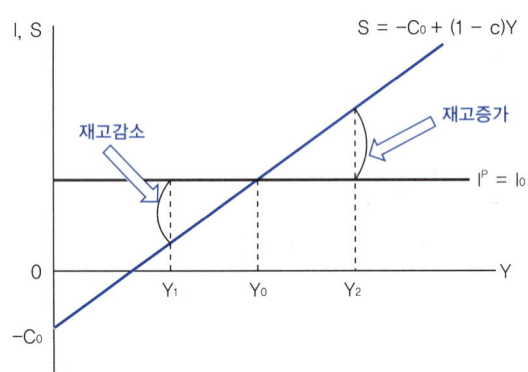

③ 국민소득이 Y_1인 경우에는 누출(저축)이 주입(투자)에 미달하므로 초과수요 상태이며, 초과수요에 해당하는 만큼 보유하고 있던 재고를 판매할 것이므로 재고는 감소할 것이다. 또한 재고가 감소하면 다음 기에 기업들은 생산을 증가시킬 것이므로 다음 기의 국민소득은 증가할 것이다.

④ 국민소득이 Y_2인 경우에는 누출(저축)이 주입(투자)을 초과하므로 초과공급 상태이며, 초과공급에 해당하는 만큼 재고가 증가할 것이다. 또한 재고가 증가하면 다음 기에 기업들은 생산을 줄이게 될 것이므로 다음 기의 국민소득은 감소할 것이다.

국민소득 상태	누출과 주입의 크기	재고변화	다음 기의 GDP 변화
Y_1	누출(S) < 주입(I^P)	재고감소	다음 기의 GDP 증가
Y_0	누출(S) = 주입(I^P)	재고변화 없음	다음 기의 GDP 불변
Y_2	누출(S) > 주입(I^P)	재고증가	다음 기의 GDP 감소

7 저축의 역설(절약의 역설)

(1) 저축의 역설에 대한 개념

① 저축의 역설이란 저축의 증가($S_0 \rightarrow S_1$)가 투자의 증가로 이어지지 못하고 오히려 총수요만 감소시켜 생산 활동을 위축시키게 되므로 국민소득이 감소($Y_0 \rightarrow Y_1$)하고 결국은 개인의 저축을 늘릴 수 없는 상황을 말한다.
② 저축의 역설은 구성의 오류의 한 예로서 개인 차원에서 보면 바람직하나 경제 전체적으로는 부정적인 결과를 가져올 수 있다.

(2) 저축의 역설에 대한 이해

① 저축이 증가하면 저축곡선이 상방으로 이동하여 국민소득은 감소하고 총저축은 늘어나지 않거나 오히려 감소하게 된다.
② 절약의 역설은 선진국에서 성립하는 것으로 저개발국이나 개발도상국과 같이 투자재원이 부족하여 투자가 이루어지지 못하는 경우에는 저축은 개인이나 경제 전체적으로나 모두 미덕이다.
③ 또한 선진국이라도 장기적으로는 저축이 이루어져야 투자재원이 조달되므로 장기에는 저축이 미덕이 된다.

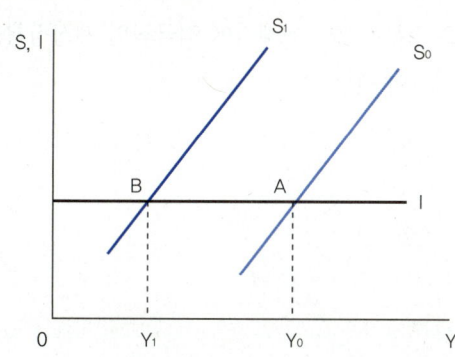

대표유형문제

케인즈의 절약의 역설에 대한 다음 설명 중 옳은 것은?
① 모든 개인이 저축을 늘리는 경우, 늘어난 저축이 투자로 이어져 국민소득이 증가하고, 결국은 개인의 저축을 더 늘릴 수 있는 상황
② 모든 개인이 저축을 줄이는 경우, 늘어난 소비로 국민소득이 감소하고, 결국은 개인의 저축을 더 늘릴 수 없는 상황
③ 모든 개인이 저축을 늘리는 경우, 늘어난 저축이 소비와 국민소득의 증가를 가져오고, 결국은 개인의 저축을 더 늘릴 수 있는 상황
④ 모든 개인이 저축을 늘리는 경우, 총수요의 감소로 국민소득이 감소하고, 결국은 개인의 저축을 늘릴 수 없는 상황
⑤ 케인즈의 거시모형에서, 소비는 미덕이므로 저축할 필요가 없고, 따라서 저축은행의 설립을 불허해야 하는 상황

해설
저축의 역설이란 저축의 증가가 투자의 증가로 이어지지 못하고 오히려 총수요만 감소시켜 생산활동을 위축시켜 국민소득이 감소하고 결국은 개인의 저축을 늘릴 수 없는 상황을 말한다.

정답 ④

대표유형문제

다음은 총수요곡선, 총공급곡선, 그리고 잠재 GDP를 보여주는 그림이다. 현재 경제는 (Ⓐ)갭이 나타나고 있으며, 잠재 GDP를 달성하기 위해 정부는 투자를 (Ⓑ)하거나 조세를 (Ⓒ)하는 재정정책을 시행하여야 한다. Ⓐ ~ Ⓒ에 들어갈 말로 옳은 것은?

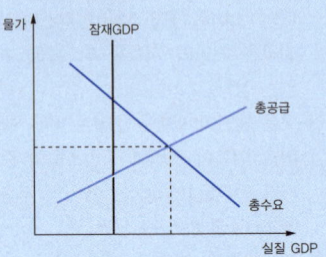

① Ⓐ 디플레이션 Ⓑ 증가 Ⓒ 감소
② Ⓐ 인플레이션 Ⓑ 증가 Ⓒ 감소
③ Ⓐ 디플레이션 Ⓑ 감소 Ⓒ 증가
④ Ⓐ 인플레이션 Ⓑ 감소 Ⓒ 증가
⑤ Ⓐ 디플레이션 Ⓑ 감소 Ⓒ 감소

해설

현재 경제는 총공급곡선과 총수요곡선이 만나는 교차점의 실질GDP가 잠재 GDP를 초과하는 상황이므로 인플레이션 갭이 존재하는 상태이다. 이러한 경기과열상태를 억제하기 위해서 정부는 투자를 감소시키거나 조세를 증가하는 긴축재정책을 시행해야 한다.

정답 ④

8 디플레이션갭과 인플레이션갭

(1) 디플레이션갭과 인플레이션갭의 개념 및 이해

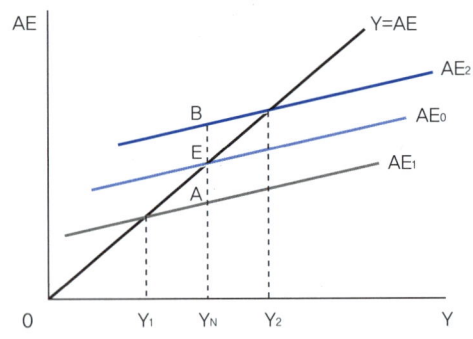

① 디플레이션갭
  ㉠ 디플레이션갭이란 완전고용산출량에 도달하기 위해 증가시켜야 하는 유효수요의 크기를 말한다.
  ㉡ 유효수요가 AE_1인 경우 균형국민소득은 Y_1이 되므로 경제가 디플레이션 상태이고, 경기침체를 벗어나기 위해서는 AE만큼 유효수요를 증가시켜야 한다.

② 인플레이션갭
  ㉠ 인플레이션갭이란 인플레이션을 억제하기 위해 감소시켜야 하는 유효수요의 크기를 말한다.
  ㉡ 유효수요가 AE_2인 경우 균형국민소득은 Y_2가 되므로 경기가 인플레이션 상태고, 물가상승을 억제하기 위해서는 BE만큼 유효수요를 감소시켜야 한다.

(2) 케인즈학파의 견해

① 케인즈의 단순모형에 의하면 유효수요가 완전고용국민소득에서 미달한 상태로 유지되면 지속적으로 높은 실업률이 발생한다.
② 그러므로 정부는 경기침체기에 적극적인 재정정책을 실행하여 총지출을 조정하여야 한다.

제3절 균형국민소득의 변화(승수이론)

1 승수의 개요

(1) 승수의 개념

승수란 독립지출이 변화할 때 균형국민소득이 얼마나 변화하는지를 나타내는 지표로서 다음과 같이 정의된다.

$$승수 = \frac{균형국민소득증가분}{독립지출증가분}$$

(2) 케인즈의 가정

① 잉여생산능력이 존재한다고 가정한다.
② 한계소비성향이 일정하므로 소비함수가 직선의 형태라고 가정한다.
③ 물가가 고정되어 있다고 가정한다.

(3) 승수효과의 발생과정

① 승수효과란 확대재정정책에 따른 소득의 증가로 인해 소비지출이 늘어나게 되어 총수요가 추가적으로 증가하는 현상을 말한다. 즉, 한계소비성향이 높을수록 승수효과는 커진다.
② 일반적으로 정부지출이 증가(ΔG)할 때 국민소득 증가(ΔY)분은 다음과 같이 계산된다(단, MPC=C라고 가정).

$$\Delta Y = \Delta G + c\Delta G + c^2\Delta G + c^3\Delta G + \cdots$$
$$= (1 + c + c^2 + c^3 + \cdots)\Delta G$$
$$= \frac{1}{1-c}\Delta G$$
$$(\because 0 < C < 1)$$

③ 독립지출이 증가(ΔA)할 때 국민소득의 증가분(ΔY)은 다음과 같이 계산한다(단, 독립지출이란 국민소득이나 이자율과 관계없이 이루어지는 지출을 의미한다).

$$\Delta Y = \Delta A + c\Delta A + c^2\Delta A + c^3\Delta A + \cdots$$
$$= (1 + c + c^2 + c^3 + \cdots)\Delta A$$
$$= \frac{1}{1-c}\Delta A$$

대표유형문제

가계, 기업, 정부만 존재하는 케인즈 모형에서 투자와 정부지출은 소득과는 무관하며, $C=80+0.8(Y-T)$, $T=0.25Y$일 때, 정부지출승수는?(단, C는 소비, Y는 소득, T는 조세이다)

① 2 ② 2.5
③ 3.5 ④ 5
⑤ 5.5

해설

우선 균형국민소득을 $Y=C+I+G$를 이용하여 정부지출승수를 계산하면 다음과 같다.
$Y=C+I+G=80+0.8(Y-0.25Y)+G$
$(1-0.8+0.8\times0.25)Y=80+G$

$Y=\frac{1}{0.4}(80+G)$ ∴ $\frac{dY}{dG}=2.5$

즉, 한계소비성향(C)이 0.8이고, 세율(t)이 0.25이므로 정부지출승수 공식에 의해 다음과 같이 산출된다.

$\frac{dY}{dG}=\frac{1}{1-c(1-t)}=\frac{1}{1-0.8(1-0.25)}$
$=2.5$

정답 ②

대표유형문제

정부지출승수란 정부지출이 변화할 때 균형국민소득이 얼마나 변화하는지를 나타내는 지표이다. 다음 중 정액세, 비례세, 누진세만 존재하는 각각의 경우의 정부지출승수의 크기가 큰 순서대로 바르게 나열한 것은?

① 정액세, 비례세, 누진세
② 정액세, 누진세, 비례세
③ 비례세, 누진세, 정액세
④ 누진세, 비례세, 정액세
⑤ 누진세, 정액세, 비례세

해설

세율이 t로 주어져 있다고 가정한다면 정부지출 승수는 $\frac{dY}{dG} = \frac{1}{1-c(1-t)}$ 로 나타낼 수 있으며, 여기서 c는 한계소비성향을 의미한다. 이 공식을 통해 세율t가 높아질수록 정부지출승수는 작아진다는 것을 알 수 있다. 정액세만 존재하는 경우(t=0), 비례세만 존재하는 경우(t : 소득에 상관없이 일정), 누진세만 존재하는 경우(t : 소득이 증가할수록 커짐)의 정부지출 승수를 비교해보면 정액세, 비례세, 누진세 순으로 크다.

정답 ①

2 여러 가지 승수모형

(1) 정액세만 존재할 경우의 승수계산

① 정액세만 존재할 경우의 거시경제모형은 다음과 같다.

$$Y = C + I + G$$
$$C = C_0 + cY_d$$
$$Y_d = Y - T \ (Y_d : 가처분소득)$$
$$T = T_0, I = I_0, G = G_0$$

② 균형국민소득은 다음과 같이 계산된다.

$$Y = C + I + G$$
$$ = C_0 + c(Y - T_0) + I_0 + G_0$$
$$(1-c)Y = C_0 - cT_0 + I_0 + G_0$$
$$Y = \frac{1}{1-c}(C_0 - cT_0 + I_0 + G_0)$$

③ 정부지출승수, 조세승수, 투자승수 및 균형재정승수는 각각 다음과 같이 계산된다.

정부지출승수	$\frac{dY}{dG} = \frac{1}{1-c}$
조세승수	$\frac{dY}{dT} = \frac{-c}{1-c}$
투자승수	$\frac{dY}{dI} = \frac{1}{1-c}$
균형재정승수	$\frac{dY}{dG} + \frac{dY}{dT} = \frac{1-c}{1-c} = 1$

(단, 균형재정승수란 정부지출과 조세가 동액만큼 증가하여 정부의 재정상태가 변화하지 않은 것을 말한다.)

④ 정부지출승수와 조세승수의 비교

조세감면 시에는 가처분소득 중 일부가 누출(저축)되기 때문에 조세감면보다 정부지출 증가가 더 효과적이다.

(2) 정액세와 비례세가 모두 존재할 경우의 승수계산

① 정액세와 비례세가 모두 존재할 경우의 거시경제모형은 다음과 같다.

$Y = C + I + G$

$C = C_0 + cY_d$

$Y_d = Y - T$

$T = T_0 + tY$ (t: 세율, t > 0)

$I = I_0, G = G_0$

② 균형국민소득은 다음과 같이 계산된다.

$Y = C + I + G$

$\quad = C_0 + c(Y - T_0 - tY) + I_0 + G_0$

$(1 - c + ct)Y = C_0 - cT_0 + I_0 + G_0$

$Y = \dfrac{1}{1-c(1-t)}(C_0 - cT_0 + I_0 + G_0)$

③ 정부지출승수, 조세승수, 투자승수 및 균형재정승수는 각각 다음과 같이 계산된다.

정부지출승수	$\dfrac{dY}{dG} = \dfrac{1}{1-c(1-t)}$
조세승수	$\dfrac{dY}{dT} = \dfrac{-c}{1-c(1-t)}$
투자승수	$\dfrac{dY}{dI} = \dfrac{1}{1-c(1-t)}$
균형재정승수	$\dfrac{dY}{dG} + \dfrac{dY}{dT} = \dfrac{1-c}{1-c(1-t)} < 1$

④ 정액세만 존재할 경우와 비교

비례세가 존재할 경우 독립지출의 증가로 국민소득이 증가할 때 조세가 증가하기 때문에 정액세만 존재하는 경우보다 승수의 절대값의 크기가 작아진다.

대표유형문제

완전고용국민소득이 1,500으로 주어져 있을 때, 소비함수는 $C=100+0.8Y_d$, 독립투자가 200, 정부지출과 조세의 크기가 각각 300, 250으로 주어져 있다. 이 경우 정부지출승수, 조세승수, 인플레이션갭(or 디플레이션갭)의 크기를 순서대로 구하면?

① -4, 5, 인플레이션갭 100
② 5, -4, 인플레이션갭 100
③ 5, -4 디플레이션갭 100
④ 5, 4 디플레이션갭 500
⑤ -4, 5, 인플레이션갭 500

해설

정부지출승수와 조세승수는 각각 다음과 같이 계산한다.

$\dfrac{dY}{dG} = \dfrac{1}{1-c} = \dfrac{1}{1-0.8} = \dfrac{1}{0.2} = 5$,

$\dfrac{dY}{dG} = \dfrac{-c}{1-c} = \dfrac{-0.8}{1-0.8} = \dfrac{-0.8}{0.2} = -4$

균형국민소득은 다음과 같이 계산한다.
$Y = C + I + G = 100 + 0.8(Y-250) + 200 + 300$
$0.2Y = 400$
$Y = 2,000$

완전고용국민소득이 1,500이고 정부지출승수가 5이므로 완전고용국민소득에 도달하기 위해서는 정부지출을 100만큼 감소시켜야 한다. 따라서 인플레이션갭의 크기는 100이다.

정답 ②

대표유형문제

다음 중 개방경제의 승수에 대한 설명으로 옳은 것은?

① 개방경제의 투자승수와 정부지출승수 크기는 모두 각각 폐쇄경제의 투자승수와 정부지출승수 크기보다 작다.
② 개방경제의 투자승수와 정부지출승수 크기는 모두 각각 폐쇄경제의 투자승수와 정부지출승수 크기보다 크다.
③ 개방경제의 투자승수 크기는 폐쇄경제의 투자승수 크기보다는 작지만 정부지출승수의 경우에는 반대이다.
④ 개방경제의 정부지출승수 크기는 폐쇄경제의 정부지출승수 크기보다는 작지만 투자승수의 경우에는 반대이다.
⑤ 개방경제의 투자승수와 정부지출승수 크기는 모두 각각 폐쇄경제의 투자승수와 정부지출승수 크기와 동일하다.

해설

폐쇄경제의 경우 정부지출승수와 투자승수는 모두 $\frac{1}{1-c(1-t)}$로 나타나고, 개방경제의 경우 정부지출승수와 투자승수는 모두 $\frac{1}{1-c(1-t)+m}$로 나타난다. 그러므로 개방경제(m>0)의 정부지출승수와 투자승수의 크기는 각각 폐쇄경제의 정부지출승수와 투자승수의 크기보다 작아진다.

정답 ①

③ 승수의 크기를 결정하는 요인

(1) 해외부문을 포함하는 경우의 승수계산

① 해외부문을 포함하는 경우의 거시경제모형은 다음과 같다.

$$Y = C + I + G + X - M$$
$$C = C_0 + cY_d \ (단, Y_d = Y - T)$$
$$T = T_0 + tY \ (t : 세율, t > 0)$$
$$I = I_0, G = G_0, X = X_0$$
$$M = M_0 + mY \ (m : 한계수입성향, m > 0)$$

② 균형국민소득은 다음과 같이 계산된다.

$$Y = C + I + G + X - M$$
$$= C_0 + c(Y - T_0 - tY) + I_0 + G_0 + X_0 - M_0 - mY$$
$$(1 - c + ct + m)Y = C_0 - cT_0 + I_0 + G_0 + X_0 - M_0$$
$$Y = \frac{1}{1-c(1-t)+m}(C_0 - cT_0 + I_0 + G_0 + X_0 - M_0)$$

③ 정부지출승수, 조세승수, 투자승수 및 균형재정승수는 각각 다음과 같이 계산된다.

정부지출승수	$\frac{dY}{dG} = \frac{1}{1-c(1-t)+m}$
조세승수	$\frac{dY}{dT} = \frac{-c}{1-c(1-t)+m}$
투자승수	$\frac{dY}{dI} = \frac{1}{1-c(1-t)+m}$
균형재정승수	$\frac{dY}{dG} + \frac{dY}{dT} = \frac{1-c}{1-c(1-t)+m} < 1$

(2) 복합승수의 계산

① 유발투자가 존재할 때의 승수를 복합승수라고 하며, 투자함수의 관계식은 다음과 같다.

$$I = I_0 + iY \ (i : 유발투자계수, i > 0)$$

② 유발투자가 존재할 때의 균형국민소득은 다음과 같이 계산된다.

$$Y = C + I + G + X - M$$
$$= C_0 + c(Y - T_0 - tY) + I_0 + iY + G_0 + X_0 - M_0 - mY$$
$$(1 - c + ct + m - i)Y = C_0 - cT_0 + I_0 + G_0 + X_0 - M_0$$
$$Y = \frac{1}{1 - c(1-t) + m - i}(C_0 - cT_0 + I_0 + G_0 + X_0 - M_0)$$

③ 정부지출승수, 조세승수, 투자승수 및 균형재정승수는 각각 다음과 같이 계산된다.

정부지출승수	$\dfrac{dY}{dG} = \dfrac{1}{1 - c(1-t) + m - i}$
조세승수	$\dfrac{dY}{dT} = \dfrac{-c}{1 - c(1-t) + m - i}$
투자승수	$\dfrac{dY}{dI} = \dfrac{1}{1 - c(1-t) + m - i}$
균형재정승수	$\dfrac{dY}{dG} + \dfrac{dY}{dT} = \dfrac{1-c}{1-c(1-t)+m-i} < 1$

(3) 승수의 크기를 결정하는 요인

㉠ 한계소비성향(c), 유발투자계수(i)가 클수록 승수는 커진다.
㉡ 한계저축성향(s), 세율(t), 한계수입성향(m)이 작을수록 승수는 커진다.

대표유형문제

유발투자가 존재하는 복합승수에 대한 설명으로 옳은 것은?
① 단순승수와 복합승수의 크기는 같다.
② 단순승수보다 누출이 많기 때문에 단순승수보다 크다.
③ 단순승수보다 누출이 적기 때문에 단순승수보다 작다.
④ 단순승수보다 주입이 많기 때문에 단순승수보다 크다.
⑤ 단순승수보다 주입이 적기 때문에 단순승수보다 작다.

해설

유발투자가 존재할 경우의 승수를 복합승수라고 말하며, 균형국민소득은 다음과 같이 계산된다.
$$Y = C + I + G + X - M$$
$$= C_0 + c(Y - T_0 - tY) + I_0 + iY + G_0 + X_0 - M_0 - mY$$
$$(1 - c + ct + m - i)Y = C_0 - cT_0 + I_0 + G_0 + X_0 - M_0$$
$$Y = \frac{1}{1 - c(1-t) + m - i} \times (C_0 - cT_0 + I_0 + G_0 + X_0 - M_0)$$
유발투자가 존재할 경우($i>0$)의 정부지출 복합승수는 $\dfrac{dY}{dG} = \dfrac{1}{1-c(1-t)+m-i}$ 이고, 유발투자가 존재하지 않을 경우($i=0$)의 정부지출 단순승수는 $\dfrac{dY}{dG} = \dfrac{1}{1-c(1-t)+m}$ 이므로 유발투자가 존재할 때의 복합승수가 더 크다.

정답 ②

제3편 거시경제

제12장 출제예상문제

01 다음은 고전학파 모형에 대한 설명이다. 옳지 않은 것은?

① 이자율의 신축적인 조정을 통해 생산물시장의 불균형이 조정된다.

② 물가가 상승하면 즉각적으로 명목임금도 상승한다.

③ 대부자금을 통해 주입과 누출이 항상 일치하므로 총생산과 총지출도 항상 일치한다.

④ 고전학파모형은 단기보다는 장기를 분석하는 데 더욱 적합한 모형이다.

⑤ 정부지출의 변화는 실질변수에 아무런 영향을 미칠 수 없다.

해설 정부가 확장적 재정정책을 시행하더라도 고전학파모형에서는 국민소득이 변하지는 않는다. 하지만 확장적 재정정책을 실시하면 실질이자율이 상승하므로 민간투자와 민간소비가 감소하게 된다.

02 조세법이 대부자금(Loanable Funds)의 공급을 증가시키는 방향으로 개정되었다고 할 때, 이러한 법 개정이 대부자금 균형거래량 수준에 가장 큰 영향을 미칠 수 있는 상황은?

① 대부자금수요곡선이 매우 탄력적이며, 대부자금공급곡선이 매우 비탄력적인 경우

② 대부자금수요곡선이 매우 비탄력적이며, 대부자금공급곡선이 매우 탄력적인 경우

③ 대부자금수요곡선과 공급곡선 모두 매우 탄력적인 경우

④ 대부자금수요곡선과 공급곡선 모두 매우 비탄력적인 경우

⑤ 알 수 없음

해설 저축에 대한 비과세 도입과 같은 대부자금의 공급을 증가시키는 방향으로 세법이 개정되면 대부자금의 공급곡선이 오른쪽으로 이동한다. 대부자금의 공급곡선이 오른쪽으로 이동할 때 대부자금의 거래량이 크게 증가하는 것은 공급곡선이 매우 급경사이고 수요곡선이 매우 완만할 때이다. 즉, 대부자금의 공급이 매우 비탄력적이고 대부자금의 수요곡선이 매우 탄력적일 때 대부자금의 균형거래량이 가장 크게 증가한다.

정답 1 ⑤ 2 ①

03 다음 중 실질임금이 시장에서의 균형보다 상당 기간 높게 유지될 수 있는 이유로 옳지 않은 것은?

① 기업이 노동자보다 위험기피적인 성향을 가지고 있다.
② 노동조합원들이 협상을 통해 높은 임금을 요구한다.
③ 실질임금을 높여주는 경우 노동자들이 더욱 열심히 일한다.
④ 실질임금을 높여주는 경우 노동자들의 이직률이 낮아진다.
⑤ 실질임금을 낮추는 경우 최저생계비가 유지되지 않아 노동자들의 건강이 악화된다.

해설 암묵적임금계약이론(Implicit Contract)은 실질임금의 경직성에 대한 이론으로 단기적 경기 침체 시 고용량은 민감하게 반응하는 반면 실질임금은 변동하지 않는 현상을 의미한다. 이는 노동자들이 비록 평균보다 약간 낮은 임금이 지급되더라도 확실한 임금을 지급받는 데 동의하는 위험기피적인 성향을 가지고 있고, 기업가들은 노동자들의 소득 변동을 보호하기 위해 일정한 실질임금을 지급하는 데 동의하는 위험중립적인 성향을 가졌다는 전제하에 성립한다. 이렇듯 근로자와 고용주 사이에 경기 변동에 상관없이 안정적 실질임금을 지급하기로 하는 계약은 표면적으로 임금계약이지만, 암묵적으로는 일종의 보험 상품을 제공하는 계약의 성격을 가진다. 하지만 현실적으로는 노동자가 임금의 불안정성보다 고용의 불안정성을 더욱 회피할 가능성이 크기 때문에 소득 변동에 대한 보험을 제공하는 경우에 고용량 변동도 경기 변동에 대해 안정적으로 유지되어야 한다는 비판도 있다.

04 케인즈의 이론에 관한 설명으로 옳지 않은 것은?

① 노동시장에서 명목임금은 하방경직성을 갖는다.
② 투자는 기업가의 심리에 큰 영향을 받는다.
③ 경기침체 시에는 확대재정정책이 필요하다.
④ 공급은 스스로의 수요를 창조하므로 만성적인 수요부족은 존재하지 않는다.
⑤ 저축의 역설이라는 관점에서 '소비는 미덕, 저축은 악덕'이라고 주장한다.

해설 케인즈의 이론에는 고전학파에서 주장하는 '공급은 스스로 수요를 창출한다'는 세이의 법칙이 적용되지 않는다. 즉, 케인즈학파는 유효수요의 부족으로 인해 경기침체가 발생하는 것으로 생각한다.

05 다음 중 케인즈 경제학의 주요 내용으로 옳은 것은?

① 공급이 스스로 수요를 창출한다는 '세이의 법칙'이 성립한다.
② 물가가 상승하면 명목임금은 완전히 신축적으로 조정된다.
③ 통화량의 급격한 증가는 인플레이션을 야기한다.
④ 고용을 늘리기 위해서는 유효수요를 증대시켜야 한다.
⑤ 저축의 증대는 자본 수요의 증가로 우회생산을 가능하게 한다.

> 해설 고전학파는 모든 가격변수가 완전 신축적으로 움직여서 경제가 완전고용에 도달할 수 있다고 주장하였으나 케인즈는 단기적으로 가격과 임금이 하방 경직적이기 때문에 완전고용을 달성하기 어렵다고 주장한다. 즉, 케인즈는 경제가 불황일 때 임금이 하락하면 고용이 증가해야 하지만 그렇지 못하기 때문에 정부가 공공지출을 확대해 수요와 투자를 늘려가면서 유효수요를 창조해야 한다고 주장한다.

06 다음 지문의 상황을 의미하는 경제용어로 알맞은 것은?

> 일본의 장기불황과 미국의 금융위기 사례에서와 같이 금리를 충분히 낮추는 확장적 통화정책을 실시해도 가계와 기업이 시중에 돈을 풀어놓지 않는 상황을 말한다. 특히 일본의 경우 1990년대 제로금리를 고수했음에도 불구하고 소위 '잃어버린 10년'이라고 불리는 장기 불황을 겪었다. 불황 탈출을 위해 확장적 통화정책을 실시했지만 경제성장률은 계속 낮았다. 이후 경기 비관론이 팽배해지고 디플레이션이 심화되면서 모든 경제 주체가 투자보다는 현금을 보유하려는 유동성 선호 경향이 강해졌다.

① 유동성 함정(Liquidity Trap)
② 공개시장조작
③ 용의자의 딜레마
④ 동태적 비일관성
⑤ 구축효과(Crowding-out Effect)

> 해설 케인즈가 주장하였던 유동성 함정(Liquidity Trap)의 상황이다. 유동성 함정이란 시장에 현금이 흘러 넘쳐 구하기 쉬운데도 기업의 생산·투자와 가계의 소비가 늘지 않아 경기가 나아지지 않고, 마치 경제가 함정(Trap)에 빠진 것처럼 보이는 상황을 말한다. 즉, 유동성 함정의 경우에는 금리를 아무리 낮추어도 실물경제에 영향을 미치지 못하게 된다.

07

아래 그래프는 단순케인즈모형에서 투자와 저축의 곡선을 나타내고 있다. 현재 국민총생산이 Y_0에서 달성되고 있을 경우 단순케인즈모형에서 저축함수의 성격과 현재 생산물시장의 상황을 옳게 서술하고 있는 것은?

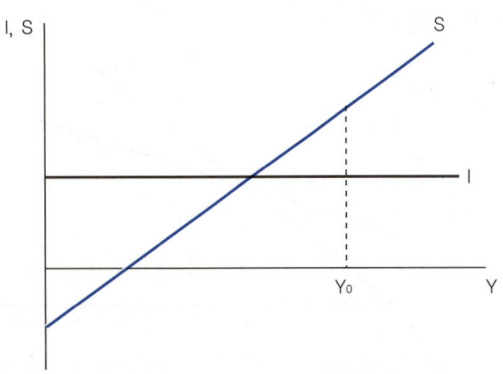

① 저축은 국민소득의 증가함수이고, 의도했던 것보다 재고가 증가한다.
② 저축은 국민소득의 증가함수이고, 의도했던 것보다 재고가 감소한다.
③ 저축은 국민소득의 증가함수이고, 의도했던 재고와 변화가 없다.
④ 저축은 이자율의 증가함수이고, 의도했던 것보다 재고가 증가한다.
⑤ 저축은 이자율의 증가함수이고, 의도했던 것보다 재고가 감소한다.

해설 그래프 상에서 국민소득이 증가할 때 저축이 증가하므로 저축은 국민소득의 증가함수이다. 현재 국민총생산이 Y_0에서 달성되고 있을 때 소득 중 소비되지 않은 부분을 나타내는 저축이, 기업의 새로운 자본재 구입액인 투자를 초과하므로 생산물 중 일부가 덜 팔리면서 의도했던 것보다 재고가 증가한다.

08

한계소비성향이 0.8이라면 국민소득을 500만큼 증가시키기 위해서는 정부지출을 어느 정도 늘려야 하는가?

① 100 ② 200 ③ 300 ④ 400 ⑤ 500

해설 승수효과란 정부가 지출을 늘리면 가계나 기업의 소득과 수입이 증가하고 총수요가 증가하게 되는데, 이 때 총수요가 정부의 지출액 이상으로 증가하는 것을 말한다. 일반적으로 한계소비성향을 c라고 가정할 경우 정부지출이 ΔG만큼 증가할 때의 국민소득 증가분 ΔY는 다음과 같이 산출한다.

$$\Delta Y = \Delta G + c\Delta G + c^2 \Delta G + c^3 \Delta G + \cdots$$
$$= (1 + c + c^2 + c^3 + \cdots)\Delta G$$
$$= \frac{1}{1-c} \Delta G$$

위 식에 $\Delta Y = 500$, $c = 0.8$을 대입해보면 $\Delta Y = \frac{1}{1-c} \Delta G$
$$\Delta G = (1-c)\Delta Y = (1-0.8) \times 500 = 100$$

즉, 한계소비성향이 0.8일 경우 국민소득을 500만큼 증가시키기 위해서는 정부지출을 100정도 늘려야 한다.

정답 7 ① 8 ①

09 다음은 케인즈의 국민소득결정모형이다. 완전고용 국민소득수준이 Y_3라면 다음 설명 중 옳지 않은 것은?
(단, Y : 소득, AE : 총지출, C : 소비, C_0 : 기초소비, c : 한계소비성향, I : 투자, I_0 : 독립투자)

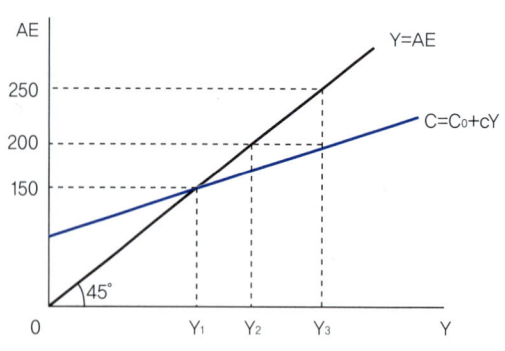

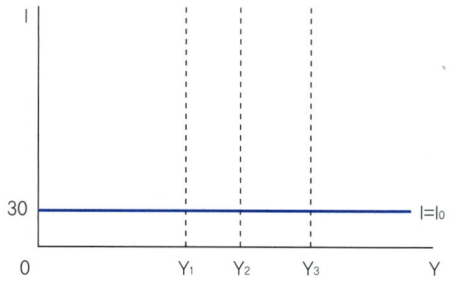

① OY_3수준에서 총수요는 230이다.
② 완전고용에 필요한 총수요는 250이다.
③ 위 그래프는 유발투자를 고려하고 있지 않다.
④ 디플레이션갭이 50이다.
⑤ OY_3수준에서 소비와 투자의 차이는 170이다.

해설 완전고용국민소득수준이 $Y_3=250$이므로 균형국민소득이 완전고용국민소득과 일치하려면 유효수요가 250이 되어야 한다. 그런데 $Y_3=250$일 때 민간소비가 200이고, 민간투자가 30이므로 유효수요는 230이다. 따라서 완전고용국민소득에 도달하기 위해서는 독립적인 지출이 20만큼 증가해야 한다. 즉, 현재는 20만큼의 디플레이션갭이 존재하는 상태이다.

10 다음은 어떤 나라에서 1년 동안 발생한 모든 경제활동을 기록한 것이다. 이와 관련한 설명으로 옳지 않은 것은?

> 총 100개 빵 생산, 이 가운데 50개 빵 수출, 50통 우유 수입
> (빵 국내 수출 가격 : 개당 3달러, 우유 국내 수입 가격 : 통당 1달러)

① GDP는 300달러이다.
② 총수요는 200달러이다.
③ 국내소비는 200달러이다.
④ 경상수지는 100달러 흑자이다.
⑤ 국내 경제주체들의 수요는 200달러이다.

해설 1년 동안 총 100개의 빵을 생산하였으므로 국내총생산(GDP)는 100 × 3달러 = 300달러이다. 국내소비는 빵 150달러(= 50개 × 3달러)와 우유 50달러(= 50통 × 1달러)로 총 200달러가 된다. 투자와 정부지출이 없으므로 200달러는 국내 경제주체들의 수요이다. 그러나 순수출이 빵 수출 150달러(= 50개 × 3달러)에서 우유 수입 50달러(= 50통 × 1달러)를 차감한 100달러이므로 총수요는 300달러가 된다.

11 절약의 역설에 대한 다음 설명 중 옳지 않은 것은?
① 경제학자인 케인즈가 강조하였다.
② 장기적인 경제 현상에 대한 설명이다.
③ 국내총생산(GDP) 결정에 있어 총수요의 중요성을 강조한다.
④ 경기 불황 시에는 오히려 소비를 늘리는 것이 도움이 된다.
⑤ 개개인에게 도움이 되는 행동이 경제 전체로는 해가 될 수 있다.

해설 절약의 역설이란 모든 개인이 저축을 증가시키면 총수요가 감소하여 국민소득이 감소하게 되고 그 결과 경제 전체적으로 총저축이 늘어나지 않거나 오히려 감소하는 것을 말한다. 절약의 역설은 부분적으로는 성립하더라도 전체적으로는 성립하지 않는 구성 오류의 대표적 사례이다. 저축의 역설을 강조한 케인즈는 저축이 투자로 이전되기 위해서는 임금과 물가가 하락하고 총수요가 증가해 생산 증가가 있어야 한다고 주장하였으며, 소비가 미덕, 저축은 악덕이라고 주장하였다.

12 경제학자 케인즈의 '절약의 역설'에 대해 가장 잘 설명한 것은?

① 케인즈의 거시모형에서 소비는 미덕이므로 저축할 필요가 없고, 따라서 예금은행의 설립을 불허해야 하는 상황
② 모든 개인이 저축을 줄이는 경우 늘어난 소비로 국민소득이 감소하고, 결국은 개인의 저축을 더 늘릴 수 없는 상황
③ 모든 개인이 저축을 늘리는 경우 총수요의 감소로 국민소득이 줄어들고, 결국은 개인의 저축을 더 늘릴 수 없는 상황
④ 모든 개인이 저축을 늘리는 경우 늘어난 저축이 투자로 이어져 국민소득이 증가하고, 결국은 개인의 저축을 더 늘릴 수 있는 상황
⑤ 모든 개인이 저축을 늘리는 경우 늘어난 저축이 소비와 국민소득의 증가를 가져오고, 결국은 개인의 저축을 더 늘릴 수 있는 상황

> 해설 케인즈가 주장한 절약의 역설은 개인이 소비를 줄이고 저축을 늘리는 경우 저축한 돈이 투자로 이어지지 않기 때문에 사회 전체적으로 볼 때 오히려 소득의 감소를 초래할 수 있다는 이론이다. 저축을 위해 줄어든 소비로 인해 생산된 상품은 재고로 남게 되고 이는 총수요 감소로 이어져 국민소득이 줄어들 수 있다.

13 다음 중 투자지출에 포함되지 않는 것은?

① 아파트 건설 ② 상품재고의 증가
③ 주식 투자   ④ 공장의 건설
⑤ 기계, 공구 등의 설비 구입

> 해설 이미 존재하고 있던 자산의 소유권 이전은 투자지출에 포함되지 않는다.

14 다음 중 한 나라의 총수요를 증가시키는 요인을 모두 고른 것은?

| 가. 소득세 인하 | 나. 이자율 하락 |
| 다. 정부지출의 감소 | 라. 무역상대 국가의 소득 감소 |

12 ③ 13 ③ 14 ①

① 가, 나   ② 가, 다   ③ 나, 다   ④ 나, 라   ⑤ 다, 라

해설 총수요는 가계소비, 기업투자, 정부지출, 순수출의 합으로 구성된다. 소득이 높을수록 가계소비의 크기가 커지고, 이자율이 낮을수록 기업투자의 크기가 커지므로 총수요가 증가하게 된다.

15 다음과 같은 경제모형을 가정한 국가의 잠재총생산 수준이 Y^*라고 할 때, 총생산갭을 제거하기 위해 통화당국이 설정해야 하는 이자율은?(단, Y는 국민소득, C는 소비, I는 투자, G는 정부지출, T는 조세, NX는 순수출, r은 이자율을 나타낸다)

- $C = 15{,}000 + 0.6(Y-T) - 4{,}000r$
- $I = 5{,}000 - 3{,}000r$
- $G = 5{,}000$
- $NX = 600$
- $T = 7{,}000$
- $Y^* = 50{,}000$

① 4%   ② 8%   ③ 12%   ④ 16%   ⑤ 20%

해설 균형국민소득을 구하기 위해 먼저 총지출(AE)를 정리해보면 다음과 같다.
$AE = C + I + G + NX$
$\quad = 15{,}000 + 0.6(Y - 7{,}000) - 4{,}000r + 5{,}000 - 3{,}000r + 5{,}000 + 600$
$AE = 21{,}400 + 0.6Y - 7{,}000r$
국민소득 삼면등가의 법칙(국내총생산=국내총소득=국내총지출)에 따라 Y=AE이므로
$Y = 21{,}400 + 0.6Y - 7{,}000r$
$0.4Y = 21{,}400 - 7{,}000r$
$0.4 \times 50{,}000 = 21{,}400 - 7{,}000r$
$7{,}000r = 21{,}400 - 0.4 \times 50{,}000 = 1{,}400$ ∴ $r = 20\%$

16 어떤 국가의 실질 국내총생산(GDP)은 2,000단위이고, 경제주체들의 민간소비는 500단위, 투자는 350단위, 정부지출은 800단위라고 한다. 이 나라의 순수출은 몇 단위인가?

① 150   ② 250   ③ 350   ④ 450   ⑤ 550

해설 GDP 항등식을 이용하여 순수출을 계산하면 다음과 같다.
$Y = C + I + G + NX$
$2{,}000 = 500 + 350 + 800 + NX$
$NX = 350$

정답 15 ⑤ 16 ③

17 소비 및 저축을 하는 가계부문과 생산 및 투자를 하는 기업부문만 존재하는 단순한 거시경제에서 소비함수와 투자함수가 다음과 같을 때, 이 경제의 균형국민소득은?(단, C는 소비지출, I는 투자지출, Y는 국민소득을 나타낸다)

- 소비함수 : $C = 100 + 0.6Y$
- 투자함수 : $I = 80 + 0.2Y$

① 500 ② 600 ③ 700 ④ 800 ⑤ 900

해설 가계부문과 기업부문만 존재하는 단순 거시경제에서의 총지출 관계식을 도출한 후 $Y = AE$라고 두어 다음과 같이 균형국민소득을 산출한다.
$AE = C + I = 100 + 0.6Y + 80 + 0.2Y = 180 + 0.8Y$
$Y = 180 + 0.8Y$
$0.2Y = 180$
$Y^* = 900$

18 원자재가격 상승으로 물가수준이 상승하여 중앙은행이 기준금리를 인상하기로 결정하였다. 원자재가격 상승과 기준금리 인상의 경제적 효과를 단기 총수요–총공급 모형을 이용하여 분석한 내용으로 옳은 것을 모두 고르면?

가. 총수요곡선은 왼쪽으로 이동한다.
나. 총공급곡선은 왼쪽으로 이동한다.
다. 총생산량은 크게 감소한다.
라. 물가는 크게 감소한다.

① 가, 나
② 나, 다
③ 가, 나, 다
④ 나, 다, 라
⑤ 가, 나, 다, 라

해설 원자재가격 상승으로 인한 기업 생산비의 증가는 총공급곡선을 왼쪽으로 이동시킨다. 한편, 기준금리 인상으로 이자율이 상승하면 투자와 소비가 위축되므로 총수요곡선도 왼쪽으로 이동한다. 이 경우 실질GDP는 크게 감소하게 되는 반면 물가는 증가하는지 감소하는지 알 수 없다.

19 한 국민경제가 $C=0.7(Y-T)+50$, $I=41$, $T=tY+30$으로 표현된다. 완전고용 시의 국민소득은 500이며, 정부지출은 모두 조세로 충당된다고 가정한다. 완전고용과 재정수지의 균형을 동시에 달성하는 t의 값은?(단, Y는 국민소득, C는 소비, I는 투자, T는 조세, t는 소득세율을 의미한다)

① 1   ② $\frac{1}{2}$ ③ 2   ④ $\frac{1}{3}$ ⑤ 3

해설 정부재정이 균형을 달성하므로 $G=T=tY+30$이며, 균형국민소득은 완전고용 상태와 일치하므로 $Y=AE=500$이 성립한다. 이를 총수요 관계식에 대입하여 t의 값을 도출하면 다음과 같이 계산된다.
$AE=C+I+G$
  $=0.7(Y-tY-30)+50+41+(tY+30)$
$500=0.7(500-500t-30)+50+41+(500t+30)$
$500=450+150t$
$150t=50$
$t=\frac{1}{3}$

20 한 경제가 다음과 같은 상황일 경우의 균형이자율(r)은 얼마인가?(단, Y는 균형국민소득, C는 소비, T는 조세, G는 정부지출, I는 투자를 의미하고, 순수출의 값은 0이다)

- $Y=5,000$
- $C=600+0.5(Y-T)$
- $T=500$
- $G=1,050$
- $I=1,500-200r$

① 2%   ② 4%   ③ 6%   ④ 8%   ⑤ 10%

해설 균형국민소득 항등식에 대입하여 균형이자율(r)을 구하면 다음과 같다.
$Y=C+G+I$
$5,000=600+0.5(5,000-500)+1,050+1,500-200r$
$200r=400$
$r=2$

정답 19 ④ 20 ①

21 다음 중 정부지출 증가의 효과가 가장 크게 나타나게 되는 상황은 언제인가?

① 한계저축성향이 낮은 경우
② 한계소비성향이 낮은 경우
③ 정부지출의 증가로 물가가 상승한 경우
④ 정부지출의 증가로 이자율이 상승한 경우
⑤ 정부지출의 증가로 인해 구축효과가 나타난 경우

> 해설 정부지출의 효과가 크기 위해서는 승수효과가 커져야 한다. 승수효과란 확대재정정책에 따른 소득의 증가로 인해 소비지출이 늘어나게 되어 총수요가 추가적으로 증가하는 현상을 말한다. 즉, 한계소비성향이 높을수록 승수효과는 커진다. 한계소비성향이 높다는 것은 한계저축성향이 낮다는 것과 동일한 의미이다.

22 투자승수에 관한 다음 설명 중 옳지 않은 것은?

① 한계수입성향이 높아지면 투자승수는 작아진다.
② 유발투자가 존재하면 투자승수는 커진다.
③ 화폐수요의 소득탄력성이 클수록 투자승수는 커진다.
④ 한계소비성향이 클수록 투자승수는 커진다.
⑤ 투자의 이자율탄력성이 클수록 투자승수는 작아진다.

> 해설 화폐의 소득탄력성이 크면 LM곡선이 수직선에 가까운 형태이므로 독립적인 투자지출이 증가해도 국민소득이 별로 증가하지 않는다. 그러므로 화폐수요의 소득탄력성이 크면 투자승수는 작아진다.

23 균형국민소득결정식과 소비함수가 다음과 같을 때, 동일한 크기의 정부지출 증가, 투자액 증가 또는 감세에 의한 승수효과에 대한 설명으로 옳은 것은?

- 균형국민소득결정식 : $Y = C + I + G$
- 소비함수 : $C = B + a(Y - T)$

(단, Y는 소득, C는 소비, I는 투자, G는 정부지출, T는 조세이고, I, G, T는 외생변수이며, $B > 0$, $0 < a < 1$ 이다)

① 정부지출 증가에 의한 승수효과는 감세에 의한 승수효과와 같다.
② 투자액 증가에 의한 승수효과는 감세에 의한 승수효과보다 작다.
③ 정부지출 증가에 의한 승수효과는 감세에 의한 승수효과보다 크다.
④ 투자액 증가에 의한 승수효과는 정부지출의 증가에 의한 승수효과보다 크다.
⑤ 투자액 증가에 의한 승수효과는 정부지출의 증가에 의한 승수효과보다 작다.

해설 한계소비성향이 α이므로 정부지출승수와 투자승수는 모두 $\frac{1}{1-\alpha}$로 일정하고, 조세승수는 $\frac{-\alpha}{1-\alpha}$로 나타낸다. 그러므로 정부지출승수와 투자승수의 크기는 조세승수의 절대값보다 크다.

24 다음과 같은 케인즈의 경제모형을 가정할 경우, 정부지출승수, 투자승수, 정액조세승수를 순서대로 바르게 배열한 것은?

$$Y=C+I+G$$
$$C=0.6(Y-T)+500$$
$$I=300$$
$$G=300$$
$$T=300$$

(단, Y는 국민소득, C는 소비지출, I는 투자지출, G는 정부지출, T는 정액조세를 나타낸다)

① 1.5/1.5/−2.5
② 1.5/2.5/−2.5
③ 2.5/1.5/−1.5
④ 2.5/2.5/−1.5
⑤ 3/3/−1.5

해설 케인즈 경제모형이므로 폐쇄경제, 정액세를 가정하면 t=0, m=0이 되고, 한계소비성향(c)이 0.6이다.

정부지출승수($\frac{dY}{dG}$)와 투자승수($\frac{dY}{dI}$) = $\frac{1}{1-c} = \frac{1}{1-0.6} = 2.5$

정액조세승수($\frac{dY}{dT}$) = $\frac{-c}{1-c} = \frac{-0.6}{1-0.6} = -1.5$

정답 24 ④

제13장 소비함수와 투자함수

대표유형문제

다음 중 케인즈의 절대소득가설에 대한 설명 중 옳지 않은 것은?
① 한계소비성향은 0보다 크고 1보다 작다.
② 일시적으로 소득이 증가하면 소비는 증가한다.
③ 개인의 소비는 다른 사람의 소비와는 무관하다는 소비의 독립성을 전제로 한다.
④ 소득이 증가할수록 평균소비성향(APC)는 증가한다.
⑤ 일시적인 재정정책은 매우 효과적이다.

해설
소득이 증가할수록 평균소비성향(APC)는 감소한다.

정답 ④

제1절 소비함수론

1 케인즈의 절대소득가설

(1) 절대소득가설의 개요

① 일정기간 동안의 소비는 현재의 절대적인 소득수준에 의존한다는 가설이다.
② 소비는 타인의 소비행위와는 독립적으로 자신의 소득에 의해서만 결정된다고 가정한다.
③ 소비와 소득수준은 같은 방향으로 움직인다고 가정한다. 즉, 소득수준이 증가하면 소비도 증가한다.

$$C = C_0 + cY_d \quad (0 < c < 1)$$

(단, C는 소비, C_0는 기초소비, c는 한계소비성향, Y_d는 가처분소득을 의미한다)

한계소비성향(MPC,c)이 일정한 경우 한계소비성향(MPC,c)이 감소하는 경우

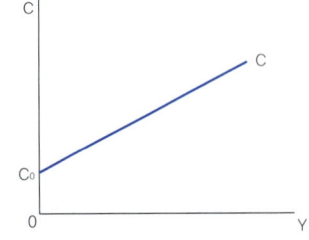
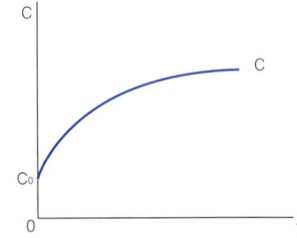

(2) 절대소득가설의 내용

① 소비는 현재의 가처분소득($Y-T$)에 의해 결정된다.
② 소득이 증가하면 소비는 증가된 소득의 일부(cY)만큼만 소비된다.
③ 소득이 증가할수록 평균소비성향(APC)은 감소한다.
④ 케인즈의 소비함수 이론에 따르면 일시적인 세율인하 시 소비가 크게 증가하므로 일시적인 재정정책은 매우 효과적이다.

⑤ 하지만 장기에는 소득과 소비의 관계를 설명하기 어렵다.

> **참고** 고전학파의 소비에 대한 견해
> - 고전학파에 따르면 저축은 실질이자율의 증가함수이고, 소비는 실질이자율의 감소함수이다.
> - 하지만 국민소득이 완전고용산출량 수준에서 고정($Y = Y_N$)되어 있으므로 국민소득은 이자율의 변화에 따른 저축과 소비의 변화에 영향을 받지 않는다.

② 쿠즈네츠의 실증분석

(1) 쿠즈네츠 실증분석의 개요

① 미국의 실제 자료를 이용하여 소득과 소비의 관계를 분석한 방법을 말한다.

② 횡단면분석, 단기시계열분석, 장기시계열 분석을 통해 평균소비성향(APC)과 한계소비성향(MPC)을 비교한다.

㉠ 횡단면분석과 시계열분석의 개념비교

횡단면분석	동일 시점에서 여러 변수에 대하여 관찰된 자료를 이용한 통계적 분석방법을 말한다.
시계열분석	과거의 자료를 알면 미래가 예측가능하다는 전제에서 기초하여 시간의 흐름에 따라 관측된 자료를 분석하는 방법을 말한다.

㉡ 평균소비성향(APC)와 한계소비성향(MPC)의 개념비교

평균소비성향 (APC)	• 한 가구가 벌어들인 소득 중에서 얼마만큼을 소비·지출하는가를 나타내는 지표로서 소비지출액을 가처분소득으로 나누어 계산한다. • 그래프에서는 소비함수를 나타내는 직선의 각 점들에서 원점에 그은 직선의 기울기를 의미한다.
한계소비성향 (MPC)	• 소득의 증가분에 대한 소비의 증가분을 나타내는 지표로서 일반적으로 소득수준이 낮을 때에는 높게 나타나지만 소득수준이 높아짐에 따라 하락하는 경향이 있다. • 그래프에서는 소비함수의 기울기를 말하며, 소득의 증가 여부에 상관없이 항상 일정하고 평균소비성향과도 일치한다.

대표유형문제

다음 중 쿠즈네츠의 실증분석에 대한 설명 중 옳지 않은 것은?

① 단기에는 불황기보다 호황기에 평균소비성향이 크다.
② 한계소비성향(MPC)은 소득수준이 높아짐에 따라 하락한다.
③ 단기적으로는 항상 평균소비성향이 한계소비성향보다 크기 때문에 단기소비함수는 소비축을 통과하는 직선 형태로 도출된다.
④ 장기적으로는 항상 평균소비성향과 한계소비성향이 일치하기 때문에 장기소비함수는 원점을 통과하는 직선 형태로 도출된다.
⑤ 장기에는 평균소비성향이 항상 일정하다.

해설
쿠즈네츠 실증분석에 따르면 단기에는 호황기보다 불황기에 평균소비성향이 크다.

정답 ①

대표유형문제

다음 중 밴드웨건효과(Bandwagon effect)와 관련이 있는 소비함수 이론은?
① 항상소득가설
② 생애주기가설
③ 상대소득가설
④ 랜덤워크가설
⑤ 피셔의 3기간 모형

해설

밴드웨건효과란 유행에 따라 상품을 구입하는 소비현상을 말한다. 즉, 상품에 대한 어떤 사람의 수요가 다른 사람들의 수요에 의해 영향을 받는 것을 의미하는데, 이는 소비가 타인과 상호의존관계가 있음을 시사한다. 이러한 소비의 상호의존성을 전제로 한 소비함수 이론은 듀젠베리의 상대소득가설이다.

정답 ③

(2) 쿠즈네츠 실증분석의 내용

구 분	단 기	장 기
분석방법	횡단면분석, 단기시계열분석	장기시계열분석
APC와 MPC의 관계	APC > MPC	APC = MPC
분석내용	• 소득수준이 높을수록 APC는 감소한다. • 호황기에는 APC가 낮고, 불황기에는 APC가 높다.	• 장기에는 APC가 일정하다.

③ 듀젠베리의 상대소득가설

(1) 상대소득가설의 개요

① 소득이 감소하더라도 다시 소비를 줄이기가 어렵다고 가정한다.
  ☞ 소비의 습관성, 소비의 비가역성, 톱니효과(Ratchet effect)
② 소비는 자신의 소득뿐만 아니라 타인의 소비행위에도 영향을 받는다.
  ☞ 소비의 상호의존성, 소비의 외부성, 전시효과(Demonstration effect)

(2) 상대소득가설의 내용

① 장기소비함수
  ㉠ 장기적으로 자신의 소득이 증가할 경우 타인과 비슷한 소비수준을 유지하기 위해 자신의 소비도 비례적으로 증가시키는 경향을 보인다.
  ㉡ 그러므로 장기소비함수는 원점을 통과하는 직선형태로 도출되어 평균소비성향과 한계소비성향이 일치하게 된다.(APC=MPC)
② 단기소비함수
  ㉠ 전시효과(Demonstration effect)
    • 전시효과란 각자 자신의 소득수준과 관계없이 사회일반의 소비수준의 영향을 받아 타인의 소비와 비슷하게 유지하려는 사회심리학적 소비성향을 말한다.
    • 즉, 사람들은 사회에서 하급재보다 고급재를 구하려는 욕구가 크며, 그 욕구는 사회적으로 보다 높은 지위에 있는 사람들과 접촉이 많은 사람일수록 크다고 본다.

- 경제학자 베블렌은 재화가 가진 본래의 실질효용 이외에 과시적 효용에 주목하며 전시효과 이론을 뒷받침한다.

  ⓒ 톱니효과(Ratchet effect)
  - 톱니효과란 소비의 상대적 안정성으로 인하여 경기후퇴 시 소득이 줄어든다 하더라도 소비가 같은 속도로 줄어들지 않는 현상을 말한다.
  - 그러므로 경기후퇴 시 톱니효과로 인해 경기후퇴 속도는 상당히 완화되고 소비가 경기후퇴를 억제하는 작용을 한다.

(3) 상대소득가설의 평가

① 상대소득가설의 대표적 이론인 전시효과와 톱니효과는 비합리적인 소비자를 가정한다.

② 소득이 증가할 때는 소비도 증가하지만 소득이 감소할 때는 소비가 별로 줄어들지 않으므로 소비함수는 비대칭적이다.

③ 절대소득가설과 상대소득가설의 특징비교

구 분	절대소득가설	상대소득가설
특 징	소비의 독립성	소비의 상호의존성 → 전시효과
	소비의 가역성	소비의 비가역성 → 톱니효과

4 프리드만의 항상소득가설

(1) 항상소득가설의 개요

① 항상소득가설에서 소비는 항상소득(Y_P)에 의해 결정된다고 가정한다.

$$C = kY_p \, (0 < k < 1)$$

② 항상소득가설은 피셔의 2기간 모형에 기초하여 사람들이 전 생애에 걸친 효용극대화의 관점에서 효용을 극대화한다고 가정한다.

(2) 항상소득가설의 내용

① 항상소득가설에서 실제소득은 항상소득(Y_P)과 임시소득(Y_t)으로 구분된다.

$$Y = Y_p + Y_t$$

대표유형문제

다음 중 항상소득이론과 관련된 설명으로 옳지 않은 것은?
① 장기적으로 평균소비성향은 일정하다.
② 소비는 임시소득에 의해 결정된다.
③ 단기적으로는 평균소비성향이 한계소비성향보다 크다.
④ 임시소득은 장기적으로(평균적으로) 0에 수렴한다.
⑤ 일시적인 세율 인하의 경우에는 총수요를 진작시키는 데 효과가 없다.

해설
소비는 항상소득에 의해 결정된다.

정답 ②

대표유형문제

다음 중 프리드만의 항상소득가설(Permanent Income Hypothesis)에 대한 설명으로 옳은 것은?

> 가. 임시소비와 임시소득 사이에는 일정한 상관관계가 있다.
> 나. 항상소비와 항상소득 사이에는 일정한 상관관계가 있다.
> 다. 항상소비와 임시소비 사이에는 아무런 상관관계가 없다.
> 라. 항상소득과 임시소득 사이에는 아무런 상관관계가 없다.

① 가
② 나
③ 나, 다
④ 가, 나, 다
⑤ 나, 다, 라

해설

항상소득가설에 의하면 항상소비는 항상소득의 일정비율로 결정되므로 예상치 못한 요인에 의한 지출인 임시소비는 임시소득과 아무런 관계가 없다.

정답 ⑤

㉠ 항상소득(Y_P, Permanent income)
- 항상소득이란 정상적인 소득으로 확실하게 기대할 수 있는 장기적인 기대소득을 의미한다.
- 항상소득은 적응적 기대 방법으로 현재 및 과거의 소득을 가중평균하여 구한다.

㉡ 임시소득(Y_t, Transitory income)
- 임시소득이란 비정상적인 소득으로 예측불가능한 일시적인 소득을 의미한다.
- 단기에는 임시소득이 0보다 크거나 작을 수 있으나 장기에는 평균이 0이다.

② 단기소비함수

㉠ $C = kY_P (0 < k < 1)$와 $Y = Y_P + Y_t$의 관계식을 통해 평균소비성향을 구하면 다음과 같다.

$$APC = \frac{C}{Y} = \frac{kY_P}{Y} = \frac{k(Y-Y_t)}{Y} = k\left(1 - \frac{Y_t}{Y}\right)$$

㉡ 단기에는 임시소득(Y_t)의 값이 커질수록 평균소비성향은 감소하고, 임시소득(Y_t)의 값이 작아질수록 평균소비성향은 증가한다.

㉢ 그러므로 단기소비함수는 소비축을 통과한다.
- 호황기에는 평균소비성향이 낮고 불황기에는 평균소비성향이 높다.
- 고소득층에서는 평균소비성향이 낮고 저소득층에서는 평균소비성향이 높게 나타난다.

③ 장기소비함수

㉠ 장기적으로는 임시소득(Y_t)의 평균이 0이므로 소비함수는 다음과 같다.

$$C = kY \ (0 < k < 1)$$

㉡ 그러므로 장기소비함수는 원점을 통과하는 직선으로 도출되며, 평균소비성향과 한계소비성향은 모두 k로 일정하다.

$$APC = MPC = k$$

(3) 항상소득가설의 평가

① 케인즈가 주장한 단기 재정정책(일시적 세율인하 등)은 임시소득을 변화시킬 뿐이므로 총수요를 증가시키는 데 효과가 없다.

② 반면, 영구적인 세율인하의 경우에는 일시적인 세율인하의 경우보다 총수요가 훨씬 큰 폭으로 증가한다.
③ 실제소득을 항상소득과 임시소득으로 구분하는 데 어려움이 있다.

5 생애주기가설

(1) 생애주기가설의 개요

① 라이프사이클가설, 평생소득가설이라고도 하는 생애주기가설에 의하면 사람들은 대체로 남은 평생을 염두에 두고 현재의 소비를 결정한다.
② 즉, 일생동안 소득의 변화는 불규칙하지만 현재가치를 감안하여 판단한 생애전체의 소득을 바탕으로 소비는 일생동안 일정하게 유지하고자 하는 소비이론을 말한다.
③ 생애주기가설에서 소비는 소득뿐만 아니라 자산의 크기에도 영향을 받는다.

$$C = \alpha W + \beta Y$$

(α : 자신의 한계소비성향, β : 소득의 한계소비성향)

(2) 생애주기가설의 내용

① 단기소비함수
  ㉠ 평균소비성향은 다음과 같이 구한다.

  $$APC = \frac{C}{Y} = \frac{\alpha W + \beta Y}{Y} = \alpha \left(\frac{W}{Y}\right) + \beta$$

  ㉡ 단기에는 자산(W)의 크기가 고정되어 있으므로 소득(Y)이 증가하면 평균소비성향이 감소한다.
  ㉢ 그러므로 단기소비함수는 소비축을 통과하는 형태로 도출된다 (APC > MPC).

② 장기소비함수
  ㉠ 장기적으로는 소득이 증가하더라도 자산도 같은 비율로 증가하므로 $\frac{W}{Y}$ 값이 일정하게 유지된다.
  ㉡ $\frac{W}{Y}$ 값이 일정하게 유지되면 평균소비성향도 일정한 값을 갖는다.
  ㉢ 그러므로 장기소비함수는 원점을 통과하는 직선의 형태로 도출된다. (APC = MPC)

대표유형문제

정부가 경기 불황을 극복하기 위해 일시적으로 재정 조세정책을 변경시키고자 한다. 생애주기(Life-cycle)가설에 입각할 때, 다음 중 경제 전체의 소비를 증가시키기 위한 가장 적절한 조치는?
① 노년층에 대한 재정지출을 집중적으로 증가시킨다.
② 근로소득세를 일률적으로 인하한다.
③ 법인세를 일률적으로 인하한다.
④ 청장년층에 대한 조세를 집중적으로 감면한다.
⑤ 공공근로사업을 확대한다.

해설

생애주기가설이란 일생동안 소득의 변화는 불규칙하나 생애 전체 소득의 현재가치를 고려하여 소비는 일정하게 유지하는 이론을 말한다. 이러한 생애주기이론에 따르면 주어진 보기 중 상대적으로 평균소비성향이 가장 큰 노년층에 대한 재정지출을 증가시킬 경우 경제 전체의 소비가 가장 크게 증가할 것이다.

정답 ①

> **대표유형문제**
>
> 소비함수에 대한 랜덤워크가설의 내용으로 옳지 않은 것은?
> ① 항상소득가설에 합리적인 기대를 도입한 소비함수이다.
> ② 내년부터 세율을 인상하는 세법개정안이 통과되면 현재소비가 감소한다.
> ③ 합리적인 사람이라면 소비를 비교적 정확히 예측할 수 있다.
> ④ t기의 소비를 설명해 줄 수 있는 설명변수는 t-1기의 소비뿐이다.
> ⑤ 재정정책이 일반인들의 기대에 어떤 영향을 미치는지에 따라 그 효과가 달라진다.
>
> **해설**
> 합리적인 기대를 이용하더라도 예상하지 못한 상황이 발생한다면 t기의 소비를 예측하는 것은 불가능하다.
>
> **정답** ③

(3) 생애주기가설의 평가

① 일시적인 조세정책은 평생소득에 영향을 미치지 못하므로 효과가 별로 없다.

② 항상소득가설과 생애주기가설의 비교

구 분	항상소득가설	생애주기가설
공통점	피셔의 2기간 모형을 확장하여 미래지향적인 소비행위를 설명한다.	
차이점	소득을 항상소득과 임시소득으로 구분하고 소비는 항상소득의 영향을 받는다고 가정한다.	소득의 구분없이 전생애에 걸친 소득과 소비의 패턴을 분석한 후 일생 동안 소비를 일정하게 유지한다고 가정한다.

6 랜덤워크가설

(1) 랜덤워크가설의 개요

① 랜덤워크가설이란 효율적 시장가설 이론 중 하나로 항상소득가설에 합리적 기대를 도입하여 설명한다.

② 랜덤워크가설이란 주가의 변화는 과거의 변화나 어떤 패턴에 제약을 받지 않고 독립적으로 움직인다는 가설이다.

③ 따라서 기술적 분석 방법에 의한 주가의 예측 기법과는 상반된 것으로, 이에 의하면 주가의 예측은 불가능하다.

> **참고** 합리적 기대
> - 합리적 기대란 이용가능한 모든 정보를 이용하여 경제변수를 예상하는 것이다.
> - 그러므로 합리적 기대하에서는 체계적인 예상오차가 발생하지 않는다.
> - 즉, 예상하지 못한 변화가 발생하면 예상이 틀릴 수도 있으나 평균적으로는 정확하게 예상할 수 있다.

(2) 랜덤워크가설의 내용

① 합리적 기대하에서 항상소득이 결정되면 그에 따라 소비가 결정된다.
② 랜덤워크가설의 소비함수는 다음과 같이 나타난다.

$$C_t = C_{t-1} + \varepsilon_t \quad (\varepsilon_t : 예상하지 \ 못한 \ 충격)$$

㉠ 예상하지 못한 상황이 발생하지 않는다면 t기의 소비는 (t-1)기의 소비와 동일하다.
㉡ 예상하지 못한 상황이 발생한다면 t기의 소비는 (t-1)기의 소비와 달라진다.

(3) 랜덤워크가설의 평가

① 미래소비를 예측하기 위해서는 전기의 소비만 알고 있으면 되지만, 예상치 못한 충격은 합리적 기대를 통해서도 예측이 불가능하여 소비의 정확한 예측은 어렵다.
② 예상된 정책은 소비의 변화에 아무런 영향을 미칠 수 없는 반면, 예상되지 못한 정책은 소비의 변화에 영향을 미칠 수 있다.

제2절 투자함수론

1 고전학파의 현재가치법

(1) 현재가치법의 개요

① 피셔에 의해 구체화된 고전학파의 투자결정이론이다.
② 투자로부터 얻는 예상수입과 투자비용의 현재가치를 비교하여 투자 여부를 결정하는 이론이다.

(2) 현재가치법의 내용

① 투자안의 순현재가치(Net Present Value ; NPV)는 투자재 구입 시 예상되는 수익의 현재가치(Present Value ; PV)에서 투자비용(C)을 차감하여 구한다.

$$NPV = PV - C$$

$$PV = \frac{R_1}{(1+r)} + \frac{R_2}{(1+r)^2} + \frac{R_3}{(1+r)^3} + \cdots + \frac{R_n}{(1+r)^n}$$

(n : 내용연수, R_n : n기 기업가의 예상수익, r : 이자율)

대표유형문제

어떤 기업이 새로운 투자재를 구입하면 1년 후 200만 원, 2년 후 300만 원의 수입이 예상된다고 한다. 투자재 가격이 350만 원이고, 이자율이 30%로 주어져 있다면 이 투자재를 구입할 때의 순현재가치(NPV)는?
① -37.28만 원
② -18.64만 원
③ -9.32만 원
④ 18.64만 원
⑤ 37.28만 원

해설
이 투자재를 구입함으로써 얻어지는 수입의 현재가치는 약 331.36만 원이다.

$$PV = \frac{200}{(1+0.3)} + \frac{300}{(1+0.3)^2} = 331.36$$

투자재의 가격이 350만 원일 경우 순현재가치는 약 -18.64만 원이다.
NPV = PV - C = 331.36 - 350
     = -18.64만 원
NPV < 0이므로 이 투자재는 구입하지 않는 것이 바람직하다.

정답 ②

대표유형문제

투자계획안 A, B, C, D, E의 투자비용은 각각 300, 400, 500, 600, 700억 원이며, 한계효율은 각각 0.08, 0.09, 0.11, 0.12, 0.13이다. 현재 시장이자율이 10%일 경우 총투자의 크기는 얼마인가?

① 700억 원
② 1,300억 원
③ 1,800억 원
④ 2,200억 원
⑤ 2,500억 원

해설

케인즈의 내부수익률법에 따르면 내부수익률이 시장이자율보다 큰 경우에 투자가 이루어지므로 총투자비용은 투자계획안 C, D, E의 투자비용만 합계하여 구한다. 따라서 총투자의 크기는 1,800(=500+600+700)억 원이 된다.

정답 ③

② 순현재가치의 변화를 분석하여 투자를 결정한다.

순현재가치(NPV)의 변화	PV와 C의 대소 관계	투자결정
NPV > 0	PV > C	투자 증가
NPV = 0	PV = C	투자 불변
NPV < 0	PV < C	투자 감소

(3) 현재가치법의 평가

① 투자는 이자율의 감소함수이므로 이자율에 의해 투자 여부가 결정된다.
② 투자는 이자율변화에 민감하게 반응하므로 투자의 이자율 탄력성은 크다. 즉, IS곡선의 기울기가 완만하게 도출된다.
③ 이론적으로 내부수익률법보다 우월하다고 생각된다.

2 케인즈의 내부수익률법

(1) 내부수익률법의 개요

① 케인즈에 의해 제시된 투자결정이론이다.
② 투자의 한계효율(내부수익률)과 이자율을 비교하여 투자를 결정하는 이론이다.

(2) 내부수익률법의 내용

① 내부수익률이란 투자로부터 얻어지는 예상수입의 현재가치와 투자비용이 같아지는 할인율(m)을 의미한다.

$$NPV = PV - C$$

$$PV = \frac{R_1}{(1+m)} + \frac{R_2}{(1+m)^2} + \frac{R_3}{(1+m)^3} + \cdots + \frac{R_n}{(1+m)^n} = C$$

(n : 내용연수, R_n : n기 기업가의 예상수익, m : 내부수익률)

② 순현재가치를 분석하여 투자를 결정한다. 단, r = 0

순현재가치(NPV)의 변화	m과 r의 대소관계	투자결정
NPV > 0	m > r	투자 증가
NPV = 0	m = r	투자 불변
NPV < 0	m < r	투자 감소

③ 투자의 한계효율곡선의 도출
  ㉠ 다수의 투자안이 존재하는 경우 각 투자안에 대한 투자의 한계효용을 계산하여 그 값이 가장 큰 투자안부터 나열하면 우하향하는 투자의 한계효율 곡선이 도출된다.
  ㉡ 기업가의 낙관적인 경기전망, 투자비용의 감소, 기술진보 등의 변화가 발생하면 투자의 한계효율곡선이 상방으로 이동한다.

(3) 내부수익률법의 평가
① 투자는 이자율의 감소함수이므로 이자율에 의해 투자 여부가 결정된다.
② 투자는 이자율의 영향을 크게 받는 것은 아니므로 투자의 이자율 탄력성은 작다. 즉, IS곡선의 기울기가 가파르게 도출된다.
③ 투자는 기업가의 장래에 대한 기대와 동물적 감각에 의해 결정된다.

3 현재가치법과 내부수익률법의 비교

구 분	현재가치법	내부수익률법
공통점	• 기대수익률에 의해 투자가 결정된다. • 투자는 이자율의 감소함수이다.	
차이점	• 객관적인 시장이자율을 이용하여 투자안을 평가한다. • 투자는 이자율에 대해 탄력적이다.	• 주관적인 내부수익률을 이용하여 투자안을 평가한다. • 투자는 이자율에 대하여 비탄력적이다.
평 가	이론적으로 내부수익률법보다 우월하다고 평가된다.	내부수익률은 n차 방정식으로부터 계산된 값이므로 다수의 내부수익률이 존재할 가능성이 존재한다.

4 토빈의 q이론

(1) 토빈의 q이론의 개요
① 토빈의 q이론은 주식시장에서 평가된 기업의 시장가치와 실물자본의 대체비용을 비교하여 투자 여부를 결정하는 이론이다.
② 토빈의 q이론은 생산물시장과 자본시장을 연결한 투자이론이다.

대표유형문제

다음은 내부수익률과 이자율을 비교하여 투자를 결정하는 케인즈의 내부수익률법에 관한 내용이다. 괄호 안에 들어갈 내용을 순서대로 옳게 나열한 것은?

순현재가치 (NPV)의 변화	m과 r의 대소관계	투자결정
NPV>0	Ⓐ	Ⓑ
NPV<0	Ⓒ	Ⓓ

① Ⓐ m>r   Ⓑ 투자 증가
  Ⓒ m<r   Ⓓ 투자 감소
② Ⓐ m<r   Ⓑ 투자 증가
  Ⓒ m>r   Ⓓ 투자 감소
③ Ⓐ m>r   Ⓑ 투자 불변
  Ⓒ m<r   Ⓓ 투자 감소
④ Ⓐ m<r   Ⓑ 투자 감소
  Ⓒ m>r   Ⓓ 투자 증가
⑤ Ⓐ m>r   Ⓑ 투자 감소
  Ⓒ m<r   Ⓓ 투자 불변

해설
내부수익률이 이자율보다 큰 경우 순현재가치는 0보다 커지고 투자는 증가한다.

정답 ①

대표유형문제

다음 토빈의 q이론에 대한 설명으로 옳지 않은 것은?

① q값은 자본시장과 실물시장을 연결해주는 매개변수로 이자율보다 자본시장에 관한 포괄적인 정보를 제공해준다.
② q이론은 생산물시장과 자본시장을 연결한 투자이론이다.
③ q이론은 주식시장의 국민경제적 역할을 잘 보여준다.
④ q이론은 거의 모든 국가에서 잘 적용될 수 있다.
⑤ q값이 1보다 큰 경우 투자는 증가하게 된다.

해설
토빈의 q값이 의미있게 적용되기 위해서는 주식가격이 기업의 내재가치를 잘 반영하고 있어야 하므로 주식시장이 존재하지 않거나 주식시장이 효율적이지 않다면 q값은 무의미하다. 즉, q값은 주식시장이 상대적으로 효율적인 국가의 경우에 적용 가능하다.

정답 ④

(2) 토빈의 q이론의 내용

① 토빈의 q값은 주식시장에서 평가된 기업의 시장가치를 기업의 실물자본의 대체비용으로 나누어 계산한다.

$$\text{토빈의 } q = \frac{\text{주식시장에서 평가된 기업의 시장가치}}{\text{기업의 실물자본의 대체비용}}$$

② q값을 분석하여 투자를 결정한다.

q값의 크기	q값의 구성요소 비교	투자의 변화
q > 1	주식시장에서 평가된 기업의 시장가치 > 기업의 실물자본의 대체비용	투자 증가
q = 1	주식시장에서 평가된 기업의 시장가치 = 기업의 실물자본의 대체비용	투자 불변
q < 1	주식시장에서 평가된 기업의 시장가치 < 기업의 실물자본의 대체비용	투자 감소

③ 이자율 변화를 분석하여 투자를 결정한다.

이자율의 변화	주가 변화	q값 변화	투자의 변화
이자율 상승	주가 하락	q값 하락	투자의 감소
이자율 하락	주가 상승	q값 상승	투자의 증가

(3) 토빈의 q이론의 평가

① 토빈의 q값은 자본시장과 실물시장을 연결해주는 매개변수로 이자율보다 자본시장에 관한 포괄적인 정보를 제공해준다.
② 토빈의 q이론은 주식시장의 국민경제적 역할을 잘 보여주지만 주식시장이 상대적으로 효율적인 국가의 경우에만 적용 가능하다.

제3편 거시경제

제13장 출제예상문제

01 전통적인 케인즈 소비함수의 특징이 아닌 것은?

① 한계소비성향이 0과 1 사이에 존재한다.
② 평균소비성향은 소득이 증가함에 따라 감소한다.
③ 현재의 소비는 현재의 소득에 의존한다.
④ 이자율은 소비를 결정할 때 중요한 역할을 한다.
⑤ 단기소비곡선에서 평균소비성향은 한계소비성향보다 크다.

> **해설** 케인즈에 따르면 현재소비는 현재의 가처분소득에 의해서만 결정되므로 이자율은 소비에 아무런 영향을 미치지 않는다.

최신출제유형 23 24

02 항상소득가설에 의하면 다음 중 소비에 미치는 영향이 가장 큰 소득의 변화는?

① 직장에서 과장으로 승진해 월급이 올랐다.
② 로또에서 3등으로 당첨돼 당첨금을 받았다.
③ 감기로 인한 결근으로 급여가 일시적으로 감소했다.
④ 휴가를 최대한 사용해 미사용 연차휴가수당이 줄었다.
⑤ 일시적인 수요 증가로 초과 근무가 늘어나고 초과 수당이 증가했다.

> **해설** 프리드만에 의해 제시된 소비함수론인 항상소득가설에서는 소비가 항상소득에 의해 결정된다고 가정한다. 즉, 항상소득가설에서 실제소득은 항상소득과 임시소득의 합으로 구성되지만 소비에 미치는 영향이 크고 항구적인 것은 항상소득인 것이다. 반면 임시소득은 소득 변동이 임시적인 것으로 소비에 영향을 미치지 못하거나 영향을 미치는 정도가 매우 낮다.

정답 1 ④ 2 ①

03 항상소득이론에 근거한 설명으로 옳은 것을 모두 고르면?

> 가. 직장에서 승진하여 소득이 증가하였으나 이로 인한 소비는 증가하지 않는다.
> 나. 경기호황기에는 임시소득이 증가하여 저축률이 상승한다.
> 다. 항상소득에 대한 한계소비성향이 임시소득에 대한 한계소비성향보다 더 작다.
> 라. 소비는 현재소득뿐 아니라 미래소득에도 영향을 받는다.

① 가, 나
② 가, 라
③ 나, 다
④ 나, 라
⑤ 다, 라

해설
가. 직장에서 승진하여 소득이 증가한 것은 항상소득의 증가를 의미하므로 승진으로 소득이 증가하면 소비가 큰 폭으로 증가한다.
나. 경기호황으로 인한 임시소득의 증가는 소비에 영향을 거의 미치지 않기 때문에 저축률이 상승하게 된다.
다. 항상소득가설에 의하면 항상소득이 증가하면 소비가 큰 폭으로 증가하나 임시소득이 증가하는 경우에는 소비가 별로 증가하지 않는다. 그러므로 항상소득에 대한 한계소비성향이 임시소득에 대한 한계소비성향보다 더 크게 나타난다.
라. 소비가 현재소득뿐 아니라 미래소득에도 영향을 받는다는 점에서 항상소득가설과 유사하다.

04 소비함수이론 중 생애주기(Life-cycle)가설에 대한 설명으로 옳지 않은 것은?

① 소비자는 일생동안 발생한 소득을 염두에 두고 적절한 소비 수준을 결정한다.
② 청소년기에는 소득보다 더 높은 소비수준을 유지한다.
③ 저축과 달리 소비의 경우는 일생에 걸쳐 거의 일정한 수준이 유지된다.
④ 동일한 수준의 가처분소득을 갖고 있는 사람들은 같은 한계소비성향을 보인다.
⑤ 소비는 소득뿐만 아니라 자산의 크기에도 영향을 받는다고 가정하였다.

해설 생애주기가설이란 일생동안 소득의 변화는 규칙적이지 않지만 생애 전체 소득의 현재가치를 감안한 소비는 일정한 수준으로 유지된다는 이론이다. 생애주기가설에 의하면 가처분소득이 동일한 수준이라도 각자의 생애주기가 어디에 속하는가에 따라 소비성향이 다르게 나타난다.

05 소비의 항상소득가설과 생애주기가설에 관한 설명으로 옳은 것을 모두 고른 것은?

> 가. 소비자들은 가능한 한 소비수준을 일정하게 유지하려는 성향이 있다.
> 나. 생애주기가설에 의하면 고령인구의 비율이 높아질수록 민간부문의 저축률이 하락할 것이다.
> 다. 프리드만의 항상소득가설에 의하면 높은 소득의 가계가 평균적으로 낮은 평균소비성향을 갖는다.
> 라. 케인즈는 항상소득가설을 이용하여 승수효과를 설명하였다.

① 가, 나
② 가, 라
③ 나, 다
④ 가, 나, 다
⑤ 나, 다, 라

해설 라. 케인즈는 절대소득가설을 이용하여 승수효과를 설명하였다. 즉, 케인즈의 승수모형에서는 현재소득이 증가하면 즉각 소비가 증가하는 것으로 가정한다.

06 소비이론에 대한 설명으로 옳지 않은 것은?

① 케인즈의 소비함수에 따르면 평균소비성향은 한계소비성향보다 크다.
② 항상소득가설에 따르면 항상소득의 한계소비성향은 일시소득의 한계소비성향보다 작다.
③ 생애주기가설에 따르면 총인구에서 노인층의 비중이 상승하면 국민저축률은 낮아진다.
④ 쿠즈네츠는 장기에는 평균소비성향이 대략 일정하다는 것을 관찰하였다.
⑤ 상대소득가설에 따르면 소득이 감소하여도 소비의 습관성으로 인해 단기적으로 소비는 거의 감소하지 않는다.

해설 항상소득가설에 의하면 항상소득의 증가는 소비의 증가에 크게 영향을 미치지만 임시소득이 증가하는 것은 소비에 거의 영향을 미치지 않는다. 따라서 항상소득의 한계소비성향은 일시소득의 한계소비성향보다 크다.

정답 5 ④ 6 ②

07 총수요를 진작하여 경기를 회복하기 위한 방법 중 하나로 정부지출을 일정하게 유지한 상태에서 조세를 감면해야 한다는 주장의 근거로 적당하지 않은 것은?

① 소비자들은 대체로 현재소득에 의존하여 소비를 결정한다.
② 소비자들은 미래의 조세 증가가 다음 세대에서 이뤄질 것으로 생각한다.
③ 소비자들 중 상당수가 차입 제약 때문에 소비하지 못하는 상태였다.
④ 소비자들은 완충기금을 확보한 이후에는 예비적 저축을 하지 않는 경향이 있다.
⑤ 소비자들은 현재의 조세 감면이 궁극적으로 미래의 조세 증가로 이어질 것으로 기대한다.

> **해설** 프리드만이 주장한 항상소득가설에서는 사람들이 전 생애에 걸친 효용극대화의 관점에서 효용을 극대화한다고 가정한다. 따라서 만약 현재 조세가 감면되더라도 미래에 조세가 증가한다면 소비자들은 소비를 증가시키지 않으므로 총수요는 진작될 수 없다.

08 현재가치법에 사용되는 할인율에 대한 다음 설명 중 옳지 않은 것은?

> 가. 할인율은 미래의 현금흐름(Cash Flow)을 현재가치로 전환할 때 적용한다.
> 나. 할인율이 10%라면 1년 후 1,000원은 현재가치로 '1,000원/1.1'로 계산하여 909.09원이 된다.
> 다. 공공사업의 경우 민간사업보다 긍정적 외부효과가 크기 때문에 높은 할인율을 책정하여야 한다.
> 라. 할인율이 높아지면 총 비용의 현재가치가 낮아진다.
> 마. 위험도가 높을수록 낮은 할인율을 통해 위험의 정도를 반영하여야 한다.

① 가, 나
② 가, 다
③ 나, 라
④ 다, 마
⑤ 라, 마

> **해설** 다. 긍정적 외부효과를 반영하면 공공사업에는 낮은 할인율을 적용하는 것이 적절하다.
> 마. 위험도가 높을수록 높은 할인율을 통해 위험의 정도를 반영해야 한다.

09 연 이자율이 10%이고, 매년 말 10,000원씩 3년 동안 수령하는 연금을 현재 일시불로 수령할 때 현재가치를 계산하는 공식으로 적절한 것은?

① $10,000 + 10,000 + 10,000$

② $10,000 \times (1.1)^3$

③ $10,000 \times (1.1) + 10,000 \times (1.1)^2 + 10,000 \times (1.1)^3$

④ $10,000 \times \dfrac{1}{(1.1)^3}$

⑤ $10,000 \times \dfrac{1}{(1.1)} + 10,000 \times \dfrac{1}{(1.1)^2} + 10,000 \times \dfrac{1}{(1.1)^3}$

해설 예상되는 수익의 현재가치(Present Value ; PV)는 다음과 같이 구한다.

$$PV = \dfrac{R_n}{(1+r)^n} \ (n : 내용연수, \ R_n : n기\ 예상수익, \ r : 이자율)$$

여기서는 예상수익이 3년 동안 1만 원인 경우이므로 ⑤가 옳다.

10 A기업은 투자를 통해 1년 후에 110원, 2년 후에 121원의 수익을 얻을 수 있다. 이 투자로 인한 수익의 현재가치는?(단, A기업의 할인율은 연 10%로 일정하다)

① 200원

② 209원

③ 220원

④ 231원

⑤ 239원

해설 투자재 구입 시 예상되는 수익의 현재가치는 다음과 같이 구한다.

$$PV = \dfrac{R_1}{(1+r)} + \dfrac{R_2}{(1+r)^2} = \dfrac{110}{(1+0.1)} + \dfrac{121}{(1+0.1)^2} = 200$$

(R : n기 기업가의 예상수익, r : 이자율)

정답 9 ⑤ 10 ①

11 기업 투자가 매우 부진하여 경기가 회복되지 않고 있다고 하자. 기업이 투자를 늘리지 않는 이유를 투자이론의 관점에서 설명한 것 중 옳지 않은 것은?

① 금리가 충분히 낮지 않다.
② 경제 내의 불확실성이 크다.
③ 토빈(Tobin)의 q가 충분히 낮지 않다.
④ 기업의 경기회복에 대한 기대가 크지 않다.
⑤ 투자자금을 금융시장에서 조달하는 데 애로가 있다.

해설 토빈의 q이론이란 주식시장에서 평가된 기업의 시장가치(시가총액)를 실물자본의 대체비용(순자산가치)으로 나눠서 구한다. 이 방법으로 구한 q값의 크기에 따라 투자 여부가 결정되는데 q값이 1보다 큰 경우 적은 비용으로 높은 시장가치를 얻을 수 있기 때문에 투자를 늘리게 된다.

12 기업의 투자이론에 대한 설명으로 옳은 것은?

① 토빈 q의 값은 기업의 실물자본의 대체비용을 주식시장에서 평가된 기업의 시장가치로 나누어서 계산한다.
② 토빈 q이론은 이자율의 변화가 주요 투자요인이라고 설명한다.
③ 토빈 q가 1보다 크면 기업이 투자를 확대한다고 주장한다.
④ 토빈 q값은 자본의 상대적 효율성을 나타내는 지표이며, 신규투자의 변화와는 관련이 없어 거시경제지표로 활용하기 어렵다.
⑤ 토빈은 장기적으로 q값이 0으로 근접하여 순투자가 일어나지 않는 경향이 있다고 주장한다.

해설 ① 토빈의 q는 주식시장에서 평가된 기업의 시장가치를 기업의 실물자본 대체비용으로 나눈 값으로 정의된다.
② q이론에 의하면 이자율이 아니라 주식가격의 변동이 투자에 영향을 미치는 주요 요인이다.
④ 토빈 q값이 1보다 클 경우 투자가 증가하고 1보다 작을 경우 투자가 감소하는 등, q값은 신규투자의 변화 방향과 관련이 있는 값이다.
⑤ 토빈은 장기적으로 q값이 1로 근접하여 순투자가 일어나지 않는 경향이 있다고 주장한다.

11 ③ 12 ③

13. 다음은 투자이론에 대한 설명이다. 적절하지 않은 것은?

① 케인즈의 이론에 의하면 이자율이 하락해도 내부수익률은 변하지 않는다.
② 투자는 변동성이 심하여 경기변동을 초래하는 중요한 요인으로 간주된다.
③ 어떤 투자안의 내부수익률이 이자율보다 높다면 순현재가치가 0보다 크다.
④ q이론에 의하면 기업의 수익전망이 호전되면 q값이 하락하므로 투자가 증가한다.
⑤ 어떤 기업이 대규모의 사내유보를 보유하고 있다면 투자의 이자율 탄력성은 그리 크지 않을 것이다.

해설 기업의 수익전망이 호전되면 q값이 상승한다.

14. 투자와 관련된 다음 설명 중 옳지 않은 것은?

① q이론에 따르면 미래의 자본수익성 상승이 예상되면 현시점에서 투자가 증가한다.
② 재고의 변화는 자본스톡에 영향을 주지 못하기 때문에 투자로 간주되지 않는다.
③ 투자지출이 소비지출보다 GDP에서 차지하는 비중은 낮으나, 변동성은 더 크다.
④ 가속도 원리에 의하면 소득변동이 클수록 투자가 크게 증가한다.
⑤ 투자세액공제는 자본재 구입에 사용된 금액의 일부를 세금에서 공제하여 줌으로써 투자를 촉진시킨다.

해설 국내총투자는 고정투자와 재고투자의 합으로 정의되므로 재고증가분도 투자로 간주된다.
가속도 원리
소득 또는 소비가 변화할 때 투자가 훨씬 더 급속히 변화하는 경우를 설명하는 이론이다. 소득의 증가 → 소비의 증가 → 생산의 증가 → 투자의 증가와 같이 소비의 변동이 높은 비율의 유발투자 변동을 초래한다는 것이 가속도 원리이다.

15. 투자결정이론에 관한 설명 중 옳지 않은 것은?

① 실질이자율의 상승은 자본의 한계생산을 감소시킴으로써 투자가 줄어든다.
② 자본재가격이 상승하면 투자안의 내부수익률이 하락한다.
③ 중앙은행의 기준금리 인상은 토빈의 q값을 낮게 만든다.
④ 케인즈는 투자의 한계효율과 이자율이 일치하는 수준에서 투자수준이 결정된다고 보았다.
⑤ 주택담보대출 이자율이 상승하면 주택수요와 주택가격이 하락하고, 주택투자도 감소하게 된다.

해설 투자는 이자율의 감소함수이므로 실질이자율이 상승하면 투자가 감소하지만 실질이자율이 상승한다고 하더라도 자본의 한계생산물이 감소하는 것은 아니다. 중앙은행의 초단기 대출금리인 기준금리가 인상되면 장기금리도 상승하게 되고, 장기금리가 상승하면 사람들은 주식보다 채권을 구입하고자 하므로 주가가 하락하는 경향이 있다. 주가가 하락하면 토빈의 q값이 낮아지게 된다.

정답 13 ④ 14 ② 15 ①

16 다음 중 토빈의 q이론에 대한 설명으로 옳지 않은 것은?

① q값이 1보다 크면 순투자가 이루어진다.
② 실질이자율이 상승하면 q값은 감소한다.
③ 자본의 한계생산이 증가하면 q값은 감소한다.
④ 토빈의 q값은 주식시장에서 평가된 기업의 시장가치를 기업의 실물자본 대체비용으로 나누어서 계산한다.
⑤ 현재 및 장래 기대이윤이 증가하면 q값이 증가한다.

해설 자본의 한계생산이 증가하면 기업의 수익성이 높아지고 주가가 상승하여 q가 증가할 것이다.

제3편 거시경제

제14장 화폐와 국민경제

제1절 화폐의 개요

1 화폐와 통화량의 개념

(1) 화폐의 개념
① 화폐란 재화나 서비스의 거래, 채권·채무관계의 청산 등 일상적인 거래에서 일반적으로 통용되는 지급결제의 수단을 의미한다.
② 화폐는 교환매개, 가치저장, 가치척도, 회계단위 등의 기능을 한다.

(2) 통화량의 개념
① 통화량이란 특정 시점(Stock)에서 측정한 시중에 유통되고 있는 화폐의 총액을 말한다.
② 통화지표란 통화량의 크기와 변동을 측정할 수 있는 지표를 말하며, 화폐의 기능이나 성격을 지닌 금융자산 중 어디까지를 통화에 포함시킬지에 따라 여러 가지로 정의된다.

> **대표유형문제**
> 금융상품은 유동성에 따라 협의통화(M1), 광의통화(M2), 금융기관유동성(Lf), 광의유동성(L) 등으로 분류된다. 다음 중 협의통화(M1)에 포함되는 상품은?
> ① 국 채
> ② 요구불예금
> ③ 만기 2년 이상의 금융채
> ④ 만기 2년 미만의 정기 예·적금
> ⑤ 금융회사가 보유한 투자 주식
>
> **해설**
> 협의통화(M1)는 현금통화와 같이 쉽게 현금화가 가능한 예금취급기관의 결제성 예금의 합계이다. 당좌예금, 보통예금 등의 요구불예금과 저축예금, MMDA 등이 결제성 예금에 해당된다.
>
> **정답** ②

2 통화지표의 종류 및 분류

통화지표	M1	= 현금통화 + 요구불예금 + 수시입출식 저축성예금(은행의 저축예금, MMDA, 투신사 MMF)
	M2	= M1 + 정기예·적금 및 부금* + 시장형 상품 + 실적배당형 상품* + 금융채* + 기타(투신증권저축, 종금사 발행어음) * 만기 2년 이상 제외
유동성지표	Lf (종전 M3)	= M2 + M2 포함 금융상품 중 만기 2년 이상 정기예적금 및 금융채 등 + 한국증권금융(주)의 예수금 + 생명보험회사(우체국보험 포함)의 보험계약준비금 + 농협 국민생명공제의 예수금 등
	L	= Lf + 정부 및 기업 등이 발행한 유동성 시장금융상품(증권회사 RP, 여신전문기관의 채권, 예금보험공사채, 자산관리공사채, 자산유동화전문회사의 자산유동화증권, 국채, 지방채, 기업어음, 회사채 등)

대표유형문제

다음 중 본원통화에 해당하지 않는 것은?
① 은행의 초과지급준비금
② 민간보유현금
③ 화폐발행액
④ 중앙은행의 지급준비예치금
⑤ 민간보유예금

해설

본원통화는 통화공급의 주체인 중앙은행이 발행한 현금이 중앙은행을 빠져나오면서 공급되는 통화를 말한다. 본원통화는 시중은행을 통해 민간에 유출되는 민간보유현금과 시중은행이 가지고 있는 시재금(초과지급준비금) 그리고 중앙은행으로 환수되는 지급준비예치금으로 구성된다. 또한 민간보유현금과 시재금을 합하여 화폐발행액이라고 한다.

정답 ⑤

① 우리나라에서는 금융기관이 취급하는 금융상품의 유동성에 따라 협의통화(M1), 광의통화(M2), 금융기관유동성(Lf), 광의유동성(L) 등의 통화지표를 편성하고 있다.
② 협의통화(M1)는 화폐의 지급결제기능을 중시하는 통화지표이고, 광의통화(M2)는 화폐의 거래적 기능뿐만 아니라 가치저장수단으로서의 기능까지 포함한다.
③ 금융기관유동성(Lf)은 전체 금융기관의 자금상황을 나타내는 지표로 과거의 통화지표 중 M3의 명칭을 변경한 것이다.
④ 광의유동성(L)은 정부 및 기업 등이 발행한 유동성 금융상품을 포함한다.
⑤ 통화량의 변동은 이자율에 영향을 미쳐 소비·통화 등 실물변수에 파급효과를 가져다준다.

제2절 화폐의 공급

1 본원통화

(1) 본원통화의 개념

① 본원통화란 통화공급의 주체인 중앙은행이 발행한 현금이 중앙은행을 빠져나오면서 공급되는 통화를 말한다.
② 신용창조에 의한 통화공급으로 인해 본원통화 1단위가 공급되면 통화량은 본원통화 공급량보다 훨씬 크게 증가하므로 본원통화를 고성능화폐라고도 한다.

(2) 본원통화의 구성

① 본원통화는 민간이 보유한 현금통화와 은행이 보유한 지급준비금으로 구성된다.
② 은행이 보유하는 지급준비금은 은행이 보유한 시재금과 은행이 중앙은행에 예치하여 중앙은행이 보유하는 지급준비예치금으로 구성된다.

③ 본원통화 중 중앙은행이 보유한 지급준비예치금을 제외하고 민간이 보유한 현금통화와 은행이 보유한 시재금을 합해 화폐발행액이라고 한다.

본원통화		
현금통화(민간보유현금)	지 급 준 비 금	
현금통화(민간보유현금)	시 재 금(초과지급준비금)	지급준비예치금
화 폐 발 행 액		지급준비예치금

② 지급준비금

(1) 지급준비금의 개념

① 지급준비금이란 금융기관이 고객의 인출요구에 대비하여 금전채무의 일정비율에 해당하는 부분을 의무적으로 한국은행에 예치 또는 시재금으로 보유하고 있는 금액을 말한다.
② 오늘날에는 재할인정책 및 공개시장조작과 함께 중앙은행의 통화신용정책수단으로 활용되고 있다.

(2) 지급준비금의 구성

① 실제지급준비금은 법정지급준비금과 초과지급준비금의 합으로 구성된다.

실제지급준비금 = 법정지급준비금 + 초과지급준비금

② 예를 들어, 법정지급준비율이 20%일 때, 예금은행에 3,000원 예금이 입금되고 이 중 1,500원을 대출한다면 지급준비금은 다음과 같이 산출한다.
  ㉠ 실제지급준비금을 산출한다. ☞ 3,000 − 1,500 = 1,500원
  ㉡ 법정지급준비금을 산출한다. ☞ 3,000 × 0.2 = 600원
  ㉢ 초과지급준비금을 산출한다. ☞ 1,500 − 600 = 900원

대표유형문제

법정지급준비율이 30%일 때, 예금은행에 1억 원 예금이 입금되고 이 중 2,500만 원을 대출한다면 초과지급준비금은 얼마인가?
① 3,000만 원
② 4,500만 원
③ 6,000만 원
④ 7,500만 원
⑤ 9,000만 원

해설

법정지급준비금은 예금된 금액에 법정지급준비율을 곱하여 구한 3,000만 원이고, 실제지급준비금은 1억 원에서 2,500만 원을 차감한 7,500만 원이다. 초과지급준비금은 실제지급준비금에서 법정지급준비금을 차감하여 구하므로 4,500만 원이다.

정답 ②

대표유형문제

어떤 개인이 현금 100만 원을 자기 거래은행의 보통예금 계좌에 입금할 경우, 통화량에 미치는 영향을 옳게 서술한 것은?

① 통화량은 즉각적으로 100만 원 증가한다.
② 통화량은 즉각적으로 100만 원 감소한다.
③ 애초에 통화량은 변화가 없지만 궁극적으로는 100만 원 증가한다.
④ 애초에 통화량은 변화가 없지만 궁극적으로는 100만 원 이상으로 증가한다.
⑤ 애초에 통화량은 변화가 없지만 궁극적으로는 100만 원 미만으로 증가한다.

해설

어떤 개인이 현금 100만 원을 자기 거래은행에 예금할 경우 민간보유현금(현금통화)이 100만 원 감소하고 예금통화가 100만 원 증가하게 되므로 애초에 통화량은 변화가 없다. 하지만 예금은행이 예금액 100만 원 중 일부를 대출하고, 대출받은 고객이 다시 이를 은행에 예금하는 신용창조 과정을 거치게 되면 궁극적으로는 통화량은 100만 원 이상으로 증가한다.

정답 ④

③ 예금은행의 예금통화창조

(1) 예금통화창조의 개념

① 예금통화창조(신용창조)란 은행이 예금의 일부만을 지급준비금으로 남겨 놓고 나머지는 대출하고, 대출받은 사람은 다시 은행에 예금하는 과정이 수없이 반복되면서 통화량이 처음에 은행으로 유입된 본원적 예금액보다 훨씬 크게 증가하는 현상을 말한다.
② 예금통화창조(신용창조)에 의한 통화공급에 의하면 통화공급의 주체는 중앙은행, 지급준비율을 결정하는 은행, 예금할 금액을 결정하는 비은행 민간이다.

(2) 신용창조의 사례를 이용한 총예금창조액 도출

① 아래 사례는 본원적예금 100이 유입된 후 예금과 대출과정을 거치면서 도출되는 신용창조를 나타낸다.

중앙은행		신용창조과정			
		A은행	B은행	C은행	D은행
시중은행	예금	100	90	81	72.9
	지급준비금 (10%)	10	9	8.1	7.29
	대출	90	81	72.9	65.61
민간보유		100	90	81	72.9	65.61

② 위 사례에서 신용창조 과정을 거쳐 민간이 은행에서 인출할 수 있는 총예금창조액은 다음과 같이 계산된다.

$$\text{총예금창조액} = 100 + 90 + 81 + 72.9 + \cdots$$
$$= 100 + (1-0.1)100 + (1-0.1)^2 100 + (1-0.1)^3 100 + \cdots$$
$$= \frac{100}{1-(1-0.1)} = 1,000$$

③ 일반적으로 본원적 예금(S)과 지급준비율(Z)이 주어질 경우 총예금창조액은 다음과 같은 방법으로 계산된다.

$$\text{총예금창조액} = S + (1-Z)S + (1-Z)^2 S + (1-Z)^3 S + \cdots$$
$$= \frac{S}{1-(1-Z)} = \frac{S}{Z} \left(단, \frac{1}{Z} : 신용승수\right)$$

④ 통화승수와 통화공급방정식

(1) 통화승수의 개념

① 통화승수(m)란 중앙은행이 늘려 공급한 본원통화와 은행의 예금창조 과정을 거쳐 궁극적으로 증가한 통화량 사이의 비율이다.

$$m = \frac{M}{H} \text{ (M : 통화량, H : 본원통화)}$$

② 민간에서는 현금을 모두 예금하고 은행은 법정지급준비율만큼 지급준비금을 보유한다고 가정한다면, 통화승수는 법정지급준비율의 역수가 된다.

(2) 통화공급방정식

① 통화공급량은 통화승수에 본원통화를 곱한 값으로 다음과 같이 계산한다.

$$M^s = mH = \frac{1}{c+z(1-c)} H$$

(c : 현금통화비율, z : 실제지급준비금)

② 실제지급준비금(z)은 중앙은행이 결정하는 법정지급준비금과 예금은행이 결정하는 초과지급준비금의 합으로 계산된다.
③ 현금통화비율(c)은 민간부문, 법정지급준비율과 본원통화는 중앙은행, 초과지급준비율은 예금은행이 결정하므로 통화공급량은 민간부문, 예금은행, 중앙은행에 의해 결정된다.
④ 일반적으로 민간부문이 결정하는 현금통화비율(c)과 예금은행이 결정하는 초과지급준비율은 매우 안정적이다.

(3) 통화량 조절방식

① 중앙은행은 법정지급준비율을 변화시켜 통화승수를 조절하거나 직접 본원통화를 변화시켜 통화량을 조절한다.
② 본원통화를 증가시키는 방법으로는 중앙은행과 일반은행 사이에서 적용되는 이자율인 재할인율을 조절하는 재할인율 정책과 공개시장에서 국공채를 매입하는 공개시장조작정책 방식이 있다.

대표유형문제

다음 중 통화승수 증가를 가져오는 요인을 모두 고르면?

> 가. 법정지급준비율의 증가
> 나. 예금이자율의 상승
> 다. 은행파산에 따른 예금자의 우려 증가
> 라. 명절 때 현금보유 증가
> 마. 전자화폐의 사용 증가

① 가, 다
② 가, 라
③ 나, 마
④ 나, 다, 라
⑤ 다, 라, 마

해설

나. 예금이자율이 상승하면 화폐를 보유하는 기회비용이 상승하므로 민간부문의 현금보유비율이 낮아져서 통화승수가 증가한다.
마. 전자화폐의 사용이 증가하면 민간부문의 현금보유비율이 낮아지므로 통화승수가 증가한다.
가, 라. 법정지급준비율이 증가하거나 현금보유량이 증가하게 되면 통화승수가 감소한다.
다. 은행파산에 따른 예금자의 우려가 증가하면 현금보유비율이 높아지므로 통화승수는 감소한다.

정답 ③

대표유형문제

고전학파의 화폐수량설에 따를 때, 통화량이 증가하는 경우 다음 설명 중 옳은 것은?
① 화폐의 유통속도가 감소한다.
② 화폐의 유통속도가 증가한다.
③ 물가가 상승한다.
④ 물가가 하락한다.
⑤ 명목GDP는 불변이다.

해설

고전학파의 화폐수량설을 잘 보여주는 피셔의 교환방정식 $MV=PY$에 따르면 단기적으로 실질국민소득(Y)과 화폐유통속도는 일정하기 때문에 통화량(M)의 증가는 물가(P)의 상승을 야기한다.

정답 ③

제3절 화폐의 수요

1 화폐수요이론의 개요

(1) 화폐수요의 개념

화폐수요란 일정시점에서 개인들이 보유하고자 하는 화폐의 양을 의미하며 저량(Stock) 개념이다.

(2) 화폐수요이론의 발달과정

구 분	전통적 화폐수요 이론		현대적 화폐수요 이론
고전학파 계통	고전적 화폐수량설 (Fisher)	현금잔고방정식 (Marshall)	신화폐수량설 (Friedman)
케인즈 학파계통	유동성 선호설 (Keynes)		재고이론 (Baumol)
			자산선택이론 (Tobin)

일반적으로 고전학파 계통에서는 화폐수요가 안정적이라고 보는 반면 케인즈학파 계통에서는 화폐수요가 불안정적이라고 본다.

2 고전학파의 화폐수요이론

(1) 고전적 화폐수량설(Fisher)

① 화폐수량설(Quantity theory of money)이란 물가수준이 통화량의 크기에 의해 결정된다는 이론으로 피셔의 교환방정식이 이를 잘 나타내어 준다.
② 피셔의 교환방정식(Equation of exchange)이란 일정기간 동안의 생산물에 대한 총거래액과 화폐지출액이 같다는 것을 나타내는 방정식으로 다음과 같이 표현된다.

$$통화량(M) \times 화폐유통속도(V) = 물가(P) \times 실질국민총생산(Y)$$

$$MV = PY$$

$$M = \frac{1}{V}PY$$

$$M^s = M^d = \frac{1}{V}PY = kPY$$

③ 고전학파에 의하면 화폐유통속도(V)는 제도적인 요인으로 인해 일정하고, 국민소득(Y)는 항상 완전고용산출량 수준에서 고정된 값이다. 또한 교환방정식에서 (PY)는 명목국내총생산을 나타낸다.
④ 교환방정식에 따르면 통화량(M)과 물가(P)는 정비례 관계가 있으며, 고전학파의 물가이론이라고 볼 수 있다.
⑤ 교환방정식에서 강조하는 화폐의 기능은 교환의 매개수단으로서의 기능으로 명목GDP(= PY)만큼의 거래를 위해서는 일정비율($\frac{1}{V}$)만큼의 화폐가 필요하다.
⑥ 화폐의 유통속도(Velocity of money)는 경제 전체적으로 일정기간 동안의 생산물을 거래시키기 위해 화폐가 몇 번 회전해야 하는가를 나타내는 개념으로 다음과 같이 계산된다.

$$\text{화폐유통속도(V)} = \frac{\text{총생산액}}{\text{화폐의 총량}}$$

⑦ 통화공급 규모를 결정할 때 피셔의 교환방정식에 이론적 근거를 두고 있는 EC방식을 가장 많이 사용한다.

$$\frac{\Delta M}{M} + \frac{\Delta V}{V} = \frac{\Delta P}{P} + \frac{\Delta Y}{Y}$$

$$\frac{\Delta M}{M} = \frac{\Delta P}{P} + \frac{\Delta Y}{Y} - \frac{\Delta V}{V}$$

통화공급의 증가율 = 물가 상승률 + 경제성장률 − 유통속도 증가율

(2) 현금잔고수량설(Marshall)

① 현금잔고수량설은 수입의 획득시점과 지불시점의 불일치로 인해 개인들이 화폐를 보유한다고 보았으며, 개인이 보유하고자 하는 통화량이 무엇에 의해 결정되는지에 대해 관심을 가진다.
② 개인들은 명목소득의 일정비율(k)만큼 화폐를 보유하려고 하며, 명목화폐수요는 다음과 같이 나타낸다.

$$M^d = kPY \Rightarrow \frac{M^d}{P} = kY$$

③ 현금잔고수량설에서 화폐수요는 물가 및 실질국민소득과 정비례하므로 화폐수요의 실질소득탄력성과 물가탄력성은 모두 1이다.
④ 또한 화폐수요에는 이자율이 포함되어 있지 않으므로 화폐수요의 이자율탄력성은 0이다.

대표유형문제

화폐수량설에서 통화량이 6% 증가하고 화폐의 유통속도가 4% 증가하였다. 그리고 실질국민소득이 5% 증가하였다면 물가는 얼마나 상승하는가?

① 3%
② 4%
③ 5%
④ 6%
⑤ 7%

해설

교환방정식 $MV = PY$을 증가율로 나타낸 $\frac{\Delta M}{M} + \frac{\Delta V}{V} = \frac{\Delta P}{P} + \frac{\Delta Y}{Y}$ 에 $\frac{\Delta M}{M} = 6\%$, $\frac{\Delta V}{V} = 4\%$, $\frac{\Delta Y}{Y} = 5\%$ 를 대입해보면 5% 상승한다.

정답 ③

대표유형문제

프리드만의 신화폐수량설에 관한 설명으로 옳지 않은 것은?

① 프리드만의 신화폐수량설에서는 실질화폐수요에 대한 실질소득탄력성이 1이다.
② 프리드만의 신화폐수량설에서는 실질국민소득, 이자율, 인플레이션율 등을 이용하여 화폐에 대한 실질적인 수요를 계산할 수 있다.
③ 프리드만의 신화폐수량설에서는 총자산 가운데서 비인적자산의 비중이 높을수록 화폐에 대한 수요는 감소할 것으로 본다.
④ 프리드만의 신화폐수량설에서는 그 이전의 화폐수량설들이 화폐에 대한 수요이론이었던 데 반해, 화폐에 대한 공급이론적인 측면이 강하다.
⑤ 프리드만의 신화폐수량설에서는 채권과 실물자산의 예상수익률이 낮을수록 가계의 화폐수요는 증가한다.

해설

프리드만의 신화폐수량설은 그 이전의 화폐수량설들이 화폐에 대한 공급이론이었던 데 반해 화폐에 대한 수요이론적인 측면이 강하다. 프리드만의 신화폐수량설에 따르면 항상소득이 1% 증가할 때 실질화폐수요도 1% 증가하므로 화폐수요의 실질소득탄력성은 1이다.
신화폐수량설에 따르면 화폐로 전환될 가능성이 적은 인적 자산의 비율이 커지면 유동성 확보를 위해 화폐의 수요가 증가한다.

정답 ④

(3) 고전적 화폐수량설과 현금잔고수량설의 비교

구 분	고전적 화폐수량설	현금잔고수량설
화폐의 기능	교환의 매개수단	가치의 저장수단
화폐에 대한 가치관	화폐의 지불기능을 강조	화폐를 자산으로 파악
화폐수요	암묵적으로 화폐수요의 발생 $M=\frac{1}{V}PY$	명시적으로 화폐수요의 발생 $M^d=kPY$
강조점	화폐의 유량측면 강조	화폐의 저량측면 강조

(4) 신화폐수량설(Friedman)

① 신화폐수량설에서는 화폐를 자산으로 파악하고 화폐수요를 여러가지 자산 중 어느 정도의 화폐를 보유할 것인지에 대한 자산선택의 결과라고 주장한다.
② 일반적으로 개인의 부와 인적자산의 비율이 증가하면 화폐수요는 증가하고 주식의 수익률, 채권의 수익률, 예상인플레이션율이 상승하면 화폐수요는 감소한다.
③ 신화폐수량설은 고전학파와 달리 유통속도가 이자율의 영향을 받는다고 가정하였으나 케인즈와는 달리 프리드만은 화폐수요의 이자율 탄력성이 매우 낮으므로 화폐수요가 매우 안정적이라고 주장한다.
④ 고전적 화폐수량설과 신화폐수량설과의 비교

구 분	고전적 화폐수량설	신화폐수량설
화폐 수요함수 방정식	$MV=PY$ $M=\frac{1}{V}PY=kPY$	$\frac{M^d}{P}=k(r, \pi^e)Y_p$ $=\frac{1}{V(r, p^e)}Y_p$
화폐수요 결정요인	명목국민소득(PY)	항상소득(Y_p)
화폐의 유통속도	유통속도를 지불관습에 따라 일정한 상수로 가정	유통속도가 r, π^e 등의 영향을 받으나 매우 안정적이라고 봄
관 점	화폐의 공급이론적인 측면이 큼	자산선택이론이므로 명백한 화폐수요 이론임

③ 케인즈학파의 화폐수요이론

(1) 케인즈학파의 화폐수요 동기

① 고전학파는 거래적 동기의 화폐수요만 있다고 생각한 반면, 케인즈학파는 화폐수요의 동기를 거래적 동기, 예비적 동기, 투기적 동기로 구분하였다.

② 케인즈학파는 고전학파의 견해와 마찬가지로 거래적 동기와 예비적 동기의 화폐수요는 소득과 양(+)의 관계가 있다고 생각한다.

$$\frac{M^d}{P} = L_T(Y)$$

③ 케인즈학파는 금융자산을 화폐와 채권으로 분류하였으며, 이자율 상승을 예상하여 채권의 가격이 낮아질 것을 기다리면서 일시적으로 화폐를 보유하는 것을 투기적 동기에 의한 화폐수요라고 보았다.

④ 즉, 이자율 하락으로 채권가격이 오르면 채권을 매도하여 화폐 보유량을 증가시키고, 이자율 상승으로 채권가격이 내려가면 채권을 매수하여 화폐 보유량을 감소시킨다.

⑤ 이처럼 투기적 동기에 의한 화폐수요는 이자율과 음(-)의 관계가 있다.

$$\frac{M^d}{P} = L_S(r)$$

(2) 유동성함정

① 유동성함정이란 아무리 금리를 낮추고 통화 공급을 늘려도 기업의 생산 및 투자와 가계의 소비가 늘지 않아 경기가 나아지지 않고, 경제가 마치 함정에 빠진 것처럼 보이는 상황을 말한다.

② 유동성함정은 일반적으로 경기가 악화된 상태에서 물가가 계속 떨어지는 디플레이션(Deflation)을 예상할 경우 나타난다.

③ 경제주체들은 금리가 매우 낮은 수준이 되면 금리상승(채권가격하락)을 예상하여 모든 자산을 화폐로 보유하고자 한다. 즉, 유동성함정 상황에서는 화폐공급을 증가시켜도 모두 화폐수요로 흡수되므로 금리가 전혀 변화하지 않는다.

④ 이처럼 금리가 매우 낮은 경우 모든 경제주체들이 채권가격의 하락을 예상하여 화폐수요를 무한히 증가시키는 구간인 유동성함정구간이 존재하며, 이 구간에서 이자율탄력성은 무한대가 된다.

대표유형문제

유동성함정은 금융정책, 특히 금리 인하 정책이 경기 부양에 효과가 없을 때 사용되는 개념이다. 다음 중 유동성함정과 관계가 가장 먼 것은?
① 디플레이션 예상
② 투자심리의 위축
③ 어두운 경제 전망
④ 고조된 현금 기피 현상
⑤ 제로 수준에 가까운 저금리

해설

정부나 중앙은행이 금리를 낮추거나 시중에 통화를 풀어도 경기가 위축되는 경우를 유동성함정이라고 하며, 이는 미래에 대한 어두운 경제 전망으로 실물자산보다는 현금 자산을 더욱 선호할 때 나타난다.

정답 ④

대표유형문제

화폐수요이론에 대한 다음 설명 중 옳지 않은 것은?

① Baumol의 재고이론에 따르면 금융기술혁신이 일어나면 거래적 동기의 화폐수요가 증가한다.
② Baumol의 재고이론에 따르면 거래적 동기의 화폐수요에 있어서도 규모의 경제가 작용한다.
③ Tobin의 자산선택이론에서는 각 개인들은 장래의 채권가격에 대한 확률분포만을 알고 있다고 가정한다.
④ Tobin의 자산선택이론에서는 개인이 자신의 자산을 위험이 따르는 수익자산, 안전한 수익자산, 화폐자산 등에 어떻게 배분하느냐는 문제를 다룬다.
⑤ Baumol과 Tobin의 화폐수요에 대한 거래이론에 따르면 이자율이 상승하는 경우 화폐수요가 감소한다.

해설

Baumol의 재고이론에 따르면 화폐수요함수는 $M^d = P\sqrt{\dfrac{bY}{2r}} \to \dfrac{M^d}{P} = \sqrt{\dfrac{bY}{2r}}$ 이다.
금융기술혁신이 일어나는 경우 거래비용 값이 낮아지므로 거래적 동기의 화폐수요는 감소하게 된다.

정답 ①

⑤ 유동성함정에 빠진 상황에서는 금리정책보다 재정정책의 효과가 더 클 수 있다.

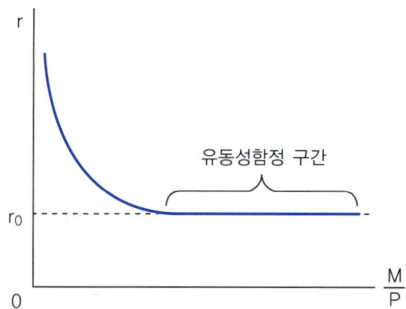

4 케인즈 화폐수요이론의 발전

(1) 재고이론(Baumol)

① 실제로 거래적 동기의 화폐수요는 이자율의 영향을 받는다.
② 보몰은 화폐를 일종의 재고로 간주하고 개인들은 화폐보유로 얻을 수 있는 편익과 화폐보유의 비용을 비교하여 적정화폐보유규모를 결정한다고 주장한다.
③ 보몰의 재고이론에 따른 화폐수요함수는 다음과 같다.

$$M^d = P\sqrt{\dfrac{bY}{2r}} \Rightarrow \dfrac{M^d}{P} = \sqrt{\dfrac{bY}{2r}}$$

㉠ 화폐수요는 소득의 증가함수이다.
㉡ 화폐수요는 이자율의 감소함수이다. 즉, 이자율이 증가하면 화폐수요에 대한 기회비용이 증가하므로 화폐수요가 감소하게 된다.
㉢ 거래비용(b)이 증가하면 화폐수요가 증가한다.
㉣ 물가가 상승하면 거래규모가 커지므로 명목화폐수요가 증가한다.
㉤ 소득이 2배로 증가하더라도 화폐수요는 2배보다 작게 증가하므로 화폐수요에도 규모의 경제가 작용한다.
㉥ 사회 내의 총소득이 일정할 때 소득분배가 균등해지면 화폐수요가 증가한다.

(2) 자산선택이론(Tobin)

① 토빈은 각 개인들이 장래의 채권가격에 대한 확률분포만을 알고 있다고 가정한다.
② 토빈의 자산선택이론에 따르면 소득효과가 대체효과보다 크면 투기적 화폐수요가 이자율의 증가함수이며, 대체효과가 소득효과보다 크면 투기적 화폐수요는 이자율의 감소함수가 된다. 대체효과와 소득효과는 각각 아래와 같이 나타난다.

대체효과	r ↑ → 화폐보유의 기회비용 ↑ → 화폐보유 ↓ → 채권보유 ↑
소득효과	r ↑ → 실질소득 ↑ → 화폐보유 ↑ → 채권보유 ↓

③ 일반적으로 대체효과가 소득효과보다 더 크기 때문에 투기적 화폐수요는 이자율의 감소함수이다.

> **대표유형문제**
> 다음 중 단기적으로 투자하기에 적절한 금융상품이 아닌 것은?
> ① 주가연계증권(ELS)
> ② 기업어음(CP)
> ③ 양도성예금증서(CD)
> ④ 환매조건부채권(RP)
> ⑤ 통화안정증권(Monetary stabilization bond)
>
> **해설**
> 주가연계증권(ELS)이란 옵션 등을 이용해 만기를 정해놓고 만기까지 일정 조건을 충족하면 정해진 수익률을 제공하는 상품이다. 상품에 따라 반기 혹은 분기 단위로 조기상환이 가능하다.
>
> **정답** ①

제4절 금융

1 금융의 개념 및 거래방법

(1) 금융의 개념

① 금융이란 이자를 받고 자금을 융통하여 주는 것을 말한다.
② 즉, 일정 기간을 정하여 앞으로 있을 원금의 상환과 이자 지급에 대해 상대방을 신용하고 자금을 이전하는 과정을 의미한다.

(2) 금융시장의 분류

① 기간에 따른 분류

단기금융시장 (화폐시장)	• 단기자금의 수요자와 공급자 간의 자금수급불균형을 조절하기 위하여 통상 1년 미만의 단기 금융자산이 거래되는 시장을 말한다. • 현재 국내에는 콜시장, 기업어음(CP)시장, 양도성예금증서(CD)시장, 환매조건부채권(RP)매매시장, 통화안정증권시장, 무역어음시장 등이 있다.
장기금융시장 (자본시장)	• 국가, 공공단체, 기업 등이 장기자금 조달을 목적으로 채권이나 주식 등 만기 1년 이상의 증권을 발행하고 발행된 증권이 유통되는 시장을 말한다. • 장기금융시장은 채권시장과 주식시장으로 나누어진다.

대표유형문제

기업이 자금을 조달하는 방식 중 직접금융 방식에 해당하는 것을 모두 고르면?

가. 주식공모
나. 회사채 발행
다. 외국인에 의한 직접 투자
라. 신주인수권부사채(BW) 발행
마. 은행으로부터 차입

① 가, 나
② 가, 라, 마
③ 가, 나, 다, 라
④ 나, 다, 라, 마
⑤ 가, 나, 다, 라, 마

해설

직접금융이란 기업이 자금의 공급자로부터 직접 자금을 조달하는 것을 말하고, 간접금융이란 기업이 은행 등 금융회사를 통해 자금을 조달하는 방법을 말한다. 보기 중 은행으로부터 차입하는 행위는 간접금융에 해당하는 내용이다.

정답 ③

② 참여자에 따른 분류

직접금융시장	• 직접금융이란 자금의 차입자가 발행하는 주식, 회사채 등의 본원적 증권을 매개로 하여 자금공급자로부터 수요자에게 직접 자금이 이전되는 금융거래를 말한다. • 직접금융시장에는 주식시장, 채권시장이 포함된다.
간접금융시장	• 간접금융이란 금융기관이 자금공급자로부터 조달한 자금으로 자금수요자가 발행한 본원적 증권을 인수하는 형태로 이루어지는 금융거래를 말한다. • 간접금융시장에는 예금시장이 포함된다.

2 중앙은행의 역할 및 특징

(1) 중앙은행의 역할

① 화폐를 발행하는 발권은행으로서의 기능을 한다.
② 은행의 은행으로서의 기능을 한다.
③ 통화가치의 안정과 국민경제의 발전을 위한 통화금융정책을 집행하는 기능을 한다.
④ 국제수지 불균형의 조정, 환율의 안정을 위하여 외환관리업무를 한다.
⑤ 국고금 관리 등의 정부의 은행으로서의 기능을 한다.

(2) 중앙은행의 특징

① 중앙은행은 정부로부터 독립해 스스로 정책 목표와 수단을 결정할 수 있다.
② 중앙은행이 독립성을 가지는 이유는 다음과 같다.
　㉠ 정부는 선거 등을 의식해 중앙은행보다 단기적인 목표에 집착하는 경향이 있기 때문이다.
　㉡ 중앙은행의 통화정책은 정부의 재정정책보다 경제주체들의 이해관계 대립이 적기 때문이다.
　㉢ 중앙은행이 독립된 국가의 물가는 그렇지 않은 국가보다 안정적인 경우가 많기 때문이다.
　㉣ 선거를 겨냥하여 금리를 낮추고 통화량을 늘리는 인위적인 경기부양정책을 시행할 가능성이 낮기 때문이다.

(3) 중앙은행의 통화정책 운영체계

① 한국은행은 통화정책 운영체계로서 물가안정목표제(Inflation targeting)를 채택하고 있다.
② 물가안정목표제란 '통화량' 또는 '환율' 등 중간목표를 정하고 이에 영향을 미쳐 최종목표인 물가안정을 달성하는 것이 아니라, 최종목표인 '물가' 자체에 목표치를 정하고 중기적 시기에 이를 달성하려는 방식이다.
③ 한국은행은 2019년 이전에는 3년 주기로 물가안정목표를 새로 적용해 왔지만, 2019년부터는 물가안전목표를 연 2%로 고정하고, 2년 주기로 물가안정목표가 적정한지 점검하고 점검보고서를 발간하고 있다.

대표유형문제

중앙은행이 정부로부터 독립된 기관으로 설립되는 이유로 적절하지 않은 것은?
① 정부는 보다 단기적인 목표에 집착하는 경향이 있다.
② 중앙은행의 통화정책은 재정정책보다 이해관계 대립이 적다.
③ 중앙은행의 역할이 금융안정까지 포괄하는 등 점차 확대되고 있다.
④ 중앙은행이 독립된 국가의 물가상승률은 그렇지 않은 국가보다 높은 편이다.
⑤ 물가상승률을 낮게 유지하면 경기변동도 완화되는 경향이 있다.

해설

중앙은행은 정부로부터 독립적으로 정책 목표와 수단을 결정할 수 있는데, 중앙은행이 독립성을 가지는 이유는 다음과 같다.
- 정부는 선거 등을 의식해 중앙은행보다 단기적인 목표에 집착하는 경향이 있기 때문이다.
- 중앙은행의 통화정책은 정부의 재정정책보다 경제주체들의 이해관계 대립이 적기 때문이다.
- 중앙은행이 독립된 국가의 물가는 그렇지 않은 국가보다 안정적인 경우가 많기 때문이다.
- 선거를 겨냥하여 금리를 낮추고 통화량을 늘리는 인위적인 경기부양정책을 시행할 가능성이 적기 때문이다.

정답 ③

제3편 거시경제

제14장 출제예상문제

01 다음 중 화폐의 기능으로 거리가 먼 것은?

① 교환매개
② 가치저장
③ 신용평가
④ 회계단위
⑤ 가격단위

해설   화폐의 가장 본원적인 기능은 재화 간의 교환을 활성화시키는 교환매개의 기능이다. 이외에도 구매력을 이전시키는 가치저장의 기능과 재화 간의 가격단위를 통일시켜 거래를 원활하게 하는 회계단위의 기능이 있다.

02 시중에 유통되는 통화량을 측정하기 위해 여러 가지 통화지표가 사용된다. 우리나라는 다음과 같이 정의되는 M1, M2, M3를 주요 통화지표로 사용하고 있다. 통화지표에 대한 설명 중 가장 적절한 것은?

> - M1 = 현금통화 + 요구불예금
> - M2 = M1 + 정기 예적금 + 거주자 외화예금
> - M3 = M2 + 비은행금융기관 예금 + 양도성 예금증서 + 금융채권 등

① M3는 지불수단으로서 즉시 교환될 수 있는 유동성이 가장 높은 통화지표이다.
② M1은 포함하는 금융자산의 범위가 가장 넓다.
③ M1이 증가할수록 M2는 감소한다.
④ 개인이 우리나라 은행에 저축하는 외화가 많을수록 M1이 증가한다.
⑤ 금융시장이 발달할수록 M3가 커진다.

해설   ① 지불수단으로서 즉시 교환될 수 있는 유동성이 가장 높은 통화지표는 M1이다.
② 포함하는 금융자산의 범위가 가장 넓은 것은 M3이다.
③ M1이 증가할수록 M2도 증가한다.
④ 개인이 우리나라 은행에 저축하는 외화가 많을수록 M2가 증가한다.

정답   1 ③   2 ⑤

03 다음 중 자산의 유동성을 가장 잘 설명하는 것은?

① 자산의 현금화 용이성
② 자산가격의 변동성
③ 자산가격의 예측가능성
④ 자산가격의 불변성
⑤ 자산취득의 용이성

> 해설 자산의 유동성이란 가치의 손실 없이 다른 자산으로 쉽게 교환할 수 있는 가능성을 의미하며, 가장 유동성이 높은 자산은 화폐이다.

04 통화와 금리에 대한 설명으로 옳지 않은 것은?

① 우리나라의 현행 통화지표에는 M1, M2, Lf, L 등이 있다.
② 통화는 교환매개, 가치저장, 회계단위, 가치의 측정단위 등의 기능을 한다.
③ 생명보험회사의 보험계약준비금은 금융기관유동성(Lf)에 포함된다.
④ 명목금리는 일반적으로 명목GDP 증가율과 비슷한 수준이다.
⑤ 만기 2년 이상의 정기예적금은 M2에 포함된다.

> 해설 만기 2년 미만의 정기예적금은 M2, 만기 2년 이상의 정기예적금은 Lf에 포함된다.

05 본원통화에 대한 다음의 설명 중 옳지 않은 것은?

① 본원통화는 화폐발행액과 예금은행의 중앙은행에 대한 지급준비예치금의 합으로 나타낼 수 있다.
② 국제수지가 적자이면 본원통화가 줄어든다.
③ 중앙은행이 환율하락을 방지하기 위해 외환시장에 개입을 시작하면 본원통화는 감소한다.
④ 중앙은행이 공개시장에서 국공채를 매각하면 본원통화가 감소한다.
⑤ 중앙은행이 예금은행에 대한 대출을 늘리면 본원통화가 증가한다.

> 해설 환율하락을 방지하기 위해 중앙은행이 외환시장에 개입하는 경우 달러는 매입하고 원화를 매도하기 때문에 본원통화는 증가하게 된다.

정답 3 ① 4 ⑤ 5 ③

06 다음 중 은행의 신용창조 기능에 대한 설명으로 가장 옳은 것은?

① 은행예금은 예금자보호제도의 보호를 받는다.
② 은행은 대출자의 신용도를 조사해 평가하는 심사기능을 수행한다.
③ 은행은 송금, 수표, 지로, 인터넷뱅킹 등을 통해 결제를 원활하게 한다.
④ 은행은 예금의 일부를 지급준비금으로 보유하고 나머지는 다시 대출한다.
⑤ 은행은 예금자의 인출요구에 응하기 위해 항상 일정 정도의 예금을 보유한다.

해설 예금통화창조(신용창조)란 은행이 예금의 일부만을 지급준비금으로 남겨 놓고 나머지는 대출하고, 대출받은 사람은 다시 은행에 예금하는 과정이 수없이 반복되면서 통화량이 처음에 은행으로 유입된 본원적 예금액보다 훨씬 크게 증가하는 현상을 말한다.

07 다음 중 통화량에 미치는 효과가 다른 사례는?

① 신용보증기금과 기술보증기금이 보증한도를 줄이기로 했다.
② 중앙은행이 기준금리를 인하했다.
③ 중앙은행이 은행에 대한 법정지급준비율을 인상했다.
④ 저축은행 등에서 돈을 빌려 대출하는 대부업체들의 조달금리를 올렸다.
⑤ 원화가치의 안정을 위해 달러화 매도개입을 시도하였다.

해설 중앙은행이 기준금리를 인하하게 되면 시중은행들도 뒤따라 시중금리를 내리게 된다. 시중금리가 내려가면 저축이 감소하고 대출은 증가하기 때문에 통화량은 증가한다.

08 다음 중 통화량의 증가를 가져오는 경제활동을 모두 고르면?

> 가. 은행이 기업에 신규로 대출하였다.
> 나. 기업이 은행예금에서 현금을 인출하였다.
> 다. 가계가 은행예금을 줄이고 현금보유를 늘렸다.
> 라. 중앙은행이 공개시장조작을 통해 국공채를 매입하였다.
> 마. 중앙은행이 재할인율과 법정지급준비율을 인하하였다.

① 가, 나　　　　　　　② 나, 라　　　　　　　③ 가, 라, 마
④ 나, 다, 라　　　　　⑤ 다, 라, 마

해설 가. 은행이 기업에 신규로 대출을 하면 신용창조과정을 통해 통화량이 증가한다.
나, 다. 기업이나 가계의 은행예금이 줄어들면 은행의 신용창조가 감소하여 통화량이 줄어든다.
라, 마. 재할인율과 법정지급준비율의 인하, 공개시장조작을 통한 국공채 매입 등은 중앙은행의 확장적 통화정책으로서 통화량이 증가하게 된다.

09 통화공급에 대한 다음 설명 중 옳지 않은 것은?

① 통화량을 민간보유현금통화와 요구불예금의 합으로, 본원통화를 민간보유현금통화와 지불준비금의 합으로 정의한 후, 현금예금비율이 0.7이고 지불준비금예금비율이 0.3이라면 통화승수는 1.3이다.
② 통화량을 민간보유현금통화와 요구불예금의 합으로, 본원통화를 민간보유현금통화와 지불준비금의 합으로 정의한 후, 통화승수가 5이고 본원통화가 3조원만큼 증가하면, 통화량은 15조원만큼 증가한다.
③ 중앙은행은 공개시장조작, 지급준비율 조절, 재할인율조절을 통해 통화공급을 통제할 수 있다.
④ 중앙은행이 은행으로부터 채권을 매입하면 통화공급이 증가한다.
⑤ 중앙은행이 필요지불준비율을 하락시키면 통화공급이 증가한다.

해설 현금예금비율 $\left(K=\dfrac{C}{D}\right)$과 지급준비금(Z)이 주어져 있을 때 통화승수는 다음과 같이 계산한다.
$m = \dfrac{K+1}{K+Z} = \dfrac{0.7+1}{0.7+0.3} = 1.7$로 계산된다.

10 통화량(M)이 증가했는데도 실질국민소득(Y)과 물가(P)에는 변화가 없다는 것은 무엇을 의미하는가?

① 화폐의 소득유통속도(V)가 하락했음을 의미한다.
② 경제가 완전고용균형에 있음을 의미한다.
③ 화폐의 소득유통속도(V)가 상승했음을 의미한다.
④ 화폐의 소득유통속도(V)가 불변임을 의미한다.
⑤ 정부가 팽창적 재정정책을 동시에 수행했음을 의미한다.

해설 고전학파 화폐수량설의 교환방정식에 따르면 $MV=PY$라는 식이 성립한다. 고전학파는 화폐유통속도(V)는 거래관습이나 제도 등에 의해 결정되기 때문에 단기에 변하지 않고 안정적이라 가정하였으며, 실질국민소득(Y)도 단기에는 일정하다고 가정하였다. 하지만 화폐의 유통속도(V)는 고정되어 있는 값을 의미하는 것은 아니고 안정적인 상태를 의미하는 것이므로 통화량(M)이 증가할 때 명목임금(PY)이 일정하다면 화폐의 소득유통속도는 감소했음을 의미한다.

정답 9 ① 10 ①

11 법정지급준비율이 40%라고 가정하고 어떤 개인이 현금 7,000원을 한 은행에 예금하였다고 하자. 만약 예금창조의 과정에서 4번째 대출받은 고객까지는 현금유출이 전혀 없다가 5번째 대출받은 고객이 대출금을 모두 현금유출한다면, 이 때 은행조직 전체에 의한 순예금창조액의 최대규모는 얼마나 되는가?

① 9,139원
② 11,667원
③ 15,232원
④ 17,500원
⑤ 18,407원

해설 본원적예금 7,000원이 유입된 후 예금과 대출과정을 거치면서 도출되는 신용창조는 다음과 같다.

시중은행		A은행	B은행	C은행	D은행
	예금	7,000	4,200	2,520	1,512
	지급준비금 (40%)	2,800	1,680	1,008	604.8
	대출	4,200	2,520	1,512	907.2
민간보유		7,000	4,200	2,520	1,512	907.2

총 예금 창조액 = 7,000 + (1 − 0.4) × 7,000 + (1 − 0.4)² × 7,000 + (1 − 0.4)³ × 7,000
= 7,000 + 4,200 + 2,520 + 1,512
= 15,232원

12 어떤 나라의 경기가 매우 침체되어 있을 경우 이자율 상승 없이 경기를 회복시키는 경제정책으로 가장 옳은 것은?

① 정부지출을 증가시킨다.
② 소득세율을 감소시킨다.
③ 재할인율을 인상한다.
④ 법정지급준비율을 인하한다.
⑤ 중앙은행 공개시장에서 채권을 매도한다.

해설 경기침체 시 정부지출 증가나 소득세율 인하도 경기를 진작시키는 방법이지만 구축효과로 인해 이자율이 상승하게 된다. 이자율 상승 없이 경기를 진작시키는 방법에는 공개시장에서 중앙은행의 채권매입, 재할인율·법정지급준비율 인하가 있다.

13 A국가의 명목GDP는 20,000달러이고, 통화량은 8,000달러이다. 이 나라의 물가수준은 20% 상승하고 통화량은 10% 증가, 실질GDP는 10% 증가할 경우 화폐유통속도는 얼마인가?

① 2.5
② 2.8
③ 3.0
④ 3.3
⑤ 3.5

해설 교환방정식 $MV=PY$에서 명목GDP($=PY$)에 20,000달러, 통화량(M)에 8,000달러를 대입하여 최초의 화폐 유통속도를 계산하면 $V=2.5$이다. 또한 교환방정식을 증가율로 나타낸 $\frac{\Delta M}{M}+\frac{\Delta V}{V}=\frac{\Delta P}{P}+\frac{\Delta Y}{Y}$에 물가상승률, $\left(\frac{\Delta P}{P}\right)=20\%$, 통화증가율 $\left(\frac{\Delta M}{M}\right)=10\%$, 실질GDP 증가율 $\left(\frac{\Delta Y}{Y}\right)=10\%$를 대입하면 유통속도증가율 $\left(\frac{\Delta V}{V}\right)=20\%$로 계산된다.

따라서 실질GDP가 10% 증가할 경우 화폐유통속도는 $2.5 \times (1+0.2) = 3.0$으로 상승한다.

14 다음은 전통적 화폐수량설에 관한 문제이다. A국은 빵과 우유만을 생산하며 그 생산량과 가격은 아래 표와 같다. 2014년도 통화량이 30억 원이면 2015년도의 통화량은 대략 얼마인가?(단, 통화의 유통속도는 2014년도와 2015년도에 동일하다)

연도	빵		우유	
	가격(원/개)	생산량(백만 개)	가격(원/병)	생산량(백만 개)
2014	300	20	200	40
2015	500	30	350	50

① 55억 원
② 60억 원
③ 65억 원
④ 70억 원
⑤ 75억 원

정답 13 ③ 14 ④

해설 | 2014년도 명목GDP($=PY$)는 다음과 같이 계산된다.
$PY_{2014}=(300\times20)+(200\times40)=6{,}000+8{,}000=14{,}000$백만 원$=140$억 원
2015년 명목GDP($=PY$)는 다음과 같이 계산된다.
$PY_{2015}(500\times30)+(350\times50)=15{,}000+17{,}500=32{,}500$백만 원$=325$억 원
2014년 통화량이 30억 원으로 주어져 있으므로 교환방정식을 통해 화폐유통속도를 구하면 다음과 같이 계산된다.
$MV_{2014}=PY_{2014}$
$V_{2014}=\dfrac{1}{M}PY_{2014}=\dfrac{1}{30}\times140=\dfrac{14}{3}$

2015년 화폐유통속도도 2014년 화폐유통속도와 같아야 하므로
$M_{2015}V_{2015}=PY_{2015}$
$M_{2015}=\dfrac{1}{V_{2015}}\times PY_{2015}=\dfrac{1}{14/3}\times325=69.64\approx70$억 원

15 [최신출제유형 23]

화폐유통속도가 일정하고, 통화량증가율, 실질경제성장률, 실질이자율이 각각 30%, 20%, 10%라고 가정하자. 화폐수량설과 피셔효과를 이용하여 도출한 내용 중 옳은 것은?

① 인플레이션율과 명목이자율은 모두 10%이다.
② 인플레이션율과 명목이자율은 모두 20%이다.
③ 인플레이션율은 10%이고, 명목이자율은 20%이다.
④ 인플레이션율은 10%이고 명목이자율은 30%이다.
⑤ 인플레이션율은 20%이고, 명목이자율은 10%이다.

해설 | 고전학파 화폐수량설의 교환방정식 $MV=PY$를 증가율로 나타내면 다음과 같다. $\dfrac{\Delta M}{M}+\dfrac{\Delta V}{V}=\dfrac{\Delta P}{P}+\dfrac{\Delta Y}{Y}$
통화량증가율+화폐유통속도 증가율=인플레이션율+실질경제성장률
30%+0%=인플레이션율+20%
인플레이션율=10%로 도출된다.
한편 피셔효과에 의하면 '명목이자율=실질이자율+인플레이션율'이므로 '명목이자율=10%+10%=20%'로 도출된다.

15 ③

16 화폐유통속도의 변화 없이 실질GDP가 5%, 통화량은 10% 증가하였다고 한다. 이 경우 물가는 어떻게 될까?

① 5% 하락
② 10% 하락
③ 5% 상승
④ 10% 상승
⑤ 변화 없음

해설 교환방정식 $MV=PY$를 증가율로 나타낸 $\frac{\Delta M}{M}+\frac{\Delta V}{V}=\frac{\Delta P}{P}+\frac{\Delta Y}{Y}$에 $\frac{\Delta M}{M}=10\%$, $\frac{\Delta Y}{Y}=5\%$를 대입해보면 $\frac{\Delta P}{P}=5\%$ 상승한다.

17 올해 물가상승률은 4%, 실질국민소득성장률은 5%, 화폐유통속도의 증가율은 -3%로 예상할 때, 바람직한 통화량 증가율은 얼마인가?

① 9%
② 10%
③ 11%
④ 12%
⑤ 13%

해설 교환방정식 $MV=PY$를 증가율로 나타낸 $\frac{\Delta M}{M}+\frac{\Delta V}{V}=\frac{\Delta P}{P}+\frac{\Delta Y}{Y}$에 $\frac{\Delta P}{P}=4\%$, $\frac{\Delta Y}{Y}=5\%$, $\frac{\Delta V}{V}=-3\%$를 대입해보면 $\frac{\Delta M}{M}=12\%$ 상승한다.

18 화폐의 유통속도와 완전고용 상태에서의 실질 생산량이 일정하므로 물가와 화폐량이 비례관계에 있다는 이론은?

① 구매력평가설
② 고전적 화폐수량설
③ 토빈(Tobin)의 이론
④ 케인즈(Keynes)의 유동성 선호설
⑤ 보몰(Baumol)의 재고이론적 접근

해설　고전적 화폐수량설에 따르면 화폐의 유통속도는 제도적 요인 및 거래관습에 의해 일정한 상수 값을 가지고, 실질국민소득은 언제나 완전고용 국민소득 수준에서 고정된 값을 가지므로 통화량과 물가는 정비례하게 된다.

19 글로벌 금융위기 이후 미국 경제가 유동성함정(Liquidity trap)에 빠졌다는 주장이 제기되고 있다. 다음 중 유동성함정에 빠진 경제에 대한 설명으로 옳지 않은 것은?

① 명목이자율이 0에 가깝다.
② 재정정책의 효과가 클 수 있다.
③ 극심한 경기 침체기에 나타나기 쉽다.
④ 화폐의 수요가 이자율에 대해 비탄력적이다.
⑤ 전통적인 통화정책의 효과를 기대하기 어렵다.

해설　금리가 매우 낮은 경우 모든 경제주체들이 채권가격의 하락을 예상하여 화폐수요를 무한히 증가시키는 유동성함정구간에서는 화폐수요가 이자율에 완전탄력적이 되어 금리를 아무리 낮춰도 화폐수요만 늘어날 뿐 투자와 소비로 이어지지 않게 된다.

20 2008년 글로벌 금융위기 이후 미국 경제가 유동성함정에 빠져 있다는 견해가 있다. 유동성함정과 관련한 다음 설명 중 가장 거리가 먼 것은?

① 통화에 대한 수요가 무한정인 경우에 생긴다.
② 실질이자율이 0에 가까운 경우에 생기는 현상이다.
③ 유동성함정에 빠지면 통화정책보다 재정정책의 효과가 더 크다.
④ 통화 공급을 아무리 늘려도 명목이자율이 더 이상 하락하지 않는다.
⑤ 명목이자율이 0에 가까워도 통화정책을 통해 인플레이션을 유발하면 투자를 촉진할 수 있다.

해설 명목이자율이 0에 가까운 경우에 생기는 현상이다.

21 다음은 피셔의 고전적 화폐수량설 및 케임브리지학파의 현금잔고수량설을 설명한 내용이다. 다음 괄호 안에 들어갈 용어로 적절한 것은?

> 피셔의 고전적 화폐수량설은 화폐의 기능 중 (A)를 중시하는 데 비해서 케임브리지학파의 현금잔고수량설은 (B)을(를) 중요시한다.

	A	B
①	교환의 매개수단	가치의 저장수단
②	교환의 매개수단	가치의 척도
③	가치의 저장수단	가치의 저장수단
④	가치의 저장수단	회계의 단위
⑤	회계의 수단	가치의 척도

해설 피셔의 고전적 화폐수량설은 화폐의 교환의 매개수단으로서의 기능을 중시하는데 비해 케임브리지학파의 현금잔고수량설은 화폐를 가치의 저장수단으로 보유하여야 한다고 주장한다.

정답 20 ② 21 ①

22 다음은 우리나라 중앙은행에서 시행하고 있는 통화정책 운영 체제를 설명한 것이다. 이와 같은 제도를 무엇이라고 하는가?

> - 한국은행은 통화정책의 수립·집행으로 물가 안정을 도모함으로써 국민경제 발전에 이바지하고 금융안정에 유의한다.
> - 한국은행은 매달 기준금리(정책금리)를 결정하고 7일물 RP(환매조건부채권) 금리가 목표금리 수준에서 크게 벗어나지 않도록 유도한다.

① 물가안정목표제
② 금융안정목표제
③ 국민경제목표제
④ 총통화목표제
⑤ 성장고용목표제

해설 한국은행은 통화정책 운영체계로서 물가안정목표제(Inflation targeting)를 채택하고 있다. 물가안정목표제란 '통화량' 또는 '환율' 등 중간목표를 정하고 이에 영향을 미쳐 최종목표인 물가안정을 달성하는 것이 아니라, 최종목표인 '물가' 자체에 목표치를 정하고 중기적 시기에서 이를 달성하려는 방식이다.

23 우리나라 금융시장에 대한 내용으로 거리가 먼 것은?

① 주식발행은 공개, 유상증자, 무상증자, 주식배당 등의 형태로 이루어진다.
② 일반 기업도 기업어음을 발행하여 단기부족자금을 조달하고, 여유자금은 양도성예금증서 등에 운용할 수 있다.
③ 증권·보험 회사들은 콜시장과 환매조건부매매 시장을 통해 부족자금을 조달하거나 운용할 수 있다.
④ 불확실성이 높아지는 시기에는 일반적으로 거래주체들이 장기 금융상품 보유를 늘린다.
⑤ 은행은 주로 예금, CD발행, 콜차입, 환매조건부 매도로 자금을 조달해 대출하고, 남는 자금은 콜시장 등에서 운용한다.

해설 불확실성이 높아지는 시기에 경제주체들은 미래를 불확실하게 보기 때문에 단기 금융상품 보유를 늘리고 장기 금융상품 보유는 줄인다.

24 중앙은행의 역할에 대한 설명으로 옳지 않은 것은?

① 화폐를 발행하는 발권은행으로 지폐와 주화를 발행한다.
② 기업이나 가계가 경제적 위기에 처했을 때 자금을 빌려주는 역할을 한다.
③ 정부가 거둬들인 국고금의 출납을 담당하고 정부가 자금이 부족할 때 빌려주며 국고금 관리를 한다.
④ 통화가치의 안정과 경기 안정을 위해 통화금융정책을 수립하고 집행한다.
⑤ 은행이 유동성 위기에 빠졌을 때 최후로 돈을 빌려주는 최종 대부자 기능을 한다.

해설 예금을 받아 기업·가계에 직접 빌려주는 것은 일반은행의 역할이다. 중앙은행은 은행 및 정부와 거래하며 은행의 유동성이 부족하면 돈을 빌려주는 역할(최종 대부자 기능)을 하고 금융시스템의 건정성을 유지한다.

25 예금통화에 대한 현금통화의 비율이 높아질 수 있는 경우를 모두 고르면?

> 가. 이자율 상승
> 나. 지하경제 성장
> 다. 금융소득세 인상
> 라. 은행 부도 위험의 상승
> 마. 금융서비스 수수료 인상

① 가
② 나, 다
③ 다, 라, 마
④ 나, 다, 라, 마
⑤ 가, 나, 다, 라, 마

해설 가. 이자율이 상승하면 예금통화를 증가시켜 예금통화에 대한 현금통화 비율을 감소시킨다.

정답 24 ② 25 ④

26 예금통화에 대한 현금통화의 비율이 0.2이고 예금지급준비율은 0.4일 때, 통화승수는?

① 1   ② 2
③ 3   ④ 4
⑤ 5

해설 현금예금비율($K = \dfrac{C}{D}$)과 지급준비율(Z)이 주어진 경우, 통화승수는 다음과 같이 계산한다.

$$m = \dfrac{K+1}{K+Z} = \dfrac{0.2+1}{0.2+0.4} = 2$$

27 다음 중 통화승수에 대한 설명으로 옳지 않은 것은?

① 지급준비율이 낮을수록 통화승수는 커진다.
② 현금통화비율이 클수록 통화승수는 작아진다.
③ 본원통화를 통화량으로 나눈 값이 통화승수이다.
④ 요구불예금에 대한 정부 예금 비율이 상승하면 통화승수는 증가한다.
⑤ 중앙은행은 법정지급준비율을 변화시켜 통화승수를 조절한다.

해설 본원통화에 통화승수를 곱한 값이 통화량이다. 통화승수는 통화량을 본원통화로 나눈 값으로 통화량이 본원통화의 몇 배인가를 보여주는 지표이다.

28 다음 중 신용카드 사용 증가로 인한 효과로 옳지 않은 것은?

① 물가안정을 위해서는 통화공급량이 감소해야 한다.
② 민간이 화폐를 보유하려는 화폐수요가 감소한다.
③ 통화유통속도가 빨라진다.
④ 다른 조건이 일정할 때 물가가 하락한다.
⑤ 거래액이 증가한다.

해설 물가가 상승한다(MV = PT).

정답 26 ② 27 ③ 28 ④

제3편 거시경제

제15장 총수요와 총공급이론

제1절 IS곡선과 LM곡선

1 생산물시장과 IS곡선

(1) IS곡선의 개념

① IS곡선이란 생산물시장의 균형이 이루어지는 이자율(r)과 국민소득(Y)의 조합을 나타내는 직선을 말한다.

② 생산물시장의 균형은 투자(I)와 저축(S)이 일치하는 점에서 결정되는데, 여기서 투자는 이자율의 감소함수이고 저축은 가처분소득의 증가함수로 주어진다고 가정한다.

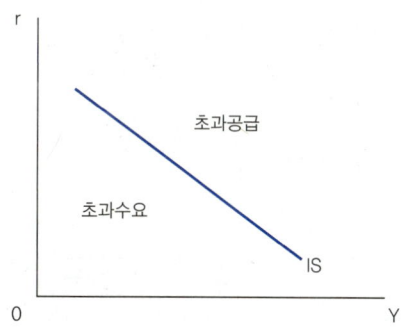

③ 이자율이 하락하면 투자가 증가하고, 투자 증가는 총수요 증가를 통해 국민소득을 증가시킨다. 그러므로 이자율이 하락할 때 균형국민소득이 증가하므로 이자율과 국민소득의 조합을 나타내는 IS곡선은 우하향의 형태로 도출된다.

④ IS곡선의 상방부분은 균형보다 이자율이 높으므로 투자과소로 생산물시장은 초과공급상태이며, IS곡선의 하방부분은 균형보다 이자율이 낮으므로 투자과다로 생산물시장은 초과수요상태이다.

대표유형문제

저축함수와 투자함수가 아래와 같이 주어졌을 때, IS곡선의 방정식은?

- 저축함수 : $S = -20 + 0.4Y$
- 투자함수 : $I = 50 - 2r$

① $Y = 175 - 5r$
② $Y = 175 + 5r$
③ $Y = 75 - 10r$
④ $Y = 75 + 10r$
⑤ $Y = 275 - 15r$

해설

생산물시장의 균형은 투자(I)와 저축(S)이 일치하는 점에서 결정되므로 IS곡선의 방정식은 다음과 같이 도출된다.
$S = I$
$-20 + 0.4Y = 50 - 2r$
$0.4Y = 70 - 2r$
$Y = 175 - 5r$

정답 ①

대표유형문제

IS곡선에 대한 다음 설명 중 옳지 않은 것은?

① 한계소비성향의 변화는 IS곡선의 기울기를 변화시킨다.
② 정부지출의 증가는 IS곡선을 왼쪽으로 수평이동시킨다.
③ 정부가 법인세율을 인하할 경우 IS곡선은 오른쪽으로 수평이동한다.
④ 투자의 이자율탄력성이 클수록 IS곡선은 완만해진다.
⑤ 자국의 한계수입성향이 커질수록 IS곡선의 기울기는 가팔라진다.

해설
정부지출의 증가는 IS곡선을 오른쪽으로 수평이동시킨다.

정답 ②

(2) IS곡선의 함수식

① 균형국민소득 결정식에 아래 주어진 변수들을 대입한다.

- $Y = AE$
- $AE = C + I + G + (X - M)$
- $C = C_0 + cY_d \ (0 < c < 1)$
- $Y_d = Y - T$
- $T = T_0 + tY \ (t > 0)$
- $I = I_0 - br \ (b > 0)$
- $G = G_0$
- $X = X_0$
- $M = M_0 + mY \ (0 < m < 1)$

$$Y = C_0 + c(Y - T_0 - tY) + I_0 - br + G_0 + (X_0 - M_0 - mY)$$

$$(1 - c(1-t) + m)Y = C_0 - cT_0 + I_0 - br + G_0 + X_0 - M_0$$

$$Y = \frac{1}{(1 - c(1-t) + m)}(C_0 - cT_0 + I_0 + G_0 + X_0 - M_0) - \frac{b}{(1 - c(1-t) + m)}r$$

② IS곡선의 함수식을 도출한다.

$$r = -\frac{1 - c(1-t) + m}{b}Y + \frac{1}{b}(C_0 - cT_0 + I_0 + G_0 + X_0 - M_0)$$

(3) IS곡선의 기울기 결정요인

① 투자의 이자율탄력성(b)이 클수록 IS곡선은 완만하다.(탄력적이다.)

학파	b크기	IS곡선 기울기	효과적인 정책
케인즈학파	작 다	급경사	재정정책
통화주의학파	크 다	완 만	금융정책

② 한계소비성향(c)이 클수록 IS곡선은 완만하다(탄력적이다).
③ 한계저축성향(s)이 클수록 IS곡선이 급경사이다(비탄력적이다).
④ 세율(t)이 높을수록 IS곡선이 급경사이다(비탄력적이다).
⑤ 한계수입성향(m)이 클수록 IS곡선이 급경사이다(비탄력적이다).

(4) IS곡선의 이동요인

① 소비, 투자, 정부지출, 수출이 증가할 때 IS곡선은 오른쪽으로 수평이동한다.
② 조세, 수입, 저축이 증가할 때 IS곡선은 왼쪽으로 수평이동한다.

② 화폐시장과 LM곡선

(1) LM곡선의 개념

① LM곡선이란 화폐시장의 균형이 이루어지는 이자율(r)과 국민소득(Y)의 조합을 나타내는 선을 말한다.

② 화폐시장의 균형은 화폐의 수요(M^d)와 공급(M^s)이 일치하는 점에서 결정되며, 거래적·예비적 화폐수요는 국민소득의 증가함수이고 투기적 화폐수요는 이자율의 감소함수이다.

$$\frac{M^d}{P} = kY - hr \, (k > 0, \, h > 0)$$

③ 통화공급은 중앙은행에 의해 외생적으로 주어진 상태에서 국민소득의 증가로 거래적 화폐수요가 증가하면 화폐시장은 초과수요상태가 되며, 이러한 화폐시장이 다시 균형으로 복귀하기 위해서는 이자율이 상승하여 투기적 화폐수요가 감소해야 하기 때문에 LM곡선은 우상향의 형태로 도출된다.

④ LM곡선의 상방부분은 균형보다 이자율이 높으므로 투기적 화폐수요가 적기 때문에 화폐시장의 초과공급(채권시장의 초과수요) 상태이며, LM곡선의 하방부분은 균형보다 이자율이 낮으므로 투기적 화폐수요가 많기 때문에 화폐시장의 초과수요(채권시장의 초과공급) 상태이다.

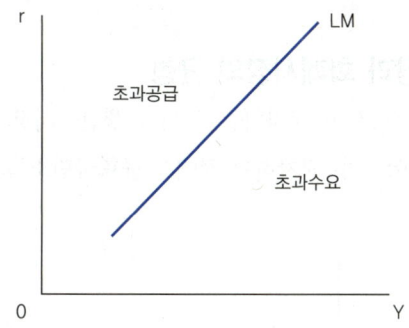

(2) LM곡선의 함수식

① 화폐수요함수와 화폐공급함수를 연립한다.
(단, 물가수준은 P_0로 주어져 있고, 중앙은행의 명목통화량은 M_0라고 가정한다.)

$$\frac{M^s}{P} = \frac{M^d}{P} \Rightarrow \frac{M_0}{P_0} = kY - hr$$

대표유형문제

화폐수요함수와 화폐공급량이 아래와 같이 주어졌을 때 LM곡선의 방정식은?

- 화폐수요함수 :
  $M^d = 7{,}000 + 3Y - 600r$
- 화폐공급량 : $M^s = 10{,}000$
  (단, P=1이라고 가정한다.)

① $Y = 1{,}000 - 200r$
② $Y = 1{,}000 + 200r$
③ $Y = 2{,}000 + 4200r$
④ $Y = 3{,}000 - 600r$
⑤ $Y = 3{,}000 + 600r$

해설

화폐시장의 균형은 화폐의 수요와 공급이 일치하는 점에서 결정되므로 LM곡선의 방정식은 다음과 같이 도출된다.

$7{,}000 + 3Y - 600r = 10{,}000$
$3Y = 3{,}000 + 600r$
$Y = 1{,}000 + 200r$

정답 ②

대표유형문제

LM곡선에 대한 다음 설명 중 옳지 않은 것은?

① 통화의 거래적 수요를 결정짓는 소득통화비율의 변화는 LM곡선의 기울기 변화를 가져온다.
② 이자율이 상승할 때 화폐시장이 균형상태에 있기 위해서는 소득이 증가해야 한다.
③ 통화량이 고정되어 있어도 물가가 상승한다면 LM곡선은 좌측으로 수평이동하게 된다.
④ 화폐의 유통속도가 클수록 LM곡선은 탄력적이다.
⑤ 전체 화폐수요 중 투기적 화폐수요의 비중이 클수록 LM곡선이 급경사가 된다.

해설

전체 화폐수요 중 투기적 화폐수요의 비중이 커진다는 것은 화폐수요의 이자율 탄력성이 커진다는 것을 의미한다. 화폐수요의 이자율 탄력성이 클수록 LM곡선의 기울기는 완만해진다.

정답 ⑤

---

② LM곡선의 함수식을 도출한다.

$$r = \frac{1}{h}\left(kY - \frac{M_0}{P_0}\right) = \frac{k}{h}Y - \frac{1}{h}\frac{M_0}{P_0}$$

(3) LM곡선의 기울기 결정요인

① 화폐의 소득탄력성(마샬k)이 작을수록 LM곡선은 완만하다(탄력적이다).
② 화폐의 유통속도 $\left(V = \frac{1}{k}\right)$가 클수록 LM곡선은 완만하다(탄력적이다).
③ 화폐의 이자율탄력성(h)이 클수록 LM곡선은 완만하다(탄력적이다).

학파	h크기	LM곡선 기울기	효과적인 정책
케인즈학파	크 다	완 만	재정정책
통화주의학파	작 다	급경사	금융정책

(4) LM곡선의 이동요인

① 통화량이 증가할 때 LM곡선은 오른쪽으로 수평이동한다.
② 물가가 상승할 때 실질통화량이 감소하게 되므로 LM곡선은 왼쪽으로 수평이동한다.
③ 거래적 동기의 화폐수요가 증가할 때 LM곡선이 왼쪽으로 수평이동한다.

3 생산물시장과 화폐시장의 균형

IS곡선과 LM곡선이 교차하는 점에서 생산물시장과 화폐시장의 동시적 균형이 이루어지며, 교차하는 점에서 균형국민소득과 균형이자율이 결정된다.

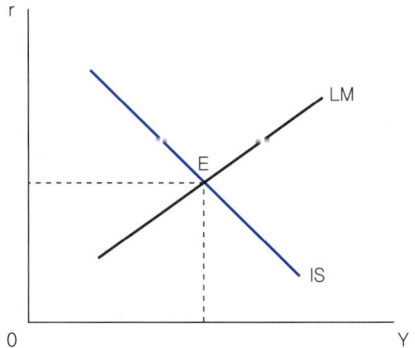

제2절 총수요곡선과 총공급곡선

1 총수요곡선(AD)과 총공급곡선(AS)의 개요

(1) 총수요곡선과 총공급곡선에서는 물가가 가변적인 경우를 분석한다.

> 참고 IS-LM모형에서는 물가가 고정되어 있다고 가정한다.

(2) 총수요곡선은 IS-LM모형으로부터 도출되므로 생산물시장과 화폐시장을 모두 고려하며, 총공급곡선은 노동시장과 총생산함수에 의해 도출되므로 노동시장이 고려된다.

2 총수요곡선(AD)

(1) 총수요곡선(AD)의 개념

① 총수요곡선(AD)이란 각각의 물가수준에서 수요되는 실질총생산(총수요)의 크기를 나타내는 곡선을 말한다.
② 총수요란 가계, 기업, 정부, 외국이 국내에서 생산된 최종생산물(실질 GDP)에 대해 구매하고자 하는 재화의 양을 말한다.

총수요(AD)
= 가계소비수요(C) + 기업투자수요(I) + 정부지출수요(G) + 순수출수요(X - M)

대표유형문제

총수요-총공급 모형에서 A국의 총수요가 증가하는 경우에 해당하는 것은?(단, 다른 조건은 일정하다)
① A국 실질자산가치 하락
② A국 이자율 상승
③ A국 화폐가치 하락
④ A국 재정흑자 발생
⑤ A국 수출대비 수입증가

해설
실질자산가치가 하락하면 민간소비가 감소하고, 이자율이 상승하면 민간투자가 감소하므로 총수요가 감소한다. 정부지출이 감소하여 재정흑자가 발생하는 경우에도 총수요가 감소한다. 반면 화폐가치가 하락(환율 상승)하면 순수출이 증가하므로 총수요가 증가한다.

정답 ③

최신출제유형 23

총수요에 대한 설명으로 옳은 것은?
① 한 국가에서 생산한 상품의 총수요는 소비, 투자, 정부지출, 수입의 합이다.
② 이자율이 하락하면 총수요가 감소한다.
③ 총수요는 이자율에는 영향을 받지 않는다.
④ 화폐의 중립성이 성립한다면 화폐량의 증가가 총수요의 증가를 가져온다.
⑤ 총수요의 변동을 가져오는 주요 원인은 소비보다 투자에 있다.

해설
총수요에서 투자 변동성이 매우 크기 때문에 단기적인 경기변동의 중요한 요인이 된다.
① 한 국가에서 생산한 상품의 총수요는 소비, 투자, 정부지출, 순수출의 합이다.
②, ③ 이자율이 상승하면 투자 및 소비가 줄어들어 총수요는 감소한다.
④ 화폐의 중립성이 성립되면 화폐량의 변동은 총수요에 어떤 영향도 미치지 못한다.

정답 ⑤

> **대표유형문제**
>
> 아래에서 설명하고 있는 효과는 무엇인가?
>
> > 물가하락은 민간이 보유하고 있는 금융자산의 실질가치를 증가시켜 소비지출의 증대를 가져온다.
>
> ① 구축효과(Crowding-out Effect)
> ② 피구효과(Pigou Effect)
> ③ 전시효과(Demonstration Effect)
> ④ 톱니효과(Ratchet Effect)
> ⑤ 실질잔액효과
>
> **해설**
> 피구효과란 물가가 하락하면서 민간이 보유한 화폐의 실질 구매력이 증가하게 되어 민간의 부가 증가함에 따라 소비가 증가하는 효과를 말한다.
>
> **정답** ②

(2) 총수요곡선(AD)이 우하향하는 이유

① 실질잔고효과(Real Balance Effect)

실질잔고효과는 부의 효과(Wealth Effect)의 실질적인 내용에 해당한다.

부의 효과	자산가격이 상승하면 소비도 증가하는 현상을 말한다.
실질잔고효과	통화정책을 실시하여 명목통화공급이 증가하면 실질잔고가 정상치를 벗어나 부의 증가를 초래하여 최종적으로 소비가 증가하는 현상을 말한다.
피구효과	경제 불황이 발생하여 물가가 하락하면 민간이 보유한 화폐의 구매력이 증가하므로 실질적인 부가 증가하는 효과가 발생하고, 실질부가 증가하면서 소비도 증가하는 현상을 말한다.

② 이자율 효과
 ㉠ 물가가 하락하면 실질통화량이 증가하게 되어 이자율이 하락하므로 기업의 투자와 소비자의 소비가 증가한다.
 ㉡ 물가가 하락하여 기업의 투자와 소비자의 소비가 증가하면 총수요가 증가한다.

③ 무역수지 효과
 ㉠ 우리나라의 물가수준이 하락하면 상대적으로 우리나라에서 생산된 상품가격이 외국에서 생산된 상품가격보다 하락하게 되므로 순수출이 증가한다.
 ㉡ 물가하락으로 인하여 순수출이 증가하면 총수요가 증가한다.

(3) 총수요곡선의 이동요인

① 물가수준이 주어져 있을 때 총수요의 구성요소(C, I, G, X−M) 중 일부가 증가하면 총수요곡선은 오른쪽으로 이동한다.
② 일반적으로 IS곡선이나 LM곡선이 오른쪽으로 이동하면 총수요가 증가하게 되므로 총수요곡선이 오른쪽으로 이동한다.

총수요곡선이 오른쪽으로 이동하는 경우	
IS곡선의 우측이동	LM곡선의 우측이동
• 소비자의 소비지출(C)이 증가하는 경우 • 기업의 투자지출(I)이 증가하는 경우 • 정부의 정부지출(G)이 증가하는 경우 • 순수출(NX)이 증가하는 경우	• 화폐공급(M^s)이 증가하는 경우 • 화폐수요(M^d)가 증가하는 경우

㉠ 소비지출이 증가하는 경우
 • 일반적으로 소비자 부(Wealth)의 증가는 소비를 증가시켜 총수요곡선을 우측으로 이동하게 한다.

- 미래에 소득이 증가할 것으로 예상하는 소비자의 기대도 소비지출을 증가시켜 총수요곡선을 우측으로 이동하게 한다.

ⓒ 투자지출(I)이 증가하는 경우
- 실질이자율이 하락하는 경우 차입비용이 감소하여 투자여력이 증가하게 되고, 이는 총수요의 증가로 이어져 총수요곡선을 우측으로 이동하게 한다.
- 미래에 새로운 기술의 개발 등으로 인해 향후 투자에 대한 기대수익이 높은 경우에 투자가 증가하여 총수요곡선을 우측으로 이동하게 한다.

ⓒ 정부지출(G)이 증가하는 경우
- 도로나 항만 건설이나 국방비 증가 등의 재정정책은 정부지출을 증가시켜 총수요곡선을 우측으로 이동하게 한다.

ⓔ 순수출(NX)이 증가하는 경우
- 해외소득이 증가하면 우리나라 상품도 소비가 증가하게 되므로 우리나라 총수요곡선은 우측으로 이동한다.
- 명목환율의 상승은 해외시장에서 가격경쟁력을 높여 수출이 증가하게 되어 총수요곡선은 우측으로 이동한다.

대표유형문제
다음 중 총수요곡선의 이동에 대한 설명으로 옳지 않은 것은?
① 소비가 증가하면 총수요곡선이 오른쪽으로 이동한다.
② 외국에서 우리나라 제품에 대한 수요가 증가하면 총수요곡선이 오른쪽으로 이동한다.
③ 투자가 증가하면 총수요곡선이 오른쪽으로 이동한다.
④ 장래에 물가가 내릴 것으로 예상하면 총수요곡선이 오른쪽으로 이동한다.
⑤ 조세증가로 인하여 가처분소득이 감소하면 총수요곡선은 왼쪽으로 이동한다.

해설
장래에 물가가 내릴 것으로 예상되면 소비자들은 물가가 하락한 이후에 상품을 구매하기 위해 소비를 줄일 것이므로 총수요곡선은 왼쪽으로 이동한다.

정답 ④

③ 총공급곡선(AS)

(1) 총공급곡선(AS)의 개념
① 총공급곡선(AS)이란 각각의 물가수준에서 기업전체가 생산하는 재화의 공급량을 나타내는 곡선을 말한다.
② 총공급의 크기는 한 나라가 보유한 생산요소(노동, 자본 등) 부존량과 생산기술(총생산함수)에 의하여 결정된다.

(2) 단기총공급곡선
① 단기총공급곡선은 생산요소의 가격은 고정되어 있으나 상품의 가격은 변할 수 있는 기간에 도출되는 곡선을 말한다.
② 단기총공급곡선은 불완전한 정보와 비신축적인 임금 및 가격 등의 변수로 인해 우상향 형태로 도출된다.

> **대표유형문제**
>
> 다음 중 공급곡선이 우상향하는 이유를 모두 고르면?
>
> 가. 물가의 변화에 따라 명목임금이 신축적으로 변동하고 이에 따라 생산도 변한다.
> 나. 불완전정보로 인하여 전반적인 물가수준의 변화와 상대가격의 변화를 혼동한다.
> 다. 수요의 변화에 따라 기업들은 가격을 즉각적으로 조정할 수 없다.
> 라. 노동수요는 실질임금에 의존하지만 노동공급은 기대실질임금의 함수이다.
>
> ① 가, 나
> ② 나, 라
> ③ 다, 라
> ④ 가, 나, 다
> ⑤ 나, 다, 라
>
> **해설**
> 가. 물가상승 시 물가상승분만큼 명목임금도 상승한다면 생산비가 변하지 않으므로 기업들은 생산량을 증가시킬 필요가 없다. 즉, 물가의 변화에 따라 명목임금이 신축적으로 변동한다면 기업들은 생산량을 변화시키지 않을 것이므로 총공급곡선은 수직선이 될 것이다.
>
> **정답** ⑤

③ 단기총공급곡선이 우상향함을 설명하는 모형은 다음과 같다.

화폐환상모형 (비대칭 정보모형)	• 케인즈학파와 통화주의학파의 총공급곡선 모형이다. • 노동자들이 기업에 비해 물가에 대한 정보가 부족하여 물가상승 시 노동자들이 임금상승을 제대로 인식하지 못하는 경우 실질임금이 하락하고 고용량이 증가하는 현상을 설명한다. • 물가상승 시 고용량이 증가하므로 총공급곡선은 우상향한다.
비신축적 임금모형 (명목임금 경직성모형)	• 노동자들은 예상임금을 바탕으로 명목임금 계약을 체결하므로 명목임금은 경직적이다. • 명목임금이 경직적인 상황에서 물가가 상승하면 실질임금이 하락하므로 고용량이 증가하는 현상을 설명한다. • 물가상승 시 고용량이 증가하므로 총공급곡선은 우상향한다.
불완전정보모형	• 루카스에 의해 개발된 새고전학파의 총공급곡선 모형이다. • 다른 재화 가격에 대한 불완전한 정보로 인해 물가상승 시 각 개별 생산자들이 자신이 생산하는 재화의 가격만 상승한 것으로 인식하여 생산량을 증가시키게 되는 현상을 설명한다. • 물가상승 시 생산량이 증가하므로 총공급곡선이 우상향한다.
비신축적 가격모형	• 새케인즈학파의 총공급곡선이다. • 일부기업은 총수요증가로 물가가 상승할 때 메뉴비용 등으로 인해 가격조정 대신 생산량을 증가시키는 현상을 설명한다. • 물가상승 시 생산량이 증가하므로 총공급곡선이 우상향한다.

(3) 장기총공급곡선

① 생산요소와 생산물의 가격이 모두 변할 수 있는 장기에 도출되는 총공급곡선을 말한다.
② 장기에는 물가가 상승하더라도 경제 전체의 총생산량은 변하지 않으므로 총공급곡선은 자연산출량 수준에서 수직선이 된다.

(4) 총공급곡선의 이동요인

① 총공급곡선은 물가(P)와 국민소득(Y) 간의 관계를 나타내는 좌표평면에 그려지는 그래프이므로 물가의 변동은 총공급곡선상의 이동을 가져온다.
② 물가 이외의 국내외 생산요소 가격의 변화, 생산성의 변화, 제도의 변화 등의 요인들의 변동은 총공급곡선의 이동을 가져온다.
③ 총공급곡선을 우측으로 이동시키는 요인들은 다음과 같다.
  ㉠ 인구증가, 노동의욕의 증가 등으로 임금이 하락하여 노동고용량이 증가하는 경우에는 총공급곡선이 우측으로 이동한다.
  ㉡ 석유 등 원자재 가격의 하락으로 국외 생산요소의 가격이 하락하면 생산요소 투입량이 증가하게 되어 총공급곡선이 우측으로 이동한다.

ⓒ 기술개발 등으로 인한 생산성의 증가는 평균생산비용을 줄이게 되어 총공급곡선을 우측으로 이동시킨다.
ⓓ 법인세율의 인하는 생산비용을 감소시켜 총공급곡선을 우측으로 이동시킨다.
ⓔ 기업에 대한 보조금은 생산비용을 감소시켜 총공급곡선을 우측으로 이동시킨다.

4 균형물가 및 균형생산량의 결정

(1) 균형의 형성

① 총수요곡선과 총공급곡선이 교차하는 점에서 균형물가와 균형생산량이 결정된다.
② GDP란 균형생산량을 의미한다.

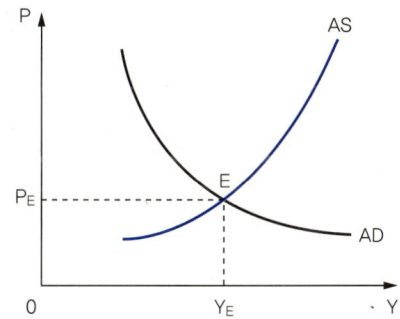

(2) 불균형 시 조정과정

① 총수요(AD)가 총공급(AS)을 초과하는 경우에는 세율 인상, 정부지출 축소, 이자율 인상 등의 총수요억제정책을 활용하여 균형으로 조정해 간다.
② 총공급(AS)이 총수요(AD)를 초과하는 경우에는 세율 인하, 정부지출 확대, 이자율 인하 등의 총수요확대정책을 활용하여 균형으로 조정해 간다.

대표유형문제

다음은 총수요와 총공급이 일치하지 않을 때 나타나는 경제현상과 이에 대응하는 경제정책을 도식화한 것이다. (가) ~ (라)에 들어갈 내용으로 옳지 않은 것은?

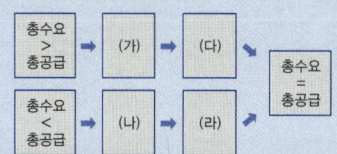

① (가) 물가상승
② (가) 재고 감소
③ (나) 실업률 증가
④ (다) 세율 인상
⑤ (라) 정부지출 축소

해설

총수요가 총공급보다 큰 경우에는 경제가 과열상태에 있기 때문에 세율 인상, 정부지출 축소, 이자율 인상 등의 총수요억제정책을 활용하여야 한다. 반면 총공급이 총수요보다 큰 경우에는 경제가 위축된 상태이기 때문에 세율 인하, 정부지출 확대, 이자율 인하와 같은 총수요확대정책을 활용하여야 한다.

정답 ⑤

제3편 거시경제

제15장 출제예상문제

01 다음 그림의 점 A의 상태를 서술한 것으로 옳은 것은?

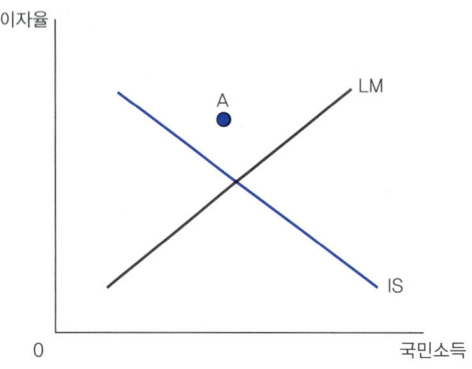

① 재화수요 > 재화공급, 화폐수요 > 화폐공급
② 재화수요 > 재화공급, 화폐수요 < 화폐공급
③ 재화수요 < 재화공급, 화폐수요 > 화폐공급
④ 재화수요 < 재화공급, 화폐수요 < 화폐공급
⑤ 재화수요 = 재화공급, 화폐수요 > 화폐공급

> **해설** IS곡선의 상방부분은 균형보다 이자율이 높으므로 투자과소로 생산물시장은 초과공급상태이며, LM곡선의 상방부분은 균형보다 이자율이 높으므로 투기적 화폐수요가 적기 때문에 화폐시장의 초과공급(채권시장의 초과수요) 상태를 나타낸다.

1 ④ 정답

02 다음 중 IS곡선에 대한 설명으로 틀린 것은?

① IS곡선 하방의 한 점은 생산물시장이 초과수요 상태임을 나타낸다.
② 한계저축성향(s)이 클수록 IS곡선은 급경사이다.
③ 정부지출과 조세가 동액만큼 증가하더라도 IS곡선은 우측으로 이동한다.
④ 피구(Pigou)효과를 고려하게 되면 IS곡선의 기울기는 보다 가팔라진다.
⑤ 수입은 소득의 증가함수이므로 개방경제하의 IS곡선은 폐쇄경제하의 IS곡선보다 가파르다.

해설 피구효과란 경제 불황이 발생하여 물가가 하락하면 민간이 보유한 화폐의 구매력이 증가하므로 실질적인 부가 증가하는 효과가 발생하고, 실질부가 증가하면서 소비도 증가하여 IS곡선이 오른쪽으로 이동하는 효과를 말한다. 즉, 피구효과는 IS곡선의 기울기가 아닌 IS곡선 자체의 이동을 가져오는 효과이다.

03 자국의 실물시장 균형을 나타내는 IS곡선에 대한 다음 설명 중 옳지 않은 것은?(단, IS곡선의 기울기는 세로축을 이자율, 가로축을 소득으로 하는 그래프상의 기울기를 말한다)

① 자국의 한계소비성향이 커지면 IS곡선의 기울기가 완만해진다.
② 자국의 정부지출이 증가하면 IS곡선은 오른쪽으로 이동한다.
③ 자국의 한계수입성향이 커질수록 IS곡선의 기울기는 가팔라진다.
④ 해외교역국의 한계수입성향이 커질수록 IS곡선의 기울기는 완만해진다.
⑤ 자국의 소득증가로 인한 한계유발투자율이 증가하면 IS곡선의 기울기가 완만해진다.

해설 IS곡선이란 생산물시장의 균형이 이루어지는 이자율(r)과 국민소득(Y)의 조합을 나타내는 직선을 말하며, 관계식은 다음과 같다.

$$r = -\frac{1-c(1-t)+m}{b}Y + \frac{1}{b}(C_0 - cT_0 + I_0 + G_0 + X_0 - M_0)$$

즉, IS곡선의 기울기는 투자의 이자율탄력성(b)이 클수록, 한계소비성향(c)이 클수록, 한계저축성향(s)이 작을수록, 세율(t)이 낮을수록, 한계수입성향(m)이 작을수록 완만해진다. 한편, 소비, 투자, 정부지출, 수출이 증가할 때 IS곡선은 오른쪽으로, 조세, 수입, 저축이 증가할 때 왼쪽으로 수평이동한다. 외국의 한계수입성향이 커지는 경우에는 자국의 수출이 증가하므로 IS곡선은 오른쪽으로 이동한다.

정답 2 ④ 3 ④

04 신용카드 사기의 여파로 현금거래가 증가하였다고 한다. 이러한 현상이 경제에 미치는 영향에 대한 설명으로 옳은 것은?

① 현금거래 증가로 인해 화폐공급이 증가하고 이자율이 하락한다.
② LM곡선이 왼쪽으로 이동하여 이자율이 상승하고 소득이 감소한다.
③ 이자율 하락으로 IS곡선이 오른쪽으로 이동하고 소득이 증가한다.
④ 이자율 상승으로 IS곡선이 왼쪽으로 이동하고 소득이 감소한다.
⑤ 현금거래 증가로 화폐의 초과수요가 발생하여 화폐수요곡선이 왼쪽으로 이동한다.

> **해설** 현금거래가 증가하면 화폐수요곡선이 오른쪽으로 이동한다. 또한 현금거래 증가로 현금통화비율이 상승하면 통화승수가 낮아지므로 통화공급이 감소한다. 통화공급이 감소하면 LM곡선이 왼쪽으로 이동하므로 이자율이 상승하고 국민소득이 감소한다.

05 IS-LM 모형에 관한 설명으로 옳지 않은 것은?

① 정부의 저금리 정책에도 내수가 증가하지 않는 것은 투자의 이자율 탄력성이 작기 때문이다.
② IS-LM 모형에서 정부지출을 증가시켰을 때 투자의 이자율 탄력성이 클수록 구축효과가 작아진다.
③ 유동성함정구간에서는 정부지출에 따른 소득증대효과가 상대적으로 큰 경향이 있다.
④ 화폐수요의 소득탄력성이 크면 LM곡선의 기울기는 더욱 급해진다.
⑤ 중앙은행이 공개시장에서 채권을 매입할 경우 LM곡선은 오른쪽으로 이동한다.

> **해설** 확대적인 재정정책을 실시하면 국민소득이 증가하므로 거래적 화폐수요가 증가한다. 화폐수요가 증가하면 이자율이 상승하게 되는데, 투자의 이자율 탄력성이 크면 이자율이 상승할 때 투자가 큰 폭으로 감소하므로 구축효과가 크게 나타난다. 따라서 투자의 이자율 탄력성이 크면 확대적인 재정정책을 실시하더라도 국민소득이 별로 증가하지 않는다.

06 다음 괄호 안의 내용을 옳게 연결한 것은?

> 소비함수에 자산효과가 도입되면 물가수준의 하락에 따라 실질자산이 (㉠)하고, 이는 소비의 (㉡)를 통해 (㉢)곡선을 (㉣)으로 이동시켜 국민소득 증가를 가져와 유동성함정 문제를 해결할 수 있다. 이를 (㉤) 효과라고 부른다.

정답 4② 5② 6①

① ㉠ 증가 ㉡ 증가 ㉢ IS   ㉣ 오른쪽 ㉤ 피구
② ㉠ 증가 ㉡ 증가 ㉢ LM   ㉣ 오른쪽 ㉤ 마샬
③ ㉠ 증가 ㉡ 감소 ㉢ IS   ㉣ 오른쪽 ㉤ 케인즈
④ ㉠ 감소 ㉡ 증가 ㉢ LM   ㉣ 왼쪽   ㉤ 피구
⑤ ㉠ 감소 ㉡ 감소 ㉢ IS   ㉣ 왼쪽   ㉤ 마샬

> **해설** 물가수준이 하락하면 화폐를 비롯한 명목자산의 구매력이 증가하므로 민간부문이 보유한 실질자산이 증가하게 된다. 민간의 실질자산이 증가하면 소비가 증가하므로 IS곡선이 오른쪽으로 이동하게 되는데, 이를 피구효과라고 한다.

07 우하향하는 총수요곡선을 오른쪽으로 이동시키는 요인과 관련된 설명 중 옳지 않은 것은?

① 물가가 상승한다.
② 가계의 소비성향이 증가한다.
③ 기업의 독립투자가 증가한다.
④ 조세가 감소한다.
⑤ 통화량이 증가한다.

> **해설** 물가가 상승하면 총수요곡선이 이동하는 것이 아니라 총수요곡선상에서 좌상방으로 이동한다.

08 거시경제의 총공급곡선에 관한 다음 설명 중 옳은 것을 모두 고르면?

> 가. 장기 총공급곡선은 수직이다.
> 나. 기술혁신은 단기 총공급곡선을 우측으로 이동시킨다.
> 다. 임금 경직성은 단기 총공급곡선을 우상향하게 만든다.
> 라. 국제유가의 상승은 총공급곡선을 우측으로 이동시킨다.
> 마. 상대가격 변화에 관한 일시적 착각은 단기총공급곡선을 우측으로 이동시킨다.

① 가, 나
② 다, 라
③ 가, 나, 다
④ 나, 다, 마
⑤ 다, 라, 마

> **해설**
> 라. 국제유가의 상승은 총공급곡선을 좌측으로 이동시킨다.
> 마. 루카스의 불완전정보모형에 의하면 상대가격 변화에 관한 일시적인 착각은 단기총공급곡선이 우상향하게 되는 요인이다.

09 장기총공급곡선에 관한 설명으로 옳지 않은 것은?

① 장기총공급곡선은 수직이다.
② 장기총공급곡선은 고전학파의 이분성을 뒷받침해 준다.
③ 확장적 통화정책으로 통화량이 증가하더라도 장기총공급곡선은 이동하지 않는다.
④ 장기총공급량은 명목임금이 경직적이고 자유롭게 변동하지 않기 때문에 물가수준이 얼마가 되든 변하지 않는다.
⑤ 장기적으로 한 나라 경제의 재화와 서비스 공급량은 그 경제가 가지고 있는 노동과 자본, 그리고 생산기술에 의해 좌우된다.

해설 장기에는 임금이 신축적이므로 물가수준이 상승하면 명목임금도 비례적으로 상승한다. 물가상승 시 명목임금이 비례적으로 상승하면 실질임금과 고용량은 변하지 않는다. 그러므로 장기총공급곡선은 수직선으로 도출된다. 장기총공급곡선이 수직선이 되면 통화량의 변화는 실질변수에 아무런 영향을 미칠 수 없다. 즉, 실물부문의 균형치가 통화량과 아무런 관계없이 결정되는 현상인 고전적 이분성이 성립하게 된다.

10 총수요(AD)와 총공급(AS)곡선은 다음과 같다. 정부나 중앙은행은 현재 균형점이 A인 상태에서 어떠한 정책대응도 하지 않는다고 가정할 때, 경제의 변화방향으로 옳은 것은?

- 총수요함수 : $P = a - bY$
- 총공급함수 : $P_t = P_{t-1} + c(Y - \overline{Y})$
(P_t : t기의 물가수준, P_{t-1} : $(t-1)$기의 물가수준, Y : 산출량, $\overline{Y}$: 잠재산출량)
(단, a, b, c는 모두 양의 상수)

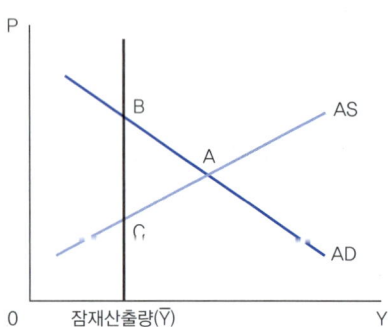

① A점에 계속 머무른다.
② 다음 기에 B점에 도달한다.
③ 다음 기에 C점에 도달한다.
④ 여러 기가 지난 후에 B점에 도달한다.
⑤ 여러 기가 지난 후에 C점에 도달한다.

해설 현재 균형점 A에서는 균형국민소득이 잠재산출량보다 큰 경기과열상태이다. 경기가 과열된 상황에서는 공급자들이 받고자 하는 가격이 높아지므로 공급곡선이 지속적으로 상방으로 이동하여 B지점에 도달하게 된다. 즉, 여러 기가 지난 후에 B지점에 도달한다.

11 어떤 경제의 국내총생산이 잠재GDP 수준에 있을 경우 정부가 민간의 예상과 다르게 확장적 재정정책을 수행한다고 한다. 아래 총수요 – 총공급 모형에서 장단기 균형점의 이동경로를 옳게 나타낸 것은?(단, SRAS는 단기총공급곡선, LRAS는 장기총공급곡선, AD는 총수요곡선을 나타낸다)

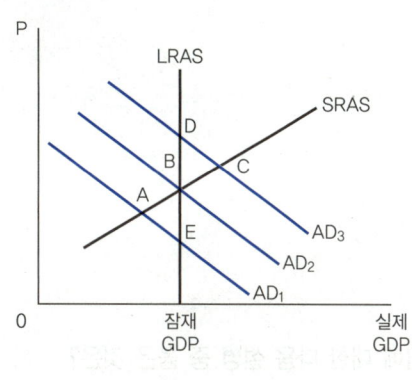

① A → B → E
② B → A → E
③ B → C → D
④ D → C → B
⑤ E → A → B

해설 경제가 잠재GDP 수준에서 정부가 확장적 재정정책을 실시하면 총수요가 증가($AD_2 \to AD_3$)하므로 단기적으로는 실제GDP가 잠재GDP보다 커지게 된다. 이 상태에서는 노동력 부족 현상이 발생하므로 점차 임금이 상승한다. 임금이 상승하면 단기총공급곡선이 왼쪽으로 이동하므로 다시 잠재GDP 수준으로 복귀(C → D)하게 된다.

12 한 나라 경제에서 가처분소득에 대한 한계소비성향은 0.6이고, 소득세는 세율이 30%인 비례세로 징수되고 있다. 또한 소득이 증가할 때, 소득증가분의 15%는 수입재에 지출되며 투자의 경우 소득증가분의 10%가 증가한다고 한다. 정부지출과 수출이 외생적으로 주어진 경우 수출 1단위가 외생적으로 증가할 때 국민소득은 대략적으로 얼마나 증가하는가?

① 1.2단위
② 1.6단위
③ 2.0단위
④ 3.0단위
⑤ 5.0단위

해설 유발투자가 존재할 경우의 승수를 복합승수라고 말하며, 균형국민소득은 다음과 같이 계산된다.

$$Y = C + I + G + X - M$$
$$= C_0 + c(Y - T_0 - tY) + I_0 + iY + G_0 + X_0 - M_0 - mY$$
$$(1 - c + ct + m - i)Y = C_0 - cT_0 + I_0 + G_0 + X_0 - M_0$$
$$Y = \frac{1}{1 - c(1-t) + m - i}(C_0 - cT_0 + I_0 + G_0 + X_0 - M_0)$$

유발투자가 존재할 경우($i>0$)의 수출승수는 $\dfrac{dY}{dX} = \dfrac{1}{1-c(1-t)+m-i}$ 이다. 문제에서 조건이 $c=0.6$, $t=0.3$, $m=0.15$, $i=0.1$로 주어져 있으므로 대입해보면 $\dfrac{dY}{dX} = \dfrac{1}{1-c(1-t)+m-i} = \dfrac{1}{1-0.6(1-0.3)+0.15-0.1}$ ≈ 1.6이다. 즉, 수출이 1단위가 외생적으로 증가하면 국민소득은 1.6단위 증가한다.

13 거시경제의 총수요와 총공급에 대한 다음 설명 중 옳은 것은?

① 명목임금 경직성하에서 물가수준이 하락하면 기업이윤이 줄어들어서 기업들의 재화와 서비스 공급이 감소하므로 단기총공급곡선은 왼쪽으로 이동한다.

② 폐쇄경제에서 확장적 재정정책의 구축효과는 변동환율제도에서 동일한 정책의 구축효과보다 더 크게 나타날 수 있다.

③ 케인즈의 유동성선호이론에 의하면 경제가 유동성함정에 빠지는 경우 추가적 화폐공급이 투자적 화폐수요로 모두 흡수된다.

④ 장기균형 상태에 있던 경제에 원유가격이 일시적으로 상승하면 장기적으로 물가는 상승하고 국민소득은 감소한다.

⑤ 단기 경기변동에서 소비와 투자가 모두 경기순응적이며, 소비의 변동성은 투자의 변동성보다 크다.

해설 ① 총공급곡선이 우상향 형태일 때 물가수준이 하락하면 총공급곡선 자체가 이동하는 것이 아니라 총공급곡선상에서 좌하방으로 이동한다. ② 확장적 재정정책을 실시하면 이자율이 상승하여 민간투자가 감소하는 구축효과가 발생하게 되는데, 변동환율제도하에서는 확장적 재정정책을 실시하면 환율하락으로 인해 추가적으로 총수요가 감소하는 효과가 발생한다. 즉, 확장적 재정정책으로 이자율이 상승하면 자본유입이 이루어지므로 외환의 공급이 증가하여 환율이 하락한다. 이렇듯 평가절상이 이루어지면 순수출이 감소하므로 폐쇄경제에서보다 총수요가 더 큰 폭으로 감소한다. ④ 장기균형 상태에 있던 경제에 원유가격이 일시적으로 상승하면 단기에는 물가가 상승하고 국민소득이 감소하지만 장기적으로는 원유가격이 하락하여 총공급곡선이 다시 오른쪽으로 이동하므로 물가와 국민소득은 변하지 않는다. ⑤ 단기 경기변동에서 소비와 투자가 모두 경기순응적이며, 소비의 변동성은 투자의 변동성보다 작다.

14 한 경제에 대한 비관적인 전망이 총수요곡선과 총공급곡선이 만나는 교점에 의해 결정되는 균형을 어떠한 단계로 움직이게 하는가?(단, 수직선은 장기총공급곡선을 의미한다)

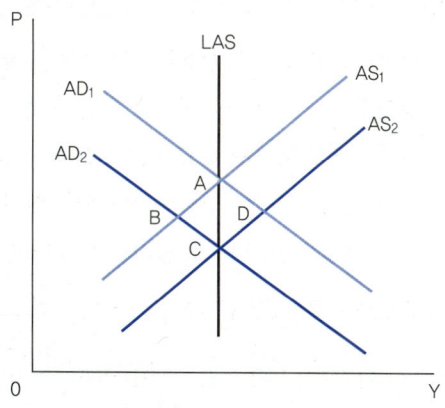

① A → B
② A → B → C
③ A → D → C
④ A → C → D
⑤ A → B → C → D

해설 비관적인 경기전망이 총수요곡선을 왼쪽으로 이동(AD₁ → AD₂)시키면 물가가 하락하게 된다. 예상물가수준이 하락하면 노동자들이 생각하는 예상실질임금이 상승하면서 노동공급이 증가한다. 노동공급의 증가로 산출량이 증가하고 단기총공급곡선은 우측으로 이동(AS₁ → AS₂)한다. 따라서 균형점은 A → B → C단계로 움직인다.

15 폐쇄경제의 총수요-총공급 모형을 이용하여 신용경색과 부동산가격 하락이 단기적으로 거시경제에 미치는 영향을 분석한 것 중 옳지 않은 것은?(단, 총수요곡선은 우하향하고 단기 총공급곡선은 우상향한다)

① 소비가 감소한다.
② 물가수준이 상승한다.
③ 고용이 감소한다.
④ 기업대출이 감소한다.
⑤ 국민소득이 감소한다.

해설 신용경색으로 은행들이 기업에게 대출이 제대로 이루어지지 않으면 투자가 위축되고, 부동산 가격의 하락으로 민간이 보유한 자산가치가 하락하면 소비도 감소한다. 투자와 소비가 감소하면 총수요곡선이 왼쪽으로 이동하므로 물가수준이 하락하고, 국민소득도 감소한다. 국민소득이 감소하면 고용량도 줄어든다.

정답 14 ② 15 ②

16 장기균형 상태에 있던 경제에 기상변화로 인해 농작물 피해가 발생했다. 총수요-총공급 모형을 이용하여 기상변화가 경제에 미치는 영향을 설명한 것 중 옳은 것은?(단, 총수요곡선은 우하향하고, 단기 총공급곡선은 수평이고, 장기 총공급곡선은 수직이다)

① 기상변화가 일시적이면 단기적으로 물가가 상승하지만 소득은 불변이다.
② 기상변화가 일시적이면 장기적으로 물가는 기상변화 이전 수준으로 돌아가지만 소득은 감소한다.
③ 기상변화가 영구적이면 단기적으로 물가는 상승하지만 소득은 불변이다.
④ 기상변화가 영구적이면 장기적으로 물가는 상승하지만 소득은 기상변화 이전 수준으로 돌아간다.
⑤ 기상변화가 일시적이든 영구적이든 단기적으로 물가는 상승하고 소득은 감소한다.

해설 　기상변화로 인해 농작물피해가 발생하면 단기총공급곡선이 상방으로 이동한다. 단기총공급곡선이 상방으로 이동하면 단기적으로 물가가 상승하고 국민소득이 감소한다. 기상변화가 일시적이면 장기에는 단기총공급곡선이 하방으로 이동하므로 물가와 국민소득은 원래수준으로 돌아가는 반면, 영구적이면 장기총공급곡선이 왼쪽으로 이동한다. 따라서 기상변화가 영구적이면 장기에도 물가수준이 원래보다 상승하고, 국민소득도 기상변화 이전보다 감소한다.

17 IS - LM 및 총수요 - 총공급 모형에서 법정지급준비율의 하락과 투자세액공제가 단기적으로 거시경제에 미치는 영향에 대한 다음 설명 중 옳은 것은?(단, 우하향하는 IS곡선과 우상향하는 LM곡선, 우하향하는 총수요곡선과 우상향하는 단기 총공급곡선을 가정한다)

① 이자율이 감소하고 소득이 감소한다.
② 이자율이 증가하고 소득이 감소한다.
③ 이자율과 소득이 모두 변하지 않는다.
④ 물가수준이 상승하고 소득이 증가한다.
⑤ 물가수준이 하락하고 거래적 화폐수요가 감소한다.

해설 　법정지급준비율이 하락하면 통화승수가 커져 통화량이 증가하므로 LM곡선이 오른쪽으로 이동하고, 투자세액공제가 이루어지면 투자가 증가하므로 IS곡선이 오른쪽으로 이동한다. IS곡선과 LM곡선이 모두 오른쪽으로 이동하면 총수요곡선도 오른쪽으로 이동한다. 총수요곡선이 오른쪽으로 이동하면 물가수준이 상승하고, 실질 GDP가 증가한다.

16 ⑤　17 ④

제3편 거시경제

제16장 재정정책과 통화정책

제1절 재정정책

1 재정정책의 개념

(1) 재정의 개념

① 재정이란 정부가 공공욕구를 충족시키기 위해 필요한 수단을 조달하고 관리·사용하는 경제활동을 의미한다.
② 재정은 권력적 통치단체(국가 및 공공단체)의 경제이므로 정치적 결정으로 얻어진 예산을 통하여 계획적으로 질서 있게 운영된다.
③ 균형재정이란 정부의 수입과 정부의 지출이 같을 경우를 의미한다. 정부의 수입은 조세(T)와 국채 발행(B)으로 나타내며, 지출은 정부지출(G)로 나타낸다.

$$T+B=G$$

(2) 재정정책의 개념

① 재정정책이란 경기과열이나 경기침체시 정부가 개입하여 총수요에 영향을 미치는 정부지출(G)과 세율(T)을 변화시켜 경제성장, 물가안정, 완전고용 등을 달성하려는 총수요관리정책이다.
② 경기 과열시(T+B<G) 총수요를 억제하기 위한 정책을 긴축적 재정정책이라고 하며, 경기 위축시(T+B>G) 총수요를 확장하기 위한 정책을 확장적 재정정책이라고 한다.

대표유형문제

경기가 불황일 때 정부는 여러 가지 수단을 통해 경기회복을 시도한다. 정부가 시행할 수 있는 다음 여러 수단 중 성격이 다른 하나는?
① 도로와 항만을 건설한다.
② 공무원 채용인원을 늘린다.
③ 경기활성화를 위해 격려금으로 현금을 지급한다.
④ 공무활동을 위해 필요한 사무용품 구매를 서두른다.
⑤ 지방자치단체 주관으로 낡은 하수관을 새로 교체한다.

해설

경기가 불황일 때 정부는 정부지출을 늘리거나 세율을 인하하여 총수요를 증가시키는 확대 재정정책을 실시한다. 대표적인 방법으로는 사회간접자본(SOC) 확충, 공무원 채용 확대, 정부재정 조기 지출 등이 있다.

정답 ③

대표유형문제

정부의 재정지출확대정책으로 인하여 구축효과가 크게 나타나지 않는 경우는?

① 고전학파의 화폐수량설에 의거하는 경우
② 민간투자의 이자율 탄력도가 매우 크게 나타나는 경우
③ 통화주의자의 신화폐수량설이 성립되는 경우
④ 투기적 화폐수요의 이자율 탄력도가 매우 큰 경우
⑤ 소비함수가 이자율에 대하여 매우 탄력적인 경우

해설

투기적 화폐수요의 이자율 탄력도가 매우 크면 LM곡선은 매우 완만한 형태이므로 확대재정정책으로 인해 IS곡선이 우측으로 이동하여도 이자율 상승이 크지 않다. 즉, 구축효과가 작아진다. 고전학파의 화폐수량설에 의거하는 경우에는 확대재정정책을 실시할 때 100%의 구축효과가 발생한다. 또한 통화주의자의 신화폐수량설이 성립하는 경우에는 화폐수요의 이자율탄력성이 작아 LM곡선이 급경사이므로 재정정책의 구축효과가 크게 나타난다. 민간투자의 이자율 탄력도가 크거나 소비함수가 이자율에 대해 매우 탄력적인 경우에는 IS곡선이 완만해져 구축효과가 크게 나타난다.

정답 ④

2 재정정책의 효과

(1) 확장적 재정정책

① 확장적 재정정책의 개념
  ㉠ 확장적 재정정책이란 경기가 위축되었을 때(T+B>G) 위축된 경기를 확장시키려는 목적으로 시행하는 재정정책을 말한다.
  ㉡ 즉, 정부는 정부지출을 늘리거나(G↑) 세율을 인하하여(T↓) 총수요를 증가시키는 정책을 실시한다.

② 정부지출과 승수효과
  ㉠ 승수효과란 정부가 지출을 늘릴 경우 정부가 처음 지출한 금액보다 많은 수요가 창출되는 현상을 말한다.
  ㉡ 즉, 기업의 매출 증가는 가계의 소득을 높이게 되고, 높아진 소득은 소비를 증가시키는데, 각 가계의 소비 증가가 다시 기업들의 매출 증가로 이어지면서 총수요가 큰 폭으로 증가하는 현상을 의미한다.
  ㉢ 따라서 경기침체 시 정부의 확장적 재정정책의 시행은 총수요의 구성요소인 정부지출을 증가시켜서 총수요를 증가시킬 뿐 아니라 승수효과를 통한 총수요확대를 이루어내어 경기침체를 벗어날 수 있다.
  ㉣ 이와 반대로 정부가 지출을 늘려도 총수요가 늘어나지 않는 현상을 구축효과라고 한다.

③ 정부지출과 구축효과
  ㉠ 구축효과란 확대적인 재정정책 실시로 인한 정부지출증가가 이자율을 상승시켜 민간투자를 감소시키는 효과를 말한다.
  ㉡ IS곡선이 급경사일수록(=투자의 이자율탄력성이 작을수록) LM곡선이 완만할수록(=화폐수요의 이자율탄력성이 클수록) 재정정책의 효과는 커진다(=구축효과가 작아진다).
  ㉢ 유동성함정이란 명목이자율이 '0'에 가까워 더 이상 통화정책이 유효하지 않은 상태를 말한다.
  ㉣ 그러므로 유동성함정 구간에서는 화폐수요의 이자율탄력성이 무한대이므로 LM곡선은 수평선으로 도출되고, 이 경우 IS곡선이 우측으로 이동하더라도 이자율은 전혀 상승하지 않는다. 즉, 유동성함정구간에서는 구축효과가 전혀 발생하지 않는다.
  ㉤ 고전학파에 의하면 100%의 구축효과가 나타나므로 재정정책을 실시하더라도 국민소득은 전혀 증가하지 않는다고 주장하였다.
  ㉥ 이에 비해 케인즈 학파는 구축효과가 그리 크지 않기 때문에 재정정책이 매우 효과적이라고 주장한다.

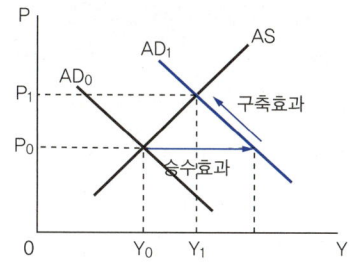

(2) 긴축적 재정정책

① 긴축적 재정정책의 개념

  ㉠ 긴축적 재정정책이란 경기가 과열되었을 때($T+B<G$) 과열된 경기를 억제시키려는 목적으로 시행하는 재정정책을 말한다.

  ㉡ 따라서 정부와 중앙은행은 과열된 물가를 조절하고 화폐의 가치를 끌어올리기 위해 정부지출을 줄이거나($G\downarrow$) 세율을 인상하여($T\uparrow$) 총수요를 감소시키는 정책을 실시한다.

② 긴축적 재정정책과 톱니효과

  ㉠ 긴축재정의 시행으로 인한 물가의 하락은 톱니효과 때문에 쉽사리 진행되지 않는다. 톱니효과란 물가가 상승할 때는 톱니처럼 서서히 오르지만 한 번 올라간 물가 수준은 좀처럼 내려오지 않는 현상을 말한다.

  ㉡ 듀젠베리의 톱니효과 이론을 소비와 소득의 관계에서 살펴보면 소득이 늘어나 소비수준이 일단 높아지면 소득이 낮아져도 종전의 소비 수준으로 줄어들지 않는다. 즉, 경기가 나빠져서 소득이 줄어들어도 소비가 그에 비례해 쉽사리 줄어들지 않기 때문에 소비 수준은 안정성을 갖게 돼 경기 후퇴 속도를 줄이는 효과를 가지게 된다.

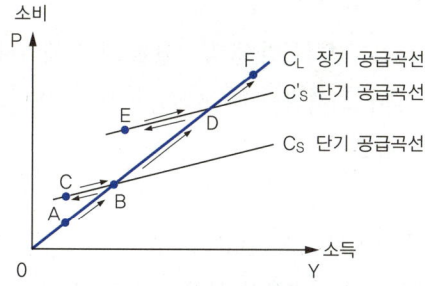

  ㉢ 호황기에는 평균 소비 성향이 일정한 장기 소비함수에 따라 움직이지만 불황기와 경기 회복기에는 경사가 완만한 단기 소비 함수에 따

대표유형문제 **최신출제유형** 23

다음 중 유동성함정에 대한 설명으로 가장 거리가 먼 것은?

① 이자율이 조금만 높아져도 화폐수요가 무한대로 늘어난다.
② 케인지안의 주장이다.
③ IS곡선이 우측으로 이동해도 이자율은 불변이다.
④ 유동성함정 구간에서는 구축효과가 나타나지 않는다.
⑤ 실질이자율이 '0'에 가까운 경우에 나타난다.

해설

실질이자율이 아니라 명목이자율이다. 명목이자율은 마이너스가 될 수 없으므로, 명목이자율이 '0'에 가까운 경우 통화량을 증가시켜도 이자율이 낮아지지 않아 투자나 소비의 확대로 이어지지 못하는 경우를 유동성함정이라고 한다.

정답 ⑤

최신출제유형 23

경기 활성화를 위해 정부가 시행할 수 있는 재정정책으로 옳은 것은?

① 기준금리 인하
② 재할인율 인하
③ 법정지급준비율 인하
④ 기업에 대한 세제혜택 확대
⑤ 국채 매입

해설

기업에 대한 세제혜택 확대는 정부가 경기침체에 대응하기 위해 사용하는 재정정책 중 하나이다. 기준금리 인하, 재할인율 인하, 법정지급준비율 인하, 국채 매입은 중앙은행의 완화적 통화정책에 해당한다.

정답 ④

대표유형문제

다음 설명하고 있는 경제 용어로 적절한 것은?

> This term refers to the tendency for central controllers to base next year's targets on last year's performance, meaning that managers who expect still to be in place in the next target period have a perverse incentive not to exceed targets even if they could easily do. It can be seen in long-term trends in the production of many consumer goods. Year by year, automobiles gradually acquire more features. Competitive pressures make it hard for manufacturers to cut back on the features unless forced by a true scarcity of raw materials.

① 톱니효과(Ratchet Effect)
② 전시효과(Demonstration Effect)
③ 의존효과(Dependence Effect)
④ 피구효과(Pigou Effect)
⑤ 실질잔고효과(Real Balance Effect)

해설

톱니효과(Ratchet Effect)는 경기가 나빠져서 소득이 줄어들어도 소비가 그에 비례해 쉽사리 줄어들지 않기 때문에 소비 수준은 안정성을 갖게 돼 경기 후퇴 속도를 줄이는 효과를 가지게 된다.

정답 ①

라 움직인다. 즉, 소득이 오르면 소비는 점A에서 점B로 움직이지만 경기가 후퇴해 소득이 줄어들면 단기 소비 함수를 따라 점B에서 점C로 움직인다.

㉣ 경기가 회복되면 점C에서 점B로 움직이고 경기가 호황이면 장기 소비 함수를 따라 점D로 움직인다. 이때 다시 경기가 후퇴하면 점D에서 점E로 움직이고 경기가 회복되면 일단 점D로 갔다가 점F로 움직인다.

제2절 통화정책

1 통화정책의 개요

(1) 통화정책의 개념

① 통화정책이란 화폐의 발행을 담당하는 중앙은행이 완전고용, 물가안정, 국제수지의 향상, 경제성장 촉진 등의 정책목표를 달성하기 위해 통화량이나 이자율을 조절하는 정책을 말한다.
② 즉, 한국은행은 물가안정과 금융안정을 위해 공개시장조작정책, 재할인율정책, 지급준비정책 등을 통화정책으로 사용한다.
③ 경제 과열시에는 통화량을 감소시켜 이자율을 상승시키고, 경제 침체 시에는 통화량을 증가시켜 이자율을 하락시킨다.

(2) 통화정책의 수단

① 공개시장조작정책
　㉠ 정 의
　　공개시장조작정책이란 중앙은행이 직접 채권시장에 참여하여 금융기관을 상대로 채권을 매입하거나 매각하여 통화량을 조절하는 통화정책수단을 의미한다.
　㉡ 방 법
　　• 중앙은행이 시중의 금융기관을 상대로 채권을 매입하는 경우 경제 전체의 통화량은 증가하게 되고 이는 실질이자율을 낮춰 총수요를 증가시킨다.

- 중앙은행이 시중의 금융기관을 상대로 채권을 매각하는 경우 경제 전체의 통화량은 감소하게 되고 이는 실질이자율을 상승과 투자의 감소로 이어져 총수요가 감소하게 된다.

② 지급준비율정책
　㉠ 정 의
　　- 법정지급준비율이란 중앙은행이 예금은행으로 하여금 예금자 예금인출요구에 대비하여 총예금액의 일정비율 이상을 대출할 수 없도록 규정한 것을 말한다.
　　- 지급준비율정책이란 법정지급준비율을 변경시킴으로써 통화량을 조절하는 것을 말한다.
　㉡ 방 법
　　- 지급준비율이 인상되면 통화량이 감소하고 실질이자율을 높여 총수요를 억제한다.
　　- 지급준비율이 인하되면 통화량이 증가하고 실질이자율을 낮추어 총수요를 진작한다.

③ 재할인율정책
　㉠ 정 의
　　- 재할인이란 시중은행이 기업에 할인해 준 어음을 중앙은행이 다시 할인해 주는 제도를 말한다.
　　- 재할인율정책이란 일반은행이 중앙은행으로부터 자금을 차입할 때 차입규모를 조절하여 통화량을 조절하는 통화정책의 수단을 말한다.
　㉡ 방 법
　　- 재할인율 상승은 실질이자율을 높여 경제 전체의 통화량을 줄이고자 할 때 사용하는 통화정책의 수단이다.
　　- 재할인율 인하는 실질이자율을 낮춰 경제 전체의 통화량을 늘리고자 할 때 사용하는 통화정책의 수단이다.

대표유형문제

다음 중 팽창적인 통화정책의 전달 경로로 옳은 것은?

① 화폐공급증가 → 이자율 하락 → 투자 증가 → 총수요 증가 → 국민소득 증가
② 화폐공급증가 → 이자율 상승 → 투자 증가 → 총수요 하락 → 국민소득 하락
③ 화폐공급증가 → 이자율 하락 → 투자 하락 → 총수요 증가 → 국민소득 증가
④ 화폐공급감소 → 이자율 상승 → 투자 하락 → 총수요 하락 → 국민소득 하락
⑤ 화폐공급감소 → 이자율 하락 → 투자 하락 → 총수요 증가 → 국민소득 증가

해설

팽창적인 통화정책으로 화폐공급이 증가하면 이는 이자율의 하락을 가져온다. 따라서 저렴한 이자율로 대출을 받아 투자를 할 수 있는 환경이 조성되므로 투자 증가로 이어지고, 이는 총수요를 증가시키고 국민소득을 증가시킨다.

정답 ①

대표유형문제

한 국가의 내년도 경제가 저성장 위기에 처한 상황에서 정부가 경기부양을 위해 취할 수 있는 정책을 모두 고른 것은?

> 가. 기준금리 인상
> 나. 정부지출 축소
> 다. 국공채 매입
> 라. 법정지급준비율 인하
> 마. 기업에 대한 세금 인하

① 가, 나
② 다, 라
③ 가, 다, 마
④ 나, 다, 라
⑤ 다, 라, 마

해설

정부가 경기부양을 위해서는 확장적 재정정책이나 확장적 통화정책을 사용하여야 한다. 국공채 매입과 법정지급준비율 인하는 확장적 통화정책에 포함되는 내용이며, 기업에 대한 세금 인하는 확장적 재정정책에 포함되는 내용이다.

정답 ⑤

② 통화정책의 파급경로

(1) 확장적 통화정책의 파급경로

생산량 감소로 실업과 경기침체 발생 → 공개시장에서 채권 매입, 지급준비율 인하, 재할인율 인하 → 시중은행의 초과지급준비금의 증가 → 통화공급의 증가 → 실질이자율의 감소 → 투자 증가 → 총수요 증가 → 실질GDP 증가 → 경기침체 탈출

(2) 긴축적 통화정책의 파급경로

생산량 증가로 물가상승률 증가 → 공개시장에서 채권 매각, 지급준비율 인상, 재할인율 인상 → 시중은행의 초과지급준비금의 감소 → 통화공급의 감소 → 실질이자율의 증가 → 투자 감소 → 총수요 감소 → 실질GDP 감소, 물가상승률 억제 → 경기과열 해소

제3편 거시경제

제16장 출제예상문제

01 다음은 구축효과에 대한 설명이다. Ⓐ ~ Ⓓ에 적절한 용어를 순서대로 나열한 것은?

> 구축효과에 의하면 정부지출 증가가 Ⓐ를(을) 통해 민간의 Ⓑ를(을) 유발한다. Ⓒ 학파 이론에서는 구축효과가 큰 반면에 Ⓓ 학파 이론에서는 구축효과가 작다.

① Ⓐ 소득증가 Ⓑ 소비수요 증가 Ⓒ 고전 Ⓓ 케인즈
② Ⓐ 소득증가 Ⓑ 소비수요 증가 Ⓒ 케인즈 Ⓓ 고전
③ Ⓐ 이자율 상승 Ⓑ 투자수요 감소 Ⓒ 고전 Ⓓ 케인즈
④ Ⓐ 이자율 상승 Ⓑ 투자수요 증가 Ⓒ 고전 Ⓓ 케인즈
⑤ Ⓐ 이자율 하락 Ⓑ 투자수요 증가 Ⓒ 케인즈 Ⓓ 고전

해설 구축효과란 정부가 확대적인 재정정책을 실시하면 이자율이 상승하여 민간투자가 감소하는 효과를 말한다. 고전학파는 100%의 구축효과가 나타나므로 재정정책을 실시하더라도 국민소득은 전혀 증가하지 않는다고 주장한 데 반해 케인즈학파는 구축효과가 그리 크지 않기 때문에 재정정책이 매우 효과적이라고 주장한다.

02 다음 구축효과에 대한 설명 중 옳지 않은 것은?

① 재정지출로 구축효과가 클수록 민간기업의 자본축적이 작아진다.
② 유동성함정 구간에서는 구축효과가 100%가 된다.
③ 정부지출의 증가가 있어도 이자율이 변화하지 않으면 구축효과가 발생하지 않는다.
④ 구축효과가 발생할 때에는 구축효과가 전혀 없을 경우에 비해 재정지출승수가 작아진다.
⑤ 구축효과는 정부지출의 증가가 민간의 투자지출을 감소시키는 경우를 의미한다.

정답 1 ③ 2 ②

해설 유동성함정 구간에서는 화폐수요의 이자율탄력성이 무한대이므로 LM곡선은 수평선으로 도출되고, 이 경우 IS 곡선이 우측으로 이동하더라도 이자율은 전혀 상승하지 않는다. 즉, 유동성함정 구간에서는 구축효과가 전혀 발생하지 않는다.

03 IS - LM 모형에서 확장적인 재정정책이 국민소득에 미치는 효과에 대한 설명 중 옳은 것을 모두 고르면?

> 가. 화폐수요의 이자율탄력성이 높을수록 소득증가 효과가 커진다.
> 나. 민간투자의 이자율탄력성이 작을수록 소득증가 효과가 커진다.
> 다. 한계소비성향이 높을수록 소득증가효과가 커진다.
> 라. 소득세율이 낮을수록 소득증가효과가 커진다.

① 가, 나
② 가, 라
③ 나, 다
④ 나, 다, 라
⑤ 가, 나, 다, 라

해설 확장적인 재정정책을 실시하면 IS곡선이 (정부지출증가분×승수)만큼 오른쪽으로 이동하면서 국민소득이 증가한다. 국민소득이 증가하면 화폐수요가 증가하므로 이자율이 상승하고 이에 따라 민간투자가 감소하는 구축효과가 발생한다. 그러므로 IS - LM 모형에서는 확장적 재정정책을 실시하더라도 승수모형에서보다 국민소득이 적게 증가한다. 확장적 재정정책을 실시할 때 국민소득이 크게 증가하려면 일차적으로 IS곡선의 이동폭이 커야 하기 때문에 승수가 커야 한다. 즉, 한계소비성향이 높을수록 소득세율이 낮을수록 승수효과가 크므로 국민소득에 미치는 영향이 크다. 또한 국민소득이 크게 증가하려면 구축효과가 작아야 한다. 구축효과는 화폐수요의 이자율 탄력성이 높을수록(LM곡선이 완만할수록) 민간투자의 이자율탄력성이 작을수록(IS곡선이 급경사일수록) 작아진다.

04 경기 침체 시 확장적 통화정책을 시행했음에도 경기회복 효과가 별로 크게 나타나지 않았다고 하자. IS - LM 모형을 근거로 할 때 그 이유로 옳지 않은 것은?

① 화폐의 유통속도가 크게 하락하였다.
② 투자가 이자율에 대해 매우 탄력적이다.
③ 화폐수요가 이자율에 대해 매우 비탄력적이다.
④ 경제가 유동성함정에 빠져 있다.
⑤ 한계소비성향이 1에 가깝다.

해설 중앙은행이 통화량을 증가시키는 확장적 통화정책을 시행하더라도 화폐의 유통속도가 큰 폭으로 하락하면 자동으로 통화량이 감소하게 되어 경기회복이 이루어지지 않는다. 경제가 유동성함정에 놓여 있다면 통화량이 증가하더라도 이자율은 고정되므로 통화정책이 효과는 나타나지 않는다. 또한 국민소득이 크게 증가하려면 구축효과가 작아야 한다. 구축효과는 화폐수요의 이자율 탄력성이 높을수록(LM곡선이 완만할수록) 민간투자의 이자율탄력성이 작을수록(IS곡선이 급경사일수록) 작아진다.

05 IS - LM 모형에서 유동성함정에 빠져 있을 때 통화량 공급 증가와 재정지출 확대에 따른 각각의 정책 효과를 옳게 설명한 것은?

① 통화량 공급 증가는 이자율을 낮추고, 재정지출 확대는 소득을 증가시킨다.
② 통화량 공급 증가는 소득을 증가시키고, 재정지출 확대는 이자율을 낮춘다.
③ 통화량 공급 증가와 재정지출 확대는 모두 소득을 증가시킨다.
④ 통화량 공급 증가와 재정지출 확대는 모두 이자율 변동에 영향을 미치지 않는다.
⑤ 통화량 공급 증가는 소득을 증가시키고, 재정지출 확대는 이자율 변동에 영향을 주지 않는다.

해설 경제가 유동성함정에 놓여 있다면 LM곡선은 수평선이므로 통화량이 증가하더라도 이자율 변동에 영향을 미치지 못한다. 즉, 유동성함정 구간에서는 통화정책이 완전히 무력하다. 반면, 경제가 유동성함정 구간에 놓여있더라도 확대적인 재정정책을 실시하면 IS곡선이 우측으로 이동하므로 이자율은 변하지 않지만 국민소득은 대폭 증가한다. 즉, 재정정책은 매우 효과적이다.

06 중앙은행이 지급준비율을 인하할 경우 나타나는 현상은?

① 통화승수가 변하지 않아 통화량에 변화가 없다.
② 통화승수의 상승과 본원통화량의 변화를 통해 통화량이 증가한다.
③ 통화승수의 하락과 본원통화량의 변화를 통해 통화량이 감소한다.
④ 통화승수가 상승하여 본원통화량의 변화가 없어도 통화량이 증가한다.
⑤ 통화승수가 하락하여 본원통화량의 변화가 없어도 통화량이 증가한다.

해설 통화승수(m)란 중앙은행이 늘려 공급한 본원통화와 은행의 예금창조 과정을 거쳐 궁극적으로 증가한 통화량 사이의 비율을 나타낸다. 민간에서는 현금을 모두 예금하고 은행은 법정지급준비율만큼 지급준비금을 보유한다고 가정한다면, 통화승수는 법정지급준비율의 역수가 된다. 따라서 중앙은행이 지급준비율을 낮추면 본원통화량의 변화가 없어도 통화승수 상승으로 인해 시중 통화량이 증가한다.

정답 5 ④ 6 ④

07 통화정책의 전달경로는 '통화량 변화 → 이자율 변화 → 투자 변화 → 유효수요 변화 → 국민소득 변화'와 같다. 통화량 증대를 통해 국민소득을 증가시키고자 하는 정책이 더 효과적으로 되기 위한 조건을 모두 고른 것은?

> 가. 한계소비성향이 클수록 정책효과가 크다.
> 나. 유동성함정에 놓여 있을 때 정책효과가 크다.
> 다. 투자함수의 기울기가 완만할수록 정책효과가 크다.
> 라. 경제가 완전고용에 가까울수록 정책효과가 크다.

① 가, 나   ② 가, 다   ③ 나, 다   ④ 나, 라   ⑤ 다, 라

해설 중앙은행이 시중 통화량을 증가시킬 때 국민소득에 미치는 전달경로는 '통화량 증가 → 이자율 하락 → 투자 증가 → 국민소득 증가'로 나타낼 수 있다. 그러므로 통화량이 증가할 때 국민소득이 더 크게 증가하는 경우는 다음과 같다.
- 통화량이 증가할 때 이자율이 크게 하락해야 한다. 그러려면 화폐수요의 이자율 탄력성이 작아 LM곡선이 가파르게 도출되어야 한다.
- 이자율이 하락할 때 투자가 큰 폭으로 증가해야 한다. 즉, 투자의 이자율 탄력성이 커야 하므로 IS곡선이 완만하게 도출되어야 한다.
- 투자증가 시 국민소득이 큰 폭으로 증가해야 하므로 투자승수가 커야 한다.

가. 한계소비성향이란 추가소득 중 저축되지 않고 소비되는 금액의 비율을 의미하므로 한계소비성향이 클수록 국민소득의 증대에 따른 소비증대의 효과가 크다.
다. 투자함수의 기울기가 완만할수록 통화량 증가에 따른 국민소득의 증가 폭이 크게 나타난다.

08 경기부양정책에 관한 다음 설명 중 옳지 않은 것은?

① 재정정책은 통화정책보다 경기부양의 효과가 직접적이다.
② 통화정책은 재정정책보다 정책의 실행이 신속하다.
③ 통화정책은 투자를 증대시키지만 재정정책은 투자를 위축시킬 수 있다.
④ 재정정책이나 통화정책으로 경기를 부양하면 일반적으로 물가가 오른다.
⑤ 재정정책과 통화정책은 총공급곡선의 기울기가 클수록 효과적이다.

해설 총공급곡선의 기울기가 매우 크다면 확대적인 정책을 실시하더라도 실질GDP는 거의 증가하지 않고 물가만 상승한다. 그러므로 총공급곡선의 기울기가 급경사라면 재정정책과 통화정책의 효과는 별로 없다.

09 이자율 타겟팅 정책과 통화량 타겟팅 정책에 대한 다음 설명 중 옳은 것을 모두 고르면?(단, IS곡선은 우하향하고, LM곡선은 우상향한다)

> 가. 이자율과 통화량을 동시에 타겟팅하는 것은 생산물시장의 균형을 변화시키는 충격이 존재하는 한 불가능하다.
> 나. 경기변동의 주요 요인이 생산물시장의 균형을 변화시키는 충격이라면, 이자율 타겟팅 정책이 통화량 타겟팅 정책보다 국민소득 안정화에 더 효과적이다.
> 다. 경기변동의 주요 요인이 주로 화폐시장의 균형을 변화시키는 충격이라면, 통화량 타겟팅 정책이 이자율 타겟팅 정책보다 국민소득 안정화에 더 효과적이다.

① 가　　② 나　　③ 다　　④ 나, 다　　⑤ 가, 나, 다

해설 민간투자 혹은 민간소비가 불안정적이어서 IS곡선이 왼쪽이나 오른쪽으로 이동하는 경우에는 통화량을 일정하게 유지하는 통화량 타겟팅이 경제안정화에 더 효과적이나, 화폐수요가 불안정적이어서 LM곡선이 왼쪽이나 오른쪽으로 이동하는 경우에는 이자율을 일정하게 유지하는 이자율 타겟팅이 경제안정화에 더 효과적이다. 한편, 생산물시장의 불안정성으로 인해 IS곡선이 왼쪽이나 오른쪽으로 이동하는 경우에는 통화량과 이자율을 모두 일정하게 유지하는 것이 불가능하나 화폐부문이 불안정적일 때는 이자율 타겟팅을 실시하면 LM곡선이 목표이자율 수준에서 수평선의 형태가 되므로 이자율과 통화량을 모두 일정하게 유지할 수 있다.

10 미국 경제의 더블딥(Double Dip)에 대한 우려가 나오면서 미국의 중앙은행은 확장적 통화정책을 발표했다. 현재 미국의 기준금리가 0%에 가까운 상황에서 일부 경제 전문가들은 확장적 통화정책이 미국의 경기회복에 별 효과가 없을 것이라고 전망한다. 이러한 주장의 이론적 근거로 타당한 것을 모두 고르면?

> 가. LM 곡선이 수직선이다.
> 나. 투자적 화폐수요의 이자율탄력성이 무한대에 가깝다.
> 다. 거래적 화폐수요의 이자율탄력성이 무한대에 가깝다.
> 라. 채권가격의 하락이 예상된다.
> 마. 통화정책 파급경로 중 금리경로가 전혀 작동하지 않는다.

① 가, 다　　② 나, 라　　③ 다, 마　　④ 가, 나, 라　　⑤ 나, 라, 마

해설 현재 미국경제는 유동성함정(Liquidity Trap) 구간에 놓여있다. 이러한 유동성함정 구간은 투기적 화폐수요의 이자율탄력성이 무한대이므로 LM곡선이 수평선이다. 이 경우 중앙은행이 통화량을 증가시키더라도 모두 화폐수요로 흡수되므로 더 이상 이자율은 하락하지 않는다. 즉, 유동성함정 구간에서는 금리경로가 전혀 작동하지 않는다. 한편, 유동성함정 구간에서는 이자율이 매우 낮으므로 모든 사회구성원들은 이자율 상승(= 채권 가격의 하락)을 예상한다.

제17장 물가와 인플레이션

제3편 거시경제

대표유형문제

다음은 물가 및 소비자물가지수와 관련된 설명이다. 옳지 않은 것은?
① 소비자물가지수는 통계청에서 작성, 발표하고 있다.
② 도시가계의 월평균 지출액 중 1/10,000 이상인 품목이 소비자물가지수에 포함된다.
③ 각 개인이 느끼는 체감물가와 물가지수가 괴리를 보이는 것은 사람마다 주로 구입하는 재화가 다르기 때문이다.
④ 소비자물가지수는 물가상승기에 실제 물가상승 정도를 과대평가하는 경향이 있다.
⑤ 소비자물가지수에는 국내에서 생산된 재화와 용역만 포함된다.

해설
소비자물가지수에는 수입품가격도 포함된다.
정답 ⑤

제1절 물가와 물가지수

1 물가와 물가지수의 개념

(1) 물가란 시장에서 거래되는 모든 개별상품과 서비스의 가격을 일정한 기준으로 가중평균하여 종합한 전반적인 가격수준을 의미한다.

(2) 물가지수란 물가를 측정하는 도구로서 기준시점의 물가를 100으로 하여 지수로 나타낸 것을 의미한다. 예를 들어, 물가지수가 120이라면 기준시점보다 물가수준이 20% 상승했음을 알 수 있다.

2 물가지수의 작성방식

(1) 라스파이레스 방식

① 기준연도의 거래량을 가중치로 사용하여 물가지수를 계산하는 방식이다.
   예 소비자물가지수(CPI), 생산자물가지수(PPI)

$$L_p = \frac{P_t \cdot Q_0}{P_0 \cdot Q_0}$$

② 라스파이레스 방식은 물가변화를 과대평가하는 경향이 있다.

(2) 파셰방식

① 비교연도의 거래량을 가중치로 사용하여 물가지수를 계산하는 방식이다.
   예 GDP 디플레이터

$$P_p = \frac{P_t \cdot Q_t}{P_0 \cdot Q_t}$$

② 파셰방식은 물가변화를 과소평가하는 경향이 있다.

③ 물가지수의 종류

(1) 소비자물가지수(CPI)

① 소비자물가지수(CPI)의 개념
  ㉠ 소비자물가지수(CPI)란 도시 가계가 일상 소비생활을 영위하기 위해 구입하는 상품가격과 서비스 요금의 가격변동을 종합적으로 측정하기 위해 작성하는 물가지수이다.
  ㉡ 소비자물가지수(CPI) 대상품목은 2020년을 기준(2020년의 CPI = 100)으로 가계소비지출에서 차지하는 비중이 1/10,000 이상인 품목 458개를 대상으로 작성한다.
  ㉢ 소비자물가지수는 통계청에서 라스파이레스 방식으로 작성, 발표하고 있다.

② 근원인플레이션
  ㉠ 석유파동, 이상기후 등 예상치 못한 일시적인 외부충격으로 인한 물가 변동분을 제거하고 난 후의 경제의 기본적인 동향을 반영하는 물가상승률을 의미한다.
  ㉡ 근원인플레이션은 소비자물가 조사품목 중 외부충격 등에 취약한 농산물(곡물 제외)과 석유류를 제외하기 때문에 물가변동의 기조를 분석하는 데 유용한 지표가 된다.

③ 생활물가지수
  ㉠ 소비자물가지수는 가계소비지출에서 차지하는 비중이 높은 458개 품목의 가격변동을 평균하여 작성하므로 소비자가 구입하는 품목 및 빈도에 따라 소비자들이 체감적으로 느끼는 물가와 다를 수 있다.
  ㉡ 이러한 문제점을 해결하기 위해 등장한 생활물가지수란 소비자들의 체감물가를 설명하기 위해 구입 빈도가 높고 지출비중이 높아 가격변동을 민감하게 느끼는 144개 품목으로 작성한 지수이다.

④ 소비자물가지수의 유의점
  ㉠ 소비자물가지수는 소비자들이 구매하는 대표적인 물품들에 대해 사전에 가중치를 설정하여 이를 고정한 상태에서 계산하기 때문에 물가가 과대평가되는 경향이 있다.
  ㉡ 소비자물가지수가 과대평가되는 요인
    • 소비자의 대체가능성 배제
    • 상품의 양이 고정

대표유형문제

다음 중 소비자물가지수가 과대평가되는 요인이 아닌 것은?
① 상품의 양이 고정돼 있다.
② 상품의 종류가 고정돼 있다.
③ 상품의 질적 향상을 무시한다.
④ 임의의 기준연도를 선정한다.
⑤ 상품의 구입 장소가 고정되어 있다.

해설

소비자물가지수(CPI)란 도시 가계가 일상 소비생활을 영위하기 위해 구입하는 상품가격과 서비스 요금의 가격변동을 종합적으로 측정하기 위해 작성하는 물가지수이다. 소비자물가지수는 소비자들이 구매하는 대표적인 물품들에 대해 사전에 가중치를 설정하여 이를 고정한 상태에서 계산하기 때문에 물가가 과대평가되는 경향이 있는데 그 요인으로는 다음과 같은 것이 있다.

※ 소비자물가지수가 과대평가되는 요인
  • 소비자의 대체가능성 배제
  • 상품의 양이 고정
  • 상품의 종류 고정
  • 상품의 질적 향상을 무시함
  • 상품의 구입 장소가 고정

정답 ④

대표유형문제

다음 중 물가지수에 관한 설명으로 옳은 것을 모두 고르면?

가. 소비자물가지수는 소비재를 기준으로 측정하고, 생산자물가지수는 원자재 혹은 자본재 등을 기준으로 측정하기 때문에 두 물가지수는 일치하지 않을 수 있다.
나. GDP 디플레이터는 실질GDP를 명목GDP로 나눈 값이다.
다. 물가지수가 연 5% 상승했다고 하면 그 국가의 모든 상품가격이 연 5% 상승했다는 것이다.
라. 현재 한국의 소비자물가지수는 매우 많은 품목을 조사하여 측정하는데, 조사대상 상품구성이 일정기간 동안 고정되어 있어 소비자들이 값싼 대체재를 선택했을 경우 물가상승을 과대평가할 수 있다.
마. 소비자물가지수와 생산자물가지수는 라스파이레스 방식으로 측정되고 GDP 디플레이터는 파셰방식으로 측정된다.

① 가, 라
② 나, 마
③ 다, 마
④ 가, 라, 마
⑤ 나, 라, 마

해설

나. GDP 디플레이터는 명목GDP를 실질GDP로 나누어 사후적으로 계산한 값이다.
다. 물가지수는 모든 상품을 대상으로 하는 것이 아니라 대표품목을 대상으로 평균물가수준을 산정하기 때문에 물가지수가 5% 상승했다고 해서 모든 상품의 가격이 5% 상승하는 것은 아니다.

정답 ④

- 상품의 종류 고정
- 상품의 질적 향상을 무시함
- 상품의 구입 장소가 고정

(2) 생산자물가지수(PPI)

① 생산자물가지수(PPI)의 개념

㉠ 생산자물가지수(PPI)란 국내에서 생산하여 국내시장에 출하되는 모든 재화와 서비스요금(부가가치세를 제외한 공장도 가격)의 가격변동을 측정하기 위하여 작성하는 지수이다.

㉡ 생산자물가지수(PPI) 대상품목은 2015년을 기준(2015년의 PPI = 100)으로 하는데, 소비자물가지수보다 대상품목의 포괄범위가 넓어서 전반적인 상품의 수급동향이 반영되어 있다.

㉢ 생산자물가지수의 대상품목은 개별품목 거래액이 상품의 경우 모집단 거래액의 1/10,000 이상인 781개의 상품과 서비스의 경우 1/2,000 이상인 거래비중을 갖는 103개의 품목으로 구성되어 있다.

㉣ 생산자물가지수는 한국은행에서 라스파이레스 방식으로 작성, 발표하고 있다.

② 생산자물가지수(PPI)의 유의점

㉠ 생산자물가지수는 가격의 변동추이 측정이 목적이므로 가격의 절대 수준을 나타내지 않는다.

㉡ 생산자물가지수와 소비자물가지수는 지수 수준의 비교는 가능하나 생산자 판매단계와 소매단계의 마진을 측정하는 데 이용될 수는 없다.

(3) GDP 디플레이터

① GDP 디플레이터란 명목GDP를 실질GDP로 나누어 사후적으로 얻어지는 값이다.
② GDP 디플레이터는 재화와 서비스의 국내거래가격뿐만 아니라 수출입가격의 변동까지 포함하기 때문에 가장 포괄적인 물가지수이다.
③ GDP 디플레이터는 한국은행에서 파셰 방식으로 작성, 발표한다.

4 물가지수의 비교

구분		소비자물가지수(CPI)	생산자물가지수(PPI)	GDP 디플레이터
정의		도시가계가 소비하는 재화와 서비스의 가격변동을 나타내는 지수	기업이 판매하는 재화나 서비스의 가격변동을 나타내는 지수	명목GDP를 실질GDP로 나누어 사후적으로 계산되는 값
작성기관		통계청	한국은행	한국은행
지수산정 대상품목		가계소비지출에서 차지하는 비중이 1/10,000 이상인 품목 458개	개별품목 거래액이 상품의 경우 모집단 거래액의 1/10,000 이상인 781개의 상품과 서비스의 경우 1/2,000 이상인 거래비중을 갖는 103개	우리나라 GDP에 계상되는 모든 재화와 서비스
기준연도		2020년(5년마다 변경)	2015년(5년마다 변경)	지수작성연도 기준
계산방식		라스파이레스 방식	라스파이레스 방식	파셰방식
포괄범위	소비재 원자재 자본재	소비재 (원자재X, 자본재X)	원자재, 자본재, 소비재	GDP에 포함되는 것 모두
	수입품 가격	포함	포함	제외
	주택 임대료	포함	제외	포함
	주택 가격	제외	제외	신규주택가격만 포함

제2절 인플레이션

1 인플레이션의 개념 및 측정

(1) 인플레이션의 개념

① 인플레이션(Inflation)이란 상품과 서비스의 일반적인 물가수준이 지속적으로 상승하는 현상을 말한다.

② 인플레이션이란 화폐가치 혹은 구매력의 하락을 의미하기도 한다.

(2) 인플레이션의 측정

① 인플레이션율은 물가수준의 변화율로 측정된다.

대표유형문제 **최신출제유형** 25

생산자물가지수(PPI), 소비자물가지수(CPI), GDP 디플레이터에 대한 설명 중 옳은 것은?

① 생산자물가지수의 산정 대상은 우리나라 GDP에 계상되는 모든 원자재이다.
② 소비자물가지수의 산정 대상은 우리나라 GDP에 계상되는 모든 소비재이다.
③ 생산자물가지수와 소비자물가지수는 고정된 가중치를 적용해서 구하는 파셰지수의 대표적인 예이다.
④ GDP 디플레이터는 변화하는 가중치를 적용해서 구하는 라스파이레스지수의 대표적인 예이다.
⑤ GDP 디플레이터의 산정 대상은 우리나라 GDP에 계상되는 모든 재화와 서비스이다.

해설

① 생산자물가지수의 산정 대상에는 개별품목 거래액이 상품의 경우 모집단 거래액의 1/10,000 이상인 781개의 상품과 서비스의 경우 1/2,000 이상인 거래비중을 갖는 품목만 포함된다.
② 소비자물가지수의 산정 대상에는 가계소비지출에서 차지하는 비중이 1/10,000 이상인 품목만 포함된다.
③ 생산자물가지수와 소비자물가지수는 기준연도의 거래량을 가중치로 사용하여 물가지수를 계산하는 라스파이레스 방식의 대표적인 예이다.
④ GDP 디플레이터는 비교연도의 거래량을 가중치로 사용하여 물가지수를 계산하는 파셰방식의 대표적인 예이다.

정답 ⑤

대표유형문제

다음 중 수요견인 인플레이션에 관한 설명으로 옳지 않은 것은?

① 다른 조건이 일정불변일 때 외국으로부터 수입이 감소하면 수요견인 인플레이션이 발생한다.
② 다른 조건이 일정불변일 때 통화량이 증가하면 수요견인 인플레이션이 발생한다.
③ 다른 조건이 일정불변일 때 원자재 가격이 상승하면 수요견인 인플레이션이 발생한다.
④ 다른 조건이 일정불변일 때 정부지출이 증가하게 되면 수요견인 인플레이션이 발생한다.
⑤ 다른 조건이 일정불변일 때 투자가 증가하게 되면 수요견인 인플레이션이 발생한다.

해설
다른 조건이 일정불변일 때 원자재 가격이 상승하면 총공급곡선이 왼쪽으로 이동하므로 비용인상 인플레이션이 발생한다.

정답 ③

② P_{t-1}를 $(t-1)$기의 물가지수라 하고 P_t를 t기의 물가지수라고 하면 인플레이션율 π_t는 다음과 같이 정의된다.

$$\pi_t = \frac{P_t - P_{t-1}}{P_{t-1}}$$

2 인플레이션의 원인

(1) 수요견인 인플레이션(Demand-pull Inflation)

① 수요견인 인플레이션의 개요
  ㉠ 수요견인 인플레이션이란 총수요가 증가하여 물가가 상승하는 현상을 말한다.
  ㉡ 총수요-총공급 그래프에서 총수요곡선이 우측으로 이동하면 국민소득이 증가하고 물가가 상승하는 수요견인 인플레이션이 발생하게 된다.

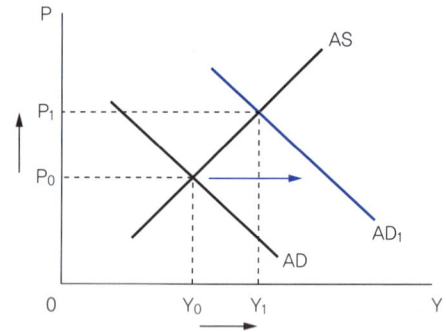

  ㉢ 총수요곡선이 우측으로 이동하여 수요견인 인플레이션을 발생시키는 원인으로는 정부의 확장적 재정정책으로 인한 정부지출의 증가($G\uparrow$), 독립적인 민간 투자 증가($I\uparrow$), 과소비 증가($C\uparrow$), 확대금융정책으로 인한 통화량의 증가($M\uparrow$) 등이 있다.

② 케인즈학파의 실물적 요인에 의한 인플레이션
  ㉠ 케인즈학파는 총수요를 구성하는 소비, 투자, 정부지출, 순수출의 증가와 같은 실물부문의 요인에 의해 총수요가 증가하면 수요견인 인플레이션이 발생한다고 주장한다.
  ㉡ 즉, 케인즈학파는 IS곡선의 우측이동으로 인해 수요견인 인플레이션이 발생한다고 본다.

ⓒ 정부의 예산제약으로 인해 지속적인 정부지출 증가는 불가능하므로 인플레이션율의 지속적인 상승은 재정정책 단독으로는 불가능하다.
ⓔ 확장적 재정정책은 완전고용수준에 근접한 상태에서 국민소득의 증가보다는 물가상승 압력으로 작용한다.
ⓜ 수요견인 인플레이션의 경우 인플레이션을 억제시키기 위해서는 긴축적인 재정정책이나 통화량을 감소시키는 정책이 필요하다.

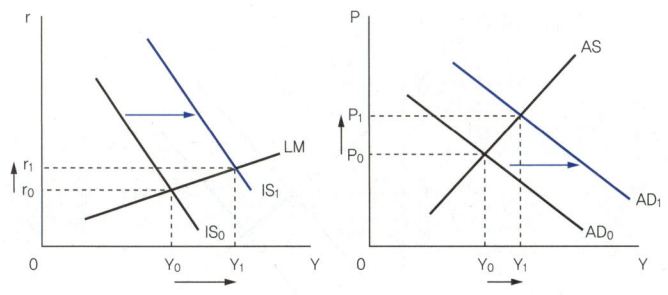

③ 고전학파와 통화주의학파의 화폐적 요인에 의한 인플레이션
ⓐ 고전학파와 통화주의학파는 화폐적 요인인 통화량 증가로 인해 수요견인 인플레이션이 발생한다고 주장한다.
ⓑ 즉, 고전학파와 통화주의학파는 LM곡선의 우측이동으로 인해 수요견인 인플레이션이 발생한다고 본다.
ⓒ 화폐수량설(MV = PT)에 따르면 화폐의 유통속도(V)와 거래량(T)은 비교적 일정하므로 통화량(M)의 증가는 물가 상승(P)을 유발한다.
ⓓ 통화량은 무한정으로 증가하는 것이 가능하므로 통화량이 지속적으로 증가하는 경우에는 지속적인 인플레이션이 발생할 수 있다.
ⓔ 고전학파와 통화주의 입장에서 인플레이션은 언제나 화폐적인 현상이기 때문에 화폐 이외의 다른 요인에 의해서는 지속적인 물가상승이 어렵다고 주장한다.

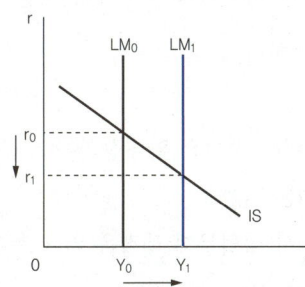 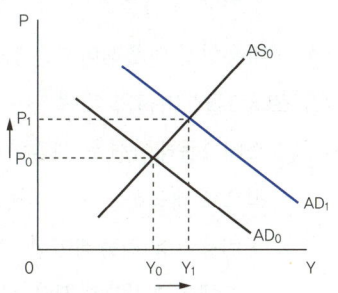

대표유형문제

다음 인플레이션 요인들 중 그 성격이 다른 것은?
① 경기침체를 해소하기 위한 경기부양책으로 통화공급량을 대폭 증가시켰다.
② 사회간접자본 확충을 위한 통신망 구축사업이 시행되었다.
③ 기업이 대규모 해외자본을 유치하여 투자를 확대하였다.
④ 중국과 인도 등의 경제성장으로 우리나라의 수출이 크게 증가하였다.
⑤ 세계경제의 성장으로 세계원자재에 대한 수요가 크게 증가하고 있다.

해설
①~④는 수요견인 인플레이션에 대한 설명이고, ⑤는 비용인상 인플레이션에 대한 설명이다.

정답 ⑤

대표유형문제

비용인상 인플레이션(Cost-push Inflation)의 원인이라고 보기에 적절하지 않은 것은?
① 주가지수의 상승
② 국제원유가격의 급등
③ 태풍 등과 같은 자연재해
④ 환경보호에 대한 소비자들의 인식 증대
⑤ 노동생산성을 뛰어넘는 과도한 임금 인상

해설

비용인상 인플레이션이란 총공급이 감소하여 물가가 상승하는 현상을 말한다. 총공급이 감소하여 총공급곡선을 좌측으로 이동시키는 이유는 생산비용이 증가하여 생산량을 줄였다는 것을 의미한다. 국제원유가격의 급등, 태풍 등과 같은 자연재해, 환경보호에 대한 소비자들의 인식 증대, 노동생산성을 뛰어넘는 과도한 임금인상 등은 모두 생산비용의 증가 요인이다.

정답 ①

(2) 비용인상 인플레이션(Cost-push Inflation)

① 비용인상 인플레이션의 개요

  ㉠ 비용인상 인플레이션이란 총공급이 감소하여 물가가 상승하는 현상을 말한다.

  ㉡ 총수요–총공급 그래프에서 총공급곡선이 좌측으로 이동하면 국민소득은 감소하는 반면 물가는 상승하는 비용인상 인플레이션이 발생하게 된다.

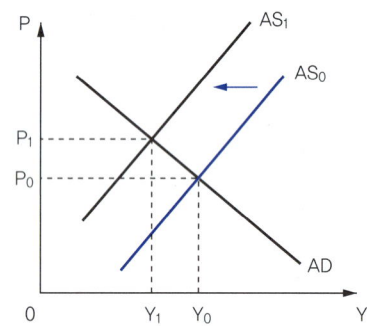

  ㉢ 총공급곡선을 좌측으로 이동시켜 비용인상 인플레이션을 발생시키는 원인으로는 노동자의 과도한 임금인상, 기업의 이윤 증대, 석유 등 원자재의 가격상승 등이 있다(단, 임금인상의 경우 노동생산성증가율이 임금상승률보다 크거나 같다면 비용인상 인플레이션은 발생하지 않을 수 있다).

② 공급충격과 스태그플레이션(Stagflation)

  ㉠ 스태그플레이션이란 경기가 불황임에도 불구하고 물가가 상승하는 현상을 말한다.

  ㉡ 즉, 공급충격으로 인한 비용인상 인플레이션이 지속될 경우 인플레이션과 실업이 동시에 발생하는 현상을 말한다.

  ㉢ 하지만 공급충격은 지속적으로 발생하는 것은 아니므로 지속적인 비용인상 인플레이션은 불가능하다.

③ 스태그플레이션의 대책

  ㉠ 스태그플레이션을 해결하기 위해 총수요 확대정책이나 긴축재정정책으로 대응하는 것은 바람직하지 않다.

  • 비용인상 인플레이션 발생 시 실업문제 해결을 위한 총수요 확장정책은 인플레이션을 심화시킨다.

• 비용인상 인플레이션 발생 시 인플레이션 해결을 위한 긴축재정정책은 실업률을 높인다.

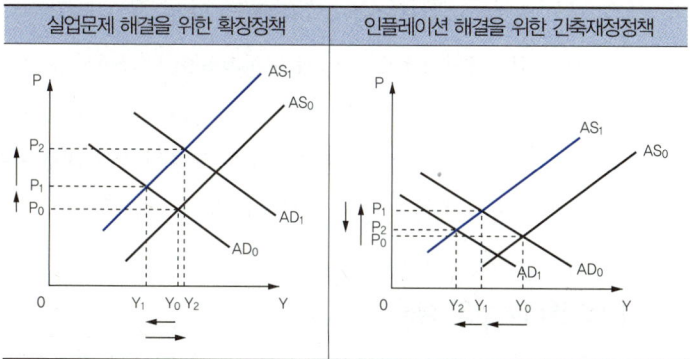

| 실업문제 해결을 위한 확장정책 | 인플레이션 해결을 위한 긴축재정정책 |

ⓒ 스태그플레이션을 해결하기 위해 총공급 확대정책으로 대응하는 것이 바람직하다.

(3) 혼합형 인플레이션

① 혼합형 인플레이션이란 수요 측 인플레이션과 공급 측 인플레이션 요인이 모두 작용하는 경우를 말한다.
② 혼합형 인플레이션의 경우에는 다음 과정을 통해 지속적인 물가상승이 가능하다.

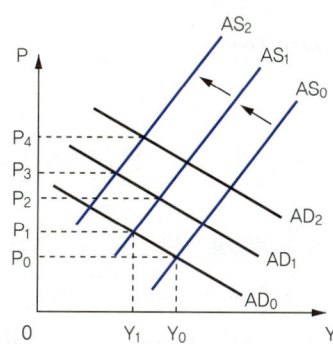

㉠ 초기의 경제상황은 AD_0와 AS_0의 균형점에서 설정되며, 이 경우 물가는 P_0이고 국민소득은 Y_0이다.
㉡ 이때 공급충격으로 인한 비용인상 인플레이션이 발생하면, 총수요곡선이 좌측으로 이동($AS_0 \to AS_1$)하여 물가수준은 상승($P_0 \to P_1$)하고 국민소득은 감소($Y_0 \to Y_1$)하게 된다.

대표유형문제

인플레이션에 대한 다음 설명 중 옳지 않은 것은?
① 인플레이션이 발생하면 실질임금이 불변일 때 명목임금은 감소한다.
② 인플레이션이 발생하면 명목소득이 불변일 때 실질소득은 감소한다.
③ 인플레이션은 메뉴비용이나 구두창비용과 같은 실질적인 비용을 발생시킨다.
④ 피셔방정식에 따르며 예상인플레이션율은 실질이자율과 무관하고 명목이자율에만 비례한다.
⑤ 화폐수량설이 성립하면 인플레이션은 반드시 통화량 증가와 함께 나타난다.

해설
실질임금이 불변일 때 인플레이션은 명목임금을 증가시킨다.

정답 ①

| 대표유형문제 | 최신출제유형 23

인플레이션의 효과에 대한 설명으로 옳은 것은?

① 인플레이션이 완전히 예견될 수만 있다면 이로 인해 손해보는 사람은 없을 것이다.
② 현금을 보유하고 있는 사람은 인플레이션세(Inflation tax)를 내는 효과가 발생한다.
③ 예상치 못한 인플레이션이 발생할 경우 미리 계약된 임금을 지급하는 기업은 손해를 본다.
④ 예상치 못한 인플레이션이 발생할 경우 자연실업률이 하락한다.
⑤ 예상치 못한 인플레이션이 발생할 경우 은행에 가서 현금을 인출하는 횟수가 빈번해지는 '구두창 비용'이 발생한다.

| 해설 |
① 인플레이션이 완전하게 예견되는 경우에도 구두창 비용 및 메뉴비용 등이 발생하므로 사회적인 후생손실이 발생한다.
③ 예상치 못한 인플레이션이 발생하면 미리 계약된 임금을 지급하는 기업은 이익을 본다.
④ 예상치 못한 인플레이션이 발생하더라도 자연실업률은 일정하다.
⑤ 구두창 비용은 예상된 인플레이션하에서 발생한다.

| 정답 | ②

ⓒ 정부가 감소한 국민소득을 보완하기 위해 총수요 확대정책을 실시하여 총수요곡선이 우측으로 이동($AD_0 \rightarrow AD_1$)하면 새로운 균형 물가수준은 다시 상승($P_1 \rightarrow P_2$)하게 된다.
ⓓ 지속되는 물가상승으로 인해 노동자들이 임금인상을 요구하면 총공급곡선은 다시 좌측으로 이동하고 물가는 다시 상승하게 된다.
ⓔ 이처럼 수요와 공급 측 요인이 모두 작용하는 혼합형 인플레이션에서는 지속적인 물가상승이 이루어진다.

(4) 기대인플레이션의 상승

① 노동자들은 기대인플레이션이 높을 것이라고 예상되면 실질임금을 유지하기 위해 명목임금 인상을 요구한다.
② 명목임금이 상승하면 기업의 생산비용이 상승하고 이는 제품의 가격을 상승시켜 물가가 증가한다.
③ 물가의 상승은 다시 기대인플레이션의 상승으로 이어지고 이러한 과정이 반복되면서 인플레이션을 유발한다.

③ 인플레이션의 영향

(1) 예상된 인플레이션의 영향

① 소득재분배 미발생
ⓐ 예상된 인플레이션하에서는 채권자와 채무자 간에 부의 재분배가 발생하지 않는다.
ⓑ 인플레이션이 완전하게 예상되면 채권자들은 피셔효과에 의해 채무자에게 실질이자율에 예상인플레이션율을 합한 만큼의 명목이자를 요구함으로써 물가상승에 따른 손실을 보전할 것이다.

$$\text{명목이자율} = \text{실질이자율} + \text{예상인플레이션율}$$

② 구두창 비용(Shoe-leather Cost)의 발생
ⓐ 구두창 비용이란 인플레이션으로 인해 화폐가치가 하락한 상황에서 화폐보유의 기회비용이 상승하는 것을 나타내는 용어이다.
ⓑ 사람들이 화폐보유를 줄이게 되면 금융기관을 자주 방문해야 하므로 거래비용이 증가하게 된다.

③ 메뉴비용(Menu Cost)의 발생
  ㉠ 메뉴비용이란 물가 상승 시 물가 상승에 맞추어 기업들이 생산하는 재화나 서비스의 판매가격을 조정할 때 소요되는 비용을 의미한다.
  ㉡ 인플레이션이 발생하면 기업이 부담해야 하는 메뉴비용이 증가하게 된다.

(2) 예상하지 못한 인플레이션의 영향

① 소득재분배 발생
  ㉠ 예상하지 못한 인플레이션하에서는 채권자와 채무자 간에 부의 재분배가 발생한다.
  ㉡ 예상하지 못한 인플레이션으로 인해 화폐의 가치가 하락하면 금융자산(현금, 채권 등)을 가진 사람과 채권자는 손해를 보는 반면 실물자산을 가진 사람과 채무자는 이익을 얻는다.
  ㉢ 예상하지 못한 인플레이션이 발생하면 고정소득자들은 불리해진다.

② 경제의 불확실성
  ㉠ 예상하지 못한 인플레이션은 경제의 불확실성을 증가시킨다.
  ㉡ 경제의 불확실성은 결국 경제 전체의 비효율을 높이게 되어 사람들의 후생수준을 감소시킨다.

③ 생산과 고용
  ㉠ 예상하지 못한 인플레이션이 발생하면 기업들은 노동의 수요를 증가시킨다.
  ㉡ 노동의 수요가 증가하게 되면 일시적으로 생산량과 고용량이 증가하게 된다.

4 인플레이션의 대책

경제주체	인플레이션의 대책
정 부	총수요 억제 정책(통화량 감소 및 정부지출 축소), 공공요금의 인상 억제
기 업	효율적인 기업경영과 기술개발
노동자	생산성을 초과하지 않는 범위 내의 임금 인상 요구
소비자	건전하고 합리적인 소비 지향

대표유형문제 · 최신출제유형 24

인플레이션의 비용과 관련한 설명 중 옳지 않은 것은?

① 예상된 인플레이션이 발생하면 물가 상승으로 인해 기업들이 생산하는 재화나 서비스의 가격조정에 소요되는 비용인 메뉴비용(menu cost)이 발생한다.
② 예상된 인플레이션은 채무자와 채권자 사이에 부를 재분배한다.
③ 예상하지 못한 인플레이션이 발생하면 노동의 수요가 증가하여 일시적으로 생산량과 고용량이 증가한다.
④ 예상하지 못한 인플레이션이 발생하면 경제의 불확실성으로 장기계약을 꺼리게 된다.
⑤ 예상하지 못한 인플레이션이 발생하면 채권자는 손해를 보고 채무자는 이익을 얻어 채권자와 채무자 사이에 부를 재분배한다.

해설
인플레이션이 예상되면 채권자는 실질이자율의 하락을 막기 위해 실질이자율에 예상인플레이션율을 합한 만큼의 명목이자율을 요구하여 물가상승에 따른 손실을 보전한다. 따라서 채권자와 채무자 사이에 부와 소득의 재분배는 일어나지 않는다.

정답 ②

대표유형문제

하이퍼인플레이션(Hyper Inflation)을 억제하기 위해 가장 효과적인 정책은 무엇인가?

① 정부지출을 줄이기 위한 재정개혁을 추진한다.
② 적자재정을 위한 자금을 민간금융시장으로부터 차입한다.
③ 필요한 정부지출 재원을 중앙은행에서 차입한다.
④ 노동자들의 임금인상을 억제할 수 있는 방안을 마련한다.
⑤ 조세를 감면하고 국채를 발행한다.

해설

하이퍼인플레이션을 억제하기 위해서는 재정개혁을 통해 정부지출을 대폭 삭감하고 더 이상 정부지출 재원을 화폐발행에 의존하지 않아야 한다.

정답 ①

5 인플레이션의 종류

(1) 초인플레이션(Hyper Inflation)

① 물가상승이 정부나 중앙은행의 통제를 벗어나 1년에 수백에서 수천 퍼센트를 기록하는 인플레이션으로 매우 급속한 속도로 일어나는 인플레이션을 말한다.
② 이러한 초인플레이션은 대부분 사회가 크게 혼란한 상황(전쟁 등)이나 정부가 부족한 재원을 보충하기 위해 화폐 발행으로 부족한 재원을 보충하는 과정에서 통화량이 급속하게 증가할 때 발생한다.
③ 초인플레이션이 발생하면 정부의 실질적인 조세수입이 줄어들어 재정적자가 더욱 심해지고 이로 인해 계속 화폐를 발행하여 통화량을 증가시키기 때문에 인플레이션은 지속적으로 발생하게 된다.

(2) 근원인플레이션(Core Inflation)

① 근원인플레이션이란 기초 경제 여건에 따라 결정되는 물가상승률을 의미한다.
② 근원인플레이션은 중앙은행이 일정기간 동안 물가안정을 위한 통화정책을 시행할 때 이를 평가하기 위한 지표로 활용할 수 있다.
③ 근원인플레이션은 소비자물가상승률에서 곡물 이외의 농산물 가격, 국제 원자재 가격 등 일반적으로 예상치 못한 일시적·단기적 외부충격에 의한 물가변동 요인의 변동분을 제거하여 계산한다.
④ 근원인플레이션을 작성하는 방법에는 전체 물가변동 중에서 식료품·에너지 가격의 급등 등 일시적인 충격을 제거하는 방법, 생산요소 비용의 장기추세로 보는 방법, 통화수급과 실물경제의 잠재적 공급 능력 등 생산물의 수급관계를 감안한 잠재인플레이션으로 측정하는 방법이 있다.

(3) 애그플레이션(Agflation)

① 애그플레이션은 농업(Agriculture)과 인플레이션(Inflation)이 결합된 단어로서 농산물의 부족으로 인한 농산물의 지속적인 가격상승을 의미한다.
② 애그플레이션은 농산물의 수요와 공급의 변화로 발생하게 된다.

③ 농산물의 수급에 영향을 주는 중요한 요인으로는 세계 인구의 증가, 농산물 경작지의 감소, 아시아인들 식성의 서구화, 그리고 곡물의 대체에너지화 등이 제시되고 있는데, 이 중 곡물의 대체에너지화가 가장 큰 곡물가격 상승의 이유이다.

(4) 에코플레이션(Ecoflation)

① 에코플레이션은 환경(Ecology)과 인플레이션(Inflation)의 합성어로 환경적 요인에 의해 야기되는 인플레이션을 말한다.
② 지구 온난화로 인한 기후변화나 환경기준의 강화 등은 기업의 제조원가를 높여 결국은 소비재 가격이 상승하는 인플레이션을 나타낸다.

(5) 보틀넥 인플레이션(Bottleneck Inflation)

① 생산요소(노동, 토지, 자본 등)의 일부가 부족하여 발생하는 인플레이션을 말한다.
② 경제의 생산과정에서 애로가 생김으로써 수요의 증가속도를 생산능력 증가속도가 따라가지 못해 물가가 상승하는 병목현상이 발생한다.
③ 장기간에 걸쳐 설비투자가 활발하지 못하면 투자부진으로 인해 보틀넥 현상이 발생하고, 이로 인한 인플레이션 발생이 긴축정책과 불황을 야기하고 다시 투자부진으로 이어지는 악순환이 발생할 수 있다.

(6) 피시플레이션(Fishflation)

① 피시플레이션은 수산물(Fisheries)과 인플레이션(Inflation)이 결합된 단어로서 수산자원의 부족으로 인한 수산물의 지속적인 가격상승을 의미한다.
② 남획과 지구온난화로 바다 어족자원이 점점 고갈되면서 수산자원의 심각한 부족이 초래할 피시인플레이션에 대한 우려가 지속적으로 제기되고 있다.

(7) 아이언플레이션(Ironflation)

① 아이언플레이션은 철(Iron)과 인플레이션(Inflation)의 합성어로 철강 가격이 상승하여 전반적인 가격 상승을 가져오는 현상을 말한다.

대표유형문제

다음 중 근원인플레이션(Core Inflation)을 잘 설명한 것은?
① 소비자물가지수의 항목 중 식품과 에너지를 제외하고 계산한 인플레이션이다.
② 도매물가지수의 항목 중 농업과 제조업의 핵심 품목만 계산한 물가상승률이다.
③ 필수적인 생활필수품의 물가만을 계산한 인플레이션이다.
④ 전시에 군수물자만을 기준으로 계산한 물가지수이다.
⑤ 서울시민의 생활물가지수를 반영한 인플레이션이다.

해설

근원인플레이션(Core Inflation)이란 현행 소비자물가에서 곡물 이외의 농산물, 원자재(휘발유, 경유, 등유, 프로판가스 및 도시가스) 등 중앙은행의 통화정책 결정에 직접적인 영향을 끼치는 요인을 제거한 물가상승률을 의미한다. 다시 말하면 이상기후·석유파동·제도변화 등 일반적으로 예상치 못한 일시적 외부충격에 의한 물가 변동분을 제거한 후 산출되는 물가상승률로서 핵심물가지수상승률이라고도 한다.

정답 ①

> **대표유형문제**
>
> 다음 중 에코플레이션에 대한 설명으로 적절하지 않은 것은?
> ① 에코플레이션은 환경(Ecology)과 인플레이션(Inflation)의 합성어이다.
> ② 환경기준 강화로 제조 원가가 상승하면서 물가도 급등하는 현상을 말한다.
> ③ 제조업체들은 환경 친화적 생산기법을 도입하지 않으면 영업이익이 감소할 수 있다.
> ④ 세계자원연구소(WRI)와 컨설팅 회사인 AT커니가 이와 관련된 보고서를 발표한 이후 세계적인 주목을 받고 있다.
> ⑤ 제조업 제품의 환경 친화성을 평가하는 기준으로 활용된다.
>
> **해설**
> 에코플레이션은 환경(Ecology)과 인플레이션(Inflation)의 합성어로 지구 온난화로 인한 기후변화나 환경기준의 강화 등으로 기업의 제조원가를 높여 야기되는 인플레이션을 말한다.
>
> **정답** ⑤

② 철강재는 거의 모든 산업에서 사용되기 때문에 철강 가격의 인상은 전 산업의 가격 인상을 야기하므로 인플레이션 유발이 가능하다.

(8) 차이나플레이션

① 차이나플레이션은 중국(China)과 인플레이션(Inflation)의 합성어로 중국발 인플레이션을 말한다.
② 중국 내 임금 및 원자재 값 상승 등으로 중국 제품의 수출단가가 오르면서 중국산 수입 의존도가 높은 국가의 물가를 자극하는 현상을 말한다.

(9) 디스인플레이션(Disinflation)

① 인플레이션을 통제하기 위해 통화증발을 억제하고 재정·금융 긴축을 주축으로 하는 경제조정정책을 실시할 경우, 점차적으로 통화를 수축시킴으로써 물가상승률이 낮아지게 되는 현상을 말한다.
② 물가를 인하하면 생산수준이 저하되어 실업이 늘어나기 때문에 디스인플레이션의 목표는 상승한 물가를 일정한 수준으로 유지하는 것이다.

제3절 디플레이션(Deflation)

1 디플레이션의 개념 및 발생원인

(1) 디플레이션의 개념

① 디플레이션이란 인플레이션과 반대되는 개념으로 경제 전반적으로 상품과 서비스의 가격이 지속적으로 하락하는 현상을 말한다.
② 디플레이션은 인플레이션율이 0% 이하로 물가수준이 하락하는 상황을 말한다.

(2) 디플레이션의 발생원인

① 기술혁신이나 노동생산성의 상승은 생산원가를 감소시켜 총공급곡선이 우측으로 이동하여 디플레이션이 발생한다.

② 총수요의 급격한 감소, 유휴설비, 그리고 통화량 감소 등으로 총수요곡선이 좌측으로 이동하게 되면 물가하락으로 부채의 실질가치가 증가하는 부채디플레이션(Debt Deflation)이 발생한다.

2 디플레이션의 영향

(1) 실질금리 상승에 따라 투자와 고용이 위축된다.

① 물가가 하락하면 기업의 투자가 위축되고 투자가 감소하면 고용량과 산출량이 감소된다.
② 명목임금이 경직적인 경우 물가가 하락하면 실질임금이 상승하게 되고 실질임금이 상승하면 고용량과 산출량이 감소한다.

(2) 기업과 금융기관이 부실화된다.

① 물가가 하락하면 기업의 실질적인 채무부담이 증가하여 기업이 부실화되면서 금융위기로 발전할 가능성이 있다.
② 기업과 금융기관이 동시 부실화되면 경제 전반의 생산적인 활동이 위축된다.

(3) 디플레이션은 공황으로 연계될 수 있다.

① 디플레이션으로 인한 소비와 투자의 감소는 전반적인 가격 하락을 초래한다.
② 가격 하락은 생산을 위축시키고, 생산 위축은 고용 감소와 임금 하락을 초래한다.
③ 실업과 소득감소는 상품과 서비스의 수요를 감소시켜 추가적인 가격 하락을 초래한다.

대표유형문제

다음 중 디플레이션에 대한 설명으로 옳지 않은 것은?
① 채무자에서 채권자로 부와 소득의 재분배가 발생한다.
② 금융자산의 명목가치는 불변이나 실질가치가 증가한다.
③ 부채의 실질가치가 낮아지는 현상이 나타난다.
④ 토지 등의 자산 가격이 하락하면 소비와 투자가 위축된다.
⑤ 디플레이션이 발생하면 은행에서 변동금리 대출을 받은 사람이 고정금리 대출을 받은 사람보다 유리해진다.

해설
디플레이션은 총수요의 급격한 감소 등으로 총수요곡선이 좌측으로 이동하여 발생하게 되며, 총수요곡선이 좌측으로 이동하면 물가하락으로 부채의 실질가치가 증가하는 부채디플레이션이 발생한다.

정답 ③

제3편 거시경제

제17장 출제예상문제

01 한 나라의 물가와 물가를 측정하는 방식에 대한 설명으로 옳지 않은 것은?

① 화폐가치의 변화는 물가지수를 이용하여 알 수 있다.
② 소비자물가지수(CPI)는 기준 연도의 수량을 가중치로 이용한다.
③ 생산자물가지수(PPI)에는 수입재의 가격 변동이 반영된다.
④ 신축된 주택과 사무실의 가격은 GDP 디플레이터 계산에 포함되지 않는다.
⑤ GDP 디플레이터는 명목GDP를 실질GDP로 나눈 것에 100을 곱해 사후적으로 산출한다.

해설 신축된 주택과 사무실의 가격은 GDP 디플레이터 계산에 포함된다.

02 다음 빈칸 안에 들어갈 내용으로 적절한 것은?

> 원유수입가격 상승 시 원유수입국의 소비자물가지수는 (가)하고, 생산자물가지수는 (나)하며, GDP 디플레이터는 (다)한다.

	가	나	다
①	불변	불변	상승
②	상승	불변	상승
③	불변	상승	상승
④	상승	상승	불변
⑤	상승	상승	상승

정답 1 ④ 2 ⑤

> **해설** 원유수입가격이 상승하면 원유를 원자재로 사용하는 기업들의 생산비용이 상승하게 되므로 생산자물가지수는 상승하게 된다. 생산자물가지수가 상승하면 시차를 두고 소비자물가지수 또한 상승하여 전반적인 물가가 상승하게 되므로 GDP 디플레이터도 상승하게 된다.

03 직장인 A는 1990년 연봉 3,000만원을 받았고, 2015년 연봉 12,000만원을 받았다. 1990년 물가지수가 60이고, 2015년 물가지수가 150이라면 2015년 물가로 환산한 A의 1990년 연봉은 얼마인가?

① 4,500만원
② 7,500만원
③ 1억원
④ 1억 2,500만원
⑤ 1억 5,000만원

> **해설** 1990년 물가지수가 60이고 2015년 물가지수는 150이므로 2015년을 100으로 한 1990년 물가지수는 40 $(= \frac{60}{150} \times 100)$이다.
>
> 그러므로 1990년 연봉을 2015년 물가로 환산하여 계산하면 7,500만원$(= \frac{3,000만원}{40} \times 100)$이 된다.

04 명목GDP가 120이고 GDP 디플레이터가 150일 경우 실질GDP는 얼마인가?

① 80
② 100
③ 140
④ 160
⑤ 180

> **해설** GDP 디플레이터는 명목GDP를 실질GDP로 나눈 후 100을 곱하여 산출한다. 이 산출식을 이용하여 실질GDP를 구하면 다음과 같다.
>
> GDP 디플레이터 $= \frac{명목GDP}{실질GDP} \times 100$
>
> → 실질GDP $= \frac{명목GDP}{GDP\ 디플레이터} \times 100 = \frac{120}{150} \times 100 = 80$

정답 3 ② 4 ①

05 다음은 통계청이 소비자물가지수를 구하는 방법을 요약한 것이다. 이에 따른 소비자물가지수의 특성을 잘못 추론한 것은?

> 소비자물가지수를 구하기 위해서 통계청은 도시가계 가운데 표본을 선정하여 가계부를 작성하게 한 후, 이들이 구입한 품목 가운데 지출 비중이 0.01% 이상인 것들만 고른다. 이러한 방법으로 고른 품목들의 가격을 매달 주요 소매점에서 조사한 후, 품목의 지출 비중에 따라 가중 평균하여 소비자물가지수를 구한다.

① 가계 표본의 수를 늘리면 물가를 정확히 측정하는 데 도움이 될 것이다.
② 인기 있는 수입 소비재의 가격 하락은 소비자물가지수 안정에 도움이 될 것이다.
③ 가격이 오른 품목의 수와 가격이 내린 품목의 수가 같으면 소비자물가지수는 변하지 않을 것이다.
④ 지출 비중이 0.01%보다 작은 품목의 가격이 오르더라도 소비자물가지수는 변하지 않을 것이다.
⑤ 지출 비중이 큰 품목이 10% 하락하고, 지출 비중이 작은 품목이 10% 상승하면 소비자물가지수는 하락할 것이다.

해설 소비자물가지수는 지수 산출 대상이 되는 품목별로 가중치를 두어 계산하기 때문에 가격이 오른 품목의 수와 가격이 내린 품목의 수가 같다고 하더라도 가중치가 다르기 때문에 소비자물가지수는 변한다.

06 예상하지 못한 인플레이션의 영향에 대한 다음 설명 중 옳지 않은 것은?

① 환율을 변동시킨다.
② 개인의 현금보유비용을 증가시킨다.
③ 가계의 실질구매력을 감소시킨다.
④ 완만한 인플레이션은 경기활성화에 도움을 줄 수 있다.
⑤ 채권자에게 유리하고, 채무자에게는 불리하게 소득재분배가 이루어진다.

해설 예상하지 못한 인플레이션으로 인해 화폐의 가치가 하락하면 채무자와 실물자산을 가지고 있는 사람에게는 유리하지만 채권자와 금융자산을 가진 사람에게는 불리하여 경제 주체들 간의 소득이 재분배되는 결과를 가져온다.

07 인플레이션은 경제에 여러 영향을 끼치므로 통화당국은 과도한 인플레이션이 생기지 않도록 노력한다. 다음 중 인플레이션의 해악으로 보기 어려운 것은?

① 인플레이션은 기업의 가격조정 비용을 야기시킨다.
② 기대한 인플레이션은 채무자와 채권자 사이에 부를 재분배시킨다.
③ 인플레이션은 상대가격을 혼란시켜 자원의 효율적 배분을 저해한다.
④ 인플레이션이 심하면 정상적인 거래를 방해해 거래를 감소시킨다.
⑤ 인플레이션이 심해지면 현금 보유를 줄이기 위해 노력하는 과정에서 비용이 발생한다.

> **해설** 인플레이션은 경제에 여러 가지 비용을 야기시킨다. 인플레이션은 화폐의 실질가치를 떨어뜨리므로 현금보유를 줄이도록 만들고(구두창 비용) 재화 가격이 자주 변동돼 가격조정 비용(메뉴비용)이 든다. 또한 상대가격의 가변성이 커지기 때문에 자원배분의 왜곡을 초래할 수 있다. 화폐의 가치가 하락했을 때 금융자산(현금, 채권 등)을 가진 사람과 채권자는 손해를 보는 반면 실물자산을 가진 사람과 채무자는 이익을 얻는 채무자와 채권자 사이 부의 재분배 효과는 예상치 못한 인플레이션에 따른 비용이다.

08 인플레이션에 의해 나타날 수 있는 현상으로 보기 어려운 것은?

① 구두창 비용의 발생
② 메뉴비용의 발생
③ 통화가치 하락
④ 총요소생산성의 상승
⑤ 단기적인 실업률 하락

> **해설** 인플레이션은 구두창 비용, 메뉴비용, 자원배분의 왜곡, 조세왜곡 등의 사회적 비용을 발생시켜 경제에 비효율성을 초래한다. 특히 예상하지 못한 인플레이션은 소득의 자의적인 재분배를 가져와 채무자와 실물자산소유자가 채권자와 화폐자산소유자에 비해 유리하게 만든다. 인플레이션으로 인한 사회적 비용 중 구두창 비용이란 인플레이션으로 인해 화폐가치가 하락한 상황에서 화폐보유의 기회비용이 상승하는 것을 나타내는 용어이다. 이는 사람들이 화폐보유를 줄이게 되면 금융기관을 자주 방문해야 하므로 거래비용이 증가하게 되는 것을 의미한다. 메뉴비용이란 물가가 상승할 때 물가 상승에 맞추어 기업들이 생산하는 재화나 서비스의 판매 가격을 조정하는 데 지출되는 비용을 의미한다. 또한 예상하지 못한 인플레이션이 발생하면 기업들은 노동의 수요를 증가시키고, 노동의 수요가 증가하게 되면 일시적으로 생산량과 고용량이 증가하게 된다. 하지만 인플레이션으로 총요소생산성이 상승하는 것은 어려운 일이다.

09 중국의 임금이 급상승함에 따라 생산비용이 뛰면서 중국의 수출품 가격이 크게 오르고 있다. 세계의 공장인 중국의 인플레이션이 불러올 경제효과로 예상할 수 있는 것은?

① 중국과 경쟁하는 국가의 수출품 가격이 올라갈 것이다.
② 중국에서 물가가 상승하는 만큼 위안화 가치가 오를 것이다.
③ 인플레이션은 호황으로 이어져 중국 경제의 고도성장 추세는 더욱 강화될 것이다.
④ 임금 상승이 중국인들의 구매력 증가로 이어져 중국의 인플레이션이 둔화될 것이다.
⑤ 중국의 수출 증가세가 둔화되고 글로벌 불균형이 다소 완화될 것이다.

해설 중국의 임금이 급상승함에 따라 생산비용이 늘어나면서 수출품 가격이 상승하게 되면 중국의 수출 증가세는 둔화될 것이다. 또한 중국의 수출 증가가 둔화될 경우 글로벌 불균형이 다소 완화될 것이다.

10 다음의 내용으로부터 공통적으로 추론할 수 있는 경제현상은?

- 채무자가 채권자보다 유리하다.
- 실물자산보유자가 금융자산보유자보다 유리하다.
- 현재 현금 10만원은 다음 달에 받게 될 현금 10만원보다 훨씬 가치가 있다.

① 높은 실업률
② 환율의 급속한 하락
③ 물가의 급속한 상승
④ 통화량의 급속한 감소
⑤ 이자율의 급속한 상승

해설 물가가 급속하게 상승하는 인플레이션이 발생하면 화폐가치가 하락하게 되므로 채무자나 실물자산보유자는 채권자나 금융자산보유자보다 유리해진다.

9 ⑤ 10 ③ **정답**

11 다음 그림은 시기 T를 100으로 보았을 때, 시기 T+1에서 측정한 세 경제 변수를 나타낸 것이다. 이로부터 옳게 추론한 것을 〈보기〉에서 모두 고른 것은?

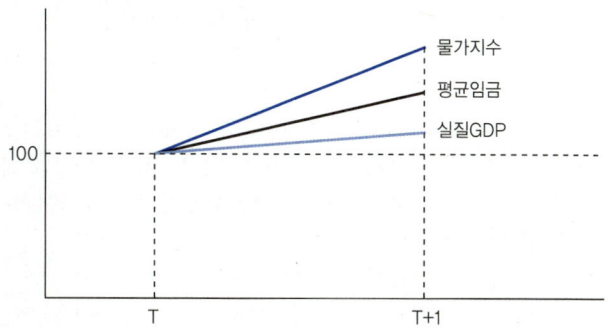

가. 실질임금은 상승하였을 것이다.
나. 인플레이션이 발생하였을 것이다.
다. 부와 소득이 채권자로부터 채무자로 이전되었을 것이다.
라. 경제성장률은 마이너스를 기록하였을 것이다.

① 가, 나 ② 가, 다 ③ 나, 다 ④ 나, 라 ⑤ 다, 라

해설
가. 실질임금은 명목임금을 물가지수로 나누어 구하는데 그림에서 물가지수가 평균임금보다 더 많이 올랐으므로 실질임금은 하락하게 된다.
나, 라. 실질GDP가 증가하였기 때문에 경제성장률이 증가하는 인플레이션이 발생하였다고 해석할 수 있다.
다. 인플레이션 상황에서는 채권자나 금융자산을 가진 사람으로부터 채무자나 실물자산을 가진 사람으로 부나 소득의 재분배가 일어난다.

최신출제유형 23

12 다음 중 인플레이션의 자산분배 효과를 잘 나타낸 것은?

① 화폐자산의 명목가치는 불변하고, 실물자산의 명목가치는 상승한다.
② 화폐자산의 명목가치는 상승하고, 실물자산의 실질가치는 상승한다.
③ 화폐자산의 명목가치는 하락하고, 실물자산의 명목가치는 상승한다.
④ 화폐자산의 실질가치는 하락하고, 실물자산의 실질가치는 하락한다.
⑤ 화폐자산의 실질가치는 상승하고, 실물자산의 실질가치는 하락한다.

해설 인플레이션이 발생하면 화폐자산의 명목가치는 불변하나 실질가치는 하락한다. 또한 실물자산의 명목가치는 상승하고 실질가치는 불변한다.

정답 11 ③ 12 ①

13 수요견인(Demand - pull Inflation) 인플레이션이 발생되는 경우에 해당하는 것은?

① 정부지출의 증가
② 수입 자본재 가격의 상승
③ 임금의 삭감
④ 환경오염의 감소
⑤ 국제 원자재 가격의 상승

해설 정부의 확장적 재정정책, 독립적인 민간 투자의 증가, 가계의 소비 증가, 확대금융정책으로 인한 통화량의 증가 등은 총수요곡선을 오른쪽으로 이동시키는 수요견인 인플레이션의 요인이다. 수입 자본재나 국제 원자재 가격의 상승은 총공급곡선을 왼쪽으로 이동시켜 비용인상 인플레이션이 발생하게 된다. 한편, 임금이 하락하면 총공급곡선이 오른쪽으로 이동하므로 물가는 하락하게 된다. 환경오염의 감소는 인플레이션과 직접적인 관계가 없다.

14 이자율과 관련된 피셔효과(Fisher Effect)의 설명으로 옳은 것은?

① 기대인플레이션율이 상승하면 명목이자율은 상승한다.
② 피셔효과에 따르면 명목이자율은 실질이자율에 기대인플레이션율을 차감하여 구한다.
③ 통화량이 증가하면 이자율은 하락한다.
④ 소득이 증가하면 이자율은 상승한다.
⑤ 통화량 증가와 이자율과는 연관성이 없다.

해설 피셔효과에 의하면 '명목이자율 = 실질이자율 + 기대인플레이션율'인 관계가 성립한다. 그러므로 피셔효과가 성립한다면, 기대인플레이션율이 상승할 때 명목이자율이 비례적으로 상승하게 된다.

15 여름철 태풍으로 인해 교통이 두절되고 농촌의 농작물 피해가 발생하였다. 우하향하는 총수요곡선과 우상향하는 총공급곡선을 이용하여 이러한 자연재해가 단기적으로 경제에 미치는 영향은?

① 물가수준은 상승하고 실질GDP는 감소한다.
② 물가수준은 하락하고 실질GDP는 증가한다.
③ 물가수준은 상승하고 실질GDP는 불변한다.
④ 물가수준은 하락하고 실질GDP는 감소한다.
⑤ 물가수준은 상승하고 실질GDP는 증가한다.

해설 자연재해로 인해 농작물 피해가 발생하면 경제 전체의 총생산이 감소하므로 총공급곡선이 왼쪽으로 이동하게 된다. 이러한 비용인상 인플레이션이 일어나면 물가수준은 상승하고 실질GDP는 감소하게 된다.

16 인플레이션 비용에 관한 설명으로 틀린 것은?

① 인플레이션이 발생하면 기업들은 가격을 자주 조정해야 하는 메뉴비용이 발생할 수도 있다.
② 인플레이션이 발생하면 자본이득이 과대평가되어 부당하게 과중한 세금이 부과된다.
③ 예상치 못한 인플레이션은 사람들의 능력과 필요에 무관하게 부를 재분배한다.
④ 인플레이션이 발생하면 사람들은 현금보유를 줄이기 위해 시간을 투자하고 불편을 감수해야 한다.
⑤ 화폐의 중립성이 성립할 경우 인플레이션은 화폐의 실질구매력을 감소시켜 사람들의 생활수준을 낮춘다.

해설 화폐의 중립성이 성립하는 경우 인플레이션이 발생하면 화폐의 실질구매력은 감소되지만 사람들의 소득은 비례적으로 증가하므로 사람들의 생활수준은 변하지 않는다.

17 인플레이션 효과에 관한 설명으로 옳은 것은?

① 인플레이션은 실질조세에 영향을 미치지 않는다.
② 인플레이션은 명목이자율을 낮춘다.
③ 인플레이션이 발생하면 명목소득이 불변일 때 실질소득은 증가한다.
④ 인플레이션이 발생하면 실질임금이 불변일 때 명목임금은 감소한다.
⑤ 인플레이션은 잦은 가격조정에 수반되는 비용을 초래한다.

해설 인플레이션이 발생하면 실질적인 조세부담이 커지게 된다. 그리고 피셔효과의 '명목이자율 = 실질이자율 + 예상인플레이션율'이라는 관계식에 의해 인플레이션 발생으로 인한 예상인플레이션율 상승으로 명목이자율도 비례적으로 상승하게 된다. 명목소득이 불변일 때 인플레이션이 발생하면 실질소득은 감소한다. 또한 실질임금이 불변일 때 인플레이션이 발생하면 명목임금은 물가상승률에 비례하여 증가한다.

18 스태그플레이션에 관한 설명으로 옳은 것은?

① 장기적으로 계속되는 디플레이션이다.
② 농산물 가격의 지속적인 상승을 의미한다.
③ 총수요의 감소가 원인이다.
④ 총공급 확대정책으로 대응하는 것이 바람직하다.
⑤ 총수요 확대정책으로 대응할 때 실업자가 늘어난다.

정답 16 ⑤ 17 ⑤ 18 ④

해설 스태그플레이션이란 공급충격으로 인해 총공급곡선이 왼쪽으로 이동하여 물가상승과 경기불황이 동시에 일어나는 현상을 말한다. 즉, 공급충격으로 인한 비용인상 인플레이션이 지속될 경우 인플레이션과 실업이 동시에 발생되는 현상을 의미한다. 스태그플레이션을 해결하기 위해 총수요 확대정책이나 긴축재정정책으로 대응하는 것은 바람직하지 않으며, 총공급 확대정책으로 대응하는 것이 가장 바람직하다. 만약 총수요 확대정책으로 대응할 경우에는 인플레이션을 심화시킬 우려가 존재하며, 긴축재정정책으로 대응할 경우에는 실업자가 늘어날 수 있다.

19 아래 표에서 은행 예금자들에게 가장 이익이 됐던 시기(A)와 월급 생활자들에게 가장 불리했던 시기(B)는 언제인가?

연 도	물가상승률	명목임금상승률	명목이자율
2011	9%	13%	5%
2012	10%	12%	7%
2013	7%	10%	8%
2014	8%	9%	10%
2015	6%	11%	9%

① A : 2011년, B : 2012년
② A : 2011년, B : 2014년
③ A : 2013년, B : 2015년
④ A : 2015년, B : 2014년
⑤ A : 2015년, B : 2015년

해설 이자율이 서로 다른 시점의 화폐 금액을 비교하기 위해서는 물가상승률을 고려하여야 한다. 일반적으로 고려하는 이자율은 물가상승률을 반영하지 않는 명목이자율이며, 구매력의 변화를 나타내는 실질이자율은 명목이자율에서 물가상승률을 차감하여 구한다. 위 표에서 은행 예금자들에게 가장 이익이 됐던 시기는 실질이자율이 3%로 가장 크게 나타난 2015년이다. 한편 월급 생활자들에게 가장 불리했던 시기는 실질임금 상승률이 1%로 가장 낮게 나타난 2014년이다.
실질임금상승률 : 2011년(4%), 2012년(2%), 2013년(3%), 2014년(1%), 2015년(5%)
실질이자율 : 2011년(-4%), 2012년(-3%), 2013년(1%), 2014년(2%), 2015년(3%)

20 경기가 불황임에도 불구하고 물가가 상승하는 현상을 무엇이라고 하는가?

① 애그플레이션
② 하이퍼인플레이션
③ 에코플레이션
④ 스태그플레이션
⑤ 차이나플레이션

해설 스태그플레이션이란 경기가 불황임에도 불구하고 물가가 상승하는 현상을 말한다. 즉, 공급충격으로 인한 비용인상 인플레이션이 지속될 경우 인플레이션과 실업이 동시에 발생하는 것이다. 하지만 공급충격은 지속적으로 발생하는 것은 아니므로 지속적인 비용인상 인플레이션은 불가능하다.

※ 인플레이션의 종류

종 류	개 념
초인플레이션	물가상승이 1년에 수백에서 수천 퍼센트를 기록하는 인플레이션
애그플레이션	농업(Agriculture)과 인플레이션(Inflation)이 결합된 단어로서 농산물의 부족으로 인한 농산물가격의 급등으로 야기되는 인플레이션
에코플레이션	환경(Ecology)과 인플레이션(Inflation)의 합성어로 환경적 요인에 의해 야기되는 인플레이션
차이나플레이션	중국(China)과 인플레이션(Inflation)의 합성어로 중국의 경제 성장으로 인해 야기되는 인플레이션

21 글로벌 금융위기 이후 경기가 회복되지 않고 디플레이션이 생기는 경우 경기회복이 더욱 힘들어지는 원인에 대한 설명으로 적절하지 않은 것은?

① 실질이자율이 상승하여 투자 수요가 감소한다.
② 물가가 더욱 하락하기를 기대하므로 소비 수요가 감소한다.
③ 차입자의 차입비용을 감소시켜 더욱 많은 차입이 행해진다.
④ 기업 대차대조표상 순자산을 감소시켜 기업 경영을 악화시킨다.
⑤ 명목임금이 하방 경직성을 가진 경우 실질임금을 상승시켜 기업의 비용이 늘어난다.

> **해설** 물가가 지속적으로 하락하는 디플레이션이 발생하면 차입자의 실질적인 차입비용이 증가하여 차입자의 부담이 증가하게 된다.

22 디플레이션(Deflation)에 관한 설명으로 옳은 것을 모두 고르면?

> 가. 명목금리가 마이너스(-)로 떨어져 투자수요와 생산 감소를 유발할 수 있다.
> 나. 명목임금의 하방경직성이 있는 경우 실질임금의 하락을 초래한다.
> 다. 기업 명목부채의 실질상환 부담을 증가시킨다.
> 라. 기업의 채무불이행 증가로 금융기관 부실화가 초래될 수 있다.

① 가, 나   ② 가, 다   ③ 나, 다   ④ 나, 라   ⑤ 다, 라

> **해설**
> 가. 피셔효과에 따르면 '명목이자율 = 실질이자율 + 예상인플레이션율'인 관계식이 성립하므로 예상인플레이션율이 명목이자율을 상회할 경우 실질이자율은 마이너스(-) 값이 될 수 있다. 하지만 명목이자율이 마이너스(-) 값을 가질 수는 없다.
> 나. 명목임금이 하방경직적일 때 디플레이션으로 인해 물가가 하락하면 실질임금은 상승하게 된다.
> 다. 디플레이션이 발생하면 기업의 실질적인 부채부담이 증가한다.

정답 21 ③ 22 ⑤

23 해외 원자재 가격 상승과 이상기온 현상 등의 문제로 국내 물가가 치솟고 있는 상황이다. 다음 중 국내 물가를 안정시키기 위한 정책으로 적절하지 못한 것은?

① 기준금리를 인상하여 인플레이션을 억제시킨다.
② 한국은행은 통화안정증권을 시중은행에 매각한다.
③ 정부가 재정지출을 축소한다.
④ 기업은 중복투자를 억제한다.
⑤ 원화가치의 하락세를 유도한다.

> 해설 원화가치 하락, 즉 환율상승은 수출기업의 채산성을 호전시키지만 수입물가 상승으로 인해 전반적으로 물가를 상승시킨다.

24 정부가 급등하는 물가를 안정시키기 위해 쓸 수 있는 정책을 모두 고르면?

가. 관세를 인하한다.	나. 수입을 억제한다.
다. 제한적인 가격규제를 한다.	라. 통화가치가 상승하도록 유도한다.
마. 경쟁적 시장 질서를 도입한다.	

① 가, 라
② 나, 다
③ 가, 나, 마
④ 가, 다, 라, 마
⑤ 나, 다, 라, 마

> 해설 정부가 수입을 억제하면 시장의 경쟁 강도를 낮추게 되므로 물가를 안정시키지 못한다. 반면, 관세를 인하하면 수입을 늘림으로써 경쟁을 촉진하게 되어 물가를 낮추게 된다. 경쟁적 시장 질서를 도입하는 것 역시 경쟁을 촉진하여 물가를 낮춘다.

25 다음 물가에 관한 설명으로 옳지 않은 것은?

① 근로자 생계비의 인상은 GDP 디플레이터보다 소비자물가지수에 더 잘 반영된다.
② 소비자물가지수는 한국은행에서, 생산자물가지수는 통계청에서 작성한다.
③ GDP 디플레이터는 비교년도 거래량을 가중치로 하는 파셰식 물가지수이다.
④ 물가지수가 높다고 해서 물가상승률이 더 높다고 할 수는 없다.
⑤ 토지가격변화는 소비자물가지수와 GDP 디플레이터에 영향을 주지 않는다.

> 해설 소비자물가지수는 통계청에서 GDP 디플레이터, 생산자물가지수는 한국은행에서 작성한다.

23 ⑤ 24 ④ 25 ②

제3편 거시경제

제18장 실 업

제1절 실업의 개요

1 실업의 개념

(1) 실업이란 일할 의사와 능력을 가진 사람이 일자리를 갖지 못한 상태를 의미한다.

(2) 실업은 자발적 실업과 비자발적 실업으로 구분된다.

(3) 자발적 실업에는 마찰적 실업이 포함되고, 비자발적 실업에는 구조적, 경기적 실업이 포함된다.

2 자발적 실업과 비자발적 실업

(1) **자발적 실업**
① 자발적 실업이란 일할 능력은 가지고 있으나 현재의 임금수준에서는 일할 의사가 없는 상태를 의미한다.
② 자발적 실업은 대부분 직업탐색과정에서 발생하는 탐색적 실업이므로 사회적·경제적으로 큰 문제가 되지 않으며 완전고용상태에서도 자발적 실업은 존재한다.
③ 따라서 고전학파는 노동시장에서 임금이 신축적이고 대부분의 실업은 자발적 실업이므로 실업을 줄이기 위한 적극적인 정책은 불필요하다고 주장하였다.

대표유형문제 **최신출제유형** 25

실업에 대한 설명 중 옳지 않은 것은?
① 실업이란 사람들이 일할 능력과 일하고자 하는 의사를 가지고 일자리를 찾고 있으나 일자리를 얻지 못한 상태를 말한다.
② 실업보험은 근로자의 소득을 보호해 주지만, 탐색실업을 증가시킬 수 있다.
③ 마찰적 실업은 다른 실업에 비해 비교적 짧은 시간에 끝난다고 볼 수 있다.
④ 현실적으로 마찰적 실업을 완전히 제거하는 것은 거의 불가능하다.
⑤ 구조적 실업은 경기가 회복되면 해소되므로 구조적 실업을 줄이기 위해서는 정부의 확대적인 재정·금융정책이 필요하다.

해설
구조적 실업은 경제구조나 기술이 급속하게 변화해감에 따라 기술부족, 직업훈련의 부족 등에 의해 발생하는 실업이다. 구조적 실업은 경기적 실업과 같이 총수요를 증대시킨다고 해결되는 것이 아니라 산업구조변화에 대응하기 위한 교육 훈련이 수반되어야 해결될 수 있다.

정답 ⑤

대표유형문제

마찰적 실업을 감소시키기 위해 실시할 수 있는 대책으로 가장 적절한 것은?
① 법정 최저임금을 낮춘다.
② 투자세액공제제도를 마련한다.
③ 기업의 구인정보를 널리 홍보한다.
④ 투자를 촉진시키는 정책을 마련한다.
⑤ 한 개의 사업장 안에 여러 노동조합을 둔다.

해설
마찰적 실업이란 노동시장의 정보불완전성으로 발생하는 자발적 실업을 의미하므로 탐색기간을 줄이는 것이 마찰적 실업을 감소시키기 위한 대책이 될 것이다. 만약 기업의 구인정보를 널리 홍보하는 정책을 사용한다면 정보의 비대칭문제를 해결할 수 있어 탐색기간을 최대한 줄일 수 있을 것이다.

정답 ③

(2) 비자발적 실업

① 비자발적 실업이란 일할 의사와 능력은 가지고 있으나 현재의 임금수준에서 일자리가 없어 실업인 상태를 의미한다.
② 케인즈학파는 임금이 비신축적이므로 경기가 침체하면 대량의 경기적 실업이 발생한다고 주장하였다.
③ 따라서 케인즈학파는 비자발적 실업을 줄이기 위한 안정화정책(재정·금융 정책)이 필요하다고 주장하였다.

③ 실업의 유형

(1) 자연적 실업

① 자연적 실업이란 정상적인 경제 상황에서도 존재하는 실업을 의미한다.
② 자연적 실업만 있는 상황을 완전고용상태(Full Employment)라고 한다.
③ 자연적 실업은 일자리에 대한 탐색과정에서 발생하는 마찰적 실업과 노동의 공급이 노동의 수요를 초과하여 생기는 구조적 실업으로 구분된다.
④ 자연적 실업의 구분
　㉠ 마찰적 실업(Frictional Unemployment)
　　• 마찰적 실업이란 노동시장의 정보불완전성으로 노동자들이 구직하는 과정에서 발생하는 자발적 실업을 말한다.
　　• 마찰적 실업 기간은 대체로 단기이므로 실업에 따르는 고통은 크지 않다.
　　• 마찰적 실업을 감소시키기 위해서는 구인 및 구직 정보를 적은 비용으로 찾을 수 있는 제도적 장치를 마련하여 경제적·시간적 비용을 줄여주어야 한다.
　　• 예를 들어, 기업의 구인정보를 널리 홍보하는 정책을 사용하여 정보의 비대칭성문제를 해결할 수 있는 탐색기간을 최대한 줄여야 한다.
　㉡ 구조적 실업(Structural Unemployment)
　　• 구조적 실업이란 경제가 발전하면서 산업구조가 변화하고 이에 따라 노동수요 구조가 변함에 따라 발생하는 실업을 말한다.

- 예를 들어, 기술의 발달로 저숙련 노동자들에 대한 수요가 감소하는 현상이 해당된다.
- 기술발전과 지식정보화 사회 등에 의한 산업구조 재편이 수반되면서 넓은 지역에서 동시에 발생하는 실업이다.
- 구조적 실업을 감소시키기 위해서는 직업훈련, 재취업교육 등 인력정책이 필요하다.

(2) 경기적 실업(Cyclical Unemployment)

① 경기적 실업이란 경기침체로 인한 총수요의 부족으로 발생하는 실업이다.
② 경기적 실업을 감소시키기 위해서는 총수요를 확장시켜 경기를 활성화시키는 경제안정화정책이 필요하다.
③ 한편, 실업보험제도나 고용보험제도도 경기적 실업을 해소하기 위한 좋은 대책이다.

제2절 실업관련지표

1 경제활동인구의 구분

(1) 생산가능인구

① 근로기준법상 15세 미만의 노동력 제공은 불가능하다.
② 따라서 생산가능인구란 15세 이상의 인구를 지칭하며, 경제활동인구와 비경제활동인구로 구분된다. 단 15세 이상일지라도 현역군인, 공익근무요원, 전투경찰 및 의무경찰, 교도소 및 소년원 수감자 등은 제외된다.

(2) 경제활동인구와 비경제활동인구

① 경제활동인구란 15세 이상의 인구 중에서 취업자와 적극적으로 구직활동을 한 실업자를 말한다.
② 비경제활동인구란 15세 이상의 인구 중에서 주부, 학생, 환자, 실망노동자 등 취업할 능력이나 의사가 없는 사람들을 말한다.

대표유형문제

다음 중 구조적 실업을 감소시키기 위해 실시할 수 있는 대책으로 가장 적절한 것은?
① 법정 최저임금을 낮춘다.
② 투자세액공제제도를 마련한다.
③ 기업의 구인정보를 널리 홍보한다.
④ 실업자에 대한 기술훈련을 실시한다.
⑤ 고용보험금의 지급범위를 확대한다.

해설
경제구조 변동에 따른 구조적 실업을 감소시키기 위해서는 실직자들이 다른 분야에 취업할 수 있도록 하기 위한 직업훈련 등의 인력정책이 필요하다.
정답 ④

최신출제유형 23

다음 중 실업자에 해당하지 않는 사람은 모두 몇 명인가?

- 의무병으로 군복무 중인 민호
- 사기죄로 교도소에 수감된 돌쇠
- 대학생인 도담이
- 희귀병으로 입원 중인 놀부

① 0명 ② 1명
③ 2명 ④ 3명
⑤ 4명

해설
민호와 돌쇠는 생산가능인구가 아니며, 도담이와 놀부는 비경제활동인구이다.
정답 ⑤

대표유형문제 **최신출제유형** 23

다음 그림은 15세 이상 생산가능인구에 대한 조사결과를 보여주는 가상통계이다. 이에 대한 설명으로 적합하지 않은 것은?

경제활동인구		비경제활동
취업자	실업자	인구
450	150	200

① 실업률은 25%이다.
② 고용률은 56.25%이다.
③ 경제활동참가율은 80%이다.
④ 구직 포기자는 비경제활동인구에 포함된다.
⑤ 직업군인과 경찰공무원은 450명에 포함된다.

해설

생산가능인구는 경제활동인구와 비경제활동인구를 모두 합하여 구하므로 800명(= 450 + 150 + 200)이 된다. 경제활동인구는 취업자와 실업자를 합하여 구하므로 600명(= 450 + 150)이 된다. 경제활동참가율은 생산가능인구 가운데 경제활동인구가 차지하는 비율을 의미하므로 75%(= $\frac{600}{800}$ × 100)가 된다. 또한 실업률은 경제활동인구에서 실업자가 차지하는 비중을 의미하므로 25%(= $\frac{150}{600}$ × 100)가 된다. 한편, 고용률은 생산가능인구에서 취업자가 차지하는 비율이므로 56.25%(= $\frac{450}{800}$ × 100)가 된다.

정답 ③

② 경제활동인구의 구분 요약

전체인구	15세 이상 인구	생산가능인구	경제활동인구	취업자	• 수입을 목적으로 1주일에 1시간 이상 일을 하는 경우 • 가족이 경영하는 사업체에서 무급으로 1주일에 18시간 이상 일하는 경우 • 일시적으로 휴직하는 경우
				실업자	• 수입을 목적으로 15일을 포함한 지난 1주 동안 1시간도 일하지 않고 지난 4주간 일자리를 찾아 적극적으로 구직활동을 하고 있으며, 일이 주어지면 즉각 할 수 있는 경우 • 일시적인 질병, 구직결과 대기, 자영업 준비 등으로 구직활동을 하지 못한 경우
			비경제활동인구		• 15세 이상의 인구 중 취업할 의사가 없거나 취업할 수 있는 능력과 의사가 있지만 노동시장의 여건 등의 이유로 지난 1년 동안 구직을 경험하지 못하고 취업을 단념한 경우 • 주부, 학생, 취업준비생, 고령자, 심신장애자, 실망노동자 등을 포함
		군인, 재소자, 전투경찰			
	15세 미만 인구(근로기준법상의 노동력 제공이 불가능한 연령)				

③ 실업관련지표의 측정

(1) 경제활동참가율

경제활동참가율은 생산가능인구 중에서 경제활동인구가 차지하는 비율을 의미한다.

$$경제활동참가율 = \frac{경제활동인구}{생산가능인구} \times 100$$

$$= \frac{경제활동인구}{경제활동인구 + 비경제활동인구} \times 100$$

(2) 실업률

① 실업률은 경제활동인구 중에서 실업자가 차지하는 비율을 의미한다.

$$실업률 = \frac{실업자수}{경제활동인구} \times 100 = \frac{실업자수}{취업자수 + 실업자수} \times 100$$

② 실업률 지표의 문제점
  ㉠ 실업률 지표는 정규직 구분 없이 모두 취업자로 간주하므로 고용의 질을 반영하지 못한다.
  ㉡ 실업률 지표는 구직활동을 하지 않는 취업준비생, 실망노동자 등을 비경제활동인구에 포함시키므로 실업률이 실제보다 낮게 측정되는 경향이 있다.

(3) 고용률

고용률은 생산가능인구 중에서 취업자가 차지하는 비율로서 한 경제의 실질적인 고용창출능력을 나타낸다.

$$고용률 = \frac{취업자수}{생산가능인구} \times 100 = \frac{취업자수}{경제활동인구 + 비경제활동인구} \times 100$$

4 우리나라 실업률 통계의 특징

(1) 우리나라 실업률은 다른 선진국들보다 다음과 같은 이유로 낮은 편이다.

① 우리나라는 실업가능성이 낮은 농림어업부문 취업자의 비중이 상대적으로 높다.
② 우리나라는 스스로 고용을 만들어내는 자영업주와 무급가족종사자의 비중이 상대적으로 높다.
③ 우리나라의 사회보장제도(실업보험제도 등)가 선진국에 비해 잘 발달되어 있지 않다.
④ 우리나라는 여성의 경제활동참가율이 다른 선진국에 비해 낮다.
⑤ 우리나라의 근로자는 한 직장에서 상대적으로 장기간 근무한다.

대표유형문제

어느 나라의 총인구가 6,500만 명, 15세 미만 인구가 1,300만 명, 비경제활동인구가 2,600만 명, 실업자 350만 명이라고 가정하자. 이 나라의 실업률은?
① 5.38%
② 6.73%
③ 8.97%
④ 11.8%
⑤ 13.46%

해설

실업률이란 경제활동인구 중에서 실업자가 차지하는 비율을 의미한다. 한편 경제활동인구는 생산가능인구(15세 이상 인구)에서 비경제활동인구를 차감하여 구해지므로 다음과 같이 계산된다.
'경제활동인구 = (총인구 − 15세 미만 인구) − 비경제활동인구
= (6,500만 명 − 1,300만 명) − 2,600만 명 = 2,600만 명'

실업률 = $\frac{실업자수}{경제활동인구} \times 100$ = $\frac{350만명}{2,600만명} \times 100$ = 13.46%

정답 ⑤

제3절 실업에 따른 비용

1 경제적 비용(오쿤의 법칙)

(1) 오쿤의 법칙의 개념

① 오쿤의 법칙(Okun's law)이란 미국 경제학자 오쿤이 실증적인 분석을 통해 만들어낸 실업률과 GDP갭 간의 관계식을 의미한다.

$$\frac{\text{잠재GDP}(Y_p) - \text{실제GDP}(Y)}{\text{잠재GDP}(Y_p)} = \alpha(\text{실제실업률}(u) - \text{자연실업률}(u_N))$$

② 오쿤의 법칙에 따르면 한 나라의 산출량과 실업 간에는 경험적으로 관찰되는 음(-)의 상관관계가 존재한다.

(2) 오쿤의 법칙 시사점

① 실제실업률과 자연실업률의 차이는 경기순환적 실업을 나타낸다고 볼 수 있다.
　㉠ 경기가 과열되면 실제실업률이 자연실업률보다 낮아진다.
　㉡ 경기가 침체되면 실제실업률이 자연실업률보다 높아진다.
② 오쿤의 법칙을 이용하면 실업에 따른 산출량 손실을 계산하는 것이 가능하며, 어느 정도로 확대적인 정책을 실시해야 하는지를 알 수 있다.

2 사회적 비용

실업은 경제적인 측면에서의 비용뿐만 아니라 개인적인 차원에서 심리적, 정신적 고통을 유발한다.

[대표유형문제]

다음 중 오쿤의 법칙에 대해 설명하고 있는 것은?
① 실질GDP와 인플레이션 간의 역의 관계를 말한다.
② 실질GDP와 부가가치와의 관계를 말한다.
③ 실질GDP의 백분율변화와 인플레이션 간의 관계를 말한다.
④ 실질GDP의 백분율변화와 명목GDP와의 관계를 말한다.
⑤ GDP갭과 실업률 간의 상관관계를 말한다.

[해설]
오쿤의 법칙에 따르면 실제실업률이 자연실업률을 상회할 경우 실제GDP가 잠재GDP에 몇% 미달하게 되는지 계산할 수 있다.

[정답] ⑤

[대표유형문제] [최신출제유형] 24

다음 괄호에 들어갈 용어로 알맞은 것은?

- ( )는 경제학자 오쿤이 만든 지표로, 국민이 피부로 느끼는 경제적 삶의 질을 수치로 나타낸 것이다.
- ( )는 소비자물가상승률과 실업률을 합하여 계산한다.

① 기업경기실사지수
② 경제고통지수
③ 지니계수
④ 자금조달비용지수
⑤ 구매관리자지수

[해설]
경제고통지수는 국민이 실제로 느끼는 경제적 생활의 고통을 계량화하여 수치로 나타낸 것으로 소비자물가상승률(인플레이션율)과 실업률을 합하여 계산한다.

[정답] ②

제4절 학파별 실업이론과 대책

1 고전학파

(1) 고전학파의 실업이론
① 고전학파에 따르면 노동의 수요와 공급은 모두 실질임금의 함수이고, 명목임금은 완전신축적이므로 항상 완전고용상태를 유지하여 비자발적 실업은 발생하지 않는다.
② 그러나 만약 경기침체로 물가하락시 즉각적으로 명목임금이 하락하지 않는다면 비자발적 실업이 계속 유지된다.

(2) 고전학파의 실업발생 원인 및 대책
① 고전학파는 비자발적 실업의 발생원인을 노동조합, 최저임금제, 실업수당 등과 같은 제도적인 요인 때문이라고 주장한다.
② 비자발적 실업을 해소하기 위해서는 노동시장에 대한 인위적 제약 및 간섭을 최소화하여 가격기능을 최대한 보장하는 것이 최선의 방법이다.

2 케인즈와 케인즈학파

(1) 케인즈와 케인즈학파의 실업이론
① 케인즈는 노동공급이 명목임금의 증가함수라고 가정하고 케인즈학파는 노동공급이 예상실질임금의 증가함수라고 가정한다.
② 경기침체로 인해 유효수요가 감소하면 물가가 하락하므로 노동수요가 감소하는데, 노동수요가 감소하더라도 명목임금은 하방경직적이므로 임금은 하락하지 않으므로 비자발적 실업이 발생한다.

(2) 케인즈학파의 실업발생 원인 및 대책
① 케인즈와 케인즈학파는 비자발적 실업의 발생원인을 경기침체로 인한 유효수요 부족이라고 주장한다.
② 비자발적 실업을 해소하기 위해서는 확대적인 재정정책을 실시하여 유효수요를 증가시켜야 한다고 주장한다.

대표유형문제 | 최신출제유형 25

실업과 관련된 다음 설명 중 옳지 않은 것은?
① 통화주의학파는 실업을 줄이기 위한 정부개입을 반대한다.
② 고전학파에 따르면 실업을 감소시키기 위해서는 명목임금의 신축성을 높여야 한다.
③ 고전학파는 비자발적 실업을 해소하기 위해 노동시장에 대한 인위적 제약 및 간섭을 최소화해야 한다고 주장한다.
④ 새고전학파는 일단 실업률이 높은 수준으로 올라가고 나면 경기확장정책을 쓰더라도 실업률이 다시 원래 수준까지 내려오기 어려우므로 실업의 비용은 영속적일 수 있다고 주장한다.
⑤ 케인즈는 유효수요의 부족이 실업의 원인이므로 정부의 적극적인 총수요 확대정책이 필요하다고 주장하였다.

해설
일단 실업률이 높은 수준으로 올라가고 나면 경기확장정책을 쓰더라도 실업률이 다시 원래 수준까지 내려오기 어려운 현상은 새케인즈학파가 주장한 이력현상을 나타낸다.

정답 ④

대표유형문제

한 나라의 모든 생산요소를 활용해서 물가상승을 유발하지 않으면서 실현할 수 있는 최대생산능력을 잠재GDP라고 한다. 다음 중 잠재GDP가 달성된 상태와 가장 연관이 깊은 개념은?
① 인플레이션
② 자연실업률
③ 대외의존도
④ 소비자물가지수
⑤ GDP 디플레이터

해설

한 나라의 경제에 있는 모든 생산요소를 정상적으로 사용했을 때 실현할 수 있는 생산량을 완전고용생산량이라고 하며, 완전고용상태에서의 실업률을 자연실업률 또는 완전고용실업률이라고 한다.

정답 ②

③ 통화주의학파와 새고전학파

(1) 통화주의학파와 새고전학파의 실업이론

① 통화주의학파와 새고전학파에 따르면 대부분의 실업은 자발적인 실업이라고 생각한다.
② 그러므로 장기적으로 인플레이션율만 상승시키는 확대재정정책을 반대한다.

(2) 통화주의학파의 자연실업률 가설

① 자연실업률의 정의
  ㉠ 한 나라의 경제에 있는 모든 생산요소를 정상적으로 사용했을 때 실현할 수 있는 생산량을 완전고용생산량이라고 하며, 완전고용상태에서의 실업률을 자연실업률 또는 완전고용실업률이라고 한다.
  ㉡ 완전고용이란 일반적으로 자발적 실업(마찰적 실업과 구조적 실업)만 존재할 때를 말하며, 마찰적 실업과 구조적 실업만 존재할 때의 실업률은 자연실업률이라고 한다.
  ㉢ 또는 노동시장이 균형을 이루고 있어 취업자수와 실업자수가 변하지 않는 상태에서의 균형실업률을 자연실업률로 정의하기도 한다.
  ㉣ 학자에 따라서는 자연실업률을 물가가 안정적으로 유지될 때의 실업률, 장기적인 평균실업률, 혹은 자발적 실업만 존재할 때의 실업률로 정의한다.

② 자연실업률의 결정요인
  ㉠ 산업구조의 변화
  ㉡ 인구구성의 변화
  ㉢ 생산물시장과 요소시장의 불완전경쟁의 정도
  ㉣ 노동의 이동가능성과 이동비용
  ㉤ 탐색비용
  ㉥ 실업보험, 최저임금제, 노동조합 등의 제도적인 요인

③ 자연실업률을 낮추기 위한 방안
  ㉠ 직업훈련과 인력재배치에 대한 지원
  ㉡ 노동시장의 유연성 제고

ⓒ 실업보험제도의 개편
　　ⓔ 탐색비용을 낮출 수 있는 방안 마련

(3) 새고전학파의 직업탐색이론

① 직업탐색이론의 개요
　ⓐ 직업탐색이론이란 자발적인 구직활동 과정에서 발생하는 마찰적 실업을 설명하는 모형이다.
　ⓑ 노동자의 유보임금과 기업이 제공하고자 하는 임금수준 간의 불일치 및 노동시장에 대한 정보부족으로 인한 시간이 소요되기 때문에 직업탐색활동을 하게 된다.

> **참고** 유보임금이란 노동자가 최소한 받아야겠다고 생각하는 임금을 말한다.

　ⓒ 노동자의 직장 탐색 행위와 기업의 근로자 탐색 행위에 의해 탐색적 실업이 결정된다.
　ⓓ 노동자의 입장에서는 직업탐색기간이 길어질수록 직업탐색에 따른 한계비용이 커지기 때문에 유보임금수준은 하락하게 된다.
　ⓔ 기업의 입장에서는 직업탐색기간이 길어질수록 산출량손실이 증가하므로 기업이 제공하고자 하는 임금수준이 상승하게 된다.

② 최적탐색기간과 균형임금의 결정
　ⓐ 노동자의 유보임금선과 기업의 제공임금선이 교차하는 점에서 최적탐색기간과 임금이 결정된다.
　ⓑ 최적탐색기간이 짧아질수록 실업률은 낮아진다.

③ 최적탐색기간과 실업률의 변화요인
　ⓐ 예상치 못한 인플레이션율이 상승이 발생하면 기업이 제공하고자 하는 임금수준이 상승하여 탐색기간이 짧아지면서 실업률은 감소하게 된다.

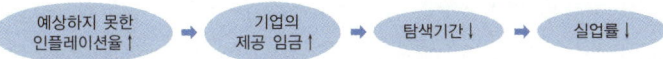

　ⓑ 노동자의 예상인플레이션율이 상승하면 노동자의 유보임금이 상승하여 탐색기간이 길어지면서 실업률은 상승하게 된다.

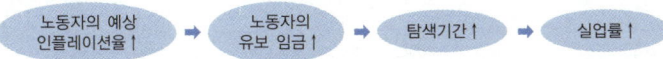

대표유형문제

실업과 관련된 다음 설명 중 옳지 않은 것은?
① 직업탐색기간이 길어질수록 직업탐색에 따른 노동자들의 유보임금 수준은 낮아진다.
② 직업탐색기간이 길어질수록 직업탐색에 따른 기업이 제공하고자 하는 임금 수준이 상승한다.
③ 구직자수와 이직자수가 같아져서 고용된 노동자의 수가 변하지 않을 때의 실업률을 균형실업률 혹은 자연실업률이라고 한다.
④ 경기불황으로 한번 실업률이 높아지면 경기가 호황이 되더라도 실업률이 잘 낮아지지 않는 현상을 실업률의 이력현상이라고 한다.
⑤ 실제인플레이션율이 상승하면 직업탐색기간은 길어지고 실업률은 높아진다.

해설
실제인플레이션율이 상승하면 직업탐색기간은 짧아지고 실업률은 낮아진다.

정답 ⑤

대표유형문제

다음 중 직업탐색이론에 대한 설명으로 옳지 않은 것은?
① 실업보험 혜택이 관대할수록 직업탐색의 한계비용이 낮다.
② 실업보험금 지급기간이 종료되면 유보임금이 낮아질 가능성이 높다.
③ 직업탐색에 따른 한계편익이 커지면 실업률은 낮아질 것이다.
④ 예상하지 못한 인플레이션은 직업탐색기간을 감소시키는 효과가 있다.
⑤ 노동자의 예상인플레이션율 상승은 실업률을 상승하게 한다.

해설
직업탐색이론에 따르면 개인들의 최적탐색기간은 직업탐색에 따른 한계편익과 한계비용이 일치하는 점에서 결정된다. 직업탐색에 따른 한계편익이 커지면 탐색기간이 길어지므로 실업률은 높아진다.

정답 ③

ⓒ 실업보험이 축소되면 노동자의 유보임금이 감소하여 탐색기간이 짧아지면서 실업률은 감소하게 된다.

ⓓ 직업정보가 증대되면 탐색기간이 짧아지면서 실업률은 감소하게 된다.

제3편 거시경제

제18장 출제예상문제

01 최저임금제는 고용에 부정적인 영향을 미칠 수도 있는데 이로 인한 실업은?

① 계절적 실업
② 기술적 실업
③ 구조적 실업
④ 마찰적 실업
⑤ 경기적 실업

> **해설** 구조적 실업이란 경제구조의 변화로 노동수요 구조가 변함에 따라 발생하는 실업을 말한다. 예를 들어 사양 산업에 속해 일자리를 잃은 노동자나, 최저임금제 실시로 일자리가 부족해져서 발생한 실업이 구조적 실업에 해당된다.
> ① 계절적 실업이란 수요의 계절적 변화에 따라 발생하는 실업을 의미한다.
> ② 기술적 실업이란 기술이 진보함에 따라 노동이 기계로 대체되어 발생하는 실업을 의미한다.
> ④ 마찰적 실업이란 노동시장의 정보가 불완전하여 노동자들이 구직하는 과정에서 발생하는 실업을 의미한다.
> ⑤ 경기적 실업이란 경기침체로 인한 총수요의 부족으로 발생하는 실업을 의미한다.
> (참고) 잠재적 실업(위장실업)이란 겉으로 보기에는 취업상태에 있으나 한계생산력이 거의 0에 가까운 경우에 발생하는 실업을 의미한다.

02 다음 대화에서 밑줄 친 부분에 해당하는 가장 적절한 사례는?

> 선생님 : 실업에는 어떤 종류가 있는지 한 번 말해볼까?
> 학 생 : 네, 선생님. 실업은 발생하는 원인에 따라 <u>경기적 실업</u>과 계절적 실업, 그리고 구조적 실업과 마찰적 실업으로 분류할 수 있습니다.

① 총수요의 부족으로 발생하는 실업이 발생했다.
② 더 나은 직업을 탐색하기 위해 기존에 다니던 직장을 그만두었다.
③ 남해바다 해수욕장의 수영 강사들이 겨울에 일자리가 없어서 쉬고 있다.
④ 산업구조가 제조업에서 바이오기술산업으로 재편되면서 대량실업이 발생하였다.
⑤ 디지털 카메라의 대중화로 필름회사 직원들이 일자리를 잃었다.

정답 1 ③ 2 ①

해설 경기적 실업이란 경기침체로 인한 총수요의 부족으로 발생하는 실업이다. 그러므로 경기적 실업을 감소시키기 위해서는 총수요를 확장시켜 경기를 활성화시키는 경제안정화정책이 필요하다.
②는 새로운 직장을 찾거나 다니던 직장을 그만두고 다른 직장을 찾을 때 발생하는 실업은 마찰적 실업에 해당하는 사례이며, 마찰적 실업만 존재하는 상태를 완전고용상태라고 정의한다.
③은 계절적 실업 ④, ⑤는 구조적 실업에 해당하는 사례이다. 구조적 실업이란 경제구조 변화로 노동수요 구조가 변함에 따라 발생하는 실업을 말하며, 산업간 노동이동이 쉽지 않으므로 장기화되는 경향이 있다. 구조적 실업을 감소시키기 위해서는 직업훈련, 재취업교육 등이 필요하다.

03 정부가 마찰적 실업을 감소시키기 위해 실시할 수 있는 대책으로 적절한 것은?

① 취업 및 고용에 관한 노동시장 정보를 활발히 공유할 수 있는 인터넷 사이트를 만든다.
② 기업의 투자를 장려한다.
③ 노동생산성 이하로 임금수준을 유지한다.
④ 정부의 연구개발비를 증가시킨다.
⑤ 직업훈련 및 재취업교육을 강화한다.

해설 마찰적 실업이란 노동시장에서의 불완전한 정보로 인해 구직활동과정에서 일시적·필연적으로 발생하는 자발적 실업이다. 따라서 취업 및 고용에 관한 노동시장 정보를 활발히 공유할 수 있는 인터넷 사이트를 만든다면 구인 및 구직 정보를 적은 비용으로 찾을 수 있어 경제적·시간적 비용을 줄여주기 때문에 마찰적 실업을 감소시킬 수 있다.

04 실업과 실업률에 대한 다음 설명 중 옳은 것은?

① 주부는 실업자에 포함된다.
② 실업률은 실업자의 수를 생산가능인구로 나눈 비율이다.
③ 마찰적 실업은 사업구조의 변화나 기술의 발달로 인해 특정한 기능을 가진 노동자에 대한 수요가 감소함에 따라 발생하는 실업이다.
④ 마찰적 실업은 자발적 실업의 성격을, 경기적 실업과 구조적 실업은 비자발적 실업의 성격을 갖는다.
⑤ 남녀차별로 인한 실업은 경기적 실업이다.

해설 ① 주부는 비경제활동인구에 포함된다. ② 실업률은 실업자의 수를 경제활동인구로 나누어 구한다. ③, ④ 마찰적 실업이란 직업을 탐색하는 과정에서 발생하는 실업으로 완전고용상태에서도 발생하는 자발적 실업이다. 반면, 구조적 실업은 산업구조의 변화나 기술의 발달로 인해 특정한 기능을 가진 노동자에 대한 수요가 감소함에 따라 발생하는 비자발적 실업이며, 경기적 실업은 경기침체로 인한 총수요의 부족으로 발생하는 비자발적 실업이다. ⑤ 남녀차별로 인한 실업은 구조적 실업이다.

05 다음 중 실업자의 개념과 예시에 대한 설명으로 가장 거리가 먼 것은?

① 다니던 회사를 그만두고 더 나은 직장을 알아보고 있는 경우는 마찰적 실업에 해당한다.
② 자연실업률은 경기적 실업이 0인 경우의 실업률을 말한다.
③ 실망노동자가 증가하면 실업률은 높아진다.
④ 고용률은 생산가능인구 중 취업자수가 차지하는 비율이다.
⑤ 경기적 실업은 총수요의 부족으로 인하여 나타나는 실업을 말한다.

해설 실망노동자가 증가하면 실업률은 낮아진다.
실망노동자란 경기후퇴 시 실업자가 직장을 구하지 못해 구직활동을 단념함으로써 비경제활동인구로 계산되는 노동자이다. 따라서 실망노동자는 경제활동인구에서 비경제활동인구로 분류되어 경제활동인구는 감소하게 된다. 결국 구직활동을 아예 포기하는 사람이 늘어나면 오히려 실업률은 감소하게 된다.

06 어느 나라의 총인구가 5,000만 명, 15세 미만 인구가 2,400만 명, 비경제활동인구가 1,200만 명, 취업자 1,000만 명, 실업자 400만 명이라고 하자. 이때 경제활동참가율과 실업률을 구하면?

① 경제활동참가율 : 38.46%, 실업률 : 15.38%
② 경제활동참가율 : 38.46%, 실업률 : 28.57%
③ 경제활동참가율 : 53.84%, 실업률 : 15.38%
④ 경제활동참가율 : 53.84%, 실업률 : 28.57%
⑤ 경제활동참가율 : 58.33%, 실업률 : 15.38%

해설 경제활동참가율은 생산가능인구 중에서 경제활동인구가 차지하는 비율을 의미한다.

$$경제활동참가율 = \frac{경제활동인구}{생산가능인구} \times 100 = \frac{(취업자 + 실업자)}{경제활동인구 + 비경제활동인구} \times 100$$

$$= \frac{(1,000만 명 + 400만 명)}{(1,000만 명 + 400만 명) + 1,200만 명} \times 100 = \frac{1,400만 명}{2,600만 명} \times 100 = 53.84\%$$

실업률은 경제활동인구 중에서 실업자가 차지하는 비율을 의미한다.

$$실업률 = \frac{실업자수}{경제활동인구} \times 100 = \frac{실업자수}{취업자수 + 실업자수} \times 100 = \frac{400만 명}{(1,000만 명 + 400만 명)} \times 100 = 28.57\%$$

07 다음 내용에 의해 우리나라 실업률이 어떤 영향을 받을지 옳게 설명한 것은?

> 통계청은 2015년 '인구주택총조사'에 약 10만 명의 조사 요원이 필요하다고 밝혔다. 이 조사 요원 모집에 많은 사람이 지원했는데, 이들 대부분은 가정 주부였다. 이들은 11월까지 선발 과정을 거쳐 12월부터 인구 조사를 시작할 예정이다.

① 11월 실업률 하락, 12월 실업률 상승
② 11월 실업률 상승, 12월 실업률 하락
③ 11월 실업률 하락, 12월 실업률 불변
④ 11월 실업률 상승, 12월 실업률 상승
⑤ 11월 실업률 하락, 12월 실업률 하락

해설 실업률이란 경제활동인구에서 실업자가 차지하는 비중이다. 경제활동인구는 15세 이상 생산가능인구에서 학생이나 가정주부 등과 같이 취업할 의사가 없는 비경제활동인구를 차감해서 구한다. 비경제활동인구에 포함되어 있던 가정주부가 11월 조사 요원이 되기 위해 지원한다면 경제활동인구로 잡히면서 실업자가 되어 실업률이 상승하게 되고 12월부터 인구조사가 시작되면 이들은 취업자로 분류되기 때문에 실업률은 하락하게 된다.

08 호준이는 현재 회사가 부도나면서 직장을 그만 둔 상태이며 가족은 총5명이다. 아버지는 회사에 다니고 어머니는 퇴직한 뒤 새로운 직장을 알아보는 중이다. 여동생은 가정주부이며 남동생은 대학생이다. 다음 중 호준이 가족의 실업률은 얼마인가?

① 40% ② 50%
③ 60% ④ 67%
⑤ 80%

해설 실업률이란 일할 능력과 취업 의사가 있는 사람 가운데 실업자가 차지하는 비율로서 실업자를 경제활동인구로 나누어 계산한다. 단, 만 15세 이상 생산가능인구 중 학생, 주부, 환자 등은 경제활동인구에서 제외된다. 호준이 여동생은 가정주부이고 남동생은 대학생이기 때문에 비경제활동이므로 호준이 가족의 경제활동인구는 아버지, 어머니, 호준이 총 3명이다. 이 중 호준이와 어머니가 실업자이므로 호준이 가족의 실업률은 대략 67%(= $\frac{2}{3}$ × 100)이다.

09 다음은 2014년 고용구조에 대한 국제비교자료이다. 다음 중 옳지 않은 설명은?(단, 비임금근로자비율은 자영업자와 무급가족종사자를 합친 비율을 말한다)

구분	고용률	실업률	임시직 비율	저임금 근로자 비율	비임금 근로자 비율	근로시간
한국	63.8	3.2	33.6	25.4	31.3	2764
OECD	66.7	6.1	13.2	16.0	15.6	1764

① 우리나라는 근로시간이 OECD에 비해 장시간이다.
② 전반적으로 우리나라의 고용구조가 OECD에 비해 양호한 편이다.
③ 우리나라의 고용안정성이 OECD에 비해 떨어진다.
④ 고용률은 15세 이상 인구 중 취업자가 차지하는 비율이다.
⑤ 우리나라의 비임금근로자 비율이 높은 것은 자영업자가 많기 때문이다.

해설 우리나라의 임시직 비율이 OECD 평균에 2배를 훨씬 상회하므로 우리나라의 고용구조는 OECD에 비해 매우 좋지 않다.

10 다음 A, B에 해당하는 사람으로 옳은 것을 〈보기〉에서 모두 고른 것은?

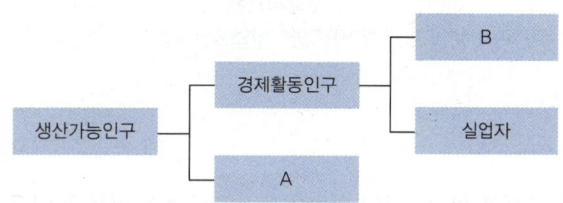

가. 실직한 뒤에 구직활동을 포기한 아버지
나. 교통사고를 당해 휴직 중인 어머니
다. 아버지가 운영하는 가게에서 무보수로 아르바이트를 하고 있는 누나
라. 일거리가 적어 일주일에 하루만 일하는 형
마. 내년도 대학입시를 준비하는 동생

정답 9 ② 10 ③

번호	A	B
①	가	나, 다, 라, 마
②	가, 나	다, 라, 마
③	가, 마	나, 다, 라
④	나, 마	가, 다, 라
⑤	라, 마	가, 나, 다

> **해설** A는 비경제활동인구를 나타내며 일할 능력은 있지만 일할 의사가 없거나 아예 일할 능력이 없는 사람들을 의미한다. 가정주부, 학생, 취업준비생, 고령자, 심신장애자, 실망노동자 등이 비경제활동인구에 해당한다. B는 취업자를 나타내며 수입을 목적으로 1주일에 1시간 이상 일을 하는 사람, 가족이 경영하는 사업체에서 일하는 사람, 일시적으로 휴직하는 사람 등이 취업자에 해당한다.

11 정우는 연말까지 열심히 일자리를 찾다가 실패하여 일자리 찾기를 포기하였다. 구직을 포기한 정우의 행동이 가져올 결과는?

① 실업자 수가 증가한다.
② 경제활동인구와 수는 영향을 받지 않는다.
③ 실업률이 감소한다.
④ 실업률은 전혀 영향을 받지 않는다.
⑤ 비경제활동인구와 수는 영향을 받지 않는다.

> **해설** 구직활동을 포기한 노동자를 실망실업자(구직단념자)라고 한다. 실망실업자가 되면 실업자가 아니라 비경제활동인구에 포함되므로 실업자 수와 경제활동인구 수는 감소하는 반면 비경제활동인구수는 증가한다. 또한 실업률이란 경제활동인구에 대한 실업자의 비율이므로 분자인 실업자보다 분모의 경제활동인구가 큰 상황에서 실업자와 경제활동인구가 동일하게 줄어든다면 실업률은 하락하게 된다.

12 우리나라의 실업률은 대체로 유럽국가의 실업률과 비교해보면 낮은 편이다. 예를 들어, 2015년 6월 유로존 실업률은 11.1%였으나 우리나라는 3.9%였다. 유럽에 비해 우리나라의 실업률이 낮은 이유를 추론한 것 중 타당하지 않은 것은?

① 우리나라는 스스로 고용을 만들어내는 자영업자가 상대적으로 많다.
② 우리나라는 실업 가능성이 낮은 농업 부문의 취업자가 상대적으로 많다.
③ 우리나라의 근로자는 한 직장에서 상대적으로 장기간 근무한다.
④ 우리나라의 근로자는 실직했을 때 구직활동을 더 오래 한다.
⑤ 우리나라의 사회보장제도가 유럽에 비해서 뒤떨어져 있다.

해설 구직활동으로 발생하는 실업을 자발적 실업(마찰적 실업)이라고 하며, 구직활동기간이 길수록 실업률은 상승한다.

13 대학 졸업 후 구직활동을 꾸준히 해온 30대 초반의 덕선이는 당분간 구직활동을 포기하기로 하였다. 덕선이와 같이 구직활동을 포기하는 사람이 많아지면 실업률과 고용률에 어떠한 변화가 생기는가?

① 실업률 상승, 고용률 하락
② 실업률 상승, 고용률 불변
③ 실업률 하락, 고용률 하락
④ 실업률 하락, 고용률 불변
⑤ 실업률 불변, 고용률 하락

해설 덕선이가 실망노동자가 되면서 실업자에서 비경제활동인구로 바뀌게 되었다. 실업률이란 경제활동인구에 대한 실업자의 비율이므로 분자인 실업자보다 분모의 경제활동인구가 큰 상황에서 실업자와 경제활동인구가 동일하게 줄어든다면 실업률은 하락하게 된다. 한편 고용률이란 생산가능인구에 대한 취업자의 비율이므로 분자인 취업자와 분모의 생산가능인구에 아무런 변화가 없으므로 고용률은 변하지 않는다.

14 한 경제의 취업자 수는 120만 명이라고 한다. 이 경제의 실업률은 20%이고, 노동가능인구(생산가능인구)는 200만 명이라고 한다. 이 경제의 경제활동참가율은?

① 33.3% ② 50% ③ 66.7% ④ 75% ⑤ 85%

해설 실업률이 20%이고 취업자 수가 120만 명이라면 실업자 수와 경제활동인구는 다음과 같이 구한다.

$$\text{실업률} = \frac{\text{실업자 수}}{\text{경제활동인구}} \times 100 = \frac{\text{실업자 수}}{\text{취업자 수} + \text{실업자 수}} \times 100$$

$$20\% = \frac{\text{실업자 수}}{120\text{만 명} + \text{실업자 수}} \times 100$$

실업자 수 = 30만 명
경제활동인구 = 취업자 수 + 실업자 수 = 120만 명 + 30만 명 = 150만 명
즉, 실업자 수가 30만 명, 경제활동인구가 150만 명이므로 경제활동참가율은 다음과 같이 75%가 된다.

$$\text{경제활동참가율} = \frac{\text{경제활동인구}}{\text{노동가능인구}} \times 100 = \frac{150\text{만 명}}{200\text{만 명}} \times 100 = 75\%$$

15 다음 중 경제활동인구에 포함되는 사람을 모두 고르면?

> 가. 실망노동자
> 나. 파트타임 일자리를 구하고 있는 주부
> 다. 중소기업에 취업한 장애인
> 라. 건강상 이유로 1년간 휴직한 취업자
> 마. 부모가 운영하는 식당에서 주당 2시간 유급으로 일한 대학생

① 가, 나, 다
② 나, 라, 마
③ 다, 라, 마
④ 나, 다, 라, 마
⑤ 가, 나, 다, 라, 마

해설 경제활동인구란 일할 능력과 일할 의사가 있는 인구여야 하는데, 실망노동자의 경우에는 일할 능력은 있지만 일할 의사가 없으므로 비경제활동인구다. 일자리를 구하는 중인 주부는 경제활동인구 중 실업자에 포함되며 취업한 장애인, 일시적으로 휴직한 취업자, 부모가 운영하는 식당에서 유급으로 일한 대학생은 취업자에 해당하므로 경제활동인구에 포함된다.

16 다음 기사를 읽고 (A)의 변화에 따른 노동시장의 현상을 옳게 추론한 것은?(단, 각 항목에서 다른 조건은 일정하다고 가정한다)

> 일할 능력과 일할 의사를 가지고 있지만 한 번도 취업하지 못한 인구가 지난해 7만 7,000명으로 10년 만에 가장 많은 것으로 나타났다. 직장을 그만두고 1년이 넘도록 재취업하지 못한 이들은 39만 1,000명으로 2년째 감소세를 이어갔지만 글로벌 금융위기 전인 2007년에 비해 10만 명 이상 많았다. (중 략) 1년 이상 재취업하지 못한 사람 중 구직활동을 계속한 이들은 19만 1,000명으로 구직활동을 단념한 '실망실업자' 20만 1,000명보다 적었다. 실망실업자는 일할 능력이 있지만 구직활동을 지속하다가 취업을 포기하고 조사기간 중 구직활동을 하지 않아 (A)로 잡힌다.

15 ④ 16 ②

① (A) 중 일부가 취업을 하면 실업률은 상승한다.

② 실업자 중 일부가 (A)로 바뀌면 실업률은 하락한다.

③ (A) 중 일부가 구직활동에 나서면 실업률은 하락한다.

④ (A) 중 일부가 군에 입대하면 실업률은 하락한다.

⑤ 취업자 중 일부가 실업자가 되면 (A)는 증가한다.

> **해설** A는 비경제활동인구를 나타낸다. 실업자에서 실망실업자로 바뀌게 되면 경제활동인구가 아닌 비경제활동인구에 속하게 된다. 실업률은 경제활동인구에 대한 실업자의 비율이므로 분자인 실업자보다 분모의 경제활동인구가 큰 상황에서 실업자와 경제활동인구가 동일하게 줄어든다면 실업률은 하락하게 된다.

17 다음은 어떤 나라의 고용과 관련한 자료이다. 이 자료에 대한 설명으로 옳은 것은?

연 도	2010	2015
경제활동참가율	40%	50%
실업률	5%	4%
생산가능인구	1만 명	1만 명

① 2015년에 이 나라의 고용률은 감소하였다.

② 2015년에 이 나라의 실업자 수는 증가하였다.

③ 2015년에 이 나라의 취업자 수는 감소하였다.

④ 2010년과 2015년 고용률은 모두 50% 미만이다.

⑤ 2015년에 이 나라의 비경제활동인구는 증가하였다.

> **해설** 생산가능인구는 경제활동인구와 비경제활동인구를 합하여 구한다. 2010년도 생산가능인구가 1만 명이므로 경제활동인구는 4,000명, 실업자 수는 200명, 취업자 수는 3,800명이다. 마찬가지로 2015년 생산가능인구도 1만 명이므로 경제활동인구는 5,000명, 실업자 수는 200명, 취업자 수는 4,800명이다. 고용률이란 생산가능인구 가운데 취업자가 차지하는 비율을 의미하므로 2010년 고용률 38%에서 2015년 고용률 48%로 증가하였다.

정답 17 ④

18 다음 괄호 안에 들어갈 용어로 적절한 것으로만 짝지어진 것은?

> (가) : 구직활동 과정에서 일시적으로 실업 상태에 놓이는 것을 의미한다.
> (나) : 실업률과 GDP 갭(국민생산손실)은 정(+)의 관계이다.
> (다) : 실업이 높은 수준으로 올라가고 나면 경기확장정책을 실시하더라도 다시 실업률이 감소하지 않는 경향을 의미한다.
> (라) : 경기침체로 인한 총수요의 부족으로 발생하는 실업이다.

번호	가	나	다	라
①	마찰적 실업	오쿤의 법칙	이력현상	경기적 실업
②	마찰적 실업	경기적 실업	오쿤의 법칙	구조적 실업
③	구조적 실업	이력현상	경기적 실업	마찰적 실업
④	구조적 실업	이력현상	오쿤의 법칙	경기적 실업
⑤	경기적 실업	오쿤의 법칙	이력현상	구조적 실업

해설
가. 마찰적 실업이란 직장을 옮기는 과정에서 일시적으로 실업상태에 놓이는 것을 의미하며, 자발적 실업으로서 완전고용상태에서도 발생한다.
나. 오쿤의 법칙이란 한 나라의 산출량과 실업 간에 경험적으로 관찰되는 안정적인 음(−)의 상관관계가 존재한다는 것을 의미한다.
다. 이력현상이란 경기침체로 인해 한번 높아진 실업률이 일정기간이 지난 이후에 경기가 회복되더라도 낮아지지 않고 계속 일정한 수준을 유지하는 현상을 의미한다.
라. 경기적 실업이란 경기침체로 유효수요가 부족하여 발생하는 실업을 의미한다.

19 임금이 경직적이지 않음에도 불구하고 노동자들이 새로운 직장을 탐색하는 과정에서 겪는 실업만으로 이루어진 실업률을 자연실업률이라고 한다. 다음 중 자연실업률의 변화 방향이 다른 경우는?

① 산업구조의 변화
② 경제 불확실성의 증가
③ 실업보험, 최저임금제 등 정부의 사회보상 확대
④ 정부가 구직 사이트 등을 운영해 취업정보 제공
⑤ 정부가 쇠퇴하는 산업의 종사자에게 지급하던 보조금 삭감

해설 자연실업률이란 마찰적 실업과 구조적 실업만 존재하는 완전고용상태의 실업률을 의미한다. 정부가 구직 사이트 등을 운영하여 취업정보를 제공하는 경우에는 자연실업률이 하락하지만 산업구조의 변화, 경제 불확실성의 증가, 정부의 사회보장제도 확대 등은 자연실업률을 상승시키는 요인이다.

18 ① 19 ④ **정답**

20 임금이 매우 신축적일 때 나타나는 경제상황으로 옳지 않은 것은?

① 마찰적 실업이 존재한다.
② 저축과 투자가 균형을 이룬다.
③ 장기간의 경기침체는 발생하지 않는다.
④ 수요 부족 상태가 장기적으로 지속되지 않는다.
⑤ 실업률이 자연실업률보다 높아질 가능성이 크다.

> **해설** 고전학파에 따르면 노동의 수요와 공급은 모두 실질임금의 함수이고 명목임금은 완전신축적이므로 항상 완전고용상태를 유지하며 비자발적 실업은 발생하지 않는다고 하였다. 즉, 경제가 완전히 신축적인 상황이라면 생산자원이 정상적으로 고용되어 있는 완전고용 상태이고 이때 실업률은 자연실업률 수준을 벗어날 수 없다.

21 정부정책 중에서 장기적으로 실업률을 낮추기 위한 방안으로 적절한 것은?

> 가. 실업보험 혜택을 늘린다.
> 나. 최저임금 수준을 높인다.
> 다. 정부가 직업훈련 프로그램을 운영한다.
> 라. 장래 유망직종에 대한 정보를 제공한다.

① 가, 나   ② 가, 다   ③ 나, 다   ④ 나, 라   ⑤ 다, 라

> **해설** 가. 정부가 실업보험 혜택을 늘리면 실업자들의 구직활동이 감소하여 실업이 증가하게 된다.
> 나. 정부가 최저임금수준을 높이는 정책을 실시하면 기업의 비용부담이 증가하여 노동의 수요가 감소하고 그로 인해 실업이 증가하게 된다.

정답 20 ⑤ 21 ⑤

22 교사의 이야기를 듣고 학생들이 나눈 대화 중 옳게 주장한 사람을 모두 고르면?

> 교 사 : 국제노동기구(ILO)가 2014년에 발표한 세계 고용동향 보고서에 따르면, 2013년 총 노인 인구 가운데 약 2억 명의 사람들이 실업상태에 놓여 있습니다. 청년층의 실업문제는 더욱 심각한 상황입니다. 경제위기로 청년층(15~24세) 고용이 가장 큰 영향을 받아 전 세계 청년층 고용상황이 더 어려워졌습니다. 2013년 전 세계 청년 실업자수가 7,450만 명으로 전년보다 70만 명 증가한 상황에서 2013년 전 세계 청년 실업률이 13.1%로 전년(12.9%)보다 0.2% 포인트 증가하였다는 사실은 청년실업의 심각성을 여실히 보여주고 있습니다. 실업 상태에 빠진 노인인구의 급증과 사회 고령화 문제를 생각하면 정년을 연장하는 것이 필요합니다. 한국은 퇴직연령이 낮은 편이라 더욱 그렇습니다. 하지만 정년연장은 청년실업을 늘릴 우려가 있죠. 좋은 방법이 없을까요?
> 보 라 : 정년을 보장하되 정년 이전 일정 연령을 기준으로 임금을 연차적으로 감액조정하는 임금피크제를 도입하는 것이 좋을 것 같습니다.
> 선 우 : 고용 안정성을 보장하고, 연공서열제를 강화하는 방법이 좋을 것 같습니다.
> 정 환 : 유연근무제를 실시하여 시간제, 요일제 등 다양한 형태로 일할 수 있으면 일자리가 늘어날 수 있을 것입니다.
> 택 역 : 노동자 한 사람당 근로시간을 늘리면 청년실업을 줄이는 데 도움이 될 것입니다.

① 보라
② 보라, 정환
③ 선우, 정환
④ 정환, 택역
⑤ 보라, 선우, 택역

해설 연령과 근속년수가 증가하면 임금, 승급 및 조직상의 지위가 함께 높아지는 연공서열제를 강화하거나 노동자 한 사람당 근로시간을 늘리면 청년실업 문제가 증가할 것이다.

23 다음 중 실업률을 낮추는 요인이 아닌 것은?

① 최저임금 인하
② 실업보험의 폐지
③ 정부 지출의 증가
④ 노동조합의 협상력 약화
⑤ 효율성 임금(Efficiency Wage)의 도입

해설 효율성 임금(Efficiency Wage)은 시장임금보다 높은 수준의 임금이기 때문에 실업률은 높아진다.

22 ② 23 ⑤

24 노사가 합의한 일정 연령이 지나면 임금이 줄어드는 제도이다. 정년 연장과 관련해 장기 근속 직원에게 임금을 적게 주는 대신 정년까지 고용을 보장하는 이 제도는?

① 임금피크제
② 타임오프제
③ 최저임금제
④ 복수노조제
⑤ 기초생활보장제

해설 임금피크제란 워크셰어링(Work Sharing) 형태의 일종으로 근로자가 일정 연령에 이르면 정년까지 고용을 보장하는 조건으로 근로자의 능력에 따라 임금을 삭감하는 제도이다. 현재 미국·유럽·일본 등 선진국에서는 이미 도입하여 시행중이며, 우리나라에도 일부 금융회사를 중심으로 차차 도입되고 있다. 임금피크제의 유형에는 정년보장형, 정년연장형, 고용연장형이 있다. 임금피크제를 시행하면 사용자측에서는 인건비 부담을 늘리지 않고 고용을 보장해줄 수 있고, 근로자측에서도 정년 연장에 따른 고용 보장 효과가 있다는 장점이 있다.

25 다음에 볼 수 있는 실업의 유형을 분석한 결과로 옳지 않은 것은?

- A는 더 나은 일자리를 찾기 위해 사직하게 되었다.
- B의 회사는 경기가 나빠져 회사 경영이 악화되어 해고를 당했다.
- C의 공장은 자동화시스템 도입으로 인해 구조조정을 당했다.

① A의 실업은 자발적 실업이다.
② A의 실업은 경기가 호황일 때에는 존재하지 않는다.
③ B와 C는 비자발적 실업이다.
④ B의 실업은 경기적 실업이다.
⑤ C의 실업은 구조적 실업이다.

해설 A의 실업은 자발적, 마찰적 실업으로 완전고용상태(경기가 호황)에서도 존재한다.

정답 24 ① 25 ②

제19장 필립스곡선과 스태그플레이션

제3편 거시경제

대표유형문제

인플레이션율과 실업률에 관한 설명으로 옳은 것은?
① 필립스곡선은 인플레이션율과 실업률 간의 양(+)의 상관관계를 보여준다.
② 인플레이션율과 실업률이 동시에 상승하는 현상을 필립스곡선의 이동으로도 설명할 수 있다.
③ 스태그플레이션은 인플레이션율이 상승하면서 실업률이 감소되는 현상이다.
④ 총공급 충격은 스태그플레이션을 초래할 수 없다.
⑤ 실업률이 높을 때가 실업률이 낮을 때보다 실업을 줄이기 위해 희생해야 하는 물가상승률이 훨씬 크다.

해설
① 필립스곡선은 인플레이션율과 실업률 간의 음(−)의 상관관계를 나타내는 곡선이다.
③ 스태그플레이션이란 인플레이션율과 실업률이 동시에 높아지는 현상을 의미한다.
④ 총공급 충격으로 인해 총공급곡선이 왼쪽으로 이동하면 스태그플레이션이 발생한다.
⑤ 필립스곡선은 실업률이 높을 때보다 낮을 때 기울기가 가파르다. 이것은 실업을 줄이기 위해 희생해야 하는 물가상승률이 훨씬 작다는 것을 의미한다.

정답 ②

제1절 전통적인 필립스곡선과 스태그플레이션

1 전통적인 필립스곡선

(1) 필립스곡선의 개념

① 필립스곡선이란 인플레이션율과 실업률 간의 단기 상충관계(Trade-off)가 존재함을 보여주는 곡선이다.
  → 하지만 장기적으로는 인플레이션율과 실업률 간의 특별한 관계가 존재하지 않는다.
② 필립스곡선의 공식과 그래프는 다음과 같이 나타낸다.

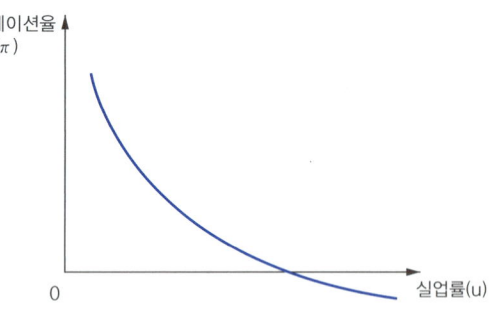

$$\pi = -\alpha(u - u_N)\ (\alpha > 0)$$

π : 인플레이션율
u : 실제실업률
u_N : 자연실업률

(2) 필립스곡선의 시사점

① 필립스곡선은 우하향하는 모양의 곡선이다. 즉, 실업률을 낮추면 인플레이션율이 상승하고 인플레이션율을 낮추면 실업률이 증가한다.
  → 필립스곡선은 물가안정과 완전고용을 동시에 달성할 수 없다는 사실을 의미한다.

→ 즉, 필립스곡선에 따르면 정부가 물가안정을 목표로 하게 되면 경기가 냉각되어 실업률은 증가하고, 완전고용을 목표로 하게 되면 경기가 활성화되어 물가상승률은 올라가게 된다.

② 필립스곡선은 실업률이 높을 때보다 낮을 때 기울기가 가파르다.
→ 필립스곡선은 실업률이 높을 때에 실업률이 낮을 때보다 실업을 줄이기 위해 희생해야 하는 물가상승률이 훨씬 작다는 것을 의미한다.

(3) 필립스곡선에 대한 케인즈학파의 해석

① 케인즈학파는 우하향의 필립스곡선이 정책당국자가 선택할 수 있는 인플레이션율과 실업률의 조합을 보여준다고 생각한다.

② 즉, 우하향의 필립스곡선은 재량적인 안정화정책(Fine-tuning)의 당위성을 부여하는 것으로 인식한다.

2 스태그플레이션

(1) 스태그플레이션의 개념

스태그플레이션이란 1970년대에 인플레이션이 증가하면서 실업률이 동시에 증가하는 현상을 말한다.

(2) 스태그플레이션의 시사점

스태그플레이션 현상은 필립스곡선 자체가 우상방으로 이동하는 현상으로 필립스곡선으로 설명할 수 있던 인플레이션율과 실업률 사이의 상충관계(Trade-off)가 사라진 것을 시사한다.

대표유형문제

경제불황 속에서 물가가 동시에 상승하는 현상을 나타내는 경제 용어는?
① 스태그네이션(Stagnation)
② 디플레이션(Deflation)
③ 스태그플레이션(Stagflation)
④ 디스인플레이션(Disinflation)
⑤ 하이퍼인플레이션(Hyperinflation)

해설

스태그플레이션(Stagflation)이란 경기침체(Stagnation)와 인플레이션(Inflation)을 합성한 신조어로 물가가 상승하면서 실업률이 동시에 증가하는 현상을 나타낼 때 사용된다. 즉 스태그플레이션은 물가가 상승하는 불황(Inflationary recession)을 의미한다. 실업률과 인플레이션율을 합하여 측정한 고통지수로 간주되는 스태그플레이션은 기술혁신을 통해 완화될 수 있다. 기술혁신에 따른 생산성 증대는 상품가격 하락을 통해 수요를 증가시키며, 수요의 증대는 일자리를 증가시키므로 경기가 회복될 수 있다.

정답 ③

대표유형문제

어느 경제의 인플레이션율과 실업률의 관계가 $\pi = \pi_{t-1} - 0.5(u - 0.07)$으로 주어져 있다. 이 경제의 자연실업률은 얼마이며, 인플레이션율을 3% 포인트 내리려면 실업률은 얼마나 올려야 하는가?

① 자연실업률 6%, 실업률 5%
② 자연실업률 6%, 실업률 6%
③ 자연실업률 7%, 실업률 5%
④ 자연실업률 7%, 실업률 6%
⑤ 자연실업률 7%, 실업률 7%

해설

자연실업률은 실제인플레이션율과 예상인플레이션이 같을 때의 실업률이므로 $\pi = \pi_{t-1}$로 두고 계산하면 $u = 0.07$로 계산된다. 주어진 필립스곡선 식에 의하면 실업률이 1% 높아지면 인플레이션율은 0.5% 포인트 낮아지므로 인플레이션율이 3% 포인트 낮아지게 하려면 실업률이 6% 포인트 증가하여야 한다.

정답 ④

제2절 통화주의학파의 기대부가 필립스곡선과 자연실업률가설

1 통화주의학파의 기대부가 필립스곡선

(1) 기대부가 필립스곡선의 개요

① 통화주의학파는 단기에는 노동자들의 기대인플레이션율(π^e)이 인플레이션율과 실업률 간에 역의 관계가 성립한다고 주장한다.
② 하지만 장기에는 노동자들이 물가상승을 예상하면 명목임금 인상을 요구할 것이므로 인플레이션율과 실업률 간에 역의 관계가 존재하지 않는다고 주장한다.
③ 이와 같이 통화주의학파는 적응적 기대를 가정하여 노동자들의 물가예상을 반영할 수 있는 기대부가 필립스곡선을 도입하였다.
④ 즉, 기대부가 필립스곡선에 따르면 장기에는 노동자들의 물가예상이 정확해져($\pi = \pi^e$) 인플레이션율이 상승하더라도 실업률은 자연실업률 수준에서 유지되므로 장기 필립스곡선은 수직으로 도출된다.
⑤ 기대부가 필립스곡선의 공식과 그래프는 다음과 같이 나타낸다.

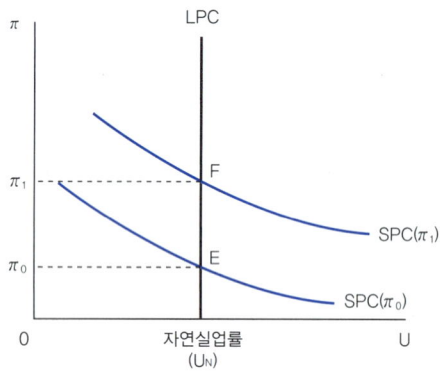

$\pi = \pi^e - \alpha(u - u_N) \ (\alpha > 0)$

π^e : 적응적 기대에 의한 기대인플레이션율
π : 인플레이션율
u : 실제실업률
u_N : 자연실업률

(2) 기대부가 필립스곡선의 시사점

① 장기에는 필립스곡선이 수직선이므로 실업률을 낮추기 위해 확장적인 재정정책을 실시하더라도 실업률은 낮아지지 않고 물가만 상승하게 된다.

② 즉, 실업률을 자연실업률 이하로 낮추기 위한 재량적인 정책은 바람직하지 않다는 것을 시사한다.

② 자연실업률가설

(1) 자연실업률의 정의

① 자연실업률이란 노동시장이 균형을 이루고 있어 취업자 수와 실업자 수가 변하지 않는 균형상태에서의 실업률을 말하며, 균형실업률이라고도 한다.
② 자연실업률은 경제 내에 마찰적 실업과 구조적 실업만 있고 경기적 실업은 없는 완전고용상태를 의미한다.
③ 물가상승률이 안정적으로 유지될 수 있는 수준의 실업률을 말한다.
④ 잠재GDP수준에서의 실업률을 말한다.
⑤ 장기적인 평균실업률을 말한다.

(2) 자연실업률의 결정요인

① 산업구조의 변화로 인해 자연실업률은 변화한다.
② 인구구성의 변화로 인해 자연실업률은 변화한다.
③ 경제주체들의 인플레이션에 대한 기대 변화로 인해 자연실업률은 증가한다.
④ 생산물시장과 요소시장의 불완전경쟁 정도가 높아질수록 자연실업률은 상승한다.
⑤ 노동의 이동가능성이 낮을수록, 이동비용이 클수록 자연실업률은 상승한다.
⑥ 탐색비용이 클수록 자연실업률은 상승한다.
⑦ 제도적 요인(실업보험제도, 최저임금제, 노동조합 등)으로 인해 자연실업률은 상승한다.

(3) 자연실업률을 낮추기 위한 대책

① 직업훈련과 인력재배치에 대한 정부의 지원이 있으면 자연실업률은 하락한다.
② 노동시장의 유연성을 제고하면 자연실업률은 하락한다.
③ 실업보험제도의 개편으로 인해 자연실업률은 하락한다.
④ 탐색비용을 낮출 수 있는 방안을 마련하면 자연실업률은 하락한다.

대표유형문제

다음 중 자연실업률에 관한 설명으로 옳지 않은 것은?
① 자연실업률은 구조적 실업과 경기적 실업의 합계를 의미한다.
② 자연실업률은 실제 실업률이 상승하거나 하락하는 기준이 되는 정상적인 실업률이다.
③ 마찰적 실업의 증가는 자연실업률을 증가시킨다.
④ 탐색비용이 클수록 자연실업률이 증가한다.
⑤ 직업훈련에 대한 정부의 지원이 있으면 자연실업률은 하락한다.

해설
자연실업률은 경제 내에 마찰적 실업과 구조적 실업만 존재하고 경기적 실업은 존재하지 않는 완전고용상태를 의미한다.

정답 ①

제3절 새고전학파의 필립스곡선과 인플레이션 억제정책

1 새고전학파의 필립스곡선

(1) 새고전학파 필립스곡선의 개요

① 합리적 기대하에서는 이용가능한 모든 정보를 이용하여 다음 기의 인플레이션율을 예상하므로 예측오차는 평균적으로 0이 되어 단기적으로도 필립스곡선은 수직선이 될 수 있다.

② 즉, 단기적으로도 노동자들의 물가예상이 정확한 경우에는 필립스곡선이 수직선이 될 수 있지만 물가예상이 부정확한 경우에는 필립스곡선이 우하향하게 된다.

③ 새고전학파의 필립스곡선의 공식과 그래프는 다음과 같이 나타낸다.

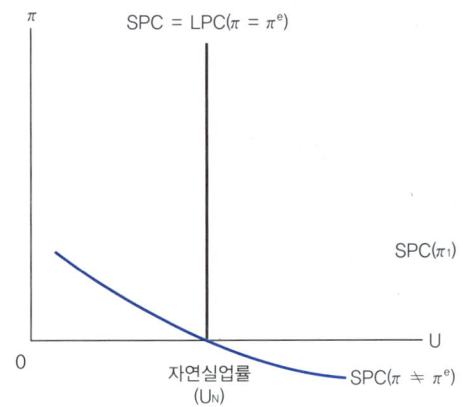

$$\pi = \pi^e - \alpha(u - u_N)\,(\alpha > 0)$$

π^e : 적응적 기대에 의한 기대인플레이션율
π : 인플레이션율
u : 실제실업률
u_N : 자연실업률

(2) 새고전학파 필립스곡선의 시사점

① 합리적 기대하에서 예상하지 못한 정책의 경우에는 단기적으로 실업률에 영향을 미칠 수 있지만, 예상한 정책의 경우에는 단기적으로도 실업률에 영향을 미칠 수 없고 물가상승만 초래한다.

[대표유형문제]

단기 필립스곡선이 $\pi = \pi^e - \alpha(u - u_N)$으로 나타날 때 중앙은행이 실업률을 자연실업률 수준으로 달성하기 위한 방법으로 옳은 것은?

① 통화량 증가율을 높이다가 예고 없이 갑자기 낮춘다.
② 통화량 증가율을 낮추다가 예고 없이 갑자기 높인다.
③ 통화량의 증가율을 일정하게 유지한다고 공표한 다음 그대로 지킨다.
④ 통화량 증가율을 일정하게 유지한다고 공표한 다음 더 높은 수준으로 바꾼다.
⑤ 통화량 증가율을 일정하게 유지한다고 공표한 다음 더 낮은 수준으로 바꾼다.

[해설]
실제실업률이 자연실업률 수준으로 달성되기 위해서는 경제주체들이 인플레이션을 정확하게 예상하여야 한다. 그러므로 중앙은행이 통화량의 증가율을 일정 수준으로 발표한 후 이 내용을 그대로 지킨다면 경제주체들은 인플레이션율을 정확하게 예상할 것이고 실제실업률은 자연실업률과 같아질 것이다.

[정답] ③

② 하지만 새고전학파는 예상치 못한 정책이 단기적으로 실업률을 낮출 수는 있으나 예상치 못한 정책 남발 시에는 정부에 대한 신뢰도가 사라지므로 바람직하지 못한 정책이라고 주장하였다.

2 인플레이션 억제정책

(1) 인플레이션 억제정책의 개요

① 인플레이션 억제정책이란 물가를 안정시키기 위해 통화량 감소 등의 긴축적 정책을 실시하는 것을 말한다.
② 희생비율이란 인플레이션율을 1% 낮추기 위해 감수해야 하는 GDP 감소율을 말한다.

$$희생비율 = \frac{실질\ GDP\ 감소율}{인플레이션\ 하락율}$$

(2) 점진주의 정책

① 점진주의 정책이란 서서히 통화량을 줄여서 점진적으로 물가상승률을 낮추는 정책을 말한다.
② 점진주의 정책을 실시하는 경우에는 경기위축과 그에 따른 실업문제가 심각하지는 않지만 인플레이션율을 낮추는 데 시간이 오래 소요된다.

(3) 급진주의 정책

① 급진주의 정책이란 일시에 통화량을 대폭 줄임으로써 단시일 내에 인플레이션율을 낮추고자 하는 정책을 말한다.
② 급진주의 정책을 실시하면 점진주의 정책을 실시할 때보다 짧은 시간 내에 인플레이션율을 낮출 수 있으나 심각한 경기침체가 발생할 가능성이 있다.

(4) 합리적 기대와 급진주의 정책

① 일부 학자들은 합리적 기대하에서는 급진주의 정책이 더 바람직할 수 있다고 주장한다.
② 인플레이션율을 낮추겠다는 정책이 사전에 발표되고 노동자와 기업이 정부발표를 신뢰하는 경우에는 희생비율이 0이 될 수도 있다.

대표유형문제

인플레이션 억제정책과 관련된 다음 설명 중 옳지 않은 것은?
① 정부정책에 대한 국민들의 신뢰도가 매우 높다면 희생비율은 낮아질 수 있다.
② 급냉정책이란 급진적으로 인플레이션율을 낮추기 위한 정책을 말한다.
③ 합리적 기대론자들은 급진적인 정책보다는 점진적인 정책을 주장한다.
④ 점진주의 정책을 실시할 경우에는 인플레이션율을 낮추는 데 소요되는 시간이 길다.
⑤ 임금 및 가격 경직성이 높은 경제일수록 인플레이션 억제정책에 따른 사회적 비용이 크다.

해설
합리적 기대론자들은 일시에 통화공급 증가율을 큰 폭으로 줄이는 급진주의 정책을 주장한다. 이들은 일시에 통화공급 증가율을 낮출 경우 인플레이션 기대심리가 없어지므로 비용을 들이지 않고 물가를 안정시킬 수 있다고 본다.

정답 ③

대표유형문제

다음 중 실업의 이력현상이 발생하는 원인 및 시사점에 대한 설명으로 옳지 않은 것은?

① 경기침체로 해고된 노동자들은 새로운 기술을 배울 기회를 상실하므로 숙련도가 낮아지는 문제가 발생한다.
② 실업률의 이력현상이 발생하더라도 장기에는 여전히 필립스곡선이 수직선의 형태가 된다.
③ 내부자들이 자신의 이해관계만 생각하여 임금인상을 요구하면 외부자가 된 노동자가 다시 내부자가 되기 어렵다.
④ 자연실업률가설에서의 설명과 달리 긴축적인 정책으로 실업률이 높아지면 자연실업률 자체가 상승할 수 있다.
⑤ 실업률의 이력현상이 발생하는 경우 정부가 재량적인 안정화정책을 통해 실제실업률을 상당기간 낮추면 자연실업률 자체가 낮아질 수 있다.

해설
실업률의 이력현상이 발생하면 장기에도 여전히 필립스곡선이 우하향의 형태가 될 수 있다.

정답 ②

제4절 새케인즈학파의 실업률의 이력현상

1 실업률의 이력현상

(1) 이력현상에 대한 개념
① 실업률의 이력현상이란 경기침체로 인해 실업률이 높아진 상태가 일정기간 유지될 경우 자연실업률 자체가 높아지는 현상을 말한다.
② 기억효과라고도 하는 이력현상이 발생하면 경제적 충격의 발생은 장기적·지속적으로 경제에 영향을 미친다.

(2) 이력현상의 발생원인
① 경기침체로 해고된 노동자들은 새로운 기술을 배울 기회를 상실하므로 숙련도가 낮아지기 때문에 경기가 회복되어도 다시 취업하기가 어렵다.
② 실업자 생활이 익숙해지면 근로에 대한 태도가 변화되어 취업을 하지 않으려는 성향이 생긴다.
③ 경기침체로 인해 실업자가 발생하면 내부자-외부자 모형에 의해 축소된 내부자의 실질임금이 균형 수준보다 더 높게 상승하게 되므로 외부자의 취업은 더욱 어려워지고 실업률은 계속 높은 수준을 유지하게 된다.
④ 경기침체로 감원되었다는 사실은 생산성이 낮다는 노동시장의 신호로서의 역할을 하기 때문에 경기가 회복되어도 다시 취업하기가 어렵다.

(3) 이력현상의 시사점
① 재정·금융정책이 자연실업률에 영향을 미치지 않는다고 보는 자연실업률 가설과 상반되는 내용이다.
② 경기침체가 경제에 영구적으로 바람직하지 않은 결과를 가져온다.
③ 새케인즈학파는 재량적인 안정화정책을 통해 실업률을 낮춘 다음 이를 상당기간 유지할 경우 자연실업률이 낮아질 수 있으므로 재량적인 안정화정책이 필요하다고 주장한다.

제5절 기대가설과 필립스곡선

1 적응적 기대와 합리적 기대

(1) 적응적 기대

① 적응적 기대란 과거 자료를 바탕으로 예상오차를 조금씩 수정하여 미래를 예측하는 것을 말한다.
② 1960년대 통화주의학파가 주장하였으며, 미래에 대한 기대는 과거의 정보들로부터 도출(환원)될 수 있다는 것이 이 이론의 핵심이다.

(2) 합리적 기대

① 합리적 기대란 고전학파 경제학자들이 말하는 것처럼 사람들은 합리적으로 현상을 판단할 수 있기 때문에, 정부가 어떠한 경제정책을 펴더라도 미리 합리적으로 예상하여 행동하는 것을 말한다.
② 합리적 기대 하에서 사람들은 미래의 인플레이션 등을 정확하게 예측하고 이에 맞게 행동하기 때문에 장·단기 구별 없이 고전파 이론에서 말하는 균형이 달성된다.
③ 만약 정부 정책에 대한 신뢰도가 높다면, 합리적 기대가 달성될 가능성이 높아진다.

2 필립스곡선의 요약정리

구 분	전통적 필립스곡선	통화주의 (프리드먼·펠프스)의 기대부가 필립스곡선	새고전학파의 필립스곡선
형 태			
사용된 기대이론	정태적 기대	적응적 기대	합리적 기대

대표유형문제

합리적 기대이론에 대한 설명으로 옳지 않은 것은?
① 경제주체들이 합리적 기대를 형성하면 예상되지 않은 총수요확대정책은 장기적으로 실업률을 자연실업률보다 낮게 유지할 수 있으며 인플레이션은 증대되지 않는다.
② 새고전학파는 장·단기적으로 총수요관리정책의 무력성을 주장한다.
③ 합리적 기대하에서는 개별 경제주체들이 이용가능한 모든 정보를 활용하여 예측하므로 정부와 민간 사이에 정보의 비대칭성이 존재하지 않는다.
④ 정부의 정책은 경제주체들이 이에 대하여 미리 반응하기 때문에 효과가 없다.
⑤ 예상하지 못한 정책만이 실질변수의 변화를 초래한다.

해설

경제주체들이 합리적으로 기대를 형성하는 경우 예상되지 않은 확대정책은 일시적으로 실업률을 낮출 수 있으나 장기에는 실업률이 자연실업률 수준으로 복귀하고 인플레이션율만 높아진다.

정답 ①

대표유형문제

필립스곡선에 관한 다음 설명 중 옳지 않은 것은?

① 케인지언은 실업률과 인플레이션 사이에 상충관계가 존재하므로 적절한 경제정책으로 실업률을 통제하여 산출량에 영향을 줄 수 있다고 주장하였다.
② 기대가 첨가된 필립스곡선에서는 기대인플레이션이 변동하는 경우 필립스곡선이 이동함으로써 실제인플레이션도 변동하게 된다.
③ 프리드먼의 자연실업률가설에 의하면 장기 필립스곡선은 수직선의 형태를 가진다.
④ 합리적 기대를 가정한 루카스는 실업률과 인플레이션 사이의 상충관계를 수요와 공급의 불일치 및 불완전한 정보로 설명하고 있다.
⑤ 필립스곡선이 수직선이면 산출량은 항상 완전고용수준에서 이루어진다.

해설

루카스는 새고전학파 경제학자로서 합리적 기대하에서는 단기적으로도 예상이 정확할 가능성이 있으므로 필립스곡선이 단기적으로도 수직선으로 도출될 수 있다고 주장하였다. 즉, 새고전학파는 항상 수요와 공급이 일치하는 시장청산을 가정하고 있다.

정답 ④

특징 및 시사점	• 인플레이션율과 실업률 사이에 역의 상관관계가 존재함 • 즉, 물가안정과 완전고용을 동시에 달성할 수 없음 • 재량적 안정화정책이 유효함을 시사	• 단기적으로 우하향하며, 장기적으로 자연실업률 수준에서 수직임 • 즉, 인플레이션율과 실업률 간의 상충관계가 없음 • 장기적으로 실업률을 자연실업률 이하로 낮추는 것이 불가능하므로 준칙(K% rule)에 입각한 정책을 사용하는 것이 바람직함을 시사	• 물가예상이 정확한 경우에는 단기적으로도 필립스곡선이 수직임 • 물가예상이 부정확한 경우에는 필립스곡선이 우하향함 • 예상된 정책의 경우 단기적으로도 실업률을 낮출 수 없음 • 예상되지 못한 정책은 단기적으로는 효과가 있으나 정부의 신뢰성을 낮추어 바람직하지 못함 • 준칙에 입각한 정책이 바람직함을 시사

제3편 거시경제

제19장 출제예상문제

01 다음 중 일반적인 필립스곡선에 나타나는 실업률과 인플레이션의 관계에 대해 가장 거리가 먼 설명은?

① 장기적으로 인플레이션과 실업률 사이에 특별한 관계가 없다.
② 실업률을 낮추기 위하여 확장적인 통화정책을 사용하는 경우 인플레이션이 일어난다.
③ 단기적으로는 인플레이션율과 실업률이 반대방향으로 움직이는 경우가 대부분이다.
④ 인플레이션에 대한 높은 기대 때문에 인플레이션이 나타난 경우에도 실업률은 하락한다.
⑤ 원자재 가격이 상승하는 경우 실업률이 감소하지 않더라도 인플레이션이 심화된다.

해설 필립스곡선이란 인플레이션율과 실업률 간에 단기 상충관계가 존재함을 보여주는 곡선이다. 하지만 장기적으로 인플레이션율과 실업률 사이에는 특별한 관계가 성립하지 않는다. 대상기간이 길어지면 사람들의 인플레이션에 대한 기대가 바뀔 수 있고 오일 쇼크와 같은 공급 충격도 주어질 수 있기 때문에 장기적으로는 필립스곡선이 성립하지 않는 것이다. 따라서 인플레이션 기대나 원자재 가격 상승 때문에 물가가 상승할 때는 실업률이 하락하지 않을 수 있다.

02 필립스곡선 및 자연실업률가설에 대한 설명으로 옳은 것은?

① 필립스곡선은 명목임금상승률과 실업률 간의 관계를 나타내는 우상향의 곡선이다.
② 필립스곡선은 단기총공급곡선을 나타내며 기대인플레이션율이 상승하면 아래쪽으로 이동한다.
③ 자연실업률가설에 따르면 정부가 총수요확대정책을 실시한 경우에 단기적으로 기업과 노동자가 이를 정확하게 인식하지 못하기 때문에 실업률을 낮출 수 있다.
④ 자연실업률가설에 따르면 장기적으로 필립스곡선은 수직이며, 이 경우 총수요확대정책은 자연실업률보다 낮은 실업률을 달성한다.
⑤ 단기필립스곡선에서 재화와 서비스에 대한 총수요가 증가하면 물가수준은 하락하고 총산출량은 증가하는데, 산출량이 많을수록 기업의 노동자 고용은 늘어난다.

해설 필립스곡선은 인플레이션율과 실업률 간의 상충관계를 보여주는 우하향의 곡선이다. 단기필립스곡선은 기대인플레이션이 상승할 경우 우상방으로 이동한다. 자연실업률가설에 의하면 장기에는 필립스곡선이 수직선이므로 재량적인 정책을 통해 실업률을 자연실업률보다 낮추는 것은 불가능하다. 단기필립스곡선에서 총수요가 증가하면 물가수준은 상승하고 총산출량은 증가하는데, 산출량이 많을수록 기업의 노동자 고용은 늘어난다.

정답 1 ④ 2 ③

03 자연실업률가설과 관련한 다음 설명 중 옳지 않은 것은?

① 프리드먼(Friedman)과 펠프스(Phelps)에 의해 제기되었다.
② 장기에는 필립스곡선이 수직선으로 도출된다.
③ 기대물가상승률이 0%인 경우 단기 필립스곡선은 수직이 된다.
④ 전통적 필립스곡선에 물가상승률에 대한 기대치를 부가한 기대부가 필립스 곡선을 도입하였다.
⑤ 자연실업률 이하로 실제 실업률을 낮추려는 정책은 장기적으로 물가상승률만을 높게 만든다.

해설 자연실업률가설에서는 기대물가상승률이 0%인 경우에도 단기필립스곡선은 여전히 우하향의 형태로 도출된다.

04 기대를 반영한 필립스곡선에 대한 내용으로 옳은 것을 모두 고르면?

$$\pi = \pi^e - 0.6(u-5)$$
(π : 실제인플레이션, π^e : 기대인플레이션, u : 실제실업률)

가. 실제인플레이션이 기대인플레이션과 동일하면 실제실업률은 5%이다.
나. 기대인플레이션이 상승하면 필립스곡선은 위로 평행이동한다.
다. 잠재GDP에 해당하는 실업률은 5%이다.
라. 실제실업률이 5%보다 크면 실제인플레이션은 기대인플레이션보다 높다.
마. 기대인플레이션이 전기의 실제인플레이션과 동일하다고 할 때, 실제인플레이션이 전기에 비해 3%P 감소하기 위해서는 실제실업률은 9%가 되어야 한다.

① 가, 나
② 다, 라
③ 가, 나, 다
④ 가, 다, 마
⑤ 다, 라, 마

해설 라. 실제실업률이 5%보다 크면 실제인플레이션은 기대인플레이션보다 낮다.
마. $\pi - \pi^e = -3 = -0.6(u-5)$이므로 기대인플레이션이 전기의 실제 인플레이션과 동일하다면 $\pi - \pi^e = -0.6(u-5) = -3$이 성립해야 한다. 따라서 실제 인플레이션이 전기에 비해 3%p 감소하기 위해서는 실제실업률 u=10%가 되어야 한다.

05 자연실업률에 대한 설명으로 가장 옳지 않은 것은?

① 인터넷의 발달은 자연실업률을 낮추는 역할을 한다.
② 최저임금제나 효율성임금, 노조 등은 마찰적 실업을 증가시켜 자연실업률을 높이는 요인으로 작용한다.
③ 새케인즈학파의 이력현상에 의하면 실제실업률이 높아진 상태가 지속되면 자연실업률 수준도 높아지게 된다.
④ 일자리를 찾는 데 걸리는 시간 때문에 발생하는 실업은 자연실업률의 일부이다.
⑤ 산업 간 또는 지역 간의 노동수요구성의 변화는 자연실업률에 영향을 미칠 수 있다.

해설 자연실업률은 경제 내에 마찰적 실업과 구조적 실업만 있고 경기적 실업이 없는 완전고용상태를 의미한다. 최저임금제, 효율성임금, 노조 등은 비자발적 실업을 유발하여 자연실업률을 높이는 요인으로 작용한다.

06 어떤 경제가 아래 그림의 점 B에 위치할 경우에 해당되는 설명으로 가장 옳은 것은?

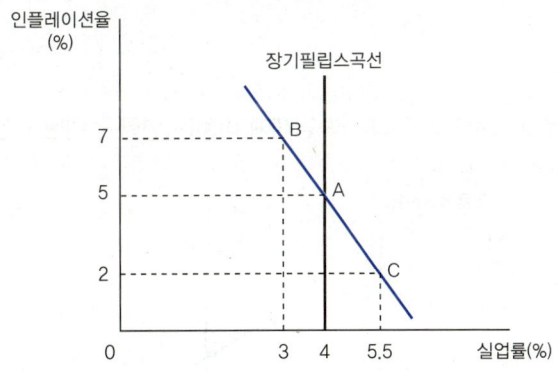

① 실제인플레이션율과 기대인플레이션율이 같다.
② 이 경제에서는 잠재 실질GDP가 달성되고 있다.
③ 기대인플레이션은 5%이다.
④ 자연실업률은 3%이다.
⑤ 기대인플레이션의 하락은 점 B에서 점 A로의 이동을 야기한다.

해설 기대인플레이션율은 단기필립스곡선과 장기필립스곡선이 교차하는 점 A에서의 인플레이션율인 5%이다. 현재 경제상황 점 B에서의 실제인플레이션율은 7%이므로 실제인플레이션율이 기대인플레이션율보다 높은 상태이다. 장기필립스곡선은 자연실업률 수준에서 수직선으로 도출되므로 이 경제의 자연실업률은 4%이고 현재의 실업률은 3%이므로 실제실업률이 자연실업률보다 낮다. 이는 실제GDP가 잠재GDP를 초과하는 상태임을 의미한다. 기대인플레이션율이 하락하면 필립스곡선 상에서 이동하는 것이 아니라 단기필립스곡선 자체가 하방으로 이동한다.

07 기대가 부가된 필립스곡선(Expectation-augmented Phillips curve)과 관련된 다음 설명 중 가장 옳지 않은 것은?

① 중동전쟁으로 원유가격이 급등하면 필립스곡선이 이동한다.
② 오쿤의 법칙(Okun's Law)과 결합하여 총공급곡선을 도출할 수 있다.
③ 1970년대 스태그플레이션(Stagflation)을 설명하는 데 유용하다.
④ 기대 물가상승률이 합리적 기대에 따라 결정되면 예상된 통화정책은 실업률에 영향을 미치지 않는다.
⑤ 다른 조건이 일정하다면 필립스곡선의 기울기가 클수록 희생비율(Sacrifice Ratio)이 크다.

> **해설** 희생비율이란 인플레이션율을 1% 낮추기 위해 감수해야 하는 GDP 감소율을 말한다. 필립스곡선의 기울기가 매우 가파르다면 인플레이션율을 낮추더라도 실업률은 별로 상승하지 않으므로 GDP 감소율이 작아진다. 극단적으로 필립스곡선이 수직선이라면 인플레이션율을 낮추더라도 실업률은 전혀 상승하지 않으므로 GDP 감소율은 0이 되어 희생비율도 0이 된다. 그러므로 필립스곡선의 기울기가 가파를수록 희생비율은 작아진다.
> ※ 오쿤의 법칙(Okun's law)
> • 오쿤의 법칙이란 미국의 경제학자 오쿤이 발견한 현상으로 실업률과 GDP의 관계를 나타낸다.
> • 경기회복기에는 고용의 증가속도보다 국민총생산의 증가속도가 더 크고, 불황기에는 고용의 감소속도보다 국민총생산의 감소속도가 더 큰 법칙을 말한다.

08 국제유가 상승과 같은 공급충격이 우리나라 경제에 미치는 영향에 대한 다음 설명 중 옳은 것은?

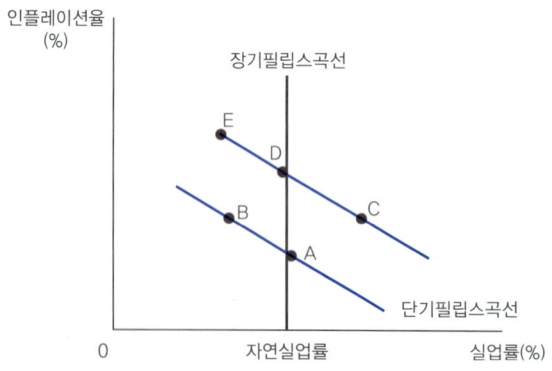

① 경제가 A → B → D로 움직일 것이다.
② 경제가 A → C → A로 움직일 것이다.
③ 경제가 D → B → A로 움직일 것이다.
④ 경제가 D → C → A로 움직일 것이다.
⑤ 경제가 D → E → B로 움직일 것이다.

> **해설** 국제유가가 상승하면 총공급곡선이 왼쪽으로 이동하므로 물가가 상승하고, 실질GDP가 감소하여 실업률이 높아진다. 실업률과 인플레이션이 모두 상승하면 단기 필립스곡선은 우상방으로 이동하고(A → C), 장기에는 실제실업률이 자연실업률 수준으로 복귀하게 되므로 (C → A)로 이동한다.

09 아래 그림의 필립스곡선에 근거하여 단기적으로 실업률을 낮추기 위한 정부의 정책방향으로 옳은 것은?

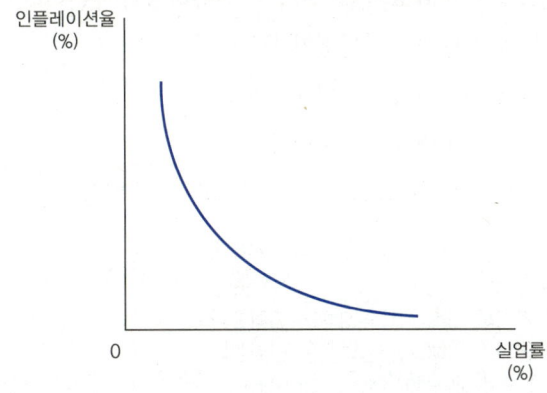

① 소득세를 인하한다.   ② 정부지출을 감소시킨다.
③ 통화량을 감소시킨다.   ④ 기준금리를 인상한다.
⑤ 법인세를 인상한다.

해설   정부가 실업률을 낮추기 위해서는 확대적인 재정정책(①)이나 확대적인 금융정책을 실행하여야 한다. ②, ④, ⑤는 긴축적인 재정정책에 해당하고 ③은 긴축적인 금융정책에 해당하므로 실업률을 낮출 수 없다.

10 다음 필립스곡선에 관한 설명 중 옳은 것을 모두 고르면?

> 가. 합리적 기대이론에 따르면 기대 인플레이션율이 0%인 경우에만 단기 필립스곡선이 수직이 된다.
> 나. 자연실업률가설에 따르면 통화정책에 의해서 장기적으로 자연실업률을 변화시킬 수 있다.
> 다. 적응적 기대가설에 따르면 정부의 재량적 안정화정책은 단기적으로 실업률을 낮출 수 있다.
> 라. 자연실업률가설에 따르면 장기 필립스곡선은 수직이다.

① 가, 나   ② 가, 다
③ 나, 다   ④ 나, 라
⑤ 다, 라

해설   가. 합리적 기대하에서는 실제인플레이션과 기대인플레이션이 일치한다면 단기에도 필립스곡선은 수직으로 도출된다.
         나. 자연실업률가설에 따르면 재량적인 통화정책은 자연실업률에 아무런 영향을 미치지 못한다.

11. 다음 중 실업률과 인플레이션율의 상충관계가 불명확하게 나타나는 이유로 가장 거리가 먼 것은?

① 원자재가격 등 공급요인의 변화로 필립스곡선이 이동하였기 때문이다.
② 사람들의 인플레이션에 대한 기대가 변했기 때문이다.
③ 인구구성의 변화에 따라 자연실업률이 변했기 때문이다.
④ 통화량 증가로 자연실업률이 변했기 때문이다.
⑤ 장기간 경기침체로 이력현상(Hysteresis)이 발생했기 때문이다.

해설 통화량의 변화는 자연실업률에 영향을 미칠 수 없다.
※ 자연실업률의 결정요인
- 산업구조의 변화로 인해 자연실업률은 변화한다.
- 인구구성의 변화로 인해 자연실업률은 변화한다.
- 경제주체들의 인플레이션에 대한 기대 변화로 인해 자연실업률은 변화한다.
- 생산물시장과 요소시장의 불완전경쟁 정도가 높아질수록 자연실업률은 상승한다.
- 노동의 이동가능성이 낮을수록, 이동비용이 클수록 자연실업률은 상승한다.
- 탐색비용이 클수록 자연실업률은 상승한다.
- 제도적 요인(실업보험제도, 최저임금제, 노동조합 등)으로 인해 자연실업률은 상승한다.

12. 필립스곡선에 관한 다음 설명 중 옳지 않은 것을 모두 고르면?

가. 원자재 가격 상승으로 인한 공급충격은 단기필립스곡선을 아래쪽으로 이동시킨다.
나. 기대인플레이션의 상승은 단기필립스곡선을 아래쪽으로 이동시킨다.
다. 합리적 기대하에서 예상치 못한 통화정책은 인플레이션율과 실업률의 조합점을 단기필립스곡선상에서 좌상방으로 이동시킨다.
라. 적응적 기대하에서 통화정책은 인플레이션율과 실업률의 조합점을 단기필립스곡선상에서 좌상방으로 이동시킨다.

① 가, 나
② 가, 다
③ 나, 다
④ 나, 라
⑤ 다, 라

해설
가. 원자재 가격 상승으로 인한 공급충격은 비용인상인플레이션을 유발하여 물가가 상승하고 산출량이 감소한다. 산출량의 감소는 실업률의 상승을 의미하므로 원자재 가격의 상승은 단기필립스곡선을 우상방으로 이동시킨다.
나. 단기필립스곡선은 $\pi = \pi^e - \alpha(u - u_N)$이므로 기대인플레이션이 상승하는 경우 단기필립스곡선은 우상방으로 이동한다.

13 현재 한국경제가 단기필립스곡선 SP_1 상의 점 A에 위치한다고 가정하자. 원자재 가격이 폭등할 경우 단기에서 장기까지 한국 경제의 예상 이동경로로 옳은 것은?(단, U_N은 자연실업률 수준을 나타냄)

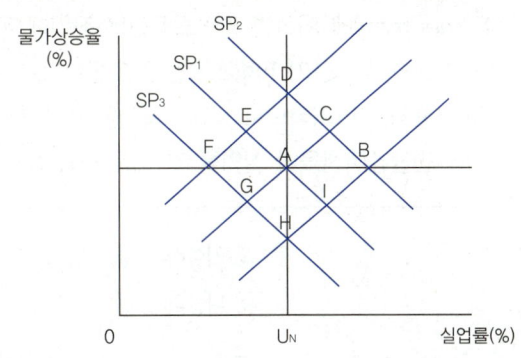

① A → C → A
② A → C → D
③ A → E → D
④ A → G → H
⑤ A → I → H

> **해설** 원자재 가격 폭등 등 부정적인 공급충격으로 인해 비용인상 인플레이션이 발생하면 총공급곡선이 왼쪽으로 이동하기 때문에 물가가 상승하고 산출량이 감소하여 실업률이 증가한다. 이는 단기필립스곡선의 우상방 이동을 의미한다.($SP_1 \rightarrow SP_2$) 그러므로 단기적으로 경제의 균형점은 점 A에서 점 C로 이동한다. 정부가 개입하지 않는다면 점 C에서의 실업률은 자연실업률보다 높은 상태이므로 임금이 낮아지게 되어 총공급곡선이 다시 오른쪽으로 이동하게 된다. 따라서 장기에는 필립스곡선도 다시 좌하방으로 이동($SP_2 \rightarrow SP_1$)하므로 최초의 균형으로 복귀하게 되면서 장기적으로 균형점은 점 C에서 점 A로 이동한다.

14 적응적 기대가설에 기초한 필립스곡선에 관한 설명으로 옳지 않은 것은?

① 예상인플레이션이 더 높을수록 단기필립스곡선은 더 높은 곳에 위치한다.
② 밀턴 프리드먼(M. Friedman)에 의하면 장기적으로는 실업률과 인플레이션율 사이에 상충관계가 성립하지 않는다.
③ 통화량이 증가하면 장기적으로 실업률은 필립스곡선을 따라 움직이지 않고 인플레이션율만 더 높은 점으로 옮겨간 점에서 균형이 이뤄진다.
④ 단기적으로 실제실업률이 자연실업률보다 높을 경우 물가는 상승한다.
⑤ 장기적으로 실업률을 자연실업률 이하로 낮추는 것은 불가능하다.

> **해설** 단기적으로 실제실업률이 자연실업률보다 높아지면 장기에는 임금이 하락하므로 단기총공급곡선이 오른쪽으로 이동하여 물가가 하락한다.

정답 13 ① 14 ④

15 적응적 기대가설하에서 필립스곡선에 관한 설명으로 옳은 것을 모두 고르면?

> 가. 밀턴 프리드먼(M. Friedman)에 의하면 필립스곡선은 장기에 우하향한다.
> 나. 예상 인플레이션율이 상승하면 단기 필립스곡선은 오른쪽으로 이동한다.
> 다. 유가상승과 같은 공급충격은 단기적으로 필립스곡선을 왼쪽으로 이동시킨다.
> 라. 필립스곡선은 단기에 인플레이션율과 실업률 간의 음(−)의 상관관계를 나타낸다.

① 가, 나 ② 가, 라
③ 나, 다 ④ 나, 라
⑤ 다, 라

해설 가. 밀턴 프리드먼(M. Friedman)에 의하면 장기적으로는 실업률과 인플레이션율 사이에 상충관계가 성립하지 않는다. 즉, 자연실업률 수준에서 수직선 형태로 도출된다.
다. 유가상승과 같은 공급충격이 발생하면 총공급곡선이 왼쪽으로 이동하면서 물가가 상승하고 산출량이 감소하게 된다. 산출량이 감소하면 실업률이 증가하므로 단기필립스곡선 자체가 우상방으로 이동한다.

16 단기에서 총공급곡선은 우상향하고 필립스곡선은 우하향하며 장기에서는 둘 다 수직이라고 할 때, 다음 설명 중 옳은 것을 모두 고르면?

> 가. 총공급곡선이 우상향하는 이유는 메뉴비용, 장기계약, 불완전 정보 등으로 설명할 수 있다.
> 나. 필립스곡선이 수직에 가깝다면 인플레이션율을 1% 하락시키기 위한 국민소득 감소분으로 표현되는 희생비율이 크다.
> 다. 우상향하는 총공급곡선과 우하향하는 필립스곡선은 모두 총수요관리정책을 통하여 국민소득 안정화정책이 가능함을 의미한다.
> 라. 장기총공급곡선과 장기필립스곡선 하에서는 화폐의 중립성이 성립한다.

① 가, 다 ② 가, 라
③ 가, 나, 라 ④ 가, 다, 라
⑤ 나, 다, 라

해설 나. 필립스곡선이 수직에 가깝다면 긴축정책으로 물가가 하락하더라도 실업률은 별로 높지 않다. 실업률이 별로 상승하지 않았다는 것은 국민소득 감소분이 크지 않다는 것을 의미하며 이 경우 인플레이션율을 1% 낮추기 위해 감수해야 하는 GDP 감소율인 희생비율은 낮다.

제3편 거시경제

제20장 학파별 주요내용 및 경기안정화정책

제1절 고전학파와 케인즈학파

1 고전학파와 케인즈학파의 개요

(1) 고전학파계통과 케인즈학파계통의 계승과정

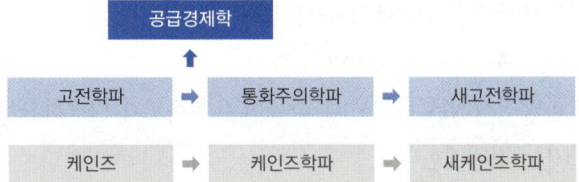

(2) 고전학파계통과 케인즈학파계통의 주요특징

구 분	고전학파계통	케인즈학파계통
시장경제체제	안정적	불안정적
재정안정화정책	필요함	불필요함
경기변동	경기변동은 자연스러운 흐름이라고 주장	자본주의 경제체제의 구조적인 문제점이라고 주장
정부실패와 시장실패	정부실패를 강조함	시장실패를 강조함
인플레이션과 실업	인플레이션을 중시함	실업을 중시함

2 고전학파의 주요내용

(1) 고전학파의 개요

① 고전학파는 '세이의 법칙(Say's Law)'이 성립하여 공급이 수요를 창출한다고 주장한다.

대표유형문제

다음 중 고전학파 이론에 부합하는 설명을 모두 고른 것은?

> 가. 모든 생산물과 생산요소 가격은 완전신축적이다.
> 나. 세이의 법칙(Say's Law)을 따르고 있다.
> 다. 총수요가 국민소득을 결정한다.
> 라. 정부의 적극적 시장개입이 필요하다.

① 가, 나   ② 가, 다
③ 나, 다   ④ 나, 라
⑤ 다, 라

해설

고전학파는 '공급이 수요를 창출한다'는 세이의 법칙이 성립한다고 주장하므로 총공급곡선이 주어지면 수요는 자동적으로 그만큼 생겨나게 된다. 고전학파는 물가와 임금의 신축적인 조정에 의해 자연실업률 이상의 실업은 발생하지 않는다고 주장하므로 정부개입이 불필요하다고 본다.

정답 ①

대표유형문제

다음 괄호 안에 들어갈 경제용어로 적절한 것은?

( ) refers that real variables such as output and real interest rates can be completely analyzed without considering what is happening to their nominal counterparts, the money value of output and the interest rate. In particular, this means that real GDP and other real variables can be determined without knowing the level of the nominal money supply or the rate of inflation. An economy exhibits ( ) if money is neutral, affecting only the price level, not real variables.

① 화폐환상(Money Illusion)
② 오쿤의 법칙 (Okun's Law)
③ 고전적 이분성(Classical Dichotomy)
④ 멘델-토빈효과(Mundell-Tobin Effect)
⑤ 유동성선호설(Theory of Liquidity Preference)

해설

고전적 이분성(Classical Dichotomy)이란 고전학파 모형에서 실질변수의 균형치가 통화량과 전혀 관계없이 결정되는 현상을 말하며, 이로 인해 화폐의 중립성(Neutrality of Money)이 성립하게 된다.

정답 ③

② 고전학파는 물가와 임금의 신축적인 조정에 의해 자연실업률 이상의 실업은 발생하지 않는다고 주장한다.
→ 그러므로 정부의 개입은 최소한으로 하는 것이 바람직하다고 본다.

(2) 고전학파의 균형국민소득 결정

① 실물부문을 통한 총공급곡선(AS)의 도출
 ㉠ 노동의 수요와 공급은 모두 실질임금(= $\frac{명목임금}{물가}$)의 함수이고, 명목임금은 완전신축적이므로 항상 완전고용이 달성된다.
 ㉡ 실질GDP는 항상 완전고용산출량(Y_N) 수준으로 결정된다.
 ㉢ 물가가 상승하더라도 고용량과 산출량은 불변하기 때문에 총공급곡선은 완전고용산출량 수준에서 수직선으로 도출된다.

② 화폐부문을 통한 총수요곡선(AD)의 도출
 ㉠ 피셔의 교환방정식($MV=PY$)에 따르면 유통속도가 일정하므로 통화량과 물가는 정비례한다.
 ㉡ 총수요곡선은 직각쌍곡선의 형태로 도출되며, 통화량이 증가할 때 오른쪽으로 이동한다.(단, 재정정책은 총수요곡선의 이동에 영향을 미치지 못한다.)

③ 고전적 이분성(Classical Dichotomy)
 ㉠ 고전학파 모형에서 실질변수는 모두 실물부문에 의해서만 결정되므로 실물부문과 화폐부문이 완전히 분리되어 있다.
 ㉡ 즉, 고전적 이분성이란 고전학파 모형에서 실질변수의 균형치가 통화량과 전혀 관계없이 결정되는 현상을 말한다.
 ㉢ 고전적 이분성으로 인해 화폐의 중립성(Neutrality of Money)이 성립하게 된다.

(3) 고전학파의 재정정책과 금융정책의 효과

① 재정정책의 효과
 ㉠ 확대적인 재정정책을 실시하면 총저축이 감소하므로 대부자금의 공급이 감소하게 된다.
 ㉡ 즉, 정부지출이 증가하여 대부자금 공급곡선이 왼쪽으로 이동하면 이자율은 상승하고 민간소비와 민간투자는 감소하게 된다.

ⓒ 이 경우 정부지출 증가분은 민간소비와 민간투자의 감소분으로 100% 구축되어 총수요가 불변함에 따라 총수요곡선이 이동하지 않으므로 실질GDP와 물가수준은 변하지 않는다.

② **금융정책의 효과**

㉠ 확대적인 금융정책 실시로 통화량이 증가하면 총수요곡선이 오른쪽으로 이동하므로 물가가 비례적으로 상승한다.

㉡ 그러나 총공급곡선이 완전고용산출량 수준에서 수직선이므로 총수요곡선이 오른쪽으로 이동하더라도 실질GDP는 변하지 않는다.

㉢ 즉, 고전학파 모형에서는 화폐의 중립성이 성립하여 통화량의 변화가 실질변수에 아무런 영향을 미치지 못한다.

㉣ 반면 통화량이 증가하면 명목변수는 비례적으로 증가하게 되는 화폐 베일관(Money is Veil) 현상이 나타난다.

③ 케인즈학파의 주요내용

(1) 케인즈학파의 개요

① 케인즈학파는 '유효수요의 원리'가 성립하여 수요가 공급을 창출한다고 주장한다.

② 즉, 경기침체 상황에서는 유효수요(총지출)에 의해 생산이 결정된다고 주장한다.

③ 케인즈학파는 단기적으로 임금의 경직성이 나타나기 때문에 시장에서 즉각적으로 실업이 해결되지 않는 것을 발견하고 단기 경제의 중요성을 강조하였다.

④ 케인즈학파는 실업문제를 해결하기 위해서는 정부의 적극적인 정책이 필요하다고 주장한다.

⑤ 케인즈이론은 IS-LM모형으로 체계화되었고, AD-AS모형으로 발전하였다.

대표유형문제

다음 고전학파 모형에 대한 설명으로 옳은 것은?

① 고전학파 모형에서 통화량이 증가하면 명목이자율과 실질이자율이 모두 상승한다.
② 명목변수(물가와 임금 등)와 실질변수(산출량 등)는 상호영향을 미치므로 동시에 결정된다.
③ 신축적인 생산량의 조정으로 인해 생산물시장은 항상 균형 상태에 놓인다.
④ 고전학파 모형에 따르면 국공채발생의 경우에는 구축효과가 나타나지만 조세정책의 경우에는 구축효과가 나타나지 않는다.
⑤ 고전학파 모형에서 통화량이 증가하면 물가와 명목임금만 상승하고 실질임금에는 아무런 영향을 미치지 못한다.

해설

고전학파에 의하면 화폐의 중립성이 성립하여 통화량의 변화는 실질변수에 아무런 영향을 미치지 못하므로 물가 상승 시 명목이자율은 상승하나 실질이자율은 변하지 않는다. 또한 이자율이 신축적으로 변하기 때문에 저축과 투자가 일치하게 되어 대부자금시장은 항상 균형상태에 놓인다. 고전학파 모형에서 조세감면이 이루어질 경우 민간의 처분가능소득이 증가하므로 민간소비가 증가하게 되고 저축은 감소한다. 저축이 감소하면 대부자금의 공급이 감소하므로 이자율이 상승하게 되어 민간투자가 감소하는 구축효과가 발생한다.

정답 ⑤

대표유형문제 **최신출제유형** 24

'장기에 우리는 모두 죽는다(In the long run, we are all dead)'라는 말을 남긴 경제학자의 입장과 가장 가까운 견해는?

① 시장의 불균형은 일시적인 현상이므로 정부의 개입 없이 즉시 균형에 도달한다.
② 시장에서 물가와 임금은 신축적이다.
③ 경기침체 상황에서는 유효수요에 의해 생산이 결정된다.
④ 실업문제를 해결하기 위해서는 정부가 최소한으로 개입해야한다.
⑤ 통화정책이 재정정책보다 더 효율적이다.

해설

케인즈는 단기적으로 임금의 경직성이 나타나기 때문에 노동시장에서 실업이 해결되지 않는 것을 발견하고 단기 경제의 중요성을 강조하였다. 또한 유효수요의 원리에 의해 수요가 공급을 창출하며 경기침체 상황에서는 유효수요에 의해 생산이 결정되고 정부의 적극적인 재정정책이 필요하다고 주장한다.

정답 ③

(2) 케인즈학파의 균형국민소득 결정

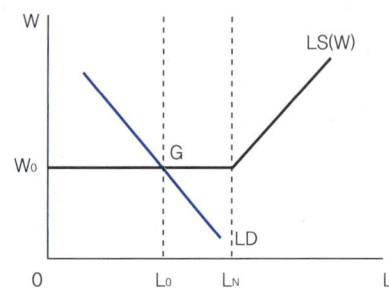

① 케인즈학파는 균형국민소득은 유효수요에 의해 결정된다고 주장한다.
② 균형국민소득 만큼의 생산이 이루어지기 위해서는 L_0(단, $L_0 < L_N$)만큼의 노동투입이 필요하다.
③ 케인즈이론에 따르면 임금이 경직적이고 현재 고용수준이 완전고용 수준(L_N)에 미달하므로 현재의 임금수준(W_0)에서 노동의 초과공급으로 인한 비자발적 실업이 발생한다.

(3) 케인즈학파의 경제안정화정책의 비교

① IS-LM모형을 통한 정책비교
  ㉠ 투자의 이자율탄력성이 작으므로 IS곡선은 급경사이다.
  ㉡ 화폐수요의 이자율탄력성이 크므로 LM곡선은 완만하다.
  ㉢ 그러므로 재정정책의 효과는 강력한 반면 금융정책은 별로 효과가 없다.

② AD-AS모형을 통한 정책비교
  ㉠ 단기에는 총공급곡선(AS)은 우상향하고 총수요곡선(AD)은 우하향한다.
  ㉡ 장기에는 총공급곡선(AS)이 수직선으로 도출된다.
  ㉢ 그러므로 단기적인 경기침체 상황에서는 재량적인 재정 안정화정책이 필요하다.

④ 고전학파와 케인즈학파의 주요내용 요약

구 분		고전학파	케인즈학파
노동시장		• 노동의 수요와 공급은 모두 실질임금의 함수이다. • 명목임금은 완전신축적이므로 항상 완전고용상태로 존재한다. • 화폐환상이 존재하지 않는다.	• 노동수요는 실질임금의 함수인 반면 노동공급은 명목임금의 함수 또는 예상실질임금의 함수이다. • 명목임금의 하방경직성으로 인해 불완전 고용상태로 존재한다. • 화폐환상이 존재한다.
IS-LM	생산물 시장	• 공급이 수요를 창출하는 '세이의 법칙(Say's Law)'이 발생한다. • 투자의 이자율 탄력성이 크므로 IS곡선이 완만하다.	• 수요가 공급을 창출하는 '유효수요의 원리'가 성립한다. • 투자의 이자율 탄력성이 작으므로 IS곡선이 가파르다.
	화폐 시장	• 화폐는 '교환의 매개수단'으로의 기능을 수행한다. • 화폐수량설에 따르면 통화량과 물가는 정비례한다. • 화폐수요의 이자율탄력성이 0이므로 LM곡선은 수직선 형태로 도출된다. • 실물시장과 화폐시장의 고전적 이분성으로 인해 통화량의 변화가 실질변수에 아무런 영향을 미치지 못하는 '화폐의 중립성'이 성립한다.	• 화폐는 '가치저장의 수단'으로써의 기능을 수행한다. • 유동성선호설에 따르면 이자율은 화폐의 수요와 공급에 의해 결정된다. • 화폐수요의 이자율탄력성이 크므로 LM곡선은 완만하다. • 실물시장과 화폐시장이 상호 연계되어 있다.
AD-AS	총수요	• 화폐수량설에 의해 우하향하는 직각쌍곡선으로 도출된다. • 통화량이 증가하면 총수요곡선은 오른쪽으로 이동한다.	• 우하향하는 곡선으로 도출된다.
	총공급	• 완전고용국민소득 수준에서 수직선 형태로 도출된다.	• 단기적으로 우상향하는 형태로 장기적으로는 수직선 형태로 도출된다.
정책 효과	재정 정책	• 완전한 구축효과로 인해 총수요곡선이 이동하지 않으므로 재정정책의 효과가 없다.	• 재정정책의 효과가 강력하다.
	금융 정책	• 화폐의 중립성 현상이 나타나므로 금융정책의 효과가 없다.	• 금융정책의 효과는 미약하다.
실 업		• 자발적인 실업만 존재한다.	• 비자발적 실업이 존재한다.
인플레이션 발생 원인		• 통화량 증가로 LM곡선이 오른쪽으로 이동하면 수요견인 인플레이션이 발생하게 된다.	• 정부지출 증가로 IS곡선이 오른쪽으로 이동하면서 수요견인 인플레이션이 발생하게 되고 임금인상 및 공급충격으로 인해 비용인상인플레이션이 발생한다.
필립스곡선		• AS곡선이 수직선이므로 필립스곡선도 수직선으로 도출된다.	• 단기에는 우하향하고 장기에는 자연실업률 가설을 수용하여 수직선 형태로 도출된다.
저축에 대한 가치관		• 저축을 미덕이라고 생각하였다.	• 소비가 미덕이라고 생각하였다.

대표유형문제

다음 중 고전학파 모형과 케인즈학파 모형에 대한 설명으로 옳지 않은 것은?

① 고전학파 모형에서는 저축이 미덕이나 케인즈학파 모형에서는 소비가 미덕이다.
② 고전학파 모형은 공급측 모형이나 케인즈학파 모형은 수요측 모형이다.
③ 고전학파 모형은 완전고용균형 모형이나 케인즈학파 모형은 불완전고용균형 모형이다.
④ 고전학파 모형에서는 재정정책의 효과가 강력하지만 케인즈학파 모형에서는 재정정책의 효과가 미미하다.
⑤ 고전학파 모형에서는 이자율이 생산물시장에서 결정되나 케인즈학파 모형에서는 화폐시장에서 결정된다.

해설

고전학파 모형에서는 완전한 구축효과로 인해 총수요곡선이 이동하지 않으므로 재정정책의 효과가 없는 반면 케인즈학파 모형에서는 재정정책의 효과가 강력하다.

정답 ④

대표유형문제

밀턴 프리드먼으로 대표되는 통화주의자의 주장으로 옳지 않은 것은?
① 통화정책은 엄격한 준칙에 따라야 한다.
② 화폐에 대한 수요는 불안정적이며 이자율 탄력성은 높다.
③ 인플레이션은 생산 증가보다 더 급속한 화폐수량 증가에 의해 발생한다.
④ 인플레이션 처방에 따른 초기의 부작용이 불가피하다.
⑤ 화폐수량 증가율과 명목소득 증가율 간에는 장단기를 막론하고 인과관계가 존재한다.

해설
통화주의학파는 화폐에 대한 수요가 안정적이라는 가정하에서 화폐공급이 경제활동의 중요한 결정요인이기 때문에 경제안정화를 위해서는 준칙에 입각하여 화폐공급량을 조절하는 것이 중요하다고 주장하였다. 또한 통화주의학파는 화폐수요의 이자율 탄력성이 작으므로 LM곡선이 거의 수직선으로 도출된다고 주장한다.

정답 ②

제2절 통화주의학파

1 통화주의학파의 주요내용

(1) 통화주의학파의 기본주장

① 통화공급은 명목국민소득을 결정하는 가장 중요한 요인이다.
② 장기적으로 '화폐의 중립성'이 성립하여 통화량은 물가와 다른 명목변수에만 영향을 미칠 수 있고 실질변수는 실물적인 요인에 의해서만 결정된다.
③ 하지만 단기에는 통화량의 변화가 실질변수에 영향을 미치게 되므로 경기변동의 주요요인이 된다.
④ 시장경제체제는 본질적으로 안정적이므로 오히려 정부정책으로 인해 경제를 불안하게 할 수 있다.
⑤ 경제안정화를 위해서는 준칙에 입각하여 통화공급 증가율을 일정하게 유지하여야 한다.
⑥ 재정정책은 GDP에 거의 영향을 미칠 수 없으므로 경제안정화정책 수단으로 사용하기에는 부적절하다.

(2) 신화폐수량설

① 프리드먼은 화폐수요의 이자율탄력성이 작기 때문에 화폐수요함수가 안정적이라고 주장한다.
② 화폐수요의 이자율탄력성이 작으므로 LM곡선은 거의 수직선에 가까워진다.

(3) 자연실업률가설

① 통화주의학파는 기대부가 필립스곡선에 기반을 둔 자연실업률가설을 주장한다.
② 단기에는 안정화정책이 효과를 나타내지만 장기에는 실질변수에 영향을 미치지 못한다.

(4) IS-LM모형을 통한 정책비교

① 화폐수요의 이자율탄력성은 작으므로 LM곡선은 거의 수직선으로 도출된다.
② 반면 투자의 이자율탄력성은 크므로 IS곡선은 매우 완만하다.
③ 그러므로 단기적으로 금융정책의 효과는 매우 강력한 반면 재정정책의 효과는 미미하다.

② 통화주의학파와 케인즈학파의 주요내용 요약

구 분		통화주의학파	케인즈학파
기 대		적응적 기대	적응적 기대
IS-LM	생산물 시장	• 투자의 이자율 탄력성이 크므로 IS곡선이 완만하다. • 실물부문이 불안정적이다.	• 투자의 이자율 탄력성이 작으므로 IS곡선이 가파르다. • 실물부문이 안정적이다.
	화폐 시장	• 화폐수요의 이자율탄력성이 작으므로 LM곡선이 가파르다. • 화폐의 유통속도가 안정적이므로 화폐수요함수가 안정적이다.	• 화폐수요의 이자율탄력성이 크므로 LM곡선이 완만하다. • 화폐의 유통속도가 불안정적이므로 화폐수요함수가 불안정적이다.
AD-AS	총수요	• 소비는 '절대소득가설'에 의해 가처분소득의 증가함수이다. • 우하향하는 곡선으로 도출된다.	• 소비는 '항상소득가설'에 의해 항상소득의 증가함수이다. • 우하향하는 곡선으로 도출된다.
	총공급	• 단기적으로 우상향하는 형태로 장기적으로는 수직선 형태로 도출된다.	• 단기적으로 우상향하는 형태로 장기적으로는 수직선 형태로 도출된다.
정책 효과	재정 정책	• 구축효과가 크기 때문에 재정정책의 효과가 별로 없다. • 균형재정과 작은 정부가 바람직하다.	• 구축효과가 작으므로 재정정책의 효과가 강력하다. • 재량적인 재정정책으로 경제안정화를 도모하는 것이 바람직하다.
	금융 정책	• 실물부문(IS곡선)이 불안정적이므로 '통화량'을 중간목표로 사용한다. • 통화량의 변화는 직접 명목국민소득(명목GDP)에 영향을 미친다. (M↑→PY↑) • 단기에는 금융정책의 효과가 강력하다. • 하지만 장기에는 자연실업률가설에 의해 AS곡선이 수직선으로 도출되므로 금융정책의 효과는 없다.	• 화폐부문(LM곡선)이 불안정적이므로 '이자율'을 중간목표로 사용한다. • 통화량의 변화가 이자율을 통해 간접적으로 국민소득에 영향을 미치므로 통화정책의 외부시차는 길다. (M↑→r↓→I↑→Y↑) • 금융정책의 효과는 미약하다.

대표유형문제

다음 중 통화주의자들이 주장하는 내용이 아닌 것은?
① 통화정책은 이자율의 변동을 통하여 실물경제에 영향을 미친다.
② 단기에는 통화량의 변화는 직접적으로 명목GDP의 변화를 가져온다.
③ 통화공급은 일정한 준칙에 따라 이루어지는 것이 바람직하다.
④ 화폐부문보다 실물부문이 불안정적이므로 불안정한 실물부문을 통제하려면 통화량을 중간목표로 삼아야 한다.
⑤ 단기에는 화폐의 중립성이 성립하지 않지만 장기에는 화폐의 중립성이 성립한다.

해설
통화주의자들은 통화량의 변화가 이자율변화를 통해 실물경제에 영향을 미치는 것이 아니라 통화량 변화가 직접적으로 총수요에 영향을 미친다고 주장한다. 통화량의 증가에 의한 총수요의 증가는 단기에는 직접적으로 국민소득을 증가시키지만 장기에는 자연실업률가설에 의해 총공급곡선이 수직선이므로 통화량 증가가 국민소득에 영향을 미치지 않는다.

정답 ①

대표유형문제

공급경제학자의 주장으로 적절하지 않은 것은?

① 노동공급은 납세 후 실질임금에 의해 결정된다고 가정한다.
② 세율을 낮출 경우 오히려 정부의 조세수입이 증가할 것이라고 본다.
③ 기본적으로 정부의 시장개입을 반대한다는 점에서 고전학파의 전통을 따른다.
④ 감세정책은 단기에는 재정적자를 유발하나 장기에는 오히려 재정흑자를 가져온다.
⑤ 공급능력 확대정책과 더불어 저소득층에 대한 사회보장도 확대해야 한다고 주장한다.

해설
공급경제학자들은 정부의 사회보장적 지출을 축소하는 것이 바람직하다고 주장한다.

정답 ⑤

실업과 인플레이션	• 실업보다 인플레이션 문제가 더 중요하다. • 수요견인 인플레이션은 통화량의 증가 때문에 발생하고 비용인상 인플레이션은 발생 자체를 부정한다. • 실업과 인플레이션을 억제하기 위한 재량적인 재정정책이 바람직하다.	• 인플레이션보다 실업 문제가 더 중요하다. • 수요견인 인플레이션은 정부지출의 증가 때문에 발생하고, 비용인상 인플레이션은 임금인상 등의 공급충격으로 인해 발생한다고 주장한다. • 실업과 인플레이션을 억제하기 위해 준칙에 입각한 정책이 바람직하다(k% rule).
필립스곡선	• 단기에는 우하향하고 장기에는 자연실업률 가설을 수용하여 수직선인 형태로 도출된다.	• 단기에는 우하향하고 장기에는 자연실업률 가설을 수용하여 수직선인 형태로 도출된다.

제3절 공급경제학

1 공급경제학의 개요

(1) 공급경제학의 등장배경

① 1970년대 석유파동으로 인한 스태그플레이션의 발생에 따라 기존 총수요관리정책의 한계를 극복하고자 고전학파 이론에 기반을 두면서 총공급측면을 중시하는 공급경제학이 출현하였다.
② 미국 레이건 행정부는 공급경제학의 이론을 경제정책으로 채택하였다.

(2) 공급경제학의 핵심내용

① 각종 세율을 인하하면 저축과 투자의 증가로 총공급이 증가하므로 물가안정과 완전고용 달성이 가능하다.
② 총공급증가로 국민소득이 증가하면 세율이 낮더라도 더 많은 조세수입 확보가 가능하다

2 공급경제학의 주요내용

(1) 세율과 경제행위

① 공급경제학자들은 납세 후 수익률에 따라 개인들의 경제행위가 영향을 받는다고 주장한다.
  ㉠ 근로소득세율이 감소하면 세후 실질임금이 증가하여 노동공급이 증가하게 된다.
  ㉡ 이자소득세율이 감소하면 세후 실질수익률이 증가하여 저축이 증가하게 된다.
  ㉢ 법인세율이 감소하면 세후 실질투자수익률이 증가하여 투자가 증가하게 된다.
② 각종 세율이 인하되면 투자의 증가로 총수요곡선이 오른쪽으로 이동하고, 노동공급과 투자의 증가로 경제의 생산능력이 커지므로 총공급곡선도 오른쪽으로 이동한다.
③ 각종 세율 인하로 총수요곡선과 총공급곡선이 오른쪽으로 이동하면 국민소득이 증가하게 된다.

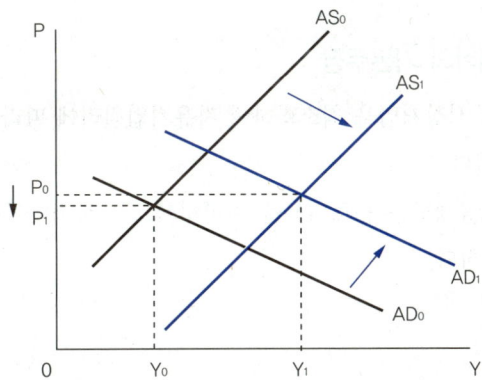

(2) 래퍼곡선

① 래퍼곡선의 개념
  ㉠ 래퍼곡선이란 미국의 경제학자 아서 래퍼(Arthur Laffer)가 세율과 정부의 조세 수입 간의 관계를 설명한 곡선이다.
  ㉡ 래퍼는 일정 수준의 세율까지는 세율을 인상하면 정부의 조세 수입이 증가하지만 최적조세율(T^*)을 초과하면 경제주체들의 경제활동 유인이 감소하므로 조세 수입도 감소한다고 주장한다.

대표유형문제

래퍼곡선에 관련된 설명으로 옳지 않은 것은?
① 공급중시경제학 이론 중 하나이다.
② 동일한 세수를 거둘 수 있는 세율은 언제나 2개이다.
③ 세율이 100%일 경우 경제주체들의 근로의욕 상실로 재정수입(세수입)은 0이 된다.
④ 미국 레이건 행정부의 세율인하정책의 이론적 배경이 되었다.
⑤ 세율이 증가함에 따라 재정수입은 증가하다가 감소한다.

해설
재정수입이 극대화되는 최적세율은 한 가지만 존재한다.

정답 ②

대표유형문제

공급경제학에서 주장하는 내용으로 옳지 않은 것은?
① 공급측면에서 조세의 유인효과를 강조한다.
② 정부의 시장 개입을 극대화하는 것이 경제성장에 도움이 된다.
③ 조세감면을 통해 실질임금을 상승하게 하고, 기업의 투자를 늘려 경제의 총공급을 확충해야 한다.
④ 조세의 감면에도 불구하고 조세수입은 증가한다.
⑤ 사회보장제도는 근로의욕을 저하시키므로 축소하거나 폐지하는 것이 바람직하다.

해설
공급경제학에 따르면 한계세율이 높을수록 설비투자에 대한 위축이 초래되므로 한계세율 축소를 통해 경제에 대한 정부의 개입을 줄이는 것이 경제성장에 도움이 된다.

정답 ②

ⓒ 따라서 최적조세율(T^*)보다 큰 금지영역에 있는 세율에서는 세율인하가 재정수입의 증대를 가져올 수 있다고 주장한다.

② 래퍼곡선의 문제점

㉠ 그러나 래퍼곡선은 정부의 재정수입이 극대화되는 세율을 찾기 어려우며 실증적으로 검증되지 못한 문제점을 가지고 있다.

㉡ 각종 세율을 인하할 경우 조세의 소득재분배효과가 감소한다.

ⓒ 1980년대 미국 레이건 행정부는 래퍼곡선을 조세인하정책의 이론적 근거로 하여 조세를 인하하였으나 단기적으로 재정수입이 감소하게 되어 미국 정부의 재정적자는 크게 증가하였다.

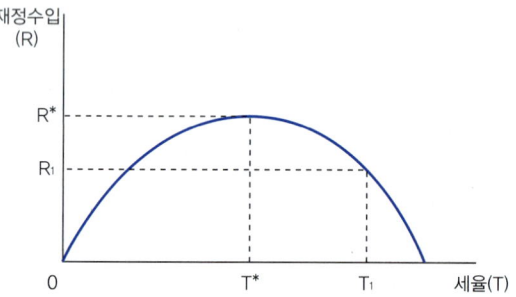

(3) 공급경제학의 기본주장

① 정부의 시장개입을 최소화하여 자유기업원리에 따라 생산이 극대화되도록 한다.

② 사회보장제도는 근로의욕을 저하시키므로 축소하거나 폐지하는 것이 바람직하다.

제4절 새고전학파와 새케인즈학파

1 새고전학파와 새케인즈학파의 비교

구 분		새고전학파	새케인즈학파
공통점	기 대	합리적 기대	합리적 기대
차이점	시장청산여부	시장청산	시장청산(×)
	가격변수의 신축성	매우 신축적	신축적(×)
	시장형태	완전경쟁시장	불완전경쟁시장
	개별기업의 역할	가격수용자	가격결정자
	경기안정화정책의 효과	효과(×)	단기적으로 효과 있음
	경기변동의 발생원인	공급측 충격	수요측 충격

> **참고** 합리적 기대란 사용가능한 모든 정보를 적절히 사용하여 미래에 대한 예측을 하는 것을 말한다. 완전한 정보가 제공되지 않는다면 완전한 예측은 불가능하지만 적어도 체계적인 오차는 발생하지 않는다.

2 새고전학파의 주요내용

(1) 새고전학파의 기본가정

① 경제주체들은 합리적으로 기대를 형성한다(합리적 기대).
② 항상 시장청산이 이루어지므로 시장 불균형 상태가 발생하지 않는다 (시장청산기능).
③ 물가, 임금, 이자율 등 가격변수가 신속하게 조정된다(가격변수의 신축성).

(2) 루카스 공급곡선과 화폐적 경기변동이론

① 새고전학파는 불완전한 정보하에서 합리적 기대를 하는 경제주체들이 상대가격 변화와 일반물가수준 변화를 착각함으로써 단기 총공급곡선은 우상향할 수 있으므로 경기변동이 발생할 수 있다고 주장하였다.
② 루카스 공급곡선의 공식

$$Y_{AS} = Y_N + \alpha(P - P^e) \quad (\alpha > 0)$$

㉠ 경제주체들의 물가예상이 정확하다면($p = p^e$) 단기총공급곡선은 자연산출량(Y_N) 수준에서 수직선으로 도출된다.

대표유형문제

합리적 기대이론에 관한 다음 설명 중 옳지 않은 것은?

① 각 경제주체는 관련된 모든 정보를 얻을 수 있기 때문에 체계적 오류를 범하지 않는다.
② 정부의 정책은 경제주체들이 이에 대하여 미리 반응하기 때문에 효과가 없다.
③ 정부와 민간 사이에는 정보의 비대칭성이 존재한다.
④ 재화와 노동시장은 가격과 명목임금의 조정에 의해 즉각적, 연속적으로 청산된다.
⑤ 예상치 못한 정책만이 실질변수의 변화를 초래한다.

해설

새고전학파의 합리적 기대이론에 따르면 개별 경제주체들은 이용가능한 모든 정보를 이용하여 예측하므로 정부와 민간이 가지고 있는 정보 수준에는 차이가 없다.

정답 ③

대표유형문제

다음 중 새고전학파의 주장에 대한 설명으로 옳지 않은 것은?
① 경제주체들이 합리적 기대에 입각하여 행동한다고 가정한다.
② 예상된 총수요관리정책은 단기에도 국민소득에 영향을 미치지 않는다.
③ 예상치 못한 총수요관리정책도 단기에 국민소득에 영향을 미치지 않는다.
④ 예상된 총수요관리정책은 단기에 물가에 영향을 미친다.
⑤ 예상치 못한 총수요관리정책도 단기에 물가에 영향을 미친다.

해설
새고전학파에 따르면 예상된 정책은 단기에도 실질산출량에 영향을 미칠 수 없으며 물가수준만 상승시키는 반면 예상치 못한 정책은 단기적으로 산출량을 증가시킬 수 있다.

정답 ③

대표유형문제 최신출제유형 23

다음 중 루카스 비판에 대한 설명으로 가장 거리가 먼 것은?
① 전통적 예측모형을 바탕으로 한 정책은 경제를 더 불안하게 한다는 주장이다.
② 과거 자료로 도출한 계량모형을 가지고 새로운 정책의 효과를 예측하는 케인즈의 모형에 대한 비판이다.
③ 투자성향 등 각종 변수들이 일정하다는 가정이 합리적이라는 주장이다.
④ 경제모형에 경제주체의 기대를 합리적으로 반영해야 한다고 주장한다.
⑤ 정부의 경제개입을 줄이고 경제를 시장경제에 맡겨야 한다고 시사하였다.

해설
소비성향, 투자성향 등 각종 변수들이 일정하다고 전제하는 케인즈학파의 분석 방법을 비판한다.

정답 ③

ⓒ 경제주체들의 물가예상이 부정확하다면($p \neq p^e$) 단기총공급곡선은 ($p > p^e$)인 경우 우상향한다.
③ 루카스 공급곡선에 따르면 통화량의 변동이 예상되었다면 $p = p^e$이므로 산출량에는 영향을 미치지 못하고 오직 물가수준만 변화시키게 된다.

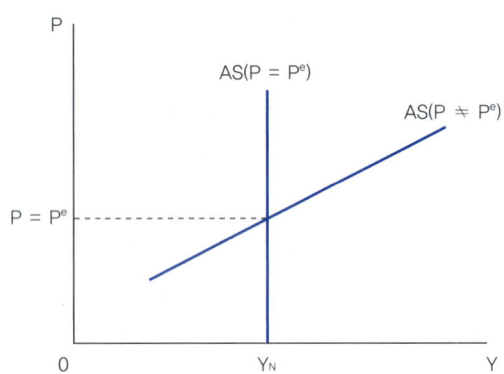

(3) 루카스 비판

① 루카스 비판이란 과거의 자료를 이용하여 추정된 계량모형을 가지고 새로운 정책의 효과를 예측하면 오류가 발생한다는 것이다.
② 즉, 루카스는 경제상황과 관계없이 소비성향, 투자성향 등 각종 변수들이 일정하다는 가정하에서 이루어진 전통적인 케인즈학파의 분석 방법은 타당하지 않다고 주장한다.
③ 따라서 정책효과를 예측하고 원하는 효과를 얻기 위해서는 정책변화에 따른 경제구조변화를 고려하여 정책을 수립하고 집행해야 한다고 주장한다.

(4) 새고전학파의 실물적 경기변동이론

① 실물적 경기변동에서 경기변동은 생산성 또는 기술변화와 같은 실물적 충격이 발생했을 때 경제주체들의 최적화행동의 결과로 인해 나타나는 균형현상이므로 경기변동이 발생하더라도 후생손실을 초래하지 않는다.
② 또한 경기변동 과정에서 발생하는 실업은 모두 자발적 실업이다.
③ 따라서 새고전학파의 실물적 경기변동이론에서는 경기변동이 발생하더라도 정부가 시장에 개입하는 것은 바람직하지 않다고 주장한다.

(5) 재량적 안정화 정책에 대한 견해

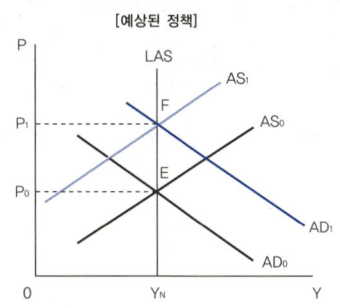
[예상된 정책]

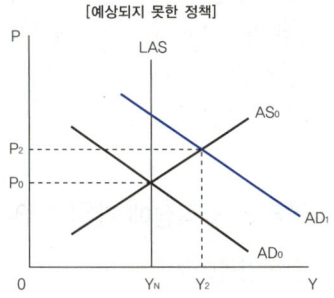
[예상되지 못한 정책]

① 예상된 재량적 안정화정책

  ㉠ 합리적 기대하에서 예상된 재량적 안정화정책(확대 통화정책)이 시행될 경우 총수요곡선은 오른쪽으로 이동하고($AD_0 \to AD_1$) 단기총공급곡선이 왼쪽으로 이동하므로($AS_0 \to AS_1$) 균형점은 즉각적으로 이동한다($E \to F$).

  ㉡ 즉, 예상된 재량적 안정화정책은 단기에도 실질산출량에 영향을 미칠 수 없으며(Y_N : 고정) 물가수준만 즉각 변동($P_0 \to P_1$)시킨다.

  ㉢ 개인들이 합리적 기대를 사용하여 단기에도 평균적으로 물가를 정확하게 예상할 수 있으므로 예상된 안정화정책은 단기적으로 효과를 나타낼 수 없다(합리적 기대학파의 정책무력성 정리).

② 예상되지 못한 재량적 안정화정책

  ㉠ 예상되지 못한 재량적 안정화정책(확대 통화정책)이 시행될 경우 총수요곡선은 오른쪽으로 이동하지만($AD_0 \to AD_1$), 단기총공급곡선은 변하지 않기 때문에 단기적으로 산출량을 증가($Y_N \to Y_2$)시킬 수 있다.

  ㉡ 하지만 예상되지 못한 정책을 실시하면 정부에 대한 신뢰도가 감소하고 경제의 불확실성이 높아질 수 있다.

③ 새케인즈학파의 주요내용

(1) 새케인즈학파의 기본가정

① 경제주체들은 합리적으로 기대를 형성한다(합리적 기대).
② 임금과 재화가격이 경직적이므로 시장청산이 이루어지지 않는다(비시장청산기능).
③ 물가, 임금, 이자율 등 가격변수는 단기에 경직적이다(가격변수의 비신축성).

대표유형문제

다음 중 실질임금이 시장에서의 균형보다 상당 기간 높게 유지될 수 있는 이유로 타당하지 않은 것은?

① 노동자들이 기업 경영진보다 위험을 더 선호한다.
② 노동조합원들이 협상을 통해 높은 임금을 요구한다.
③ 실질임금을 높여주는 경우 노동자들은 더욱 열심히 일한다.
④ 실질임금을 높여주는 경우 노동자들의 이직률이 낮아진다.
⑤ 실질임금을 낮추는 경우 최저생계비가 유지되지 않아 노동자들의 건강이 악화된다.

해설

새케인즈학파의 실질임금의 경직성을 설명하는 암묵적 계약이론에 의하면 노동자들은 위험회피적이므로 안정적이고 고정된 임금을 선호한다. 또한 기업은 노동자보다 덜 위험회피적이며 경기에 따라 기존 노동자를 해고하고 다시 고용하는 데 많은 비용이 소요되므로 안정적인 고용관계를 유지하려고 한다. 따라서 노동자와 기업 간에 암묵적 계약이 이루어지면 경기와 관계없이 실질임금이 경직적이 된다.

정답 ①

대표유형문제

다음 보기 중 명목임금의 경직성을 설명하는 이론을 모두 고른 것은?

가. 효율성임금이론
나. 내부자-외부자이론
다. 신용할당모형
라. 중첩임금설정모형
마. 중첩가격설정모형

① 라
② 가, 마
③ 다, 라
④ 가, 나, 마
⑤ 나, 다, 라

해설

※ 새케인즈학파 연구방향에 따른 주요 이론

연구방향	주요내용
실질임금의 경직성	효율성임금이론, 내부자-외부자이론, 암묵적 계약이론
명목임금의 경직성	장기임금계약이론, 중첩임금설정모형
재화가격의 경직성	메뉴비용이론, 조정실패모형, 중첩가격설정모형
이자율의 경직성	신용할당모형

정답 ①

※ 새케인즈학파 연구방향에 따른 주요 이론

연구방향	주요내용
실질임금의 경직성	효율성임금이론, 내부자-외부자이론, 암묵적 계약이론
명목임금의 경직성	장기임금계약이론, 중첩임금설정모형
재화가격의 경직성	메뉴비용이론, 조정실패모형, 중첩가격설정모형
이자율의 경직성	신용할당모형

(2) 실질임금의 경직성에 대한 이론

① 효율성임금이론
- ㉠ 효율성임금이란 노동의 평균생산성이 극대화되는 실질임금을 의미한다.
- ㉡ 기업은 시장의 균형임금보다 높은 효율성임금을 지급함으로써 역선택, 도덕적 해이 등을 방지할 수 있게 되어 이윤이 증가한다.
- ㉢ 기업들이 시장의 균형임금보다 높은 효율성임금을 지급하면 비자발적 실업이 발생한다.

② 내부자-외부자이론
- ㉠ 내부자와 외부자의 정리
  - 내부자(Insider)란 현재 고용되어 있는 근로자를 말하며 숙련도가 높다.
  - 외부자(Outsider)란 고용되지 않은 근로자를 말하며 숙련도가 낮다.
- ㉡ 내부자들은 우월한 임금협상력을 갖고 있으므로 내부자들이 임금소득 극대화를 추구하면 임금이 균형임금보다 높은 수준으로 결정된다.
- ㉢ 임금이 노동시장의 균형임금보다 높은 수준으로 결정되면 외부자들은 계속해서 실업상태에 놓이게 된다(☞ 실업률의 이력현상(기억효과) 발생).

③ 암묵적 계약이론(Implicit Contract)
- ㉠ 노동자들은 위험회피적이므로 경기와 관계없이 안정적이고 일정한 임금을 받는 것을 선호한다.
- ㉡ 기업은 노동자보다 덜 위험회피적이며 경기에 따라 기존 노동자를 해고하고 다시 고용하는 데 많은 비용이 소요되므로 안정적인 고용관계를 유지하려고 한다.
- ㉢ 그러므로 노동자와 기업 간에 암묵적 계약이 이루어지면 경기와 관계없이 실질임금이 경직적이 된다.

(3) 명목임금의 경직성에 대한 이론

① 중첩임금계약이론(=중첩임금설정모형)
  ㉠ 노동자와 기업의 임금계약 체결 시 자신의 절대임금수준과 기업과의 상대적 임금수준을 고려하여 명목임금을 결정한다.
  ㉡ 이 과정에서 기업들의 임금조정이 시차를 두고 이루어지면 명목임금은 점진적으로 조정되므로 경제 전체적으로 명목임금은 경직적이 된다.

② 장기임금계약이론
  ㉠ 노동자와 기업은 장기임금계약을 통해 안정적인 고용관계를 유지하는 것을 선호한다.
  ㉡ 장기임금계약이 이루어지면 명목임금이 경직적이므로 노동시장에서 시장청산이 이루어지지 않는다.

(4) 재화가격의 경직성에 대한 이론

① 메뉴비용이론
  ㉠ 메뉴비용(Menu Cost)이란 기업이 제품이나 서비스의 가격을 조정할 때 메뉴판을 바꾸는 데 소요되는 비용을 말한다.
  ㉡ 가격조정에 따른 수입의 증가분보다 메뉴비용이 크면 기업은 가격조정을 포기하므로 가격이 경직적이다.

② 중첩가격설정
  ㉠ 기업들의 가격조정이 시차를 두고 이루어지는 경우에는 경제 전체로 보면 가격이 매우 느리게 조정된다.
  ㉡ 가격이 비신축적으로 조정되면 재화시장에서 시장청산이 이루어지지 않는다.

③ 조정실패모형
  ㉠ 경기침체 상황에서 모든 기업이 가격을 인하하면 물가하락으로 경기가 회복되지만, 이윤이 증가한 일부 기업만 가격을 인하하는 경우에는 경기회복이 이루어지지 않고 가격을 낮춘 기업의 이윤이 감소하게 되는데 이 모형은 후자의 경우를 상정한다.
  ㉡ 이 경우 기업들이 가격인하 합의에 실패하는 조정실패가 발생하면 재화가격이 경직적이 될 가능성이 커진다.

대표유형문제

다음 중 임금의 경직성을 설명하는 이론으로 적합하지 않은 것은?
① 효율적임금(Efficient Wage) 가설
② 암묵적계약이론
③ 내부자-외부자 이론
④ 중첩임금설정모형
⑤ 유동성제약 가설

해설
유동성제약(Liquidity Constraint)이란 소비를 더 하고 싶어도 차입이 불가능해서 소비를 늘리는 것이 불가능한 상황으로 임금의 경직성과는 무관한 개념이다.

정답 ⑤

대표유형문제

다음 경기안정화정책 방법에 관해서 Ⓐ ~ Ⓓ 안에 들어갈 내용을 순서대로 바르게 짝지은 것은?

구 분	경기 과열 시	경기 침체 시
재정정책	Ⓐ 재정정책	Ⓒ 재정정책
통화정책	통화량 Ⓑ	통화량 Ⓓ

① Ⓐ 긴축적 Ⓑ 감소 Ⓒ 확장적 Ⓓ 증가
② Ⓐ 확장적 Ⓑ 감소 Ⓒ 긴축적 Ⓓ 증가
③ Ⓐ 긴축적 Ⓑ 증가 Ⓒ 확장적 Ⓓ 감소
④ Ⓐ 확장적 Ⓑ 증가 Ⓒ 긴축적 Ⓓ 감소
⑤ Ⓐ 불변 Ⓑ 불변 Ⓒ 확장적 Ⓓ 증가

해설

경기 과열 시에는 세출을 줄이거나 세입을 늘리는 긴축적 재정정책을 시행하고 통화량을 감소시켜야 하며, 경기 침체 시에는 세출을 늘리거나 세입을 줄이는 확장적 재정정책을 시행하고 통화량을 증가시켜야 한다.

정답 ①

ⓒ 조정실패모형에서는 두 기업이 가격인하에 합의하는 균형과 높은 가격을 유지하는 균형이 존재한다(복수균형(Multiple equilibrium) 존재).

(5) 이자율의 경직성

① 금융기관의 이자율이 상승하면 위험이 높은 차입자만 대출을 하려고 하는 역선택이 발생한다.
② 그러므로 금융기관이 이자율을 균형보다 낮은 수준으로 설정하고 우량한 기업에만 대출을 하는 신용할당(Credit Rationing) 현상이 나타난다.
③ 신용할당이 발생하면 이자율이 균형수준보다 낮은 수준에서 경직성을 띠게 되어 금융시장에서 시장청산이 이루어지지 않는다.
④ 시장청산이 이루어지지 않는 경우에는 새고전학파가 주장하는 정책무력성 정리가 성립하지 않으며 예상된 정책의 경우에도 단기적으로 효과를 나타낼 수 있다.

제5절 경기안정화정책

1 경기안정화정책의 개요

(1) 경기안정화정책의 개념

① 경기안정화정책이란 경기변동의 진폭을 줄여 경제의 안정적 성장을 도모하고자 하는 정책으로 크게 재정정책과 통화정책(금융정책)으로 나눌 수 있다.
② 재정정책과 통화정책(금융정책)은 단기에는 총공급에 영향을 미치지 않고 총수요에만 영향을 미치기 때문에 총수요관리정책이라고도 한다.

(2) 경기안정화정책의 방법

구 분	경기 과열시	경기 침체시
재정정책 (Fiscal Policy)	세출을 줄이거나 세입을 늘리는 긴축적 재정정책을 시행	세출을 늘리거나 세입을 줄이는 확장적 재정정책을 시행
통화정책 (Monetary Policy)	통화량을 감소(이자율의 상승)시킴	통화량을 증가(이자율의 하락)시킴

2 재정안정화정책

(1) 재정안정화정책의 개념

① 자유 재량적 재정정책
  ㉠ 자유 재량적 재정정책이란 경제 상황에 따라 행정당국이나 의회가 세율 및 공공투자 수준 등을 변경하는 적극적이고 사후적인 조치를 말한다.
  ㉡ 자유 재량적 재정정책은 세율의 변경, 정부 지출의 변동, 예산 규모의 변경을 수단으로 한다.

② 자동안정화장치
  ㉠ 자동안정화장치란 경기 침체나 경기 호황 시 정부가 의도적으로 정부지출과 세율을 변경시키지 않아도 경기변동의 진폭을 완화시켜 주는 재정 제도를 말한다.
  ㉡ 즉, 예산의 구조적 신축성을 이용하여 국민 소득 수준의 변화를 완화시키는 소극적인 재정조치 방법이다.
  ㉢ 고용보험제도, 누진소득세제, 실업보험, 사회보장 이전 지출 등이 대표적인 자동안정화장치의 예이다.

(2) 재정안정화정책의 비교

구 분	자유 재량적 재정정책	자동안정화장치 (= 자동적 재정정책)
적극성	적극적 재정조치	소극적 재정조치
제약성	제도적 제약이 큼	제도적 제약이 없음
시 차	길 다	짧다(내부시차 = 0)

3 정책시차문제

(1) 정책시차의 개념

① 정책의 필요성을 인식할 때까지의 인식시차, 정책을 수립하고 집행하기까지의 실행시차, 집행된 정책이 여러 변수를 거쳐 효과가 나타나게 되기까지의 외부시차 등이 존재한다.

대표유형문제

재정의 자동안정화장치(Automatic Stabilizer)에 관한 다음 설명 중 옳지 않은 것은?
① 고용보험제도는 재정의 자동안정화장치에 포함된다.
② 경기가 불황일 때 실직자들은 실업급여를 받게 된다.
③ 자동안정화장치는 경기변동을 완전히 막을 수 있을 정도로 강력한 정책은 아니다.
④ 경기가 불황일 때 정부의 조세수입이 자동적으로 증가하여 경기가 지나치게 침체되는 것을 방지한다.
⑤ 경기가 불황일 때 소득이 줄어들면 누진소득세제 때문에 소득감소에 따른 세금감소분 이상으로 세금을 적게 낼 수 있다.

해설

재정의 자동안정화장치란 경기가 호황이거나 불황일 경우 누진소득세제, 고용보험제도, 실업보험제도 등을 통해 조세수입이나 재정지출이 자동적으로 변해 경기변동의 폭을 완화시키는 것을 말한다. 예를 들어 경기가 불황일 경우 경기가 지나치게 침체되는 것을 방지하기 위해 정부의 조세수입이 자동적으로 줄어들어 민간의 소비여력을 증가시키게 된다. 그러나 이 장치가 경기변동을 완전히 막을 수 있을 정도로 강력한 것은 아니다.

정답 ④

대표유형문제

다음 괄호 안에 들어갈 단어로 적절한 것은?

> 통화정책당국이 경제상황을 진단한 후 적절한 대책을 마련하고 그 정책이 효과를 나타내기까지는 상당한 기간이 경과되어야 한다. 정책의 필요성이 발생한 시점과 당국이 정책을 입안 확정하기까지의 시차를 (가)라 하며, 그러한 정책이 시행되어 경제에 효과를 미치는 데 걸리는 시간을 (나)라 한다.

① 가 : 인식시차   나 : 외부시차
② 가 : 내부시차   나 : 인식시차
③ 가 : 인식시차   나 : 내부시차
④ 가 : 내부시차   나 : 외부시차
⑤ 가 : 외부시차   나 : 내부시차

해설
인식시차는 정책당국이 경제상태를 인식하는 데까지 걸리는 시간을 말하고, 실행시차는 경제상태를 인식한 후 정책을 마련·집행할 때까지 걸리는 시차를 말한다. 그리고 인식시차와 실행시차를 합하여 내부시차라고 한다. 따라서 정책의 필요성이 발생한 시점과 당국이 정책을 입안 확정하기까지의 시차는 내부시차를 의미한다. 외부시차는 정책당국이 실행한 정책이 실제로 효과를 나타낼 때까지 걸리는 시차를 말한다.

정답 ④

내부시차	인식시차	정책당국이 정책필요성을 인식할 때까지 걸리는 시간
	실행시차	정책당국이 정책을 수립하고, 시행하는 데까지 걸리는 시간
외부시차		실행된 정책이 실제로 효과를 나타낼 때까지 걸리는 시간

② 정책을 수립하고 집행할 때 미래의 불확실한 상황으로 인해 정책 수립이 어긋나는 경우도 있으며, 시차의 존재로 정책 시기를 놓칠 가능성도 있다.

(2) 재정정책과 통화정책(금융정책)의 정책시차 비교

① 재정정책의 경우 정부지출이나 세율의 변경은 국회의 심의과정을 거쳐야하므로 내부시차가 긴 반면, 직접 유효수요에 영향을 미치므로 외부시차는 짧다.
② 통화정책(금융정책)의 경우 통화량의 변경은 중앙은행이 독립적으로 통화량의 변화가 가능하기 때문에 내부시차는 짧은 반면 그 효과는 이자율 변화에 따른 투자변화를 통해 나타나므로 외부시차는 길다.

구 분	재정정책	통화정책
내부시차 길이	길 다	짧 다
외부시차 길이	짧 다	길 다

4 재량적인 정책과 준칙에 입각한 정책

(1) 개 념

① 재량적인 정책이란 경제상황에 대해 정책당국이 판단하여 실시하는 정책을 말하며, 준칙에 입각한 정책이란 사전에 각 상황에 따른 정책을 발표하고 정해진 대로 시행하는 정책을 말한다.
② 케인즈학파는 재량적인 안정화정책을 바람직하다고 보는 반면, 통화주의학파는 정치가들에 대한 불신과 동태적 비일관성(Time Inconsistency) 문제 등의 이유를 들어 준칙에 입각한 정책이 바람직하다고 주장한다.

(2) 최적정책의 동태적 비일관성(시간적 비일관성)

① 최적정책의 동태적 비일관성이란 정부가 각 시점에서 최적정책을 실시하더라도 장기적으로 보면 재량적인 최적정책은 일관성을 상실하게 되는 현상을 말한다.

② 새고전학파는 최적정책의 동태적 비일관성을 논거로 하여 재량적인 정책보다는 준칙에 입각한 정책이 바람직함을 주장한다.
③ 통화주의자들이 준칙에 입각한 정책실시를 주장하는 이유는 다음과 같다.
　㉠ 길고 가변적인 통화정책의 시차 때문이다.
　㉡ 최적정책의 시간비일관성 때문이다.
　㉢ 이익집단의 로비가능성 때문이다.

5 학파별 경기안정화정책에 대한 견해

(1) 고전학파계통(고전학파, 통화주의학파, 새고전학파)

① 고전학파계통 학자들은 경기안정화정책이 불필요하다고 주장한다.
② 경기안정화정책의 불필요성 주장 이유
　㉠ 임금과 물가의 신축적인 조정으로 인해 일시적인 경기변동이 발생하더라도 경제의 자율조정기능에 의해 균형으로 복귀할 수 있다.
　㉡ 또한 정책시차 문제로 인해 정부의 경기안정화정책이 오히려 경제 불안정을 유발할 수 있다.

(2) 케인즈학파계통(케인즈학파, 새케인즈학파)

① 케인즈학파계통 학자들은 경기안정화정책이 필요하다고 주장한다.
② 경기안정화정책의 필요성 주장 이유
　㉠ 임금과 물가가 경직적이므로 경제의 자율조정기능이 불완전하다.
　㉡ 또한 경제의 자율조정이 이루어지는 데 오랜 시간이 소요된다.

대표유형문제

다음 경제학자들의 경기안정화정책에 대한 주장으로 옳지 않은 것은?
① 케인즈학파 경제학자들은 초기의 필립스곡선은 우하향하며, 경제안정화정책이 유용하게 활용될 수 있다고 주장했다.
② 통화주의자들은 재량적 정책보다는 사전에 정해진 준칙에 따라 경제정책을 운영해나가야 한다고 주장했다.
③ 새케인즈 경제학자들은 합리적 기대이론을 분석의 틀로 수용하되 임금과 물가의 경직성에 대하여 미시경제학적으로 설명하고자 했다.
④ 새고전학파 경제학자들이 수용하고 있는 합리적 기대이론에 따르면 예상되지 못한 정책은 실질변수에 영향을 미치지 못한다.
⑤ 케인즈학파계통의 학자들은 경제의 자율조정이 불완전하고 조정이 이루어지는 데 오랜 시간이 소요되므로 경제안정화 달성을 위한 정부의 적극적 개입을 주장한다.

해설
새고전학파의 정책무력성정리에 의하면 예상된 정책은 단기적으로 효과를 나타낼 수 없지만 예상되지 못한 정책은 여전히 효과를 나타낼 수 있다.

정답 ④

제3편 거시경제

제20장 출제예상문제

01 고전학파와 케인즈학파의 거시경제관에 대한 설명으로 옳지 않은 것은?

① 고전학파는 공급이 수요를 창출한다고 보는 반면 케인즈학파는 수요가 공급을 창출한다고 본다.
② 고전학파는 화폐가 베일(Veil)에 불과하다고 보는 반면 케인즈학파는 화폐가 실물경제에 영향을 미친다고 본다.
③ 고전학파는 저축과 투자가 같아지는 과정에서 이자율이 중심적인 역할을 한다고 본 반면 케인즈학파는 국민소득이 중심적인 역할을 한다고 본다.
④ 고전학파는 실업문제 해소에 대해 케인즈학파와 동일하게 재정정책이 금융정책보다 더 효과적이라고 본다.
⑤ 고전학파는 자발적인 실업만 존재한다고 보는 반면 케인즈학파는 비자발적 실업이 존재한다고 본다.

> **해설** 고전학파에 따르면 임금이 완전 신축적이므로 항상 완전고용을 달성한다. 그러므로 고전학파는 실업문제 해소를 위해 정부의 개입은 불필요하다고 주장한다. 반면 케인즈학파는 실업문제 해소를 위해 재정정책이 금융정책보다 더 효과적이라고 주장한다.

02 고전학파의 이분법(Classical Dichotomy)에 대한 설명으로 옳은 것은?

① 이분이란 경제가 공급부문과 수요부문에 의해 둘로 나누어진다는 것을 의미한다.
② 실질변수는 실물부문에 의해서만 결정된다.
③ 화폐의 공급은 실질GDP를 증가시킨다.
④ 물가와 임금 등 명목변수와 산출량 등 실질변수는 상호 영향을 미치므로 동시에 결정된다.
⑤ 화폐의 중립성이 성립하여 실질변수의 균형치가 통화량과 전혀 관계없이 결정된다.

> **해설** 고전학파의 이분법이란 실물부문과 화폐부문이 완전히 분리되어 있어 실질변수는 모두 실물부문에 의해서만 결정되는 것을 말한다. 따라서 고전학파모형에서 통화량의 변화는 실질변수에는 아무런 영향을 못 미치며 명목변수에만 영향을 미칠 수 있는 화폐의 중립성이 성립한다.

03 케인즈학파 경제학자들이 경기침체기에 금융정책이 효과를 나타내지 못한다고 생각하는 이유로 가장 옳은 것은?

① 화폐수요와 투자수요 모두 이자율에 대해 상당히 탄력적이다.
② 화폐수요와 투자수요 모두 이자율에 대해 상당히 비탄력적이다.
③ 화폐수요와 투자수요 모두 이자율에 대해 완전 비탄력적이다.
④ 화폐수요는 이자율에 대해 상대적으로 비탄력적이며 투자수요는 이자율에 대해 상대적으로 탄력적이다.
⑤ 화폐수요는 이자율에 대해 상대적으로 탄력적이며 투자수요는 이자율에 대해 상대적으로 비탄력적이다.

> **해설** 케인즈학파는 화폐수요의 이자율 탄력성이 크기 때문에 LM곡선이 완만하고, 투자의 이자율 탄력성이 작기 때문에 IS곡선은 급경사인 것으로 본다. LM곡선이 완만하고, IS곡선이 급경사이면 확대적인 금융정책을 실시하더라도 국민소득은 거의 증가하지 않는다.

04 케인즈학파와 통화주의학파에 관한 설명 중 옳은 것은?

① 통화주의학파는 케인즈학파에 비해 투자의 이자율 탄력성이 크다고 본다.
② 케인즈학파는 적응적 기대를 수용하고, 통화주의학파는 합리적 기대를 수용한다.
③ 케인즈학파는 구축효과를 강조하고, 통화주의학파는 재량적인 경제안정화정책을 강조한다.
④ 케인즈학파는 단기 총공급곡선이 우상향한다고 보고, 통화주의학파는 장기 총공급곡선이 우하향한다고 본다.
⑤ 케인즈학파는 단기 필립스곡선이 우하향한다고 보고, 통화주의학파는 장기 필립스곡선이 우상향한다고 본다.

> **해설** 케인즈학파와 통화주의학파 모두 적응적 기대를 수용한다. 케인즈학파는 구축효과가 크지 않으므로 재정정책이 효과적이라고 보는 데 비해 통화주의학파는 구축효과가 매우 크기 때문에 재정정책의 효과가 별로 없다고 본다. 또한 케인즈학파는 재량적인 안정화정책을 주장하는 데 비해 통화주의학파는 준칙에 입각한 정책이 보다 바람직하다고 본다. 케인즈학파와 통화주의학파는 모두 단기 총공급곡선은 우상향하고 장기 총공급곡선은 수직선이라고 보며, 단기 필립스곡선은 우하향하고 장기 필립스곡선은 자연실업률 수준에서 수직선이라고 본다.

정답 3 ⑤ 4 ①

05 케인즈학파와 통화주의학파의 재정정책 및 통화정책에 관한 견해로 옳지 않은 것은?

① 케인즈학파는 투자의 이자율 탄력성이 매우 크다고 주장한다.
② 케인즈학파는 통화정책의 외부시차가 길다는 점을 강조한다.
③ 통화주의자는 k% 준칙에 따른 통화정책을 주장한다.
④ 케인즈경제학자에 따르면 이자율이 매우 낮을 때 화폐시장에서 유동성함정이 존재할 수 있다.
⑤ 동일한 재정정책에 대해서 통화주의학파가 예상하는 구축효과는 케인즈학파가 예상하는 구축효과보다 크다.

해설 케인즈학파는 투자가 이자율의 감소함수이기는 하나 이자율보다는 기업가의 동물적인 본능의 영향을 크게 받기 때문에 이자율의 변화는 투자에 별로 영향을 미치지 않는다고 본다. 즉, 케인즈학파 경제학자들은 투자의 이자율 탄력성이 매우 작다고 주장한다.

06 루카스 총공급곡선이 우상향하는 이유는?

① 재화시장 가격의 경직성
② 기술진보
③ 실질임금의 경직성
④ 재화가격에 대한 불완전 정보
⑤ 완전신축적인 가격결정

해설 루카스의 공급곡선 공식은 $Y=Y_N+\alpha(p-p^e)$ $(\alpha>0)$이므로 물가예상이 부정확한 경우 단기총공급곡선은 우상향하게 된다. 즉, 루카스 불완전정보모형에서는 재화가격에 대한 정보불완전성 때문에 단기총공급곡선이 우상향한다.

07 총공급곡선이 $Y=\bar{Y}+\alpha(p-p^e)$인 총수요-총공급 모형에서 경제가 현재 장기균형상태에 있다고 하자. 이 경제의 중앙은행이 통화량을 감소시킬 경우 물가예상이 합리적으로 형성되고 통화량 감소가 미리 예측된다면 다음 설명 중 옳은 것은?(단, Y는 실질GDP, $\bar{Y}$는 실질GDP의 장기균형수준, α는 0보다 큰 상수, P는 물가, P^e는 예상물가수준이다.)

① 실질GDP는 즉시 감소한 다음 서서히 원래 수준으로 복귀한다.
② 물가는 즉시 감소한 다음 서서히 원래 수준으로 복귀한다.
③ 물가는 즉시 감소하고 실질GDP도 즉시 감소한다.
④ 물가는 서서히 감소하고 실질GDP는 즉시 감소한다.
⑤ 물가는 즉시 감소하고 실질GDP는 원래 수준을 유지한다.

해설 물가예상에 대한 기대가 합리적으로 형성되고 통화량 감소가 미리 예측되면 단기에도 실질GDP에 영향을 미칠 수 없으며 물가수준만 즉시 하락하게 된다. 즉, 합리적 기대하에서 예상된 긴축통화정책이 시행될 경우 총수요곡선이 왼쪽으로 이동($AD_0 \rightarrow AD_1$)하고 단기총공급곡선이 오른쪽으로 이동($AS_0 \rightarrow AS_1$)하여 물가는 즉시 감소($P_0 \rightarrow P_1$)하고 실질GDP는 원래 수준(Y_N)을 유지한다.

08 새케인즈학파의 주장으로 옳지 않은 것은?

① 화폐는 중립적이다.
② 임금과 물가의 경직성(Rigidity)이 있다.
③ 가격조정비용(Menu cost)이 존재한다.
④ 가격협상에 대한 조정실패(Coordination Failure)가 존재한다.
⑤ 총수요의 외부효과(Aggregate Demand Externality)가 발생한다.

해설 새케인즈학파는 화폐의 중립성이 성립하지 않는다고 본다. 즉, 새케인즈학파는 통화량의 변화가 총수요를 변화시켜서 실물부문에 영향을 미친다고 주장한다. 참고로 고전학파 모형에서는 실질변수의 균형치가 통화량과 상관관계가 없는 고전적 이분성으로 인해 화폐의 중립성이 성립한다.

09 효율성임금가설(Efficiency Wage Hypothesis)에 대한 설명으로 옳은 것은?

① 기업의 노동수요는 노동의 한계생산성과 명목임금이 같아지는 수준에서 결정된다.
② 효율성임금가설은 비자발적 실업을 설명하고자 한다.
③ 효율성임금가설에 의하면 노동자의 근로의욕은 명목임금의 크기에 의해 결정된다.
④ 효율성임금가설에 의하면 노동자의 생산성은 명목임금에 의해 좌우된다.
⑤ 효율성임금을 지급하면 역선택, 도덕적 해이 등의 문제가 발생한다.

해설 효율성임금이란 노동의 평균생산성이 극대화되는 실질임금을 의미한다. 기업은 시장의 균형임금보다 높은 효율성임금을 지급함으로써 역선택, 도덕적 해이 등을 방지할 수 있게 되어 이윤이 증가한다. 그러나 기업들이 시장의 균형임금보다 높은 효율성임금을 지급하면 비자발적 실업이 발생하게 된다.

10 다음 중 새고전학파의 경기변동이론을 따르는 사람의 주장으로 옳지 않은 것은?

① 불완전한 정보하에서 단기적으로 노동공급 조정에 따라 경기변동이 발생할 수 있다.
② 합리적 경제주체들의 행동에도 불구하고 가격과 임금의 경직성이 나타나고, 경기변동은 균형상태의 경제현상이 아니다.
③ 공급 측면에서의 기술 충격이 경기변동의 원인 중 하나이다.
④ 경기변동은 개별 경제주체의 최적화와 시장청산의 결과이다.
⑤ 새고전학파의 실물적 균형경기변동이론은 충격 효과가 없어져도 균형수준자체가 내생적으로 변화하였기 때문에 원래 균형수준으로 복귀하지 못한다.

해설 새케인즈학파의 경기변동이론에 대한 내용이다. 새고전학파는 외부적인 충격이 가해졌을 때 경제주체들의 최적화 행동의 결과로 균형 자체가 변하는 것이 경기변동이라고 보며, 가격과 임금이 매우 신축적이라고 주장한다.

11 새고전학파와 새케인즈학파의 경기변동이론에 관한 설명 중 옳은 것은?

① 새고전학파는 합리적 기대를 전제로 경기변동이론을 전개하는 반면에 새케인즈학파는 적응적 기대를 전제로 경기변동이론을 전개한다.
② 새고전학파는 경기변동을 완전고용의 국민소득수준에서 이탈하면서 발생하는 현상으로 보는 반면에 새케인즈학파는 완전고용의 국민소득수준 자체가 변하면서 발생하는 현상으로 본다.
③ 새고전학파나 새케인즈학파 모두 정부의 재량적인 개입은 불필요하다고 주장한다.
④ 새고전학파는 항상 시장청산이 이루어진다고 보는 반면에 새케인즈학파는 임금과 재화가격이 경직적이므로 시장청산이 이루어지지 않는다고 본다.
⑤ 새고전학파는 물가, 임금, 이자율 등 가격변수가 단기에는 경직적이라고 보는 반면 새케인즈학파는 가격변수가 신축적이라고 본다.

해설 ① 새고전학파와 새케인즈학파 모두 합리적 기대를 전제로 경기변동이론을 전개한다.
② 새고전학파는 경기변동을 완전고용의 국민소득수준 자체가 변하면서 발생하는 현상으로 보는 반면 새케인즈학파는 완전고용의 국민소득수준에서 이탈하면서 발생하는 현상으로 본다.
③ 새고전학파는 경기안정화를 위한 정부개입이 불필요하다고 보는 반면 새케인즈학파는 정부개입이 필요하다고 주장한다.
⑤ 새고전학파는 가격변수가 신축적으로 조정된다고 보는 반면 새케인즈학파는 가격변수가 단기에는 경직적이라고 본다.

정답 10 ② 11 ④

12 여러 경제학파의 다음 주장 중 옳지 않은 것은?

① 케인즈학파는 단기적으로 가격이 경직적이며 시장 불균형이 가격 대신 수량을 통해 조정된다고 주장한다.
② 루카스 비판에 따르면 조세삭감이 일시적인 경우의 한계소비성향은 조세삭감이 영구적인 경우의 한계소비성향보다 크다.
③ 통화주의자들은 안정적 화폐수요를 전제로 하여 준칙에 의한 통화정책을 주장한다.
④ 새케인즈학파 이론 중에는 메뉴비용의 존재로 총수요 관리정책이 효과가 있다는 주장이 있다.
⑤ 실물경기변동론자들은 기술충격에 의한 총공급의 변동으로 경기변동을 설명한다.

해설 루카스 비판에 의하면 조세삭감이 영구적인 경우의 소비가 일시적인 경우의 소비보다 큰 폭으로 증가한다. 그러므로 영구적인 조세감면시의 한계소비성향이 일시적인 조세감면시의 한계소비성향보다 더 크다.

13 실물적 경기변동이론(Real Business Cycle Theory)에 대한 설명으로 옳은 것만을 모두 고른 것은?

> 가. 메뉴비용(Menu Cost)은 경기변동의 주요 요인이다.
> 나. 경기변동 과정에서 발생하는 실업은 모두 자발적 실업이다.
> 다. 경기변동이 발생하는 과정에서 가격은 비신축적이다.
> 라. 정책결정자들은 경기침체를 완화시키는 재정정책을 자제해야 한다.

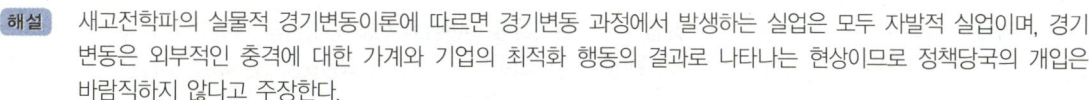

해설 새고전학파의 실물적 경기변동이론에 따르면 경기변동 과정에서 발생하는 실업은 모두 자발적 실업이며, 경기변동은 외부적인 충격에 대한 가계와 기업의 최적화 행동의 결과로 나타나는 현상이므로 정책당국의 개입은 바람직하지 않다고 주장한다.
가. 메뉴비용은 새케인즈학파가 주장하는 경기변동의 주요 요인이다.
다. 경기변동 과정에서 발생하는 가격은 신축적이다.

14 실물적 경기변동이론(Real Business Cycle Theory)에 대한 설명으로 옳지 않은 것은?

① 장기에서는 고전적 이분성이 성립하지만 단기에는 성립하지 않는다.
② 현재 이자율의 일시적 상승에도 사람들은 노동공급을 증가시킨다.
③ 경기변동은 변화하는 경제상황에 대한 경제의 자연적이며 효율적인 반응이다.
④ 경기후퇴는 기술의 퇴보에 의해 설명할 수 있다.
⑤ 실질임금의 상승은 경기상승을 증폭시키는 요인으로 작용할 수 있다.

해설   실물적 경기변동이론에 따르면 단기에도 고전적 이분성이 성립한다. 즉, 단기에도 화폐의 중립성이 성립하므로 통화량의 변화는 경기에 아무런 영향을 미치지 않는다.

15. 실물적 경기변동이론(Real Business Cycle Theory)에 대한 설명으로 옳은 것은?

① 이자율이 상승하면 현재의 노동공급이 감소한다.
② 통화량의 변화가 경기변동을 초래하는 원인이다.
③ 물가수준의 변화에 대한 예상착오가 경기변동의 주요요인이다.
④ 불확실성이 수반된 불균형 경기변동이론이다.
⑤ 경기변동을 경제 전체의 충격에 대한 경제주체들의 동태적 최적화행동의 결과로 본다.

해설   실물적 경기변동이론에서는 경기변동을 외부충격에 대한 경제주체들의 최적화 행동의 결과로 나타나는 균형현상으로 생각한다. 화폐적 경기변동이론에서는 물가수준의 변화에 대한 예상착오로 인해 경기변동이 발생한다고 보는데 비해, 실물적 경기변동에서는 통화량의 변화가 경기변동에 아무런 영향을 미치지 못하는 화폐의 중립성이 성립한다고 본다. 또한 이자율이 상승할 때 현재의 상대임금이 상승하므로 노동공급은 증가한다.

16. 새고전학파의 경제이론에 대한 설명으로 옳지 않은 것은?

① 합리적 기대를 중시한다.   ② 시장청산을 중시한다.
③ 메뉴비용을 중시한다.   ④ 경제정책의 무력성을 중시한다.
⑤ 가격변수의 신축성을 중시한다.

해설   메뉴비용은 새케인즈학파가 재화가격의 경직성을 설명하기 위해 사용하는 개념이다. 새케인즈학파는 메뉴비용으로 인해 재화가격이 경직적이 되면 재화시장에서 시장청산이 성립하지 않는다고 주장한다.

17. 루카스 공급곡선에 관한 설명으로 옳지 않은 것은?

① 실제물가와 기대물가가 같을 때의 실업률과 생산량을 각각 자연실업률과 완전고용생산량이라고 한다.
② 실제물가가 기대물가보다 높을 때의 생산량은 완전고용생산량보다 많다.
③ 유가가 상승할 경우 생산량은 완전고용생산량 이하로 감소한다.
④ 기대물가가 고정되어 있는 경우 총공급곡선은 우상향한다.
⑤ 기대물가가 상승하면 생산량은 증가한다.

해설   루카스의 총공급곡선을 식으로 나타내면 $Y=Y_N+a(P-P^e)\,(a>0)$이다. 공식에 의하면 실제물가와 기대물가가 같을 때($P=P^e$)의 생산량을 완전고용생산량이라고 하며, 이 때의 실업률을 자연실업률이라고 한다. 또한 실제물가가 기대물가보다 높을 경우($P > P^e$)의 생산량은 완전고용생산량보다 많다. 또한 노동자가 기대하는 예상물가가 상승하면 노동자들이 임금인상을 요구하므로 비용인상이 발생하고, 그에 따라 단기총공급곡선이 왼쪽으로 이동하게 되므로 단기적으로 생산량은 감소하게 된다.

18 여러 학파의 통화정책에 관한 다음 견해 중 옳지 않은 것은?

① 통화주의학파는 통화정책의 시차가 길고 가변적이므로 준칙에 입각한 정책실시를 주장한다.
② 새고전학파는 경제주체의 기대가 합리적이면 통화정책의 효과가 줄어든다고 주장한다.
③ 실물경기변동학파는 통화공급의 내생성을 이유로 재량적인 통화정책을 반대한다.
④ 케인즈학파는 유동성함정이 있는 경우에 통화정책의 효과가 없다고 주장한다.
⑤ 새케인즈학파는 상품시장의 불완전한 정보 때문에 통화정책의 효과가 크지 않다고 주장한다.

해설 새케인즈학파는 합리적 기대를 받아들이지만 가격의 경직성으로 인해 단기에는 통화정책이 효과를 나타낼 수 있다고 본다.

19 실물적 경기변동이론에 관한 설명으로 옳지 않은 것은?

① 경기변동의 요인으로 기술 충격의 중요성을 강조한다.
② 노동시장은 항상 균형을 이룬다.
③ 경기변동은 시간에 따른 균형의 변화로 나타난다.
④ 불경기에도 생산의 효율성은 달성된다.
⑤ 노동의 평균생산성은 경기 역행적이다.

해설 경기호황기에는 노동의 평균생산성이 높아지고 경기불황기에는 노동의 평균생산성이 낮아지므로 노동의 평균생산성은 경기 순응적이다.

20 경기안정화 정책과 관련된 다음 설명 중 옳지 않은 것은?

① 자동안정화 장치는 주로 재정정책과 관련된 제도적 장치이다.
② 자동안정화 장치는 정책의 내부시차와 외부시차 중에서 외부시차를 줄이기 위해 만들어진 장치이다.
③ 루카스 비판은 과거의 자료를 이용하여 추정된 계량모형을 가지고 새로운 정책의 효과를 예측하면 오류가 발생한다는 것이다.
④ 경기예측력이 제고된다면 재량적 정책의 정당성이 강화된다.
⑤ 동태적 비일관성(Time Inconsistency)의 문제가 존재한다면 재량적 정책보다는 준칙이 효과적인 방법이다.

정답 18 ⑤ 19 ⑤ 20 ②

해설 자동안정화 장치는 주로 재정정책과 관련된 제도적 장치이다. 재정정책의 경우 정책당국의 정책변경 사항이 국회의 심의를 거쳐 정책당국이 정책을 수립하고 시행해야 하므로 내부시차가 긴 반면 직접 유효수요에 영향을 미치므로 외부시차는 짧다. 자동안정화가 잘 작동하는 상태에서는 경기침체 시 정책당국이 경기침체를 인식하거나 조세감면을 실행하지 않더라도 자동으로 세금을 덜 걷게 되어 경기침체가 완화된다. 그러므로 자동안정화 장치는 인식시차와 실행시차를 합한 내부시차를 줄이는 역할을 한다.

21. 자동안정화 장치에 대한 설명으로 옳은 것을 모두 고르면?

> 가. 자동안정화 장치로 비례세를 도입하면 승수의 크기가 감소한다.
> 나. 자동안정화 장치는 GDP변동폭을 확대시킨다.
> 다. 누진소득세제, 실업보험, 사회보장제도는 자동안정화 장치의 예이다.
> 라. 케인즈학파는 자동안정화 장치의 중요성을 강조한다.

① 가, 나   ② 가, 다   ③ 나, 다   ④ 나, 라   ⑤ 다, 라

해설 자동안정화 장치란 경기호황이나 경기침체 시 정부가 의도적으로 정부지출과 세율을 변경시키지 않더라도 자동적으로 재정지출과 조세수입이 변하여 경기호황이나 경기침체의 강도를 완화시켜 주는 재정장치를 말한다. 확대적인 재정정책을 실시하면 유효수요의 증가로 국민소득이 증가한다. 자동안정화 장치로 비례세가 도입되면 소득이 증가할 때 조세도 함께 증가하므로 그에 따라 가처분 소득이 감소하고 소비가 감소하게 된다. 소비가 감소하면 유효수요 증가분의 일부가 상쇄되므로 국민소득은 더 적게 증가한다. 따라서 비례세 도입은 승수의 크기를 감소시킨다.
    나. 자동안정화 장치는 GDP의 변동폭을 감소시킨다. 즉, 경기과열 시에는 자동으로 조세를 더 많이 징수하게 되므로 경기과열이 억제되고, 경기침체 시에는 자동으로 조세를 더 적게 징수하게 되므로 경기침체가 완화될 수 있다.
    라. 고전학파와 통화주의학파는 자동안정화 장치의 중요성을 강조하는 데 비해 케인즈학파는 자동안정화 장치의 중요성을 인정하지 않는 경향이 있다.

22. 한국은행 금융통화위원회가 담당하는 금리정책에 관련된 다음 설명 중 옳은 것을 모두 고르면?

> 가. 해외로 자본유출이 심화될 것으로 예상되면 국내금리를 상향 조정한다.
> 나. 환율이 빠르게 상승해 통화가치의 하락이 예상되면 금리를 하향 조정한다.
> 다. 경기가 급격히 냉각될 조짐을 보이면 선제적으로 금리를 상향 조정한다.
> 라. 수출이 부진하다면 내수를 진작하기 위해 금리를 하향 조정한다.

① 가, 나 ② 가, 라
③ 나, 다 ④ 가, 나, 라
⑤ 나, 다, 라

[해설] 나. 환율이 빠르게 상승해 통화가치가 하락하면 외화가 유출하게 되므로 금리를 상향 조정하여 해외 자본의 유출을 막아야 한다.
다. 경기가 급격히 냉각될 조짐을 보이면 금리를 하향 조정하여 소비와 투자를 진작시켜야 한다.

23 다음 보기 중 경기 불황에서 정부와 한국은행이 취할 수 있는 정책을 모두 고르면?

> 가. 국책 사업의 축소
> 나. 법인세와 소득세 세율 인하
> 다. 지급준비율 인상
> 라. 통화안정증권 매입

① 가, 나   ② 가, 다   ③ 나, 다   ④ 나, 라   ⑤ 다, 라

[해설] 법인세와 소득세 세율 인하는 민간 투자와 소비를 자극시키고, 중앙은행의 통화안정증권 매입은 정부지출을 증가시켜 시중에 유동성 공급을 증가시키므로 경기 불황을 극복할 수 있는 정책이 될 수 있다.

24 '장기적으로 우리는 모두 죽는다'는 말로 압축할 수 있는 케인즈학파 이론에 따르면 중앙은행이 화폐 공급을 증가시킬 경우 경제에 어떤 현상이 일어나는가?

> 가. 단기적으로 이자율이 하락한다.
> 나. 장기적으로 이자율이 하락한다.
> 다. 단기적으로 GDP가 증가한다.
> 라. 장기적으로 GDP가 증가한다.
> 마. 장기적으로 물가가 상승한다.

① 가, 나 ② 다, 라
③ 라, 마 ④ 가, 다, 마
⑤ 나, 다, 마

정답 23 ④ 24 ④

해설 고전학파는 실물시장과 화폐시장의 고적적 이분성(Classical Dichotomy)으로 인해 통화량의 변화가 실질변수에 아무런 영향을 미치지 못하는 화폐의 중립성(Neutrality of Money)이 성립한다고 주장하였다. 반면, 케인즈학파는 실물시장과 화폐시장은 상호 연계되어 있기 때문에 실물 현상은 화폐 부문의 변화에 크게 영향을 받는다고 주장하였다. 따라서 케인즈학파 이론에 따르면 중앙은행이 통화량을 늘리면 단기적으로 이자율이 하락한다. 이자율이 하락하면서 실물 투자가 활성화되기 때문에 국내총생산(GDP)이 증가하게 된다. 하지만 장기적으로는 통화량 증가로 인해 물가가 상승하게 되므로 국내총생산(GDP)이 원래수준으로 복귀된다.

25 중앙은행이 지급준비율을 인하했을 때 나타나는 현상 중 옳은 것은?

① 통화승수가 변화하지 않아 통화량에 변화가 없다.
② 통화승수의 상승과 본원통화량의 변화를 통해 통화량이 증가한다.
③ 통화승수의 하락과 본원통화의 변화를 통해 통화량이 감소한다.
④ 통화승수가 상승하여 본원통화량의 변화가 없어도 통화량이 증가한다.
⑤ 통화승수가 하락하여 본원통화량의 변화가 없어도 통화량이 증가한다.

해설 중앙은행의 통화량 조절수단 중 하나인 지급준비율이란 고객의 예금 반환요구에 대비해 예금액 중에서 중앙은행에 의무적으로 적립해야 하는 비율을 말한다. 지급준비율을 낮추면 통화승수가 상승하여 본원통화량의 변화가 없어도 시중 통화량이 증가한다.

26 다음은 한국은행이 기준금리를 인하했을 때 국민소득이 변화하는 경로를 표시한 것이다. 괄호 안에 들어갈 수 있는 경제현상으로 옳은 것은?

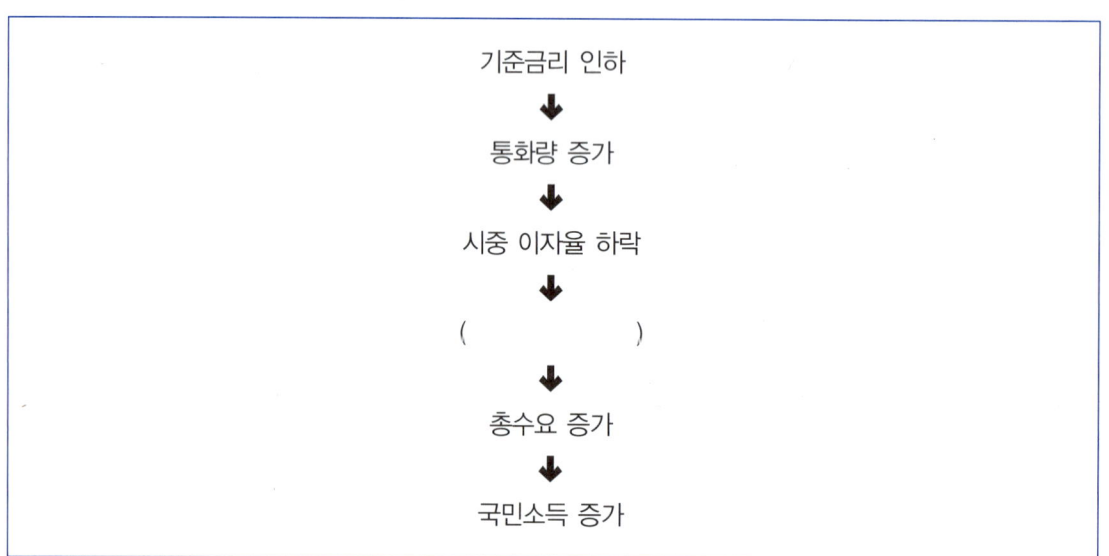

25 ④ 26 ①

① 환율 상승
② 투자 감소
③ 저축 증가
④ 소비 감소
⑤ 자산가격 하락

> **해설** 중앙은행의 기준금리 인하는 대부시장, 외환시장, 자산시장 등의 경로를 통해 실물경제에 영향을 미친다. 중앙은행의 기준금리 인하로 인해 통화량이 증가하고 시중 이자율이 하락하게 되면 소비와 투자 증가, 저축 감소, 환율 상승, 자산가격 상승효과를 가져온다.

27 경기부양을 위해 확대 재정정책을 과도하게 실행할 경우 나타나는 현상으로 거리가 먼 것은?

① 물가 상승
② 이자율 상승
③ 통화가치 하락
④ 정부 신인도 하락
⑤ 현재 납세자들로부터 미래 납세자들로 부(富)의 이전

> **해설** 경기부양을 위해 확장적 재정정책을 과도하게 실행하면 국가의 부채가 증가하여 극심한 재정적자로 정부의 신인도가 하락할 우려가 있으며, 재정적자는 빚을 미래 세대에게 물려주는 결과를 가져온다. 또한 확장적 재정정책은 물가를 상승시키고 통화가치를 하락시키며, 정부의 국채 대량 발행은 이자율 상승을 가져온다.

28 정부의 지출과 조세정책 효과에 대한 다음 설명 중 옳지 않은 것은?

① 인플레이션은 정부의 부채 부담을 더욱 크게 한다.
② 정부 부채는 일반적으로 미래의 조세 수입 증가를 통해 해소된다.
③ 조세를 일시적으로 변화시킬 경우 영속적으로 변화시킬 때보다 효과가 적다.
④ 정부가 지출을 증가시키면서도 세금을 늘리지 않는다면 정부 부채가 늘어날 수밖에 없다.
⑤ 정부가 지출을 늘리면 당장 재정적자는 불어나지만 결국 경제 회복으로 조세수입이 증가하게 되어 재정적자가 줄어들 수 있다.

> **해설** 인플레이션은 실질화폐가치를 하락하게 만드는데, 정부의 부채는 화폐의 명목가치를 기준으로 산정되므로 인플레이션은 정부의 부채 부담을 더욱 작게 한다.

제3편 거시경제

제 21 장 경기지수 · 경기변동 · 경제성장

대표유형문제

다음 중 경기를 알 수 있는 지표가 아닌 것은?
① BSI
② GDP
③ PMI
④ CSI
⑤ CSR

해설
CSR(Corporate Social Responsibility)은 기업의 사회적 책임이라는 뜻으로 기업이 경제적 책임이나 법적 책임 외에도 폭넓은 사회적 책임을 적극 수행해야 한다는 것을 말한다.

정답 ⑤

제1절 경기지수

1 경기지수의 개요

(1) 경기와 경기지수의 개념과 필요성

① 경기란 국민경제의 총체적인 경제활동수준을 의미한다. 즉, 생산, 투자, 소비 등 경제활동이 대부분의 부문에서 통상 기대평균수준 이상인 경우 경기가 좋다고 하며, 그 반대의 경우 경기가 나쁘다고 표현한다.
② 경기지수란 경기 흐름을 파악하기 위해 경기에 민감한 일부 경제지표를 선정하여 이를 지수로 나타낸 것이다.
③ 경기는 장기적으로 고정되어 있지 않고 '확장→ 후퇴→ 수축→ 회복' 과정을 반복하면서 끊임없이 변동한다. 따라서 안정적인 경기성장을 지속하기 위해 경기조절정책을 빠르고 정확하게 예측하여 실시하는 것이 중요하다.
④ 이와 같이 경기지수는 현재의 경기상황을 파악하고 장래의 경기를 예측하기 위해 현재의 경기상황을 수치로 나타내어 객관적으로 표현하기 위한 것이다.

2 경기판단 방법 및 경기지수의 종류

(1) 경기반영도가 높은 개별경제지표를 사용하는 방법

① 경기종합지수(CI)
  ㉠ 경기종합지수(CI)의 개념 및 특징
    • 경기종합지수란 국민경제 전체의 경기동향을 파악하기 위해 국민경제의 각 부문(고용, 생산, 소비, 투자, 대외, 금융)을 대표하고 경기 대응성이 높은 경제지표들을 선정한 후 이를 가공·종합하

여 작성하는 것이다.
- 경기종합지수는 경기에 민감하게 반응하는 경제지표들의 전월 대비 증감률을 합성하여 작성하며, 이를 통해 경기변동의 속도와 크기 등을 파악할 수 있다.
- 즉, 지수의 전월에 대한 증감률이 양(+)인 경우에는 경기상승을 나타내며 음(-)인 경우에는 경기하강을 나타낸다. 또한 그 증감률의 크기에 의해 경기변동의 진폭도 알 수 있다.
- 경기종합지수는 비교적 가까운 장래의 경기 동향을 예측하는 선행지수, 현재의 경기 상태를 나타내는 동행지수, 경기의 변동을 사후에 확인하는 후행지수의 3가지로 구성되며, 매월 통계청에서 작성하여 계산된다.

ⓒ 경기종합지수(CI)의 구성

선행종합지수(7개)	동행종합지수(7개)	후행종합지수(5개)
재고순환지표	비농림어업취업자수	취업자수
경제심리지수	광공업생산지수	생산자제품재고지수
기계류내수출하지수	서비스업생산지수	소비자물가지수변화율(서비스)
건설수주액(실질)	소매판매액지수	소비재수입액(실질)
수출입물가비율	내수출하지수	CP유통수익률
코스피	건설기성액(실질)	
장단기금리차	수입액(실질)	

② 경기동향지수(DI)
ⓐ 경기동향지수의 개념 및 특징
- 경기동향지수는 경기확산지수라고도 하며 경기종합지수와 함께 사용된다.
- 경기동향지수는 경기종합지수와는 다르게 경기변동의 진폭이나 속도는 측정하지 않고 경기의 국면 및 전환점을 판단할 때 유용하게 사용된다.
- 또한 경기종합지수와 마찬가지로 선행·동행·후행지수로 구분되어 작성된다.

대표유형문제 **최신출제유형** 23

통계청은 매달 경기 선행지수, 동행지수, 후행지수를 조사해 발표한다. 다음 중 경기 선행 - 동행 - 후행지수 조사의 대상이 되는 지표를 순서대로 나열한 것은?
① 건설수주액 - 광공업생산지수 - 생산자제품재고지수
② 비농림어업취업자수 - 경제심리지수 - 취업자수
③ 소비재수입액 - 내수출하지수 - 재고순환지표
④ CP유통수익률 - 코스피 - 서비스업생산지수
⑤ 장단기금리차 - 생산자제품재고지수 - 소비자물가지수변화율

해설

경기종합지수는 선행종합지수, 동행종합지수, 후행종합지수로 구분하여 계산된다. 선행종합지수는 재고순환지표, 경제심리지수, 기계류내수출하지수, 건설수주액(실질), 수출입물가비율, 코스피, 장단기금리차로 구성된다. 동행종합지수는 비농림어업취업자수, 광공업생산지수, 서비스업생산지수, 소매판매액지수, 내수출하지수, 건설기성액(실질), 수입액(실질)으로 구성된다. 후행종합지수는 취업자수, 생산자제품재고지수, 소비자물가지수변화율(서비스), 소비재수입액(실질), CP유통수익률로 구성된다.

정답 ①

대표유형문제

기업경기실사지수(BSI)란 경기흐름을 판단하는 주요 지표 중의 하나이다. 다음 중 옳지 않은 것은?

① 0부터 200까지의 값을 가진다.
② 100 이상은 경기를 긍정적으로 보는 업체가 많다는 의미이다.
③ 100 미만은 경기를 부정적으로 보는 업체가 많다는 의미이다.
④ 주관적 요소보다는 객관적 지표를 이용해 경기를 진단하는 방법이다.
⑤ ((긍정적 응답 − 부정적 응답)/전체 응답) × 100 + 100으로 계산한다.

해설
기업경기실사지수란 전반적인 경기동향을 파악하기 위해 기업활동의 실적·계획, 경기 동향에 관한 기업가의 의견을 직접 조사하여 이를 지수화한 것이므로 주관적 요소를 이용해 경기를 진단하는 방법이다.

정답 ④

대표유형문제 **최신출제유형** 24

기업경기실사지수(BSI), 소비자동향지수(CSI)에서 경기 상황을 해석할 때 기준점으로 하는 숫자는?

① 0　　② 1
③ 50　　④ 100
⑤ 200

해설
기업경기실사지수(BSI)와 소비자동향지수(CSI) 모두 기준점이 100으로, 100보다 크면 경기 상황을 긍정적, 100보다 낮으면 부정적으로 해석한다.

정답 ④

ⓒ 경기동향지수의 측정 및 해석
- 총 계열 중에서 전월 대비 증가한 지표수가 차지하는 비중으로 나타낸다. 예를 들어, 100개의 대표계열 중 50개의 지표가 증가하는 방향으로 움직였다면 경기동향지수는 50으로 나타난다.
- 경기동향지수는 경기 전환점을 50으로 보고 50을 초과하면 경기 확장국면에, 50 미만이면 경기수축국면에 있음을 나타낸다.

(2) 경제주체들에 대한 설문조사에 의한 방법

① 기업경기실사지수(BSI)

㉠ 기업경기실사지수의 개념 및 특징
- 기업경기실사지수란 전반적인 경기동향을 파악하기 위해 기업활동의 실적·계획, 경기 동향에 관한 기업가의 의견을 직접 조사하여 이를 지수화한 것이다.
- 우리나라의 대표적인 기업경기실사지수 작성기관으로는 한국은행, 전국경제인연합회, 대한상공회의소, 산업은행 등에서 작성하고 있다.

㉡ 기업경기실사지수의 측정 및 해석
- 기업경기실사지수는 경기전망에 대해 긍정적으로 응답한 업체 수에서 부정적으로 응답한 업체 수를 차감한 후 이를 전체 응답자 수로 나눈 후 100을 곱하고 100을 더하여 구한다.

$$BSI = \frac{긍정적\ 응답업체\ 수 - 부정적\ 응답업체\ 수}{전체\ 응답업체\ 수} \times 100 + 100$$

- 기업실사지수는 100을 기준으로 하여 100 이상인 경우 경기를 긍정적으로 보는 업체가 더 많고 100 미만인 경우 경기를 부정적으로 보는 업체가 더 많은 것으로 해석된다.

② 소비자동향지수(CSI)

㉠ 소비자동향지수의 개념 및 특징
- 소비자동향지수는 장래 소비자의 소비지출 계획 및 경기전망에 대한 설문조사를 진행하여 이 결과를 지수로 환산한 지표이다.
- 과거에는 통계청에서 작성했으나 2008년 이후에는 한국은행 '소비자동향조사'로 작성하여 공표하고 있다.

ⓒ 소비자동향지수의 측정 및 해석
- 소비자동향지수는 '현재생활형편, 생활형편전망, 가계수입전망, 소비지출전망, 현재경기판단, 향후 경기전망 등' 다양한 측면에 대해 작성된다.
- 소비자동향지수의 계산은 '매우 좋아짐(1.0), 약간 좋아짐(0.5), 변동 없음(0), 약간 나빠짐(-0.5), 매우 나빠짐(-1.0)'에 가중치를 부여하여 긍정에서 부정을 차감한 수치를 전체 응답 소비자 수로 나누어 계산한다.

$$CSI = \frac{매우긍정 \times 1.0 + 다소긍정 \times 0.5 + 비슷 \times 0.0 - 다소부정 \times 0.5 - 매우부정 \times 1.0}{전체 응답 소비자 수} \times 100 + 100$$

- 소비자동향지수는 100을 기준으로 하여 100을 초과하는 경우 경기에 대해 긍정적 보는 소비자가 더 많고 100 미만인 경우에는 경기를 부정적으로 보는 소비자가 더 많은 것으로 해석된다.

> **대표유형문제**
> 다음은 우리나라 국내 경기동향을 파악하기 위한 경기지표에 관한 설명이다. 옳지 않은 것은?
> ① BSI는 기업경영자를 대상으로, CSI는 가계를 대상으로 조사한다.
> ② BSI와 CSI는 긍정적 응답과 부정적 응답이 동일한 경우라면 0이 된다.
> ③ 통계청에서 작성하는 경기종합지수는 선행, 동행 및 후행종합지수로 구분된다.
> ④ BSI는 비교적 쉽게 조사되고 작성될 수 있지만 조사 응답자의 주관적인 판단이 개입될 가능성이 있다.
> ⑤ CSI는 경기에 대한 소비자의 응답에 따라 상이한 가중치를 부여하여 긍정에서 부정을 차감한 수치를 전체 응답 소비자 수로 나누어 계산한다.
>
> **해설**
> BSI와 CSI의 공식에 의해 모두, 긍정적 응답과 부정적 응답이 동일한 경우라면 100이 된다.
>
> **정답** ②

제2절 경기변동

1 경기변동의 개념 및 특징

(1) 경기변동의 개념

① 경기변동이란 총체적인 경제활동수준이 주기적으로 상승(경기호황)과 하강(경기불황)을 반복하는 현상을 말한다.
② 경기변동은 각국에서 발생하며, 특히 경기하강은 경제에 많은 어려움을 유발하기 때문에 경제학자들의 주요 관심사이다.

(2) 경기변동의 특징

① 경기변동은 총체적인 현상이다.
- 경기변동은 GDP 등과 같은 특정한 경제변수만의 변동을 의미하는 것이 아니라 고용, 투자, 이자율 등 경제전반의 총체적인 변화를 의미한다.

대표유형문제

다음은 경기변동의 일반적인 특징에 대한 설명이다. 적절하지 않은 것은?

① 경기변동이란 주기적으로 경제상황이 상승과 하강을 반복하는 현상이다.
② 경제성장과 더불어 경기변동이 이루어지기 때문에 일반적으로 수축국면이 확장국면보다 더 길게 나타난다.
③ 내구재 산업이 비내구재 산업보다 경기의 영향을 많이 받는다.
④ 경기변동을 연구하는 학자들은 경기의 전환점을 예측하는 것을 중요하게 생각한다.
⑤ 경기변동은 몇몇 산업부문 또는 몇 개의 변수들에만 국한된 것이 아니라 확장국면, 수축국면이 거의 모든 부문 및 변수에서 동시적으로 발생한다.

해설
경제성장과 더불어 경기변동이 이루어지기 때문에 일반적으로 확장국면이 수축국면보다 더 길게 나타난다.

정답 ②

- 경제변수가 경기변동의 기준지표인 실질GDP와 같은 방향으로 움직이는 경우를 경기순응적(Procyclical)이라 하며, 실질GDP와 반대방향으로 움직이는 것을 경기역행적(Countercyclical)이라 한다.

② 경기변동은 공행(Comovement)한다.
- 경기변동은 몇몇 산업부문 또는 몇 개의 변수들에만 국한된 것이 아니라 확장국면, 수축국면이 거의 모든 부문 및 변수에서 동시적으로 발생한다.

③ 경기변동은 지속적이다.
- 확장국면 혹은 수축국면이 한번 시작되면 상당기간 동안 지속적으로 나타난다.

④ 경기변동은 비주기적이지만 반복되는 패턴을 가진다.
- 경기변동의 주기와 진폭은 경기변동의 원인과 종류에 따라 다르지만 수축국면과 확장국면이 반복적으로 나타난다.

⑤ 경기변동은 확장국면과 수축국면으로 구성된다.
- 경기변동은 확장국면과 수축국면으로 구성되며, 일반적으로 확장국면이 수축국면보다 더 길게 나타난다.

⑥ 내구재 산업이 비내구재 산업보다 경기의 영향을 크게 받는다.
- 자동차나 냉장고 같이 사용 기간이 1년 이상으로 긴 상품은 구입시점을 뒤로 연기하는 것이 가능하므로 내구재 산업은 경기의 영향을 많이 받는다.

(3) 경기변동의 형태

① 경기변동은 일반적으로 호황국면, 후퇴국면, 불황국면, 회복국면의 4국면으로 구분된다.

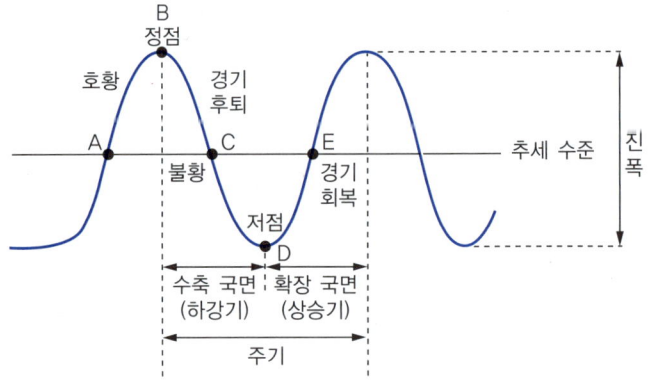

㉠ B는 경기변동의 상위 전환점인 정점(Peak)을 의미하고, D는 경기변동의 하위 전환점인 저점(Trough)를 의미한다.
㉡ 정점에서 정점 또는 저점에서 저점까지의 거리를 주기(Cycle)라고 하며, 저점에서 정점까지의 높이를 진폭(Amplitude)이라고 한다.

② 4국면의 특징

국면	구간	특징
호황국면(= 확장국면)	A ~ B	경제가 평균 수준보다 높은 성장을 구가하는 시기
후퇴국면	B ~ C	성장속도가 감속하는 구간
불황국면(= 수축국면)	C ~ D	성장률이 (-)를 나타내는 구간
회복국면	D ~ E	경제가 처음 수준으로 회복하는 구간

③ 4국면별로 나타나는 일반적인 경제현상

확장기	• 확장기에는 기업의 수익성과 현금흐름이 호전되어 파산위험이 크게 감소한다. • 확장기에는 경제에 대한 낙관론이 확산된다. • 확장기에는 노동의 평균생산성이 높아진다.
후퇴기	• 후퇴기는 확장국면이 전환되는 시기로서 점차 수익의 증가가 둔화되기 시작한다.
수축기	• 수축기에는 기업파산이 늘어나면서 금융기관의 부실자산이 증가한다. • 수축기에는 노동의 평균생산성이 낮아진다.
회복기	• 회복기에는 판매증가로 기업의 수익성이 개선되는데 초기에는 실제 설비투자를 위한 자금 수요가 많지 않을 수 있다.

(4) 경기변동의 종류와 발생원인

종류	주기	발생원인
키친파동	40개월	재고투자
쥬글러파동	약 10년	설비투자
쿠즈네츠파동	약 20년	경제성장률 변화
콘트라티에프파동	40~60년	기술혁신, 전쟁

대표유형문제

경기는 회복, 확장, 후퇴, 수축국면 과정을 반복하며 끊임없이 변동한다. 이를 경기순환이라고 하는데, 경기순환 4국면별로 나타나는 일반적인 경제현상에 대한 설명으로 옳지 않은 것은?
① 회복기에는 판매증가로 기업의 수익성이 개선되는데 초기에는 실제 설비투자를 위한 자금 수요가 많지 않을 수 있다.
② 확장기에는 기업의 수익성과 현금흐름이 호전되어 파산위험이 크게 감소한다.
③ 확장기에는 경기에 대한 낙관론이, 수축기에는 경기에 대한 비관론이 확산된다.
④ 후퇴기에는 기업의 수익성 악화로 투자를 위한 자금수요가 초기부터 크게 감소한다.
⑤ 수축기에는 기업파산이 늘어나면서 금융기관의 부실자산이 증가한다.

해설
후퇴기는 확장국면이 전환되는 국면으로서 이 시기에는 점차 수익의 증가가 둔화되기 시작하는 단계이다. 그러나 이 시기부터 수요가 크게 감소하는 것은 아니다.

정답 ④

대표유형문제

실물적 경기변동이론(Real Business Cycle Theory)에 대한 다음 내용 중 옳지 않은 것은?
① 경기변동은 실제실업률과 자연실업률 사이의 괴리에 의해 발생한다.
② 경기변동은 그 자체가 균형의 연속이므로 경기변동으로 인한 사회적 후생손실은 발생하지 않는다.
③ 실물경기변동론자들은 경기안정화정책이 필요하지 않다고 주장한다.
④ 유리한 공급충격으로 생산성 향상이 이루어지면 노동공급이 증가하게 된다.
⑤ 이자율이 높을수록 현재의 노동시간이 증가하고, 미래의 노동시간이 감소하는 현재노동과 미래노동 간의 기간 간 대체가 크게 발생한다.

해설
실물적 경기변동이론에서는 경기변동 과정에서 자연실업률 자체가 변하는 것으로 본다.

정답 ①

2 새고전학파의 균형경기변동이론(EBC)

(1) 경기변동에 대한 새고전학파의 견해

① 새고전학파는 경기변동을 균형자체의 변화로 보므로 균형경기변동(EBC)이라고도 한다.
② 경기변동이란 외부충격에 대한 경제주체들의 최적화행위의 결과이므로 경기변동이 발생하더라도 사회적인 후생이 감소하지는 않는다.
③ 새고전학파의 균형경기변동이론은 화폐적인 충격을 강조하는 화폐적 균형경기변동이론(MBC)과 실물적인 충격을 강조하는 실물적 균형경기변동이론(RBC)으로 구분된다.

분류	화폐적 균형경기변동이론(MBC)	실물적 균형경기변동이론(RBC)
경제학자	루카스(Lucas)	키들랜드(Kydland), 프레스콧(Prescott)
경기변동의 요인	예상치 못한 통화량의 변화	기술혁신, 경영혁신, 노동과 자본의 질적변화, 에너지 개발, 기후변화, 정부규제의 변화 등
내용	불완전한 정보하에서 예상치 못한 화폐적 충격이 경제주체들의 물가변동에 대한 기대에 오류를 발생시킴으로써 경기변동이 일어난다는 경기변동이론	경기변동을 유발시키는 확률적인 실물적 충격 요인을 강조하는 경기변동이론

(2) 화폐적 균형경기변동이론(Monetary Business Cycle ; MBC)

① 예상하지 못한 통화량의 증가로 일반물가수준이 상승하면 개별경제주체들이 이를 재화의 상대가격변화로 혼동하면서 경기변동이 발생한다.
② 따라서 예상하지 못한 통화량의 증가로 인해 산출량은 일시적으로 완전고용산출량을 초과하고 경기호황이 발생한다. 그러나 통화량 변화가 일어나더라도 장기에 경제주체들의 물가예상이 정확하다면 산출량이 완전고용산출량 수준으로 복귀하여 경기변동이 발생하지 않는다.

$$Y^S = Y_N + \alpha(P - P^e)$$

③ 가격의 경직성에 대한 가정 없이도 경기변동이 발생하는 것을 설명할 수 있으나, 경기변동의 지속성을 설명하는 데는 한계가 있다.

(3) 실물적 경기변동이론(Real Business Cycle ; RBC)

① 실물적 경기변동이론(RBC)에서 생산성 변화 등 공급측면의 충격에 의하여 경기변동이 발생한다.

② 공급충격 종류에 따른 경기변동
  ㉠ 기술진보와 같은 유리한 공급충격이 발생하면 노동의 한계생산이 커지므로 생산함수의 상방이동이 일어나고 고용량과 생산량이 모두 증가하여 경기호황이 발생한다.
  ㉡ 반대로 자연재해와 같은 불리한 공급충격이 발생하면 노동의 한계생산이 작아지므로 생산함수의 하방이동이 일어나서 고용량과 생산량이 모두 감소하여 경기불황이 발생한다.

③ 가격조정이 신속하게 이루어지므로 산출량은 항상 완전고용산출량 수준으로 유지된다.

④ 경기변동이 발생하면 완전고용산출량 자체가 변화하므로 경제는 항상 균형상태에 있다.

⑤ 경기변동의 지속성
  ㉠ 유리한 공급충격으로 실질임금이 상승하면 노동의 기간 간 대체로 인해 노동자들은 현재의 노동공급을 늘리고 미래의 노동공급을 줄이기 때문에 경기변동은 지속성을 가진다.
  ㉡ 유리한 기술충격으로 투자가 시작되면 자본재의 건설기간 동안 생산, 투자, 소비 등이 지속적으로 증가하기 때문에 경기변동은 지속성을 가진다.

⑥ 경기변동과 통화량
  ㉠ 실물적 균형경기변동이론은 화폐적 균형경기변동이론에서와 달리 통화공급이 내생적으로 결정된다.
  ㉡ 즉, 실물적 균형경기변동이론에서는 통화량의 변화가 실물부분에는 아무런 영향을 미칠 수 없다고 본다.

대표유형문제

다음 중 괄호 안에 들어갈 내용으로 올바르게 짝지어진 것은?

> 실물적 경기변동이론에 의하면 산출량의 변동은 (가)의 변화 때문이고, 새케인즈학파 이론에 의하면 (나)의 변화 때문이다.

① 가 : 총수요 나 : 자연산출량
② 가 : 총수요 나 : 재고투자
③ 가 : 자연산출량 나 : 총수요
④ 가 : 자연산출량 나 : 재고투자
⑤ 가 : 재고투자 나 : 총수요

해설

새고전학파의 실물적 경기변동이론에 따르면 생산성 변화 등과 같은 공급측면의 요인에 의해 경기변동이 발생한다. 실물적 경기변동이론에 따르면 유리한 공급충격으로 생산성 향상이 이루어지면 고용량이 증가하므로 자연산출량 자체가 변한다. 반면 새케인즈학파 경기변동이론에서는 주로 총수요측 교란요인에 의해 경기변동이 일어난다고 보며, 경기변동을 실제산출량이 자연산출량 수준에서 이탈한 불균형상태로 본다.

정답 ③

대표유형문제

다음은 새케인즈학파의 경기변동이론에 대한 설명이다. 옳지 않은 것은?

① 새케인즈학파는 총수요측면에서의 충격이 경기변동의 가장 주요한 요인이라고 본다.
② 새케인즈학파의 경기변동이론은 완전경쟁적 시장구조와 신축적 가격을 가정하여 경기변동을 설명한다.
③ 새케인즈학파는 경기안정화를 위한 정부개입이 바람직하다고 본다.
④ 새케인즈학파는 경기변동이 발생하면 사회적인 후생손실이 발생한다고 본다.
⑤ 새케인즈학파는 총수요외부효과를 통해서 작은 크기의 메뉴비용이 경기변동에서 큰 효과를 가질 수 있다고 주장한다.

해설

새케인즈학파는 불완전경쟁과 가격경직성으로 합리적 기대를 사용해도 수요 충격에 의해 경기변동이 발생한다고 본다.

정답 ②

③ 새케인즈학파의 불균형경기변동이론

(1) 경기변동에 대한 새케인즈학파의 견해

① 새케인즈학파는 경기변동을 실제산출량이 자연산출량 수준에서 이탈한 불균형상태로 본다.
② 가격변수가 신축적으로 조정되지 못하기 때문에 외부충격 발생 시 경기변동이 발생하며, 경기변동은 지속성을 가진다.
③ 경제가 불균형상태일 경우 사회후생이 감소하므로 정부의 정책개입이 필요하다.

(2) 새케인즈학파의 경기변동이론

① 새케인즈학파는 총수요 측면의 충격으로 인해 경기변동이 발생한다고 본다.
② 새케인즈학파에 의하면 메뉴비용(Menu Cost), 조정실패 등으로 인해 가격이 경직적이다.
③ 부정적인 총수요충격으로 총수요가 감소하더라도 가격이 경직적이므로 산출량이 크게 감소하여 경기침체가 발생한다.
④ 또한 가격이 경직적이므로 경기침체는 상당기간 지속성을 갖는다.

제3절 경제성장

① 경제성장의 개요

(1) 경제성장의 의의

① 경제 전체의 규모나 정치적 역량을 측정하는 경우 경제성장은 일정기간 동안 발생한 경제 전체의 실질GDP 증가율을 의미한다.

$$경제성장률 = \frac{Y_t - Y_{t-1}}{Y_{t-1}} \times 100$$

② 생활수준의 향상 정도를 측정하는 경우 경제성장은 일정기간 동안 발생한 1인당 실질GDP의 증가율을 의미한다.

$$1인당 경제성장률 = 경제성장률 - 인구증가율$$

(2) 경제성장의 원인

① 생산요소투입의 증가
  ㉠ 생산과정에서 투입되는 대표적인 생산요소에는 노동과 자본이 있으며, 노동과 자본의 투입이 증가하면 생산이 늘어나면서 경제를 성장시킨다.
  ㉡ 자본은 투자를 통해 형성되며, 투자의 재원은 저축을 통해 조달된다.

투자	경제성장이론에서 투자는 단순히 총수요를 증가시키는 측면만이 아니라 생산능력의 증가를 가져와 총공급을 증가시키는 측면이 강조된다.
저축	• 투자를 증가시키기 위해서 저축의 증가를 통해 소비지출을 감소시켜야 한다. • 소비지출 감소로 인한 총수요 감소는 투자수요로 보전한다. • 하지만 오히려 지나친 저축은 경기를 둔화시킬 수 있다.

② 기술진보
  ㉠ 동일한 양의 노동과 노동시간이 투입되어도 기술이 진보하면 생산이 늘어날 수 있다.
  ㉡ 기업의 연구개발(R&D) 투자를 통해 기술혁신이 가능하다.
  ㉢ 기술진보는 장기적인 경제성장을 위해 가장 필요한 요인이다.

③ 경제 외적 요인들
  ㉠ 혁신적이고 창의적인 기업가 정신
  ㉡ 안정적인 노사관계
  ㉢ 바람직한 사회적 제도 및 투명한 기업경영을 위한 제도 및 관행

대표유형문제

경제성장모형에 대한 설명 중 옳지 않은 것은?
① 솔로우 모형에서는 내생적 경제성장의 요인으로 인적자본의 축적이나 지식의 진보를 들고 있다.
② 솔로우 모형에서는 균제상태(Steady State)가 존재하며, 이 중 1인당 소비가 극대가 되는 균제상태를 황금률이라고 한다.
③ 해로드-도마 모형에서는 요소대체가 불가능한 레온티에프 생산함수를 사용한다.
④ 솔로우 모형에서는 저축률이 상승하더라도 자본에 대한 수확체감현상이 나타나므로 지속적으로 경제성장률이 높아지지는 않는다.
⑤ 해로드-도마 모형은 후진국이 저축장려, 인구감소로 경제성장을 이루려는 정책에 논리적 근거를 제공한다.

해설
솔로우 모형에서는 기술진보율이 외생적으로 주어진다고 가정하며, 기술진보의 원인을 모형 내에서 설명하지 못한다.

정답 ①

대표유형문제

다음 중 경제를 지속적으로 성장시키는 요인으로 보기 어려운 것은?
① 다양한 재화의 도입
② 통화량의 지속적인 증가
③ 생산성의 꾸준한 향상
④ 기술 개발을 위한 연구개발(R&D) 지출 증가
⑤ 기술 발전을 위한 인프라·지식재산권의 보호

해설
통화량의 지속적인 증가는 단기적으로는 경제를 성장시키는 요인이 될 수 있지만 장기적으로는 실물부문을 변화시키는 요인들이 장기적인 경제성장을 제공해줄 수 있다.

정답 ②

2 경제성장이론

(1) 해로드–도마 성장모형

① 개 요
  ㉠ 해로드와 도마는 케인즈이론 동태화를 통하여 실업과 불황이 발생하는 자본주의 경제의 순환과 성장과정을 분석하여 경제성장경로를 장기적으로 파악하려고 하였다.
  ㉡ 해로드–도마 모형은 노동요소와 자본요소가 완전고용상태에서 경제가 안정적으로 성장할 수 있는 조건을 설명하는 이론이다.

② 내 용
  ㉠ 해로드–도마 성장모형은 성장률을 자연성장률과 적정성장률로 구분하여 정의하였다.

자연성장률 (Natural rate of Growth)	• 노동의 완전고용이 보장되는 성장률로 장기적으로 지속 가능한 최대의 성장률이다. • 자연성장률은 인구증가율과 일치한다. • 자연성장률은 노동력의 증가율과 1인당 노동생산성의 증가율에 의해 결정된다.
적정성장률 (Warranted rate of Growth)	• 자본의 완전고용이 보장되는 성장률로 모든 저축이 투자로 흡수되는 경우의 성장률이다. • 적정성장률은 자본증가율과 일치한다. • 적정성장률은 저축률과 산출량 대비 자본량의 비율에 의해 결정된다.

  ㉡ 해로드–도마 성장모형이 의미하는 안정적인 성장은 자연성장률과 적정성장률이 일치하는 경우이다.

③ 평 가
  ㉠ 저축률, 자본계수, 인구증가율이 모두 외생적으로 결정되기 때문에 기본식이 충족되기 어렵다.

자연성장률 < 적정성장률	자연성장률 > 적정성장률
• 노동증가율 < 자본증가율	• 노동증가율 > 자본증가율
• 노동증가 흡수 가능한 자본력	• 인구과잉으로 인한 실업
• 자본설비과잉	• 자본설비부족
• 투자과잉	• 투자부족
• 저축과잉	• 저축부족
• 소비가 미덕	• 저축이 미덕

  ㉡ 실제성장률이 적정성장률로부터 벗어나면 균형으로 회복하기가 어렵다.

실제성장률 < 적정성장률	실제성장률 > 적정성장률
• 자본의 유휴에 따른 자본재과잉 • 기업의 자본재주문 감소 • 총수요 감소로 인한 생산량 감소 • 실제성장률 감소 • 경기침체	• 자본재 과다이용에 따른 자본재부족 • 기업의 자본재주문 증가 • 총수요 증가로 인한 생산량 증가 • 실제성장률 증가 • 경기과열

(2) 솔로우의 신고전학파 성장이론

① 개 요

㉠ 솔로우 성장이론은 기술수준이 모형의 외부에서 결정되므로 외생적 성장이론이라고도 한다.

㉡ 신고전학파 성장이론은 생산요소간 대체가 기술적으로 가능하며 생산요소가격이 신축적으로 조정될 수 있다는 가정을 도입함으로써 경제가 안정적으로 성장한다는 것을 보인다.

㉢ 솔로우 모형에서는 규모에 대한 수익불변인 1차 동차생산함수를 사용하고 있으므로 자본의 한계생산물은 체감한다.

② 내 용

㉠ 솔로우 모형에서는 1인당 실제투자액과 1인당 필요투자액이 일치하여 1인당 자본량이 더 이상 변하지 않는 상태를 균제상태(Steady State) 또는 정상상태라고 한다.

㉡ 균제상태에서 경제성장률, 인구증가율, 자본증가율은 모두 일치한다.

경제성장률 = 인구증가율 = 자본증가율

• 균제상태에서는 1인당 자본량과 생산량은 일정하나 인구가 매년 일정비율로 증가하므로 경제성장률은 인구증가율과 일치한다.

• 1인당 자본증가율은 자본증가율과 인구증가율을 차감하여 계산하는데, 균제상태에서는 1인당 자본량이 더 이상 변하지 않으므로 자본증가율과 인구증가율이 일치한다.

㉢ 저축률이 상승하면 균제상태의 소득수준이 높아진다.

㉣ 인구증가율이 높아지면 1인당 자본량과 1인당 생산량(소득)은 감소하지만 균제상태에서는 경제성장률과 인구증가율이 일치하므로 새로운 균제상태에서의 경제성장률은 이전보다 상승한다.

㉤ 지속적인 기술진보만이 지속적인 경제성장을 설명할 수 있다.

대표유형문제

해로드-도마의 성장이론에 대한 설명으로 옳지 않은 것은?

① 자본계수와 저축률은 외생적으로 결정되기 때문에 경제성장은 불안정하다.
② 자연성장률이 적정성장률보다 크면 인구과잉으로 인한 후진국적인 구조적 실업이 발생한다.
③ 자연성장률은 노동의 완전고용수준을 끊임없이 실현하는 성장률을 말한다.
④ 자연성장률이 적정성장률보다 작을 경우 소비는 미덕이 된다.
⑤ 실제성장률이 적정성장률보다 작으면 기업의 자본재 주문이 증가한다.

해설

실제성장률이 적정성장률보다 작으면 기업의 자본재 주문이 감소한다.

정답 ⑤

대표유형문제

다음 중 신고전학파 성장이론의 내용으로 적절하지 않은 것은?
① 지속적인 경제성장은 외생적인 기술진보에 의해 가능하다.
② 저축률이 상승하면 균제상태의 경제성장률이 상승한다.
③ 정상상태에서의 경제성장률은 인구증가율과 일치한다.
④ 저축률이 상승하면 균제상태의 소득수준이 높아진다.
⑤ 다른 조건이 일정할 경우 시간이 지남에 따라 국가 간의 소득격차가 줄어들고 수렴현상이 발생한다.

해설

저축률이 상승하면 균제상태를 찾아가는 과정에서 경제성장률이 높아지나, 장기적으로 새로운 균제상태에 도달하면 경제성장률은 이전 인구증가율 수준으로 복귀한다. 즉, 저축률 변화는 수준효과(Level Effect)만 가질 뿐 성장효과(Growth Effect)를 갖지 못한다.

정답 ②

③ 평 가
㉠ 경제성장의 요인(기술진보 등)을 내성적으로 설명하지 못한다.
㉡ 국가 간 경제성장률 격차의 발생 원인을 설명하지 못한다.
㉢ 경제성장에 있어서 정부의 역할을 설명하지 못한다.

(3) 내생적 성장이론

① 개 요
㉠ 솔로우 모형의 한계를 극복하기 위해 로머, 루카스 등의 학자들에 의해 연구되었다.
㉡ 규모에 대한 수익체증 함수를 가정하고 그에 따른 지속적인 성장요인을 설명한다.
㉢ 내생적 성장이론에서는 실물자본 이외에 인적자본, 지식자본을 포함시켜 분석하기도 하고, 축적된 실물자본이 외부성을 갖는 것으로 가정하기도 한다.

② 내 용
㉠ 학습에 의한 외부효과가 발생하면 경제 전체적으로 생산함수가 규모에 대한 수익체증을 나타내어 지속적인 경제성장이 가능하다.
㉡ 연구개발 등으로 기술축적이 이루어지면 지속적인 성장이 가능하다.
㉢ 인적자본의 외부효과(교육의 질을 높이는 정책 등)로 인적자본 축적이 이루어지면 규모에 대한 수확체증이 발생하여 지속적인 성장에 기여한다.
㉣ 금융시장이 발달하면 저축이 증가하고 투자의 효율성이 개선되어 경제성장이 촉진된다.
㉤ 내생적 성장이론에서는 국가간 소득수준의 수렴현상이 나타나지 않으므로 국가 간 경제성장률의 격차를 설명할 수 있다.

③ 평 가
㉠ 경제성장의 요인을 내생화함으로써 장기균형에서 1인당 소득이 지속적으로 성장하는 현상을 설명할 수 있다.
㉡ 경제성장에 있어 인적자본의 축적이나 연구개발 부문의 중요성이 부각된다.

ⓒ 실증적인 분석을 통해 내생적 성장이론의 적합성에 대해 규명할 필요가 있다.

ⓔ 기술개발에 대한 지원, 교육투자, 사회간접자본 확충 등에 대한 정부투자는 경제 전반의 생산성을 향상시키므로 정부의 역할을 중요하게 생각한다.

③ 경제성장이론과 경제발전이론의 비교

구 분	경제성장론	경제발전론
대상국가	주로 선진국	후진국
포괄범위	경제적 요인만 분석	경제적 요인뿐 아니라 사회적·제도적 요인까지 고려하여 분석
분석내용	양적인 증가를 주로 분석	양적인 증가와 질적인 변화를 모두 분석
분석기준	GDP 증가율	GDP, 산업구조 1인당 자본량, 교육수준, 조세부담율, 국제수지 등

대표유형문제

내생적 성장이론에 대한 설명 중 가장 관계가 적은 것은?

① 경제주체의 최적화 행동의 결과로 선택된 자본축적, 교육수준, 조세율 등 내생변수에 의하여 경제성장이 이루어진다.
② 내생적 성장이론의 한 유형은 지식을 자본의 한 형태로 받아들이고 이를 기초로 자본에 대한 수확불변을 가정한다.
③ 기술진보를 내생화(Endogenize)하기 위한 방법으로 기술을 생산하는 연구개발부문을 모형에서 명시적으로 고려한다.
④ 정부의 소비지출의 증가는 경제성장을 촉진한다.
⑤ 금융시장이 발달하면 저축이 증가하고 투자의 효율성이 개선되어 경제성장이 촉진된다.

해설
정부의 소비지출이 증가하면 경제 전체의 총저축이 감소하므로 경제성장을 위한 투자재원 조달이 제약되어 경제성장이 위축된다. 정부소비지출은 경제성장에 부정적인 요인으로 작용하나 정부지출 중 도로, 항만 등 사회간접자본에 대한 투자적 지출은 경제성장에 도움이 된다.

정답 ④

제3편 거시경제

제21장 출제예상문제

01 다음 기사를 읽고 옳게 분석한 것을 〈보기〉에서 모두 고르면?

> 6월 30일 한국은행이 발표한 '2015년 6월 기업경기실사지수(BSI)'에 따르면 제조업의 6월 업황 BSI는 66으로 5월(73)보다 7p 하락했다.

> 가. 제조업체의 66%가 현재 경기를 좋게 보고 있다.
> 나. 경기를 나쁘게 보고 있는 제조업체가 전월에 비해 많아졌다.
> 다. BSI 값이 양수이므로 기업에 체감하는 이달의 경기가 좋다.
> 라. 경기를 나쁘게 보고 있는 제조업체가 좋게 보고 있는 제조업체보다 많다.

① 가, 나
② 가, 다
③ 나, 다
④ 나, 라
⑤ 다, 라

해설 기업경기실사지수(BSI)는 경기전망을 긍정적으로 응답한 기업체 수에서 부정적으로 응답한 기업체 수를 차감한 후 전체 응답수로 나눈 다음 100을 곱하고 100을 더해서 계산한다. 따라서 기업경기실사지수(BSI)는 100을 기준으로 하여 100 이상인 경우에는 경기를 긍정적으로 보는 업체가 더 많고 100 미만인 경우에는 경기를 부정정적으로 보는 업체가 더 많은 것으로 해석된다.

1 ④ 정답

02 다음은 우리나라 국내 경기동향을 파악하기 위한 경기지표에 관한 설명이다. 옳지 않은 것은?

① GDP 성장률은 전기 대비 변동률을 주지표로 사용한다.
② BSI는 기업경영자를 대상으로 조사하고, CSI는 가계를 대상으로 조사한다.
③ BSI와 CSI 모두 긍정적 응답과 부정적 응답이 동일한 경우라면 0이 된다.
④ 통계청에서 작성하는 경기종합지수는 선행, 동행 및 후행 종합지수로 구분된다.
⑤ 경기정점과 저점은 경기동행지수 순환변동치, GDP 등을 종합적으로 검토해 설정한다.

해설 긍정적 응답과 부정적 응답이 동일한 경우라면 BSI와 CSI가 모두 100이 된다. BSI와 CSI공식은 아래와 같다.

$$BSI = \frac{긍정적\ 응답업체\ 수 - 부정적\ 응답업체\ 수}{전체\ 응답업체\ 수} \times 100 + 100$$

$$CSI = \frac{(매우긍정 \times 1.0) + (다소긍정 \times 0.5) + (비슷 \times 0.0) - (다소부정 \times 0.5) - (매우부정 \times 1.0)}{전체\ 응답\ 소비자\ 수} \times 100 + 100$$

03 경기순환을 나타내는 다음 그림에서 A시기의 경제 문제를 해결하기 위한 적절한 정책을 모두 고르면?

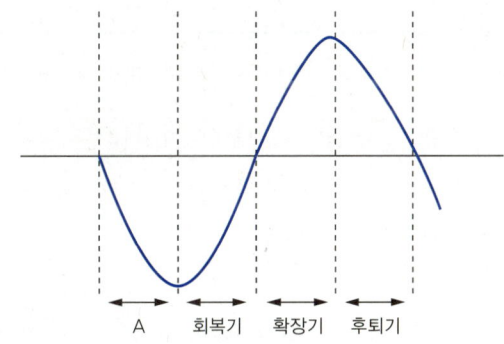

가. 소득세율 인상
나. 기준금리 인하
다. 정부의 공공투자 확대
라. 은행의 대출한도 축소

① 가, 나   ② 가, 다   ③ 나, 다   ④ 나, 라   ⑤ 다, 라

해설 A시기는 경기 침체기에 해당하며, 경기 침체기에는 기업이 투자와 생산을 줄이고 이에 따라 가계의 소득과 소비도 줄어든다. 이 시기의 경제문제를 해결하기 위해서는 정부의 확대재정정책과 확대금융정책이 필요하다. 즉, 정부의 재정지출을 늘려 총수요를 진작하고 금리를 인하해 통화량을 증가시키는 정책이 집행된다.

04 경기종합지수에서 경기선행지수를 구성하는 변수가 아닌 것은?

① 광공업생산지수
② 코스피
③ 재고순환지표
④ 경제심리지수
⑤ 수출입물가비율

해설   광공업생산지수는 경기동행지수에 속하는 변수이다.

05 다음 중 경기종합지수에서 경기동행지수에 속하는 변수를 모두 고른 것은?

가. 비농림어업취업자수
나. CP유통수익률
다. 건설기성액
라. 수입액
마. 장단기금리차

① 가, 나, 마
② 가, 다, 라
③ 나, 라, 마
④ 가, 나, 다, 라
⑤ 가, 다, 라, 마

해설   나. CP유통수익률은 경기후행지수에 속한다.
마. 장단기금리차는 경기선행지수에 속한다.

06 통계청은 매달 경기 선행지수, 동행지수, 후행지수를 조사하여 발표한다. 다음 중 경기 선행-동행-후행지수 조사의 대상이 되는 지표를 순서대로 나열한 것은?

① 수입액 - 취업자수 - 비농림어업취업자수
② 재고순환지표 - 생산자제품재고지수 - 광공업생산지수
③ 소매판매액지수 - 경제심리지수 - 소비재수입액
④ 수입액 - 수출입물가비율 - 소비재수입액
⑤ 수출입물가비율 - 내수출하지수 - CP유통수익률

해설 경기종합지수는 선행종합지수, 동행종합지수, 후행종합지수로 구분하여 계산된다. 선행종합지수는 재고순환지표, 경제심리지수, 기계류내수출하지수, 건설수주액(실질), 수출입물가비율, 코스피, 장단기금리차로 구성된다. 동행종합지수는 비농림어업취업자수, 광공업생산지수, 서비스업생산지수, 소매판매액지수, 내수출하지수, 건설기성액(실질), 수입액(실질)으로 구성된다. 후행종합지수는 취업자수, 생산자제품재고지수, 소비자물가지수변화율(서비스), 소비재수입액(실질), CP유통수익률로 구성된다.

07 경기변동과 관련된 설명으로 옳은 것을 모두 고르면?

> 가. 정점에서 정점 또는 저점에서 저점까지의 거리를 진폭이라고 한다.
> 나. 경기호황기에는 노동의 평균생산성이 높아지고 불황기에는 평균생산성이 낮아진다.
> 다. 자본재 및 내구재의 생산과 소비는 비내구재보다 경기의 영향을 크게 받으므로 진폭이 훨씬 크다.
> 라. 실증분석에 따르면 확장국면이 수축국면보다 더 짧게 나타난다.

① 가, 나 ② 가, 다
③ 나, 다 ④ 나, 라
⑤ 다, 라

해설 가. 정점에서 정점 또는 저점에서 저점까지의 거리는 주기라고 하며, 저점에서 정점까지의 높이를 진폭이라고 한다.
라. 실증분석에 따르면 확장국면이 수축국면보다 더 길게 나타난다.

08 실물적 경기변동이론(RBC)의 내용으로 옳지 않은 것은?

① 경기변동이 발생하더라도 완전고용산출량 자체가 변화하므로 경제는 항상 균형상태에 있다.
② 경기변동은 경제주체들의 합리적 행위의 결과로 나타나는 시장균형현상이다.
③ 유리한 공급충격으로 실질임금이 상승하면 소비자는 현재의 여가를 늘리고 대신 미래의 여가를 줄인다.
④ 경기변동이 발생할 때에는 투자의 변동성이 소비의 변동성보다 훨씬 크게 나타난다.
⑤ 기술혁신, 경영혁신, 정부규제의 변화 등이 경기를 변동시킨다.

해설 유리한 공급충격으로 생산성이 향상되고 실질임금이 상승하면 소비자는 현재의 여가를 줄이는 대신 미래의 여가를 더 늘린다.

09 경기변동이론에 관한 설명으로 옳지 않은 것은?

① 화폐적 균형경기변동이론에서는 예상하지 못한 통화량의 변화가 개별경제주체의 상대가격구조에 대한 잘못된 인식을 유발하여 경기변동을 발생시킨다.
② 루카스가 주장하는 화폐적 균형경기변동이론에서는 예측 가능한 금융정책은 실물경제에 영향을 미칠 수 없다고 본다.
③ 키들랜드와 프레스콧이 주장하는 실물적 균형경기변동이론에서는 기술변화와 재정지출의 변화 등을 경기변동의 주요 요인으로 본다.
④ 새케인즈학파의 경기변동이론은 완전경쟁적 시장구조와 신축적 가격을 가정하여 경기변동을 설명한다.
⑤ 새케인즈학파는 경제가 불균형 상태일 경우 사회후생이 감소하므로 정부의 정책개입이 필요하다고 주장한다.

해설 새케인즈학파는 불완전경쟁과 가격경직성으로 합리적 기대를 사용해도 수요 충격에 의해 경기변동이 발생한다고 본다.

10 다음 중 경기변동에 관련한 설명으로 옳지 않은 것은?

① 투자는 소비에 비해 GDP 대비 변동성이 크므로 경기변동의 주요 원인이 된다.
② 기간 간 고른 소비가 어려운 저소득계층이 늘어나면, 이전에 비해 경기변동이 심해진다.
③ 실물적 경기변동은 경기변동을 자연실업률 자체가 변화하여 일어난다고 생각한다.
④ 총공급-총수요 모형에서 총수요의 변동이 경기변동의 요인이라고 본다면 물가는 경기와 반대로 움직인다.
⑤ 실질임금과 고용량은 단기적으로 양의 상관관계를 가지나 장기적으로는 서로 관계가 없다.

해설 총수요의 변동으로 경기변동이 발생하면 경기와 물가는 같은 방향으로 움직이므로 경기 순응적이 된다.

9 ④ 10 ④

11 다음 중 경제성장에 대한 설명으로 옳은 것은?

① 교육의 질을 높이는 정책은 인적자본을 축적시켜 경제성장에 기여한다.
② 자본축적은 자본의 한계생산성이 체감하므로 경제성장의 원동력이 아니다.
③ 솔로우 경제성장모형에서 저축률은 내생적으로 결정된다.
④ 솔로우 경제성장모형에서 기술진보는 경제성장에 영향을 주지 않는다.
⑤ 솔로우 경제성장모형에서 인구 증가율이 높아지면 총국민소득은 감소한다.

> 해설 경제성장이란 생산요소의 부존량이나 생산성이 증대하여 국민 경제의 생산 능력이 증대하는 현상으로 한 경제의 국내총생산(GDP)이 지속적으로 증가하는 현상을 말한다. 솔로우 모형에서는 규모에 대한 수익불변인 1차 동차생산함수를 사용하고 있으므로 자본의 한계생산물은 체감한다. 이 모형에 따르면 자본축적, 교육을 통한 인적자본 형성, 정부정책의 차이 등은 경제성장의 주요 원인이다. 솔로우 경제성장모형은 경제성장의 요인이 모형의 외부에서 결정되므로 외생적 성장 모형이라고도 하는데, 이 모형에서 지속인 경제성장은 외생적인 기술진보에 의해 가능하다. 또한 인구증가율이 높아지면 1인당 자본량과 1인당 생산량은 감소하지만, 인구증가율이 높아지면 경제 전체적으로 볼 때 생산요소의 양이 증가하므로 경제 전체의 총생산량은 오히려 증가한다.

12 다음 중 경제성장이 느려질 수 있는 요인이 아닌 것은?

① 인구의 고령화가 심화된다.
② 해외에 대한 시장 개방을 축소하였다.
③ 외국으로부터의 기술도입이 어려워진다.
④ 자본축적이 충분히 이루어져 투자가 둔화되었다.
⑤ 기술개발에 대한 투자가 늘어난다.

> 해설 기술개발에 대한 투자가 늘어나는 것은 경제성장에 긍정적인 효과를 가져온다.

정답 11 ① 12 ⑤

13 경제가 성장하고 발전해야 고용이 늘어나고 국민복지가 확대된다. 경제성장과 경제발전에 관련된 다음 설명 중 옳지 않은 것은?

① 경제성장은 경제의 양적 확대를 가리키며, 경제발전은 국민의 삶의 질적 향상을 가리킨다.
② 경제성장이 있어도 경제발전이 없을 수 있으며, 경제성장이 없어도 경제발전은 있을 수 있다.
③ 장기에는 성장과 분배가 경쟁관계에 있으나, 단기에는 보완관계에 있다.
④ 경제성장론은 경제적 요인만 분석하는 반면, 경제발전론은 경제적 요인뿐만 아니라 사회적·제도적 요인까지 고려한다.
⑤ 경제성장론에서는 실질GDP 증가율을 분석기준으로 이용하는 반면, 경제발전론에서는 실질GDP뿐 아니라 경제구조의 변화까지 이용한다.

해설 지속적인 경제성장을 위해서는 적절한 분배가 전제되어야 하므로 성장과 분배는 단기적으로는 경쟁관계이나 장기적으로는 보완관계에 있다.

14 경제성장에 관한 일반적인 설명 중 옳은 것을 모두 고르면?

> 가. 인구증가율이 높은 나라일수록 1인당 소득이 낮은 경향이 있다.
> 나. 저축률이 높은 나라일수록 1인당 소득이 낮은 경향이 있다.
> 다. 1인당 소득은 국제적 차이를 설명하는 데 인적 자본과 물적 자본 못지 않게 중요하다.
> 라. 개발도상국과 선진국 간의 1인당 소득격차는 줄어드는 추세를 보인다.

① 가, 나 ② 가, 다
③ 나, 다 ④ 나, 라
⑤ 다, 라

해설 나. 저축률이 높은 나라일수록 1인당 소득은 높은 경향이 있다.
라. 칼도우의 정형화된 사실에 따르면 개발도상국과 선진국 간의 1인당 소득격차는 확대된다.

15 내생적 경제성장이론에 대한 설명으로 적절한 것을 다음 보기 중 모두 고르면?

> 가. 인적자본의 축적이나 연구개발은 경제성장을 결정하는 중요한 요인이다.
> 나. 정부의 개입이 경제성장에 중요한 역할을 한다.
> 다. 자본의 한계생산은 체감한다고 가정한다.
> 라. 선진국과 후진국 사이의 소득격차가 줄어든다.

① 가, 나   ② 가, 다   ③ 나, 다   ④ 나, 라   ⑤ 다, 라

해설 다. 정부의 지속적인 교육투자정책으로 인적자본축적이 이루어지면 규모에 대한 수확체증이 발생하여 지속적인 성장이 가능하다고 한다.
　　　라. 내생적 성장이론에서는 금융시장이 발달하면 저축이 증가하고 투자의 효율성이 개선되어 지속적인 경제성장이 가능하므로 국가 간 소득수준의 수렴현상이 나타나지 않는다고 본다.

16 솔로우(Solow)의 성장모형에 대한 설명으로 옳은 것은?

① 생산요소 간의 비대체성을 전제로 한다.
② 인구증가율이 높아질 경우 새로운 정상상태(Steady-state)의 1인당 산출량은 증가한다.
③ 저축률은 1인당 자본량을 증가시키므로 항상 저축률이 높을수록 좋다.
④ 기술진보는 균형성장경로의 변화 요인이다.
⑤ 기술진보는 경험을 통한 학습효과 등 경제 내에서 내생적으로 결정된다.

해설 솔로우의 성장모형은 생산요소간 대체가 가능한 콥-더글라스 생산함수를 가정한다. 솔로우 성장모형에서 인구증가율이 높아지면 1인당 자본량이 감소하므로 새로운 정상상태에서 1인당 산출량은 감소한다. 이 모형에서는 저축률이 높을수록 투자가 증가하여 1인당 자본량과 1인당 소득은 증가하지만 저축률이 황금률의 균제상태보다 더 높다면 저축을 감소시켜야 1인당 소비가 증가하게 된다. 그러므로 저축률이 높다고 해서 항상 좋은 것은 아니다. 솔로우 성장모형에서 기술진보가 이루어지면 경제성장률이 높아지므로 균형성장경로가 바뀌게 되는데 기술진보는 외생적으로 주어진 것으로 가정할 뿐 모형 내에서는 기술진보의 원인을 설명하지 못한다.

17 내생적 성장이론에 대한 설명으로 옳지 않은 것은?

① 지속적인 경제성장이 일어나게 만드는 요인을 모형 안에서 찾으려는 이론이다.
② 연구개발 투자 및 인적자본의 중요성을 강조하는 이론이다.
③ 선진국과 개도국간의 생활수준 격차가 더 벌어질 가능성이 있다는 것을 설명한다.
④ 내생적 성장에 관한 학습효과(Learning-by-Doing)모형은 의도적인 교육투자의 중요성을 강조한다.
⑤ 저축률이 상승하면 경제성장률은 지속적으로 높아진다.

해설 학습효과(R&D)모형은 의도적인 교육투자가 아니라 통상적인 생산과정에서 나타나는 학습효과의 중요성을 강조하는 모형이다. 의도적인 교육투자를 강조하는 모형은 인적자본모형이다.

18 내생적 성장이론에서 주장하는 내용으로 옳지 않은 것을 모두 고르면?

> 가. 금융시장이 발달하면 투자의 효율성이 개선되어 경제성장이 촉진된다.
> 나. 연구부문의 고용비율이 높아지면 성장률이 장기적으로 높아질 수 있다.
> 다. 외부효과를 갖는 지식의 경우에는 수확체감의 법칙이 적용되지 않는다.
> 라. 자본의 한계생산이 체감하지 않으므로 국가 간 소득수준의 수렴이 빠르게 발생한다.

① 다
② 라
③ 가, 나
④ 나, 다
⑤ 가, 다, 라

해설 솔로우 모형에서는 자본에 대한 수확체감 현상이 나타난다. 이에 따라 1인당 자본량이 적은 나라일수록 경제성장률이 높게 나타나기 때문에 1인당 자본량이 적은 후진국의 경제성장률이 1인당 자본량이 많은 선진국보다 경제성장률이 높다. 결과적으로는 국가 간 1인당 소득이 동일한 수준으로 수렴하는 현상이 발생한다. 하지만 내생적 성장이론에서는 자본에 대한 수확체감 현상이 발생하지 않으므로 경제성장률은 1인당 자본량에 관계없이 결정된다. 따라서 내생적 성장이론에서는 국가 간 소득이 동일한 수준으로 수렴하는 현상이 발생하지 않는다.

국제경제

제22장 무역이론과 무역정책론

제23장 국제수지와 국제금융

교육은 우리 자신의 무지를
점차 발견해 가는 과정이다.

– 윌 듀란트 –

보다 깊이 있는 학습을 원하는 수험생들을 위한
시대에듀의 동영상 강의가 준비되어 있습니다.

www.sdedu.co.kr → 회원가입(로그인) → 한경TESAT

제4편 국제경제

제22장 무역이론과 무역정책론

제1절 고전학파 무역이론

1 애덤 스미스의 절대우위론

(1) 절대우위론(Absolute Advantage)의 개념
① 절대우위란 교역 상대국보다 낮은 비용으로 생산할 수 있는 능력을 말한다.
② 절대우위론이란 각국이 절대적으로 생산비가 낮은 재화생산에 특화하여 그 일부를 교환함으로써 상호이익을 얻을 수 있다는 이론이다.
③ 절대우위론은 자유무역의 이론적인 근거를 최초로 제시하였다.

(2) 절대우위론의 사례

구 분	A국	B국
X재	5	4
Y재	2	5

① X재 1단위를 생산하기 위해 A국에서는 5명, B국에서는 4명의 노동자가 필요하므로 B국이 X재를 생산하는 데 절대우위가 있다.
② 한편, Y재 1단위를 생산하기 위해 A국에서는 2명, B국에서는 5명의 노동자가 필요하므로 A국이 Y재를 생산하는 데 절대우위가 있다.
③ 각 국이 절대우위 산업에 특화하면 전체 생산량은 분업 이전보다 증대한다.

구 분	A국	B국	세계전체
X재	1 (0)	1 (2.25)	2 (2.25)
Y재	1 (3.5)	1 (0)	2 (3.5)

*( )는 특화 이후의 산출량
㉠ A국이 Y재 생산에 7명을 모두 투입하면 3.5단위의 Y재를 생산하게 된다.

대표유형문제 **최신출제유형** 24

시장개방을 하지 않던 국가가 시장개방을 하여 세계 시장에서 무역을 시작하였을 때, 무역 이전과 비교하여 나타날 수 있는 현상이 아닌 것은?
① 비교우위에 지니는 상품을 생산하여 교환함으로써 사회후생이 개선된다.
② 국내 독점기업이 지니는 문제를 해외무역으로 개선할 수도 있다.
③ 한 나라가 두 재화생산에 있어서 모두 절대우위가 있어도 무역으로부터 이익을 얻을 수 있다.
④ 무역을 통해 모든 경제 주체에게 공평하게 이익이 분배된다.
⑤ 비교우위에 있는 상품을 특화하여 생산하고 수출함으로써 자원이 효율적으로 사용된다.

해설
각 국가는 비교우위를 지닌 상품에 특화하여 생산하는 과정에서 생산의 효율성이 높아지고 무역을 통해 두 국가가 비교우위를 지닌 상품과 서비스를 교환하면서 사회후생이 개선된다. 그러나 비교우위에 있는 경제주체는 무역을 통해 이익을 얻지만 비교열위에 있는 경제주체는 무역의 이익을 얻지 못하므로 모든 경제주체에게 공평하게 돌아가지 않는다.

정답 ④

대표유형문제 **최신출제유형** **23**

다음 표는 영국과 벨기에 두 나라가 맥주와 치즈를 각각 1단위 생산하는 데 투입되는 노동의 단위 수를 나타낸다. 다음 중 옳지 않은 것은?

구 분	맥주	치즈
영국	50	90
벨기에	100	140

① 영국은 맥주와 치즈 생산에서 모두 절대우위를 가진다.
② 벨기에는 치즈 생산에서 비교우위를 가진다.
③ 두 나라가 서로 무역을 개시하면 영국은 치즈를 수입한다.
④ 두 나라가 서로 무역을 개시하면 벨기에는 맥주를 수입한다.
⑤ 두 나라가 서로 무역을 개시하면 벨기에에서 맥주의 상대가격은 상승한다.

해설

주어진 표에서 영국은 맥주와 치즈 생산에서 모두 절대우위를 가진다.
영국과 벨기에의 맥주와 치즈에 대한 기회비용을 계산해보면 다음과 같다.

구분	맥주 1단위의 생산의 기회비용	치즈 1단위 생산의 기회비용
영국	치즈 5/9 단위	맥주 9/5 단위
벨기에	치즈 5/7 단위	맥주 7/5 단위

맥주 1단위 생산의 기회비용은 영국이 벨기에보다 작고 치즈 1단위 생산의 기회비용은 벨기에가 영국보다 작다는 것을 알 수 있다. 즉 영국은 맥주 생산에, 벨기에는 치즈 생산에 비교우위가 있다고 할 수 있다. 이에 따라 영국은 맥주만을 생산하여 맥주를 수출하고 치즈는 수입하며, 벨기에는 치즈만을 생산하여 치즈를 수출하고 맥주는 수입하는 것이 유리하다. 보다 낮은 가격으로 맥주를 구입하게 됨에 따라 벨기에에서 맥주의 상대가격은 하락한다.

정답 ⑤

ⓒ B국이 X재 생산에 9명을 모두 투입하면 2.25단위의 X재를 생산하게 된다.
ⓒ 특화 이후에는 특화 이전 전체 생산량인 X재 2단위, Y재 2단위보다 증가한 X재 2.25단위 Y재 3.5단위를 생산한다.
ⓔ 늘어난 생산량을 무역을 통해 서로 교환하면 양국의 소비 수준도 종전보다 많아져 각국의 후생은 증가하게 된다.

2 리카도의 비교우위론

(1) 비교우위론의 개념

① 비교우위란 교역 상대국보다 낮은 기회비용으로 생산할 수 있는 능력으로 정의된다.
② 비교우위론이란 한 나라가 두 재화생산에 있어서 모두 절대우위에 있더라도 양국이 상대적으로 생산비가 낮은 재화생산에 특화하여 무역을 할 경우 양국 모두 무역으로부터 이익을 얻을 수 있다는 이론을 말한다.
③ 비교우위론은 절대우위론의 내용을 포함하고 있는 이론이다.

(2) 비교우위론의 사례

구 분	A국	B국
X재	4	5
Y재	2	5

① A국이 X재와 Y재 생산에서 모두 절대우위를 갖는다고 가정한다.
  ㉠ X재 1단위를 생산하기 위해 A국에서는 4명, B국에서는 5명의 노동자가 필요하므로 A국이 X재를 생산하는 데 절대우위가 있다.
  ㉡ 한편, Y재 1단위를 생산하기 위해 A국에서는 2명, B국에서는 5명의 노동자가 필요하므로 A국이 Y재를 생산하는 데 절대우위가 있다.
② A국은 Y재에, B국은 X재에 비교우위가 있다.

구 분	A국	B국
X재 1단위 생산의 기회비용	Y재 2단위	Y재 1단위
Y재 1단위의 기회비용	X재 $\frac{1}{2}$단위	X재 1단위

㉠ A국에서 X재 1단위 생산에 투입하는 노동자 4명을 Y재 생산에 투입하면 2단위의 Y재를 생산할 수 있다. 즉, A국에서 X재 1단위를 생산하기 위한 기회비용은 Y재 2단위이다. 반면, B국에서 X재 단위 생산에 투입하는 노동자 5명을 Y재 생산에 투입하면 1단위의 Y재를 생산할 수 있다. 즉, B국에서 X재 1단위를 생산하기 위한 기회비용은 Y재 1단위이다. 따라서 X재 1단위를 생산하기 위한 기회비용이 B국이 상대적으로 낮으므로 B국은 X재 생산에 비교우위를 가진다.

㉡ 이와 같은 방법으로 A국에서 Y재 1단위를 생산하기 위한 기회비용은 X재 $\frac{1}{2}$단위이고, B국에서 Y재 1단위를 생산하기 위한 기회비용은 X재 1단위이다. 따라서 Y재 1단위를 생산하기 위한 기회비용이 A국이 상대적으로 낮으므로 A국은 Y재 생산에 비교우위를 가진다.

③ 한 나라가 두 재화 생산 모두에 절대우위를 갖는 경우에도 각국이 비교우위 상품에 완전 특화하면 세계 전체의 산출량은 증가하고 양국 모두의 후생을 증가시킨다.

구 분	A국	B국	세계전체
X재	1(0)	1(2)	2(2)
Y재	1(3)	1(0)	2(3)

*( )는 특화 이후의 산출량

㉠ A국은 Y재 생산에 비교우위가 있으므로 전체 노동력 6명을 Y재 생산에 투입하면 3단위의 Y재 생산이 가능하다.

㉡ B국은 X재 생산에 비교우위가 있으므로 전체 노동력 10명을 X재 생산에 투입하면 2단위의 X재 생산이 가능하다.

㉢ 특화 이후에는 특화 이전 전체 생산량인 X재 2단위, Y재 2단위보다 증가한 X재 2단위 Y재 3단위를 생산한다.

㉣ 늘어난 생산량을 무역을 통해 서로 교환하면 양국의 소비 수준도 종전보다 많아져 각국의 후생은 증가하게 된다.

대표유형문제

아래 표는 한국과 미국의 노동자 한 명당 TV와 자동차 생산량을 나타낸 것이다. 한국이 가지는 우위에 대한 내용으로 옳은 것은?

구 분	TV	자동차
한국	6	3
미국	4	1

① 두 재화 생산에 모두 절대우위가 있고, TV 생산에 비교우위를 가진다.
② 두 재화 생산에 모두 절대우위를 있고, 자동차 생산에 비교우위를 가진다.
③ 두 재화 생산에 모두 절대우위는 있지만, 비교우위는 존재하지 않는다.
④ 두 재화 생산에 모두 절대우위는 없지만, TV 생산에 비교우위가 있다.
⑤ 두 재화 생산에 모두 절대우위는 없지만, 자동차 생산에 비교우위가 있다.

해설

한국은 미국에 비해 TV와 자동차 생산에서 모두 절대우위가 있다.
한편, 한국과 미국의 TV와 자동차에 대한 기회비용을 계산해보면 다음과 같다.

구 분	TV의 기회비용	자동차의 기회비용
한국	자동차 1/2대	TV 2대
미국	자동차 1/4대	TV 4대

한국과 미국 간 TV 생산의 기회비용을 비교하면 미국이 낮으므로 TV 생산에는 미국이, 자동차 생산의 기회비용을 비교하면 한국이 낮으므로 자동차 생산에는 한국이 비교우위가 있다고 할 수 있다.

정답 ②

제2절 근대적 무역이론

1 헥셔-올린 정리

(1) 헥셔-올린 모형(Heckscher-Ohlin Model, H-O Model)의 출현

① 고전적 무역이론은 노동만 고려하는 1요소 모형으로, 리카도의 비교우위에 따르면 양국 간 노동생산성의 차이에 의해 비교우위가 결정되는데, 국가별로 노동생산성 차이가 발생하는 이유는 설명하지 못하는 한계를 가지고 있었다.

② 헥셔와 올린은 모형에 자본을 추가하여 고전적 무역이론을 확장·개선하였으며, 이를 통해 비교우위의 발생 원인과 생산요소의 소득분배에 대한 분석을 하고자 하였다.

③ 헥셔-올린 모형을 통해 헥셔-올린 정리, 요소가격균등화 정리, 스톨퍼-사무엘슨 정리, 립진스키 정리 등이 도출되었다.

④ 또한 레온티에프는 헥셔-올린 모형을 실제 미국의 무역 통계분석에 적용한 결과 헥셔-올린 정리와는 상반되는 결과가 나오는 '레온티에프의 역설'이라는 실증결과를 발표하였다.

(2) 헥셔-올린 정리의 개념

① 헥셔-올린 정리는 각국의 생산함수가 동일하더라도 각 국가에서 상품생산에 투입된 자본과 노동의 비율이 차이가 있으면 생산비의 차이가 발생하게 되고, 각국은 생산비가 적은 재화에 비교우위를 갖게 된다는 정리이다.

② 헥셔-올린 정리에서 각국은 자국에 상대적으로 풍부한 부존요소를 집약적으로 사용하는 재화생산에 비교우위가 있다. 즉, 노동풍부국은 노동집약재, 자본풍부국은 자본집약재 생산에 비교우위가 있다.

(3) 헥셔-올린 정리의 가정

① 두 국가(A국과 B국), 두 재화(X재와 Y재), 두 생산요소(노동과 자본)만 존재한다고 가정한다.

② 두 국가의 생산함수는 동일하며, 규모에 대한 수익불변이라고 가정한다.

대표유형문제

다음은 헥셔-올린 정리와 관련된 설명이다. 옳지 않은 것은?

① 각국마다 요소의 부존자원이 다르더라도 생산기술과 재화의 가격이 같다면 생산요소의 가격도 균등화된다.
② 국가 간 생산함수는 동일하다고 가정한다.
③ 국가 간 생산요소의 이동은 자유롭다고 가정한다.
④ 자본이 상대적으로 풍부한 국가는 자본집약적인 산업에 비교우위가 있다.
⑤ 헥셔-올린 모형은 무역발생의 원인을 양국 간 요소부존도의 상대적 차이에서 찾고 있다.

해설
헥셔-올린 정리에서는 국가 간 생산요소 이동이 불가능하다고 가정한다.

정답 ③

③ 두 국가의 생산요소는 자본과 노동이며, 이러한 생산요소의 부존자원 비율은 상이하며, 국가 간 생산요소의 이동은 불가능하다고 가정한다.

(4) 헥셔-올린 정리의 내용

① A국은 B국에 비해 노동풍부국이고, X재는 Y재에 비해 노동집약재라고 가정할 때 A국과 B국의 생산가능곡선은 아래와 같이 도출된다.

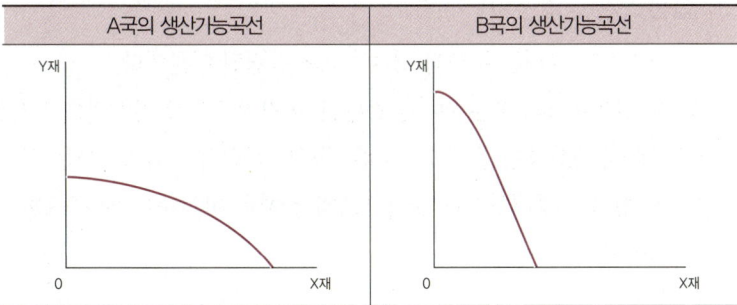

② 헥셔-올린 정리에 따르면 A국은 노동이 B국에 비해 상대적으로 풍부하기 때문에 노동집약재인 X재에 비교우위를 가지고 X재를 생산하여 B국에 수출하고 Y재를 수입한다.

③ 마찬가지로 B국은 자본이 A국에 비해 상대적으로 풍부하기 때문에 자본집약재인 Y재에 비교우위를 가지고 Y재를 생산하여 A국에 수출하고 X재를 수입한다.

2 헥셔-올린 모형을 통해 도출된 정리

(1) 요소가격균등화 정리

① 요소가격균등화 정리란 자유무역이 이루어지면 양국의 재화 가격뿐만 아니라 생산요소 가격 또한 절대적·상대적으로 같아진다는 것이다.
② 이는 국제무역이 간접적으로 생산요소를 교환하는 것과 동일한 효과를 갖는다는 것을 의미한다.

(2) 스톨퍼-사무엘슨 정리

① 스톨퍼-사무엘슨 정리는 무역으로 인한 계층 간 실질소득의 분배와 관련된 이론이다.

대표유형문제

헥셔-올린(Hecksher-Ohlin) 정리에 대한 설명으로 옳지 않은 것은?
① 각 국가는 풍부한 자원을 집약적으로 이용하는 상품에 비교우위를 가진다.
② 상품교역이 완전히 자유로워지면 생산요소의 이동은 불필요하게 된다.
③ 무역패턴에 따라 소득재분배 현상이 나타날 수 있다.
④ 세계경제의 효율성은 증대되고 소득분배는 보다 평등해진다.
⑤ 규모에 대한 수익불변이라고 가정한다.

해설
자유무역을 하면 세계 전체 차원에서 자원배분의 효율성은 증대되지만 소득분배가 무역 이전보다 평등해진다고 확정지을 수 없다.

정답 ④

대표유형문제

다음 국제무역이론에 관한 설명 중 옳지 않은 것은?

① 헥셔-올린 정리에서 각국은 그 나라에 상대적으로 더 풍부하게 존재하는 생산요소를 집약적으로 사용하는 재화에 대해 비교우위를 가지는 것으로 설명된다.
② 아담 스미스의 국제무역이론은 비교우위의 원인을 설명하려는 이론이고, 헥셔-올린 정리는 국제무역의 원인을 설명하려는 이론이다.
③ 립진스키 정리에 따르면 어떤 생산요소 부존량이 증가하면 그 생산요소를 집약적으로 사용하는 재화생산은 증가하지만 공급이 고정된 생산요소를 집약적으로 사용하는 재화생산은 감소한다.
④ 레온티에프 역설이란 자본이 상대적으로 풍부한 미국이 오히려 자본집약적인 재화를 수입하고 노동집약적인 재화를 수출한다는 실증적 분석 내용을 말한다.
⑤ 스톨퍼-사무엘슨 정리는 한 재화의 상대가격이 상승하면 그 재화에 집약적으로 사용되는 생산요소의 실질소득은 증가하고, 다른 생산요소의 실질소득은 감소한다는 정리이다.

해설

아담 스미스는 절대우위론을 제시하였고, 비교우위론은 리카도에 의해서 제시된 이론으로 무역의 이익을 설명해주는 이론이다. 그리고 헥셔-올린 정리는 비교우위의 발생원인을 설명하는 이론이다.

정답 ②

② 한 재화의 상대가격이 상승하면 그 재화에 집약적으로 사용되는 생산요소의 실질소득은 절대적·상대적으로 증가하고, 다른 생산요소의 실질소득은 절대적·상대적으로 감소한다는 정리이다.
③ 이 정리는 노동자와 자본가는 무역정책에 대립적인 입장을 보일 것임을 시사한다.

(3) 립진스키 정리

① 립진스키 정리는 무역과 경제성장과 관련된 이론이다.
② 한 생산요소의 부존량이 증가하면 그 생산요소를 집약적으로 사용하는 재화의 생산량은 증가하고 다른 재화의 생산량은 감소한다는 정리이다.
③ 이 정리는 경제성장과 산업구조의 관계를 파악하는 데 중요한 단서를 제공해 준다.

(4) 레온티에프의 역설

① 1947년 미국의 경제학자 레온티에프는 다른 나라에 비해 자본이 상대적으로 풍부한 미국이 오히려 자본집약재를 수입하고 노동집약재를 수출하는 현상을 발견하였다.
② 이와 같이 헥셔-올린 정리와 정반대되는 레온티에프의 실증분석결과를 레온티에프의 역설(Leontief Paradox)이라고 한다.
③ 이후 레온티에프의 역설이 발생한 이유를 설명하기 위한 다양한 시도와 수많은 실증 분석이 이루어졌고, 이후 보다 세분화된 대규모의 자료를 이용한 실증 분석은 대체로 헥셔-올린의 예측과 일치한 것으로 나타났다.

제3절 현대적 무역이론

1 현대적 무역이론의 발생 배경

(1) 헥셔-올린 이론의 한계점
① 헥셔-올린 이론은 주로 산업 간 무역을 설명하는 데 적합한 이론이며, 무역의 많은 비중을 차지하고 있는 산업 내 무역을 설명하지 못한다.
② 헥셔-올린 모형은 정태적 모형으로 시간의 흐름에 따른 비교우위의 동태적 변화를 설명하지 못한다.

(2) 산업 간 무역과 산업 내 무역의 비교

구 분	산업 간 무역(Inter-industry Trade)	산업 내 무역(Intra-industry Trade)
개 념	서로 다른 산업에서 생산되는 재화의 수출입	동일한 산업 내에서 이루어지는 재화의 수출입
무역의 발생원인	비교우위	규모의 경제와 독점적 경쟁
적용 사례	경제발전 정도가 상이한 후진국과 선진국 간에 주로 발생함	경제발전 정도가 유사한 선진국과 선진국 또는 후진국과 후진국 간에 발생함
무역으로 인한 소득 재분배	무역으로 인한 소득재분배가 발생함	무역으로 인한 소득재분배 발생 정도가 크지 않음
무역이익의 원천	상대가격의 변화로부터 발생함	시장 확대로 생산규모가 커지면 생산비용이 하락하여 재화가격이 하락함

2 현대적 무역이론

(1) 기술격차이론(모방시차가설)
① 기술격차설은 국가 간의 기술격차로 인해 무역이 발생한다고 보는 이론이다.
② 특정국가가 개발한 기술을 다른 나라가 습득하기까지 모방시차가 존재하며 연구개발에 앞선 국가가 해당상품에 비교우위를 갖게 된다.
③ 그러나 다른 나라가 신기술을 모방하게 되면 기술개발국의 비교우위가 소멸된다.

대표유형문제

산업 내 무역이론에 대한 다음 설명 중 옳지 않은 것은?
① 규모의 경제에 의하여 설명될 수 있다.
② 국가 간 소비구조가 유사할수록 산업 내 무역이 활성화될 수 있다.
③ 후진국 간보다 선진국 간 무역에서 산업 내 무역이 더 활발하다.
④ 요소부존도의 차이가 클수록 산업 내 무역이 활성화된다.
⑤ 제품차별화가 광범위하게 이루어지고 있는 제조업부문에서 주로 이루어진다.

해설
요소부존의 차이에 의해 무역을 설명하는 헥셔-올린 정리는 산업 간 무역을 설명하는 이론이다.

정답 ④

(2) 제품수명주기이론

① 제품의 주기는 도입단계(신제품 개발단계) → 성숙단계 → 표준화단계 → 쇠퇴단계의 4단계로 구분된다.

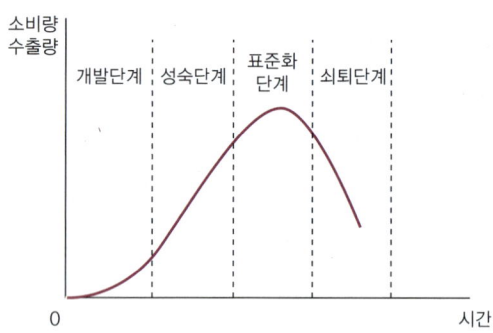

② 제품수명주기이론의 단계별 특징

도입단계	• 고숙련 노동력을 이용한 소규모 시험생산이 이루어지는 단계이다. • 제품을 개발한 선진국이 제품을 생산·수출하게 된다. • 수익성은 높지만 매출은 아직 높게 이루어지지 않는 시기이다. • 광고비 지출, 판매량 부진, 높은 개발비 등으로 기업의 위험이 제일 큰 시기이다.
성숙단계	• 제품에 대한 수요가 점점 증가하는 단계이다. • 수요가 증가함에 따라 시장규모가 확대되고 제조원가가 하락하여 기업의 이윤이 증가하는 시기이다.
표준화단계	• 대량생산기술과 미숙련 노동자들에 의해 제품이 생산되기 때문에, 제품의 비교우위가 제품을 처음 개발한 선진국으로부터 노동이 상대적으로 저렴한 여타 선진국 또는 개발도상국으로 변화하게 된다. • 최초 제품 개발국에서 저렴한 노동을 가진 국가로의 해외직접투자를 수발할 수 있다.
쇠퇴단계	• 이 시기를 지나면 판매량이 급격히 줄어들고 이윤이 하락하여 시장이 사라지게 된다.

대표유형문제

다음 설명에 해당하는 제품수명주기의 단계를 순서대로 나열한 것은?

- 수익성은 높지만 매출은 아직 높지 않은 단계로 광고비 등으로 인해 기업의 위험이 가장 큰 시기이다.
- 상품을 개발한 선진국으로부터 노동이 저렴한 개발도상국으로 비교우위가 변하게 되는 단계이다.

① 도입단계, 성숙단계
② 도입단계, 표준화단계
③ 성숙단계, 표준화단계
④ 성숙단계, 쇠퇴단계
⑤ 표준화단계, 쇠퇴단계

해설
도입단계와 표준화단계에 대한 설명이다.

정답 ②

제4절 무역정책론

1 자유무역론

(1) 자유무역론의 개념

① 자유무역론(Free Trade Movements)이란 국가 간의 무역활동도 완전히 시장의 경제원리에 따라 자유롭게 이루어지도록 방임하자는 이론이다.
② 자유무역론에 따르면 각국이 비교우위가 있는 재화에 특화하여 생산하고 자유무역을 하게 되면 국제적으로 자원배분의 효율성이 제고되고, 각국의 소비가능영역이 확대되어 무역에 참가하는 국가의 후생수준이 증대된다.
③ 자유무역론은 아담 스미스의 절대우위론, 리카도의 비교우위론, 헥셔-올린 정리를 거쳐 현대적인 무역이론으로 발전하였다.

(2) 자유무역론의 효과

① 헥셔-올린 정리에 따르면 각국이 비교우위가 있는 재화생산에 특화하여 생산한 후 자유무역이 이루어지면 각국의 후생수준은 무역 이전보다 증가한다.
② 스톨퍼-사무엘슨 정리에 따르면 각국은 자유무역 이후 상대적으로 풍부한 생산요소의 소득이 증가하므로 각국의 후생수준이 증가한다.

2 자유무역협정(FTA)

(1) 자유무역협정(FTA)의 개념

① 자유무역협정(Free Trade Agreement)이란 협정을 체결한 국가 간에 상품과 서비스 교역에 대한 관세 및 무역장벽을 철폐함으로써 배타적인 무역특혜를 서로 부여하는 협정이다.
② FTA는 그 동안 유럽연합(EU)이나, 북미자유무역(NAFTA) 등과 같이 인접 국가나 일정한 지역을 중심으로 이루어졌기 때문에 지역무역협정(Regional Trade Agreement ; RTA)으로 볼 수 있다.
③ 지역무역협정은 체결 국가 간 경제통합의 심화 정도에 따라 4단계(자유무역협정→ 관세동맹→ 공동시장→ 완전경제통합)로 크게 구분된다.

대표유형문제

A국은 자본이 상대적으로 풍부하고 B국은 노동이 상대적으로 풍부하다. 양국 간의 상품이동이 완전히 자유로워지고 양국가가 부분특화하는 경우, 헥셔-올린(Heckscher-Ohlin)모형과 스톨퍼-사무엘슨(Stolper-Samuelson) 정리에서의 결과와 부합하는 것을 모두 고른 것은?

> 가. 두 국가의 자본가격은 같아진다.
> 나. A국 자본가의 실질소득은 증가하는 반면, B국 자본가의 실질소득은 감소한다.
> 다. A국 노동자의 실질소득은 감소하는 반면, B국 노동자의 실질소득은 증가한다.

① 가
② 가, 나
③ 가, 다
④ 나, 다
⑤ 가, 나, 다

해설
요소가격 균등화정리에 의하면 자유무역이 이루어지면 국가 간 요소이동이 불가능하더라도 양국에서 요소의 가격이 같아진다. 헥셔-올린 정리에 따르면 각국은 비교우위가 있는 재화생산에 특화하여 생산한 후 자유무역이 이루어지면 각국의 후생수준은 무역이전보다 증가한다. 스톨퍼-사무엘슨 정리에 따르면 각국은 자유무역 이후 상대적으로 풍부한 생산요소의 소득이 증가하므로 각국의 후생수준이 증가한다. A국이 자본풍부국이므로 자유무역이 이루어지면 A국에서는 자본가의 실질소득이 증가하고 노동자의 실질소득은 감소한다. 반면, B국은 노동풍부국이므로 자유무역이 이루어지면 노동자의 실질소득이 증가하고 자본가의 실질소득은 감소한다.

정답 ⑤

대표유형문제

자유무역협정(FTA)에 관한 다음 설명 중 옳지 않은 것은?
① 회원국 간에 상품과 서비스 교역에 대한 관세 및 무역장벽을 철폐함으로 배타적인 무역특혜를 서로 부여하는 협정이다.
② 다자협상 시 오랜 시간이 걸리고 회원국 수가 급증하여 합의 도출이 어려운 WTO 체제의 문제점을 해결하기 위한 반작용이다.
③ 공산품, 농산물, 서비스, 지적재산권, 정부조달, 환경, 노동 등으로 확대 적용한다.
④ 최혜국대우의 원칙의 예외를 허용하고 상호이익의 균형과 민감성을 존중한다.
⑤ 한국은 2023년 기준으로 총 21개국과의 FTA가 발효되었다.

해설
자유무역협정(FTA)의 주요 대상은 공산품, 농산물, 서비스, 지적재산권 등을 기본으로 하고 환경, 노동 등 논란이 되는 분야는 회피한다.

정답 ③

(2) 지역무역협정(FTA)의 종류와 포괄 범위

역내 관세철폐	역외 공동 관세부과	역내 생산요소 자유이동 보장	역내 공동 경제 정책 수행	초국가적 기구 설치·운영
1. 자유무역협정(FTA) 역내 관세철폐				
2. 관세동맹(Customs Union) 공동관세 부과				
3. 공동시장(Common Market) 생산요소 이동 자유화				
4. 경제동맹(Economic Union) 재정·금융정책 상호작용				
5. 완전경제통합(Complete Economic Union) 경제주권 포기, 경제정책 통합				

종류	내용	예시
자유무역협정(FTA)	회원국 간 무역자유화를 위해 관세를 포함하여 각종 무역제한조치 철폐	NAFTA
관세동맹 (Customs Union)	회원국 간 역내무역 자유화 외에도 역외국에 대해 공동관세율을 적용하여 대외적인 관세까지도 역내국들이 공동보조를 취함	남미공동시장 (MERCOSUR)
공동시장 (Common Market)	관세동맹 수준의 무역정책 외에도 회원국 간 노동, 자본 등 생산요소의 자유로운 이동 가능	구주공동체(EC), 중앙아메리카 공동시장(CACM)
경제동맹 (Economic Union)	회원국 간 금융, 재정정책, 사회복지 등 모든 경제정책을 상호 조정하여 공동의 정책 수행	유럽연합(EU)
완전경제통합 (Complete Economic Union)	• 회원국들이 독립된 경제정책을 철회하고, 단일 경제체제하에서 모든 경제정책을 통합·운영 • 회원국 간 단일 의회 설치와 같은 초국가적 기구 설치	

(3) 자유무역협정(FTA)의 주요내용

① 전통적인 FTA와 개도국간 FTA는 상품분야의 무역자유화 또는 관세인하에 중점을 두었다.
② WTO체제 출범을 전후하여 상품에 대한 무역철폐 외에 서비스, 투자자유화, 지적재산권, 정부조달, 무역구제제도 등 협정의 대상 범위가 점차 확대되고 있다.

(4) 자유무역협정(FTA)의 확산이유

① WTO 다자협상의 경우 장기간이 소요되고, 회원국 수의 급증으로 합의 도출이 어렵다는 단점을 해결하기 위한 반작용이다.
② FTA가 개방을 통해 경쟁을 심화시킴으로써 생산성 향상에 기여한다는 측면에서 무역부문의 중요한 개혁 조치로 부상했다.

③ 무역 및 외국인 직접 투자의 유입이 경제성장의 원동력이라는 인식 확산과 FTA 체결이 외국인 직접투자 유치에 큰 도움이 된 NAFTA 이후 멕시코 등의 사례가 큰 교훈으로 작용했다.
④ 특정 국가 간의 배타적 호혜조치가 실익 제고, 부담 완화 및 관심사항 반영에 유리할 수 있다는 측면을 고려했다.
⑤ 지역주의 확산에 따라 역외 국가로서 받는 반사적 피해에 대한 대응이 필요하다고 생각했다.

(5) 자유무역 규범의 진화와 주요 특징

구분	GATT(1948~1994)	WTO(1995~2000)	FTA(2000~)
주요 목적	다자 간 관세인하로 국제무역 확대	다자 간 관세 및 비관세 장벽 제거	WTO 체제를 바탕으로 뜻 맞는 나라끼리 주기적으로 대폭 관세 및 비관세 장벽 제거
법인 여부	법인격 있는 기구조직 없이 협정체제로 운영	스위스 제네바에 본부를 둔 법인격 있는 국제기구	협정 당사국 관련부처 간에 협의하여 운영
주요 대상	주로 공산품	공산품, 농산물, 서비스, 지재권 정부조달, 환경, 노동, 규범 등으로 적용 확대	공산품, 농산물, 서비스, 지재권 등을 기본으로 하고 환경 노동 등 논란 분야 회피
기본 원칙	최혜국대우의 원칙*1 + 내국민대우의 원칙*2	최혜국대우의 원칙 + 내국민대우의 원칙	최혜국대우의 원칙의 예외 허용 + 상호이익 균형 / 민간성 존중
무역 규제	긴급수량제한(Safeguard) 허용	긴급수량제한(Safeguard) 허용 + 반덤핑관세, 상계관세 부과	긴급수량제한(Safeguard) 허용 + 반덤핑관세, 상계관세 부과 + 세관당국에 의한 원산지 검증

*1 최혜국대우의 원칙 : 어떤 상품에 적용되는 최저관세율이 있을 경우, 이를 다른 나라 제품에도 동일하게 적용해야 한다는 원칙
*2 내국민대우의 원칙 : 외국인에게만 적용되는 별도 관세부과 절차를 만들지 않고, 내국민에게 적용되는 절차를 그대로 적용

대표유형문제

지역무역협정(FTA)에 관한 다음 설명 중 옳지 않은 것은?
① 관세동맹(Customs Union)은 유럽연합(EU) 사례와 같이 회원국 간 금융, 재정정책, 사회복지 등 모든 경제정책을 상호 조정하여 공동의 정책을 수행하는 것을 의미한다.
② 공동시장(Common Market)이란 관세동맹 수준의 무역정책 외에도 회원국 간 노동, 자본 등 생산요소의 자유로운 이동이 가능한 시장을 말한다.
③ 자유무역협정(FTA)은 개방을 통해 경쟁을 심화시킴으로써 생산성 향상에 기여한다는 측면에서 무역 부분의 중요한 개혁 조치로 부상하였다.
④ 자유무역협정(FTA)을 통한 무역 시에는 세관당국에 의한 원산지를 검증하여야 한다.
⑤ 자유무역협정(FTA)의 법인은 협정 당사국 관련부처 간에 협의하여 운영한다.

해설
지역무역협정은 체결 국가 간 경제통합의 심화 정도에 따라 4단계(자유무역협정 → 관세동맹 → 공동시장 → 완정경제통합)로 크게 구분된다. ①은 경제동맹에 대한 설명이다. 관세동맹이란 회원국 간 역내무역 자유화 외에도 역외국에 대해 공동관세율을 적용하여 대외적인 관세까지도 역내국들이 공동보조를 취하는 것을 의미한다.

정답 ①

대표유형문제

시장개방은 양자협상과 다자협상에 의한 개방으로 나눌 수 있다. 다음 중 몇 개 국가나 지역 간 협상에 의한 시장개방이 아닌 것은?

① ROUND(라운드)
② CEPA(포괄적 경제동반자협정)
③ SECA(전략적 경제보완협정)
④ TPP(환태평양경제동반자협정)
⑤ EPA(경제연계협정)

해설

ROUND(라운드)는 WTO(세계무역기구)와 WTO의 전신인 GATT(관세 및 무역에 관한 일반협정) 주도 아래 세계 여러 나라들이 동시에 벌이는 다자간 무역협상이다. CEPA(포괄적 경제동반자협정)는 상품의 관세인하, 비관세장벽 제거 등의 요소를 포함하면서 무역원활화 및 여타 협력분야 등에 중점을 두고 있는 협정으로 무역과 투자 자유화를 비롯해 금융·정보·커뮤니케이션기술·과학기술·인력개발·관광·에너지·식량문제 등에 관한 협의를 포함한다. SECA(전략적 경제보완협정)는 라틴 아메리카 국가 간 경제통합을 목적으로 1980년에 체결된 몬테비데오 조약에 근거한 지역협정인 ECA를 모델로 한 FTA의 느슨한 형태이다. TPP(환태평양경제동반자협정)는 2015년 10월 협상이 타결된 미국이 주도하는 아시아·태평양지역 자유무역협정(FTA)으로 상품 거래, 원산지 규정, 무역 구제조치, 위생검역, 무역부문의 기술 장벽, 서비스 부문 무역, 지적재산권, 정부조달 및 경쟁정책 등 자유무역협정의 거의 모든 주요 사안이 포함돼 있다. EPA(경제연계협정)는 관세철폐·인하 외에 투자와 서비스, 지식재산, 인적 자원 이동의 자유까지 포괄하는 협정이다.

정답 ①

(6) 자유무역협정(FTA)의 종류

종류	내용
CEPA (포괄적 경제동반자협정)	상품의 관세인하, 비관세장벽 제거 등의 요소를 포함하면서 무역원활화 및 여타 협력분야 등에 중점을 두고 있는 협정으로 무역과 투자 자유화를 비롯해 금융·정보·커뮤니케이션기술·과학기술·인력개발·관광·에너지·식량문제 등에 관한 협의를 포함한다.
RECP (역내 포괄적 경제동반자협정)	중국 주도의 지역 무역협정으로 동남아시아국가연합(ASEAN) 10개국과 한중일 3개국, 호주, 뉴질랜드, 인도 등 총 16개국의 관세 장벽 철폐를 목표로 한다.
SECA (전략적 경제보완협정)	라틴 아메리카 국가 간 경제통합을 목적으로 1980년에 체결된 몬테비데오 조약에 근거한 지역협정인 ECA를 모델로 한 FTA의 느슨한 형태이다.
TPP (환태평양경제동반자협정)	2015년 10월 협상이 타결된 미국이 주도하는 아시아·태평양지역 자유무역협정(FTA)으로 상품 거래, 원산지 규정, 무역 구제조치, 위생검역, 무역부문의 기술 장벽, 서비스 부문 무역, 지적재산권, 정부조달 및 경쟁정책 등 자유무역협정의 거의 모든 주요 사안이 포함돼 있다.
EPA (경제연계협정)	관세철폐·인하 외에 투자와 서비스, 지식재산, 인적 자원 이동의 자유까지 포괄하는 협정이다.

(7) 우리나라의 FTA 추진 현황(2023년 기준)

① 발효된 FTA(21건)

상대국	협상개시	서명	발효	의의
칠레	1999년 12월	2003년 2월	2004.4.1	최초의 FTA, 중남미 시장의 교두보
싱가포르	2004년 1월	2005년 8월	2006.3.2	아세안 시장의 교두보
EFTA(4개국)	2005년 1월	2005년 12월	2006.9.1	유럽시장의 교두보
아세안(10개국)	2005년 2월	2006년 8월 (상품협정)	2007.6.1 (국가별 상이)	제2의 교역대상
인도	2006년 3월	2009년 8월	2010.1.1	BRICs 국가, 거대시장
EU(27개국)	2007년 5월	2010년 10월	2015.12.13	세계 최대 경제권
페루	2009년 3월	2011년 3월	2011.8.1	자원부국, 중남미 시장의 교두보
미국	2006년 6월	2007년 6월	2012.3.15	거대 선진 경제권
터키	2010년 4월	2012년 8월	2013.5.1	유럽·중앙아시아 진출 교두보
호주	2009년 5월	2014년 4월	2014.12.12	자원부국, 오세아니아 주요시장
캐나다	2005년 7월	2014년 9월	2015.1.1	북미선진시장
중국	2012년 5월	2015년 6월	2015.12.20	우리의 제1위 교역대상
뉴질랜드	2009년 6월	2015년 3월	2015.12.20	오세아니아 주요시장
베트남	2012년 8월	2015년 5월	2015.12.20	우리의 제5위 투자국('19년 기준)
콜롬비아	2009년 12월	2013년 2월	2016.7.15	자원부국, 중남미 신흥시장

중미(5개국)	2015년 6월	2018년 2월	2021.3.1	중미 신시장 창출
영 국	2017년 2월	2019년 8월	2021.1.1	브렉시트 이후 한영 통상관계 지속
RCEP	2012년 11월	2020년 11월	2022.2.1	동아시아 경제통합 기여
이스라엘	2016년 5월	2021년 5월	2022.12.1	창업국가 성장모델
캄보디아	2020년 7월	2021년 10월	2022.12.1	동남아 시장 진출 확대
인도네시아	2019년 2월	2020년 12월	2023.1.1	동남아시아 시장 진출 확대 기여

② 타결된 FTA(1건)

| 상대국 | 추진현황 | | 의 의 |
	협상 개시	타 결	
필리핀	2019년 6월	2021.10.26	동남아 시장 진출 확대 기여

③ 보호무역론

(1) 보호무역론의 개념

보호무역론(Protectionism)이란 자국의 산업을 보호하고 육성하기 위해 정부가 적극적으로 수입을 규제해야 한다는 이론이다.

(2) 보호무역정책의 시행이유

유치산업 보호	• 유치산업이란 한 나라의 산업 중 장차 성장잠재력은 있지만 최초의 실험단계에서 벗어나지 못해 국제경쟁력을 갖추지 못했거나 금융적인 곤란을 받고 있는 미발달의 산업을 의미한다. • 이러한 유치산업 중 일정기간 동안 보호해 주면 경쟁력을 갖출 수 있는 유망한 유치산업에 대한 보호무역조치가 필요하다는 이론을 '유치산업 보호론'이라고 한다. • 유치산업이 성장하여 체제를 갖추게 되면 규모의 경제가 발생할 수 있고, 생산경험이 축적되면 학습효과가 나타나 경쟁력을 갖출 수 있다.
실업의 방지	• 자유무역으로 인해 국내생산과 고용이 감소하므로 실업을 방지하기 위한 보호무역조치가 필요하다.
국가안보	• 국방산업, 농산물과 같이 국가안보와 직결되는 상품의 경우 향후 수입이 어려워질 경우 국가안보에 심각한 위협이 될 수 있으므로 보호무역조치가 필요하다.

(3) 보호무역을 위한 정책수단

① 관세장벽

㉠ 관세장벽이란 수입을 억제하기 위해 높은 관세를 부과하는 것을 말한다.

대표유형문제

무역장벽과 관련한 다음 설명 중 가장 옳지 않은 것은?

① 수출자율규제는 비관세 무역장벽에 속한다.
② 상계관세는 수출국에서 직간접적으로 생산 또는 수출에 대하여 장려금이나 보조금을 지급하였을 때 이를 상쇄하기 위해 부과하는 관세를 말한다.
③ 수입할당제와 관세는 후생 측면에서 비슷한 결과를 보이지만 관세에 비해 수입할당제는 정부 수입을 감소시킨다.
④ 수출자율규제는 수입할당제와 매우 비슷한 효과를 보이는 무역장벽이다.
⑤ 보복관세란 부당하게 낮은 가격으로 수출된 제품으로 수입국 산업이 피해를 입었을 때 수입국에서 부당가격에 관세를 부과하는 것을 의미한다.

해설

반덤핑관세에 대한 설명이다. 보복관세란 자국 상품에 대해 불리한 대우를 하는 나라의 상품에 대한 보복의 성격을 띤 관세를 의미한다.

정답 ⑤

대표유형문제

다음 보호무역 정책수단들 중 성격이 다른 하나는?
① 상계관세
② 수입수량제한
③ 수출물량제한
④ 수출자율규제
⑤ 수출보조금

해설
상계관세는 관세장벽이고, 나머지 보기는 모두 비관세장벽에 해당된다.

정답 ①

ⓒ 관세장벽의 종류

반덤핑관세	반덤핑관세란 부당하게 낮은 가격으로 수출된 제품으로 수입국 산업이 피해를 입었을 때 수입국에서 부당가격에 관세를 부과하는 것을 의미한다.
상계관세	상계관세란 수출국으로부터 장려금이나 보조금을 지원받아 가격경쟁력이 높아진 물품이 수입되어 국내 산업이 피해를 입을 경우, 이러한 제품의 수입을 불공정한 무역행위로 보아 이를 억제하기 위해 부과하는 관세를 의미한다.
보복관세	보복관세란 자국 상품에 대해 불리한 대우를 하는 나라의 상품에 대한 보복의 성격을 띤 관세를 의미한다.
긴급관세	긴급관세란 국내산업을 보호하기 위해 긴급한 조치가 필요하거나, 특정물품 수입의 긴급한 억제 등의 필요가 있을 때 특정물품의 관세율을 높여서 부과하는 관세를 의미한다.
할당관세	할당관세란 국내산업 지원을 위해 국내에서 생산되지 않는 기초원자재 등 특정 수입품에 부과하는 관세로써 정부가 정한 일정수입량까지는 저율의 관세를 부과하고 이를 초과해 수입되는 물품에는 고율의 관세를 부과하는 것을 의미한다.

② 비관세장벽

ⓐ 비관세장벽이란 관세 이외의 방법으로 정부가 국산품과 외국품을 차별, 수입을 억제하려는 정책을 의미한다.

ⓒ 비관세장벽의 종류

수입할당제 (Import Quota System)	수입할당제는 비관세장벽 중 가장 많이 이용되는 제도로, 특정상품의 수입을 일정기준에 따라 할당하여 일정기간의 수입수량 또는 금액을 제한하는 제도이다.
수출자율규제 (Voluntary Export Restraint)	수출자율규제란 수입국이 수출국에게 압력을 가하여 수출국이 자율적으로 수출물량을 일정수준 이하로 억제하도록 하는 제도이다.
수입허가제 (Import Licence System)	수입허가제는 일정한 상품을 수입할 때는 정부의 허가를 받아야 하는 제도를 말한다.
수입과징금 (Import Surcharge)	수입과징금이란 수입을 억제하기 위하여 수입상품에 부과하는 특별관세나 부가세를 의미한다.
수출보조금 (Export Subsidy)	수출보조금이란 국가 혹은 공공단체가 국내생산물의 수출을 증가시키기 위하여 국내 수출신입이니 또는 수출업자에게 제공하는 재정적 지원을 의미한다.

제4편 국제경제

제22장 출제예상문제

01 아래 표는 A국과 B국의 노동자 1인당 자동차와 휴대폰 생산량을 나타낸 것이다. A국은 어떤 무역상품에 우위를 갖는가?

구 분	자동차	휴대폰
A국	5	10
B국	2	5

① 자동차와 휴대폰에서 모두 절대우위, 그리고 자동차에 비교우위가 있다.
② 자동차와 휴대폰에서 모두 절대우위, 그리고 휴대폰에 비교우위가 있다.
③ 자동차와 휴대폰에서 모두 절대우위, 그리고 비교우위는 없다.
④ 자동차와 휴대폰에서 모두 절대우위는 없지만 자동차에 비교우위가 있다.
⑤ 자동차와 휴대폰에서 모두 절대우위는 없지만 휴대폰에 비교우위가 있다.

해설 A국은 B국에 비해 자동차와 휴대폰에서 모두 노동자 1인당 생산량이 많으므로 절대우위를 가진다. 비교우위를 비교하기 위해 A국과 B국의 자동차와 휴대폰에 대한 기회비용을 계산해보면 다음과 같다.

구 분	자동차의 기회비용	휴대폰의 기회비용
A국	휴대폰 2	자동차 0.5
B국	휴대폰 2.5	자동차 0.4

따라서 A국은 자동차에 비교우위가 있고, B국은 휴대폰에 비교우위가 있음을 알 수 있다.

02 다음 중 두 나라 사이에 교역이 이루어지는 기본원리와 관련해 가장 옳은 것은?

① 비교우위는 더 적은 양의 생산요소를 투입해 생산할 수 있는 능력을 말한다.
② 한 나라가 모든 재화에 절대적 우위가 있는 경우 교역은 이루어지지 않는다.
③ 한 나라가 이득을 보면 반드시 다른 나라는 손해를 본다.
④ 각국은 기회비용이 상대적으로 적은 재화를 생산한다.
⑤ 한 국가에서 모든 산업이 비교열위에 있는 경우도 있다.

정답 1 ① 2 ④

해설   비교우위는 같은 상품을 다른 나라에 비해 더 적은 기회비용으로 생산할 수 있는 능력을 말하며, 절대우위는 더 적은 양의 생산요소를 투입해 생산할 수 있는 능력을 말한다. 실제 두 국가 간의 교역은 절대우위에 의해 이루어지기도 하지만 사실상 비교우위에 의해 교역이 유발되는 경우가 더 많다. 절대우위 또는 비교우위가 있는 상품 생산에 특화하면 두 나라 모두 경제의 총 생산량과 소비자 잉여는 증가한다. 한편, 절대우위는 모든 재화에 대하여 가질 수 있지만 비교우위는 모든 재화에 대해 가질 수 없다. 즉, 절대우위에 있어도 비교열위에 놓일 수 있고, 절대열위에 있어도 비교우위에 놓일 수 있다.

03 강아지와 고양이가 한 시간 동안 수확할 수 있는 고구마와 물고기의 양이 다음 표와 같다고 한다. 이 경우 강아지와 고양이의 경쟁력을 설명한 내용으로 옳은 것은?

구 분	고구마	물고기
강아지	40	20
고양이	30	10

① 강아지는 어디에서도 비교우위가 없다.
② 강아지는 두 품목에서 모두 비교우위가 있다.
③ 강아지는 쉬고 고양이가 모든 일을 하는 것이 경제적이다.
④ 강아지는 물고기에 고양이는 고구마에 비교우위가 있다.
⑤ 강아지는 고구마에 고양이는 물고기에 비교우위가 있다.

해설   강아지와 고양이의 고구마와 물고기에 대한 기회비용을 계산해보면 다음과 같다.

구 분	고구마의 기회비용	물고기의 기회비용
강아지	물고기 1/2마리	고구마 2개
고양이	물고기 1/3마리	고구마 3개

따라서 강아지는 물고기에, 고양이는 고구마에 비교우위가 있다.

04 A국과 B국에서 동일한 성능의 상품 X재와 Y재의 국내가격 비율이 다음과 같다. 옳은 내용은?

$$\left(\frac{P_X}{P_Y}\right)^A = 3, \quad \left(\frac{P_X}{P_Y}\right)^B = 5$$

① A국과 B국 사이의 생산에서 비교우위는 없다.
② A국은 X재, B국은 Y재 생산에 비교우위를 가진다.

③ A국은 Y재, A국은 X재 생산에 비교우위를 가진다.
④ A국은 B국에 비하여 두 재화 생산에서 모두 절대우위를 가진다.
⑤ B국은 A국에 비하여 두 재화 생산에서 모두 절대우위를 가진다.

해설 비교우위는 다른 생산자에 비해 같은 상품을 더 적은 기회비용으로 생산할 수 있는 능력을 의미한다. A국은 X재의 상대가격이 낮으므로 X재에 비교우위를 가지고, B국은 Y재의 상대가격이 낮으므로 Y재에 비교우위를 가진다.

05 아래 표를 해석한 내용 중 옳은 것은?

구 분	A국	B국
총노동량	2000	400
X재 1단위 생산을 위해 필요한 노동량	40	20
Y재 1단위 생산을 위해 필요한 노동량	20	5

① X재 1단위와 Y재 1단위가 완전보완재라면 두 나라 간의 교역은 일어나지 않을 것이다.
② A국에서 Y재 1단위를 생산하기 위해 투입하는 노동으로 X재를 생산하면 $\frac{40}{20} = 2$개를 생산할 수 있다.
③ A국이 B국보다 두 재화를 모두 더 많이 생산할 수 있으므로 두 재화에 대해 절대우위를 갖는다.
④ A국은 Y재 1단위를 생산에 투입하는 노동으로 B국에 비해 더 많은 X재를 생산하므로 X재 생산에서 비교우위를 갖는다.
⑤ B국은 Y재 1단위를 생산에 투입하는 노동으로 A국에 비해 더 많은 X재를 생산하므로 X재 생산에서 비교우위를 갖는다.

해설 X재와 Y재가 완전대체재라면 두 나라는 모두 Y재만 생산하므로 교역은 발생하지 않을 것이다. A국에서 Y재 1단위를 생산하기 위해 투입하는 노동으로 X재를 생산하면 $\frac{20}{40} = \frac{1}{2}$개를 생산할 수 있다. 반면 B국은 $\frac{5}{20} = \frac{1}{4}$개를 생산할 수 있다. 따라서 A국이 B국에 비하여 더 많은 X재를 생산하게 되므로 A국은 X재 생산에 비교우위를 갖는다.

06 A국과 B국은 각각 고구마와 휴대폰을 생산한다. A국은 고구마 1kg 생산에 200명이, 휴대폰 한 대 생산에 300명이 투입된다. B국은 고구마 1kg 생산에 150명이, 휴대폰 한 대를 생산에 200명이 투입된다. 두 나라에 각각 6천 명의 투입 가능한 인력이 있다고 할 때 비교우위에 의한 생산을 옳게 계산한 것은?

① A국 휴대폰 20대, B국 고구마 30kg ② A국 휴대폰 20대, B국 고구마 40kg
③ A국 고구마 30kg, B국 휴대폰 30대 ④ A국 고구마 30kg, B국 휴대폰 40대
⑤ A국 고구마 40kg, B국 휴대폰 30대

정답 5 ④ 6 ③

해설 A국과 B국이 고구마와 휴대폰을 생산하는 데 투입되는 노동력을 표로 만들면 다음과 같다.

구분	A국	B국
고구마(1kg)	200	150
휴대폰(1대)	300	200

A국은 B국보다 고구마와 휴대폰을 각각 1단위 구입하기 위해 필요로 하는 노동력이 더 많으므로 B국은 절대우위를 가진다. 한편, A국은 고구마 1kg을 생산하기 위해 휴대폰 1대를 생산하기 위한 노동력의 약 66.7%$\left(=\frac{2}{3}\times100\right)$가 필요하고, B국은 약 75%$\left(=\frac{3}{4}\times100\right)$가 필요하다. 따라서 상대적으로 A국은 고구마 생산에 B국은 휴대폰 생산에 비교우위가 있다. 이 경우 A국과 B국은 각각 고구마와 휴대폰에 생산을 특화한 뒤 서로 생산물을 교환하면 소비량을 늘릴 수 있다. 현재 6,000명 투입이 가능하므로 A국은 고구마 30kg, B국은 휴대폰 30대를 생산한다.

07 A국과 B국은 자동차와 시계를 생산하며 두 재화에 대한 동일한 상대수요곡선을 가지고 있다. 양국의 교역은 헥셔-올린(Heckscher-ohlin) 모형을 따르며 요소부존량이 다음 표와 같이 주어져 있을 경우 옳지 않은 것은?(단, 자동차는 자본집약적 재화이고 시계는 노동집약적 재화이다)

구분	A국	B국
노동	150	225
자본	250	300

① A국은 B국에 비해 자본이 상대적으로 풍부하다.
② B국은 시계를 생산하는 데 비교우위를 가진다.
③ 양국은 무역을 통해 이익을 창출할 수 있다.
④ 무역을 하면 양국에서 자동차의 시계에 대한 상대가격은 수렴한다.
⑤ 무역을 하면 A국에서 노동의 자본에 대한 상대요소가격은 상승한다.

해설 A국과 B국의 요소집약도를 비교하면 $\frac{5}{3}=\frac{250}{150}=\left(\frac{K}{L}\right)^A>\left(\frac{K}{L}\right)^B=\frac{300}{225}=\frac{4}{3}$이므로 A국은 자본풍부국이고 B국은 노동풍부국이다. 헥셔-올린 정리에 의하면 각국은 상대적으로 풍부한 생산요소를 집약적으로 투입하는 재화생산에 비교우위를 가지므로 A국은 자본집약재에 B국은 노동집약재에 상대적 비교우위를 가진다. 자유무역이 발생하면 각국에서 풍부한 생산요소의 소득이 증가하므로 A국에서는 자본임대료가 상대적으로 상승한다. 즉, A국에서는 노동의 자본에 대한 상대요소가격이 하락한다.

08
다음 중 국가 간의 비교우위가 무역의 원인이 된다는 헥셔-올린(Heckscher-Ohlin) 정리의 가정을 모두 고르면?

> 가. 두 국가의 생산요소는 노동 한 가지이고, 한 국가 내의 노동의 이동은 자유롭다.
> 나. 두 국가의 생산함수는 동일하며, 규모에 대한 수익불변이다.
> 다. 두 국가의 선호체계를 반영하는 사회후생함수는 동일하다.
> 라. 두 국가의 요소부존도는 동일하다.

① 가, 나 ② 가, 다
③ 나, 다 ④ 나, 라
⑤ 다, 라

해설 가. 두 국가의 생산요소는 노동과 자본 두 가지이고, 국가 간 생산요소의 이동은 불가능하다고 가정한다.
라. 헥셔-올린 정리는 비교우위 발생원인을 요소부존의 차이로 설명하는 이론이다. 즉, 각국의 요소부존도는 서로 상이한 것으로 가정한다.

09
다음 괄호 안에 들어갈 적절한 용어를 옳게 짝지은 것은?

> (㉮)정리에 따르면 각국은 자국에 상대적으로 풍부한 부존요소를 집약적으로 사용하는 재화를 생산하여 수출한다. 또한 (㉯)정리에 의하면 자유무역이 이루어지면 각국에서 풍부한 생산요소의 실질소득은 증가하나 희소한 생산요소의 실질소득은 감소한다. 그러나 1947년 (㉰)는 미국의 수출입자료를 이용하여 실증분석을 해본 결과 자본풍부국으로 여겨지는 미국이 오히려 자본집약재를 수입하고 노동집약재를 수출하는 현상을 발견하였다.

① ㉮ 헥셔-올린 ㉯ 립진스키 ㉰ 레온티에프
② ㉮ 립진스키 ㉯ 레온티에프 ㉰ 스톨퍼-사무엘슨
③ ㉮ 스톨퍼-사무엘슨 ㉯ 헥셔-올린 ㉰ 립진스키
④ ㉮ 헥셔-올린 ㉯ 스톨퍼-사무엘슨 ㉰ 레온티에프
⑤ ㉮ 립진스키 ㉯ 헥셔-올린 ㉰ 스톨퍼-사무엘슨

해설 립진스키의 정리에 따르면 어떤 생산요소를 집약적으로 사용하는 재화생산은 증가하지만 공급이 고정된 생산요소를 집약적으로 사용하는 재화생산은 감소한다. 즉, 천연가스 부존량이 증가하면 천연가스를 많이 사용하는 부문의 생산은 증가하지만 공급이 고정된 다른 생산요소를 집약적으로 사용하는 부문의 생산은 감소한다.

정답 8 ③ 9 ④

10 A국과 B국은 X재와 Y재를 생산하며 다음과 같은 생산가능곡선을 가지고 있다. 다음 중 옳은 설명은?

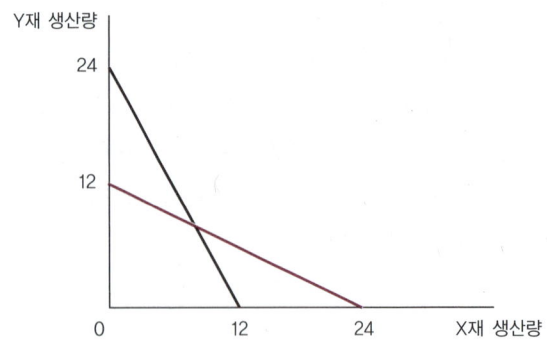

- A국의 생산가능곡선 : Y=12−0.5X
- B국의 생산가능곡선 : Y=24−2X

가. A국에서 X재 생산의 상대가격은 B국보다 높다.

나. 두 나라가 자유롭게 교역할 때, X재 1단위는 Y재 $\frac{1}{2}$∼2단위와 교환가능하다.

다. 교역이 발생할 때, B국은 Y재를 자국이 소비하는 양보다 더 많이 생산한다.

라. 두 나라의 생산가능곡선이 교차하는 곳에서 각국이 소비하고 있다면 교역은 발생하지 않는다.

① 가, 나 ② 가, 라 ③ 나, 다 ④ 나, 라 ⑤ 다, 라

해설 생산가능곡선의 기울기의 절대값은 X재 생산의 기회비용이면서 동시에 X재의 상대가격을 의미한다. A국의 생산가능곡선 기울기는 $\frac{1}{2}$이고, B국의 생산가능곡선 기울기는 2이므로 A국은 B국보다 X재 생산에 대한 기회비용 및 상대가격이 낮다. 그러므로 A국은 X재 생산에 비교우위를, B국은 Y재 생산에 비교우위를 가진다. 따라서 A국은 X재 생산에 특화하고 B국은 Y재 생산에 특화할 것이므로 교역이 발생할 경우 A국은 X재를 자국이 소비하는 양보다 더 많이 생산할 것이다. 또한 국제무역이 이루어질 경우 X재 1단위와 교환되는 Y재의 수량은 X재의 상대가격을 나타내는 $\frac{1}{2}$∼2 사이에서 결정된다. 한편, 두 국가의 생산가능곡선이 교차하는 점에서 각국이 소비를 하고 있더라도 각국이 비교우위가 있는 재화에 특화한 후 이를 서로 교환하면 무역 이전보다 더 많은 재화를 소비할 수 있게 된다.

11. 산업 내 무역에 관한 설명으로 옳은 것은?

① 산업 내 무역은 규모의 경제와 관계없이 발생한다.
② 산업 내 무역은 부존자원의 상대적인 차이 때문에 발생한다.
③ 산업 내 무역은 경제여건이 다른 국가 사이에서 이루어진다.
④ 산업 내 무역은 유럽연합 국가들 사이의 활발한 무역을 설명할 수 있다.
⑤ 산업 내 무역은 무역으로 인한 소득재분배가 발생한다.

해설 산업 내 무역(Intra-industry Trade)은 동일한 산업 내에서 재화의 수출입이 이루어지는 것을 말한다. 산업 내 무역은 시장구조가 독점적 경쟁이거나 규모의 경제가 발생하는 경우에 주로 발생하며, 부존자원의 차이와는 관련이 없다. 산업 내 무역은 주로 경제발전의 정도 혹은 경제 여건이 비슷한 나라들 사이에서 이루어지므로 유럽 연합 국가들 사이의 활발한 무역을 설명할 수 있다. 그러므로 무역으로 인한 소득재분배가 크게 발생하지는 않는다.

12. 1950년대 이후 선진국 간의 무역이 크게 증가하였다. 이러한 선진국 간의 무역 증가를 가장 잘 설명한 것은?

① 리카도의 비교우위론
② 헥셔-올린 정리
③ 요소가격균등화 정리
④ 레온티에프의 역설
⑤ 규모의 경제

해설 산업 내 무역이론의 발생 원인으로는 규모의 경제, 독점적 경쟁 등이 있다. 리카도의 비교우위론과 헥셔-올린 정리, 요소가격균등화정리는 모두 산업 간 무역을 설명하는 이론이다. 또한 레온티에프의 역설은 헥셔-올린 정리와 정반대되는 레온티에프의 실증분석을 의미한다.

13. 다음 중 자유무역협정의 긍정적인 측면이 아닌 것은?

① 무역으로 인해 발생한 교역의 이익은 교역 당사자 양국이 모두 나누어 가진다.
② 무역으로 인해 숙련된 노동자의 임금이 더 상승한다.
③ 무역으로 인해 특화가 가능해지고 비용이 하락한다.
④ 무역으로 인해 소비자의 선택권이 다양해진다.
⑤ 무역으로 인해 시장이 커진다.

정답 11 ④ 12 ⑤ 13 ②

해설   자유무역협정이란 둘 또는 그 이상의 국가들이 상호 간에 수출입 관세와 시장점유율 제한 등의 무역장벽을 제거하기로 약정하는 협정의 한 형태이다. 무역으로 인해 숙련된 노동자의 임금이 더 상승하는 것은 소득불평등을 심화시키므로 자유무역협정의 부정적인 측면에 해당하는 내용이다.

14 국가 간의 자유무역에 대한 설명으로 옳지 않은 것은?

① 자유무역이 이루어지면 수출재의 국내가격은 무역이전보다 상승하므로 수출품을 생산하는 생산자의 생산자 잉여는 증가한다.
② 자유무역이 이루어지면 수입품의 국내가격이 하락하므로 수입대체재를 생산하는 생산자 잉여는 감소한다.
③ 자유무역이 이루어지면 각국에서 풍부한 요소의 소득은 증가하고, 희소한 요소의 소득은 감소한다.
④ 자유무역 이후 각국에서는 모두 노동자와 자본가의 소득격차가 줄어들게 된다.
⑤ 자유무역을 통해 이익을 얻기 위해서는 교역에 대한 적절한 규제나 세금이 필요하다.

해설   교역에 대해 규제나 세금을 부과하는 것은 자유무역의 의미와 거리가 멀다.
자유무역이 이루어지면 수출재의 국내가격은 무역이전보다 상승하므로 수출품을 생산하는 생산자의 생산자 잉여는 증가하나 소비자 잉여는 감소한다. 그리고 무역이 이루어지면 수입품의 국내가격이 하락하므로 수입대체제를 생산하는 생산자의 생산자 잉여가 감소하고 소비자 잉여가 증가한다.

15 신흥개도국은 유망산업을 관세 또는 비관세 장벽을 세워 정책적으로 보호하려는 경향을 가진다. 다음 중 옳지 않은 것은?

① 유치산업보호론에 따르면 유망산업이 존재하는 경우 무역장벽을 활용하여 충분한 경쟁력을 가질 수 있을 때까지 보호해 주어야 한다.
② 기술습득이 빠른 우수 노동력이 선체되면 잠태적 비교우위를 가질 수 있다.
③ 학습효과(Learning by doing)는 대표적인 비교우위의 사례이다.
④ 관세장벽에는 반덤핑관세, 상계관세, 보복관세 등이 있다.
⑤ 대체로 수입관세를 통한 산업보호가 생산보조금 정책보다 국민후생을 더 늘어나게 한다.

해설   대체로 수입관세를 통한 산업보호보다 생산보조금 정책이 국민후생을 더 늘어나게 한다.

16 소규모 개방경제에서 국내 생산자들을 보호하기 위해 X재의 수입에 대하여 관세를 부과할 때 다음 중 옳은 것은?(X재에 대한 국내 수요곡선은 우하향하고 국내공급곡선은 우상향한다)

① X재의 국내 생산이 감소한다.
② 국내 소비자 잉여가 증가한다.
③ 국내 생산자 잉여가 감소한다.
④ 관세부과로 인한 경제적 손실 크기는 X재에 대한 수요와 공급의 가격탄력성과 관계없다.
⑤ X재에 대한 수요와 공급의 가격탄력성이 낮을수록 관세부과로 인한 자중손실이 작아진다.

해설 X재 수입에 대해 관세를 부과하면 X재의 국내가격이 상승한다. X재의 국내가격이 상승하면 국내 생산량은 증가하고 소비량은 감소하게 된다. 또한 국내가격 상승으로 생산자 잉여는 증가하지만 소비자 잉여는 감소하게 된다. X재 수요와 공급의 가격탄력성이 낮다면 관세가 부과되더라도 수입량은 별로 줄어들지 않으므로 관세부과에 따른 손실이 작아진다.

17 자유무역협정(FTA)의 종류 중 관세동맹(Customs Union)과 공동시장(Common Market)의 가장 큰 차이점은?

① 가맹국에 대한 관세 부과 방식
② 비가맹국의 수입품에 대한 관세 부과 방식
③ 가맹국들 사이 상품의 자유로운 이동 정도
④ 가맹국들 사이 자본의 자유로운 이동 정도
⑤ 가맹국의 비가맹국에서 생산된 상품에 대한 수입 방식

해설 관세동맹이란 회원국간 역내무역 자유화 외에도 역외국에 대해 공동관세율을 적용하여 대외적인 관세까지도 역내국들이 공동보조를 취하는 제도이다. 공동시장은 관세동맹 수준의 무역정책 외에도 회원국간 노동, 자본 등 생산요소의 자유로운 이동이 가능하다.

제4편 국제경제

제23장 국제수지와 국제금융

대표유형문제

거주자와 비거주자 간의 다음 거래 중 경상수지 항목에 기록되지 않는 것은?
① 상품의 수출과 수입
② 외국인이 우리나라에서 여행하면서 지급한 외화
③ 정부 간에 이루어지는 무상원조
④ 국내 기업이 외국에 투자해서 벌어오는 소득
⑤ 외국인이 국내 주식을 사기 위해서 들여온 자금

해설
주식투자를 위한 자금은 금융계정에 포함된다. 경상수지는 상품수지(상품의 수출과 수입), 서비스수지(외국관광객이 국내에 지급한 외화), 본원소득수지(투자소득수지), 이전소득수지(무상원조)로 구성된다.

정답 ⑤

제1절 국제수지

1 국제수지와 국제수지표의 개념

(1) 국제수지의 개념

① 국제수지(Balance of Payments)란 일정기간 동안 한 나라의 거주자와 외국의 거주자 사이에 이루어진 모든 경제적 대외거래를 의미한다.
② 국제수지는 일정기간에 걸쳐 측정된 것이므로 유량개념이고, 복식부기의 원칙에 따라 기록한다.
③ 거주자와 비거주자의 구분은 경제활동에 있어 이익의 중심이 어디에 있는지에 따라 구분한다. 예를 들어, 해외교포는 우리나라 국적을 보유하고 있더라도 비거주자로 분류한다.

(2) 국제수지표의 개념

① 국제수지표는 일정기간 동안 한 나라의 거주자와 비거주자 사이에 발생한 모든 경제적 거래를 체계적으로 기록한 표다.
② 국제수지표는 IMF의 국제수지매뉴얼에 의해 월단위로 한국은행에서 작성한다.
③ 국제수지표는 경상수지, 자본수지, 금융계정, 오차와 누락으로 구분하여 기록한다.

② 국제수지표의 구성 및 작성방법

(1) 국제수지표의 구성

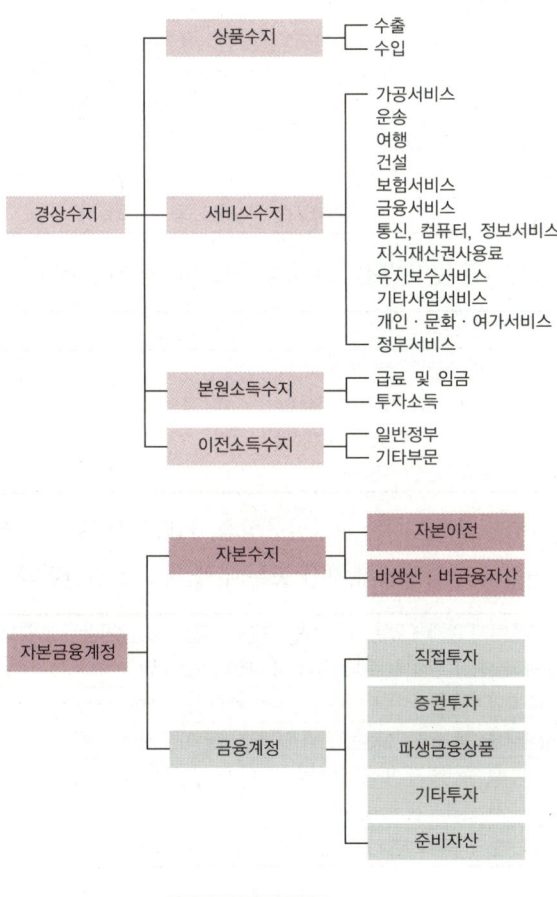

> **대표유형문제**
>
> 다음 중 국제수지표의 경상계정(Current Account)에 기록되는 거래는?
> ① 해외 채권 매입
> ② 중앙은행의 외환보유액 증가
> ③ 해외 주식투자로부터 배당수익
> ④ 파생금융상품 및 부채성증권 투자
> ⑤ 해외 직접투자
>
> **해설**
>
> 국제수지는 경상수지와 자본·금융 계정으로 구분되고, 경상수지는 다시 상품수지, 서비스수지, 본원소득수지, 이전소득수지로 구분된다. 상품수지는 거주자와 비거주자 사이의 상품거래를 기록하고, 서비스수지는 거주자와 비거주자 사이의 용역거래를 기록한다. 본원소득수지는 대외금융자산 및 부채와 관련된 배당, 이자 등의 투자소득과 외국인 노동자 또는 내국인 해외 근로자가 수취하는 근로소득인 급료 및 임금으로 구성된다. 이전소득수지는 거주자와 비거주자 사이에 대가 없이 주고 받은 거래(무상원조, 국제기구 출연금 등)를 말한다.
>
> **정답** ③

① 경상수지는 상품수지, 서비스수지, 본원소득수지 및 이전소득수지의 4개 세부항목으로 나누어진다.

상품수지	• 상품수지는 상품의 수출액과 수입액의 차이를 의미한다. • 수출이 수입보다 크면 수지는 흑자가 되며, 수입이 수출보다 큰 경우 수지는 적자가 된다.
서비스수지	• 서비스수지는 외국과의 서비스거래로 수취한 돈과 지급한 돈의 차이를 의미한다. • 서비스 수입에는 우리나라의 선박이나 항공기가 상품을 나르고 외국으로부터 받은 운임, 외국관광객이 국내에서 쓴 돈, 국내기업이 외국기업으로부터 받은 특허권 사용료 등이 포함된다. • 서비스 지급에는 우리나라가 외국에 지급한 운임, 해외 여행경비, 해외 광고비 등이 포함된다.

대표유형문제

다음 중 국제수지의 흑자 요인이 아닌 것은?

① 상품 수출액이 증가한다.
② 상품 수입액이 감소한다.
③ 내국인의 해외 주식투자가 증가한다.
④ 외국인의 국내 주식투자가 증가한다.
⑤ 여행 목적으로 국내에 입국하는 외국인이 증가하였다.

해설

국제수지는 수출이 증가하고 수입이 감소하면 흑자가 된다. 내국인의 해외 주식투자가 증가하면 금융계정에서 적자가 발생한다.

정답 ③

대표유형문제 **최신출제유형** 24

다음은 쌍둥이적자에 대한 설명이다. 빈칸에 들어갈 말로 알맞게 짝지어진 것은?

> 쌍둥이적자는 ( )와 ( )가 동시에 적자를 나타내는 현상이다. 쌍둥이 적자가 지속되면 해당 국가의 통화에 대한 대외 가치가 하락하고 대외 채무 지급 부담이 늘어나 경제 위기가 발생한 가능성도 커진다.

① 기업경기실사지수-경제심리지수
② 영업이익-자기자본이익
③ 서비스수지-상품수지
④ 코스피지수-코픽스지수
⑤ 경상수지-재정수지

해설

쌍둥이적자는 경상수지와 재정수지의 적자가 동시에 발생하는 현상이며, 보통 민간부문의 지출 증대를 제약함으로써 경제 성장에 부담으로 작용한다. 경상수지와 재정수지의 적자가 계속될 경우 정부는 국채 발행과 외국자본 유입 등을 통해 이를 메워야 한다.

정답 ⑤

본원소득수지	• 본원소득수지는 급료 및 임금 수지와 투자소득수지로 구성된다. • 급료 및 임금 수지는 거주자가 외국에 단기간(1년 미만) 머물면서 일한 대가로 받은 돈과 국내에 단기로 고용된 비거주자에게 지급한 돈의 차이를 의미한다. • 투자소득수지는 거주자가 외국에 투자하여 벌어들인 배당금·이자와 국내에 투자한 비거주자에게 지급한 배당금·이자의 차이를 의미한다.
이전소득수지	• 이전소득수지는 거주자와 비거주자 사이에 아무런 대가없이 주고받은 거래의 차이를 의미한다. • 이전소득수지에는 해외에 거주하는 교포가 국내의 친척 등에게 보내오는 송금이나 정부 간에 이루어지는 무상원조 등이 기록된다.

② 자본계정에는 자본이전 및 비생산·비금융자산 거래가 기록된다.

자본이전	자산 소유권의 무상이전, 해외 이주비, 채권자에 의한 채무면제 등
비생산· 비금융자산	아래와 같은 자산의 취득과 처분 • 브랜드네임, 상표 등 마케팅자산 • 토지, 지하자원 등 비생산 유형자산 • 기타 양도 가능한 무형자산

③ 금융계정은 직접투자, 증권투자, 파생금융상품, 기타투자 및 준비자산으로 구성되며 거주자의 입장에서 자산 또는 부채 여부를 판단한다.

직접투자	• 직접투자 관계에 있는 투자자와 투자대상기업 간에 일어나는 대외거래 • 해외부동산 취득 및 주식 구입이나 자금대여를 포함
증권투자	거주자와 비거주자 간에 이루어진 주식, 채권 등에 대한 투자
파생금융상품	파생금융상품거래로 실현된 손익 및 옵션 프리미엄 지급·수취
기타투자	직접투자, 증권투자, 파생금융상품 및 준비자산에 포함되지 않는 거주자와 비거주자 간의 모든 금융거래
준비자산	중앙은행의 외환보유액 변동분 중 거래적 요인에 의한 것만 포함

(2) 국제수지표의 작성방법

① 국제수지표는 복식부기의 원리에 따라 하나의 대외거래가 발생하면 대변과 차변에 각각 동일한 금액을 기록한다.
② 국제수지표 차변에는 상품 수입, 서비스 지급, 이자·배당금 지급, 금융자산 증가, 금융부채 감소 등을 기록한다.
③ 국제수지표 대변에는 상품 수출, 서비스 수입, 이자·배당금 영수, 금융자산 감소, 금융부채 증가 등을 기록한다.

④ 복식부기 원리에 따른 국제수지 거래의 기장

구 분	차변(지급)	대변(수입)
경상수지	• 상품 수입(실물자산 증가) • 서비스 지급(제공 받음) • 본원소득 지급 • 이전소득 지급	• 상품 수출(실물자산 감소) • 서비스 수입(제공) • 본원소득 수입 • 이전소득 수입
자본수지	• 자본이전 지급 • 비생산·비금융자산 취득	• 자본이전 수입 • 비생산·비금융자산 처분
금융계정	• 금융자산 증가 • 금융부채 감소	• 금융자산 감소 • 금융부채 증가

3 국제수지의 균형

(1) 국제수지 균형의 의미

① 국제수지 균형이란 국제수지가 복식부기원칙에 의하여 작성되므로 항상 차변과 대변이 일치하는 현상을 의미한다.

② 즉, 국제수지표에 기록하는 모든 대외거래에서 수취한 금액과 지불한 금액이 일치하는 경우를 국제수지가 균형상태에 있다고 한다.

(2) 자율적 거래와 보정적 거래

① 자율적 거래란 국가 간의 경제적 요인(가격, 소득, 이자율 등)의 차이에 따라 발생하는 거래를 말한다.

② 보정적 거래란 자율적 거래에서 발생한 불균형을 조정하기 위한 거래를 말한다.

③ 대체로 국제수지표상의 상단에 위치할수록 자율적인 성격이 강하고, 하단으로 내려 갈수록 보정적인 성격이 강하다.

대표유형문제

정부가 공격적인 양적완화 정책을 실행하여 자국 화폐 가치가 하락했음에도 불구하고 자국의 무역수지가 오히려 악화되고 있는 가장 큰 이유는?
① 임금의 경직성
② J-Curve 효과
③ 소비심리의 위축
④ 투자심리의 위축
⑤ 구축효과(Crowding-out Effect)

해설

J-Curve 효과란 환율상승 이후 단기에는 수출가격이 하락하나 수출물량이 별로 증가하지 않으므로 수출액이 감소하여 경상수지가 악화되고, 장기에는 수출물량이 점차 증가하여 수출액이 증가하므로 경상수지가 개선되는 현상을 말한다.

정답 ②

대표유형문제

J-Curve 효과에 대한 설명으로 옳지 않은 것을 모두 고르면?

가. 평가절하 이후 상당한 시간이 경과해야 경상수지가 개선된다는 현상이다.
나. 변동환율제도에서 일종의 자동안정화장치의 역할을 한다.
다. 개방경제하에서 환율정책을 시행하는 경우 발생할 수 있다.
라. 단기적으로 수출과 수입 수요가 가격에 비해 비탄력적일 때 발생한다.

① 나
② 라
③ 가, 나
④ 가, 다, 라
⑤ 나, 다, 라

해설
J-Curve 효과는 자동안정화장치와 무관한 개념이다.

정답 ①

④ 환율과 경상수지

(1) J-Curve 효과

① J-Curve 효과란 평가절하를 실시하면 일시적으로는 경상수지가 악화되었다가 시간이 지남에 따라 개선되는 효과를 말한다.
② 평가절하가 이루어지면 단기에는 수출가격이 하락하나 수출물량이 별로 증가하지 않으므로 수출액이 감소하여 경상수지가 악화된다.
③ 평가절하가 이루어져서 수출가격이 하락하면 장기에는 수출물량이 점차 증가하여 수출액이 증가하므로 경상수지가 개선된다.
④ J-Curve 효과가 발생한다는 것은 단기적으로 마샬-러너 조건이 성립하지 않음을 의미한다.

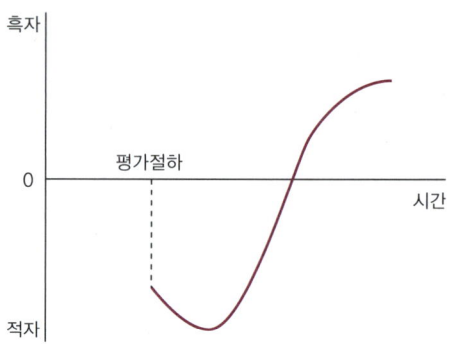

(2) 마샬-러너 조건

① 마샬-러너 조건이란 평가절하를 실시할 때 경상수지가 개선되기 위해서는 외국과 자국이 지니는 수입수요 탄력성의 합이 1보다 커야 한다는 조건이다.
② 마샬-러너 조건은 환율변화가 경상수지에 미치는 영향을 보여주는 것으로 외환시장의 안정조건이라고도 한다.
③ 예를 들어, 자국통화가 10% 평가절하될 때 경상수지가 개선되기 위해서는 수출량 증가분과 수입량 감소분의 합이 10% 이상이 되어야 한다.

제2절 국제금융

1 환율의 개요

(1) 환율의 개념
① 환율(Exchange Rate)이란 자국화폐와 외국화폐의 교환비율을 의미한다.
② 외환의 수요가 증가하거나 공급이 감소하면 환율은 상승한다.
③ 환율이 상승하게 되면 자국 화폐의 가치가 하락하게 되어 수출이 증가하게 된다.

(2) 환율상승과 환율하락

환율상승 (= 평가절하)	외국화폐에 대한 해당 통화의 교환비율이 올라가는 현상
환율하락 (= 평가절상)	외국화폐에 대한 해당 통화의 교환비율이 낮아지는 현상

2 환율의 결정이론

(1) 외화의 수요와 공급
① 환율이 상승하면 원화로 표시한 국외 수입품의 가격이 상승하여 수입이 감소한다. 이는 외환의 수요량을 감소시키므로 외환수요곡선은 우하향하게 된다.
② 환율이 상승하면 달러로 표시한 국내 수출품의 가격이 하락하여 수출이 증가한다. 이는 외환의 공급량을 증가시키므로 외환공급곡선은 우상향하게 된다.
③ 외환수요곡선과 외환공급곡선이 교차하는 점에서 균형환율 및 외환거래량이 결정된다. 만약 환율이 균형수준보다 높으면 외환의 초과공급이 발생하여 환율이 하락하고, 환율이 균형수준보다 낮으면 외환의 초과수요가 발생하여 환율이 상승한다.

[대표유형문제]

다음 중 자국 통화의 가치를 상승시키는 사례가 아닌 것은?
① 수출의 증가
② 국외 여행객의 국내 방문 증가
③ 해외 투자에서 배당수익 발생
④ 국외 투자자의 국내 주식시장 투자 증가
⑤ 외환보유액을 늘리기 위한 중앙은행의 시장 개입

[해설]
중앙은행이 시장에 개입하여 외환보유액을 늘리게 되면 외환의 수요가 증가하여 자국 통화의 가치가 하락하게 된다.

[정답] ⑤

[최신출제유형] 23

다음 중 환율에 대한 설명으로 옳지 않은 것은?
① 환율이 상승하면 국내 기업의 수출은 증가한다.
② 환율이 하락하면 한국정부의 대외부채부담이 감소한다.
③ 미국인의 주식 투자자금이 국내에 유입되면 환율은 상승한다.
④ 환율이 하락하면 미국에 유학생을 둔 부모의 학비 송금 부담이 줄어든다.
⑤ 환율이 상승한다는 것은 원화 가치가 미국 달러화 가치보다 상대적으로 하락한다는 것을 의미한다.

[해설]
미국인의 국내 주식 투자가 증가하면 국내로 미국 달러화의 유입이 늘어나 환율은 하락한다.

[정답] ③

대표유형문제

원화 환율이 오직 구매력평가설에 의해 결정되는 경우 지난 1년 동안 한국 물가가 5% 오르고 미국 물가가 7% 상승했다면 원화 환율의 변동폭은 얼마인가?
① 2% 하락
② 2% 상승
③ 6% 하락
④ 12% 하락
⑤ 12% 상승

해설

환율이 구매력평가설에 의해 결정된다면 한국의 물가상승률에서 미국의 물가상승률을 차감하여 환율 변동폭을 구할 수 있다. 따라서 원화 환율은 하락한다.

정답 ①

대표유형문제

변동환율제도에 관한 다음 설명 중 옳지 않은 것은?
① 원화 환율이 오르면 물가가 상승하기 쉽다.
② 원화 환율이 오르면 수출업자가 유리해진다.
③ 원화 환율이 오르면 외국인의 국내 여행이 많아진다.
④ 환율이 기본적으로 외환시장에서의 수요와 공급에 의해 결정된다.
⑤ 국가 간 자본거래가 활발하게 이루어진다면 독자적인 통화정책을 운용할 수 없다.

해설

변동환율제도에서는 중앙은행이 외환시장에 개입하여 환율을 유지할 필요가 없고, 외환 시장의 수급 상황이 국내 통화량에 영향을 미치지 않으므로 독자적인 통화정책의 운용이 가능하다.

정답 ⑤

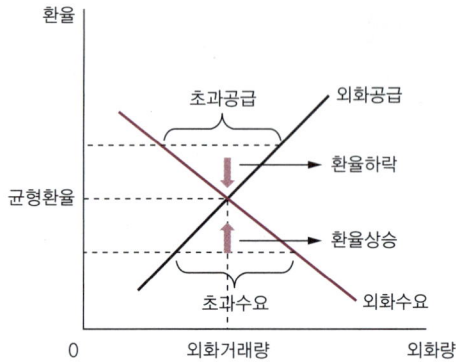

(2) 환율변화의 요인

① 외환의 수요가 증가하면 환율이 상승하고 외환의 공급이 증가하면 환율이 하락한다.
② 국민소득 증가, 국내물가 상승, 해외물가 하락 등의 요인으로 수입이 증가하면 외환의 수요가 증가한다.
③ 외국의 국민소득 증가, 외국의 물가 상승, 국내 물가 하락 등의 요인으로 수출이 증가하면 외환의 공급이 증가한다.

3 구매력평가설과 이자율평가설

구분	구매력평가설 (Purchasing Power Parity ; PPP)	이자율평가설 (Interest Rate Parity Theory ; IRPT)
개요	• 경상수지 관점에서 환율을 설명 • 환율은 양국 통화의 구매력 차이로 결정된다는 이론 • 일물일가의 법칙을 국제시장에 적용한 이론으로 물가가 신축적인 장기에 환율의 움직임을 잘 설명	• 자본수지의 관점에서 환율을 설명 • 양국 사이의 명목이자율의 차이와 환율기대변동률의 관계를 설명하는 이론 • 양국 간 자본이동이 완전히 자유로운 경우에는 국내투자수익률과 해외투자수익률이 동일하여야 함 • 일물일가의 법칙을 금융시장에 적용한 이론
문제점	• 현실적으로는 수송비·관세 등으로 일물일가의 법칙이 성립하지 않으며, 국제무역의 대상이 되지 않는 수많은 비교역재가 존재 • 구매력평가설은 환율결정요인으로 물가만 고려하고, 외환의 수급에 영향을 미치는 다른 요인들을 고려하지 못함	• 자본통제와 같은 제도적 제약이 존재하거나 거래비용으로 인해 국가 간 자본이동성이 불완전한 국가들 간에는 이자율평가설이 잘 성립되지 않음

평 가	• 단기적인 환율의 움직임은 잘 나타내지 못하지만 장기적인 환율의 변화추세는 잘 반영함 • 무역장벽이 낮고 거래비용이 적은 선진국들 사이에서 잘 적용된다는 사실을 실증분석을 통해 알 수 있음	• 이자율평가설이 얼마나 현실에서의 환율 움직임을 잘 설명하는지는 자본이동이 얼마나 자유로운지에 달려있다.

④ 고정환율제도와 변동환율제도

(1) 개념 및 장단점

구 분	고정환율제도	변동환율제도
개 념	정부가 특정 통화에 대한 환율을 일정 수준으로 고정시키고 이를 유지하기 위해 중앙은행이 외환시장에 개입하는 제도	환율을 외환시장의 수요와 공급에 의해 자유롭게 결정되도록 하는 환율제도
장 점	• 환율이 고정되어 환위험이 없으므로 국제무역과 국제 간 자본거래가 확대됨 • 환투기를 노린 국제 간 단기자본이동이 제거됨	• 국제수지 불균형이 환율변동에 의하여 자동적으로 조정됨 • 국제수지를 고려하지 않고 재정·금융정책의 실시가 가능함
단 점	• 국제수지 불균형이 자동적으로 조정되지 못함 • 고정환율제도하에서는 충분한 외환준비금이 필요함	• 환율변동에 따른 환위험 때문에 국제무역과 국제투자가 저해됨 • 인플레이션에 대한 저항이 약함

(2) 고정환율제도와 변동환율제도의 비교

구 분	고정환율제도	변동환율제도
국제수지불균형	조정되지 않음	환율변동을 통해 자동적으로 조정
환위험	환투기 발생가능성 낮음	환투기 발생가능성 높음
국제무역과 투자	환율이 안정적이기 때문에 국제무역과 투자가 활발히 일어남	환위험이 크기 때문에 국제무역과 투자가 저해됨
해외교란요인의 파급 여부	국내로 쉽게 전파됨	국내로 쉽게 전파되지 않음
금융정책의 자율성 여부	금융정책의 자율성 상실	금융정책의 자율성 유지

대표유형문제 최신출제유형 24

환율제도에 대한 다음 설명 중 옳지 않은 것은?

① 고정환율제도에서는 국제무역과 투자가 활발히 일어난다.
② 고정환율제도에서는 금융정책의 자율성을 보장받기 어렵다.
③ 고정환율제도에서는 중앙시장이 외환개입에 필수적이므로 충분한 외환준비금이 필요하다.
④ 변동환율제도에서 국제수지 불균형은 환율 변동을 통해 자동적으로 조정된다.
⑤ 변동환율제도에서는 환투기 발생가능성이 낮아 금융시장 안정에 유리하다.

해설

변동환율제도에서는 환율 변동에 의하여 국제수지 불균형이 조정되지만 환투기에 따른 단기자본이동이 많아 금융시장이 불안정할 때가 많다. 그러나 고정환율제도에서는 환율이 고정되어 환위험이 없으므로 국제무역과 국제 간 자본거래가 확대되며 국제 거래의 불확실성이 상대적으로 작다.

정답 ⑤

대표유형문제

브레튼우즈 체제하에서의 환율제도에 대한 설명으로 틀린 것은?

① 국제거래에서 미국 달러화를 기축통화로 하는 금환본위제도이다.
② IMF 출연금은 가맹국들이 같은 규모로 출연하였다.
③ 국제수지의 근본적 불균형으로 환율을 조정할 필요가 있을 때는 IMF의 승인을 얻어야 했다.
④ 국제수지의 구조적 불균형이 발생하는 경우 자국통화의 환율을 1% 범위 내에서 조정가능하다.
⑤ IMF의 환율안정 기능을 보조하기 위해 무역장벽을 철폐하는 내용의 GATT(관세 및 무역에 관한 일반협정)와 함께 세계 경제의 발전에 크게 공헌하였다.

해설

브레튼우즈 체제는 1944년 각국의 대표들이 브레튼우즈에서 협정을 체결한 국제통화체제를 의미한다. 브레튼우즈 협정으로 단기국제금융기구인 IMF가 설립되었으며, 국제수지의 근본적 불균형으로 환율을 조정할 필요가 있을 때는 IMF의 승인을 얻어야 했다. 한편, 국제수지의 구조적 불균형이 발생하는 경우에는 자국통화의 환율을 1% 범위 내에서 조정가능하다.

정답 ②

5 개방경제의 경기안정화정책

(1) 통화정책과 환율

① 개방경제에서 확장적 통화정책을 시행하면 이자율은 하락한다.
② 이자율이 하락하면 자국 화폐의 가치가 내려가므로 환율이 상승하게 된다.
③ 환율상승으로 인해 수출이 증가한다.

(2) 재정정책과 환율

① 개방경제에서 확장적 재정정책을 시행하면 구축효과가 더 크게 발생한다.
② 구축효과에 의해 이자율이 상승하고, 자국 화폐의 가치가 올라 환율이 하락하므로 수출이 감소하게 된다.
③ 따라서 개방경제에서는 통화정책이 재정정책보다 경기침체를 극복하는데 훨씬 효과적이다.

6 국제통화제도의 변천

(1) 금본위제도

① 금본위제도란 자국통화와 금과의 교환비율을 일정하게 고정시키는 제도를 말한다.
② 고정환율제도이다.
③ 금의 유출입에 따라 국제수지가 자동적으로 조정된다.

(2) 브레튼우즈 체제

① 브레튼우즈 체제는 1944년 각국의 대표들이 브레튼우즈에서 협정을 체결한 국제통화체제를 의미한다.
② 브레튼우즈 협정으로 단기국제금융기구인 IMF가 설립되었으며, 국제수지의 근본적 불균형으로 환율을 조정할 필요가 있을 때는 IMF의 승인을 얻어야 했다.
③ 한편, 국제수지의 구조적 불균형이 발생하는 경우에는 자국통화의 환율을 1% 범위 내에서 조정가능하다.

④ 미국 달러화를 국제거래의 기축통화로 하는 금환본위제이다.
⑤ 고정환율제도이다.

(3) 스미소니언 체제

① 1971년 12월 워싱턴의 스미소니언 박물관에서 열린 10개국 재무장관회의에서 합의된 국제통화에 관한 일련의 조치를 말한다.
② 달러화의 금태환을 유지하되 달러화를 평가절하하였다.
③ 환율변동폭을 기존 1%에서 2.5%로 확대하였다.
④ 달러 이외의 기축통화를 도입하였다.

(4) 킹스턴 체제

① 1976년 1월 쟈마이카 수도 킹스턴에서 IMF 잠정위원회의 합의에 의해 탄생한 국제통화체제를 말한다.
② 회원국들에게 독자적인 환율제도를 선택할 수 있는 재량권을 부여하였다(변동환율제도).
③ IMF의 주보유자산을 SDR(특별인출권)로 하면서 SDR의 역할을 증진시켰다.

대표유형문제

다음은 국제통화제도의 변천과정을 역사적 순서대로 정리한 것이다. 괄호 안에 들어갈 용어를 순서대로 알맞게 짝지은 것은?

(Ⓐ) → 미국의 달러화 금태환 정지 → (Ⓑ) → (Ⓒ)

① Ⓐ 킹스턴 체제
   Ⓑ 브레튼우즈 체제
   Ⓒ 스미소니언 체제
② Ⓐ 스미소니언 체제
   Ⓑ 킹스턴 체제
   Ⓒ 브레튼우즈 체제
③ Ⓐ 브레튼우즈 체제
   Ⓑ 킹스턴 체제
   Ⓒ 스미소니언 체제
④ Ⓐ 스미소니언 체제
   Ⓑ 브레튼우즈 체제
   Ⓒ 킹스턴 체제
⑤ Ⓐ 브레튼우즈 체제
   Ⓑ 스미소니언 체제
   Ⓒ 킹스턴 체제

해설

1940년대 2차 세계대전 이후 브레튼우즈 체제하의 고정환율제도에서 미달러화의 금태환 정지, 스미소니언 체제, 킹스턴 체제를 거쳐 국제통화제도는 고정환율제도에서 변동환율제도로 바뀌었다.

정답 ⑤

제4편 국제경제

제23장 출제예상문제

01 무역수지에 관한 설명으로 옳지 않은 것은?

① 무역수지 흑자란 수출이 수입보다 클 때를 말하며, 이 때 순수출은 0보다 크다.
② 무역수지 흑자의 경우 국민소득이 국내지출(소비 + 투자 + 정부지출)보다 크다.
③ 무역수지 흑자의 경우 국내투자가 국민저축보다 크다.
④ 무역수지 적자의 경우 순자본유출은 0보다 작다.
⑤ 순수출은 순자본유출과 같다.

해설   국민소득(GDP) 항등식에 의하면 Y = C + I + G + (X − M)이 성립한다. 경상수지가 흑자이면 순수출(X − M)이 0보다 크므로 국민소득도 국내지출(C + I + G)보다 크다. 국내투자가 국내총저축을 상회하는 경우에는 경상수지가 적자이다. 경상수지와 자본수지의 합은 0이므로 경상수지가 적자이면 자본수지는 흑자이므로 순자본유입이 0보다 크다. 또한 경상수지 흑자액(순수출)과 자본수지 적자액(순자본유출)의 크기는 동일하다.

02 국제경제에 대한 다음 설명 중 옳은 것은?

① 재정흑자와 경상수지적자의 합은 0이다.
② 경상수지적자의 경우 자본수지적자가 발생한다.
③ 중간재가 존재할 경우 요소집약도가 변하지 않으면 요소가격균등화가 이루어진다.
④ 만일 한 나라의 국민소득이 목표치를 넘을 경우 지출축소정책은 타국과 정책마찰을 유발한다.
⑤ 규모에 대한 수확이 체증하는 경우 이종산업 간 교역이 활발하게 발생한다.

정답   1 ③   2 ④

해설 경상수지와 저축 및 투자의 관계는 순수출(X − M) = 총저축(S_p − I) + 정부수입(T − G)으로 나타낼 수 있다. 저축과 투자의 양이 동일하여 총저축이 0이 되는 경우에는 재정흑자(T − G)와 경상수지적자의 합이 0이 되지만 항상 0이 되는 것은 아니다. 한편, 경상수지와 자본수지의 합은 항상 0이므로 경상수지가 적자이면 자본수지는 흑자가 되어야 한다. 요소집약도의 역전이 발생하거나 완전특화가 이루어지는 경우, 그리고 각국의 생산기술이 서로 다르거나 중간재가 존재하는 경우에는 요소가격균등화가 이루어지지 않는다.
규모의 경제가 발생하는 경우 각국이 동일한 산업 내에서 한 가지 재화생산에 특화하여 이를 서로 교환할 경우 두 나라의 후생수준이 모두 증가한다. 그러므로 규모에 대한 수확체증이 이루어지면 산업 내 무역이 활발해 진다.

03 환율과 국제수지에 대한 설명으로 옳지 않은 것은?

① 달러 대비 원화 가치의 하락은 우리나라의 대미 수출 증가 요인으로 작용한다.
② 인위적인 원화가치 부양은 외환보유고를 줄인다.
③ 경상수지와 자본수지는 같은 방향으로 발생한다.
④ 명목환율이 상승해도 국내물가가 상승하면 무역수지가 악화될 수 있다.
⑤ 자본이동이 자유로운 경우, 다른 조건은 일정하고 우리나라의 이자율만 상대적으로 상승하면 원화의 가치가 상승한다.

해설 경상수지와 자본수지의 합은 항상 0이므로 경상수지와 자본수지는 항상 반대 방향으로 발생한다.

04 다음 국제거래 중 우리나라의 경상수지 흑자를 증가시키는 것은?

① 외국인이 우리나라 기업의 주식을 매입하였다.
② 우리나라 학생의 해외유학이 증가하였다.
③ 미국 기업은 우리나라에 자동차 공장을 건설하였다.
④ 우리나라 기업이 중국기업으로부터 특허료를 지급받았다.
⑤ 우리나라 기업이 외국인에게 주식투자에 대한 배당금을 지급하였다.

해설 특허료 수취는 서비스수지(경상수지)를 개선하는 사례이다.
①, ③은 투자수지(자본수지) 개선에 대한 사례이고, ②는 서비스수지(경상수지) 악화에 대한 사례이다. 또한 ⑤는 소득수지(경상수지) 악화의 요인이다.

정답 3 ③ 4 ④

05 다음 괄호 안에 들어갈 내용을 순서대로 옳게 나열한 것은?

> J-Curve 효과란 환율이 (㉮)하면 일시적으로는 경상수지가 (㉯)되고 시간이 경과된 이후에는 (도) (㉰)되는 효과가 나타나는 것을 의미한다.

① ㉮ 상승 ㉯ 개선 ㉰ 개선
② ㉮ 상승 ㉯ 악화 ㉰ 개선
③ ㉮ 상승 ㉯ 악화 ㉰ 악화
④ ㉮ 하락 ㉯ 개선 ㉰ 악화
⑤ ㉮ 하락 ㉯ 악화 ㉰ 개선

해설 J-Curve 효과란 평가절하를 실시하면 일시적으로는 경상수지가 악화되었다가 시간이 지남에 따라 개선되는 효과를 말한다. 평가절하가 이루어지면 단기에는 수출가격이 하락하나 수출물량이 별로 증가하지 않으므로 수출액이 감소하여 경상수지가 악화된다. 평가절하가 이루어져서 수출가격이 하락하면 장기에는 수출물량이 점차 증가하여 수출액이 증가하므로 경상수지가 개선된다.

06 환율결정 이론 중 구매력평가(PPP)이론에 대한 설명으로 옳지 않은 것은?

① 환율은 두 국가의 물가 수준의 비율에 의해 결정된다.
② 환율의 장기적인 변동 추세를 잘 설명해 준다.
③ 통화 공급을 늘리면 물가가 상승하여 통화가치가 오른다.
④ 어떤 통화 한 단위의 실질 가치는 모든 나라에서 동일하다.
⑤ 비교역재가 많이 있는 경우 실제 환율과 구매력 평가 환율은 차이가 날 수 있다.

해설 구매력평가설은 환율이 두 나라 통화의 구매력에 의해 결정된다는 이론이다. 즉, 환율은 두 나라의 물가 수준에 따라 결정된다. $P = e \times P_f$, $e = \dfrac{P}{P_f}$ (e = 환율, P : 국내 물가수준, P_f : 외국 물가수준)이므로 물가가 상승하면 환율이 상승해 해당 통화가치는 하락하고, 물가가 하락하면 환율이 하락해 해당 통화가치는 상승한다.

07 다음 괄호 안에 들어갈 경제 용어로 적절한 것은?

> 구매력평가이론(Purchasing Power Parity Theory)은 모든 나라의 통화 한 단위의 구매력이 같도록 환율이 결정되어야 한다는 것이다. 구매력평가이론에 따르면 양국통화의 (㉮)은 양국의 (㉯)에 의해 결정되며, 구매력평가이론이 성립하면 (㉰)은 불변이다.

	㉮	㉯	㉰
①	실질환율	물가수준	명목환율
②	명목환율	경상수지	실질환율
③	실질환율	경상수지	명목환율
④	명목환율	물가수준	실질환율
⑤	실질환율	자본수지	명목환율

해설 일물일가의 법칙을 가정하는 구매력평가설에 따르면 두 나라에서 생산된 재화의 가격이 동일하므로 명목환율은 두 나라의 물가수준의 비율로 나타낼 수 있다. 한편, 구매력평가설이 성립하면 실질환율은 불변한다.

08 우리나라의 이자율은 연 5%이고, 미국의 이자율은 연 0%라고 한다. 현재 원화의 달러당 환율이 1,000원이라면 양국 사이에 자본의 이동이 발생하지 않을 것으로 예상되는 1년 후 환율은?

① 1,025원
② 1,050원
③ 1,075원
④ 1,100원
⑤ 1,125원

해설 이자율평가는 국가 간 자본의 이동이 자유로운 경우 국제 자본거래에서 이자율과 환율 간의 관계를 나타내는 것으로, 다음과 같이 구할 수 있다.

국내금리 = 외국금리 + $\dfrac{(\text{미래환율} - \text{현재환율})}{\text{현재환율}}$

$0.05 = \dfrac{(\text{미래환율} - \text{현재환율})}{\text{현재환율}} = \dfrac{(\text{미래환율} - 1{,}000)}{1{,}000}$, ∴ 미래환율 = 1,050

따라서 이자율 평가를 나타내는 공식을 통해 미래 환율은 1,050원이다.

09 2018년 말 현재 원화의 환율이 달러당 1,150원이라고 하자. 2019년 한국의 물가상승률이 4%이고 미국의 물가상승률은 2%라고 할 때, 구매력평가설에 따르면 원화의 환율은 대략 어떻게 변하는가?

① 1,127원

② 1,150원

③ 1,162원

④ 1,173원

⑤ 1,196원

> **해설** 구매력평가설에 따르면 환율(e)은 국내 물가수준(P)을 외국 물가수준(P_f)으로 나누어 계산한다. 먼저 2019년 각국의 물가상승률을 이용하여 2019년 말 각국의 물가수준을 구해보면 다음과 같다.
> 2019년 말 한국 국가수준＝1.04×2018년의 한국 물가수준
> 2019년 말 미국 국가수준＝1.02×2018년의 미국 물가수준
> 따라서 환율을 구하는 수식에 대입하여 2019년 환율을 구해보면 다음과 같다.
> 2019년 환율(e)＝$\frac{1.04 \times 2018년\ 한국\ 물가수준}{1.02 \times 2018년\ 미국\ 물가수준}$＝$\frac{1.04}{1.02}$×2018년 환율≈1.02×1,150＝1,173원

10 다음 중 원화의 상대적인 가치를 상승시키는 요인이 아닌 것은?

① 물가의 상승

② 이자율의 상승

③ 긴축적 통화정책

④ 재정지출의 증가

⑤ 미국의 양적완화 정책 시행

> **해설** 물가의 상승은 통화가치를 하락시킨다. 물가상승 → 수출감소 → 외화유입감소 → 원화의 상대적 가치 하락

11 원화가치를 상승시키는 원인을 모두 고른 것은?

> 가. 아베노믹스
> 나. 해외 직접구매 증가
> 다. 경상수지 흑자
> 라. 외국인 투자자금의 국내유입
> 마. 미래 원화가치의 상승 예상

① 가, 다
② 나, 라
③ 나, 다, 마
④ 가, 다, 라, 마
⑤ 가, 나, 다, 라, 마

해설 가. 아베노믹스란 유동성 확대를 통해 디플레이션에서 벗어나겠다는 아베 신조 일본총리의 경기부양책으로 미국의 양적완화 정책과 유사한 정책이다. 두 정책은 모두 원화가치를 상승시키는 요인이다.
나. 해외 직접구매 증가는 외화 수요를 증가시켜 원화 가치를 하락하게 한다.

12 자본이동이 자유롭다고 가정하면, 국내 이자율이 상승할 경우 ㉮ 원·달러 환율과 ㉯ 경상수지에 미치는 영향을 옳게 설명한 것은?

① ㉮ 환율 상승 ㉯ 경상수지 흑자 증가
② ㉮ 환율 상승 ㉯ 경상수지 흑자 감소
③ ㉮ 환율 하락 ㉯ 경상수지 흑자 증가
④ ㉮ 환율 하락 ㉯ 경상수지 흑자 감소
⑤ ㉮ 환율 불변 ㉯ 경상수지 불변

해설 국내 이자율이 상승하면 자본의 국내 유입이 증가하기 때문에 환율이 하락하게 된다. 환율의 하락은 수출을 감소시키게 되므로 경상수지 흑자가 감소한다.

정답 11 ④ 12 ④

13 다음 중 원화가치가 상승할 때 초래되는 상황을 모두 묶은 것은?

> 가. 국내로 여행 오는 외국인들에겐 이익이다.
> 나. 외화로 환산한 1인당 국민소득이 증가한다.
> 다. 한국산 수출상품의 가격 경쟁력이 강해질 것이다.
> 라. 국내 수입업체들은 보다 저렴한 가격으로 해외 상품을 수입할 수 있다.
> 마. 외화부채가 많은 기업들은 원화로 환산한 부채가 늘어나 부담이 된다.

① 가, 다
② 나, 라
③ 라, 마
④ 가, 나, 라
⑤ 나, 다, 마

해설 원화가치 상승은 해외에서 원화의 구매력을 높이고 수출품의 가격 상승 효과를 발생시킨다.
가. 해외로 여행 가는 내국인들에게 이익이다.
다. 한국산 수출상품의 가격 경쟁력이 약해질 가능성이 크다.
마. 외화부채가 많은 기업들은 원화가치가 상승한 만큼 부채 부담이 줄어든다.

14 A국과 B국의 상황이 다음과 같을 경우 나타날 수 있는 경제현상이 아닌 것은?(단, 미 달러화로 결제하며, 각국의 환율은 달러 대비 자국 화폐의 가격으로 표시한다)

A국	• A국의 해외 유학생 수가 증가하고 있다. • 외국인 관광객이 증가하고 있다.
B국	• B국 기업의 해외 투자가 증가하고 있다. • 외국인 투자자들이 투자자금을 회수하고 있다.

① A국의 환율은 하락할 것이다.
② A국의 경상수지는 악화될 것이다.
③ B국이 생산하는 수출상품의 가격경쟁력이 높아질 것이다.
④ A국 국민이 B국으로 여행갈 경우 경비 부담이 증가할 것이다.
⑤ B국 국민들 중 환전하지 않은 환율 변동 전 달러를 보유하고 있는 사람은 이익을 얻게 될 것이다.

해설 A국에서 해외 유학생과 외국인 관광객이 증가하면 달러 공급이 늘어나 A국 화폐의 가치가 상승하므로 환율은 하락한다. 환율이 하락하면 수출은 줄고, 수입은 늘어나서 경상수지가 악화될 것이다. 반면 B국에서는 해외 투자의 증가와 외국인 투자자들이 자금을 회수하므로 달러 수요가 늘어나 B국 화폐의 가치는 하락한다. 즉, B국의 환율은 상승하여 수출이 증가하고 수입은 감소한다.

15 미국 달러화에 대한 원화의 가치가 지속적으로 상승할 때 발생 가능한 상황으로 틀린 내용은?

① 달러화로 상환해야 할 금융채무를 가진 기업의 부채비율이 높아진다.
② 달러화로 출자한 미국 현지 자회사에 대한 주식 투자 평가액이 감소한다.
③ 한국인의 미국 여행이 증가한다.
④ 미국 내에서 한국산 수입품의 가격이 상승한다.
⑤ 달러화로 평가한 한국의 국민소득이 올라간다.

해설 달러화 가치가 하락하면 달러로 상환해야 할 금융채무 부채비율이 낮아진다.

16 한국은행이 기준금리를 내렸을 때 실물경제 전달 경로를 옳게 나타낸 것은?

① 환율 하락 → 수출 증가 → 국민소득 증가
② 환율 상승 → 수출 증가 → 국민소득 증가
③ 소비 감소 → 총수요 감소 → 국민소득 증가
④ 투자 증가 → 총수요 증가 → 국민소득 감소
⑤ 저축 감소 → 총수요 감소 → 국민소득 증가

해설 기준금리가 내려가면 원화의 가치가 하락하여 환율이 상승한다. 환율이 상승하면 가격 경쟁력이 생겨 수출에 유리해지고 국민소득은 증가한다.

17 한국은행이 물가 급등을 우려해 기준금리를 올릴 때 원·달러 환율과 수출에 미칠 영향을 옳게 짝지은 것은?

	환 율	수 출
①	하락	감소
②	하락	증가
③	상승	감소
④	상승	증가
⑤	변화없음	변화없음

해설 한국의 금리가 올라가면 달러가 유입되면서 원화가치가 상승하게 된다. 즉, 환율이 하락하게 되고, 환율 하락으로 인해 수출이 불리하고 수입이 유리해진다.

정답 15 ① 16 ② 17 ①

18 환율결정이론 중 무위험금리평가이론에 관한 설명 중 옳지 않은 것은?

① 선물환율이 고정되어 있는 경우 국내금리가 상승하면 자본이 유입되어 현물환율이 하락한다.
② 선물환율이 고정되어 있는 경우 국제금리가 상승하면 자본이 유출되어 현물환율이 상승한다.
③ 선물환율이 고정되어 있는 경우 현물환율이 상승하면 자본이 유출되어 국내금리가 상승한다.
④ 현물환율이 고정되어 있는 경우 선물환율이 상승하면 자본이 유출되어 국내금리가 상승한다.
⑤ 무위험금리평가이론이 성립하기 위해서는 자본이동이 완전히 자유로워야 한다.

해설 현물환율(e_t)과 선물환율(f_t)이 주어져 있을 때, 무위험 이자율평가설이 성립하면 양국에서의 투자수익률은 동일하다.(단, r : 국내금리, r_f : 국제금리를 나타낸다)

$$(1+r) = \frac{f_t}{e_t}(1+r_f)$$

선물환율이 고정된 상태에서 현물환율이 상승하면 해외투자수익률이 낮아지므로 자본유입이 발생하여 국내이자율이 하락한다.

19 달러와 원화 사이의 환율(원·달러 환율)이 하락할 때 이익을 보는 경우는?

① 달러 콜옵션을 매입해 놓은 경우
② 달러 풋옵션을 매입해 놓은 경우
③ 달러 콜옵션을 매각한 경우
④ 달러 풋옵션을 매각한 경우
⑤ 달러 콜옵션과 풋옵션을 동시에 매각한 경우

해설 원달러 환율이 하락할 때에는 달러의 가치가 하락하므로 달러를 시장가격보다 높게 매도할 수 있는 풋옵션을 매입해 놓은 경우 이익을 볼 수 있다.

20 원달러 환율의 변동으로 나타나는 경제적 현상에 대한 설명으로 옳지 않은 것은?

① 환율이 상승하면 수입품 가격이 올라간다.
② 환율의 변동은 상품수지에 영향을 준다.
③ 환율이 상승하면 외국인 여행객들이 늘어날 수 있다.
④ 원화가치가 상승하면 수출 감소가 일어난다.
⑤ 원화가치가 하락하면 국내 소비자 물가가 하락한다.

해설 환율과 원화가치는 반비례 관계이다. 환율이 상승하면 원화가치가 하락하고 수입품의 가격을 올려 국내 물가를 상승시킨다.

18 ③ 19 ② 20 ⑤

경영일반

제24장 회사법

제25장 회 계

제26장 재 무

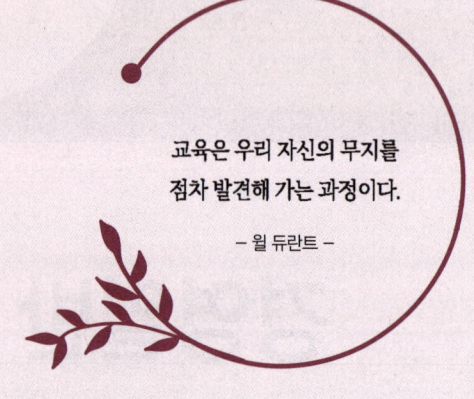

교육은 우리 자신의 무지를
점차 발견해 가는 과정이다.

– 윌 듀란트 –

합격의 공식 ▶
온라인 강의

보다 깊이 있는 학습을 원하는 수험생들을 위한
시대에듀의 동영상 강의가 준비되어 있습니다.
www.sdedu.co.kr → 회원가입(로그인) → 한경TESAT

제24장 회사법

제1절 회사의 형태

1 회사의 종류

구분	합명회사	합자회사	유한책임회사	유한회사	주식회사
사원의 구성	2인 이상 무한책임사원	1인 이상 유한책임사원 + 1인 이상 무한책임사원	1인 이상 유한책임사원	1인 이상 유한책임사원	1인 이상 유한책임사원
업무 집행기관	무한책임사원 (자기기관성)	무한책임사원 (자기기관성)	업무집행자 (사원 또는 사원 아닌 자 모두 가능)	이사 (타인기관성)	대표이사 (타인기관성)
의사 결정	1인 1의결권 (두수주의)	1인 1의결권 (두수주의)	1인 1의결권 (두수주의)	1좌 1의결권 (지분주의)	1주 1의결권 (지분주의)

(1) 합명회사

2인 이상의 무한책임사원으로 구성되며, 모든 사원이 회사채권자에 대하여 직접·연대·무한의 책임을 부담한다. 자본적 결합보다는 인적 결합의 색채가 짙은 전형적인 인적회사이며 공동기업에 적합한 회사이다.

(2) 합자회사

무한책임사원과 유한책임사원으로 성립되는 이원적 조직의 회사이다. 경영은 무한책임사원이 하고, 유한책임사원은 자본을 제공하여 사업에서 생기는 이익의 분배에 참여한다. 그러나 회사채권자에 대하여는 모두 직접·연대책임을 부담한다.

대표유형문제

다음 설명 중 옳지 않은 것은?
① 유한책임회사의 업무집행자는 정관의 규정에 의해 그 자격이 사원에 한정된다.
② 유한책임회사, 유한회사 및 주식회사는 1인의 사원만으로 성립 및 존속이 가능하다.
③ 유한책임회사는 회사와 사원 간의 내부 관계에 있어 사적자치가 폭 넓게 인정된다.
④ 유한회사의 사원과 주식회사의 주주의 책임은 같다.
⑤ 주식회사의 주주의 출자의무는 그 인수가액을 한도로 한다.

해설
유한책임회사는 회사를 대표할 업무집행자를 반드시 선임하여야 하는데, 이때 업무집행자는 사원 또는 사원이 아닌 자 중에서도 선정이 가능하다.

정답 ①

대표유형문제

주식회사에 대한 다음 설명 중 옳지 않은 것은?
① 주주는 회사 경영에 참가할 의무를 가진다.
② 주주들은 회사에 대해 유한책임을 진다.
③ 주식회사의 소유권은 주주에게 있다.
④ 일정한 요건을 갖추면 상장회사가 될 수 있다.
⑤ 사원의 수가 많고 대자본이 필요한 대기업에 적합하다.

해설
주주는 회사 경영에 참가할 권리는 있지만 경영에 참가할 의무는 없다.

정답 ①

(3) 유한책임회사

2012년 개정된 상법에 따라 새로 도입된 회사의 형태로, 회사의 주주들이 채권자에 대하여 자기 투자액의 한도 내에서 법적인 책임을 부담하는 회사를 말한다. 이사나 감사를 의무적으로 선임하지 않아도 되는 등 회사의 사적인 영역을 폭넓게 인정하는 회사 형태로서 청년 벤처 창업이나 투자 펀드, 컨설팅 업종에 적합하다.

(4) 유한회사

출자액을 한도로 하는 간접·유한 책임을 부담하는 사원만으로 성립하는 회사이다. 주식회사의 복잡한 조직을 간단하게 하여 합명회사의 특징을 가미한 물적회사와 인적회사의 중간 형태를 특징으로 한다. 사원 전원의 책임이 간접·유한인 점, 분화된 기관을 가지는 점 등 주식회사와 유사점이 많아 주식회사에 관한 규정이 준용된다.

(5) 주식회사

주식의 인수가액을 한도로 하는 간접·유한 책임을 부담하는 사원, 즉 주주만으로 성립하는 회사이다. 주주는 권리·의무의 단위인 주식으로 나눠진 일정한 자본금을 가지며, 모든 주주는 인수가액을 한도로 하는 출자의무를 부담할 뿐 회사 채무에 대해 아무런 책임도 지지 않는다. 사원의 개성과 회사 사업과의 관계가 극도로 희박한 물적회사의 전형으로서 사원의 수가 많고 대자본이 필요한 대기업에 적합하다.

2 주 식

(1) 주식의 의의

① 자본금의 구성단위

무액면주식 발행시	주식발행금액의 1/2 이상의 금액으로써 발기인 전원동의 또는 이사회결의에 의해 자본금으로 계상하기로 한 금액
액면주식 발행시	자본금 = 발행주식수 × 1주의 액면금액

② 회사에 대한 주주의 지위 : 공익권(경영참여, 경영감독), 자익권(투자수익, 투자회수)
③ 주주평등의 원칙 : 주식수에 따라 평등한 권리를 갖는다는 원칙

(2) 주식의 종류

① 보통주, 우선주

㉠ 보통주

보통주는 기본적인 소유권을 나타내는 주식으로, 기업의 최종위험을 부담하는 잔여지분의 성격을 갖는 주식을 말한다. 일반적으로 한 가지 종류의 주식만을 발행하는 경우 당해 주식은 모두 보통주가 된다.

㉡ 우선주

우선주는 특정 사항에 관해서 보통주에 비하여 우선적인 권리가 부여된 주식을 말한다. 이 중 배당에 관한 우선권이 부여된 우선주에는 누적적 우선주와 참가적 우선주가 있다.

누적적 우선주	특정 회계연도에 사전에 정해진 일정 배당률에 미달하여 배당금을 수령한 경우, 수령하지 못한 배당금을 이후 회계연도에 우선적으로 지급받을 수 있는 권리가 부여된 우선주
참가적 우선주	사전에 정해진 일정 배당률을 우선적으로 수령한 후 보통주가 우선주 배당률과 동일한 금액을 배당받는 경우, 동 금액을 초과하여 배당금으로 처분된 금액에 대하여 이익배당에 참여할 권리가 보장된 우선주

② 액면주, 무액면주

㉠ 액면주

주식권면에 그 주식의 액면가액이 기재되어 있는 주식을 말한다. 1주당 액면주식 금액은 100원 이상으로, 주식을 분할하는 경우에도 1주의 금액을 100원 미만으로 할 수 없다.

㉡ 무액면주

주권에 액면 금액은 기재되지 않고 주수만 기재된 주식을 말한다. 주식시가가 액면 이하인 기업도 주식을 발행해 자금 조달이 용이하다는 것과 적정수준의 시장가격을 유지할 수 있다는 장점이 있는 반면 발행가액을 결정하는 것과 자본계상에서의 공정성을 유지하기 힘들다는 단점이 있다. 우리나라는 2012년 4월 상법 개정으로 무액면주식 발행이 가능해졌다.

③ 기명주식, 무기명주식

㉠ 기명주식

특정한 주주의 성명이 주권면 및 주주명부에 표시되어 있는 주식을 의미한다. 경영상의 편리, 각종 통지·최고의 편리, 권리행사의 용이라는 장점 등으로 인해 상법은 기명주식을 원칙으로 한다.

대표유형문제

다음 중 주식에 대한 설명으로 옳지 않은 것은?

① 우리 상법에서는 액면주식과 무액면주식, 기명주식과 무기명주식 등의 발행이 모두 인정된다.
② 주식회사는 일부는 액면주식을 다른 일부는 무액면주식을 발행하는 것이 허용된다.
③ 액면주식과 무액면주식의 전환은 그 전부의 전환만이 인정된다.
④ 1주당 액면주식의 금액은 100원부터 가능하다.
⑤ 주식회사의 주주는 자익권과 공익권을 향유할 수 있다.

해설
상법상 액면주식과 무액면주식은 그 전부를 액면주식으로 발행하거나 그 전부를 무액면주식으로 발행하는 것만이 인정된다.

정답 ②

대표유형문제 최신출제유형 23

주주에 대한 설명으로 옳지 않은 것은?
① 주주는 회사 경영에 영향력을 행사할 수 있다.
② 주주는 통상 자신의 의사에 반하여 그 지위를 상실할 수 없다.
③ 자연인이 아니라도 주주가 될 수 있다.
④ 주주가 되려면 기존 주주들의 3분의 1 이상 동의를 받아야 한다.
⑤ 주주는 회사의 잔여재산에 대한 청구권이 있다.

해설
주식을 취득함으로써 주주의 지위를 획득할 수 있다.

정답 ④

ⓒ 무기명주식
주권 또는 주주명부에 주주의 성명이 기재되어 있지 않은 주식을 말한다. 따라서 그 주권을 점유하는 자가 주주의 자격을 인정받게 된다. 이전 상법은 기명주식의 발행을 원칙으로 하고 무기명주식은 정관에서 그 발행을 예정하고 있는 때에 한하여 발행할 수 있었다. 그러나 2014년 5월 개정으로 무기명주식 제도가 폐지됨에 따라 대한민국 상법에 따른 주식회사는 더 이상 무기명주식을 발행할 수 없게 되었다.

④ 의결권주, 무의결권주

㉠ 의결권주
주주총회에서 의결권이 부여되는 주식을 의결권주라고 하며, 특별한 규정이 없는 한 의결권에 관하여 우선적 지위가 인정된 주식을 말한다. 한국의 상법은 1주 1개의 의결권 원칙을 택하고 있으므로 우선주에 한해 허용하고 있다.

㉡ 무의결권주
주주총회에서의 의결에 참여할 수 없는 주식을 의미한다. 의결권이 없는 대가로 보통주보다 일반적으로 높은 배당률을 적용하기 때문에 회사의 경영보다는 이익배당에 관심을 가지는 주식이다. 기업의 입장에서는 경영권이 안정되면서도 주식시장에 자금을 조달할 수 있다는 이점이 있다.

③ 주식회사

(1) 주 주

① 주주의 의의
주식회사의 사원인 지위로서의 주식을 소유하는 자로서 회사의 최고의 의결정 기관인 주주총회를 구성하는 구성인이다. 주주의 자격에는 제한이 없으며 자연인은 물론 회사라도 다른 회사의 주주가 될 수 있다.

② 주주평등의 원칙
주주평등의 원칙 혹은 주식평등의 원칙은 주주가 소유하는 주식수를 기준으로 주주라는 자격에서 가지는 법률관계(권리와 의무)에 관하여 원칙적으로 평등대우를 받아야 한다는 것을 말하는 상법상의 원칙이

다. 주주라는 사람의 평등대우를 의미하는 것이 아니라 주주가 가지고 있는 주식의 평등대우를 의미한다.

③ 주주의 의무와 책임

㉠ 출자의무

출자란 회사의 사업을 운영하기 위해 필요한 고유의 재산을 구성할 '금전 그 밖의 재산 등의 제공'을 말한다. 주주는 회사의 사업운영에 필요한 회사재산을 구성하기 위해 출자의무를 부담함으로써 권리를 가지게 된다. 이러한 출자의무는 주주의 유일한 의무이다. 주주는 회사에 대하여 주식의 인수가액을 한도로 하는 출자의무를 부담하며, 회사는 주주의 출자의무에 대한 납입청구권을 포기하거나 주식인수인의 납입의무를 면제할 수 없다.

㉡ 유한책임

기업의 손실에 대한 기업소유자의 부담을 그가 기업에 출자한 자본액에 한정하여 책임을 지도록 하는 제도를 말한다. 즉, 투자자들은 회사가 파산한다 하더라도 출자한 지분 이외의 추가적인 책임을 지지 않아도 되기 때문에 투자에 참여하기 수월해진다. 오늘날 주식회사의 주주가 회사에 대해 자기가 인수한 주식의 인수가액을 한도로 재산상의 출자 의무를 지는 것이 대표적인 유한책임의 예다. 따라서 주주는 투하자본뿐만 아니라 자신의 사유재산에까지 무한책임을 지는 무한책임사원이나 개인 기업주와 구별된다.

(2) 주식회사의 기관

① 주주총회

㉠ 주주총회 의의

주식회사의 주주들이 모여 상법에 정해 놓은 회사의 중요한 사안을 결정하는 최고 의사결정기관이다. 주주는 1주당 1개의 의결권을 가지며 의결권 행사는 직접 참석은 물론 위임장을 작성해 대리인을 통해서도 가능하다. 2개 이상의 주식을 가진 주주는 서로 다르게 의결권을 행사할 수도 있다.

대표유형문제

주식회사 주주에 관한 다음 설명 중 옳지 않은 것은?
① 주주는 회사의 지배구조에 관하여 최종적인 의사결정권을 가진다.
② 주주는 회사 일상 경영에 영향력을 행사할 수 있는 법률적 권리를 가진다.
③ 주주는 회사 주주총회에 참석해 의결권을 행사할 수 있다.
④ 주주는 원칙적으로 회사가 발행하는 신주를 보유지분율만큼 배정받을 권리를 가진다.
⑤ 주주는 회사가 청산할 때 잔여재산을 분배받을 수 있다.

해설
법률적 권리는 아니다.

정답 ②

대표유형문제

다음 중 주식회사의 기관을 모두 고른 것은?

가. 주주총회
나. 사원총회
다. 채권자총회
라. 감사
마. 이사회

① 가, 나
② 가, 마
③ 가, 라, 마
④ 가, 나, 라, 마
⑤ 나, 다, 라, 마

해설
주식회사는 법률상 반드시 의사결정기관인 주주총회, 업무집행과 대표기관인 이사회·대표이사와 감독기관인 감사(監事)의 세 기관을 가져야 한다.

정답 ③

ⓒ 주주총회 결의 요건

구 분	성립 및 의결정족수	사 례
보통결의	발행주식총수의 1/4 이상 출석 & 출석주주의 의결권의 과반수 찬성	이사·감사선임, 일반적 사항 등
특별결의	발행주식총수의 1/3 이상 출석 & 출석주주의 의결권의 2/3 이상 찬성	이사·감사해임, 구조변경(법적, 실체적) 등
특수결의	총주주의 동의	조직변경, 이사·감사 등의 회사에 대한 손해배상책임 면제결의 등

② 이사회

이사에 의하여 구성되어 회사의 업무집행에 관한 사항을 결정하기 위한 주식회사의 필요상설기관이다. 각 이사가 소집권자이며 이사와 감사 전원에게 회일의 1주 전에 통지해야 하지만 전원 동의가 있는 경우 소집통지는 생략이 가능하다. 이사회는 법령 또는 정관에 의하여 주주총회의 권한으로 되어 있는 것을 제외하고는 회사의 업무집행에 관한 모든 의사결정을 할 권한이 있다.

③ 감 사

법인의 내부에서 업무감사권(이사의 업무집행)과 회계감사권(법인의 재산상태)을 가지는 주식회사의 필요상설기관이다. 감사의 주요한 직무권한은 법인의 재산상황의 감사, 이사의 업무집행상황의 감사, 이들에게 부정·불비한 것이 있음을 발견한 경우 총회 또는 주무 관청에의 보고, 그리고 이러한 모든 사항을 보고하기 위하여 필요한 경우 총회소집 등을 할 수 있다. 감사는 주주총회에서 선임되며, 임기는 취임 후 3년 내의 최종 결산기에 관한 정기총회의 종결까지이다.

(3) 유상증자, 유상감자

증자는 기업이 주식을 추가로 발행해 자본금을 늘리는 것을 말한다.

① 유상증자

신주를 발행할 경우 그 인수가액을 현금이나 현물로 납입시켜 신주 자금 또는 재산이 기업에 들어와 자본금을 늘리는 것을 말한다.

유상증자는 신주의 모집방법에 따라 주주배당, 공모, 제3자배당으로 나누어진다.

㉠ 주주배정 : 기존 주주에게 신주인수권을 주어서 이들로부터 신주주를 모집하는 것을 말한다.

ⓒ 공모 : 신주인수권을 준다는 행위가 아니라 널리 일반적으로 주주를 모집하는 것이다.
ⓒ 제3자 배정 : 회사의 임원, 종업원, 거래선 등 연고 관계에 있는 자에게 신주인수권을 주어서 신주를 인수시키는 것이다.

② 유상감자

유상감자는 기업이 발행한 주식을 주주들로부터 유상으로 취득하여 소각하는 것을 말한다. 주식을 소각하는 경우에는 현금이 유출되어 자본총계가 감소하게 되므로 실질적 감자라고도 한다. 자본감소는 주주들에게 미치는 영향이 크므로 상법에서는 주주총회의 특별결의를 통하여 시행하고, 자본감소의 방법을 정하도록 규정하고 있다.

(4) 무상증자, 무상감자

① 무상증자

무상증자는 주식발행초과금과 같은 자본거래의 결과로 발생한 자본잉여금이나 이익준비금과 같은 배당이 불가능한 이익잉여금을 자본전입하는 것을 말한다. 주식발행초과금이나 이익준비금을 자본전입하는 경우에는 주주들에게 주식을 발행·교부하여야 하므로 자본금이 증가하게 된다. 무상증자는 기업에 현금의 유입이 없으므로 기업의 입장에서는 자본을 구성하는 항목의 금액만 변동될 뿐 자본총계는 변동하지 않는다.

② 무상감자

무상감자는 주주들에게 대가를 지급하지 아니하고 주당 액면금액을 감액시키거나 주식수를 일정비율로 감소시키는 것을 말한다. 무상감자는 현금유출도 없고 자본이 감소하지도 않으므로 형식적 감자라고 한다.

구분	증자		감자	
	유상증자	무상증자	유상감자	무상감자
자본금	증가	증가	감소	감소
자본총계	증가	변동없음	감소	변동없음

(5) 자기주식

① 자기주식이란 당해 회사가 발행한 주식을 매입 또는 질권의 목적으로 재취득하여 보관하고 있는 주식으로서, 이를 금고주라고도 한다.

대표유형문제

다음의 설명 중 잘못된 것은?
① 현물출자는 비화폐성 자산으로 납입하는 경우를 의미한다.
② 주식의 발행금액이 액면금액을 초과하는 경우 동 초과액을 주식발행초과금이라고 한다.
③ 유상감자는 현금이 유출되어 자본총계가 감소하게 되므로 실질적 감자라고 한다.
④ 무상감자는 감자의 대가가 없으므로 감자차익만이 발생하며 감자차손은 발생하지 않는다.
⑤ 무상증자는 자본금의 변동뿐만 아니라 자본총계의 변동도 발생한다.

해설

무상증자의 경우 현금의 유입이 없으므로 자본을 구성하는 항목의 금액만 변동될 뿐 자본총계는 변동이 발생하지 않는다.

정답 ⑤

대표유형문제

자사주 매입의 이점이 아닌 것은?
① 기업의 미래 현금흐름에 대한 긍정적인 신호로 사용할 수 있다.
② 유통주식수가 감소해 배당에 대한 압박이 줄어든다.
③ 주당순이익을 낮춰 안정화시키는 효과가 있다.
④ 일시적 현금의 증가로 주주들에게 배분할 수 있다.
⑤ 외부의 M&A에 대한 방어로 부채비율을 급격히 높일 때 사용할 수 있다.

해설
주당순이익을 계산할 때 자사주 부분을 빼고 계산하므로 주당순이익을 높이는 효과가 있으며 이는 회사에 대한 이점으로 작용한다.

정답 ③

② 2012년 4월 개정전 상법은 예외적인 경우를 제외하고 자기주식을 취득하는 것을 금지하였다. 자기주식의 취득이 자본공동화를 발생시키고, 대주주와의 불공정 거래로 회사의 재산적 기초를 위태롭게 할 수 있기 때문이다.

③ 그러나 개정 상법은 일정한 요건에 따라 자기주식을 취득할 수 있게 하였다. 다만, 그 취득가액의 총액은 직전 결산기의 배당가능이익을 초과하지 못한다.

④ 자기주식을 취득하려는 회사는 미리 주주총회와 이사회의 결의로 다음의 사항을 결정하여야 한다. 다만, 이사회의 결의로 이익배당을 할 수 있다고 정관으로 정하고 있는 경우에는 이사회의 결의로써 주주총회의 결의를 갈음할 수 있다.

㉠ 취득할 수 있는 주식의 종류 및 수
㉡ 취득가액의 총액의 한도
㉢ 1년을 초과하지 아니하는 범위에서 자기주식을 취득할 수 있는 기간

제2절 일반경영

1 조직의 구조적 차원

조직의 구조적 차원이란 조직 내부의 특성을 설명하는 속성변수를 의미한다.

차원	내용
공식화	조직 내의 직무가 표준화되어 있는 정도, 절차, 직무의 내용, 제도, 매뉴얼 등이 문서로 표현되어 있는 정도를 의미
전문화	조직 내의 직무가 개별 업무로 세분화되어 있는 정도, 그런 업무에 대해 가능한 한 가지에만 종사하게 하는 것을 의미
집권화	의사결정 권한이 조직의 상층부에 집중되어 있는 정도를 의미
통제의 범위	한 사람의 경영자가 직접적으로 감독할 수 있는 송업원의 수를 의미
명령체계	조직의 상층부에서 하층부까지 뻗어 있는 권한의 라인 누가 누구에게 보고할 것인가를 나타냄
부문화	조직의 전체적인 목표를 달성하기 위해 조직 구조를 설계할 때 분화된 여러 활동을 유사한 직무끼리 집단화하는 것을 의미
복잡성	조직 내의 분화 정도를 의미. 수평적 분화, 수직적 분화, 공간적 분화로 구분됨

2 조직구조의 유형

조직구조	강 점	약 점
기능 조직	• 기능부서 내에서의 규모의 경제 효과 달성 • 제품이 소수인 경우 적절	• 환경 변화에 대한 반응이 느림 • 의사결정 문제가 최고경영층에 집중됨으로써 과부하 발생
사업부 조직	• 불안정한 환경에서 변화에 적합 • 몇 개의 제품을 가진 대규모 기업에 적합	• 기능부서 내에서 규모의 경제 효과가 감소됨 • 특정 분야에 대한 지식과 능력의 전문화가 곤란
매트릭스 조직	• 불안정한 환경에서 복잡한 의사결정과 빈번한 변화에 적절하게 대응 가능	• 명령일원화의 원칙에 위배됨 • 이중 보고체계로 인해 종업원들이 혼란을 느낄 수 있음
수평적 조직	• 종업원의 관심사가 고객을 위한 가치 창출과 제공에 집중 • 팀워크와 협력을 증진	• 핵심 프로세스를 규명하는 것이 어렵고 시간이 오래 걸림 • 전문적인 기능 개발에 한계
네트워크 조직	• 공장, 장비, 유통시설 등에 대한 막대한 투자가 없이도 사업이 가능 • 변화하는 욕구에 매우 유연하고 신속하게 대응이 가능	• 협력업체와의 관계 유지 및 갈등 해결에 많은 시간이 소요 • 종업원의 충성심과 기업문화가 약함

(1) 기능 조직(Functional Structure)

구매, 영업, 재무, 생산, 인사 등 기능별 기준을 토대로 조직의 구조를 설계하는 형태이다. 기능조직은 조직의 하위계층에서부터 최고경영자에 이르기까지 업무활동의 공통성에 의하여 구분되어 설계되기 때문에, 각 부서의 관리자는 해당 업무에 관련된 모든 사항을 책임지고 관리하게 된다. 전문화의 원리, 기능화의 원리가 잘 이루어져 중소기업에 적합하다.

(2) 사업부 조직(Divisional Structure)

제품, 지역, 시장 등으로 기업의 조직을 각각 구분하여 개별적인 사업부를 만든 조직 형태이다. 하나의 사업부가 기능 조직의 역할을 하여 개발, 생산, 영업 등의 부서가 포함되어 있는 구조이다. 사업부 간 갈등 조정이 어려울 수 있으며, 사업부 간의 중복으로 예산낭비의 문제가 발생할 수 있다.

대표유형문제

조직 구조에 관한 설명 중 적절하지 않은 것은?
① 네트워크 조직은 전통적 조직의 경계를 초월하여 수평적 조정과 협력을 조직 외부로까지 확장한다.
② 매트릭스 조직은 제품과 기능 또는 제품과 지역이 동시에 강조될 때 적합하다.
③ 수평적 조직은 부서 간 경계가 적어 폭넓은 관점에서 조직의 전체 목표를 추구한다.
④ 기능 조직은 각 기능부서 내에서 규모의 경제가 이루어질 수 있다.
⑤ 사업부 조직은 의사결정이 최고경영진에 집중되어 있다.

해설
사업부 조직은 기능 조직에 비해 부서 크기가 작아 유연성과 변화를 촉진시킬 수 있고, 의사결정 권한이 분권화되어 있는 것이 특징이다.

정답 ⑤

> **대표유형문제**
> 조직구조의 설계에 있어 기계적 구조와 유기적 구조를 비교한 설명으로 옳지 않은 것은?
>
> Ⓐ 기계적 구조
> Ⓑ 유기적 구조
>
> ① 과업분화 : Ⓐ 공유가능한 업무
>   Ⓑ 전문화된 업무
> ② 권한체계 : Ⓐ 집권화
>   Ⓑ 분권화
> ③ 의사소통 : Ⓐ 공식적 상하 간 의사소통
>   Ⓑ 비공식적 상호의사소통
> ④ 통제방식 : Ⓐ 수많은 규칙과 규정
>   Ⓑ 권한 위양
> ⑤ 환경적합 : Ⓐ 안정된 환경에 적합
>   Ⓑ 불안정한 환경에 적합
>
> **해설**
> 기계적 조직은 효율성을 강조하므로 과업을 전문화한다. 반면에 유기적 조직은 유연성이 중요하므로 과업을 전문화하기보다는 팀을 구성하여 업무를 공유하도록 한다.
>
> **정답** ①

(3) 매트릭스 조직(Matrix Structure)

구성원들이 원래 소속되어 있는 기능부서와 동시에 현재 진행 중인 생산품과 용역의 부문별로도 나누어진 팀에 배치되어 두 단위조직에 속하여 두 상급자를 두고 있는 형태이다. 기능별 작업 단위와 사업·제품별 작업 단위 두 유형을 포개어 놓은 구조이다. 지정된 프로젝트에 각 기능부서로부터 전문가를 차출하여 운영 후 프로젝트가 마무리되면 원래 부서로 돌아간다. 매트릭스 조직 하에서는 명령통일의 원칙이 무시되어 한 개인이 두 상급자의 지시를 받게 된다.

(4) 수평적 조직(Horizontal Structure)

업무를 중심으로 하여 조직을 설계하며 조직 내의 수직적 계층이 최소화된 조직구조이다. 관료적 조직구조의 계층을 없애고 구성원 관계를 대등하고 수평적인 관계로 간주한다. 조직의 모든 업무는 팀을 중심으로 수행하며 분권화된 의사결정과 권한이양이 이루어진다. 구성원들이 한 조직의 테두리 안에서 공존하는 정신을 가지게 되어 협력을 증진시킨다.

(5) 네트워크 조직(Network Structure)

조직 활동을 상대적 비교 우위가 있는 부문에 집중하여 나머지 분야는 아웃소싱하거나 전략적 제휴를 통해 외부에 맡기는 조직을 말한다. 네트워크를 이용하거나 네트워크 방식을 활용하여 상호 협력하며, 급변하는 환경에서 최선의 성과를 달성하려는 것이 목표이다. 계층이 거의 없고, 조직 간의 벽도 없으며, 부문 간 교류가 활발하게 이루어지는 특징이 있다.

③ 기계적 조직과 유기적 조직

기계적 조직 (Mechanistic Organization)	• 효율성을 강조 • 고도의 전문화, 명확한 부서화, 좁은 감독의 범위, 높은 공식화, 하향식 의사소통 • 안정된 환경에 적합
유기적 조직 (Organic Organization)	• 유연성을 강조 • 업무를 공유화, 권한 분권화, 비공식적 상호의사소통, 낮은 공식화 • 불안정된 환경에 적합

④ 기업의 인수·합병

(1) 인수·합병(M&A, Merger and Acquisition)의 의의

기업의 '인수'란 한 기업이 다른 기업의 주식이나 자산을 취득하면서 경영권을 획득하는 것이며, '합병'이란 두 개 이상의 기업들이 법률적으로나 사실적으로 하나의 기업으로 합쳐지는 것을 의미한다.

구 분	의 미
합 병 (Merger)	• 흡수합병 : 당사회사 중 한 회사가 존속하여 다른 회사의 권리·의무를 인수하고, 인수되는 회사는 소멸하는 형태 → A + B = A 또는 A + B = B • 신설합병 : 새로운 기업을 설립하여 모든 당사회사의 권리·의무를 신설기업에 인수시키고, 당사회사는 모두 소멸하는 형태 → A + B = C
인 수 (Acquisition)	• 주식인수 : 한 기업이 다른 기업 주식의 일부 또는 전부를 취득하여 경영지배권을 획득하는 것 • 자산인수 : 두 기업 간의 계약에 따라 한 기업이 다른 기업의 자산(또는 영업)의 일부 또는 전부를 취득하는 것 → 영업양수라고도 함

(2) 합병의 동기

① **시너지효과가설** : 합병 후의 기업가치가 합병 전 개별기업의 가치를 단순히 합한 것보다 커지는 시너지효과를 얻기 위해 합병이 이루어진다는 가설
  ㉠ 영업시너지 : 합병에 따른 현금흐름의 증가로 기업가치가 증대되는 효과
  ㉡ 재무시너지 : 합병에 따른 자본비용의 감소로 기업가치가 증대되는 효과

② **경영자주의가설** : 경영자가 본인의 이익을 위해 기업 규모를 확대시킬 목적으로 합병을 하게 됨 → 이 가설에 따르면 경제성이 없음에도 불구하고 기업의 규모를 단순히 증가시킬 목적으로 합병할 수 있으므로, 합병이 주주의 부를 감소시킬 수 있음(주주와 경영자의 대리문제)

③ **대리이론** : 주주입장에서 볼 때 합병이 주주와 경영자의 대리문제를 해결하는 수단이 될 수 있기 때문에 합병이 이루어진다는 가설

④ **저평가설** : 어떤 기업의 주가(기업가치)가 내재가치보다 낮게 평가되어 있는 경우, 그 기업이 보유중인 자산을 취득하고자 하는 기업은 자산을 구입하는 것보다 저평가되어 있는 기업을 합병하는 것이 유리하기 때문에 합병이 이루어진다는 가설 → 토빈의 q비율이 1보다 작은 경우 기업이 저평가되어 있음을 판단할 수 있음

대표유형문제

합병은 수직적 합병, 수평적 합병, 다각적 합병으로 나눌 수 있다. 다음 보기 중 수평적 합병의 주요 목적에 해당하는 것은?
① 인적 자원의 효율적 활용
② 배급·유통상의 비용절감
③ 기술상의 합리화 달성
④ 경쟁배제
⑤ 위험의 분산

해설
수직적 합병은 생산과정이나 판매경로상의 전후 단계에 있는 회사들 간의 합병을 말하고, 수평적 합병은 같은 업종에 속해 있는 회사간의 합병을 말하며, 다각적 합병은 생산과정이나 판매경로 면에서 상호 관련성이 전혀 없는 다른 업종에 속해 있는 회사들 간의 합병을 말한다. ②, ③은 수직적 합병의 목적이고 ①, ⑤는 다각적 합병의 목적이다.

정답 ④

최신출제유형 23 24

다음 중의 인수·합병에 대한 설명으로 옳지 않은 것은?
① 수직적 합병이란 공급업자-제조업자-판매업자 등 수직관계의 회사 간 합병을 말한다.
② 수평적 합병이란 경쟁관계의 회사 간 합병을 말한다.
③ 인수·합병 시 통합과정이 성과에 중요한 영향을 미친다.
④ 전략적 적합성보다는 재무적 가치평가에 집중하는 것이 바람직하다.
⑤ 신설합병의 경우 합병 전의 기업 두 개 모두 소멸한다.

해설
전략적 적합성보다 재무적 가치평가에 집중하면 성과가 좋지 못할 가능성이 크다.

정답 ④

대표유형문제 최신출제유형 24

다음 보기 중 적대적 인수합병 시도에 대한 방어 수단을 모두 고르면?

> 가. 곰의 포옹
> 나. 황금낙하산
> 다. 왕관의 보석
> 라. 팩 맨
> 마. 그린메일
> 바. 독약처방

① 가, 나, 마
② 나, 다, 라, 바
③ 나, 다, 마, 바
④ 나, 다, 바
⑤ 가, 다, 라

해설

적대적 M&A에 대한 방어 수단으로는 황금낙하산, 왕관의 보석, 팩맨, 독약처방이 있다. '팩맨'은 적대적 M&A를 시도하는 공격 기업을 거꾸로 공격하는 반격 전략이다. '곰의 포옹'은 매수자가 사전 경고 없이 목표 기업의 경영진에 편지를 보내 매수 제의를 하고 신속한 의사결정을 요구하는 것이다. 곰이 몰래 껴안듯이 공포 분위기를 조성한다고 해서 붙여진 이름이다. 이와 유사한 M&A 전략인 '새벽의 기습'은 대상기업의 주식을 상당량 매입해 놓고 기업인수 의사를 대상기업 경영자에게 전달하는 방법이다.

정답 ②

$$q비율 = \frac{기업의 시장가치}{기업자산의 대체원가}$$

(단, 대체원가는 그 기업이 보유 중인 자산을 취득하는 데 드는 비용을 의미한다)

(3) 적대적 인수 대응방법

① **합병 방법** : 협상, 공개매수, 지주회사 설립 등
② **공개매수** : 특정 기업의 경영권 획득을 목적으로 주식의 매입기간, 가격, 수량 등을 미리 공고 또는 우편 등의 방법으로 제시하고 주식을 매수하는 것으로 다른 기업을 매수하는 경우 효과적인 방법으로 이용됨
→ 공개매수는 적대적 인수에 해당하는 경우가 많은데, 이러한 적대적 인수를 방어하기 위해 다음과 같은 수단을 이용할 수 있음

구 분	의 미
독약처방 (Poison pill)	• 매수시도가 시작될 경우 매수비용을 높게 만드는 등 불리한 결과를 가져다주도록 하여 매수자의 시도를 단념시키려는 각종 수단을 총칭하는 말 • 경영권 침해 시도 등 특정 사건이 발생할 경우 기존 주주들에게 회사의 신주 상당량을 매우 저렴한 가격으로 매입할 수 있는 콜옵션을 부여하여 적대적 M&A 시도자로 하여금 지분 확보를 어렵게 하는 방법
황금낙하산 (Golden parachute)	• 인수대상 기업의 이사가 임기 전에 물러나게 될 경우 일반적인 퇴직금 외에 거액의 특별 퇴직금이나 보너스, 스톡옵션 등을 주도록 하는 제도 • 경영자의 신분 보장, 기업 입장에서는 M&A 코스트를 높이는 효과가 있음
백기사 (White knight)	• 적대적 M&A의 대상이 된 기업이 적대 세력을 피해 현 경영진에 우호적인 제3의 매수 희망자를 찾아 매수 결정에 필요한 각종 정보와 편의를 제공해 주고 경영권을 넘김으로써 적대 세력의 공격을 차단하는 방법
왕관의 보석 (Crown jewel)	• M&A 대상이 되는 회사의 가장 핵심적인 자산을 처분함으로써 대상 회사의 가치 및 매력을 감소시켜 기업인수를 무산시키는 방법
불가침협약 (Standstill agreement)	• 인수를 목적으로 상당한 지분을 확보하고 있는 기업 또는 투자자와 시장가격보다 높은 가격으로 자사주를 매입해주는 대신 인수를 포기하도록 하는 계약 • 이 때 경영권을 위협하는 수준까지 특정 회사의 주식을 대량으로 매집해 놓고 기존 대주주에게 프리미엄을 더해 주식을 매입하도록 요구하는 행위를 녹색편지(Green Mail)라고 함
인수방지 정관개정 (Anti-takeover amendment)	• 정관을 수정하거나 새로운 규정을 만드는 방법 – 초다수의결규정 : 주주총회에서 합병을 승인하는 데 필요한 의결요건을 강화하는 방법 – 시차선임규정 : 이사진 임기를 분산시켜 지배권의 조기 확보를 어렵게 함

5 전략경영

(1) 마이클 포터의 산업구조분석(5 Forces Model)

기업이 직면하는 다섯 가지 위협요인(5 Forces)을 찾아내고 그 위협의 크기를 결정짓는 상황을 설명하는 모형

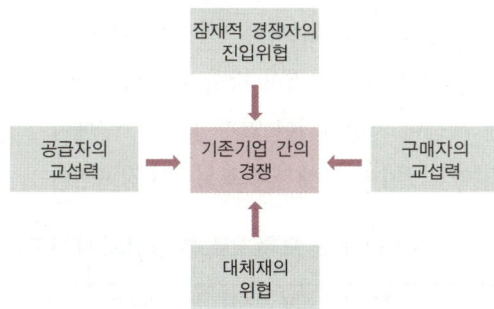

① **기존 기업 간의 경쟁** : 기존 진출 기업들 간의 경쟁강도, 한 기업이 지배적 경쟁력을 확보하고 있는지 아니면 다수의 기업이 유사한 강점과 규모 등을 가지고 경쟁하고 있는가를 의미한다. 산업에 유사한 규모의 경쟁기업이 다수 존재할수록 경쟁은 치열해지며, 산업 내 분명한 시장 선도자가 존재하는 경우 경쟁은 완화된다. 경쟁기업이 공격적인 성장 전략을 진행할 경우에도 경쟁은 치열해진다. 산업의 성장률이 낮고, 고정비의 비중이 높고, 철수 장벽이 높을 때에도 그 산업의 경쟁은 치열해 진다.

② **잠재적 경쟁자의 진입위협** : 산업의 진입장벽이 존재하는 시장에서 잠재적 경쟁자가 그 산업에 진입하는 것이 얼마나 어려운가를 의미한다. 산업의 진입에 소요 자본이 많이 들고 유통 경로에 접근하는 것이 어려우며 정부 정책으로 인해 새로운 기업의 진입이 자유롭지 못한 경우, 독점적 기술을 확보하고 있는 경우, 기존 브랜드 로열티가 높은 경우 산업의 진입 장벽은 높아지고 경쟁 강도는 낮아진다.

③ **대체재의 위협** : 고객이 가진 동일한 욕구를 다른 방법으로 충족시키는 다른 제품 및 서비스 편익에 의한 대체 가능성이 얼마나 큰지를 의미한다. 대체품의 가격과 효능이 좋을수록, 구매자의 대체 의지가 강할수록, 교체할 경우 발생하는 비용이 낮을수록 대체품의 위협은 높아진다.

④ **공급자의 교섭력** : 원재료, 노동력, 기타 자산 공급자의 협상능력이 얼마나 강한지를 의미하며, 잠재적 공급자가 다수인가 혹은 소수가 독점

대표유형문제

마이클 포터의 산업구조분석에서 공급자의 협상력이 높아질 때는?
① 대체재가 존재할 때
② 일상재를 생산할 때
③ 다수의 공급자가 존재할 때
④ 전방통합능력이 있을 때
⑤ 기업이 공급자들에 대해 중요한 구매자일 때

해설

공급자의 협상력이 높아지는 상황은 '1. 공급자들의 산업을 소수의 기업이 주도할 때, 2. 공급자들이 특이하거나 고도로 차별화된 제품을 판매할 때, 3. 공급자들이 대체재에 의해 위협받지 않을 때, 4. 공급자들이 전방 통합을 할 것이라고 위협할 때, 5. 기업들이 공급자들에 대해 중요한 구매자가 아닐 때'이다.

정답 ④

대표유형문제

마이클 포터의 가치사슬 모형에서 지원적 활동에 해당하지 않는 것은?
① 획득 활동
② 기술 개발
③ 인적자원관리
④ 기업하부구조
⑤ 서비스 활동

해설

본원적 활동은 고객에 대한 부가가치를 창조하는 기업의 제품·서비스의 생산, 분배와 직접적으로 관련되는 활동으로 물류투입활동, 운영활동, 물류산출활동, 마케팅과 판매활동, 서비스 활동이 해당된다. 반면, 지원활동은 본원적 활동이 가능하도록 지원해주는 활동으로 기업하부구조, 인적자원관리, 기술 개발, 획득 활동이 해당한다.

정답 ⑤

하고 있는가가 중요하다. 특정 공급자의 원자재 또는 상품이 구매자의 매출액에서 차지하는 비중이 크며, 공급하는 부품이 차별적일 때, 공급자 교체 시 비용이 큰 경우, 공급자의 브랜드가 강력할 경우, 공급자가 새로운 구매자를 찾기 쉬운 경우 공급자의 영향력이 증대되며 교섭력이 강해진다.

⑤ **구매자의 교섭력** : 상품 및 서비스의 구매자들이 구매를 협상도구로 사용할 만큼 구매자의 협상력이 강한지를 의미한다. 구매 비중이 크고, 구매하는 제품이 차별화되어 있지 않으며, 구매자가 공급업체에 대한 정보를 많이 가질수록 구매자의 교섭력이 강해진다.

〈5 Force 모형으로 본 산업의 매력도〉

매력성	기존 기업간 경쟁	잠재 진입자 위협	대체재의 위협	공급자의 교섭력	구매자의 교섭력
High	저	저	저	저	저
Low	고	고	고	고	고

(2) 마이클 포터의 가치사슬 모형

가치사슬 모형이란 기업이 가치 창출을 위해 수행하는 활동들의 전략적 중요성과 연계성을 고려해 핵심 역량을 파악하기 위한 분석틀이다. 기업의 가치 창출 활동을 본원적 활동(Primary Activities)과 지원활동(Support Activities)의 두 가지 범주로 구분한다.

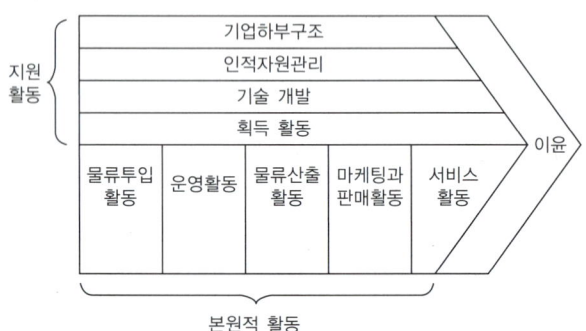

① **본원적 활동(주 활동)** : 고객에 대한 부가가치를 창조하는 기업의 제품·서비스의 생산, 분배와 직접적으로 관련되는 활동을 의미한다.
② **지원활동(보조 활동)** : 본원적 활동이 가능하도록 지원해주는 활동으로 직접적인 부가가치를 창출하지는 않지만 이를 지원해주는 다양한 활동을 의미한다.

(3) 마이클 포터의 경쟁우위전략

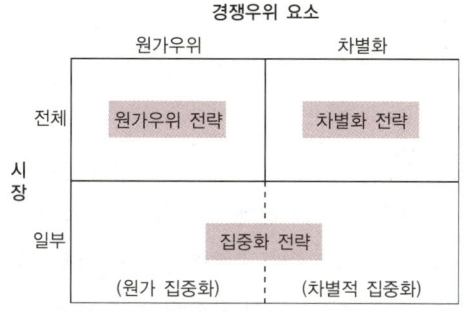

① **원가우위 전략**: 경쟁기업보다 더 낮은 원가로 재화 또는 서비스를 생산함으로써 경쟁자들을 능가하는 것
② **차별화 전략**: 기업이 제공하는 제품이나 서비스를 차별화함으로써 산업전반에 걸쳐서 그 기업이 독특하다고 인식될 수 있는 그 무엇을 창조하여 경쟁우위를 달성하는 것
③ **집중화 전략**: 특정시장, 즉 특정 소비자집단, 일부 제품종류, 특정 지역 등을 집중적으로 공략하는 것

대표유형문제

다음 내용은 마이클 포터의 경쟁우위전략에 대한 것이다. 성격이 다른 하나는?
① 신속한 시장점유율 획득으로 규모의 경제를 실현한다.
② 대규모 생산설비에 대한 적극적 투자를 진행하여 대량 생산체제를 정비한다.
③ 시장진입초기에는 공격적인 저가격에 의한 침투가격전략을 실행한다.
④ 경쟁자와 다른 제품을 생산하기 위해서는 연구개발, 소재, 서비스 등에 보다 더 많은 투자를 한다.
⑤ 저가격에 제품을 제공하여 고객을 충분히 확보한다.

해설
보기 ④는 차별화 전략에 해당하며, 나머지 보기의 경우는 원가우위 전략에 해당한다.

정답 ④

(4) BCG 매트릭스

Boston Consulting Group에서 고안한 것으로 상대적 시장점유율과 시장성장률을 기초로 사업 포트폴리오를 분석하는 모형

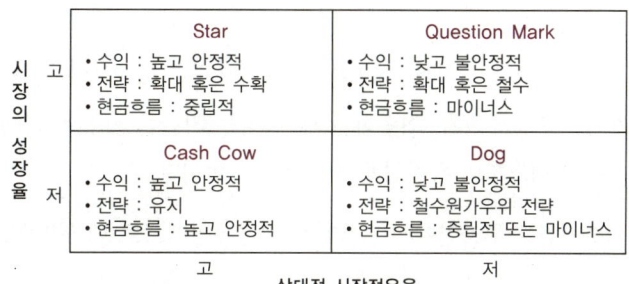

① **상대적 시장점유율**: 산업 내에서 가장 큰 경쟁회사가 가지는 시장점유율과 자사가 갖는 시장점유율 간의 비율

$$\text{상대적 시장점유율} = \frac{\text{자사의 시장점유율}}{\text{시장 내 1위 기업의 시장점유율(자사제외)}} \times 100$$

② **시장의 성장률**: 시장성장률은 외부환경으로부터의 기회와 위협을 반영하며, 이는 균형 잡힌 사업포트폴리오를 구성하기 위해 고려해야 할 요소임
③ **바람직한 자금의 이동**: Star → Star, Cash Cow → Question Mark

대표유형문제

투자안의 경제성을 분석하는 기법과 관련하여 가장 잘못된 설명은?
① 회계적이익률법은 화폐의 시간가치를 고려하지 않는 평가방법이다.
② 할인회수기간법을 이용하면 회수기간 이후의 현금흐름을 고려하지 못하는 회수기간법의 단점을 해결할 수 있다.
③ NPV는 절대적 투자가치를 나타낸다.
④ 내부수익률법은 적절한 할인율을 이용해서 화폐의 시간가치를 고려하는 방법이라고 볼 수 없다.
⑤ 수익성지수가 1보다 큰 투자안의 NPV는 반드시 0보다 크다.

해설

할인회수기간법을 이용하면 화폐의 시간가치는 고려할 수 있지만, 할인회수기간 이후의 현금흐름을 고려하지 않은 상태에서 투자안을 평가하게 되는 것은 일반적인 회수기간법과 같다.

정답 ②

④ 바람직한 포트폴리오상의 이동 : Question Mark → Star → Cash Cow

6 자본예산

(1) 자본예산의 의의

현금흐름이 1년 이상의 장기간에 걸쳐서 나타나는 자산에 대한 투자결정과 관련된 계획 및 평가과정을 자본예산이라 한다. 자본예산에는 토지, 건물 또는 생산시설에 대한 투자가 포함되며, 신제품개발 및 사업 확장은 물론 투자의 영향이 1년 이상에 걸쳐 나타나는 광고비, 시장조사비 및 연구개발 등에 대한 투자도 포함된다.

(2) 자본예산 과정

① 투자안의 목적 설정과 투자안의 성격에 따른 분류
② 투자안 시행시의 증분현금흐름 측정
③ 투자안의 위험 평가 및 자본 비용 측정
④ 투자안의 경제성 평가
⑤ 투자안의 실행 및 관리

(3) 자본예산모델

① 회수기간법

회수기간법은 투자에 소요된 자금을 그 투자로 인하여 발생하는 현금흐름으로부터 모두 회수하는 데 걸리는 기간을 사전에 정해놓은 회수기간과 비교하여 투자안을 평가하는 방법이다.

회수기간 = 투자안에서 발생하는 현금유입액으로 투자원금을 회수하는 데 걸리는 기간

투자의사결정은 기업이 미리 설정한 회수기간보다 실제 투자안의 회수기간이 짧으면 선택하게 된다.

② 회계적이익률법(Accounting Rate of Return ; ARR)

회계적이익률법은 대상사업에 대한 투자금액대비 회계적이익의 발생액에 대한 비율을 계산하여 평가기준으로 하는 방법으로 평균이익률법이라고도 한다.

$$\text{회계적 이익률} = \frac{\text{연평균순이익}}{\text{연평균투자액}}$$

이 방법에 의해 투자안을 평가할 경우 기업이 미리 설정한 목표이익률보다 높으면 채택하고, 그 반대의 경우 그 투자안은 기각된다.

③ 순현재가치법(Net Present Value ; NPV)

최초 투자 시기부터 사업이 끝나는 시기까지의 연도별 순편익의 흐름을 각각 현재가치로 환산하여 합한 값을 순현재가치라고 한다. 즉 투자로부터 얻어지는 현금 유입의 현재가치에서 현금 유출의 현재가치를 차감한 금액인 NPV를 계산하여 투자가치를 판단하는 방법을 순현재가치법이라고 한다.

$$NPV = \sum_{t=1}^{n} \frac{C_t}{(1+r)^t} - C_0$$

t : 현금 흐름의 기간, n : 사업의 전체 기간, r : 할인율,
C_t : 시간 t에서의 순현금흐름, C_0 : 투하자본(투자액)

NPV가 0보다 크면 투자가치가 있는 것이므로 채택되고, 0보다 작으면 투자가치가 없으므로 기각된다. 또한 둘 이상의 상호 배타적인 투자안의 경우 NPV가 가장 큰 투자안을 선택해야 한다.

④ 내부수익률법(Internal Rate of Return ; IRR)

내부수익률법이란 투자 자본에 대한 수익을 비율로 나타내 분석하는 기법이다. 투자에 대한 현금 유입의 현재가치와 현금 유출의 현재가치를 같도록 하는 수익률을 내부수익률이라고 한다.

$$NPV = \sum_{t=1}^{n} \frac{C_t}{(1+r)^t} = C_0 \text{를 만족하는 IRR}$$

이렇게 찾아낸 투자안의 내부수익률이 자본비용보다 크면 채택되고, 자본비용보다 작은 경우 해당 투자안은 기각된다. 상호배타적인 두 투자안의 평가 시에는 자본비용보다 낮지 않은 한 일반적으로 내부수익률이 더 높은 투자안이 채택되어야 한다.

⑤ 수익성지수법(Profitability Index method ; PI)

수익성지수법은 투자안으로부터 발생되는 미래현금흐름의 현재가치를 투자액의 현재가치로 나누어 수익성지수를 산출하여 투자안을 평가한다.

$$PI = \frac{\sum_{t=1}^{n} \frac{C_t}{(1+r)^t}}{C_0}$$

대표유형문제

NPV법과 IRR법의 평가 결과가 상반되는 경우에는 NPV법의 결과를 따르는 것이 더 타당하다. 그 이유로 옳지 않은 것은?

① 기업가치 극대화 목표를 이루는 것에 NPV법이 더 부합된다.
② NPV는 할인율로 재투자한다고 가정하며 IRR은 내부수익률로 재투자한다고 가정하므로 NPV법의 재투자수익률에 대한 가정이 더 현실적이다.
③ 현금흐름의 형태에 따라 복수의 IRR이 존재하거나 IRR이 존재하지 않을 수 있다.
④ NPV법에서는 현금흐름의 형태에 따라 서로 다른 평가기준을 적용할 수 있다.
⑤ NPV법에서는 가치가산의 원리가 성립하지만 IRR법에서는 가치가산의 원리가 성립하지 않는다.

해설

NPV법에서는 평가기준이 현금흐름의 형태와 관계없이 일정하지만, IRR법에서는 평가기준이 현금흐름의 형태에 따라 달라지는 문제점이 있다. NPV법은 투자안의 절대적인 성과만을 반영하지만, IRR과 PI는 투자안의 상대적인 성과를 반영한다. 만약 투자규모가 다른 경우 NPV법과 IRR법의 결과가 다르게 나타날 수 있다.

정답 ④

대표유형문제

자본예산모델에 관한 다음 설명 중 옳지 않은 것은?

① 회수기간법에 의하면 실제 투자안의 회수기간이 기업이 미리 설정한 회수기간보다 길면 투자안을 선택한다.
② 회계적이익률법은 추정재무제표와 여러 회계자료를 이용하여 투자로부터 기대되는 이익을 투자지출액으로 나눈 수익성 비율로 투자안을 평가하는 방법이다.
③ 두 개 이상의 투자안을 결합해서 투자하는 경우의 순현재가치는 각 투자안의 순현재가치를 합한 것과 같다.
④ 내부수익률을 구할 때 적용되는 할인율은 위험이 반영된 적절한 할인율이 아니다.
⑤ 수익성지수가 1보다 큰 경우의 투자안은 채택되고 1보다 작은 경우의 투자안은 기각된다.

해설
회수기간법에 따르면 기업이 미리 설정한 회수기간보다 실제 투자안의 회수기간이 짧을 경우 투자안을 선택한다.

정답 ①

수익성지수가 1보다 큰 투자안은 채택되고, 1보다 작은 경우의 투자안은 기각된다. 상호 배타적인 복수의 투자안의 경우 수익성지수가 가장 큰 투자안이 채택되어야 한다.

(4) 자본예산모델의 장·단점

평가기법	장점	단점
회수 기간법	• 회수기간은 투자안의 위험을 나타내는 지표가 됨 • 회수기간이 짧은 투자안을 선택하면, 불확실성을 줄이고 유동성 측면에서 유리한 투자안을 선택할 수 있음	• 회수기간 이후의 현금흐름을 무시 • 화폐의 시간가치를 고려하지 않음 • 할인회수기간법[*1]으로 해결 • 목표회수기간의 설정이 자의적임
회계적 이익률법	• 간단하여 이해가 쉬움 • 자료수집이 용이함	• 현금흐름이 아닌 회계적 이익에 기초 • 화폐의 시간가치를 무시 • 목표이익률의 설정이 자의적임
순현재 가치법	• 내용연수 동안의 모든 현금흐름을 고려함 • 적절한 할인율을 사용하여 화폐의 시간가치를 고려 • 기업가치의 극대화 목표에 부합 • 가치가산의 원리[*2] 성립 • 평가기준이 객관적	• 실무적으로 적절한 할인율(자본비용)을 구하기가 어려움 • 투자규모의 차이를 고려하지 못함
내부 수익률법	• 내용연수 동안의 모든 현금흐름을 고려 • 화폐의 시간가치를 고려하지만 내부수익률을 구할 때 적용되는 할인율은 위험이 반영된 적절한 할인율이 아님에 유의	• 계산이 어려움 • 기업가치를 극대화하는 선택이 이루어지지 않을 수 있음 • 가치가산의 원리가 성립하지 않음 • 평가기준이 현금흐름의 형태에 따라 달라짐 • 투자기간 동안 자본비용이 변하는 경우에는 적용하기가 어려움
수익성 지수법	• 내용연수 동안의 모든 현금흐름을 고려 • 적절한 할인율을 사용하여 화폐의 시간가치를 고려	• 기업가치를 극대화하는 선택이 이루어지지 않을 수 있음 • 가치가산의 원리가 성립하지 않음

[*1] 할인회수기간 : 현재가치로 환산된 현금유입액으로 투자원금을 회수하는 데 걸리는 기간
[*2] 가치가산의 원리(Value Additivity Principle) : 두 개 이상의 투자안을 결합해서 투자하는 경우의 NPV는 각 투자안의 NPV를 합한 것과 같다는 것을 의미
→ $NPV(A+B) = NPV(A) + NPV(B)$

제5편 경영일반

제24장 출제예상문제

01 다음이 설명하는 우리나라 상법상의 회사는?

> • 유한책임사원으로만 구성
> • 청년 벤처 창업에 유리
> • 사적 영역을 폭넓게 인정

① 합명회사　　　　　　　　　② 합자회사
③ 유한책임회사　　　　　　　④ 유한회사
⑤ 주식회사

해설 유한책임회사는 2012년 개정된 상법에 도입된 회사의 형태이다. 내부관계에 관하여는 정관이나 상법에 다른 규정이 없으면 합명회사에 관한 규정을 준용한다. 신속하고 유연하며 탄력적인 지배구조를 가지고 있고, 출자자가 직접 경영에 참여할 수 있다. 또한 각 사원이 출자금액만을 한도로 책임지므로 초기 상용화에 어려움을 겪는 청년 벤처 창업에 적합하다.

02 무한책임사원과 유한책임사원으로 구성된 상법상의 기업형태는?

① 합명회사　　　　　　　　　② 합자회사
③ 유한회사　　　　　　　　　④ 주식회사
⑤ 자영회사

해설
• 합명회사 : 무한책임사원만으로 구성
• 유한회사 : 유한책임사원만으로 구성
• 주식회사 : 유한책임사원만으로 구성

정답 1 ③　2 ②

03 회사의 설립 및 운영에 관한 설명으로 옳지 않은 것은?

① 주주는 이익에 대해 배당을 청구할 수는 있지만 이자를 청구할 수는 없다.
② 합명회사는 2인 이상의 출자자가 상호간의 신뢰관계를 중심으로 인적통합관계가 강한 것이 특징이며, 각 사원이 회사 채무에 대해 연대무한책임을 진다.
③ 주식회사는 출자자인 주주의 유한책임제도와 자본의 증권화 제도의 특징을 지닌다.
④ 주식회사의 이사회는 법령 또는 정관에 의해 주주총회의 권한으로 되어 있는 것을 제외하고는 회사 업무집행에 관한 일체의 권한을 위임받은 수탁기관으로서 이사와 감사의 선임 및 해임권, 정관의 변경, 신주발행 결정 등의 권한이 있다.
⑤ 주주회사의 주주총회는 회사 기본조직과 경영에 관한 중요사항에 대하여 주주들의 총의를 표시·결정하는 최고의 상설 필수기관이다.

해설 주식회사에서 이사와 감사의 선임 및 해임권, 정관의 변경, 신주발행 결정 등의 권한은 주주총회에 있다.

04 신주 발행을 통한 주식배당을 실시할 경우 재무 상태에 미치는 영향으로 옳은 것은?

	현금	자본금	자본총계	이익잉여금
①	일정	증가	증가	증가
②	감소	증가	증가	감소
③	감소	일정	일정	감소
④	일정	증가	일정	감소
⑤	일정	일정	증가	증가

해설 신주 발행을 통해 주식을 배당하는 경우 현금은 변동이 없으며 잉여금이 감소하고 자본금은 증가한다. 이익잉여금이 자본금으로 바뀌는 것이므로 자본총계에는 아무런 변화가 없다. 주식배당의 목적은 배당지급에 소요되는 자금을 사내에 유보하여 외부 유출을 막고, 이익배당을 한 것과 동일한 효과를 올리는 데 있다.

05 20X5년 1월 1일 주식을 발행하고 영업을 개시한 A 회사의 20X7년 12월 31일 현재 자본금계정은 다음과 같다. 영업 개시 이래 한 번도 배당을 실시하지 않은 A 회사가 20X8년 1월에 총 ₩600,000의 현금배당을 선언하였다. 보통주와 우선주에 배분될 배당금은 각각 얼마인가?

| 보통주(주당액면 ₩5,000) | ₩ 5,000,000 |
| 우선주(3% 누적적, 부분참가적(6%까지) ; 주당액면 ₩5,000) | ₩ 3,000,000 |

	보통주	우선주
①	₩240,000	₩360,000
②	₩262,500	₩337,500
③	₩284,300	₩315,700
④	₩306,400	₩293,600
⑤	₩420,000	₩180,000

해설

구 분	우선주	보통주	계
과거분	3,000,000×3%×2년=180,000	—	180,000
당기분	3,000,000×3%=90,000	5,000,000×3%=150,000	240,000
잔여분	$180,000 \times \frac{3}{8} = 67,500$	$180,000 \times \frac{5}{8} = 112,500$	180,000
	337,500원	262,500원	600,000

06 다음에서 설명하는 금융상품은?

> 사채권자에게 사채 발행 이후에 기채회사가 신주를 발행하는 경우 미리 약정된 가격에 따라 일정한 수의 주식 매매할 수 있는 권리가 부여된다.

① 신주인수권부사채 ② 이표채
③ 교환사채 ④ 전환사채
⑤ 후순위채권

해설 신주인수권부사채(Bond with Warrant ; BW)는 발행회사의 주식을 매입할 수 있는 권리가 부여된 사채이다. 전환사채, 신주인수권부사채가 권리 행사 시 회사 자본금의 변동이 발생하는 것과 달리 교환사채는 발행회사의 주식이 발행되는 것이 아니므로 자본금의 변동이 발생하지 않는다.

정답 5 ② 6 ①

07 우선주의 종류에 대한 설명으로 옳지 못한 것은?

① 참가적 우선주 : 소정비율의 우선배당을 받고도 이익이 남는 경우 우선주주가 다시 보통주주와 함께 배당에 참가할 수 있다.
② 비참가적 우선주 : 배당에 참가할 수 있는 자격이 없으므로 보통주주만이 배당에 참가한다.
③ 누적적 우선주 : 당해 영업연도에 소정비율의 우선배당을 받지 못한 경우, 그 미지급배당액을 다음 영업연도 이후에 우선하여 보충 배당받는다.
④ 비누적적 우선주 : 당해 영업연도에 우선배당을 받지 못하고 그 미지급배당액을 다음 영업연도에도 보충 배당받지 못한다.
⑤ 상환우선주 : 특정기간 동안 우선주의 성격을 가지고 있다가 기간이 만료되면 발행회사에서 이를 되사도록 한다.

해설 비참가적 우선주는 우선 배당률에 의한 배당금이 지급된 후에는 배당 가능 이익이 있을 때에도 그 배당을 받을 수 없는 우선주를 의미한다. 이익이 많은 경우에는 보통주보다 불리하므로 실제로는 거의 발행하지 않는다.

08 주식의 발행시장과 유통시장에 대한 설명으로 옳지 않은 것은?

① 발행시장은 발행주체가 유가증권을 발행하고, 중간 중개업자가 인수하여 최종 자금 출자자에게 배분하는 시장이다.
② 유통시장은 투자자 간의 수평적인 이전기능을 담당하는 시장으로 채권의 매매가 이루어지는 시장이다.
③ 자사주 매입은 발행시장에서 이루어진다.
④ 50명 이하의 소수투자자와 사적으로 교섭하여 채권을 매각하는 방법을 사모라고 한다.
⑤ 유통시장은 채권의 공정한 가격을 형성하게 하는 기능이 있다.

해설 주식시장은 발행시장과 유통시장으로 나누어진다. 발행시장이란 주식을 발행하여 투자자에게 판매하는 시장이고, 유통시장은 발행된 주식이 제3자간에 유통되는 시장을 의미한다. 자사주 매입은 유통시장에서 이루어지며, 주식배당, 주식분할, 유·무상증자, 기업공개 등은 발행시장과 관련이 있다.

09 주식회사의 설립방법에는 발기설립과 모집설립이 있다. 두 방법의 차이를 비교한 것으로 옳지 못한 것은?

	발기설립	모집설립
① 기능	소규모 회사 설립에 용이	대규모 자본 조달에 유리
② 주식의 인수	주식의 총수를 발기인이 인수	발기인 우선인수 후 나머지 주주모집
③ 인수 방식	단순한 서면주의	법정기재사항이 있는 주식청약서에 의함
④ 납입의 해태	일반원칙(채무불이행)에 속한다.	실권절차가 있음
⑤ 설립경과조사	이사와 감사가 조사하여 창립총회에 보고	이사와 감사가 조사하여 발기인에 보고

해설 발기설립이란 설립 시 주식의 전부를 발기인만이 인수하여 설립하는 것을 말하고, 모집설립이란 설립 시 주식의 일부를 발기인이 우선 인수하고 주주를 모집하여 그 나머지를 인수하게 하는 설립방법을 의미한다. 이사와 감사는 취임 후 지체 없이 회사의 설립에 관한 모든 사항이 법령 또는 정관의 규정에 위반되지 않는지의 여부를 조사하여야 하는데 발기설립의 경우 이를 발기인에게 보고하고, 모집설립의 경우 창립총회에 보고한다.

10 주식회사 설립 절차의 순서를 바르게 연결한 것은?

> ㉠ 발기인이 정관을 작성
> ㉡ 발기설립 또는 모집설립의 과정
> ㉢ 법인설립등기, 법인설립신고 및 사업자등록
> ㉣ 발기인을 구성
> ㉤ 주식발행사항을 결정
> ㉥ 회사상호와 사업목적을 정함

① ㉣ - ㉠ - ㉢ - ㉥ - ㉡ - ㉤
② ㉣ - ㉥ - ㉠ - ㉤ - ㉡ - ㉢
③ ㉤ - ㉣ - ㉠ - ㉡ - ㉢ - ㉥
④ ㉤ - ㉥ - ㉣ - ㉠ - ㉢ - ㉡
⑤ ㉥ - ㉠ - ㉣ - ㉤ - ㉡ - ㉢

해설 주식회사를 설립하려면 우선 ① 발기인을 구성하여, ② 회사상호와 사업목적을 정한 다음, ③ 발기인이 정관을 작성한다. 정관작성 후에는 ④ 주식발행사항을 결정하고 ⑤ 발기설립 또는 모집설립의 과정을 거쳐 ⑥ 법인설립등기, 법인설립신고 및 사업자등록을 하면 모든 설립행위가 완료된다.

정답 9 ⑤ 10 ②

11
실적이나 자산에 비해 기업이 상대적으로 저평가됨으로써 현재 발생하는 주당 순이익에 비해 상대적으로 낮은 가격에 거래되는 주식을 무엇이라 하는가?

① 성장주
② 황금주
③ 황제주
④ 가치주
⑤ 경기순환주

해설 기업의 현재 가치가 실제 가치보다 상대적으로 저평가되어 주당 순이익에 비해 주가가 낮은 주식을 가치주라고 한다. 가치주는 현재의 가치보다 낮은 가격에서 거래된다는 점에서, 미래의 성장에 대한 기대로 인하여 현재의 가치보다 높은 가격에 거래되는 성장주와는 다르다. 또한 성장주에 비하여 주가의 변동이 완만하여 안정적 성향의 투자자들이 선호한다. 황금주는 보유한 주식의 수량이나 비율에 관계없이, 극단적으로는 단 1주만 가지고 있더라도 적대적 M&A 등 기업의 주요한 경영 사안에 대하여 거부권을 행사할 수 있는 권리를 가진 주식을 말한다.

12
회사의 주식 수를 줄이는 감자에 대한 설명으로 잘못된 것은?

① 회사가 감자를 발표할 경우 이는 주가를 급등하게 하는 호재로 작용한다.
② 감자는 주주총회의 특별결의 및 채권자 보호절차를 필요로 한다.
③ 주식 5주를 1주로 만드는 것을 5대 1 감자라고 한다.
④ 5대 1 감자의 경우 자본금은 5분의 1이 된다.
⑤ 회사 정리, 분할, 합병, 사업 보전 등의 목적이 있다.

해설 감자는 자본감소의 줄임말로, 주식회사가 주식 금액이나 주식 수의 감면 등을 통해 자본금을 줄이는 것을 말한다. 재무구조가 나쁜 회사의 경우 자금을 확보하기 위해 기존의 주식을 소각하고 유상증자를 실시해 자본금을 늘리기도 한다. 자본이 잠식된 법정관리 대상 회사의 경우 법원이 대주주 지분을 강제 소각하는 방법으로 책임을 묻기도 하는데, 이처럼 감자는 기업경영이 나쁜 상황에서 실시되는 것이 일반적이므로 주가에 있어 악재로 작용하는 경우가 많다. 또한 감자는 주주의 이해관계에 변화를 초래하고 회사채권자의 담보를 감소시키게 되므로 주주총회 특별결의와 채권자 보호절차를 필요로 하는 것이다.

13 다음 글이 설명하는 경제 용어는?

> 소액주주권 보호 및 기업지배구조 개선을 위한 제도로, 2명 이상의 이사를 선임할 때 주당 이사수와 동일한 수의 의결권을 부여하는 것이다. 3명의 이사를 선출할 때 1주를 가진 주주의 의결권은 3주가 된다는 계산이다. 소액주주들도 의결권을 하나에 집중시키면 자신들이 원하는 이사를 뽑을 수 있다는 장점이 있다.

① 황금주 제도
② 차등의결권제도
③ 전자투표제
④ 집중투표제
⑤ 섀도 보팅

해설 집중투표제는 2명 이상의 이사 선임 시 주주는 1주마다 선임예정 이사와 같은 수의 의결권을 가지며(의결권 = 보유주식 수×이사후보), 이 의결권을 후보자 한 사람 또는 몇 명에게 집중적으로 행사하여 득표수에 따라 차례로 이사를 선임하게 되는 제도를 의미한다. 각 후보마다 별도로 한 표씩 주어지는 경우 지분이 많은 대주주가 절대적으로 유리했으나, 집중투표제가 도입되면 소수주주도 의결권을 하나에 집중시켜 자신들이 원하는 이사를 뽑을 수 있는 장점이 있다.

14 조직 설계와 관련된 다음의 서술 중 가장 적절하지 않은 것은?

① 조직의 과업다양성이 높을수록 조직의 전반적인 구조는 더욱 유기적인 것이 바람직하다.
② 집권화의 수준은 유기적 조직에 비해 기계적 조직의 경우가 높다.
③ 조직의 규모가 커지고 더욱 많은 부서가 생겨남에 따라 조직구조의 복잡성은 증가한다.
④ 조직의 공식화 정도가 높을수록 직무담당자의 재량권은 줄어든다.
⑤ 전문화 수준이 높아질수록 수평적 분화의 정도는 낮아진다.

해설 수평적 분화는 조직 내 직무나 부서의 개수를 의미하며, 전문화의 수준이 높아질수록 직무의 수가 증가하므로 수평적 분화의 정도는 높아지는 것이 일반적이다.

15 매트릭스 조직과 관련된 설명으로 옳지 않은 것은?

① 매트릭스 조직은 제품과 기능 또는 제품과 지역이 동시에 강조될 때 적합한 조직구조이다.
② 매트릭스 조직은 명령일원화에서 벗어나 두 명의 상사를 갖는 구조이다.
③ 매트릭스 조직의 특성상 역할갈등의 문제가 발생할 수 있다.
④ 매트릭스 조직은 부서 내에서의 규모의 경제 효과가 달성 가능하다.
⑤ 매트릭스 조직은 프로젝트성 과업을 수행하는 조직에 적합하다.

정답 13 ④ 14 ⑤ 15 ④

해설 불안정한 환경에서 복잡한 의사결정과 빈번한 변화에 적절하게 대응할 수 있는 매트릭스 조직은 기능별 작업 단위와 사업·제품별 작업 단위 두 유형을 포개어 놓은 구조이다. 이를 통하여 두 명의 상사를 갖게 되어 역할 갈등의 문제가 발생할 수 있다는 단점이 있다. 기능부서 내에서의 규모의 경제 효과 달성이 가능한 조직구조는 기능 조직이다.

16 다음 내용이 설명하고 있는 조직구조는?

- 수평적 분화에 중점을 두고 있다.
- 각자의 전문분야에서 작업능률을 증대시킬 수 있다.
- 생산, 회계, 인사, 영업, 총무 등의 기능을 나누고 각 기능을 담당할 부서단위로 조직된 구조이다.

① 기능 조직 ② 사업부 조직
③ 매트릭스 조직 ④ 수평적 조직
⑤ 네트워크 조직

해설 기능 조직(Functional Structure)은 기능별 전문화의 원칙에 따라 공통의 전문지식과 기능을 지닌 부서단위로 묶는 조직구조를 의미한다.

17 조직설계에 대한 다음 설명 중 옳은 것으로 연결된 것은?

가. 환경의 불확실성이 높을수록 조직 내 부서의 분화 정도는 높아진다.
나. 많은 수의 제품을 생산하는 기업은 사업부 조직(Divisional Structure)이 적절하다.
다. 기업의 조직구조는 전략에 영향을 미친다.
라. 대량생산 기술을 사용하는 기업은 효율성을 중시하는 유기적 조직으로 설계하는 것이 적절하다.
마. 조직 내 부서 간 상호의존성이 증가할수록 수평적 의사소통의 필요성은 증가한다.

① 가, 나, 마 ② 가, 다, 라
③ 가, 다, 마 ④ 나, 다, 라
⑤ 나, 라, 마

해설 다. 기업의 조직구조가 전략에 영향을 미치는 것이 아니라 조직의 전략이 정해지면 그에 맞는 조직구조를 선택하므로, 조직의 전략이 조직구조에 영향을 미친다.
라. 대량생산 기술을 사용하는 조직은 기계적 조직구조에 가깝게 설계해야 한다. 기계적 조직구조는 효율성을 강조하며 고도의 전문화, 명확한 부서화, 좁은 감독의 범위, 높은 공식화, 하향식 의사소통의 특징을 갖는다. 반면 유기적 조직구조는 유연성을 강조하며 적응성이 높고 환경변화에 빠르게 적응하는 것을 강조한다.

18 A기업의 기업가치는 10억 원(발행주식수 = 10만 주)이고, B기업의 기업가치는 5억 원(발행주식수 = 10만 주)이며 두 기업 모두 무부채기업이다. A기업이 B기업을 흡수합병할 경우 합병 후의 기업가치는 18억 원이 될 것으로 예상된다. A기업이 B기업 주주에게 6억 원의 현금을 지불하고 합병한다면, A기업이 합병을 통해 얻는 NPV는 얼마인가?

① 1억 원 ② 2억 원
③ 3억 원 ④ 4억 원
⑤ 5억 원

해설
• 시너지 효과 = AB기업의 가치 − (A기업의 가치 + B기업의 가치) = 18억 원 − (10억 원 + 5억 원) = 3억 원
• 합병프리미엄 = B기업의 인수가격 − B기업의 가치 = 6억 원 − 5억 원 = 1억 원
• NPV(합병의 순현가) = 시너지효과 − 합병프리미엄 = 3억 원 − 1억 원 = 2억 원

최신출제유형 23 24
19 보기의 설명에 해당하는 것으로 옳은 것은?

> 부실기업 회생을 위한 구조조정 방법 중 하나로, 채권단의 주도 하에 기업과 채권단 간의 채권·채무관계만을 조정하는 방식으로 기업을 회생시키는 방법이다.

① 화의제도 ② 법정관리
③ 워크아웃 ④ 백기사
⑤ 포이즌필

해설 워크아웃에 대한 설명이다.
부실기업 회생을 위한 구조조정 방법에는 워크아웃과 법정관리가 있다. 법정관리는 법원의 지휘 하에 구조조정이 이루어지는 방식으로, 법원이 제3자를 지정하여 회생절차를 관리하도록 한다.

정답 18 ② 19 ③

20 다음 두 가지 투자프로젝트에 대한 NPV와 IRR을 참고하여 두 프로젝트를 동시에 투자할 경우 NPV와 IRR을 계산하면 얼마인가?

구분	NPV	IRR
A 프로젝트	24억 원	35%
B 프로젝트	18억 원	15%

	NPV	IRR
①	21억 원	25%
②	21억 원	알 수 없음
③	42억 원	알 수 없음
④	42억 원	25%
⑤	알 수 없음	알 수 없음

해설 NPV에는 '두 개 이상의 투자안을 결합하여 투자하는 경우의 NPV는 각 투자안의 NPV를 합한 것과 같다'는 '가치가산의 원리'가 적용되므로 두 프로젝트의 NPV를 합한 42억 원이 되지만, IRR은 가치가산의 원리가 적용되지 않으므로 현재 제시된 자료만으로는 두 프로젝트를 동시에 수행하였을 때의 IRR을 구할 수 없다.

21 마이클 포터가 제시한 경쟁우위전략에 대한 설명으로 가장 옳지 못한 것은?

① 원가우위전략은 경쟁기업보다 낮은 비용에 생산하여 저렴하게 판매하는 것을 의미한다.
② 차별화전략은 경쟁사들이 모방하기 힘든 독특한 제품을 판매하는 것을 의미한다.
③ 집중화전략은 원가우위에 도대를 두거나 차별화 우위에 토대를 둘 수 있다.
④ 원가우위전략과 차별화전략은 일반적으로 대기업에서 많이 수행된다.
⑤ 마이클 포터는 기업이 성공하기 위해서는 한 제품을 통하여 원가우위전략과 차별화전략 두 가지 전략을 동시에 추구해야 한다고 보았다.

해설 마이클 포터는 원가우위전략과 차별화전략을 동시에 추구하는 것을 이도저도 아닌 어정쩡한 상황이라고 언급하였으며 둘 중 한 가지를 선택하여 추구하는 것이 효과적이라고 주장했다.

22 자본예산의 투자안 경제성 평가방법에 대한 다음의 설명 중 옳지 않은 것은?

① 할인회수기간은 회수기간보다 길다.
② 상호 배타적인 복수의 투자안의 경우 수익성지수가 가장 큰 투자안이 채택된다.
③ 단일투자안을 평가할 때도 NPV법, IRR법, PI법에 의한 평가결과가 상이할 수 있다.
④ NPV법은 재투자수익률로 자본비용을 가정하고, 가치의 가산원리가 성립하며, 투자액의 효율성을 고려한 방법이다.
⑤ 현금유입의 양상이 다르거나 투자수명이 다른 상호 배타적인 두 개의 투자안은 투자규모가 동일하다면 PI법과 NPV법의 평가결과가 같다.

> **해설** 단일투자안이나 독립적인 투자안을 평가하는 경우에는 NPV법, IRR법, PI법에 의한 평가결과가 항상 동일하다. 하지만 투자규모, 투자수명, 현금흐름양상이 다른 상호 배타적인 투자안을 평가할 때 NPV법과 IRR법의 평가결과가 상반될 수 있다. 또한 투자규모가 다른 상호 배타적 투자안을 평가할 경우 NPV법과 PI법의 평가결과가 상반될 수 있다.

23 보스턴 컨설팅그룹(BCG) 매트릭스에 대한 설명으로 옳지 않은 것은?

① 세로축은 시장성장률, 가로축은 상대적 시장점유율을 나타내어 사업기회를 분석하는 기법이다.
② 상대적 시장점유율과 업계성장률이 높은 경우는 별(Star)이다.
③ 개(Dog) 사업은 시장이 커질 가능성도 낮고 수익도 거의 나지 않는다.
④ 물음표(Question marks)는 높은 시장성장률과 높은 상대적 시장점유율을 유지하기 때문에 투자가 필요하지 않다.
⑤ 현금 젖소(Cash cow) 영역에서는 자금창출을 극대화하기 위하여 시설의 유지와 생산원가 절감에 도움이 되는 투자만을 행하고, 연구개발, 광고, 신규시설 등에 대한 투자는 일체 금하는 전략을 구사하여야 한다.

> **해설** 물음표(Question marks)는 높은 시장성장률과 낮은 상대적 시장점유율을 유지하기 때문에 많은 투자가 필요하다.

정답 22 ③ 23 ④

24 투자안 A와 B의 현금흐름이 다음과 같고, 자본비용이 10%라고 가정한다.

투자안	투자액	1년째 수익	2년째 수익
A	−1,000	500	800
B	−200	100	200

서로 독립적인 두 투자안을 평가 시 회수기간법을 적용할 때와 순현재가치법을 적용할 때의 결과로 바르게 연결된 것은?(단, 회수기간법을 적용할 때 목표회수기간은 1.6년이라고 가정한다)

	회수기간법	순현재가치법
①	A 기각, B 채택	A, B 채택
②	A, B 채택	A 채택, B 기각
③	A 기각, B 채택	A 채택, B 기각
④	A, B 채택	A 기각, B 채택
⑤	A 채택, B 기각	A, B 채택

해설

평가기법	계산	투자안 평가 기준	투자안 평가
회수기간법	회수기간법$_A = 1 + \dfrac{(1,000-500)}{800} = 1.625$년	투자액을 모두 회수하는 데 걸리는 기간이 목표 회수 기간보다 적으면 채택 (문제에서는 1.6년보다 짧으면 채택)	A 기각
	회수기간법$_B = 1 + \dfrac{(200-100)}{200} = 1.5$년		B 채택
순현재가치법	$NPV_A = \dfrac{500}{1.1} + \dfrac{800}{1.1^2} - 1,000 = 116$	NPV > 0 이면 채택	A 채택
	$NPV_B = \dfrac{100}{1.1} + \dfrac{200}{1.1^2} - 200 = 56$		B 채택

25 다음 중 회사법상 분류한 회사에 대한 설명 중 옳지 않은 것은?

① 모든 손실에 대해 책임을 지는 사원을 유한책임사원이라고 한다.
② 회사의 경영은 무한책임사원이 하고 유한책임사원은 자본을 제공하여 사업이익의 분배에 참여하는 회사형태를 합자회사라고 한다.
③ 유한회사, 유한책임회사는 모두 유한책임사원으로만 구성되므로 자금조달이 편리하다.
④ 변호사나 회계사들이 모여 설립한 법무법인, 회계법인은 합명회사라 볼 수 있다.
⑤ 회사는 사람처럼 권리와 의무의 주체가 될 수 있다.

해설 무한책임사원에 대한 설명이다. 유한책임사원은 회사의 채무에 대하여 회사채권자에게 출자가액 한도에서만 책임을 지는 사원이다.

제5편 경영일반

제25장 회계

제1절 회계의 기초

1 회계의 개요

(1) 회계의 의의
회계는 정보이용자가 합리적인 판단이나 의사결정을 할 수 있도록 기업 실체에 대한 유용한 경제적 정보를 식별하고 측정하여 전달하는 과정이다.

(2) 회계의 기본가정(계속기업의 가정)
① 회계의 기본가정은 기업실체를 둘러싼 환경으로부터 도출해낸 회계이론 전개의 기초가 되는 사실들을 말하며, 회계공준 또는 환경적 가정이라고도 한다.
② 재무제표는 일반적으로 기업이 계속기업이며 예상 가능한 기간 동안 영업을 계속할 것이라는 가정하에 작성된다. 즉 기업실체의 경영활동에 있어서 청산, 사업축소 등을 하지 않고 설립 목적을 수행하기에 충분할 정도로 장기간 존속한다는 것을 가정한다는 의미이다.
③ 계속기업의 가정은 '역사적 원가' 평가의 근거가 된다.

(3) 회계상의 거래
① 기업의 경영활동 결과 자산·부채·자본·수익·비용의 증감변화를 일으키는 모든 사실을 회계상의 거래라 하며, 이를 화폐금액으로 표시할 수 있어야 한다.
② 일상생활에서 이루어지는 거래당사자 간의 일반적인 합의를 의미하는 경제상의 거래와는 구별되는 한편 일상생활에서는 거래로 간주하지 않는 일방적인 손실 혹은 이득에 대하여도 회계상으로는 거래로 인식되어 재무제표에 반영되는 경우가 존재한다.

대표유형문제

다음 중 회계상의 거래가 아닌 것은 무엇인가?
① 상품을 구입하고 구입대금을 현금으로 ₩500,000 지급한다.
② 사원을 월급 ₩900,000으로 채용한다.
③ 상품을 외상으로 판매하였다.
④ 폭우로 인해 건물이 파손되었다.
⑤ A회사로부터 컴퓨터 1대를 기증받았다.

해설
상품의 매매, 금전의 수입과 지출 등 결과적으로 기업의 자산, 부채, 자본, 수익, 비용의 증감 변화를 일으키는 모든 사실을 회계상의 거래라 하며, 이를 화폐금액으로 표시할 수 있어야 한다. 따라서 일상생활에서는 거래로 간주되지 않는 일방적인 손실이나 이득에 대하여도 회계상 거래로 인식되어 재무제표에 반영되기도 한다. 사원의 채용, 상품 등의 주문, 단순 계약 등은 회계상의 거래에 포함되지 않는다.

정답 ②

대표유형문제 **최신출제유형** 23

다음 중 회계장부에 반영해야 할 회계상의 거래가 아닌 것은 무엇인가?
① 채무자의 파산으로 외상매출금 회수가 불가능해졌다.
② 수도요금 고지서가 나왔으나 아직 납부하지 못하였다.
③ 신규 분양하는 아파트를 구입하였다.
④ 화재보험에 가입한 공장건물이 화재로 완전히 소멸되었다.
⑤ 거래처와 신상품 공급 계약을 체결하였다.

해설
단순 계약 등은 회계상의 거래에 포함되지 않는다.

정답 ⑤

최신출제유형 23

다음 중 회계장부에 반영해야 할 회계상 거래가 아닌 것은?
① 거래처의 상품을 1,000만 원어치 구매하기로 합의했다.
② 주주가 10억 원을 기증하였다.
③ 부채를 만기일보다 앞당겨 상환하였다.
④ 5억 원 상당의 채권을 처분하였다.
⑤ 1억 원 상당의 건물을 매도하였다.

해설
단순 합의나 단순 계약으로는 실제 거래가 행해지지 않아 부채나 자산의 변동이 일어나지 않기 때문에 회계장부에 기록하지 않는다.

정답 ①

회계상의 거래인 것	회계상의 거래가 아닌 것
• 현금의 수입과 지출 • 상품의 매매거래 • 채권·채무 및 손익의 발생 • 건물(자산)등의 사용에 의한 가치 감소 • 유가증권(주식, 채권 등)의 구입과 처분 • 화재나 도난에 의한 자산의 소멸 • 기부금의 수수, 현금분실 또는 도난	• 상품의 주문 • 건물 임대차 계약, 매매 계약 • 직원의 채용 • 약속, 의뢰, 보관, 위탁 • 전기, 수도료 등의 고지서 수취

③ 거래의 8요소는 동시에 결합되어 나타나게 되는데 이를 거래의 결합관계라고 한다.

차 변	대 변
자산의 증가 ↑	자산의 감소 ↓
부채의 감소 ↓	부채의 증가 ↑
자본의 감소 ↓	자본의 증가 ↑
비용의 발생	수익의 발생

(4) 회계의 구분

① 회계는 재무회계(Financial Accounting), 관리회계(Managerial Accounting), 세무회계(Tax Accounting)로 구분된다.

재무회계	회계투자자, 금융기관, 소비자, 일반대중, 노동조합, 정부기관 등 일반목적의 재무제표 작성을 주요 목적으로 하는 회계(외부보고용 회계)
관리회계	경영자가 경영활동에 필요로 하는 모든 회계정보를 생산하고 이를 분석하는 것을 주요 목적으로 하는 회계(내부보고용 회계)
세무회계	기업은 여러 종류의 과세, 즉 법인세, 부가가치세, 관세, 지방세 등에 대한 세무신고를 해야 하며, 세무신고는 관련 법규가 정하는 바에 따라 작성(세무신고를 위한 회계)

② 재무회계와 관리회계 비교

구 분	재무회계	관리회계
보고대상	외부정보 이용자	내부정보 이용자
보고시기	정기보고	수시보고
기 준	GAAP	원가계산시스템
형 식	일정한 형식	일정한 형식 없음
보고내용	주로 재무제표와 부속자료	제한 없음 (주로 원가, 예산, 기타 분석자료)

② 재무제표

재무제표는 기업실체의 외부 정보이용자에게 기업실체에 관한 재무적 정보를 전달하는 핵심적 재무보고 수단이다.

〈재무제표의 종류〉

특정시점의 상태	특정기간의 변동
재무상태표	포괄손익계산서, 자본변동표, 현금흐름표

주석은 재무제표상 해당 과목 또는 금액에 기호를 붙이고 난외 또는 별지에 동일한 기호를 표시하여 그 내용을 간결히 기재하는 것을 말한다. 주석은 재무제표와는 별도로 공시하지만 재무제표에 포함된다.

(1) 재무제표 작성의 일반사항

① **공정한 표시와 한국채택국제회계기준의 준수**

한국채택국제회계기준에 따라 작성된 재무제표는 공정하게 표시된 재무제표로 본다. 재무제표가 한국채택국제회계기준의 요구사항을 모두 충족한 경우가 아니라면 한국채택국제회계기준을 준수하여 작성되었다고 기재하여서는 아니된다.

② **계속기업**

경영진이 기업을 청산하거나 경영활동을 중단할 의도를 가지고 있지 않거나, 청산 또는 경영활동의 중단 외에 다른 현실적 대안이 없는 경우가 아니라면 계속기업을 전제로 재무제표를 작성한다.

③ **발생기준 회계**

기업은 현금흐름 정보를 제외하고는 발생기준 회계를 사용하여 재무제표를 작성한다.

④ **중요성과 통합표시**

유사한 항목은 중요성 분류에 따라 재무제표에 구분하여 표시한다. 다만, 중요하지 않은 항목은 성격이나 기능이 유사한 항목과 통합하여 표시할 수 있다.

⑤ **상 계**

자산과 부채 그리고 수익과 비용은 상계하지 아니한다. 매출채권에 대한 대손충당금과 같은 평가충당금을 차감하여 관련 자산을 순액으로 측정하는 것은 상계표시에 해당하지 않는다. 또한 유사한 거래의 집합에서 발생하는 차익과 차손은 순액으로 표시한다.

대표유형문제 **최신출제유형** 24

현금의 유입과 유출에 관계없이 거래 시 그 기간에 인식·기록하는 방식을 무엇이라고 하는가?
① 현금기준
② 발생기준
③ 권리의무 확정기준
④ 실현기준
⑤ 총액기준

해설
현금을 수취하거나 지급하는 시점에 거래를 인식·기록하는 현금기준과 달리 거래나 사건의 영향을 발생한 기간에 인식·기록하는 발생기준으로 재무제표를 작성한다. 현금흐름표는 예외적으로 현금기준을 적용하여 작성한다.

정답 ②

> **대표유형문제**
>
> 기업은 비용을 분류하는 방식에 따라 성격별 포괄손익계산서와 기능별 포괄손익계산서를 선택할 수 있다. 다음 항목 중 성격별 포괄손익계산서와 기능별 포괄손익계산서에 공통으로 나타나지 않는 것은?
> ① 매출원가
> ② 수익
> ③ 법인세비용 차감전 순이익
> ④ 지분법 적용 대상인 관계기업과 공동기업의 당기순손익에 대한 지분
> ⑤ 법인세비용
>
> **해설**
> 매출원가나 판매관리비 등으로 비용을 표시하는 것은 당해 비용의 기능을 고려한 것이므로 성격별 표시방법에서는 매출원가가 표시되지 않는다.
>
> **정답** ①

⑥ 보고빈도

전체 재무제표는 적어도 1년마다 작성한다.

⑦ 비교정보

당기 재무제표에 보고되는 모든 금액에 대해 전기 비교정보를 공시하며, 재무제표를 이해하는 데 목적적합하다면 서술형 정보의 경우에도 비교정보를 포함한다.

⑧ 표시의 계속성

다른 표시나 분류방법이 더 적절한 것이 명백한 경우, 한국채택국제회계기준에서 표시방법의 변경을 요구하는 경우 두 가지를 제외하고는 매기 동일하게 재무제표 항목의 표시와 분류를 해야 한다.

(2) 재무제표 종류

① 재무상태표

재무상태표는 일정 시점 현재 기업이 보유하고 있는 경제적 자원인 자산과 경제적 의무인 부채, 그리고 자본에 대한 정보를 제공하는 재무보고서이다. 재무상태표는 복식부기에 의해 작성된 회계정보를 통합하여 만들어지기 때문에 차변의 자산총액과 대변의 부채, 자본 총액이 일치하게 된다. 이러한 원리를 대차평균의 원리라고 한다.

자산 = 부채 + 자본

㉠ 자산(Asset)

유동자산	당좌자산	현금 및 현금성 자산, 매출채권, 단기투자자산 등
	재고자산	상품, 제품, 반제품, 재공품, 원재료, 저장품 등
비유동자산	투자자산	• 타기업의 지배나 여유자금을 장기적으로 투하한 것 • 지분증권, 영업활동에 사용되지 않는 투자부동산, 설비확장 목적으로 보유하고 있는 특정목적예금 등
	유형자산	• 실물이 구체적인 물리적인 형태로 존재하는 자산 • 토지, 건물, 기계장치 등
	무형자산	• 구체적인 물리적 형태는 존재하지 않지만 식별가능하고 기업이 통제하고 있으며 미래에 경제적 효익이 있는 비화폐성 자산 • 영업권, 산업재산권, 광업권, 개발비 등
	기타비유동자산	• 임차보증금, 이연법인세자산 등

ⓒ 부채(Liabilities)

유동부채	• 기업의 일상 영업거래 및 재무거래에서 발생하는 것 • 단기금융부채(매입채무, 단기차입금, 미지급금), 선수금, 예수금, 미지급비용, 미지급법인세, 선수수익 등
비유동 부채	• 상환 만기가 1년 이상의 부채 • 사채, 장기차입금, 장기제품보증충당부채, 장기매입채무, 퇴직급여충당금, 이연법인세부채, 장기미지급금 등

ⓒ 자본(Capital)

자본금	• 기업의 주주가 기업에 출자한 금액 • 보통주자본금, 우선주자본금
자본잉여금	• 증자나 감자 등 주주와의 거래에서 발생하여 자본을 증가시키는 잉여금 • 주식발행초과금, 감자차익, 자기주식처분이익 등
자본조정	• 당해 항목의 특성상 소유주지분에서 가감되어야 하거나 또는 아직 최종결과가 미확정 상태여서 자본의 구성항목 중 어느 것에 가감해야 하는지 알 수 없는 항목 • 주식할인발행차금, 자기주식, 감자차손, 자기주식처분손실, 배당건설이자, 미교부주식배당금 등
기타포괄 손익누계액	• 포괄손익이란 자본의 변동 중에서 주주와의 거래에서 생긴 자본의 변동을 제외한 모든 변동을 의미 • 매도가능증권평가손익, 해외사업환산손익, 위험회피 파생상품평가손익 등
이익잉여금	• 손익계산서에 보고된 손익과 다른 자본 항목에서 이입된 금액의 합계액에서 주주에 대한 배당, 자본금으로의 전입 및 자본조정 항목의 상각 등으로 처분된 금액을 차감한 잔액 • 법정적립금, 임의적립금 및 미처분이익잉여금(또는 미처리결손금) 등 손익거래에 의하여 발생한 매기의 이익을 그 원천으로 함

② 포괄손익계산서

포괄손익계산서는 일정 기간 동안 기업의 재무성과에 대한 정보를 제공하는 재무보고서이며 미래의 현금흐름과 수익창출능력 등의 예측에 유용한 정보를 제공하는 보고서이다.

㉠ 성격별 포괄손익계산서

성격별 분류법에서는 당기손익에 포함된 비용을 그 성격별로 통합하며, 기능별로 재배분하지 않는다. 비용을 성격별로 분류한다는 것은 각 항목을 유형별로 구분, 표시한다는 것으로 감가상각비, 운송비, 광고비 등으로 분류한다.

대표유형문제

기타포괄손익에 해당하는 것은?
① 종업원급여
② 중단영업손실
③ 당기순이익
④ 대손상각비
⑤ 유형자산재평가이익

해설
기타포괄손익에 포함되는 항목에는 재평가잉여금의 변동, 확정급여제도의 보험수리적손익, 해외산업환산손익, 매도가능금융자산평가손익, 파생상품평가손익 등이 있다.

정답 ⑤

최신출제유형 23

다음 중 기업 회계에서 자본항목에 해당하지 않는 것은?
① 자본금
② 자본잉여금
③ 자본조정
④ 이익잉여금
⑤ 선수금

해설
선수금은 예수금, 비품, 소모품 등과 함께 부채에 해당한다.

정답 ⑤

> **대표유형문제**
>
> 기업의 재무제표 중 일정기간 동안 발생한 기업의 영업활동, 투자활동, 재무활동으로 인한 현금 변동을 표시한 것은?
> ① 재무상태표
> ② 포괄손익계산서
> ③ 자본변동표
> ④ 현금흐름표
> ⑤ 주 석
>
> **해설**
> 현금흐름표는 일정기간 동안 기업의 현금 조달과 사용을 나타내는 표로써 기업의 현금 및 현금성자산 창출 능력과 기업의 현금흐름 사용 필요성에 대한 평가의 기초를 재무제표 이용자에게 제공한다.
>
> **정답** ④

ⓒ 기능별 포괄손익계산서

기능별 분류법은 비용을 매출원가, 물류원가, 관리활동원가 등과 같이 기능별로 분류하는 방법으로 매출원가법이라고도 한다. 이 방법에서는 매출원가를 반드시 다른 비용과 분리하여 공시한다. 비용의 성격에 대한 정보가 미래현금흐름을 예측하는 데 유용하기 때문에 비용별 포괄손익계산서를 사용하는 경우에는 성격별 분류에 따른 추가 공시가 필요하다.

성격별 포괄손익계산서		기능별 포괄손익계산서	
수익	×××	수익	×××
기타수익	×××	매출원가	(×××)
총비용		매출총이익	×××
제품과 재공품의 변동		기타수익	×××
원재료와 소모품의 사용액		물류원가	(×××)
종업원급여비용		관리비	(×××)
감가상각비와 기타상각비		기타비용	(×××)
기타비용	(×××)	금융원가	(×××)
법인세비용차감전순이익	×××	법인세비용차감전순이익	×××
법인세비용	(×××)	법인세비용	(×××)
당기순이익	×××	당기순이익	×××
기타포괄이익	×××	기타포괄이익	×××
총포괄이익	×××	총포괄이익	×××

③ 자본변동표

자본변동표는 기업의 경영에 따라 자본이 변동되는 흐름을 파악하기 위해 일정 기간 동안 자본의 크기와 그 변동에 관한 정보를 제공하는 재무보고서이다.

④ 현금흐름표

현금흐름표는 일정기간 동안 기업의 현금 조달과 사용을 나타내는 표로써 기업의 현금 및 현금성자산 창출능력과 기업의 현금흐름 사용 필요성에 대한 평가의 기초를 재무제표 이용자에게 제공한다.

㉠ 영업활동 현금흐름 : 기업 고유활동인 생산 제품의 판매, 원재료와 상품의 구입에 따른 현금 유·출입 상황

㉡ 투자활동 현금흐름 : 유가증권 및 토지의 매입·매각, 예금 등에 따른 현금 유·출입 상황

㉢ 재무활동 현금흐름 : 단기차입금, 회사채 및 증자 등에 따른 현금 유·출입 상황

⑤ 주 석

주석은 재무상태표, 포괄손익계산서, 자본변동표 및 현금흐름표에 표시된 개별 항목과 관련된 양적·질적인 정보를 제공한다. 주석은 다음의 정보를 제공한다.

㉠ 재무제표 작성 근거와 구체적인 회계정책에 대한 정보

㉡ 한국채택국제회계기준에서 요구하는 정보이지만 재무제표 어느 곳에도 표시되지 않는 정보

㉢ 재무제표 어느 곳에도 표시되지 않지만 재무제표를 이해하는 데 목적적합한 정보

대표유형문제

다음 중 일정시점의 기업의 재무상태를 나타내는 재무제표는 무엇인가?

① 재무상태표
② 포괄손익계산서
③ 자본변동표
④ 현금흐름표
⑤ 제조원가명세서

해설

재무상태표는 특정 시점에서 기업의 재무상태(자산, 자본, 부채의 구성상태)를 표시하는 재무제표이다.

- 포괄손익계산서 : 일정한 회계기간 동안의 영업성과를 집약적으로 표시
- 자본변동표 : 회계기간 동안 소유주지분(자본)의 변동을 구성항목별로 구분하여 보고하는 회계보고서
- 현금흐름표 : 기업의 영업활동과 재무활동 그리고 투자활동에 의하여 발생하는 현금흐름의 특징이나 변동 원인에 대한 정보를 제공하는 회계보고서
- 제조원가명세서 : 재무제표에 해당하지 않음

정답 ①

대표유형문제

회사의 기말재고자산금액에 다음의 사항이 포함되어 있는 경우 이를 고려하여 감액할 재고자산금액은 얼마인가?

(1) 반품권이 부여된(반품가능성 예측불가능) 재고자산 ₩10,000 (원가 ₩8,500)
(2) 판매하여 운송중인 상품 ₩5,000 (도착지 인도조건)
(3) 수탁상품 ₩6,500
(4) 시송품 ₩4,000 (원가 ₩3,500)

① 7,000 ② 7,500
③ 8,000 ④ 8,500
⑤ 9,000

해설

(1) 반품가능성 예측 불가능한 재고자산은 원가로 계상 (10,000 − 8,500 = 1,500)
(2) 도착지 인도조건의 운송중인 상품은 기말재고자산금액에 포함되는 것이 맞음
(3) 수탁상품은 전액 감액대상 (6,500)
(4) 시송품은 원가로 계상 (4,000 − 3,500 = 500)

따라서 1,500 + 6,500 + 500 = 8,500

정답 ④

제2절 회계처리와 CVP분석

1 재고자산

(1) 재고자산의 의의

재고자산은 판매를 위하여 보유하거나 생산과정에 있는 자산 및 생산 또는 서비스 제공과정에서 투입될 원재료나 소모품의 형태로 존재하는 자산을 말한다. 용역 제공기업의 재고자산에는 관련된 수익이 아직 인식되지 않은 용역원가가 포함된다.

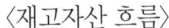
〈재고자산 흐름〉

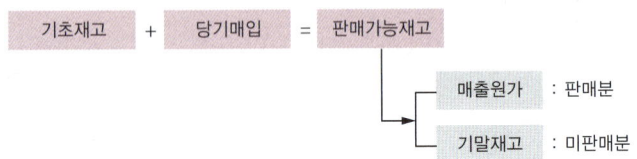

(2) 기말재고자산에 포함할 항목

구 분		인식여부	기말재고에의 포함여부
미착상품 (구매자의 입장)	도착지인도조건	매입으로 인식하지 않음	제 외
	선적지인도조건	매입으로 인식함	포 함
적송품	수탁자 보관분	매출로 인식하지 않음	포 함
	수탁자 미보관분	매출로 인식함	제 외
저당상품		매출로 인식하지 않음	포 함
반품권이 부여된 재고자산	반품가능성 예측가능	매출로 인식함	제 외
	반품가능성 예측불가능	매출로 인식하지 않음	포 함
할부판매상품(장단기 포함)		매출로 인식함	제 외

(3) 재고자산 평가방법

① 개별법

개별법은 개개의 상품 또는 제품에 대하여 개별적인 원가를 계산하는 방법이다. 상호 교환될 수 없는 재고자산항목의 원가와 특정 프로젝트별로 생산되고 분리되는 재화 또는 용역의 원가는 개별법을 사용하여 결정한다.

㉠ 장 점
- 실제원가와 실제수익이 대응되므로 대응원칙에 가장 충실하다.

- 고가이고 소량인 재고자산에 적용이 용이하다.
ⓒ 단 점
- 재고자산 종류, 수량이 많은 경우 적용이 어렵다.
- 원가를 실무자가 임의로 조정하여 당기손익을 조작할 수 있다.
- 여러 재고자산에 공통적인 부대비용을 임의로 배분하여 원가를 조작할 수 있다.
- 가장 이상적이지만 현실적으로 불가능하여 실무에 거의 사용하지 못한다.

② 가중평균법

기초 재고자산과 회계기간 중 매입 또는 생산된 재고자산의 원가를 가중평균하여 재고항목의 단위원가를 결정하는 방법이다. 가중평균법에는 총평균법과 이동평균법이 있다. 총평균법은 실사법하에서의 가중평균법을 의미하며, 이동평균법은 계속기록법하에서의 가중평균법을 말한다.

ⓙ 장 점
- 실무적 적용이 편리하며 이익조작의 가능성이 작다.
- 실제 물량흐름을 개별적으로 파악하기 힘들므로 평균원가 사용이 보다 적절할 수 있다.

ⓒ 단 점
- 수익과 비용의 적절한 대응이 어렵다.
- 기초재고의 원가가 평균단가에 합산되어 기말재고의 금액에 영향을 미칠 수 있다.

③ 선입선출법(First-In First-Out method ; FIFO)

선입선출법은 물량의 실제흐름과는 관계없이 먼저 매입 또는 생산한 항목이 먼저 판매 또는 사용된 것으로 가정하여 기말 재고액을 결정하는 방법이다.

ⓙ 장 점
- 실제 물량흐름과 유사하므로 개별법과 유사한 결과를 얻을 수 있다.
- 체계적이고 객관적이므로 이익조작의 가능성이 작다.
- 기말재고자산이 현행원가의 근사치로 표시된다.

ⓒ 단 점
- 현행수익에 과거원가를 대응시키므로 대응원칙에 충실하지 못하다.
- 물가가 상승하는 경우 과거의 취득원가가 현행 매출수익에 대응되므로 당기순이익이 과대계상된다.

대표유형문제

재고자산평가방법을 선입선출법으로 적용할 경우 기말재고자산 금액은?

구분	수량	단가	금액
전기이월	200개	3,000원	600,000원
2월 4일 구입	300개	2,100원	630,000원
8월 8일 판매	250개		
10월 27일 구입	50개	2,700원	135,000원
기 말	300개		

① 570,000원
② 660,000원
③ 700,000원
④ 750,000원
⑤ 780,000원

해설
50개(10월 27일 구입분) × 2,700원
+ 250개(2월 4일 구입분) × 2,100원
= 660,000원

정답 ②

대표유형문제

물가가 상승할 때 당기순이익이 과대계상되는 재고자산의 산정방법은?
① 개별법
② 가중평균법
③ 선입선출법
④ 후입선출법
⑤ 이동평균법

해설

선입선출법이란 물량의 실제흐름과 관계없이 먼저 매입 또는 생산한 항목이 먼저 판매 또는 사용된 것으로 가정하여 기말 재고액을 결정하는 방법이다. 물가가 상승하는 경우 과거의 취득원가가 현행 매출수익에 대응되므로 비용은 낮게 평가되고 이익과 세금은 과대평가되므로 당기순이익이 과대 계상된다.

정답 ③

④ 후입선출법(Last-In First-Out method ; LIFO)

후입선출법은 나중에 구매 또는 생산한 항목이 먼저 판매 또는 사용된 것으로 가정하고 재고자산을 평가하는 방법이다. 기업회계기준에서는 후입선출법을 사용할 수 없도록 하고 있다.

㉠ 장 점
- 대응원칙에 충실 : 현행수익에 현행원가가 대응되므로 대응원칙에 충실하다.
- 가격정책결정에 유용 : 판매가격은 최근 구입한 원가를 초과해야 하므로 최소한 후입선출법을 적용할 때도 이익이 발생하여야 한다.
- 세금효과로 인한 현금흐름 개선 : 당기순이익이 적게 계상되어 세금 납부를 이연할 수 있으므로 현금흐름이 좋아진다.

㉡ 단 점
- 기말 재고자산의 부적절한 평가 : 기말 재고자산이 과거 취득원가로 기록된다.
- 후입선출 청산현상 : 판매량 급증의 경우 과거 가격으로 평가된 재고층이 매출원가로 계상되어 당기순이익이 증가된다.
- 불건전한 구매관습 : 후입선출청산을 회피하기 위해 불필요한 재고자산을 구입하거나, 당기순이익을 증가시키기 위해 재고자산을 구입하지 않고 고갈시키는 불건전한 구매관습을 통해 당기순이익을 조작할 수 있다.
- 낮은 당기순이익 : 당기순이익이 적게 계상된다.
- 실제 물량흐름과 불일치

〈재고자산 평가의 비교〉

구 분	크기비교	비 고
기말재고자산	선입선출법 > 이동평균법 > 총평균법 > 후입선출법	
매출원가	선입선출법 < 이동평균법 < 총평균법 < 후입선출법	
당기순이익	선입선출법 > 이동평균법 > 총평균법 > 후입선출법	
법인세	선입선출법 > 이동평균법 > 총평균법 > 후입선출법	과세소득이 충분함
현금흐름	선입선출법 < 이동평균법 < 총평균법 < 후입선출법	법인세효과

2 감가상각

(1) 감가상각의 의의

감가상각은 자산의 취득가액을 사용가능 연한인 내용연수 동안 체계적인 방법을 통해 비용으로 배분하는 원가의 배분과정이다. 각 사업연도의 손익계산을 정확하고 공정하게 하고, 상품과 제품의 원가계산을 적절하게 하기 위함에 그 목적이 있다. 자산은 시일의 경과와 경제 사정의 변화에 따라 경제가치가 감소되어 간다. 감가상각의 원인은

① 사용에 의한 소모
② 시간의 경과에 따르는 퇴화
③ 기능적 감가(물질 자체로는 사용가치가 있으나 경제적 이용가치의 상실을 의미함. 유행의 변천과 새로운 발명에 의한 구식화 등이 이에 속함)
④ 우발적 감가 등이 있다.

(2) 감가상각대상금액과 감가상각기간

① 감가상각기준액

> 감가상각대상금액(감가상각기준액) = 자산의 원가 - 잔존가치

② 잔존가치

자산의 내용연수가 만료되는 시점에 남아있는 자산적 가치를 잔존가치라고 한다. 자산의 처분으로부터 현재 획득할 금액에서 추정 처분부대원가를 차감한 금액의 추정치를 말한다.

③ 내용연수

자산이 영업활동에 사용될 수 있는 예상기간, 즉 수명을 말하며 자산이 사용불능이 되어 폐기할 때까지의 추정연수를 말한다. 반드시 기간적인 의미만 있는 것이 아니라 생산량 또는 활동능력으로 평가될 수도 있다.

(3) 감가상각방법

① 정액법

정액법은 매기 균등액을 감가상각비로 계산하는 방법으로, 자산의 경제적 유용성이 내용연수 동안 매년 동일하고 관련된 수선유지비도 매년 동일하다고 가정한다.

대표유형문제

재고자산과 관련된 설명 중 틀린 것은?
① 후입선출법은 실제 재고자산흐름을 충실히 표현하지 못하여 한국채택국제회계기준에서 인정하지 않는다.
② 물가 상승의 경우 선입선출법에 의한 재고자산의 평가는 평균법에 의할 때보다 작은 당기순이익을 계상한다.
③ 위탁판매의 경우 수탁자가 판매한 날에 위탁자의 재고자산에서 감소시켜야 한다.
④ 매입운임은 매입한 상품의 원가에 가산한다.
⑤ 저당상품의 경우 기말재고자산에 포함시켜야 한다.

해설
당기순이익은 선입선출법 > 이동평균법 > 총평균법 > 후입선출법 순이다.

정답 ②

대표유형문제

감가상각에 대한 설명으로 옳지 않은 것은?
① 유형자산을 구성하는 일부의 원가가 유의적인 경우 해당 유형자산을 감가상각할 때 그 부분은 별도로 구분하여 감가상각한다.
② 채석장이나 매립지 등을 제외한 토지는 감가상각하지 아니한다.
③ 유형자산의 잔존가치는 적어도 매 회계연도말에 재검토한다.
④ 감가상각은 원가의 배분과정이 아니라 자산의 평가과정이다.
⑤ 유형자산의 감가상각은 자산이 사용 가능한 때부터 시작한다.

해설
감가상각은 자산의 평가과정이 아니라 내용연수 동안의 원가의 배분과정이다.

정답 ④

$$상각률 = \frac{1}{추정내용연수}$$

매년 감가상각비 = (취득금액 − 잔존가치) × 상각률

㉠ 장 점
계산이 간단하다.
㉡ 단 점
자산의 경제적 유용성이 내용연수 동안 동일한 것으로 가정하는데, 일반적으로 자산의 생산성은 취득 초기에 높고 후기로 갈수록 낮아지는 현실을 반영하지 못한다. 또한 수선유지비는 내용연수 후기로 갈수록 증가하는데 이러한 현실을 반영하지도 못한다.

② 정률법

$$상각률 = 1 - \sqrt[n]{\frac{잔존가치}{취득금액}}$$

매년 감가상각비 = 기초장부금액 × 상각률

③ 연수합계법

$$특정연도의 \, 상각률 = \frac{특정연도초의 \, 잔존내용연수}{내용연수의 \, 합계}$$

특정연도의 감가상각비 = (취득원가 − 잔존가치) × 상각률

④ 이중체감법
이중체감법의 상각률은 정액법 상각률의 2배를 사용한다.

$$상각률 = \frac{2}{추정내용연수}$$

매년 감가상각비 = 기초 장부금액 × 상각률

⑤ 생산량비례법
보유중인 자산의 감가가 단순히 시간이 경과함에 따라 나타난다고 하기보다는 생산량에 비례하여 나타난다는 것을 전제로 하여 감가상각비를 계산하는 방법이다. 주로 광산, 유전, 산림 등과 같은 소모성 또는 고갈성 자산의 채취산업에서 많이 사용된다.

$$생산량단위당 \, 감가상각비 = \frac{취득원가 - 잔존가치}{총예정생산량}$$

매년 감가상각비 = 매년 생산량 × 단위당 감가상각비

③ 현금 및 현금성자산

(1) 현금

현금은 기업이 보유하고 있는 자산 중 가장 유동성이 높은 자산으로서 통화와 통화대용증권이 있다. 회계상으로 현금은 지폐나 주화 등 통화와 타인발행수표 등 통화대용증권 및 보통예금, 당좌예금 등 요구불예금으로 구성된다.

(2) 현금성자산

현금성자산이란 투자나 다른 목적이 아닌 단기적인 현금수요를 충족하기 위한 목적으로 보유하는 것으로 현금과 거의 유사한 환금성을 갖는 자산을 말한다. 기업회계기준서에서는 현금성자산을 유동성이 매우 높은 단기투자자산으로서 확정된 금액의 현금으로의 전환이 용이하고 가치변동의 위험이 경미한 자산으로 정의하고 있다. 이때의 단기란 일반적으로 취득일로부터 투자자산의 만기일 또는 상환일이 3개월 이내인 경우를 의미한다.

(3) 금융상품

금융기관이 취급하는 정기예금·정기적금·사용이 제한되어 있는 예금 및 기타 정형화된 상품 등으로 단기적 자금운용목적으로 소유하거나 기한이 1년 내에 도래하는 단기금융상품과 단기금융상품에 속하지 아니하는 정기예금 등의 장기금융상품으로 구분된다.

〈현금 및 현금성자산과 금융상품의 분류〉

구 분	분류항목		계정분류
현금 및 현금성자산	통화 및 타인발행수표, 보통예금·당좌예금 등 요구불예금, 우편환증서, 송금환, 기일도래 공사채이자표, 배당금지급통지표, 공장·지점전도금, 현금성자산		
금융상품	정기예금·정기적금 사용이 제한된 예금 환매채(RP)·양도성예금증서(CD) 등 금융상품	취득일로부터 3개월 이내 만기도래	현금성자산*
		보고기간말로부터 1년 이내 만기도래	단기금융상품
		보고기간말로부터 1년 이후 만기도래	장기금융상품
기타 항목	선일자수표(매출채권 또는 미수금), 직원가불금 및 차용증서(단기대여금), 우표 및 수입인지(선급비용 또는 소모품), 당좌개설보증금(장기금융상품), 당좌차월(단기차입금)		

*사용이 제한된 예금은 제외함

대표유형문제

다음 자료에서 현금 및 현금성자산 합계액을 계산하면?

- 당좌수표 : 35,000원
- 당좌개설보증금 : 15,000원
- 당좌차월 : 7,000원
- 우표 : 2,500원
- 우편환증서 : 12,000원
- 선일자수표(발행일 30일 이내) : 17,500원
- 배당금지급통지표 : 9,000원
- 2014년 12월 1일에 취득한 환매채(만기 2015년 1월 31일) : 26,500원
- 만기가 도래한 국채이자표 : 5,000원

① 52,500원
② 82,500원
③ 87,500원
④ 90,000원
⑤ 105,000원

해설

당좌수표 35,000원 + 우편환증서 12,000원 + 배당금지급통지표 9,000원 + 환매채 26,500원 + 국채이자표 5,000원 = 87,500원
당좌개설보증금은 금융상품, 당좌차월은 단기차입금, 우표는 선급비용 또는 소모품, 선일자수표는 수취채권으로 분류한다.

정답 ③

4 CVP(Cost-volume-profit) 분석

(1) CVP 분석의 개요

① CVP 분석이란 조업도(Volume)와 원가(Cost)의 변화가 이익(Profit)에 미치는 영향을 분석하는 기법을 말한다.

② 분석내용
  ㉠ 손실을 보지 않기 위해서 달성하여야 하는 판매량 및 매출액
  ㉡ 목표이익을 얻기 위해서 달성하여야 하는 판매량 및 매출액
  ㉢ 특정판매량을 통해서 얻을 수 있는 이익
  ㉣ 판매량이나 원가 변동 시 이익에 미치는 영향

(2) CVP 분석의 기본 개념

① CVP 분석의 기본 공식

  이익 = 매출액 − 총비용
  　　 = 매출액 − (총변동비 + 총고정비)
  　　 = (매출액 − 총변동비) − 총고정비
  　　 = 공헌이익 − 총고정비

② 공헌이익(Contribution Margin ; CM)
  ㉠ 재무회계의 매출총이익과 같이 순이익 산출과정의 중간이익 개념으로서 고정원가를 회수하고 순이익창출에 공헌하는 이익을 의미한다. 따라서 매출액에서 변동비를 차감하면 공헌이익이 되며, 공헌이익에서 고정비를 차감하면 순이익이 산출된다.
  ㉡ 공헌이익과 공헌이익률

공헌이익	매출액 − 변동비
	고정비 + 이익
단위공헌이익	총공헌이익 / 판매수량
	판매가격 − 단위변동비
	판매가격 × 공헌이익률
공헌이익률	공헌이익 / 매출액
	단위공헌이익 / 판매가격

대표유형문제

어느 제품의 변동비용은 2,000원이고, 가격은 5,000원이라 한다. 또한 이 기업의 총 고정비용이 500만 원이라 한다. 이 제품의 공헌이익률은 얼마인가?

① 0.2
② 0.4
③ 0.6
④ 0.8
⑤ 1.2

해설

공헌이익 = 가격 − 변동비용
　　　　 = 5,000 − 2,000 = 3,000

공헌이익률 = $\dfrac{공헌이익}{가격}$ = $\dfrac{3,000}{5,000}$

　　　　　 = 0.6

정답 ③

③ 손익분기점(Break-Even Point ; BEP)

매출액이 총원가와 동일한 지점, 즉 이익이 '0'이 되는 매출액 수준을 나타낸다.

$$BEP매출수량 = \frac{고정비}{단위공헌이익}$$

$$BEP매출액 = \frac{고정비}{공헌이익률}$$

대표유형문제

단위당 판매가격 300,000원, 단위당 변동비 150,000원, 총고정비 45,000,000원인 제품의 손익분기점 매출량은?
① 100단위
② 200단위
③ 300단위
④ 400단위
⑤ 500단위

해설

손익분기점 매출액

$$= \frac{고정비}{가격-변동비} = \frac{45,000,000}{300,000-150,000}$$

$$= \frac{45,000,000}{150,000} = 300$$

정답 ③

제5편 경영일반

제25장 출제예상문제

01 다음 중 회계상의 거래가 아닌 것은? [최신출제유형 23]

① 화재로 재고 ₩10,000,000이 소실되었다.
② 비품을 ₩500,000에 외상으로 구입하였다.
③ 복사기를 ₩1,000,000에 주문하였다.
④ 은행에서 ₩20,000,000을 차입하였다.
⑤ 주주에게 현금으로 배당금 ₩5,000,000을 지급하였다.

> 해설 복사기를 주문하고 현금을 지급한 것은 아니기 때문에 회계상의 거래가 아니다. 즉, 상품의 주문, 임대차계약, 고용계약, 위탁 등은 일상생활에서는 거래라고 하나 회계상의 거래는 아니다.

02 거래의 분개에 있어서 거래의 결합관계로 옳지 않은 것은?

	차 변	대 변
①	자본증가	부채증가
②	자산증가	자본증가
③	비용발생	자산감소
④	부채감소	수익발생
⑤	자산증가	부채증가

> 해설 자본증가는 대변 항목이다.

정답 1 ③ 2 ①

03 이예순씨는 60인치 TV를 200만원에 구입하여 110만원은 현금 지급하고 잔액은 외상으로 하였다. 이 거래의 결과로 옳은 것을 모두 고르면?

> 가. 총자산 감소
> 나. 총자산 증가
> 다. 총부채 감소
> 라. 총부채 증가

① 가, 다
② 가, 라
③ 나, 다
④ 나, 라
⑤ 다, 라

해설 아래의 분개에서 알 수 있듯이, 차변에는 TV라는 자산이 생겼으므로 자산 증가, 대변에는 현금을 사용하였으므로 자산 감소, 외상으로 인한 부채 증가를 적는다. 각각의 감소와 증가분을 계산하면, 총자산과 총부채가 증가했음을 알 수 있다.

(차) TV   2,000,000   (대) 현   금   1,100,000
                              외상매입금   900,000

04 액면가액 5,000원인 주식 100주를 발행하여 회사를 설립할 경우 올바른 분개는?

① (차) 현 금 500,000   (대) 부 채 500,000
② (차) 자본금 500,000   (대) 부 채 500,000
③ (차) 자본금 500,000   (대) 현 금 500,000
④ (차) 현 금 500,000   (대) 자본금 500,000
⑤ (차) 부 채 500,000   (대) 자본금 500,000

해설 주식을 발행하여 회사를 설립한 경우 현금(자산)이 증가하고 자본금이 증가한다.

정답 3 ④ 4 ④

05 공인회계사 또는 회계법인이 외부회계감사를 실시한 결과 기업회계에 위배된 일부의 재무제표 표시를 발견한 경우 감사인은 감사보고서에 어떤 의견을 표명하는가? _{최신출제유형 23 25}

① 적정의견
② 한정의견
③ 의견거절
④ 부적정의견
⑤ 비한정의견

해설 〈감사의견의 종류〉
- 적정의견 : 재무제표의 모든 항목이 적절히 작성되어 기업회계기준에 일치하고 불확실한 사실이 없는 경우
- 한정의견 : 회계처리방법과 재무제표 표시방법 중 일부가 기업회계에 위배되거나, 재무제표의 항목에서 합리적인 증거를 모두 얻지는 못하는 경우
- 의견거절 : 감사의견을 형성하는 데 필요한 합리적 증거물을 얻지 못하여 재무제표 전체에 대한 의견표명이 불가능한 경우 또는 기업존립에 관계될 정도의 객관적 사항이 특히 중대한 경우나 감사의 독립성이 결여되어 있는 경우
- 부적정의견 : 재무제표가 전체적으로 합리적으로 기재되지 못하고 왜곡 표시되어 무의미하다고 인정되는 경우

06 다음의 설명 중 옳은 내용은?

① 개념체계가 한국채택국제회계기준과 상충되는 경우 당해 회계기준보다 개념체계가 우선 적용되어야 한다.
② 개념체계에 따르면 재무제표의 기본가정은 발생주의와 계속기업이다.
③ 기업은 발생기준 회계를 사용하여 재무제표를 작성한다.
④ 주석은 재무제표와 별도로 공시되며 재무제표에 포함하지 않는다.
⑤ 외부감사는 공인회계사에 의해 수행되며, 경영자들이 작성한 재무제표의 신뢰성을 제고하는 기능을 한다.

해설 ① 개념체계와 한국채택국제회계기준이 상충되는 경우 한국채택국제회계기준이 개념체계보다 우선한다.
② 재무제표의 기본가정은 계속기업이 유일하다. 이러한 계속기업의 가정은 역사적 원가 평가의 근거가 된다.
③ 기업은 현금흐름 정보를 제외하고는 발생기준 회계를 사용하여 재무제표를 작성한다. 즉 현금흐름표는 현금기준 회계를 적용하여 작성하고 그 외의 재무제표는 발생기준에 따른다.
④ 주석은 재무제표와는 별도로 공시하지만 재무제표에 포함된다.

07 재무회계의 한계점에 관한 설명으로 옳지 않은 것은?

① 계량적인 자료를 중심으로 정보를 분석하므로 비계량적 요소와 질적 요소를 반영할 수 없다.
② 과거의 정보를 분석하므로 의사결정을 위한 미래정보의 제공이 어렵다.
③ 회계처리에 여러 대체적인 방법이 존재하여 기업간 비교가능성이 저하되므로 정보자체의 유용성이 떨어질 수 있다.
④ 기업 내부정보이용자를 위한 회계시스템이므로 외부정보이용자에게 인정받기 어렵다.
⑤ 용인된 회계원칙안에도 주관성이 개입될 수 있어 불확실성이 내재되어 있다.

> **해설** 재무회계는 기업 외부정보이용자를 위한 회계이다. 내부정보이용자를 위한 회계는 관리회계이다.

08 기업의 현금유입에 해당하는 현금흐름으로만 묶인 것은?

> 가. 대여금이자 수취
> 나. 유가증권의 판매
> 다. 투자자산의 처분
> 라. 임금의 지급
> 마. 법인세 납부
> 바. 유상감자

① 가, 나, 다
② 가, 다, 바
③ 나, 다, 라
④ 다, 라, 마
⑤ 라, 마, 바

> **해설** 대여금이자 수취, 유가증권의 판매, 투자자산의 처분이 현금유입에 해당한다. 나머지 보기들은 현금유출에 해당한다.

정답 7 ④ 8 ①

09 다음 자료를 이용하여 계산한 재무활동으로 인한 현금흐름은?

> - 기초현금 : 1,000
> - 영업활동으로 인한 현금흐름 : 500
> - 투자활동으로 인한 현금흐름 : 800
> - 기말현금 : 3,000

① 0   ② 300   ③ 700   ④ 1,300   ⑤ 1,700

해설 기말현금 = 기초현금 + 영업활동으로 인한 현금흐름 + 투자활동으로 인한 현금흐름 + 재무활동으로 인한 현금흐름
3,000 = 1,000 + 500 + 800 + 재무활동으로 인한 현금흐름
∴ 재무활동으로 인한 현금흐름 = 700

10 재무제표의 표시와 작성에 대해 올바른 설명만 고른 것은?

> 가. 재무상태표에 표시되는 자산과 부채는 반드시 유동자산과 비유동자산, 유동부채와 비유동부채로 구분하여 표시한다.
> 나. 영업활동을 위한 자산의 취득시점부터 그 자산이 현금이나 현금성자산으로 실현되는 시점까지 소요되는 기간이 영업주기이다.
> 다. 비용의 기능에 대한 정보가 미래현금흐름을 예측하는 데 유용하기 때문에 비용을 성격별로 분류하는 경우에는 비용의 기능에 대한 추가 정보를 공시하는 것이 필요하다.
> 라. 자본의 구성요소인 기타포괄손익누계액과 자본잉여금은 포괄손익계산서와 재무상태표를 연결시키는 역할을 한다.
> 마. 현금흐름표는 기업의 활동을 영업활동, 투자활동, 재무활동으로 구분한다.

① 가, 나   ② 가, 다
③ 나, 다   ④ 나, 마
⑤ 다, 마

해설 가. 재무상태표상에 자산과 부채를 표시할 때는 유동자산과 비유동자산, 유동부채와 비유동부채로 구분하지 않고 유동성 순서에 따라 표시하는 방법도 있다.
다. 비용의 성격에 대한 정보가 미래현금흐름을 예측하는 데 유용하기 때문에 비용별 포괄손익계산서를 사용하는 경우에는 성격별 분류에 따른 정보를 추가로 공시하여야 한다.
라. 포괄손익계산서와 재무상태표를 연결시키는 역할을 하는 것은 총포괄이익이다.

11 기말실사의 결과 재고자산이 ₩1,000,000인 경우, 다음의 추가 자료를 고려하여 재무상태표에 보고될 재고자산은 얼마인가?

> - 거래처에 시용판매한 시송품 원가 ₩1,500,000 중 상대방이 70%에 대한 매입의사를 밝혀왔다.
> - 회사는 F.O.B 도착지인도조건으로 판매하여 현재 운송중인 상품의 원가 ₩550,000이 있다.
> - 타 회사에 판매를 위탁한 적송품의 원가 ₩1,000,000 중 현재 타 회사는 50%를 판매하였다.

① ₩1,450,000
② ₩1,950,000
③ ₩2,050,000
④ ₩2,500,000
⑤ ₩3,100,000

해설 시송품 ₩1,500,000 중 매입의사가 밝혀지지 않은 30%인 ₩450,000은 기말 재고자산에 포함해야 한다. 판매자의 입장에서 도착지인도조건으로 판매하여 운송중인 상품의 원가 ₩550,000은 기말 재고자산에 포함해야 한다. 적송품의 경우 타 회사가 판매한 50%를 제외한 ₩500,000은 기말 재고자산에 포함해야 한다. 그러므로 총 기말 재고자산은 ₩2,500,000이다.

12 현금흐름표는 영업활동 현금흐름, 투자활동 현금흐름, 재무활동 현금흐름으로 구분하여 작성된다. 다음을 분류할 때 나머지와 다른 영역에 속하는 활동을 고르면?

① 유형자산의 취득 · 처분에 따른 현금유출
② 주식이나 지분상품의 발행에 따른 현금유입
③ 장 · 단기차입금의 현금유입
④ 리스이용자의 금융리스부채 상환에 따른 현금유출
⑤ 차입금의 상환에 따른 현금유출

해설 ①은 투자활동 현금흐름에 속하고, ②~⑤는 재무활동 현금흐름에 해당된다.

구분	영업활동 현금흐름	투자활동 현금흐름	재무활동 현금흐름
정의	주요 수익창출활동에서 발생	장기성 자산 및 현금성 자산이 아닌 기타 투자자산의 취득과 처분	납입자본과 차입금의 크기 및 구성내용에 변동을 가져오는 활동
예	• 재화 및 용역의 제공 • 로열티, 수수료, 중개료 • 종업원 관련 직 · 간접 유출 • 보험회사의 수입보험료 • 단기매매목적의 계약	• 유형 · 무형자산 취득 · 처분 • 지분상품 · 채무상품 취득 (단기매매목적인 경우 제외) • 선급금 · 대여금 현금유출입 • 선물계약, 선도계약 등 (단기매매목적인 경우 제외)	• 주식이나 지분상품의 발행 • 담보, 무담보부사채, 어음 발행, 장 · 단기차입금 • 차입금 상환 • 리스이용자의 금융리스부채 상환

정답 11 ④ 12 ①

13 다음 중 물가상승 시 당기순이익이 가장 작게 표시되는 재고자산의 단가 결정방법은?

① 개별법
② 이동평균법
③ 총평균법
④ 선입선출법
⑤ 후입선출법

> **해설** 후입선출법은 나중에 취득한 것부터 판매 또는 사용하는 방법이다. 매출원가를 가장 최근에 취득한 것으로 보고, 기말재고자산은 가장 앞서 취득한 것으로 보아 재고자산의 원가를 배분한다. 물가상승을 가정하므로 후입선출법을 적용하는 경우 매출원가가 크게 계상되므로 당기순이익이 가장 작게 표시된다. 당기순이익이 적게 계상되어 세금납부의 이연으로 인한 현금흐름의 개선효과를 얻을 수 있다.

14 물가의 지속적 상승과 기말재고수량이 기초재고수량보다 많음을 가정하는 경우 후입선출법의 단점을 모두 고른 것은?

> 가. 낮은 당기순이익
> 나. 세금 과다로 인한 현금흐름 악화
> 다. 대응원칙에 위배
> 라. 기말 재고자산의 부적절한 평가
> 마. 가격정책결정에 불리
> 바. 실제 물량흐름과 불일치

① 가, 다, 라
② 가, 라, 바
③ 나, 다, 바
④ 나, 마, 바
⑤ 라, 마, 바

> **해설** 후입선출법은 매출원가가 크게 계상되어 당기순이익이 적게 계상된다. 또한 기말 재고자산이 과거의 취득원가로 기록되어 현행가치를 나타내지 못한다는 단점도 있으며, 최근에 구입한 것이 가장 먼저 팔린다는 것은 실제 물량흐름과도 불일치한다. 반면 장점으로는 현행수익에 최근 구입한 현행원가가 대응되므로 대응원칙에 충실하다는 점, 낮은 당기순이익으로 세금납부를 이연하여 현금흐름이 개선된다는 점, 판매 가격이 최근 구입한 원가를 초과해야 하므로 이익이 발생하기 때문에 가격정책결정에 유용하다는 점이 있다.

15 A 회사는 20X7년 4월 1일, 내용연수 5년, 잔존가치 ₩100,000의 기계장치를 ₩1,000,000에 취득하였다. 기중 취득한 유형자산을 감가상각할 때 월할계산하는 것을 원칙으로 한다. 연수합계법을 사용하여 20X8년의 감가상각비를 계산하면?

① ₩200,000
② ₩210,000
③ ₩225,000
④ ₩255,000
⑤ ₩265,000

해설 20X7년 감가상각비 : $(1,000,000 - 100,000) \times \frac{5}{15} \times \frac{9}{12} = 225,000$

20X8년 감가상각비 : $(1,000,000 - 100,000) \times \frac{5}{15} \times \frac{3}{12} + (1,000,000 - 100,000) \times \frac{4}{15} \times \frac{9}{12}$
$= 255,000$

16 유형자산의 감가상각에 관한 설명으로 옳지 않은 것은?

① 감가상각방법은 해당 자산에 내재되어 있는 미래 경제적 효익이 소비되는 형태를 반영한다.
② 유형자산에 내재된 미래 경제적 효익이 다른 자산을 생산하는 데 사용되는 경우 유형자산의 감가상각액은 해당 자산의 원가의 일부가 된다.
③ 정액법의 경우 자산이 가동되지 않거나 유휴상태가 되면 감가상각이 완전히 이루어지기 전이라도 감가상각을 중단해야 한다.
④ 원가모형과 재평가모형 중 하나를 선택하여 유형자산의 분류별로 동일하게 적용한다.
⑤ 기중 취득한 자산은 특별히 제시된 경우를 제외하고는 월할상각이 타당한 것으로 간주한다.

해설 감가상각은 자산이 매각예정자산으로 분류되는 날과 자산이 제거되는 날 중 이른 날에 중지해야 한다. 그러므로 유형자산이 가동되지 않거나 유휴상태가 되더라도 감가상각이 완전히 이루어지기 전까지는 감가상각을 중단하지 않는다. 그러나 유형자산의 사용 정도에 따라 감가상각을 하는 생산량비례법의 경우 생산활동이 이루어지지 않을 때 감가상각액을 인식하지 않을 수 있다.

정답 15 ④ 16 ③

17 다음 자료에 의한 건물의 취득원가로 옳은 것은?

- 건물의 내용연수 : 5년
- 감가상각방법 : 연수합계법
- 건물 취득 후 4년 차 감가상각비 : 600,000원
- 건물의 잔존가치 : 500,000원

① 4,000,000원
② 4,500,000원
③ 5,000,000원
④ 5,500,000원
⑤ 6,000,000원

해설 감가상각대상액(X) × 2/15 = 600,000원이므로 감가상각대상액(X)은 4,500,000원이다. 취득원가는 감가상각대상액 4,500,000원에 잔존가액 500,000원을 더한 5,000,000원이다.

18 유동성이 매우 높은 자산으로서 현금으로의 전환이 용이한 자산을 의미하는 '현금 및 현금성자산'에 포함되지 않는 것은?

① 통화 및 타인발행수표
② 당좌예금 등 요구불예금
③ 취득당시 3개월 이내의 환매조건인 환매채
④ 취득당시 만기가 3개월 이내에 도래하는 채무증권
⑤ 보고기간 후 3개월 이내에 만기가 도래하는 양도성예금증서

해설 현금성자산의 정의는 유동성이 매우 높은 단기 투자자산으로서 확정된 금액의 현금으로 전환이 용이하고 가치변동의 위험이 경미한 자산이다. 여기서 단기란 취득일로부터 만기일 또는 상환일이 3개월 이내인 경우를 의미한다. 보고기간이 기준이 아닌 취득일이 기준이다.

정답 17 ③ 18 ⑤

19 어느 기업은 단일품목을 생산하여 판매하고 있다. 변동비는 판매가의 60%이고 고정비가 600,000원일 때 손익분기점(BEP)에 해당하는 매출액은?

① 1,000,000원 ② 1,250,000원 ③ 1,500,000원
④ 1,800,000원 ⑤ 2,000,000원

> **해설** 공헌이익률 = $\dfrac{\text{단위공헌이익}}{\text{판매가격}} = \dfrac{1 - 0.6}{1} = 0.4$
>
> 손익분기점매출액 = $\dfrac{\text{고정비}}{\text{공헌이익률}} = \dfrac{600,000}{0.4} = 1,500,000$

20 다음 자료를 이용하여 계산한 매출총이익은?

- 기초재고 : ₩100,000
- 총매입 : ₩730,000
- 매입에누리 : ₩10,000
- 매입환출 : ₩50,000
- 총매출 : ₩1,000,000
- 매출에누리 : ₩20,000
- 매출환입 : ₩30,000
- 기말재고 : ₩380,000

① ₩270,000원 ② ₩550,000원 ③ ₩560,000원
④ ₩570,000원 ⑤ ₩580,000원

> **해설** 매출총이익 = 순매출액 − 매출원가
> 매출원가 = 기초재고 + 순매입액 − 기말재고
> 순매입액 = 총매입액 + 매입운임 − 매입에누리 − 매입환출 − 매입할인
>   = 730,000 − 10,000 − 50,000 = 670,000
> 순매출액 = 총매출액 − 매출에누리 − 매출환입 − 매출할인
>   = 1,000,000 − 20,000 − 30,000 = 950,000
> 매출원가 = 기초상품재고액 + 당기순매입액 − 기말상품재고액
>   = 100,000 + 670,000 − 380,000 = 390,000
> 매출총이익 = 매출액 − 매출원가
>   = 950,000 − 390,000 = 560,000

정답 19 ③ 20 ③

21 다음 기업의 재무제표 내용을 보고 이를 바탕으로 기업의 부채비율, 총자산이익률(ROA), 총자본회전율을 올바르게 계산하면 얼마인가?

- 자산 : 140억 원
- 자본 : 80억 원
- 영업이익 : 40억 원
- 부채 : 60억 원
- 매출총액 : 168억 원
- 순이익 : 28억 원

	부채비율	ROA	총자본회전율
①	60%	15%	1.5
②	60%	15%	1.2
③	75%	20%	1.2
④	75%	20%	1.5
⑤	75%	35%	1.7

해설
- 부채비율 = $\frac{부채}{자기자본} \times 100 = \frac{60억 원}{80억 원} \times 100 = 75\%$
- ROA = $\frac{당기순이익}{자산총액} \times 100 = \frac{28억 원}{140억 원} \times 100 = 20\%$
- 총자본회전율 = $\frac{매출액}{총자본} = \frac{168억 원}{140억 원} = 1.2$

22 채권은 원금과 일정한 이자를 받을 권리가 있는 유가증권을 의미한다. 이러한 채권을 보유함으로 인해 발생하는 위험 중 거래 일방이 일시적인 자금부족으로 정해진 결제시점에 결제의무를 이행하지 못함으로써 거래 상대방의 자금조달계획 등에 악영향을 미치게 되는 위험을 무엇이라고 하는가?

① 재투자수익률 위험
② 수의상환위험
③ 유동성 위험
④ 채무불이행 위험
⑤ 인플레이션 위험

해설 유동성 위험은 투자자의 입장에서 어떤 유가증권을 가치손실을 입지 않고 쉽게 사고 팔 수 있는 능력의 여부를 말하며, 즉 자산의 유동성이 부족하여 일시적인 자금부족으로 대외지급에 문제가 생길 가능성을 의미한다. 재투자수익률의 위험은 이자율의 변동에 따라 재투자수익률이 변동함으로 인해 발생하는 불확실성의 위험을 의미한다. 수의상환가격이란 채권이 발행자의 선택에 따라 만기 이전에 채권발행시 정해진 가격으로 상환되는 경우의 상환가격을 의미하는데, 발행회사가 금리수준을 하락한 경우 수의상환가격으로 채권을 매입하고 낮은 수익률로 또 다른 채권을 발행하면 투자자들 입장에서는 투자손실이 발생하기 쉽다. 인플레이션은 화폐가치가 하락하여 일반 물가수준이 지속적으로 상승하는 현상을 말한다.

23 [최신출제유형 25] 재무제표 자료를 기초로 하여 기업의 재무상태와 경영성과를 분석하는 재무비율 분석을 그 종류에 따라 올바르게 짝지은 것은?

가. 이자보상비율	나. 자기자본순이익률
다. 부채비율	라. 총자본회전율
마. 당좌비율	바. 토빈의 q비율
사. 주가수익비율(PER)	아. 매출영업이익률
자. 고정자산회전율	차. 주가순자산비율(PBR)

	안정성비율	시장가치비율
①	가, 마	라, 바, 차
②	다, 마	바, 아, 차
③	마, 바	사, 차
④	가, 다, 마	바, 사, 차
⑤	가, 다, 바	바, 아

해설 기업의 장기지급능력을 측정하는 안정성비율에는 가, 다, 마가 포함된다. 기업이 얼마나 효율적으로 관리되고 있는가를 나타내는 종합적 지표인 수익성비율에는 나, 아가 포함된다. 기업이 소유하고 있는 자산들이 얼마나 효율적으로 이용되고 있는가를 추정하는 활동성비율에는 라, 자가 포함된다. 경영활동 과정 중의 시장에서 평가된 주식의 가치를 나타내는 시장가치비율에는 바, 사, 차가 포함된다.

정답 23 ④

24 (주)시대의 20X1년도 자료는 다음과 같다.

- 매출액　　　　2,000,000원
- 기초매출채권　　120,000원
- 기말매출채권　　280,000원

매출채권이 1회전하는 데 소요되는 기간은?(단, 회계기간은 1월 1일부터 12월 31일까지이다)

① 14.6일　　　　　　　　② 29.2일
③ 36.5일　　　　　　　　④ 42.5일
⑤ 73일

해설　매출채권회전율 = $\dfrac{\text{매출액}}{\text{평균매출채권잔액}}$

　　　　　　　= $\dfrac{2,000,000}{(120,000 + 280,000) / 2}$

　　　　　　　= $\dfrac{2,000,000}{400,000 / 2}$ = $\dfrac{2,000,000}{200,000}$ = 10회

매출채권회전율이 10회이므로 365일을 10회로 나누면 1회전하는 데 소요되는 기간은 36.5일이다.

25 다음 중 재고자산의 평가방법에 대한 설명 중 옳지 않은 것은?

① 재고자산 품목의 각각 단위별로 개별적인 원가를 파악하여 평가하는 방법을 개별법이라고 한다.
② 자산의 수입이 있을 때마다 새로운 평균단가를 계산하여 지출원가를 가정하는 방법을 이동평균법이라고 한다.
③ 물가가 상승하는 경우 다른 방법에 비해 지출이 많이 될 가능성이 있는 방법은 선입선출법이다.
④ 재고자산이란 더 이상 판매하지 않는 자산을 말한다.
⑤ 총 평균법은 계산기록법에는 사용할 수 없다.

해설　재고자산이란 판매를 위해서 보유하거나 보관중인 자산을 말한다.

제5편 경영일반

제26장 재무

제1절 재무관리의 기초

1 재무관리의 개요

(1) 재무관리의 목표

① 이익의 극대화(전통적인 재무관리의 목표)

이익의 극대화는 개념이 모호하고, 화폐의 시간가치와 미래의 불확실성을 무시하며, 이익이 회계처리 방법에 따라 달라질 수 있는 문제점이 존재하므로 적절하지 못하다. 이러한 문제점을 개선하기 위한 현대 재무관리의 목표는 기업가치의 극대화이다.

② 기업가치의 극대화

기업가치는 기업이 보유하고 있는 자산으로부터 얻게 될 미래의 현금흐름을 현금흐름의 위험이 반영된 적절한 할인율(또는 자본비용)로 할인해서 현재가치로 환산한 값이다.

③ 자기자본가치의 극대화

기업가치는 부채가치와 자기자본가치의 합에 해당하므로 부채가치가 기업가치와 관계없이 일정하다면, 기업가치가 증가하는 만큼 자기자본가치가 증가하게 되므로 자기자본가치의 극대화가 기업가치의 극대화와 같은 의미이다.

(2) 투자안의 경제성 분석기법

① 경제성 분석기법의 구분

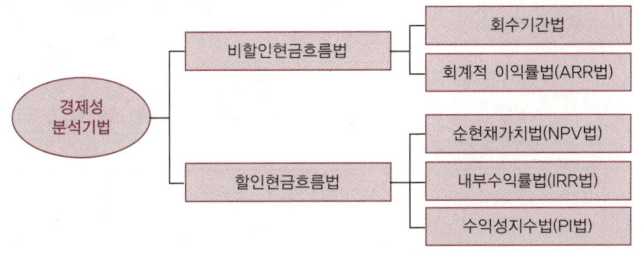

> **대표유형문제**
> 다음 중 현대 재무관리의 목표라고 보기 어려운 것은 무엇인가?
> ① 기업가치의 극대화
> ② 주식가격의 극대화
> ③ 순현재가치(NPV)의 극대화
> ④ 이익의 극대화
> ⑤ 주주들의 부(富)의 극대화
>
> **해설**
> 이익의 극대화는 전통적인 재무관리의 목표에 해당한다. 이익의 극대화라는 목표에는 다음과 같은 문제점이 존재한다.
> • 개념이 모호하다.
> • 화폐의 시간가치를 무시한다.
> • 미래의 불확실성을 무시한다.
> • 이익이 회계처리 방법에 따라 달라질 수 있다.
>
> **정답** ④

대표유형문제

투자안의 평가방법에 관한 설명으로 옳지 않은 것은?
① 순현재가치(NPV)법에서 투자안의 NPV가 0보다 크면 투자안을 채택한다.
② 수익성지수(PI)법에서 투자안의 PI가 0보다 크면 투자안을 채택한다.
③ 내부수익률(IRR)법에서 투자안의 IRR이 자본비용보다 크면 투자안을 채택한다.
④ 회계적이익률법에서 투자안의 회계이익률이 목표회계이익률보다 크면 투자안을 채택한다.
⑤ 회수기간법에서 투자안의 회수기간이 목표회수기간보다 짧으면 투자안을 채택한다.

해설
수익성지수(PI)법에서는 독립적 투자안의 경우 투자안의 PI가 1보다 크면 투자안을 채택한다.

정답 ②

② 경제성 분석기법의 의의 및 의사결정기준

㉠ 비할인현금흐름

회수기간법	• 투자안에서 발생하는 현금유입액으로 투자원금을 회수하는 데 걸리는 시간 • 독립적 투자안 : 회수기간이 목표 회수기간보다 짧으면 채택 • 배타적 투자안 : 회수기간이 가장 짧은 투자안 선택
회계적이익률법 (ARR)	• 회계적 이익률 = 연평균순이익 / 연평균 투자액 • 독립적 투자안 : 회계적 이익률이 목표이익률보다 크면 채택 • 배타적 투자안 : 회계적 이익률이 가장 큰 투자안 선택

㉡ 할인현금흐름

순현재가치법 (NPV)	• 현금유입액의 현재가치에서 현금유출액의 현재가치를 뺀 값 • 독립적 투자안 : NPV가 0보다 크면 채택 • 배타적 투자안 : NPV가 가장 큰 투자안 선택
내부수익률법 (IRR)	• 투자로부터 얻게 될 현금유입액의 현재가치가 현금유출액의 현재가치와 같게 해주는 할인율 • 독립적 투자안 : IRR이 자본비용보다 크면 채택 • 배타적 투자안 : IRR이 가장 큰 투자안 선택
수익성지수법 (PI)	• 현금유입액의 현재가치를 현금 유출액의 현재가치로 나눈 값 • 독립적 투자안 : PI가 1보다 크면 채택 • 배타적 투자안 : PI가 가장 큰 투자안 선택

2 위험과 수익률

(1) 위험의 의의와 측정

① 불확실성과 위험

불확실성	미래 수익을 현재시점에서 확실하게 알 수 없고, 단지 확률분포의 형태로 예측할 수 있는 상황
위험(Risk)	미래에 실제로 실현되는 성과가 기대성과와 다를 가능성으로, 분산이나 표준편차로 측정할 수 있음

② 투자수익률과 기대수익률

투자수익률	투자수익률은 기간의 투자수익(투자안의 기말가치-기초투자액)을 기초투자액으로 나눈 값
기대수익률	기대수익률은 미래에 평균적으로 예상되는 수익률로서 각 상황별로 발생 가능한 수익률에 그 상황이 발생할 확률을 곱한 다음 이를 모두 합산한 값

(2) 포트폴리오 이론

① 투자자금을 여러 위험자산에 나누어 투자할 경우 최적의 선택과정을 설명하는 이론이다.
② 포트폴리오의 기대수익률은 각 주식의 투자비율을 가중치로 해서 개별 주식의 기대수익률을 가중평균한 값이다.
③ 다른 조건이 동일하다면 개별주식 수익률 간의 상관계수가 작아질수록 포트폴리오의 위험이 작아지므로 상관계수가 작은 주식으로 포트폴리오를 구성할수록 위험분산효과가 크게 나타난다.
④ 위험분산효과는 포트폴리오의 구성자산 수를 증가시킴에 따라 포트폴리오의 위험을 현저하게 줄일 수도 있다.
⑤ 자산수익률의 분산은 포트폴리오의 구성자산 수를 증가시킴에 따라 제거할 수 없는 체계적 위험(Systematic Risk)과 제거할 수 없는 비체계적 위험(Unsystematic Risk)으로 구성된다.

체계적 위험	• 경제성장률, 이자율, 인플레이션, 환율, 국제유가 등 경제 전반에 영향을 미치는 요인들의 변동에 따른 위험 • 모든 주식에 공통적으로 영향을 미치기 때문에 여러 주식으로 포트폴리오를 구성해서 투자해도 제거할 수 없음
비체계적 위험	• 주식을 발행한 기업의 경영성과, 경영진의 교체, 신제품개발의 성패 등과 같이 그 기업에만 영향을 미치는 요인들로 인한 위험 • 주식 수를 충분히 증가시켜서 투자하면 완전히 제거할 수 있음

(3) 자본자산가격결정모형(CAPM)

① 자본시장선(CML)

자본시장선이란 무위험자산이 존재할 때의 효율적 투자선을 의미한다. 무위험자산이란 미래의 어떤 상황에서나 동일한 수익률을 가져다주는 자산을 말한다. 즉, 수익률의 표준편차가 0인 자산을 말한다.

$$E(R_P) = R_f + \left[\frac{E(R_M - R_f) - R_f}{\sigma_M} \right] \sigma_P$$

② 증권시장선(SML)

CAPM의 가정하에서는 모든 투자자가 위험자산으로는 완전분산투자된 시장포트폴리오만 보유하므로 투자자들이 부담하는 위험은 완전한 분산투자를 해서 제거할 수 없는 체계적인 위험을 의미한다. 따라서 자본시장이 균형인 상태에서는 자산의 기대수익률이 체계적 위험과 선형관계를 갖고 결정되는데, 이를 증권시장선(SML)이라 한다.

$$E(R_i) = R_f + [E(R_M) - R_f]\beta_i$$

대표유형문제

자본자산가격결정모형(CAPM)의 가정으로 옳지 않은 것은?
① 투자자들은 기대효용을 극대화하고자 하는 위험회피자이다.
② 투자자들의 투자기간은 1기간이다.
③ 투자자들은 투자대상의 미래수익률 확률분포에 대하여 동질적으로 예측한다.
④ 세금과 거래비용이 존재한다.
⑤ 투자자들은 무위험이자율로 아무런 제한 없이 차입과 대출이 가능하다.

해설

자본자산가격결정모형(CAPM)이란 자산의 균형가격이 어떻게 결정되어야 하는지를 설명하는 이론이다. 구체적으로 자본시장이 균형상태가 되면 위험과 기대수익률 사이에 어떤 관계가 성립하는지 설명하는 이론이다.

〈CAPM의 가정〉
• 모든 투자자는 위험회피형이며, 기대효용을 극대화할 수 있도록 투자한다.
• 모든 투자자는 평균-분산 기준에 따라 투자한다.
• 모든 투자자의 투자기간은 단일기간이다.
• 자신의 미래 수익률분포에 대하여 모든 투자자가 동질적으로 기대한다.
• 무위험자산이 존재하며, 모든 투자자는 무위험이자율로 제한 없이 차입, 대출이 가능하다.
• 세금, 거래비용과 같은 마찰적 요인이 없는 완전자본시장을 가정한다.

정답 ④

대표유형문제

다음의 자금조달수단 중에서 간접금융 방법은 무엇인가?
① 보통주
② 우선주
③ 기업어음
④ 회사채
⑤ 은행차입금

해설

금융시장에서 자금이 공급자에서 수요자로 흐르게 하는 방법에는 직접금융방법과 간접금융방법이 있다. 직접금융이란 최종 자금수요자가 금융기관을 개입하지 않고 주식, 채권 등을 발행하여 공급자로부터 자금을 직접 조달하는 것을 의미한다. 반면 간접금융은 공급자와 수요자 사이에 금융기관이 개입되어 자금이 이동되는 거래이다. 직접금융은 보통 증권시장에서의 주식·회사채·국공채와 같은 증권을 통한 자금 조달이 이루어지며, 간접금융에는 당좌차월, 어음할인, 팩토링 제도, 단기차입, 시설자금차입, 외화차입, 리스 등이 있다.

정답 ⑤

제2절 자본시장과 가치평가

1 자본시장과 주식평가

(1) 금융시장

직접금융시장	중개기관을 거치지 않고 자금의 최종수요자와 공급자간에 직접증권(기업이 발행하는 주식이나 회사채, 정부 등이 발행하는 국공채 등)의 매매를 통하여 자금의 수급이 이루어지는 시장
간접금융시장	자금의 공급자와 최종수요자 사이에 중개기관(은행, 보험회사 등)이 개입하여 자금의 수급이 이루어지는 시장

(2) 주식평가

① 단순화된 배당평가모형

무성장 모형	성장이 없다고 가정하여 배당금이 매년 일정할 것으로 기대되는 주식의 평가모형(r : 요구수익률, g : 성장률, D_1 : 차기주당배당금) $P_0 = \dfrac{D_1}{(1+r)} + \dfrac{D_1}{(1+r)^2} + \dfrac{D_1}{(1+r)^3} + \cdots = \dfrac{D_1}{r}$
고든의 항상성장모형	주식에 대한 배당금이 매년 일정한 비율로 증가한다고 가정하는 평가모형 $P_0 = \dfrac{D_1}{(1+r)} + \dfrac{D_1(1+g)}{(1+r)^2} + \dfrac{D_1(1+g)^2}{(1+r)^3} + \cdots = \dfrac{D_1}{r-g}$ (단, $r > g$)

② 주가배수모형

㉠ 주가배수모형이란 주가를 주당순이익(EPS)으로 나눈 주가배수를 이용하여 주가를 평가하는 방법이다.

㉡ 주가수익비율(PER)은 현재의 주식가격을 기대 주당이익(EPS)으로 나눈 값이다.

$$PER = \dfrac{주가}{EPS(= 당기순이익 / 발행주식수)}$$

㉢ PER의 장단점

장 점	단 점
• 성장성과 위험 등 기업의 여러 특성들을 나타내는 지표가 될 수 있다. • 대부분의 주식에 적용하여 간단하게 계산할 수 있고, 자료를 쉽게 구할 수 있기 때문에 주식 간 비교가 용이하다.	• 순이익이 0보다 작으면 음수가 되어 의미가 없다. • 순이익의 변동성이 크면, 기간에 따라 크게 변할 수 있다. • 순이익의 회계처리방법에 따라 달라질 수 있다.

2 채권

(1) 채권의 개요

① 채권의 의의

채무자가 채권자에게 정해진 조건에 따라 이자와 원금을 상환하겠다는 것을 약속하기 위하여 발행해주는 증서이다. 채권에는 만기일, 액면가, 표면이자율이 기재된다.

만기일	원금을 상환하기로 약속한 날
액면가	만기일에 상환하기로 약속한 원금
표면이자율	만기까지 매기 지급하기로 약속한 이자율을 말하며, 액면이자율이라고도 함

② 채권의 종류

분류	종류
발행주체	국공채, 금융채, 회사채, 통안채
이자지급 방법	이표채, 할인채, 복리채
금리변동 여부	고정금리부채, 변동금리부채
상환기간	단기채, 중기채, 장기채
모집 방법	사모채, 공모채
보증 여부	보증채, 무보증채, 담보부채
상장유무	상장채권, 비상장채권

(2) 시장이자율과 채권가격(말킬의 정리)

① 시장이자율과 채권가격

㉠ 채권가격은 시장이자율과 역의 관계에 있다. 즉, 시장이자율이 하락하면 채권가격은 상승하고, 시장이자율이 상승하면 채권가격은 하락한다.

㉡ 만기가 정해진 상태에서 이자율의 상승 또는 하락폭이 동일하다면, 이자율의 하락으로 인한 채권가격 상승폭이 이자율의 상승으로 인한 채권가격 하락폭보다 크다.

② 만기와 채권가격

㉠ 다른 조건이 동일하다면, 만기가 길어질수록 일정한 이자율변동에 따른 채권가격 변동폭이 커진다.

㉡ 시장이자율의 변동에 따른 채권가격 변동폭은 만기가 길어질수록 증가하지만, 만기의 한 단위 증가에 따른 채권가격 변동폭은 만기가 길어질수록 감소한다.

대표유형문제

수익률의 변화에 따른 채권가격의 변화에 대한 설명으로 옳지 않은 것은?
① 다른 조건이 동일하다면 표면이자율이 높을수록 채권수익률 변화에 따른 채권가격의 변화가 크다.
② 채권수익률이 상승하면 채권의 가격은 하락한다.
③ 잔존만기가 길수록 수익률변화에 따른 채권가격의 변화가 크다.
④ 변동금리부 채권은 확정금리부 채권보다 수익률변화에 따른 채권가격의 변화가 작다.
⑤ 수익률변화에 따른 채권가격의 변화는 현재 수익률이 낮을수록 크다.

해설
말킬의 정리에 의하면 표면이자율이 높을수록 시장이자율 변동에 의한 채권가격 변화율은 작아진다.

정답 ①

> **대표유형문제**
>
> 듀레이션이 짧은 것부터 긴 것 순으로 배열하시오(단 액면가는 모두 동일하다).
>
> | 채권 | 만기(년) | 표면이자율(%) | 만기수익률(%) |
> |---|---|---|---|
> | A | 2 | 11 | 9 |
> | B | 4 | 9 | 9 |
> | C | 2 | 9 | 9 |
> | D | 4 | 9 | 7 |
>
> ① A - B - C - D
> ② A - C - B - D
> ③ C - A - D - B
> ④ D - C - B - A
> ⑤ D - B - C - A
>
> **해설**
> 채권의 듀레이션은 만기가 길수록, 표면이자율과 만기수익률이 낮을수록 커진다.
>
> **정답** ②

③ 표면이자율과 채권가격

다른 조건이 동일하다면 표면이자율이 낮아질수록 이자율 변동에 따른 채권가격 변동률이 커진다.

③ 자본비용과 가치평가

(1) 채권의 듀레이션

① 듀레이션의 의의

듀레이션은 채권투자로부터 발생하는 현금흐름을 회수하는 데 걸리는 평균기간을 의미한다. 각 현금흐름이 발생하는 시점까지의 기간을 각 시점에서 발생하는 현금흐름의 현재가치가 전체 현금흐름의 현재가치(채권의 시장가치)에서 차지하는 비중을 가중치로 하여 평균한 값을 말한다.

$$듀레이션(D) = \sum_{t=1}^{n} t \times \frac{t시점의 현재흐름현가}{채권현가}$$

$$D = \frac{\sum_{t=1}^{n} \frac{t \cdot C_t}{(1+r)^t}}{\sum_{t=1}^{n} \frac{C_t}{(1+r)^t}}$$

② 듀레이션의 특징

㉠ 만기가 길수록 듀레이션은 커진다.

㉡ 표면이자율이 높을수록 듀레이션은 작아진다.

㉢ 만기수익률이 높을수록 듀레이션은 작아진다.

제3절 파생상품

1 선물

(1) 선도거래와 선물거래

① 선도거래는 미래의 특정시점에 정해진 가격으로 특정자산을 사고팔기로 현재시점에서 약정하고, 약정에 따라 미래에 상품을 인수도하면서 대금을 결제하는 거래를 말한다.

② 선물거래는 품질과 가격 등이 표준화된 일정량의 상품을 현재시점에서 약정된 가격으로 미래의 일정시점에 매입 또는 매도하기로 조직화된 거래소 내에서 약정하는 거래를 말한다.

구분	선도거래	선물거래
시장형태	비조직적 시장	조직화된 거래소
거래방법	당사자 간에 직접 계약	공개호가방식
거래조건	당사자 간의 합의	표준화
가격형성	계약시 한 번만 결정됨	매일매일 새로운 가격이 형성됨
이행보증	거래당사자의 신용도에 좌우	청산소가 거래의 이행을 보증
실물인도	만기일에 실물을 인수도	대부분 반대매매를 통하여 청산
결제방식	만기일에 한 번 결제	일일정산

(2) 선물과 옵션

구분	선물	옵션
권리와 의무 관계	매입자와 매도자 모두 계약이행에 대한 의무를 부담	매입자는 권리만 갖고 매도자는 의무만 부담
대가의 수금	매입자와 매도자 모두 증거금을 납부할 뿐 둘 간에 주고받는 대가는 없음	매입자는 매도자에게 옵션의 대가를 지급하고 매도자는 증거금을 납부
위험의 범위	매입자와 매도자 모두 반드시 계약을 이행해야 하는 의무를 부담하므로 위험에 한계가 없음	매입자는 불리할 경우 권리행사를 포기하여 위험을 한정시킬 수 있음

대표유형문제

콜옵션에 대한 설명으로 옳지 않은 것은?
① 매입자는 옵션을 매도한 사람에게 일정 프리미엄을 지불해야 한다.
② 권리 행사를 포기할 수 있는 선택권을 갖게 된다.
③ 주가가 높아질수록 콜옵션의 가치는 높아진다.
④ 행사가격이 높을수록 콜옵션의 가치는 높아진다.
⑤ 주식을 특정 가격에 살 수 있는 권리이다.

해설
콜옵션은 옵션거래에서 특정한 기초자산을 만기일이나 만기일 이전에 미리 정한 행사가격으로 살 수 있는 권리를 말한다. 여기는 행사를 포기할 권리도 포함되므로 선택권(옵션)인 것이다. 옵션은 선물과 달리 권리만 존재하며 의무가 없기 때문에 매입자는 매도자에게 일정 프리미엄을 지불해야 한다. 현재가격이 행사가격보다 높을 경우 매입자는 권리를 행사함으로써 그 차액만큼의 이익을 얻을 수 있으며, 현재가격이 행사가격보다 낮을 경우에는 권리행사를 포기할 수 있다.

정답 ④

대표유형문제

상품이나 유가증권 등 기초자산을 미리 정해진 가격으로 팔 수 있는 권리는?
① 콜옵션(Call Option)
② 공매도(Short-selling)
③ 스왑(Swap)
④ 선도거래(Forward Transaction)
⑤ 풋옵션(Put Option)

해설

상품이나 유가증권 등 기초자산을 미리 정해진 가격으로 팔 수 있는 권리를 풋옵션이라 하고 반면 살 수 있는 권리를 콜옵션이라고 한다.

정답 ⑤

② 옵 션

(1) 옵션의 정의 및 특성

① 옵션이란 미리 정해진 기간 동안에 정해진 가격으로 특정 자산을 사거나 팔 수 있는 권리가 부여된 증권을 말한다.
② 옵션매입자는 옵션에 부여되어 있는 권리를 갖고, 옵션매도자(또는 옵션발행자)는 옵션매입자가 권리를 행사할 경우 거래에 응해야 하는 의무를 부담한다. 따라서 옵션매입자가 옵션매도자에게 권리에 대한 대가인 옵션프리미엄을 지급한다.
③ 옵션의 가치는 기초자산의 가격에 따라 결정된다.

(2) 옵션의 종류

콜옵션 (Call Option)	정해진 가격으로 기초자산을 살 수 있는 권리가 부여된 옵션
풋옵션 (Put Option)	정해진 가격으로 기초자산을 팔 수 있는 권리가 부여된 옵션

(3) 옵션가격결정의 기초

① 옵션가격결정의 종류

구 분	콜옵션	풋옵션
내가격(ITM)	행사가격(X) < 기초자산가격(S)	행사가격(X) > 기초자산가격(S)
등가격(ATM)	행사가격(X) = 기초자산가격(S)	행사가격(X) = 기초자산가격(S)
외가격(OTM)	행사가격(X) > 기초자산가격(S)	행사가격(X) < 기초자산가격(S)

내가격은 옵션을 행사하면 이익을 얻는 상태이고, 등가격은 옵션을 행사해도 손익이 발생하지 않는 상태, 외가격은 옵션을 행사하면 손실을 입는 상태를 의미한다.

② 옵션가격의 결정요인

구 분	콜옵션	풋옵션
행사가격	−	+
만기일	+	+
기초자산의 가치	+	−
기초자산의 변동성	+	+
무위험이자율	+	−

제4절 재무분석

1 재무비율 분석

(1) 재무비율 분석 의의

재무비율을 통해서 기업의 재무상태와 경영성과를 분석하는 방법이다. 즉 재무제표의 자료를 기초로 하여 기업의 경제적 실체를 알려줄 수 있는 재무비율을 계산한 다음 이를 관찰하여 기업의 현재와 미래의 모습을 분석한다.

① 장 점
- 재무제표의 자료를 이용하여 간단하게 기업의 재무상태를 파악할 수 있다.

② 단 점
- 과거의 자료를 중심으로 분석한다.
- 일정시점이나 일정기간을 이용하므로 정보가 한정적이다.
- 비율 상호간의 연결이 없다.
- 종합적인 결론을 얻을 수 없다.
- 절대적인 기준치나 표준치가 없다.

2 안정성비율

안정성비율이란 기업의 장기지급능력을 측정하는 데 사용되는 비율을 말한다. 재무상태표 간 항목들의 관계를 설명하는 정태비율로서 단기채무지불능력인 재무유동성과 경기대응능력인 안정성을 측정하는 지표이다.

(1) 유동비율

유동비율은 기업이 보유하는 지급능력, 또는 그 신용능력을 판단하기 위하여 쓰이는 것으로 기업이 대출을 받으려고 할 때 은행이나 투자자들이 기업의 대출상환능력을 판단하기 위해 사용하며, 보유한 유동자산이 유동부채의 몇 배인지를 나타낸다. 유동비율이 높을수록 단기 현금 동원력이 좋다는 의미이다. 일반적으로 200% 이상이면 양호한 것으로 평가되며 이를 2:1의 원칙이라고도 한다.

대표유형문제

자산이 800억 원(비유동자산 428억 원), 자본 300억 원인 기업이 있다. 이 기업이 일반적으로 양호하다고 평가되는 유동비율의 최소자격을 갖추었다면 기업의 비유동부채는 얼마인가?

① 186억 원
② 230억 원
③ 275억 원
④ 279억 원
⑤ 314억 원

해설

- 총자산 800억 원 − 비유동자산 428억 원 = 유동자산 372억 원
- 유동비율은 일반적으로 200% 이상이면 양호하다. 유동자산 372억 원 / 유동부채 × 100 = 200이므로 유동부채는 186억 원
- 총부채는 총자산 800억 원 − 자본 300억 원 = 500억 원이므로
- ∴ 비유동부채 = 총부채 500억 원 − 유동부채 186억 원 = 314억 원

정답 ⑤

대표유형문제

다음 중 부채비율을 줄이면서 유동비율을 늘릴 수 있는 제도는 무엇인가?
① 만기 5년의 회사채 발행
② 장기차입금 상환
③ 신주 발행
④ 매출채권의 현금 회수
⑤ 미지급 보험료의 현금 납부

해설

만기 5년의 회사채는 자산과 부채(장기)가 동시에 늘어나 부채비율이 증가하고 유동비율도 상승한다. 장기차입금 상환은 유동자산과 장기부채가 감소하므로 부채비율과 유동비율이 모두 감소한다. 신주를 발행하면 현금자산과 자본이 늘어나므로 부채비율은 감소, 유동비율은 증가한다. 매출채권을 현금으로 회수하면 자산 항목끼리만 변하므로 부채비율, 유동비율에는 영향을 미치지 않는다. 미지급 보험료를 납부하면 유동자산과 유동부채가 감소하므로 부채비율은 감소, 유동비율은 변동이 없다.

정답 ③

$$유동비율 = \frac{유동자산}{유동부채} \times 100$$

(2) 당좌비율

당좌자산은 유동자산에서 재고자산을 제외한 자산, 즉 단기간에 환금할 수 있는 자산만을 포함한다. 따라서 당좌비율은 단기지급능력 측정의 더욱 직접적인 지표라고 할 수 있다. 일반적으로 유동비율이 200%를 넘고 동시에 당좌비율이 100%를 상회하면 유동성이 양호하다고 볼 수 있다.

$$당좌비율 = \frac{당좌자산}{유동부채} \times 100$$

(3) 부채비율

부채비율은 기업이 갖고 있는 자산 중 부채, 즉 타인자본에 대한 의존도를 나타내는 비율이다. 채권자의 입장에서는 위험요인 때문에 부채비율이 가급적 낮을수록 채권회수의 안정성이 높아지지만, 기업가 입장에서는 자본이익률이 이자율을 상회하면 가능한 한 부채를 더 많이 이용하여 레버리지 효과를 얻는 것이 유리할 수도 있다. 일반적으로 100% 이하를 표준비율로 보고 있으며 선진국에서는 200% 이하 업체를 재무구조가 우량한 업체로 간주한다.

$$부채비율 = \frac{부채(타인자본)}{자기자본} \times 100$$

(4) 고정비율

고정비율은 기업자산의 고정화 위험을 측정하는 비율로서 운용기간이 장기에 속하는 고정자산을 어느 정도 자기자본으로 충당하였는가를 나타내는 지표이다. 고정자산은 환금이 불가능하며 투자자산을 회수하는 감가상각의 기간이 길기 때문에 가급적 자기자본으로 조달하는 것이 좋다. 보통 100%를 최저 안전한계로 본다.

$$고정비율 = \frac{고정자산}{자기자본} \times 100$$

(5) 자기자본비율

자기자본비율은 총자산 중 자기자본이 차지하는 비중을 나타내는 대표적인 재무구조 지표이다. 자기자본은 직접적인 금융비용을 부담하지 않고 기업이 장기적으로 운용할 수 있는 안정된 자본이므로 이 비율이 높을수록 기업의 재무구조가 건전하다고 할 수 있다.

$$자기자본비율 = \frac{자기자본}{총자산} \times 100$$

(6) 유보율

유보율은 잉여금을 합한 금액을 납입자본금으로 나눈 비율로 사내 유보율, 내부 유보율이라고도 불리며 기업이 동원할 수 있는 자금량을 측정하는 지표로 쓰인다. 이는 기업의 설비확장이나 재무구조 안정을 위해 어느 정도 사내유보가 되어 있는가를 나타내준다. 유보율이 높다는 것은 과거의 경영성과로 인해 기업의 재무구조가 탄탄하다는 것과 불황에 대한 적응력이 높다는 의미가 된다.

$$유보율 = \frac{잉여금}{납입자본금}$$

(단, 잉여금 = 자본잉여금 + 이익잉여금)

(7) 이자보상비율

이자보상비율(이자보상배율)은 기업의 채무상환능력을 나타내는 지표로, 기업이 영업이익으로 금융비용(이자비용)을 얼마나 감당할 수 있는지를 보여주는 지표이다. 즉 과연 이 회사가 영업이익으로 이자를 감당할 수 있는가, 감당한 후 얼마나 여유가 있는가를 알아보는 지표이다. 일반적으로 1.5배 이상이면 이자지급 능력이 충분하다고 본다.

$$이자보상배율 = \frac{영업이익}{금융비용(이자비용)} \times 100$$

대표유형문제

다음이 설명하는 용어는?

> 기업의 재무유동성과 장기지급능력을 판단하는 데 사용되는 정태비율을 의미하며 레버리지 비율(Leverage ratios)이라고도 부른다.

① 안정성비율
② 수익성비율
③ 성장성비율
④ 활동성비율
⑤ 시장가치비율

해설

안정성비율은 기업의 장기지급능력을 측정하는 데 사용되는 비율로 레버리지 비율이라고도 부른다. 유동비율, 부채비율, 고정비율, 이자보상비율 등이 포함된다.

정답 ①

> **대표유형문제**
>
> 재무비율을 분석하는 방법 중 안정성비율, 수익성비율, 성장성비율을 순서대로 짝지은 것은?
> ① 당좌비율 – 매출액증가율 – 매출액순이익률
> ② 부채비율 – 매출액영업이익률 – 총자산증가율
> ③ 고정비율 – 순이익증가율 – 총자산이익률
> ④ 자기자본순이익률 – 자기자본비율 – 납입자본증가율
> ⑤ 주당순이익 – 이자보상비율 – 배당성향
>
> **해설**
>
> | 안정성비율 | 유동비율, 당좌비율, 부채비율, 고정비율, 자기자본비율, 유보율, 이자보상비율 |
> |---|---|
> | 수익성비율 | 매출액순이익률, 매출액영업이익률, 총자산이익률, 자기자본순이익률, 주당순이익, 배당성향 |
> | 성장성비율 | 매출액증가율, 총자산증가율, 순이익증가율, 납입자본증가율 |
>
> **정답** ②

③ 수익성비율

수익성비율은 기업이 얼마나 효율적으로 관리되고 있는가를 나타내는 종합적 지표이다. 일정 기간 동안의 기업활동의 최종적인 성과, 즉 손익의 상태를 측정하고 그 성과의 원인을 분석, 검토하는 수익성분석을 행함으로써 재무제표의 내부 및 외부이용자들은 보다 합리적인 의사결정을 할 수 있다.

(1) 매출액순이익률

매출액순이익률은 매출액과 순이익과의 관계를 표시해주는 비율로서 기업 활동의 총체적인 능률을 판단하는 지표이며 기업의 최종 수익성을 판단하는 비율이다. 즉, 매출액 100에 대하여 순이익이 몇 %나 되는가를 나타내는 것으로 보통 비율이 높을수록 양호한 상태를 나타낸다.

$$매출액순이익률 = \frac{순이익}{매출액} \times 100$$

(2) 매출액영업이익률

매출액영업이익률은 제조 및 판매활동과 직접 관계가 없는 영업외손익을 제외한 순수한 영업이익만을 매출액과 대비한 것으로 판매마진을 나타낸다고 볼 수 있다. 따라서 영업외활동인 재무활동 등의 영향을 받지 않고 영업활동만의 성과를 나타내는 것으로 중요시된다.

$$매출액영업이익률 = \frac{영업이익}{매출액} \times 100$$

(3) 총자산이익률

총자산이익률(Return On Assets ; ROA)은 특정 회사가 총자산을 얼마나 효율적으로 운용했느냐를 나타내는 지표이다. 즉 회사의 운용을 통해 실질적으로 얼마만큼의 순익을 창출했는지를 가리킨다. 총자산은 자기자본과 타인자본을 합한 총자본과도 같기 때문에 총자본순이익률이라고도 한다. 총자산이익률이 높다는 것은 자산에 비해 이익이 많다는 의미로서, 자산을 기준으로 볼 때 수익성이 높다고 할 수 있다. 즉 총자산이익률은 주주의 돈과 은행에서 빌린 돈 등을 모두 이용해 얼마나 벌었는지를 나타내는 값이라고 할 수 있다.

$$\text{총자산이익률} = \frac{\text{순이익}}{\text{총자산}} \times 100$$

(4) 자기자본순이익률

자기자본순이익률(Return On Equity ; ROE)은 투입한 자기자본이 얼마만큼의 이익을 냈는지를 나타내는 지표이다. 기업이 자기자본(주주지분)을 활용하여 1년간 얼마를 벌어들였는가를 나타내는 대표적인 수익성 지표로 경영효율성을 표시해 준다. 일반적으로 자기자본순이익률이 회사채 수익률보다 높으면 양호한 것으로 평가되며, 적어도 정기예금 금리는 넘어야 적절하다고 볼 수 있다.

$$\text{자기자본순이익률} = \frac{\text{순이익}}{\text{자기자본}} \times 100$$

(5) 주당순이익

주당순이익(Earning Per Share ; EPS)은 1주당 이익을 얼마나 창출하였는지를 나타내는 지표로 그 회사가 1년간 올린 수익에 대한 주주의 몫을 나타내는 지표이다. 주당순이익이 높다는 것은 경영실적이 양호하다는 뜻이며, 배당 여력도 많으므로 주식의 투자 가치가 높다고 볼 수 있어 주가에 긍정적인 영향을 미친다.

$$\text{주당순이익} = \frac{\text{당기순이익}}{\text{발행주식수}}$$

(6) 배당성향

배당성향은 당기순이익 중 현금으로 지급된 배당금 총액의 비율로, 배당지급률 또는 사외분배율이라고도 한다.

$$\text{배당성향} = \frac{\text{배당금}}{\text{당기순이익}} \times 100$$

대표유형문제

최근 주식시장의 패턴이 기업의 수익성을 중시하는 쪽으로 바뀌면서 그 중요성이 높아지고 있는 지표로서, 1년간 올린 수익에 대한 주주의 몫을 나타내며 주가수익비율 계산의 기초가 되는 재무비율 분석 방법은?

① EPS
② ROA
③ PER
④ Tobin's Q
⑤ PBR

해설

주당순이익은 기업이 벌어들인 순이익을 그 기업이 발행한 총 주식수로 나눈 값으로서 발생이익을 산정하는 주가평가의 기본적 지표이다. 주당순이익이 높다는 것은 해당 기업의 경영실적이 양호하며 배당여력이 높다는 것을 의미한다.

정답 ①

대표유형문제

여러 가지 경영지표를 계산하는 방식으로 옳지 않은 것은?
① 주당순이익 = 당기순이익 ÷ 발행주식수
② 총자산증가율 = (당기총자산증가액 ÷ 전기말총자산) × 100
③ 주가수익비율(PER) = 주가 ÷ 주당순자산
④ 고정자산회전율 = 매출액 ÷ 고정자산
⑤ 토빈의 q비율 = 기업의 시장가치 ÷ 자본의 대체비용

해설
주가수익비율(PER) = 주가 ÷ 주당순이익(EPS)

정답 ③

4 성장성비율

기업의 한 해 경영 규모 및 기업 활동의 성과가 전년도에 비하여 얼마만큼 증가하였는가를 보여주는 지표이다. 기업의 성장성을 판단하고, 예측한 비율들을 비교 분석함으로써 보다 효율적인 판단자료로서 기업 경영에 활용된다.

(1) 매출액증가율

기준연도의 매출액에 대한 비교연도 매출액의 증가율로서 기업이 일정 기간 동안 얼마나 성장하고 있는가를 검토하는 데 사용된다. 매출액은 정상적인 영업활동에서 계속적으로 발생하는 영업수익이므로 매출액증가율은 기업의 성장률을 판단하는 대표적인 비율이다.

$$매출액증가율 = \frac{당기매출액증가액}{전기매출액} \times 100$$

(2) 총자산증가율

총자산증가율은 기업에 투하되어 운용되고 있는 총자산이 기준연도에 비해 얼마나 증가했는지를 나타내는 비율로서, 기업의 성장규모를 측정하는 지표이다.

$$총자산증가율 = \frac{당기총자산증가액}{전기말총자산} \times 100$$

(3) 순이익증가율

주당순이익증가율은 순이익의 증가를 나타내는 비율로서, 매출액증가율과 더불어 기업의 성장성을 판단하기 위한 주요 지표 중 하나이다.

$$순이익증가율 = \frac{당기순이익증가액}{전기순이익} \times 100$$

(4) 납입자본증가율

납입자본증가율은 회사의 납입자본의 증가를 파악하기 위한 비율로서, 자본을 기준으로 한 회사의 성장성을 판단하기 위한 지표이다.

$$납입자본증가율 = \frac{당기납입자본증가액}{전기말납입자본금} \times 100$$

5 활동성비율

기업이 소유하고 있는 자산들이 얼마나 효율적으로 이용되고 있는가를 추정하는 비율로, 일정기간(보통 1년)의 매출액을 각종 주요자산으로 나누어 산출한다. 따라서 회전율이 높다는 것은 자산의 활용도가 높음을 의미한다. 기업의 활동을 대표하는 것이 매출액이므로 매출액과 주요자산의 관계를 비율에 의해 평가하는 활동성비율은 기업을 이해하는 데 큰 도움이 된다.

(1) 총자본(총자산)회전율

총자본이 1년 동안 몇 번 회전했는가를 나타내는 비율로서 기업이 총자본을 얼마나 능률적으로 활용했나를 파악할 수 있다. 이는 총자본이익률의 한 구성요소로서 매출액이익률이 일정하다면 총자본회전율이 높을수록 총자본이익률이 양호하게 된다.

$$총자본회전율 = \frac{매출액}{총자본}$$

(2) 납입자본회전율

납입자본과 매출액과의 비율로서 납입자본이 일정기간 중 몇 번 회전했는가 하는 납입자본의 회전속도를 나타내는 비율이다. 납입자본의 능률을 측정하는 비율로 투자자본의 효율성 및 장래의 경영계획과 정책 검토에 활용된다.

$$납입자본회전율 = \frac{매출액}{납입자본}$$

(3) 재고자산회전율

재고자산회전율은 재고자산이 당좌자산으로 변화하는 속도를 나타낸다. 재고자산 보유 수준의 과부족을 판단하는 데 가장 적합한 지표로서 재고자산의 판매효율을 파악할 수 있다.

$$재고자산회전율 = \frac{매출액}{재고자산}$$

대표유형문제

높은 재고자산회전율에 대한 파악으로 잘못된 설명은?
① 자본수익률이 높아진다.
② 상품의 재고손실을 막을 수 있다.
③ 보험료, 보관료를 절약할 수 있다.
④ 매입채무가 감소된다.
⑤ 설비투자에 대한 부정적인 신호가 된다.

해설
일반적으로 재고자산회전율이 높을수록 자본수익률이 높아지고, 매입채무가 감소되며, 상품의 재고손실을 막을 수 있고, 보험료와 보관료를 절약할 수 있어 기업측에 유리하게 된다. 그러나 과다하게 높을 경우에는 원재료 및 제품 등의 부족으로 계속적인 생산 및 판매 활동에 지장을 초래할 수 있다.

정답 ⑤

최신출제유형 23

다음 중 재무제표에 대한 설명으로 옳지 않은 것은?
① 유동비율은 단기상환능력이 좋을수록 높다.
② 부채비율은 재무구조가 우량할수록 높다.
③ 매출액증가율은 주된 영업활동의 성장성을 나타낸다.
④ 재고자산회전율은 재고자산이 빠르게 판매될수록 높게 나타난다.
⑤ 총자산이익률은 총자산의 이용이 효율적일수록 높게 나타난다.

해설
자기자본에 대한 타인자본의 비율로, 재무구조가 열악할수록 높다.

정답 ②

대표유형문제

재무비율을 분석하는 방법 중 성장성비율, 활동성비율, 시장가치비율을 순서대로 짝지은 것은?

① 매출액증가율 – 재고자산회전율 – 주가순자산비율
② 납입자본회전율 – 총자산증가율 – 토빈의 Q비율
③ 순이익증가율 – 주가수익비율 – 토빈의 Q비율
④ 주가순자산비율 – 납입자본증가율 – 주가수익비율
⑤ 매출액증가율 – 주가순자산비율 – 고정자산회전율

해설

성장성 비율	매출액증가율, 총자산증가율, 순이익증가율, 납입자본증가율
활동성 비율	총자본(총자산)회전율, 납입자본회전율, 재고자산회전율, 고정자산회전율
시장가치 비율	주가수익비율, 주가순자산비율, 토빈의 q비율

정답 ①

최신출제유형 23

다음 중 바람직한 투자 전략과 가장 거리가 먼 것은?

① PER이 낮은 주식을 매수
② PBR이 낮은 주식을 매수
③ EPS가 낮은 주식을 매수
④ 배당성향이 높은 주식을 매수
⑤ 토빈의 q비율이 높은 주식을 매수

해설
EPS가 높은 주식을 매수하는 것이 유리하다.

정답 ③

(4) 고정자산회전율

고정자산이 일정기간 중에 몇 회전하였는가 하는 고정자산의 회전 속도를 표시하는 비율로서 기업자본의 이용도를 파악할 수 있다. 현재 보유하고 있는 고정자산 잔액의 상대적인 다과를 판단하는 자료가 되며, 새로운 설비투자를 할 때 이 비율을 활용하여 그 투자가 적정한 것인가를 판단하게 된다.

$$고정자산회전율 = \frac{매출액}{고정자산}$$

6 시장가치비율

기업의 경영활동을 통해서 나타난 경영성과를 실행시키는 과정 중에 시장에서 평가된 주식의 가치를 말한다. 즉 시장가치비율은 증권시장에서 해당기업의 주식가격을 주당이익이나 장부가치 등의 주식과 관련된 각종 비율로 나타내서 투자자 및 전문가들이 기업의 가치를 어떻게 바라보는가를 파악할 수 있다.

(1) 주가수익비율

주가수익비율(Price Earning Ratio ; PER)은 주가가 그 회사 1주당 수익의 몇 배가 되는가를 나타내는 지표이다. 특정 기업이 얻은 순이익 1원을 증권 시장이 얼마의 가격으로 평가하고 있는가를 나타내는 수치인데, 투자자들은 이를 척도로 서로 다른 주식의 상대적 가격을 파악할 수 있다. 업종별로 차이가 있고 절대적인 기준이 없지만 일반적으로 PER이 10 이하일 경우 저 PER주로 분류된다.

$$주가수익비율 = \frac{주가}{주당순이익(EPS)}$$

(2) 주가순자산비율

주가순자산비율(Price Bookvalue Ratio ; PBR)은 주가가 1주당 순자산의 몇 배로 매매되고 있는가를 표시하며 PER과 같이 주가의 상대적 수준을 나타낸다. 주가순자산비율은 정적인 면에서 그 회사를 보고 있는데 반하여 주가수익비율은 동적인 면에서 회사를 보고 있으므로 일반적으로 PBR과 PER이 함께 사용된다.

$$\text{주가순자산비율} = \frac{\text{주가}}{\text{주당순자산가치}}$$

(3) 토빈의 q비율

토빈의 q비율은 설비투자의 동향을 설명하거나 기업의 가치평가에 이용되는 지표이다. 기업의 시장가치란 주식시장에서 평가하는 기업의 부채 및 자본의 가치를 의미하고, 자본의 대체비용이란 기업이 보유한 실물자산의 대체비용(현재의 기업과 동일한 기업을 설립하려 할 때 드는 총비용), 즉 순자산가치를 의미한다. 토빈의 q비율이 1보다 크면 기업은 적은 비용을 들여 높은 가치를 만들 수 있기에 기업투자가 촉진되는 반면 1보다 작으면 기업투자가 위축된다.

$$\text{토빈의 q비율} = \frac{\text{기업의 시장가치}}{\text{기업 실물자본의 대체비용}}$$

대표유형문제

토빈의 q비율에 대한 설명으로 옳지 않은 것은?
① 기업의 부채 및 자기자본의 시장가치를 보유자산의 대체비용으로 나눈 비율이다.
② 대체비용에는 기업의 보유자산을 모두 포함해야 한다.
③ 대체비용은 현재 해당기업을 새롭게 설립한다는 가정하에 어느 정도 비용이 필요한지를 추정한 것이다.
④ 토빈의 q가 1보다 크면 M&A의 대상이 된다.
⑤ 대체비용은 장부상의 비용이 아니라 실제로 대체하는 데 드는 비용을 추정한 것이다.

해설

토빈의 q가 1보다 크면 자산의 시장가치가 대체비용보다 크다는 의미이므로 기업가치가 증가하고 있다는 의미가 된다. 반면 토빈의 q가 1보다 작은 경우 기업은 투자의욕을 가지지 못하고 대체비용보다 저평가되어 M&A의 표적이 될 수 있다.

정답 ④

제5편 경영일반

제26장 출제예상문제

01 다음 중 시간가치를 고려한 투자안의 평가방법은?

> 가. 순현재가치(NPV)법
> 나. 회수기간법
> 다. 회계적 이익률(ARR)법
> 라. 평균이익률법
> 마. 내부수익률(IRR)법

① 가, 다 ② 가, 마
③ 나, 라 ④ 나, 마
⑤ 다, 라

해설 시간가치를 고려한 투자안 평가방법은 순현재가치법과 내부수익률법이다.

02 투자안 분석기법으로 순현가(NPV)법에 관한 설명으로 옳지 않은 것은?

① 순현가법에서는 가치의 가산원리가 적용된다.
② 순현가는 투자의 결과 발생하는 현금유입의 현재가치에서 현금유출의 현재가치를 차감한 것이다.
③ 순현가법에서는 현금흐름을 자본비용으로 할인한다.
④ 순현가법에서는 순현가가 하나 존재한다.
⑤ 순현가법에서는 투자안에서 발생하는 현금유입을 내부수익률로 재투자한다고 가정한다.

해설 투자안에서 발생하는 현금유입을 순현가법에서는 할인율로, 내부수익률법에서는 내부수익률로 재투자한다고 가정한다.

정답 1 ② 2 ⑤

03 다음 중 원/달러 환율이 상승 추세이면 이익을 보는 경우는?

① 달러 콜옵션 매입
② 달러 풋옵션 매입
③ 달러 콜옵션 매각
④ 달러 풋옵션 매각
⑤ 달러 선물환 매도 계약

해설 원/달러 환율이 상승하여 달러 가치가 높아지면 달러를 일정한 가격에 살 수 있는 권리인 콜옵션을 매입한 경우 이익을 보게 된다.

04 시장이자율과 채권가격에 대한 설명으로 옳은 것은?

① 다른 조건은 동일하다고 가정할 경우 표면이자율이 높을수록 이자율의 변동에 따른 채권가격의 변동률이 크다.
② 만기일 채권가격은 액면가와 항상 일치한다.
③ 채권가격은 시장이자율과 같은 방향으로 움직인다.
④ 만기가 정해진 상태에서 이자율 하락에 따른 채권가격 상승폭과 이자율 상승에 따른 채권가격 하락폭은 항상 동일하다.
⑤ 다른 조건은 동일하다고 가정할 경우 만기가 짧은 채권일수록 이자율의 변동에 따른 채권가격의 변동폭이 크다.

해설 ① 표면이자율이 낮을수록 현재로부터 가까운 시점에 발생하는 현금흐름의 비중이 상대적으로 낮아지고 현재로부터 먼 시점에 발생하는 현금흐름의 비중이 상대적으로 높아지므로, 이자율 변동에 따른 가격변동률이 크게 나타난다.
③ 채권가격은 시장이자율과 역의 관계이므로 시장이자율이 상승하면 채권가격은 하락하고, 시장이자율이 하락하면 채권가격은 상승한다.
④ 만기가 정해진 상태에서 이자율 하락으로 인한 채권가격 상승폭이 이자율의 상승으로 인한 채권가격 하락폭보다 크다.
⑤ 다른 조건이 동일하다면, 만기가 길어질수록 일정한 이자율 변동에 따른 채권가격 변동폭이 커진다.

정답 3 ① 4 ②

05 다음은 기대수익률과 위험의 관계를 설명한 것이다. 옳지 않은 것은?

① 위험은 미래에 실제로 실현되는 성과가 기대성과와 다를 가능성으로 결과가 확정되어 있지 않은 불확실성이다.
② 위험은 분산이나 표준편차로 측정할 수 있다.
③ 일반적으로 위험과 기대수익률 간에는 반비례 관계가 있다.
④ 상관관계가 낮은 투자안에 분산투자하면 위험을 낮출 수 있다.
⑤ 위험분산효과는 포트폴리오의 구성자산 수를 증가시킴에 따라 포트폴리오의 위험을 현저하게 줄일 수도 있다.

해설 일반적으로 기대수익률이 높아지면 위험도 커진다.

06 다음은 재무위험에 관한 설명이다. 괄호 안에 들어갈 적절한 용어는?

> 재무위험은 기업이 자금조달 시 (　　)을 이용함으로써 발생하는 위험으로 (　　)에 대한 의존도가 높을수록 고정자본비용이 커지기 때문에 재무위험도 증가하게 된다.

① 자기자본　　　　② 타인자본
③ 고정자산　　　　④ 보통주 발행
⑤ 우선주 발행

07 액면금액이 500,000원, 표면이자율이 연 10%, 만기가 2년인 채권이 있다. 이자는 연말에 지급되고, 채권에 대한 요구수익률이 연 10%인 경우 이 채권의 균형가격은?

① 100,000원　　　　② 500,000원
③ 600,000원　　　　④ 1,000,000원
⑤ 1,200,000원

해설 채권의 표면이자율과 요구수익률이 동일하면 채권에 투자하는 것과 은행에 예금하는 것의 투자수익률이 동일하므로 균형가격은 액면금액과 같다.

정답 5 ③　6 ②　7 ②

08 A기업은 금년도 말 주당 1,100원의 배당을 지급할 것으로 추정되며, 이후 배당금은 매년 15%씩 증가할 것으로 예상된다. A주식에 대한 요구수익률이 20%일 경우 고든(Gordon)의 항상성장모형에 의한 A주식의 현재가치는?

① 5,500원
② 7,333원
③ 11,000원
④ 22,000원
⑤ 23,000원

> 해설 항상성장모형 : $P = \dfrac{D_1}{\gamma - g} = \dfrac{1,100}{0.2 - 0.15} = \dfrac{1,100}{0.05} = 22,000$
> (γ : 요구수익률, g : 성장률, D : 차기주당배당금)

최신출제유형 23

09 주식과 채권에 대한 설명으로 옳지 않은 것은?

① 주식의 투자위험이 채권보다 더 높다.
② 주식은 배당을 받을 권리가, 채권은 확정이자를 받을 권리가 있다.
③ 주식은 영구증권이고, 채권은 기한부증권이다.
④ 후순위채권은 일반 채권보다 변제 순위가 뒤지지만 우선주나 보통주보다는 우선한다.
⑤ 채권 값이 오르면 주식 값은 대체로 하락하는 경향이 있다.

> 해설 주식가격과 채권가격은 일시적으로 반대방향으로 움직일 수 있으나 기본적으로 같은 방향으로 움직이다.

10 다음 글과 관련이 깊은 금융과 금융회사를 옳게 짝지은 것은?

> 양성민씨는 출판 회사를 세우고 출판 사업을 시작하면서 은행에서 대출을 받아 필요한 사업 자금을 조달하였다.

① 간접금융-상업은행
② 직접금융-투자은행
③ 간접금융-투자은행
④ 직접금융-상업은행
⑤ 직접금융-중앙은행

정답 8 ④ 9 ⑤ 10 ①

해설 기업이 은행 등 금융회사를 통해 자금을 조달하는 것을 간접금융이라고 하며, 은행은 크게 상업은행과 투자은행으로 구분된다. 상업은행은 개인이나 기업을 상대로 예금을 받고 대출하는 업무를 하는 시중은행을 의미한다. 또한 투자은행은 주로 기업을 상대로 영업하며, 주식이나 채권 등의 인수 및 판매, 기업공개, 인수합병 등을 주관하고 자문하는 은행을 말한다. 참고로 직접금융이란 기업이 자금주로부터 직접 자금을 조달하는 것을 의미하며, 주식, 회사채, 신주인수권부사채 등의 발행이 해당된다.

11
A기업 주식의 주가수익비율(PER)은 5.5배이고, 코스닥시장 상장사 평균 PER은 약 15배이다. 이에 대한 설명으로 옳지 않은 것은?

① PER은 보통주 1주당 시가를 보통주 1주당 순이익으로 나누어 구한다.
② A주식은 벌어들이는 이익에 비해 주가가 저평가된 것으로 볼 수 있다.
③ 주가가 상승하면 PER도 상승할 가능성이 크다.
④ 무상증자를 할 경우 PER이 높아지게 된다.
⑤ A주식은 현재 코스닥 시장에서 다른 주식에 비해 인기가 높다고 할 수 있다.

해설 PER은 보통주 1주당 시가를 보통주 1주당 순이익으로 나누어 구한 값으로, 주가가 그 회사 1주당 수익의 몇 배가 되는지를 나타내는 지표이다. A기업의 PER이 낮다는 것은 A기업이 벌어들이는 이익에 비해 주가가 저평가된 것으로 볼 수 있으며 주식시장에서 인기가 없는 종목임을 나타낸다. 증자를 실시하면 자본금을 늘리면 발행주식 총수가 늘어나고 주당순이익은 줄어들어 PER은 높아지게 된다.

12
다음 괄호 안에 들어갈 말을 순서대로 바르게 나열한 것은?

> 최근 시대상사의 회사채를 매입한 재연이는 회사채 수익률이 하락할 경우 회사채 가격이 (　　) 하므로 (　　)을 본다.

① 상승 - 이익　　　　② 상승 - 손실
③ 하락 - 이익　　　　④ 하락 - 손실
⑤ 상승 - 불변

해설 채권수익률과 채권가격의 역의 관계로 채권수익률이 하락하면 회사채 가격은 상승한다. 따라서 채권 매수자는 채권수익률이 높을 때 매수하고 매도자는 채권수익률이 낮을 때 매도하는 것이 유리하다.

13 기업들이 환율변동 위험을 피하기 위해 하는 거래 중 하나인 선물환거래에 대한 다음 설명 중 옳지 않은 것은?

① 기업들은 달러화 가치가 하락할 것으로 예상하는 경우 선물환을 매수하게 된다.
② 선물환 거래란 미래에 특정외화의 가격을 현재 시점에서 미리 계약하고 이 계획을 약속한 미래시점에 이행하는 금융거래이다.
③ 선물환거래에는 외국환은행을 통해 고객 간에 이루어지는 대고객선물환거래와 외환시장에서 외국은행 사이에 이뤄지는 시장선물환거래가 있다.
④ 선물환거래는 약정가격의 차액만을 주고받는 방식이어서 NDF(역외선물환)거래라고도 한다.
⑤ 만기가 되면 수출업체는 수출대금으로 받은 달러를 금융회사에 미리 정한 환율로 넘겨주고 금융회사는 이를 해외 달러 차입금 상환에 활용하게 된다.

해설 달러를 현재 정한 환율로 미래 일정시점에 팔기로 계약하면 선물환 매도, 금융회사가 달러를 현재 정한 환율로 미래 일정 시점에 사기로 계약하면 선물환 매수라고 한다. 따라서 달러화 가치가 앞으로 상승할 것으로 예상되면 선물환을 매수하게 된다.

14 수학교육을 전공한 성민이는 수학 교육 프로그램을 개발하는 스타트업 기업으로부터 회사 주식을 1주당 1만 원에 3만 주를 살 수 있는 스톡옵션을 제의받고 회사를 이직하였다. 1년 후 이 기업의 주가가 9천 원으로 떨어졌을 경우 스톡옵션 행사에 따른 성민이의 손익은 얼마인가?

① 0원
② 3,000만 원 손실
③ 3,000만 원 이익
④ 3억 원 손실
⑤ 3억 원 이익

해설 스톡옵션이란 기업이 임직원에게 일정 기간이 지난 후에도 일정수량의 주식을 일정한 가격으로 살 수 있는 권한을 부여한 보상제도이다. 이러한 제도는 채용 당시 많은 임금을 보장할 수는 없지만 사업성이 높은 벤처기업의 경우 인재를 모으기 위해 많이 사용한다. 스톡옵션은 꼭 행사할 의무는 없으므로 주가가 행사 가격보다 낮아 이득을 얻지 못할 경우에는 권리를 행사하지 않는다. 성민이는 1년 후 회사 주식 3만 주를 각 주당 1만 원에 살 수 있는 스톡옵션을 가지고 있지만 주가가 행사 가격보다 낮으므로 스톡옵션 권리를 포기하게 되기 때문에 손익은 0원이다.

정답 13 ① 14 ①

15 다음 신문기사에서 설명하고 있는 채권은?

> 조건부자본증권의 영문머리글자를 따서 이름 붙인 이 채권은 평상시에는 자본으로 인정받기 때문에 국제결제은행 자본비율을 높이는 방편으로 활용되나, 금융위기가 오면 주식으로 자동 전환되거나 상각되어 버린다. 최근 국내은행들은 구조조정 국면에서 자본 확충을 위해 점차 이 채권의 발행을 늘리고 있다. 하지만 해외에서는 이 채권 발행 자체를 은행권 신인도 저하 움직임으로 보고 자본시장 불안 요소로 인식하고 있다.

① 코코본드
② 커버드본드
③ 전환사채(CB)
④ 정크본드
⑤ 쇼군본드

해설 코코본드는 은행 등 발행회사의 자본비율이 일정 수준 이하로 떨어지거나 공적자금이 투입되는 등의 사유가 발생하면 원리금이 자동으로 주식으로 전환되거나 상각되는 채권을 말한다. 이러한 코코본드는 은행이 자기자본 부채비율을 낮추지 않으면서 자금을 조달할 수 있는 금융상품이다. 커버드본드란 은행 등 금융회사가 모기지, 국공채 등 우량자산을 담보로 발행하는 담보부채권의 하나로 투자자가 금융회사 등 커버드본드 발행자에 대한 소구권을 가지며 발행자가 파산할 경우 담보자산에 대한 우선변제권을 갖는다. 전환사채란 일정한 조건에 따라 채권을 발행한 회사의 주식으로 전환할 수 있는 권리가 채권자에게 부여된 채권으로서 채권과 주식의 중간 성격을 지닌 유가증권이다. 정크본드는 신용등급이 낮은 기업이나 국가가 발행하는 채권이며, 쇼군본드는 외국 기업이 일본에서 엔화가 아닌 다른 통화로 발행하는 채권을 말한다.

16 재무제표를 활용해 기업의 재무 상태와 경영 성적을 진단하는 것을 재무비율 분석이라고 한다. 다음 중 안정성비율과 관련이 없는 것은?

① 유동비율
② 부채비율
③ 자기자본비율
④ 이자보상배율
⑤ 총자산증가율

해설 안정성비율이란 기업의 장기지급능력을 측정하는 데 사용되는 비율을 말한다. 안정성비율에는 유동비율(= 유동자산/유동부채), 부채비율(= 부채/자기자본), 이자보상배율(= 영업이익/지급이자), 자기자본비율(= 자기자본/자산) 등이 있다. 자기자본비율과 유동비율, 이자보상배율은 높을수록, 부채비율은 낮을수록 안정성이 높다고 본다.

17 (주)정민은 수입대금을 달러로 결제해야 하기 때문에 환율상승 위험에 대비하여 수입 대금 1만 달러를 달러당 1,100원에 살 수 있는 달러화 콜옵션을 총 100만 원에 매입하였다. 대금을 지급할 옵션만기일에 환율이 달러당 1,250원으로 상승했을 경우 (주)정민이 수입대금을 지불하는 데 들어간 총비용은?

① 1,000만 원
② 1,100만 원
③ 1,150만 원
④ 1,200만 원
⑤ 1,350만 원

해설 (주)정민은 달러화 콜옵션 매입으로 달러당 1,100원의 환율로 수입 대금 1만 달러를 1,100만 원에 매입할 수 있으며, 여기에 콜옵션 비용 100만 원을 합하면 총 1,200만 원이 된다.

최신출제유형 23

18 다음 중 채권 금리가 결정되는 일반적인 원칙을 올바르게 묶은 것은?

> 가. 다른 조건이 같으면 만기가 길수록 채권 금리는 높아진다.
> 나. 경기가 좋아지면 국채와 회사채 간 금리 차이가 줄어든다.
> 다. 일반적으로 국채 금리가 회사채 금리보다 낮다.
> 라. 예상 인플레이션율이 낮을수록 금리는 높아진다.

① 가, 나
② 나, 라
③ 다, 라
④ 가, 나, 다
⑤ 가, 나, 다, 라

해설 금리는 만기가 길수록, 유동성이 작을수록, 기대 인플레이션이 높을수록, 위험도가 클수록 높아진다. 일반적으로 채권의 만기가 길면 길수록 투자금의 유동성에 제약을 받기 때문에 이자율은 높아진다. 국채는 회사채보다 채무불이행 위험이 작기 때문에 금리가 회사채보다 낮게 형성되며, 경기가 좋아질수록 채무불이행 위험이 줄어들기 때문에 국채와 회사채 간 금리 차이가 줄어든다.

19 H사는 미국에 자동차를 수출한 대가로 1년 후 1,000만 달러를 받기로 하였다. 이 기업이 환율변동 위험을 헤지하기 위해 취할 수 있는 가장 적절한 방법은?

① 1년 만기의 달러 콜옵션을 매수한다.
② 1년 만기의 달러 풋옵션을 매도한다.
③ 1년 만기 선물환 계약을 매수 포지션으로 체결한다.
④ 1년 만기의 달러 콜옵션과 달러 풋옵션을 동시에 매수한다.
⑤ 1년 후 상환조건으로 1,000만 달러를 차입하여 외환시장에서 매각한다.

해설   1년 후 달러화로 수출대금을 받기로 한 이 기업은 달러가치 하락의 위험에 노출된다. 따라서 특정 시점에 일정 가격으로 달러를 매도할 수 있는 권리인 달러 풋옵션을 매입하는 것이 가장 적절한 헤지 방법이다. 또한 1년 후 상환조건으로 1,000만 달러를 차입하면 1년 후 수출대금을 받아 상환하면 되므로 환율 변동 위험 헤지가 가능하다.

20 다음은 음식료 업종과 제약 업종 상장사들의 주식투자지표이다. 같은 업종의 각 상장사들은 사업영역과 경쟁력, 기업 규모 등이 비슷하다고 가정할 때, 자산운용사 펀드매니저의 투자전략 중 가장 바람직한 것은?

구분	주식	PER	PBR
음식료품	A	23	0.9
	B	25	1.3
제약품	C	14	0.7
	D	17	1.0
	E	20	1.2

① 음식료 업종에서는 A주, 제약 업종에서는 C주를 매입한다.
② 음식료 업종에서는 B주, 제약 업종에서는 E주를 매입한다.
③ 음식료 업종에서는 A주, 제약 업종에서는 D주를 매입한다.
④ 음식료 업종에서는 B주, 제약 업종에서는 C주를 매입한다.
⑤ 음식료 업종에서는 A주, 제약 업종에서는 E주를 매입한다.

해설   상대적으로 주가가 저평가되어 있는 음식료품의 A주와 제약품의 C주를 매입한다.

$$PER(주가수익배율) = \frac{주가}{주당순이익}$$

PER이 높다는 것은 주당이익에 비해 주식가격이 높다는 것을 의미하고 PER이 낮다는 것은 주당이익에 비해 주식가격이 낮다는 것을 의미한다. 그러므로 PER이 낮은 주식은 앞으로 주식가격이 상승할 가능성이 크다.

$$PBR(주가순자산배율) = \frac{주가}{주당순자산}$$

PBR이 1보다 높으면 주가가 고평가, 1보다 낮으면 주가가 저평가되어 있다고 본다.

시사경제

제27장 금융시사

제28장 일반시사

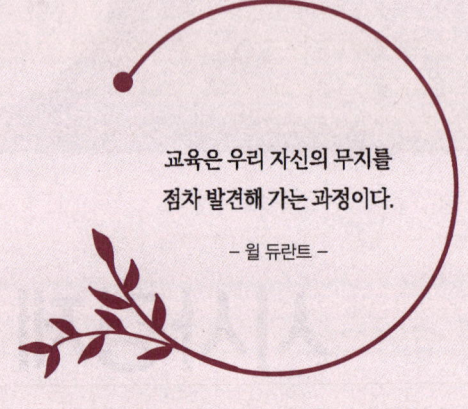

교육은 우리 자신의 무지를
점차 발견해 가는 과정이다.
— 윌 듀란트 —

보다 깊이 있는 학습을 원하는 수험생들을 위한
시대에듀의 동영상 강의가 준비되어 있습니다.
www.sdedu.co.kr → 회원가입(로그인) → 한경TESAT

제6편 시사경제

제27장 금융시사

■ 인플레이션 감축법(IRA : Inflation Reduction Act)

기후변화 대응, 의료비 지원 등을 골자로 한 미국의 법으로 급등한 인플레이션 완화를 위해 2022년 8월 16일 발효됐다. 2022년 8월 7일, 미국 상원에서 법안이 통과됐고, 같은 달 16일 조 바이든 미국 대통령이 이 법안에 서명했다. 하지만 법안 내용 중 전기차 관련 조항은 사실상 미국에서 제조한 전기차에만 혜택을 주는 것으로, 한국산 전기차에 불리하다는 우려가 제기되고 있다. 미국에서 판매 중인 국내 자동차 업체의 전기차는 모두 한국에서 생산되기 때문이다.

■ 왝더독(Wag the Dog)

꼬리가 몸통을 흔든다는 말로, 선물시장이 거대화되면서 현물시장을 흔드는 현상이다. 원래 주식시장에서 선물거래란 현물시장에서의 미래에 발생할 위험을 줄이기 위해 생겨난 금융거래이다. 현물시장에서 주가의 방향성을 예측하고 이에 따라 선물거래가 이루어진다. 하지만 이러한 선물시장의 규모가 커지기 시작하면서 이제는 몸통인 현물시장을 뒤흔드는 현상이 나타나는데, 이를 왝더독 현상이라고 한다.

■ 직접금융(Direct Financing)

자금 수요자인 기업이 자금조달 시 금융기관을 개입시키지 않고 주식이나 회사채를 발행함으로써 투자자로부터 직접 자금을 조달하는 것을 말한다.

■ 프로젝트 파이낸싱(Project Financing)

기업 신용과 담보를 기반으로 자금을 조달하는 기존 기업금융과 달리 기업과 법적으로 독립된 부동산 개발 프로젝트로부터 발생한 미래 현금흐름을 담보로 자금을 조달하는 금융기법이다. 프로젝트 자체를 담보로 장기간 대출해 주는 것이므로 금융회사가 개발계획의 조사와 입안 단계부터 참여해 프로젝트의 수익성, 업체의 사업 수행 능력 등 광범위한 분야에 걸쳐 심사한다. 대출 담보가 부동산의 미래 개발가치, 즉 무형의 사업성을 담보로 잡기 때문에 상대적으로 이자율이 높다.

■ 밈 주식(Meme Stock)

온라인상에서 입소문을 타 개인투자자의 눈길을 끄는 주식을 뜻하는 신조어다. 기업 실적에 상관없이 개인투자자 사이에 입소문을 타고 매수 주문이 몰리면서 주가가 급등하거나 급락하므로 변동성이 커서 도박에 가까운 특성이 있다.

■ 국민부담률(Total Tax Revenue as Percentage of GDP)

국내총생산(GDP)에서 국민들이 낸 세금(조세)과 4대 연금(국민연금, 공무원연금, 사립학교교직원연금, 군인연금), 건강보험, 고용보험, 산업재해보상보험 등 사회보장부담금을 합한 금액이 차지하는 비율을 말한다.

■ 페트로 달러(Petro Dollar)

중동을 포함한 주요 산유국들이 원유 및 관련 상품을 수출해서 벌어들이는 수출 대금, 즉 오일머니(Oil Money)를 뜻한다. 이는 1974년 미국과 사우디아라비아가 맺은 비공식 계약에 근거한다. 당시 미국은 사우디아라비아에 군사적 지원 등을 약속하며, 원유를 달러화로만 거래하자고 제안했다. 이를 바탕으로 미국 달러는 기축통화로써 지위를 공고히 할 수 있었다.

■ 민스키 모멘트(Minsky Moment)

부채 확대에 기대어 경기호황이 이어지다 호황이 끝나면서 금융위기가 도래하는 시점을 말한다. 과도한 부채 확대에 기대어 금융시장의 호황이 이어지다가 호황이 끝나면 은행에 빚을 낸 채무자들의 부채상환 능력이 나빠지고 결국 채무자는 건전한 자산까지 팔아 빚을 갚으면서 금융 시스템이 붕괴되고 금융위기까지 초래한다는 것이다.

■ 시뇨리지(Seigniorage)

중앙은행이 발행한 화폐의 실질가치에서 발행비용을 제한 차익을 의미한다. 화폐의 액면가에서 화폐 제조비용과 유통비용을 뺀 차익으로, 중앙은행이 갖는 독점적 발권력에 의해 발생한다.

■ 뱅크런(Bank Run)

은행의 대규모 예금인출 사태를 말한다. 은행이 부실해질 것을 두려워한 예금자들이 돈을 찾기 위해 은행으로 달려간다(run)는 데서 유래됐다. 예금보험공사는 뱅크런으로 인한 은행의 위기를 막기 위해 은행이 파산하더라도 5,000만 원까지는 보호를 해주는 예금자보호법을 시행하고 있다.

■ 페이고(Pay-go)

재정건전성을 높이기 위한 재정준칙 중의 하나로, 새로운 재정지출사업을 추진할 때 기존 사업 지출을 줄이거나 재원정책을 의무적으로 마련해야 하는 시스템을 말한다. 이 시스템은 포퓰리즘에 빠져 재정건전성을 해치는 법안의 발의를 막을 수 있다는 장점이 있지만 정책의 유연성이 떨어진다는 단점도 가지고 있다.

■ 매 파

경제정책의 관점에서 물가안정을 위해 금리를 올리고 통화량을 줄이자는 세력을 매파라고 한다. 이와 반대로 경제성장을 위해 금리를 내리고 통화량을 늘리자는 세력을 비둘기파로 분류한다.

■ 배드뱅크(Bad Bank)

금융회사의 부실 자산을 인수해 정리하는 전문 기관으로, 금융기관의 부실채권을 우량채권과 분리하여 처분하거나 회수함으로써 기존 금융기관이 우량자산만을 보유해 재무 건전성을 높이는 효과가 있다.

■ 코픽스(Cost of Funds Index, COFIX)

은행 대출금리의 기준이 되는 자금조달비용지수로, 시중 8개 주요 은행으로부터 정기예금, 정기적금, 금융채, 양도성예금증서, 환매조건부채권매도, 표지어음매출 등 자금 조달에 관련한 정보를 제공받아 자금의 평균 비용을 가중 평균해 산출한다. 은행들은 코픽스를 기준으로 대출자의 신용도를 반영하여 일정한 가산금리를 더한 대출금리를 고객들에게 결정하여 적용한다.

코넥스(KONEX ; Korea New Exchange)

코스닥시장 상장 요건을 충족시키지 못하는 벤처기업과 중소기업이 상장할 수 있는 중소기업 전용 주식시장으로, 2013년 7월 1일 개장했다. 유가증권 및 코스닥 시장과 마찬가지로 코넥스 시장에 상장된 중소기업은 주권상장법인의 지위를 가지게 된다.

타깃 데이트 펀드(Target Date Fund · TDF)

투자자의 은퇴 시점에 맞춰 위험자산(주식)과 안전자산(채권)의 투자 비중을 자동으로 조정해주는 펀드이다. 생애주기별 맞춤 투자가 가능하다는 장점이 있다.

매그니피센트 7(Magnificent 7)

2023년 뉴욕 증시 강세장을 이끈 7개 기술 종목을 뜻한다. 매그니피센트는 '위대한', '참으로 아름다운' 이라는 뜻의 단어다. 2022년 말부터 인공지능(AI) 열풍이 불면서 2023년 상반기 주가가 급등세를 탄 7개 종목으로, 엔비디아·애플·마이크로소프트·메타·아마존닷컴·알파벳A·테슬라를 일컫는다.

마이데이터(MyData)

소비자가 금융회사 등에 자신의 정보사용을 허락할 경우 정보를 한 곳에 모아 관리해주는 서비스다. 소비자는 휴대폰 앱이나 웹사이트에서 정보를 간편하게 관리할 수 있고, 금융사는 소비자 실정에 맞는 맞춤형 자산관리와 컨설팅 등의 금융 서비스를 제공할 수 있다. 마이데이터는 은행 계좌와 신용카드 이용 내역 등 금융 데이터의 주인을 금융회사가 아니라 개인으로 정의한다. '본인신용정보관리' 라고도 하며 신용평가, 자산관리, 건강관리 등 데이터 기반 서비스에 활용된다.

페그제(Peg System)

특정국가의 통화에 자국통화의 환율을 고정시키는 제도이다. 페그제를 시행하면 환율 불확실성이 사라져 교역과 자본 이동이 활성화된다. 이를 유지하려면 정부가 시장에 적절히 대응해야 하며, 관리에 실패하면 외환시장이 요동칠 수 있다.

크립토 윈터(Crypto Winter)

가상자산의 가격이 급락하고 시장에서 자금의 유출이 지속되는 현상으로, 거래량이 저조해지는 것을 겨울에 비유하여 크립토 윈터라고 부른다. 2018년 1월부터 1년 동안 가상자산 버블이 붕괴되면서 크립토 윈터가 발생했다.

BIS비율(자기자본비율)

국제결제은행(BIS)에서 일반은행에게 권고하는 자기자본비율 수치이다. 은행의 건전성과 안정성을 확보할 목적으로 은행의 위험자산에 대해 일정비율 이상의 자기자본을 보유하도록 하는 것으로, 은행의 신용위험과 시장위험에 대비해 최소한 8% 이상이 되도록 권고하고 있으며, 10% 이상이면 우량은행으로 평가받는다.

기업경기실사지수(BSI ; Business Survey Index)

기업경기실사지수(BSI)는 기업의 활동실적과 향후 계획, 경기동향 등에 대한 기업인들의 의견을 조사해 지수화한 것으로, 전반적인 경기 흐름을 파악하는 데 활용되는 지표이다. BSI는 기업가들의 주관적이고 심리적인 경기 판단을 반영하며, 0에서 200 사이의 값을 갖는다. 지수가 100을 초과하면 경기를 긍정적으로 인식하는 기업이 더 많다는 의미이고, 100 미만이면 부정적으로 보는 기업이 더 많음을 뜻한다.

그림자 금융(Shadow Banking System)

투자은행·헤지펀드·구조화투자회사(SIV) 등의 금융기관과 머니마켓펀드(MMF), 환매조건부채권(RP), 자산유동화증권(ABS) 등의 금융상품과 같이 은행과 비슷한 기능을 하면서도 은행과 같이 엄격한 건전성 규제를 받지 않는 금융기관과 그러한 금융기관들 사이의 거래를 나타낸다. 여기서 '그림자'라는 말은 일반적인 금융시장과 달리 고수익-고위험 채권을 사고 팔면서 새로운 유동성을 창출하지만 투자대상의 구조가 복잡해 손익이 투명하게 드러나지 않는다는 점에서 붙은 것이다.

테마주

주식시장에 새로운 사건이나 현상이 발생해 증권시장에 큰 영향을 주는 일이 발생할 때 이런 현상에 따라 움직이는 종목군을 말한다.

가치주(Value Stock)

현재가치에 비해 저평가돼 낮은 가격에 거래되는 주식으로 성장주에 비해 영업실적과 자산가치가 우수하다. 주가지수가 투자심리 위축 등으로 크게 떨어지는 시기에 가치주가 많이 생겨나는데 가치주는 성장주에 비해 주가변동폭이 크지 않아 주로 방어적인 투자자들이 선호한다.

손절매(Stop Loss)

로스컷(Loss Cut) 혹은 스톱로스(Stop Loss)라고 부른다. 큰 손해를 방지하기 위해 일정액의 손해를 감수하고 매도하는 것을 말한다. 기관투자가들은 매입 시점에서부터 10~30% 손실이 나면 자동적으로 매도하도록 하고 있다.

연방예금보호공사(FDIC ; Federal Deposit Insurance Corporation)

미국에서 1933년 은행법에 따라 설립된 예금보험기관으로 한국의 예금보호공사와 같은 기능을 한다. 예금자에 대한 예금 지급 보증, 휴·폐업한 은행의 관리 및 재건, 은행에 대한 감독 지도와 검사 등의 업무를 담당한다.

달러인덱스(Dollar Index)

경제규모가 크거나 통화가치가 안정적인 6개국 통화(엔화, 유로화, 캐나다 달러 등)를 기준으로 산정한 미 달러화의 평균적인 가치를 지수화한 것이다. 각 통화의 비중은 그 국가 경제규모에 따라 결정되며 원화, 주식시장, 국제원자재시장을 전망하는 주요 지표 중 하나로 쓰인다.

소득대체율(Retirement Income Replacement Rate)

생애평균소득 대비 노후에 받을 수 있는 연금 수령액의 비율이며 연금가입기간 중 평균소득을 현재가치로 환산한 금액 대비 연금지급액이다. 연금의 보장성을 보여주는 대표적인 지표이며 연금으로 받는 급여를 생애평균소득으로 나누어 구한다.

DSR(총체적상환능력비율)

가계가 연소득 중 주택담보대출과 신용대출, 마이너스통장, 자동차할부대출 등 기타 대출의 원금 및 이자를 상환하는 데 쓰는 돈의 비율을 나타내는 것으로, 은행이 대출자에 대한 대출 여부나 대출 규모를 산정할 때 사용된다. 'DSR = 연간 총 금융부채 원리금상환액 / 연소득'으로 구한다.

■ 랩어카운트(Wrap Account)

증권사에서 여러 종류의 자산운용 관련 서비스를 하나로 구성하여 관리하는 종합자산관리 방식이다. 고객의 자산구성에서부터 운용 및 투자자문까지 통합적으로 관리해주며 선진국에서는 보편적인 형태이다. 고객이 돈을 맡기면 증권사에서는 고객의 자산규모와 기호에 맞춰 적절한 운용배분과 투자종목을 추천하고 일정한 수수료를 받는다.

■ 금융허브(Financial Hub)

세계 유수의 다국적 기업과 금융기관들이 기업 및 금융 활동을 자유롭고 편하게 할 수 있는 금융환경이나 투자 인센티브 등을 제공하는 지역을 말한다. 일반적으로 금융허브는 글로벌 금융허브, 역외 금융허브, 특화 금융허브, 역외 기장센터 등으로 구분된다.

■ 레드백(Redback)

중국의 위안화를 일컫는 용어로, 미국 달러화를 뜻하는 그린백(Green Back)에 빗댄 말이다.

■ 변동성지수(VIX ; Volatility Index)

스탠더드앤푸어스(S&P)500지수의 향후 30일간 움직임에 대한 시장의 예상치를 나타내는 지수이다. 주식시장이 급락하거나 불안할수록 수치가 높아져 '공포지수(Fear Index)'라고도 불린다. 변동성지수가 클수록 투자자의 불안함이 크다는 것을 의미한다.

■ 사이드카(Sidecar)

선물시장이 급변할 경우 현물시장에 대한 영향을 최소화함으로써 현물시장을 안정적으로 운용하기 위해 도입한 프로그램 매매호가관리제도이다. 선물가격이 전일종가 대비 5% 이상 상승 또는 하락한 상태가 1분간 지속될 때 발동하며, 발동하면 프로그램 매매를 5분간 중단시킨다. 사이드카는 1일 1회에 한해서만 발동될 수 있으며, 주식시장 후장 매매 종료 40분 전(14시 20분) 이후에는 발동되지 않는다.

■ 서킷 브레이커(Circuit Breaker)

원래 전기 회로에 과부하가 걸렸을 때 자동으로 회로를 차단하는 장치를 말하는데 주식시장에서 주가가 급등 또는 급락하는 경우 주식매매를 일시 정지하는 제도이다. 서킷 브레이커는 3단계로 나뉘어 발동하는데 1단계는 종합주가지수가 전 거래일보다 8% 이상 하락하여 1분 이상 지속되는 경우, 2단계는 종합주가지수가 전 거래일보다 15% 이상 하락하여 1분 이상 지속되는 경우, 3단계는 종합주가지수가 전 거래일보다 20% 이상 하락하여 1분 이상 지속되는 경우에 발동된다. 서킷 브레이커가 발동되면 매매가 20분간 정지되고, 20분이 지나면 10분간 동시호가, 단일가매매 전환이 이루어진다. 서킷 브레이커는 각 단계별로 하루에 한 번만 발동할 수 있다. 1, 2단계는 주식시장 개장 5분 후부터 장종료 40분 전까지만 발동하고, 3단계 서킷 브레이커는 40분 이후에도 발동될 수 있다. 3단계 서킷 브레이커가 발동하면 장이 종료된다.

■ 전환사채(CB ; Convertible Bond)

일정한 조건에 따라 채권을 발행한 회사의 주식으로 전환할 수 있는 권리가 부여된 채권을 말한다. 전환을 하기 전에는 사채로서의 확정이자를 받을 수 있으며, 전환 후에는 주식으로서의 이익을 얻을 수 있다. 이러한 이점으로 인하여 이자율은 보통 회사채에 비하여 낮은 편이어서 발행회사 입장에서는 낮은 이자로 자금을 조달할 수 있는 수단이 된다.

양도성예금증서(CD ; Certificate of Deposit)

은행이 정기예금에 대하여 발행하는 무기명의 예금증서로, 예금자는 이를 증권회사와 종합금융회사의 중개를 통하여 매매할 수 있다. 중도해지가 불가능하지만 자유롭게 양도할 수 있어 현금화가 쉽고 유동성이 높다. 이자지급식이 아닌 할인금액으로 거래된다.

오퍼레이션 트위스트(Operation Twist)

장기국채를 사들이고 단기국채를 매도함으로써 장기금리는 끌어내리고 단기금리는 올리는 공개적인 시장조작방식이다. 장기금리가 내려가면 일반적으로 기업은 투자를 늘리고 가계는 주택을 새로 매입하는 등 투자활성화의 효과가 있다. 장·단기 채권에 대해 엇갈리는 대응을 하는 것이 한때 유행했던 춤인 트위스트와 닮았다고 해서 이러한 명칭이 붙었다.

예금보험제도(Deposit Insurance System)

금융기관이 경영부실이나 파산 등의 이유로 예금자에게 예금을 지급할 수 없을 경우 예금보험공사가 대신 고객 예금을 지급하여 예금자를 보호하기 위한 제도이다. 이 제도는 금융기관의 연쇄도산을 방지함으로써 사전적으로 금융제도의 안정성을 제고할 수 있다. 예금보험공사는 평소에 금융회사로부터 예금보험료를 받아 기금으로 적립하며, 금융기관이 납부한 예금보험료만으로 예금을 대신 지급할 재원이 부족할 경우에는 예금보험공사가 직접 채권(예금보험기금채권)을 발행하는 방법을 통해 재원을 조성하게 된다. 보호한도는 한 금융회사당 원금과 이자를 포함해 1인당 5,000만 원까지이며, 보호대상 금융회사는 은행, 보험회사, 증권사, 저축은행, 농협·수협중앙회 등이다. 하지만 농·수협 지역조합, 신용협동조합, 새마을금고 등은 예금보험제도 가입 금융사가 아니며, 이들은 관련 법률에 따라 자체 기금에 의해 보호된다.

양적완화

정책금리 인하를 통한 통화정책으로는 좀처럼 경기침체에서 벗어나지 못할 때 발권력(채권이나 은행권 등을 발행할 수 있는 힘)을 가진 중앙은행이 시중에 직접 통화를 공급하는 정책을 말한다. 장기적으로는 부작용을 초래할 수 있어 사실상 중앙은행이 쓸 수 있는 마지막 카드라고 봐야 한다.

유동성함정

시장에 현금이 흘러 넘쳐 구하기 쉬운데도 기업의 생산, 투자와 가계의 소비가 늘지 않아 경기가 나아지지 않고 마치 경제가 함정(trap)에 빠진 것처럼 보이는 상태를 말한다.

역모기지론

보유주택을 은행에 맡기고 이를 담보로 생활비를 조달하는 제도이다. 주로 집은 있지만 다른 소득이 없는 노년층이 주택을 은행에 담보로 맡긴 후 연금 형태의 대출을 받아 생활비로 쓰고 만기에 원금과 이자를 한꺼번에 갚거나 주택처분권을 은행에 넘기는 것이다.

DTI(Debt To Income) vs. LTV(Loan To Value)

DTI란 총부채상환비율, 즉 총소득에서 부채의 연간원리금상환액이 차지하는 비율을 말한다. 이는 대출 금융기관이 채무자의 소득을 기준으로 대출상환능력을 점검하기 위한 제도이다. 한편, LTV란 주택담보대출비율, 즉 집값 대비 대출액의 비율을 말한다. 주택을 담보로 빌릴 수 있는 대출가능한도를 의미하는 비율이다. DTI와 LTV를 올리면 부동산 구입을 위한 대출이 늘어나므로 부동산 시장은 활성화되며 가계 부채는 증가한다.

■ 캐리 트레이드(Carry Trade)

저금리로 조달된 자금을 다른 국가의 고금리 상품에 투자함으로써 수익을 내는 거래를 의미한다. 미국에서 돈을 빌려 다른 국가에 투자할 때 조달된 자금은 달러-캐리 트레이드 자금이라 하고, 일본으로부터 나온 것이면 엔-캐리 트레이드 자금이 된다.

■ CDS 프리미엄
(Credit Default Swap Premium)

신용부도스왑(CDS)은 기업이나 국가가 발행한 채권이 부도날 경우, 원금을 돌려받을 수 있도록 설계된 금융 파생상품이다. 이 거래는 채권자와 제3의 금융회사 간에 이뤄지며, 채무자가 부도를 내면 제3의 금융회사가 채무자를 대신해 채권자에게 원금을 지급한다. 채권자는 이러한 보증의 대가로 제3의 금융회사에 일정 금액을 지급하는데, 이 보험료 성격의 수수료를 CDS 프리미엄이라 한다.

■ 스트레스 테스트(Stress Test)

어떤 충격이 가해졌을 때 경제 여건이 지금보다 훨씬 더 어려워질 것이라는 가정 아래 은행들이 충분한 자본과 유동성으로 위기를 헤쳐 나갈 수 있는지를 평가하는 것이다. 즉, 은행의 자본건전성 심사 방법이다.

■ 금융통화위원회

2대 경제정책 중 하나인 통화정책, 그중에서도 통화신용정책을 결정하는 기구로, 금통위라고도 한다. 금통위는 한국은행법에 의해 설치되었으며, 한국은행의 업무운영관리에 관한 지시감독을 한다. 금통위는 한국은행 총재, 국민경제 각 분야를 대표하는 6인 등 총 7인의 위원으로 구성되어 합의제로 운영된다.

■ 스톡옵션(Stock Option)

기업이 임직원에게 일정수량의 주식을 일정한 가격으로 살 수 있는 권리를 부여하는 제도이다. 이는 임직원의 임기 후에도 자사 주식 값이 오르면 그 차익을 볼 수 있게 하는 보상제도로, 주식매수선택권이라고도 불린다. 이는 회사가 임직원의 근로 의욕을 고취시키고, 우수 인력을 확보하려는 제도로 주로 벤처기업에서 많이 활용된다.

■ 풋옵션(Put Option)

시장가격에 관계없이 특정상품을 특정시점에 특정가격으로 '매도'할 수 있는 권리를 말한다. 일반적으로 풋옵션 행사가격이 시장가격보다 낮으면 권리행사를 포기하고 시장가격으로 매도하는 것이 유리하다. 반대로 옵션 행사가격이 시장가격보다 높을 경우에는 풋옵션 권리를 행사하고 차액만큼 이득을 얻을 수 있다. 풋옵션 매수자는 풋옵션 매도자에게 일정 금액을 지불하게 되는데 이를 풋옵션 가격 혹은 풋옵션 프리미엄이라고 한다.

■ ELS(Equity-Linked Securities)

개별주식의 가격이나 주가지수에 연계되어 투자수익이 결정되는 유가증권을 말한다. 일반적으로는 투자금의 대부분을 채권 등 원금보장이 가능한 상품에 설정하고 나머지 소액을 코스피 200 같은 주가지수나 개별종목에 투자한다.

■ ETF(Exchange Traded Fund)

인덱스펀드를 거래소에 상장시켜서 마치 주식처럼 거래할 수 있도록 만든 상품이다. 따라서 시장에서 언제든지 시장가에 따라 매매가 가능하므로 편리하다는 장점이 있다.

■ 상장지수증권(ETN)

ETN은 'Exchange Traded Note'의 약어이며, 증권사가 자기신용으로 발행하고 투자기간 동안 지수 수익률을 보장하는 만기가 있는 파생결합증권을 말한다. 저금리·저성장 환경에서 일반 투자자들에게 좀 더 다양한 금융상품에 투자할 기회를 제공하기 위해 증권사들이 도입하게 됐다. 중위험·중수익 투자에 적합하다는 평가를 받고 있다. 상장지수펀드(ETF)와 수익 구조가 유사하지만 ETF는 자산운용사가 운영하며 만기가 없다는 점에서 차이가 있다.

■ 아시아인프라투자은행
(AIIB ; Asian Infrastructure Investment Bank)

미국과 일본이 주도하는 세계은행(WB)과 아시아개발은행(ADB) 등을 견제하기 위해 중국의 주도하에 아시아 국가들의 인프라, 건설자금 지원을 목적으로 설립되었다. 2016년 1월 베이징에서 창립총회를 열고 국제개발은행으로서 공식운영을 시작하였다. 중국이 1대 주주 자리를 차지하고 있으며 우리나라는 아시아 내 4위, 전체 5위의 지분을 가지고 있다. 유럽, 호주, 아랍 에미리트 등 많은 국가들이 참여함에 따라 총 70개 회원국이 확보된 상태이다.

■ 공모주 청약

투자자가 증권사에 IPO(Initial Public Offering) 공모주를 사겠다고 신청하는 행위를 말한다. IPO는 기업공개라는 뜻으로 기업이 코스닥, 코스피 등에 상장 시 회사 주식을 매입할 개인 투자자를 공개 모집하는 것을 뜻한다. 공모주는 공개모집주식의 준말인데 공모주 청약을 한 투자자가 주식을 배정받게 되면 공모주 배정이 이뤄진다. 공모주 청약에 신청하는 모두가 공모주를 배정받는 것은 아니며 공모주에 몰리는 경쟁률과 기준에 따라 공모주 청약이 성공할 수도 실패할 수도 있다.

■ 국부펀드(Sovereign Wealth Fund)

정부가 외환보유고나 오일달러 등으로 출자하여 구성한 펀드로, 대표적 예로는 한국투자공사, 아랍에미리트(UAE)의 아부다비펀드, 중국의 CIC, 싱가포르의 텍마섹 등이 있다.

■ 헤지펀드(Hedge Fund)

단기이익을 목적으로 소수의 투자자로부터 자금을 모집하여 국제시장에 투자하는 일종의 사모펀드이다. 투자지역이나 투자대상 등 당국의 규제를 받지 않고 고수익을 노리지만 투자위험도 높은 투기성 자본이다. 헤지펀드는 주식, 채권뿐만 아니라 파생상품 등 고위험·고수익을 낼 수 있는 상품에도 거액 투자가 가능하기 때문에 손실이 커질 경우 국제금융시장을 교란시키는 요인이 된다.

■ 벌처펀드(Vulture Fund)

파산하거나 경영 위기를 겪는 기업을 싼값에 인수하여 경영을 정상화시킨 후 비싸게 되팔음으로써 단기간에 고수익을 올리는 자금이다. 벌처(Vulture)란 '대머리독수리'라는 뜻인데, 독수리가 썩은 고기를 먹고 산다는 의미에서 벌처펀드라는 이름이 붙여졌다. 벌처펀드는 수익성이 높은 한편 위험성도 크다는 특징이 있다.

■ **인덱스펀드(Index Fund)**

목표지수인 인덱스를 선정해 이 지수와 동일한 수익률을 올릴 수 있도록 운용하는 펀드를 말한다. 인덱스와 동일한 수익률을 추종하기 위하여 인덱스펀드는 지수에 편입된 종목을 그대로 따라 구성되며, 보수적이고 안정적으로 자산을 운용하려는 경우 유용하다.

■ **리츠펀드(REITs ; Real Estate Investment Trusts)**

소액개인투자자에게서 자금을 모아 부동산에 전문으로 투자할 수 있게 하는 펀드이다. 또한 이런 리츠펀드를 취급해 부동산 임대 수입에서 나오는 배당금과 부동산 가격이 상승하며 발생된 매매차익을 투자자에게 배당하는 '부동산투자회사' 또는 '부동산투자신탁'도 리츠라고 일컫는다.

■ **정크본드(Junk Bond)**

신용등급이 낮은 기업이 발행하는 고위험·고수익 채권이다. 정크(Junk)란 '쓰레기'를 뜻하는 말로 직역하면 '쓰레기 같은 채권'이다. 일반적으로 기업의 신용등급이 아주 낮아 회사채 발행이 불가능한 기업이 발행하는 회사채로 '고수익채권' 또는 '열등채'라고도 부른다.

■ **하이일드펀드(High Yield Fund)**

수익률은 높으나 신용도가 낮은 정크본드에 집중 투자하는 고수익·고위험 펀드를 말한다. 하이일드펀드는 신용등급 BB+ 이하인 투기등급 채권 및 B+ 이하인 기업어음(CP)에 펀드 자산의 50% 이상을 투자하고, 나머지는 국채 등 투자적격 채권 및 주식, 유동성 자산 등에 투자한다. 만기까지 중도환매가 불가능한 폐쇄형이라는 점에서 뮤추얼펀드와 유사하다.

■ **테크핀(TechFin)**

기술(Technology)과 금융(Finance)의 합성어로, 핀테크가 금융회사가 주도하는 기술에 의한 금융서비스를 말한다면 테크핀은 정보기술(IT) 업체가 주도하는 기술에 금융을 접목한 개념이다.

■ **블록딜(Block Deal)**

증권시장에서 매도자와 매수자 간의 주식 대량매매를 의미한다. 일반적으로 거래소 시장에서 주식을 대량으로 거래할 경우 해당 주식의 시장가격은 급등락할 수 있으므로 주식을 대량으로 보유한 주주와 매수자는 시장가격에 영향을 미치지 않도록 기관 또는 외국인 등을 대상으로 장 시작 전이나 마감 후의 시간 외 매매를 통해 거래한다.

■ **레버리지 효과(Leverage Effect)**

타인이나 금융기관으로부터 차입한 자본을 가지고 투자를 하여 이익을 발생시키는 것을 말한다. 빌린 돈을 지렛대(Lever) 삼아 이익을 창출한다는 의미에서 지렛대 효과라고도 부른다.

■ **왝플레이션(Whackflation)**

'세게 치다', '후려치다'를 뜻하는 왝(Whack)과 화폐 가치가 하락해 물가가 오르는 인플레이션을 합한 말이다. 미국 경제 매체 블룸버그가 '초인플레이션', '스태그플레이션' 같은 용어로 최근 상황을 설명할 수 없다면서 처음 사용했다. 현재 상황을 초인플레이션이라고 표현하기에 과하고 스태그플레이션으로 표현하면 경기불황에 대한 해석의 여지가 있다고 설명한 블룸버그는 왝플레이션을 호황과 불황 사이 벌어지는 물가 파동으로 규정했다.

■ 방카슈랑스(Bancassurance)

'은행(Banque)'과 '보험(Assurance)'을 결합한 프랑스 말이다. 방카슈랑스가 최초로 출현한 것은 1986년 프랑스 아그리콜 은행이 프레디카 생명보험사를 자회사로 설립, 은행 창구에서 보험상품을 판매하면서부터이다. 한국은 1997년 2월 주택은행과 한국생명이 방카슈랑스 상품의 효시인 '단체신용 생명보험'을 내놓았다. 2003년 3월, 국내 은행의 요구로 방카슈랑스가 최초로 도입돼 부분적으로 적용됐고 2007년 4월 이후 모든 상품에 전면 개방됐다.

■ 회수의문

금융기관의 대출자산 중 회수하지 못해 손실을 볼 것으로 추정되는 금액을 뜻한다. 연체된 지 3개월 이상 12개월 미만의 여신 중 회수 예상가액의 초과 부분이다. 차주의 채무상환 능력이 현저히 악화하면 회수의문이 확대한다. 이미 연체가 시작된 여신이 경제상황에 따라 얼마나 더 심각해지는지 알 수 있다. 회수의문이 급격히 늘어나면 금융기관은 리스크(위험)를 대거 떠안게 돼 동반 부실로 이어질 수 있다.

■ 장단기 금리 역전(Inverted Yield Curve)

단기금리가 장기금리보다 높아지는 현상이다. 즉, 만기가 짧은 채권의 금리가 만기가 긴 채권의 금리보다 높아지는 현상이다. 일반적으로 채권시장에서는 돈을 빌리는 기간이 길수록 금리가 높아지지만, 장단기 국채 금리가 역전되는 상황이 오면 '경기 침체'의 전조 현상으로 판단한다. 실제로 미국에서는 1960년 이후에 발생한 모든 경기 침체에 앞서 장단기 금리가 역전된 바 있다.

■ 좌초자산

시장의 환경변화 등 예상하지 못한 이슈로 자산가치가 하락해 상각하거나 부채로 전환되는 자산을 의미한다. 최근 대표적인 좌초자산으로는 석탄 산업과 관련된 자산이 꼽히고 있다. 환경·사회·지배구조(ESG)에 대한 관심이 커지면서 세계적으로 탈석탄화가 이뤄지고, 석탄발전 투자 규모가 줄어들면서 기존 석탄발전소 등 활용이 줄어든 자산은 부채로 인식될 수 있기 때문이다.

■ 노마드족(Nomad)

'유목민'을 의미하며, 노마드족이란 용어는 경제의 여러 분야에서 사용된다. 최근 더 높은 금리를 찾아 예·적금 상품을 수시로 옮겨 다니는 소비자를 '금리 노마드족'이라 부른다. 은행의 금리가 1%대까지 하락했을 때 이 같은 금리 노마드족이 등장하기 시작했는데, 이들은 이자가 0.1%라도 더 높은 은행을 찾아다니며 예·적금을 자주 갈아타는 행태를 보였다.

제28장 일반시사

■ 이스털린의 역설(Easterlin's Paradox)

소득이 일정 수준에 도달하면 행복도와 소득이 비례하지 않는다는 현상이다. 미국의 경제사학자 리처드 이스털린 교수가 1974년 주장한 개념이다. 그는 1946년부터 1970년까지 빈곤국과 부유한 국가, 사회주의와 자본주의 국가 등 30개 국가의 행복도를 연구했는데, 소득이 일정 수준을 넘어서면 행복도와 소득이 비례하지 않는다는 현상을 발견했다.

■ IR(Investor Relations)

투자자관계 및 기업설명활동이라고 한다. 좁게는 재무관리적 측면에서 주가에 긍정적인 영향을 주기 위해 기업이 투자자를 대상으로 펼치는 홍보활동을 말한다. 넓게는 기업이 투자자와의 관계에서 신뢰를 쌓아가는 모든 활동을 지칭한다. 최근에는 IR도 결국은 일종의 경영활동이라는 인식이 확산되면서 많은 기업이 IR 활동에 적극 나서고 있다. 미국에서는 1969년 IR협회가 설립돼 투자자 보호를 주된 목적으로 활동해왔고, 1980년대에는 IR 활동이 M&A의 대응책으로 활발하게 이루어졌다.

■ 팹리스(Fabless)

반도체를 생산하는 공장 없이 설계와 기술개발만을 전문으로 하는 회사다. 설계 데이터를 바탕으로 반도체 생산만을 전문으로 하는 파운드리에 위탁해 반도체를 생산한다. 1980년대 미국에서 등장하였으며, 대표적인 팹리스 기업으로는 퀄컴과 브로드컴 등이 있다.

■ 파운드리(Foundry)

반도체 생산 기술·설비를 보유해 반도체 상품을 위탁생산해 주는 것을 말한다. 제조과정만 담당하며 외주 업체가 전달한 설계 디자인을 바탕으로 반도체를 생산한다. 주조 공장이라는 뜻을 가진 영단어 'Foundry(파운드리)'에서 유래했다. 대만 TMCZ와 한국 삼성이 대표적인 파운드리 기업이다.

■ 풍선효과

하나의 문제가 해결되면 다른 문제가 발생하는 현상이다. 풍선의 한 곳을 누르면 다른 곳이 나오는 것처럼 문제 하나가 해결되면 다른 문제가 또다시 생겨나는 현상이다. 금융권에서는 제1금융은행을 제재하는 경우, 제2금융으로 몰리는 현상을 의미한다.

■ 대마불사(大馬不死)

대마(大馬)는 큰 무리를 이룬 말이라는 뜻으로, 말들이 모여 무리를 이룬 대마가 결국은 살 길이 생겨 쉽게 죽지 않는 상황을 가리킨다. 보통 경제 분야에서는 거대한 규모의 기업이 정상적인 기준으로는 도산해야 함에도 도산할 때의 부작용이 너무 커서 구제금융 등을 통해 결국은 살아남는 경우를 설명할 때 사용한다.

■ 산타 랠리(Santa Rally)

산타 랠리는 연말 보너스 지급과 소비 증가로 인해 기업의 매출이 늘어나면서, 크리스마스를 전후한 연말과 신년 초에 주가가 강세를 보이는 현상을 말한다.

■ 디커플링(Decoupling)

국가와 국가, 또는 한 국가와 세계의 경기 등이 같은 흐름을 보이지 않고 탈동조화되는 현상으로 동조화(Coupling)의 반대개념이다. 넓게는 경제 분야에서 사용되며, 좁게는 환율과 주가 등의 움직임을 설명하는 데도 사용된다.

■ 퍼스트 펭귄(First Penguin)

무리 중에서 처음 바다에 뛰어든 펭귄으로, 남극 펭귄들이 먹이 사냥을 위해 바다로 뛰어드는 것을 두려워하지만 펭귄 한 마리가 먼저 용기를 내 뛰어들면 나머지 펭귄들도 이를 따른다는 데에서 유래하였다. 퍼스트 펭귄은 '퍼스트 무버'와 같은 의미다. 기업이 새로운 시장을 개척하면 다른 기업들도 뒤따라 진출할 수 있다는 점에서 블루오션을 창출하는 효과를 낳기도 한다.

■ 패닉 바잉(Panic Buying)

가격이 오르거나 물량이 더 이상 공급되지 않을 것이라는 심리적 불안감 때문에 물품을 사들이는 것을 말한다. 이로 인해 물량 확보를 위한 거래량은 급격히 늘어나고 가격이 치솟는 현상이 나타난다, 우리말로 '공황 구매'라고 부르는 패닉 바잉은 주로 군중 심리 때문에 초래된다.

■ 메기효과(Catfish Effect)

치열한 경쟁 환경이 오히려 개인과 조직 전체의 발전에 도움이 되는 것을 말한다. 정어리들이 천적인 메기를 보면 더 활발히 움직인다는 사실에서 유래한다. 정어리를 운반할 때 수족관에 천적인 메기를 넣으면 정어리가 잡아먹힐 것 같지만, 오히려 정어리가 생존을 위해 꾸준히 움직여 항구에 도착할 때까지 살아남는다는 것이다.

■ 알타시아(Alternative Asian Supply Chain)

영국 시사 주간지 〈이코노미스트〉가 제시한 '대안(Alternative)'과 '아시아 공급망(Asian Supply Chain)'의 합성어이다. 알타시아는 중국을 대신하여 새롭게 부상하는 아시아 공급망이라는 의미이다. 알타시아로 거론된 나라들은 아시아 14개국이다. 상대적으로 경제 발전 수준이 높은 국가로는 한국, 일본, 대만, 싱가포르가 있고, 인구 대국인 인도, 인도네시아, 방글라데시가 있으며, 아세안(ASEAN) 국가인 베트남, 말레이시아, 태국, 필리핀, 캄보디아, 라오스, 브루나이가 있다.

■ 소득 크레바스(Income Crevasse)

직장에서 은퇴는 했지만 국민연금 등 공적연금이 나오기 전까지 소득이 없는 기간을 말한다. '은퇴 크레바스', '연금 크레바스'라고도 한다.

■ 노 랜딩(No Landing)

경제가 침체나 소강상태에 빠지지 않고 상당 기간 호황을 유지하는 것을 말한다. 미국의 경기 침체가 끝내 없을 것이란 낙관론이 월가에서 다시 힘을 받으면서 나타났다. 미국의 소비, 투자, 고용 등 실물 경제지표 강세에 힘입어 경기가 수축 없이 확장세를 지속할 것이란 노 랜딩 시나리오다. 성장세가 꺾이겠지만 급격하게 둔화하지는 않는 연착륙이나 경제가 급격하게 냉각되면서 실업이 급증하는 경착륙도 아닌 제3의 시나리오로, 최근 월가에서 소수의 목소리로 부상하고 있다.

■ 카피타이거(Copytiger)

유니콘(기업가치가 10억 달러 이상인 비상장 스타트업)의 사업모델을 벤치마킹한 후 자사만의 비즈니스 모델을 접목시켜 성장하는 기업이다. 독일의 '로켓인터넷'은 핀터레스트, 우버, 페이스북 등 글로벌 유명 스타트업의 사업 모델을 벤치마킹해 신흥국에서 사업을 성공시킨 대표적인 카피타이거 사례다.

■ 파이어족(FIRE ; Financial Independence, Retire Early)

파이어(FIRE)란 '경제적 자립, 조기 퇴직(Financial Independence, Retire Early)'의 첫 글자를 따 만들어진 신조어다. 고소득·고학력 전문직을 중심으로 지출을 최대한 줄이고 투자를 늘려 재정적 자립을 추구하는 생활 방식이다. 일반적인 은퇴 연령인 50~60대가 아닌 30대 말이나 늦어도 40대 초반까지는 조기 은퇴하겠다는 목표로, 회사생활을 하는 20대부터 소비를 줄이고 수입의 70~80% 이상을 저축하는 등 극단적 절약을 선택한다.

■ 그린메일(GreenMail)

갈취, 협박 따위를 뜻하는 '블랙 메일(Black Mail)'과 미국 달러 색인 '그린(Green)'의 합성어로, 투기성 자본이 경영권이 취약한 기업의 지분을 매집한 뒤 해당 기업의 경영진을 교체하겠다고 위협하거나 대주주에게 인수합병(M&A) 포기의 대가로 높은 가격에 지분을 되사줄 것을 요구하는 행위다.

■ 브릭스(BRICS)

브릭스는 브라질, 러시아, 인도, 중국, 남아프리카공화국(남아공) 등 신흥 경제국들로 구성된 협의체이다. 원래 BRICs라는 용어는 2001년 11월, 골드만삭스자산운용의 회장이던 짐 오닐(Jim O'Neill)이 브라질·러시아·인도·중국 등 4개국의 영문 첫 글자를 따서 만든 것으로, 이후 신흥 경제 대국을 상징하는 용어로 자리 잡았다.

■ 그린워싱(Greenwashing)

기업이 실제로는 환경에 악영향을 끼치는 활동을 하면서도 마치 친환경을 추구하는 것처럼 홍보하는 것을 말한다. 우리말로는 '위장 환경주의'라고 부른다. 사회적 가치를 중시하는 ESG(환경·사회·지배구조)가 경영 화두로 떠오른 가운데 '친환경 이미지 세탁'을 노리는 일부 기업의 행태를 꼬집은 용어다.

■ 리걸테크(Legaltech)

법률과 기술이 결합한 새로운 형태의 법률 서비스다. 금융과 기술이 결합된 핀테크의 법률 서비스 버전인 셈이다. 최근 인터넷이 보편화되고 빅데이터, AI 등 IT가 발전하면서 법률 시장에서도 해당 기술과의 융합이 가속화되고 있다. 리걸테크는 온라인 법률상담 소프트웨어, 인공지능을 이용한 법률서식 작성, 온라인 법률마켓 등 다양한 분야를 다루고 있다.

■ 싱크탱크(Think Tank)

분야 전문가를 조직적으로 결집하여 조사·분석 및 연구개발을 수행하고 그 성과를 제공하는 것을 목적으로 하는 조직이다. 싱크탱크라는 말은 2차 세계대전 때 전문가 집단들이 대거 전쟁 조직에 편입되면서 생겨났다. 우리나라의 KIST는 동양 최대의 싱크탱크라고 할 수 있다.

■ 슬로벌라이제이션(Slobalization)

'Slow(느린)'와 'Globalization(세계화)'을 합쳐 만든 신조어로, 세계화의 둔화를 의미한다. 1990년대 이래 세계경제는 전 세계를 하나로 묶는 상품교역 활동이 활발했으나 2008년 글로벌 금융위기를 기점으로 세계화의 흐름이 급격히 약화되는 현상을 나타냈다.

■ 블랙스완(Black Swan)

원래는 검은 백조처럼 실제로 존재하지 않는 것, 실제로 일어날 수 없는 것을 의미하는 말이었지만 18세기 호주에서 검은 백조가 실제로 발견된 이후 불가능하다고 인식된 예기치 못한 극단적 상황이 일어난다는 의미로 전이되어 사용된다. 이와 반대로 화이트 스완은 과거 경험상 충분히 예상되는 위기나 반복되어 오는 위기임에도 불구하고 적절한 대응책을 마련하지 못해 발생하는 위험이다.

■ 세일 앤드 리스백(Sale & Leaseback)

기업이 소유하던 자산을 다른 기업에 매각하고 이를 다시 리스계약을 맺어 사용하는 방법이다. 기업 구조조정에 주로 쓰이는 용어로, 기업이 소유하고 있는 자산을 다른 기업에 팔고 난 후에 그 자산을 다시 임차해서 쓰도록 하는 것이다. 최근에는 하우스푸어에 대한 대책으로 주목을 받고 있는데 하우스푸어가 은행에 자신의 집을 팔고 세입자처럼 매달 은행에 월세를 주는 개념이라고 할 수 있다. 은행은 부실채권에 대해 충당금을 쌓을 필요가 없고, 부동산 소유자는 자신의 집이 경매로 넘어가는 최악의 상황을 피할 수 있는 장점이 있다.

■ 통화선물거래

금융선물거래의 일종으로 환리스크 헤지나 환차익을 위해 매입자 또는 매도자가 일정 통화를 미래의 일정 시점에서 당초 약정한 가격으로 매입 또는 매도하기로 하는 계약을 말한다. 통화선물은 환율 변동을 없애기 위해 현 시점에서 매매계약을 체결하고 장래의 일정 시점에서 거래가 이행된다는 점에서 선물환계약과 유사하나 계약 조건이 표준화되어 있다는 점이 다르다. 또한 통화선물거래는 선물거래소가 중간에서 거래 증거금을 받기 때문에 결제 불이행 위험이 없다.

■ 초고령사회(Super-aged Society)

초고령사회는 전체 인구 중 만 65세 이상 고령 인구의 비중이 20% 이상인 사회를 말한다. 유엔(UN)은 고령 인구 비율에 따라 사회를 구분하는데, 65세 이상 인구가 전체의 7% 이상이면 고령화사회, 14% 이상이면 고령사회, 20% 이상이면 초고령사회로 본다. 한국은 2017년 고령사회에 진입한 이후 약 7년 만에 초고령사회로 넘어갔으며, 고령화 속도가 선진국보다 훨씬 빠르게 진행되고 있어 이에 대한 대비가 요구되고 있다.

■ 희토류(Rare Earth Elements)

희토류는 지각에 매우 드물게 존재하며, 화학적 성질이 비슷한 17개 원소를 묶어 부르는 통칭이다. 스마트폰, 전기차, 풍력 터빈, 군사장비 등 다양한 첨단기술 제품에 필수적으로 사용되며, 산업적으로 빠질 수 없는 전략적 자원으로 여겨진다.

■ 디지털세

구글, 애플 등 다국적 IT 기업을 대상으로 부과되는 콘텐츠 저작료·사용료 등의 각종 세금을 의미한다. 즉, 다국적 기업이 고세율 국가에서 얻은 특허료 등을 조세 조약이나 세금을 악용해 절세하는 것을 막기 위한 세금이다.

■ 넥스트레이드(Nextrade)

넥스트레이드는 2025년 3월 4일 출범한 국내 최초의 대체거래소로, 기존에 한국거래소(KRX)가 유일하게 운영하던 증권시장의 독점 구조를 해소하고 건전한 경쟁을 촉진하기 위해 도입되었다.

■ 목표관리 (Management By Objectives ; MBO)

측정 가능한 특정성과 목표를 상급자와 하급자가 함께 합의하여 설정하고, 이러한 목표를 달성할 책임부문을 명시하며, 이에 대한 진척상황을 정기적으로 점검한 후 진도에 따라 보상하는 경영시스템이다.

■ 디지털 트윈(Digital Twin)

디지털 트윈은 현실 세계의 물체나 시스템과 동일한 형태의 모형을 가상공간에 구현하여, 다양한 시뮬레이션(모의시험)을 수행하는 기술이다. 실제 제품이나 시스템을 만들기 전에 현실을 분석하고 미래를 예측함으로써, 발생할 수 있는 문제점을 사전에 파악하는 데 활용된다.

■ 스크루플레이션(Screwflation)

쥐어짤 만큼 어려운 경제상황에서 체감물가가 올라가는 상태이다. '돌려 조인다', '쥐어짜다' 라는 의미의 스크루(Screw)와 인플레이션(Inflation)의 합성어이며 물가상승과 실질임금 감소, 주택가격 하락과 임시직의 증가 및 주가 정체 등으로 중산층의 가처분 소득이 줄어들었을 때 발생한다. 중산층의 소비가 살아나야 생산과 고용이 늘어나게 되고 궁극적으로 경제가 성장하기 마련이지만 물가상승과 실질임금 감소 등의 원인으로 중산층이 더 이상 활발한 소비를 하지 않게 되면서 스크루플레이션이 발생하는 것이다.

■ 슈링크플레이션(Shrinkflation)

기존 제품의 가격은 그대로 유지하면서 제품 크기나 수량을 줄이거나 품질을 낮춰 소비자에게 결과적으로 가격 인상 효과를 거두는 기업의 행위를 말한다. '줄어들다' 라는 뜻의 슈링크(Shrink)와 물가상승을 나타내는 '인플레이션(Inflation)'을 합친 말로, 제품의 크기나 중량을 줄이거나 품질을 낮추는 방식으로 가격 인상 대신 생산 비용을 줄여 수익을 유지하며 비용은 소비자에게 전가하는 것이다.

■ CSR(Corporate Social Responsibility)

기업의 사회적 책임을 뜻하는 CSR은 기업이 생산 및 영업활동을 할 때 사회 전체의 이익을 동시에 추구하며, 그에 따라 의사결정 및 활동을 하는 것이다. 예로는 취약계층에 일자리, 사회서비스를 제공하거나 기업이 창출한 이익을 지역 공동체에 투자해 사회적 목적으로 사용하는 것 등이 있다.

■ 디드로 효과(Diderot Effect)

디드로 효과는 하나의 새 물건을 구매한 뒤, 그 물건과 어울리는 다른 물건들을 연이어 구매하게 되는 소비 심리 현상을 말한다. 이는 기능적 필요보다는 정서적·심미적 일관성을 추구하는 욕구에서 비롯되며, 결과적으로 불필요한 소비로 이어질 수 있다.

■ 어닝서프라이즈(Earning Surprise)

분기, 반기 또는 회계연도가 끝나고 상장사들의 실적을 발표하는 시기를 어닝시즌이라고 하는데 어닝시즌에 발표한 영업실적이 시장의 예상치보다 크게 초과하여 주가를 상승시키는 것을 말한다. 반대로 회사의 매출이나 영업이익 등이 예상치보다 성적이 크게 나빠 주가를 하락시키는 경우를 어닝쇼크라고 부른다.

■ 글로벌 사우스(Global South)

글로벌 사우스는 아시아, 아프리카, 남아메리카 등 주로 남반구 또는 저위도 지역에 위치한 개발도상국들을 통칭하는 용어이다. 인도, 브라질, 멕시코, 사우디아라비아 등 약 120개국이 여기에 포함되며, 이들은 미국과 중국·러시아 간의 갈등 구도 속에서 중립적인 외교 전략을 취하며 자국의 이익을 극대화하고 있다.

■ 온디맨드(On-demand)

온디맨드는 모바일 등 정보통신기술(ICT) 인프라를 기반으로, 소비자의 수요에 따라 즉시 맞춤형 제품이나 서비스를 제공하는 경제활동을 의미한다.

■ 셀피노믹스(Selfinomics)

개인(Self)과 경제성(Economics)을 합성한 신조어로 개인 콘텐츠를 만드는 사람들이나 이들이 보여주는 자주적이고 독립적인 경제활동을 의미한다. 셀피노믹스 시대에는 각자의 강점을 바탕으로 경쟁하며, 개인이 독립적이고 자주적인 경제주체로 성공할 수 있게 된다. 유튜버나 SNS 인플루언서들이 대표적인 사례로, 이들은 개인적인 활동을 통해 수십만 명에 달하는 팔로어에게 영향을 끼치고 자신의 경제적 이득은 물론 타인과 회사에도 엄청난 경제 효과를 가져온다.

■ 세이프가드(Safeguard)

특정상품의 수입급증이 수입국의 전반적인 경제여건이나 국내 경쟁산업에 심각한 피해를 주거나 또는 피해를 줄 우려가 있을 경우 GATT 제19조에 근거하여 취하는 긴급수입제한조치를 말한다. 세이프가드의 유형으로는 수입물품의 수량 제한, 관세율 조정, 국내 산업의 구조조정을 촉진시키기 위한 금융 등의 지원이 있다.

■ 승자의 저주

경쟁에서는 이겼지만 들여다보니 결과적으로는 승리를 위하여 과도한 비용을 치름으로써 오히려 위험에 빠지게 된 상황을 말한다. 특히 치열한 인수합병 경쟁에서 이겨 인수에 성공한 기업이 인수에 막대한 지출을 하여 위기를 겪는 경우가 그 예라고 할 수 있다.

■ SWOT 분석

강점(Strength), 약점(Weakness), 기회(Opportunity), 위협(Threat)의 머리글자를 모아 만든 단어로 경영전략을 수립하기 위한 분석도구이다. 내적인 면을 분석하는 강점·약점 분석과, 외적 환경을 분석하는 기회·위협 분석으로 나누기도 하며, 긍정적인 면을 보는 강점과 기회 그리고 그 반대로 위험을 불러오는 약점, 위협을 저울질하는 도구이다.

■ 에스크로(Escrow) 제도

전자상거래에서 판매자와 구매자 어느 한 쪽의 약속 불이행에 대한 거래사고를 예방하기 위하여 거래 대금의 입출금을 제3의 회사가 관리하여 판매자와 구매자 모두의 거래안전을 도모하는 서비스이다. 구매자와 판매자 중 어느 한쪽은 에스크로 서비스 회원이어야 하고, 전자상거래 시 제안된 거래조건에 합의가 되면 개시된다.

■ 버티컬 커머스(Vertical Commerce)

특정 분야나 카테고리에 집중해, 해당 분야의 상품이나 서비스를 전문적으로 제공하는 전자상거래 플랫폼을 말한다. 예를 들어, 패션중심의 무신사, 신선식품 전문 컬리, 인테리어플랫폼인 오늘의 집 등이 이에 해당한다. 일반 종합몰과 달리 특정 고객층의 수요에 맞춘 깊이 있는 제품구성과 콘텐츠 제공이 특징이다.

■ 옴니채널(Omni-channel)

'모든 것, 모든 방식으로, 모든 곳에'라는 접두사 옴니와 '유통경로'를 뜻하는 채널이 합쳐진 신조어이다. 오프라인 매장부터 모바일 스토어 등 쇼핑의 장소가 다양해져 감에도 불구하고 각 채널의 특성을 결합하여 소비자가 어떤 채널을 가더라도 균일한 서비스를 받도록 한다. 옴니채널 시대의 도래로 인해 오프라인 매장 위주의 산업들의 멀티채널 전략 및 시니어 공략 등 대응전략이 필요하다.

■ PMI(Purchasing Managers' Index)

구매관리자지수라고 하며, 제조업 분야의 경기동향지수다. 기업 구매 담당자를 대상으로 한 설문조사를 통해 경기를 판단하는 지표이다. 기업의 신규주문·생산 및 출하정도·재고·고용상태 등을 조사하여, 각 항목에 가중치를 부여해 수치화한 것이다. PMI는 0과 100 사이의 수치로 나타내는데 50을 기점으로 PMI가 50 이상이면 경기 확장, 50 미만이면 수축을 의미한다. 우리나라의 경우 PMI를 산출하지 않고 대신 이와 유사한 기업경기실사지수(BSI)를 발표하고 있다.

■ 적하효과

대기업의 성장이나 고소득층 소비 증가가 궁극적으로 중소기업이나 저소득층과 같은 낙후 부문에도 혜택이 돌아가 총체적으로 경기가 활성화되는 효과이다. 대기업 및 부유층의 소득이 증대되면 더 많은 투자가 이루어져 경기가 부양되고, 전체 GDP가 증가하면 저소득층에게도 혜택이 돌아가 소득의 양극화가 해소된다는 논리다.

■ 공개매수(Take over Bid)

회사가 본인회사 혹은 특정기업의 주식을 공개적으로 공고해서 매수하는 거래이다. 회사가 자기회사 혹은 타회사의 주식 매수기간, 가격, 수량 등을 정해두고 공개적으로 제시하여 불특정한 다수로부터 주식을 대량매수하는 것을 말한다. 장내에서 구매하는 것이 아닌 장외로 거래하는 방식으로, 공개매수는 현금 대신 주식으로도 거래가 가능하다. 현금과 주식을 함께 사용해서 거래도 가능하다.

■ 6시그마

6시그마 수준이라고 하면 100만 개의 생산제품 중 많아야 3~4개의 불량품이 발생하는 것을 말하는데 실제 6시그마 계산에 의하면 10억 개 중에 2개 정도의 수준이다. 6시그마를 기업 환경에서 적용하면 무조건 열심히 일하는 것이 아니라 효과적으로 일하고, 실수를 더욱 적게 하는 무결점 운동을 의미한다. 미국 모토로라사에서 품질혁신운동으로 시작되었지만, 제너럴일렉트릭(GE)의 회장이었던 잭웰치에 의해 세계적으로 유명해졌다.

■ ERP(Enterprise Resources Planning)

기업 전체를 통합적으로 관리하여 경영의 효율화를 도모하는 전사적 자원관리를 말한다. 정보통합을 위해 모든 기업 자원을 최적으로 관리하는 개념으로, 기업 전반의 업무 프로세스를 통합적으로 관리해 경영상태를 실시간으로 파악하고 정보를 빠르게 공유하게 함으로써 신속하고 투명한 업무처리의 실현을 목표로 한다.

■ 마천루의 저주(Skyscraper Curse)

1999년 도이치방크의 분석가 앤드루 로런스(Andrew Lawrence)가 100년간의 사례를 분석해 제시한 가설로, 초고층 빌딩의 건설은 경제위기의 전조가 될 수 있다는 내용을 담고 있다. 막대한 자금이 투입되는 초고층 빌딩 프로젝트는 주로 통화정책이 완화되고 자금 유동성이 풍부한 시기에 시작되지만, 완공 시점에는 경기 과열이 정점에 이르고 버블이 꺼지면서 경제 불황이 뒤따르는 경향이 있다는 것이 이 가설의 핵심이다.

■ GE매트릭스

제너럴 일렉트릭사(GE)가 컨설팅업체 맥킨지의 도움으로 완성한 경영평가 도구이다. BCG매트릭스는 시장점유율과 시장성장률을 기준삼아 사업의 시장가치를 판단했다면, GE매트릭스는 시장에서의 지위, 사업의 강점, 시장의 매력도를 기준으로 사업을 판단한다. 또한 이를 3단계 수준으로 다시 한 번 세분화하여 사업을 평가한다.

■ 그린북(Green Book)

국내외의 경기흐름을 분석한 경제동향보고서로 기획재정부가 매월 1회 발행한다. 2005년 3월 4일 처음으로 발행하였는데, 제호는 미국의 경제동향보고서인 베이지북(Beige Book)의 경우처럼 표지의 색상에서 유래했다.

■ JIT(Just In Time)

적기공급생산시스템으로 재고 없이 필요한 때 적기에 제품을 공급하는 생산방식이다. 즉, 팔 물건을 팔릴 만큼만 생산하여 파는 방식으로, 품질 유지에 적은 비용이 들고 적기에 제품을 인도할 수 있다. 일본의 도요타 자동차가 개발하였으며 낭비제거와 철저한 현장 중심의 개선을 추구하는 시스템으로 생산성 향상 등 큰 효과를 가져왔다.

■ 차이니스 월(Chinese Wall)

북방민족의 침입을 막기 위해 쌓은 만리장성에서 유래하는데, 최근에는 기업 내 정보 교류를 차단하는 장치 및 제도를 의미한다. 즉, 기업의 부서 및 계열사 간 중요한 비공개 정보가 교류되는 것을 원천적으로 차단 또는 개별적으로 운영하는 것을 의미한다.

■ 최고경영자시스템(EIS)

경영자정보시스템, 관리자정보시스템, 임원정보시스템 등으로 불리는 것으로, 최고경영자나 임원 혹은 관리자가 전략적·경쟁적 의사결정을 내리는 데 도움이 되고 전체 사업과 그 기능부서의 활동을 감독하는 데 필요한 정보를 모두 다루는 시스템이다. 즉, 기업 내·외부의 정보를 통합 분석해 경영진에게 적시에 제공함으로써 경영 전반의 의사결정 속도와 정확성을 높이고 상하 조직원 간의 정보전달을 용이하게 해 위기 대응능력을 향상시키기 위한 것이다. 상급 경영관리직에 있는 사람들의 정보욕구를 충족시켜 주기 위한 컴퓨터 기반의 정보시스템으로 적절한 정보에 신속한 접근과 경영보고에 직접 접근하게 해주며, 그래픽 지원과 예외 사항 보고 및 전체 현황에서 필요 시 상세정보를 파악할 수 있게 하는 기능을 갖추고 있다.

■ **출자총액제한제**

한 기업이 회사자금으로 다른 회사의 주식을 매입해 보유할 수 있는 주식의 총액을 제한하는 제도이다. 대기업들의 무분별한 문어발식 확장을 방지하기 위한 것으로 30대 대규모기업집단 소속의 계열사들이 순자산의 일정비율을 초과하여 국내회사에 출자할 수 없도록 제한한다.

■ **카니발리제이션(Cannibalization)**

동족살인을 뜻하는 카니발리즘에서 유래된 용어로, 한 기업에서 새로 출시하는 상품으로 인해 그 기업에서 기존에 판매하던 다른 상품의 판매량이나 수익, 시장점유율이 감소하는 현상을 가리킨다.

■ **캐시카우(Cash Cow)**

기존의 투자에 의해 계속적으로 수익이 창출되는 자금의 원천사업이다. 시장성장률이 높지 않아 유지·보수 차원의 투자가 이루어지므로 자금투입보다 자금산출이 많다.

■ **컨글로머리트(Conglomerate)**

상호 관련이 없는 다종다양한 이종기업을 매수 또는 합병하여 하나의 거대한 기업체를 이루는 기업의 결합형태를 말한다.

■ **티핑 포인트(Tipping Point)**

어떤 상황이 처음에는 미미하게 진행되다가 어느 순간 갑자기 모든 것이 급격하게 변하기 시작하는 극적인 순간을 뜻한다. 말콤 글래드웰은 같은 이름의 저서에서 "티핑 포인트"란 예상하지 못한 일들이 갑자기 폭발하는 바로 그 지점을 일컫는다고 묘사했는데, 이 책이 베스트셀러가 되면서 이 용어도 함께 유명해졌다. 인기가 없던 제품이 어떤 일을 계기로 폭발적인 인기를 끌게 되는 극적인 순간이 바로 티핑 포인트다.

■ **페이퍼 컴퍼니(Paper Company)**

회사의 실체는 있지만 활동을 하지 않는 기업을 말한다. 그렇기 때문에 기업의 방어자나 공격자가 상대방의 실체를 파악하는 데 시간이 많이 소요된다. 인수대상 회사의 주식을 10% 이상 확보하려고 할 경우 금융감독원에 신고하지 않아도 되는 4.9%까지는 자신이 직접 매수한 후 나머지는 페이퍼 컴퍼니를 통해 매수하는 등 각종 법규가 규제하는 범위를 벗어나는 데 유용하다.

■ **프로보노(Pro Bono)**

'공익을 위하여(Pro Bono Publico : For The Public Good)'라는 뜻의 라틴어 약어로서 각 분야의 전문가가 자신의 전문성(지식, 기술, 경험)을 자발적이고 대가 없이 사회적 약자와 소외계층 등의 공공을 위해 경영자문, 적극적인 해결을 위한 멘토링, 교육 등의 방식으로 봉사하는 일을 의미한다.

■ **정제마진(Refining Margin)**

휘발유와 같은 최종 석유제품 가격에서 원유 가격, 운송비 등의 비용을 뺀 값이다. 정유사 수익성의 핵심 지표이다.

■ 포모(Fear of Missing Out)

소외되는 것에 대한 두려움의 영문 머리글자를 딴 용어이다. 우리말로는 소외 불안증후군 또는 고립 공포증 등으로 해석할 수 있다. 자신만 뒤처지고 놓치고 제외되는 것 같은 불안감을 느끼는 증상을 가리킨다.

■ 황금낙하산(Golden Parachute)

적대적 M&A를 방어하는 대표적인 전략으로 인수대상 기업의 경영자가 임기 전 사임할 경우 일정기간 동안 보수나 상여금 등을 받을 권리를 미리 고용계약에 기재해 인수비용 부담을 주는 효과를 노리는 것이다.

■ 회색코뿔소

지속적인 경고로 충분히 예상할 수 있지만 쉽게 간과하는 위험 요인을 말한다. 코뿔소는 멀리서도 눈에 잘 띄며 진동만으로도 움직임을 느낄 수 있지만 정작 두려움 때문에 아무것도 하지 못하거나 대처 방법을 알지 못해 일부러 무시하는 것을 비유한 말이다.

■ 체리피커

기업의 상품이나 서비스를 구매하지 않으면서 자신의 실속을 차리기에만 관심을 두는 소비자를 말한다. 신 포도 대신 체리(버찌)만 골라먹는 사람이라는 뜻으로, 본래는 신용카드 회사의 특별한 서비스 혜택만 누리고 카드는 사용하지 않는 고객을 가리킨다.

■ 기저효과

어떤 지표를 평가하는 과정에서 기준시점과 비교시점의 상대적 수치에 따라 그 결과값이 실제보다 왜곡되어 나타나는 현상을 말한다. 가령 호황기의 경제상황을 기준시점으로 현재의 경제상황을 비교할 경우, 경제 지표는 실제보다 상당히 위축된 모습을 보인다. 반면 불황기가 기준시점이 되면, 현재의 경제 지표는 실제보다 부풀려져 개선된 것처럼 보이는 일종의 착시 현상이 일어난다. 기저효과는 기준시점을 언제로 잡느냐에 따라 관련 수치나 통계에 대한 평가가 달라지는 것을 의미하므로, 수치나 통계 작성 주체에 의해 의도된, 인위적인 착시라는 특징을 갖는다.

■ 황금주

보유한 주식의 수량이나 비율에 관계없이 기업의 주요한 경영 사안에 대하여 거부권을 행사할 수 있는 권리를 가진 주식을 말한다. 보유 수량이나 비율에 관계없이, 극단적으로 단 1주만 가지고 있더라도 적대적 M&A 등 특정한 주주총회 안건에 대하여 거부권을 행사할 수 있는 권리를 가진 주식을 말한다.

■ 자이가르닉 효과(Zeigarnik Effect)

러시아의 심리학자 자이가르닉 브루마(Zergarnik Bulma)에 의해 발견된 현상으로, 사람들은 업무를 마치지 못한 상태에서는 업무와 관련하여 원활하게 기억하는 반면, 업무를 완성한 상태에서는 그 일과 관련된 것들을 망각하는 현상을 말한다.

■ ERG이론

머슬로(Abraham H. Maslow)의 5단계 욕구이론을 수정해서 개인의 욕구 단계를 3단계로 단순화시킨 앨더퍼(Clayton P. Alderfer)의 욕구이론을 말한다. 인간의 욕구를 생존욕구(existence needs), 관계욕구(relatedness needs), 그리고 성장욕구(growth needs)의 3단계로 구분한 앨더퍼는 욕구가 하급 단계로부터 상급 단계로만 진행하는 것이 아니라 반대의 방향으로도 이행한다고 주장한다.

롱테일법칙

'결과물의 80%는 조직의 20%에 의하여 생산된다'라는 파레토법칙에 배치하는 것으로, 80%의 '사소한 다수'가 20%의 '핵심 소수'보다 뛰어난 가치를 창출한다는 이론이다.

환경 쿠즈네츠 곡선(Environmental Kuznets Curve)

미국의 경제학자 진 그로스먼과 앨런 크루거는 경제성장과 환경오염 사이에 어떤 관계가 있는지를 연구했다. 역 U자형 모양인 이 곡선은 경제 성장 초기에는 환경오염이 심해지다가 경제 발전이 일정 수준을 넘어서면 오히려 환경오염이 줄어들면서 환경이 깨끗해진다는 이론이다.

토빈세

국제투기자본의 무분별한 자본시장 왜곡을 막기 위해 단기외환거래에 부과하는 세금을 뜻한다. 토빈세는 이를 제안했던 노벨경제학상 수상자 제임스 토빈의 이름에서 유래했다.

ESG

기업의 비재무적 요소인 환경(Environment)·사회(Social)·지배구조(Governance)를 뜻하는 말이다. 투자 의사결정 시 '사회책임투자'(SRI) 혹은 '지속가능투자'의 관점에서 기업의 재무적 요소들과 함께 고려한다. 지속가능한 발전을 위한 기업과 투자자의 사회적 책임이 중요해지면서 세계적으로 많은 금융기관이 ESG 평가정보를 활용하고 있다.

그린뉴딜(Green New Deal)

'그린(Green)'과 '뉴딜(New Deal)'의 합성어로, 그린은 저탄소·친환경·자원절약 등으로 대표되는 성장전략을 의미하며, 뉴딜은 경기부양과 일자리창출용 대규모 공공투자사업을 가리킨다. 따라서 친환경적인 성장전략을 경제 성장과 연계해 추진하는 것으로 볼 수 있다. 이명박 정부 시절 '녹색성장'이라는 이름으로도 불렸으며, 문재인 정부에서 코로나19 사태 이후 시대를 대비하기 위해 제시한 한국판 뉴딜 정책 중 하나다.

골디락스(Goldilocks)

경제가 높은 성장을 이루고 있더라도 물가상승이 없는 이상적인 상태를 말한다. 영국의 전래동화 〈골디락스와 곰 세 마리(Goldilocks and the Three Bears)〉에 등장하는 소녀의 이름에서 유래한 용어로, 본래는 골드(gold)와 락(lock, 머리카락)을 합친 말로 "금발머리"를 뜻한다.

BDI 지수

발틱해운거래소가 산출하는 건화물시황 운임지수로 1999년 말부터 발표하고 있다. 철강·곡물 등 포장 없이 내용물을 실어 옮기는 벌크선 운임지수로 통상적으로 사용된다.

피터팬증후군

성인이 되어서도 현실을 도피하기 위해 스스로를 어른임을 인정하지 않은 채 타인에게 의존하고 싶어 하는 심리를 뜻한다.

■ 코쿠닝족

외출하기보다 집에서 시간을 보내는 것이 많은 비중을 차지하며 집에서 지내는 것을 빗대어 누에가 고치를 지어 그 안에서 생활하는 양식을 본떠 만든 신조어이다.

■ 풀마케팅(Pull Marketing)

제조업체가 최종소비자를 상대로 적극적인 판촉활동을 하여 결국 소비자가 자사 제품을 찾게 하여 중간상들이 자발적으로 자사 제품을 취급하게 하는 방식이다. 제조업체가 풀 전략을 실행하면 대중광고와 최종소비자 대상 판매촉진의 비중이 커진다.

■ 바넘효과(Barnum Effect)

누구나 갖고 있는 일반적 특성을 자신만 갖고 있는 특성이라고 무비판적으로 받아들이는 심리적 경향을 말한다.

■ 파노플리효과(Panoplie Effect)

특정 상품을 사며 동일 상품 소비자로 예상되는 집단과 자신을 동일시하는 현상이다. 상류층이 되고 싶거나 신분 상승을 바라는 마음이 특정 상품의 구매로 이어지는 것이다.

■ 블랙컨슈머(Black Consumer)

악성을 뜻하는 블랙(Black)과 소비자를 뜻하는 컨슈머(Consumer)의 합성 신조어로 악성민원을 고의적, 상습적으로 제기하는 소비자를 뜻하는 말이다.

■ 유니콘(Unicorn)

유니콘은 원래 머리에 뿔이 하나 달린 신화 속 동물을 일컫는데, 경제 분야에서는 신생 기업 중 기업 가치가 10억 달러(약 1조 원)를 넘는 비상장 기업이다. 유니콘보다 10배 이상 가치(약 10조 원)가 높은 비상장 기업은 데카콘이라고 한다.

■ 갈라파고스 규제

한국에만 존재하거나, 국제기준에 비해 지나치게 강한 규제를 뜻하는 용어로, 중소기업적합업종 지정, 수도권 규제, 의료법인의 투자 및 개방 제한, 게임셧다운제 등이 대표적인 예에 해당한다. 외부 변화에 고립된 채 독자적으로 진화한 갈라파고스 제도에 빗대어, 글로벌 기준과 동떨어진 비효율적인 국내 규제를 비판할 때 사용된다.

■ 테킬라 효과(Tequila Effect)

멕시코의 국민 술로 알려진 테킬라에서 유래한 이 말은 1994년 12월 외환사정의 악화로 발생한 멕시코의 경제위기가 브라질과 아르헨티나 등 주변 중남미 국가로 번진 데서 비롯되었다. 독한 술에 이웃 나라들이 모두 취한 것처럼 경제 위기가 주변으로 파급되는 상황일 때 사용한다.

■ 차등의결권(복수의결권) 제도

적대적 인수 합병(M&A)을 방어하기 위한 기업의 경영권 방어수단으로, 최대 주주나 경영진이 실제 보유한 지분보다 많은 의결권을 행사할 수 있도록 하는 것을 말하며 복수의결권이라고도 한다. 기업의 성장을 위해 외부 자금을 끌어들이면 기업 성장은 이루어지지만 기업의 지분율이 떨어지게 되어 결국 외부 투자 규모를 축소해 기업 성장이 둔화될 수 있다. 이를 막기 위해 경영진과 최대주주에게 보유 지분율보다 더 많은 의결권을 부여해 경영권을 방어하고 안정적인 성장을 이룰 수 있게 한다. 그러나 황금주와 마찬가지로 주주들 간의 평등권을 지나치게 해친다는 지적을 받기도 한다.

■ **리니언시(Leniency)**

담합행위 기업의 자진신고 감면 제도이다. 기업이 불공정한 담합 행위를 한 사실을 인정하고 공정거래위원회에 자진신고하면 과징금을 면제하거나 감면해준다. 이는 담합행위를 억제하는 효과가 있다. 그러나 제도의 허점을 이용해 이익을 챙긴 뒤 자진신고해 과징금을 적게 내는 기업이 생기자, 2012년부터 리니언시 적용을 받은 기업은 이후 5년간 자진신고를 해도 리니언시가 되지 않도록 운영고시를 수정했다.

■ **리세션(Recession)**

경기순환 중 경기후퇴국면으로 경제활동이 활기를 잃어 그 규모가 전반적으로 축소되는 현상을 말한다. 즉 생산, 소비, 투자, 소득, 고용 등이 감소하고 재고와 실업이 증가하기 시작하여 기업이윤은 감소한다. 또한 물가, 주가, 임금, 이자율 등도 오름세가 그치고 내림세로 반전한다.

■ **퍼펙트스톰(Perfect Storm)**

크고 작은 악재들이 동시다발적으로 일어나면서 직면하게 되는 절체절명의 위기 상황을 가리킨다. 원래는 위력이 약했던 태풍이 다른 자연현상을 만나 엄청난 파괴력을 가진 태풍으로 바뀌는 것을 의미했으나 요즘에는 여러 분야에서 다양한 요인들에 의해 겪게 되는 초대형 복합적 위기를 표현하는 말로 주로 쓰인다. 특히 경제 분야에서 자주 등장한다.

■ **퍼플오션(Purple Ocean)**

포화 상태에 이르러 경쟁이 치열한 기존 레드오션(Red Ocean)에서 새로운 아이디어나 기술 등을 적용함으로써 자신만의 새로운 가치 시장인 블루오션(Blue Ocean : 미개척시장)을 형성하는 것을 말한다. 레드오션과 블루오션의 장점만을 취하는 경영 전략이라고 할 수 있다. 레드와 블루를 혼합하면 얻을 수 있는 색이 퍼플(보라색 또는 자주색)이라는 점에 착안해 만들어진 용어다.

■ **퍼플칼라**

근무시간과 장소를 유연하게 선택할 수 있는 근로자를 말한다. 일과 가정의 조화를 추구하며 원하는 시간대에 원하는 시간만큼 일하되 직업의 안정성은 정규직 근로자와 동일하게 유지되는 것이 특징이다. 유연근무제로 근무하여 출산 및 육아의 부담으로 인한 우수 여성 인력의 이탈을 막고, 고용주의 비용을 감소시킨다는 장점이 있다.

■ **밴드웨건효과(Band Wagon Effect)**

대중적으로 유행하는 정보를 따라 상품을 구매하는 현상을 말한다. 유행에 동조함으로써 타인들과의 관계에서 소외되지 않으려는 심리에서 비롯된다.

■ **분수효과**

저소득층의 소득 증대가 총수요 진작 및 경기 활성화로 이어져 궁극적으로 고소득층의 소득도 높이게 되는 효과를 가리키는 말이다. 낙수효과와 반대되는 현상을 나타낸 말로, 오히려 부유층에 대한 세금은 늘리고 저소득층에 대한 복지정책 지원을 증대시켜야 한다는 주장이다.

■ 마태효과

부유한 사람은 점점 더 부유해지고, 가난한 사람은 점점 더 가난해지는 현상을 의미한다. 흔히 부익부 빈익빈으로 표현한다.

■ 빅베스(Big Bate)

새로 부임하는 기업의 CEO가 전임 CEO의 재임기간 동안에 누적된 손실을 회계장부상에서 최대한으로 털어버림으로써 과오를 전임 CEO에게 넘기는 행위를 말한다. 새로 부임하는 CEO는 이러한 회계처리과정에서 과거에 발생한 부실에 대해 과도하게 상각시킬 가능성이 있는데, 이는 잠재적인 부실까지 털어내는 것이 경영성과를 극대화하는 데 더욱 유리하기 때문이다.

■ 퍼네이션(Funation)

'얼마를' 기부하느냐보다 '어떻게' 기부하는지에 대한 관심이 커지면서 나타난 현상이다. 쇼핑 구매 금액의 일부, 또는 카드 수수료나 적립 포인트를 기부한다거나 영화 속 소품의 자선 경매, 콘서트 수익금의 일부 적립 등이 대표적인 사례다.

■ 리쇼어링(Reshoring)

해외에 나가 있는 자국 기업들을 각종 세제 혜택과 규제 완화 등을 통해 자국으로 불러들이는 것을 말한다. 싼 인건비나 큰 시장을 찾아 외국으로 생산 기지를 옮기는 '오프쇼어링(Off-shoring)'의 반대 개념이다

■ 니어쇼어링(Nearshoring)

기업이 생산이나 서비스 업무의 비용을 감소시키기 위해 본국과 지리적으로 인접한 국가로 이전하는 전략을 말한다. 생산 시설을 해외로 이전하는 오프쇼어링(Offshoring)과 생산 시설을 본국으로 다시 이전하는 리쇼어링(Reshoring)의 중간 형태로, 기업이 본국과 인접한 지역에서 생산 및 서비스를 제공하기 때문에 시간이 단축되어 운송비를 절약하고, 본국의 노동력과 자원을 활용하여 서비스 품질을 향상시킬 수 있다.

■ 블루골드

물을 '검은 황금(Black Gold)'으로 불리는 석유에 비교하여 쓰는 용어이다. 물의 가치가 점점 높아질 것으로 예측되면서 '블루골드(Blue Gold)'라는 용어의 사용이 늘고 있다.

■ 니트족(NEET)

Not in Education, Employment or Training의 줄임말이다. 보통 15~34세 사이의 취업인구 가운데 미혼으로 학교에 다니지 않으면서 가사일도 하지 않는 사람을 가리키며 무업자라고도 한다.

■ 런케이션(Runcation)

배움(Learning)과 휴가(Vacation)를 결합한 개념으로, 단순한 관광을 넘어 현지의 문화, 전통, 기술 등을 배우며 체험하는 교육 중심의 여행 방식을 말한다.

■ 오버슈팅(Overshooting)

상품 및 금융자산 등의 시장가격이 이론적으로 형성될 수 있는 가격 이상으로 급격하게 오르는 것을 말한다. 오버슈팅된 자산은 일시적으로 급등락했다가 장기균형 수준으로 수렴해간다.

준조세(Quasi-tax)

조세는 아니지만 실질적으로 조세와 같은 성질인 공과금 또는 기부금, 성금 등을 말한다. 정부로서는 조세보다 조성 및 운영이 쉽다는 장점이 있다. 하지만 기업에는 불필요한 경제적 부담을 주고 제품 원가 상승 요인이 되는 등 부작용이 크다.

오픈 이노베이션(Open Innovation)

기업이 필요로 하는 기술과 아이디어를 외부에서 조달하는 한편 내부 자원을 외부와 공유하면서 새로운 제품 또는 서비스를 만들어내는 것을 뜻한다. 헨리 체스브로 미국 UC버클리 교수가 2003년 제시한 개념이다. 기술 및 아이디어가 기업 내외의 경계를 넘나들며 기업의 혁신으로 이어지도록 하는 것이 주된 목적이다. 지식재산권을 독점하는 게 아니라 공유하는 것이 개방형 기술 혁신의 핵심이다.

기업어음(CP ; Commercial Paper)

기업이 단기자금을 조달하기 위해 자기신용을 바탕으로 발행하는 융통어음을 말한다. 신용상태가 양호한 우량기업이 상거래와 관계없이 단기자금을 조달하기 위해 자기신용을 바탕으로 발행하는 만기 1년 이내의 어음이다. 기업과 투자자 사이의 자금수급관계 등을 고려하여 금리를 자율적으로 결정하며, 지명도가 높은 기업어음이 인기를 끌고 있다.

팩맨(Pac Man)

어떤 기업이 적대적 매수를 시도할 때 오히려 매수 대상 기업이 매수 기업을 인수하겠다는 역매수 계획을 공표하고, 매수 기업 주식의 공개매수 등을 시도하는 것이다. 경영권 방어를 위한 반격전략 중 하나다.

내부자거래(Insider's Trading)

기업과 특수 관계에 있는 사람이 그의 직무 또는 지위에 의해 얻은 정보를 이용, 불공정한 주식매매를 하는 행위를 말한다. 기업체의 임원 등 내부 사정을 잘 아는 사람이 일반투자자들에게는 공개되지 않은 기업합병, 증자, 자산재평가, 신규투자계획 등 기업비밀 정보를 갖고 주식을 매매하게 되면 부당이익을 취할 수 있는 가능성이 커진다.

프레너미(Frienemy)

'Friend(친구)'와 'Enemy(적)'의 합성어로, 이해관계로 인한 전략적 협력관계인 동시에 경쟁관계에 있는 것을 뜻한다.

프리터(Freeter)족

영어의 '자유로움'을 뜻하는 프리(free)와 독일어의 '노동자'를 뜻하는 아르바이터(arbeiter)를 합성한 신조어다. 1987년 일본의 구인잡지 '리크루트'에서 능력이 됨에도 불구하고 직업을 갖지 않고 평생 아르바이트만으로 생계를 이어가는 '사회인 아르바이터'를 지칭하면서 처음 사용했다.

로빈후드세(Robin Hood Tax)

저소득층을 지원하기 위해 막대한 소득을 올리는 금융기관, 기업, 고소득자에게 부과하는 세금을 가리킨다. 포악한 관리와 욕심 많은 귀족이나 성직자들의 횡포를 응징하고 그들의 재산을 빼앗아 가난한 사람들을 도왔다는 전설상의 의적(義賊) 로빈후드의 이름을 딴 것이다. 주로 부자들이 이용하는 주식·채권·파생상품을 비롯한 금융상품의 거래에 세금을 매겨 서민 복지 재원 등으로 활용할 수 있는 금융거래세를 뜻하기도 한다.

■ **포지티브 규제**

법률·정책상으로 허용하는 것을 구체적으로 나열한 뒤 나머지는 모두 금지하는 방식의 규제를 말한다. 법률·정책상으로 금지한 행위가 아니면 모든 것을 허용하는 네거티브(Negative) 방식보다 규제 강도가 훨씬 세다.

■ **청산가치(Liquidating Value)**

현재 시점에서 기업의 영업활동을 중단하고 청산할 경우 회수 가능한 금액의 가치이다. 현재 시점에서 지속적으로 기업이 영업을 한다고 가정하고 자산을 평가하는 존속가치(계속기업가치)와 반대되는 개념이다.

■ **투키디데스 함정(Thucydiddes Trap)**

하버드대 그레이엄 앨리슨 교수는 저서 〈예정된 전쟁〉에서 '투키디데스 함정'이라는 용어로 미국과 중국의 패권 경쟁이 결국 파국으로 치달을 수도 있다고 주장했다. 이는 세계사에서 흔히 찾아볼 수 있는 기존 패권국가와 빠르게 부상하는 신흥 강대국이 부딪히는 상황을 뜻하며, 중국의 부상과 이에 두려움을 느끼는 패권국 미국의 관계를 설명할 때 자주 쓰인다.

■ **공매도(Short Stock Selling)**

'없는 것을 판다'는 말 그대로, 물건을 가지고 있지도 않은 상태에서 판다는 의미다. 주식시장에서 자주 쓰이는 말로, 주식을 가지고 있지 않은 상태에서 매도 주문을 내는 것을 가리킨다. 주가 하락이 예상되는 종목의 주식을 빌려서 판 뒤 실제로 주가가 내려가면 싼 값에 다시 사들여 빌린 주식을 갚아 차익을 남기는 투자 기법이다.

■ **매몰비용(Sunk Cost)**

한 번 지불하고 나면 회수할 수 없는 비용을 뜻한다. 이미 지불해 어떤 선택을 하든지 피할 수 없는 비용이 매몰비용이다. 기업의 광고비용이나 R&D비용 등이 이에 속한다. 함몰비용이라고도 한다.

■ **레몬마켓(Lemon Market)**

쓸모없는 재화나 서비스 등 저급품만 거래되는 시장을 의미한다. 레몬은 미국에서 '시큼하고 맛없는 과일'로 통용되며 속어로 불량품을 뜻하는데, 이에 빗대어 경제분야에서는 쓸모없는 재화나 서비스가 거래되는 시장을 레몬시장이라 일컫는다. 레몬마켓의 반대 용어로는 피치마켓(Peach Market)이 있다.

■ **슈바베 지수(Schwabe Index)**

가계의 총소비지출에서 전·월세 비용이나 주택 관련 대출 상환금, 세금, 보험 등 주거비가 차지하는 비중을 뜻한다.

■ **파킨슨 법칙(Parkinson's Law)**

영국의 경영 연구가 시릴 파킨슨이 관료화된 거대 조직의 비효율성을 비판하며 제창한 법칙이다. 첫 번째 파킨슨 법칙은 부하배증의 법칙으로 '공무원의 수는 해야 할 일의 경중이나 일의 유무에 관계없이 상급 공무원으로 출세하기 위해 부하의 수를 늘릴 필요가 있기 때문에 일정한 비율로 증가한다'는 것이다. 두 번째 법칙은 업무배증의 법칙으로 '지출은 수입만큼 증가한다'는 것이다.

■ 티저레터(Teaser Letter)

맛보기 예고편을 의미하는 티저(Teaser)와 편지를 가리키는 레터(Letter)의 합성어로, 기업 인수합병(M&A)과정에서 잠재적 매수자에게 매각 대상 회사에 대한 정보를 제공하여 투자에 참여하도록 관심을 유도하는 투자 유인서 또는 투자 안내문을 말한다.

■ 게임체인저(Game Changer)

기존 시장에 엄청난 충격을 가하여 시장의 큰 변화를 가져오는 혁신적인 아이디어를 소유한 기업이나 사람을 뜻하며, 애플의 창업자 스티브 잡스, 테슬라의 일론 머스크 등이 대표적인 예이다.

■ 폴리코노미(Policonomy)

정치(Politics)와 경제(Economy)의 합성어로 정치가 경제를 휘두르는 현상을 말한다. 각 정당이 선거를 앞두고 선심성 공약을 내세워 돈 풀기 경쟁에 나서면 인플레이션 위험이 커지는 등 문제가 발생할 수 있다.

■ 블랙 먼데이(Black Monday)

역사적으로는 1987년 10월 19일 뉴욕 증시가 개장 초반부터 대량의 팔자 주문이 쏟아지면서 전일 대비 22.6%가 대폭락했는데, 당시 월요일이었기 때문에 이를 두고 블랙 먼데이라는 이름이 붙여졌다. 대폭락의 원인으로는 무역적자, 경제환경 변화, 과도하게 오른 주가에 대한 투자자들의 불안심리 등 다양한 요인이 복합적으로 작용한 것으로 분석된다. 1987년 대사건 이후 지수 폭락일을 나타내는 보통명사가 됐다.

■ 블랙아웃(Black-Out)

공급되는 전기보다 전기 수요가 폭증해 발생하는 대규모 정전 사태를 말한다. 한 지역에서 블랙아웃이 일어나면 전력공급망은 연쇄적으로 마비되며, 냉방 수요가 폭증하는 여름과 난방 수요가 집중되는 겨울철 전력 수요가 급증할 때 발생 가능성이 높아진다.

■ 워크아웃(Workout)

채권단의 주도로 경영난으로 파산 위기에 처한 기업을 살려내는 회생 작업을 뜻하며 기업개선작업이라고도 한다. 경영이 부실해진 기업 중 회생 가능성이 있는 기업을 대상으로 자구노력을 전제로 채권단이 채무상환 유예 및 감면 등 재무개선 조치를 취한다.

■ 님트(Not In My Term, NIMT)

'내 임기 중에 하기 싫은 하지 않겠다' 라는 의미로 중앙정부나 지방자치단체장들이 자신의 임기 중에는 환경오염 시설물 설치, 각종 경제 개혁, 방사성 폐기물 처분장 건설 등 국민이나 지역 주민들이 싫어하는 일을 하지 않으려는 이기적인 태도를 표현한 말이다.

■ 포워드 가이던스(Forward Guidance)

중앙은행이 경제 상황을 평가를 토대로 정책금리 또는 기준금리의 향방 등 통화정책 방향을 예고하는 새로운 통화정책 커뮤니케이션 수단이다. 중앙은행이 시장과 소통하여 불확실성을 해소함으로써 시장을 안정화시키는 장점이 있다.

■ **부머(Boomer)와 두머(Doomer)**

인공지능(AI) 기술 경쟁이 고도화하면서 AI에 대한 논쟁도 치열한데 AI를 잘 활용하면 기술 개발과 생산성 향상 등 인류의 번영에 도움을 줄 것이라는 것이 부머의 주장이다. 반대로 두머는 AI 기술 개발이 결국 인류를 종속시키고 파멸로 이끌 것이며 AI가 가져올 위험성을 경고하면서 규제가 필요하다는 입장이다.

■ **풀필먼트 서비스(Fulfillment Service)**

물류 전문 업체가 판매자를 대신해 상품이 물류 창고를 거쳐 고객에게 배달 완료되기까지의 전 과정을 일괄 처리하는 물류 일괄 대행 서비스이다. 이커머스 기업의 물류 부담을 줄이고 효율성을 높이는 데 도움이 된다. 대표적인 기업으로는 미국의 아마존, 한국의 쿠팡 등이 있다.

■ **루이스 전환점(Lewisian Turning Point)**

노벨경제학상 수상자인 아서 루이스가 제시한 개념으로, 개발도상국이 산업화 초기에 농촌의 저렴한 인력이 도시의 산업 분야로 유입되면서 급속한 경제발전을 이루지만 일정 시점에 이르면 임금인상과 저임금 근로자의 고갈로 '고비용-저효율' 구조로 바뀌며 경제 성장이 둔화되는 현상이다.

■ **인구 데드크로스**

사망자 수가 출생아 수보다 많아 인구가 자연 감소하는 현상이다. 주식 시장에서 데드크로스는 주식 시장에서 주가나 거래량의 단기주가 이동평균선이 장기주가 이동평균선을 아래로 내려가는 현상을 말한다.

제6편 시사경제

출제예상문제

01 다음 내용에 해당하는 경제용어를 고르면?

- 과도한 부채로 이룬 경기호황이 끝난 뒤 잠복해 있던 위험요인들이 갑작스럽게 현실화하면서 자산가격이 폭락하는 시점
- 채무자가 과도한 부채를 감당하지 못해 건전한 자산까지 팔아치우면서 부동산 가격이 폭락하고 경기가 위축되는 금융위기의 임계점
- 2008년 글로벌 금융위기 이후 재조명되고 있음

① 블랙스완
② 사이드카
③ 하우스푸어
④ 민스키 모멘트
⑤ 그레이스완

해설 민스키 모멘트는 누적된 부채가 임계점을 지나면서 자산가치의 붕괴와 경제위기가 일어나는 순간을 말한다. 과도한 부채 확대에 금융시장의 호황이 이어지다가 호황이 끝나면 채무자들의 부채상환 능력이 나빠지고 결국 채무자는 건전한 자산까지 팔아 빚을 갚으면서 금융 시스템이 붕괴하고 금융위기까지 초래한다는 것이다. 미국의 경제학자 하이먼 민스키가 언급한 내용으로, 2008년 미국 서브프라임 모기지 사태로 재조명받기 시작했다.
① 블랙스완 : 경험에 의존한 예측을 벗어나 예기치 못한 극단적 상황이 일어나는 일을 뜻하는 말
② 사이드카 : 주가지수의 상하 변동폭이 10%를 넘는 상태가 1분간 지속될 때 현물은 물론 선물 옵션의 매매 거래를 중단시키는 제도
③ 하우스푸어 : 집을 보유하고 있지만 무리한 대출로 인한 이자 부담 때문에 빈곤하게 사는 사람들을 가리키는 말
⑤ 그레이스완 : 위험의 징조가 나타나 충분히 예상할 수 있음에도 대응하지 못하는 상황

정답 01 ④

02 기업이 자금을 무리하게 조달해 추진한 인수합병(M&A)이 초래할 수 있는 부작용으로 볼 수 있는 것은?

① 재정 중독
② 승자의 저주
③ 피터팬 증후군
④ 데스밸리
⑤ 포이즌 필

해설 승자의 저주는 경쟁에서는 이겼지만 과도한 비용을 치름으로써 결과적으로 엄청난 후유증을 겪는 상황을 의미한다.
① 재정 중독 : 경제 성장을 정부의 재정 정책(재정 지출)에 지나치게 의존하는 현상
③ 피터팬 증후군 : 중견기업이 대기업으로의 성장을 꺼리는 현상
④ 데스밸리 : 초기 창업 기업이 연구개발(R&D)에 성공한 후에도 자금 부족 등으로 사업화에 실패하는 기간
⑤ 포이즌 필 : 적대적 M&A나 경영권 침해 시도가 발생하는 경우에 기존 주주들에게 시가보다 훨씬 싼 가격에 지분을 매입할 수 있도록 미리 권리를 부여하는 제도

03 세계 유수의 다국적 기업과 금융기관들이 기업 및 금융 활동을 자유롭고 편하게 할 수 있는 금융환경이나 투자 인센티브 등을 제공하는 지역을 뜻하는 말은?

① 금융허브
② 레몬마켓
③ 역외시장
④ 클러스터
⑤ 피치마켓

해설 금융허브에 대한 설명이다.
② 레몬마켓 : 저급하고 쓸모없는 재화나 서비스가 거래되는 시장
③ 역외시장 : 규제나 제도에서 벗어나 자유로운 자금의 운용과 조달이 가능한 금융시장
④ 클러스터 : 유사 업종에서 다른 기능을 수행하는 기업과 기관들이 한 곳에 모여 있는 것
⑤ 피치마켓 : 가격 대비 고품질의 재화나 서비스가 거래되는 시장

04
기업 실적에 상관없이 온라인 커뮤니티나 SNS를 통해 입소문을 타면서 개인투자자가 몰리는 주식을 뜻하는 말은?

① 자사주
② 황제주
③ 우량주
④ 밈 주식
⑤ 블루칩

해설 밈 주식에 대한 설명이다.
① 자사주(자기주식) : 회사가 보유한 자사 발행 주식
② 황제주 : 사고파는 값이 가장 높은 주식
③ 우량주 : 업적과 경영 내용이 좋고 배당률도 높은 회사의 주식
⑤ 블루칩 : 수익성·성장성·안정성이 높은 대형 우량주

05
기업 매각을 염두에 두고 인수합병(M&A)에 관심을 보일 법한 잠재적 투자자에게 정보를 제공하기 위해 발송하는 자료는?

① 그린메일
② 베이지북
③ 플랜B
④ 티저레터
⑤ 아그레망

해설 티저레터는 투자안내서, 투자유인서라고도 한다.
① 그린메일 : 보유주식을 팔기 위한 목적으로 대주주에게 편지를 보낼 때 초록색인 달러화를 요구한다는 의미에서 붙여진 이름
② 베이지북 : 미국 연방준비제도이사회(FRB)가 연간 8차례 발표하는 미국 경제동향보고서
③ 플랜B : 외환 통제를 통해 금리와 환율을 안정시킬 수 있다는 주장
⑤ 아그레망 : 새로운 대사나 공사 등 외교사절을 파견할 때 상대국에게 얻는 사전 동의

정답 04 ④ 05 ④

06 주식시장에서 약세장이 장기간 지속되는 가운데 일시적으로 주가가 상승하는 현상을 묘사한 말은?

① 산타 랠리
② 베어마켓 랠리
③ 기저효과
④ 캘린더효과
⑤ 불 마켓

해설 베어마켓 랠리에 대한 설명이다.
① 산타 랠리 : 크리스마스를 전후한 연말과 신년 초에 주가가 강세를 보이는 현상
③ 기저효과 : 경제지표 평가과정에서 비교시점의 상대적 수치에 따라 결과가 달라지는 현상
④ 캘린더효과 : 일정 시기에 따라 증시가 좋아지거나 나빠지는 현상
⑤ 불 마켓 : 장기간에 걸친 주가 상승이나 강세장을 의미

07 다음 내용에 해당하는 경제용어를 고르면?

> 문화예술에 대한 기업의 후원과 지원을 의미한다. 서구 특히 미국은 예술에 대한 민간의 후원활동이 활발한 것으로 알려져 있다. 물론 예술 후원은 기업에 브랜드 충성도 향상을 비롯해 다양한 긍정적 효과를 가져다준다.

① 키덜트
② 메세나
③ 오픈마켓
④ 랜드마크
⑤ 노블리스 오블리제

해설 메세나란 문화·예술·스포츠 등에 대한 기업의 지원 활동을 총칭하는 프랑스어. 기업은 이윤의 사회적 환원이라는 기업 윤리를 실천하는 것 외에 기업의 문화적 이미지까지 높일 수 있다.
① 키덜트 : 어른이 됐는데도 여전히 어렸을 적의 감성을 간직한 성인들을 일컫는 말
③ 오픈마켓 : 판매자와 구매자에게 모두 열려 있는 인터넷 중개몰
④ 랜드마크 : 어떤 지역을 대표하거나 다른 지역과 구별되는 지형이나 시설물
⑤ 노블리스 오블리제 : 사회 지도층의 도덕적 의무

08 다음 내용에 해당하는 경제용어를 고르면?

- 회생 가능성이 크지 않은데도 정부나 채권단 지원으로 간신히 연명하는 기업
- 3년 연속 이자보상배율 1 미만

① 벤처기업
② 복합기업
③ 좀비기업
④ 모듈기업
⑤ 강소기업

해설 좀비기업은 회생 가능성이 크지 않은데도 정부나 채권단의 지원으로 간신히 파산을 면하고 있는 기업이다. 좀비기업과 건전한 기업을 나누는 기준은 '빚을 갚을 수 있는지' 가 핵심이다. 3년 연속 이자보상배율이 1 미만인 기업을 좀비기업으로 간주한다. 3년 연속 이자조차 갚지 못할 정도라면 자체적인 생존능력이 없다고 본다.

09 비용이 수반되는 정책을 만들 때 재원 확보 방안도 함께 마련하여 제출하도록 하는 제도는?

① 세이프가드
② 페이고 원칙
③ 웨이버 조항
④ 수정적립방식
⑤ 슈퍼 301조

해설 페이고 원칙은 'Pay as you go(돈을 벌어들인 만큼만 쓴다)' 의 줄임말로, 정부가 새로운 재정지출사업을 추진할 때 세입 증가나 법정지출 감소 등 재원 확보 방안까지 함께 마련하도록 하여 재정건전성을 높이기 위한 원칙이다.
  ① 세이프가드 : 특정 물품의 수입이 급증해 수입국의 국내 산업이 피해를 보거나 피해를 볼 우려가 있을 경우 해당 품목의 수입을 임시로 제한하거나 관세인상을 통해 수입품에 대해 긴급수입제한 조치를 할 수 있는 제도
  ③ 웨이버 조항 : 자유화 의무를 면제하는 조항
  ④ 수정적립방식 : 일정 기간후의 수입과 지출의 균형을 유지하기 위해 보험료와 급여수준을 조정하는 방식
  ⑤ 슈퍼 301조 : 미국 무역상대국의 불공정한 관행에 대한 제재를 규정한 1974년 무역법 301조 내용의 강화된 조항

정답 08 ③ 09 ②

10 다음 내용에 해당하는 경제용어를 고르면?

> 두 나라가 현재의 환율에 따라 필요한 만큼의 돈을 상대국과 교환하고, 일정 기간이 지난 후에 최초 계약 때 정한 환율로 원금을 재교환하는 거래를 가리킨다.

① 통화스왑 ② 콜옵션
③ 풋옵션 ④ 선물환계약
⑤ 헤 징

해설 통화스왑에 대한 설명이다.
② 콜옵션 : 옵션거래에서 특정 기초자산을 만기일이나 그 이전에 미리 정한 행사가격으로 살 수 있는 권리
③ 풋옵션 : 옵션거래에서 특정 기초자산을 장래의 특정 시기에 미리 정한 가격으로 팔 수 있는 권리
④ 선물환계약 : 미래의 환율을 미리 현재 시점에서 확정지어 놓는 계약
⑤ 헤징 : 가격변동으로 인한 손실을 막기 위해 실시하는 금융 거래행위

11 한 기업의 새 제품이 기존 자사 주력 제품의 시장 점유율이나 수익성, 판매량 등을 하락시키는 현상을 뜻하는 용어는?

① 메기효과 ② 카니발라이제이션
③ 디노미네이션 ④ 애그플레이션
⑤ 리스트럭처링

해설 카니발라이제이션에 대한 설명이다.
① 메기효과 : 막강한 경쟁자의 존재가 다른 경쟁자들의 잠재력을 끌어올리는 효과
③ 디노미네이션 : 화폐 가치는 그대로 두고 화폐 액면 단위를 100분의 1 혹은 10분의 1 등으로 낮추는 것
④ 애그플레이션 : 농산물 가격이 오르면서 일반 물가도 오르는 현상
⑤ 리스트럭처링 : 기업 기존 구조의 기능과 효율을 높이려 실시하는 구조 개혁 작업

정답 10 ① 11 ②

12. 다음 빈칸에 들어갈 말로 알맞게 짝지어진 것은?

> (　　)은 비용 절감의 목적으로 생산기지를 해외로 옮겼던 기업들을 각종 세제 혜택과 규제 완화 등을 통하여 다시 국내로 불러들이는 것을 말한다. 반대로 (　　)은 기업들이 싼 인건비나 큰 시장을 찾아 외국으로 생산기지를 옮기는 현상을 말한다.

① 레버리지-리커플링
② 리쇼어링-오프쇼어링
③ 리커플링-리쇼어링
④ 니어쇼어링-리쇼어링
⑤ 리디노미네이션-니어쇼어링

해설 리쇼어링(Reshoring)은 낮은 생산비·인건비나 판매 시장을 찾아 해외로 진출한 기업들을 각종 세제 혜택과 규제 완화 등을 통하여 다시 자국으로 불러들이는 정책이다. 기업들이 비용 절감 등을 위해 비교적 인건비가 저렴한 해외로 생산기지를 옮기는 오프쇼어링(Off-Shoring)의 반대 개념이다. 니어쇼어링(Nearshoring)은 기업이 생산 및 서비스를 위한 업무를 이전할 때 본국과 가까운 인근 국가로 이전하는 것을 말하며 생산 시설을 해외로 이전하는 오프쇼어링과 생산 시설을 본국으로 다시 이전하는 리쇼어링의 중간 형태이다.

13. 금융기관이 투자자 성향에 맞추어 자산구성부터 운용, 투자자문까지 통합적으로 관리해주는 종합금융서비스는?

① 랩어카운트
② CMA
③ MMF
④ MMDA
⑤ IRLS

해설 랩어카운트에 대한 설명이다.
② CMA(Cash Management Account) : 고객이 예치한 자금을 LP나 양도성예금증서(CD), 국공채 등의 채권에 투자하여 그 수익을 고객에게 돌려주는 금융상품 종합자산관리계정
③ MMF(Money Market Funds) : 정부가 발행하는 단기증권 등에 투자해서 원금의 안전성을 확보하면서 안정된 이율을 얻을 수 있게 하는 투자신탁의 일종
④ MMDA(Money Market Deposit Account) : 가입 당시 적용되는 금리가 시장금리의 변동에 따라 결정되는 시장금리부 수시입출금식 저축성예금 계좌
⑤ IRLS(Interest Rate Linked Securities)투자펀드 : CD금리, LIBOR금리 등의 이자율이 연계된 파생상품을 운용하는 펀드

정답 12 ② 13 ①

14 다음 내용에 해당하는 경제용어를 고르면?

> 증권사에서 고객 자산을 운용하는 부서와 증권사 고유 자산을 운용하는 부서 간 정보 교류를 차단할 필요가 있다. 그렇지 않으면 고객의 이익보다는 회사의 이익을 위하는 방향으로 고객 투자를 유도할 가능성이 있기 때문이다.

① 내부자거래 ② 내부거래
③ 차이니스 월 ④ 파이어 월
⑤ 인포메이션 갭

해설 차이니스 월에 대한 내용이다.
① 내부자거래 : 회사의 내부자가 자신의 직무 및 지위와 관련해 얻은 회사의 미공개 중요정보를 이용하여 회사증권을 거래하는 등의 부당이득을 취하는 불공정거래
② 내부거래 : 같은 기업집단에 속한 회사(계열사) 간에 상품이나 서비스를 사고파는 거래행위
④ 파이어 월 : 방화벽 또는 침입방지 시스템으로 풀이되는 컴퓨터 보안시스템
⑤ 인포메이션 갭 : 정보 격차

15 미국 대선에서 주요 격전지로 꼽히는 곳으로, 과거에는 제조업의 호황을 누렸으나 쇠퇴기에 접어든 북동부 지역인 이곳은?

① 선벨트 ② 러스트벨트
③ 코튼벨트 ④ 그린벨트
⑤ 팜벨트

해설 미국의 대표적 공업지대로, 제조업이 쇠퇴하면서 철강·석탄·방직 등 사양산업 지대로 추락한 미국 중서부와 북동부 지역을 일컫는다.
① 선벨트 : 기온이 따뜻하고 일조량이 많은 미국 남부 15개 주에 걸쳐 있는 지역
③ 코튼벨트 : 미국 남부 일대에 펼쳐진 목화재배를 중심으로 하는 농업지대
④ 그린벨트 : 법적으로 개발을 제한하고 자연을 보존하도록 하는 구역
⑤ 팜벨트 : 미국 중부 대평원에 터를 잡은 네브래스카주, 미주리주, 아이오와주 등 10개 주

14 ③ 15 ② **정답**

16 최근 경기 불황과 고물가로 직장인들의 지갑이 얇아지면서 다음과 같은 소비자 유형이 다시 주목받고 있다. 다음에서 설명하는 소비자 유형은 무엇인가?

> - 물건은 구입하지 않으면서 선물만 받아감
> - 카드는 사용하지 않으면서 혜택은 쏙쏙 받아감

① 체리 피커
② 레몬 피커
③ 애플 피커
④ 오렌지 피커
⑤ 피치 피커

해설 신포도 대신 체리만 골라 먹는 사람이라는 뜻으로, 신용카드 회사의 특별한 서비스 혜택은 다 누리고 카드는 사용하지 않는 고객을 의미하는 체리 피커에 대한 설명이다.

17 기업이 임직원에게 자기회사의 주식을 일정 수량, 일정 가격으로 매수할 수 있는 권리를 부여하는 제도는?

① 사이드카
② 스톡옵션
③ 트레이딩칼라
④ 서킷 브레이커
⑤ 스캘핑

해설 스톡옵션에 대한 설명이다.
① 사이드카 : 선물시장이 급변할 경우 현물시장에 대한 영향을 최소화함으로써 현물시장을 안정적으로 운용하기 위한 관리제도
③ 트레이딩칼라 : 주식시장 급변에 따른 지수 변동성 확대로 시장의 불안 정도가 높아질 때 발효되는 시장 조치
④ 서킷 브레이커 : 주식시장에서 주가가 급등 또는 급락하는 경우 주식매매를 일시 정지하는 제도
⑤ 스캘핑 : 주식 보유시간을 짧게 잡아 수시로 거래를 하여 매매의 차익을 얻는 방법

정답 16 ① 17 ②

18 다음 내용에 해당하는 펀드는 무엇인가?

> • 국제금융을 통해 수익을 창출하기 위해 형성된 국제펀드의 일종이다.
> • 부실한 자산을 저가에 인수해서 상황이 호전된 후에 고가에 전매하는 자금(Fund)을 의미한다.

① 뮤추얼펀드　　　　　　　② 헤지펀드
③ 벌처펀드　　　　　　　　④ 사모펀드
⑤ 상장지수펀드

해설　벌처펀드(Vulture Fund)란 저평가된 자산을 싼 가격으로 매입하기 위해 운용되는 투자기금으로 상대적으로 위험이 높지만 잠재적으로 큰 이익을 제공한다.
① 뮤추얼펀드 : 유가증권 투자를 목적으로 설립된 법인회사
② 헤지펀드 : 소수의 투자자로부터 자금을 모집하여 운영하는 일종의 사모펀드
④ 사모펀드 : 투자자로부터 모은 자금을 주식·채권 등에 운용하는 펀드
⑤ 상장지수펀드 : 주식처럼 거래가 가능하고, 특정 주가지수의 움직임에 따라 수익률이 결정되는 펀드

19 다음 중 금리를 인하해도 경기가 부양되지 않아 정책효과가 나타나지 않은 현상을 가리키는 용어는?

① 피구효과　　　　　　　　② 그린필드 투자
③ 유동성 함정　　　　　　　④ 캐시 그랜트
⑤ 롤링효과

해설　유동성 함정이란 가계나 기업 등의 경제 주체들이 돈을 시장에 내놓지 않는 상황을 말한다.
① 피구효과 : 물가 하락으로 자산의 실질 가치가 상승하면 소비 지출이 증가하는 작용
② 그린필드 투자 : 회사가 직접 새로운 시장에 자금을 들여 투자하고 운영하는 형태
④ 캐시 그랜트 : 외국인 투자자에 대한 현금 지원 제도
⑤ 롤링효과 : 채권의 잔존기간이 짧아짐에 따라 채권의 가격이 올라가는 현상

20 경제지표를 산출할 때 시점 간 상대적 위치에 따라 실제 경제 상황보다 위축되거나 부풀려지는 현상을 가리키는 이 효과는?

① 피셔효과
② 기저효과
③ 베블런효과
④ 부메랑효과
⑤ 승수효과

해설 기저효과에 대한 설명이다.
① 피셔효과 : 시중 금리와 인플레이션 기대 심리의 관계를 설명하는 경제 이론
③ 베블런효과 : 가격이 오르는 데도 불구하고 수요가 증가하는 효과
④ 부메랑효과 : 개발도상국의 현지생산이 선진국에 역수출되어 해당산업과 경합을 벌이는 현상
⑤ 승수효과 : 정부 지출을 늘릴 경우 지출한 금액보다 많은 수요가 창출되는 현상

21 끝마치지 못하거나 미완성된 일이 계속 떠오르는 현상으로서 광고 중에서 시청하는 독자들에게 미완성 과제를 주어 기억에 오래 남게 하는 효과를 주는 마케팅 용어는?

① 분수효과
② 샤워효과
③ 낙수효과
④ 자이가르닉효과
⑤ 밴드왜건효과

해설 자이가르닉효과에 대한 설명이다.
① 분수효과 : 저소득층의 소비 증대가 전체 경기를 부양시키는 현상을 가리키는 말
② 샤워효과 : 백화점 등의 맨 위층에 소비자들이 몰리면 아래층 매장에도 영향을 미쳐 매출이 상승하는 효과
③ 낙수효과 : 고소득층의 소득 증대가 소비 및 투자 확대로 이어져 궁극적으로 저소득층의 소득도 증가하게 되는 효과
⑤ 밴드왜건효과 : 대중적으로 유행하는 정보를 따라 상품을 구매하는 현상

정답 20 ② 21 ④

22. 다음 내용에 해당하는 용어로 올바르게 짝지어진 것은?

- (가) 경제적 자립을 토대로 자발적 조기 은퇴를 추진하는 사람들을 일컫는 말로서, 일반적인 은퇴 연령인 50~60대가 아닌 40대 이전에 조기 은퇴하겠다는 목표로 20대부터 소비를 줄이고 수입의 절반 이상을 저축하는 등 극단적으로 절약하여 은퇴자금을 마련한다.
- (나) 외부 세상을 피해 집 등의 안락한 장소로 몸을 피하여 은둔하는 사람을 일컫는 말로서, 근래에는 인터넷과 모바일 소비시장에 떠오르는 소비계층으로 부상하고 있다.

	(가)	(나)
①	프리터족	니트족
②	딩크족	프리터족
③	파이어족	코쿠닝족
④	블랙컨슈머	파이어족
⑤	니트족	딩크족

해설 (가)는 파이어족, (나)는 코쿠닝족에 대한 설명이다.
프리터족은 능력이 됨에도 불구하고 직업을 갖지 않고 평생 아르바이트만으로 생계를 이어가는 사회인 아르바이터를 지칭하면서 처음 사용됐으며, 한국에서의 개념은 비정규직이나 비경제활동인구 가운데 취업준비자들이 여기에 속한다. 반면에 니트족은 일할 의지가 없으며 일하지 않는 청년 무직자를 말한다. 블랙컨슈머는 기업을 상대로 부당한 이익을 얻기 위해 고의적으로 컴플레인을 거는 소비자이다. 딩크족은 부부생활을 하면서 계획을 가지고 자녀를 두지 않는 맞벌이 부부를 뜻한다.

23. 반도체의 설계 디자인을 전문으로 하는 기업으로부터 제조를 위탁받아 반도체를 생산하는 기업을 일컫는 용어는?

① IDM
② 팹리스
③ 파운드리
④ OSAT
⑤ 웨이퍼

해설 파운드리는 팹리스로 불리는 설계 전문업체가 상품을 주문하면서 넘겨준 설계 도면대로 웨이퍼를 가공해 반도체 칩을 전문으로 생산하는 사업이다. 설계기술이 없어도 가공기술만 확보하면 제품을 생산할 수 있다.
① IDM : 팹리스나 파운드리의 기능을 모두 담당하는 업체
② 팹리스 : 자기 공장 없이 칩 설계만 하는 업체
④ OSAT : 반도체 패키지와 테스트를 전문으로 하는 업체
⑤ 웨이퍼 : 표면에 반도체 소자가 집적되는 핵심 소재

정답 22 ③ 23 ③

24 소비자가 특정상품을 소비하면 자신이 그것을 소비하는 계층과 같은 부류라고 생각하게 되는 효과를 일컫는 용어는?

① 전시효과

② 플라시보효과

③ 파노플리효과

④ 베블런효과

⑤ 데킬라효과

> **해설** 파노플리효과에 대한 설명이다.
> ① 전시효과 : 개인의 소비행동이 사회의 영향을 받아 타인의 소비행동을 모방하려는 소비성향
> ② 플라시보효과 : 가짜 약을 진짜 약이라고 믿어 좋은 반응이 나타나는 효과
> ④ 베블런효과 : 과시욕구 때문에 재화의 가격이 비쌀수록 수요가 늘어나는 수요증대 효과
> ⑤ 데킬라효과 : 한 국가의 금융·통화 위기가 주변의 다른 국가로 급속히 확산되는 현상

25 경쟁자가 없는 새로운 시장인 블루오션에 존재하는 소비자를 일컫는 용어는?

① 컨슈머

② 블루슈머

③ 크리슈머

④ 블랙컨슈머

⑤ 스마트컨슈머

> **해설** 블루슈머란 블루오션(Blue Ocean)과 컨슈머(Consumer)의 합성어로 경쟁자가 없는 시장의 새로운 소비자 그룹을 뜻한다.
> ③ 크리슈머 : 신제품개발이나 디자인, 서비스 등의 문제에 적극 개입하며 자신의 의견을 내놓는 소비자
> ④ 블랙컨슈머 : 기업을 상대로 부당한 이익을 얻기 위해 고의적·악의적으로 컴플레인을 거는 소비자
> ⑤ 스마트컨슈머 : 여러 가지 종합적인 정보를 바탕으로 합리적인 선택을 하는 소비자

정답 24 ③ 25 ②

26 다음 빈칸에 들어갈 알맞은 말은?

( )란 보편적으로 적용되는 성격 특성을 자신의 성격과 일치한다고 믿으려는 현상을 의미하는 심리학 용어다. 곡예단에서 사람 성격을 맞히는 일을 하던 사람 이름에서 유래된 이 효과는 1956년 미국 심리학자 폴 밀이 처음 명명했다.

① 리플리효과
② 바넘효과
③ 플라시보효과
④ 피그말리온효과
⑤ 적하효과

해설 바넘효과란 사람들이 보편적으로 가지고 있는 성격이나 심리적 특징을 자신만의 특성으로 여기는 심리적 경향을 말한다.
① 리플리효과 : 자신이 마음속으로 강하게 바라던 것이 진짜 현실이라 여기고 그에 맞는 거짓말과 행동을 반복하는 현상
③ 플라시보효과 : 가짜 약을 진짜 약이라고 믿어 좋은 반응이 나타나는 효과
④ 피그말리온효과 : 타인의 기대나 관심으로 인하여 능률이 오르거나 결과가 좋아지는 현상
⑤ 적하효과 : 대기업의 성장이나 고소득층의 소비 증가가 궁극적으로 중소기업이나 저소득층과 같은 낙후 부문에도 혜택이 돌아가 총체적으로 경기가 활성화되는 효과

27 국내외 여건에 유동적으로 대처하기 위해 수입품의 일정 할당량을 기준으로 부과하는 탄력관세는?

① 상계관세
② 조정관세
③ 할당관세
④ 보복관세
⑤ 덤핑방지관세

해설 할당관세에 대한 설명이다.
① 상계관세 : 수출국으로부터 보조금을 지급받아 타국에 수출된 상품이 수입국에 수입되어 수입국 산업이 피해를 받을 경우, 이를 불공정 무역으로 보아 억제하기 위해 부과하는 관세
② 조정관세 : 값싼 외국의 제품이 마구 수입되어 국내 생산자들이 큰 피해를 입을 경우 이를 보호하기 위해 관세율을 일정 기간 동안 상향 조정하는 제도
④ 보복관세 : 자국 상품에 불리한 대우를 하는 국가의 상품에 부과하는 보복의 성격을 가진 관세
⑤ 덤핑방지관세 : 부당하게 낮은 가격으로 수출된 제품으로 수입국 산업이 피해를 입었을 때 수입국에서 부당 가격에 관세를 부과하는 것

정답 26 ② 27 ③

28 다음 내용에 해당하는 알맞은 용어는?

• 기업이 영업활동을 통해 창출한 순가치의 증가분이다.
• 영업이익에서 법인세와 자본비용을 차감한 이익을 말한다.

① EVA(경제적부가가치)
② ROE(자기자본이익률)
③ ROA(자산수익률)
④ ROI(투자자본수익률)
⑤ 주당순자산(BPS)

해설 EVA(경제적부가가치)에 대한 설명이다.
② ROE : 기업의 자기자본에서 어느 정도의 이익을 창출하는가를 나타내는 값
③ ROA : 기업 총자산(자본+부채)에서 어느 정도의 이익을 창출하는가를 나타내는 값
④ ROI : 기업의 순이익을 투자액으로 나눈 값
⑤ BPS : 기업의 순자산을 발행주식수로 나눈 값

29 다음 내용에 해당하는 국제금융기관은?

중국 주도하에 아시아 국가들의 도로, 철도, 항만 등의 인프라(사회간접자본) 건설자금 지원을 목적으로 설립된 금융기구이다.

① ADB
② IMF
③ World Bank
④ AIIB
⑤ IDB

해설 아시아인프라투자은행(Asian Infrastructure Investment Bank ; AIIB)은 중국이 제안하여 주도적으로 추진한 국제금융기관이다.
① ADB(Asian Development Bank) : 아시아개발은행으로, 아시아·태평양 지역의 개발과 협력을 위해 1966년에 설립됨
② IMF(International Monetary Fund) : 국제통화기금으로, 세계무역 안정을 목적으로 1945년에 설립됨
③ World Bank : UN 산하의 World Bank는 1945년 2차 세계대전의 전쟁 피해 복구 및 개발자금을 지원하기 위해 설립됨
⑤ IDB(Inter-American Development Bank) : 미주개발은행으로, 미주지역 개도국의 경제발전과 사회개발추진 및 미주지역 경제통합을 위해 1959년에 설립됨

정답 28 ① 29 ④

30 자회사 주식의 일부 또는 전부를 소유해서 자회사 경영권을 지배하는 지주회사와 관련 있는 기업결합은?

① 콘체른 ② 카르텔
③ 트러스트 ④ 콤비나트
⑤ 조인트 벤처

해설 콘체른에 대한 설명이다.
② 카르텔 : 동종 또는 유사 산업 분야의 기업 간에 결성되는 기업 담합 형태
③ 트러스트 : 동일 산업 부문에서의 자본 결합을 축으로 한 독점적 기업 결합
④ 콤비나트 : 기술적으로 연관성 있는 생산부문이 가까운 곳에 입지하여 형성된 기업의 지역적 결합 형태
⑤ 조인트 벤처 : 특정한 경제적 목적을 달성하기 위한 2인 이상의 업자가 공동으로 결성한 사업체

31 다음 내용에 해당하는 금융상품은?

- 회사채의 일종이다.
- 발행회사가 보유하고 있는 다른 기업의 주식으로 바꿀 수 있다.

① RP ② CD
③ EB ④ 코코본드
⑤ 커버드본드

해설 교환사채(EB)에 대한 설명이다.
① 환매조건부채권(RP) : 금융기관이 일정 기간 후 확정금리를 보태어 되사는 조건으로 발행하는 채권
② 양도성예금증서(CD) : 은행의 정기예금에 양도성을 부여한 무기명 증권
④ 코코본드 : 유사시 투자원금이 주식으로 강제 전환되거나 상각된다는 조건이 붙은 회사채
⑤ 커버드본드 : 금융회사가 보유한 우량자산을 담보로 발행하는 일종의 담보부채권

32. 다음 빈칸에 공통으로 들어갈 알맞은 말은?

> ( )은/는 TV 홈쇼핑과 비슷한 형태라고 이해할 수도 있지만, 엄연히 다르다. TV 홈쇼핑은 쇼핑 호스트가 일방적으로 제품을 설명하는 방식이라 소비자가 당장 궁금증을 해소할 방법이 없지만, ( )은/는 홈쇼핑보다 정보 교류가 활발하고 실시간 소통이 가능하다. 판매자는 시청자들의 요청에 따라 해당 상품을 직접 사용하고 질문에 답변도 해준다. 시청자들이 오프라인 매장에서 상품을 간접적으로 체험해볼 수 있도록 도와주는 것이다.

① 티커머스
② 라이브커머스
③ O4O마케팅
④ O2O마케팅
⑤ 그린마케팅

해설 라이브커머스의 가장 큰 특징은 '상호소통'이다. 생방송이 진행되는 동안 이용자들은 채팅을 통해 진행자, 혹은 다른 구매자와 실시간 소통할 수 있다. 상품에 대해 다양한 정보를 줘 비대면 온라인 쇼핑의 단점을 보완한다.
① 티커머스 : 전화를 사용하지 않고 TV 전용 리모컨을 사용해 상품 정보를 확인하고 구매까지 한 번에 가능한 홈쇼핑의 서비스 형태
③ O4O마케팅 : 온라인 플랫폼을 활용해 오프라인 매출을 극대화하는 전략
④ O2O마케팅 : 온라인과 오프라인을 연결한 마케팅
⑤ 그린마케팅 : 자연환경과 생태계 보전을 중시하는 시장접근 전략

33. 다음 빈칸에 들어갈 알맞은 말은?

> ( ) 효과는 막강한 경쟁자의 존재가 다른 경쟁자들의 잠재력을 끌어올리는 효과를 말한다.

① 코끼리
② 가물치
③ 메기
④ 메뚜기
⑤ 코뿔소

해설 메기 효과란 메기 한 마리를 미꾸라지 어항에 집어넣으면 미꾸라지들이 메기를 피해 다니느라 움직임이 빨라지면서 생기를 잃지 않는데 이를 기업경영에 적용한 말이다

정답 32 ② 33 ③

34 미국·유럽 등 선진국들이 금융위기 및 경제불황 극복을 위해 제로 금리, 양적완화 같은 정책을 통해 막대한 유동성을 공급하면서 조달비용이 낮아진 자금을 뜻하는 말은?

① 시드 머니 ② 이지 머니
③ 하드 머니 ④ 블랙 머니
⑤ 스마트 머니

해설 이지 머니에 대한 설명이다.
① 시드 머니 : 사업의 초기 자금 또는 투자의 초기 자금
③ 하드 머니 : 미국의 정치헌금 가운데 개인이 정치인 개인에게 주는 후원금
④ 블랙 머니 : 바르지 못하거나 비정상적인 방법으로 벌어들인 돈
⑤ 스마트 머니 : 장세 변화에 따라 신속하게 움직이는 자금

35 동물에서 유래한 각종 경제용어 중 기준금리 인상을 주장하는 '통화긴축론자'를 비유하는 말은?

① 블랙스완 ② 왝더독
③ 코끼리파 ④ 매 파
⑤ 비둘기파

해설 매파는 물가안정을 위한 금리인상을 주장한다. 이들은 경기과열을 막고, 인플레이션을 억제할 것을 강조한다. 인플레이션은 통화량 확대, 물가의 꾸준한 상승, 화폐가치의 하락을 의미한다. 따라서 매파는 긴축정책을 펼치자고 주장하는데 시중에 돌아다니는 통화량을 줄이기 위해 금리를 올리면 지출보다 저축의 비중이 높아지기 때문이다.
반대로 비둘기파는 경제성장을 위한 금리인하를 추구한다. 금리를 인하시켜 대출 및 투자와 소비가 증가하면 시장경제가 활성화되기 때문이다. 이러한 이유를 바탕으로 비둘기파는 경제활동을 촉진시키기 위해 적절한 인플레이션이 필요하다고 주장한다

정답 34 ② 35 ④

36 증시지수와 반대로 움직이는 지수로 이 지수가 높으면 주가가 하락한다. 이 지수를 무엇이라 하는가?

① ISM지수
② VIX지수
③ PMI지수
④ BSI지수
⑤ CSI지수

> **해설** VIX지수(공포지수)에 관한 설명이다. 주식시장과 역방향으로 움직이는 특성이 있고 이 지수가 높아지면 투자자들은 투자에 대한 불안감이 높아져서 주식을 팔려는 투자자가 많아진다. 이로 인해 주가는 하락한다.
> ① ISM지수 : 미국 내 20개 업종 400개 이상 회사를 대상으로 매달 설문조사를 실시해 산출하는 지수
> ③ PMI지수 : 제조업 부문 구매관리자의 활동 수준을 측정하는 지수
> ④ BSI지수 : 경기동향에 대한 기업가들의 판단·예측·계획의 변화추이를 관찰하여 지수화한 지표
> ⑤ CSI지수 : 소비 계획, 경기전망에 대한 소비자 설문조사 결과를 지수화한 것

37 기업 주가에 영향을 줄 만한 사안을 정기적으로 또는 수시로 투자자에게 알리도록 의무화한 제도는?

① 감 자
② 공 시
③ 스캘핑
④ 공 모
⑤ 종 가

> **해설** 공시란 사업의 내용이나 재무상황 또는 영업실적 같은 기업의 내용을 투자자 및 이해관계자들에게 알리는 제도이다.
> ① 감자 : 주식회사가 주식 금액이나 주식 수의 감면을 통해 자본금을 줄이는 것
> ③ 스캘핑 : 박리다매형 초단타 매매기법으로 하루 중에도 여러 번 분, 초 단위로 거래를 하여 단기 차익을 노리는 방식
> ④ 공모 : 증권을 공모하는 방법의 하나로 '신규'로 발행되는 증권에 대하여 50인 이상을 대상으로 증권의 취득의 청약을 권유하는 행위
> ⑤ 종가 : 주식 시장이 마감될 때 마지막으로 결정된 가격

정답 36 ② 37 ②

38 배출하는 이산화탄소량과 제거하는 이산화탄소량을 더했을 때 순 배출량이 0이 되는 것을 뜻하는 용어는?

① 스트레스 테스트

② 넷제로

③ RE100

④ 퀀텀점프

⑤ ESG

해설 넷제로에 대한 설명이다.
① 스트레스 테스트 : 경제 여건 악화라는 충격이 가해졌을 때 은행들이 충분한 자본과 유동성으로 위기를 헤쳐 나갈 수 있는지 평가하는 것
③ RE100 : 기업이 사용하는 전력 100%를 재생에너지로 충당하겠다는 캠페인
④ 퀀텀점프 : 어떤 일이 연속적으로 조금씩 발전하는 것이 아니라 계단을 뛰어오르듯이 다음단계로 올라가는 것
⑤ ESG : 기업의 비재무적 요소인 환경(Environment)·사회(Social)·지배구조(Governance)를 뜻하는 말

39 테슬라가 도입한 '이것'이 다른 자동차 제조사로 확산되고 있다. 부품을 일일이 조립하는 대신 차체를 한 번에 찍어내는 이 방식은?

① 기가캐스팅 ② 고대역폭메모리

③ 프로슈머   ④ 디커플링

⑤ IDM

해설 기가캐스팅에 대한 설명이다.
② 고대역폭메모리 : D램 여러 개를 수직으로 연결해 기존 D램보다 데이터처리 속도와 용량을 대폭 끌어올린 반도체 제품
③ 프로슈머 : 생산에 참여하는 소비자
④ 디커플링 : 국가와 국가, 또는 한 국가와 세계의 경기 등이 같은 흐름을 보이지 않고 탈동조화되는 현상
⑤ IDM : 팹리스나 파운드리의 기능을 모두 담당하는 업체

40 다음 빈칸에 들어갈 알맞은 말은?

> 경제활동 면에서 한국보다 남녀평등이 훨씬 더 보장된 것으로 여겨지는 미국과 캐나다 직장에서도 여전히 (   )이 존재해 조직 내 여성의 승진 기회를 막고 있는 것으로 조사됐다. 여성은 직장에서 리더가 되기를 원하지만, 고용주는 여전히 남성에게 상대적으로 더 유리한 승진 기회를 주고 있다.

① 갈라파고스 신드롬 ② 스텔스세금
③ 한계비용 ④ 유리천장
⑤ 그린메일

해설 유리천장이란 충분한 능력을 갖춘 구성원, 특히 여성이 조직 내의 일정 서열 이상으로 오르지 못하게 하는 '보이지 않는 장벽'을 은유적으로 표현한 말이다.
① 갈라파고스 신드롬 : 자신들의 표준만 고집함으로써 세계시장에서 고립되는 현상
② 스텔스세금 : 납세자들이 세금을 내고 있다는 사실을 쉽게 알아차리지 못하도록 만든 세금을 가리키는 말
③ 한계비용 : 생산물 한 단위를 추가로 생산할 때 필요한 총비용의 증가분
⑤ 그린메일 : 보유주식을 팔기 위한 목적으로 대주주에게 편지를 보낼 때 초록색인 달러화를 요구한다는 의미에서 붙여진 이름

41 다음 빈칸에 들어갈 용어로 적절한 것은?

> 정부가 중소기업 졸업 유예 기간을 5년으로 확대하는 정책을 발표했다. 상장 중소기업의 경우 2년을 추가 유예하여 최대 7년까지 혜택을 받을 수 있다. 정부는 중견기업에 진입한 중소기업은 중소기업이 받는 세액공제, 재정 지원 등 혜택이 줄어들고 규제는 늘어나 오히려 중견기업으로의 성장을 꺼리는 (   ) 문제가 발생하고 있다고 밝혔다.

① 피그말리온 효과 ② 부메랑 효과
③ 리마 증후군 ④ 피터팬 증후군
⑤ 스톡홀름 증후군

해설 피터팬 증후군이란 성인이 되어서도 현실을 도피하기 위해 스스로 어른임을 인정하지 않은 채 타인에게 의존하고 싶어 하는 심리적인 증후군이다. 경제에서는 중소기업이 중견기업이 될 경우 정책자금, 세제지원 등 여러 지원 및 세제 혜택이 끊기고 규제가 강화되어 중견기업으로 성장하기를 꺼리며 중소기업으로 남으려는 현상을 뜻한다.

정답 40 ④ 41 ④

42 다음 빈칸에 들어갈 알맞은 말은?

> 헤르만 지몬은 (   )을 대중에게 잘 알려져 있지 않은 기업, 각 분야에서 세계시장 점유율 1~3위 또는 소속 대륙에서 1위를 차지하는 기업, 매출액이 40억 달러 이하인 기업으로 규정하였다.

① 히든 챔피언
② 그레이마켓
③ 블랙스완
④ 캐시카우
⑤ 스몰 자이언츠

해설 히든 챔피언에 대한 설명이다.
② 그레이마켓 : 원 제조사나 상표 소유자의 허가를 받지 않은 배급 채널을 통한 상품의 교역
③ 블랙스완 : 경험에 의존한 예측을 벗어나 예기치 못한 극단적 상황이 일어나는 일을 뜻하는 말
④ 캐시카우 : 수익창출원, 즉 확실히 돈벌이가 되는 상품이나 사업
⑤ 스몰 자이언츠 : 강소기업으로, 기술력으로 승부하는 수출 5,000만 달러 이상의 한국형 중소기업

43 주식시장에서 주가가 단기간에 과도하게 급등한 것으로 판단되는 상황을 뜻하는 말은?

① 언더슈팅
② 오버슈팅
③ 블랙마켓
④ 레몬마켓
⑤ 숏커버링

해설 오버슈팅에 대한 설명이다.
① 언더슈팅 : 주식가격이나 환율이 시장이론가나 전저점을 하회해 단기간에 급락하는 움직임
③ 블랙마켓 : 정당한 가격과 현저하게 차이가 나는 가격으로 거래되는 시장
④ 레몬마켓 : 저급하고 쓸모없는 재화나 서비스가 거래되는 시장
⑤ 숏커버링 : 매도한 주식을 다시 사는 환매수

정답 42 ① 43 ②

44 다음 내용에 해당하는 경제용어를 고르면?

> 인터넷 상거래 등과 같이 구매자·판매자 간 신뢰가 낮을 때 제3자가 개입해 대금 지급의 안정성을 높여주는 매매 보호 서비스이다.

① 에스크로
② 브로커리지
③ 랩어카운트
④ 프라이빗뱅킹
⑤ 방카슈랑스

해설 에스크로에 대한 설명이다.
② 브로커리지 : 인터넷 중개사업
③ 랩어카운트 : 증권사에서 운용하는 종합자산관리 방식의 상품
④ 프라이빗뱅킹 : 금융기관들이 거액의 자산가들을 상대로 제공하는 맞춤형 자산 관리 서비스
⑤ 방카슈랑스 : 은행과 보험사가 상호 제휴하여 은행창구에서 직접 보험상품을 판매하는 영업형태

45 조세 부담을 경감할 수 있거나 조세 부과를 피할 수 있는 국가 또는 지역을 뜻하는 말은?

① 페이퍼 컴퍼니
② 프롭테크
③ 카피캣
④ 택스 헤이븐
⑤ 타운하우스

해설 택스 헤이븐에 대한 설명이다.
① 페이퍼 컴퍼니 : 물리적인 실체 없이 서류상으로만 존재하는 기업
② 프롭테크 : 부동산 업계에서의 혁신과 디지털 기술의 융합을 의미
③ 카피캣 : 잘 나가는 제품을 그대로 모방해 만든 제품을 비하하는 뜻으로 사용되는 말
⑤ 타운하우스 : 단독주택을 두 채 이상 나란히 붙여 지은 집으로 벽을 공유하는 주택형식

정답 44 ① 45 ④

46 성장 동력을 훼손하지 않기 위해 통화 긴축을 자제하는 것을 뜻하는 신조어는?

① 노 랜딩

② 노 타이트닝

③ 디스인플레이션

④ 기대인플레이션

⑤ 스태그플레이션

해설 노 타이트닝에 대한 설명이다. 노 타이트닝(no tightening)이란 금리 인상을 의미하는 타이트닝에서 노를 붙여 금리 인상을 하지 않겠다는 의미이다.
① 노 랜딩 : 경제가 침체나 소강상태에 빠지지 않고 상당 기간 호황을 유지하는 것
③ 디스인플레이션 : 인플레이션을 극복하기 위해 통화증발을 억제하고 재정·금융긴축을 주축으로 하는 경제 조정 정책
④ 기대인플레이션 : 기업 및 가계 등의 경제주체들이 현재 알고 있는 정보를 바탕으로 예상하는 미래의 물가 상승률
⑤ 스태그플레이션 : 경제불황 속에서 물가상승이 동시에 발생하고 있는 상태

47 정부가 고금리 대출 이용이 불가피한 최저신용자에게 자금 융통을 도와주기 위해 운영하는 대출 상품은?

① 햇살론

② 특례보금자리론

③ 오버나이트론

④ 브리지론

⑤ 신디케이트론

해설 햇살론은 신용등급과 소득이 낮은 사람들이 신청할 수 있는 대표적인 정부지원 대출상품이다.
② 특례보금자리론 : 가계 주거비용 부담을 줄이기 위해 정부가 마련한 장기 고정금리 대출
③ 오버나이트론 : 금융시장에서 증권 딜러가 다른 금융기관으로부터 빌리는 최단신용 형태의 하나
④ 브리지론 : 자금이 급히 필요할 때 일시적으로 조달하기 위해 도입되는 자금
⑤ 신디케이트론 : 다수의 은행으로 구성된 차관단이 공통의 조건으로 일정 금액을 차입자에게 융자해 주는 중장기 대출

실전모의고사

경제이론(1~30)

시사경제·경영(31~60)

상황판단·추론(61~80)

교육은 우리 자신의 무지를
점차 발견해 가는 과정이다.
- 윌 듀란트 -

보다 깊이 있는 학습을 원하는 수험생들을 위한
시대에듀의 동영상 강의가 준비되어 있습니다.
www.sdedu.co.kr → 회원가입(로그인) → 한경TESAT

부록 실전모의고사

경제이론(01~30)

01 다음 중 '자원의 희소성'에 대해 옳지 않은 것은?

① 동일한 자원이라도 시대나 장소에 따라 달라질 수 있다.
② 자원에 비해 욕망이 얼마나 더 큰지에 따라 결정된다.
③ 인간의 필요와 욕구에 의해 달라지는 상대적인 개념이다.
④ 해당 자원에 대한 수요가 없으면, 그 자원은 희소하다고 볼 수 있다.
⑤ 선택이 필요한 이유는 재화의 희소성 때문이다.

02 소담이는 졸업을 앞두고 A, B, C 회사에 지원하여 모두 합격하였다. A사는 3,500만 원, B사는 4,000만 원, C사는 3,000만 원의 연봉을 제시했고, 소담이는 B사에 입사하기로 했다. B사 입사에 대한 기회비용은 얼마인가?

① 3,000만 원
② 3,500만 원
③ 4,000만 원
④ 6,500만 원
⑤ 7,500만 원

03 다음 중 우상향하는 자동차 공급 곡선을 좌측으로 수평이동하게 하는 원인으로 알맞은 것은?(단, 다른 조건은 일정하다)

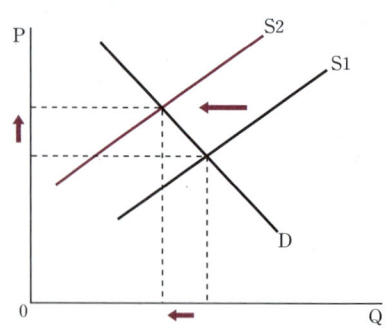

① 원자재 가격 상승
② 대체재 가격 상승
③ 기술 진보
④ 보조금 증가
⑤ 보완재 가격 하락

04 어느 제조 공장에서 10명의 근로자가 1인당 평균 30개의 상품을 생산했다. 그런데 근로자 1명을 더 고용했더니 1인당 평균 생산량이 29개로 줄어들었다. 근로자 1명을 추가 고용했을 때 한계생산은 몇 개인가?

① 19
② 20
③ 21
④ 22
⑤ 23

05 다음 그림은 시대 씨의 예산선과 무차별곡선을 나타내고 있다. 다음 그림에 대한 설명으로 옳지 않은 것은?

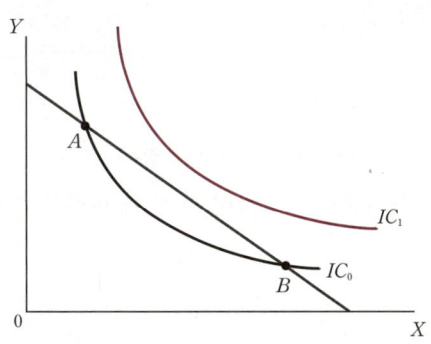

① 무차별곡선 IC_0에서의 상품묶음이 IC_1에서의 어떤 상품묶음보다도 효용이 작다.
② 한계대체율이 B점보다 A점에서 크다.
③ 소비자가 A점에서 얻는 총효용의 크기는 B점에서 얻는 총효용의 크기와 같다.
④ A점에서 X재 1원당 한계효용은 Y재 1원당 한계효용보다 크다.
⑤ B점에서 소비하는 경우, 효용을 극대화하기 위해서는 X재의 소비를 증가시키고, Y재의 소비를 감소시켜야 한다.

06 두 재화 X와 Y를 소비하는 A씨의 효용함수(U)는 U = X + Y이다. A씨의 소비에 대한 다음 내용 중 옳은 것은?

> ㉠ X재와 Y재는 완전대체재이다.
> ㉡ 두 재화의 교차탄력성은 0과 1사이이다.
> ㉢ X재의 Y재에 대한 한계대체율은 체감한다.
> ㉣ X재와 Y재의 가격이 다르다면 한 재화만 소비한다.

① ㉠, ㉡ ② ㉠, ㉢
③ ㉡, ㉢ ④ ㉢, ㉣
⑤ ㉠, ㉣

07 규모의 경제가 발생할 가능성이 가장 큰 경우는?

① 생산요소의 가격이 하락할 경우
② 기업의 규모가 클 경우
③ 시장에 다수의 생산자가 존재할 경우
④ 생산량이 증가함에 따라 장기평균비용이 감소할 경우
⑤ 생산요소의 투입량이 두 배 증가할 때 생산량이 두 배 이하로 증가할 경우

08 완전가격차별이 시행되는 독점시장에 대한 설명으로 옳지 않은 것은?

① 모든 소비자는 각각 최대 지불 용의만큼의 가격을 지불한다.
② 소비자 잉여는 존재하지 않는다.
③ 사회 전체 총잉여는 완전경쟁시장에서와 동일하다.
④ 시장수요곡선은 한계수입곡선과 일치한다.
⑤ 다른 가격차별이 시행되는 독점시장보다 현실적이다.

09 다음은 마늘 시장에 대한 신문기사이다. 이 같은 현상의 결과를 적절하게 표현한 것은?

> 2024년 마늘 생산량은 31만 3천 톤으로 전년에 비해 13.9% 감소될 것으로 보인다. 재배면적과 단수가 감소한 것이 주요 원인으로 분석되고 있다.

① 수요곡선이 왼쪽으로 이동한다.
② 수요곡선이 오른쪽으로 이동한다.
③ 공급곡선이 왼쪽으로 이동한다.
④ 공급곡선이 오른쪽으로 이동한다.
⑤ 수요곡선은 오른쪽으로 이동하고 공급곡선은 왼쪽으로 이동한다.

10. 다음 중 국가 경제성장률 지표로 이용되는 것은?

① 실질GDP
② 명목GDP
③ 실질GNI
④ 명목GNI
⑤ GDP 디플레이터

11. 자연실업률과 관련된 다음 설명 중 옳지 않은 것은?

① 산업구조와 인구구성의 변화는 자연실업률에 영향을 미친다.
② 현실에서 자연실업률은 0이 될 수 없다.
③ 구인자와 구직자 사이의 정보 비대칭 완화는 자연실업률을 증가시키는 요인이다.
④ 일자리를 구하는 과정에서 발생하는 마찰적 실업은 자연실업률의 일부다.
⑤ 노동시장의 유연성을 제고를 통해 자연실업률을 낮출 수 있다.

12. 다음 사례와 관련된 실업의 종류로 올바르게 짝지어진 것은?

> ㉠ 시대 씨는 더 좋은 직장을 찾기 위해 헤드헌터의 정보를 기다리고 있다.
> ㉡ 가위로 옷을 재단하는 일에 종사해온 섬유 기술자들은 컴퓨터를 이용한 새로운 재단 기술을 익히지 못해 실업이 발생하였다.

① ㉠ 마찰적 실업   ㉡ 계절적 실업
② ㉠ 마찰적 실업   ㉡ 구조적 실업
③ ㉠ 경기적 실업   ㉡ 구조적 실업
④ ㉠ 경기적 실업   ㉡ 마찰적 실업
⑤ ㉠ 구조적 실업   ㉡ 탐색적 실업

13 어느 나라의 15세 이상 생산가능인구는 4,000만 명, 비경제활동인구는 1,000만 명, 취업자 수가 2,400만 명이라고 할 때 고용률과 실업률을 각각 구하면?

① 고용률 : 60% - 실업률 : 20%
② 고용률 : 59% - 실업률 : 20%
③ 고용률 : 58% - 실업률 : 20%
④ 고용률 : 57% - 실업률 : 30%
⑤ 고용률 : 56% - 실업률 : 30%

14 도덕적 해이(moral hazard)의 예에 해당하지 않는 것은?

① 화재보험에 가입한 후에는 화재예방의 노력을 소홀히 한다.
② 직원들은 직장에 취업을 하고 나서 근무를 태만하게 한다.
③ 암보험에는 암에 걸릴 확률이 높은 사람이 가입하는 경향이 있다.
④ 금융기관에서 자금을 차입한 후에 보다 위험이 높은 투자안에 투자한다.
⑤ 실직자가 실업급여를 받자 구직 활동을 열심히 하지 않는다.

15 공유지의 비극(the tragedy of the commons)에 대한 설명으로 옳지 않은 것은?

① 배제성과 비경합성이 있는 재화의 경우 발생한다.
② 소유권이 분명하지 않은 상태에서 각 개인은 자원을 아껴 쓸 유인을 갖지 못해 발생하는 문제이다.
③ 외부효과를 내부화함으로써 어느 정도 해결이 가능하다.
④ 하딘(G.Hardin)은 소유권을 명확하게 하여 공유상태를 근본적으로 제거하는 것이 가장 바람직하다고 보았다.
⑤ 사유재산제도의 정당화에 사용된다.

16 예상하지 못한 인플레이션의 영향에 대한 설명 중 옳지 않은 것은?

① 가계의 실질 구매력을 감소시킨다.
② 환율을 변동시킨다.
③ 현금 보유의 기회비용을 감소시킨다.
④ 채권자와 채무자 간 소득의 재분배가 이루어진다.
⑤ 상대가격의 왜곡으로 자원의 효율적 배분을 저해시킨다.

17 다음 중 확장적 재정정책의 효과에 대한 설명으로 옳지 않은 것은?

① 정부지출 증가나 세금감면을 통해 총수요를 증가시킬 수 있다.
② 구축효과가 발생하면 민간부분의 투자지출이 위축될 수 있다.
③ 완전고용상태에서는 재정정책의 승수효과가 극대화된다.
④ 유동성함정에서는 재정정책이 통화정책보다 더 효과적일 수 있다.
⑤ 고전학파는 재정정책을 실시하더라도 국민소득은 전혀 증가하지 않는다고 주장하였다.

18 경기침체를 극복하기 위해 정부가 재정정책을 시행하려고 할 때, 다음 중 정부지출의 효과가 크게 나타나는 상황을 모두 고르면?

> 가. 한계소비성향이 높을수록 재정정책의 효과는 커진다.
> 나. 정부지출의 증가로 물가가 크게 상승할수록 재정정책의 효과는 커진다.
> 다. 한계수입성향이 낮을수록 재정정책의 효과는 커진다.
> 라. 승수효과와 구축효과가 크게 나타날수록 재정정책의 효과는 커진다.

① 가, 나   ② 가, 다   ③ 나, 다   ④ 다, 라   ⑤ 나, 다, 라

19 물가수준에서 기업전체가 생산하는 재화의 공급량을 나타내는 총공급곡선을 좌측으로 이동시키는 요인이 아닌 것은?

① 임금의 상승
② 원자재 가격의 상승
③ 국제유가의 하락
④ 기업에 대한 보조금 감소
⑤ 법인세율의 인상

20 유동성 함정에 대한 설명으로 옳지 않은 것은?

① 유동성 함정의 대표적인 사례는 1930년대 미국의 대공황기이다.
② 중앙은행이 통화량을 늘려도 이자율이 하락하지 않아 통화정책의 효과가 나타나지 않는 상태이다.
③ 유동성 함정은 일반적으로 경기가 극심한 침체기에 발생한다.
④ 화폐수요의 이자율 탄력성이 무한대이다.
⑤ 물가상승에 대한 압력이 크다.

21 다음 내용이 설명하는 이론에 해당하는 것은?

- 기존 주류경제학의 주장과는 크게 다른 대안적인 화폐 및 재정·통화정책의 이론을 제시하였다.
- 통화정책이란 결국 재정정책을 위한 화폐발행에 지나지 않기 때문에 통화정책은 재정정책의 하위분야이다.
- 화폐는 정부의 강제력에 따라 발행·유통되기 때문에 정부는 얼마든지 발행할 수 있다.

① 화폐수량설　　　　② 현대화폐이론
③ 세이의 법칙　　　　④ 유동성선호설
⑤ 현금잔고수량설

22 다음 중 관세 부과가 국내 경제에 미치는 영향으로 가장 적절하지 않은 것은?

① 소비자잉여가 감소한다.
② 생산자잉여가 증가한다.
③ 정부는 관세 수입을 얻는다.
④ 사회 전체의 후생은 증가한다.
⑤ 수입량이 줄어들 수 있다.

23 물가상승률을 연 6%로 예상했으나 실제로는 7%에 달했다. 이와 같은 상황에서 이득을 얻는 경제주체를 모두 고르면?

가. 채권자	나. 채무자
다. 국채를 발행한 정부	라. 국채를 구매한 개인
마. 장기 임금 계약을 맺은 회사	바. 은행 정기적금에 가입한 주부

① 가, 다, 마 ② 가, 라, 바
③ 나, 다, 마 ④ 나, 라, 바
⑤ 다, 마, 바

24 기업 투자가 매우 부진하여 경기가 회복되고 있지 않다고 한다. 다음 중 투자이론 관점에서 기업이 투자를 늘리지 않는 이유를 모두 고른 것은?

가. 금리가 충분히 낮지 않다.
나. 경제 내의 불확실성이 크다.
다. 토빈(Tobin)의 q가 충분히 높지 않다.
라. 기업의 경기회복에 대한 기대가 크지 않다.
마. 금융시장에서 투자자금을 조달하기에 애로사항이 있다.

① 가, 나, 라 ② 나, 다, 마
③ 가, 나, 라, 마 ④ 나, 다, 라, 마
⑤ 가, 나, 다, 라, 마

25 우리나라의 통화량이 13% 증가, 실질국민소득이 6% 증가, 물가가 4% 증가하였다면, 화폐의 유통속도의 변화율은 대략 얼마인가?

① −15% ② −11% ③ −3% ④ 3% ⑤ 11%

26 다음 중 국제수지의 경상수지에 포함되지 않는 거래는?

① 국내 기업의 상품 수출
② 외국인이 국내에서 소비한 여행 경비
③ 정부 간의 무상원조
④ 내국인이 외국에서 수취한 이자소득
⑤ 외국인이 국내 주식을 사기 위해 송금한 자금

27 생산요소시장에서 공급자가 수요자에게 받는 보상에 해당하는 것들로만 짝지어진 것은?

① 임금, 지대, 이자
② 생산, 분배, 지출
③ 수출, 수입, 배당
④ 노동, 자본, 토지
⑤ 경상수지, 자본수지, 서비스수지

28 A국과 B국은 명품 가방과 자동차를 생산하고 있다. 이 두 나라가 명품 가방과 자동차를 생산하기 위해 필요한 단위 노동 투입량은 다음과 같다. 다음 중 옳은 것은?(단, 생산요소는 노동밖에 없다)

구 분	A국	B국
명품 가방	100	25
자동차	160	80

① A국은 두 상품에 대해 절대우위를 가진다.
② A국은 명품 가방에 특화하여 생산한다.
③ B국은 명품 가방과 자동차에서 모두 비교우위를 가진다.
④ A국과 B국이 무역을 한다면 B국은 자동차를 수입할 것이다.
⑤ A국과 B국이 무역을 한다면 A국은 두 상품 모두를 수출할 것이다.

29 국제수지와 환율에 대한 다음 설명 중 옳지 않은 것은?

① 개방경제의 총수요에는 순수출이 포함된다.
② 명목환율은 서로 다른 나라 간의 물가변동을 반영하여 구매력 변동을 나타내도록 조정한 환율을 말한다.
③ 국제수지는 경제적 거래의 형태에 따라 크게 경상수지와 금융계정으로 구분된다.
④ 국민소득 항등식에 의하면 국내 저축이 국내 투자보다 크면 순수출은 항상 0보다 크다.
⑤ 실질환율은 우리나라에서 생산한 재화 한 단위가 다른 나라에서 생산한 재화 몇 단위와 교환되는지를 나타낸다.

30 구매력평가(PPP)에 관한 다음 설명 중 옳지 않은 것은?

① 한 나라의 화폐가 모든 나라에서 동일 수량의 재화를 구입할 수 있어야 한다는 환율 결정이론이다.
② 양국의 물가를 기준으로 환율이 결정된다고 보기 때문에 일물일가의 법칙과는 관계가 없다.
③ 현실적으로 국가 간에 교역이 어려운 품목들이 있어서 구매력평가는 일정한 한계를 갖고 있다.
④ 구매력평가로 계산한 원화의 달러당 환율이 1,100원일 때 미국의 물가만 10% 오르게 되면 환율은 1,000원이 된다.
⑤ 단기적인 환율의 움직임은 잘 나타내지 못하지만 장기적인 환율의 변화추세는 잘 반영한다.

시사경제 · 경영(31~60)

31 다음 기사를 읽고, 빈칸에 알맞은 용어를 고르시오.

> 다이어트를 결심하고 처음 먹는 고구마나 샐러드는 맛이 괜찮다. 하지만 일주일 혹은 한 달간 먹고 나면 더 이상은 손이 쉽게 가질 않는다. 자꾸 다이어트 전에 즐겨 먹던 초콜릿이나 햄버거가 생각난다. 다이어트를 하던 중에 이런 종류의 유혹에 빠지는 것을 아예 피할 수는 없겠지만 (   )을/를 이용하면 같은 유혹에서도 보다 합리적인 혹은 효율적인 선택을 할 수 있다. 같은 양의 초콜릿이나 치킨을 먹어도 한 번에 먹을 양을 적게 나눠 여러 차례에 걸쳐 먹으면 같은 양을 먹더라도 훨씬 큰 만족감을 느낀다.
>
> 〈매일경제 기사 일부 인용〉

① 역선택
② 한계효용체감의 법칙
③ 코즈의 정리
④ 외부 비경제
⑤ 매몰비용

32 다음 기사를 읽고, 빈칸에 들어갈 말로 적절한 것은?

> 대기업과 중소기업 사이에 낀 중견기업이 중소기업 회귀를 고민하고, 성장하는 중소기업은 중견기업이 되길 회피하는 (   )이 심각한 상황인 것으로 드러났다. 이런 현상은 중소기업을 유지하면서 얻는 이득이 중견기업으로 편입되면서 대부분 사라지기 때문에 발생한다.
>
> 〈매일신문 기사 일부 인용〉

① 리플리증후군
② 스톡홀름증후군
③ 피터팬증후군
④ 서번트증후군
⑤ 파랑새증후군

33 다른 사람의 재화 소비가 증가하면 이에 편승하여 특정 재화에 대한 어떤 개인의 수요가 증가하는 현상으로, 곡예나 퍼레이드의 맨 앞에서 행렬을 선도하는 악대차가 사람들의 관심을 끄는 효과를 내는 데에서 유래한 이 용어는?

① 베블렌효과
② 밴드웨건효과
③ 속물효과
④ 스놉효과
⑤ 의존효과

34 경기과열에 따른 인플레이션과 경기침체에 따른 실업을 염려할 필요가 없는 최적 상태에 있는 건실한 경제를 가리키는 경제용어는?

① 회색코뿔소
② 골디락스
③ 네온스완
④ 전시효과
⑤ 낙수효과

35 최근 TSMC와 삼성전자가 글로벌에 반도체 생산시설을 확장하며 경쟁하고 있다. 이처럼 설계는 하지 않고 반도체 제조만 전문적으로 수행하는 산업 형태는?

① 시스템LSI
② IDM
③ 파운드리
④ 웨이퍼
⑤ 팹리스

36 다음 설명에 해당하는 말은?

> 1987년 10월 19일 미국 증시가 전일 대비 22.6%나 대폭락한 사건으로 시장의 구조적 문제 등을 이유로 주식시장이 폭락할 때를 말한다.

① 블랙먼데이
② 패닉바잉
③ 블랙스완
④ 블랙프라이데이
⑤ 골디락스

37 다음 내용이 설명하는 용어는?

- 철강과 곡물 등의 원자재를 포장 없이 실어 나르는 벌크선의 운임지수
- 영국 런던 발틱해운거래소가 주요 노선을 운항하는 선박들의 운임을 평균하여 산출
- 세계 경기를 예측하는 선행지표의 기능

① BDI ② BSI ③ CPI ④ CRB ⑤ IBD

38 어떤 현상이나 문제를 억제하면 다른 현상이나 문제가 새로이 불거져 나오는 상황을 가리키는 말은?

① 승수효과 ② 구축효과 ③ 기저효과 ④ 풍선효과 ⑤ 의존효과

39 선물시장에서 전일 종가 대비 일정수준 이상 급락, 급등한 상태로 1분 이상 지속될 때 현물시장에 대한 과도한 충격을 방지하기 위해 주식시장의 선물 및 현물 매매를 5분간 중단시키는 제도는?

① 서킷브레이커 ② 사이드카
③ 오버슈팅 ④ 숏커버링
⑤ 트레이딩칼라

40 다음 설명하는 것으로 가장 알맞은 것은?

정보 기술 산업에서 가장 큰 영향력을 가지고 있는 기업들을 의미하는 것으로 구글, 애플, 아마존, 메타, 엔비디아 등이 있다.

① 팹리스 기업 ② 유니콘 기업
③ 플랫폼 노동 ④ 핀테크 기업
⑤ 빅테크(Big-Tech)

41 다음 빈칸에 들어갈 말로 올바르게 연결된 것은?

> - (가) 효과란 특정 재화를 사용하는 수요자가 늘면서 다른 사람의 수요에도 영향을 주는 현상을 말한다.
> - (나) 효과란 기존의 제품 및 서비스보다 더 뛰어난 것이 나와도 이미 투자된 비용이나 기회비용으로 인해 타 제품 및 서비스로 옮겨가지 못하게 되는 것을 말한다.

① 가 : 자물쇠　　　　　　　　　나 : 네트워크
② 가 : 네트워크　　　　　　　　나 : 자물쇠
③ 가 : 풍선　　　　　　　　　　나 : 자물쇠
④ 가 : 자물쇠　　　　　　　　　나 : 풍선
⑤ 가 : 나비　　　　　　　　　　나 : 빨대

42 적대적 인수합병(M&A)시도에 대응하는 경영권 방어수단에 대한 설명으로 옳지 않은 것은?

① 황금낙하산 : 인수대상 기업의 임원이 임기 전에 물러나게 될 경우 거액의 퇴직금, 스톡옵션, 보너스 등 받을 권리를 사전에 고용계약에 기재해 안정성을 확보하는 제도
② 백기사 : 재정적 어려움이 있거나 예상치 못한 적대적 투자자를 피해 경영진에 우호적인 제3의 매수 희망자에게 매수 결정에 필요한 정보 등 편의를 제공해주고 매수오퍼를 하는 방법
③ 포이즌 필 : 적대적 M&A나 경영권 침해 시도가 발생하는 경우에 기존 주주들에게 시가보다 훨씬 싼 가격에 지분을 매입할 수 있도록 미리 권리를 부여하는 제도
④ 그린메일 : 매수자가 사전예고 없이 목표 기업의 경영진에게 편지를 보내 매수 제의를 하고 신속한 의사결정을 요구하는 방법
⑤ 차등의결권 : 최대 주주나 경영진이 실제 보유한 지분보다 많은 의결권을 행사할 수 있도록 하는 것

43 다음 괄호안에 들어갈 말로 가장 적절한 것은?

> (　　)은 스마트폰, 전기차, 풍력 터빈, 군사 장비 등 첨단 기술 산업에 필수적으로 사용되며, 최근 중국을 중심으로 많이 매장된 것으로 알려진, 산업적으로 매우 중요한 전략 자원이다.

① 셰일가스　　② 리튬　　③ 희토류　　④ 니켈　　⑤ 우라늄

44 기업이나 국가의 회계기준에서 현금 출납이 없더라도 가격 상승이나 하락분을 순자산 변동으로 처리하여 재무제표에 반영하는 방식은?

① 현금주의
② 발생주의
③ 실현주의
④ 권리의무 확정주의
⑤ 총액주의

45 주주총회는 최고의 의사결정기관으로 주식회사라면 반드시 설치해야 한다. 다음 중 주주총회에서 결정하지 않아도 되는 것은?

① 이사의 선임
② 주식배당
③ 합병의 승인
④ 전환사채 발행
⑤ 대표이사의 선임

46 주식회사 설립 시 회사의 조직 및 운영을 위한 내부규칙을 규정하는 정관을 반드시 작성해야 한다. 반드시 기재해야만 하는 정관의 절대적 기재사항만을 고른 것은?

> 가. 변태설립사항
> 나. 본점 소재지
> 다. 액면주식을 발행하는 경우 1주의 금액
> 라. 상호
> 마. 설립 시 발행주식수

① 가, 나, 다 ② 나, 라, 마
③ 가, 다, 라, 마 ④ 나, 다, 라, 마
⑤ 가, 나, 다, 라, 마

47 다음 M&A에 대한 설명 중 옳지 않은 것은?

① 합병의 동기 중 재무시너지란 합병에 따른 현금흐름의 증가로 기업가치가 증대되는 효과를 얻는 것을 말한다.
② 숙련된 전문 인력 및 기업의 대외적 신용확보의 목적으로 M&A가 이루어지기도 한다.
③ 적대적 M&A는 주로 주식매수와 위임장대결을 통해 이루어진다.
④ 실질적인 인수기업이 소멸하고 피인수기업이 존속하게 되는 것을 역합병이라고 한다.
⑤ 주식 매수만으로 기업 인수가 어려운 경우 불특정다수의 소액주주에게 의결권을 위임받아 M&A를 시도하는 방법을 위임장 대결이라고 한다.

48 다음 중 세금은 아니지만 실질적으로 세금과 유사한 성격을 가지는 것으로 가장 알맞은 것은?

① 부가가치세 ② 재산세
③ 국민연금 ④ 공공도서관 이용료
⑤ 교통범칙금

49 규모·생산량·경험 등의 증대로 인한 단위원가의 하락을 나타내는 효과를 의미하며, 포터의 원가우위 전략을 현실적으로 실행하기 위한 규모의 경제를 누릴 수 있도록 원가의 최소화를 가능케 하는 이 효과를 무엇이라고 하는가?

① 승수효과 ② 가격효과
③ 시너지효과 ④ 톱니효과
⑤ 경험곡선효과

50 재무비율 분석을 분류할 때 활동성비율, 안정성비율, 수익성비율의 순서로 알맞은 것은?

① 토빈의 q비율 – 유동비율 – 순이익증가율
② 매출액증가율 – 유동비율 – 재고자산회전율
③ 재고자산회전율 – 주가순자산비율 – 매출액순이익률
④ 주가수익비율 – 납입자본회전율 – 배당성향
⑤ 재고자산회전율 – 자기자본비율 – 주당순이익

51 다음 용어에 대한 설명 중 옳은 것은?

① 가지급금은 현금지급이 아직 이루어지지 않은 것이므로 세법의 규제를 받지 않는다.
② 통화스왑은 계약 시 약정 환율에 따라 해당 통화를 일정 시점에서 교환하는 것이다.
③ 낙성계약은 당사자의 의사가 일치하는 것 이외에 당사자 일방이 물건의 인도와 기타 급부를 하여야 성립하는 계약을 말한다.
④ 라이선스 생산방식은 기술의존도가 낮아 자력 개발이 쉬운 제품의 생산에 주로 사용된다.
⑤ 소프트패치란 경기 침체 후에 잠시 회복기를 거친 후 다시 침체에 빠지는 이중침체 현상이다.

52 서킷 브레이커(Circuit Breakers)에 대한 설명으로 옳지 않은 것은?

① 단계별로 2번씩 발동할 수 있다.
② 주가지수 급락이 1분 이상 지속되면 발동할 수 있다.
③ 20분이 지나면 10분간 호가를 접수해서 매매를 재개한다.
④ 주식시장에서 주가가 급등 또는 급락하는 경우 주식매매를 일시 정지하는 제도이다.
⑤ 1,2단계는 개장 5분 후부터 장이 끝나기 40분 전까지 발동할 수 있다.

53 경기침체기에 경기를 부양하기 위해 취하였던 통화 공급, 감세 등과 같은 완화정책이나 과도하게 풀린 자금을 경제회복의 조짐이 있는 상황에서 도로 거두어들이는 경제정책은?

① 출구전략
② 통화 스와프
③ 입구전략
④ 긴축재정정책
⑤ 확대재정정책

54 다음은 통화량과 이자율의 관계를 설명한 내용이다. 빈칸 (가) ~ (다)에 적합한 말을 순서대로 바르게 나타낸 것은?

> 통화당국이 이자율을 조절하기 위해 통화량을 증가시키면 단기적으로 명목이자율은 하락하게 되는데 이를 (가) 효과라고 한다. 그러나 이자율 하락은 투자를 증가시키므로 국민소득이 증대되고 이는 화폐수요를 증가시켜 명목이자율은 다시 상승하게 되는데 이를 (나) 효과라고 부른다. 또한 통화량이 증가하여 기대인플레이션이율이 상승하고 물가가 상승하면 명목이자율이 상승하는데 이를 (다) 효과라고 한다.

① 유동성 – 소득 – 피셔
② 유동성 – 피셔 – 소득
③ 소득 – 유동성 – 피셔
④ 피셔 – 소득 – 유동성
⑤ 피셔 – 유동성 – 소득

55 다음 중 빈칸에 적절한 용어는?

> 국내에서 판매되는 브라질 채권의 만기는 주로 6년 이상의 장기채이다. 장기채가 판매되는 주요 이유는 채권을 살 때 부과하는 (   ) 때문이다.

① 버핏세
② 토빈세
③ 부유세
④ 종합소득세
⑤ 로빈후드세

56 다음 설명에 적합한 마케팅을 무엇이라고 하는가?

> 과거를 회고하는 것으로 마케팅을 한다는 의미로서, 과거의 향수를 불러일으킬 수 있는 아이템을 현대인 기준으로 기호화하고 필요에 맞게 재해석하여 마케팅에 활용한다는 의미이다. 해당 마케팅은 포근함과 안정감을 통해서 공감과 호응을 얻어내는 방법으로 볼 수 있다.

① 앰부시마케팅 ② 넛지마케팅
③ 레트로마케팅 ④ 바이럴마케팅
⑤ 그린마케팅

57 국민경제 전체의 물가압력을 측정하는 지수로 사용되며, 통화량 목표설정에 있어서도 기준 물가상승률로 사용되는 것은?

① 소비자물가지수(CPI)
② 생산자물가지수(PPI)
③ 기업경기실사지수(BSI)
④ GDP 디플레이터(Deflator)
⑤ 구매력평가지수(Purchasing Power Parities)

58 기업 회계에 대한 설명 중 옳지 않은 것은?

① 재무상태표 등식에서 알 수 있듯이 자산과 부채의 합은 수익과 비용의 합과 같다.
② 재무상태표의 왼쪽에는 자산, 오른쪽에는 부채와 자본을 기록한다.
③ 손익계산서는 일정 기간 동안 수익과 비용을 표시한 것이다.
④ 매출채권은 재무상태표의 구성항목에 해당하며, 매출원가는 포괄손익계산서의 구성항목에 해당한다.
⑤ 회계의 순환과정은 '거래발생 → 분개 → 원장 전기 → 수정전시산표 작성 → 수정분개 → 재무제표 작성' 순이다.

59 재무비율에 관한 설명으로 옳지 않은 것은?

① 유동성 비율은 단기에 지급해야 할 기업의 채무를 갚을 수 있는 기업의 능력을 측정하는 것이다.
② 이자보상비율은 순이익을 이자비용으로 나누어 산출한다.
③ 활동성 비율은 기업의 자산을 얼마나 효율적으로 사용했는지를 측정한다.
④ 레버리지 비율을 통해 기업의 채무불이행 위험을 평가할 수 있다.
⑤ 재고자산회전율이 산업평균보다 낮은 경우 재고부족으로 인한 기회비용이 나타난다.

60 옵션에 관한 설명으로 옳지 않은 것은?

① 풋옵션은 정해진 가격으로 기초자산을 팔 수 있는 권리가 부여된 옵션이다.
② 미국식 옵션은 만기시점 이전이라도 유리할 경우 행사가 가능한 옵션이다.
③ 콜옵션은 기초자산의 가격이 낮을수록 유리하다.
④ 풋옵션은 행사가격이 높을수록 유리하다.
⑤ 콜옵션의 경우 기초자산의 현재가격이 행사가격보다 작을 경우 내재가치는 0이다.

상황판단 · 추론(61~80)

61 다음 사례에서 시대 씨의 선택과 A국 중고차 시장 변화에 대한 추론에 대한 설명으로 옳은 것은?(단 제시된 상황 외의 조건은 일정하다)

> A국에 거주하는 시대 씨는 최근 중고차를 사려고 한다. A국의 중고차 시장에는 2,000만원 가치의 좋은 차 100대와 1,000만원 가치의 나쁜 차 100대가 있다. A국의 중고차 구매자는 어떤 차인지 구별해낼 수 없고, 좋은 차와 나쁜 차가 반반씩 있다는 것만 알고 있다.

① A국 중고차 시장과 같은 상황은 도덕적 해이의 경우다.
② 시대 씨는 1,000만원 이상의 가격을 제시하지 않을 것이다.
③ 시간이 지나면 A국 중고차 시장의 가격은 1,000만원 수준으로 내려갈 것이다.
④ 시간이 지나면 A국 구매자들은 좋은 차와 나쁜 차를 구별할 수 있을 것이다.
⑤ 중고차 판매자는 1,500만원 이하에는 판매하려고 하지 않을 것이다.

62 다음은 우리나라 가계부채에 대한 신문보도의 제목들이다. 이에 대한 추론이나 설명으로 옳은 것을 〈보기〉에서 모두 고른 것은?

> - 기준금리 더 오를 듯
> - 한국경제의 시한폭탄 가계 빚…1,900조원 사상최대
> - 개인 빚 1인당 국민소득의 80%
> - 개인 가처분소득 대비 금융부채 비율 작년 사상 첫 140% 넘어

가. 신용카드나 할부판매 이용액은 가계부채에 포함되지 않는다.
나. 부동산 가격이 하락하고 금융회사 부실이 우려된다.
다. 변동금리 대출자의 이자상환 부담이 증가한다.
라. 가처분소득 전부를 빚을 갚는 데 사용하면 부채를 모두 갚을 수 있다.

① 가, 나
② 가, 다
③ 나, 다
④ 나, 라
⑤ 다, 라

63 아래의 상황으로 인해 나타날 수 있는 갑국의 경제현상에 대한 추론으로 옳은 것은?

A. 갑국의 국내물가 상승으로 수출품 상대가격이 상승함으로써 수출이 감소하였다.
B. 갑국은 에너지의 안정적 공급을 위해 병국 회사에 대규모 해외투자를 하기로 했다.

① 물가가 하락하고 외채상환 부담도 줄어든다.
② 물가가 상승하고 해외여행을 하려는 사람들의 경제적 부담은 줄어든다.
③ 외채상환 부담은 늘고 해외 유학생 자녀를 둔 가정의 경제적 부담은 줄어든다.
④ 외채상환 부담과 해외여행을 하려는 사람들의 경제적 부담 모두 늘어난다.
⑤ 해외 유학생 자녀를 둔 가정의 경제적 부담은 늘어나지만, 물가는 하락한다.

64 다음은 최저임금 인상이 고용에 미치는 영향에 대한 분석결과이다. 이 분석결과를 토대로 추론할 수 있는 내용으로 가장 거리가 먼 것은?

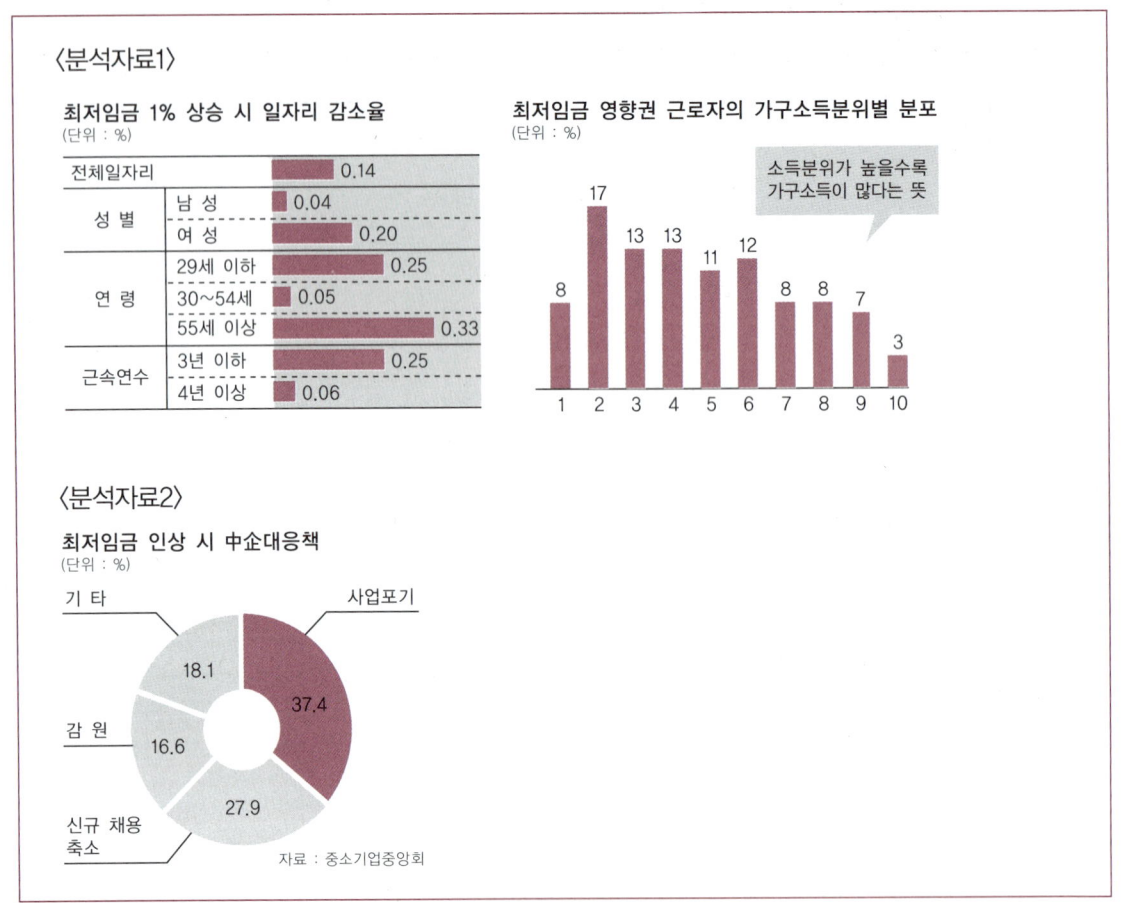

① 최저임금 인상은 사회적으로 실업자수를 줄일 가능성이 있다.
② 중장년층보다는 청년층과 고령층, 남성보다는 여성 등 고용 취약계층의 일자리가 더 많이 줄어든다.
③ 최저임금 인상으로 신규 고용까지 줄어든다.
④ 최저임금이 오르면 저소득자의 생활에 도움이 될 것이다.
⑤ 중소기업의 경우 최저임금에 걸쳐 있는 근로자 비중이 대기업과 중견기업보다 높기 때문에 최저임금 인상에 따른 타격이 크다.

65 국제 금융시장에서 엔·달러 환율이 다음 그래프와 같은 추이를 보이고 있다. 이런 추세가 지속될 것으로 예상될 때 옳지 않은 것은?

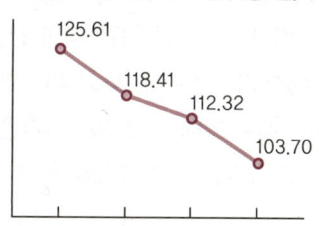

① 한국으로 여행을 오는 일본 관광객들이 증가할 것이다.
② 일본의 수출기업은 실적이 나빠질 것이다.
③ 달러화 부채를 많이 가진 일본 기업은 유리할 것이다.
④ 원화 대비 엔화 가치는 상당 기간 상승할 것으로 예상된다.
⑤ 달러화에서 엔화로의 환전은 늦추는 것이 유리할 것이다.

66 다음은 우리나라 연도별 근로소득세 면세자 비율을 나타내는 그래프이다. 이에 대한 설명이나 추론으로 적절하지 않은 것은?

① 면세자 비율이 늘어난 데는 공제체계가 세액공제에서 소득공제로 바뀐 영향이 크다.
② 납세자 간 형평성 문제 및 도덕적 해이 문제가 발생할 수 있다.
③ 세원은 넓게, 세율은 낮게 하는 조세원칙이 훼손될 수 있다.
④ 헌법에서 명시하는 '모든 국민은 납세의 의무가 있다'는 국민 개세주의에 어긋난다.
⑤ 근로소득세 최저한세 도입, 세액공제에 대한 종합한도 설정 등이 면세자 비율을 축소하는 대안으로 제시될 수 있다.

67 다음은 최근 언론 기사의 한 부분이다. 이를 바탕으로 추론한 내용으로 가장 적절한 것은?

> 최근 발표에 따르면, 국내 대기업과 중소기업 간 임금격차가 확대되면서 청년층의 중소기업 기피 현상이 심화되고 있다. 이와 별개로, 국내기업과 해외 선진국 기업 간의 임금 및 근로조건 격차로 인해 청년들의 해외취업도 증가하는 추세다. 특히 미국과 유럽 등은 디지털·AI 분야 인재유치를 적극적으로 추진하고 있으며, 이로 인해 국내 중소기업은 물론 대기업조차도 우수 인재확보에 어려움을 겪고 있다. 이러한 인재유출은 장기적으로 국가 경쟁력 약화로 이어질 수 있다는 우려를 낳고 있다.

① 해외기업은 보상적 임금격차를 통해 더 열악한 근무환경을 제공하더라도 노동 수요를 유지할 수 있다.
② 중소기업이 효율성임금을 도입하면 인재유출은 가속화될 가능성이 높다.
③ 인재의 해외유출은 국경 간 생산요소의 이동성에 따른 자원의 국제적 재배분 현상으로 볼 수 있다.
④ 노동시장이 완전경쟁상태라면 고임금을 제시한 기업으로의 이직은 발생하지 않는다.
⑤ 인재유출은 국내 노동시장의 구조적 실업 해소에 긍정적인 영향을 준다.

68 다음은 (가)국과 (나)국의 지니계수 추이를 나타낸 것이다. 이에 대한 설명이나 추론으로 적절하지 않은 것은?

구분	2022	2023	2024
(가)	0.310	0.302	0.295
(나)	0.405	0.412	0.464

① (가)국과 (나)국의 지니계수는 0과 1 사이의 값을 가진다.
② (가)국은 소득불평등도가 줄어드는 반면 (나)국은 소득불평등도가 심화되고 있다.
③ (나)국은 소득불평등도를 줄이기 위해 교육과 건강에 대한 보조금 정책을 도입할 필요가 있다.
④ (나)국의 로렌츠곡선은 45도 대각선에 점차 가까워질 것이다.
⑤ 소득재분배를 위해 과도하게 누진세를 도입할 경우 저축과 근로 의욕을 저해할 수 있다.

69 우리나라 금융상품의 기대수익률과 위험에 대한 학생들의 다음 대화 중 맞는 내용을 모두 고른 것은?

> 도경 : 금융상품의 위험은 수익률의 분산 또는 표준편차로 측정할 수 있어.
> 해영 : 위험도에 대한 상관관계가 높은 금융상품들에 분산 투자하면 투자의 위험을 낮출 수 있어.
> 진상 : 모든 주식에 공통적으로 영향을 미치기 때문에 여러 주식으로 포트폴리오를 구성해서 투자해도 제거할 수 없는 위험을 비체계적 위험이라고 해.
> 수경 : 위험도가 동일하다면 유동성이 높은 금융상품은 유동성이 낮은 금융상품에 비해 수익률이 낮아.

① 도경, 해영
② 도경, 수경
③ 해영, 진상
④ 해영, 수경
⑤ 진상, 수경

70 어느 기업의 평균고정비용과 평균가변비용은 아래 표와 같다. 이 기업이 판매하는 재화의 시장 가격이 개당 100원일 때 이윤 극대화를 위한 생산량은?

생산량(개)	평균고정비용(원)	평균가변비용(원)
1	50	60
2	45	50
3	32	44
4	26	36
5	20	30
6	14	36
7	9	48
8	4	60
9	2	70

① 5
② 6
③ 7
④ 8
⑤ 9

71 다음은 어떤 나라의 고용과 관련한 정보를 나타낸 표이다. 이 나라의 고용 현황에 대한 설명으로 옳지 않은 것은?

연 도	생산가능인구	경제활동인구	실업자
2023	3,700만 명	2,400만 명	90만 명
2024	4,300만 명	2,600만 명	110만 명

① 2023년에 비해 2024년의 실업률이 높다.
② 2023년에 비해 2024년의 고용률이 높다.
③ 2024년의 취업자수는 2023년에 비해 180만 명 증가하였다.
④ 2024년의 비경제활동인구는 2023년에 비해 400만 명 증가하였다.
⑤ 2024년의 경제활동참가율은 2023년에 비해 감소하였다.

72 다음 기사와 관련하여 일시적으로 늘어난 매출을 잃을 가능성이 가장 큰 업종은?

> 정부는 대형마트의 월 2회 의무휴업일 제도 폐지를 검토하고 있다. 이 제도는 전통시장 보호와 지역 상권 활성화를 목적으로 시행됐으나, 실제로 소비자들은 전통시장으로 유입되지 않고 다른 날 대형마트를 이용하거나, 온라인 소비로 대체되는 경우가 많았다. 오히려 마트 영업일에 매출 의존도가 높은 편의점, 요식업 등 주변 상권이 피해를 입는 역효과도 나타났다. 제도 해제 시, 대형마트의 주말 영업 재개로 인한 영향은 유통 시장 전반에 걸쳐 다시 확산될 것으로 보인다.

① 백화점 ② 편의점
③ 온라인 쇼핑몰 ④ 전통시장
⑤ 대형마트 물류센터

73 금융위기 발생 시 은행 예금 대규모 인출(뱅크런) 예방 등 금융시스템의 건전성을 유지하기 위해 예금보험제도가 도입된다. 이 제도에 대한 다음의 설명 중 맞는 것은?

> 정도 : 신용도가 다른 저축은행이라도 동일한 종류의 위험을 대비하고 있으므로 예금보험공사에 내는 연금보험료는 같아야 해.
> 성일 : 변액연금이나 펀드, 후순위채권 등은 예금보험 대상이 아니야.
> 해영 : 지역농협은 예금보험에 가입해 있지만 농협중앙회는 예금보험에 가입해 있지 않고 자체 기금으로 예금을 보호한다고 알고 있어.
> 수현 : 예금보험제도에 가입한 금융회사가 파산하면 예금보험공사가 이자를 포함해서 금융회사당 최대 5,000만원의 예금을 보장해 준대.
> 재한 : 그 이유는 보험의 원리를 이용하는 예금보험제도에서 발생할 수 있는 도덕적 해이를 줄이기 위해서야.

① 성일, 수현
② 정도, 해영
③ 성일, 해영, 수현
④ 성일, 수현, 재한
⑤ 성일, 해영, 수현, 재한

74 기업경기실사지수(BSI)란 전국경제인연합회가 매출액 기준 600대 기업을 대상으로 기업활동의 실적과 계획, 경기동향 등에 대한 기업가 자신들의 의견을 직접 조사하고 지수화해 전반적인 경기동향을 파악하고자 하는 지표이다. 다음 그래프에 대한 해석으로 맞는 것을 모두 고르면?

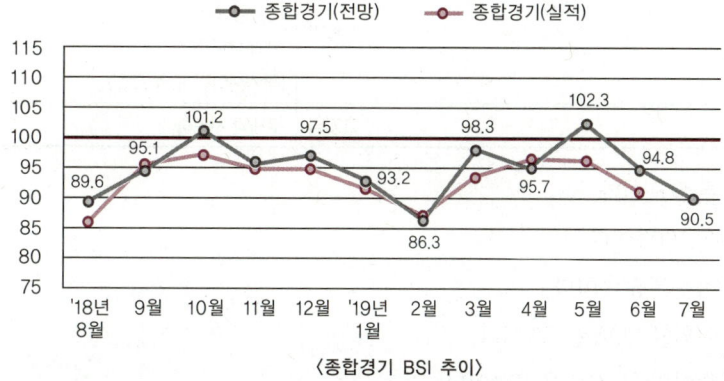

〈종합경기 BSI 추이〉

> 가. 7월 종합경기는 90.5%가 긍정적으로 보고 있다.
> 나. 7월에도 6월에 이어 경기를 부정적으로 보는 전망이 지속되었다.
> 다. 2018년 10월과 2019년 5월에는 긍정응답의 기업수가 부정응답의 기업수보다 많았다.
> 라. 2019년 3월에는 전달 2월에 비해 전망 BSI가 증가하였으므로 경기를 긍정적으로 보는 기업이 부정적으로 보는 기업보다 많아졌다는 것을 알 수 있다.

① 가, 나
② 나, 다
③ 다, 라
④ 가, 나, 다
⑤ 나, 다, 라

75 다음 재무상태표를 바탕으로 계산한 경영비율 중 옳지 않은 것은?(단위 : 원)

재무상태(20××년 12월 31일 현재)

유동자산	100억	부채	100억
현금	50억	유동부채	50억
매출채권	30억	비유동부채	50억
재고자산	20억		
비유동자산	100억	자본	100억
유형자산	60억	자본금	40억
무형자산	40억	자본잉여금	30억
		이익잉여금 (당기순이익 10억 포함)	30억
자산총계	200억	부채와 자본총계	200억

① 유동비율은 50%이다.
② 당좌비율은 160%이다.
③ 자기자본비율은 50%이다.
④ 총자산순이익률(ROA)은 5%이다.
⑤ 자기자본순이익률(ROE)은 10%이다.

76 다음은 한국은행에서 발표한 명목 GDP와 GDP 디플레이터에 관한 지표이다. 이 지표와 관련된 설명으로 옳지 않은 것은?(단위 : 1,000억 원)

연 도	2013	2014	2015	2016	2017	2018	2019
명목GDP	15010	15630	16580	17410	18360	18980	19190
GDP 디플레이터	99.9	100.0	101.6	102.6	103.5	104.1	106.4

① GDP 디플레이터는 명목GDP를 실질GDP로 나눈 값이다.
② 물가는 전년 대비 계속적으로 증가 추세이다.
③ 실질이자율은 전년 대비 계속적으로 증가 추세이다.
④ 2019년 실질 GDP는 19190/106.4로 계산된다.
⑤ 실업급여는 GDP 디플레이터에 포함된다.

77 다음 세계 신문 기사를 읽고 추론한 내용으로 옳은 것을 모두 고르면?

- 일본 6월 닛케이 서비스 구매관리자지수(PMI)가 49.4로 지난달 50.4에서 1포인트 하락하였다.
- 미국의 6월 공급관리자협회(ISM) 제조업 지수는 53.2로 전달의 51.3에 비해 1.9포인트 상승했다.
- 한국의 6월 소비자동향지수(CSI)는 99로 집계되었다.

가. 일본의 경기는 침체 상태로 평가할 수 있다.
나. 미국 제조업의 경기는 수축국면에서 확장국면으로 전환되었다.
다. 한국의 경우 경기를 비관하는 가계가 낙관하는 가계보다 많다.

① 가
② 나
③ 가, 나
④ 가, 다
⑤ 가, 나, 다

78 다음 중 괄호 안에 들어갈 내용이 순서대로 올바르게 짝지어진 것은?

> 농산물은 ( )이므로 수요의 가격탄력성이 '비탄력적'이다. 이 경우 농산물의 공급이 증가하면 가격이 상대적으로 ( ) 폭으로 하락할 뿐 아니라 가격 하락에도 불구하고 수요가 크게 늘지 않기 때문에 전체적으로 ( )한다.

① 사치재 – 큰 – 수입이 감소
② 필수재 – 큰 – 비용이 증가
③ 사치재 – 작은 – 수입이 감소
④ 필수재 – 큰 – 수입이 감소
⑤ 사치재 – 작은 – 비용이 증가

79 다음은 우리나라 국민건강보험 제도 현황과 노동시장의 특성을 나타내고 있다. 이 상황에서 국민건강보험료를 인상할 경우 예측 가능한 결과는?

> - 우리나라의 국민건강보험 제도는 직장을 통한 가입자의 경우 건강보험료를 고용주와 근로자가 절반씩 부담하도록 정하고 있다.
> - 어떤 노동시장에서 노동 공급곡선은 가파르고 노동 수요곡선은 완만한 모양을 가지고 있다.
> - 건강보험료를 인상하면 고용주와 근로자의 보험료가 같은 정도로 늘어나고, 노동 공급곡선과 수요곡선도 같은 거리만큼 이동한다고 간주한다.
> - 국민들은 건강보험료를 일종의 세금으로 간주한다.

① 노동 수요는 증가하고, 노동 공급은 감소한다.
② 노동 수요는 감소하고, 노동 공급은 증가한다.
③ 임금은 감소하지만 고용량은 어떻게 될 지 알 수 없다.
④ 근로자의 건강보험료 부담 일부가 고용주에게 전가된다.
⑤ 고용주의 건강보험료 부담 일부가 근로자에게 전가된다.

80 다음 글에서 괄호 안에 들어갈 A, B를 올바르게 연결한 것은?

> 정의를 이해하는 방식으로 우선 행복 극대화를 들 수 있다. 오늘날 정치 논쟁은 경제적 풍요를 장려하거나 생활수준을 높이거나 경제성장에 박차를 가할 방법에 초점을 맞춘다. 가장 분명한 답은 개인적으로나 사회적으로나 경제적으로 풍요로우면 더 잘 살게 되리라는 생각이다. 풍요로움은 행복에 기여한다. 이는 (A)가 자세히 설명한다. (A)는 행복을 극대화해야 하는–최대 다수의 최대 행복을 추구해야 하는–이유와 방법을 잘 알려준다. 정의를 이해하는 다른 방식으로 (B)가 있다. (B)를 주장하는 사람들은 로버트 노직처럼 개인의 선택과 소유권을 강조하는 libertarianism과 존 롤스처럼 사회 약자의 입장에서 평등을 강조하는 liberalism으로 크게 구분될 수 있다.
>
> – 마이클 샌델, 『정의란 무엇인가』

① 공리주의 – 다원주의
② 공리주의 – 자유주의
③ 행복주의 – 자유주의
④ 쾌락주의 – 공리주의
⑤ 행복주의 – 다원주의

정답 및 해설

경제이론

1	2	3	4	5	6	7	8	9	10	11	12	13	14	15
④	②	①	①	⑤	⑤	④	⑤	③	①	③	②	①	③	①
16	17	18	19	20	21	22	23	24	25	26	27	28	29	30
③	③	②	③	⑤	②	④	③	⑤	③	⑤	①	④	②	②

01 해당 자원에 대한 수요가 없으면 자원의 양이 적더라도 그 자원은 희소하다고 볼 수 없다.

02 기회비용이란 선택가능한 대안 중 하나의 대안을 선택함으로써 포기해야 하는 대안 중 가장 가치가 큰 대안을 의미한다. 따라서 B사를 선택한 것에 대한 기회비용은 나머지 A, C회사가 제시한 연봉 중 가장 높은 A사가 제시한 연봉인 3,500만 원이 된다.

03 공급 곡선을 좌측으로 이동시키는 원인으로는 원자재 가격 상승, 대체재 가격 하락, 보완재 가격 상승, 기술 후퇴, 보조금 감소 등이 있다.

04 근로자 10명의 총생산량은 10 × 30 = 300개가 되고, 근로자 1명을 더 고용하면 총생산량은 11 × 29 = 319개가 된다. 따라서 근로자 1명을 추가 고용했을 때 한계생산은 319 − 300 = 19개다.

05 B점에서는 무차별곡선의 접선의 기울기인 한계대체율이 예산선의 기울기인 상대가격보다 작기 때문에 X재의 소비를 감소시키고 Y재의 소비를 늘려야 효용이 극대화된다.
① 무차별곡선은 원점에서 멀리 떨어질수록 효용이 크다.
② 한계대체율은 무차별곡선의 기울기로 A가 B보다 크다.
③ 동일한 무차별곡선에서의 총효용은 같다.
④ A점에서는 무차별곡선의 접선의 기울기(한계대체율)가 예산선의 기울기인 상대가격보다 크기 때문에 X재 1원의 한계효용이 Y재 1원의 한계효용보다 크다.

06 ㉠ U = X + Y의 효용함수는 선형 효용함수로서 두 재화는 완전대체관계이다.
㉡ 두 재화의 교차탄력성은 완전대체관계이므로 양의 무한대 값을 가진다.
㉢ 한계대체율은 1로 일정하다.

㉣ 예산선의 기울기의 절댓값인 상대가격 $\dfrac{P_X}{P_Y}$가 1이 되면 무차별곡선과 예산선이 겹치면서 무수히 많은 해가 존재하지만 1이 아닌 경우 X재와 Y재 중에서 한 재화만 소비하는 구석해가 존재한다.

07 규모의 경제(Economies of Scale)란 기업이 생산량을 증가시킬 때 장기평균비용이 감소하는 현상이다. 기업의 생산 규모가 너무 커지면 장기평균비용이 상승하는 경우가 발생하는데, 이를 규모의 불경제라고 한다.

08 완전가격차별(1급가격차별)이 시행되는 독점시장에서는 생산자가 수요자의 수요곡선을 완벽하게 파악하고 있어 모든 소비자에게 최대 지불 용의만큼의 각각 다른 가격을 부과한다. 그러나 현실적으로 생산자가 모든 수요자의 수요곡선을 아는 것은 불가능하므로 비현실적이다.

09 신문기사에 따르면 마늘 생산량은 전년에 비해 감소했다. 이는 공급에 영향을 미치는 사건이다. 마늘의 공급곡선은 왼쪽으로 이동하고, 균형생산량은 감소한다.

10 경제성장률은 한 나라의 경제 규모가 전년 대비 얼마나 증가했는지를 나타내는 지표로, 물가 상승의 영향을 제거한 수치를 사용해야 정확한 비교가 가능하다.

11 자연실업률은 한 나라의 경제에 있는 모든 생산요소를 사용했을 때 실현가능한 생산과 고용이 이루어진 상태인 완전고용상태에서의 실업률이며 마찰적 실업과 구조적 실업으로 구성된다. 마찰적 실업은 노동시장의 정보불완전성으로 노동자들이 구직하는 과정에서 발생하는 자발적 실업을 말하는데, 구인자와 구직자 사이의 정보 비대칭을 완화하면 마찰적 실업이 감소하므로 자연실업률을 낮출 수 있다.

12 마찰적 실업이란 새로운 일자리를 탐색하거나 이직을 하는 과정에서 일시적으로 발생하는 실업을 의미한다. 구조적 실업이란 산업구조의 변화로 사양산업에서 발생한 실업자가 성장산업으로 이동하지 못하여 발생하는 실업이다.

13 고용률은 생산가능인구 중에 취업자가 차지하는 비율을 뜻한다. 생산가능인구 4,000만 명, 취업자 2,400만 명이므로 고용률을 구하면 60%다. 실업률은 경제활동인구에 대한 실업자 수의 비율이다. 생산가능인구 4,000만 명, 비경제활동인구가 1,000만 명이므로 경제활동인구는 3,000만 명이다. 실업자를 경제활동인구로 나누면 실업률은 20%다.

14 도덕적 해이(Moral hazard)란 어떤 계약 거래 이후에 대리인(Agent)의 감추어진 행동으로 인해 정보격차가 존재하여 상대방의 향후 행동을 예측할 수 없거나 본인이 최선을 다한다 해도 자신에게 돌아오는 혜택이 별로 없을 경우에 발생한다.
③ 역선택과 관련한 예이다.

15 공유지 즉, 공유자원은 소비에 있어서 배제성은 없지만 경합성은 존재한다. 배제성이 없다는 것은 원하는 사람은 모두 무료로 사용할 수 있다는 것이고, 경합성은 한 사람이 공유자원을 사용하면 다른 사람이 사용에 제한을 받게 되는 것을 말한다. 목초지나 바다어장과 같은 공유지가 포함된다.

16 인플레이션으로 인해 화폐 가치가 하락하면 임금이 빠르게 조정되지 않기 때문에 가계의 실질 구매력이 감소한다. 수출 경쟁력이 약해지는 반면 수입 수요는 증가하며 이에 따른 경상수지 악화가 자국 통화의 절하를 초래해 환율을 변동시킨다. 또한 경제주체 간의 소득이 재분배된다. 다른 사람에게 빚을 진 채무자와 실물자산 보유자는 유리하지만 돈을 빌려준 채권자와 현금자산 보유자는 불리해진다. 인플레이션이 발생하면 기업들이 판매가격을 조정하는 과정에서 상대가격이 왜곡될 수 있고, 화폐 가치 하락으로 현금 보유에 따른 기회비용이 커진다.

17 완전고용상태에서는 재정정책의 승수효과는 제한적이거나 매우 작으며 오히려 물가상승과 구축효과 같은 부작용이 발생할 수 있다.

18 나. 물가가 크게 증가하면 물가변동이 커지므로 재정정책의 효과는 작아진다. 물가변동이 작을수록 재정정책의 효과가 커진다.
라. 승수효과가 클수록, 구축효과가 작을수록 재정정책의 효과는 커진다.

19 국제유가의 하락은 총공급곡선을 우측으로 이동시킨다.

20 유동성 함정은 경기가 침체될 때 나타나므로 디플레이션에 대한 우려가 발생한다.
① 유동성 함정의 대표적인 사례로는 1930년 미국의 대공황기와 1990년대 일본 경제의 장기 침체가 있다.
② 유동성 함정 구간에서는 민간이 화폐를 보유하고 금융시장에서 유통시키지 않으므로 화폐의 유통속도가 감소하여 통화량이 감소한다. 이때 중앙은행이 통화량을 증가시킬 목적으로 본원통화를 증가시켜도 이를 민간이 계속 보유하려 하므로 현금이 금융시장에서 빠져나간다.
③ 유동성 함정 구간은 일반적으로 경기가 극심한 침체기에 발생한다.
④ 유동성 함정 구간에서는 이자율의 미세한 변화에 대하여 사람들의 화폐수요가 매우 민감한 반응을 하기에 때문에 화폐수요의 이자율 탄력성이 무한대이다.

21 현대화폐이론이란 발권력(통화 주권)을 가진 정부는 파산하지 않기 때문에 재정적자와 국가부채에 대한 걱정 없이 정부지출을 확대해도 된다는 주장을 담은 거시경제이론이다.

22 관세는 국내 생산자 보호와 정부 수입확보에는 기여하지만, 소비자잉여가 감소하고 자원의 비효율적 배분으로 인해 사회 전체의 후생은 감소하게 된다.

23 예측하지 못한 인플레이션은 부의 재분배 효과를 가져온다. 즉, 예상한 인플레이션보다 실제 물가가 더 많이 상승하면 화폐의 실질가치가 하락하게 되므로 채권자는 손해를 보고 채무자는 이득을 본다.

24 토빈의 q 비율은 일정한 기업 주식의 총시장가치(시가총액)를 당해 기업 보유 물적자산의 총대체비용(순자산가치)으로 나누어 계산한다. 토빈의 q값이 1보다 크면 기업은 적은 비용을 들여 높은 가치를 만들 수 있기 때문에 투자를 늘리고, 1보다 작으면 투자를 멈춘다.

25 교환방정식 MV = PY를 증가율로 나타낸 $\frac{\Delta M}{M} + \frac{\Delta V}{V} = \frac{\Delta P}{P} + \frac{\Delta Y}{Y}$에 $\frac{\Delta M}{M}$ = 13%, $\frac{\Delta Y}{Y}$ = 6%, $\frac{\Delta P}{P}$ = 4%를 대입해보면 $\frac{\Delta V}{V}$ = −3%이다.

26 금융계정에 해당한다.

27 생산요소시장이란 노동, 자본, 토지 등의 생산요소가 거래되는 시장을 의미한다. 생산요소시장에서는 기업 및 정부가 수요자, 가계가 공급자가 되며, 그 대가로 임금, 이자, 지대, 이윤을 받는다.

28 B국은 명품 가방과 자동차 품목에서 모두 A국보다 투입노동량이 적기 때문에 A국에 비해 절대우위를 갖는다. A국과 B국의 가방과 자동차에 대한 기회비용을 계산해보면 다음과 같다.

구 분	A국	B국
명품 가방의 기회비용	자동차 0.625	자동차 0.312
자동차의 기회비용	명품 가방 1.6	명품 가방 3.2

29 명목환율은 서로 다른 나라 화폐 간의 교환비율을 의미하며, 실질환율은 명목환율에 서로 다른 나라 간의 물가변동을 반영하여 구매력 변동을 나타내도록 조정한 환율을 말한다.

30 구매력평가설은 한 재화 가격은 어디에서나 같아야 한다는 일물일가의 법칙에 입각한 것이다.

시사경제·경영

31	32	33	34	35	36	37	38	39	40	41	42	43	44	45
②	③	②	②	③	①	①	④	②	⑤	②	④	③	②	⑤
46	47	48	49	50	51	52	53	54	55	56	57	58	59	60
④	①	③	⑤	⑤	②	①	①	①	②	③	④	①	⑤	③

31 한계효용체감의 법칙이란 재화를 소비하는 소비자가 '재화 1단위당 추가로 얻는 효용(만족감)의 증가분'이 점점 줄어드는 현상을 말한다. 큰 초콜릿을 한꺼번에 다 먹는다고 한다면, 처음 초콜릿을 입속에 넣었을 때는 엄청 달콤하지만 자꾸 먹다 보면 초콜릿의 달콤함이 줄어든다. 하지만 큰 초콜릿을 며칠 동안 나눠 먹으면 매번 처음 먹을 때의 달콤함과 만족을 얻을 수 있다.

32 피터팬증후군이란 중소기업이 중견기업이 될 경우 그간 누리던 각종 세제 혜택이 사라지기 때문에 중견기업으로 성장하기를 꺼리면서 중소기업으로 남으려는 경향을 설명할 때 사용된다.
① 리플리증후군 : 현실 세계를 부정하고 허구의 세계만을 진실로 믿으며 상습적으로 거짓된 말과 행동을 일삼는 반사회적 인격 장애를 말한다.
② 스톡홀름증후군 : 공포심으로 인해 극한 상황을 유발한 대상에게 긍정적인 감정을 가지는 현상이다.
④ 서번트증후군 : 자폐증이나 지적장애를 가진 사람이 암산, 기억, 음악, 퍼즐 맞추기 등 특정 분야에서 매우 우수한 능력을 발휘하는 현상이다.
⑤ 파랑새증후군 : 급변하는 현대 사회에 발맞추지 못하고 현재의 일에는 흥미를 못 느끼면서 미래의 막연한 행복만을 추구하는 병적인 증상이다.

33 밴드웨건효과는 다른 사람들과 비슷하게 지내기 위해 유행을 추종하는 소비심리에 기인한다.
① 베블렌효과 : 재화가격이 상승할 때 오히려 그 재화의 소비량이 증가하는 효과를 말한다.
③, ④ 스놉효과(속물효과) : 다른 사람들의 특정 재화에 대한 소비가 증가할수록 오히려 그 재화의 소비를 감소시키는 효과를 말한다.

34 골디락스란 뜨겁지도 차갑지도 않은 이상적인 경제 상황을 가리킨다.
① 회색코뿔소 : 지속적인 경고로 충분히 예상할 수 있지만 쉽게 간과하는 위험 요인을 말한다.
③ 네온스완 : '스스로 빛을 내는 백조'라는 의미처럼 절대로 일어나지 않을 것 같은 상황이나 위협을 말한다. 하지만 실제 발생할 경우 시장에 아주 큰 위협이 된다.
④ 전시효과 : 훌륭한 여러 가지의 재화를 보고 자신의 소득에는 변화가 없어도 이러한 재화의 구입에 지출을 증가시키도록 유인하는 개인의 심리적 영향을 말한다.
⑤ 낙수효과 : 고소득층의 소득 증대가 소비 및 투자 확대로 이어져 궁극적으로 저소득층의 소득도 증가하게 되는 효과를 가르키는 말이다.

35
파운드리에 해당하는 설명이다. 파운드리는 반도체 설계와 판매만을 전문으로 하는 회사인 팹리스로부터 설계 도면을 받아 웨이퍼를 가공하여 반도체 칩을 전문으로 생산하는 사업이다.

36
블랙먼데이에 대한 설명이다.
패닉바잉은 가격인상, 공급부족 등에 따른 두려움을 느끼고 무리하거나 과도하게 물건을 사재기하는 것을 말한다.
블랙스완이란 극단적으로 예외적이어서 발생 가능성이 없어 보이지만 실제로 사건이 발생하면 엄청난 파급효과를 가져오는 사건을 말한다.

37
발틱운임지수(BDI ; Baltic Dry Index)란 석탄, 철광석, 시멘트, 곡물 등 원자재를 싣고 26개 주요 해상운송경로를 지나는 선적량 15천 톤 이상 선박의 화물운임과 용선료 등을 종합해 산정하는 지수로, 배들이 원자재를 '얼마나 많이' 싣고, '얼마나 자주' 돌아다니는지를 알려주는 지표다.

38
풍선효과란 풍선의 한쪽을 누르면 다른 쪽이 불룩 튀어나오는 것처럼 어떤 부분의 문제를 해결하면 다른 부분에서 문제가 다시 발생하는 현상을 가리키는 말이다.
① 승수효과 : 정부 지출을 늘릴 경우 지출한 금액보다 많은 수요가 창출되는 현상
② 구축효과 : 정부의 재정지출 확대가 기업의 투자위축을 발생시키는 것
③ 기저효과 : 특정 시점의 경제상황을 평가할 때 비교의 기준으로 삼는 시점에 따라 주어진 경제상황을 달리 해석하게 되는 현상

39
① 주식시장에서 주가가 급등 또는 급락하는 경우 주식매매를 일시 정지하는 제도이다.
③ 주식시장에서 주가가 단기간에 과도하게 급등한 것으로 판단되는 상황을 말한다.
④ 매도한 주식을 다시 사는 환매수를 말한다.
⑤ 주식시장 급변에 따른 지수 변동성 확대로 시장의 불안 정도가 높아질 때 발효되는 시장조치이다.

40
① 반도체 설계만 하고 생산은 외주에 맡기는 기업을 말한다.
② 기업가치 10억 달러 이상 비상장 스타트업을 말한다.
③ 플랫폼을 매개로 이루어지는 비정규, 일회성 노동을 말한다.
④ 기술기반의 금융혁신 기업을 말한다.

41
가는 네트워크 효과, 나는 자물쇠 효과에 대한 설명이다.

42
그린메일(GreenMail)이란 기업사냥꾼과 같은 공격적 투자자가 상장 기업의 주식을 대량 매입한 뒤 해당 기업의 경영진을 교체하겠다고 위협하거나 인수합병(M&A)을 포기하는 대가로 자신들이 확보한 주식을 높은 가격에 지분을 사들일 것을 요구하는 행위이다.

43 희토류에 대한 설명으로 희토류는 다양한 첨단기술 제품에 필수적으로 사용되는 전략적 자원이다.

44 발생주의는 기업의 재무에 미치는 재무적 효과를 현금이 수취되거나 지급되는 기간에 기록하는 것이 아니라, 거래가 발생한 시점에 수익과 비용을 인정하는 방식으로 현금이 오갈때에만 기록을 하는 현금주의와는 반대 방식이다. 기업은 발생기준 회계를 사용하여 재무제표를 작성하고 현금흐름표는 예외적으로 현금기준을 적용하여 작성한다.

45 주주총회의 결의사항으로는 이사·감사·청산인의 선임과 해임, 보수의 결정, 합병 승인, 장관 변경, 전환사채 발행, 주식배당, 자본의 감소 등이다. 상법 제389조에 따르면 대표이사는 이사회에서 선임하도록 되어 있다.

46 주식회사 설립 시 작성해야 하는 정관에는 절대적 기재사항, 상대적 기재사항, 임의적 기재사항이 있다. 반드시 기재해야만 하는 절대적 기재사항의 경우 기재가 누락되거나 적법하게 기재되지 않은 경우 정관 자체가 무효가 된다. 절대적 기재사항에는 ㉠ 목적, ㉡ 상호, ㉢ 발행할(예정) 주식총수, ㉣ 1주의 금액, ㉤ 설립 시 발행주식수, ㉥ 본점 소재지, ㉦ 회사가 공고를 하는 방법, ㉧ 발기인의 성명·주민등록번호 및 주소의 8가지이다. 상대적 기재사항은 반드시 기재하여야 하는 것은 아니나 정관에 기재하지 아니하면 법률효력이 없는 사항을 말한다. 임의적 기재사항은 단순히 기재하는 사항이다.

47 합병의 동기에는 시너지효과가설, 저평가설, 경영자주의가설, 대리이론 등이 있다. 시너지효과가설이란 합병 전 각 개별기업 가치의 단순 합보다 합병 후 기업가치가 더 커지는 시너지효과를 얻기 위한 합병의 동기를 의미한다. 시너지효과에는 영업시너지와 재무시너지가 있다. 영업시너지란 합병에 따라 현금흐름이 증가하여 기업가치가 증대되는 것을 의미하며, 재무시너지는 합병에 따라 자본비용이 감소하여 기업가치가 증대되는 효과를 의미한다.

48 국민연금은 명목상 보험료의 형태로 납부하지만, 의무가입·강제징수·국가운영이라는 점에서 세금과 유사한 성격을 가진다. 실제로 국민연금은 소득이 있는 국민이면 누구나 일정 비율을 납부해야 하며, 납부자가 개인적으로 가입여부를 자유롭게 선택할 수 없다는 점에서 공적부과금(준조세)로 분류되기도 한다.

49 경험곡선효과는 학습효과라고도 하며, 동일한 제품이나 서비스를 생산하는 두 기업을 비교할 때 일정기간 내에 상대적으로 많은 제품이나 서비스를 생산한 기업의 비용이 낮아지는 것을 의미한다. 이는 경험이 축적되어 감에 따라 노동자들의 숙달로 인한 능률의 향상, 규모의 경제 확대, 기술혁신으로 인한 비용의 감축, 지속적인 업무 개선과 작업의 표준화 등으로 인해 원가를 최소화할 수 있는 것이다.

50 활동성비율은 분자에 매출액이 고정되고 분모에 무엇이 오느냐에 따라 종류가 나뉜다. 재고자산회전율은 매출액/재고자산으로 해당 재고자산이 당좌자산으로 변화하는 속도를 나타낸다. 안정성비율은 장기지급능력을 측정하는 분석 도구로서 자기자본비율은 총자산 중 자기자본이 차지하는 비중으로 재무구조의 건전성을 판단하는 자료이다. 수익성비율 중 주당순이익은 1주당 이익을 얼마나 창출했는지를 판단하여 수익에 대한 주주의 몫을 파악할 수 있다.

51 통화를 교환(Swap)한다는 뜻으로, 두 거래 당사자가 약정된 환율에 따라 일정한 시점에서 통화를 서로 교환하는 외환거래를 의미한다.

52 서킷 브레이커
- 원래 전기 회로에 과부하가 걸렸을 때 자동으로 회로를 차단하는 장치를 말하는데 주식시장에서 주가가 급등 또는 급락하는 경우 주식매매를 일시 정지하는 제도이다.
- 서킷 브레이커 발동조건
  1단계 : 종합주가지수가 전 거래일보다 8% 이상 하락하여 1분 이상 지속되는 경우
  2단계 : 종합주가지수가 전 거래일보다 15% 이상 하락하여 1분 이상 지속되는 경우
  3단계 : 종합주가지수가 전 거래일보다 20% 이상 하락하여 1분 이상 지속되는 경우
- 서킷 브레이커 발동 시 효과
  서킷 브레이커가 발동되면 매매가 20분간 정지되고, 20분이 지나면 10분간 동시호가, 단일가매매 전환이 이루어진다.
- 서킷 브레이커 유의사항
  - 각 단계는 하루에 한 번만 발동할 수 있다.
  - 1, 2단계는 주식시작 개장 5분 후부터 장종료 40분 전까지만 발동한다. 단, 3단계 서킷 브레이커는 40분 이후에도 발동될 수 있고, 3단계 서킷 브레이커가 발동하면 장이 종료된다.

53 경제에서는 경기를 부양하기 위하여 취하였던 각종 완화정책을 정상화하는 것을 말한다. 경기가 침체되면 기준 금리를 내리거나 재정지출을 확대하여 유동성 공급을 늘리는 조치를 취하는데 경기가 회복되는 과정에서 유동성이 과도하게 공급되면 물가가 상승하고 인플레이션을 초래할 수 있다. 따라서 경제에 미칠 후유증을 최소화하면서 재정 건전성을 강화해나가는 것을 출구전략이라 한다.

54 통화가 공급되면 단기적으로 유동성효과로 금리를 떨어뜨리나 중장기적으로 소득효과와 피셔효과로 인해 금리가 상승한다.

55 국내에서 판매되는 브라질 채권의 만기는 주로 6년 이상의 장기채인데, 장기채가 판매되는 주요 이유는 채권을 살 때 부과하는 토빈세 때문이다. 단기채를 살 경우 토빈세로 인해 실익이 크지 않기 때문에 장기채가 판매된다.

56
① 앰부시마케팅 : 스폰서의 권리가 없는 자가 마치 자신이 스폰서인 것처럼 행동하여 구매활동으로 이어지게 하는 마케팅활동
② 넛지마케팅 : 공공활동 등 상품을 소개하지 않는 다른 활동으로 주의를 끌거나 긍정적 이미지를 갖게 하여 구매활동으로 이어지게 하는 마케팅활동
④ 바이럴마케팅 : 입소문 마케팅으로도 불리며 이슈를 만들고 이를 각종 휴먼네트워크를 통해 확산시켜 구매활동으로 이어지게 하는 마케팅활동
⑤ 그린마케팅 : 기존의 상품판매전략이·단순한 고객의 욕구나 수요충족에만 초점을 맞추는 것과는 달리 공해 요인을 제거한 상품을 제조·판매해야 한다는 소비자보호운동에 입각, 인간 삶의 질을 높이려는 기업활동을 지향하는 마케팅활동

57 GDP 디플레이터(Deflator)는 명목GDP와 실질GDP 간의 비율로서 국민경제 전체의 물가압력을 측정하는 지수로 사용되며, 통화량 목표설정에 있어서도 기준 물가상승률로 사용된다.

58 재무상태표 등식은 '자산 = 부채 + 자본'이다.

59 재고자산회전율은 매출액을 평균재고자산으로 나누어 산출한다. 재고자산회전율이 산업평균보다 낮은 경우 재고자산이 산업평균보다 많기 때문에 재고부족으로 인한 기회비용은 나타나지 않는다.

60 콜옵션은 기초자산의 가격이 행사가격보다 높아질 가능성이 커질수록 콜옵션 가격이 높아진다. 따라서 콜옵션은 기초자산의 가격이 높을수록 유리하다.

상황판단 · 추론

61	62	63	64	65	66	67	68	69	70	71	72	73	74	75
③	③	④	①	⑤	①	③	④	②	③	②	②	⑤	②	①

76	77	78	79	80
⑤	④	④	⑤	②

61 제시문의 상황은 레몬 시장에 대한 내용이다.
① A국 중고차 시장과 같은 상황은 역선택의 정보 비대칭적 상황이다.
② 시대 씨는 (1/2 × 2,000만원) + (1/2 × 1,000만원) = 1,500만원 이상의 가격을 제시하지 않을 것이다.
④ 시간이 지나면 중고차 시장에는 나쁜 차만 나와 있다는 것을 알게 된다.

62 가계 빚은 계속 늘어 1,900조원을 넘겼으며, 기준금리도 계속 오를 예정이므로 부동산을 매입하려는 사람들은 줄어들 것이다. 또한 가계 빚이 있는 사람들이 빚을 갚지 못해 파산하면 금융회사에 영향을 미쳐 금융회사 부실이 우려되는 상황이 발생한다.

63 A는 외환의 공급을 감소시키는 요인이고, B는 외환의 수요를 증가시키는 요인이다. 따라서 외환의 공급곡선은 좌측, 외환의 수요곡선은 우측으로 이동해 환율은 상승한다. 환율상승은 갑국 화폐의 대외가치가 하락했음을 의미한다. 갑국의 환율상승으로 수입 원자재 가격이 올라 물가가 상승하고 외채상환 부담이 늘어나게 된다. 또한, 해외여행을 하려는 사람들과 해외 유학생 자녀를 둔 가정의 경제적 부담도 증가한다.

64 최저임금 제도가 임금을 시장 균형 이상으로 올리면 인건비 부담이 커져 일자리가 줄어든다.

65 그래프는 엔화 가치 강세 추이를 나타낸 것이다. 엔화 강세가 지속될 것으로 예상될 경우에는 달러화를 가진 일본인은 환전을 앞당길수록 이익이며, 일본 수출기업은 해외시장에서 경쟁력이 약해지므로 실적이 나빠질 것이다. 또한 달러 대비 엔화 가치가 상승하면 원화 대비 엔화 가치도 상승하고, 이에 따라 한국에 여행을 오는 일본인은 유리할 것이다.

66 근로소득세 면세자 비율이 늘어난 데는 공제체계가 소득공제에서 세액공제로 바뀐 영향이 크다.

67 ① 보상적 임금격차는 더 열악한 환경일수록 더 높은 임금을 제공해야 함을 설명하며 노동 수요 유지와는 무관하다.
② 효율성임금은 높은 임금을 통해 이직률을 낮추고 인재를 확보하려는 전략이다.
④ 완전경쟁시장이라도 임금차이가 존재하면 이직발생이 가능하다.
⑤ 인재유출은 국내 고급인력의 이탈을 의미하고, 이는 오히려 구조적 실업을 악화시킬 수 있으며, 노동시장의 질적 불균형을 심화시킬 수 있다.

68 (나)국의 지니계수는 점차 커지므로 로렌츠 곡선이 대각선에서 점차 멀어진다고 할 수 있다. 지니계수란 소득분배의 불평등도를 나타내는 수치로 소득이 어느 정도 균등하게 분배되어 있는가를 평가하는 데 주로 이용된다. 지니계수는 로렌츠 곡선으로부터 도출된다. 로렌츠 곡선은 가로축에 저소득층부터 인원의 분포도를 표시하고 세로축에 저소득층부터 소득액 누적 백분율을 표시하면 그려지는 소득분배그래프이다. 여기에 가상적인 소득분배균등선(45도선)을 긋는다. 지니계수는 대각선과 로렌츠곡선 사이의 면적을 대각선과 종축, 횡축이 이루는 삼각형의 면적으로 나눈 비율이다. 따라서 지니계수는 0과 1 사이의 값을 갖고, 소득불균형이 심할수록 1에 가깝게 된다.

69 위험도의 상관관계가 낮은 금융상품에 투자해야 투자 위험을 줄일 수 있다. 금융상품 수익에 대한 세금은 금융상품에 따라 다르다. 모든 주식에 공통적으로 영향을 미치기 때문에 여러 주식으로 포트폴리오를 구성해서 투자해도 제거할 수 없는 위험을 체계적 위험이라 한다. 비체계적 위험에는 주식을 발행한 기업의 경영성과, 경영진의 교체, 신제품개발의 성패 등의 요인으로 인한 위험 등이 해당한다.

70 고정비는 단기 생산량에 따라 변하지 않는 비용으로 공장설비비용이나 관리자 비용 등을 말한다. 고정비를 생산량으로 나누면 평균고정비 또는 개당고정비를 구할 수 있다. 평균고정비는 생산량이 늘어남에 따라 감소하게 된다. 변동비는 생산량 변화에 따라 변화하는 비용으로 공장 근로자 임금이나 재료비 등이 해당한다. 평균변동비는 생산량이 늘어남에 따라 감소했다가 다시 증가한다. 이는 분업의 이점에 따라 자원투입량이 늘어나면 수확체증의 법칙이 작용하다가 자원 투입이 지나치게 늘어나면 수확체감의 법칙이 작용하기 때문이다. 고정비와 변동비를 합친 것을 총비용이라고 하며, 총비용을 생산수량으로 나눈 것을 평균총비용이라고 한다. 한계비용이란 생산량을 한 단위 늘릴 때 추가로 들어가는 비용을 말하며, 생산량이 늘어남에 따라 한계비용곡선은 평균비용곡선보다 낮은 곳에서 평균비용곡선의 최저점을 통과한 후 평균비용곡선보다 높아지게 된다. 문제에서 총비용과 한계비용을 산출하면 아래 표와 같다.

생산량(개)	평균고정비용	평균가변비용	총비용	한계비용
1	50	60	50 + 60 = 110	110
2	45	50	45 × 2 + 50 × 2 = 190	190 − 110 = 80
3	32	44	228	38
4	26	36	248	20
5	20	30	250	2
6	14	36	300	50
7	9	48	399	99
8	4	60	512	113
9	2	70	648	136

71 2024년의 고용률(57.91%)은 2023년의 고용률(62.43%)보다 낮다.

연도	생산가능 인구	경제활동 인구	비경제 활동인구	실업자	취업자	경제활동 참가율	실업률	고용률
2023	3,700	2,400	1,300	90	2,310	64.86%	3.75%	62.43%
2024	4,300	2,600	1,700	110	2,490	60.47%	4.23%	57.91%

- 생산가능인구 = 경제활동인구 + 비경제활동인구
- 경제활동인구 = 취업자 + 실업자
- 경제활동참가율 = 경제활동인구 / 생산가능인구
- 실업률 = 실업자 / 경제활동인구
- 고용률 = 취업자 / 생산가능인구

72 대형마트 휴업 시 소비자가 대체하여 찾던 곳은 편의점이었기 때문에, 의무휴업제도가 폐지될 경우 해당 수요가 회수되어 편의점은 매출 감소의 직접적 영향을 받을 가능성이 높다. 반면, 전통시장은 의무휴업제도로 큰 수혜를 입지 않았고, 백화점과 물류센터는 대체 관계성이 약하거나 보완관계에 있다. 또한 의무휴업 제도와 관련해서 온라인 쇼핑몰은 대형마트 휴업 시 소비자가 당장 필요한 생필품 구매를 하기 위해 이용하는 곳인 편의점과 비교했을 때 상대적으로 대체성이 약하다.

73 예금보험제도는 동일한 종류의 위험을 대비하지만 위험의 정도가 다르기 때문에 금융사들이 내는 예금보험료는 금융회사별로 다르다. 즉, 신용도가 낮은 금융사일수록 요율이 높아진다. 예금보험제도는 예금, 적금, 개인이 가입한 보험 등이 예금보호 대상이며 주식, 펀드와 같은 투자형 상품은 보호 대상이 아니다. 또한 은행, 보험사, 저축은행, 증권사 등은 예금보험제도에 가입해 있지만 새마을금고나 신용협동조합, 지역농협과 수협 등은 예금보험에 가입해 있지 않고 자체 기금으로 예금을 보호한다.

74 BSI가 기준치 100보다 높을 경우 긍정응답 기업 수가 부정응답 기업 수보다 많음을 의미하며, 100보다 낮을 경우에는 그 반대를 의미한다. 따라서 2019년 3월 전망 BSI는 98.3으로 전달 86.3보다 증가하였지만 100 미만이므로 경기는 기본적으로 나쁘다는 의미이다.

75
유동비율 = (유동자산 / 유동부채) × 100 = (100 / 50) × 100 = 200%
당좌비율 = (당좌자산 / 유동부채) × 100 = (유동자산 − 재고자산) / 유동부채 × 100 = 80 / 50 × 100 = 160%
부채비율 = (부채 / 자기자본) × 100 = (100 / 100) × 100 = 100%
자기자본비율 = (자기자본 / 총자산) × 100 = (100 / 200) × 100 = 50%
총자산순이익률(ROA) = (당기순이익 / 총자산) × 100 = (10 / 200) × 100 = 5%
자기자본순이익률(ROE) = (당기순이익 / 자기자본) × 100 = (10 / 100) × 100 = 10%

76 정부가 지급하는 실업수당 같은 이전지출은 GDP로 측정할 수 없다. 명목GDP란 경제규모 등의 파악에 이용되는 지표로서 국내에서 생산된 최종생산물의 수량에 그 때의 가격을 곱하여 산출한다. 실질GDP란 국내경제의 생산활동 동향을 나타내는 경제성장률 산정에 이용되는 지표로서 지수기준년부터 당해년까지 매년의 개별 재화와 서비스의 가중치 및 수량 변화를 반영해 측정한 연쇄 물량지수에 지수기준년의 GDP금액을 곱하여 산출한다. 이러한 명목GDP를 실질GDP로 나눈 것이 GDP 디플레이터인데 통상 그 나라 국민경제의 물가 수준을 나타낸다. GDP는 모든 경제활동단계에서 산출된 부가가치를 포괄하여 추계되므로 GDP 디플레이터는 각 물가지수와 임금·환율 등 각종 가격지수를 반영한다. 한편 우리나라에서의 GDP 디플레이터는 생산측면의 국내총생산을 이용하여 산출되므로 기술구조의 변화나 생산성의 변화가 GDP 디플레이터에 실질적으로 영향을 준다.

77 미국의 경우 전달과 이번달의 ISM 지수가 모두 50을 초과하기 때문에 계속적인 제조업 경기의 확장을 의미한다. 구매자관리자지수(PMI)는 제조업 분야의 경기동향지수로 기업의 구매담당자를 대상으로 한 설문조사를 통해 경기를 판단하는 지표로 사용한다. 이 지수가 50 이상이면 제조업의 확장을, 50 이하이면 수축을 의미한다. 미국 공급관리자협회지수(ISM)는 제조업체의 구매담당자가 느끼는 경기를 지수화한 것으로 현장성과 전문성을 가지며, PMI 지수와 마찬가지로 50을 초과하면 제조업 경기의 확장을, 50 미만이면 경기의 수축을 의미한다. 소비자동향지수(CSI)는 장래의 소비 지출 계획이나 경기 전망에 대한 소비자들의 설문 조사 결과를 지수로 환산해 나타낸 지표로서, 생활형편, 경기전망, 물가전망, 가계소득, 소비지출계획 등 다양한 측면에서 작성되고 있다. 이 지수가 100을 초과하면 향후 전망이 좋아진다고 응답한 가구가 나빠진다고 응답한 가구보다 많다는 것을 의미하고, 100 미만인 경우는 그 반대를 의미한다.

78 농산물은 필수재이므로 수요의 가격탄력성이 낮다. 수요의 가격탄력성이 낮으면 공급이 증가할 때 가격이 상대적으로 큰 폭으로 하락하게 된다. 하지만 가격이 하락하더라도 수요가 크게 증가하지 않으므로 수입은 감소하게 된다.

79 건강보험료를 인상할 경우 노동수요와 노동공급이 모두 감소하므로 고용량은 감소한다. 한편, 노동 수요곡선이 공급곡선보다 탄력적이므로 노동 수요자인 고용주의 건강보험료 부담 일부가 노동 공급자인 근로자에게 전가된다. 이러한 전가는 새로운 균형 임금 수준이 이전보다 낮아지는 것으로 나타날 것이다.

80 차례대로 공리주의, 자유주의에 대한 설명이다. 공리주의는 최대 다수가 최대 행복을 느끼게 하는 행동이 선하고 정의로운 행동이라고 여긴다. 자유주의는 사회자유주의와 시장자유주의로 나뉜다. 사회자유주의는 사회 전체의 만족도보다는 최약자가 기준이 되므로 소득재분배를 강하게 주장하며, 시장자유주의는 결과의 평등이 아닌 기회의 평등을 추구한다.

좋은 책을 만드는 길, 독자님과 함께하겠습니다.

2026 시대에듀 TESAT 한권으로 끝내기

개정10판1쇄 발행	2026년 01월 05일 (인쇄 2025년 07월 10일)
초 판 발 행	2016년 02월 15일 (인쇄 2015년 12월 15일)
발 행 인	박영일
책 임 편 집	이해욱
편 저 자	시대경제경영연구소
편 집 진 행	김준일 · 이경민 · 오다움
표지디자인	하연주
편집디자인	안시영 · 고현준
발 행 처	(주)시대고시기획
출 판 등 록	제10-1521호
주 소	서울시 마포구 큰우물로 75 [도화동 538 성지 B/D] 9F
전 화	1600-3600
팩 스	02-701-8823
홈 페 이 지	www.sdedu.co.kr
I S B N	979-11-383-9665-3 (13320)
정 가	28,000원

※ 이 책은 저작권법의 보호를 받는 저작물이므로 동영상 제작 및 무단전재와 배포를 금합니다.
※ 잘못된 책은 구입하신 서점에서 바꾸어 드립니다.

시대에듀 금융시리즈

시대에듀 금융, 경제·경영과 함께라면 쉽고 빠르게 단기 합격!

금융투자협회	펀드투자권유대행인 한권으로 끝내기	18,000원
	펀드투자권유대행인 출제동형 100문항 + 모의고사 3회분 + 특별부록 PASSCODE	18,000원
	증권투자권유대행인 한권으로 끝내기	18,000원
	증권투자권유대행인 출제동형 100문항 + 모의고사 3회분 + 특별부록 PASSCODE	18,000원
	펀드투자권유자문인력 한권으로 끝내기	31,000원
	펀드투자권유자문인력 실제유형 모의고사 4회분 + 특별부록 PASSCODE	21,000원
	증권투자권유자문인력 한권으로 끝내기	32,000원
	증권투자권유자문인력 실제유형 모의고사 4회분 + 특별부록 PASSCODE	21,000원
	파생상품투자권유자문인력 한권으로 끝내기	32,000원
	투자자산운용사 한권으로 끝내기(전2권)	38,000원
	투자자산운용사 실제유형 모의고사 + 특별부록 PASSCODE	55,000원
	투자자산운용사 출제동형 100문항 최신 9회분	33,000원
금융연수원	신용분석사 1부 한권으로 끝내기 + 무료동영상	24,000원
	신용분석사 2부 한권으로 끝내기 + 무료동영상	24,000원
	은행FP 자산관리사 1부 [개념정리 + 적중문제] 한권으로 끝내기	20,000원
	은행FP 자산관리사 1부 출제동형 100문항 + 모의고사 3회분 + 특별부록 PASSCODE	17,000원
	은행FP 자산관리사 2부 [개념정리 + 적중문제] 한권으로 끝내기	20,000원
	은행FP 자산관리사 2부 출제동형 100문항 + 모의고사 3회분 + 특별부록 PASSCODE	17,000원
	은행텔러 한권으로 끝내기	23,000원
	한승연의 외환전문역 Ⅰ종 한권으로 끝내기 + 무료동영상	25,000원
	한승연의 외환전문역 Ⅱ종 한권으로 끝내기 + 무료동영상	25,000원
기술보증기금	기술신용평가사 3급 한권으로 끝내기	31,000원
매일경제신문사	매경TEST 단기완성 필수이론 + 출제예상문제 + 히든노트	30,000원
	매경TEST 600점 뛰어넘기	23,000원
한국경제신문사	TESAT(테셋) 한권으로 끝내기	28,000원
	TESAT(테셋) 초단기완성	23,000원
신용회복위원회	신용상담사 한권으로 끝내기	27,000원
생명보험협회	변액보험판매관리사 한권으로 끝내기	20,000원
한국정보통신진흥협회	SNS광고마케터 1급 7일 단기완성	20,000원
	검색광고마케터 1급 7일 단기완성	20,000원

※ 도서의 제목 및 가격은 변동될 수 있습니다.

가장 빠르게 합격하고 싶다면?

합격의 지름길로 안내하는 취업 베스트 도서!

기출로 공부하는 일반상식 통합기본서
- 빈출상식 194선 + 무료동영상(최신시사특강)
- 공사공단 · 언론사 · 기업체 취업 대비를 위한 일반상식 종합서

공기업 일반상식 단기완성
- 공기업 일반상식 완벽 대비
- 최신기출문제로 본 일반상식 공략비법 제공

공기업 일반상식 · 한국사 기출 500제
- 최근 출제된 상식만 모아서 500개 문제 공략
- 대표 공기업 상식 출제경향 분석표 제시

올바른 회계 학습의 첫걸음! 기초회계 시리즈

논리적이고 **체계적인 구성**으로 회계 마스터!

회계기초 탈출기
- 회계사 아빠와 왕초보 딸의 대화를 통해 배우는 쉽고 재있는 회계 이야기!
- 15일 플랜으로 구성하여 단기간에 기초 탈출!
- 단원별 요약정리 및 연습문제를 통해 이해도 체크!

왕초보 회계원리
- 각종 자격시험, 취업 준비, 실무까지 한 번에 대비!
- 공통 핵심이론 반영과 주요 계정과목 및 핵심용어 완벽 정리
- 충분한 주관식 예제와 단원별 연습문제로 관련 이론에 대한 이해도 상승!

신문으로 공부하는
말랑말랑 시사상식 시리즈

어려운 상식 키워드를 **쉬운** 설명과 **출제** 기사로 말랑말랑하게 공부하자!

시사상식 종합편
- 각 분야 155개 키워드를 쉽고 재밌게 정리
- 읽으면서 정리하는 신문 공부법 노하우 전수

시사상식 청소년
- 사고를 넓히는 시사상식으로 대입·토론 최적화
- 선생님도 훔쳐보는 시사상식의 모든 것

시사상식 경제·경영
- 시사 경제·경영 상식을 자연스레 암기
- 경제 키워드와 기초 경제학 이론까지 함께 공부

시사상식 과학·IT
- 과학 시사상식을 신문으로 재미나게!
- 과학·IT 상식을 손쉽게 쌓을 수 있는 방법!

센스 있는 지성인이 되고 싶다면?

빈틈없이 상식을 채워주는 **필수** 잇템으로 상식 마스터!

뇌가 섹시해지는 꿀잼 상식퀴즈
- 청소년부터 직장인까지 누구에게나 유용한 상식 퀴즈!
- 평소 찾기 힘들지만 알아두면 도움이 되는 문제를 분야별로 수록!
- 각종 퀴즈대회를 섭렵할 수 있는 절호의 기회

하루 30개씩 한 달 PLAN 하루상식
- 하루하루 쌓아 한 달이면 상식 완전 정복!
- 취업 및 각종 시험에 필요한 상식 핵심 공략!
- 최신 이슈, '핫이슈 시사상식' 수록

※ 도서의 이미지 및 구성은 변동될 수 있습니다.